HEYNE BÜCHER SACHBUCH

RHartman
Wien
16/7/93

Collage: J. Wölfer

Jürgen Wölfer

Lexikon des Jazz

Originalausgabe

WILHELM HEYNE VERLAG
MÜNCHEN

HEYNE SACHBUCH
Nr. 19/255

Redaktion: Brunhilde Thauer

Printed in Germany 1993
Umschlaggestaltung: Atelier Adolf Bachmann, Reischach
Herstellung: H+G Lidl, München
Satz: Fotosatz Völkl, Puchheim
Druck und Verarbeitung: Ebner Ulm

ISBN 3-453-06510-7

Einige einleitende Bemerkungen

Dieses Jazz-Lexikon ging aus meinem »Handbuch des Jazz« (Heyne Verlag, 1979) hervor. Nachdem der Wunsch nach einer aktualisierten Neuausgabe immer dringender wurde, hat sich der Verlag freundlicherweise bereit erklärt, dieses Sachwörterbuch durch die Aufnahme von Musikerbiographien zum Lexikon zu erweitern. Dabei wurden aber auch die Sachbegriffe aktualisiert und ergänzt. Die Beschränkung auf nur einen Band hatte allerdings zur Folge, daß die einzelnen Beiträge komprimiert werden mußten; auch konnten nicht alle Musiker aufgenommen werden, die es verdient hätten. Bei der Auswahl mußte ein Kompromiß gefunden werden zwischen den unerläßlichen »großen Namen« und den Vertretern der jüngeren Generation, von denen einige erstmals in einem Lexikon erwähnt werden. Vollständigkeit konnte dabei nicht angestrebt werden; die Aufnahme junger Künstler ist daher eher exemplarisch zu verstehen. Wenn es ab und zu den Anschein hat, als werde der eine oder andere Musiker gleichwertigen vorgezogen, so möge es der Leser nachsehen! Manche werden vielleicht nur deshalb nicht genannt, weil ihre Biographie noch nicht genügend hergibt oder weil kein ausreichendes biographisches Material zu finden war. Nicht aufgenommen wurden – mit wenigen Ausnahmen – Bluesmusiker. Erwähnung finden dagegen einige Namen, die heute kaum noch bekannt sind, obwohl sie durchaus keine Randerscheinungen waren. Wer hat je schon von Earle Spencer gehört, weiß noch etwas zu Gene Roland zu sagen oder warum Gil Evans eine Kultfigur ist und nicht auch Johnny Richards? Weil sie weiß sind und nicht mit Miles Davis zusammengearbeitet haben? So sind einige Namen zu »entdecken«, deren Beitrag zum Jazz fast vergessen ist, während ihre Epigonen heute als »Superstars« gefeiert werden.

Der aufmerksame Leser wird beim Vergleich von Geburtsdaten mit anderen Quellen nicht selten Unterschiede feststellen. Musiker der älteren Generation haben aus verschiedenen Gründen diese Daten nicht selten manipuliert, sofern sie sie überhaupt wußten. Hier wurde versucht, die neuesten Forschungsergebnisse zu berücksichtigen; besonders spektakulär ist das Auffinden des Geburtsdatums von Louis Armstrong, welches bisher immer mit dem 4.7.1900 angegeben wurde, ehe sich Gary Giddins die Kirchenbücher vornahm …

Alle Biographien enthalten eine Liste von Musikern, mit denen der Genannte Schallplatten eingespielt hat, sowie die Labels, auf denen er als Leader zu hören ist. Bei den Aufnahmen als Sideman darf Vollständigkeit nicht erwartet werden. Bei der Fülle der monatlich erscheinenden CDs wäre ein derartiges Unterfangen hoffnungslos. Außerdem werden viele prominente Musiker gern als Gastsolisten bei Veröffentlichungen von Nachwuchskünstlern herausgestellt, ein inzwischen beliebter Trick der Produzenten, die Verkäuflichkeit »neuer« Namen zu steigern. Daß dabei viele von diesen heute gleich als Leader beginnen, hat oft auch die entsprechenden Resultate.

Wenn bei den am Schluß (fast) jeden Artikels empfohlenen Schallplatten auch andere Labels genannt werden, so handelt es sich meist um von Dritten lizenzierte oder, häufiger, um Übernahmen. Schließlich sind viele ehemals unabhängige Marken in den letzten 50 Jahren durch mehr Hände gegangen als eine alte Banknote. Nicht genannt werden – mit Ausnahmen – Bootlegs bzw. unlizenzierte Aufnahmen, nicht weil sie uninteressant wären, sondern weil a) die offiziellen Veröffentlichungen den Segen des Musikers haben und damit seine Vorstellungen repräsentieren und weil b) auf dem »grauen« Markt ein großes Durcheinander herrscht und weil oft identische Aufnahmen mit falschen Angaben auf mehreren Labels erschienen sind. Hier ist nicht der Platz, die diskographischen Daten zurechtzurücken.

Jazz ist die Musik einer Minderheit, einer aktiven zwar, weltweit verbreitet und rezipiert, aber dennoch einer Minderheit, aufgesplittet noch durch Bevorzugung bestimmter Stile, durch Vorurteile und eine gewisse Halbbildung, die es schwer macht, vom Jazz als *der* Weltmusik zu sprechen, einer Musik, die über alle Grenzen hinweg das Verständnis für unterschiedliche Kulturen zu fördern vermag.

Für Hinweise und Unterstützung bei der Abfassung dieses Buches habe ich zu danken John Brechler, Helmut Große-Heitmeier, John Macek, Lori Piteo, Jordi Pujol, Manfred Scheffner, Geza Gabor Simon, Claudia Skowronek und vor allem Gerd Filtgen, der einige (mit GF signierte) Biographien beigesteuert hat. Besonderer Dank gebührt auch Brunhilde Thauer für die Korrektur des Manuskripts.

J.W.

Zur Benutzung

1. *Vornamen:* Da viele Musiker oft nur mit ihren Spitz- oder Kosenamen bekannt sind, werden diese zuerst genannt, die »richtigen« Vornamen folgen dann nach dem Komma; also »Cheatham, Doc« und nicht »Cheatham, Adolphus Anthony«.
2. *Instrumente:* Die in Abkürzungen genannten Instrumente erscheinen in der Reihenfolge ihrer Bedeutung für den jeweiligen Musiker, d. h., das Hauptinstrument wird zuerst genannt.
3. *Querverweise* wurden, um ein Ausufern des betreffenden Zeichens (→) zu vermeiden, nur dann genannt, wenn sie unbedingt notwendig sind.
4. *Schallplattenhinweise:* Die empfohlenen Schallplatten wurden mit möglichst genauen Angaben versehen, d. h. auch Label und Bestellnummer. Zwar werden diese bei den häufigen Vertriebswechseln und der Unsitte der Inhaber der Rechte, diese an Dritte zu lizenzieren, bald veraltet sein, aber genaue Angaben sind bei der Hilflosigkeit des Fachhandels unerläßlich; sie dienen auch der leichteren Auffindung in Katalogen und Diskographien. Ein (*) verweist dabei auf das (zuvor genannte) Original-Label. Daß der Schwerpunkt dabei auf der CD liegt, ist dringend erforderlich. Die noch erhältlichen LPs werden wohl in Kürze vergriffen und/oder als CD zu haben sein, nicht zu jedermanns Freude, aber es ist hier nicht der Ort, um über die Vor- und Nachteile verschiedener Tonträger zu diskutieren.

   Die Frage, ob die genannten Platten überhaupt noch lieferbar sind oder schon wieder vergriffen, ist beinahe sekundär angesichts der Tatsache, daß doch kaum eine davon auf Anhieb zu finden sein wird. Im Anhang sind deshalb einige Versandgeschäfte genannt, die sich Mühe geben, auch Ausgefallenes zu beschaffen.

   Zu empfehlen sind auch der »Bielefelder Jazz-Katalog« oder der englische »Musicmaster« Jazz-Katalog. Wenn nichts mehr hilft, lasse man sich Auktionslisten von Second-Hand-Läden schicken; Adressen finden sich in den einschlägigen Zeitschriften.

Abkürzungen

Abk.	Abkürzung
accor	accordion (Akkordeon)
Ala.	Alabama
Ark.	Arkansas
arr	arranger (Arrangeur/Arrangement)
as	alto-saxophone (Alt-Saxophon)
b	bass (Kontrabaß)
B.	Band
bar	bariton-saxophone (Bariton-Saxophon)
bcl	Baßklarinette
bgo	bongo-drums
Biogr.	Biographie
bj	Banjo
Bros.	Brothers
btp	bass-trumpet (Baßtrompete)
Calif.	Kalifornien
CD	Compact-Disc
cga	conga-drums
cl	clarinet (Klarinette)
cnt	cornet (Kornett)
Colo.	Colorado
comp	composer (Komponist)
Comp.	Composers'
Conn.	Connecticut
Cont.	Contemporary
D	Diskographie
d	drums (Schlagzeug)
dir	director (Leiter)
div.	divers/-e/-en
dt.	deutsch
ed.	editor (Herausgeber)
el	electric (elektrisch)
Ens.	Ensemble
etc.	et cetera (und so weiter)
f.	für
f., ff.	folgende Seite, folgende Seiten
Fa.	Firma
feat.	featuring
fl	flute (Flöte)
Fla.	Florida
flh	Flügelhorn
g	guitar (Gitarre)
Ga.	Georgia
geb.	geborene
gegr.	gegründet
gen.	genannt
hg.	herausgegeben
Hg.	Herausgeber
Ill.	Illinois
Ind.	Indiana
instr.	Instruments/Instrumente
JO	Jazz Orchestra
K. C.	Kansas City
keyb	keyboards (Tasteninstrumente)
Ky.	Kentucky
Komp.	Komposition, Komponist
L. A.	Los Angeles
La.	Louisiana
ldr	leader (Bandleader)
Lit.	Literatur
LP	Langspielplatte
Mass.	Massachusetts
Md.	Maryland
mell	Mellophon
Mich.	Michigan
Minn.	Minnesota
Miss.	Mississippi
Mo.	Missouri
N. C.	North Carolina
N. Dak.	North Dakota
Nebr.	Nebraska
N. J.	New Jersey
N. Mex.	New Mexico
N. O.	New Orleans
N. Y.	New York (City)
Okla.	Oklahoma
Orch.	Orchester/Orchestra/Orchestre
org	organ (Orgel)
Oreg.	Oregon
Orig.	Original
Pa.	Pennsylvania
p	piano (Klavier)
perc	percussion (Perkussionsinstrumente)
R.	Reissue (Wiederveröffentlichung)
R & B	Rhythm & Blues
R. I.	Rhode Island
rec.	recorded (aufgenommen)
Rec.	Recordings/Records
sax	saxophone (Saxophon)
S. C.	South Carolina
sog.	sogenannt

sop	soprano saxophone (Sopran-Saxophon)
Symph.	Symphony/Symphonie
synth	synthesizer
Tenn.	Tennessee
tb	trombone (Posaune)
Tex.	Texas
tp	trumpet (Trompete)
ts	tenor-sax (Tenorsaxophon)
tu	Tuba
U. K.	United Kingdom
Univ.	University/Universität
Va.	Virginia
vln	Violine
vib	Vibraphon
voc	vocal (Gesang)
Vol./-s	Volume/-s
vtb	valve-trombone (Ventil-Posaune)
w.	with
Wash.	Washington
Wisc.	Wisconsin
W. Va.	West Virginia

Zeichen

*	geboren
†	gestorben
→	siehe
ⓥ	Video

»The trouble with being modern is that you are so quickly out of date.«

OSCAR WILDE

»Ich bin nicht hartnäckig genug, meine Meinung stürmisch gegen Millionen durchsetzen zu wollen; aber ich habe Selbständigkeit genug, sie … nicht zu verleugnen.«

JOHANN GOTTFRIED SEUME

»Jazz is no folk music. It's too hard to play.«

HARRY EDISON

A

A&R (**A**rtists & **R**epertoire). Der A&R-Mann ist der für einen bestimmten Produktbereich (z. B. Jazz, Pop, Klassik) verantwortliche Redakteur einer Schallplattenfirma. Ursprünglich befaßt mit der Vorbereitung einer Plattenaufnahme (Auswahl von Studio, → Sidemen, Song-Titel), hat der A. als Folge des → ASCAP-Ban die Funktion eines → Produzenten und damit die Verantwortung, Hits (oder Flops) zu kreieren und so den Massengeschmack zu manipulieren, wobei die Finanzkraft der Plattenfirma eine Rolle spielt, nicht mehr das musikalische Verständnis, welches noch für ein gewisses Mindestniveau garantiert hatte, aber nachdem die Buchhalter in den Plattenfirmen das Sagen haben, gibt es dafür keine Garantie mehr. Im Vergleich zum heutigen »Kiddie-Pop« erscheint der größte Schund der 30er Jahre als reines Gold. (Vgl. dazu W. Friedwald, Jazz Singing. N. Y. 1990, S. 187)

AACM (**A**ssociation for the **A**dvancement of **C**reative **M**usic) ist eine Non-profit-Organisation (nicht gewinnorientiert) Chicagoer Free-Jazz-Musiker, gegr. am 9.5.1965 von Muhal Richard Abrams, Steve McCall und Phil Cochran. Ziele sind u. a. die Förderung junger Musiker, die Schaffung von Arbeits- und Übungsmöglichkeiten, Gratisunterricht in Musik für Ghetto-Jugendliche der Chicagoer Southside, die Verbesserung des Image der Jazzmusiker in der Öffentlichkeit. Schallplatten als »Art Ensemble of Chicago« für Nessa, Byg, RCA, Saravah, America, Galloway, Carson, Atlantic, ECM, DIW, JMY u. eigenes Label AECO.
CD: Fanfare for the Warriors, Atl. 90046-2

ABC Records, 1965 gegr. als Ableger der Filmgesellschaft Paramount mit den Labels ABC-Paramount, Impulse, Blue Thumb, Dot, Ember. 1979 an MCA verkauft (→ Decca).

Abdullah Ibrahim → Brand, Dollar

Abercrombie, John L., (g), * 16.12. 1944 Portchester, N. Y. Studierte 1962–66 an der Berklee School, spielte dann von 1967–68 bei Jimmy Smith, anschließend bei Billy Cobham, den Brecker Bros., Chico Hamilton, Jack DeJohnette u. a. – Schallplatten mit Gato Barbieri, Jack DeJohnette, Billy Cobham, Danny Gottlieb, Barre Phillips, Colin Walcott, Andy Laverne, Jack Walrath, Bob Mover, Ralph Towner, Jan Garbarek, John D'Earth, M. Petrucciani, Paul Bley, Peter Erskine, Bob Mintzer, Richie Beirach, Henri Texier, Joe Lovano, Jeff Richman, Ron McClure, Marc Cohen, Enrico Rava, Kenny Wheeler, Hiroshi Yoshizawa, Bruce Gertz, Peter Weniger, Mike Nock, G. W. Tsilis u. a.; als Leader für ECM, Justin Time, Jam u. New Albion.
CD: Timeless, ECM 1047
Ⓥ*: At the Village Vanguard, MKJ 0009*

Adams, George, (ts, fl, bcl), * 29.4. 1940 Covington, Ga., † 14.11. 1992 N. Y. Studierte am Clark College in Atlanta bei Wayman Carver, begann

in R&B-Bands (Sam Cooke) und Orgel-Combos (Hank Marr, Bill Doggett, Lonnie Smith), ab 1968 in N. Y. bei Roy Haynes, Gil Evans, Art Blakey, Charlie Mingus, Leon Thomas. 1976 für drei Jahre zu McCoy Tyner, danach mit eigenen Gruppen (auch in Europa) auf Tournee. – Schallplatten mit Archie Shepp, Charlie Mingus, Craig Harris, Don Pullen, Gil Evans, Hannibal (Marvin Peterson), Billy Cobham, James Blood Ulmer, der Gruppe Phalanx, Roy Haynes, Cecil McBee, Johnny Copeland, Orange then Blue, Gunther Schuller, Johannes Faber, Heiner Stadler, Mingus Dynasty, R. Workman; als Leader für Note, Soul Note, Timeless u. Circle.
LP: Tenor Saxes, Circle RK 31-24978; G.A. – Don Pullen, Timeless 154

Adams, Pepper, Park, (bar), * 8.10. 1930 Highland Park, Ill., † 10.9.1986 Rochester, N. Y. Begann auf Klarinette und Tenor-Sax, spielte mit Lucky Thompson und Kenny Burrell, ab 1956 bei Stan Kenton, M. Ferguson, Benny Goodman, Donald Byrd, Mal Waldron, Thelonious Monk u. a. Gilt neben → Gerry Mulligan und → Serge Chaloff als der führende Musiker seines Instrumentes im Modernen Jazz. Spitzname »The Knife« wegen seines schneidenden Tones. – Schallplatten mit Stan Kenton, Kenny Burrell, Quincy Jones, Lee Morgan, Gene Ammons, Chet Baker, Thelonious Monk, Shorty Rogers, Dave Pell, Tony Argo, Benny Goodman, Donald Byrd, Johnny Griffin, Dave Amram, Walter Bishop, Kenny Clarke, Duke Pearson, Herb Harper, Paul Chambers, Toots Thielemans, Hod O'Brien, Houston Person, Denny Christianson, Curtis Fuller, Peter Leitch, Jones-Lewis Big Band, Ray Alexander, Don Friedman, »Jazz Percussion«; als Leader für Mode, Regent, Metrojazz, Warwick, Prestige, Spotlite, Enja, Uptown, Palo Alto, Jazz Workshop*, Musica, Reservoir, Interplay.
CD: Plays Mingus, Fresh Sound 177; Conjuration, Reservoir 113*

Adderley, Cannonball, Julian Edwin, (as, sop), * 15.2.1928 Tampa, Fla., † 8.8.1975 N. Y. (»Cannonball« ist eine Verballhornung von »Cannibal«). Vater Trompeter, Bruder von → Nat A. Lernte tp, dann saxes. Nach der High School war er Armee-Musiklehrer bis 1955. Nach beeindruckendem Debüt bei → Oscar Pettfiford eigenes Quintett in N. Y., 1957–59 bei → Miles Davis, dann Quintett/Sextett mit Nat A., Bobby Timmons, Sam Jones, Louis Hayes, Joe Zawinul u. a. Vertreter der »Funk« oder »Soul Jazz« gen. Spielweise. Als Alt-Saxophonist bedeutendster Solist der Charlie-Parker-Nachfolge. – Schallplatten mit Sarah Vaughan, Miles Davis, Kenny Dorham, Philly Joe Jones, Paul Chambers, Nancy Wilson, Ray Brown, Machito, Dinah Washington, Letta Mbulu, Raoul de Souza, JatP, Louis Smith; als Leader für Mercury, Savoy, Riverside*, Capitol, Blue Note.
*CD: Presenting, Savoy SV-0108; alle auf Landmark**

Adderley, Nat, Nathaniel, (tp, cnt),

Original-Cover einer Riverside-LP von C. Adderley

* 21.11.1931 Tampa, Fla., Bruder von Cannonball A. Spielte bei Lionel Hampton 1954–55, J. J. Johnson 1957–58, Woody Herman 1959, George Shearing, anschließend in der Gruppe seines Bruders. Komponierte die Soul-Hits »Work Song« und »Jive Samba«. – Schallplatten mit Cannonball A., J. J. Johnson, Sonny Rollins, Woody Herman, James Clay, Jimmy Heath, Gene Ammons, Philly Joe Jones, Toshiko Akiyoshi, Tony Bennett, Lionel Hampton, Noble Watts, Sammy Davis jr. u. a.; eigene LPs f. Mercury, Riverside, Atlantic, Milestone, Capitol, Prestige, Steeplechase, Galaxy, Savoy, Landmark, Theresa, Sweet Basil, Alfa.

CD: Talkin' About You, Landmark 1528-2

Adelphi Records, von Eugene Rosenthal 1977 in Silver Spring, Md. gegründet. Widmet sich dem zeitgenössischen Jazz mit Aufnahmen von David Murray, Richie Cole, Reuben Brown, Jessica Williams, Steve Lacy.

Afrika. Von den beiden Wurzeln des Jazz (die afrikanische und die europäische Musik) ist die afrikanische Musik die wichtigere. Zeugnisse von deren Existenz finden sich bereits in den Überlieferungen der ägyptischen und der kretischen Kulturen, aber auch bei Griechen und Römern. Der Mittelmeerraum bildete im Altertum mit dem afrikanischen Raum bis etwa zur Höhe des Niger eine Einheit. Die Trennung des euro-afrikanischen Kulturblocks hat im wesentlichen zwei Ursachen: zum einen das Vordringen der Araber (4.–11. Jh.), zum anderen die fortschreitende Austrocknung der Sahara, die erst in geschichtlicher Zeit begann. Den Arabern, die bekanntlich mehrere Jahrhunderte lang Teile von Spanien und Portugal besetzt hielten, verdanken wir Kenntnisse afrikanischer Kulturen. Hinzu kam im Mittelalter die Ausbreitung des Handels, vor allem durch die italienischen Stadtstaaten Genua, Neapel und Venedig (vgl. hierzu die bekannte Figur des Mohren [moresca] in zahlreichen ital. Opern).

Der Sklavenhandel mit afrikanischen Eingeborenen begann mit Heinrich dem Seefahrer (1394–1460). Nach der Entdeckung Amerikas durch Columbus 1492 begannen Spanier, Portugiesen, Holländer, Franzosen und Engländer, afrikanische Neger in großer Zahl als Arbeitssklaven in ihren überseeischen Besitzungen anzusiedeln. Durch diese mehrhundertjährige (vom 16. bis Mitte des 19. Jh.) Deportation ist ein großer Teil afrikanischen Kulturgutes nach Amerika gekommen, wo es sich in der Auseinandersetzung mit vorwiegend europäischen Elementen verändert hat.

Aus dieser Begegnung von nach Amerika gebrachter afrikanischer mit der abendländisch-europäischen Musik entstand die Afro-amerikanische Musik. Eine dieser Stilformen, entstanden in Nordamerika, nennen wir heute Jazz, genauer den Klassischen Jazz. Seine wichtigsten Form- und Ausdrucksmittel sind gewisse rhythmische Merkmale, ein Teil melodische Eigenschaften, → Harmonie, Intonation und Klangfarben, ebenso die Mehrstimmigkeitsform (Kollektivimprovisation), → Shout und → Stomp. Beim Klassischen Jazz überwiegen noch klar die negroiden Elemente, während bei den späteren Jazz-Stilen diese zugunsten europäischer Einflüsse zurückgedrängt werden.

Lit.: Melville J. Herskovitz, The American Negro, N. Y. 1930; Francis Bebey, African Music – A People's Art, N. Y. 1975; Samuel Charters, The Roots of the Blues – An African Research, London 1982; John Storm Roberts, Black Music of Two Worlds, N. Y. 1974; Erich Stockmann (Hg.), Musikkulturen in Afrika, Berlin 1987; A. Wirtz, Sklaverei und kapitalistisches Weltsystem, Ffm 1988

CD: African Rhythms and Instruments, Lyricord 7328

LP: S. Charters (ed.), African Journey, Vanguard SRV 73014/5

Afro-amerikanische Musik, entstanden aus der Begegnung von afrikanischer und europäischer Musik. Die-

ser Begriff bezeichnet die volkstümlichen Musikformen, die sich unter den Negern Nord- u. Südamerikas gebildet haben. Grundlegend sind dabei die afrikanischen Elemente, während die europäischen den Charakter angenommener Eigenschaften haben. In beiden Teilen Amerikas bildet die A. den Hauptbestandteil der negroiden Folklore. In beiden Teilen ist aber eine Weiterentwicklung eingetreten: in Nordamerika in Form des Jazz, der in seinen modernen Spielweisen kaum noch Spuren der A. aufweist, in Mittel- u. Südamerika in Form der »Lateinamerikanischen Musik« und deren kommerziellen Abarten.
Lit.: Alfons M. Dauer, Der Jazz, Kassel 1958; Rudi Blesh, Shining Trumpets, N. Y. 1976 (Reprint von 1946)

Afro-Cuban Jazz: Die afro-kubanische Musik als Teil der südlichen Afro-amerikanischen Musik hat seit den späten 40er Jahren großen Einfluß auf den Jazz. Der volkstümliche Charakter dieser Musik zeichnet sich durch ein umfangreiches Arsenal von Perkussionsinstrumenten wie Bongo- und Congatrommeln, Maracas, Guiros, Claves etc. aus. A. ist die Einbeziehung bestimmter melodischer, vor allem aber rhythmischer Elemente in den → Swing, hauptsächlich aber in den → Bebop. Wegweisend für diesen Stil war der kubanische Bongo-Trommler Chano Pozo in der Big Band von Dizzy Gillespie 1947–48. Erwähnenswert sind auch die Aufnahmen, die Stan Kenton unter Verwendung der Perkussionsgruppe des Orchesters Machito einspielte, sowie Machitos Aufnahmen mit Charlie Parker als Solist. In der folgenden Popularisierung und Kommerzialisierung dieses Stils wurden die großen Lateinamerikanischen Orchester in ihrer Instrumentierung den → Big Bands angepaßt. (→ Lateinamerikanische Musik, → Salsa)
LP: Afro-Cuban Jazz, Verve 833561-1
CD: Stan Kenton, Cuban Fire, Capitol CDP 796260-2; Kenny Dorham, Afro-Cuban, Blue Note 746815-2

AFRS (**A**rmed **F**orces **R**adio **S**ervice), eine Agentur, die im Auftrag der US-Regierung 1942 eingesetzt wurde mit dem Ziel, Unterhaltungsprogramme für die US-Soldaten und Rüstungsarbeiter zu produzieren. Bis in die 50er Jahre veröffentlichte der AFRS (später AFRTS, T für Television) eine Fülle von Programmen, darunter viele mit Big Bands und Jazzgruppen, die auf → ETs (Electrical Transcription), später LPs erschienen, die aber nur Rundfunkstationen zugänglich waren. Es handelte sich hierbei meist um Konzertmitschnitte oder Aufzeichnungen von Radiosendungen, seltener auch um Studioprogramme oder Übernahmen von kommerziellen Schallplatten. Zu den AFRS-Serien zählen u. a. AFRS Bandwagon, – Basic Music Library, – Downbeat, – Swingtime, – Magic Carpet, – G. I. Jive, – Mail Call, – Command Performance, – Jubilee. Der AFRS war auch zuständig für die Produktion der → V-Discs. Die Sendungen wurden meist als Shows produziert, finanziert von einem Sponsor, der einen zugkräftigen Namen verlangte. So gab es diverse Shows von Benny Goodman, Harry James, Tommy Dorsey u. a. Sehr bekannt wurden die »Wildroot«-Shows von Woody Herman. Für den Jazz- und Big-Band-Freund besonders interessant sind die AFRS-Serien One Night Stand, Downbeat und Spotlite Bands, von denen viele inzwischen auf LP veröffentlicht wurden. Vgl. dazu die Kataloge der Labels Joyce, Aircheck, Swingtime, Sunbeam, Stash.

Lit.: R. E. Lotz/U. Neuert, AFRS Jubilee Transcription Programs, Ffm 1985; Harry Mackenzie, AFRS Downbeat Series, A Working Draft, Zephyrhills, 1986; Bozy White, AFRS Basic Music Library Series, Zephyrhills 1986

CD: C. Basie, V-Disc & Jubilee-Masters, Vintage Jazz 1018-2

Air → Henry Threadgill

Air-check (Air-shot), der Mitschnitt einer Rundfunksendung, seit den 30er Jahren meist von → AFRS oder auch privaten Sammlern aufgenommen. Solche A., von denen viele inzwischen auf LP/CD vorliegen, sind sehr aufschlußreich, wenn es um das Gesamtbild einer Band geht, da die auf Industrieschallplatten veröffentlichten Titel nicht immer mit dem tatsächlichen Repertoire übereinstimmen. Außerdem lassen sich interessante Vergleiche mit den Studioaufnahmen oder anderen A. anstellen.

AJO → **A**merican **J**azz **O**rchestra

Akiyoshi, Toshiko, (p, comp), * 12.12. 1929 Darien, Mandschurei. Lebte ab 1946 in Japan, studierte klassische Musik. Leitete ab 1951 Jazz-Gruppen, ging 1956 in die USA und studierte bis 1959 an der Berklee School in Boston. Heiratete → Charlie Mariano. 1962 bei Charles Mingus, komponierte für Theater und Film. Gründete 1974 mit ihrem zweiten Ehemann → Lew Tabackin eine Big Band an der Westküste, die ausschließlich ihre Kompositionen spielte und die von der Kritik hoch gelobt wurde. 1986 Übersiedelung nach N. Y., Gründung einer neuen Big Band. – Schallplatten mit Charlie Mariano, Barney Wilen, Steve Kuhn, Buddy Rich, Louis Bellson; als Leader für Verve, Vee-Jay, Storyville, Metrojazz, King, Dauntless, RCA*, Columbia, Jam, Fresh Sound, Inner City, Baystate, Liberty, Eastworld, Concord u. eigenes Label »Ascent«.

CD: Collection, Novus ND83106; At Carnegie Hall, Col. 4880502*

Ⓥ: Jazz Is Our Native Language, Kay Jazz 006

Akkordeon (accordion), aus der Ziehharmonika entwickeltes Musikinstrument, bei dem die Töne mit Hilfe eines zweihändig zu bedienenden Blasebalgs erzeugt werden. Das moderne Piano-A. hat im Gegensatz dazu eine Klaviertastatur.

Im Jazz hat das A. nur als Klangvariation eine Rolle gespielt. Um 1930 spielte es Buster Moten in der Band seines Bruders Bennie; Duke Ellington nahm zwei Titel mit Joe Cornell Smelser auf; Ernie Felice spielte 1947 bei Benny Goodman, Tommy Gumina 1953 bei Harry James sowie 1960–64 mit Buddy DeFranco.

In den 50er Jahren haben Mat Mathews, Leon Sash und Tony Argo LPs aufgenommen; die Pianisten Pete Jolly, George Shearing, Marty Paich, Bengt Hallberg spielten es als Zweitinstrument. Die Aufnahmen von Joe Mooney und Art van Damme müssen eher der jazzbeeinflußten Unterhaltungsmusik zugerechnet werden. Zu nennen sind noch Frank Marocco, Kenny Kotwitz und Angelo Di Pippo, im Blues bzw. in der Cajun/Zydeco-Musik Nathan Abshire und Clifton Chenier.

Akkulturation, in der Soziologie der Erwerb von Elementen aus einer fremden Kultur durch die Träger einer gegebenen Kultur. Es ist dabei unwesentlich, ob dies freiwillig oder durch Zwang geschieht. Im Fall eines bestehenden Machtgefälles wird jedoch die überlegene Gruppe eine leichtere Durchsetzung von Elementen ihrer Kultur erreichen. Andererseits kann auch eine Minderheit die Mehrheit kulturell beeinflussen. Für den Jazz bedeutet dies, daß die afrikanischen Neger in den USA einerseits europäische Elemente übernommen haben (bes. in der Harmonik und der Instrumentation), andererseits aber wesentliche Elemente ihrer Kultur an die herrschende Schicht abgegeben haben, z. B. Rhythmik, Melodik, Blue Notes etc. So ist die gesamte internationale Tanzmusik ohne die Einflüsse des Jazz nicht mehr denkbar.

Lit.: W. Bernsdorff (Hg.), Wörterbuch der Soziologie, Ffm 1972; A. M. Dauer, Jazz, die magische Musik, Bremen 1961

aklaff, Pheeroan, (d), * 27.1.1955 Detroit. Klassische Musik und Jazz gehören zu den Erinnerungen an sein Elternhaus. Mit 15 Jahren kaufte sich a. sein erstes Drum Set, spielte darauf die Motown Sounds nach und begeisterte sich an der Virtuosität des Schlagzeugers Max Roach. Wegen ihrer ungewöhnlichen rhythmischen Auffassung und den eigenartigen Motivfindungen wurde für a. auch die Pianistik von Thelonious Monk sehr wichtig. Nach der High School spielte der Drummer zunächst in Rhythm 'n' Blues Bands, bis er sich der Avantgarde anschloß. In diesem Tätigkeitsbereich belebten seine frischen, unkomplizierten Rhythmen die Konzeption einer ganzen Reihe von wichtigen Formationen.

a. war Schlagzeuger bei Air, dem Henry Threadgill Sextett, dem Roscoe Mitchell Orchestra und in den Gruppen von Sonny Sharrock. Unter eigenem Namen machte er Aufnahmen im Fusion- und Avantgardebereich, als Sideman mit Air, Anthony Davis, Craig Harris, Threadgill, Jerome Harris, Leo Smith, Mark Helias, Marty Ehrlich, Ned Rosenberg, Oliver Lake, Roscoe Mitchell, Sonny Sharrock u. a. (G. F.)

CD: Sonogram, MU Records 30JC-455

Akzent, zu den Mitteln der Melodiebildung gehörend. Er bedeutet die Betonung der Taktschwerpunkte einer Melodie (im 4/4-Takt auf 2 u. 4 bzw. 1 u. 3) sowie die dynamische Hervorhebung eines Tones vor anderen (sforzato).

Albam, Manny, Emmanuel, (comp, bar), * 24.6.1922 Samana, Dominik. Republik. Begann 1941 als Alt-Saxophonist bei Muggsy Spanier, spielte dann Bariton-Sax bei Bob Chester, Georgie Auld, Boyd Raeburn, Herbie Fields, Bobby Sherwood, Sam Donahue und Charlie Barnet; begann bei Spanier zu arrangieren und arbeitete ab 1949 u. a. für Stan Kenton (»Samana«), Barnet (»Panamericana«), Charlie Ventura, Count Basie, Woody Herman (»Captain Ahab«), Larry Sonn, Urbie Green, Charlie Spivak, Paul Quinichette, Terry Gibbs, Dave Lee, Don Elliott, Jimmy McGriff, Joe Morello, Chubby Jackson, Buddy Rich, Jerry Wald, Ralph Marterie, N. Y. Sax. Quartet, div. Vokalisten und 1990 für das → LJJH. Lehrt Komposition an der Manhattan School of Music. – Schallplatten mit Studio-Bands ab 1955 für RCA, Coral, Dot, Columbia, Impulse, Solid State*.
*CD: LRC CD9035**

Albany, Joe, Joseph, (p), * 24.1.1924 Atlantic City, N. J. Spielte 1941 bei Benny Carter, 1944 bei Max Kaminsky, 1946 bei Charlie Parker. Lebte dann relativ zurückgezogen, bis er 1971 als »lebende Legende« der Bebop-Ära wieder entdeckt wurde und eine ganze Reihe von LPs einspielte – so für Spotlite, Odeon (Japan), Steeplechase, Horo, EMI (Italien), Musica, Sea Breeze, Interplay, Elektra Musician. Aufnahmen als Sideman mit Georgie Auld, Lester Young.
CD: Live in Paris, Fresh Sound 1010

Album, branchenübliche Bezeichnung für die Langspielplatte (LP). Ursprünglich gab es ein richtiges Album mit mehreren 78er Schellackplatten, dann wurde A. auf die LP übertragen, da diese ebenso viele oder mehr Titel enthält wie ein A. Das erste Jazz-Album erschien 1938 auf Columbia mit Reissues von → Bessie Smith.

Alden, Howard, (g), * 17.10.1958 Newport Beach, Calif. Begann als Autodidakt, studierte später bei Jimmy Wyble und Howard Roberts. Hatte erste Jobs in Dixieland-Bands in Disneyland, spielte dann mit Page Cavanaugh, Red Norvo, Max Morath, Joe Bushkin, Joe Williams, Ruby Braff, Bobby Scott, Woody Herman, Kenny Davern, Flip Phillips (Nizza 1988), Buck Clayton. Der Mainstream-Solist leitet ein eigenes Quintett mit Dan Barrett (tb) und spielt mit anderen Gruppen seiner Stilrichtung in N. Y. – Schallplatten mit Ruby Braff, Jack Lesberg, Ken Peplowski, Warren Vaché, Dan Barrett, Flip Phillips, Mel Powell, Mavis Rivers, Scott Hamilton, Susannah McCorckle, Dick Sudhalter, Bucky Pizzarelli, Judy Carmichael, Kenny Davers, Shoko Amano, Jorge Anders u. a.; als Leader für Famous Door, Chiaro-scuro, Concord u. Stomp Off.
CD: Salutes Buck Clayton, Concord 4395

Alexander, Monty, Montgomery Bernard, (p), * 6.6.1944 Kingston, Jamaika. Spielte in lokalen Calypso- und R&B-Bands, ging mit 17 Jahren nach Miami, spielte mit Les Spann in N. Y., ab 1970 mit eigenem Trio. A. ist ein virtuoser Pianist im Stil von

Oscar Peterson, wenn ihm auch dessen Substanz fehlt. Auf späteren LPs verarbeitet er karibische Elemente in seiner Musik. – Schallplatten mit Dizzy Gillespie, Ernestine Anderson, Jimmy Smith, Milt Jackson, Marshall Royal, Ray Brown, Howard Alden; als Leader für Pacific Jazz, RCA, MPS, Jeton*, Concord, Atlas, Black & Blue, Limetree, Soul Note, Chesky u. Mastermix.
*CD: Solo, Bell 84006**

Alexandria, Lorez, (voc), * 14.8.1929 Chicago. Begann in den lokalen Bands von Jimmy Hill, King Flemming, 1958 mit dem Ramsey Lewis Trio. Ab 1961 in L. A. als Solistin in Klubs und TV-Shows. Entwickelte sich nach Gospel-Anfängen zu einer ausdrucksstarken Jazz-Sängerin nach dem Vorbild von Dinah Washington u. Sarah Vaughan. – LPs ab 1957 für King, Argo, Impulse*, Trio, Discovery, Pzazz.
*CD: Alexandria The Great, MCA 33116**

Allen, Geri, (p, synth, keyb), * 12.7. 1957 Pontiac, Mich. Erster wichtiger Job bei Steve Coleman & The Elements. Tritt meist mit eigenen Gruppen auf und wird häufig zu Plattenaufnahmen herangezogen. – A. ist zu hören bei Aufnahmen von Franco Ambrosetti, Steve Coleman, James Newton, Charlie Haden, David Friedman, Frank Lowe, Greg Osby, John Stubblefield, Oliver Lake, Paul Motian, Buddy Collette, Chico Freeman, Jay Hoggard, Ralph Peterson, Roy Brooks, Pheeroan aklaff, Fred Wesley, Cecil Brooks, Betty Carter, Hal Willner, Gloria DeNard, Dewey Redman; unter ihrem Namen für JMT, Minor, Blue Note und DIW. Sie lehrt am New England Conservatory.
CD: Twylight, Minor 1014

Allen, »Red«, Henry James, (tp, voc), * 7.1.1908 N. O., † 17.4.1967 N. Y. Sohn eines N. O. Brass Band Leaders. Lernte zuerst Violine, spielte Alt-Horn, dann tp nach einigen Stunden von Peter Bocage. 1924 in der Excelsior Band, auch mit Sam Morgan, John Casimir, George Lewis, John Handy, Sidney Desvignes. 1927 zu King Oliver, mit diesem nach N. Y. Schallplattendebüt mit Clarence Williams. 1929–32 bei Luis Russell, 1932–33 Charlie Johnson, Fletcher Henderson 1933–34, bis 1937 in Mills Blue Rhythm Band (Lucky Millinder). In Louis Armstrongs Big Band 1937–40, dann eigenes Sextett im »Famous Door«, N. Y. Lange Engagements in Chicago, Boston, San Francisco, N. Y. 1959 Europatournee mit Kid Ory, in den folgenden Jahren mehrmals in Europa. – Schallplatten mit Luis Russell, Fletcher Henderson, MBRB, Louis Armstrong, Fats Waller, Victoria Spivey, Wilton Crawley, Putney Dandridge, Billie Holiday, George Williams u. a.; als Leader für RCA, Vocalion, Roulette, Verve, Swingville, Impulse u. a. Gilt nach Louis Armstrong als bedeutendster Trompeter der klassischen Periode.
Lit.: Jan Evensmo, The Trumpet and Vocal of Henry Red Allen 1927–42, Hosle, Norwegen 1978
LP: A Recorded Documentary, Meritt 13-14; CD: 1933, Hep 1028; World on a String, Bluebird ND82497

Allen, Steve, (p, comp, voc), * 26.12. 1921 N. Y. Als Musiker Autodidakt, war A. hauptsächlich als Schauspieler (»Benny Goodman Story«) und TV-Moderator (»Tonight Show«) tätig, nahm aber als Swing-Pianist einige LPs mit prominenten Jazz-Musikern auf – z. B. Georgie Auld, Terry Gibbs, Tony Scott, Al Cohn, Neal Hefti, Don Rader für Columbia, Coral, EmArcy, Dot, Roulette; auch Lyrik & Jazz-LPs mit Jack Kerouac. Komponierte u. a. »This Could Be the Start of Something Big«, »South Dakota«, »Mr. Moon«.

Alligator, Slang-Ausdruck für einen Jazz- oder Swing-Anhänger (ca. 1935–42), gewöhnlich abgekürzt über »Gator«, »Gate« zu »Cat«. Gern gebraucht in der Abschiedsformel »See you later, alligator«, die in den 50er Jahren von Bill Haley zu einem Rock'n'Roll-Hit verarbeitet wurde. Vgl. dazu auch den Spitznamen von Willis »Gator« Jackson oder Lou Donaldsons »Alligator Boogaloo« (Blue Note). (→ Cat)

Alligator Records, von Bruce Iglauer 1971 in Chicago gegr., spezialisiert auf Modern Chicago Blues, z. B. Son Seals, F. Robinson, Koko Taylor.

Allison, Mose, John Jr., (p, voc, tp), * 11.11.1927 Tippo, Miss. Leitete Dixieland-Band in High School, spielte in N. Y. mit Stan Getz, Gerry Mulligan, ab 1958 eigenes Trio, in dem sein vom Folk-Blues beeinflußter Gesang breiten Raum einnimmt. – Aufnahmen mit Stan Getz, Al Cohn, Al Cohn – Zoot Sims; eigene LPs für Prestige, Columbia, Atlantic, Elektra Musician, Blue Note.

CD: Sings and Plays, Ace/Prestige CDJZD 007

All Stars, eine Band, in der jedes Mitglied ein prominenter Musiker ist. Meist hervorgegangen aus → Polls (→ Esquire All Stars, Metronome All Stars).

Almeida, Laurindo, (g), * 2.9.1917 Sao Paulo, Brasilien. Kam 1947 in die USA, spielte bei Stan Kenton, danach mit eigenem Trio im Raum L. A. Nahm 1954 mit → Bud Shank zwei LPs auf, die kaum Beachtung fanden, aber in den 60er Jahren durch die Popularität des Bossa Nova als dessen Vorwegnahme gefeiert wurden. Arbeitet als Studiomusiker und mit seiner »L. A. Four« (mit Bud Shank, Ray Brown, Shelly Manne bzw. Jeff Hamilton). A. ist einer der großen Virtuosen der (unverstärkten) spanischen Konzertgitarre. – Schallplatten mit Stan Kenton, Pete Rugolo, Four Freshmen, Herbie Mann, Steve Allen, Sammy Davis Jr., Stan Getz, Anita O'Day, Gerald Wilson, June Christy, Henry Mancini, Charlie Byrd, Kitty White, Frank Sinatra, MJQ, Shorty Rogers, L. A. Four u. a.; als Leader für Pacific Jazz, Capitol, Dobre, MCA, Crystal Clear, East Wind und Concord, daneben Aufnahmen mit klassischer Gitarrenmusik.

CD: Brazilliance, PJ 6339-2, 6102-2; First Concerto for Guitar & Orch., Concord 2001

Alto, **1.** Abk. für alto-sax, → Saxophon; **2.** (frz., engl.) Alt, Altstimme; **3.** (frz.) Viola (Bratsche).

Ambrosetti, Franco, (tp), * 10.12. 1941 Lugano, Schweiz. Sohn des Alt-

saxophonisten (und Fabrikanten) Flavio A. (* 8.10.1910). Begann in der Band seines Vaters, trat zu Beginn der 60er Jahre mit Baseler Musikern auf Festivals auf, so George Gruntz, Klaus König, Peter Schmidlin, später mit Michael Brecker, Joe Henderson u. a. – Der dem Hard-Bop nahestehende A. nahm Schallplatten auf mit Giorgio Azzolini, George Gruntz, Michael Brecker, Don Sebesky, Phil Woods, Dino Betty Van Der Noot, Jazz Class Orch. u. a.; als Leader für Durium, Dire, Horo u. Enja.
CD: Music for Symphony & Jazz Band, Enja 6070

American Jazz Orchestra, von → John Lewis und Gary Giddins als Non-profit-Organisation (nicht gewinnorientiert) in N. Y. gegründet, widmet sich dem großorchestralen Jazz, sowohl zeitgenössischen Werken als auch Nachspielungen historischer Arrangements. Schallplatten auf Musicmasters.
CD: Benny Carter & AJO, Central City Sketches, Musicm. CIDJ 60126

American Folk Blues Festival, von 1962–74 jährlich veranstaltetes Blues-Festival. Initiiert von Joachim Ernst Berendt, der 1960 eine Blues-Veranstaltung für den SWF organisiert hatte, brachten die AFBFs durch den Erfolg in Europa erstmals für viele Blues-Musiker Anerkennung in ihrer Heimat und hatten auch beträchtlichen Einfluß auf die europäische Blues- und Rock-Szene. Teilnehmer u. a. John Lee Hooker, Willie Dixon, T-Bone Walker, Sonny Boy Williamson, Muddy Waters, Junior Wells, Little Walter, Roosevelt Sykes, Big Joe Turner. LPs auf Fontana, L & R.

Amiga, das Jazz- und Pop-Label der Deutschen Schallplatten GmbH (bis 1990: VEB Deutsche Schallplatten), gegründet 1947. Die Fa. nahm die ersten deutschen Jazz-Platten nach dem 2. Weltkrieg auf, veröffentlichte dann aber wegen der ideologischen Blindheit nur wenige Jazz-Titel, seit den 70er Jahren jedoch regelmäßig LPs, die den beachtlichen Standard des zeitgenössischen Jazz der DDR repräsentieren. Seit 1991 heißt das Label »Zong«.

Ammons, Albert, (p), * 23.9.1907 Chicago, † 5.12.1949 ebenda. Spielte in Klubs in und um Chicago als Solist, mit Combo 1934–38, anschließend in N. Y. als Solist oder im Duett mit Pete Johnson, zeitweise auch im Trio mit Johnson und Meade Lux Lewis. Diese bilden die großen drei des → Boogie Woogie, wobei A. der am meisten bluesbezogene ist. – Aufnahmen mit Pete Johnson, Meade Lux Lewis, Harry James, Lionel Hampton, J. C. Higginbotham, Big Joe Turner, seinem Sohn Gene A., hauptsächlich aber als Solist für Decca, Commodore, Blue Note, Mercury.
R.: Blues Classics, Storyville, Affinity.
LP: A. A. & His Rhythm Kings, Affinity AFS 1005
CD: Master of Boogie, Milan 873012

Ammons, Gene, Eugene, (ts), * 14.4. 1925 Chicago, † 6.8.1974 Chicago. Sohn von Albert A. Begann bei King Kolax 1943, wurde berühmt in der Billy Eckstine Big Band 1944–47,

bes. durch die »Tenor Battle« mit Dexter Gordon »Blowing the Blues Away«. 1949 als Nachfolger von Stan Getz bei Woody Herman. 1950 Combo mit Sonny Stitt, deren gefeierte »Battles« eine Reihe von Nachfolgern fand. Ab 1952 eigene Gruppe, meist in Chicago. 1958 wegen Drogengebrauchs erstmals verhaftet, verbrachte A. mehrere Jahre im Gefängnis, zuletzt sieben Jahre (bis 1969), konnte dort aber weiter sein Horn spielen, um in Form zu bleiben. A. wurde stilistisch ursprünglich von Lester Young beeinflußt, später wurde sein Ton rauher und kantiger, zeitweise bevorzugte er ein »Honking« im R&B-Stil. – Schallplatten mit Billy Eckstine, Woody Herman, Count Basie, Jack McDuff, Bennie Green, Sonny Stitt, als Leader für Mercury, Chess, Prestige*, Savoy, Pacific Jazz, Argo, Verve.
*LP/CD: Blue Gene, OJC 192**

Amram, Dave, David Werner III, (fhr, comp), * 17.11.1930 Philadelphia. Begann Klavier u. Trompete zu spielen, studierte am Curtis Institute. 1951–52 im National Symphony Orch. in Washington, 1953–54 im Army Symphony Orch. Nach Entlassung nach Paris zu Bobby Jaspar u. Henri Renaud. Plattendebüt mit Lionel Hampton. In N. Y. bei Sonny Rollins, Charles Mingus, Oscar Pettiford. 1957 Jazz-Combo im »Five Spot«. Konzentrierte sich danach auf Kompositionen für Bühne und Film. 1963–65 Musical Director des Lincoln Center Repertory Theatre, 1967 Assistent von Leonard Bernstein. Verwendet in seinen Kompositionen Elemente verschiedenster Musikkulturen, ist auch musikpädagogisch tätig. – Schallplatten mit Oscar Pettiford, Lionel Hampton, Kenny Dorham, George Barrow; unter eigenem Namen für Swing, Decca, Flying Fish, Elektra Musician, NCM.
LP: Latin Jazz Celebration, Elektra Musician 60237

Anderson, Cat, William Alonzo, (tp), * 12.9.1916 Greenville, S. C., † 29.4.1981 L. A. Lernte Trompete im Waisenhaus in Charleston, spielte bei den Carolina Cotton Pickers, dem Sunset Royal Orch., ab 1941 bei Lucky Millinder, Erskine Hawkins, Lionel Hampton, Duke Ellington 1944–47. Eigene Band bis 1950, dann wieder zu Ellington (bis 1971). Danach in den Studios von Hollywood, aber auch Gastauftritte mit Charles Mingus, Lionel Hampton und Benny Carter. A. war ein (nicht immer geschmackvoller) High-Note-Spezialist, als solcher bei Duke Ellington häufig herausgestellt (»El Gato«), jedoch auch ein fähiger Solist im mittleren Register. – Schallplatten mit den Carolina Cotton Pickers, Doc Wheeler (Sunset Royals), Lionel Hampton, Duke Ellington, Louis Bellson, Bill Berry, Charles Mingus u. a.; als Leader für Gotham, Apollo, Mercury, EMI-Col., Philips, Black & Blue, Blue Star, Wynne.
CD: Ellington Moods, Milan 873135

Anderson, Ernestine, (voc), * 11.11. 1928 Houston, Texas. Wuchs in Seattle auf, erster Job bei Russell Jacquet 1943, 1947–49 bei Johnny Otis, 1952–53 bei Lionel Hampton. Skandinavientournee 1956 mit Rolf Ericson führte zur Aufnahme einer

LP mit Harry Arnold, die ein großer Erfolg wurde. Ließ sich 1965 in England nieder, hatte 1975 ein Comeback durch einen Vertrag mit dem Concord-Label. Seitdem Auftritte auf internationalen Festivals, Zusammenarbeit mit Hank Jones, George Shearing, Monty Alexander, Ray Brown, Tete Montoliu, Terry Gibbs, Gene Harris. – Schallplatten ab 1947 für Black & White, Metronome, Savoy (m. Gigi Gryce), Mercury, Sue, Concord.
CD: Hello Like Before, Concord CCD 4031

Anderson, Ray, (tb, Sousaphon, voc), * 16.10.1952 Chicago. Begann in R&B-Gruppen, spielte mit Anthony Braxton, Barry Altshul, Eddie Gomez, Sam Rivers, Leo Smith, Charles Mingus, Bennie Wallace. Eigenes Trio mit Mark Helias (b) und Gerry Hemingway (d), gründete die populäre Funk-Gruppe »Slickaphonics«. A. gilt als wichtigster neuer Posaunist der 80er Jahre, der alle Jazz-Stile in seinem Spiel zu verschmelzen weiß. – Aufnahmen mit Anthony Braxton, Barry Altshul, Benny Wallace, Charlie Haden, Daniel Schnyder, Barbara Dennerlein, Gerry Hemingway, Hank Roberts, Luther Allison, George Gruntz, Henry Threadgill, John Lindberg, Leo Smith, Roscoe Mitchell, Pete Levin, Tim Berne, Roberto Ottaviano, »Alte Leidenschaften«, Bobby Previte, John Scofield, George Russell, M. Helias, Peter Warren, Slickaphonics, Bob Nell, U3 Klang, Bluesiana II u. a.; als Leader für Soul Note, Gramavision, Moers und Enja.
CD: Old Bottles, New Vine, Enja 4098

Angewandte Musik, im 19. Jh. geprägter Begriff (im Gegensatz zur absoluten Musik) für die mit anderen Künsten verbundenen Musikformen (Gebrauchsmusik, z. B. Film-, Schauspiel-, Ballettmusik).

Anrufung (statement), der Wechselgesang in der afrikanischen Musik. Besteht ursprünglich aus der Anrufung des Vorsängers und deren Beantwortung (response) durch den Chor. Textlich die Feststellung einer Tatsache (statement) oder eine Reihung von Akklamationen. Im → Archaischen Jazz wird die Anrufungsstimme als »lead« bezeichnet, ausgeführt durch den Kornettspieler bzw. Trompeter. Der → Blues ist ein typisches Beispiel für die Anrufungstechnik auf vokalem Gebiet.

Anthony, Ray, Raymond Antonini, (tp), * 20.1.1922 Bentleyville, Pa. Leitete Band in High School, 1938 zu Al Donahue, 1940–41 bei Glenn Miller, 1942 Jimmy Dorsey. Während des Krieges 1942–45 Bandleader in der US-Navy. Ab 1946 eigene Band, die nach 1949 durch einen Vertrag mit → Capitol Records bald sehr populär wurde. Als Trompeter ist A. stilistisch an Harry James angelehnt, während Glenn Miller das Vorbild für den Band-Sound abgab (arr George Williams, Don Simpson). Außer A. traten nur wenige Solisten hervor (Ausnahmen: sein Bruder Leo [bar], Buddy Wise [ts], Mel Lewis [d]), jedoch nahm er einige LPs mit prominent besetzten Studio-Bands auf (»Jam Session at the Tower«,

»Plays Steve Allen«). In den 60er und 70er Jahren mit kleinen Gruppen aktiv, leitet seit den frühen 80er Jahren wieder eine jazzorientierte Big Band. – Schallplatten für Sonora, Signature, Capitol, Ranwood, seit 1971 für das eigene Label »Aero Space«, darauf auch viele Capitol-Reissues.

Lit.: C. Garrod, R. A. & His Orch., Zephyrhills 1988 (D)

CD: 1988 & All That Jazz, Aero Space 1030

: Story of the Big Band Era, Aero Ⓥ Space 1001

Antilles, das Jazz/Fusion-Label von Island Records. Hat seit 1981 einen beachtlichen Katalog aufgebaut mit Aufnahmen von Ornette Coleman, Buell Neidlinger, den Heath-Brüdern, Gil Evans, Phil Woods, Ben Sidran, Ronald Shannon Jackson, Frank Morgan Courtney Pine, James Clay, Randy Weston, Teddy Edwards, Johnny Griffin u. a.
Sub-Label: Axiom.

Antolini, Charlie, (d), * 24.5.1937 Zürich. Studierte an der Musikakademie Zürich, spielte in lokalen Bands, ab 1956 bei den Tremble Kids, begleitete amerikanische Musiker wie Bill Coleman und Albert Nicholas, später auch Roy Eldridge, Sidney Bechet, Jimmy Giuffre u. a. Dazwischen in den Bands von Erwin Lehn, Kurt Edelhagen, Max Greger, Horst Jankowski, Paul Kuhn. – Sein exzentrischer Schlagzeugstil in der Tradition von Buddy Rich ist auf einer Reihe von LPs unter eigenem Namen zu hören, die er für MPS, Bell, Pläne und Jeton aufnahm, außerdem mit Max Greger, Erwin Lehn, Kurt Edelhagen, Eugen Cicero, Barbara Dennerlein, Wolfgang Schlüter, Art Van Damme, Allotria Jazzband, Thilo Wolf u. a.

Apollo, Musiktheater in → Harlem, 253 West 125th Street. Seit seiner Eröffnung am 26.1.1934 durch Frank Schiffman gilt es als wichtigstes Sprungbrett für farbige Künstler in den USA. In regelmäßigen Amateurwettbewerben wurden dort spätere Stars von Jazz und Showbusineß entdeckt, z. B. Ella Fitzgerald, Sarah Vaughan u. Etta Jones. Benny Carter widmete dem A. seine Komposition »Apollo Jumps«.

Lit.: Jack Shiffman, Uptown – The Story of Harlems's Apollo Theatre, New York 1971; R. Cooper/Steve Dougherty, Amateur Night at the Apollo, N. Y. 1991

Apollo Records, 1944 von Teddy Gottlieb und Hy Siegel gegründet, den Besitzern des »Rainbow Music Shop« in Harlem nahe dem → Apollo-Theater. Nahm bis 1962 schwarze

Die erste Bebop-Schallplatte der Jazz-Geschichte!

Musik auf, darunter Jazz-Musiker wie Coleman Hawkins, der hier die erste Bebop-Session der Jazz-Geschichte einspielte (mit Dizzy Gillespie), Earl Hines, Illinois Jacquet, Pete Johnson, vor allem aber Blues- (Eddie Mack), R&B- (Wynonie Harris) und Gospel-Interpreten (Mahalia Jackson). 1992 an Delmark verkauft, dort CD-Reissues.

Archaischer Blues (Country Blues), die Bezeichnung für die ältesten überlieferten Blues-Formen. Entstanden in der ersten Hälfte des 19. Jh. in den Südstaaten der USA (Mississippi), d. h. in ländlichen Gebieten, zeichnet er sich durch liedmäßige Anlagen aus. Er ist ein unbegleiteter Sologesang mit zugrundeliegender traditioneller afrikanischer Text- u. Melodieform mit linearer Folge von Anrufung und Beantwortung. Die Hinzufügung von Begleitinstrumenten wie → Kazoo, Gitarre, Banjo bedeutet eine melodische und harmonische Bereicherung. Musikalische Beispiele gibt es von Muddy Waters (McKiney Morganfield) für die → Library of Congress.

Lit.: Samuel Charters, The Country Blues, N. Y./Toronto 1959 (dt. München 1962)

LP: The Country Blues, Folkways RF 1; Muddy Waters, Chess 427005

Archaischer Jazz, gleichbedeutend mit gewissen Vorformen des Jazz, genannt Marching Jazz oder Street Band Jazz. Entstanden als Versuch der Nachahmung der weißen Brass Bands in mehreren Südstaaten der USA um die Mitte des 19. Jh. Zu dieser Zeit gab es bereits kreolische Brass Bands, die Marsch- u. Unterhaltungsmusik spielten, d. h., die Musizierweise hatte annähernd »weiße« Maßstäbe erreicht. Die Musik dieser Street Bands gilt als die nächste Entwicklungsstufe gegenüber den Urformen des Jazz. Die verwendeten Marschmelodien werden durch die mehrfach besetzten Melodieinstrumente variiert. Diese Musik kann aber nicht mit dem → New Orleans Jazz verglichen werden, da die Stimmen keinen beantwortenden Bezug zueinander haben. Deshalb muß eher von Heterophonie als von Polyphonie gesprochen werden. In dieser Musik sind Einflüsse des → Ragtime spürbar, zumal viele Ragtime-Kompositionen gespielt wurden.

Zum A. gehört die Musik der schwarzen Country Bands, der schwarzen und weißen Brass Bands, der Street u. Marching Bands, der schwarzen und weißen Ragtime Bands und der schwarzen Tub, Jug und Washboard Bands.

Lit.: Rudi Blesh, Shining Trumpets, N. Y. 1976; Williams J. Schafer/ Richard B. Allen, Brass Bands and New Orleans Jazz, Baton Rouge o. J.

LP: Eureka Brass Band, Folkways 2462

Archey, Jimmy, James, (tb), * 12.10. 1902 Norfolk, Va., † 16.11.1967 Amityville, N. Y. Spielte ab 1926 in den Bands von Edgar Hayes, Arthur Gibbs, Joe Steele, King Oliver, Luis Russell. In den 30er und 40er Jahren bei Louis Armstrong, Willie Bryant, Benny Carter, Claude Hopkins, Noble Sissle, Cab Calloway, bei Bob Wilber 1948–52. In den 50er Jahren mehrere Europatourneen mit Mezz Mezzrow und eigenen Bands. Ab 1955 im Club Hangover in San Francisco mit der Dixieland Band von Earl Hines. – Schallplatten mit King Oliver, Luis Russell, Benny Carter, Sidney Bechet, Wild Bill Davison u. Earl Hines.

Archive of Folk Music, Teil der Musikabteilung der → Library of Congress in Washington, D. C. 1928 als Archive of American Folksong in Privatinitiative gegründet und unterstützt von Institutionen wie der Rockefeller Foundation und der Carnegie Corporation, wurde das AFS 1937 von der Library of Congress übernommen. Das Archiv umfaßt mehr als 16 000 Aufnahmen mit Volksmusik aller Art, auf Tonband, Schallplatten, Draht und Zylindern konserviert. Ein großer Teil der archivierten »schwarzen« Volksmusik wurde von Alan Lomax und dessen Sohn John A. auf vielen Reisen, besonders in den Südstaaten der USA, in den Jahren 1935 bis 1948 gesammelt, darunter unschätzbare und z. T. unveröffentlichte Aufnahmen von Blues-Künstlern wie Huddie Leadbelly, Smith Casey, Muddy Waters, Sonny Terry, Son House u. v. a.

Arhoolie Records, El Cerrito, Calif., 1960 von Chris Strachwitz gegründet, spezialisiert auf Blues und Folklore, aber auch Traditioneller und Moderner Jazz. Labels: Arhoolie, Blues Classics, Folklyric, Old Timey. Blues: Mance Lipscomb, Lightnin' Hopkins, Fred McDowell, Big Joe Williams, Sonny Boy Williamson, Bukka White, Earl Hooker u. a. Traditional Jazz: Kid Thomas, N. A. Ragtime Orch., Dick Oxtot, Kid Ory u. a. Modern: Sonny Simmons, Jerry Hahn.
Exzellente Anthologien mit Blues, Tex-Mex, Western Swing.
LP: The Roots of American Swing, Arhoolie 2001/2002

Arista Records, 1974 von dem ehemaligen Chef der US-Columbia, Clive Davis, gegründet als Unterlabel der Columbia Pictures Industries, gewidmet der Fusion-Musik und der Avantgarde. Im Besitz der Bertelsmann Music Group. R.: Bluebird.

Armstrong, Lil → Hardin, Lil

Armstrong, Louis Daniel, (tp, voc), * 4.8.1901 N. O., † 6.7.1971 N. Y. Sohn eines Tagelöhners, lernte in der Fürsorgeanstalt, in die er wegen eines Jugendstreiches gekommen war, Kornett, spielte dann in verschiedenen Bands in N. O., u. a. bei Kid Ory, der Tuxedo Brass Band, Fate Marable. 1922 zu King Oliver nach Chicago, heiratete in 2. Ehe dessen Pianistin → Lil Hardin. Kurze Zeit bei Ollie Powers, dann nach N. Y. zu → Fletcher Henderson 1924–25, daneben Schallplatten mit Bessie Smith, Clara Smith, Clarence Williams u. a. 1926 wieder in Chicago bei Erskine Tate, Beginn einer Aufnahmeserie mit eigenen (Studio-)Bands, den »Hot Five« bzw. »Hot Seven«, dabei u. a. Kid Ory, Johnny Dodds, Lil Hardin, Baby Dodds. 1926 im Orch. von Carroll Dickerson, spielte inzwischen auch Trompete, ab 1928 ausschließlich, so bei der 2. Hot Five mit u. a. Earl Hines, Fred Robinson, Jimmy

Strong, mit der er so berühmte Titel wie den »West End Blues« aufnahm. Trat ab 1925 auch als Sänger hervor, hatte von 1931–47 eigene Big Bands, überließ die musikalische Leitung aber anderen Musikern wie Luis Russell, Joe Garland oder Teddy McRae. 1947 Rückkehr zur kleinen Besetzung, den »All Stars« mit Jack Teagarden, Barney Bigard, Earl Hines, Sid Catlett, später Trummy Young, Joe Darensbourg, Peanuts Hucko, Billy Kyle u. a., bereiste mit diesen als »Botschafter des Jazz« die ganze Welt. A. gilt wegen seiner technischen und improvisatorischen Fähigkeiten als der bedeutendste Musiker der klassischen Ära, manchem als der bedeutendste Jazz-Musiker überhaupt. Sein Einfluß geht über die Musiker eines Instruments weit hinaus. – Die Zahl seiner Schallplatten ist Legion, neben den o. g. sind noch wichtig: Jimmy Bertrand, Johnny Dodds, Les Hite, Chick Webb, Jimmy Dorsey, Esquire All Stars, V-Disc All Stars, Ella Fitzgerald, Louis Jordan, Dukes of Dixieland, Duke Ellington, Oscar Peterson. Schallplatten als Leader für Okeh (CBS), Decca, RCA, Verve, Kapp.

Lit.: My Life in N. O., N. Y. 1986 (1954), dt. Reinbek 1962; J. L. Collier, A Biography, London 1984, dt. Bergisch Gladbach 1987; G. Giddins, Satchmo, N. Y. 1988, dt. Stuttgart 1991; Max Jones/John Chilton, The L. A. Story, N. Y. 1988; Hans Westerberg, Boy from N. O., Kopenhagen 1981 (D); I. Storb, L. A., Reinbek 1989; M. Pinfold, L. A., His Life and Times, Tunbridge Wells 1987

CD: Hot Five/Seven, CBS/Sony; Bluebird ND 86757; Verve 825373-2, 835313-2; ⓥ:All Stars, Virgin 790418; Satchmo, SV 2602

Arnold, Harry, (sax, comp), * 7.8. 1920 Hälsingborg, † 11.2.1971 Stockholm. Leitete 1942–49 eine eigene Big Band, ging dann als Tenorist und Arrangeur zu Thore Ehrling und stellte 1956 das »Swedish Radio Studio Orchestra« zusammen, welches in kurzer Zeit in die Spitzengruppe der europäischen Big Bands aufstieg. – Die Band begleitete viele US-Stars und nahm Schallplatten mit Coleman Hawkins, Lucky Thompson, Benny Bailey, Nat Adderley und Arrangements von Quincy Jones auf. In der Band spielten u. a. Ake Persson (tb), Arne Domnerus (as), Bengt Hallberg (p), Georg Riedel (b), Bengt-Arne Wallin (tp). Die wenigen LPs der Band für Metronome sind die Suche danach wert.

CD: Legendary Years Vol. 1, WEA 9031-77572-2

Arrangement, die Orchesterfassung eines musikalischen Themas bzw. Musikstückes. Es gab sie bereits im Archaischen Jazz, dort meist als auswendig gespielte → Head Arrangements. Im allgemeinen besteht ein A. aus der Aneinanderreihung mehrerer Wiederholungen der Grundmelodie, variiert durch instrumentale oder melodische Einfälle.

Die Entwicklung des A. steht im Zusammenhang mit der Erweiterung der klassischen Jazz-Band zur → Big Band, die eine festgelegte Anordnung der verschiedenen Stimmen verlangt. In den 20er Jahren – und schon vorher – findet das geschriebene A. hauptsächlich Verwendung bei den weißen »sinfonischen Jazz-Orchestern« wie denen von Paul Whiteman, Jean Goldkette, Leo Reisman und den farbigen Bands von Fletcher Henderson (arr Don Redman), Duke Ellington, Doc Cook, Erskine Tate u. a. Die Standardformeln des Big-Band-A. wurden von Art Hickman, Bill Challis und Ferdé Grofé gesetzt. Vor allem letzterer entwickelte für das Orch. Paul Whiteman die Prinzipien, die dann in der Swing-Ära ihren Höhepunkt fanden:

1. Aufteilung des Orch. in Sections: Blech, Saxophone, Rhythmus,
2. diese Sections spielen in → »Call and Response«-Manier oder kontrapunktisch,
3. individuelle Soli, meist improvisiert, gelegentlich auch → straight,
4. Ensemblepassagen werden mit dem → Feeling improvisierter Soli gespielt.

Im Jazz ist das A. nicht Ersatz für Improvisation wie in der kommerziellen Musik, sondern Alternative. Seine Aufgabe ist die instrumentale Begleitung von Solisten oder Vokalisten und deren orchestrale Einrahmung vor, während und nach den Soli. In einigen Stilphasen nimmt das A. stark symphonische Züge an (→ Symphonischer Jazz, → Progressive Jazz), während bei den modernen Jazz-Stilen oft ein Rahmen-A. bevorzugt wird, das den Solisten größere Freiheit läßt.

Die bedeutendsten Arrangeure des Jazz sind Don Redman, Fletcher und Horace Henderson, Jimmy Mundy, Benny Carter, Duke Ellington, Billy Strayhorn, Eddie Sauter, Ralph Burns, Johnny Richards, Bill Russo, Gil Evans, Tadd Dameron, Sy Oliver, Bill Holman, Thad Jones, Quincy Jones, Gary McFarland, Toshiko Akiyoshi, Carla Bley, Gerald Wilson. »It all starts with the soloist. What he plays today, the arranger writes tomorrow« (Tony Scott).

Lit.: Bill Russo, Composing for the Jazz Orchestra, Chicago 1973; Don Sebesky, The Contemporary Arranger, Sherman Oaks, Calif.; Gil Fuller, Structured Orchestrating for Film, TV & Recording, Argus Publ., Maywood, N. J., 1989

CD: The Jazz Arranger, Col. CJ 45143 u. 45445

Art Ensemble of Chicago → AACM

ASCAP, Abk. f. »**A**merican **S**ociety of **C**omposers, **A**uthors and **P**ublishers«, eine Verwertungsgesellschaft musikalischer Rechte, gegr. am 13.2.1914 in N. Y. durch eine Gruppe von Komponisten um John Philip Sousa und Victor Herbert. Die ASCAP hat heute etwa 16 000 Mitglieder (Komponisten und Texter).

(→ BMI, → GEMA)

ASCAP-Ban (Ban = engl. Bann, Verbot); 1940 verlangten die Komponisten, Song-Texter und Musikverleger mehr Geld für ihre im Rundfunk gespielten Werke. Die Sender lehnten ab und boykottierten vom 1.1.1941 bis Anfang November 1941 das ASCAP-Repertoire. Statt dessen sendeten sie Volksmusik und rechtlich ungeschützte Musik wie Schlager aus dem 19. Jh. und Bearbeitungen von klassischer Musik. Gleichzeitig gründeten sie ein Konkurrenzunternehmen »Broadcast Music Inc.« (BMI), nahmen neue Autoren unter Vertrag und akzeptierten auch Volksmusiker, Blues-Sänger etc., die den elitären ASCAP-Bestimmungen nicht genügt hatten. In ihren Methoden, ihre Musik an den Mann (d. h. Diskjockey, Programmdirektor) zu bringen, waren die BMI-Vertreter nicht zimperlich. Die Folge war eine beträchtliche Niveausenkung der amerikanischen Populärmusik, gleichzeitig war diese Musik für die ganze Nation hörbar geworden. Die Folge für den Jazz war, daß die prominenten Bands ihre Musik nicht mehr im Rundfunk spielen konnten, woraufhin sie Klassikerbearbeitungen (»Liebestraum« von Liszt, »Humoresque« von Dvořák) und Uralt-Schlager (»Jeannie with the Light Brown Hair«) in Swing-Versionen spielten sowie neue Titel schrieben, die dann von der BMI vertreten wurden. So ersetzte Glenn Miller seinen berühmten Theme-Song »Moonlight Serenade« durch den »Slumber-Song«.

Schwerwiegender war jedoch, daß die Big Bands durch die im Rundfunk neue Musik wie Hillbilly- und Country-Musik einen Teil ihres Publikums verloren, was mit ein Grund für den Niedergang der Big Bands war. In diesem Zusammenhang ist es wichtig zu wissen, daß in den USA um 1940 das Musikgeschäft von drei großen Schallplattenfirmen und ca. 600 Rundfunkstationen beherrscht wurde. Heute sind es über 4000 Plattenfirmen und etwa 7000 Rundfunksender.

Lit.: K. Kuhnke/M. Miller/P. Schulze, Geschichte der Pop-Musik, Bremen 1976

Ascent Records, N. Y., von → Toshiko Akiyoshi und Lew Tabackin 1980 gegr. Label. LPs von Lew Tabackin, TALT-Big Band.

Ashby, Harold, Harold Ashby Kenneth, (ts, cl), * 27.3.1925 Kansas City. Begann Klarinette in der Schul-Band, ging nach dem Armeedienst 1946 zu Tommy Douglas, 1947–52 in Chicago als Begleiter von Blues-Sängern. 1957 nach N. Y., spielte mit Mercer Ellington, Johnny Hodges, Lawrence Brown, Russell Procope. 1960 erstmals bei Duke Ellington, 1963 in dessen »2. Band«, die in Chicago »My People« aufführte. 1968 reguläres Mitglied der Ellington-Band, blieb bis 1975 und arbeitete dann als Freelancer, u. a. mit Benny Goodman, George Wein, Buck Clayton, leitet eigene Gruppen. A. ist einer der klassischen Mainstream-Tenoristen der Hawkins-Webster-Schule. – Schallplatten mit Paul Gonsalves, Bennie Wallace, Willie Dixon – Memphis Slim, Jimmy Witherspoon, Newport All Stars, Willie Mabon, Otis Rush, Lowell Fulson, Sonny Boy Williamson u. a.; als Leader für Master Jazz Rec., Gemini, Stash, Criss Cross u. Timeless.

CD: I'm Old Fashioned, Stash 545

Ashby, Irving C., (g), * 29.12.1920 Somerville, Mass. Begann seine Karriere bei Lionel Hampton 1940–42, anschließend Eddie Beal, Lee Young, nach Armeedienst bei

Lester Young und Benny Carter. Wurde 1947 Nachfolger von Oscar Moore im Nat King Cole Trio. 1952 bei Oscar Peterson, mit diesem → JatP-Tourneen. Seitdem freelancing in Hollywod. – Der von Charlie Christian beeinflußte Swing-Gitarrist ist auf Schallplatten von Illinois Jacquet, Phil Moore, Charles Mingus, Jimmy Mundy, Juan Tizol, Fats Waller, Louis Jordan, Wardell Gray, Lester Young, Ernie Freeman, Jackie Davis und Count Basie/Joe Turner zu hören. Eigene LP auf Accent.

Asmussen, Svend, (vln), * 28.2.1916 Kopenhagen. Studierte Zahnmedizin, begann 1933 professionell zu spielen und gründete 1934 ein Quartett nach dem Vorbild von Joe Venuti, welches u. a. die Mills Bros. und Josephine Baker auf Tourneen begleitete. Als besonders fruchtbar erwies sich die Partnerschaft mit seinem langjährigen Partner Ulrik Neumann (g). Diese beiden und Alice Babs (voc) boten als die »Swe-Danes« geschmackvolle Unterhaltungsmusik. In den 60er Jahren Tourneen mit eigenem Quintett, Auftritte auf Festivals (Violin-Summit in Basel) u. a. – Schallplatten ab 1935 für Odeon, Epic, Philips, Metronome, Megafon, Gazell, Sonet, MPS, u. a. mit John Lewis, Ed Thigpen, Red Mitchell, Toots Thielemans, Lionel Hampton, Kenny Drew.

Lit.: Prize Winners, Matrix 1001
CD: Phontastic 8804

Assunto, Frank, (tp), * 29.1.1932 New Orleans, † 25.2.1974 N. O.;

Assunto, Fred; (tb), * 3.12.1929 New Orleans, † 21.4.1966 Las Vegas;

Assunto, Jacob, (tb, bj), * 1.11.1905 Lake Charles, † 1985, Vater von Frank und Fred A. → Dukes of Dixieland.

Ästhetik. Eine Ästhetik des Jazz ist bisher von der Jazz-Literatur kaum im Ansatz behandelt worden, ein Versäumnis, welches wohl mit der scheinbaren Unvereinbarkeit des Jazz mit dem von der Ä. geforderten »Schönklang« zusammenhängt. Ä., von Immanuel Kant (1724–1804) als »Wissenschaft von den Regeln der Sinnlichkeit überhaupt« bezeichnet, ist im landläufigen Sinn eine Theorie des Schönen, eine »Philosophie der Kunst« und damit ein Erbe des Idealismus. Die von abendländischen Vorstellungen geprägte Forderung nach dem Schönklang kollidiert im Jazz mit dessen afrikanischem Erbe und damit einem anders gearteten Schönheitsideal. Die im Jazz gebräuchlichen Stilmerkmale wie → Growl-Effekte, → Dirty Tones, → Blue Notes etc. werden von ungeübten Hörern einfach als »Falschspielen« beurteilt. Diese von den Weißen und farbigen Mittelklasse-Musikern und -Hörern sehr wohl bemerkte Diskrepanz wurde von ihnen zu überwinden versucht durch die Eliminierung der negroiden Merkmale und die Hinwendung an europäische Ideale. Besonders deutlich wird dies in der späten Swing-Ära und im → Cool Jazz, als viele etablierte Jazz-Musiker ihre proletarische Herkunft zu verleugnen suchten.

Der Jazz kollidiert seit seiner Entstehung mit abendländischen Normen, die zur Aufrechterhaltung der bür-

gerlichen Kultur als wesentlich erachtet werden, wo Triebsublimierung als Grundlage von Kultur und Herrschaft gilt.[1]
Jazz aber bezieht sich bis zum → Swing auf afrikanische Normen. Emotionen werden hier nicht unterdrückt und damit abstrahiert bzw. entpersonalisiert, sondern ganz unverstellt dargeboten.
In den 20er Jahren beginnt die Anpassung an »abendländische« ästhetische Traditionen. Es gibt zahlreiche Beispiele für die Bewunderung, die Jazz-Musiker der europäischen Musik zollten.
Erst im → Free Jazz besannen sich viele Musiker wieder ihrer Herkunft und begannen eine Rückbesinnung auf ihre Traditionen als schwarze Amerikaner. Der Einfluß von westlichen Produkten und Musizierweisen wurde dabei nicht einfach negiert, vielmehr wurde er umgedreht und umfunktioniert. So sagte Cecil Taylor: »Ich fürchte mich nicht vor europäischen Einflüssen. Wichtig ist, daß ich sie einsetze – wie Ellington es auch tat – als integrierten Bestandteil meiner Existenz als schwarzer Amerikaner.« (Zit. bei: A. B. Spellman, Black Music, N. Y. 1971[2], S. 27.)
Der Free Jazz hat (oder hatte) soziale Verflechtungen. Ob damit aber die Ä. die Ethik als Maßstab sozialen Verhaltens ersetzen wird, wie es Max Weber vor rund 90 Jahren forderte, darf bezweifelt werden, auch wenn etwas dran ist an seiner Behauptung, die Kunst sei die Religion der gebildeten Klasse geworden.

[1] Vgl. dazu Sigmund Freud, Das Unbehagen in der Kultur, Ffm 1953

Atlantic Records, 1947 von Ahmet Ertegun und Herb Abramson gegründet, machte sich schnell einen Namen mit R&B-Hits (viele geschrieben von Jerry Leiber u. Mike Stoller) und Aufnahmen bedeutender Jazz-Musiker und -Gruppen wie dem Modern Jazz Quartet, Ray Charles, Ornette Coleman, John Coltrane, Mose Allison, Charles Mingus, Roland Kirk, Yusef Lateef u. a. Sub-Labels: Atco, East-West, Cotillion. A. ist heute Teil der Warner Communications (→ WEA).
Lit.: Charlie Gillett, Making Tracks, Atlantic Records and the Growth of a Multi-Billion Dollar Industry, N. Y., 1974; Michel Ruppli, Atlantic Records – A Discography, Westport, Conn. 1979
CD: Atlantic Jazz (div.; s. Bielefelder Kat.)

Atonal, eine Musizierweise, die keine Beziehung zu einer Grundtonart hat, wie es ursprünglich nach den Gesetzen der Harmonik üblich war.

Attacke (attack), eine bestimmte Technik beim Anspielen eines Tones, ein extrem kräftiges und lautes Anstoßen des Tones. Bei den frühen Jazz-Stilen sehr verbreitet, wurde in den späteren Stilen (bes. dem → Cool) weitgehend darauf verzichtet und erst im → Free Jazz wieder zur Geltung gebracht.

Auld, Georgie, John Altweger, (ts, as, sop), * 19.5.1919 Toronto, Kanada, † 8.1.1990 Palm Springs. Kam 1929 in die USA, lernte Alto-Sax und wechselte unter dem Einfluß

von Coleman Hawkins zum Tenor. Spielte 1937–38 bei Bunny Berigan, 1938–39 bei Artie Shaw, leitete kurz dessen Band. Im Juni 1940 zu Benny Goodman, in dessen Big Band und im Sextett mit Charlie Christian und Cootie Williams. 1941–42 wieder bei Artie Shaw, nach dem Armeedienst ab 1945 eigene Big Band, die schon Einflüsse des Bebop reflektierte mit Arrangements von Tadd Dameron, Budd Johnson, Al Cohn und Solisten wie Dizzy Gillespie, Al Killian und Trummy Young. Ab 1949 mit kleinen Gruppen, u. a. mit Frank Rosolinto (tb), nahm kommerzielle Schallplatten auf, aber auch zwei Big-Band-LPs in einem simplifizierten Lunceford-Stil (arr Billy May). Arbeitete in den 50er und 60er Jahren meist in den Studios in Hollywood, ging in den letzten Jahren aber wieder mit Mainstream-Combos auf Tournee. Leitete einen Club in Hollywood, war auch als Schauspieler tätig, zuerst 1949 am Broadway in »The Rat Race«, zuletzt 1976 im Film »New York, New York«.
Schallplatten mit Bunny Berigan, Artie Shaw, Benny Goodman, Billie Holiday, Barney Bigard, Sarah Vaughan, Ella Fitzgerald, Chubby Jackson, Larry Clinton, Metronome All Stars, Maynard Ferguson, Ray Anthony, Steve Allen, R. Marterie, Gus Bivona, Les Brown, Woody Herman u. a. Eigene Aufnahmen ab 1940 für Varsity, Apollo, Musicraft, Discovery, Coral, Merc., Brunswick, Capitol, Top Rank, ABC-Paramount, United Artists, Philips.
Lit.: Garrod/Korst, G. A. & His Orch., Zephyrhills 1992
CD: Georgie Porgie, Musicraft MVSCD 56

Austin High School Gang, eine Gruppe junger Musiker, die in den frühen 20er Jahren die Austin High School in Chicago besuchten und dort 1922 eine Schüler-Band bildeten, die den → New-Orleans- bzw. → Dixieland-Stil nachzuahmen versuchte. Diese Nachahmung bildete den Kern des späteren → Chicago-Stils. Zu den Musikern gehörten Bud Freeman (ts), Jim Lannigan (b, tu), Jimmy und Dick McPartland (tp bzw. g) und Frank Teschemacher (cl). Dazu gesellten sich später noch Benny Goodman (cl, sax), Floyd O'Brien (tb), Eddie Condon (g) und Dave Tough (d), keine Schüler der Austin High School, aber mit den erstgenannten befreundet. Dies waren die später von Hughues Panassié so genannten Chicagoans.
Lit.: Eddie Condon, We Called It Music, N. Y. 1947 (Reprint 1988), dt. Ffm 1988; C. E. Smith, The Austin High School Gang, in: F. Ramsey/ C. E. Smith (ed.), Jazzmen, N. Y. 1939 (Reprint 1967)
LP: Eddie Condon, Chicago Style, VJM VLP 55

Austin, Lovie, eigentl. Cora Calhoun, (p), * 19.9.1887 Chattanooga, Tenn., † 10.7. 1972 Chicago. Die Pianistin wurde in den 20er Jahren als Begleiterin sehr geschätzt, sie spielte mit Ida Cox, Ethel Waters, Alberta Hunter u. a. und nahm Schallplatten mit ihren »Blues Serenaders« für Paramount auf (mit Tommy Ladnier,

Johnny Dodds, Kid Ory u. a.). Später arbeitete sie in Theater-Bands und an einer Tanzschule. 1961 nahm sie noch einige Titel für Riverside auf.
LP: L. A. & Her Blues Serenaders, Fountain FJ 105

Ayers, Roy E. Jr., (vib, voc), * 10.9. 1940 L. A. Lernte Klavier von seiner Mutter und studierte am City College in L. A. Spielte bei Gerald Wilson, Jack Wilson, leitete in den frühen 60er Jahren ein Quartett mit Hampton Hawes, ein eigenes Quartett 1965–66. War 1966–79 bei Herbie Mann. Flirtete kurz mit dem Free Jazz, begann in den 70er Jahren Rock-Elemente und elektronische Verfremdungen in seine Musik einzubeziehen und spielte in diesem Stil eine Reihe von erfolgreichen, von der Kritik aber sehr gemischt aufgenommenen LPs für Polydor ein; schrieb Filmmusiken und trat als Sänger hervor. In den 80er Jahren wandte er sich wieder mehr dem Jazz zu. Aufnahmen mit Gerald und Jack Wilson, Leroy Vinnegar, Herbie Mann, Hampton Hawes, Charles Tolliver – Joe Henderson, Wayne Henderson, Buster Williams; als Leader für United Artists, Atlantic, Polydor, R. Scott's Jazz House.
LP: Virgo Vibes, Atlantic SD 1488
Ⓥ: At R. Scott's, HEN 2162

Ayler, Albert, (ts, as, sop, comp), * 13.7.1936 Cleveland, Ohio. Begann in Blues-Bands von Walter Jacob u. Lloyd Price zu spielen, während seines Militärdienstes mit eigener Gruppe in Paris. 1962 in N. Y. bei Cecil Taylor, im folgenden Jahr in Dänemark mit Trio/Quartett, dort erste LP (Debut). 1964 neues Quartett mit Don Cherry, Gary Peacock, Sunny Murray. 1965 in N. Y. Quintett mit seinem Bruder Don (tp), mit dieser Gruppe Town-Hall-Konzert. Er starb – wahrscheinlich durch Selbstmord – Ende November 1970, seine Leiche wurde am 25.11. aus dem East River geborgen. A., der sich in seinen letzten Jahren wieder dem R & B angenähert hatte, war eine der umstrittensten Figuren des → Free Jazz, auch wegen seines spirituellen Hintergrunds, der sich in Kompositionen wie »Holy Ghost«, »Spiritual Bells«, »Jesus« u. a. äußerte. – Schallplatten für Debut, ESP, Impulse, Shandar, aus dem Nachlaß erschienen LPs auf Bird Notes, Osmosis und Hat Hut.
CD: The Hilversum Sessions, Osmosis 6001

Azimuth → John Taylor, → Kenny Wheeler

Azymuth, 1969 in Rio de Janeiro gegr. Jazz-Rock-Latin-Band, bestehend aus José Roberto Bertrami (keyb, perc, ldr), Alex Malheiro (b), Ivan Conte (d), Aleuda (perc). LPs/CDs auf Milestone, Black Sun.

B

Babasin, Harry, (b, cello), * 19.3. 1921 Dallas, Tex., † 21.5.1988 L. A. Wuchs in Vernon, Tex,. auf, studierte mit Herb Ellis und Jimmy Giuffre am State Texas College. In den 40er Jahren bei Gene Krupa, Benny Goodman, Boyd Raeburn, Charlie Barnet. Spielte als erster (weißer) Musiker das Violoncello pizzicato bei einer Aufnahme mit Dodo Marmarosa (1947, Dial). 1947 Sextett mit Jimmy Giuffre, Hal McKusick u. Herb Harper. 1948 bei Woody Herman, danach freelancing in Hollywood. Gründete 1954 eigenes Plattenlabel (Nocturne) und eine neue Gruppe, die »Jazzpickers« (cello, g, b). 1963 bei Phil Moody. B. war einer der Direktoren des L. A. Theaseum, einer Non-profit-Organisation, die außergewöhnliche Musik sammelt und z. T. auf »Jazz Chronicles« veröffentlichte. – Schallplatten mit Charlie Barnet, Benny Goodman, Boyd Raeburn, Jack Millman, Woody Herman, Julia Lee, Herb Harper, Laurindo Almeida, Barney Kessel, Phil Moody, Steve White, Shorty Rogers, Tommy Alexander, Bob Gordon, Dodo Marmarosa, Lou Levy, Pete Rugolo u. a.; als Leader für Nocturne, Pacific Jazz, Discovery, EmArcy, Jazz Chronicles.

LP: First Time Out, JC 103

Background (Hintergrund), die orchestrale Begleitung eines Solisten, besonders bei → Big Bands oder → Combos mit mehreren Bläsern, häufig in Form von → Riffs. Davon abgeleitet das Verb »backing«.

Badault, Denis, (p, comp), * 24.5. 1958 Versailles. Studierte am Conservatoire National de Bolougne-Billancourt und am Konservatorium in Paris. Spielte im Europäischen Jugendorchester, dem »Orchestre National de Jazz«, mit eigenem Trio und Quartett, mit Alain Brunet und Patrice Caratini (»Onztet«). 1980–87 Professor am CIM, schrieb Auftragskompositionen für Rundfunk und Festivals, gründete 1982 seine Band »Bande à Badault«. Leitete 1992/93 das ONJ. – Schallplatten mit dem ONJ (1986 u. 1992), Xavier Jobo; eigene Aufnahmen für Flat & Sharp und Label Bleu.

CD: En Vacances Au Soleil, Label Bleu LBLC 6510

Bailey, Benny, Ernest Harald, (tp), * 13.8.1925 Cleveland, Ohio. Lernte an der Central High School in Cleveland Flöte und Trompete. Erste Jobs in Tanzorchestern, 1941 in Buffalo, später L. A., wo er Charles Mingus, Lucky Thompson und Roy Porter begegnete. 1947 bei Jay McShann, 1948 Dizzy Gillespie. 1950–52 Lionel Hampton, mit diesem in Europa, blieb dort, spielte in Italien, Frankreich u. Schweden, wo er 1957–59 bei Harry Arnold arbeitete. 1960 in Berlin bei Werner Müller, 1963–68 bei Max Greger. Danach im Radio-Orch. in Genf, ab 1978 als Nachfolger von Art Farmer in der ORF-Big Band. Daneben in der Clarke-Boland Big Band, Teilnahme an Festivals und Tourneen mit eigenen Gruppen. B. ist ein brillanter Trom-

peter der Dizzy-Gillespie-Clifford-Brown-Schule. – Schallplatten mit Dizzy Gillespie, Quincy Jones, Harry Arnold, Max Greger, Count Basie, CBBB, Dexter Gordon, Charlie Rouse, Bill Holman, Phil Woods, Sahib Shihab, Klaus Weiss, Conexion Latina, Eric Dolphy, Howard McGhee, Roman Schwaller, Les McCann – Eddie Harris, Lionel Hampton, Stan Getz, WDR Big Band, Berlin Cont. JO. Aufnahmen als Leader f. Sonet, Metronome, Candid, Saba, Enja, Ego, TCB, Hot House u. Gemini.
CD: For Heaven's Sake, Hot House 1006

Bailey, Buster, William C., (cl), * 9.7. 1902 Memphis, Tenn., † 13.4.1967 N. Y. Spielte bereits 1917 bei W. C. Handy, 1919–22 bei Erskine Tate in Chicago. Studierte dort bei Franz Schoepp, der auch Benny Goodman und Jimmy Noone unterrichtete. 1923–29 bei Fletcher Henderson, 1930–31 Noble Sissle, mit diesem in Europa. 1934–36 Lucky Millinder, dann zehn Jahre bei John Kirby. In den 50er Jahren bei Wilbur de Paris, Red Allen, Russell Moore, 1961–65 bei den Saints & Sinners, ab 1965 bei Louis Armstrong. B., den → Benny Goodman sehr bewunderte, war der erste Klarinettist, der nicht von den großen New-Orleans-Musikern beeinflußt wurde. – Schallplatten mit Fletcher Henderson, Bessie Smith, Ronnie Gilbert, Billie Holiday, John Kirby, Lucky Millinder, Ma Rainey, Stuff Smith, Jackie Gleason, Billy Kyle, Red Allen, Perry Bradford, Teddy Wilson, Rex Stewart, Trummy Young, Earl Hines, Vic Dickenson, Louis Armstrong, Boyd Raeburn, Leonard Gaskin; für Vocalion, Varsity, Felsted als Leader.
CD: Red Allen, Bluebird ND82497

Bailey, Dave, Samuel David, (d), * 22.2.1926 Portsmouth, Penn. Studierte am Music Center Conservatory in N. Y., erste Jobs bei Herbie Jones, dann bei Al Sears, Johnny Hodges, Lou Donaldson, Charles Mingus, Horace Silver, Gerry Mulligan. War mehrmals in Europa, spielte dort mit Ben Webster, Billy Taylor, Art Farmer, Clark Terry – Bob Brookmeyer. Ist seitdem pädagogisch tätig und organisiert die »Jazzmobile«-Konzerte in N. Y. – Schallplatten mit den o. g. sowie Chet Baker, Cohn – Sims, Curtis Fuller, Grant Green, Kenny Dorham, Stan Getz u. a.; als Leader für Epic, Jazztime, Jazzline.

Bailey, Derek, (g), * 29.1.1932 Sheffield, England. Spielte jahrelang Unterhaltungsmusik, bevor er sich 1963 dem Free Jazz zuwandte und mit Tony Oxley u. Gavin Bryars ein Trio gründete. Spielte mit John Stevens, Anthony Braxton, Evan Parker, Tristan Honsinger, Leo Smith, Han Bennink. – Schallplatten mit dem »Spontaneous Music Ensemble«, Anthony Braxton, Dave Holland, eigene Gruppe »Company«; für die Labels ICP, EMC, Quark, Cramps, Lipstick und vor allem für das eigene Label Incus.
LP: Company 5, Incus 28
CD: Petite Blonde, Lipstick 89012

Bailey, Mildred, geb. Rinker, (voc), * 27.2.1907 in Tekoa, Washington, † 12.12.1951 Poughkeepsie, N. Y. Ihr

Bruder Al Rinker war einer von Paul Whitemans Rhythm Boys. Sang selbst bei Whiteman ab 1929 für einige Jahre, bis sie → Red Norvo heiratete und in dessen Band sang (1936–39). 1940 war sie bei Benny Goodman, trat danach als Solistin auf, hatte eigene Radio-Show mit der Band von Paul Baron. 1944 Scheidung von Norvo, trat aus gesundheitlichen Gründen seltener auf. B. nannte Bessie Smith als ihr Vorbild, war selbst aber keine Blues-, sondern eine vorzügliche Balladen-Sängerin. – In den 30er Jahren nahm sie eine Reihe von Schallplatten mit prominent besetzten Studio-Bands auf (mit Bunny Berigan, Roy Eldridge, Teddy Wilson etc.), außerdem mit Paul Whiteman, Casa Loma Orch., Dorsey Bros., Red Norvo, Benny Goodman, Mary Lou Williams; in den 40er Jahren mit Studio-Bands unter Leitung von Alex Wilder, Eddie Sauter, John Kirby, Julian Work. Ihre Platten erschienen auf Brunswick, Victor, Vocalion, Decca, Columbia, Crown u. Majestic*.
CD: Me & The Blues, Savoy SV-0200; V-Disc Sessions, VJC-1006*

Bailey, Pearl, (voc), * 29.3.1918 Newport News, † 18.8.1990. Sang in den 40er Jahren in New Yorker Nightclubs, bei Cootie Williams und am Broadway in »St. Louis Woman«. Heiratete 1952 → Louie Bellson und trat seitdem oft mit dessen Band auf, außerdem am Broadway und im Fernsehen. Als Sängerin ist sie eher dem Showbusineß zuzurechnen, hat aber einen unverkennbaren Jazz-Einfluß in ihrem Stil. – Schallplatten für Columbia, Coral, Mercury, Roulette, Project, RCA.
Lit.: Raw Pearl, N. Y. 1968
CD: Come On Let's Play ..., Roulette 793274-2

Bailey's Lucky Seven, Studio-Band unter Leitung von Sam Lanin, die 1921–1926 unter diesem Namen eine große Zahl von Schallplatten für das Label Gennett einspielte. Dabei waren u. a. Phil Napoleon (tp), Jimmy Lytell (cl), Miff Mole (tb), Red Nichols (tp).

Baker, Chet, Chesney, (tp, voc), * 23.12.1929 Yale, Okla., † 13.5.1988 Amsterdam. Nach Studium in L. A. Engagements in Kalifornien (u. a. bei Charlie Parker), 1952–53 Mitglied des → Gerry Mulligan Quartet, wo er durch sein lyrisches, vibratoloses Spiel für kurze Zeit zum führenden Trompeter im Jazz wurde. Ab 1954 eigene Gruppen, oft in Europa, in seinen letzten Jahren fast

Chet Baker, 1987

Chet Baker auf dem Cover einer Riverside-LP, 1958

ausschließlich, meist mit einheimischen Musikern. Seine Drogensucht war die Ursache für eine häufige Abwesenheit von der Jazz-Szene und schließlich auch für seinen Tod (er wurde wahrscheinlich von Drogen-Dealern ermordet), welcher ihn endgültig zu einer Kultfigur machte. – Schallplatten mit Gerry Mulligan, Stan Getz, Jack Sheldon, Johnny Mandel, Art Pepper, Caterina Valente, Charlie Haden u. a. Unter den Hunderten von LPs, die er als Leader aufnahm (viele davon in Europa für zahlreiche → Indies), sind hervorzuheben die Einspielungen für Pacific Jazz, Barclay, Prestige, eine Session für die ital. RCA und sein letztes großes Konzert (Enja).

Lit.: J. de Valk, C. B., Amsterdam 1989, dt. Schaftlach 1991; B. Hefele, C. B., eine bibliogr. Übersicht, in: Jazz Podium 7/8, 1990

CD: Trade Winds 1952, Fresh Sound 1001; Pacific Jazz Rec., Mosaic 122, 113; Complete Last Concert, Enja 6074-2

Ⓥ: At Ronnie Scott's, HEN 044

Baker, Shorty, Harold J., (tp), * 26.5. 1914, † 8.11.1966 N. Y. Spielte bei Erskine Tate, Fate Marable, Eddie Johnson (1932), Don Redman (1935–37), Teddy Wilson Big Band 1939–40, Andy Kirk 1940, eigene Band mit seiner Frau Mary Lou Williams 1942. Bei Duke Ellington 1938, 1943–51 und nochmals 1957–59. 1954 bei Johnny Hodges, dann meist freelancing in N. Y. mit Teddy Wilson, Ben Webster. B. war ein solider Swing-Trompeter mit einem warmen Ton, eleganter Phrasierung, als Satzführer sehr geschätzt. – Aufnahmen mit Don Redman, Duke Ellington, Mary Lou Williams, Andy Kirk, Teddy Wilson, Harry Carney, Doc Cheatham, Bud Freeman, Eddie Johnson, Johnny Hodges, Russell Procope; als Leader für King u. Swingville*.
*LP: Bud Freeman All Stars, OJC 183**

Baker, La Vern, eigentl. Dolores Williams, (voc), * 11.11.1929 Chicago. Begann mit 17 Jahren als »Little Miss Sharecropper«, sang mit Todd Rhodes, bekam 1953 einen Plattenvertrag mit → Atlantic, hatte 1955–56 18 R&B-Hits, darunter »Tweedle Dee«, »Jim Dandy«, und beeinflußte damit beträchtlich die Pop-Musik der folgenden Jahre. Wird auf etlichen ihrer LPs von Jazz-Musikern begleitet. Lebte einige Jahre in Japan, war in den 80er Jahren inaktiv, tritt seit 1991 wieder auf.
LP: Sings Bessie Smith, Atlantic 1281
CD: Live in Hollywood 1991, Rhino R2 70565

Baker, Mickey, (g, voc), * 25.10.1926 Louisville, Ky. Der R&B-Gitarrist ist vor allem durch seine Zusammenarbeit mit Sylvia Vanderpool bekannt (»Mickey & Sylvia«), nach 1959 mit Kitty Noble. – Nahm ungezählte LPs als Sideman auf sowie eine große Zahl von LPs als Leader ab 1952, zunächst für diverse Klein-Labels wie Savoy und Rainbow, ab 1956 für RCA, Atlantic, in Frankreich für Versailles, Barclay, Blue Star, Black & Blue; auch für Roots, Kicking Mule, Polydor.
LP: The Blues and Me, Black & Blue 33507

Ball, Ronnie, Ronald, (p), * 22.12. 1927 Birmingham, England. Spielte 1948 in London mit Tony Kinsey, Ronnie Scott, Victor Feldman. Ging 1952 in die USA, studierte bei Lennie Tristano. War bei Chuck Wayne 1952, Lee Konitz 1953–54, in Kalifornien bei Warne Marsh 1956–57, dann bei Buddy Rich, Kai Winding, Gene Krupa, Roy Eldridge. – Schallplatten mit Warne Marsh, Ted Brown, Lee Konitz, Cohn – Sims, Curtis Fuller, Gene Krupa, Kenny Dorham, Chris Connor u. a.; als Leader für Esquire und Savoy.

Ballade (Ballad), im Jazz und der populären Musik ein in langsamem oder gemäßigtem Tempo gehaltenes Musikstück bzw. dessen rhapsodische Ausgestaltung durch einen Solisten, meist in → Liedform. Bekannte Balladen sind z. B. »Body and Soul«, »Moonlight in Vermont«, »Memories of You«. Klassische Balladeninterpreten sind u. a. Ben Webster, Bobby Hackett, Stan Getz, Don Byas.

CD: Warne Marsh, A Ballad Album, Criss Cross 1007.

Baltazar, Gabe, Gabriel, (as, cl, fl, p), * 1.11.1929 Hilo, Hawaii. Studierte an der High School in Honolulu, spielte bei Paul Togawa 1957–58. Ging in die USA zu Stan Kenton 1960–64, Terry Gibbs und Don Ellis 1965, spielte mit Gil Fuller beim Monterey Festival 1965, 1966 wieder mit Don Ellis. Inspirierter Alt-Saxophonist der Charlie-Parker-Schule. Lebt seit den 70er Jahren wieder in Hawaii, leitete 16 Jahre die »Royal Hawaiian Band«, spielt mit Quartett in seinem Club »Gabe's« in Waikiki. – Schallplatten mit Paul Togawa, Stan Kenton, Gil Fuller, Onzy Matthews, Oliver Nelson, Kenton Alumni; eigene LP auf Creative World.

Band, allgemeine Bezeichnung für Musikkapelle, hier für jedes Jazz-Ensemble. Größere Ensembles (→ Big Bands) werden meist »Orchestra« (Orchester) genannt, während sich B. für kleine Gruppen (z. B. Dixieland-Band) durchgesetzt hat. (→ Combo)

Bandleader, der Leiter eines Jazz-Ensembles (Abk.: Leader), die anderen Mitglieder sind die Sidemen.

Bandwagon war in → New Orleans ursprünglich ein Lastwagen, auf dem eine Jazzband musizierend durch die Straßen gefahren wurde, um die Bevölkerung auf ein (auch außermusikalisches) Ereignis hinzuweisen. Häufig von Politikern bei Wahlkampagnen eingesetzt, weist der Begriff seitdem auf die Popularität eines Politikers, Künstlers etc. hin. »To hop (get, climb, leap) on the bandwagon« heißt, sich der Mehrheit auch gegen die eigene Überzeugung anschließen. Dies meint auch die empirische Sozialforschung, wenn sie vom »Bandwagon-Effekt« spricht.

Bang, Billy, eigentl. William Walker, (vln), * 1947 Mobile, Ala. Der wohl wichtigste Geiger des Neuen Jazz der 80er Jahre wurde in der → Loft-Szene um Sam Rivers bekannt, hatte seinen Durchbruch auf Europatourneen mit Jemeel Moondoc auf den Festivals von Moers und Willisau. Eigene Gruppen »Survival Ensemble« und »String Trio of New York« mit James Emery (g) und John Lindberg (b). – Aufnahmen mit Ronald Shannon Jackson, Charles Tyler, Khan Jamal, John Lindberg, Kip Hanrahan, Marilyn Crispell, »Das Pferd«; als Leader für Anima, Hat Hut, Soul Note, Black Saint.

CD: Soul Note 1016

Banjo (bj), Saiteninstrument, hervorgegangen aus der westafrikanischen Bania (arabische Gitarre), besteht aus einer runden, mit Fell bespannten Holz- oder Metallzarge, an der ein langer Hals mit Bünden angebracht ist. Fünf Saiten in der Stimmung d'–h–g–c–g', auch mit vier Saiten, dann fällt d' weg. In den 20er Jahren im Trad. Jazz verwendet, wurde es später durch die → Gitarre ersetzt. Erst im → Revival-Jazz kam das B. wieder zu Ehren, bes. bei Amateur-Bands. Von den frühen B.-Solisten sind zu nennen: Johnny St. Cyr, Fred Guy, Harry Reser, Lawrence Marrero.

Lit.: R. Lotz/U. Heier, The Banjo on Record, Greenwood Press 1992

Barbarin, Paul, (d), * 5.5.1899 N. O., † 10.2.1969 N. O. Spielte 1918 im Silver Leaf Orch., 1924 bei Luis Russell und Amos White. Kam 1925 nach Chicago zu King Oliver, spielte in N. O. bei Fats Pichon u. Armand Piron. 1928 wieder bei Russell, bei Louis Armstrong 1935–39, 1942 bei Henry »Red« Allen, 1943 Sidney Bechet, anschließend eigene Bands, mit denen er am → New-Orleans-Revival teilnahm. Solider Drummer in der New-Orleans-Tradition. – Schallplatten mit King Oliver, Pete Fountain, Luis Russell, Jelly Roll Morton, Wilton Crawley, Louis Armstrong, Henry »Red« Allen, J. C. Higginbotham; als Leader ab 1950 für Circle, Southland, GHB, Jazztone, Atlantic, Good Time Jazz, Roulette, Nobility.
LP: Bourbon Street Beat, GHB 137

Barber, Chris, Donald Christopher, (tb, b, bar-horn, voc), * 17.4.1930 Welwyn Garden, England. Studierte Posaune und Bass an der Guildhall School of Music, erste Band 1949, 1953 zus. mit Ken Colyer, ab 1954 allein. B. ist der erfolgreichste europäische Vertreter des N.-O.-Revivals. Obwohl ein guter Posaunist, ist sein Beitrag zum Jazz eher peripher. Unter seinen Sidemen sind zu nennen Pat Halcox (tp), Monty Sunshine (cl), Lonnie Donegan (bj) und seine Frau Ottilie Patterson (voc). Von den zahlreichen Schallplatten, die er seit 1949 aufnahm, ist vor allem eine LP mit seiner »American Jazzband« (mit Ed Hall, Sidney DeParis u. a., 1960) hervorzuheben. Er begleitete mit seiner Band amerikanische Blues-Musiker auf Europatourneen, z. B. Muddy Waters, Sonny Terry – Brownie McGhee, Louis Jordan. – Schallplatten mit Ken Colyer, Rod Mason, Lonnie Donegan, Dr. John, Monty Sunshine.
Lit.: G. Bielderman/J. Purser, C. B. Discography 1949–89, Zwolle 1991
CD: Live in East Berlin, Black Lion 760502

Barbershop-Singing, geht zurück auf die harmonischen Eigenschaften der Barbershop-Songs in der zweiten Hälfte des 19. Jh., als die Barbershops (Herrenfriseur-Läden) ein Treffpunkt der Männer in den ländlichen Gegenden der USA waren. Im Jazz und der populären Musik wurde dieses »Close-Harmony-Singing« besonders bekannt durch Gruppen wie die Mills Brothers, die Boswell Sisters, die Ink-Spots u. a. (→ Vocal Groups)

Barbieri, Gato, Leandro J., (ts), * 28.11.1934 Rosario, Argentinien. Spielte bei Lalo Schifrin, in Europa mit Ted Curson, Giorgio Azzolini, Don Cherry, seit 1968 mit eigenen Gruppen. B. ist einer der kraftvollsten Tenoristen unserer Zeit, mit einer mächtigen Tonbildung und Phrasierung. Mit Don Cherry nahm er einige wichtige LPs des Free Jazz auf (»Complete Communion«, »Symphony for Improvisors«). In N. Y. zählte er Ende der 60er Jahre neben Karl Berger, Cecil Taylor, Mike Mantler u. Carla Bley zu den wichtigsten Avantgarde-Musikern. Es ist deshalb zu bedauern, daß er in den letzten Jahren nur kommerzielle Produktionen ablieferte. – Schallplatten mit Giorgio Azzolini, Don

Cherry, Dollar Brand, Mike Mantler, Carla Bley, Charlie Haden, Alan Shorter, Lionel Hampton; für ESP, Togetherness, Flying Dutchman*, Impulse, A & M als Leader.
*CD: Bolivia, RCA PD 89559**

Barefield, Eddie, Edward Emanuel, (as, ts, cl, arr), * 12.12.1909 Scandia, Iowa, † 3.1.1991 N. Y. Studierte am Chicago Konservatorium 1930, spielte ab 1931 bei Teddy Wilson, Art Tatum, Bennie Moten, McKinney's Cotton Pickers, Cab Calloway, Les Hite, Fletcher Henderson, Don Redman. Musical Director der Chick Webb Band unter Leitung von Ella Fitzgerald 1940–42. In den 40er Jahren bei Coleman Hawkins und Benny Carter. Seit den 50er Jahren vorwiegend freelancing, auch mit Sy Oliver, Cab Calloway, Sammy Price. B. war ein solider Swing-Solist und geschätzter Satzführer. – Aufnahmen mit Bennie Moten, Jelly Roll Morton, Cab Calloway, Milt Hinton, Lionel Hampton, Don Redman, Pete Johnson, Hot Lips Page, Joe Turner, Ella Fitzgerald, Benny Carter, Cozy Cole, Coleman Hawkins, Walter Thomas, Roy Eldridge, Buck Clayton, Fletcher Henderson, Eddie Heywood, Illinois Jacquet; als Leader vor allem für sein eigenes Label Cosmopolitan, auch RCA, Famous Door, Major-Minor.

Bargad, Rob, (p, comp), * 7.9.1962 Boston, Mass. Wuchs in Chicago auf, studierte an der Rutgers University und bei Kenny Barron, spielte danach mit Little Jimmy Scott, Dakota Staton, Lionel Hampton, traf bei letzterem → Vincent Herring, der ihn → Nat Adderley empfahl, in dessen Quintett er seit 1990 spielt. Leitete davor auch eigene Gruppen. Brillanter Pianist der Mainstream/Neo-Bop-Richtung. – Schallplatten mit Nat Adderley, Gloria Lynne; eigene CD auf Criss Cross.

Bariton, Abk. für Bariton-Saxophon, → Saxophon

Barker, Danny, Daniel, (bj, g, voc), * 13.1.1909 N. O. Neffe von Paul Barbarin, studierte Klarinette bei Barney Bigard und Gitarre bei Bernard Addison. Spielte seit 1930 in N. Y. mit Harry White, Dave Nelson, Lucky Millinder, Cab Calloway, James P. Johnson, Benny Carter. Verheiratet mit der Sängerin Blue Lu B., für die er viele Songs schrieb. In den 50er Jahren freelancing in N. Y., bei Paul Barbarin u. a. Seit 1965 wieder in N. O. am Jazz Museum, als Schriftsteller und Jazz-Forscher tätig. – Schallplatten mit den meisten der o. g., seit 1938 mit Blue Lu B.; eigene LP auf Period.
Lit.: A Life in Jazz, London 1986

Barnes, George, (g), * 17.7.1921 Chicago Heights, † 5.9.1977 Concord, Calif. Der exzellente Swing-Gitarrist hatte 1935–39 ein eigenes Quartett, begleitete Blues- u. Jazz-Musiker wie Big Bill Broonzy u. Jimmy Noone, ging 1939 zum Sender NCB, spielte 1942 mit Bud Freeman, ab 1946 beim Sender ABC in Chicago, wo er ein Oktett leitete. In den 50er Jahren Studioarbeit, in den 70ern Rückkehr auf die Jazz-Szene mit einigen vorzüglichen LPs für Concord. – Schallplatten u. a. mit der Lawson-Haggart Band, Ernie Royal, Louis Arm-

strong, Bud Freeman, Kai Winding, Sy Oliver, Gene Krupa, Bobby Hackett, George Williams, Al Caiola, Mitch Miller, Duette mit Carl Kress. Aufnahmen als Leader für Keynote, Mercury, United Artists.
CD: G. B. & Carl Kress, Two Guitars & A Horn, Jass JCD-636

Barnet, Charlie, Charles Daly, (ts, as, sop), * 26.10.1913 N. Y:, † 5.9.1991 Palm Springs, Fla. Stammt aus einer wohlhabenden Familie, sollte eigentlich Anwalt werden, spielte aber schon mit 16 Jahren auf Ozeandampfern. Erste eigene Band 1932, die sich Ende des Jahrzehnts zu einer vorzüglichen Swing-Band entwickelte, mit Duke Ellington als Vorbild und arr von Billy May. B. war neben Benny Goodman u. Artie Shaw einer der ersten, die farbige Musiker engagierten, so Lena Horne, Peanuts Holland, Al Killian, Oscar Pettiford. 1949 leitete er eine Bebop Big Band mit u. a. Maynard Ferguson, Claude Williamson, Eddie Safranski, arr von Gil Fuller, Pete Rugolo, Paul Villepique. Seit den 50er Jahren stellte er nur noch sporadisch Bands für Tourneen und Schallplatten zusammen. B., der elfmal verheiratet war, verhalf etlichen jungen Musikern zu ihrer Karriere (z. B. Neal Hefti, Buddy DeFranco, Barney Kessel, Al Haig, Dodo Marmarosa) und tat einiges zur Überwindung der Rassenschranken. – Schallplatten mit Red Norvo, King Cole, Metronome All Stars, Just Jazz, Neal Hefti; als Leader für RCA, Decca*, Apollo, Capitol, Verve, Everest, Crown, Ava, Vault**.
Lit.: C. B. with S. Dance, Those Swinging Years, London 1984; C. Garrod, C. B. & His Orch., Zephyrhills 1984 (D)
CD: MCA 16122; Big Band 1967, Mob. Fidelity 841***

Barrelhouse-Piano-Stil, eine frühe Form des Blues-Pianos, Vorläufer des → Boogie Woogie. Ein B. (wörtl. Faßhaus) war eine primitive Kneipe, in der alkoholische Getränke meist aus Fässern verkauft wurden. Um in einer solchen Umgebung überhaupt gehört zu werden, mußte der Pianist besonders laut und perkussiv spielen. Er spielt ohne Pedal, jede Hand ist rhythmisch unabhängig von der anderen, die linke bestreitet den → Beat, die rechte den melodischen Teil. Bekannte B.-Pianisten waren Speckled Red, Cow Cow Davenport, Little Brother Montgomery, George Zack.
LP: Boogie Woogie Masters, Affinity 1005

Barone, Gary, (tp, flh, d), * 12.12. 1941 Detroit. Sohn eines Swing-Trompeters und Bruder von Mike B. Studierte an der Michigan State University und dem San Fernando Valley State College. Spielte ab 1965 bei Stan Kenton, dem L. A. Neophonic Orch., Gerald Wilson, Bud Shank, Shelly Manne, Mike B., Frank Zappa, Willie Bobo u. a. Arbeitet als Studiomusiker in L. A. – Schallplatten mit Stan Kenton/Neophonic, Shelly Manne, Mike B., Frank Strazzeri, Gerald Wilson u. a.
LP: Barone Bros., Palo Alto 8004

Barone, Mike, Michael, (tb, comp), * 27.12.1936 Detroit. Bruder von

Gary B. Studierte bei seinem Vater und Musikern des Cleveland Symphony Orch. Leitete 1956–59 eine Army Band in Europa, spielte dann bei Si Zentner, Louis Bellson, Gerald Wilson, im Studio mit Dave Grusin, Lalo Schifrin, Tom Scott u. a. Eigene Big Band 1967–70 in L. A., arbeitet seitdem vorwiegend als TV-Komponist und Arrangeur, z. B. für die »Tonight Show«-Band, Louis Bellson (»Breakthrough«), Emil Richards, Tom Scott, Gerald Wilson, Doc Severinsen. – Schallplatten mit den »Trombones Unlimited«, Barone Bros., Oliver Nelson, Gerald Wilson, Louis Bellson, Dick Grove, der Gruppe Turquoise u. a.; als Leader für Discovery.

LP: Barone-Burghardt Orch., Disc. 790

Barron, Kenny, Kenneth, (p), * 9.6. 1943 Philadelphia. Bruder des Tenoristen Bill B. (* 1927), durch den er – nach Studium bei der Schwester von Ray Bryant – seinen ersten Job in der Band von Mel Melvin erhielt. In N. Y. spielte er bei Philly Joe Jones, Yusef Lateef, James Moody, 1963–65 bei Dizzy Gillespie. Anschließend bei Freddy Hubbard, Joe Henderson, Esther Marrow, Stanley Turrentine, Milt Jackson, Stan Getz u. a. Seit 1973 lehrt er an der Rutgers University, tritt aber immer wieder mit der Gruppe von Ron Carter u. a. auf. – B. hat zahlreiche LPs als Sideman eingespielt, so mit Eddie Harris, Benny Golson, Bobby Hutcherson, Buddy Rich, Dizzy Gillespie, Frank Foster, Freddy Hubbard, Greg Marvin, Marvin Peterson, Joe Henderson, James Moody, Jon Faddis, Ray Anderson, Red Mitchell, Lionel Hampton, Stan Getz, Eddie Henderson, Tom Williams, Tom Harrell, Yusef Lateef, Tommy Flanagan, »Sphere«, Mark Morganelli, Ralph Lalama, Larry Coryell, Doug Sertl, Nick Brignola, Rebecca C. Franks, Ray Alexander, Judy Niemack, Sonny Fortune; eigene Einspielungen für Muse, Wolf, Xanadu, Trio, Criss Cross, Candid, Enja.

CD: Green Chimney, Criss Cross 1008; K. B./John Hicks, Rythm-A-Ning, Candid 79044

Bartz, Gary, (as, sop), * 26.9.1940 Baltimore. Studierte an der Juilliard School, in Baltimore am Peabody-Konservatorium. In N. Y. bei Freddy Hubbard, Lee Morgan, Pharoah Sanders, Max Roach, 1965–66 bei Art Blakey, 1968–69 wieder bei Max Roach. Eigene Gruppe »Ntu Troop«, 1970–71 bei Miles Davis, danach eigene Gruppen, kommerzielle Schallplatten, in den 80er Jahren bei Louis Hayes. – Schallplatten mit Art Blakey, Freddy Hubbard, Max Roach, Larry Willis, Miles Davis, Donald Brown, McCoy Tyner, Woody Shaw, Kenny Burrell, Louis Hayes, Cosimo Intini, Reunion Legacy Band, Antonio Hart; als Leader für Milestone, Prestige, Capitol, Steeplechase, Candid u. Timeless.

CD: West 42nd Street, Candid 79049

Basie, Count, William, (p, org, ldr), * 21.8.1904 Red Bank, N. J., † 26.4. 1984 L. A. Erhielt ersten Klavierunterricht von seiner Mutter, studierte die Harlem-Pianisten, vor allem Fats Waller, der ihm Unterricht im Orgel-

Count Basie

spiel gab. Arbeitete bei June Clark und Sonny Greer, in Vaudeville-Shows und in (Stummfilm-)Kinos. 1929 bei Walter Page's Blue Devils, dabei Jimmy Rushing. Nach Auflösung der Band zu Bennie Moten bis zu dessen Tod 1934. B. gründete mit einigen Mitgliedern eine Band, die im Reno-Club in Kansas City spielte. Funkübertragungen der Neun-Mann-Band wurden von John Hammond gehört, der sich entschloß, die Band nach N. Y. zu holen. Auf dem Weg dorthin nahm B. mit einem Quintett vier Titel in Chicago unter dem Namen »Jones-Smith Inc.« auf. Ende 1936 spielte die auf 14 Mann vergrößerte Band im Roseland in N. Y. und nahm im Januar 1937 die ersten Schallplatten für Decca auf. Durch ihre unerhört relaxte Spielweise, Solisten wie Buck Clayton (tp), Dickie Wells (tb), Lester Young u. Hershal Evans (ts) und eine (bald so genannte) »All-American Rhythm Section« aus B., Freddie Green (g), Walter Page (b) u. Jo Jones (d) wurde die Band überregional bekannt. Nicht zu vergessen Basies unnachahmliches Klavierspiel: mit wenigen Akkorden der rechten Hand (die Rolle der linken übernimmt die Rhythmusgruppe) gibt er der Band einen unglaublichen Drive. Die → Head Arrangements der Kansas-City-Band wurden bald durch geschriebene Arrangements ersetzt (Jimmy Mundy, Buck Clayton, Chappie Willett, Buster Harding), in den folgenden Jahren kam eine Reihe junger Musiker in die Band, so Harry Edison, Joe Newman, Al Killian, Vic Dickenson, J. J. Johnson. 1949 löste B. die Band aus wirtschaftlichen Gründen auf und leitete ein Septett mit u. a. Buddy DeFranco, Wardell Gray u. Clark Terry. 1952 erfolgte die Gründung einer neuen Band, die, trotz einer Reihe guter Solisten wie Thad Jones, Benny Powell, Frank Foster, Frank Wess, vor allem von den Arrangeuren geprägt wurde, von Neal Hefti, Ernie Wilkins, Frank Foster, Thad Jones, Quincy Jones, Billy Byers, Sammy Nestico. Mit LPs wie »The Atomic Basie« erreichte die Band neue Popularität. In den 60er Jahren nahm B. eine Reihe von LPs mit Hit-Material auf, begleitete Vokalisten wie Frank Sinatra, Bing Crosby, Kay Starr, Ella Fitzgerald, Sammy Davis Jr., Tony Bennett u. a. In den 70er Jahren konnte B. dank eines neuen Plattenlabels (Pablo) eine Reihe von LPs mit kleinen Gruppen aufnehmen, während gleichzeitig die Big Band neuen Höhen entgegenstrebte.

Nach seinem Tod übernahm → Thad Jones die Band, nach dessen Tod → Frank Foster. – Schallplatten mit Benny Moten, Sam Donahue, Lester Young, Metronome All Stars, Benny Goodman, Oscar Peterson, Harry Edison, Jo Jones; als Leader für die Labels Decca, Columbia, RCA, Verve, Roulette, Reprise, ABC, Dot, Groove Merchant, Flying Dutchman, Daybreak, Pablo, Denon.

Lit.: C. Basie & A. Murray, Good Morning Blues, N. Y. 1986; dt. Düsseldorf 1987; Chris Sheridan, C. B. – A Bio-Discography, N. Y. 1986; Stanley Dance, The World of C. B., N. Y. 1985²

CD: Orig. Decca Recordings, MCA 3-6112; alles auf CBS-Sony; The Atomic B., Roulette 7932732; Complete Roulette Live Rec., Mosaic MR12-135

Ⓥ: Born to Swing, Kay Jazz 005; C. B. & Friends, CFV 10222

Baß (b), eigentl. Kontrabaß (engl. double-bass, string-bass), größtes Streichinstrument, hervorgegangen aus der Viola da Gamba, entstanden Ende des 16. Jh. mit fünf oder sechs Saiten, seit der Mitte des 18. Jh. mit vier Saiten in der Stimmung E_1, A_1, D, G.

Der B. ersetzte gegen Ende der 20er Jahre die im klassischen Jazz übliche Tuba bzw. das Sousaphon als tiefstes Instrument. Er wird zunächst als → Slap Bass perkussiv gespielt (Pops Foster); der Swing-Stil entwickelt eine selbständige melodische Linienführung mit kontrapunktischem Charakter → Walking Bass (John Kirby). Bis zum → Bebop hat der B. die Funktion des → Beat und ist damit Stütze des rhythmischen Geschehens. Seitdem wird er häufig auch solistisch eingesetzt, bes. seit die elektrische Verstärkung (Howard Rumsey) ihn akustisch besser hörbar macht. Zu den bedeutendsten Bassisten des Jazz gehören Walter Page, Steve Brown, John Kirby, Pops Foster, Jimmy Blanton, Oscar Pettiford, Milt Hinton, Chubby Jackson, Eddie Safranski, Ray Brown, Percy Heath, George Duvivier, Charles Mingus, Richard Davis, Paul Chambers, Jimmy Garrison, Ron Carter, Scott LaFaro, Charles Haden, Stanley Clarke, Jaco Pastorius, Charnett Moffett.

Zeitschr.: The Bass, Rückertstr. 39, 6000 Frankfurt/Main 1

CD: L'Orch. de Basses, Label Bleu 6536

Battle (Schlacht), musikalischer Wettstreit zwischen zwei oder mehr Bands oder Solisten. Berühmt wurden die Big Band B. im → Savoy Ballroom und die »Tenor Battles« zwischen Tenorsaxophonisten im Kansas City der 30er Jahre. Auch im → Bebop noch sehr populär. (→ Chase, → JatP)

Bauer, Billy, William Henry, (g), * 14.11.1915 N. Y. Spielte ab 1939 bei Jerry Wald, Carl Hoff, Dick Stabile, Abe Lyman. 1944–46 in Woody Hermans »First Herd«. Der zunächst von Charlie Christian beeinflußte Gitarrist wurde Ende der 40er Jahre durch seine Arbeit mit Lennie Tristano u. Lee Konitz eine Zentralfigur des → Cool Jazz. In den 50er Jahren Freelancer in N. Y., spielte aber auch bei

Bobby Byrne, Benny Goodman, nochmals Lee Konitz 1959. Eigene Gruppe 1961–63, danach vor allem pädagogisch tätig. – Aufnahmen mit Flip Phillips, Chubby Jackson, Woody Herman, Bill Harris, Neal Hefti, Charlie Ventura, Lennie Tristano (»Intuition«), Metronome All Stars, Tommy Dorsey, The Big Challenge, Lee Konitz, J. J. Johnson – Kai Winding, Al Cohn, Charlie Parker, Bobby Hackett – Jack Teagarden, Benny Goodman, Harry Carney u. a.; als Leader für AdLib, Verve u. Interplay.

LP: Anthology, Interplay 8603

Bauer, Conny, Konrad, (tb), * 4.7. 1943 Halle/Saale. Studierte an der Dresdner Musikhochschule 1964–68, anschließend im Manfred-Ludwig-Sextett, in der Modern Soul Band (Klaus Lenz), eigene Gruppen »Exis«, »FEZ«, »Synopsis« (Ernst Ludwig Petrowsky, Ulrich Gumpert, Günther Sommer). Seit 1981 »Doppelmoppel« (Quartett mit seinem Bruder Johannes, Uwe Kropinsky u. Joe Sachse [g]). Gibt auch Solokonzerte, Zusammenarbeit mit westeurop. Free-Jazz-Musikern, Auftritte mit Performance-Künstlern u. a. – Schallplatten mit Petrowsky, Hans Rempel, Ulrich Gumpert, Klaus König u. a., eigene LPs auf Amiga, FMP u. Victo.

CD: Toronto Töne, Victo 017

Bauer, Johannes, (tb), * 22.7.1954 Halle/Saale. Bruder von Conny B., spielte ab 1972 mit Manfred Schulze, Andreas Altenfelder, Ulrich Gumpert, Hans Rempel, Peter Brötzmann, dem Contemporary Music Ens. von Tony Oxley u. v. a. Musikern der europ. Free-Jazz-Szene. – Schallplatten mit Peter Brötzmann, Cecil Taylor, Conny B., Heinz Becker, Manfred Schulze.

Bauza, Mario, (as, tp, comp), * 27.4. 1911 Havanna, Kuba. Lernte Klarinette und Oboe, spielte schon mit elf Jahren professionell. Ging 1931 in die USA, spielte in N. Y. mit Cass Carr, Noble Sissle, Sam Wooding, Chick Webb (1933–38), Don Redman, Cab Calloway (1939–41). Ab 1941 in der Band seines Schwagers → Machito als Musical Director und schuf dort eine Verbindung von Big Band Jazz und afro-kubanischen Rhythmen, die als »Latin Jazz« einen weltweiten Siegeszug antrat. Er beeinflußte → Ella Fitzgerald und → Dizzy Gillespie; letzterer verdankt ihm seine Hinwendung zum → Cubop. B. trennte sich 1987 von seinem Schwager, arbeitet aber weiter als Arrangeur, u. a. für Rafael Cortigo, Graciella, Rudy Calzado.

CD: Legendary Mambo King, Messidor 158192

Beantwortung (response), Teil des Wechselspiels im Klassischen Jazz. Die Mehrstimmigkeit dieses Stils besteht aus der Anrufung von Kornett bzw. Trompete und der Beantwortung von Klarinette und Posaune. Die B. ist entweder ein Nachspielen oder ein Weiterentwickeln von bestimmten Phrasen. Deutlich wird dies bei der Instrumentalbegleitung von Solisten, z. B. die B. durch Louis Armstrong bei den Aufnahmen von Bessie Smith. (→ Blues)

Bead Records, das Label der zweiten

Generation britischer improvisierender Musiker, gegr. Mitte der 70er Jahre von Peter Cusack (g) und Simon Mayo (cl). Aufnahmen von Phil Wachsman, Alan Tomlinson, Richard Beswick, Tony Wren, Bugger All Stars.

Beat (Schlag, Grundschlag), bedeutet die Zählzeit im Takt, ein gleichmäßiger Grundschlag, der zentrale Faktor des rhythmischen Geschehens. »Four Beat«: gleichmäßiges Anschlagen aller vier Zeiten des Grundmetrums (im 4/4-Takt); »Two Beat«: Akzentuierung der ersten und dritten Taktzeit.

Bebop, Jazz-Stil, entstanden in den frühen 40er Jahren. Das Wort selbst hat keine Bedeutung, es ist eine lautmalerische Umschreibung der Schlagzeugspielweise. Auch Rebop oder Klook-Mop (»Klook« = Spitzname von Kenny Clarke). Der B. ist der erste moderne Jazz-Stil. Er ist eine Gegenreaktion junger schwarzer Musiker auf den Ende der 30er Jahre schon sehr kommerzialisierten → Swing, der nur noch wenig Freiraum für individuelle Spielweisen ließ.

Geschaffen wurde der B. von einer kleinen Gruppe von Musikern, die sich u. a. im »Minton's Playhouse« in Harlem, N. Y., »after hours« zu gemeinsamem Musizieren trafen. Die wichtigsten sind Charlie Christian (g), Dizzy Gillespie (tp), Thelonious Monk (p), Charlie Parker (as), Kenny Clarke (d), Joe Guy (tp), Nick Fenton (b). Diese Musiker kommen aus dem Swing, dessen logische Weiterentwicklung der B. ist, wenn er auch als Protest dagegen angelegt war. Die Idealbesetzung des Bop, wie er kurz genannt wird, ist die → Combo (mit tp, as, p, b, d als typischer Instrumentierung, z. B. Charlie Parker), wenn auch einige Big Bands sich hierin versuchten (Billy Eckstine, Dizzy Gillespie, W. Herman).

Die Neuerungen des B. liegen in der Melodieführung, der → Phrasierung und der rhythmischen Ausgestaltung. Hier wird jegliche Gleichmäßigkeit vermieden, der Baß ist die einzige verbleibende metrische Basis, da die Baßtrommel und auch die Cymbals diese Funktion nicht mehr ausüben. Der ostinate Begleitrhythmus auf dem Cymbal, scheinbar so typisch für den B., kam allerdings schon Ende der 20er Jahre auf und wurde gern von Swing-Drummern wie Dave Tough und Jo Jones verwendet. Hinzu kommen noch schnelle, manchmal rasende Tempi, rasche Harmoniewechsel und die Verwendung von eigenen Kompositionen (→ Originals), die allerdings oft auf den Harmonien von bekannten Standards wie »I Got Rhythm« beruhen.

Lit.: L. Feather, Inside Jazz, N. Y. 1977 (zuerst 1949 als »Inside Bebop«); Ira Gitler, Jazz Master of the Forties, N. Y. 1976; ders., Swing to Bop, N. Y./Oxford 1985; I. Werther, Bebop – die Geschichte einer musikalischen Revolution und ihrer Interpreten, Ffm 1988

CD: C. Christian u. a., Vogue 600135 (»Minton's« Sessions); The Bebop Era, CBS 561096; The Bebop Revolution, Bluebird ND 82177; Bebop Revisited, EPM 5174; → C. Parker, *D. Gillespie, F. Navarro*

LP: Bebop Revisited Vol. 1–6, Xanadu; Bebop, New World NW 271; The Bebop Boys, Savoy SJL 2225

Bechet, Sidney, (cl, sop), * 14.5.1897 N. O., † 14.5.1959 Paris. Als sechsjähriger erhielt er die Klarinette seines Bruders Leonard und Unterricht von George Baquet. Spielte mit 14 Jahren regelmäßig in Jazz-Bands, mit 17 bei Freddie Keppard, Buddy Petit u. der Famous Eagle Band, auch mit King Oliver. In Chicago zu Marion Cook's Southern Syncopated Orch., mit diesem 1919 in Europa. Diese Band wurde von Ernest Ansermet gehört, was zu dem berühmten Artikel in der »Revue Swiss Romande« führte. 1929 zu Bennie Peyton, Rückkehr in die USA 1921. Spielte seit dieser Zeit auch Sopran-Sax, in späteren Jahren ausschließlich. Aufnahmen mit Blues-Sängern und Clarence Williams' Blue Five. Kurze Zeit bei Duke Ellington. 1925 nach Europa mit einer Revue, spielte mit Tommy Ladnier in Moskau. 1928 bei Noble Sissle in Paris. 1932 entstanden die Feetwarmers-Aufnahmen mit Tommy Ladnier, dann gab er den Musikerberuf für einige Jahre auf und eröffnete eine Schneider-Werkstatt. 1938 im Zug des N.-O.-Revivals wiederentdeckt (Panassié-Sessions), bei Eddie Condon, Vic Dickenson u. a. 1948 ging er nach Paris und lebte dort bis zu seinem Tod, kam in die USA nur für Besuche u. Schallplattenaufnahmen. In Frankreich mit den Bands von Claude Luter, André Réweliotti u. a., die meist weit unter seinem Niveau waren, erlangte dort aber eine Popularität, die nur noch mit der der großen Chansoninterpreten zu vergleichen ist. – Schallplatten mit Sarah Martin, Eva Taylor, Mamie Smith, Rosetta Crawford, Margaret Johnson, Alberta Hunter, Clarence Williams, Red Onion Jazz Babies, Noble Sissle, Louis Armstrong, Jelly Roll Morton, Mezz Mezzrow, Frankie Newton, Cliff Jackson, Art Hodes, Cliff Jackson, Humphrey Lyttelton, Dutch Swing College Band u. a. Unter den zahlreichen Schallplatten, die er als Leader einspielte, sind unverzichtbar die Aufnahmen für RCA*, HRS und Blue Note.

Lit.: J. Chilton, S. B., The Wizard of Jazz, London 1987; S. B., Treat It Gentle (Autobiogr.), N. Y. 1960, Reprint 1978; dt. Zürich 1961 u. Hamburg 1992; F. Zammarchi, S. B., Paris 1989

*CD: The Bluebird Sessions 1932–43, Bluebird 90317**

Bee Hive Records, 1977 von James Neumann in Evanston, Ill., gegründet, benannt nach dem Chicagoer Bee Hive Club. Das Label widmet sich dem Neo-Bop bzw. Mainstream mit LPs von Sal Nistico, Sal Salvador, Curtis Fuller, Dizzy Reece, Ronnie Mathews, Johnny Hartman, Nick Brignola u. a.

Beiderbecke, Bix, Leon Bix, (cnt, p), * 10.3.1903 Davenport, Iowa, † 7.8. 1931 N. Y. Obwohl »Bix« eine Abkürzung für »Bismarck« ist, wurde er Bix getauft und nicht, wie oft zu lesen ist, Bismarck. Stammt aus einer deutschstämmigen Familie. Als Kornettist und Pianist vorwiegend Autodidakt. War 1923 bei den Wolve-

rines, mit diesen nach N. Y. Spielte dort in Tanzorchestern und hörte King Oliver und Louis Armstrong. 1926 in St. Louis bei Frank Trumbauer. Bei Jean Goldkette in Detroit, 1928–30 bei Paul Whiteman, mußte aus Gesundheitsgründen ausscheiden. Hatte 1931 noch einige kurze Jobs, u. a. vier Tage beim Casa Loma Orch. Starb an den Folgen seines Alkoholismus.
B. war der erste weiße Musiker, der einen beträchtlichen Einfluß auf Schwarze hatte. Rex Stewart spielte sein Solo über »Singing the Blues« bei einer Aufnahme mit Fletcher Henderson Ton für Ton nach. B.'s moderne harmonische Ideen, seine klaren Improvisationen und eine »saubere« Tonbildung machen ihn zu *dem* Avantgarde-Musiker der 20er Jahre.
Schallplatten mit den Sioux City Six, den Wolverines, Goldkette, den Chicago Loopers, Frank Trumbauer, den Broadway Bellhops, Irving Mills, Paul Whiteman, Hoagy Carmichael, nur wenige Titel unter eigenem Namen für Okeh und Victor. Seine besten Soli sind auf den Aufnahmen mit Frank Trumbauer zu hören.
Lit.: R. Sudhalter/Ph. R. Evans, Bix-Man and Legend, New Rochelle 1974
CD: BBC REB 601; CBS 466309-2

Bellson, Louie/Louis, Luigi Ballassoni, (d, arr, comp), * 26.7.1924 Rock Falls, Ill. Begann als Amateur, gewann einen von Gene Krupa veranstalteten Drums-Wettbewerb. Spielte bei Ted Fio Rito, Benny Goodman 1942 u. 1945–46. Bei Tommy Dorsey 1947–49, C. Shavers – Terry Gibbs 1950, ging im selben Jahr zu Harry James, 1951 mit Willie Smith u. Juan Tizol zu Duke Ellington. War wesentlich am Aufschwung der Ellington-Band in dieser Zeit beteiligt, schrieb für diesen »The Hawk Talks«, »Skin Deep« u. a. Verließ Ellington 1952, heiratete → Pearl Bailey, trat mit ihr mit eigenen Bands auf, bei → JatP, etlichen Norman-Granz-Sessions für Verve, spielte wiederholt bei Duke Ellington, Harry James, Count Basie, den Dorsey Brothers und immer wieder mit eigenen Big Bands. Komponierte Ballettmusik, die »London Suite«, »Symphony in Americana«. B. ist ein bemerkenswerter Techniker, ebenbürtig Buddy Rich u. Joe Morello. Er spielt seit 1946 mit zwei Baßtrommeln, die er wie ein Organist zu bedienen weiß. – Schallplatten mit Benny Goodman, Duke Ellington, Tommy Dorsey, Pearl Bailey, Ella Fitzgerald, Louis Armstrong, Art Tatum, Buddy DeFranco, Paul Cacia, Gerry Mulligan, Count Basie, den Dorsey Bros., Buddy Rich, Sammy Nestico u. v. a.; mit eigenen Bands für Capitol, Verve, Roulette, Impulse, Pye, Pablo, Discwasher, Stash, Concord.
LP: The L. B. Explosion, Pablo 2310755
CD: Live in Stereo 1959, Jazz Hour 1026

Beneke, Tex, Gordon, (ts, voc), * 12.2. 1914 Fort Worth, Tex. Wurde bekannt bei Glenn Miller 1938–42, leitete nach dessen Tod das »Glenn Miller Orchestra« 1946–50. Als ihm die Miller-Witwe den Namen entzog, führte er die Miller-Tradition unautorisiert fort. – Schallplatten mit Glenn Miller, Bobby Byrne, Metronome All Stars; als Leiter des Miller-Orch. und unter eigenem Namen für RCA, MGM, Coral, Warner Bros., Reader's Digest.

Lit.: C. Garrod, Tex Beneke & His Orch., Zephyrhills 1986² (D)

CD: Jukebox Saturday Night, Vintage Jazz VJC-1039

Bennett, Tony, Anthony Dominick Benedetto, (voc), * 3.8.1926 Queens, N. Y. Kein eigentlicher Jazz-Sänger, aber als einer der großen »Crooner« der Crosby-Sinatra-Tradition läßt sich B. gern von Jazz-Musikern begleiten. – Er nahm Schallplatten auf mit Count Basie, Stan Getz, Bobby Hackett, Al Cohn, J. & M. McPartland, Bill Evans u. a. und ging auf Tournee mit Duke Ellington und Woody Herman. LPs für Columbia, MGM u. eigenes Label Improv.

CD: Tony Bennett/Jazz, CBS 450465-2

Bennink, Han, (d, perc, div. instr.), * 17.4.1942 Zaandam, Holland. Das Enfant terrible unter den europäischen Free-Jazz-Musikern ist seit Mitte der 60er Jahre eine zentrale Figur der Szene, dokumentiert durch zahlreiche Auftritte u. Schallplatten mit Eric Dolphy, John Tchicai, Sonny Rollins, Ben Webster, Dexter Gordon, Marion Brown, Paul Bley, Evan Parker und vor allem dem Kreis um Peter Brötzmann, Manfred Schoof, dem → Globe Unity Orch. u. dem ICP-Orchestra; als Leader für ICP und FMP.

LP: Brötzmann/Bennink, FMP 0420

Benson, George, (g, voc), * 22.3.1943 Pittsburgh, Pa. Lernte Gitarre von seinem Stiefvater, gründete mit 17 Jahren eine R&B-Band. Wurde durch Wes Montgomery am Jazz interessiert, 1962–65 bei Jack McDuff, seitdem eigene Gruppen mit Lonnie Liston Smith u. Ronnie Cuber, bei Plattenaufnahmen auch Bennie Green, King Curtis, Blue Mitchell, Herbie Hancock u. a. B. ist eines der großen Talente der Jazz-Gitarre. – Schallplatten mit Jack McDuff, Jimmy Smith, Miles Davis, Freddy Hubbard, Dexter Gordon, Count Basie Orch., Larry Young, Red Holloway, Ronnie Cuber, Stanley Turrentine; als Leader für Prestige, Columbia, Verve, A & M, sehr kommerzielle Produktionen für CTI und Warner Brothers.

LP: The Electrifying, Affinity 140

Berg, Bob, Robert, (ts), * 7.4.1951 Brooklyn, N. Y. Studierte an der Juilliard School, erster Job bei Jack McDuff. 1976 bei Horace Silver, 1979–80 bei Cedar Walton, 1984 bei Miles Davis. B. ist ein fähiger Solist der Hard-Bop-Tradition. – Schallplatten mit Cedar Walton, Billy Higgins, Mitch Watkins, Leni Stern, Sam Jones, Niels Lan Doky, John McNeil, Joe Chambers, Klaus Suonsaari, Jochen Schrumpf, Kenny Drew, Gary Burton, Frans Bak, Dieter Ilg, »Rhythmstick«, W. Muthspiel, Chroma, Barbara Dennerlein; als Leader für Xanadu, Denon, Chase, Gala u. Stretch.

LP: New Birth, Xanadu 159

Berg, Thilo, (d), * 23.4.1959 Dortmund. Arbeitete als Studiomusiker

und auf Tourneen mit Bob Mintzer, Bill Ramsey, Art Farmer, Jiggs Whigham, Slide Hampton, Barbara Dennerlein u. a.; spielt beim Rundfunkorchester des SWF und leitet eigene Big Band. – Schallplatten mit dem SWF-Orch., Darek Ens., Stephan Flesch, Heiner Franz – Louis Stewart, John Gordon; eigene CDs auf seinem Label Mons Records.
CD: Carnival of Life, Mons 1887

Berger, Karl, Karlhans, (vib, p, comp), * 30.3.1935 Heidelberg. Begann nach Studium in Heidelberg mit lokalen Gruppen zu spielen, auch Begleitung amerikanischer Solisten. In Paris mit internationalen Musikern, der Sängerin Ingrid Didier (seiner späteren Frau), ab 1964 bei Don Cherry. Gründete 1971 mit Ornette Coleman die Creative Music Foundation. Lebt in Woodstock, N. Y. Lehrt dort Kompositions- und Improvisationstechniken, befindet sich dazwischen immer wieder auf Tournee in Europa. – Schallplatten mit Don Cherry (»Symphony for Improvisors«), Carlos Ward, Henry Grimes, Roswell Rudd, Gunther Schuller, Marion Brown, Gato Barbieri, Sam Rivers, Lee Konitz, Alan Silva, John McLaughlin, Jazz Composers' Orch. u. a.; eigene Schallplatten für ESP, Da Camera, Milestone, Calig, Enja, Sackville, Horo, FMP, MPS, Circle, Palcoscenico, Black Saint, ITM.
CD: We Are You, Enja 6060-2

Bergonzi, Jerry, (ts, as), * 1947 Boston. Lernte as u. cl vom achten Lebensjahr an, ts mit zwölf Jahren. Studierte schon während seiner High-School-Zeit bei Lehrern der Berklee School. Ging 1972 nach N. Y., spielte mit Tom Harrell, Andy Laverne und Harvie Swartz und begann eine zehnjährige Assoziation mit → Dave Brubeck, spielte bei den »Two Generations« und im Quartett. Ging 1981 nach Boston zurück und etablierte sich dort als Lehrer. Besucht regelmäßig Europa, spielt im Quartett bzw. mit seinem Trio »Gonz«. Als Solist der Hard-Bop-Schule zugehörig; nennt als Vorbilder Sonny Rollins, Joe Henderson u. Wayne Shorter. – Schallplatten mit Dave Brubeck, Bennie Wallace, Daniel Humair, Hal Crook, Joey Calderazzo, Joe Locke, Eartha Kitt, Bruce Gertz, Herb Pomeroy; als Leader für Red, Blue Note u. eigenes Label Plug.
CD: Standard Gonz, BN CDP 796256-2

Berk, Dick, Richard, (d, ldr), * 1939 San Francisco. Spielte mit 14 Jahren professionell, hatte Jobs mit Anita O'Day, Billie Holiday, Art Pepper u. a., ehe er an der Berklee School bei Alan Dawson zu studieren begann. Arbeitete dann in N. Y., ab 1968 in L. A. u. a. bei Nick Brignola, Ted Curson, Don Friedman, Charles Mingus, Walter Bishop, Monty Alexander, Milt Jackson, Cal Tjader, George Auld. Hatte Jobs als Studiomusiker für Film (»New York, N. Y.«) und Schallplatte, auch als Schauspieler. Leitete eigene »Jazz Adoption Agency«. Lebt in Beaverton, Oregon, arbeitet als Lehrer und leitet seine »New Jazz Adoption Agency«. – Schallplatten mit Milt

Jackson, Nick Brignola, Billie Holiday, Cal Tjader, Charlie Byrd, The Cunninghams, Jon Nagourny; eigene Aufnahmen für Discovery, Reservoir u. Nine Winds.
CD: Let's Cool One, Reservoir 122

Berne, Tim, (as), * 16.10.1954 Syracuse, N. Y. Mehr zufällig und relativ spät kam Tim Berne als 20jähriger zum Altsax-Spiel. Zuvor hatte der Student des Lewis and Clark College in Oregon seine Energie in sportliche Ereignisse gesteckt, bis ihn eine Verletzung beim Baseball zwang zu pausieren. Zur Untätigkeit genötigt, weckte ein Saxophonsound in ihm den Wunsch, dieses Instrument zu erlernen. 1974, zurück in New York, beschäftigte er sich intensiv mit Jazz, wobei besonders die Auftritte von McCoy Tyner und des Sun Ra Arkestra und von McCoy Tyner bei ihm einen großen Eindruck machten. Dabei wurde ihm aber auch bewußt, daß er eigenes kreatives Profil entwickeln mußte, um nicht zum Nachahmer zu werden. Nach ersten autodidaktischen Altsaxspielversuchen fand B. in Julius Hemphill einen hervorragenden Lehrer, der ihn in seinen Ideen und Zielsetzungen bestätigte. 1978 gründete B. das Label Empire Productions. Hier fungierte er als Leader von fünf Alben, auf denen bereits wichtige Repräsentanten der jungen Avantgarde vertreten sind, wie z. B. Bill Frisell (g), Herb Robertson (tp, cnt), Olu Dara (tp, cnt), John Zorn (Saxes), John Carter (cl) u. v. a. Das bis 1986 aktive Label festigte den Ruf B.'s als kreativer Soundschöpfer und schnitt besonders bei Kritikern gut ab. – Zahlreiche Aufnahmen für Soul Note, JMT und CBS unter eigenem Namen sowie als Sideman mit Herb Robertson, Mark Helias, M. Formanek, Nels Cline, Hank Roberts, Lindsay Horner, Miniature, Peter Herborn, Joey Baron. (G. F.)
CD: Tim Berne Quartett – Mutant Variations Soul Note 1091; Tim Berne – Fractured Fairy Tales JMT 834430; Tim Berne – Chaos Totale – Pace Yourself JMT 834442

Bernhart, Milt, (tb), * 25.5.1926 Valparaiso, Ind. Spielte mit 16 Jahren bei Boyd Raeburn, dann bei Buddy Franklin, Jimmy James, Teddy Powell. Wurde bekannt als ein sehr versierter Solist bei Stan Kenton, bei diesem mit Unterbrechungen (Boyd Raeburn, Benny Goodman) von 1946–51. Anschließend als Studiomusiker in L. A., auch bei Billy May, Pete Rugolo, Frank DeVol, Frank Sinatra. – Schallplatten mit Stan Kenton, Pete Rugolo, Shorty Rogers, Maynard Ferguson, Jack Marshall, Sonny Burke, Lighthouse All Stars, Glen Gray, Leith Stevens, Maxwell Davis, Buddy Rich, Van Alexander, Elmer Bernstein, Les Baxter, Tak Shindo, Frank Sinatra (»I've Got You Under My Skin«, Capitol) u. a.; als Leader für RCA u. Decca. Leitet seit den 70er Jahren Reiseagentur in L. A.

Berigan, Bunny, Roland Bernard, (tp, voc), * 2.11.1908 Hilberts, Wisc., † 2.6.1942 N. Y. Wuchs in Fox Lake, Wisc. auf, begann mit Violine, spielte Althorn im Schulorchester, als Jugendlicher Trompete in örtlichen

Anzeige für eine »Battle of Bands« im New Yorker Roseland-Ballroom, 1938. Die falsche Schreibweise des Namens Berigan war damals nicht selten!

Tanzorchestern. 1930 nach N. Y. für ein Jahr zu Hal Kemp, dann Studioarbeit, im Rundfunk bei CBS unter Fred Rich und Ben Selvin. 1932 zu Paul Whiteman, ab 1933 wieder bei CBS und im Plattenstudio mit den Dorsey-Brüdern, den Boswell Sisters, Frank Trumbauer, Benny Goodman, Red Norvo, Glenn Miller, Gene Gifford u. a. 1935 in die neue Benny-Goodman-Band, Teilnahme am berühmten Palomar-Engagement. Im selben Jahr wieder in N. Y., dort Aufnahmen mit Bud Freeman, Bob Howard, Billie Holiday, Red McKenzie, Mildred Bailey, Richard Himber. 1936–37 bei Tommy Dorsey (berühmte Soli auf »Marie«, »Song of India«), 1937–39 eigene Band (»I Can't Get Started«), nach Bankrott der Band wieder zu Dorsey. 1941 neue Band bis zu seinem Tod (als Folge von Alkoholismus).

B. war nach Louis Armstrong der bedeutendste Trompeter der 30er Jahre; in seiner Lebensgeschichte finden sich erstaunliche Parallelen zu → Bix Beiderbecke.

Schallplatten mit den o. g., als Leader vor allem für Columbia und RCA.

»To me, Bunny can't do no wrong in music.« (L. Armstrong)

Lit.: Bozy White, B. Berigan Discographie (i. V.); R. Dupois, B. B.; Elusive Legend of Jazz, Baton Rouge 1991

LP: Bluebird NL 90439

CD: Jass JCD 627; Portrait, Living Era AJA 5060

Berry, Bill, William R., (tp, flh), * 14.9.1930 Benton Harbor, Mich. Nach Dienst in der Air-Force Studium an der Berklee School (Herb Pomeroy), 1956–60 bei Woody Herman, 1961 Maynard Ferguson, 1962 Duke Ellington. Dann in N. Y. Studioarbeit, in der Thad Jones – Mel Lewis Band und in der Merv Griffin Show in L. A. Dort gründete B., der eine große Bewunderung für Dizzie Gillespie hegt, seine »L. A. Band«, eine Rehearsal-Band, mit der er auf Festivals und in Clubs auftritt. – Schallplatten mit Woody Herman, Maynard Ferguson, Duke Ellington (»My People«), Gary McFarland, Ruth Brown, Johnny Hodges, Billy Strayhorn, Jones – Lewis, Coleman Hawkins, Earl Hines, Jimmy Rowles, Frank Capp, Nat Pierce, Scott Hamilton, Jake Hanna, Rod Levitt, Ernestine Anderson; als Leader für eigenes Label Beez, für Directional Sounds, Realtime u. Concord.

LP: L. A. Big Band, Concord CJ 27 (+ CD)

Berry, Chu, Leon, (ts), * 13.9.1910 Wheeling, W. Va., † 31.10.1941 Conneaut, Ohio. Begann 1930 bei Carl Jackson, spielte 1931 mit Cecil Scott, 1932 mit Benny Carter, 1933–35 mit Teddy Hill, 1935–37 mit Fletcher Henderson, danach bei Cab Calloway bis zu seinem Tod durch einen Verkehrsunfall. B. war der bedeutendste Tenorist der Hawkins-Schule, die er an Swing noch übertraf. Seine Version von »Ghost of a Chance« (mit Cab Calloway) ist Coleman Hawkins' »Body and Soul« zumindest ebenbürtig. – Schallplatten mit

Benny Carter, Teddy Hill, Fletcher Henderson, Cab Calloway, Spike Hughes, Red Norvo, Putney Dandridge, Henry Allen, Teddy Wilson, Mildred Bailey, Gene Krupa, Lil Armstrong, Wingy Manone, Billie Holiday, Count Basie, Lionel Hampton; nur wenige Titel als Leader für Variety u. Commodore.
Lit.: The Tenor-Saxophone of Chu Berry, by Jan Evensmo, Hosle, Norwegen 1978
CD: Story, EPM 738

Bert, Eddie, Edward, (tb), * 16.5. 1922 Yonkers, N. Y. In den 40er Jahren bei Sam Donahue, Red Norvo, Woody Herman, Herbie Fields, Stan Kenton, in Bill Harris' Drei-Posaunen-Combo 1951, dann bei Stan Kenton, Herbie Fields, Ray McKinley, Les Elgart, Charles Mingus, Tony Aless – Seldon Powell, Lena Horne, Benny Goodman, Urbie Green, Thelonious Monk, Elliot Lawrence, Pete Rugolo u. a. – Schallplatten mit Red Norvo, Charlie Barnet, Woody Herman, Stan Kenton, Sam Donahue, Frank Socolow, Elliot Lawrence, J. J. Johnson, Bob Prince, Sal Salvador, Charles Mingus, Phil Sunkel, Thelonious Monk, Machito, Bill Russo, Buddy Rich, George Romanis, AJO, Coleman Hawkins, Stephen Roane, Gil Melle, Lennie Hambro, Joe Holiday, Tommy Talbert, Ernie Royal u. a.; als Leader LPs für Discovery, Savoy, Jazztone, Trans-World, Backbone u. Fresh Sound.
CD: E. B. & J. R. Monterose, Fresh Sound 198

Bethlehem Records, N. Y. und Hollywood, dokumentierte 1953–61 sowohl die East-Coast-Szene (Herbie Mann, Howard McGhee, Johnny Richards, Sal Salvador, Duke Ellington, Jay & Kai, Osie Johnson, Charlie Persip) als auch den West Coast Jazz (Marty Paich, Russ Garcia, Max Bennett, Charlie Mariano, Claude Williamson, Sam Most, Mel Tormé u. a.). Sub-Label: Aamco. 1961 von → King gekauft.

Bickert, Ed, Edward Isaac, (g), * 29.11.1932 Hochfeld, Manitoba. Der kanadische Spitzengitarrist begann 1956 bei Ron Collier, arbeitete mit Phil Nimmons, Moe Koffman, Rob McConnell u. eigenem Trio (mit Don Thompson [b] u. Terry Clarke [d]). – Schallplatten mit den o. g., außerdem Paul Desmond, Ruby Braff, Kenny Wheeler, Chet Baker, Scott Hamilton, Red Norvo, Benny Carter, Fraser McPherson, Oscar Peterson, Mel Tormé, Rosemary Clooney, Ken Peplowski, Jake Hanna u. a. Eigene LPs für PM, C. T. L. und Concord.
LP: Bye Bye Baby, Concord CJ-232

Big Apple, Spitzname für → New York, in den 30er Jahren auch Name eines Modetanzes.

Bigard, Barney, Leon Albany, (cl, ts), * 3.3.1906 N. O., † 27.6.1980 Culver City, Calif. Studierte Klarinette unter Lorenzo Tio. Erste Jobs bei Octave Gaspard u. Albert Nicholas, in Chicago bei King Oliver 1925. Bei Charlie Elgar 1926–28, bei King Oliver in N. Y., kurze Zeit bei Luis Russell. 1928–42 bei Duke Ellington. 1943–44 bei Freddie Slack, dann eigene Combo und bei Kid Ory.

1947–55 bei Louis Armstrong. Zog sich dann eine Zeitlang zurück, besuchte Paris und nahm dort Platten auf. Von den 60er Jahren bis zu seinem Tod aktiv auf Festivals, Tourneen u. a. B. gehört mit seinem persönlichen Stil, seinen langen flüssigen Phrasen und seiner brillanten Technik zu den großen Musikern seines Instruments und trug während seiner Zugehörigkeit zu Duke Ellingtons Band maßgeblich zu deren Sound bei. – Schallplatten mit Albert Wynn, Luis Russell, Duke Ellington, den Gotham Stompers, Johnny Hodges, Rex Stewart, Cootie Williams, Jack Teagarden, Capitol Jazzmen, Sonny Greer, Kay Starr, King Oliver, Jelly Roll Morton, Benny Morton, Claude Trenier, Charlie Ventura, Crystalette All Stars, Louis Armstrong u. a.; als Leader ab 1936 zunächst mit Musikern aus der Ellington-Band für Variety, Vocalion/Okeh und RCA, ab 1944 für Signature, Rex, Black & White, Keynote, Liberty, Vogue, Delmark, RCA*, Crescent Jazz und Evasion.

Lit.: Daniel Koechlin, 50 ans de Jazz avec Barney Bigard, Darnetal 1989 (D); B. Bigard, With Louis and the Duke, N. Y. 1987²

*CD: Ellington Small Groups, Bluebird ND 86751**

Big Band, die großorchestrale Form im Jazz. Historisch läßt sie sich bis in dessen Entstehungsgeschichte verfolgen, denn die → Brass Bands des → Archaischen Jazz waren von der Größe her den späteren Big Bands vergleichbar. Die Anfänge der eigentlichen B. gehen in die frühen 20er Jahre zurück. Entstanden ist sie durch eine satzmäßige Erweiterung der klassischen → N.-O.-Besetzung. Von zunächst zwei tp, tb u. zwei bis drei → Reeds (wobei die Klarinette durch das Saxophon ersetzt wurde) vollzog sich eine allmähliche Vergrößerung, bis sich in der Mitte der 30er Jahre die klassische Swing-Band-Besetzung herauskristallisiert hatte: drei tp, zwei bis drei tb, vier bis fünf Reeds, wobei die Rhythmusgruppe mit p, g, b, d unverändert blieb. Deutlich läßt sich diese Entwicklung bei den Orch. von Fletcher Henderson und Duke Ellington verfolgen. Die Reed-Section besteht meist aus zwei as, zwei ts, seltener aus zwei as, ts und bar, wobei alle Musiker noch zur cl wechseln können.

Während die schwarzen Bands den Übergang zur B. vollzogen, z. B. Benny Moten, Doc Cook, McKinney's Cotton Pickers, Luis Russell, gingen die weißen Orch. zunächst den Umweg über den sog. → Symphonischen Jazz. Leitet sich die B. jedoch deutlich aus der klassischen Jazzband ab, so ist das symphonische Orch. eher ein reduziertes Symphonieorchester einschl. Streicher und Holzbläser. Erst bei Ben Pollack bildet sich 1928 eine Vorstufe der eigentlichen B. aus. Als erste weiße B. wird das → Casa Loma Orchestra angesehen, was für die Instrumentierung, weniger für das Musizierideal zutrifft. Hier war erst Benny Goodman wegweisend (ab 1934), der sich die bedeutenden schwarzen Orchester zum Vorbild nahm.

In den 40er Jahren erlebte die B. eine weitere Vergrößerung: Nachdem schon Ende der 30er Jahre viele Big Bands ihre Besetzung wegen der größeren harmonischen Möglichkeiten auf vier tp, drei bis vier tb u. vier bis fünf Reeds ausgeweitet hatten, wurden im → Progressive Jazz bis zu sechs tp, fünf tb, fünf bis sieben Reeds eingesetzt (Stan Kenton, Boyd Raeburn), zusätzlich noch Tuba und Waldhorn (Claude Thornhill, Boyd Raeburn), evtl. noch zusätzliche Perkussionisten. In der Reed Section fand neben dem bar auch das Baß-Saxophon Verwendung, die Saxophonisten spielten noch so ungebräuchliche Instrumente wie Oboe/Englischhorn und Fagott.

Als Standardbesetzung der B., die heute in jedem Tanzorchester üblich ist, finden wir jetzt vier bis fünf tp, drei bis fünf tb, fünf Reeds und in der Rhythmusgruppe p, g, b, d, wobei häufig die Gitarre, seltener das Klavier wegfällt. Die Entwicklung der B., ihre satzweise Zusammenfassung der Melodieinstrumente entspricht dem Wechsel vom linearen zum harmonischen Musizieren. Da hier eine Kollektivimprovisation nicht mehr möglich ist, kommt dem → Arrangement eine besondere Bedeutung zu. Zu den bedeutendsten Big Bands des Jazz gehören neben den schon erwähnten die von Count Basie, Jimmie Lunceford, Woody Herman, Cab Calloway, Artie Shaw, Tommy Dorsey, Dizzy Gillespie, Don Ellis, Terry Gibbs, Thad Jones – Mel Lewis, Toshiko Akiyoshi – Lew Tabackin, Bob Florence. Für die großen Ensembles des Free und Post-Free-Jazz sollte dieser Begriff eigentlich nicht gelten, da hier die typische Einteilung in Sections und die damit verbundene Spielweise fehlt (z. B. Carla Bley, Karl Berger, Sun Ra, Vienna Art Orch.).

Lit.: George T. Simon, The Big Bands, New York 1981[4]; Albert McCarthy, Big Band Jazz, London 1974; Leo Walker, The Big Bands Almanac, New York 1989; Walter Bruyninckx, Modern Big Band Jazz, Mechelen 1989 (D)

CD: Birth of Big Band Jazz, Bluebird ND 90365; Big Band Sampler, CBS 45348

Big Bear Records, von Jim Simpson 1973 in Birmingham/England gegründet, spezialisiert auf Blues, R & B, Jazz mit LPs von Cousin Joe, Eddie Taylor, Homesick James, Doctor Ross, Mickey Baker, Willie Mabon, Mighty Flea Connors, Clark Terry.

Bijma, Greetje, (voc, g), * 1956 Stiens, Holland. Die Autodidaktin besuchte 1980 Workshops von Jalalu Kalvert Nelson in N. Y., wurde Mitglied des »Improvised Music Ensemble« des kanadischen Komponisten Alan Laurillard und wurde Lead-Sängerin der holländischen »Noodband«. Ab 1983 trat sie mit Ernst Reyseger und Han Bennink auf, sowie dem »Instant Composers Pool«. Ab 1985 eigene Gruppe, reiste auch mit dem Vokalquintett »Direct Sound« (David Moss), trat mit Horst Rickels, Luc Houtkamp und im Duo mit Willem van Manen (tb) auf. Tritt auch solo auf, gilt mit ihrer Sechs-Oktaven-Stimme als Vokalwunder

und wird daher gern mit Yma Sumac verglichen. – Schallplatten mit Direct Sound, Willem Breuker; eigene Aufnahmen für BVHaast und Enja.
CD: Tales of a Voice, Tiptoe 888808

Birdland, nach Charlie »Bird« Parker benanntes Jazz-Lokal in N. Y., zwischen der 52. und der 53. Straße gelegen. Am 15.12.1949 eröffnet (Besitzer Morris Levy), wurde es in den 50er Jahren als »Jazz Corner of the World« berühmt und verpflichtete nahezu alle namhaften Musiker jener Zeit. In den 70er Jahren zu einer Diskothek verkommen, stellt es heute wieder Jazz-Musiker heraus.
CD: C. Basie & The Stars of Birdland on Tour, Jass JCD-17

Bishop, Walter Jr., (p), * 4.10.1927 N. Y. Gab sein Debüt bei Art Blakeys Jazz Messengers (der Big Band), spielte dann mit dessen kleiner Gruppe im »Minton's«. Danach bei Andy Kirk, Oscar Pettiford, Terry Gibbs, Kai Winding, Miles Davis. Eigenes Trio, zog sich dann zeitweise von der Musik zurück. Seit 1959 wieder aktiv mit Allan Eager, Philly Joe Jones, Curtis Fuller, Cannonball Adderley, Terry Gibbs. Seit 1965 mit eigenem Trio, auch Auftritte mit Blue Mitchell, Supersax, Woody Shaw, Clark Terry. – Schallplatten mit Stan Getz, Miles Davis, Hank Mobley, Charlie Parker, Milt Jackson, Phil Urso, Art Blakey, Ken McIntyre, Jackie McLean, Curtis Fuller, Ernie Wilkins, Dizzy Reece, Sonny Stitt, Gene Ammons, Kenny Dorham, James Moody, Tubby Hayes, Roland Kirk u. a.; unter eigenem Namen ab 1961 für Jazztime, Prestige, Black Jazz, Muse, East Wind, Sea Breeze, DIW.
LP: Cubicle, Muse 5151
CD: Fresh Sound FSRCD 11

Black Music Association (BMA), eine im Juni 1969 in Philadelphia gegründete Dachorganisation schwarzer Musiker, Konzertpromoter, Schallplattenproduzenten und Künstleragenten. Die Organisation, unter der Ägide von Stevie Wonder, Smokey Robinson und Kenneth Gamble, hat sich einen besseren Schutz, Bewahrung und Imagepflege der schwarzen Musik zum Ziel gesetzt.

Black & White Records, 1944 von Les Schriber gegründet, veröffentlichte in den folgenden fünf Jahren Aufnahmen von Solisten u. Gruppen, die auf der → 52nd Street u. in Greenwich Village auftraten, und bietet damit eine aufschlußreiche Dokumentation dieser Szene. Dazu gehören Rod Cless, George Wettling, Dick Cary, Cliff Jackson, Art Hodes, Nat Jaffe, Erroll Garner, Etta Jones, Barney Bigard, Joe Marsala u. a.; außerdem eine Reihe von Gruppen von der Westküste (L. A.) wie Red Callender, Jack McVea u. die Big Bands von Wilbert Baranco und Earle Spencer. Das Pickwick-Label hat fünf CDs mit B&W-Aufnahmen wiederveröffentlicht.

Blackburn, Lou, (tb), * 12.11.1921 Rankin, Pa., † 7.6.1990 Berlin. Studierte nach High School an der Roosevelt-Universität in Chicago, war dann zehn Jahre in der US-Army. 1956 zu Charlie Ventura, danach bei Lionel Hampton, Cat Anderson, Duke Ellington. Bis 1970 als Studiomusiker in L. A., danach in Deutschland u. a. bei Kurt Edelhagen. Gründete 1973 die Gruppe »Mombasa«, die Jazz-Elemente mit afrikanischer Folkore verband. – Schallplatten mit Duke Ellington, Charles Mingus, Tricky Lofton, Gerald Wilson, Esther Phillips, Onzy Matthews, Les McCann, Lou Rawls; zwei LPs für Imperial; mit Mombasa für Wind, Intercord u. Pläne.

Blake, Eubie, James Hubert, * 7.2. 1883 Baltimore, † 12.2.1983 N. Y. Seine Bedeutung liegt weniger darin, daß er einer der letzten authentischen Ragtime-Pianisten war, sondern vielmehr in seinen Arbeiten als Komponist. Er schrieb 1921 die erste schwarze Revue: »Shuffle Along«, 1924 »Chocolate Dandies« und eine Reihe von Standards wie »Memories of You«, »I'm Just Wild About Harry« u. a., oft in Zusammenarbeit mit Noble Sissle. Nachdem er sich in den 50er Jahren in den Ruhestand zurückgezogen hatte, kam 1969 ein Comeback, eingeleitet durch zwei von John Hammond produzierte LPs. – Seine ersten Schallplatten (bzw. Klavierrollen!) gehen bis 1917 zurück, aus den 20er u. 30er Jahren gibt es Aufnahmen mit eigener Band, 1958–62 erschienen einige LPs auf 20th Cent. Fox und Stereodities, 1969 die o. g. Aufnahmen auf CBS, in den folgenden Jahren eine Reihe von LPs auf seinem Label »Eubie Blake Music«.

Lit.: Al Rose, Eubie Blake, N. Y. 1983 (D); R. Kimball/W. Bolcom, Reminiscing with Sissle and Blake, N. Y. 1972; LP: Rags to Classics, EBM 2

Blake, Ran, (p, comp), * 20.4.1935 Springfield, Mass. Studierte in Hartford, trat 1957–63 mit der Sängerin Jeanne Lee auf und experimentierte mit totalen Klavier-Gesangs-Improvisationen. Seit 1968 am New England Conservatory of Music mit Lehrauftrag für → Third Stream Music. – Schallplatten ab 1961 für RCA (Duo mit Jeanne Lee), ESP, Milestone, Improvising Artists, Golden Crest, Arista, Soul Note, GM.

CD: The Complete, GM 3007 u. 3008

Blakey, Art, Abdullah Ibn Buhaina, (d), * 11.10.1919 Pittsburgh, † 16.10. 1990 N. Y. Lernte Klavier in der Schule, wechselte zum Schlagzeug, spielte 1939–41 bei Fletcher Henderson, Mary Lou Williams, eigene Gruppe in Boston, 1944–47 in der Billy Eckstine Big Band. 1947 eigene Big Band (Jazz Messengers), 1949 bei Lucky Millinder, bei Buddy DeFranco 1951–53. Leitete seit 1955 ununterbrochen eigene Gruppen, die »Jazz Messengers«, gewöhnlich ein Quintett oder Sextett. B. war eine zentrale Figur des → Hard-Bop, als Drummer entwickelte er einen ungeheuren Drive, ohne die Solisten zu übertrumpfen. Aus seiner Band sind Dutzende von berühmten Musikern hervorgegangen, u. a. Lee Morgan, Kenny Dorham, Jackie McLean, Benny Golson, Johnny Griffin, Wayne Shorter, Junior Mance, Bobby Timmons, Wynton Marsalis, Terence Blanchard. – Er nahm als Sideman eine große Zahl von Schallplatten auf, so mit Billy Eckstine, Bennie Green, Buddy DeFranco, Charlie Parker, Clifford Brown,

CD-Reissue einer Art-Blakey-LP, RCA

Coleman Hawkins, Dizzy Gillespie, Duke Jordan, Gil Fuller, Hank Mobley, Horace Silver, Ike Quebec, Jimmy Smith, Thelonious Monk, Kenny Burrell, Kenny Drew, Lou Donaldson, Miles Davis, George Kawaguchi, Sonny Rollins, Sonny Stitt, Zoot Sims, Wayne Shorter, Tony Bennett u. a.; als Leader seit 1947 für Blue Note, EmArcy, Columbia, RCA, Cadet, Bethlehem, Riverside, Limelight, Prestige, Roulette, Timeless, Concord, Baystate, A & M.

Lit.: H. Giese, A. B.; Sein Leben, seine Musik, seine Schallplatten, Schaftlach 1990

CD: A Night at Birdland, Blue Note 1521, 1522

Ⓥ*: At Ronnie Scott's, HEN 019; Jazz at Smithsonian, MKJ 0004*

Blanke, Toto, (g, synth, div. instr.), * 16.9.1936 Paderborn. Spielte mit Gunter Hampel, seit 1969 mit eige-

nem Trio, mit Jaspar Van t'Hof, Jeremy Steig, Edward Vesala. Eigene Gruppe »Electric Circus«, dabei u. a. Jaspar Van t'Hof, Tony Lakatos, Leszek Zadlo, Trilok Gurtu u. a. – Schallplatten mit Association P. C., Rolf u. Joachim Kühn, Lajos Dudas, Randy Brecker, Jan Akkerman, Philip Catherine. LPs als Leader erschienen auf Vertigo, Vinyl, Bacillus und auf dem eigenen Label Aliso, dort u. a. »Kirchenmusik« und seine Musik zu F. G. Lorcas Stück »Don Perlimplin«.
CD: T. B. & Rudolf Dasek, Too Much Guitar, Aliso 1022

Blanton, Jimmy, James, (b), * Okt. 1918 St. Louis, † 30.7.1942 Monrovia, Calif. Spielte im Jeter-Pillars Orch. und bei Fate Marable bis 1939, wurde in diesem Jahr von Duke Ellington engagiert, spielte bei diesem bis zu seinem Tod durch Tuberkulose. In dieser kurzen Zeit revolutionierte er das Baßspiel, indem er nicht mehr die üblichen Viertelnoten, sondern auch Achtel- und Sechzehntelnoten spielte, verbunden mit neuen harmonischen und melodischen Ideen und einer bis dahin nicht für möglich gehaltenen Technik. – Schallplatten mit Ellington, im Duo und mit dessen Big Band und kleinen Gruppen.
CD: Ellington/Blanton, Bluebird 82178

Bley, Carla, geb. Borg (p, keyb, comp), * 11.5.1938 Oakland, Calif. Heiratete 1957 Paul Bley, begann für ihn zu komponieren, arbeitete aber erst ab 1964 professionell, u. a. mit Charles Moffat, Pharoah Sanders. Gründete mit ihrem zweiten Mann Mike Mantler das Jazz Composers' Orchestra. Wichtige Kompositionen: »A Genuine Tong Funeral«, »Escalator Over the Hill«, schrieb auch für Don Ellis, George Russell, Jimmy Giuffre, Art Farmer. Als Komponistin wird ihr überragende Bedeutung nachgesagt, eine gewisse Neigung zum Kitsch ist ihr aber nicht abzusprechen. – LPs auf JCOA, Watt.
CD: Escalator Over the Hill, JCOA

Bley, Paul, (p, comp), * 10.11.1932 Montreal. War schon in der High School Bandleader, kam in Kontakt zum Jazz, als er Oscar Petersons Rhythmusgruppe übernahm, als dieser in die USA ging. Ging ein Jahr später selbst in die USA, studierte an der Juilliard School, kam in Kontakt mit Ornette Coleman u. Don Cherry und wandte sich dem Free Jazz zu. Spielte mit Charles Mingus, Jimmy Giuffre, Don Ellis. Ab Ende der 60er Jahre Zusammenarbeit m. Annette Peacock, Versuche mit Synthesizer und elektronischen Verfremdungen, 1974 Free-Rock-Band. – Schallplatten ab 1974 für eigenes Label »Improvising Artists«, davor ab 1953 für Debut, EmArcy, GNP, Byg, Savoy, Arista, Owl, ESP, Polydor, Milestone, Steeplechase, ECM, Soul Note; auch zu hören bei Aufnahmen von Charles Mingus, Don Ellis, George Russell, Bob Mover, Alfred Harth, Chet Baker, Jaco Pastorius, Charlie Parker, Franz Koglmann, Ivo Perelman.
LP: P. B., IA 373846

Blindfold-Test, ein Blind-Test, bei dem Musikern Gelegenheit gegeben wird, vorher nicht genannte Schallplatten zu hören und zu beurteilen.

Wurde 1946 v. Leonard Feather in der Zeitschrift »Metronome« eingeführt und erscheint seit 1951 regelmäßig in »Down Beat«, in variierter Form (»Before & After«) in »Jazztimes«.

Blockakkorde → Locked Hands Style

Blood, Sweat & Tears, Jazz-Rock-Gruppe, gegründet 1968 von Al Kooper (* 5.2.1944 Brooklyn, voc, g, keyb) mit Steve Katz (g), Jim Fielder (b) u. Bobby Colomby (d). Dazu kam eine Horn Section mit Randy Brecker, Jerry Weiss (tp), Dick Halligan (tb) u. Fred Lipsius (sax). Die Gruppe spielte Blues u. Rock, gemixt mit Bläserarrangements à la Maynard Ferguson, und war damit einige Jahre sehr erfolgreich.

Kooper wurde durch David Clayton-Thomas (voc) ersetzt, neue Trompeter waren Lew Soloff u. Chuck Winfield. Clayton-Thomas schied 1972 aus (ersetzt von Jerry Fisher, Bobby Doyle u. Jerry La Croix), kehrte 1974 zurück, als die Band sich schon überlebt hatte. – Schallplatten für Columbia (»Child Is Father to the Man«, »BS&T«, »BS&T 3«), MCA.

Bluebird, Sub-Label der → RCA-Victor, gegründet 1935 als Antwort auf die Preispolitik der → Decca. In den 40er Jahren eingestellt, 1975 als Reissue-Label wiederbelebt, seit 1987 für CD-Reissues.

Lit.: Bluebird Numerical Listing, in: R. D. Kinkle, The Complete Encyclopedia of Popular Music and Jazz 1900–1950, New Rochelle 1974

Blue Blowing, ein von → Red McKenzie geprägter Ausdruck für das Kammblasen, d. h., durch einen mit Pergamentpapier umwickelten Kamm wird rhythmisch hindurchgeblasen. Seine Gruppe nannte er »Mound City Blue Blowers« (Mound City = St. Louis, Mo.). Aufnahmen in wechselnder Besetzung 1924–36. Der gleiche Effekt wird auch mit dem → Kazoo erzielt.

Blue Note Records, 1939 von den gebürtigen Berlinern Alfred Lion und Francis Wolff in New York gegr., 1966 an Liberty verkauft, das seinerseits 1969 von United Artists übernommen wurde und damit heute zum → EMI-Konzern gehört. BN war eine der ersten Firmen, die ausschließlich Jazz veröffentlichten, und auch eine der ersten, die sich der Jazz-Avantgarde widmeten, von Bebop bis zum Free Jazz. BN veröffentlicht weiter hochkarätige Jazz-Aufnahmen, daneben Reissues aus dem Repertoire der früher selbständigen aber ebenfalls von EMI gekauften Labels Pacific Jazz, Jazz West, Tran-

Bluebird-Label, 1939

sition, Imperial, Intro, United Artists, Solid State.

Lit.: Michael Cuscuna/Michel Ruppli, The Blue Note Label, New York 1988 (D); G. Marsh, The Cover Art of Blue Note Records, London 1991

CD: Blue Note 50th Anniversary Collection 1939–89, CDP 92465-2, 92468-2, 92471-2, 92474-2, 92477-2

Blue Notes, die auf der erniedrigten dritten und siebten Stufe der Tonleiter auftretenden charakteristischen Töne. Sie kommen nicht nur im Jazz vor, sondern sind auch in vielen schottischen u. irischen Volksliedern enthalten. Die B. sind vor allem aus der afrikanischen Musik hervorgegangen, bei deren Tonleiter die 2./3. u. 6./7. Tonschritte niedriger sind als die entsprechenden europäischen. Nach anderen Theorien erst in den USA entstanden als ungenaue Übernahme der europäischen Tonleiter durch die Schwarzen.

Blues, ursprünglich die volkstümliche weltliche (im Gegensatz zur geistlichen, → Gospel, Spiritual) Gesangsform der nordamerikanischen Neger. Er ist die einzige originale Form, die der Jazz hervorgebracht hat, nämlich zwölf Takte in drei viertaktigen Phrasen. Inhaltlich wird während der ersten vier Takte eine Feststellung gemacht, in den zweiten vier Takten noch einmal bekräftigt (u. U. über anderen Harmonien), und in den letzten vier Takten wird eine Art Schlußfolgerung daraus gezogen. Diese AAB-Struktur zeigt das folgende Beispiel:

»My man don't love me, treats me awful mean, (A)

My man don't love me, treats me awful mean, (A)

He is the lowest man I've ever seen«. (B)

Der Blues-Strophe liegt demnach das afrikanische Ruf-Antwort-Schema (→ Anrufung) zugrunde, (A) ist die Anrufung, (B) die Beantwortung. Der Blues ist Stegreifdichtung und Stegreifkomposition des Blues-Sängers, der sich an Regeln hält (→ Blues-Stimmenablauf).

Der frühe Blues (→ Archaischer Blues) wurde meist ohne Instrumentalbegleitung gesungen. Erst später kam die Gitarre als Begleitinstrument hinzu. Auch die Gestaltung ist unregelmäßig, die oben gezeigte Form ist nicht absolut zu nehmen. Die Gitarren- und Pianobegleitung entwickelt eine besondere Baßtechnik mit Akkordbrechungen und stereotypen rhythmischen Figuren, die später verselbständigt als instrumentale Blues-Formen auftreten (→ Barrelhouse, → Boogie Woogie). Die Ausgeglichenheit der formalen Gestaltung wird erst im → Klassischen Blues erreicht. Dort trifft er auf den → Klassischen Jazz, der seine Form übernimmt und instrumental vorträgt: das Kornett (bzw. die Trompete) mit der Funktion der Anrufung, Posaune und Klarinette mit der Beantwortung.

Die Ära des Klassischen Blues ging Anfang der 30er Jahre zu Ende, doch hat sich der Blues bis heute als treibende Kraft des Jazz behauptet. Authentische Blues sind heute noch in ländlichen Gegenden zu finden, in den Großstädten lebt er als Big City

Blues weiter, er hat an allen späteren Jazz-Stilen teilgenommen, im → Swing (Count Basie) ebenso wie im → Bebop (Charlie Parker) bis hin zu → Free Jazz (Archie Shepp) und Rock (Jimi Hendrix).

Lit.: Paul Oliver (ed.), The Blackwell Guide to Blues Records, Oxford 1989; ders., The Story of the Blues, London 1972, dt. Reinbek 1978; ders., Blues Fell This Morning, London 1960, dt. St. Andrä – Wördern 1991; Sheldon Harris, Blues Who's Who, N. Y. 1989²; M. Leadbitter/N. Slaven, Blues Records 1943–70, London 1987; G. Oakley, Blues – die schwarze Musik, Bergisch Gladbach 1982; A. Murray, Stomping the Blues, London 1987; M. Leadbitter (ed.), Nothing But the Blues, London 1971; W. C. Handy, Father of the Blues, N. Y. 1970 (zuerst 1941); Theo Lehmann, Blues & Trouble, Berlin 1980²; V. Albold/R. Bratfisch, Blues heute, Berlin 1987

LP: The Story of the Blues, CBS

Blues-Formel, die strukturelle Anlage des Blues. Jeder Blues ist in seiner strophischen Form ein Lied, das in verschiedene Phrasen unterteilt ist nach dem AB-, AAB- etc. Schema, dessen Gesamtheit eine harmonische Anordnung ergibt. Die klassische B. umfaßt zwölf Takte, unterteilt in je vier Takte Anrufung (A), Anrufungserwiderung (A) und Beantwortung (B).

Blues-Stimmenablauf, ein von Alfons M. Dauer (s. u.) geprägter Begriff für die Gestaltungsform der Blues-Melodie (→ Blues-Formel). In der zwölftaktigen (klassischen) Blues-Form besteht er aus zwei Anrufungen (A) und einer Beantwortung (B). Durch die Wiederholung der Anrufung wird der Nachdruck erzeugt, die Beantwortung kann in dreierlei Form geschehen: als wörtliche, instrumentale oder tonale. Bei der wörtlichen Beantwortung liegt eine Chorwiederholung zugrunde, dabei werden die Phrasen des Vorsängers entweder wörtlich wiederholt oder durch eine Antwortphrase beantwortet. Bei der instrumentalen Beantwortung begleitet ein Sänger sich selbst oder wird von anderen Musikern begleitet. Die tonale Beantwortung benutzt den Stufenwechsel als Mittel des gesteigerten Nachdrucks. »Die Entwicklung von sekundischen zu subdominantischen Stufenwechseln brachte die tonale Beantwortung in den Bereich des harmonischen Gesetzes der Kadenz. Dieses Stadium wird im Blues erreicht.« (Dauer, S. 74).

Lit.: A. M. Dauer, Der Jazz, Kassel 1958

Blues-Text: Die Texte des Blues entsprechen der Ruf- und Antwort-Funktion. Es sind einfache Zweizeiler, deren erste Zeile als Verstärkung wiederholt wird, häufig begleitet von Ausrufen wie »Yeah!«, »Lord!«, »Mama!«, »Gee!« etc. Die meist sehr bildhaften Texte beschäftigen sich mit den Dingen des täglichen Lebens, mit der Bewältigung des Alltags. Sie sind allerdings nicht als Klage, sondern eher als Anklage zu verstehen, gemischt mit Sarkasmus und Selbstverspottung. Die besondere »Blues-Stimmung« wird unterstrichen durch musikalische Ausdrucksmittel wie → Dirty Tones, → Shouts u. ä. Die scheinbare Traurigkeit des Blues war auch für seinen Namen verantwortlich, der jünger ist als er selbst. Im 19 Jh. bedeutete Blues soviel wie Schwermut, Spleen und hatte – ebenso wie alle daraus gebildeten Ausdrücke – keinerlei musikalischen Bezug.

Kompositionen in der zwölftaktigen Blues-Form:
Bag's Groove
Barbados
Billie's Bounce
Bloomdido
Blue Monk
Blues in the Closet
Blue 'n' Boogie
Blue Trane
Cheryl
Cool Blues
Cousin Joe
Footsprints
Freddie the Freeloader
Goodbye Porkpie Hat
Jumpin' with Symphony Sid
Mr. P. C.
Now's the Time
One O'Clock Jump
Sid's Ahead
Soft Winds
Straight no Chaser
Walkin'
Woodchopper's Ball

Lit.: Paul Oliver, The Meaning of the Blues, N. Y. 1972[5]; Eric Sackheim, The Blues Line – A Collection of Blues Lyrics, N. Y. 1969; Christine Agricola (Hg.), Balladen und Lieder des schwarzen Amerika, Leipzig/ Weimar 1984

Blythe, Arthur, Murray, (as, sop), * 7.5.1940 L. A. Wuchs in San Diego auf, spielte in Blues-Gruppen, in L. A. bei Horace Tapscott u. eigenen Gruppen. Ab 1974 in N. Y. dort bei Leon Thomas, Chico Hamilton, Julius Hemphill, Lester Bowie, Gil Evans u. a. Ab 1977 eigene Gruppen mit James Blood Ulmer (g) u. Bob Stewart (tu). B. ist eines der stärksten Nachwuchstalente, die in den 70er Jahren die Szene betraten. Er beherrscht sowohl die Tradition (Bebop) als auch die Avantgarde. – Schallplatten mit Gil Evans, Jack DeJohnette, Chico Freeman, James Newton, McCoy Tyner, Lester Bowie, Mose Allison, Rodney Jones, Gust William Tsilis, Horace Tapscott u. a.; als Leader ab 1977 für India Navigation, CBS u. Enja. B. ist auch Mitglied des → World Sax. Quartet.
CD: Hipmotism, Enja 6088-2
Ⓥ: The Leaders, Jazz à Paris, VID JAM 33

BMI, Abk. für **B**roadcast **M**usic, **I**nc., eine Verwertungsgesellschaft musikalischer Rechte, 1941 als Konkurrenz zur → ASCAP gegründet.

Bohanon, George R., (tb, euphonium, ts, fl, p, b), * 7.8.1937 Detroit. Begann mit sieben Jahren Posaune zu spielen, studierte an der Northwestern High School und am Detroit Institute of Musical Arts. Arbeitete dann für das Motown-Label und begleitete Diana Ross, Stevie Wonder, The Temptations u. a. War aktiv in der New Yorker und Detroiter Musikszene, u. a. bei Kenny Burrell,

Barry Harris, Yusef Lateef, Alice Coltrane; mit Charles Lloyd im Chico-Hamilton-Quintett. Ging 1968 nach L. A., arbeitete mit Quincy Jones, Frank Sinatra, Lionel Hampton, Bill Cosby, in TV-Shows u. a. Ist Dozent an der University of Southern California, arbeitet auch als Produzent, Komponist und Arrangeur. 1990 u. 1991 mit der Phillip-Morris-Superband (Gene Harris) auf Tournee. – Schallplatten mit Chico Hamilton, Diane Schuur, Gene Ammons, Patrice Rushen, David Axelrod, »Brass Fever« (Impulse), B. B. King, Lionel Hampton, Gene Harris, Sarah Vaughan, Capp – Pierce, GRP Big Band, Leslie Drayton, Tom Scott; für Jazz Workshop (1962) und eigenes Label Geobo als Leader.

CD: Blue Phase, Geobo GB 1990

Boland, Francy, François, (p, arr), * 6.11.1929 Namur, Belgien. Erster Auftritt 1949 beim Jazz Festival in Paris, arbeitete als Arrangeur für Bobby Jaspar, Bernard Peiffer. 1954–55 bei Aimé Barelli, 1956 bei Chet Baker, mit diesem nach N. Y. Schrieb dort arrs für Count Basie, Benny Goodman, dann in Deutschland für Kurt Edelhagen, Werner Müller. Gründete 1963 mit Gigi Campi und → Kenny Clarke die Clarke-Boland Big Band, ein international besetztes Orch., mit u. a. Benny Bailey, Ake Persson, Derek Humble, Tony Coe, Kenny Clare und Gastsolisten wie Johnny Griffin, Stan Getz, Albert Mangelsdorff. Das Orch. spielte B.'s Arrangements mit einer ungewöhnlichen Steifheit, welche an das → Casa Loma Orchestra erinnert; lediglich seine exzellente Saxophonsatz-Schreibweise konnte die Band swingen lassen. 1972 aufgelöst, nahm B. 1976 drei LPs mit einer ähnlich besetzten Studio-Band (ohne Clarke) auf. – Schallplatten mit Sahib Shihab, Chet Baker, Gitte Haenning, J. Griffin – Eddie Davis; als Leader bzw. mit der CBBB für Atlantic, CBS, EMI-Col., Saba/MPS, Polydor, Campi, Black Lion.

CD: Gitte & The CBBB, VeraBra 20

Bombs (Bomben), im → Bebop das unregelmäßige und (scheinbar) unerwartete Anschlagen der Baßtrommel (engl. dropping bombs), eine Technik, die aber schon in früheren Jazz-Stilen praktiziert wurde.

Boogie Woogie, ein instrumentaler Piano-Stil, der mit dem → Blues die Form und das Harmonieschema gemein hat. Sein Hauptkennzeichen ist eine heftig »rollende« Baßfiguration in Achtelnotenfolgen. Die melodische Gestaltung erfolgt ausschließlich mit der rechten Hand, während die linke Hand die starre Baßbegleitung des → Barrelhouse durch melodische und rhythmische Gegenstimmen auflöst. Diese auf und ab laufende Baßstimme wird wegen ihrer spezifischen Eigenart »Walking Bass« genannt. Die Bezeichnung B. erscheint erstmals bei einer Aufnahme des Pianisten Pinetop Smith (»Pinetop's Boogie Woogie«, 1928). Der B. ist hauptsächlich ein Solo-Piano-Stil, wurde aber auch von Combos gespielt (Pete Johnson). In der Swing-Ära wurden Big-Band-Arrangements sehr populär, nachdem Tommy Dorsey eine Bearbeitung von

»Pinetop's Boogie Woogie« eingespielt hatte (1938). Die Orchester von Will Bradley, Freddie Slack und Bob Zurke spielten B. in einer kommerzialisierten Form. Die bedeutendsten B.-Pianisten sind Albert Ammons, Pete Johnson und Meade Lux Lewis.
Lit.: Peter J. Silvester, A Left Hand Like God, A History of Boogie Woogie Piano, N. Y. 1989
CD: Barrelhouse Boogie, Bluebird ND 88334; Blue Boogie, Blue Note 799099-2
Ⓥ: Boogie Woogie, VVD 762
Bootlegs → Raubpressungen
Book (Buch), das Repertoire einer (Big) Band, der Vorrat an einstudierten Arrangements.
Bop, Abk. für → Bebop
Bop-Singing → Scat-Singing
Bostic, Earl, (as), * 25.4.1913 Tulsa, † 28.10.1965 Rochester, N. Y. Studierte an der Xavier-Univ. in N. O., spielte bei Charlie Creath u. Fate Marable, in N. Y. bei Edgar Hayes, Don Redman, Leon Gross, Hot Lips Page, Cab Calloway u. Lionel Hampton. Seit 1945 eigene Gruppen im R&B-Stil, bei dem sein »röhrendes« Alt-Saxophon dominiert. B. schrieb arrs für Louis Prima, Joe Robichaux, Lionel Hampton, Paul Whiteman, H. L. Page und komponierte den Gene-Krupa-Hit »Let Me off Uptown«. Der brillante Techniker hatte großen Einfluß auf → John Coltrane, der zeitweise in seiner Band spielte. – Schallplatten mit Lionel Hampton, Rex Stewart, Hot Lips Page, Don Byas; als Leader für Gotham und vor allem King* (»Flamingo«, »Liebestraum«).
LP: That's Earl, Brother, Spotlite SPJ 152
*CD: Charly 241**
Botschinsky, Allan, (tp, flh, comp), * 29.3.1940 Kopenhagen. Studierte am Königl. Dänischen Konservatorium und an der Manhattan School of Music. 1955–60 beim Ib-Glindemann-Orch., mit Bent Axen, eigenen Gruppen u. im Studio. – Schallplatten mit Ben Webster, Dexter Gordon, Oscar Pettiford, Peter Herbolzheimer, European Jazz Ens. Eigene LPs für Telefunken, → M.A. Music.
CD: First Brass, M. A. Music 1580
Bottleneck-Gitarren-Stil heißt eine Technik, bei der (vom Blues-Spieler) die auf einen reinen Akkord gestimmten Gitarrensaiten mittels eines über den kleinen Finger gestülpten Flaschenhalses gegriffen werden, wodurch ein flirrender Klang und Glissando-Wirkungen entstehen. Der Flaschenhals wird heute meist durch eine eigens dafür gefertigte Metallhülse ersetzt. Der Vorläufer des Bottleneck-Stiles war der Messer-Stil, d. h., ein Messer wird anstelle des Flaschenhalses verwendet. W. C. Handy berichtet in seiner Autobiographie, daß er 1903 zum erstenmal einen Messer-Stil-Gitarristen in Tutweiler (Mississippi) gehört habe.
Bounce (Sprung) ist im → Swing eine Spielweise in mäßigem Tempo, ohne daß jedoch der Eindruck des Schwingenden verlorengeht. Ähnlich dem → Jump, nur langsamer. Beispiele: viele Aufnahmen des Jimmie-Lunceford-Orch., auch Benny Goodmans »Jersey Bounce«.

Bowie, Lester, (tp, flh, comp), * 11.10.1941 Frederick, Md. Studierte an der North Texas State Univ. in Dallas, spielte mit Billy Harper, David Newman, Oliver Lake u. a. 1964 nach Chicago, kam in Kontakt mit der → AACM u. löste Muhal Richard Abrams als deren Präsident ab. Mitbegründer des Art Ens. of Chicago, der Black Artists Group und des Great Black Music Orch. in St. Louis. – Schallplatten mit dem Art Ens. of Chicago, Charles Bobo Shaw, Jack DeJohnette, Kahil El'Zabar, Marcello Melis, Richard Manning, Taj Mahal, Fontella Bass, Roscoe Mitchell, Frank Lowe, Alan Silva, Archie Shepp u. a., eigene LPs für ECM, Paddlewheel, DIW.
CD: Brass Fantasy, ECM 1326

Brackeen, Joanne, geb. Grogan, (p, comp), * 26.7.1938 Ventura, Calif. Hatte keine formale Ausbildung, spielte Ende der 50er Jahre in Clubs in L. A. mit u. a. Teddy Edwards und Charles Lloyd, widmete sich aber nach ihrer Heirat mit dem Saxophonisten Charles B. vor allem ihrer Familie. Begann erst 1965 in N. Y. professionell zu spielen, zunächst bei Freddy McCoy und in der Haus-Band des »Frog in the Nightgown«-Club in Raleigh, N. C. Ging 1969 für drei Jahre zu Art Blakey, war dann bei Joe Henderson und Stan Getz (bis 1977). Spielt seitdem meist mit eigenen Trios (mit g u. b). In ihrem Spiel vereint sie Einflüsse von Bill Evans, McCoy Tyner u. Herbie Hancock, aber auch Thelonious Monk. – Schallplatten mit Art Blakey, Stan Getz, Joe Henderson, Ed Sarath, Toots Thielemans, Clint Houston, John McNeil, Trio Da Paz; eigene Aufnahmen für Choice, Timeless, Antilles, Concord, Ken u. Konnex.
CD: AFT, Timeless 115

Bradford, Bobby, Lee, (tp, comp), * 19.7.1934 Cleveland. Wuchs in Dallas auf, spielte in den frühen 50er Jahren mit Leo Wright, Eric Dolphy, Wardell Gray, 1952 in einer R&B-Band mit Ornette Coleman, mit diesem auch eine Band 1953–54 in L. A. Nach vier Jahren in der Air Force Studium an der Univ. von Texas, 1961–63 in N. Y. wieder bei Coleman. Ist hauptberuflich Lehrer am Calif. State College, seit den 70er Jahren aber Auftritte auf Festivals, Zusammenarbeit mit John Carter, John Stevens u. a. – Schallplatten mit Ornette Coleman (»Science Fiction«), David Murray, John Carter; eigene LPs für Flying Dutchman, Freedom, Emanem, Hat Art, Soul Note.
CD: Comin' on, Hat Art 6016

Bradley, Will, Wilbur Schwichtenberg, (tb), * 12.7.1912 Newton, † 22.7. 1989 Flemington, N. Y. Spielte in den 20er u. 30er Jahren bei Milt Shaw, Red Nichols, Benny Goodman, Ray Noble, Leith Stevens u. a. Gründete 1939 mit → Ray McKinley eine Big Band, die durch Boogie-Woogie-Titel wie »Beat Me Daddy Eight to the Bar« sehr populär wurde. In der Band u. a. Peanuts Hucko, Freddie Slack, Pete Candoli. 1942 wurde die Band aufgelöst, B. war in den Jahren danach vor allem als Studiomusiker tätig, hatte aber auch

außermusikalische Jobs. – Schallplatten mit den o. g., außerdem Roy Eldridge, Anita O'Day, Charlie Parker, Louis Armstrong, Beulah Bryant, Jack Saunders, Ray Eberle, Ray McKinley, Savannah Churchill, Eddie Condon, Noro Morales, Jess Stacy, Bob Haggart, Ella Fitzgerald, T. Dorsey, Johnnie Ray u. a.; als Leader für Columbia, Signature, Grand Award, Beacon u. RCA.
Lit.: Garrod/Korst., W. B. & His Orch., Zephyrhills 1986 (D)
CD: Best of the Big Bands, Col. 46151

Braff, Ruby, Reuben, (cnt), * 16.3. 1927 Boston. Lernte autodidaktisch Kornett, spielte mit Pee Wee Russell, Bud Freeman, Urbie Green, Ed Hall, Joe Sullivan u. a. Als Swing-Musiker war er in der Hard-Bop-Zeit wenig gefragt, erst in den 70er Jahren wurde er auch von einer größeren Öffentlichkeit als einer der originellen Stilisten seines Instruments gewürdigt. – Schallplatten mit Benny Goodman, Pee Wee Russell, Jackie Gleason, Lee Wiley, George Barnes, Urbie Green, Gerry Mulligan, Dick Hyman, Vic Dickenson, Tony Bennett, George Wein, Scott Hamilton, Teresa Brewer, Helen Ward; als Leader für Vanguard, Bethlehem, Storyville, RCA, ABC-Paramount, Warner Bros., Un. Artists, Chiaroscuro, Sonet, Concord, Finesse, Savoy, Phontastic, Black Lion.
CD: Braff-Hamilton Sextet, Concord CJ 274

Brand, Dollar, Adolph Johannes, Al Haji Abdullah Ibrahim, (p, fl, sop, voc, comp), * 9.10.1934 Kapstadt. Spielte in seiner Heimat mit lokalen Gruppen, kam 1962 nach Europa, wurde von Duke Ellington in Zürich gehört, der ihm zu einer Schallplattenaufnahme (Reprise) und seiner ersten USA-Reise verhalf. Studierte an der Juilliard School, gehörte zum Kreis der New Yorker Avantgarde. Ab 1969 wieder mehr in Europa und Afrika, ausgedehnte Tourneen und Gastspiele mit Musikern wie Don Cherry, Enrico Rava, Sonny Fortune u. a. Fühlt sich vor allem beeinflußt von dem südafrikanischen Alt-Saxophonisten Kippi Moeketsi. In seinen Kompositionen, die Chet Baker einst als »kindergartenish« vorkamen, verarbeitet er die Folklore seiner Heimat auf reizvolle Weise. – B. spielte Schallplatten ein mit Archie Shepp, Gato Barbieri, Max Roach; unter seinem Namen für die Labels Freedom, Enja, Black Lion, Sackville, West 54, Denon, East Wind, Baystate, Pläne u. a. sowie für das eigene Label Ekaya.
CD: Africa, Tears & Laughter, Enja 3039; Mantra Mode, Tiptoe 888810

Brass Band, im → Archaischen Jazz eine aus Blechblasinstrumenten zusammengesetzte Band, auch Street Band oder Marching Band genannt. In → New Orleans gab es von ca. 1870 bis in die 20er Jahre zahlreiche B., die bekanntesten sind die Eureka Brass Band (mit George Lewis), die Excelsior Brass Band, die Onward Brass Band (mit Lorenzo Tio Jr.) u. die Tuxedo Brass Band (mit Oscar Celestin). Im Zug des N.-O.-Revivals (→ Revival Jazz) wurde 1944 Bunk's Brass Band (Bunk

Johnson) für Plattenaufnahmen zusammengestellt.
Lit.: W. J. Schaefer, Brass Bands and New Orleans Jazz, N. O. 1977; A. M. Dauer, Tradition afrikanischer Blasorchester und die Entstehung des Jazz, Graz 1985; LP: Down Yonder, Rounder 11562 (Dirty Dozen B., Rebirth B., Olympia B., Chosen Few)

Brass Section, die Blechblasinstrumente einer → (Big) Band, d. h. die Trompeten- und Posaunensätze.

Braxton, Anthony, (as, cl, fl, saxes), * 4.6.1945 Chicago. Studierte in High School Klarinette, Oboe u. Philosophie an der Roosevelt-Univ. Schloß sich nach Armeedienst der → AACM an, spielte mit dem Art Ens. of Chicago. Mit diesem nach Europa, Arbeit mit Gunther Hampel, Alan Silva, Frederic Rzewskys Musica Elletronica. In Paris bei Chick Corea (Circles). B., der u. a. das ungewöhnliche Kontrabaß-Saxophon spielt, ist ein besonders kreativer Vertreter der dritten Free-Jazz-Generation. – Schallplatten mit Muhal Richard Abrams, Chick Corea, Dave Holland, Globe Unity Orch., Gunther Hampel, John Lindberg, Leo Smith, Richard Teitelbaum, Roscoe Mitchell, George Lewis, Derek Bailey, Marilyn Crispell, Max Roach, György Szabados; als Leader für Hart Art, Moers Music, Black Saint, Steeplechase, Sound Aspects (mit Rova Sax. Quartet), Delmark, Byg, Freedom, Futura, Ring, America, Trio, Emanem, Arista, Music & Arts, Victo, New Albion.
Lit.: G. Lock, Forces in Motion, London 1988
CD: Max Roach – A. B., Black Saint, 0024; A. B., Hat Art 6044

Bread (eigentl. Brot), ein Slangausdruck für die Gage eines Musikers.

Break (Unterbrechung), eine meist zweitaktige Solophrase eines Solisten, während das übrige Ensemble schweigt. Dabei wird der → Beat kurzzeitig aufgehoben, und es entsteht eine rhythmische Abweichung, die verwirrend und dadurch erregend wirkt.

Brecker, Mike, Michael, (ts, sop, fl), * 29.3.1949 Philadelphia. Spielte in Universitätsband u. Rockgruppen, gründete mit seinem Bruder → Randy u. Billy Cobham die Gruppe »Dreams«, spielte mit Larry Coryell, Horace Silver, Blood, Sweat & Tears u. a. Gründete 1975 mit seinem Bruder die Brecker Brothers Band (bis 1979), danach bei Steps Ahead, vor allem aber Studioarbeit mit vielen Rock- u. Jazz-Gruppen. B. ist ein vielseitiger Musiker, der in der richtigen Umgebung durchaus inspiriert spielen kann, allgemein aber sehr überschätzt wird. – Schallplatten mit den B. Brothers, Steps Ahead, Billy Cobham, Bob Mintzer, Hal Galper, Gerry Mulligan, Don Grolnick, Hugh Marsh, Joachim Kühn, Joe Beck, Rolando Gatto, John Abercrombie, John Patitucci, Pat Metheny, Kazumi Watanabe, Pat Williams, Peter Erskine, Spyro Gyra, Franco Ambrosetti, Joanne Brackeen, Claus Ogerman u. v. a. Ist auf weit über 600 Schallplatten zu hören (Stand 1991).
CD: Brecker Bros. Collection, Novus ND90442

Brecker, Randy, Randal, (tp, flh, p,

d), * 27.11.1945 Philadelphia. Nach Anfängen in High-School- und R&B-Band wurde er schon mit 17 Profi, spielte bei Beryl Booker, Clark Terry, Barry Altshul, Dave Liebman, Blood, Sweat & Tears, Horace Silver, der Thad Jones – Mel Lewis Band u. a.; Zusammenarbeit mit seinem Bruder → Mike in der Gruppe »Dreams«, bei Larry Coryell, Duke Pearson, Art Blakey. 1975–79 Brecker Brothers Band, danach vor allem Studioarbeit mit Jazz- u. Rock-Solisten, mit der Gruppe »Mingus Dynasty«, George Gruntz u. a. B. ist ein talentierter Hard-Bop-Trompeter, der durch seine Mitwirkung viele Rock- u. Discoplatten aufwertete. – Schallplatten mit Art Blakey, Carla Bley, Oliver Nelson, Tom Scott, Bob Mintzer, Pat Williams, Spyro Gyra, Mingus Dynasty, L. J. Reynolds, Jazz Comp. Orch., Hank Crawford, Gato Barbieri, Hal Galper, Nick Brignola, Eliane Elias, Don Pullen, Don Grolnick, Bianca Ciccu, George Gruntz, Billy Cobham, Das Pferd, Jukkis Uotila, Deodato, Dieter Ilg, Larry Coryell, Kenny Werner, Gunther Schuller, Chroma, Jamie Baum u. a.; für Solid State, Denon, Nabel, GRP als Leader.

CD: In the Idiom, Denon 1483

Breuker, Willem, (saxes, div. instr., comp), * 4.11.1944 Amsterdam. Begann als Amateur, seit Mitte der 60er Jahre mit → Han Bennink, gründete mit diesem den »Instant Composers Pool«. Zusammenarbeit mit Misha Mengelberg, Marion Brown, Globe Unity Orch., Peter Brötzmann, Gunther Hampel. Mit seiner eigenen Gruppe Kollektif praktiziert B. Musik als soziales Ereignis, eine spezifische Variante des Musiktheaters, mit Persiflagen Aufklärung zu versuchen und Lebenserfahrung zu übertragen. Kompositionen: »Anthologie«, »Litany for the 14th of June 1966«, »Kain en Abel«, »Das Trojanische Pferd«, »Stadtmusik«, Musik zu Brechts »Arturo Ui«, zu Filmen von Freek de Jonge (»De Illusionist«, »Kkkomediant«) u. a. – Schallplatten mit Gunther Hampel, Peter Brötzmann, Henk de Jonge, Berlin Contemporary Jazz Orch., Hannes Zerbe; als Leader für Relax/Wergo, ICP, Marge, MPS u. eigenes Label BVHaast.

CD: Metropolis, BVHaast 8903

Bridge (Brücke), der Mittelteil einer 32taktigen (→ Lied-)Strophe, die aus viermal acht Takten in der Phrasenfolge AABA aufgebaut ist. B. ist der Übergang, der einen neuen musikalischen Gedanken bringt und die Wiederholung des ersten (A) einleitet. Auch Release oder Channel genannt.

Bridgewater, Cecil Vernon, (tp), * 10.10.1942 Urbana, Ill. Studierte an der Univ. von Illinois 1960–64 u. 1968–69, spielte 1970 bei Horace Silver und bis 1975 in der Thad Jones – Mel Lewis Big Band, daneben bei Dizzy Gillespie, Art Blakey, Harold Vick, Frank Foster, Randy Weston, Jimmy Heath, Max Roach, mit letzterem mehrere Europatourneen. Der exzellente Techniker leitet jetzt vor allem Clinics an High Schools, Colleges und für »Jazzmobile«. – Schallplatten mit Thad Jones – Mel

Lewis, Dollar Brand, Grover Mitchell, John Stubblefield, Max Roach, McCoy Tyner, Carmen Lundy, Richard Davis, Jon Faddis, Lonnie Liston Smith, Klaus Weiss, Heiner Stadler, Michael Carvin, Jack McDuff, Vanessa Rubin u. a.

CD: I Love Your Smile, Blue Moon R2-79187

Bridgewater, Dee Dee, Denise, (voc), * 27.5.1950 Memphis. Sang mit lokalen Bands in Flint, Mich., 1968 mit der Band der Michigan State Univ. Heiratete 1969 Cecil B., ging mit diesem nach N. Y., sang dort mit der Jones-Lewis-Band, arbeitete als Solistin und Schauspielerin am Broadway in »The Wiz«. – Erste Schallplatte 1966, ab 1974 dann regelmäßig Aufnahmen für Gala, Atlantic, Polydor, Elektra Musician; außerdem mit Roy Ayers, Pharoah Sanders, Buddy Terry, Frank Foster, Thad Jones – Mel Lewis, Roland Kirk, Cecil McBee, Stanley Clarke, Charles Sullivan u. a.

CD: In Montreux, Pol. 847913-2

Brignola, Nick, (bar, ts, sop, cl, fl, bass-sax), * 17.7.1936 Troy, N. Y. Hauptsächlich Autodidakt, studierte dann am Ithaka College und der Berklee School. Spielte mit Ted Curson, Reese Markevitch, Cal Tjader, den Mastersounds, Woody Herman, Sal Salvador. B. ist vor allem ein beeindruckender Bariton-Solist, als solcher der legitime Nachfolger von → Pepper Adams. – Schallplatten mit Ted Curson, Sal Nistico, Reese Markevitch, Woody Herman, Pepper Adams, Sal Salvador, Charles Mingus, Dick Berk, Phil Woods, Doug Sertl; eigene LPs auf Priam, Bee Hive, Interplay, Sea Breeze, Discovery u. Reservoir.

CD: L. A. Bound, Sea Breeze 2003

Broadbent, Alan, (p, comp), * 23.4. 1947 Auckland, New Zealand. Studierte am Royal Trinity College in Auckland und am Berklee College 1966–69 sowie bei Lennie Tristano. Spielte mit Bob Brookmeyer, Philly Joe Jones und Charlie Haden, wurde bekannt bei Woody Herman 1969–72, für den er u. a. »Variations on a Scene« und eine konzertante Version von »Blues in the Night« schrieb. Arbeitete dann mit John Klemmer, Sue Raney, als Arrangeur, trat mit eigenen Trios auf, 1992 mit Charlie Hadens »Quartet West«. – Schallplatten mit Woody Herman, Bob Brookmeyer, Sue Raney, Bill Holman, Bill Perkins, Steve Hobbs, Shirley Horn, Charlie Haden, Bill Berry. Für seine »Sonate für Violoncello und Piano« erhielt er den Preis der Boston Music Library Association.

CD: A. B. Trio, Better Days, Discovery 74004

Brötzmann, Peter, (saxes, cl), * 6.3. 1941 Remscheid. Lernte als Neunjähriger Klarinette, studierte aber in Wuppertal Kunst und arbeitete als Grafiker. Begann sich zu Beginn der 60er Jahre für den → Free Jazz zu interessieren, gründete 1962 ein Trio. Arbeitete dann mit der europ. Avantgarde, u. a. Mike Mantler, Carla Bley, Steve Lacy, Gato Barbieri, Don Cherry, Globe Unity Orch. u. a. B. ist bis in die Gegenwart ein extremer Avantgardist u. Action-Musiker geblieben, wenn auch sein kompromißloser Free Jazz inzwischen etwas Liebenswert-Anachronistisches an sich hat. – Schallplatten mit Albert Mangelsdorff, Cecil Taylor, Andrew Cyrille, Ginger Baker, Globe Unity Orch., Manfred Schoof, Phil Minton, »Das Pferd«, ICP-Tentet, Last Exit; eigene Aufnahmen für FMP, Pathological, Celluloid u. DIW. *CD: Machine Gun, FMP 0090*

Brookmeyer, Bob, Robert, (vtb, p, arr), * 19.12.1929 Kansas City. Studierte Klavier u. Klarinette in K. C., spielte in Tanzorchestern wie Orrin Tucker, wechselte zur Ventilposaune und spielte diese u. Piano bei Tex Beneke, Ray McKinley, Louis Prima, Jerry Wald, Claude Thornhill, Woody Herman, Terry Gibbs. 1953 bei Stan Getz, 1954 bei Gerry Mulligan, 1957–58 bei Jimmy Giuffre, 1960 in der Mulligan Concert Jazz Band. Ab 1961 Combo mit Clark Terry. In den folgenden Jahren Studioarbeit, erst in den 70er Jahren wieder auf der Jazzszene, Auftritte mit Thad Jones – Mel Lewis, Jack Wilkins, Jim Hall, WDR-Big Band u. Clark Terry. B. ist »Artistic Director« der dem Rotterdamer Konservatorium angeschlossenen »World School for New Jazz«. – Schallplatten mit Stan Getz, Fred Karlin, Gerry Mulligan, Bud Shank, Manny Albam, Jim Hall, Bill Evans, Jimmy Giuffre, Zoot Sims, George Russell, Jones-Lewis, Johnny Carisi, Gil Evans, Erskine Hawkins, Woody Herman, Gary McFarland, Charlie Mariano, Oscar Pettiford, Astrud Gilberto, Lalo Schifrin, Bill Potts, Cannonball Adderley, Phil Urso, Monty Budwig, Pee Wee Russell, Carol Sloane, Ralph Burns, Nancy Harrow, Ray Charles u. a. Schrieb arr für Gerry Mulligan, Larry Sonn, Mort Lindsay, Chubby Jackson, Terry Gibbs, Jones-Lewis u. a. und nahm Schallplatten als Leader auf für Storyville, Pacific Jazz, Clef, Prestige, RCA, United Artists*, Atlantic, Mercury, Verve, Mainstream, Columbia, Dragon, Concord, Gazell. *LP: Traditionalism Revisited, Affinity 127*; CD: Stockholm Jazz Orch., Dragon 169*

Brooks, Tina, Harold Floyd, (ts), * 7.6.1932 Fayetteville, N. C., † 13.8. 1974 N. Y. Begann auf dem C-Melody-Sax in High School, spielte Tenor-Sax in den frühen 50er Jahren in R&B-Gruppen (Charles Brown, Joe Morris, Amos Milburn), 1955 bei Lionel Hampton. In den folgenden Jahren mit Elmo Hope, Benny Harris, Jimmy Lyons. Nahm zwischen 1958 und 1961 vier LPs für → Blue Note auf, von denen nur eine zu seinen Lebzeiten veröffentlicht wurde. In seinen letzten Jahren spielte er weitgehend unbeachtet in Clubs in der Bronx. B. gehörte zu den originellsten Tenorstilisten der 50er Jahre, mit Einflüssen von Lester Young, Hank Mobley u. Sonny Rollins. – Schallplatten mit Sonny Thompson, Jimmy Smith (»The Sermon«), Jackie McLean, Kenny Burrell, Howard McGhee u. Freddie Hubbard. Sein Bruder David »Bubba« B. spielte lange Tenor-Sax bei Sonny Thompson u. Bill Doggett.
LP: Complete Blue Note Recordings, Mosaic 106

Brown, Clifford, (tp), * 30.10.1930 Wilmington, Delaware, † 26.6.1956 Chicago. Studierte auf dem Maryland State College, spielte in dieser Zeit mit Ernie Henry, Fats Navarro u. a. Nach schwerem Autounfall 1950 zu Chris Powell, 1953 bei Tadd Dameron u. Lionel Hampton. Von 1954 bis zu seinem Tod Quintett mit Max Roach mit Harold Land bzw. Sonny Rollins (ts), George Morrow (b) und Richie Powell (p). Starb gemeinsam mit Powell bei einem erneuten Unfall. Obwohl er zu diesem Zeitpunkt seinen Höhepunkt noch nicht erreicht hatte, übertraf er schon alle Trompeter seiner Generation, ausgenommen allenfalls Dizzy Gillespie. Sein Einfluß ist im Spiel von Lee Morgan, Donald Byrd, Benny Bailey, Thad Jones, Blue Mitchell, Wynton Marsalis u. a. deutlich zu hören. – Schallplatten mit Chris Powell, Art Blakey, Lou Donaldson, Helen Merill, Dinah Washington, Sarah Vaughan, Sonny Rollins, Tadd Dameron, J. J. Johnson; als Leader für Blue Note, Metronome, Vogue, GNP, EmArcy, Pacific Jazz.
Lit.: Bob Weir, C. Brown Discography, Cardiff 1985[3]
LP: The Complete Blue Note & Pacific Jazz Recordings, Mosaic 104
CD: Complete on EmArcy, 838306-2; Complete Paris Sessions, Vogue 668001

Brown, Lawrence, (tb), * 3.7.1905 Lawrence, Kansas, † 5.9.1988 L. A. Wuchs in Pasadena auf, studierte Klavier, Violine, Tuba, Alt-Sax, Posaune. Bei Paul Howard's Quality Serenaders 1927–30; 1931 zu Les Hite, der Begleitband von Louis Armstrong. 1932–51 bei Duke Ellington, wo sein flexibler Stil einen Kontrast zum Growl-Stil von Tricky Sam Nanton bildete. In den 50er Jahren in Johnny Hodges Combo und am Rundfunk in N. Y. Wieder bei Ellington 1960 bis zu dessen Tod, danach in L. A. für die Musikergewerkschaft tätig. – Schallplatten mit Paul Howard, Les Hite, Rex Stewart, Earl Hines, Charlie Barnet, Lionel Hampton, Cootie Williams, Sonny Greer, Harry Carney, Jo Jones, Big 18, Johnny Hodges, Metronome All Stars, Jimmy Rushing, Joe Turner, Jo Stafford, Duke Ellington, Buck Clayton, Jackie Gleason, Al Sears, Boyd Raeburn; zwei LPs als Leader für Clef bzw. Impulse.
CD: The Big Challenge, Fresh Sound 77

Brown, Les, Lester Raymond, (cl, as, arr), * 14.3.1912 Reinerton, Pa. Studierte in Ithaka und an der Duke University, leitete die dortige Band und nahm mit ihr erste Titel für Thesaurus-Transcriptions auf (1936). Ständige Band ab 1938, die sich zu einer der besseren weißen Swing-Bands entwickelte. Durch Engagements in TV-Shows (Bob Hope) konnte er die Band bis in die 60er Jahre halten, leitete danach nur noch sporadisch eine Band für Tourneen und Schallplatten. Aus seinen Bands ging eine Reihe von guten Solisten hervor, z. B. Randy Brooks, Jimmy Zito, Don Fagerquist (tp), Dave Pell, Billy Usselton (ts), Geoff Clarkson (p), Jack Sperling (d); Arrangeure waren Ben Homer, Frank Comstock,

Skip Martin, Jay Hill, unter den Vokalisten Doris Day, Jo Ann Greer, Lucy Ann Polk. – Schallplatten für Bluebird, Decca, Okeh/Columbia, Coral, Capitol, Daybreak, Fantasy, U S A; außerdem erschienen → ETs und → Airchecks auf Hindsight, Golden Era, Giants of Jazz u. a.
Lit.: Garrod/Korst, Les Brown & His Orch., Zephyrhills 1986 (D)
CD: Les Brown Story, Capitol CDP 791226-2

Brown, Marion, (as, g, comp), * 8.9. 1935 Atlanta, Ga. Mutter Gospel-Sängerin, studierte in High School und Clark College in Atlanta. Nach Armeedienst erster Job bei Archie Shepp, dann mit eigener Gruppe, John Coltrane, dem Jazz Composers' Guild Orch. u. a. Trat auch als Schriftsteller u. Schauspieler hervor, später auch als Maler. Seit 1969 häufig in Europa, bes. Paris, lebt in Northampton, Mass. B. ist eine zentrale Figur der Free-Jazz-Bewegung. – Schallplatten mit Archie Shepp, Gunter Hampel, John Coltrane, Mal Waldron, Sun Ra, Paul Bley; LPs als Leader für ESP, Impulse, Polydor, Calif, ECM, Arista, Baystate, Timeless, Sweet Earth, Improvising Artists, FreeLance, IDA.
Lit.: H. De Craen, M. B. Discography, Brüssel 1985
LP: Creative Works 1001
CD: Back to Paris, IDA 002

Brown, Ray, Raymond Matthews, (b), * 13.10.1926 Pittsburgh. Studierte Piano u. Baß an der High School. 1944 zu Jimmy Hinsley u. Snookum Russell, 1945–47 bei Dizzy Gillespie, wurde als sensationelle Entdeckung gefeiert. Heiratete 1948 Ella Fitzgerald, gründete Trio u. begleitete seine Frau bis zur Scheidung 1952. In diesem Jahr zum Oscar-Peterson-Trio (bis 1966). Danach Studiomusiker in Hollywood, arbeitete auch als Komponist, Lehrer, Verleger, zeitweise auch Manager von Quincy Jones. In den 80er Jahren wieder größere Tourneetätigkeit mit Monty Alexander, Ernestine Anderson, den L. A. Four, Cedar Walton u. Gene Harris. – Die Zahl seiner Schallplattenaufnahmen ist kaum zu überschauen, allein die mit dem Oscar-Peterson-Trio, welches von Norman Granz auch als Rhythmusgruppe für etliche Verve-Sessions eingesetzt wurde, dürfte einige Seiten füllen. Er nahm als Leader für Verve, Jeton, Atlas, Contemporary, EPM und vor allem Concord Platten auf, außerdem eine Duo-LP mit Duke Ellington (Pablo) und mit den L. A. Four, als Sideman mit fast allen wichtigen Namen der letzten 40 Jahre (vgl. dazu den Bielefelder Katalog).
CD: Brown's Bag, Concord 6019

Brown, Ted, (ts), * 1.12.1927 Rochester, N. Y. B. ging aus der Schule von Lennie Tristano hervor, bei dem er Ende der 40er Jahre studierte. In den 50er Jahren in anderen Berufen, seit 1955 sporadisch, dann häufiger bei Lennie Tristano, Lee Konitz und vor allem Warne Marsh, dem er an improvisatorischem Können nicht nachsteht. – Schallplatten mit Warne Marsh, Lee Konitz, Ronnie Ball, Jimmy Giuffre; als Leader für Vanguard und Criss Cross.
CD: Free Spirit, Criss Cross 1020

Brubeck, Dave, David Warren, (p, comp), * 6.12.1920 Concord, Ca. Studierte 1941–42 am College of Pacific, auch bei Darius Milhaud, u. hörte Vorlesungen von Arnold Schönberg. Gründete 1946 ein modernes Oktett, ein Trio 1949 und ein Quartett 1951 mit Paul Desmond (as) u. wechselnden Rhythmusgruppen, bis er 1957 mit Gene Wright und Joe Morello seine endgültige Form gefunden hatte (bis 1967). B. trat danach mit anderen Partnern auf, u. a. Gerry Mulligan und seinen Söhnen Darius (synth, org), Chris (b, tb) u. Dan (d). Es kam auch zu Reunions mit Paul Desmond, Gerry Mulligan und Bill Smith (cl), einem seiner frühen Mitstreiter. Als Pianist ist B. nicht unumstritten, es wurden ihm häufig Mangel an Swing und Spontaneität nachgesagt. Sein Quartett ist dennoch, vor allem wegen Desmond u. Morello, als eine der maßgeblichen Combos der 50er und 60er Jahre zu werten. Als Komponist ist B. dem → Third Stream zuzurechnen, wie schon sein frühes Oktett zeigt und Kompositionen wie »The Light in the Wilderness«. – Schallplatten ab 1946 für Fantasy, Columbia, MCA, Atlantic, Horizon, Concord, Musicmasters.
Lit.: I. Storb & K. G. Fischer, D. B., Ffm 1990; CD: Time Out, Col. 40585; At Carnegie Hall, CBS 66234
Ⓥ: A Musical Portrait, BBVC 3014

Bryant, Bobby, Robert, (tp, flh), * 19.5.1934 Hattiesburg, Mo. Spielte in Amateurband Tenor-Sax u. Trompete, studierte in Chicago, begleitete Billy Williams und Vic Damone und ist seit Mitte der 60er Jahre als Studiomusiker in Hollywood tätig. Hier war sein Talent als Lead- und High-Note-Spezialist in den Big Bands von Gerald Wilson u. Oliver Nelson sehr gefragt, auch in den Bands von Wade Marcus, Sammy Nestico. – B. ist auf zahlreichen Jazz- und Pop-LPs zu hören, schrieb auch Arrangements und nahm LPs mit Studio-Bands auf für Vee Jay, Cadet, Pacific Jazz. Jazz-Aufnahmen als Sideman mit Gerald Wilson, Oliver Nelson, Charles Mingus, Gene Harris, Stan Kenton, den Crusaders, Zoot Sims, John Anderson, David Axelrod u. a.

Bryant, Ray, Raphael, (p), * 24.12. 1931 Philadelphia, Pa. Stammt aus einer musikalischen Familie, eine Schwester spielt Klavier, sein Bruder Tommy Baß. War Hauspianist im »Blue Note«-Club in Philadelphia, begleitete dort u. a. Charlie Parker u. Miles Davis. Begleitete mit eigenem Trio Carmen McRae, auch bei Dizzy Gillespie u. Jo Jones. Seit 1959 ständig mit eigenem Trio auf Tournee, in Clubs und auf Festivals. B. verbindet in seinem Klavierspiel den modernen Jazz mit dessen Wurzeln. – Schallplatten mit Jo Jones, Mae Barnes, Sonny Rollins, Dizzy Gillespie, Art Blakey, Arnett Cobb, Benny Golson, Charlie Shavers, Coleman Hawkins, Kenny Burrell, Lee Morgan, Lem Winchester, Carmen McRae, Miles Davis, Lionel Hampton, Art Taylor, Tiny Grimes u. a. LPs als Leader für Epic, Prestige, Signature, Columbia, Sue, Cadet, Atlantic, Pablo, Mercury.
LP: All Blues, Pablo 2310820

Buckner, Milt, Milton, (p, org, comp) * 10.7.1915 St. Louis, † 27.7.1977 Chicago. Erster wichtiger Job bei McKinney's Cotton Pickers, war dann 1941–48 und 1950–52 bei → Lionel Hampton, hatte zeitweise eigene Big Band und trat in den 50er und 60er Jahren mit Trio auf. Als Pianist popularisierte er die Block-Akkord-Technik (→ Locked Hands Style), war einer der ersten, die R & B auf der Orgel spielten. – Schallplatten mit Lionel Hampton, Dinah Washington, Herbie Fields, Al Casey, Arnett Cobb, Buddy Tate, Bunny Briggs, Candy Johnson, Helen Humes, Clarence Gatemouth Brown, Eddie Lockjaw Davis, Guy Lafitte, Jay McShann, Jo Jones, Lucky Thompson, Wynonie Harris, Charlie Gaines, Slam Stewart, Jimmy Slyde; als Leader für Savoy, MGM, Capitol, Argo, Bethlehem, Saba/MPS, Black & Blue, Jazz Odyssey, Riverboat, Riff.
CD: Them There Eyes, B & B 233013

Bunch, John L., (p), * 1.12.1921 Tipton, Ind. Studierte an der Indiana State Univ. bis 1950, hatte diverse Jobs, bis er 1956 bei Woody Herman seine Musikerkarriere begann. Spielte bei Benny Goodman, Maynard Ferguson, Gene Krupa, Al Cohn, Buddy Rich, Louis Bellson, Scott Hamilton und als Begleiter von Tony Bennett. – Ist als Sideman auf ca. 120 LPs zu hören, als Leader nahm er LPs für Famous Door, Concord u. Chiaroscuro auf.
LP: John's Bunch, Famous Door HL 107

Bundesjazzorchester, auf Anregung des Deutschen Musikrates gegründete Big Band unter Leitung von Peter Herbolzheimer, in der Nachwuchsmusiker das Jazz- und Ensemblespiel lernen sollen. Zum Lehrplan gehören Fortbildung, Meisterkurse für junge Arrangeure, Bildung kleiner Spezialensembles. Dozenten u. a. Chuck Findley, Bobby Shew, Bart van Lier, Heinz von Hermann, Walter Norris.
CD: BuJazzO, Harmonia Mundi 862

Burns, Ralph, (p, arr, comp), * 29.6. 1922 Newton, Mass. Studierte am New England Conservatory 1938–39. Spielte bei Nick Jerret, Charlie Barnet, Red Norvo, 1944 zu → Woody Herman als Pianist u. Arrangeur, war in dieser Position wesentlich am Erfolg der »First Herd« beteiligt. Komponierte »Summer Sequence«, »Bijou« u. »Early Autumn«. Ab 1947 freelancing, arbeitete weiter für Woody Herman bis Ende der 50er Jahre und nochmals 1966 (LP: Sings Jolson, CBS). Schrieb auch für Benny Goodman, Charlie Ventura, Charlie Barnet, Red Norvo, Bill Harris, Sonny Berman, Fran Warren, Harry James, Nat Pierce, Ray Charles, Bev Kenney, Lee Wiley, Judy Holliday, Dick Haymes, Tony Bennett, Chris Connor u. a.; auch für Broadway, TV und Film (»New York, New York«). – Schallplatten mit Woody Herman, Chico O'Farrill, Flip Phillips, Sonny Berman, Chubby Jackson, Charlie Ventura, Sauter – Finegan, Ben Webster, Renée Raff; als Leader für Verve, MGM, Period, Decca, Warwick, Columbia.
LP: The Herdsmen, Fantasy OJC 116

Burrell, Kenny, Kenneth Earl, (g), * 31.7.1931 Detroit. Studierte klassische Gitarre in Detroit, spielte bei Candy Johnson, Count Belcher, Tommy Barrett, bei Dizzy Gillespie 1950. Ab 1955 mit eigenem Trio, kurz bei Oscar Peterson. B. ist ein vielseitiger Allround-Musiker, entsprechend groß ist die Zahl seiner Schallplatten, die er als Sideman einspielte, sie dürfte mindestens dreistellig sein. – Zu nennen sind z. B. Bill Evans, Billie Holiday, Chet Baker, Coleman Hawkins, Dizzy Gillespie, Donald Byrd, Gene Ammons, Hank Jones, Jimmy Smith, Mose Allison, Kai Winding, Paul Chambers, Quincy Jones, Ray Charles, Stan Getz, Prestige All Stars etc. LPs als Leader ab 1956 für Blue Note, Prestige, Columbia, Kapp, Verve, Fantasy, Concord, Muse, Contemporary.

CD: K. Burrell – John Coltrane, OJC 300

Burton, Gary, (vib, comp), * 23.1. 1943 Anderon, Ind. Begann mit sechs Jahren Klavier zu spielen, studierte Klavier u. Komposition in der High School, lernte autodidaktisch Vibraphon und entwickelte seine berühmte Vier-Schlegel-Technik. Gab sein Debüt in Nashville mit Country-Musikern (Hank Garland), studierte in Berklee, spielte 1963 bei George Shearing, 1964–66 mit Stan Getz. Ab 1967 eigene Gruppen, mit denen er sein kammermusikalisches Konzept kultivierte. Dabei u. a. Larry Coryell, Pat Metheny, John Scofield, Steve Swallow, Tiger Oskoshi, Makato Ozone; arbeitete auch mit Keith Jarrett, Chick Corea, Mike Gibbs u. Ralph Towner zusammen und lehrt seit 1971 am Berklee College. – Schallplatten mit Dick Schory, George Shearing, Hank Garland, Quincy Jones, Bob Brookmeyer, Stan Getz, Chick Corea, Eberhard Weber, Paul Bley, Makato Ozone, Rich Matheson, Marc Johnson, Dave Grusin, Fred Hersch, Joe Morello, Jim Hall, David Matthews, N. Y. Voices, Eddie Daniels, Thomas Clausen; als Leader für RCA, Atlantic, ECM, JVC u. GRP.

CD: Crystal Silence, ECM 1024

Butterfield, Billy, Charles William, *14.1.1917 Middleton, Ohio, † 18.3. 1988 North Palm Beach, Fla. Hatte seinen ersten wichtigen Job bei Bob Crosby 1937–40, wurde dort mit seinem Solo über »What's New« bekannt. 1940–41 bei Artie Shaw (»Star Dust«), 1941–42 bei Benny Goodman. Nach Army Service von 1946–50 eigene Big Band, danach Studiomusiker in N. Y., 1968–73 bei der World's Greatest Jazz Band, in den folgenden Jahren mit eigenen Gruppen, u. a. Flip Phillips, Dick Wellstood, Scott Hamilton u. The Great Eight. B. ist mit seiner reinen Tonbildung und seinen geraden melodischen Linien einer der besseren weißen Swing-Trompeter, zu Hause auch in Dixieland-Bands. – Schallplatten mit Bing Crosby, Boyd Raeburn, Artie Shaw, Benny Goodman, Jess Stacy, Bud Freeman, Eddie Condon, Lester Young, Billie Holiday, Mel Powell, Mildred Bailey, Una Mae Carlisle, Georgie Auld, Lee Wiley, Louis Armstrong, Buck

Clayton, Steve Allen, George Williams, Peanuts Hucko, Turk Murphy, Tommy Reynolds, Stan Rubin, Lou Stein, Joe Marsala, George Siravo, Leroy Holmes, Jerry Gray, Ray Conniff, WGJB, Jimmy Valentine, Art Lund, Jimmy Roma, Vaughan Monroe, Milton DeLugg u. a.; als Leader für Capitol, Westminster, Essex, RCA, Columbia, »77«, Riff, Carosello, Flyright, Fat Cat's.
CD: B. B. & Dutch Swing College Band, Philips 839771-2

BVHaast Records, 1974 von → Willem Breuker gegründet, Veröffentlichungen von Breuker, Vera Vingerhoeds, Gerard Ammerlaan, I Compani u. a.

Byard, Jaki, John A., (p, ts, tp, tb, g, d), * 15.6.1922 Worcester, Mass. Spielte mit lokalen Bands 1938–41, nach Army in Boston. 1949–50 bei Earl Bostic, danach bei Jimmy Tyler, Herb Pomeroy, Maynard Ferguson, Charles Mingus. Schloß sich der Avantgarde an u. spielte mit Eric Dolphy, Booker Ervin, Don Ellis, Roland Kirk, Sam Rivers u. a. Seit 1969 Lehrtätigkeit am New England Conservatory, daneben Auftritte mit eigenen Gruppen u. mit Clark Terry, Eddie Jefferson, Ernie Wilkins, Ran Blake u. a., ab 1981 auch mit Big Band, den Apollo Stompers. B. ist vor allem als Pianist ein ungewöhnlich eigenwilliger Musiker, der sämtliche Jazz-Stile in seinem Spiel zu verbinden weiß und immer an der Spitze der Avantgarde rangiert. – Schallplatten mit Herb Pomeroy, Maynard Ferguson, Earl Bostic, Chuck Florence, Charlie Mariano, Eric Dolphy, Don Ellis, Booker Ervin, Sam Rivers, Roland Kirk, Charles Mingus, Earl Hines, Kenny Burrell, Ricky Ford u. a.; eigene LPs für CBS, Prestige, Futura, Victor, Muse, Soul Note, Candid, Concord.
CD: Apollo Stompers, Soul Note 1175

Byas, Don, Carlos Wesley, (ts), * 21.10. 1912 Muskogee, Okla., † 1.9.1972 Amsterdam. Leitete schon am College eigene Band 1930, ab 1935 bei Eddie Barfield, Don Redman, Lucky Millinder, Eddie Mallory, Andy Kirk, 1941–42 bei Count Basie, 1944 bei Dizzy Gillespie, 1946 mit Don Redman nach Europa, blieb dort, lebte in Paris u. Holland. B. ist einer der bedeutendsten Musiker der Hawkins-Schule, dem die gebührende Anerkennung versagt blieb. Durch seinen langen Aufenthalt in Europa wurde er in den USA nahezu vergessen. – Schallplatten ab 1944 für Savoy, Regent, Swing, Blue Star, Columbia (Spanien), Vogue, Polydor, MPS, in den 40er Jahren für einige Klein-Labels, die auf Caete, Caracol, Black & Blue, Onyx u. a. wiederveröffentlicht wurden. Als Sideman ist er zu hören mit Andy Kirk, Billie Holiday, Pete Johnson, Hot Lips Page, Joe Turner, Count Basie, Jack Teagarden, Hank D'Amico, Coleman Hawkins, Eddie Heywood, Albert Ammons, Emmett Berry, Mary Lou Williams, Oscar Pettiford, Cozy Cole, Don Redman, Dizzy Gillespie, Trummy Young, Johnny Guarnieri, Duke Ellington, Earl Hines u. a. Posthum erschienen Aufnahmen aus dem »Minton's« von

1941 (Onyx), eine von C. Adderley produzierte LP mit Bud Powell von 1961 (CBS) sowie eine CD auf Black Lion.
Lit.: D. Salemann u. a., Don Byas, Basel 1992
CD: Living My Life, Savoy 650122

Byers, Billy, William Mitchell, (tb, p, comp), * 1.5.1927 L. A. Spielte 1942–43 bei den Hollywood Canteen Kids, nach Wehrdienst bei Georgie Auld, Buddy Rich, Benny Goodman. In den 50er Jahren freelancing in N. Y., 1956 nach Paris zu Ray Ventura, ab 1957 in N. Y. bei Johnny Richards u. Quincy Jones. Seit den 60er Jahren vor allem als Film- und TV-Komponist tätig. Arr für Ray Ventura, Duke Ellington, J. J. Johnson, Count Basie, Claude Bolling, Pat Longo, Doc Severinsen, Frank Sinatra, Buddy Greco, Andy Williams, Ralph Marterie u. a. – Schallplatten mit George Handy, Al Cohn, Richard Maltby, Quincy Jones, Manny Albam, Johnny Richards, Kenny Clarke, Hal McKusick, Steve Allen, Charlie Shavers, Jim Chapin, Ralph Burns, Don Elliott, Georgie Auld, George Williams, Charlie Ventura, Billy Eckstine, Bob Florence, Buddy Rich, Billie Holiday, Gene Krupa, Hampton Hawes, Michel Legrand, Joe Newman, Bob Prince, Coleman Hawkins; eigene LPs für Philips u. Mercury (»Impressions of Ellington«).
CD: Joe Newman – B. B. Sextet, Fresh Sound 2004

Byrd, Charlie, Charles L., (g), * 16.9. 1925 Suffolk, Va. Erste Jobs in den 40er Jahren bei Sol Yaged, Joe Marsala, Freddie Slack, Barbara Carroll. Studierte klassische Gitarre bei Andres Segovia in Italien 1954; war 1959 bei Woody Herman, unternahm 1961 Südamerikatournee und spielte nach Rückkehr eine LP mit Stan Getz ein, welche die Bossa-Nova-Welle auslöste (»Jazz Samba«, Verve). B. ist einer der großen All-around-Gitarristen des Jazz. – Schallplatten mit Woody Herman, Tony Bennett, Stan Getz, Herb Ellis, Tom Gwaltney, Great Guitars, Laurindo Almeida u. a.; als Leader für Savoy, Offbeat (R.: Milestone), Riverside, Columbia, Fantasy, Improv, Crystal Clear, Concord; außerdem LPs mit klassischer Gitarrenmusik.
CD: At the Winery, Concord 131

Byrd, Donald, (tp, flh), * 9.12.1932 Detroit. Studierte an der Wayne Univ. und der Manhattan School of Music. 1955 zu George Wallington im Café Bohemia, nach zwei Monaten zu Art Blakey, dann Max Roach, Gigi Gryce, 1958 Quintett mit Pepper Adams. Spielte in Europa auf Festivals und trat in zwei frz. Filmen auf. Vervollkommnete seine Ausbildung, schloß mit dem Doktorgrad in Musikwissenschaft ab, Lehrtätigkeit an der Music & Art High School in N. Y., leitete die Black-Music-Abteilung der Howard Univ. in Washington. Gründete die Funk-Gruppe Blackbyrds und war damit sehr erfolgreich im Pop-Geschäft, wandte sich aber in den 80er Jahren wieder dem Jazz zu. B. ist einer der besten Trompeter der jüngeren Generation, beeinflußt von Fats Navarro u. Clifford Brown, aber auch von Miles Davis. – Schallplatten mit Art Blakey, Cannonball Adderley, Pepper Adams, Michel Legrand, Sonny Clark, Sonny Rollins, Horace Silver, Al Grey, Jackie McLean, Kenny Drew, Thelonious Monk, André Hodeir, George Wallington, Gil Melle, Art Taylor, Gigi Gryce, Lionel Hampton, Lou Donaldson, John Coltrane, Dizzy Reece, Johnny Griffin u. a.; eigene LPs ab 1955 für Transition, Savoy, Columbia, Jubilee, Brunswick, Blue Note, Bethlehem, Muse, Verve, Elektra Musician, Landmark; auch zu hören auf der »Jazz Percussion«-LP (Warwick).

LP: Free Form, Blue Note BST 84118 (+ CD)

Cabaret, in den USA ein Nachtclub mit einer intimen Atmosphäre, wo meist Solo-Pianisten, Vokalisten und auch Komödianten auftreten. C. sind vor allem in N. Y. zu finden, wo sie in den 30er bis 50er Jahren ihren Höhepunkt hatten. In C. spielten Pianisten wie Teddy Wilson, Bobby Short, Joe Bushkin, Cy Walter und Sängerinnen wie Mabel Mercer, Mae Barnes, Eartha Kitt, Sylvia Syms, Lena Horne, Julie Wilson, oft begleitet von Swing-Combos.

Lit.: J. Gavin, Intimate Nights, N. Y. 1991

CD: N. Y. Cabaret Music, Atlantic 782308-2

Cadence Records, von der gleichnamigen Zeitschrift 1980 in Redwood, N. Y., gegr. Label, welches sich der »kreativen improvisierten Musik« widmet, z. B. von Jan Labate, William Hooker, Paul Flaherty, Erroll Parker, Saheb Sarbib, Barbara Donald, Ernie Krivda u. a. Nicht zu verwechseln mit dem gleichnamigen Label von Archie Bleyer aus den 50er Jahren.

Cain, Jackie, Jacqueline Ruth, (voc), * 22.5.1928 Milwaukee, Wisc. Ging mit 18 nach Chicago, sang mit Charlie Ventura. Traf dort → Roy Kral und heiratete ihn 1949. Sie treten seitdem im Duo auf (meist mit b u. d) und sind mit ihrem vom Bebop beeinflußten Gesangsstil sehr erfolgreich. – Schallplatten mit Charlie Ventura und unter eigenem Namen ab 1949 für Atlantic, Coral, Brunswick, Storyville, ABC-Paramount, Columbia, CTI, Verve, Roulette, Concord, Finesse, Discovery.

Cajun Music, eine im Mississippi-Delta (La.) entstandene folkloristische Musizierweise mit afrikanischen und französischen Elementen.

1604 hatten die Franzosen die erste Kolonie in der Neuen Welt in Akadien (Acadia), dem atlantischen Teil Kanadas, errichtet, südöstlich des St.-Lorenz-Stromes (Neuschottland u. Neubraunschweig). 1713 wurde das Gebiet an England abgetreten. 1755 wurden die Akadier genannten franz. Siedler von den Engländern vertrieben, was Tausende das Leben kostete.

Einige siedelten sich in Alabama an, die meisten jedoch im Sumpfland Louisianas, wo ihre Nachkommen, die »Cajuns« (eine Verballhornung des Wortes »Acadians«), heute noch leben. Dort wurde ihre Musik von der schwarzen Folklore (Blues) beeinflußt. Diese Musik wird »Cajun Music« genannt, während die Musik der französischsprechenden Neger dieser Region »La-La Music« oder → Zydeco heißt (letzteres ist eine Bezeichnung für eine Bohnensorte). Cajun-Bands bestehen meist aus Violine, Akkordeon, Triangel, Waschbrett (washboard) und Gitarre.

Bekannte C.-Musiker sind Clifton Chenier (1925–87), Eddie Le Jeune, D. L. Menard.

Lit.: L. C. Post, Cajun Sketches, N. O. 1974[2]; A. A. Savoy, Cajun Music – A Reflection of a People, Eunice, La. 1992

CD: E. Le Jeune, Cajun Soul, Hannibal 1353; Cajun & Zydeco Classics, Rhino R2 70740

Cakewalk, afro-amerik. Tanz, in der Ragtime-Ära sehr verbreitet, ca. 1870–1920. Als Preis soll dabei ein Kuchen verteilt worden sein.

California Ramblers, Pseudo-Jazzband, gegr. 1920 von Wallace T. »Ed« Kirkeby. – Erste Schallplatte 1923, bis 1937 einige hundert Einspielungen, z. T. unter Namen wie »Goofus Five«, »University Six«, »Five Birmingham Babies«, »The Vagabonds«, »Varsity Eight«, u. a. für Labels wie Vocalion, Arto, Pathé, Columbia, Paramount, Banner, Edison, Harmony, Clarion, Bluebird. Die C. waren eines der ersten Orchester, in denen sich die Bildung des (weißen) Swing-Stils vollzog. Mitglieder u. a.: Red Nichols, die Dorsey-Brüder, Adrian Rollini, Stan King, Chelsea Quealey. Für die letzten Sessions 1935 und 1937 wurden die Bands von Tommy Dorsey bzw. Charlie Barnet verwendet. R.: Biograph, VJM.

Call and Response (Ruf und Antwort) → Beantwortung

Callender, Red, George, (b, tu), * 6.3. 1928 Richmond, Va., † 8.3.1992 L. A. Studierte in Bordentown tp, altohorn, tu, b; erster Job 1933 bei Banjo Bernie in Atlantic City. 1937 bei Louis Armstrong, mit diesem erste Schallplatten. Bei Nat King Cole u. Lester Young 1942, eigenes Trio 1945. 1946 wieder bei Armstrong, 1947 Erroll Garner, wieder eigenes Trio 1947–50, bei Jerry Fielding 1951–53, dann freelancing in L. A., zwischendurch aber auch mit Charles Mingus beim Monterey Festival, Stan Kenton 1965. C. war ein gesuchter Bassist und einer der ersten, die die Tuba zum Soloinstrument machten. – Schallplatten mit Louis Armstrong, Nat King Cole, Kay Starr, Sonny Greer, André Previn, Lester Young, Erroll Garner, Charlie Parker, Art Tatum, den Hollywood Hucksters, Buddy DeFranco, Lionel Hampton, Jerry Fielding, John Graas, Billy May, George Shearing, Charles Mingus, Howard Rumsey, Willie Dixon, Art Pepper, den Clark Sisters u. v. a.; eigene Aufnahmen ab 1944 für Exclusive, Black & White, Hollywood, RCA, Crown, Metrojazz und das von ihm mitbegründete Label Legend.

Lit.: R. C. & Elaine Cohen, Unfinished Dream, London 1985

LP: Basin Street Blues, Legend LGS 1003

Calloway, Cab, Cabell, (voc, ldr), * 24.12.1907 Rochester, N. Y. Wuchs in Baltimore auf, ging 1928 nach Chicago und übernahm die Leitung der Alabamians. In N. Y. übernahm er 1929 die Missourians, eine heiße Band aus dem Mittelwesten. 1930 wurde daraus das Cab-Calloway-Orchester. Nach einigen Umbesetzungen wurde daraus eine der besten Bands der 30er u. 40er Jahre. Unter den Solisten waren Dizzy Gillespie, Jonah Jones (tp), Tyree Glenn, Quentin Jackson (tb), Ben Webster, Chu Berry, Ike Quebec (ts), Cozy Cole (d) u. a. 1948 wurde die Band aufgelöst, in den folgenden Jahren spielte C. die Rolle des Sportin' Life in »Porgy and Bess«, stellte kurzfristig Bands für Tourneen zusammen oder trat mit der Harlem-On-Parade-Show auf. Als Sänger ist C. nicht unumstritten, aber Drive und einen gewissen Humor kann man ihm nicht streitig machen, und seine Big Band konnte es in ihrer besten Zeit (1938–42) mit jeder anderen aufnehmen.

Lit.: Minnie the Moocher and Me, N. Y. 1976; Chris Popa, Cab Calloway & His Orch., Zephyrhills, 1986 (D)

CD: Col. CK 45336

Camel Caravan, eine Radio-Show der William-Esty-Agentur, die von den Rundfunkgesellschaften CBS u. NBC ausgestrahlt wurde und die Mitte der 30er Jahre wesentlich zur Popularisierung des → Swing beitrug. Die von einer Zigarettenmarke gesponserte Sendereihe wurde 1934 ins Leben gerufen, zunächst mit dem → Casa Loma Orch., ab Juni 1936 bis Ende 1939 mit Benny Goodman, dann Bob Crosby. Auf LP bzw. CD vorliegende Mitschnitte solcher Sendungen (auf Fanfare/Jazz Hour, Sunbeam, Blu Disc) geben einen interessanten Einblick in die populäre Musik dieser Zeit. Andere Swing-Bands wurden ebenfalls von Zigarettenmarken gesponsert: Glenn Miller, Harry James (Chesterfield), Tommy Dorsey (Raleigh-Kool), Artie Shaw (Old Gold).

Candid Records, 1960 als Sub-Label von Archie Bleyers »Cadence«-Label (gegr. 1953) initiiert, veröffentlichte ein Dutzend LPs von Max Roach, Abbey Lincoln, Pee Wee Russell, Jaki Byard, Booker Little, Coleman Hawkins, Booker Ervin, Don Ellis u. a., alle von Nat Hentoff produziert und von der Kritik hoch gelobt. Die Produktion wurde danach eingestellt. C. wurde 1987 an Alan Bates (Black Lion) verkauft, der alle Titel wiederveröffentlichte und neue Aufnahmen produzierte, u. a. von Ricky Ford, Erica Lindsay, Art Hodes, Joe Chambers, Harry Edison, Paquito D'Rivera, Kenny Barron, Marlon Jordan.

Candoli, Conte, Secundo, (tp), * 12.7. 1927 Mishawaka, Ind. Lernte tp von seinem Bruder → Pete. Spielte schon mit 16 Jahren in den Schulferien bei Woody Herman. Nach Schulabschluß erneut bei Herman, nach Armeedienst 1947 mit Chubby Jackson in Skandinavien. Ab 1948 bei Stan Kenton, Woody Herman, ab 1954 eigene Gruppe, hauptsächlich aber freelancing in L. A., daneben bei Shelly Manne, Terry Gibbs, Gerry Mulligan, Stan Kenton. War Mitglied der »Tonight Show«-Band bis zu deren Auflösung 1992. Tritt immer wieder auch als Solist auf, u. a. mit → Supersax und den Bands von Bill Berry, Capp – Pierce und Sammy Nestico. C. ist deutlich von Dizzy Gillespie inspriert und muß wohl als der beste weiße Bebop-Trompeter bezeichnet werden. – Schallplatten mit Woody Herman, Stan Kenton, Stan Getz, Charlie Ventura, Pete C., Richie Kamuca, Red Mitchell, Stan Levey, Howard Lucraft, Frank Morgan, Howard Rumsey, Art Pepper, Herb Geller, Shelly Manne, Jack Montrose, Steve Allen,

Terry Gibbs, Buddy Bregman, Benny Carter, Frank Rosolino, Supersax, Bill Holman, Bill Berry, Sammy Nestico, Capp – Pierce, Louis Bellson, Marty Paich, Gene Harris, Rob Parton, Chiz Harris, Gerry Mulligan, Frank Strazzeri, Betty Roché, Warren Durrett, Bob Jung, Tommy Newsome, Vic Lewis u. a.; als Leader für Bethlehem*, Atlantic, Mode, Andex, Best, Crown u. RCA.
*LP: Quartet, Affinity 173**

Candoli, Pete, Walter Joseph, (tp, arr), * 28.6.1923 Mishawaka, Ind. Der ältere Bruder von Conte C. ist vor allem als Satzführer und High-Note-Spezialist bekannt. Spielte ab 1940 bei Sonny Dunham, Will Bradley, Benny Goodman, Ray McKinley, Tommy Dorsey, Charlie Barnet, Teddy Powell, Woody Herman, Tex Beneke, Boyd Raeburn. Seit den 50er Jahren in den Studios, aber auch bei Peggy Lee und Betty Hutton, eigene Gruppe mit seinem Bruder, mit dieser im Film »Bell, Book, and Candle«. – Schallplatten mit Woody Herman, Tex Beneke, Boyd Raeburn, Charlie Barnet, Buddy Rich, Henry Mancini, Stan Kenton, Bill Harris, Metronome All Stars, Bob Cooper, Buddy Bregman, Billy May, Pete Rugolo, H. Rumsey, Shorty Rogers, Art Pepper, Gerry Mulligan, Jimmy Rowles, Toots Camarata, Elmer Bernstein, Vicky Lane, Gus Bivona u. v. a.; als Leader für Dot*, Kapp und Somerset.
*LP: The Bros. Candoli, MCA 29064**

Capitol Records, 1942 von Buddy DeSylva, Johnny Mercer u. Glen Wallichs gegründet, war der »shooting star« unter den zahlreichen → Indies der 40er Jahre. Einer der ersten und erfolgreichsten Vertragskünstler war Nat King Cole, dann folgten Jo Stafford, Paul Weston, Peggy Lee, die Pied Pipers und Stan Kenton. 1949/50 wurde das »Capitol Orchestra« aufgenommen (→ Miles Davis), dann Lennie Tristano, Serge Chaloff, in den 50ern folgten Ray Anthony, Billy May, die Four Freshmen. Frank Sinatra nahm hier scine besten LPs auf. 1956 wurde C. an → EMI verkauft. Mit dem Erfolg der Beatles auf diesem Label ging es mit dem anspruchsvollen Repertoire bergab. Zwar wurden in den 60er u. 70er Jahren noch Cannonball Adderley, Nancy Wilson, Supersax u. Raoul de Souza unter Vertrag genommen, doch hat sich die Jazz-Tätigkeit von EMI heute auf das → »Blue Note«-Label verlagert.
Lit.: Bill Bennett, Capitol 78 rpm Record Listing 101-3091, Zephyrhills 1987; CD: Capitol Jazz – 50th Anniversary, Cap. 98931-2

Original-Capitol-Label, 1942

Capp, Frank, F. Cappucio, (d), * 20.8. 1931 Worcester, Mass. Studierte an der Boston Univ., spielte ab 1951 bei Stan Kenton, Neal Hefti, Billy May, Peggy Lee, Betty Hutton, Ella Fitzgerald, ab 1957 häufig mit André Previn, auch mit Benny Goodman, Marty Paich, Red Mitchell, Terry Gibbs, Duke Ellington, Bud Shank u. v. a. Arbeitet als Studiomusiker in L. A., leitete seit 1977 mit → Nat Pierce eine Big Band (»Juggernaut«). – Schallplatten mit Dave Pell, Si Zentner, Stan Kenton, André Previn, Bill Berry, Terry Gibbs, Bill Watrous, Ernestine Anderson, Marty Paich; etliche Concord-LPs, dort auch vier LPs mit Juggernaut. Bei den in Diskographien verzeichneten LPs unter seinem Namen auf Kimberley handelt es sich um → Maxwell-Davis-Aufnahmen mit Percussion-Overdubs.

CD: Live at Century Plaza, Concord CJ 72

Carisi, John Edward, (comp, tp), * 23.2.1922 Hasbrouk Heights, N. J., † 3.10.1992 N. Y. Spielte in High-School-Band, ab 1939 bei Babe Russin, Carl Hoff, Fenton Bros., Glenn Miller – AAFB 1943. Nahm an den historischen Jam Sessions im »Minton's« teil. Nach dem Krieg arr für Ray McKinley, Vincent Lopez, studierte bei Stephan Wolpe 1948–50. Mitbegründer des Miles-Davis-Nonets 1948, komponierte »Israel«. Arr für Charlie Barnet, Claude Thornhill, Elliot Lawrence, Gerry Mulligan, Brew Moore, Miles Davis, Urbie Green, Gus Valli, Billy Taylor, Marvin Stamm, N. Y. Sax. Quartet. – Schallplatten mit Miles Davis, Claude Thornhill, Gil Evans, mit diesem eine LP für Impulse; eigene LPs für Columbia; eine Session für RCA 1956 wurde erst 1989 veröffentlicht (»The Arrangers«, Bluebird).

CD: Gil Evans, Into the Hot, Impulse MCD 39104

Carney, Harry Howell, (bar, as, cl, bcl), * 1.4.1910 Boston, † 8.10.1974 N. Y. Begann 1925 in lokalen Bands um Boston zu spielen, wurde von Duke Ellington gehört. Dieser erhielt von C.'s Eltern die Erlaubnis, den noch Minderjährigen in seine Band aufzunehmen. C. spielte von 1926 bis zu seinem Tod ununterbrochen in der Ellington-Band. Als Bariton-Solist ist er wohl der bedeutendste der Jazz-Geschichte (und war lange fast der einzige bis zum Auftauchen von → Serge Chaloff), doch war er auch ein fähiger Klarinettist und Baßklarinettist. – Er ist auf fast allen Ellington-Platten zu hören, als Sideman nahm er Schallplatten auf mit Barney Bigard, Coleman Hawkins, Sandy Williams, Johnny Hodges, Cootie Williams, Harry James, Jimmy Bones, Ed Hall, Jimmy Hamilton, Ivie Anderson, Esquire All Stars, Johnny Bothwell, Billy Taylor; zwei LPs als Leader für Verve.

LP: Rare Dates Without the Duke, Raretone 5011

Carr, Ian, (tp, flh, comp), * 24.1.1933 Dumfries, Schottland. Studierte engl. Literatur, begann 1960 seine Jazz-Karriere als Mitglied der engl. Avantgarde, zunächst mit Harold McNair, Don Rendell, Joe Harriott.

Mitbegründer der Animals Big Band; mit Guy Warren im New Jazz Orch. 1970 eigene Gruppe »Nucleus«. C. ist Autor mehrerer Bücher, darunter eine Miles-Davis-Biographie. – Schallplatten ab 1970 für Polydor, Vertigo, Contemporary, MMC; auch mit Don Rendell, New Jazz Orch., Michael Garrick, United Jazz- u. Rock-Ensemble, George Russell.

CD: Old Heartland, MMC 7910712

Carter, Benny, Lester Bennett, (as, tp, cl, ts, tb, voc, comp), * 8.8.1907 N. Y. Lernte Klavier von seiner Mutter, sonst aber Autodidakt. Studierte an der Wilberforce Univ., spielte dort mit der Band von Horace Henderson, anschließend bei June Clark, Duke Ellington, Billy Fowler, Charlie Johnson. 1929 zu Fletcher Henderson, wurde dort einer von dessen wichtigsten Solisten, arbeitete auch als Arrangeur. 1931 bei Chick Webb, leitete 1932 kurz McKinney's Cotton Pickers, 1933 eigene (erfolglose) Band, stellte 1934 All-Star-Band für Spike Hughes zusammen. In diesem Jahr zu Willie Bryant, 1935 nach Paris zu Willie Lewis, 1936 nach London zu Henry Hall (BBC-Band), 1937 in Holland, 1938 in Paris, nahm dort einige vorzügliche Schallplatten mit Coleman Hawkins u. Django Reinhardt auf. 1939 zurück in die USA, eigene Big Band mit u. a. Jonah Jones, Vic Dickenson, Eddie Heywood. 1941 zum Sextett reduziert, mit u. a. Dizzy Gillespie u. Jimmy Hamilton. 1943 neue Big Band mit Freddie Webster, J. J. Johnson, Max Roach. Ab 1947 in L. A. als

Benny Carter

Filmkomponist, daneben aber noch Tournee mit → JatP und Schallplatten, arr für Count Basie (»Kansas City Suite«), Louis Bellson u. a., trat als Musiker aber wenig auf. Erst in den 70er Jahren spielte er wieder regelmäßig auf Festivals u. Tourneen mit eigenen Gruppen.

C. gehört zu den großen drei des Alt-Saxophons der 30er Jahre (neben Johnny Hodges u. Willie Smith), hat als Trompeter einen persönlichen Stil und ist als Arrangeur neben Duke Ellington, Sy Oliver und Don Redman zu stellen, besonders seine Saxophonsatz-Schreibweise ist unübertroffen. – Schallplatten mit Charlie Johnson, Fletcher Henderson, McKinney's Cotton Pickers, Chick Webb, Duke Ellington, Spike Hughes, Mezz Mezzrow, Alex Hill, Buster Bailey, Benny Goodman, Willie Bryant, Lionel Hampton, Ted Wilson, Pete Brown, Leonard Feather, Una Mae Carlisle, Nat Gonella, Billie Holiday, Chocolate Dandies,

Artie Shaw, Fats Waller, Timmie Rogers, Capitol Jazzmen, Julia Lee, Sarah Vaughan, Peggy Lee, Kitty White, Harry Geller, Alfred Newman, Claude Tissendier, Nancy Wilson, Pearl Bailey, Ella Fitzgerald, Earl Hines, Abbey Lincoln, Art Tatum, Count Basie, Lucky Thompson, Willy Lewis, Zoot Sims u. a. Arr für Fletcher Henderson, Willie Bryant, McKinney's Cotton Pickers, Willie Lewis, Benny Goodman, Gene Krupa, Henry Hall, Louie Bellson, Count Basie. AJO u. a. Filme: »The Snows of Kilimanjaro«, »Stormy Weather«, »Gene Krupa Story«, »A Man Called Adam« u. a. Schallplatten als Leader ab 1932 für Columbia, Vocalion, Decca, Swing, RCA, Capitol, DeLuxe, Verve, Contemporary, Impulse, United Artists, Swingville, Pablo, Phontastic, East World, Musicmasters.

Lit.: Morroe u. Edward Berger, B. Carter, A Life in American Music, Metuchen, N. J. 1982

LP: Impulse AS-12; Pablo 2310781; 2310887 (m. Tatum) (+ CD)

CD: All of Me, Bluebird ND83000, Verve Small Group Sessions, Verve 849395-2

Ⓥ*: Jazz at the Smithsonian, MKJ 0012*

Carter, Betty, Lilie Mae Jones, »Betty Bebop«, (voc), * 16.5.1929 Flint, Mich. Studierte Klavier am Detroit Conservatory, sang bei Lionel Hampton 1948–51 (als Lorraine C.), seitdem als Solo-Act, Auftritte mit Miles Davis, Sonny Rollins, Ray Charles. C. ist eine kompromißlose Jazz-Sängerin, die erst seit den 70er Jahren über einen Insider-Kreis hinaus bekannt wurde. – Schallplatten mit King Pleasure, Ray Bryant, Lionel Hampton, Ray Charles, Bobby Plater; seit 1970 für ihr Label »Bet-Car«, auch für Columbia, Peacock, Impulse, Atco, ABC-Paramount, United Artists, Roulette, Verve.

CD: The Audience with B. C., Verve 835661-2 (Bet-Car)

Carter, John Wallace, (cl, as, fl, oboe, comp), * 24.9.1929 Fort Worth, Tex., † 31.3.1991 L. A. Studierte an der Lincoln Univ., Missouri, an der Univ. von Colorado u. an der Texas State Univ. Ab 1960 Musiklehrer in L. A., arbeitete dort mit Hampton Hawes, Carmell Jones, Phineas Newborn, Bobby Bradford. Spielte seit den späten 70er Jahren vorwiegend Klarinette, war auf diesem Instrument die herausragende Stimme des Neuen Jazz. – Schallplatten mit Horace Tapscott, Bobby Bradford, James Newton, John Lindberg, Tim Berne, Clarinet Summit; als Leader für Flying Dutchman, Revelation, Ibedon, Moers Music, Black Saint, Gramavision.

CD: Fields, Gramavision 8809-2

Carter, Ron, Ronald Levin, (b, cello), * 4.5.1937 Ferndale, Mich. Lernte Cello, Baß, Violine, Posaune u. Tuba an der High School, studierte 1955–59 an der Eastman School in Rochester, bis 1961 an der Manhattan School of Music, spielte in dieser Zeit mit Chico Hamilton, Cannonball Adderley, Jaki Byard, Bobby Timmons, Randy Weston, Eric Dolphy. 1963 zu Miles Davis, Schallplatten mit Herbie Hancock, Tony Williams, Wayne Shorter, Sam Rivers, McCoy Tyner u. a. Spielte im New York Bass Violin Choir, mit Lena Horne, Michel Legrand, Stanley Turrentine, mit eigenem Quartett (N. Y. Jazz Quartet). Daneben freelancing, viele Sessions für das CTI-Label, Tätigkeit als Dozent u. v. a. C., der auch einen Piccolo-Baß spielt, der klanglich dem Cello ähnelt, gilt als einer der bedeutendsten, wenn nicht der bedeutendste Bassist der letzten 20 Jahre. – Die Zahl seiner Schallplatten dürfte die 500 weit überschritten haben, als Leader gibt es LPs auf Milestone, Galaxy, RSO, Timeless, CTI, Concord, Muse.

LP: Piccolo, Milestone 55004

CD: Something in Common, Muse 600633

Cary, Dick, Richard Durant, (tp, alto-horn, mell, p, comp), * 10.7.1916 Hartford, Conn. Studierte Violine 1920–30, Komposition bei Stefan Wolpe 1947–52, spielte während seiner High-School-Zeit in Symphonie-Orch. Begann Jazz-Karriere 1942–43 im »Nick's« in N. Y., 1943 bei Benny Goodman, Glen Gray. Nach Armeedienst 1946 bei Billy Butterfield, Jean Goldkette, 1947 bei Louis Armstrong, 1949 bei Jimmy Dorsey. In den 50er Jahren beim Eddie-Condon-Kreis, mit Bobby Hackett, Max Kaminsky u. a. Arbeitete für die Dorsey Brothers, klassische Komposition für das Rochester Symphony Orch. In den 60er u. 70er Jahren freelancing, auch aktiv als Komponist und Lehrer. Seit den 80er Jahren wieder als Jazz-Musiker auf Tour, auch in Europa. – Schallplatten mit Joe Marsala, Muggsy Spanier, Louis Armstrong, Eddie Condon, Bobby Hackett, Maxim Saury, Jimmy McPartland, Barbara Lea, Ed Hall, Marian McPartland, Matty Matlock. Erste Solo-Aufnahmen 1944, ab 1957 LPs für Golden Crest, Stereocraft, Columbia, Riff, AGM, Famous Door.

LP: California Doings, Famous Door HL-140

Casa Loma Orchestra, gilt als erste weiße Big Band. 1925 in Detroit gegründet, spielte es 1928 unter der Leitung von Hank Biagini und dem Management von Jean Goldkette als »Orange Blossom Band« im Casa Loma Hotel in Toronto und wurde im folgenden Jahr als Casa Loma Orch. Inc. ins Handelsregister eingetragen mit dem Altsaxophonisten → Glen Gray als Direktor. Durch die »Camel Caravan«-Rundfunksendung und Engagements in Colleges wurde die Band schnell populär. Schallplatten seit 1929, auch als »O. K. Rhythm Kings« und »Glen Gray & His Orch.«, ab 1934 als »Glen Gray & The Casa Loma Orch.«. Führende Musiker waren Grady Watts, Sonny Dunham (tp), Billy Rauch, Pee Wee Hunt (tb), Murray McEachern (tb, as), Clarence Hutchinrider (cl, ts). Arrangeur war bis 1935 Gene Gifford, dann folgten Larry Clinton, Larry Wagner, Dick Jones. In den 40er Jahren waren Bobby Hackett, Red Nichols und Herb Ellis in der Band, neue Arrangeure waren Bill Challis und Ray Conniff. 1947 wurde die Band aufgelöst; Glen Gray nahm

von 1956–63 Schallplatten mit Studio-Bands für → Capitol auf, vorwiegend Remakes bekannter Swing-Titel. Die Bedeutung des C. L. O. liegt in der Popularisierung der Big Band als Orchesterform, deren musikalische Neuerungen schon durch die großen farbigen Orch. vorweggenommen wurden. Es hatte jedoch seinerseits Einfluß auf diese, als es seine Arrangements mit einer bis dahin selten erreichten Präzision spielte. In diesem Sinn ist das C. L. O. Vorläufer (und Vorbild) der späteren weißen Big Bands wie denen von Benny Goodman, Glenn Miller und Stan Kenton. – Schallplatten für Decca, Columbia, dort auch Reissues, außerdem erschienen → ETs auf Circle und Hindsight.
»... We were the band that made Swing commercial« (Glen Gray).
Lit.: C. Garrod/B. Korst, Glen Gray & The C. L. O., Zephyrhills 1987 (D)
CD: Col. CK 45345

Casey, Al, Albert Aloysius, (g), * 15.9.1915 Louisville, Ky. Studierte Violine, wechselte 1933 zur Gitarre, spielte 1934–42 bei Fats Waller, erwarb sich dort den Ruf eines ausgezeichneten Rhythmus- u. Solo-Gitarristen. Obwohl er in den folgenden Jahren bei Teddy Wilson, James P. Johnson u. Billie Holiday spielte, wurde er nie so recht bekannt. In den 50er Jahren bei King Curtis, auch in anderen Berufen. Erst in den 80er Jahren wieder als Musiker aktiv, Europatourneen mit Benny Waters, Joe Newman und der Harlem Jazz [and] Blues Band. – Schallplatten mit Fats Waller, Mezz Mezzrow, Teddy Wilson, Gene Sedric, James P. Johnson, Lionel Hampton, Billie Holiday, Una Mae Carlisle, Leonard Feather, Ed Hall, Coleman Hawkins, Esquire All Stars, Earl Hines, Mildred Bailey, Pete Brown, Sid Catlett, Milt Hinton, Cyril Haynes, Herbie Fields, Benny Carter, Pat Flowers, Louis Armstrong; einige LPs als Leader für Swingville-Moodsville u. Black & Blue. Nicht zu verwechseln mit einem weißen Rock'n'Roll-Musiker gleichen Namens, der LPs für Stacy, Liberty u. Highland einspielte.

Castle, Lee, Lee Castaldo, (tp), * 28.2.1915 N. Y., † 16.11.1990 N. Y. Studierte bei Tommy Dorseys Vater Trompete, spielte ab 1935 bei Joe Haymes, Artie Shaw, Tommy Dorsey, Red Norvo, Dick Stabile, Jack Teagarden, Benny Goodman, Will Bradley. Eigene Band in den 40er Jahren, ab 1952 bei den Dorsey Bros., übernahm die Band nach deren Tod und leitete sie weiter als »Lee Castle & The Jimmy Dorsey Orch.«. – Schallplatten mit Artie Shaw, Benny Goodman, Tommy Dorsey, Jack Teagarden, Joe Haymes, Will Bradley, Glenn Hardman, Ray McKinley, Buddy Rich; eigene Aufnahmen für Musicraft, Joe Davis (R.: Harlequin); als Leiter des Jimmy Dorsey Orch. für Epic, Pickwick, Record Ads und Atlantic.
CD: L. C. & The J. Dorsey Orch., Pickwick PMTD 16002

Castronari, Mario, (b), * 1956 Berlin. Spielt seit 1976 professionell, machte sich mit Bob Degen und Thomas Cremer einen Namen in der Frankfurter Szene, beim HR-Jazz-Ensem-

ble, mit Christoph Spendel u. a., auch mit Wolfgang Lackerschmidt, Wilson de Oliveira und Klaus Weiss. In England Mitbegründer von → Roadside Picnic. – Schallplatten mit John Smith, Brian Dee, Roadside Picnic, Duncan Lamont.
LP: Spotlite 536

Cat (Katze), Slangausdruck für: **1.** einen übertrieben elegant gekleideten Schwarzen, **2.** Jazz-Musiker, zunächst in N. O. als abwertender Ausdruck der farbigen Musiker für weiße, ab ca. 1940 allgemein für Jazz-Musiker. Abgeleitet von → Alligator, verkürzt über Gator, Gate zu Cat. In diesem Sinn sind King Olivers »Alligator Hop« (1923) und Louis Armstrongs »Alligator Crawl« (1927) zu verstehen. **3.** Anhänger von Jazz bzw. Swing, ca. 1935–45, vgl. dazu Benny Goodmans »All the Cats Join In« (1944). (→ Hep)

Catingub, Matt, (as, sop, cl, fl, keyb, comp), * 25.3.1961 N. Hollywood. Begann mit sieben Jahren Klavier zu spielen, später Klarinette und Alto, war mit 17 Jahren in der Big Band von Louis Bellson als Altist u. Arrangeur, eigene Big Band mit 21. Ist der Sohn der Sängerin Mavis Rivers (1942–1992). Er spielte in der Big Band von Toshiko Akiyoshi, dem New Zealand Jazz Orch. und bei den Monterey All Stars. Arbeitet als Studiomusiker in L. A., lehrt an seiner »Woodshed Music School«. – Schallplatten mit Louis Bellson, Toshiko Akiyoshi, Tom Kubis, New Zealand JO, Mavis Rivers, Ashley Alexander u. a.; eigene Aufnahmen für Reference Rec. und Sea Breeze.
CD: My Mommy & Me, Sea Breeze 2013

Catlett, Big Sid, Sidney, (d), * 17.10. 1910 Evansville, Ind., † 25.3.1951 Chicago. Kam 1933 mit Sammy Stewart nach N. Y., spielte bei Benny Carter, den McKinney's Cotton Pickers, dem Jeter-Pillars Orch., Don Redman, Fletcher Henderson, Louis Armstrong, Benny Goodman, Teddy Wilson. In den 40er Jahren eigene Gruppen, 1947–49 bei Louis Armstrong, dann freelancing in N. Y. C. wurde von Zutty Singleton, Baby Dodds und vor allem von Chick Webb beeinflußt; er gilt als der bedeutendste Drummer seiner Zeit. – Schallplatten mit den o. g.; außerdem Spike Hughes, Eddie Condon, Frank Newton, Chu Berry, Lionel Hampton, Sidney Bechet, Coleman Hawkins, Lester Young, Ed Hall, Esquire All Stars, Dizzy Gillespie (1945!), Hot Lips Page, Duke Ellington, Mel Powell, John Hardee u. a.
CD: B. Goodman & Sid Catlett, Vintage Jazz VJC 1032

Celestin, Oscar, »Papa«, (cnt), * 1.1. 1884 Napoleonville, La., † 15.12.1954 N. O. Kam 1906 nach N. O. und spielte mit Henry Allen Sr. (Olympia Brass Band), 1910 eigene Tuxedo Brass B. – Nahm Schallplatten mit seinem »Orig. Tuxedo Jazz Orch.« auf, von 1925–27 für Okeh u. Columbia, gab nach der Depression den Musikerberuf auf. Wurde im Zug des N.-O.-Revivals wiederentdeckt, nahm Schallplatten auf für DeLuxe, Jazzology/Southland. C. war einer der Pioniere des frühen N. O. Jazz.

Cello → Violoncello

Chaloff, Serge, (bar), * 24.11.1923 Boston, † 16.7.1957 Boston. Mutter Klavierlehrerin, Vater spielte im Boston Symphony Orch. Begann auf Klavier und Klarinette, wechselte unter dem Einfluß von Harry Carney u. Jack Washington zum Bariton-Sax, spielte ab 1939 bei Tommy Reynolds, Stinky Rogers, Shep Fields, Ina Ray Hutton, Boyd Raeburn, Georgie Auld u. Jimmy Dorsey. Nachdem er Charlie Parker gehört hatte, übertrug er dessen Stil auf das Bariton-Saxophon, wurde der bedeutendste Solist auf diesem Instrument während seiner Zugehörigkeit zu Woody Hermans »2nd Herd« 1947–49; vor allem in rhythmischer Hinsicht übertraf er Harry Carney weit. Seine Version von »Body and Soul« (auf der »Boston Blow Up«-LP, Capitol) ist eine Sternstunde des Jazz. – Schallplatten mit Boyd Raeburn, Georgie Auld, Jimmy Dorsey, Sonny Berman, Woody Herman, Bill Harris, Red Rodney, Count Basie, Charlie Mariano, Four Brothers; als Leader für Dial, Savoy, Mercer, Motif, Storyville, Capitol.

Lit.: G. v. Jena, Discography of S. Chaloff, Berlin 1986

CD: The Fable of Mable, Black Lion 760923; S. C. Memorial, Cool & Blue 102

Chambers, Paul, Paul Lawrence Dunbart, (b), * 22.4.1935 Pittsburgh, Pa., † 4.1.1969 N. Y. Lernte Tuba u. Horn, spielte Baß in Detroit mit Kenny Burrell, 1954 mit Paul Quinichette auf Tournee, ab 1955 mit Bennie Green, Joe Roland, J. J. Johnson, George Wallington, Ende 1955 zu Miles Davis (bis 1963), danach eigenes Trio mit Wynton Kelly u. Jimmy Cobb. 1966 bei Tony Scott, Charles McPherson, Barry Harris. C. ist der wohl wichtigste Bassist des Hard-Bop, John Coltrane widmete ihm seine Komposition »Mr. P. C.«. – Schallplatten mit Miles Davis, Louis Smith, Benny Golson, Warne Marsh, John Coltrane, Sonny Clark, Sonny Rollins, Dizzy Reece, Hank Mobley, Jackie McLean, John Jenkins, Chet Baker, Art Pepper, Art Taylor, Abbey Lincoln, Cannonball Adderley, Gene Ammons, Clifford Jordan, Hank Jones, J. J. Johnson, Kenny Burrell, Anthony Zano, Lee Morgan, Kenny Drew, Kenny Dorham, Roy Haynes, Thelonious Monk u. v. a.; einige LPs als Leader f. Transition, Vee Jay u. Blue Note.

LP: Whims of Chambers, Blue Note 1534

Changes (eigentl. chord changes), Harmoniewechsel

Channel → Bridge

Chapin, Thomas, (as, sop, fl), * 9.3. 1957 Manchester, Conn. Wegen seiner flexiblen Soundkonzeption war → James Spaulding (as, fl) eines der großen Vorbilder des jungen C. Selbst im gegenwärtigen Spiel hat dessen flüssiger Improvisationsgestus seine Spuren bei dem Saxophonisten hinterlassen. Zu Beginn der 80er Jahre leitete C. als musikalischer Direktor die Lionel Hampton Big Band. Der Umzug nach New York brachte dem Künstler den Anschluß an die Musikerclique der »Knitting Factory«. In dem kreativen Fluidum des für alle musikali-

schen Bereiche offenen Clubs konnte er seine intelligenten Kompositionen und Improvisationen weiterentwickeln. – Aufnahmen mit Lionel Hampton Big Band, Ned Rothenberg Double Band und mit eigenem Trio. (G.F.)
CD: Thomas Chapin Trio, Third Force ENEMY 123; Thomas Chapin Trio, Anima Knitting Factory Works KFWCD-103

Charles, Ray, Ray Charles Robinson, (p, org, as, comp), * 23.9.1932 Albany, Ga. Der im Alter von sechs Jahren erblindete C. erhielt seine Ausbildung an der Blindenschule in St. Augustin, Florida, spielte im Alter von 15 mit lokalen Bands und gründete 1949 ein Trio nach dem Vorbild von Nat King Cole, damit auch erste Schallplatten. Ab 1952 spielte er mit R&B-beeinflußten Combos erfolgreiche Platten für → Atlantic ein, wozu sein gospel-inspirierter Gesang wesentlich beitrug. Seit den 60er Jahren tritt er meist mit einer Big Band auf, geleitet von Leroy Cooper (bar), dazu eine Gesangsgruppe, die Raelets. Eine Reihe von kommerziellen LPs verschaffte ihm eine ungeheure Popularität; er besitzt zwei Plattenfirmen (Tangerine, Crossover) plus Musikverlag etc. Unter den aus seiner Band hervorgegangenen Musikern sind besonders zu nennen: Marcus Belgrave, Phil Guilbeau (tp), David Newman (ts), Wallace Davenport (tp). – Schallplatten mit Milt Jackson, Cleo Laine, Betty Carter, David Newman; ab 1949 für Swingtime, Atlantic, Impulse, ABC-Paramount, Tangerine, Crossover, Warner Bros., RCA.
Lit.: R. C. & D. Ritz, Brother Ray, N. Y. 1978
CD: Genius + Soul = Jazz, Impulse; R. C. & Milt Jackson, Soul Brothers, Atlantic 81951-2
Ⓥ: Live 1991, WEA

Charles, Teddy, Theodore C. Cohen, (vib, p, comp), * 13.4.1928 Onicopee Falls, Mass. Studierte an der Juilliard School 1946, spielte anschließend mit Bob Astor, Randy Brooks, Benny Goodman, Chubby Jackson, Buddy DeFranco, Artie Shaw, Jackie Paris, Anita O'Day, Oscar Pettiford, Roy Eldridge. Seitdem eigene Gruppen, zunächst beeinflußt vom Bebop, später auch vom → Third Stream. Arbeitete in den 60er Jahren als Schallplattenproduzent, Komponist, seit den späten 80er Jahren wieder mit eigenem Quartett. – Schallplatten mit Earl Bostic, Buddy DeFranco, Wardell Gray, Bob Brookmeyer, Thad Jones, Idrees Sulieman, Miles Davis, Betty Blake, Charles Mingus, Hal Overton, Teo Macero, Prestige Jazz Quintet, Prestige All Stars; als Leader für Prestige, Atlantic, Elektra, Jubilee, Bethlehem, Warwick, United Artists, Soul Note.
CD: Tentet, Atlantic 790983-2

Charleston, **1.** Hauptstadt von West Virginia, USA; **2.** Hafenstadt in South Carolina, danach benannt: **3.** Modetanz in den 20er Jahren; **4.** synkopierte Rhythmusform, Grundlage des Tanzes; **5.** Titel eines Schlagers, 1923 von (dem → Stride-Pianisten) James P. Johnson komponiert; **6.** alternative Bezeichnung für das Hi-Hat Cymbal.

Charleston Chasers, Studio-Band im → Chicago-Stil, 1925–31 unter Leitung v. Red Nichols bzw. Phil Napoleon, später Benny Goodman mit u. a. den Dorsey-Brüdern, Jack Teagarden, Gene Krupa u. a. Aufnahmen für Columbia.

LP: VJM VLP 44

Chase (Jagd), meint die rasche Aufeinanderfolge von Soloimprovisationen von zwei oder mehr Musikern, bei denen jeder nur einige (meist vier) Takte spielt, deshalb (im → Bebop) auch »Fours« genannt.

LP: Dexter Gordon – Wardell Gray, The Chase, Spotlite SPJ 130

Cheatham, Doc, Adolphus Anthony, (tp), * 13.6.1905 Nashville, Tenn. Der allgemein unterschätzte C. begann 1926 bei John Williams eine lange Karriere als Lead-Trompeter, die ihn bis in die 40er Jahre durch die Bands von Sam Wooding, Cab Calloway, McKinney's Cotton Pickers, Teddy Wilson, Benny Carter, Teddy Hill, Eddie Heywood führte. In den 50er Jahren in Latin Bands (Perez Prado, Machito), Wilbur de Paris, in den 60ern u. a. bei Benny Goodman u. Red Balaban.

Auftritte mit Teddy Wilson, Cab Calloway, mehrere Europatourneen. – Schallplatten mit Sam Wooding, Cab Calloway, Bennie Carter, Claude Hopkins, Putney Dandridge, Teddy Wilson, Billie Holiday, Una Mae Carlisle, Eddie Heywood, Leonard Gaskin, Wilbur de Paris, Juanita Hall, Pee Wee Russell, Machito, Sammy Price, Buck Clayton, Jane Harvey, Lilette Jenkins, Dizzy Gillespie, Allen Lowe, Hayes Alvis; als Leader ab 1950 für Swing, Jezebel, Black & Blue, Sackville, Parkwood und Orange Blue.

LP: The Fabulous D. C., Parkwood 104

Cherry, Don, Donald E., (tp, pocket-tp, p, div. instr.), * 18.11.1936 Oklahoma City. Begann auf der High School in L. A. zu spielen, 1951 mit Red Mitchell, Dexter Gordon, Wardell Gray. Erste Begegnung mit Ornette Coleman. Studierte an der Lenox School of Jazz, finanziert von Atlantic Records. Mit Ornette Coleman nach N. Y. 1959, nahm mit diesem wegweisende LPs auf, u. a. »The Shape of Jazz to Come«, »Free Jazz«, »Change of Century« (Atl.). Verließ Coleman 1964 und ging nach Europa, wo er seitdem vorwiegend lebt und auftritt. Zusammenarbeit mit Karl Berger, J. F. Jenny Clark, Aldo Romano, Giorgio Gaslino u. a. Begann etwa 1968 seine Idee einer Weltmusik zu verwirklichen, zuerst in »Eternal Rhythm«, dann »Whole Earth Catalogue« und »Humus«. Seit den 80er Jahren auch Zusammenarbeit mit Rock-, Punk- u. Reggae-Gruppen (Lou Reed, Rip, Rig & Panic), afrikanischen Musikern wie Johnny Dyani, mit dem Liberation Music Orch., Charlie Haden, den Gruppen Nu und The Leaders. – Schallplatten mit Ornette Coleman, John Coltrane, Ed Blackwell, Sonny Rollins, Steve Lacy, Mike Mantler, Charlie Haden, Jazz Comp. Orch., Jay Uttal, Archie Shepp, Colin Walcott, Frank Lowe, Gato Barbieri, Al-

bert Ayler, Heiner Goebbels, Johnny Dyani, Trilok Gurtu, Codona, Charlie Rouse, Sun Ra. Eigene LPs für Durium, Blue Note, MPS, Actuel, Flying Dutchman, Caprice, JCOA, A & M, Atlantic, Chiaroscuro, Black Saint, ECM.
LP: Symphony for Improvisors, Blue Note BST 84247

Chess Records, 1950 in Chicago von Leonard u. Phil Chess gegründet. Nahm zunächst einheimische Blues-Musiker auf wie Muddy Waters, Willie Dixon, John Lee Hooker u. a. und wurde damit das führende Label. Unter den Jazz-Musikern sind zu nennen: Ramsey Lewis, James Moody, Oliver Nelson, Woody Herman, Sonny Stitt, Kenny Burrell. Jetzt im Besitz von MCA. Sub-Labels: Aristocrat, Argo, Checker, Cadet.
Lit.: M. Ruppli, The Chess Labels, London 1983 (D)
CD: The Best of Chess Jazz, Chess CHD-6025

Chicago-Stil ist eine von Hugues Panassié geprägte Bezeichnung für einen Übergangsstil vom Traditionellen Jazz zum → Swing, genauer zum weißen Swing-Stil. Strenggenommen ist der C. kein eigenständiger Stil, sondern eine Variation des → New-Orleans- bzw. Dixieland-Stils. Geboren wurde er aus dem Versuch einiger junger weißer Schüler der Austin High School (→ Austin High School Gang), die Musik der weißen Dixieland-Bands wie der → ODJB, der NORK, der Wolverines u. Bix Beiderbecke zu imitieren. Einflußreich war auch der New-Orleans-Stil, da viele N.-O.-Musiker auf der Chicagoer »Southside« (dem Negerviertel) zu hören waren, u. a. King Oliver und Louis Armstrong.
Der Unterschied zum New-Orleans- bzw. Dixieland-Stil ist folgender: Kollektivimprovisation über den Harmonien eines Themas und nicht der Melodie; dieses Kollektivspiel wird nur am Anfang und Schluß eines Stückes praktiziert, dazwischen lösen sich die einzelnen Solisten in der Reihenfolge der Chorusse ab, begleitet nur von der Rhythmusgruppe. Bei der Tongebung wird häufig auf Hot-Elemente zugunsten eines sauberen »schönen« Tones verzichtet. In der Instrumentierung wird die Posaune durch das Saxophon ersetzt (Tenor, auch C-melody-Sax), gelegentlich tritt es zusätzlich hinzu. Das Auftreten bei Bühnenshows bedingte die Fähigkeit zum Notenlesen und zum → Arrangement. Das Solo-Spiel förderte die Individualisierung und damit die Entwicklung zum »Star«. Damit änderten sich auch die sozialen Aufgaben: nicht mehr nur Tanz und Unterhaltung für andere, sondern Musik um der Musik (und der Selbstdarstellung) willen.
Die Entstehung des C. fiel in die frühen 20er Jahre, seine Blütezeit hatte er von 1926–29, d. h. bis zum Beginn der Weltwirtschaftskrise, die ja auch eine Krise der Vergnügungsindustrie war: weniger Engagements in Ballrooms bzw. Verdrängung durch → Sweet Bands, weniger Schallplattenaufnahmen usw. (die Verkaufszahlen fielen von 100 Mio. 1927 auf 6 Mio. 1931). Die Musiker mußten sich Jobs in Tanzorchestern

oder »symphonischen« Jazz-Orchestern à la Paul Whiteman suchen.
Das Zentrum des Jazz-Geschehens verlagerte sich nach → New York, wo die Unterhaltungsindustrie ihr Zentrum hat (→ Tin Pan Alley), wo die großen Plattenfirmen ansässig sind und wo die Rundfunksender noch Arbeit versprachen. Der C. hat sich bis heute mit geringen Abwandlungen erhalten, er wird auch als »Greenwich-Village-Stil« bezeichnet, da in diesem New Yorker Stadtviertel einige Jazz-Lokale liegen bzw. lagen, die diesen Stil förderten.
Lit.: Mecklenburg, Stilformen des Jazz, Wien 1972; → Mezz Mezzrow, → Eddie Condon
CD: Chicago/N. Y./Dixieland, Bluebird ND 86752; Bix Beiderbecke, Col. CK 45450; Muggsy, Tesch, Eddie & The Chicagoans, King Jazz KJ 107; 108

Childers, Buddy, Marion, (tp), * 12.2. 1926 St. Louis, Mo. Spielte mit School Band in Belleville, Ill. Wurde von Stan Kenton gehört und engagiert, bei diesem 1943–54, zwischendurch auch bei Benny Carter, Les Brown, Woody Herman, Frank DeVol, Tommy Dorsey, Georgie Auld, Charlie Barnet. Seit 1955 freelancing in L. A. Meist als Lead-Trompeter eingesetzt, aber auch ein guter Solist (»Solo for Buddy« mit Stan Kenton). Eigene Big Band in Las Vegas, wo er u. a. Frank Sinatra Jr. begleitete. – Schallplatten mit Stan Kenton, Earle Spencer, Willie Smith, Maynard Ferguson, Les Brown, Frank DeVol, Charlie Barnet, Oliver Nelson, Pete Rugolo, Bob Florence, Gene Ammons, June Christy, Tommy Vig, Pat Longo, Dick Grove, Paul Cacia, Matt Catingub, Herb Alpert, Percy Faith, Marvin Hamlisch (»The Entertainer«) u. a.; eigene Aufnahmen für Liberty u. Trend.
CD: Just Buddy's, Trend TRCD 539

Chocolate Dandies, Studio-Band unter Leitung von → Benny Carter, 1929/30 für Okeh/Col., 1933 für Okeh u. 1940 für → Commodore. Der Name wurde 1928 für eine Session von McKinney's Cotton Pickers (Don Redman) für Okeh gebraucht.

Chorus ist die Bezeichnung für den Refrain und die Improvisation darüber, die einen oder mehrere Chorusse (so der Plural) umfassen kann; allgemein identisch mit Solo.

Christian, Charlie, Charles, (g), * 29.7.1916 Dallas, Tex., † 2.3.1942 N. Y. Wuchs in Oklahoma auf, lernte Gitarre von seinem Vater. Spielte bei Alphonse Trent u. dem Jeter-Pillars Orch. Wurde von John Hammond gehört und daraufhin von Benny Goodman engagiert, bei diesem von September 1938 bis zu seinem Tod. Spielte im B.-G.-Sextett, selten in der Big Band. Nahm an den Sessions im → »Minton's« teil, bei denen der → Bebop vorbereitet wurde. C. revolutionierte das Spiel auf der elektrischen Gitarre durch seine »Single-string«-Soli und immer neuen Ideen. – Schallplatten mit Benny Goodman, Lionel Hampton, Ida Cox, Eddy Howard, Charioteers, Ed Hall, Metronome All Stars; Live-Mitschnitte aus dem »Minton's«.
Lit.: J. Evensmo, The Guitars of C. Christian, R. Norman, O. Aleman, Hosle, Norwegen 1978
CD: Solo Flight, Vintage Jazz 1021-2

Christian, Jodie, (p), * 2.2.1932 Chicago. Ausbildung an der Wendell Phillips High School, dem Malcolm X College und dem Wright College. Erste Jobs mit lokalen Größen wie Nicky Hill, Johnny Griffin (ts), Ike Day (g), Wilbur Ware (b). Militärdienst in Japan, dort Zusammentreffen mit Toshiko Akiyoshi. 1967–70 bei → Eddie Harris, dann mit Coleman Hawkins, MJT + 3, Roscoe Mitchell. Versierter Pianist, dessen Spannweite von den Traditionalisten bis zur Avantgarde reicht. – Schallplatten mit Eddie Harris, Ira Sullivan, Frank Walton, Mike Smith, Brad Goode, Lin Halliday, Roscoe Mitchell, Les McCann, Chet Baker – Stan Getz.

CD: Experience, Delmark DD 454

Christlieb, Pete, Peter, (ts, cl, bcl, fl), * 16.2.1945 L. A. Begann 1963 bei Jerry Gray, spielte dann mit Chet Baker, Si Zentner, Woody Herman, Louis Bellson; seit 1970 vor allem als Studiomusiker und in der »Tonight Show«-Band (bis 1992). – Schallplatten mit Si Zentner, Louis Bellson, Tony Rizzi, Charlie Shoemake, Tom Scott, Andy Simpkins, Capp – Pierce, Doc Severinsen, Pat Longo, Carmen McRae, Frank Mantooth, Ben Sidran, Peggy Lee, Jack Jones, Chuck Foster, Bob Cooper, Singers Unlimited, Bob Florence, Bobby Bland, Diane Schuur, Tom Waits u. a.; als Leader für Rahmp, Warner Bros., Criss Cross (mit Warne Marsh), Capri und eigenes Label Bosco.

CD: Criss Cross 1043

Christy, June, eigentl. Shirley Luster, (voc), * 20.11.1925 Springfield, Ill., † 21.6.1990 Sherman Oaks, Calif. Sang 1943 bei Boyd Raeburn, ab 1945 bei → Stan Kenton, bei dem sie als eine der besten weißen Jazz-Sängerinnen bekannt wurde. Heiratete 1946 → Bob Cooper, sang ab 1949 mit ihm oder als Solistin, ging hin und wieder mit Stan Kenton auf Tournee. – Schallplatten mit Stan Kenton, ab 1947 unter eigenem Namen für Capitol (bis 1964, bes. »Something Cool«), hatte 1977 Comeback auf Interplay.

CD: Early June, Fresh Sound 1011; A Lovely Way ... Jasmine 2528

Circle Records, 1946 von Harriet Janis u. Rudi Blesh gegründet, bestand bis 1952 als Label für traditionellen Jazz. Veröffentlichungen u. a. von Baby Dodds, Albert Nicholas, Jelly Roll Morton (Library of Congress Recordings). An → GHB verkauft, 1980 reaktiviert als Label für Swing u. Mainstream, z. B. mit Titeln aus dem Repertoire von World-Transcriptions.

Clambake, ursprünglich identisch mit → Jam Session (vgl. Tommy Dorseys Clambake Seven), später im Musikerjargon Ausdruck für einfallsloses, unorganisiertes Zusammenspiel.

Clare, Kenny, (d), * 8.6.1929 England, † 21.12.1984. Der exzellente Big-Band-Drummer begann 1949 bei Oscar Rabin, spielte ab 1954 bei Jack Parnell, Johnny Dankworth u. Ted Heath. Bekannt wurde er als zweiter Drummer in der Clarke-Boland Big Band, wo er Kenny Clarke gelegentlich austrommelte (1967–72). Danach noch bei Peter Herbolzheimer,

Bobby Lamb – Ray Premru u. in den Studios. – Schallplatten mit den o. g., außerdem Johnnie Spence, Dave Lee, Vic Lewis, Klaus Weiss, Bob Leaper, Ella Fitzgerald, Harry James, Tony Bennett, Henry Mancini, Joe Pass, Syd Lawrence, Art van Damme, Buddy Rich – Louis Bellson, Shorty Rogers, Cleo Laine u. a.; eine LP mit Ronnie Stephenson (»Drum Spectacular«) für EMI.

Clark, Sonny, Conrad Yeatis, (p), * 21.7.1931 Herminie, Pa., † 13.1. 1963 N. Y. Spielte Baß und Vibraphon in High-School-Band, ging 1951 nach L. A., spielte dort mit Wardell Gray, 1953 mit Oscar Pettiford in San Francisco. 1953–56 bei Buddy DeFranco, 1956 bei den Lighthouse All Stars, 1957 bei Dinah Washington, anschließend freelancing in N.Y. – C. war ein außergewöhnlich begabter Hard-Bop-Pianist, der eine große Zahl von Schallplatten hinterließ, so mit Serge Chaloff, Clifford Jordan, Curtis Fuller, Dexter Gordon, Hank Mobley, Buddy DeFranco, Philly Joe Jones, Ike Quebec, John Jenkins, Jackie McLean, Johnny Griffin, Lee Morgan, Sonny Rollins, Teddy Charles, Stanley Turrentine, Howard Rumsey, Grant Green u. a.; als Leader für Blue Note, Time und (posthum) Xanadu.
CD: Cool Struttin', Blue Note 781582-2

Clarke, Kenny, Kenneth Spearman, Liaqat Ali Salaam, (d), * 9.1.1914 Pittsburgh, † 26.1.1985 Paris. Erlernte Klavier, Posaune, Schlagzeug und Vibraphon an der High School, erste Jobs 1930–35 mit Leroy Bradley, Roy Eldridge 1935, Jeter-Pillars Orch., 1937 bei Edgar Hayes, 1938–40 bei Claude Hopkins, Teddy Hill. Leitete die Haus-Band im »Minton's«, war bei Louis Armstrong und Benny Carter 1941–42, spielte mit Red Allen 1943. Nach Armeedienst 1946 zu Dizzy Gillespie, mit diesem nach Europa 1947. Blieb dort, 1949 wieder in den USA bei Tadd Dameron, 1952 Mitbegründer des → Modern Jazz Quartet, bei diesem bis 1955, während dieser Zeit viele Studioaufnahmen für → Savoy. Lebte seit 1956 wieder in Paris, trat dort mit eigenen Gruppen auf, 1967–72 auch mit der Clarke-Boland Big Band. C. war der bedeutendste Drummer der frühen Bebop-Bewegung und hat durch die Verlagerung des → Beats auf die Cymbals viel zur Emanzipation dieses Instruments beigetragen. – Schallplatten mit Edgar Hayes, Sidney Bechet, Mildred Bailey, Billie Holiday, Count Basie, Ethel Ennis, Slim Gaillard, Ella Fitzgerald, Dizzy Gillespie, den Bebop Boys, Miles Davis, Sahib Shihab, MJQ, CBBB; als Leader erste Titel 1938 in Stockholm ab 1946 für Swing, Prestige, Savoy, Philips, Blue Note, Horo.
Lit.: M. Hennessey, Klook, The Story of K. C., London 1990
CD: Bohemia After Dark, Savoy SV-0107; Telefunken Blues, Savoy SV-0106

Clarke, Stanley M., (b, p, comp), * 30.6.1951 Philadelphia. Studierte Violine u. Cello, Baß mit 13 Jahren. Erste Jobs bei Horace Silver, Joe Henderson, Pharoah Sanders; 1970 bei Stan Getz. Mit Chick Coreas Gruppe »Return to Forever« nahm er einige der schon klassischen LPs auf, u. a. »Light as a Feather«, »Hymn to the 7th Galaxy«. Seitdem ist er als Bassist, Komponist u. Produzent sehr erfolgreich. – Schallplatten mit Stan Getz, Chick Corea, Al DiMeola, Dexter Gordon, David Benoit, Flora Purim, Freddie Hubbard, Joe Henderson, John McLaughlin, Pharoah Sanders, Rodney Franklin, Eliane Elias, Aretha Franklin, Santana, Jim Walker, Ray Bryant, Joe Farrell, Airto Moreira u. v. a. Eigene LPs für Polydor, Nemperor, CTI, Epic/CBS.

LP: Children of Forever, Polydor 2310267

Clay, James, (ts, fl), * 8.9.1935 Dallas, Tex. Lernte Alt-Sax in High School, wurde 1955 Profi und machte sich bald einen Namen als einer der hart swingenden »Texas Tenors«. Leitete eine Band gemeinsam mit → Don Cherry in L. A:, probte in dieser Zeit – Mitte der 50er Jahre – mit → Ornette Coleman, arbeitete dann aber meist in Dallas, wohin er auch nach zehn Jahren bei Ray Charles (bis 1973) zurückging. Kehrte 1988 auf die internationale Szene zurück. – Schallplatten mit Lawrence Marable, Red Mitchell, David Newman, Wes Montgomery, Ray Charles (»My Kind of Jazz«), Paul Guerrero, Billy Higgins, Bill Perkins, Don Cherry; als Leader für Riverside und Antilles.

CD: I Let a Song Go Out of My Heart, Antilles 848297-2

Clayton, Buck, Wilbur, (tp, comp, arr), * 12.11.1911 Parsons, Kansas, † 8.12.1991 N. Y. Lernte Trompete von seinem Vater, ging Anfang der 30er Jahre nach Kalifornien, gründete eigene Band, ging 1934 mit dieser und Teddy Weatherford (p) nach Shanghai. 1937 löste er Hot Lips Page in der Count-Basie-Band ab, mit dieser bis 1943. Nach Armeedienst eigene Gruppen, freelancing in N. Y., mehrere Europatourneen. In den 50er Jahren nahm er die berühmten Jam-Session-LPs für Columbia auf. C. war einer der großen Swing-Trompeter und als Solist u. Arrangeur eine der Stützen der ersten Basie-Band. Aus gesundheitlichen Gründen spielte er seit den 70er Jahren nicht mehr, war aber als Komponist, Arrangeur u. Produzent tätig, leitete seit 1988 Big Band in N. Y. – Schallplatten mit Count Basie, Mildred Bailey, Harry James, Teddy Wilson, Kansas City Five/Six, Coleman Hawkins, Leonard Feather, Don Byas, Charlie Parker, Ike Quebec, Charlie Ventura, Trummy Young, JatP, Esquire All Stars, Sidney Bechet, Benny Carter, Jackie Gleason, Billie Holiday, Buddy Tate, Dickie Wells, Dinah Washington, Jimmy Rushing, Eddie Condon, La Vern Baker, Odetta, Vic Damone, Earl Hines, Mae Barnes u. a.; als Leader ab 1945 für Melrose, HRS, Vogue, HMV, Columbia, Vanguard, Omega, Prestige, WRC, »77«, Decca, Polydor, Chiaroscuro, Stash.

Lit.: B. C. with Nancy Miller Elliott, Buck Clayton's Jazz World, N. Y. 1986; Bob Weir, B. C. – A Discography, Chigwell 1989

CD: Jam Sessions, Col. 44291; A Swinging Dream, Stash STCD 16

Cleveland, Jimmy, James, (tb), * 3.5. 1926 Wartrace, Tenn. Besuchte die Tennessee State Univ., ging 1949 zu Lionel Hampton, ab 1953 freelancing in N. Y., spielte bei Johnny Richards, Dizzy Gillespie, Gerry Mulligan, Quincy Jones, mit diesem in Europa. Seit den 70er Jahren in L. A. tätig. C. ist ein exzellenter Techniker der J.-J.-Johnson-Schule. – Schallplatten mit Johnny Richards, Dizzy Gillespie, Quincy Jones, Cannonball Adderley, Bill Berry, Clark Terry, Dinah Washington, Gil Evans, Specs Powell, Nappy Brown, Oscar Pettiford, Billy Taylor, Milt Jackson, Lucky Thompson, Randy Weston, Miles Davis, Dick Hyman, Art Farmer, Lionel Hampton, Donald Byrd, Gene Quill, Friedrich Gulda, Antonio Diaz, Benny Golson, E. Lawrence, Billie Holiday, George Williams, Gene Krupa, Gigi Gryce, Sam Taylor, George Wallington, Teddy Edwards u. a.; als Leader für EmArcy u. Epic.

CD: G. Quill, 3 Bones and a Quill, Fresh Sound 105

Clinics sind Kurse, bei denen prominente Musiker dem Nachwuchs Unterricht erteilen, meist verbunden mit Konzerten. Werden häufig an Colleges u. Universitäten veranstaltet, die auch die Kosten übernehmen. Einer der ersten Jazz-Musiker, die an C. teilnahmen, war → Stan Kenton.

Clusters (Tontrauben) entstehen, wenn z. B. ein Pianist in einem bestimmten Tonbereich sämtliche Noten anschlägt, etwa mit Hilfe des Unterarms. Der Begriff stammt aus der elektronischen Musik (Henry Cowell).

Cobb, Arnett, Cleophus, (ts), * 10.8. 1918 Houston, Tex., † 24.3.1989 Houston. Begann seine Karriere 1933 bei Frank Davis, 1934–36 bei Chester Boone, 1936–42 bei Milt Larkins. 1942 zu Lionel Hampton als Ersatz für Illinois Jacquet. Hier blies er mit seinen wilden, stimulierenden Soli die ganze Band vor sich her, z. B. in »Flying Home No. 2«, und erspielte sich seinen Ruf als einer der großen »Texas Tenors«. Ab 1947 eigene Bands, 1959 in seiner Heimatstadt mit eigener Big Band. Ein schwerer Autounfall zwang ihn zu jahrelanger Pause, war danach auf Krücken angewiesen, hatte aber 1973 ein Comeback, spielte mit Milt Buckner, Lionel Hampton, Helen Humes u. All-Star-Gruppen. – Schallplatten mit Lionel Hampton, Dinah Washington, Dizzy Gillespie, Prestige All Stars, Axel Zwingenberger, Tiny Grimes; mit eigenen Gruppen ab 1946 für Hamptone, Apollo, Columbia, Mercury, Atlantic, Prestige*, Black & Blue, Progressive, Muse, Timeless.

LP: Smooth Sailing, OJC 323; Tenor Tribute, Soul Note 121184*

Cobham, Billy, William C. Jr., (d, comp), * 16.5.1944 Panama. Studierte an der Brooklyn High School of Music. 1968 bei Horace Silver, in diesem Jahr Plattendebüt mit George Benson. Ab 1969 Studiomusiker in N. Y., eigene (Fusion-)Gruppe »Dreams«. 1971–74 bei John McLaughlin (Mahavishnu Orch.). Neue Gruppen »Spectrum«, »Cross-

winds«, »Glass Menagerie«. C. ist ein ungewöhnlich virtuoser Trommler, der mit seinem riesigen Drum-Set (mit u. a. Doppel-Baßtrommeln, etlichen Cymbals und Drum-Synthesizer) dem Rock-Jazz neue Wege erschlossen hat, hier aber bald dessen Grenzen erkannte. – Schallplatten mit Quincy Jones, Miles Davis, Larry Coryell, Les McCann, Fifth Dimension, John McLaughlin, Louis Bellson (»Matterhorn«, Pablo), Chet Baker, Ron Carter, George Benson, Gil Evans, Mario Rosini, Herbie Hancock, Sonny Rollins, Thierry Mineau, Wolfgang Schmid, Frank Nimsgern u. a.; eigene LPs für Atlantic, Elektra Mus., GRP, Inak, fnac.
CD: Best of, Atlantic 81558-2

Cohn, Al, Alvin, (ts, bar, cl, bcl, comp, arr), * 24.11.1925 Brooklyn, N. Y., † 15.2.1988 East Strousburg, Pa. Studierte bei Privatlehrern Klavier und Klarinette, spielte 1943 bei Joe Marsala, bis 1946 bei Georgie Auld, 1947 bei Buddy Rich, 1948–49 bei Woody Herman als Nachfolger von Herbie Steward. 1949–50 zu Artie Shaw, zog sich dann für drei Jahre von der Musik zurück, ab 1952 bei Elliot Lawrence, hauptsächlich aber als Arrangeur und Komponist tätig. Ab 1957 in einer Zwei-Tenor-Combo mit Zoot Sims, in den 60er Jahren wieder als Arrangeur. Erst seit den 70er Jahren trat C. wieder als Musiker hervor, Reunions mit Zoot Sims, Tourneen mit den Concord All Stars, Scott Hamilton u. a. Als Tenorist ist C. vor allem von Lester Young beeinflußt, als Arrangeur war er eine zentrale Figur des → East Coast Jazz Mitte der 50er Jahre, vor allem für zahlreiche RCA-Sessions, für die er als Musiker oder Arrangeur verantwortlich war. Er schrieb für ungezählte kommerzielle Schallplatten, Broadway-Shows (»Sophisticated Ladies«) und für die Bands von Georgie Auld, Buddy Rich, Woody Herman, Elliot Lawrence, Lee Castle, Artie Shaw, Chubby Jackson, Terry Gibbs, Larry Sonn, Miles Davis, Ralph Marterie, Quincy Jones u. a., außerdem für Vokalisten wie Lee Wiley, Jimmy Rushing, Teddi King, Marilyn Moore, Irene Kral, Big Miller, Buddy Greco. – Schallplatten mit den Genannten, dazu noch Zoot Sims, George Romanis, Manny Albam, Gerry Mulligan, Candido, Jimmy Raney, Bennie Payne, Erskine Hawkins, Dick Carey, Art Farmer, Bob Brookmeyer, Gary McFarland, Urbie Green, Joe Newman, Al Porcino, Gene Krupa, Henri Renaud, Chris Connor, Jimmy Knepper, Stan Getz, Richard Maltby, Ross Tompkins, George Williams, Turk Mauro, Dave Frishberg, Dick Collins, Billy Byers, Rocky Cole u. a. LPs als Leader ab 1950 für Progressive, RCA (»Son of Drum Suite«), Epic, Dawn, Coral, Mercury, Colpix, Muse, Sonet, Xanadu u. Concord.
CD: From A to Z and Beyond, Bluebird ND 86469

Coker, Dolo, Charles Mitchell, (p, as), * 16.11.1927 Hartfort, Conn. Wuchs in Florence, S. C. auf, studierte an der Mather Academy, Camden. Spielte mit Ben Webster 1946, in den 50er Jahren mit Kenny Dorham,

Sonny Stitt, Gene Ammons, Lou Donaldson, Erskine Hawkins, Ruth Brown, Philly Joe Jones, Dexter Gordon, auch im Bühnenstück »The Connection«. Eigenes Trio in L. A. ab 1961. – Schallplatten mit Sonny Stitt, Dexter Gordon, Junior Cook, Philly Joe Jones, Kenny Dorham, Art Pepper, Harry Edison; eigene LPs für Xanadu.

LP: Dolo!, Xanadu 139

Cole, Cozy, William Randolph, (d), * 17.10.1909 East Orange, N. J., † 29.1.1981 Columbus, Ohio. Der neben → Sid Catlett bedeutendste Swing-Drummer begann 1930 bei Jelly Roll Morton, war dann bei Blanche Calloway, Willie Bryant, Stuff Smith und von 1937–42 bei Cab Calloway, wo er – selten genug damals – spezielle Features hatte (»Ratamacue«, »Paradiddle«). 1942–45 bei Raymond Scott, am Broadway, ab 1949 bei Louis Armstrong für fünf Jahre. Leitete in den 50er Jahren mit → Gene Krupa eine Schlagzeugschule, daneben Studioarbeit und gelegentliche Tourneen. – Schallplatten mit Jelly Roll Morton, Willie Bryant, Putney Dandridge, Teddy Wilson, Red Allen, Bunny Berigan, Bud Freeman, Frank Froeba, Stuff Smith, Cab Calloway, Billie Holiday, Mildred Bailey, Chu Berry, Frankie Newton, Lionel Hampton, Pete Brown, Wingy Manone, Joe Marsala, Coleman Hawkins, Red McKenzie, Rex Stewart, Billy Taylor, Jack Teagarden, Hank D'Amico, Roy Eldridge, Walter Thomas, Johnny Guarnieri, Don Byas, Dizzy Gillespie, Benny Goodman, Russ Case, Ella Fitzgerald, Louis Armstrong, Earl Hines u. a.; als Leader ab 1946 für Keynote, Savoy, Continental, Guild, Love, King, Parker, Coral, Columbia, Who's Who.

Cole, Nat »King«, eigentl. Nathaniel Coles, (p, voc), * 17.3.1919 Montgomery, Ala., † 15.2.1965 Santa Monica, Calif. Wuchs in Chicago auf, hatte ersten Job in der Band seines Bruders Eddie (b) 1936. Gründete 1939 ein Trio mit Oscar Moore (g) u. Wesley Prince (b), ab 1943 Johnny Miller (b). Erste Schallplatten für Decca blieben ohne große Resonanz, erst als er 1943 zu → Capitol wechselte, begann sein Aufstieg zu einem der populärsten Künstler seiner Zeit, nachdem sein Gesang mehr und mehr in den Vordergrund trat. C. gehört zu den großen Pianisten des Jazz; beeinflußt von Earl Hines u. Teddy Wilson, war er seinerseits das Vorbild für Oscar Peterson. Trat seit den 50er Jahren kaum noch als Jazz-Musiker hervor, er veröffentlichte vor allem – meist vorzügliche – Gesangsplatten (arr Nelson Riddle, Billy May, Ralph Carmichael), trat auch in Filmen auf (»St. Louis Blues«). – Schallplatten mit Eddie Cole, Lionel Hampton, Lester Young, Benny Carter, JatP, Capitol Jazzmen, The Keynoters, Dexter Gordon, Metronome All Stars, Herbie Haymer, Stan Kenton, Jo Stafford, Johnny Mercer, Woody Herman. Die Trioaufnahmen für Capitol wurden vollständig von → Mosaic veröffentlicht (MD18–138).

Lit.: K. Teubig, Straighten up and Fly Right. A Chronology and Discogra-

phy of the King Cole Jazz Recordings 1936–50, i. V.; C. Garrod / B. Korst, Nat King Cole Discography, Zephyrhills 1987; Maria Cole, N. K. C., N. Y. 1971; J. Haskins/K. Benson, N. K. C., N. Y. 1984
CD: Vintage Jazz 1026/29-2; Jazz Encounters, Capitol CDP 7966932
Ⓥ: The Snader Telescriptions, Storyville VVD 895

Cole, Richie, Richard, (as), * 29.2. 1948 Trenton, N. J. Studierte bei seinem Vorbild Phil Woods, an der Berklee School 1966–69, spielte anschließend bei Buddy Rich u. Lionel Hampton. Seit 1972 eigene Gruppe »Alto Madness«, begleitete damit Eddie Jefferson und Manhattan Transfer. Expressiver Hard-Bop-Solist. – Schallplatten mit Buddy Rich, Phil Woods, Eddie Jefferson, Lorant Saltiel, Red Rodney, Art Pepper, Mark Murphy, Ben Sidran, Vic Juris, Freddie Hubbard, Bruce Forman u. a.; als Leader für Progressive, Adelphy, Muse, Palo Alto, Concord, Milestone u. Melodia.
CD: Pure Imagination, Concord 314

Coleman, George, (ts, as, sop), * 8.3. 1935 Memphis, Tenn. Hatte erste Jobs in R&B-Bands, u. a. B. B. King, spielte in den 50er Jahren in Chicago bei Ira Sullivan, John Gilmore, in N. Y. bei Kenny Burrell, Max Roach, Slide Hampton, Wild Bill Davis, Miles Davis (1963–64), auch mit Lionel Hampton und seiner Frau Gloria C. (org). – Der zuwenig bekannte Hard-Bop-Solist konnte erst 1992 eine CD für ein »Major Label« einspielen (Verve), außerdem für Vee Jay (Octet, »Big George«), Pye, Muse, Timeless, Teresa, Birdology; als Sideman mit Max Roach, Lee Morgan, Jimmy Smith, Art Blakey, B. B. King, Booker Little, Charles Mingus, Elvin Jones, Freddie King, Keno Dukes, Harold Mabern, Hilton Ruiz, Howard McGhee, Louis Smith, Mickey Tucker.
CD: My Horns of Plenty, Verve 314511922-2

Coleman, Ornette, (as, ts, tp, vln, comp), * 19.3.1930 Fort Worth, Tex. Lernte Alt-Sax als Autodidakt, spielte in R&B-Gruppen in seiner Heimatstadt, u. a. mit Pee Wee Crayton. Ging 1952 nach L. A., studierte privat Musiktheorie, Harmonie, und experimentierte ab 1957 mit → Don Cherry; mit diesem erste LP: »Something Else!« Studierte 1959 an der Lenox School of Music in N. Y., nahm in diesem Jahr die ersten wegweisenden LPs auf: »The Shape of Jazz to Come« u. »Change of the Century« (Atlantic), 1960 folgte »Free Jazz«, die einem neuen Stil den Namen geben sollte. Er lernte Trompete u. Violine, trat im Trio oder Quartett auf (mit Dewey Redman), komponierte symphonische Werke (»Skies of America«, »Forms and Sounds«). In den 70er Jahren gab es Reunions mit Don Cherry, Don Redman, eine neue Gruppe: »Prime Time« mit rockorientiertem Electric Jazz 1981; 1985 Zusammenarbeit mit Pat Metheny. C. verzichtete als erster auf jegliche harmonischen Grundlagen und einen durchgehenden Beat und ist damit neben → John Coltrane einer der Väter des → Free Jazz.

Schallplatten mit Paul Bley, Jackie McLean, J. Tacuma, Claude Nougaro, Pat Mentheny, Al McDowell, Phil. Woodwind Quintet; als Leader ab 1958 für Contemporary, Atlantic, Columbia, Blue Note, RCA, Impulse, Trio, Horizon, Artists House, Geffen, Antilles. Soundtrack: »Naked Lunch« (Milan).
Lit.: P. N. Wilson, O. Coleman, Sein Leben, seine Musik, seine Schallplatten, Schaftlach 1989; B. McRae, O. Coleman, London 1988; D. Wild/M. Cuscona, O. Coleman 1958–79, A Discography, Ann Arbor 1980; John Litweiler, O. C., London 1991; A. B. Spellman, Four Lives, N. Y. 1971[2]
CD: Free Jazz, Atlantic 81347; Forms & Sounds, Bluebird ND86561

Coleman, Steve, Stephen, (as, sop, perc, voc), * 20.9.1956 Chicago. Den Einstieg in die Welt der Afro-amerikanischen Musik erhielt C. bereits im Elternhaus: Während sein Vater begeistert den Klängen solch hochkarätiger Saxophonisten wie Charlie Parker, Hank Crawford oder David »Fathead« Newman lauschte, hielt es seine Mutter mehr mit Sängerinnen wie zum Beispiel Billie Holiday und Dinah Washington. C. , der sich das Saxophonspiel autodidaktisch beigebracht hat, bezeichnet außer den legendären Jazz-Größen von Louis Armstrong bis hin zum Schlagzeuger Max Roach auch Soul-Sänger wie James Brown und die Folklore vieler Länder als Inspirationsquelle. Sein Name taucht zum Ausgang der 70er Jahre vor allem in den Besetzungslisten der Big Bands von Thad Jones – Mel Lewis, Bob Brookmeyer und Slide Hampton auf. Seine eigenwilligen Improvisationsstrukturen sind bereits 1981 im Trio des Schlagzeugers Doug Hammond voll ausgebildet. In den letzten zehn Jahren entwickelte sich C. zu den profiliertesten Saxophonisten des gegenwärtigen Jazz. Der im New Yorker Stadtteil Brooklyn lebende Künstler hat durch die Gründung der Musiker-Kooperative M-Base (Macro Basic Array of Structured Extemporization) und die daraus resultierende Gruppe »Five Elements« (1985) eine vitale Verbindung seiner melodischen Altsaxlinien mit trickreichen ungeraden Metren gefunden. In dieser Richtung arbeitet auch sein aktuelles Trio »Reflex«, das die Echos von Charlie Parker mit heutiger Hip-Hop-Motorik überzeugend verbindet. (G. F.)
CD: Doug Hammond Trio, Perspicuity, L + R Records CDLR 45031; Steve Coleman and Five Elements, Black Sciene, Novus PD 83119; Strata Institute, Transmigration, DIW-860

Collette, Buddy, William Marcell, (saxes, fl, cl), * 6.8.1921 L. A. Hatte schon eigene Band in der High School, erster Job bei Ralph Bledsoe 1939, dann bei den Woodman Bros. 1939–40, eigene Band 1940–41, bei Cee Pee Johnson 1941–42. Nach Armeedienst 1946 bei Lucky Thompson u. Charles Mingus. 1947–1950 bei Edgar Hayes, Jerry Brent, Louis Jordan, Benny Carter und Gerald Wilson. In den 50er Jahren Studioarbeit in L. A.; u. a. mit Jerry Fielding, 1956–59 im Chico-Hamilton-Quintett, dann wieder Studioarbeit,

komponierte und trat gelegentlich bei Festivals auf, auch einige Europatourneen. C. ist ein versierter Multi-Instrumentalist des → West Coast Jazz und einer der ersten Schwarzen, die in den Hollywood-Studios Fuß fassen konnten. → Eric Dolphy studierte bei ihm Flöte. – Schallplatten mit Chico Hamilton, Jerry Fielding, Jimmy Giuffre, Barney Kessel, Red Norvo, Quincy Jones, Red Callender, Bill Hitz, Earl Bostic, Charles Kynard, Gil Fuller, Benny Carter, John Anderson, Shorty Rogers, Blue Mitchell, Thelonious Monk, James Brown, Horace Silver, Stan Turrentine, Jack Millman, Oliver Nelson, Sonny Criss, Spud Murphy u. a. Eigene LPs für Dig, Contemporary*, Challenge, Dooto, Soul Note, Specialty, Interlude, EmArcy, Crown, Music, Ricordi, World Pacific und das von ihm mitbegründete Label Legend.
Lit.: Coen Hofman, Man of Many Parts, Amsterdam 1985 (D); The Buddy Collette Songbook, Amsterdam 1985
*LP: Man of Many Parts, OCJ 239**
CD: Flute Talk, Soul Note 121165

Coltrane, John, William, * 23.9.1926 Hamlet, N. C., † 17.7.1967 Huntington. Schon kurz nach seiner Geburt zog die Familie Coltranes aus der ländlichen Idylle in die benachbarte Großstadt High Point. Mit zwölf Jahren erhielt C. sein erstes Musikinstrument, eine Klarinette. Für ihn wurde das zum Anstoß, sich intensiver mit Musik zu befassen, und die war in seinem Fall der schwarze Swing Count Basies oder Duke Ellingtons. Auf der Ornstein School of

John Coltrane

Music, Granoff Studio/Philadelphia studierte er 1943 as u. cl. Schon vor seiner Einberufung zur US Navy – in der er auch als Musiker tätig war – wirkte er in verschiedenen Tanz-Bands mit. In den folgenden Jahren Engagements mit R&B-Band bei Joe Webb, der Sängerin Big Maybelle und Eddie Cleanhead Vinson. Sessiontätigkeit und gemeinsames Studium mit Jimmy Heath. 1950–51 spielte C. in der Big Band des Trompeters Dizzy Gillespie. Bis Herbst 1955 wieder in musikalisch unterschiedlichsten R&B-Formationen, wie Gay Crosse und Earl Bostic. 1954 erfolgte ein kurzes Gastspiel bei Johnny Hodges. Die große Wende in der Karriere C.'s kam im November 1955 durch das Engagement im neuen Miles-Davis-Quintett, das mit Red Garland (p), Paul Chambers (b) und »Philly« Joe Jones (d) Jazz-

Original-Cover einer Prestige-LP von J. Coltrane

Geschichte schrieb. In diesem kreativen musikalischen Umfeld zeigte sich schon deutlich die neue Improvisationsauffassung von C. Trotz unterschiedlicher Kritiken war seine Spielweise im Gespräch und brachte ihm ab 1957 viele Aufnahmen, vorwiegend mit den Stars des Prestige Labels, wie z. B. mit den Pianisten Tadd Dameron, Elmo Hope und Mal Waldron, aber auch mit Saxophonisten wie Gene Ammons, Pepper Adams, Zoot Sims und Sonny Rollins. Absolute Highlights dieser Begegnungen und für C.'s musikalische Weiterentwicklung von großer Bedeutung wurden die Auftritte im New Yorker »Five Spot« mit dem Repräsentanten bizarren Bop-Pianospiels Thelonious Monk. Erneut wurde C. 1958–61 von Miles Davis für dessen Sextett mit Julian »Cannonball« Adderley (as), Bill Evans (p), Paul Chambers (b) und Jimmy Cobb (d) verpflichtet, eine fruchtbare Zusammenarbeit, die mit Unterbrechungen bis zum Frühjahr 1961 dauerte. Inzwischen hatte sich C. selbständig gemacht. Wie eine Bombe war »Giant Steps« (1959), seine erste Einspielung für Atlantic – eingeschlagen. Kühne Soundgestaltung und die von ihm zu dieser Zeit favorisierten Klangflächen (Sheets of Sounds) trafen den musikalischen Nerv der Zeit. Verstärkt setzte C. ab 1960 das sop ein und landete mit der Interpretation von »My Favorite Things« – einem im flotten Walzerrhythmus gespielten Standardthema – einen Jazz-Hit. Ein weiterer großer Erfolg wurde das großorchestral angelegte »Africa Brass« (1961), das einen glänzenden Einstieg zum Impulse-Label einleitete. Dort erfolgte 1962 auch die erste offizielle Aufnahme in »klassischer« Quartettbesetzung mit McCoy Tyner (p), Jimmy Garrison (b) und Elvin Jones (d). Die Popularität dieser Formation wuchs ständig, und es kam zu reger Aufnahmetätigkeit und ausgedehnten internationalen Tourneen. Im Lebenswerk C.'s gab es jedoch keinen Stillstand. C. entwickelte sich weiter in einer Hinwendung zu religiös-meditativer Improvisation, wie in der Aufnahme »A Love Supreme« (1964), und legte ein deutliches Bekenntnis zum Free Jazz ab, z. B. auf »Ascension« (1965). Starke Impulse gingen von dem Multi-Instrumentalisten Pharoah Sanders (saxes, fl) aus, der den ekstatischen Gegenpol zu C.'s Spiel lieferte, begleitet von Alice McLeod-Coltrane (p) u. Rashied Ali (d). Sein Sohn Ravi (* 1966) spielt ebenfalls sop u. ts. (G.F.)

Lit.: G. Filtgen/M. Außerbauer, John Coltrane, Sein Leben, seine Musik, seine Schallplatten, Schaftlach 1989²; Bill Cole, John Coltrane, N. Y. 1987; J. C. Thomas, Chasin' the Trane, N. Y. 1979³; C. O. Simpkins, Coltrane – A Biography, N. Y. 1975; Brian Priestley, John Coltrane, London 1987; Andrew White, Trane 'n' Me, Ffm 1982; D. Wild, The Recordings of John Coltrane, Ann Arbor 1977

CD: Thelonious Monk With John Coltrane, Jazzland OJCCD-039-2; John Coltrane, Giant Steps, Atlantic 1311; My Favorite Things, Atlantic 1361; Africa Brass, Impulse MCAD 42001; Coltrane, Impulse MCAD 5883; A Love Supreme, Impulse MCD01648; Live in Japan, Impulse 41022; Blue Train, Blue Note/Mob. Fidelity 547; Prestige Recordings, Prest. 4405-2

Columbia Records, 1887 als Columbia Phonograph Co. gegründet, zeitweise im Besitz der englischen Columbia Phonograph Co. Ltd., wurde 1938 von der Columbia Broadcasting

Columbia-Label aus den 20er Jahren

System gekauft. Firmierte außerhalb der USA als »CBS«, um nicht mit dem → EMI-Label zu kollidieren. C. stellte 1948 die Langspielplatte vor und ist seit den 30er Jahren der einzige Multi, der ununterbrochen ein Jazz-Programm vorzuweisen hat, welches nicht nur aus Reissues besteht. Die Liste der C.-Künstler reicht von Louis Armstrong, Count Basie, Bessie Smith, Teddy Wilson, Billie Holiday bis zu Miles Davis, Dexter Gordon, Aretha Franklin und Wynton Marsalis.

Sub-Labels: Okeh, Harmony, Epic, Encore.

1988 an den japanischen Sony-Konzern verkauft, heißt die Fa. seit dem 1.1.1991 »Sony Music Entertainment«.

Lit.: John Hammond with Irving Townsend, John Hammond on Record. An Autobiography, Ridge Press, N. Y. 1977; Clice Davis/James Willwerth, Clive, Inside the Record Business, Ballantine Books, N. Y. 1974; C. Garrod, Columbia 78 rpm Master Listing, Los Angeles (bis 1945), Zephyrhills, Fla. 1989; ders., Columbia 78 rpm Master Listing, Chicago (1933–49), Zephyrhills, Fla. 1989; Ron Bidwell et al., Columbia 78 rpm Record Listing, Zephyrhills, Fla. 1989.

Combo (Abk. für Combination), auch Small Band, ist eine seit den 40er Jahren gebräuchliche Bezeichnung für das kleine Jazz-Ensemble (Duo bis Oktett), im Unterschied zur → Big Band. Der Begriff wird nur auf Gruppen des Swing und modernen Jazz angewendet, wo die strikte Trennung von Melodie- und Rhythmusgruppe weitgehend aufgehoben ist. Typische Combos sind das Modern Jazz Quartet (vib, p, b, d), das Dave Brubeck Quartet (as, p, b, d) und das Charlie Parker Quintet (as, tp, p, b, d). Als erste Combo gilt das Benny Goodman Trio (cl, p, d; 1935).

Commodore Records, 1938 von Milt Gabler in New York gegründet, war das erste Independent Jazz Label. In den 15 Jahren seiner Existenz baute es ein hervorragendes Repertoire auf: Billie Holiday (»Strange Fruit«), Eddie Heywood, Jack Teagarden, Pee Wee Russell, Muggsy Spanier, Ed Hall, Teddy Wilson u. v. a. Der komplette Katalog wurde von → Mosaic auf LP wiederveröffentlicht, in Auszügen auf CD von East-West (72723-2).

Compendium Records wurde 1976 in Oslo von Frode Holm, Gunnar Skogen und Jomar Johansen gegründet. Widmet sich zeitgenössischem Jazz und zeitgenössischer Musik. LPs von Karin Krog, Hugh Hopper, Elton Dean, Keith Tippett, Joe Gallivan, Henry Cow u. a.

Concord Records, 1973 von Carl Jefferson, dem Organisator des Concord Summer Festival (Calif.) gegründet, widmet sich vor allem dem Mainstream Jazz mit Musikern wie Ruby Braff, Herb Ellis, Scott Hamilton, Bill Berry, Frank Capp, Nat Pierce, Howard Roberts, Ross Tompkins, den L. A. Four, Gene Harris u. v. a.

Sub-Labels: Concord Concerto, Concord Picante.

LP: Concord Super-Band, CJ-80

Condon, Eddie, Albert Edwin, (g), * 16.11.1904 Goodland, Ind., † 4.8. 1973 N. Y. Begann als Autodidakt Banjo zu spielen, trat dem Kreis um die → Austin High School bei und gründete 1927 mit Red McKenzie die Chicagoans, erste Aufnahmen. Spielte in den folgenden Jahren mit Red McKenzie, Red Nichols, Jack Bland (Mount City Blue Blowers), Bobby Hackett, mit Pee Wee Russell, Brad Gowans, George Brunis, Max Kaminsky u. a. C. war kein nennenswerter Gitarrist, er hat nie Soli gespielt, hat sich aber als Organisator von Jam Sessions, Konzerten u. Schallplattensessions große Verdienste erworben, bes. um das Dixieland-Revival der 40er Jahre. Er leitete einen Nachtclub, eine Jazz-Serie im Fernsehen, die berühmten Town-Hall-Konzerte, unternahm Tourneen und trat auf Festivals auf. Er schrieb auch eine höchst lesenswerte Autobiographie. – Schallplatten mit Red McKenzie, Chicago Rhythm Kings, Miff Mole, Louis Armstrong, Bunny Berigan, Fats Waller, Red Nichols, Putney Dandridge, Sharkey Bonano, Bud Freeman, Joe Marsala, Bobby Hackett, Jack Teagarden, Lee Wiley, Art Hodes, Wild Bill Davison, George Brunies, Max Kaminsky, Hot Lips Page, Muggsy Spanier; als Leader ab 1928 für Okey, RCA, Commodore, Decca, Columbia, Dot, Warner Bros., Jazzology, außerdem etliche Bootlegs auf Jazum, Rarities u. a.

Lit.: We Called It Music, N. Y. 1947 (Reprint 1988), dt. Ffm 1988; E. C./ H. O'Neal, E. Condon's Scrapbook of Music, N. Y. 1973; G. Lombardi, Eddie Condon on Record, Genua 1987
CD: Jazz Concert All Stars, Stash 530; Floor Show, Jazzline 20803; All Stars, CBS 465580
Ⓥ: Virgin 790420

Connick, Harry Jr. (voc, p), * 11.9. 1967 N. O. Spielte als Kind in Dixieland-Bands auf der Bourbon Street, erste Schallplattensession im Alter von neun Jahren. Studierte bei Ellis Marsalis u. James Bookner sowie am Konservatorium in Lenox, Mass., und an der Loyola-Universität. Ging mit 18 nach N. Y., spielte in Bars und erhielt 1987 einen Schallplattenvertrag von Columbia (Sony), welche ihn zu einem neuen Wunderkind wie die Marsalis-Brüder aufzubauen gedachte. Seine Teilnahme am Soundtrack »When Harry Met Sally« machte ihn über den Kreis der Jazz-Insider hinaus bekannt. Als Sänger wird er gern mit dem jungen Frank Sinatra und Tony Bennett verglichen. Tritt wie diese mit Big Band auf.

Connor, Chris, (voc), * 8.11.1927 Kansas City. Begann in Universitäts-Band zu singen, dann bei Bob Brookmeyer in K. C. Ging 1949 nach N. Y., sang bei Claude Thornhill, Jerry Wald und 1951 auf Empfehlung von June Christy bei → Stan Kenton. Tritt seit 1953 als Solistin in Clubs und auf Festivals auf. C. gilt als eine der besten weißen Sängerinnen der Anita-O'Day-Nachfolge. – Schallplatten mit Claude Thornhill, Jerry Wald, Stan Kenton; ab 1953 unter eigenem Namen für Bethlehem, Atlantic, FM, ABC-Para-

mount, Stanyan, Bainbridge, Progressive, Applause, Lobster, Stash, Enja.
CD: Gershwin Almanac of Song, Atlantic 601-2; As Time Goes By, Enja 7061-2

Contemporary Records, 1949 von Lester Koenig († 1978) in L. A. gegründet, widmete sich vor allem dem → West Coast Jazz mit Aufnahmen von Howard Rumsey, Shelly Manne, Art Pepper, Barney Kessel, Hampton Hawes, veröffentlichte aber auch Cecil Taylor und die erste LP von Ornette Coleman. Nach Koenigs Tod wurde die Fa. noch einige Jahre fortgeführt, es entstanden einige Neuaufnahmen, u. a. von Bobby Hutcherson u. Peter Erskine; 1984 wurde sie an → Fantasy verkauft. Sub-Label: Good Time Jazz.

Cook, Junior, Herman, (ts), * 22.7.1934 Pensacola, Fla., † 2.2.1992 N. Y. Der sehr unterschätzte Hard-Bop-Tenorist spielte 1953 bei Gloria Bell, 1958 bei Dizzy Gillespie, wurde bekannt im Horace-Silver-Quintett 1958–64. Später spielte er bei Freddie Hubbard, leitete ein Quintett mit Woody Shaw und zuletzt mit Bill Hardman. – Schallplatten mit Horace Silver, Larry Gales, Blue Mitchell, Kenny Burrell, Cedar Walton, Freddie Hubbard, Clifford Jordan, George Coleman, Louis Hayes, Louis Smith, Bertha Hope, McCoy Tyner, Buddy Rich, Louis Bellson; eigene LPs für Jazzland, Muse, Catalyst, Steeplechase.
CD: Pressure Cooker, Catalyst/Affinity.

Cook, Marty, (tb), * 5.5.1947 Long Island, N. Y. C. ist ein Produkt der New Yorker → Loft-Szene vom Ende der 60er Jahre. Spielte mit Rock-Gruppen, Sam Rivers, Gunter Hampel, Marzette Watts. Ließ sich 1979 in München nieder und gründete »The New York Sound Explosion«. – Schallplatten mit Marzette Watts, Gunter Hampel, Jeanne Lee, Overtone Orch.; als Leader für Circle, Tutu, Splasch.
CD: Borderlines, Tutu 888122

Cool ist eine sehr ruhige, fast vibratolose Spielweise im modernen Jazz seit Ende der 40er Jahre. Der Begriff wird Lester Young zugeschrieben, dessen Tongebung zum Vorbild für die Spielweise des → Cool Jazz wurde. Als Gegensatz zu → »Hot« gebraucht, sollte man die Cool-Tongebung jedoch mehr unter dem Aspekt des Understatements sehen.

Cool Jazz, entstand um 1948 als Weiterentwicklung des → Bebop. Seine Anfänge lassen sich zu dieser Zeit in den Arrangements von → Gil Evans für das Orch. von Claude Thornhill nachweisen (z. B. »Anthropology«), auch in einigen Gerry-Mulligan-Arrangements für Elliot Lawrence, Gene Krupa (»Disc Jockey Jump«) und Claude Thornhill (»Five Brothers«), hauptsächlich jedoch im »Capitol«-Orchester (→ Miles Davis). Auch Tadd Dameron muß in diesem Zusammenhang genannt werden (»Cool Breeze« für Dizzy Gillespie, 1947). Der C. ist eine Gegenreaktion zum als hektisch empfundenen Bebop, auch gegen den → Progressive Jazz. Geschaffen von in der Mehrzahl weißen Musikern, die

die formale Armut des Jazz (Blues- und Song-Schema) zu überwinden suchten durch die Möglichkeiten der sog. abendländischen Musik. Eine »kühle« Spielweise war zu dieser Zeit nicht mehr neu, sie geht zurück bis in die späten 20er Jahre (Frank Trumbauer, Bix Beiderbecke, Bud Freeman, etwas später Lester Young). Erwähnt werden müssen auch Red Norvo, Andy Kirk und Benny Goodman (Sextett ab 1939) für die 30er Jahre.
Im wesentlichen war der C. ein Produkt von Arrangeuren, vor allem Gil Evans, Gerry Mulligan, John Carisi, John Lewis, die ein bestimmtes Klangideal zu verwirklichen suchten. Typisch hierfür ist das »Capitol«-Orchester unter der nominellen Leitung von Miles Davis mit der ungewöhnlichen Instrumentierung von tp, tb, as, bar, tu, fhr, p, b, d, der → Four-Brothers-Saxophonsatz, das George-Shearing-Quintett mit vib, p, g, b, d und das Modern Jazz Quartet mit vib, p, b, d. Zum beliebtesten Instrument wurde das Tenorsaxophon, das, sehr verhalten geblasen, im Klang dem Alt nahekommt (Stan Getz, Allan Eager, Warne Marsh, Herbie Steward, Zoot Sims). Obwohl hauptsächlich von Combos gespielt, gibt es durchaus gelungene Übertragungen auf Big Bands (Woody Herman, Shorty Rogers, Claude Thornhill). In letzter Konsequenz ist der C. eine völlige Abstraktion des Zusammenspiels mit Hilfe polytonaler und atonaler Elemente, repräsentiert von Lennie Tristano und seiner Schule (Lee Konitz, Warne Marion Marsh, Ted Brown, John LaPorta). So gesehen ist der C. nicht nur eine Gegenreaktion zum Bebop, sondern auch dessen Fortsetzung.

Lit.: Ira Gitler, Jazz Masters of the Forties, N. Y. 1974; Joe Goldberg, Jazz Masters of the Fifties, N. Y. 1973[7]; H. Hellhund, Cool Jazz – Grundzüge seiner Entwicklung, Mainz 1985

CD: Claude Thornhill, Affinity 1040; Miles Davis, Complete Birth of the Cool, Capitol; Lennie Tristano/Tadd Dameron, Affinity; Modern Jazz Quartet, First Rec., Prestige 125; Lee Konitz, Prestige 186; Birth of the Cool, Vol. 2, Capitol CDP 7989352

Coon-Song, (racoon = Waschbär), verächtliche Bezeichnung für Neger; → Plantation-Songs. Der Ausdruck meint die Lieder der → Minstrelsy, von denen viele in das Jazz-Repertoire eingegangen sind.

Cooper, Bob, Robert, (arr, ts, fl, Oboe), * 6.12.1925 Pittsburgh, Pa. Der West-Coast-Musiker spielte 1945–51 bei → Stan Kenton, anschließend bei Jerry Gray, Shorty Rogers, Pete Rugulo und vor allem in den Studios in Hollywood. Trat daneben häufig mit den → Lighthouse All Stars auf oder mit seiner Frau → June Christy. – Der vielbeschäftigte Multi-Instrumentalist, Komponist und Arrangeur hat als Sideman eine riesige Zahl von Schallplatten eingespielt, die wichtigsten Jazz-Dates entstanden mit Bud Shank, Bill Holman, Howard Rumsey, Barney Kessel, Shorty Rogers, Stan Kenton, Marty Paich, Shelly Manne, Stan Levey, Jimmy Giuffre,

Buddy Bregman, Bob Florence, Buddy Rich, June Christy, Pete Rugolo, Bill Perkins, Frank Strazzeri, Ernie Andrews, Gene Harris. Mitinhaber des kurzlebigen »Lighthouse«-Labels. In den 60er und 70er Jahren als Jazz-Musiker wenig aktiv, tritt seit den 80er Jahren wieder regelmäßig auf, so mit Jeff Hamilton, Bob Florence, Capp – Pierce, Bill Holman. Aufnahmen als Leader für Capitol, Music, Contemporary*, Trend-Discovery, Fresh Sound.
CD: Coop!, OJC 161; For All We Know, Fresh Sound 167*

Cooper, Lindsay, (p, sop, Fagott, comp), * 3.3.1951 London. Spielte bei Henry Cow (»Western Culture«, 1978). Mitbegründerin der Feminist Improvising Group (FIG) 1982, Zusammenarbeit mit der Sängerin und Texterin Sally Potter. Filmmusik: »Golddiggers«, »Oh Moscow«. – Schallplatten mit Alfred Harth, Mike Westbrook. Eigene LPs auf ARC, ReRecords, Victo u. Intakt.
»Ich glaube, Frauen haben eine besondere Denkweise, die beim Improvisieren auf eine interessante Art zum Tragen kommt.« (L. C.)
LP: L. C. / A. Harth, Creative Works 1008

Corea, Chick, Armando Anthony, (p, synth, comp), * 12.6.1941 Chelsea, Mass. Studierte bei seinem Vater; erste Jobs bei Billy May und Warren Covington, 1961 bei Mongo Santamaria, Willie Bobo 1963, Blue Mitchell 1964–66, Herbie Mann und 1966–67 bei Stan Getz. 1969 zu Miles Davis, begann dort elektrisches Klavier zu spielen, arbeitete mit eigener Gruppe »Circle«. Spielte einige beeindruckende Solo-LPs für ECM ein, gründete 1972 die Gruppe »Return to Forever« mit Airto Moreira und Flora Purim. C. ist heute einer der populärsten Jazz-Musiker; er tritt als Solist, im Trio, mit einer akustischen und einer »electric« Band auf. – Schallplatten mit Mark Weinstein, Mongo Santamaria, Blue Mitchell, Miles Davis, Bobby Hutcherson, Friedrich Gulda, Dave Grusin, Herbie Hancock, Eddie Gomez, Gary Burton, Joe Henderson, Victor Feldman, John McLaughlin, John Patitucci, Marion Brown, Ron Carter, Bennie Wallace, Stan Getz, Tete Montoliu, Wayne Shorter, Lionel Hampton, Arturo Sandoval, Bobby McFerrin; als Leader für Vortex/Atlantic, Blue Note, Groove Merchant, CBS/Sony, ECM, Polydor, Palo Alto, Warner Bros., GRP u. eigenes Label Stretch.
LP: Piano Improvisations 1 + 2, ECM 1014, 1020 (+ CD).

Corny, Slangausdruck für geschmacklos, altmodisch, »zickig«.

Coryell, Larry, (g), * 2.4.1943 Galveston, Tex. Begann 1965 als Rockmusiker, spielte dann bei Charles Lloyd, Chico Hamilton, Gary Burton (1967–68), auch mit Carla Bley, Herbie Mann. Gründete 1973 »The Eleventh House« mit Randy Brecker u. Alphonse Mouzon. In den folgenden Jahren Meetings mit Steve Khan, Ralph Towner, Philip Catherine, John McLaughlin, Lionel Hampton, Paco de Lucia, Chet Baker u. a. – Schallplatten mit Herbie Mann, Philip Catherine, Bireli Lagrene,

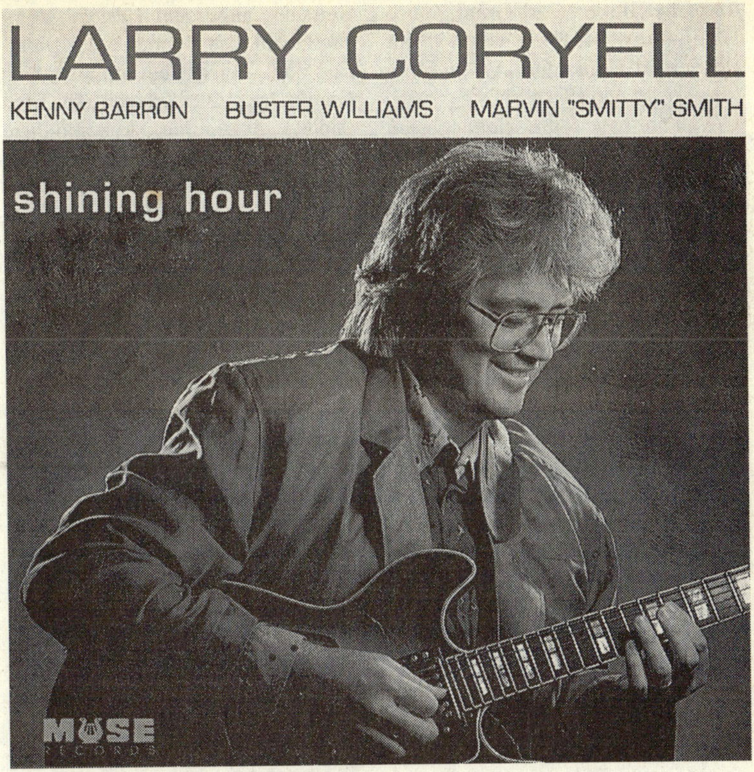

Larry Coryell goes Jazz – auf dieser Muse-CD

Charles Mingus, Chico Hamilton, Don Lanphere, Mike Mantler, Sonny Rollins, Stéphane Grappelli, Jazz Comp. Orch., Chico O'Farrill u. a.; als Leader für Vanguard, EGG, Arista, Elektra, Atlantic, String, Keytone, Muse, DRG, Black & Blue u. CTI.
CD: Introducing the Eleventh House, Vanguard VMD 79342

Counce, Curtis Lee, (b), * 23.1.1926 Kansas City, † 31.7.1963. Begann 1944 bei Edgar Hayes, danach Benny Carter, Wardell Gray, Billy Eckstine, Bud Powell. C. war in den 50er Jahren einer der wenigen Schwarzen, die am → West Coast Jazz teilhatten. Spielte bei Shorty Rogers, Buddy DeFranco, Stan Kenton, Jack Sheldon, Harold Land, Carl Perkins u. a.; eigene Gruppe bis zu seinem Tod. – Schallplatten mit Clifford Brown, Frank Rosolino, John Williams, Johnny Otis, Spud Murphy, Shorty Rogers, Teddy Charles, Lester Young, Herb Geller, Stan Ken-

ton, Chet Baker, Earl Grant, Chico Hamilton, Maxwell Davis u. a.; als Leader für Contemporary* u. Dootone.
*CD: You Get More Bounce with C. C., OJC 159**
Country-Blues → Archaischer Blues
Cox, Anthony, (b), * 24.10.1954 Admore, Okla. Aufgrund seines soliden Tons und des sicheren Timings schnellte C. in den letzten Jahren zu einem der gefragtesten Sidemen hoch. Dabei zählten prominente Musiker wie Stan Getz und John Scofield genauso zu seinen Arbeitgebern wie Künstler der jüngeren Generation wie beispielsweise Geri Allen, Michele Rosewoman (p) und Gary Thomas (sax). Nach seinem College-Aufenthalt, wo ihm auch das Baßspiel in der klassischen Musik vermittelt wurde, ging C. nach New York und schloß sich für einige Zeit dem Kollegen Dave Holland an. Neben seiner Tätigkeit in diversen Formationen brachte 1991 sein Quartett mit Dewey Redman (ts), Mike Cain (p) und Billy Higgins (d) eine musikalisch abwechslungsreiche Situationsbeschreibung des gegenwärtigen modernen Jazz. (G. F.)
CD: Anthony Cox, Dark Metals, Minor Music MM 801019
Crazy (verrückt), im Musikerjargon etwas besonders Einfallsreiches, Sensationelles.
Creative World Records, wurde 1970 von → Stan Kenton aus Unzufriedenheit über seine bisherige Vertragsfirma → Capitol gegründet. Veröffentlichungen hauptsächlich von Stan Kenton, vorwiegend Capitol-Reissues, außerdem LPs von John van Ohlen, Les Hooper, Gabe Baltazar. Von → GNP übernommen.
Creole Jazz. Die Kreolen (spanisch criolla = eingeboren), Abkömmlinge von Franzosen und Schwarzen, haben sich immer als etwas Besonderes unter den Einwohnern von → New Orleans gehalten, wohl aufgrund ihrer kulturellen Tradition. Ihre Folklore hat ihre Wurzeln zum einen in der lateinamerikanischen Musik, zum anderen in der europäischen (französischen). Sie gaben dem Jazz eine Reihe von französischen bzw. »spanischen« Elementen wie den Tango- und Habanera-Rhythmus, Quadrillen, die Übernahme der Klarinette etc. Jelly Roll Morton prägte dafür den Begriff »Spanish Tinge«. Viele kreolische Musiker haben französisch klingende Namen, z. B. Alphonse Picou, Sidney Bechet, Barney Bigard, Albert Nicholas, Kid Ory, Buddy Petit, John Robichaux, Lorenz Tio.
Der C. ist demnach eine Richtung innerhalb des → New Orleans Jazz, der sich aufgrund der besseren musikalischen Ausbildung seiner Spieler durch eine Bevorzugung der Harmonik auszeichnet im Gegensatz zu der mehr dissonant klingenden Heterophonie der schwarzen Musiker.
LP/CD: → King Oliver, Jelly Roll Morton
Crescent City (auch Delta City), poetischer Name von → New Orleans (auch »The Big Easy«).
Criss, Sonny, William, (as), * 23.10. 1927 Memphis, Tenn., † 19.11.1977 L. A. Begann in R&B-Bands, spielte

aber bald mit Bebop-Musikern wie Howard McGhee, Hampton Hawes, Dexter Gordon und machte bei → JatP-Konzerten neben Charlie Parker und Fats Navarro keine schlechte Figur. Spielte bei Stan Kenton u. Buddy Rich, lebte ab 1962 in Europa (Paris) und arbeitete hier mit René Thomas, Georges Arvanitas, Henri Renaud. Sein Alkoholproblem warf ihn mehrmals aus der Bahn, er hatte mehrere Comebacks, arbeitete zuletzt in L. A. auf sozialem Gebiet, konnte aber seine Probleme nicht mehr bewältigen und nahm sich schließlich das Leben. – Schallplatten mit Buddy Rich, Onzy Mathews, Wardell Gray, Ralph Burns, Just Jazz u. a.; als Leader für Clef, Imperial, Peacock, Prestige*, Muse, Atlantic; posthum auf Pablo, DIW u. Fresh Sound.
CD: Sonny's Dream, OJC 707; California Boppin', Fresh Sound 156*

Criss Cross Records, 1980 von Gerry Teekens in Enschede, Niederlande, gegründet, widmet sich dem Hard-Bop bzw. Neo-Bop, z. B. Jimmy u. Doug Raney, Warne Marsh, Ted Brown, Kenny Barron, Clifford Jordan, Kenny Garrett, Cardar Walton, Jimmy Knepper, Peter Leitch, Ralph Moore, Mike LeDonne u. a.

Crook, Hal, (tb, arr), * 1951 Rhode Island, N. Y. Studierte am Berklee College of Music bis 1971, ist dort Associate Professor. Spielte mit Clark Terry, Woody Herman, Toshiko Akiyoshi, Thad Jones, Sal Nistico, John Abercrombie, Richie Cole u. a., war mehrmals in Europa mit Clark Terry, Chuck Israels, Duke Ellington Orch. und eigener Gruppe. Arrangierte für das Ellington-Orch., Artie Shaw, Nick Brignola, Airmen of Note, spielte bis 1992 bei Phil Woods. – Schallplatten mit Herb Pomeroy, Phil Woods, Jay Brandford, Dick Johnson, Duke Belaire, Jerry Bergonzi; eigene CDs auf Omnisound u. Konnex.

Crooner (von engl. croon = summen), ein in den 40er Jahren aufgekommener Begriff für Sänger, die durch starkes Verhauchen der Stimme dicht am Mikrophon ihrem Gesang ein Höchstmaß an Intimität verleihen. Erste C. waren Bing Crosby, Frank Sintrata, Perry Como, Dick Haymes u. a., alle hervorgegangen aus Big Bands. Der Begriff wurde später zum Synonym für (Schlager-) Sänger schlechthin.

Crosby, Bob, George Robert, (voc, ldr), * 23.8.1913 Spokane, Wa, † 11.3.1993 Calif. Bruder von Bing C., sang 1934 bei den Dorsey Brothers, übernahm 1935 eine Band, die sich aus ehemaligen Mitgliedern des Ben-Pollack-Orchesters rekrutierte und durch orchestrierten Dixieland Furore machte. Als »Band within the Band« fungierten die »Bobcats« mit u. a. Yank Lawson, Matty Matlock, Eddie Miller, Ray Bauduc. Musikalischer Leiter war Gil Rodin (as). Weitere Solisten: Billy Butterfield, Muggsy Spanier (tp), Irving Fazola (cl), Warren Smith (tb). 1942 wurde die Band aufgelöst, C. versuchte sich als Filmschauspieler, gründete 1946 eine relativ moderne Big Band mit u. a. Dick Cathcart (tp), Murray McEachern (tb, as), Gus Bivona (cl), Tom-

my Todd (p, arr). Nach 1947 trat C. nur noch sporadisch bei Neuauflagen der Bobcats hervor, für Plattenaufnahmen und einige Tourneen. – Schallplatten als Sänger mit den Dorsey Bros. (1934); ab 1935 als Leader für Decca, ARA, Coral, Capitol, Dot, Monmouth-Evergreen.
Lit.: C. Garrod/B. Korst, B. C. & His Orch., Zephyrhills 1987 (D); J. Chilton, Stomp Off, Let's Go, London 1983
CD: South Rampart Street Parade, Decca GRP 16152

Crossover → Fusion

Crusaders, Soul-Jazz-Gruppe, 1953 von Nesbert »Stix« Hooper (d, ldr, * 15.8.1938), Wilton Felder (as, ts), Wayne Henderson (tb) u. → Joe Sample (p) in Houston, Tex., gegründet. Zuerst als »The Swingsters«, dann »Modern Jazz Sextet« u. »Nite Hawks«, ab 1969 »Jazz Crusaders«, ab 1972 C. Die Gruppe gehört mit ihrem populären Stil zu den beständigsten Gruppen im Jazz. – Schallplatten ab 1961 für Pacific Jazz, Blue Thumb, Chisa, MCA.
CD: Freedom Sound, PJ 7968642

Cu-Bop, Abk. für Cuban-Bop, einer Synthese von lateinamerikanischen Rhythmen mit dem → Bebop; → Afro-Cuban Jazz.

Curson, Ted, Theodore, (tp, flh), * 3.6.1935 Philadelphia. Der zwischen Hard-Bop und Free Jazz wechselnde Trompeter begann nach Studien in Philadelphia u. N. Y. bei Charlie Ventura, Mal Waldron, Red Garland, Cecil Taylor u. a., wurde bekannt bei Charles Mingus 1959–60, leitete seitdem meist eigene Gruppen, in den späten 70er Jahren auch mit »Mingus Dynasty«. – LPs mit Cecil Taylor, Charles Mingus, Bill Barron, Andrew Hill, Archie Shepp, Keith Jarrett, Pepper Adams, Nick Brignola, Dizzy Reece u. a.; als Leader ab 1961 für Old Town, Trans World, Prestige, Arista, Atlantic, Fontana, Futura, Marge, India Navigation, Inner City, Interplay, Chiaroscuro, Trend.
CD: Round Midnight, Trend TRCD 559

Cutshall, Cutty, Robert, (tb), * 29.12. 1911 Hutington Country, Pa., † 20.8. 1968 Toronto. Begann 1934 im Pittsburgh Symphony Orch., spielte aber dann bei Charlie Dornberger, ab 1939 bei Jan Savitt, 1940 bei Benny Goodman, nochmals 1946, anschließend freelancing, bei Billy Butterfield, regelmäßig in Eddie-Condon-Gruppen. Exzellenter Posaunist der Jack Teagarden/Lou McGarity-Tradition. – Schallplatten mit Jan Savitt, Benny Goodman, Wild Bill Davison, Eddie Condon, Yank Lawson, Max Kaminsky, Louis Armstrong, Leonard Gaskin.
LP: W. B. Davison w. E. Condon, Storyville 4005

Dämpfer (mute), Tonveränderungsvorrichtungen bei Blechblasinstrumenten (Trompete und Posaune). Sie sind aus Gummi oder Kunststoff und verändern je nach Form und Handhabung die ursprünglichen Klangfarben: Die Töne erscheinen spitz, gequetscht, dumpf etc. Die einfachsten Dämpfer waren ursprünglich, d. h. in den 20er Jahren, ein Hut, in den hineingespielt wurde, und Gummisauger, wie sie von Klempnern benutzt wurden (plumber's plunger). Der gleiche Effekt kann heute auch mit elektronischen Mitteln erzeugt werden, z. B. dem Wa-Wa-Pedal für die elektrisch verstärkte Trompete. (→ Growl)

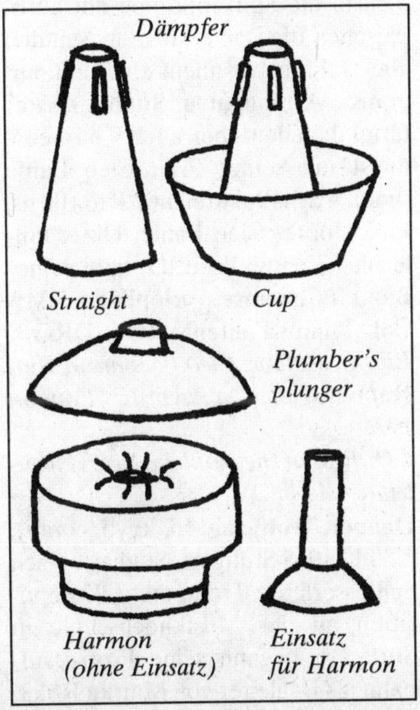

Dameron, Tadd, Tadley Ewing, (p, carr, comp), * 21.2.1917 Cleveland, Ohio, † 8.3.1965 N. Y. Studierte Medizin, lernte Klavier als Autodidakt. Erster Job 1938 bei Freddie Webster, dann Vido Musso, Harlan Leonard. Schrieb in den 40er Jahren für Jimmy Lunceford, Count Basie, Billy Eckstine, Dizzy Gillespie, Georgie Auld, Sarah Vaughan, Babs Gonzales. 1948 Quintett mit Fats Navarro u. Allan Eager. 1949 mit Miles Davis nach Paris, 1951–52 bei Bull Moose Jackson, Zusammenarbeit mit Clifford Brown und Benny Golson. Arrangierte auch für Buddy Rich, Artie Shaw, Benny Goodman, Woody Herman, Blue Mitchell, Sonny Stitt, Ted Heath, Milt Jackson, Chet Baker, Carmen McRae. D. gehört zu den großen Talenten des Bebop, er komponierte u. a. »Hot House«, »Lady Bird«, »Our Delight«, »The Squirrel«, »Soulphony in Three Hearts«. LPs als Leader für Blue Note, Savoy, Capitol, Prestige*, Riverside.

*LP: The Magic Touch, OJC-143**

CD: F. Navarro, Blue Note 781531, 781532

D'Amico, Hank, Henry, (cl), * 21.3. 1915 Rochester, N. Y., † 3.12.1965 N. Y. Begann als Kind Violine zu spielen, dann Klarinette in Schul-Band. Erster Job auf Schiffen zwischen Buffalo u. Chicago. 1936 zu Red Norvo, dann bei Bob Crosby, Richard Himber, Paul Whiteman, Tommy Dorsey, Raymond Scott, im Rundfunk bei ABC, bei Morey Feld

und mit eigenen Gruppen. Gehört zu den besten weißen Klarinettisten der Goodman-Tradition. – Aufnahmen mit den o. g., Charlie Shavers, Johnny Guarnieri, Coleman Hawkins, Ted Auletta, Jack Teagarden, Horace Henderson, Wingy Manone, Louis Armstrong; unter eigenem Namen für National (R.: Savoy), MGM, Bethlehem, Golden Crest.
LP: The Changing Face of Harlem, Savoy SJL 2224
CD: Complete Lester Young 1, Savoy 650105

Dance Band, Dance Orchestra, Bezeichnung für die Tanzkapelle seit dem Ende des 19. Jh. Sie ähnelt in der Besetzung der klassischen → New-Orleans-Band, meist jedoch ohne Klavier, dafür fast immer mit einer Violine, wohl als Relikt der europäischen Kaffeehaus-Tradition. Die Musik solcher Bands war vom → Ragtime beeinflußt.
Heute bezeichnet das Wort D. jede → Swing-Band und jedes Tanzorchester, das in Besetzung und Repertoire dieser vergleichbar ist, auch bei minimalem Jazz-Gehalt.

Daniels, Eddie, Edward Kenneth, (cl, ts, fl), * 19.10.1941 Brooklyn, N. Y. Studierte an der Juilliard School, gewann einen Friedrich-Gulda-Wettbewerb (als Tenorist!), spielte 1966–73 in der Band von Thad Jones – Mel Lewis, 1972–74 bei Bobby Rosengarden, auch bei Tony Scott u. a. D. gilt heute als der Musiker, der am meisten für die Emanzipation der Klarinette im zeitgenössischen Jazz getan hat. – Schallplatten mit GRP Big Band, Jones – Lewis, Richard Davis, George Gruntz, Mercer Kennedy Ellington, Earl Klugh, George Benson, Franco Ambrosetti, Dave Grusin, Dave Samuels, Jo Jones, Hank Crawford, Freddie Hubbard, Erich Kunzel, Gary Burton, Dakota Staton, Jazz Arts Group of Columbus, Jim DeJulio; als Leader für Prestige, Choice, Muse, Dire, Columbia, GRP.
CD: Under the Influence, GRP 9716

Dankworth, Johnny, John Philip William, (as, cl, sop, comp), * 20.9.1927 London. Begann auf Passagierschiffen zu spielen, besuchte mehrmals N. Y. und wurde dort vom Bebop inspiriert, als dessen wichtigster englischer Vertreter er gilt. Spielte bei Tito Burns, erste eigene Band 1950, erste Big Band 1953, die in kurzer Zeit in die Spitzengruppe der europäischen Big Bands aufstieg. Seit den 70er Jahren vor allem als Filmkomponist, Arrangeur u. Studiomusiker tätig, daneben aber auch Tourneen, meist mit seiner Frau Cleo Laine (voc). – Schallplatten mit Tito Burns, Phil Moore, Cleo Laine, Dizzy Gillespie, Kenny Wheeler; mit seiner Band für Esquire, Parlophone, EMI-Col., Philips/Fontana, RCA, DRG.
Lit.: G. Collier, Cleo & John: A Biography of the Dankworths, London 1976
CD: Best of the Roulette Years, Roulette

Dauner, Wolfgang, (p, keyb, comp), * 30.12.1935 Stuttgart. Studierte nach Schlosserlehre Trompete u. Komposition an der Musikhochschule in Stuttgart, begann seine Profi-Laufbahn als Begleiter von Marika Rökk, machte sich aber bald einen Namen in der deutschen Jazz-Szene durch Zusammenarbeit mit Joki Freund und eigenes Trio mit Eberhard Weber und Fred Braceful. Mit seinen Kompositionen und Happenings (»Psalmus Spei«, »Vision 68«) löste er kontroverse Diskussionen aus, leitete die Radio Jazz Group Stuttgart, seine Gruppe »Etcetera« (mit Larry Coryell, Jon Hiseman), komponierte Musik für Kinder und trat mit internationalen Stars auf (Albert Mangelsdorff, Chick Corea, Chet Baker). – Schallplatten mit Joki Freund, Albert Mangelsdorff, Klaus Weiss, Jean-Luc Ponty, Jon Hiseman, United Rock- and Jazz Ensemble, Robin Kenyatta u. a.; eigene LPs für MPS, CBS, Calig, ECM, L & R, Pläne.

LP: Dream Talk, L & R 41004

Davis, Eddie »Lockjaw«, (Edward), (ts), * 2.3.1921 N. Y., † 3.11.1986 Culver City, Calif. Der Autodidakt begann 1942 bei Cootie Williams, spielte in den folgenden Jahren bei Andy Kirk, Louis Armstrong, Lucky Millinder, mit eigener Gruppe und 1952–53 erstmals bei Count Basie, wo er mit seinem rauhen, extrovertierten Spiel auffiel. 1955 Trio mit Shirley Scott (org), 1957–63 wieder bei Count Basie, nochmals 1966–74 (auch als Road-Manager). Spielte in Europa mit Johnny Griffin, der CBBB, Georges Arvanitas, Jesper Lundgaard u. a. – Schallplatten mit Cootie Williams, Lucky Millinder, Andy Kirk, Count Basie, Sonny Stitt, Arnett Cobb, Gene Krupa, Fats Navarro, Johnny Griffin, CBBB (»Sax noEnd«), Bennie Green, Harry Edison, Tiny Grimes, T-Bone Walker, Jimmy Cheatham u. a.; als Leader für Savoy, Lenox, SIW, Roost, King, Roulette, Prestige*, Jazzland/Riverside, RCA, Fontana, Saba, Black & Blue, Spotlite, Mahogany, Steeplechase, Pablo, Storyville, Muse, Enja, Groove u. a.

*CD: Save Your Love For Me, Bluebird ND 86463; Cookbook Vol. 1, OJC 652; Vol. 2, OJC 653**

Davis, Maxwell, (ts, comp), * 14.1. 1916 Independence, Kansas, † 18.9. 1970 L. A. Studierte Alt-sax und Violine in Kansas, leitete dort eigene Band. 1937 bei Fletcher Henderson, dann in Theaterorchestern und bei Happy Johnson. Nahm in den 40er Jahren an den ersten → JatP-Konzerten teil, arrangierte für Jimmie Lunceford. War acht Jahre bei Aladdin Records in → A&R-Funktion, ab 1954 bei Modern Records, produzierte für deren »Crown«-Label eine Reihe von Big-Band-Tributes an berühmte Swing-Band-Leader, die sich durch geschmackvolle Nachempfindungen angenehm abheben von den sklavischen Kopien à la Glen Gray oder Billy May. – Schallplatten als Instrumentalist mit Felix Gross, Helen Humes, Pete Johnson, Ray Anthony, Louis Jordan, Red Callender, Marshall, Royal, Ike Carpenter, Bobby Pitman, Amos Milburn, Big Joe Turner, Charles Brown, T-Bone Walker u. a.; als Leader für Supreme, Black & White, Gotham, Aladdin, Modern.

CD: 20 Golden Big Band Greats, Hermes 7005

Original-LP-Cover, Prestige

Davis, Miles Dewey Jr., (tp, flh, keyb, comp), * 25.5.1926 Alton, Ill., † 28.9.1991 Santa Monica, Calif.
Sohn eines Dentisten, studierte an der Juilliard School, wandte sich aber schnell der Bebop-Bewegung zu, spielte mit Benny Carter, Billy Eckstine, Coleman Hawkins, Charlie Parker. Wurde 1948 »Frontman« einer von Gil Evans u. a. gegründeten Band, die zwei Wochen im »Royal Roost« spielte und durch eine ungewöhnliche Besetzung auffiel, einschließlich Waldhorn und Tuba. 1949/50 wurde ein Dutzend Titel für → Capitol aufgenommen. Dieses »Capitol«-Orchester, ein Nonett mit u. a. Kai Winding, Gerry Mulligan, Max Roach bzw. Kenny Clarke und arr von John Lewis, Gerry Mulligan, Gil Evans, Johnny Carisi, war der Versuch, den Sound der Claude-Thornhill-Band mit der kleinstmöglichen Instrumentierung nachzuahmen, und gilt als Übergang vom → Bebop zum → Cool Jazz.
1949 ging D. mit einer Bebop-Combo zum Festival nach Paris. In der ersten Hälfte der 50er Jahre wegen Drogensucht musikalisch wenig aktiv, zeitweise als Zuhälter tätig. Gründete 1955 ein → Hard-Bop-Quintett mit John Coltrane, Red Garland, Paul Chambers, Philly Joe

Jones, welches zu den stilbildenden Gruppen jener Zeit wurde. Außerdem nahm er einige LPs mit großem Orchester unter Leitung von Gil Evans auf, bes. »Sketches of Spain«, »Miles Ahead« u. »Porgy and Bess«. Das Quintett wurde mehrfach umbesetzt, u. a. waren dabei Hank Mobley, George Coleman (ts), Wynton Kelly, Bill Evans (p), Jimmy Cobb (d), zeitweise mit Cannonball Adderley zum Sextett erweitert. In dieser Zeit entstand die einflußreiche »Kind of Blue«-LP. Ab 1963 hatte er mit Wayne Shorter (ts), Herbie Hancock (p), Ron Carter (b), Tony Williams (d) eine neue Generation von Musikern in seinem Quintett, mit dem die modale Spielweise praktiziert wurde, die als Vorstufe des → Free Jazz gilt. Er scheute aber den entscheidenden Schritt, wandte sich dagegen, gedrängt von seiner Plattenfirma (CBS) und seinem Produzenten Teo Macero, mit seinem Album »Bitches Brew« (1969) der Fusion-Musik zu, dem elektrischen Jazz-Rock, der allemal mehr Profit versprach. Mit Alben wie dem genannten sowie »Live-Evil«, »Big Fun«, »Black Beauty«, »Get Up With It«, »On the Corner« und »Agharta« konnte er bei einem neuen Publikum beträchtliche Umsätze erzielen. 1975 zog er sich aus Gesundheitsgründen zurück, erlebte 1980 ein triumphales Comeback, obwohl er die Jazz-Entwicklung bis dahin verpaßt hatte und weiterhin eine mit Funk-Rhythmen unterlegte Pop-Musik spielte (LPs »Amandla«, »You're Under Arrest«).

D. hatte das Talent, die richtigen Dinge zur richtigen Zeit zu tun, d. h. Trends zu erkennen und begabte Musiker um sich zu scharen. Er gilt als Initiator des Cool Jazz, obwohl eher Gil Evans und John Lewis hier zu nennen wären, leitete ein Hard-Bop-Quintett, aus dem John Coltrane, die Kultfigur des Free Jazz, hervorging, bereitete mit seinem zweiten Quintett den Weg für diesen und ließ auch die Weltmusik nicht aus durch die Einbeziehung von Sitar und Tabla. Rockmusik war für ihn die Musik des weißen Mannes, was ihn nicht abhielt, sie zu spielen – auf seine Art.

Als Trompeter machte D. eine Tugend aus seinen begrenzten technischen Fähigkeiten. Er spielte mit einem metallenen Harmon-Dämpfer (ohne Einsatz), nahe am Mikrophon, und erzielte damit einen besonderen (blechernen) Sound. Er etablierte das Flügelhorn (er war auch hier nicht der erste) und schloß endlich sein Instrument an einen Verstärker an. – Schallplatten mit Herbie Fields, Charlie Parker, Coleman Hawkins, Sarah Vaughan, Billy Eckstine, Lee Konitz, Tadd Dameron, Cannonball Adderley, Michel Legrand, Metronome All Stars, Sonny Rollins, Shirley Horn; als Leader für Prestige, Blue Note, CBS, WEA.

»Der Jazz ist tot, verdammt noch mal.« (M. D.)

Lit.: M. D. with Quincy Troupe, Miles – The Autobiography, N. Y. 1989, dt. Hamburg 1990; Jack Chambers, The Music and Times of M. D., N. Y. 1983; Ian Carr, M. D. – A Criti-

cal Biography, London 1982, dt. Baden 1985; Eric Nisenson, Round about Midnight, Ein Portrait von M. D., Wien 1985; F. Kerschbaumer, M. D., Stilkritische Untersuchungen zur musikalischen Entwicklung seines Personalstils, Graz 1978; P. Wiesmüller, M. D., sein Leben, seine Musik, seine Schallplatten, Schaftlach 1988²; Barry McRae, M. D., London 1988; Jan Lohmann, The Sound of M. D., Kopenhagen 1992 (D)
CD: Birth of the Cool, Capitol; Chronicle, Prestige; Kind of Blue; Sketches of Spain; Bitches Brew, alle: CBS/Sony

Davis, Richard, (b), * 15.4.1930 Chicago. Begann Baß in der Schule zu spielen, studierte 1948–52 am Vanderbrook College. In den 50er Jahren bei Ahmad Jamal, Don Shirley, Charlie Ventura, Benny Goodman, Sarah Vaughan, Lena Horne, Kenny Burrell. Seit den 60er Jahren auch in der E-Musik tätig, mit Strawinsky und den New Yorker Philharmonikern (Leonard Bernstein), in dieser Zeit aber auch mit der Jazz-Avantgarde; er ist auf Eric Dolphys LP »Out to Lunch« zu hören. Außerdem Zusammenarbeit mit u. a. Booker Ervin, Kenny Dorham, Charles Lloyd, Chico Hamilton, Oliver Nelson, Andrew Hill, Jimmy Giuffre, Roland Kirk, Tony Williams, Elvin Jones; 1966–72 in der Thad Jones – Mel Lewis Big Band. D., seit 1977 Professor an der Univ. von Wisconsin, ist einer der vielseitigsten Bassisten der letzten 30 Jahre. – Die Zahl seiner Schallplatten als Sideman ist kaum zu übersehen, neben den o. g. sind noch hervorzuheben: Bobby Bradford, Ben Webster, Bobby Hutcherson, Gil Evans, Freddie Hubbard, Hank Jones, Jimmy Smith, Wes Montgomery, Joe Henderson, John Carter, Spencer Barefield, Milt Jackson, Lucky Thompson, Roland Hanna, Stan Getz, Sarah Vaughan, JCOA u. v. a.; als Leader für MPS, Cobblestone, Muse, Flying Dutchman, Galaxy, Corvo, Hep, Sweet Basil.
CD: Archie Shepp/R. D., Body & Soul, Enja 7007-1; One For Frederick, Hep 2047

Davison, Wild Bill, William, (cnt), * 5.1.1906 Defiance, Ohio, † 14.11. 1989. Spielte in den 20er Jahren im Chubb-Steinberg-Orch., in Theaterbands, 1932 bei Frank Teschemacher, 1933–40 eigene Bands in Milwaukee, dann in N. Y. in der »Catherine Dunham«-Show. 1945 bei Art Hodes, 1946–47 bei Eddie Condon. Leitete einen Nachtclub in San Francisco. Seit den 60er Jahren häufig in Europa. Solider, von Armstrong beeinflußter Dixieland-Trompeter. –

Wild Bill Davison

Schallplatten mit Chubb – Steinberg, Benny Meroff, Charlie Straight, George Brunies, Art Hodes, Eddie Condon, Sidney Bechet, Bud Freeman, Eddie Edwards, Tony Parenti, Ole Lindgren, George Wettling; in Europa mit den Tremble Kinds, Feetwarmers, Spree City Stompers; unter eigenem Namen für Commodore, Circle, Savoy, Jazzology, Columbia, Storyville, Fat Cat, Riff u. a.

»Eine Kombination von Louis Armstrongs Phrasierungen mit dem rauhen, singenden Ton von Roy Eldridge.« (Jack Tracy)

Lit.: D. J. Armstrong, W. B. D., A Celebration, Ottawa 1991

CD: 's Wonderful, Jazzology 181

ⓥ: *→ Eddie Condon*

Dearie, Blossom, (voc, p), * 28.4. 1926 East Durham, N. Y. Sang in den 40er Jahren in diversen Vokalgruppen, u. a. bei Woody Herman (»Blue Flames«), Alvino Rey (»Blue Reys«) und Fred Waring (»Four Bees and a Honey«), gelegentlich als Pianistin. Ging 1952 nach Paris, sang in Clubs, mit Annie Ross, gründete die Gesangsgruppe »The Blue Stars«, die mit einer französisch gesungenen Version von »Lullaby of Birdland« einen Hit landete. Heiratete → Bobby Jaspar. 1956 wieder in den USA, trat in Clubs als Pianistin und Sängerin auf. – Schallplatten mit Alvino Rey, Blue Stars, Bobby Jaspar; unter eigenem Namen ab 1955 für Barclay, Felsted, Verve, Capitol, Fontana, Daffodil, Mastermix.

Debut hieß das Label von → Charles Mingus, der hier in den Jahren 1951–58 mit seinem Partner → Max Roach den mutigen Versuch unternahm, avantgardistischen Jazz zu vertreiben. Die Musik ist durch Mingus als Bassist, Komponist und als treibende Kraft geprägt. – Zu den Veröffentlichungen gehören das legendäre »Massey Hall«-Konzert sowie Aufnahmen von und mit Miles Davis, Pepper Adams, Art Blakey, Paul Bley, Lee Konitz, John Lewis, Mal Waldron, J. J. Johnson, »Four Trombones« u. a. Im Besitz von → Fantasy.

CD: Complete Debut Recordings, Debut 12-DCD-4402-2

Decca Records, London, 1929 gegründet, etablierte 1934 eine Tochtergesellschaft in N. Y. durch Jack Kapp. Erwarb 1933 Edison Bell, 1934 das englische Vocalion-Label, 1937 die Crystalate Gramophone Recording Manufacturing Co., Ltd mit den Labels Rex und Vocalion. D. wurde innerhalb weniger Jahre zum drittgrößten Label nach Columbia und RCA-Victor, vor allem durch

Decca-Label, 1940

Künstler wie Bing Crosby, Count Basie, Chick Webb, Ella Fitzgerald, Louis Armstrong, Andrew Sisters, Louis Jordan, in den 50er Jahren Rock'n'Roll-Musiker wie Bill Haley und Buddy Holly. Die gemeinsame Geschichte der beiden Decca-Firmen endete 1974, als die Music Corporation of America (MCA) den US-Zweig übernahm, während sich in England EMI die Rechte sicherte. Sub-Labels: Brunswick, Coral, Vocalion. MCA ist heute Teil des japanischen Matsushita-Konzerns.
Lit.: C. Garrod, Decca Record Listing, Zephyrhills 1991/92 (2 Vols.)
CD: Decca Jazz 1927–49, MCA 42331

Dee Gee Records, 1951 von → Dizzy Gillespie und Fred Usher gegründet, 1953 an → Savoy verkauft. Veröffentlichungen von Dizzy Gillespie (mit John Coltrane u. Milt Jackson), Frank Rosolino, Shelly Manne, Bill Russo, Shelby Davis, Billy Mitchell, Nat Pierce, Annie Ross.
CD: Dizzy Gillespie, The Champ, Savoy 0170

DeFrancesco, Joey, Joseph Frederick, (org, keyb, tp, g, voc), * 10.4. 1971 Philadelphia. Sohn eines Organisten, spielte schon mit neun Jahren mit Shirley Scott, Philly Joe Jones und Jack McDuff. – Schallplattendebüt 1987 mit Grover Washington; zu hören mit Houston Person u. auf Miles Davis' LP »Amandla«; eigene LPs für Columbia. Stilistisch ist er von Miles Davis beeinflußt.
CD: Reboppin', Sony 4862402

DeFranco, Buddy, Boniface Ferdinand Leonardo, (cl), * 17.2.1923 Camden, N. J. Spielte schon mit zwölf Jahren Klarinette, gewann einen von Tommy Dorsey veranstalteten Amateurwettbewerb, ging 1939 zu Johnny Scat Davis, war 1941–42 bei Gene Krupa, 1943–44 bei Charlie Barnet, bei Tommy Dorsey 1944–46, 1947 bei Boyd Raeburn, 1947–48 wieder bei Tommy Dorsey. Im Count-Basie-Septett 1950; 1951 eigene Big Band, 1952 Quartett. D. hatte in dieser Zeit den Ruf als bester Klarinettist im Jazz, welcher den Bebop auf sein Instrument zu übertragen wußte. Ließ sich 1955 in Kalifornien nieder, spielte bei → JatP u. nahm eine Reihe von LPs für Verve auf. 1960–64 Quartett mit Tommy Gumina (accor), spielte auch Baßklarinette. 1966 übernahm er von → Ray McKinley die Leitung des Glenn-Miller-Orchesters, war damit bis 1974 auf Tournee in aller Welt. Leitet seitdem wieder eigene Gruppen, auch Gastauftritte mit Woody Herman, Jones – Lewis, Terry Gibbs. – Schallplatten mit Charlie Barnet, Tommy Dorsey, Boyd Raeburn, Count Basie, Metronome All Stars, Art Tatum, Richard Maltby, Oscar Peterson, Lionel Hampton, Charlie Shavers, Nelson Riddle, Art Blakey, Al Raymond, Terry Gibbs, Ella Fitzgerald u. a. Als Leader nahm er Platten auf für Capitol, Verve, MGM, GNP, Dot, Decca, Advance Guard, Mercury, Vee-Jay, Choice, Sonet, Concord, Musidisc, Progressive, ATC, Hep, Pablo, Contemporary; mit dem Glenn-Miller-Orch. für Columbia/Epic, Command, EMI, RCA.
Lit.: J. Kuehn/A. Astrup, B. DeFran-

co, A Biographical Portrait & Discography, Metuchen 1993
CD: Chip off the Old Bop, Concord 4527

Degen, Bop, (p), * 24.1.1944 Scranton, Pa. Studierte am Berklee College und bei Margaret Chaloff, kam 1965 nach Europa und ist seitdem – von Tourneen abgesehen – ein wichtiger Teil der deutschen (bzw. Frankfurter) Jazz-Szene. Er spielt im Jazzensemble des Hessischen Rundfunks, mit Heinz Sauer, eigenem Trio (mit → Mario Castronari u. Thomas Cremer). – Schallplatten mit Gabriele Hasler, Adelhard Roidinger, Günter Lenz, Heinz Sauer, Makaya & The Tsotis, Alfred Harth; eigene LPs auf Enja, Calig u. Trion.
LP: Chartreuse, Enja 3015

DeJohnette, Jack, (d, p, sax, comp), * 9.8.1942 Chicago. Studierte am Konservatorium in Chicago und am Wilson Jr. College, spielte nebenher Piano oder Drums mit Musikern der → AACM. 1966 nach N. Y., dort mit Jackie McLean, Betty Carter, Abbey Lincoln, Charles Lloyd, Stan Getz. 1969–71 bei Miles Davis, anschließend eigene Gruppen, seit 1976 Quartett »Directions«, 1980 »Special Edition«. Obwohl auch ein guter Pianist, ist D. durch seine Beherrschung komplexer und dennoch durchsichtiger Metren einer der talentiertesten Drummer. – Schallplatten mit Art Farmer, Bennie Wallace, Benny Golson, Cedar Walton, Chick Corea, Charles Lloyd, Chico Freeman, McCoy Tyner, David Liebman, Freddie Hubbard, Gary Peacock, Jan Garbarek, Jeremy Steig, John McLaughlin, Keith Jarrett, Lee Konitz, Miles Davis, Eliane Elias, Pat Metheny, Peter Warren, Sonny Rollins u. v. a.; als Leader für ECM, Landmark, Milestone, Prestige, Epic.
LP: New Directions, ECM 1128 (+ CD)

Dennerlein, Barbara, (org, comp), * 25.9.1964 München. Begann mit elf Jahren Hammond-Orgel zu spielen und trat schon 1977 öffentlich auf. Sie spielt meist mit eigenen Gruppen (Duo bis Quintett), daneben mit internationalen Musikern auf Festivals, Tourneen u. Schallplatten. Gilt als bemerkenswertes Talent unter den zeitgenössischen Organisten. – Schallplatten mit Peter Herbolzheimer, Friedrich Gulda; für ihr eigenes Label »Bebab« und für Böhm, Koala, Enja.
Lit.: G. Wendt, Die Jazz-Frauen, Hamburg 1992
CD: Hot Stuff, Enja 6050

Dennis, Willie, William De Berardinis, (tb), * 10.1.1926 Philadelphia, † 8.7.1965 N. Y. Der brillante Posaunist wurde vor allem bei Charles Mingus bekannt (ab 1956), hatte aber zuvor schon in den Bands von Elliot Lawrence, Claude Thornhill, Sam Donahue, Howard McGhee, Charlie Ventura u. a. gespielt. War auch bei Benny Goodman (Brüssel 1958, UdSSR 1962), Buddy Rich, Woody Herman. – Schallplatten mit Ronnie Ball, Charles Mingus, Woody Herman, Benny Goodman, Elliot Lawrence, Buddy Rich, Nancy Harrow, Morgana King, Gerry Mulligan, Gene Krupa, Phil Woods, Stan Getz.
CD: The Concert 23.6.58, Jazzline 20829

DeParis, Sidney, (tp, tu, voc), * 30.5. 1905 Crawfordsville, Ind., † 13.9. 1967 N. Y. Spielte ab 1925 in N. Y. bei Charlie Johnson, Fletcher Henderson, Don Redman, in den 30er Jahren bei Mezz Mezzrow, Charlie Barnet, Benny Carter (1940–41), hatte eigene Bands und war ab 1947 in der Band seines Bruders → Wilbur DeParis. D. war ein vorzüglicher, von Louis Armstrong inspirierter Swing- und N.-O.-Trompeter. – Schallplatten mit Charlie Johnson, Don Redman, Benny Carter, J. C. Higginbotham, Jelly Roll Morton, Sidney Bechet, Wilbur DeParis, Mezz Mezzrow, McKinney's Cotton Pickers, Willie »The Lion« Smith, Art Hodes, Ed Hall, James P. Johnson, Roy Eldridge, Cliff Jackson, J. C. Higginbotham, Chris Barber u. a.; als Leader für Blue Note u. Swingville.
LP: DeParis Dixie, Blue Note

DeParis, Wilbur, (tb), * 11.1.1900 Crawfordsville, Ind., † 3.1.1973 N. Y. Begann 1919 professionell in Philadelphia zu spielen, in den 20er Jahren mit Leroy Smith, Orig. Blue Rhythm Band, 1931 mit Noble Sissle in Europa, dann Benny Carter, Teddy Hill 1937, Louis Armstrong 1938–41, Ella Fitzgerald, Roy Eldridge, Duke Ellington 1945–47. Gründete dann seine sehr erfolgreiche »New New Orleans Band«, die mit ihrem Zwei-Trompeten-Team (→ Sidney DeParis u. → Doc Cheatham) zu den besten traditionellen Bands der 50er Jahre gehörte. Als Solist nicht so brillant wie sein Bruder, aber ein vorzüglicher Ensemblemusiker. – Schallplatten mit Louis Armstrong, Jelly Roll Morton, Dave Nelson, Benny Carter, Spike Hughes, Mills Blue Rhythm Band, Roy Eldridge, Cliff Jackson, Duke Ellington, Tony Scott; als Leader für Atlantic, Heritage.
CD: At Symphony Hall, Atlantic 82268-2

Descarga (von engl. »discharge«), ist ein von lateinamerikanischen Musikern gebrauchtes Slang-Wort für → Jam Session, stilistisch einzuordnen zwischen → Salsa und → Latin Jazz mit einer stärkeren Betonung auf Jazz-Soli. Beispiele: Tico All Stars, Cesta All Stars.
CD: Chihuahua All Stars, Descarga Cubana, Palladium 158

Desmond, Paul, eigentl. Paul Emil Breitenfeld, (as, comp), * 25.11.1924 San Francisco, † 30.5.1977 N. Y. Studierte Klarinette in San Francisco, spielte bei Jack Fina, Alvino Rey (1951). 1952–67 Mitglied des anfangs experimentellen → Dave-Brubeck-Quartetts, welches vor allem durch ihn zur populärsten Combo der 50er und 60er Jahre wurde. – Nahm während dieser Zeit auch Schallplatten unter seinem Namen auf, seit 1954 für Fantasy, Warner Bros., RCA, A & M, CTI, Horizon, Artists House, auch mit dem → MJQ, Jim Hall, Ed Bickert, Gerry Mulligan*, Chet Baker und vor allem Dave Brubeck, mit diesem auch mehrere Reunions bis zu seinem Tod. D. ist neben Lee Konitz der bedeutendste Musiker des → Cool Jazz, der nicht (oder nur mittelbar) von Charlie Parker beeinflußt wurde.

CD: Two of a Kind, Bluebird ND 90364; Take Ten, BB 63661462*

Detroit, Stadt im US-Staat Michigan, gegründet 1701 als französisches Fort, kam 1763 an England und Ende des 18. Jh. an die USA. Bedeutende Industriestadt (Chemie, Auto), daher auch Motown (Motor-Town) genannt. Aus D. kommt der für die Entwicklung der Pop- und Soul-Musik wichtige »Motown-Sound« mit Gruppen wie The Supremes, The Temptations, Martha Reeves (»Martha and the Vandellas«) und Smokey Robinson. Einen eigenen Jazz-Stil hat D. nicht hervorgebracht, jedoch eine Reihe bedeutender Musiker wie Thad Jones (tp), Bernie McKinney, Kiane Zawadi (tb), Billy Mitchell, Frank Foster, Wardell Gray (ts), Pepper Adams (bar), Tommy Flanagan, Barry Harris, Hank Jones, Terry Pollard, Harold McKinney, Bess Bonnier, Will Davis (p), Kenny Burrell (g), Paul Chambers, Doug Watkins (b), Elvin Jones (d). Aus D. kam auch eine der wichtigen Big Bands der 20er Jahre, → McKinney's Cotton Pickers.

Lit.: David Morse, Motown & the Arrival of Black Music, London 1971

Dibango, Manu (saxes, keyb, vib, marimba, comp), * 12.12.1933 Douala, Kamerun. Kam 1949 nach Frankreich, studierte in Paris, später in Brüssel, begann in dieser Zeit Saxophon in Jazz-Clubs zu spielen. Kehrte 1960 im Zug der Unabhängigkeitsbewegungen nach Afrika zurück, begann seine Kenntnisse als Jazz-Musiker mit der afrikanischen Kultur zu verbinden. 1972 erste LPs, »O Bosso« und »Soul Mokassa«, beide wurden zu Millionen-Hits. Gab erfolgreiche Konzerte in Frankreich und den USA. Komponierte die Musik zu den Filmen »L'herbe sauvage«, »Ceddo« und »Le prix de la liberté« (1976). Besuchte 1979 erstmals Jamaica, entdeckte den Reggae und nahm das Album »Gone Clear« auf, eine Mischung aus drei Kulturen: Afrika, Amerika und Jamaika. Dabei u. a. Sly Dunbar, Robbie Shakespeare, die Brecker-Brüder und Jon Faddis. Nahm in den 80er Jahren wieder LPs im »Afro-Sound« auf und integrierte dabei die zeitgenössischen Strömungen. 1989 Musik zum Film »Comment faire l'amour avec un nègre sans se fatiguer«.

CD: Live 1991, Fnac 662021

Dickenson, Vic, Victor, (tb), * 6.8. 1906 Xenia, Ohio, † 16.11.1984 N. Y. Begann in lokalen Bands in Columbus, 1927 bei Speed Webb, anschließend bei Zack White, Blanche Calloway, Bennie Moten. Wurde bekannt bei Claude Hopkins 1936–39, 1939–40 bei Benny Carter und 1940–41 bei Count Basie. In den folgenden Jahren in den kleinen Gruppen von Hot Lips Page, Sidney Bechet, Frankie Newton, Eddie Heywood. Danach meist in Dixieland-Bands: Wild Bill Davison, Bobby Hackett, Eddie Condon, den Saints & Sinners, der World's Greatest Jazz Band u. a. D. gehört zu den originellsten Swing-Stilisten, seine unverkennbare, relaxte Spielweise ist auf Anhieb zu identifizieren. Seine »Showcase«-LPs auf Vanguard gehören für viele Jazz-Freunde zu

den »Inselplatten«. – Aufnahmen als Sideman mit Leo Watson, Claude Hopkins, Benny Carter, Count Basie, Sidney Bechet, Ed Hall, Bobby Donaldson, James P. Johnson, Albert Ammons, Sidney DeParis, Roy Eldridge, Just Jazz, Art Hodes, Benny Morton, Red Norvo, Mary Lou Williams, Eddie Heywood, Tony Bennett, Billie Holiday, Gerald Wilson, Louis Armstrong, Pee Wee Russell, La Vern Baker, Lester Young, Buster Bailey, Eddie Condon, Ruby Braff, Jonah Jones, Leonard Gaskin, Jimmy Rushing, Buck Clayton u. a.; als Leader für Signature, Blue Note, Vanguard, Storyville, RCA; Mahogany, Sonet.
CD: A Night at Count Basie's, Vanguard VMD 8508

Dickerson, Walt (vib, comp), * 1931 Philadelphia. Bevor D. sich vollkommen auf das Vibraphonspiel festlegte, hatte er schon mit einer ganzen Reihe anderer Instrumente experimentiert. Sein Auftauchen in der New Yorker Szene (1960), nach Militärdienst und darauffolgender Tätigkeit als Immobilienmakler an der Westküste, fand große Beachtung. Der Künstler wurde als ein »metallischer Coltrane« angesehen, denn seine ausgefallenen Vibraphonbeiträge hatten keine Ähnlichkeit mit dem auf diesem Instrument »tonangebenden Spiel« von Milt Jackson oder Bobby Hutcherson. D.'s Motive und Figuren hatten eine enorme Eigendynamik und waren so dominant, daß der Künstler für seine Musik ganz gut auf Bläser verzichten konnte. Die Quartettaufnahmen aus den 60er Jahren hören sich mitunter an, als wäre das Modern Jazz Quartet in den Weltraum abgedriftet. Seine musikalischen Gratwanderungen durch phantastische Soundlandschaften sind besonders gut mit Sun Ra (keyb, p) gelungen. – Zahlreiche Aufnahmesessions mit Andrew Hill, Walter Davis, Richard Davis, Ahmed Abdul Malik und Andrew Cyrille. LPs als Leader für Prestige, Dauntless, MGM, Steeplechase und Soul Note. (G. F.)
CD: W. D. – Sun Ra, Visions, Steeplechase 1126; W. D., Life Rays, Soul Note 1028

Dicty, Slangwort für elegant, »der oberen Klasse zugehörig«, vgl. dazu Fletcher Hendersons »Dicty Blues« (1923).

DiMeola, Al, (g, comp), * 22.7.1954 Jersey City, N. J. Begann mit sieben Jahren Gitarre zu lernen, studierte 1972–73 am Berklee College in Boston. Zusammenarbeit mit Larry Coryell und Barry Miles. War 1974–75 Mitglied von Chick Coreas Return to Forever, der maßgeblichen Gruppe des Rock-Jazz. Seither eigene Gruppen mit Jan Hammer, Anthony Jackson u. Steve Gadd, auch Tournee (und LP) mit Paco de Lucia und John McLaughlin. – Schallplatten mit Chick Corea, Joe Pass, Stanley Jordan, Jeff Richman u. a.; eigene LPs für CBS, Manhattan u. Tomato.
CD: Land of the Midnight Sun, Col. 468214-2

Dirty Tones, Dirty Notes (wörtl. schmutzige Töne bzw. Noten), ursprünglich eine Gesangsform, bei der durch gepreßtes Hervorstoßen der Luft unsaubere Töne erzeugt werden. Später auf Instrumente übertragen, bes. Trompete und Posaune mit Hilfe von Dämpfern oder nur teilweisem Herunterdrücken der Ventile (Rex Stewart, Clark Terry). D. werden heute auch technisch erzeugt, z. B. durch das »Wa-Wa«-Pedal für Gitarre, auch Trompete.

Discovery Records, L. A., 1950 von Albert Marx (1912–91) gegründet. A & R: → Johnny Richards. Aufnahmen von Dizzy Gillespie, Red Norvo, Georgie Auld u. a. 1952 an → Savoy verkauft. 1977 neu gegründet, seither LPs/CDs von Jack Wilson, Mike Wofford, Hal Schaefer, Tony Ortega, Ray Pizzi, Lorez Alexandria, Shelly Manne, Charles Owens, Bob Florence, Sue Raney, Gerald Wilson u. v. a., außerdem Reissues von Marx-Produktionen aus den Katalogen von Warner Bros., Reprise u. World Pacific (→ Musicraft). Nach dem Tod von Marx von Jac u. Keith Holzman weitergeführt.

Diskographie, ein Verzeichnis von Schallplattenaufnahmen. Meist alphabetisch aufgebaut, seltener nach Stilrichungen oder als Verzeichnis einer bestimmten Schallplattenfirma. Die diskographischen Daten umfassen die Besetzung (Musiker/Instrumente), Aufnahmeort und -datum, die Matrizen- und Katalog-nummern sowie die Titel der einzelnen Stücke. Die D. wurde von Charles Delaunay im Jazz eingeführt (Hot Discography, Paris 1936).

Die wichtigsten D. sind:

1. Walter Bruyninckx, 70 Years of Recorded Jazz (Loseblattsammlung), Mechelen/Belgien (auch in thematischen Paperbacks);
2. Brian Rust, Jazz Records 1897–1942, Chigwell 1983[5];
3. Jorgen Grunnet Jepsen, Jazz Records 1942–68 (11 Bde.), Holte/Dänemark 1965 ff. (Neuausgabe von Erik Raben (1942–80, Jazzmedia, Kopenhagen 1989 ff.);
4. Tom Lord, The Jazz-Discography, Redwood, N. Y., 1992 ff.
5. Horst H. Lange, Die deutsche »78er« Diskographie der Jazz- und Hot-Dance-Musik 1903–58, Berlin 1992[3];
6. Brian Rust, The American Dance Band Discography, 1917–42, New Rochelle 1975;
7. Robert M. W. Dixon/John Goodrich, Gospel Records 1903–42, Chigwell 1982;
8. Mike Leadbitter/Neil Slaven, Blues Records 1943–70, London 1987

Neben diesen umfassenden D. gibt es eine Reihe von Spezialarbeiten, die sich auf das Schaffen bestimmter Musiker oder Bands konzentrieren. Diese verzeichnen neben den Schallplattenaufnahmen auch noch → ETs, Film-Soundtracks, → Airchecks, Privataufnahmen u. a. Sie werden bei den entsprechenden Musikerbiographien genannt.

Lit.: Daniel Allen, Bibliography of Discographies, Vol. 2: Jazz, London/N. Y. 1981; Brian Rust, Guide to Discographies, Westport/Conn. 1980

Dixieland, eine volkstümliche und manchmal etwas herabsetzende Bezeichnung für den Süden der USA mit seiner als altmodisch und rückständig, aber »unbeschwerten« (oder als solche geltenden) Lebensweise. Für die Herkunft des Wortes gibt es zwei Erklärungen: **1.** nach der Mason-Dixon-Linie, die 1765 von Charles Mason u. Jeremiah Dixon als Grenzlinie zwischen Maryland und Pennsylvania gezogen wurde und die später die Trennlinie zwischen den Nord- und den Südstaaten bildete, **2.** nach dem Wort »dix« (frz. zehn) auf den Zehn-Dollar-Noten des Staates Louisiana.

Lit.: USA: Südstaaten, GEO-Special, 3/91

Dixieland-Stil, der Versuch einer Nachahmung des → Archaischen Jazz bzw. des frühen → New Orleans Jazz durch weiße Musiker. Diese Imitation der Afro-amerikanischen Musik ist bis in das frühe 19. Jh. zurückzuverfolgen in Form der → Minstrelsy. Im D. sind Besetzung, Stegreiferfindung und Zusammenspiel nach dem Vorbild der Schwarzen übernommen, die Rhythmik und das Repertoire sind teilweise dem → Ragtime entlehnt. Europäische Elemente sind die Art der Mehrstimmigkeit, die »reine« Tonalität und die Harmonik.

Drei Entwicklungsphasen:

1. Weiße Ragtime Bands und Brass Bands, die je nach Anlaß auch ad libitum spielten und die weißen Spasm Bands, die nur nach Gehör spielten, waren das Vorbild für weiße Dixieland-Bands, deren Höhepunkt die → Orig. Dixieland Jazz Band war. Negroide Stilmittel werden nur als Effekt benutzt.

2. Die negroiden Stilmittel (→ Dirty Tones, → Growl etc.) werden übernommen, Vorbilder sind schwarze Bands. Beispiele: Original Memphis Five, Original Indiana Five. Ablösung des Ragtime-Rhythmus durch einen echten Off-beat-Rhythmus; Elemente der Blues-Intonation, der Solo-Improvisation und der → Head Arrangements werden ausgearbeitet.

3. Weiterentwicklung der 1. und 2. Phase als Vorstufe zum → Swing. Beispiele: Red Nichols Five Pennies, Miff Mole's Little Molers. Ausbildung des → Chicago-Stils.

Die Entstehung des D. wird um 1895 angesetzt (Jack Laine), seine Blütezeit fällt in das Jahrzehnt 1917–27. Die aus N. O. stammende ODJB spielte 1916 in Chicago, ab 1917 in N. Y., welches zum Zentrum des Stils wurde. Der aufkommende → Swing verdrängte am Ende der 20er Jahre den Dixieland, der aber schon Ende der 30er Jahre im Zug des → Revival-Jazz wiederbelebt wurde (Lu Watters). Sehr populär wurde er nach 1950 in den USA (Firehouse 5 + 2) und danach in Europa, wo er vor allem von Amateur-Bands gepflegt wurde.

Die Instrumentierung der klassischen D.-Band wie ODJB und NORK umfaßt cnt, tb, cl, p, d. Frühere Besetzungen wie z. B. Jack Laine hatten cnt, alt-horn, vtb, cl, d – noch kein Klavier! Die späteren D.-Bands haben sich an der klassischen N.-O.-Besetzung orientiert: cnt (tp), tb, cl, p, bj (g), b (tu), d. Die Übertragung des D. auf Big Bands (Bob Crosby, Woody Herman, 1936 auch die wiederbelebte ODJB) bedeutete eine

Verfälschung, da die Mehrstimmigkeit nicht gewährleistet ist.
Lit.: Mecklenburg, Stilformen des Jazz, Wien 1972; M. Stearns, The Story of Jazz, N. Y. 1964[4], dt. München 1959
CD: Chicago – N. Y. – Dixieland, Bluebird ND 86752; Best of Dixieland, Verve 831375-2

Dixon, Bill, William Robert, (tp), * 5.10.1925 Nantucket, Mass. Mutter Blues-Sängerin, die Familie zog 1933 nach N. Y., wo D. mit 18 Jahren Trompete zu spielen begann. Studierte zunächst Malerei in Boston, 1946–51 an der Hartnett School of Music, u. a. bei Gil Fuller, Charlie Byrd. Arbeitet seit 1959 mit der New Yorker Avantgarde zusammen, so Cecil Taylor, Archie Shepp, Don Cherry, John Coltrane, in der Loft-Szene u. a. Er war zeitweise Produzent für → Savoy und ist heute Dozent am Bennington College. – Schallplatten mit Cecil Taylor, Archie Shepp, Steve Lacy u. a.; eigene LPs mit eigenen Kompositionen für Savoy, RCA, Fore, Soul Note, Cadence.
LP: November 1981, Soul Note 1037/38

DMP Records (Digital Music Products), 1982 von Tom Jung in Stamford, CT, gegründet, zeichnet sich durch digitale Zwei-Spur-Aufnahmen aus, wodurch nachträgliches Abmischen, Overdubbing u. a. heute üblichen Unsitten vermieden werden. Veröffentlichungen von Bob Mintzer, Joe Beck, Dick Oatts, Bill Mays, Chuck Loeb u. a.

Dodds, Baby, Warren, (d), * 24.12. 1898 N. O., † 14.2.1959 Chicago. Spielte von seiner Jugend an in Bands seiner Heimatstadt: King Oliver, Papa Celestin, Louis Armstrong, auch auf Riverboats, bei Freddie Keppard, Willie Hightower; bei King Oliver in Chicago bis 1924. In der Band seines Bruders → Johnny Dodds in Chicago bis Ende der 30er Jahre. In den 40er Jahren bei Jimmie Noone, in N. Y. bei Bunk Johnson, spielte eine wesentliche Rolle beim N.-O.-Revival, z. B. bei den »This Is Jazz«-Rundfunksendungen von Rudi Blesh. 1949 mit Mezz Mezzrow nach Juan les Pins. Spielte in seinen letzten Jahren aus Gesundheitsgründen nur noch wenig. D. war einer der großen N.-O.-Drummer und hat – neben Zutty Singleton – großen Einfluß auf Chick Webb, Sid Catlett u. a. gehabt. – Schallplatten mit Johnny D., Louis Armstrong, Jelly Roll Morton, Sidney Bechet, Richard M. Jones, Bunk Johnson, Jim Robinson, Mezz Mezzrow, Bertha Chippie Hill u. a.; als Leader nahm er 1945–46 einige Titel für Blue Note, Circle und Folkways auf.
Lit.: B. Dodds & L. Gara, The Baby Dodds Story, Baton Rouge 1992[2]
CD: This Is Jazz All Stars, Jazzline 20800

Dodds, Johnny, (cl, as), * 12.4.1892 N. O., † 8.8.1940 Chicago. Der ältere Bruder von Baby D. war Autodidakt und hatte seinen ersten Job bei Kid Ory in N. O. Ging 1920 zu King Oliver nach Chicago, dort ab 1924 mit eigenen Bands, nahm an vielen Schallplatten-Sessions teil, u. a. mit Louis Armstrong (Hot Five/Seven). Arbeitete in den 30er Jahren als

Taxifahrer, wurde 1938 von Hugues Panassié wiederentdeckt, zu Schallplattenaufnahmen eingeladen (Decca) und trug damit zum N.-O.-Revival bei. D. gehört neben Jimmie Noone und Sidney Bechet zu den großen Klarinettisten des N. O. Jazz. – Schallplatten mit Tiny Parham, Lil Hardin, Louis Armstrong, Lovie Austin, Junie Cobb, Jasper Taylor, Jimmy Blythe, Jimmy Bertrand, Jelly Roll Morton, Richard M. Jones, Chicago Footwarmers, Ida Cox, div. Blues-Sängerinnen; mit eigenen Bands ab 1927 für Paramount, Brunswick, Victor (RCA), Decca.

Lit.: G. E. Lambert, J. D., London 1961

CD: BBC REB 603; Bluebird ND 82293

Dodgion, Jerry, (as, sop, fl, ts, arr), * 29.8.1932 Richmond, Ca. Begann in Junior High School Alto zu spielen, dann in lokalen Bands in Richmond und San Francisco. 1954–55 bei Gerald Wilson, 1955 bei Benny Carter in Las Vegas, 1956 bei Vernon Alley in San Francisco. 1958 bei Red Norvo, mit diesem 1959 nach Australien als Teil der Frank-Sinatra-Show. Ab 1961 freelancing in N. Y., ging 1962 mit Benny Goodman in die Sowjetunion, war 1965–71 Mitglied der Thad Jones – Mel Lewis Band, mit dieser auch auf Tournee. – Schallplatten mit Red Norvo, Gerald Wilson, Benny Goodman, Dakota Staton, Jones – Lewis, Gene Harris, Herbie Hancock, Johnny Richards, Chico O'Farrill, Oliver Nelson, Jimmy Smith, Ron Carter, Marian McPartland, George Mitchell, Tadd Dameron, Mercer Ellington, Vince Guaraldi, Stanley Turrentine, Wes Montgomery, Dee Bell, Gene Harris, Eddie Bert, Joe Mooney, Dave Amram, Anne Marie Moss, Buddy Rich, Oliver Nelson, George Gruntz u. a.; einige Titel für Fantasy als Leader.

LP: C Mariano/J. Dodgion, Beauties of 1918, Pacific Jazz 1245

Dolphy, Eric Allen, (as, cl, b-cl, fl), * 20.6.1928 Los Angeles, † 29.6.1964 Berlin. Bis zu seinem Engagement bei dem Schlagzeuger Chico Hamilton im Frühjahr 1958 war Eric Dolphys Karriere trotz einer beträchtlichen Anzahl musikalischer Stationen still verlaufen. Der Künstler, der in nur sechs Jahren zwischen 1958 und 1964 der Avantgarde bis in die heutige Zeit reichende wichtige Impulse gab, hatte an der Junior School das Klarinettespiel erlernt. Später kamen Altsaxophon, Flöte und Baßklarinette hinzu. Dolphy, der in L. A. aufwuchs, hatte in seiner Jugend in der vitalen Szenerie dieser Stadt mit Musikern wie Gerald Wilson (tp), Buddy Collette (saxes, fl) u. v. a. zusammen gespielt. Als Twen debütierte er in der West Coast Band mit Roy Porter (1948–49) mit ersten Schallplattenaufnahmen. Während seiner Militärzeit (1950–52) spielte D. in Army Bands und nach seiner Entlassung erneut an der West Coast in diversen Formationen. Internationale Aufmerksamkeit erlangte er aber erst durch seine Beiträge im damals »kammermusikalisch« angelegten Konzert des Chico-Hamilton-Quintetts. In dem ausgezeichneten

Streifen »Jazz on a Summer's Day«, einer atmosphärisch spannend umgesetzten musikalischen Dokumentation des Newport-Festivals von 1958, ist es die Musik dieser Gruppe, die einen besonders nachhaltigen Eindruck hinterließ. Denn sowohl auf der Flöte als auch auf dem Altsax kreierte hier D. seine eigenwilligen Soundkonstellationen mit sich daran anschließenden ungewöhnlichen Improvisationen. Gegen Ende 1959 zieht D. nach New York. Dort arbeitet er in den »Small Groups« und der Big Band von Charles Mingus. Ab 1960 beginnt für D. eine rege Aufnahmetätigkeit unter eigenem Namen und als Sideman in den Gruppen von Max Roach, George Russell, Oliver Nelson, Benny Golson, Ornette Coleman, George Lewis, Gunther Schuller und Abbey Lincoln. Besonders eindrucksvoll sind Aufnahmen aus dem New Yorker »Five Spot« mit Booker Little (tp), Mal Waldron (p), Richard Davis (b) und Ed Blackwell (d). Nach seinem Mitwirken bei John Coltranes großorchestralen Werken »Olé« und »Africa Brass« (1961) gehörte D. vom Herbst 1961 bis zum Frühjahr 1962 zur regulären Gruppe dieses Tenorsax-Giganten. Nach nur schwach dokumentierten Freelancing-Tätigkeiten stieß D. erneut im Frühjahr 1964 zur Formation von Charles Mingus. – Schallplatten auch mit Booker Little, John Coltrane, Chico Hamilton, George Russell, Mal Waldron, Ron Carter, Gil Evans, Ken McIntyre, Jazz Artists Guild, Newport Rebels, Kenny Drew u. a. (G. F.)

Lit.: U. Reichardt/Th. Fröhlich, Like a Human Voice, Freiburg 1993 (D); R. Horricks, The Importance of Being E. D., Tunbridge Wells 1989; V. Simosko/B. Tepperman, E. D., A Musical Biography and Discography, N. Y. 1989

CD: At the Five Spot, OJCCD 133; Memorial Album, OJCCD 353; Candid Dolphy, Candid CCD 79033

Domnerus, Arne, (cl, as), * 20.12. 1924 Stockholm. Begann in der Swing-Band von Thore Ehrling, spielte auch bei Simon Brehm und gründete 1951 erste eigene Combo, der zeitweise Rolf Ericson (tp), Lars Gullin (bar), Åke Persson (tb) und Gunnar Svensson (p) angehörten. D. gehört zu den führenden Musikern des Modern Jazz in Europa, von Charlie Parker beeinflußt, aber auch von Benny Carter. – Schallplatten mit Thore Ehrling, Harry Arnold/Quincy Jones, George Wallington, Clifford Brown, James Moody, Svend Asmussen, Jack Sheldon, George Russell, Jimmy Rowles, Clark Terry, Spencer Williams, Red Rodney, Visby Big Band, Bob Wilber, Bengt Hallberg u. a.; als Leader für Metronome, HMV, Philips, RCA, Telefunken, Gazell, Megafon, Sonet, Proprius, Phontastic, Four Leaf Clover u. Polar.

LP: Skyline Drive, Phontastic 7540

Donahue, Sam Koontz, (ts, tp, vtb, sop, arr), * 8.3.1918 Detroit, † 22.3. 1974 Reno. Leitete eigene Band in Detroit, spielte 1938–40 bei Gene Krupa, 1940 bei Harry James, 1940–42 eigene Band, 1944 in Artie Shaws Navy-Band, die er nach des-

sen Ausscheiden übernahm und mit der er Glenn Miller in England heftig Konkurrenz machte. 1946–50 wieder eigene Band, 1950 bei Tommy Dorsey, leitete die Billy-May-Band 1954, 1957–59 nochmals eine eigene Band, 1960–61 bei Stan Kenton, leitete ab 1961 das Tommy-Dorsey-Orch., verkleinerte es 1966 zum Oktett. D. gehörte zu den besseren weißen Tenoristen der Swing-Ära, stilistisch an Lester Young angelehnt. – Schallplatten mit Gene Krupa, Tommy Dorsey, Billy May, Jerry Fielding, Stan Kenton, Tony Pastor, Cab Calloway, Woody Herman, Larry Clinton, Big 18, Will Bradley, Frank Sinatra Jr., George Siravo, Bobby Byrne; mit eigener Band für Okeh, Bluebird, Capitol, Remington, Prescott; mit der Navy-Band für V-Disc; mit dem Tommy-Dorsey-Orch. für RCA.
Lit.: Garrod/Korst, S. D. & His Orch., Zephyrhills 1992 (D)
CD: Jazz Hour 1019

Donaldson, Lou, (as). * 1.11.1926 Badin, N. C. Begann als 15jähriger Klarinette zu spielen, studierte in Greensboro, spielte in R&B-Bands, bei Horace Silver, Sonny Stitt, Art Blakey (1954), anschließend meist mit eigenen Bands. – Der Hard-Bop-Musiker nahm Schallplatten auf mit Horace Silver, Art Blakey, Jimmy Smith, Milt Jackson, Thelonious Monk, Gene Ammons; als Leader für Blue Note, Argo/Cadet, Cotillion, Timeless, Muse, Milestone.
LP: Quartet, Quintet, Sextet, Blue Note 1537 (+ CD)

Dorham, Kenny, McKinley Howard, (tp), * 30.8.1924 Fairfield, Tex., † 5.12.1972 N. Y. Lernte Trompete an High School in Austin, Tex., erster wichtiger Job bei Russell Jacquet 1943, anschließend bei Frank Humphries, Dizzy Gillespie, Lionel Hampton, Billy Eckstine, Mercer Ellington, Charlie Parker. Ab 1955 freelancing in N. Y., 1955 zu Art Blakey, 1956 zu Max Roach (als Nachfolger von Clifford Brown), ab 1958 eigene Ensembles, spielte im → Neophonic Orch. in N. Y. und schrieb Filmmusik. – Schallplatten mit den »Bebop Boys«, Kenny Clarke, Max Roach, Sonny Rollins, Hank Mobley, Tadd Dameron, J. J. Johnson, Art Blakey, Horace Silver, Lou Donaldson, Thelonious Monk, Herb Geller, Charlie Parker, Rocky Boyd, Ernie Henry, Matthew Gee, Oliver Nelson, Abbey Lincoln, Clifford Jordan, Betty Carter, Kenny Burrell, Mil Jackson, Phil Woods u. a.; eigene LPs für Debut, Blue Note, ABC-Paramount, Riverside*, New Jazz, Jaro, Time, Pacific Jazz, United Artists, Steeplechase. D. ist nach Dizzy Gillespie u. Fats Navarro der wichtigste Trompeter des → Bebop.
LP: But Beautiful, Milestone 47036, Don Sickler, The Music of K. D., Reservoir 111*
CD: Matador/Into Something, Blue Note 784460

Dorsey, Jimmy, James, (cl, as, tp), * 29.2.1904 Shenandoah, Pa., † 12.6. 1957 N. Y. Lernte div. Instrumente bei seinem Vater, leitete eine Band mit seinem Bruder Tommy D. in den frühen 20er Jahren, spielte bei Paul Whiteman, Red Nichols, den California Ramblers u. a. Tanzorche-

stern, leitete 1928–34 das »Dorsey Brothers Orch.« mit seinem Bruder als Studio-Band, 1934–35 als »Road Band«. Nach dem Ausscheiden von Tommy leitete er das Orch. allein und machte es zu einer der führenden Bands der Swing-Ära. 1953 schloß er sich der Band seines Bruders an, leitete sie noch kurze Zeit nach dessen Tod. D. war ein – z. B. von Charlie Parker – sehr bewunderter Saxophonvirtuose. – In den 20er und 30er Jahren nahm er an zahllosen Plattensessions teil, u. a. mit Paul Whiteman, California Ramblers, Mildred Bailey, Red Nichols, Miff Mole, Jean Goldkette, Frank Trumbauer, Joe Venuti, Chocolate Dandies, Seger Ellis, Eddie Lang, Whoopee Makers, Cotton Pickers, Phil Napoleon, Original Memphis Five, Bix Beiderbecke, Hoagy Carmichael, Jack Teagarden, Red Norvo, Adrian Rollini; mit der Dorsey-Bros.-Band ab 1934 und mit eigener Band für Decca, Columbia.
Lit.: Herb Sandford, The Dorsey Years, New Rochelle 1972; C. Garrod, Jimmy Dorsey & His Orch., Zephyrhills 1980 (D)
LP: Dorsey Bros. Orch., Hep 1005
CD: Hindsight 415

Dorsey, Tommy, Thomas, (tb, tp), * 19.11.1905 Shenandoah, Pa., † 26.11.1956 Greenwich, Conn. Erhielt wie sein Bruder → Jimmy Dorsey Unterricht von seinem Vater, spielte in den 20er Jahren in diversen Tanzorchestern, z. B. Jean Goldkette, Paul Whiteman, California Ramblers, Ted Lewis, Victor Young, leitete mit seinem Bruder das »Dorsey Brothers Orch.« bis 1935, gründete dann eigene Band, die er in den 40er Jahren zur »besten All-around-Band« (G. T. Simon) machte. D., nach seinem → Theme Song »I'm Getting Sentimental Over You« genannt »The Sentimental Gentleman of Swing«, war ein brillanter Posaunist, wenn auch kein großer Jazz-Musiker, wie auch sein Jazz-Verständnis vom Dixieland geprägt war (vgl. dazu seine »Clambake Seven«). Eine echte Swing-Band leitete er erst ab 1939, als Sy Oliver den Stil des Orch. formte. Jazz-Solisten waren Bunny Berigan, Ziggy Elman (tp), Bud Freeman, Don Lodice (ts), Buddy DeFranco (cl), Dodo Marmarosa (p), Buddy Rich (d) u. a. – Schallplatten als Sideman mit Bix Beiderbecke, California Ramblers, Goofus 5, Chocolate Dandies, Joe Venuti, Original Memphis Five, Cotton Pickers, Eddie Lang, Jean Goldkette, Paul Whiteman, Charleston Chasers, Hoagy Carmichael, Rube Bloom, Red Nichols, Adrian Rollini, Metronome All Stars, Duke Ellington u. a.; mit eigenem Orch. ab 1935 für RCA, Columbia, Bell, Decca.
Lit.: C. Garrod u. a., T. Dorsey & His Orch., Zephyrhills 1985 (D)
CD: Yes Indeed, Bluebird ND 90449

Double Time, eine (kurzzeitige) Verdoppelung des Tempos bei gleichbleibenden Grundzeiten, etwa wenn ein Solist im doppelten Tempo spielt, während das übrige Ensemble das alte Zeitmaß beibehält.

Draper, Ray, Raymond Allen, (tu, comp), * 3.8.1940 N. Y. Begann 1956 Jazz zu spielen, 1958–59 bei Max

Roach, Jackie McLean, John Coltrane, 1964 bei Philly Joe Jones in L. A., 1965 Quintett mit Hadley Caliman. Gilt als der erste Tubaspieler des Modern Jazz. – Schallplatten mit Archie Shepp, Jackie McLean, John Coltrane, Max Roach; eigene LPs für Prestige, Jubilee*, Epic.
*CD: Tuba Jazz, Fresh Sound FSRCD 20**

Drew, Kenny, Kenneth Sidney, (p), * 28.8.1928 N. Y. Spielte nach Studium an der Music and Art High School bei Howard McGhee (1950), dann bei Coleman Hawkins, Lester Young, Charlie Parker und 1952–53 bei Buddy DeFranco. Ab 1954 hatte er ein Trio in L. A. und San Francisco, begleitete Dinah Washington, war 1957 bei Art Blakey und in N. Y. bei John Coltrane, Donald Byrd, Johnny Griffin u. Buddy Rich. Seitdem meist mit eigenem Trio unterwegs, lebt in Dänemark. – Schallplatten mit Johnny Griffin, Chet Baker, Ernie Henry, Toots Thielemans, Sonny Rollins, Art Farmer, John Coltrane, Sonny Criss, Paul Chambers, Ben Webster, Benny Carter, Booker Ervin, Clifford Brown, Dexter Gordon, Dusko Gojkovich, Ernie Wilkins, Buddy DeFranco, Jackie McLean, Sahib Shihab, Kim Parker, Nathan Davis, Teddy Edwards, Zoot Sims u. a., als Leader ab 1953 für Blue Note, Norgran/Verve, Jazz West, Riverside, Judson, Steeplechase, Xanadu, Baystate, Lobster, Timeless, Soul Note. Mitbegründer des »Matrix«-Labels. Sein Sohn Kenny Drew Jr. ist ein talentierter Pianist.
CD: Duo, Steeplechase SCS 1002

Drive, eine jagende, vorwärtstreibende Spielweise, die durch das um ein Geringes zu frühe Anspielen von Tönen im Wert von Viertel- und Halbnoten erreicht wird.

D'Rivera, Paquito, Francisco, (as, sop, cl, fl), * 4.6.1948 Havanna, Kuba. Studierte am Konservatorium seiner Heimatstadt, spielte ab 1965 in der Big Band von Chucho Valdes (p), mit dem er 1972 die Gruppe → Irakere gründete, die bald internationale Anerkennung fand, bes. nach Begegnungen mit Dizzy Gillespie und Stan Getz. Seit 1985 lebt er in den USA, spielte dort u. a. mit Dizzy Gillespie, McCoy Tyner, Randy Brecker, tritt meist mit eigenen Gruppen auf. – Schallplatten mit Mario Bauza, Chucho Valdes, Irakere, John Purcell, Arturo Sandoval, Dave Amram, Dizzy Gillespie (»United Nation Orch.«), Roberto Fats Fernandez, Alfred Tyner, Kerry Kluner, Ana Caram, Chris Connor, Bobby McFerrin, Hendrik Meurkens, Claudio Roditi; als Leader für Areito, Pläne, CBS, Messidor, Chesky u. Candid.
CD: Tico Tico, Chesky JD 34

Drogen, kein dem Jazz genuines Problem, wenn auch etliche Jazz-Musiker damit in die Schlagzeilen gerieten. Musiker spielen häufig in Etablissements, in denen Alkohol leicht zugänglich ist bzw. war, auch in den USA der Prohibitionszeit. Die bekanntesten Alkoholopfer der klassischen Periode waren → Bix Beiderbecke und → Bunny Berigan. Ebenso war es mit Marihuana (Haschisch), das schon in den 20er Jah-

»Drogen«-Songs

Get Low-Down Blues	Bennie Moten 1928
Pot Hound Blues	Lucille Bogan 1928
All Muggled up	Blue Steele 1930
Just a Crazy Song	Blanche Calloway 1931
Reefer Man	Blue Rhythm Band 1932
Texas Tea Party	Benny Goodman 1933
Jerry the Junker	Clarence Williams 1934
A Viper's Moan	Willie Bryant 1935
The Stuff is Here and It's Mellow	Cleo Brown 1935
Old Joe's Hittin' the Jug	Stuff Smith 1936
When I Get Low I Get High	Chick Webb 1936
Here Comes the Man with the Jive	Stuff Smith 1936
Weed Smokers Dream	Harlem Hamfats 1936
All the Jive Is Gone	Andy Kirk 1936
Smoking Reefers	Larry Adler 1936
If You're a Viper	Rosetta Howard 1937
Don't Start no Stuff	Harlem Hamfats 1938
Jumpin' in a Julep Joint	Erskine Hawkins 1941
What's the Use of Getting Sober	Louis Jordan 1942
Reefer Song	Fats Waller 1943
Who Put the Benzedrin in Mrs. Murphy's Ovaltine	Harry »The Hipster« Gibson 1944
The Spinach Song	Julia Lee 1947

ren weit verbreitet war. (Es wurde erst 1937 generell verboten.) Wegen seiner Illegalität entwickelte sich dafür unter den Schwarzen eine eigene Sprache, die den weißen Plattenbossen so unbekannt war, daß »Drogen«-Songs unbeanstandet für Schallplatten eingespielt werden konnten. Synonyme für Marihuana waren u. a. Tea, Jive, Junk, Reefer, Pot, Stuff, Weed, Mezz (vgl. dazu den Spitznamen von → Mezz Mezzrow).

In den 40er Jahren begann eine jüngere Generation von Jazz-Musikern sich das unvergleichlich gefährlichere Heroin zu spritzen. Es ist bekannt, daß einige berühmte Musiker an den direkten oder indirekten Folgen dieser Sucht gestorben sind, so Charlie Parker, Fats Navarro, Billie Holiday, Sonny Berman, Dick Twardzik. Wardell Gray und Chet Baker wurden vermutlich von Drogendealern ermordet. Weniger bekannt ist die lange Liste von Musikern, die zeitweilig drogenabhängig waren. Dazu gehören Gene Ammons, Joe Albany, Tadd Dameron, Miles Davis, John Coltrane, Stan Getz, Dexter Gordon, Frank Morgan, George Handy, Hank Mobley, Jimmy Heath,

Jack Montrose, Anita O'Day, Art Pepper, Howard McGhee, Elvin Jones, Arnold Ross, Bud Powell, Zoot Sims, Sonny Stitt, Gerry Mulligan, Ray Charles, Joe Pass, Red Rodney, Philly Joe Jones, Stan Levey ...

Der Grund für den Drogengebrauch liegt weniger in dem Versuch einer »Bewußtseinserweiterung« oder der Hoffnung, dann inspirierter spielen zu können, als vielmehr darin, damit als unerträglich empfundene Lebensumstände zu meistern, ja dadurch erst »funktionsfähig« zu werden. Nach Meinung von → Lester Young war dies die einzige Möglichkeit, den Streß der → »One Nighters« zu überstehen.

Lange vor ihm hat Friedrich Nietzsche schon so empfunden: »Wenn man von einem so unerträglichen Druck loskommen will, so hat man Haschisch nötig.«

Art Pepper hat in seiner Autobiographie die Probleme eines »Junkies« in seltener Offenheit beschrieben.

»There are no drugs in Jazz today. It's all in Rock 'n' Roll.«
(Red Rodney).

Lit.: Nat Hentoff, The Jazz Life, N. Y. 1978[2]; H. Shapiro, Drugs and Rock 'n' Roll, Wien 1989

CD: Reefer Songs, Jass CD-7; Viper Mad Blues, Jass CD-630

Drums (Schlagzeug), Bezeichnung für diverse Schlaginstrumente, die im Jazz zur Rhythmusgruppe gehören. Grundbestandteile sind die große Trommel (Bass Drum, bedient mit einer Fußmaschine), die kleine Trommel (Snare Drum), Tom-Tom und verschiedene Becken (Cymbals), von denen das → Hi-Hat ebenfalls mittels einer Fußmaschine bedient wird. Daneben werden vom Drummer auch noch Bongo- und Conga-Trommeln, Wood-blocks (Klanghölzer) etc. verwendet. Gespielt wird mit Trommelstöcken, Besen (Brushes), auch mit den Händen. Das Schlagzeug bildet eine Zusammenfassung der in der → Brass Band gespielten Rhythmusinstrumente, die dort allerdings von mehreren Musikern gespielt werden.

Die Aufgabe des Drummers besteht in der Markierung des Grundrhythmus, wodurch der Melodiegruppe die Einhaltung des Zeitmaßes erleichtert wird, nicht jedoch der Erzeugung von → Swing. Im → Free Jazz sind die D. von ihrer Aufgabe als Time-keeper entbunden und stehen gleichberechtigt neben den Melodieinstrumenten.

Die bedeutendsten Drummer des Jazz sind Baby Dodds, Zutty Singleton, Sid Catlett, Cozy Cole, Chick Webb, Dave Tough, Gene Krupa, Buddy Rich, Louis Bellson, Kenny Clarke, Art Blakey, Max Roach, Shelly Manne, Art Taylor, Jo Jones, Chico Hamilton, Joe Morello, Elvin Jones, Philly Joe Jones, Alphonse Mouzon, Billy Cobham, Tony Williams.

Lit.: Mecklenburg, Int. Drum & Percussion Bibliography, in: Jazzforschung 3. Graz 1971; Burt Korall, Drummin' Men, N. Y. 1990; R. Spagnardi, The Great Jazz Drummers, Milwaukee 1992

Duke, George, (keyb, synth, comp),

* 12.1.1946 San Rafael, CA. Studierte an der San Francisco State Univ., spielte ab 1965 professionell mit eigenem Trio, begleitete prominente Musiker wie Dizzy Gillespie, Sam Rivers, Bobby Hutcherson. In der Don Ellis Big Band 1968–69, anschließend als Pianist/Arrangeur der Vokalgruppe Third Wave, bei Jean-Luc Ponty, Frank Zappa und Cannonball Adderley. Seitdem gehört er zu den am meisten auf Schallplatten vertretenen (Fusion-)Musikern – u. a. mit Don Ellis, Brecker Bros., Cannonball Adderley, Billy Cobham, Flora Purim, Herb Ellis, Sonny Rollins, Stanley Clarke, Jean-Luc Ponty, Joe Henderson, Jon Hendricks, George Kawaguchi; als Leader für MPS, Liberty*, Epic u. Warner Bros.
*LP: Save the Country, Pacific Jazz LN 10127**

Dukes of Dixieland, von Frank u. Fred → Assunto 1949 gegründete Band, die sich seit den 50er Jahren in den USA großer Beliebtheit erfreute, obwohl sie qualitativ nicht an ihre großen New-Orleans-Vorbilder heranreichte. Sidemen waren zeitweise Harry Shields, Jerry Fuller, Pete Fountain (cl), für Schallplatten wurden auch Al Hirt (tp), Ed Hall (cl), Jim Hall, Herb Ellis (g), Barrett Deems (d) verpflichtet. Nach dem Tod der Gründer konstituierte sich eine neue Band unter Leitung von Mike Vax (tp). In den 80er Jahren spielte sie mit u. a. Frank Trapani (tp), Frank Hooks (tb) u. Phamons Lambert (p, voc). Besetzung 1992: J. B. Scott (tp), Al Barthlow (tb), Tim Laughlin (cl), Tom McDermott (p), Everett Link (b), Richard Taylor (d, ldr). – Schallplatten ab 1951 für Imperial, Roulette, RCA, Audio Fidelity* (erste Stereo-Jazz-LP!), Columbia u. Decca.
*CD: Louis Armstrong & The Dukes of Dixieland, Happy Hour 61052-2**

Durham, Eddie, (g, tb, comp), * 19.8. 1906 San Marcos, Tex., † 9.3.1987 N. Y. Als Pionier der verstärkten → Gitarre und als Arrangeur für diverse Swing-Bands ist seine Bedeutung nicht zu unterschätzen. Er begann in den 20er Jahren in Vaudeville-Shows, war 1929–32 Mitglied der Bennie Moten-Band, 1935–37 bei Jimmy Lunceford, 1937–38 Count Basie, arrangierte für diese Bands sowie für Andy Kirk, Willie Bryant, Cab Calloway, Harry James, Glenn Miller und nahm einige Titel mit Studio-Bands auf. Komponierte u. a. »Topsy«, »Sliphorn Jive«, »Wham«. Er leitete Anfang der 40er Jahre die → Int. Sweethearts of Rhythm, in den 50er Jahren mit eigenen Gruppen in N. Y., bei Buddy Tate u. Gil Evans, einige Jahre auch in anderen Jobs tätig. In den 70er Jahren trat er mit Earle Warren und Eddie Barefield auf, in den 80ern noch mit der Harlem Blues & Jazz Band. – Schallplatten zusammen mit Bennie Moten, Jimmy Lunceford, Count Basie, Harry James, Willie Bryant, K. C. Five/Six, Eddie Barefield, Earle Warren, Bon Bon; als Leader für Decca und RCA.

E

Eager, Allan, (ts, as), * 10.1.1927 N. Y. Begann mit 13 Jahren Klarinette zu spielen, drei Jahre später arbeitete er bei Bobby Sherwood, dann bei Sonny Dunham, Shorty Sherock, Tommy Dorsey und Johnny Bothwell. Hatte eigene Combos auf der 52nd Street, im Royal Roost, spielte bei Tadd Dameron und Buddy Rich. War zeitweise in anderen Berufen tätig, u. a. als Auto-Rennfahrer, hatte 1953–55 eigenes Quartett, lebte zwei Jahre in Paris. Nahm nach langer Abwesenheit von der Jazz-Szene 1982 LP für Uptown auf. E. war einer der prominenten Tenoristen des → Bebop bzw. Cool, stilistisch mit Zoot Sims und Al Cohn verwandt. – Schallplatten mit Johnny Bothwell, Coleman Hawkins, Red Rodney, Buddy Rich (»Nellie's Nightmare«), Fats Navarro, »The Brothers«, Tony Fruscella, George Handy, Gerry Mulligan, Tadd Dameron; eigene Aufnahmen ab 1946 für Savoy, Jax, Uptown, eine Bootleg-LP mit Howard McGhee auf Marshmallow.
LP: Savoy SJL 2236

Eardley, Jon, (tp), * 30.9.1928 Altona, Pa., † 2.4.1991. Vater spielte Trompete bei Paul Whiteman. E. kam in den späten 40er Jahren mit dem Jazz in Berührung, spielte bei Buddy Rich, Gene Williams, 1954 als Nachfolger von Chet Baker bei Gerry Mulligan, ging mit diesem 1956 nach Europa. Lebte einige Jahre in Belgien, dann in Köln, spielte bei Harald Banter und der WDR-Big Band. – Schallplatten mit Gerry Mulligan, Al Haig, Phil Woods, Zoot Sims, Chet Baker, Harald Banter, WDR-Big Band, Hans Braber; als Leader für Prestige, Nigram, Iris, Spotlite.
LP: Namely Me, Spotlite 17

East Coast Jazz, eine Variante des → West Coast Jazz, wie er in der Mitte der 50er Jahre an der Ostküste der USA mit dem Zentrum New York gespielt wurde. Die zentrale Figur war → Al Cohn, andere wichtige Musiker waren → Hal McKusick (as), → Urbie Green (tb), Dick Katz (p), → Manny Albam (arr) u. a. Der Begriff wird manchmal auch als Synonym für → Hard Bop gebraucht, der zur gleichen Zeit am gleichen Ort seinen Höhepunkt hatte.
CD: RCA Jazz Workshop, The Arrangers, Bluebird ND 86471

Eckstine, Billy, William Clarence, (voc, tp, vtb), * 7.7.1914 Pittsburgh, Pa., † 9.3.1993 ebenda. Begann 1937 in Clubs zu singen, wurde 1939 von Buddy Johnson entdeckt und von Earl Hines engagiert. Gründete 1944 eigene Big Band, in der u. a. Dizzy Gillespie, Fats Navarro, Miles Davis, Kenny Dorham, Gene Ammons, Charlie Parker, Art Blakey u. Tommy Potter spielten. Seit 1947 als Solist tätig. E. war einer der großen »Crooner« der amerikanischen Unterhaltungsmusik, hat aber durch seine Begeisterung für den Bebop mit seiner Big Band viel für diese Musik getan. – Schallplatten mit Earl Hines (»Jelly Jelly«), Metronome All Stars, Count Basie, Quincy Jones, Sarah Vaughan, George Shearing; mit Big

Band für DeLuxe*, National (R.: Savoy), als Solist für MGM, Roulette, Mercury.
*LP: Swingtime 1015**

ECM Records, München, 1969 von Manfred Eicher gegr., ist eigentlich kein reines Jazz-Label (ECM = Edition Contemporary Music), sondern widmet sich eher allgemein der improvisierten Musik, seit einigen Jahren auch der sog. E-Musik.
Sub-Label: Japo.

Edelhagen, Kurt, (ldr, p, cl.), * 5.6. 1920 Herne, † 9.2.1982 Köln. Studierte an der Folkwang-Schule in Essen, leitete Combo nach dem Krieg, ab 1946 Big Band, spielte in US-Clubs und im Rundfunk (AFN). Ab 1949 beim Sender Nürnberg, ab 1952 bei SWF, errang int. Anerkennung mit seinem von Stan Kenton inspirierten Stil durch die »Jazztime Baden-Baden«-Sendereihe und Auftritte beim Salon du Jazz in Paris, beim Deutschen Jazzfestival und bei den Donaueschinger Musiktagen (Uraufführung von Liebermanns »Concerto for Jazzband and Symphony Orchestra«). Ab 1957 beim WDR-Köln mit international besetzter Big Band, die bald zum europäischen Spitzenorchester wurde. E. leitete die Jazz-Klasse an der Kölner Musikhochschule und unternahm Tourneen in die UdSSR (1964) und nach Afrika (1966). Arrangeure waren Wolfgang Förster, Heinz Kiessling, Roland Kovac, Francy Boland, Rob Pronk, Jimmy Deuchar, Jerry van Rooyen, Peter Herbolzheimer, Kenny Napper, Dieter Reith u. a. Solisten: Rolf Schneebiegl, Hanne Wilfert, Jimmy Deuchar, Milo Pavlovic, Rick Kiefer, Shake Keane (tp), Otto Bredl, Jiggs Whigham, Raymond Droz (tb), Frank von Klenck, Derek Humble (as), Paul Martin, Karl Drewo (ts), Helmut Reinhardt (bar, as), Stuff Combe (d) u. a. Schallplatten für Austroton, Philips, Polydor, Amiga.
Lit.: J. Holtz-Edelhagen, Das Orch. K. E., Ffm 1990
CD: Dt. Jazz Fest. 1954/55, Bear Family BCD 15430

Edison, Harry, »Sweets«, (tp), * 10.10. 1919 Columbus, Ohio. Begann professionell 1933 bei Alphonse Trent zu spielen, 1937 zu Lucky Millinder, ab 1938 bei → Count Basie, war bis 1950 einer der wichtigsten Solisten in dessen Band. Arbeitete danach bei Buddy Rich, Josephine Baker, JatP, Benny Carter, Bill Harris, Pearl Bailey und vor allem als Studiomusiker in L. A., wo er etliche Pop-Sessions mit seinen schnörkellosen Soli (meist mit Dämpfer) aufbesserte. Frank Sinatra scheute keine Kosten, um ihn für Plattenaufnahmen oder Tourneen einfliegen zu lassen. Tritt daneben immer wieder mit eigenen Gruppen auf, z. B. mit Joe Williams oder der Frank Wess – Harry Edison Big Band. – Schallplatten mit Lucky Millinder (MBRB), Count Basie, Billie Holiday, Earl Warren, Metronome All Stars, Red Norvo, Red Callender, Jimmy Rowles, Cy Touff, Stan Getz, Gerry Mulligan, Jimmy Witherspoon, Duke Ellington, Teddy Edwards, Ben Webster, Ray Brown, Woody Herman, Jimmy Giuffre, Buddy Rich, Art Tatum,

Illinois Jacquet, Quincy Jones, Buddy DeFranco, Shorty Rogers, Barney Kessel, Monty Alexander, Manny Albam, Bill Potts, LH&R, Ella Fitzgerald, Frank Sinatra, Nat King Cole, Fred Karlin, Bobby Short, Joe Williams, Coleman Hawkins, Dizzy Gillespie, Zoot Sims, Jo Jones, Jimmy Rushing, Nancy Wilson, Lester Young, Louis Bellson, Sonny Stitt, Spike Robinson u. a.; als Leader für Aladdin, Pacific Jazz, Verve, Roulette, Riverside, Columbia, Vee-Jay, Sue, Pablo, Aurex, Storyville, Atlas, Black & Blue, Candid, Orange Blue, Capri.

CD: Pablo 2310934; Candid 79050

Edwards, Teddy, Theodore Marcus, (ts), * 26.2.1924 Jackson, Miss. Spielte schon mit zwölf Jahren bei Doc Parmlee, bei Don Dunbar 1938, Paul Gayten 1940 Alto u. Klarinette. 1942 in Detroit bei Hank Jones, Tweed Beard u. a. Hatte eigene Band in Alexandria, La., u. Tampa, Fla. Spielte an der Westküste mit Ernie Fields, Roy Milton, Howard McGhee u. Gerald Wilson, jetzt vorwiegend Tenor. In den 50er Jahren bei Howard Rumsey, Max Roach, Benny Carter, Benny Goodman, mit eigenen Gruppen. Seitdem in den Studios tätig, aber immer wieder mit eigenen Gruppen zu hören, auch mehrmals in Europa. Obwohl E. einer der originellsten Musiker seines Instruments ist, mit einem persönlichen Ton und einer beachtlichen Technik, wird er immer noch unterschätzt und hat noch immer nicht die ihm gebührende Wertschätzung gefunden. – Schallplatten u. a. mit Howard McGhee, Slim Gaillard, Max Roach, Leroy Vinnegar, Jimmy Witherspoon, Gerald Wilson, John Anderson, Benny Goodman, Louis Jordan, Ernie Andrews, Sarah Vaughan, Mel Tormé, Julie London, Barney Kessel, Ray Charles, Russ Garcia, Dexter Gordon, Onzy Matthews, Hank Jones, Marty Paich, Freddie Redd, Milt Jackson, »Tenor Conclave« (Timeless); als Leader für Dial, Rex, Pacific Jazz, Contemporary, Prestige, Xanadu, Muse, Steeplechase, Timeless, Antilles.

CD: T. E. & H. McGhee, Contemporary OJCCD-424

Eldridge, Roy, David, (tp, flh, d, voc), * 30.1.1911 Pittsburgh, Pa., † 26.2.1989 Long Island. Studierte bei seinem älteren Bruder Joe, spielte mit sechs Jahren Drums in dessen Band. Mit zwölf Jahren Trompete, mit 16 bei Oliver Muldoon, einige Monate eigene Band, dann bei Horace Henderson, Zach Whyte und Speed Webb. Ab 1930 in N. Y. bei Cecil Scott, Elmer Snowden und Charlie Johnson. 1935 bei Teddy Hill, wo er neben Chu Berry erstmals

Roy Eldridge

als Solist Aufsehen erregte. 1936 bei Fletcher Henderson, 1937 eigene Band mit Joe E. (as). 1940–43 bei Gene Krupa, 1944 bei Paul Baron, 1944–45 bei Artie Shaw, dann eigene Band bis 1949. In diesem Jahr wieder bei Krupa, 1950 mit Benny Goodman auf Europatournee, blieb dort für 18 Monate. In den 50er Jahren häufig mit → JatP auf Tournee, auch mit eigenen Gruppen. Arbeitete in den 60er Jahren oft mit → Coleman Hawkins zusammen, auch mit Ella Fitzgerald und 1966 bei Count Basie. Seit den 70er Jahren einer der Stars des → Pablo-Labels, regelmäßig mit Norman Granz auf Tourneen und Festivals. E. gilt nach Louis Armstrong als der bedeutendste Trompeter des Jazz und als stilistisches Bindeglied zu → Dizzy Gillespie, dessen Vorbild er war. Seine ungewöhnliche Technik erlaubte Improvisationen in Höhen, in denen andere Trompeter allenfalls noch Kadenzen blasen konnten, ausgeführt mit einer verblüffenden Geschwindigkeit. – Schallplatten mit Teddy Hill, Fletcher Henderson, Teddy Wilson, Gene Krupa, Zutty Singleton, Mildred Bailey, Chu Berry, Billie Holiday, Chocolate Dandies, Metronome All Stars, Coleman Hawkins, Lionel Hampton, Artie Shaw (»Little Jazz«), Putney Dandridge, Ray McKinley, Art Tatum, Dizzy Gillespie, Harry Edison, Ralph Burns, Herb Ellis, Oscar Peterson, Sonny Stitt, Lester Young, Ben Webster, Earl Hines, Benny Goodman, Big Joe Turner, Charlie Barnet, Count Basie, Ella Fitzgerald, JatP, Johnny Hodges, Milt Buckner, Jo Jones, Jackie Gleason u. a.; als Leader ab 1937 für Vocalion, Varsity, Keynote, Decca, Vogue, Metronome, Verve, Master Jazz, Pablo.

Lit.: Jan Evensmo, The Trumpet of Roy Eldridge 1929–44, Hosle, Norwegen 1979

LP: Affinity 1916; The Trumpet Kings, Pablo 2310745

CD: Heckler's Hop, Hep 1030; After You've Gone, MCA 16052

Electric Jazz → Fusion Music

Electrical Transcription (ET), eine Form der Schallplatte, die von den 30ern bis in die 50er Jahre von den Rundfunkstationen der USA verwendet wurde. Es handelte sich um 40-cm(16″)-Kunststoff-Platten, die mit 33⅓ UpM meist von innen nach außen abgespielt wurden, nur einseitig bespielt waren und ca. 15 Minuten Spieldauer hatten. Diese Form wurde wegen ihrer besseren Klangqualität und der längeren Spieldauer den üblichen 78er Schellack-Platten vorgezogen. Außerdem war der Bedarf der Rundfunksender so groß, daß er durch die kommerziellen Veröffentlichungen der damals noch wenigen Schallplattenfirmen nicht gedeckt werden konnte. In den 50er Jahren wurden die ETs den LPs angepaßt; es gab auch welche mit 8″ (20 cm) Durchmesser.

Zahlreiche Jazzgruppen und Big Bands haben Aufnahmen speziell für ETs eingespielt, oft unter Pseudonym oder unter einem Sammelbegriff wie »Rhythm Makers Orch.«. Dieser Name wurde vom Transcription-Service der → RCA für Titel von Benny Goodman, Charlie Bar-

Keystone-ET, 1938

Reissue einer Lang-Worth-ET (1951). Plattendurchmesser 20 cm (!)

net, Bunny Berigan u. Artie Shaw verwendet.

Für den Forscher und Sammler sind diese ETs – ähnlich wie → Airchecks – von besonderem Interesse, da hier häufig Raritäten zu finden sind, Titel, die nicht kommerziell aufgenommen wurden oder mit einer abweichenden Besetzung, einem anderen Arrangement u. ä., so daß interessante Vergleiche angestellt werden können.

Spezielle ET-Firmen waren Thesaurus (RCA), World (Decca), Standard, Muzak, McGregor, Lang-Worth, Keystone.

Lit.: C. Garrod, McGregor Transcriptions Listing; World Transcription Listing, Zephyrhills 1990; Associated Transcription Listing, 1991

LP: B. Goodman, Sunbeam 101–103; B. Berigan, Hindsight 239; Artie Shaw, Swingdom 7005-4; Stan Kenton, Hindsight 118

CD: D. Ellington, Vintage Jazz VJC-1003-2; King Cole Trio, VJC-1026-29-2; B. Berigan, Jass JCD-638

Ellington, Duke, Edward Kennedy, (p, comp, ldr), * 29.4.1899 Washington D. C., † 24.5.1974 N. Y. Stammt aus einer gutbürgerlichen Familie, der Vater war Butler im Weißen Haus. Lernte Klavier ab seinem sechsten Lebensjahr von Henry Grant, hörte Ragtime-Pianisten, die ihn beeinflußten, erste Komposition mit 16 Jahren, »Soda Fountain Rag«. Zu seinen Jugendfreunden gehörten Otto Hardwicke und Sonny Greer. Ging nach N. Y., spielte bei Wilbur Sweatman 1922, kehrte nach W. zurück, war im Frühjahr 1923 wieder in N. Y. und gründete eine Band mit Otto Hardwicke (as), Sonny Greer (d), Arthur Whetsol (tp), Elmer Snowden (bj). Letzterer wurde nach Meinungsverschiedenheiten durch Fred Guy ersetzt. Der erste Job war im Hollywood, später bekannt als Kentucky Club. Dort legte er den Grundstein für seinen Stil, zu dem Musiker wie Bubber Miley (tp), Joe Nanton (tb), Harry Carney (bar, cl, bcl) beitrugen, wenig später Johnny Hodges (as) und Barney Bigard (cl), während Miley durch Cootie Williams ersetzt wurde. Der eigentliche Aufstieg begann im Cotton Club, von wo aus Kompositionen wie »Mood Indigo«, »Sophisticated Lady« und »Solitude« die Welt eroberten. Seine als »Jungle Style« bekannte Musik hob sich deutlich von der der anderen Big Bands seiner Zeit ab.

In den späten 30er Jahren machte die Band eine Krise durch. Der → Swing hatte Bands wie die von Benny Goodman, Count Basie und Jimmy Lunceford an die Spitze gebracht und E. zu verstehen gegeben, daß die Band frische Ideen brauchte. Er fand in Billy Strayhorn einen Mitarbeiter als Komponist, Arrangeur und Pianist, in → Ben Webster (erstmals) einen überragenden Tenorsolisten und in → Jimmy Blanton einen Revolutionär des Baßspiels, welcher das Orchester in ungeahnter Weise stimulierte. Diese Zeit (1939–42) gilt zu Recht als E.'s beste überhaupt, wozu auch der Wechsel der Plattenfirma (von Columbia zu RCA) beitrug. In den 40er Jahren begann der Duke (ein Spitzname, den ihm wegen seiner Noblesse schon Schulkollegen gegeben hatten) mit der Komposition von größeren Werken (Suiten), nachdem er schon 1931 mit der »Creole Rhapsody« und 1935 mit »Reminiscing in Tempo« mit solchen Versuchen hervorgetreten war. Bei (ab 1943) jährlichen Carnegie-Hall-Konzerten wurden »Black, Brown & Beige«, »Liberian Suite«, »The Tattoed Bride« u. a. uraufgeführt.

In den 40er Jahren war die Band erneut in einer Krise: Einige wichtige Musiker hatten die Band verlassen (Ben Webster, Barney Bigard) oder waren gestorben (Jimmy Blanton, Joe Nanton). 1950 verließ sogar Johnny Hodges für fünf Jahre die Band. Schon 1940 kam Ray Nance für Cootie Williams. Adäquaten Ersatz fand er in Paul Gonsalves (ts), Jimmy Hamilton (cl), Russell Procope (as, cl), Willie Smith (as) und Louie Bellson (d), dazu Cat Anderson und Clark Terry (tp), Quentin Jackson und Booty Wood (tb). Ein Auftritt beim Newport-Festival von 1956 (jetzt mit Sam Woodyard [d]), bei dem Paul Gonsalves mit 27 Chorussen über »Diminuendo and Crescendo in Blue« die Hörer auf die Stühle trieb, brachte die Band wieder in die Schlagzeilen der Fachpresse. Bis zu seinem Tod konnte der Duke die Band auf einem beachtlichen Niveau halten, obwohl der Tod von Billy Strayhorn (1967) einen nicht zu ersetzenden Verlust bedeutete. Es gab eine Reihe von interessanten Begegnungen auf Schallplatte, so mit der Basie-Band, mit Louis Armstrong oder im Trio mit Charles Mingus u. Max Roach (»Money Jungle«). 1965 wurde das erste seiner »Sacred Concerts« uraufgeführt, dem zwei weitere folgten.

Als Pianist gehört E. nicht zu den großen Meistern des Jazz, auch wenn sein (auf dem → Stride) fußender Stil lange unterschätzt wurde. Seine Bedeutung als Komponist ist unumstritten, auch wenn zugegeben werden muß, daß viele seiner (weit über 1000) Kompositionen von seinen

Musikern inspiriert wurden, die meist auch als Mitkomponist genannt werden. Von seinen Suiten sind nur wenige (z. B. »Such Sweet Thunder«) von bleibendem Wert, und seine ihm selbst sehr wichtigen »Sacred Concerts« sind schon lange kein Thema mehr. Aber Titel wie »Ko Ko«, »Main Stem«, »Harlem Airshaft«, »Rocking in Rhythm«, »Daybreak Express«, »Concerto for Cootie«, »Cotton Tail«, »Jack the Bear« und einige Dutzend andere werden zum ewigen Bestand des Jazz gehören.

Seine wichtigsten Schallplatten hat E. für Brunswick (MCA), Columbia, RCA, Capitol, Reprise u. Atlantic eingespielt, als Sideman nahm er an Small-Group-Sessions seiner Bandmitglieder teil (Barney Bigard, Rex Stewart, Johnny Hodges etc.), außerdem spielte er mit Tommy Dorsey, Count Basie, Coleman Hawkins, John Coltrane und begleitete mit seinem Orch. Frank Sinatra, Rosemary Clooney, Teresa Brewer u. a.

Lit.: D. Ellington, Music Is My Mistress, N. Y. 1976^2, dt. München 1974; Mercer Ellington w. Stanley Dance, D. E. in Person, Boston 1978; J. L. Collier, Duke Ellington, N. Y./Oxford 1987, dt. Wien 1989; Stanley Dance, The World of D. E., N. Y. 1981^2; P. Gammond, Duke Ellington, London 1987; D. Jewell, Duke, A Portrait of D. E., London 1986^2; H. Ruland, D. E., Sein Leben, seine Musik, seine Schallplatten, Waakirchen 1983; W. E. Timner, Ellingtonia, Metuchen, N. J. 1988^3 (D); J. Valburn, The Directory of D. Ellington's Recordings, Hicksville 1986; Mark Tucker, Ellington, The Early Years, Oxford 1991; K. Stratemann, D. E., Day by Day and Film by Film, Kopenhagen 1992

CD: The Blanton-Webster-Band und Black, Brown & Beige, Bluebird-RCA; Happy-Go-Locky Local, Musicraft; At Newport, CBS; The Private Collection, WEA

Ⓥ: Virgin 790419; On the Road with D. E., Kay Jazz 017; Memories of Duke, Warner Music Vision ASV 50187-3

Ellington, Mercer, (tp, mellophone, comp), * 11.3.1919 Washington D. C. Der Sohn von → Duke Ellington hatte seine erste Band 1939 (mit Dizzy Gillespie u. Billy Strayhorn), arbeitete nach dem Krieg mit Sy Oliver zusammen, gründete eigenes Label »Mercer«, war 1954 Road Manager für Cootie Williams und für seinen Vater 1955–59. Leitete eigene Band im »Birdland«, arbeitete als Diskjockey 1962–65, anschließend wieder beim Duke als Trompeter u. Road Manager. Leitet die E.-Band nach dem Tod seines Vaters. E. ist als Trompeter nie in Erscheinung getreten, hat aber als Arrangeur u. Komponist seine Verdienste. Er schrieb u. a. »Things Ain't What They Used to Be«, »Moon Mist«, »Blue Serge«, »Girl in My Dreams«. – Schallplatten mit D. E., Al Hibbler, Della Reese, Eugenie Baird, Teresa Brewer; als Leader für Aladin, Musicraft, Coral, Fantasy, Lobster, GRP, Limelight.

CD: Digital Duke, GRP 9584; Music Is My Mistress, Limelight 820801-2

Elliott, Don (Don E. Helfman, (vib, tp, mell, voc, comp), * 21.10.1926 Somerville, N. J. Studierte an der Juilliard School 1944–45 und an der Univ. of Miami 1947; hatte ersten wichtigen Job bei George Shearing 1950–51, spielte anschließend bei Teddy Wilson, Terry Gibbs, Benny Goodman, Buddy Rich. 1954–60 eigene Gruppe in N. Y., schrieb auch Filmmusik, für Broadway-Shows etc. Seither kaum noch als Jazz-Musiker tätig. – Schallplatten mit Paul Desmond, Marty Bell, Sylvia Syms, George Shearing, Terry Gibbs, Billy Taylor, Bob Corwin, Lilian Roth, Ruby Braff, Quincy Jones, Michel Legrand, Leonard Feather – Dick Hyman, Dinah Washington, Morey Feld, Louis Bellson, Carol Stevens, Janet Brace, Joe Puma, Sonny Stitt, Dave Grusin u. a.; als Leader für Savoy, RCA; Vanguard, Bethlehem, Riverside, ABC-Paramount, Verve, Decca, Design.

LP: P. Desmond feat. Don Elliott, OJC 119

Ellis, Don, Donald, (tp, comp), * 25.7. 1934 L. A., † 17.12.1987 L. A. Studierte Trompete u. Komposition an der Boston Univ., spielte ab 1956 bei Ray McKinley, Charlie Barnet, Maynard Ferguson, George Russell, leitete Trio, sein »Hindustani Jazz Sextet« und ab 1966 Big Band, die u. a. mit drei Schlagzeugern besetzt war und mit ungeraden Metren experimentierte. Komponierte »Synthesis« für das Neophonic Orch., »Contrasts for Two Orch. and Trumpet« für das L. A. Symph. Orch., »Byrd of Paradise« für Charlie Byrd u. »Reach« für die Berliner Jazztage 1968. Schrieb auch Ballett- u. Filmmusik, u. a. »French Connection«. – Schallplatten mit Charles Mingus, George Russell, Eric Dolphy, Maynard Ferguson, »Jazz Percussion«, als Leader für Candid, Pacific Jazz, CBS; MPS, Atlantic.

Lit.: A. J. Agostinelli, D. E., A Man for Our Time, Providence 1986[3]

CD: How Time Passes, Candid 79004

Ellis, Herb, Mitchell Herbert, (g), * 4.8.1921 McKinney, Tex. Studierte am North Texas College, spielte ab 1944 beim Casa Loma Orch., bei Jimmy Dorsey, mit dem »Soft Winds«-Trio, 1953–58 bei Oscar Peterson, bei Ella Fitzgerald, Julie London, Don Trenner, Terry Gibbs. Der gleichermaßen als Solist wie als Begleiter hervorragende E. ist seit den 70er Jahren an der Westküste tätig, gehört zum Stamm des Concord-Labels, für welches er etliche LPs als Leader und Sideman aufnahm. – Schallplatten außerdem mit dem Oscar-Peterson-Trio, auch in dessen Funktion als Rhythmusgruppe auf vielen Verve-Sessions, mit Jack Teagarden, Red McKenzie, Hot Lips Page, Casa Loma Orch., Steve Allen, Bob Crosby, Flip Phillips, Lester Young, Johnny Hodges, JatP, Jimmy Giuffre, Bob Florence, Great Guitars, Stephane Grappelli, Oliver Jones u. a.; als Leader ab 1956 für Verve, Epic/Columbia, MPS, Pablo, Concord, Atlas, Justice.

LP: Great Guitars, Concord CJ-12

CD: Hello Herbie, MPS 821846-2

Elman, Ziggy, Harry Finkelman, (tp, tb, sax), * 26.5.1914 Phil., † 26.6.1968

L. A. Wuchs in Atlantic City auf, spielte dort bei Alex Bartha, 1936–40 bei Benny Goodman als Mitglied des legendären Trompetensatzes, dem noch → Harry James und Chris Griffin angehörten; E. war der »heißeste« von diesen. 1940 zu Tommy Dorsey, blieb mit Unterbrechungen bis 1947, dann eigene Band. Zog sich 1956 aus Gesundheitsgründen zurück. – Schallplatten mit Benny Goodman (»And the Angels Sing«, »Zaggin' with Zig«), Tommy Dorsey (»Well Git It«), Lionel Hampton, Mildred Bailey, Frank Sinatra, Metronome All Stars, Paul Weston, Jess Stacy; eigene Aufnahmen für → Bluebird und MGM.
Lit.: C. Garrod, S. Dunham/Ziggy Elman Orch., Zephyrhills 1990 (D)
CD: Affinity AFS 1006

EMI (**E**lectrical and **M**usical **I**ndustries), ein multinationaler Konzern mit Sitz in Hayes/Middlesex (UK), entstand 1931 aus der Fusion der Labels Marconiphone Co. (His Master's Voice) und Columbia Graphophone Co.: Columbia, His Master's Voice, Odeon, Parlophone. Übernahm 1954 → Capitol sowie 1978 United Artists und → Blue Note, 1989 → Roulette. Die deutsche Niederlassung hat ihren Sitz in Köln (Electrola).

Enevoldson, Bob, Robert Martin, (vtb, ts, b, arr), * 11.1.1920 Billings, Montana. Spielte Klarinette im Utah Symphony Orch., ab 1951 im Raum L. A., vorwiegend als Studiomusiker, auch bei Bobby Troup, in der »Steve Allen«-Show u. a. – Schallplatten mit Gerry Mulligan, Bobby Troup, Art Pepper, Howard Rumsey, Shelly Manne, Steve Allen, Lennie Niehaus, Bob Florence, Leith Stevens, Shorty Rogers, Doris Drew, Tal Farlow, Marty Paich, Jimmy Rowles, Nancy Wilson, Virgil Gonsalves, Terry Gibbs, Med Flory, Bill Holman, Ella Fitzgerald, John Williams, Red Norvo, Buddy Rich, Mel Tormé, Deno Kannes, Roger Neumann u. a.; als Leader für Nocturne, Liberty u. Tampa.
*CD: B. E. Quintet, VSOP 14**

ENJA Records, 1972 von Matthias Winkelmann und Horst Weber in München gegründet. Der Name »**E**uropean **N**ew **Ja**zz« weist auf die Anfangszeit der Firma hin, als vorwiegend europäische Musiker aufgenommen wurden. Inzwischen besteht der Katalog hauptsächlich aus internationalen Namen, von Gene Ammons über Chet Baker und Dizzy Gillespie bis zu Attila Zoller. Sub-Labels: Blues Beacon, Tiptoe.

Ericson, Rolf, Roffe, (tp), * 29.8.1922 Stockholm. Ging 1947 in die USA, spielte dort mit Benny Carter, Charlie Barnet, Elliot Lawrence, Charlie Ventura, Benny Goodman, Charlie Spivak, Stan Kenton, Woody Herman, H. Rumsey, Harry James, Les Brown, zwischendurch in Schweden mit Arne Domnerus, mit Erwin Lehn, Tourneen in Europa u. a. mit dem Glenn-Miller-Orch. – Der solide Mainstream- und Bebop-Trompeter ist auf Schallplatten zu hören mit Rod Levitt, Howard Rumsey, Duke Ellington, Curtis Counce, Harold Land, Buddy Rich, Charles Mingus, Charlie Parker, Dexter Gordon,

George Russell, Johnny Hodges, Stan Kenton, Woody Herman, WDR-Big Band, Jørgen Svare u. a.; eigene LPs für Metronome, Gazell, Four Leaf Clover.
LP: Sincerely Yours, FLC 5027

Erskine, Peter, (d), * 5.6.1954 Somers Point, N. J. Studierte bei Alan Dawson und Dee Barton an der Indiana Univ.; ab 1972 drei Jahre bei Stan Kenton, bis 1978 bei Maynard Ferguson, bis 1982 bei → Weather Report, 1982–83 bei → Steps Ahead, ab 1986 wieder bei Weather Report, wo seine »Maschinengewehr-Power« nicht mit seinem mangelnden → swing kollidiert. Ist außerdem ein sehr beschäftigter Studio-Drummer. – Schallplatten mit Stan Kenton, Maynard Ferguson, Weather Report, Steps Ahead, George Gruntz, Bob Berg, Jaco Pastorius, George Cables, Bobby Hutcherson, Bob Mintzer, John Patitucci, Joe Henderson, Don Grolnick, Eliane Elias, Gary Burton, Rick Margitza, John Abercrombie, Bob James, Marc Johnson, Warren Bernhardt, Mike Giammarco, Dieter Ilg u. a.; eigene LPs für Contemporary, Denon, AH-UM, Novus.
CD: Transition, Denon 1484

Ervin, Booker, Booker Tellefero Jr., (ts), * 31.10.1930 Denison, Tex., † 31.8. 1970 N. Y. Studierte 1950 an der Berklee School, spielte ab 1954 bei Ernie Fields, ab 1958 bei Charles Mingus, Randy Weston, ab 1964 mit eigenen Gruppen meist in Europa. Exzellenter Vertreter des Hard-Bop mit Einflüssen der harten »Texas Tenors«. – Schallplatten mit Charles Mingus, Randy Weston, Pony Poindexter, Dexter Gordon, Don Patterson, Jaki Byard, Roy Haynes, Mal Waldron, Nuria Feliu, Horace Parlan; eigene LPs für Bethlehem, Savoy, Candid, Prestige, Pacific Jazz, Blue Note, Enja.
Lit.: G. Wattiau, A Discography of B. E., Amsterdam 1987
CD: That's It, Candid CD 79014

Erwin, Pee Wee, George, (tp), * 30.5. 1913 Falls City, Nebr., † 20.6.1981 Teaneck, N. Y. Lernte tp bei seinem Vater, begann 1927 professionell zu spielen, war in den 30er Jahren bei Isham Jones, Ray Noble, Benny Goodman, Tommy Dorsey, Raymond Scott, eigene Band 1940–42, bis 1949 in Rundfunkorchestern, anschließend Dixieland-Bands in N. Y., trat damit in Rundfunk und TV auf. E. war ein solider Swing-Trompeter, der gelegentlich mit → Bunny Berigan verwechselt wurde (den er bei Benny Goodman u. Tommy Dorsey ersetzt hat), was nur für seine Qualität spricht. – Schallplatten mit Ray Noble, Benny Goodman, Tommy Dorsey, Red Allen, Joe Marsala, Brick Fleagle, Jess Stacy, Sandy Williams, Bobby Byrne, Jackie Gleason, Dixie Rebels, Enoch Light, Jack Saunders, Six Blue Chips u. a.; als Leader für King, Brunswick, Urania, Cadence, United Artists, Qualtro, Jazzology, Jazz Crooner.
Lit.: W. W. Vaché Sr., This Horn For Hire, Metuchen, N. J. 1987
CD: T. Dorsey, Clambake Seven, Bluebird ND 83140

ESP-Disk, N. Y., 1964 von Bernhard Stollman gegründet, um die Esperanto-Sprache zu fördern, nahm jedoch auch etliche Musiker der New Yorker Jazz-Avantgarde auf, so die erste LP von Pharoah Sanders sowie u. a. Ornette Coleman, Marion Brown, Bob James, Ran Blake, Frank Wright, Henry Grimes, Giuseppi Logan und das N. Y. Art Quartet mit Roswell Rudd u. John Tchicai.

Esquire All Stars, die Sieger einer Umfrage (→ Poll) der Zeitschrift »Esquire«, die in den Jahren 1944–47 Jazz-Experten nach den besten Musikern, Vokalisten und Bands befragte und diese in Konzerten vorstellte. Das erste Konzert fand am 18.1.1944 in der New Yorker Metropolitan-Oper statt. Mitschnitte der Konzerte wurden z. T. auf → V-Disc veröffentlicht, später auf LPs. Außerdem wurden einige Studio-Aufnahmen für RCA eingespielt.

Der Esquire-Poll war der erste, in dem den farbigen Jazzmusikern die ihnen zukommende Rolle attestiert wurde, während die Polls der eigentlichen Jazz-Zeitschriften »Metronome« und »Downbeat« zu dieser Zeit fast nur Weiße auszeichneten. (→ Metronome All Stars).

Lit.: Esquire's Jazz Book 1944/45/46, Da Capo, N. Y. 1979

CD: Bluebird ND 86757; Jazzline JL 95810-14

Evans, Bill, William John, (p, comp), * 16.8.1929 Plainfield, N. J., † 15.9. 1980 N. Y. Studierte neben Klavier auch Violine u. Flöte, hatte schon mit 16 eine Band mit Don Elliot. Erste Jobs mit Mundell Lowe u. Red Mitchell. Nach Armeedienst bei Jerry Wald u. Tony Scott. 1958 bei Miles Davis, anschließend eigenes Trio in N. Y. mit 1961–62 Scott LaFaro (b) u. Paul Motian (d), welches zu den wegweisenden Gruppen in dieser Besetzung wurde und einige schon legendäre LPs herausbrachte (»Village Vanguard Sessions«). Spätere Besetzungen umfaßten Chuck Israels, Gary Peacock und Eddie Gomez (b) u. Jack de Johnette, Marty Morell, Elliot Zigmund u. Joe La Barbera (d). E. war der erste Pianist, der das Klavier pianistisch und nicht perkussiv spielte. Durch die Aufhebung der Rollenverteilung von Solist/Begleiter gab er dem Klaviertrio eine neue Konzeption. – Schallplatten mit Jerry Wald, George Russell (»Jazz in the Space Age«), Stan Getz, Eddie Costa, Hal McKusick, Art Farmer, Cannonball Adderley, Miles Davis, Sahib Shihab, Bill Potts, Lee Konitz – Jimmy Giuffre, Gunther Schuller, Shelly Manne, Dave Pike, Freddy Hubbard, Jim Hall, Oliver Nelson, Claude Ogerman, Chet Baker, Tony Bennett, Toots Thielemans, Lucy Reed; eigene Aufnahmen für Riverside, United Artists, Verve, CTI, MGM, Columbia/Epic, Fantasy, Warner Bros.; aus dem Nachlaß auf Elektra Mus., Fresh Sound u. a.

Lit.: H. E. Petrik, Bill Evans, Sein Leben, seine Musik, seine Schallplatten, Schaftlach 1989

Zeitschr.: Letter from Evans, W. Hinkle, 2712 Cady Way, Winter Park, FL 32792, USA

LP: Village Vanguard Sessions, Milestone 47002; Conversations with Myself, Verve

CD: Complete Riverside Recordings, Riv. 12RCD 018-2; Empathy/Simple Matter of Conviction, Verve 837757-2; Complete Fantasy Recordings, Fan. 9FCD-1012-2

Evans, Gil, eigentl. Ian Ernest Gilmore Green, (p, comp), * 13.5.1912 Toronto, † 20.3.1988 Mexico City. War Autodidakt, hatte 1933–38 eigene Band in Stockton, Calif. Die Band wurde von Skinnay Ennis übernommen, E. blieb als Arrangeur. Ging 1941 zu Claude Thornhill, schuf mit diesem einen auf der Verwendung von Waldhorn und Tuba beruhenden unverwechselbaren Sound, der seine typische Ausprägung in Arrangements über Bebop-Themen wie »Anthropology« und »Donna Lee« fand und als Vorstufe des → Cool Jazz gilt. E. war die treibende Kraft hinter dem »Capitol«-Orchester (→ Miles Davis), arbeitete dann für Gene Williams, Billy Butterfield, Pearl Bailey, Charlie Parker. 1957 begann eine erneute Zusammenarbeit mit Miles Davis bei den längst klassischen LPs »Sketches of Spain«, »Miles Ahead«, »Porgy and Bess«. Die daraus resultierende Anerkennung ermöglichte ihm erstmals Einspielungen unter eigenem Namen (»Big Stuff«, »New Bottle – Old Wine«, »Out of the Cool«). In den 60er Jahren war es relativ ruhig um ihn, in den 70ern trat er wieder regelmäßig in N. Y. und auf Festivals auf, verarbeitete Rock-Elemente, setzte elektronische Instrumente ein (LPs »Svengali«, »Plays Jimi Hendrix«) und bestätigte seine Rolle als führender Arrangeur des Jazz, obwohl er den für ihn typischen Stil vermissen ließ. – Neben den Genannten arbeitete er noch für Helen Merrill, Marcy Lutes, Lucy Reed, Don Elliott, Benny Goodman, Kenny Burrell (»Guitar Forms«), Astrud Gilberto; als Leader nahm er Schallplatten auf für Prestige, World Pacific, Impulse*, Verve, Ampex, Fontana (Jap), Atlantic, Philips, Antilles, RCA, Mole, Trio, Electric Bird, Last Chance. Duo-Aufnahmen mit → Lee Konitz wurden erst 1992 auf Verve veröffentlicht.

Lit.: R. Horricks, Svengali, or the Orchestra Called Gil Evans, Tunbridge Wells/N. Y. 1984; Tetsuya Tajiri, Gil Evans Discography 1941–82, Tokio 1983; Uwe Reichardt, Gil Evans Discography 1938–88 (i. V.); L. Cugny, Las Vegas Tango, Une vie de Gil Evans, Paris 1989

CD: Out of the Cool, MCA 54615-2; The Individualism of G. E., Verve 833804-2*

Evans, Herschel, (ts, cl), * 1909 Denton, Tex., † 9.2.1939 N. Y. Begann 1926 in lokalen Bands in Texas, u. a. bei Terence Holder, Sammy Holmes, 1929 bei Troy Floyd, 1933 zu Bennie Moten, 1935 in Kansas City bei Hot Lips Page, in Chicago bei Dave Peyton, in L. A. bei Charlie Echols und Lionel Hampton sowie Buck Clayton. Mit letzterem im Herbst 1936 zu Count Basie, blieb dort bis zu seinem Tod. E. gehört zu den großen Tenorsaxophonisten der 30er Jahre. Inspiriert von Coleman Hawkins, besonders bei Balladen, hatte er bei Stücken in mittlerem und schnellem Tempo einen eigenen Stil vorzuweisen. In der Basie-Band war er der Antipode zu → Lester Young, mit dem er sich legendäre → Battles lieferte. – Schallplatten mit Troy Floyd, Richard M. Jones, Mildred Bailey, Harry James, Count Basie, Lionel Hampton, Teddy Wilson, Billie Holiday.

LP/CD: → C. Basie (bes. »Blue and Sentimental«), Decca/MCA

Evergreen, in der populären Musik ein (nur scheinbar englischer) Begriff für einen Schlager, der immer wieder gern gehört und gespielt wird. Solche »Standards«, wie es richtig heißen muß, werden von Jazz-Musikern gern als Improvisationsvorlage benutzt.

Lit.: D. Schulz-Köhn, Die Evergreen-Story – 40 × Jazz, Berlin 1990; S. Suskin, Show Tunes 1905–1985, N. Y. 1986

Explosion, ein harter Schlag oder ein kurzer Trommelwirbel auf die große bzw. kleine Trommel nach Abschluß eines Solos (meist am Ende der ersten acht Takte eines 32taktigen Stückes. Stammt aus dem Traditional Jazz und wurde im → Bebop weiterentwickelt als → Bombs.

F

Faddis, Jon, Jonathan, (tp, flh), * 24.7.1953 Oakland, Ca. Studierte bei Bill Catalano und an der Manhattan School of Music 1972–75, spielte in dieser Zeit u. a. in der Jones Lewis Big Band. Sein Spiel ist stark von → Dizzy Gillespie beeinflußt, den er in seiner Anfangszeit kopierte und von dem er protegiert wurde. Spielt mit eigenen Gruppen, als Gastsolist (u. a. mit Gil Evans, Peter Herbolzheimer) und in den Studios. – Schallplatten mit Charles Mingus, Dizzy Gillespie, Michel Legrand, Oscar Peterson, Gil Evans, Kenny Burrell, McCoy Tyner, Ron Carter, Gene Harris, Larry Elgart, Illinois Jacquet, Clark Terry, Carmen Lundy, Manhattan Jazz Orch., George Gruntz, Louis Bellson, Bob James, Milt Jackson, Players Association, Buddy Rich, Monty Alexander; für Pablo, Concord, Blackhawk und Epic als Leader.
CD: Legacy, Concord 291

Fagerquist, Don, Donald, (tp), * 6.2. 1927 Worcester, Mass., † 24.1.1974 L. A. Begann 1943 bei Mal Hallett, war 1944–45 u. 1947–48 bei Gene Krupa, 1949 bei Arthie Shaw, 1950 bei Woody Herman, dann bis 1956 bei Les Brown, anschließend als Studiomusiker in Hollywood. F. war neben → Conte Candoli der führende Trompeter des → West Coast Jazz. – Schallplatten mit Gene Krupa, Artie Shaw, Woody Herman, Les Brown, Shelly Manne, Dave Pell, Georgie Auld, Pete Rugolo, John Graas, Ralph Marterie, Russ Garcia, Mel Tormé, Doris Drew, Marty Paich, Red Norvo, Leroy Vinnegar, Matt Dennis, Warren Barker, Fred Katz, June Christy, Bob Cooper, Glen Gray, Laurindo Almeida, Johnny Mandel, Ella Fitzgerald, Fran Warren, Billy Eckstine, Billy May, Stan Kenton, Jo Stafford, Shorty Rogers, Henri René, Herb Harper, Paul Weston, Nancy Wilson, Frank Comstock, Si Zentner, Heinie Beau, Maxwell Davis, Elmer Bernstein u. a.; als Leader eine LP für Mode.

Famous Door Records, Flushing, N. Y., 1973 von Harry Lim († 1990) gegr., dem Mainstream gewidmet, z. B. Bill Watrous, Scott Hamilton, Dick Carey, Eddie Barefield.

Fantasy Records, Berkeley, Calif., 1949 von Sol u. Max Weiss gegr., veröffentlichte die ersten Aufnahmen von Dave Brubeck, dann Cal Tjader, Vince Guaraldi, Red Norvo, Elliot Lawrence, Bill Harris, Brew Moore. War in den 60er Jahren wenig aktiv bis zum Kauf von → Prestige 1971. Seitdem gehört es mit den Labels Prestige, → Milestone, → Riverside, Specialty, Stax, → Debut, Gospel Truth und Galaxy zu den führenden Jazz-Firmen.

Farlow Tal, Talmadge Holt, (g), * 7.6.1921 Greensboro, N. C. Spielte ab 1943 Gitarre, u. a. bei Margie Hyams, Buddy DeFranco, Red Norvo, Artie Shaw (Gramercy Five 1953–54). Trat ab 1955 nur wenig auf, arbeitete zeitweise als Schildermaler. Spielte 1965 mit Don Friedman u. Vinnie Burke, 1968 beim New-

port-Festival, in den 80er Jahren bei Concord-Festivals. F. ist einer der virtuosesten Gitarristen des Jazz, wird wegen seiner Fingerfertigkeit »Octopus« genannt, und es ist wohl nur auf seine Reiseunlust zurückzuführen, daß er nicht in einem Atemzug mit den Großen seines Instruments genannt wird. – Schallplatten mit Red Norvo, Artie Shaw, Buddy DeFranco, Howard McGhee, Ada Moore, Sonny Criss, George Wein; eigene LPs für CBS-Sony, Xanadu, Blue Note, Verve, Prestige, Concord.
Lit.: Hill Shane, T. F., Jazz Guitarist, Wheatley 1987
LP: A Sign of the Times, Concord 26

Farmer, Art, Arthur Stewart, (tp, flh), * 21.8.1928 Council Bluffs, Iowa. Spielte ab 1945 professionell bei Horace Henderson, Floyd Ray, Johnny Otis, Benny Carter, Wardell Gray, Lionel Hampton (1953 in Europa). 1954 Quintett mit Gigi Gryce, 1956 bei Horace Silver, 1958 bei Gerry Mulligan. Gründete 1959 mit → Benny Golson das »Jazztet« mit Curtis Fuller, McCoy Tyner, Dave Bailey und seinem Zwillingsbruder Addison (b, 1928–63). 1962–64 Quartett mit Jim Hall, 1965 mit Steve Kuhn und Jimmy Heath. Trat seit den 60er Jahren häufig in Europa auf, einige Jahre ausschließlich, war Mitglied der ORF-Big Band. F., der seit den frühen 60er Jahren ausschließlich Flügelhorn in einem flüssigen Stil spielt, gehört zu den gesuchten Stilisten seines Instruments und ist dementsprechend oft auf Schallplatten vertreten – so mit Jim Hall, Steve Kuhn, Charles McPherson, Jay McShann, Gerald Wilson, Gerry Mulligan, Annie Ross, Quincy Jones, Oscar Pettiford, Hal McKusick, Manny Albam, Wardell Gray, Gil Melle, Bennie Green, Mal Waldron, Jimmy Cleveland, Gigi Gryce, George Russell, Oliver Nelson, Benny Golson, Sylvia Syms, Bob Dorough, Carol Sloane, Earl Coleman, Hank Mobley, Horace Silver, Tommy Flanagan, Nancy Wilson, Peter Herbolzheimer, Ron Carter, Sonny Clark, »Rhythmstick«, George Williams, Teddy Charles u. a., als Leader bzw. Co-Leader mit dem Jazztet ab 1953 für Prestige, ABC-Paramount, Contemporary, United Artists, Argo, Mercury, Atlantic, Scepter, Columbia, MPS, Mainstream, Sonet, Pye, East Wind, CTI, Baystate, Soul Note, Concord, Interface, Enja, Denon, L & R.
CD: On the Road, Cont. 7636; Meet the Jazztet, Chess 91550; Moment to Moment, Soul Note 1066
Ⓥ: Jazz at the Smithsonian, MKJ 0003

Fazola, Irving, eigentl. Henry Prestopnik, (cl), * 10.12.1912 N. O., † 20.3. 1949 N. O. Der brillante Klarinettist verband den New-Orleans-Stil eines Jimmy Noone mit dem von Benny Goodman. Er spielte ab 1927 bei Louis Prima, Ben Pollack, Gus Arnheim, Glenn Miller, Bob Crosby, Claude Thornhill, Muggsy Spanier, Horace Heidt, mit eigenen Bands in N. O. – Schallplatten mit Gus Arnheim, Teddy Powell, Sharkey Bonano, Billie Holiday, Glenn Miller, Claude Thornhill, Ben Pollack, Jess

Stacy, Muggsy Spanier; beste Aufnahmen mit Bob Crosby, bes. den Bobcats 1938–40; eigene Aufnahmen für Keynote u. RCA.

Featuren, einen Instrumentalsolisten oder Vokalisten besonders herausstellen, z. B. wenn ein Arrangement speziell für ihn geschrieben wird.

Feeling (Gefühl) bedeutet die besondere Qualität, die dem Jazz innewohnt und ohne die er nicht möglich ist.

Feldman, Victor Stanley, (p, vib, d), * 7.4.1934 London, † 12.5.1987 Woodland Hills, Calif. Studierte am College of Music in London, spielte schon 1941–47 mit seinen Brüdern im Trio, dann bei Vic Lewis, Ted Heath, Ralph Sharon, ging 1955 in die USA, dort bei Woody Herman, Lighthouse All Stars, Cannonball Adderley, begleitete Peggy Lee und June Christy. Studierte bei Marty Paich und Leith Stevens, arbeitete als Film- und TV-Komponist. – Aufnahmen mit Jimmy Deuchar, Bert Dahlander, Shelly Manne, Leroy Vinnegar, Henry Mancini, Howard Rumsey, Terry Gibbs, Buddy DeFranco, Glen Gray, Mel Tormé, Woody Herman, Herb Geller, Dempsey Wright, Miles Davis, Bill Holman, Cannonball Adderley, Lalo Schifrin, Wes Montgomery, Joe Pass, James Clay, Marty Paich, Barney Kessel, Frank Rosolino, Sonny Rollins, Benny Goodman, Bob Cooper, Curtis Amy, Gerald Wilson, Tom Scott, Zoot Sims, J. J. Johnson, Les Brown, Ella Fitzgerald, Peggy Lee, Pepper Adams, Billy Eckstine, Bobby McFerrin u. a.; als Leader für Tempo, Esquire, Mode, Contemporary*, Ava, Vee-Jay, Concord, Palo Alto/TBA.
CD: Suite 16, OJC 1768-2; Secret of the Andes, PA 8053*

Ferguson, Allyn M., (p, comp), * 18.10.1924 San José, Ca. Erhielt Unterricht (Trompete, Klavier) von seinem Vater, studierte bei Nadia Boulanger u. Aaron Copland. Gründete 1956 das Chamber Jazz Sextet, hob die »Poetry & Jazz«-Bewegung aus der Taufe (→ Lyrik und Jazz). War Professor an der Stanford Univ., leitete ein Symphonie-Orch., schreibt Musik für Film und Fernsehen. – Schallplatten mit dem Chamber Jazz Sextet wurden auf Candid und Discovery wiederveröffentlicht.
CD: Pictures at an Exhibition, Disc. DSCD 960

Ferguson, Maynard, (tp, vtb, barhorn), * 4.5.1928 Montreal, Kanada. Studierte am French Conservatory of Music, hatte eigene Band in Verdun, Quebec, 1943–47, ging in die USA und spielte bei Boyd Raeburn, Jimmy Dorsey, Charlie Barnet (1949), 1950–53 bei Stan Kenton, wurde dort als phänomenaler High-Note-Spezialist bekannt mit einer umwerfenden Technik. War einige Jahre Studiomusiker in L. A., leitete ab 1956 eigene Bands in einem Powerhouse-Stil mit arr von Don Sebesky, Slide Hampton, Bill Holman u. a.; bevorzugt seit den 70er Jahren einen mit Rock-Elementen »verzierten« Big-Band-Stil. – Schallplatten mit Charlie Barnet (»All the Things You Are«), Stan Kenton (»Hot Canary«, »What's New«), Shorty

Rogers, Pete Rugolo, Jerry Fielding, Georgie Auld, Bud Shank, Howard Rumsey, Dinah Washington, Billy May, Perez Prado, Russ Garcia, Leith Stevens, Frances Faye, Vic Lewis, Chris Connor, Milt Bernhart u. a.; eigene LPs für RCA, MPS, CBS, Roulette, Atlantic, Mainstream, Palo Alto/TBA, Blackhawk, In & Out.

Lit.: Ed Harkins, M. F.: A Discography, Solana Beach 1976

CD: Birdland Dream Band, Bluebird ND86455; Si!Si!M.F., Roul. 795334

Field-Holler, Vorform des Jazz, besteht aus einfachen melodischen Rufen, die die Negersklaven bei der Arbeit sangen. (→ Work Songs)

Fifty-Second Street (auch Swing-Street oder The Street). Die 52. Straße in Manhattan war in den 30er und 40er Jahren berühmt wegen der zahlreichen Clubs und Nachtlokale, in denen Jazz dargeboten wurde. Die Geschichte der »Street« ist mit drei Jazz-Stilen verbunden: dem → Dixieland-Stil zu Beginn der 30er Jahre, als noch zur Prohibitionszeit die ersten Jazz-Musiker in den »Speakeasies« (Flüsterkneipen) spielten; dem → Swing und seinen Übergangsformen in den 30ern bis in die frühen 40er Jahre und mit dem → Bebop bis in die späten 40er Jahre. Die bekanntesten Etablissements, deren Namen z. T. in Song-Titeln verewigt wurden, waren der »Onyx Club«, »The Famous Door«, das »Hickory House«, der »Yacht Club«, »Kelly's Stable«, »Three Deuces«, »Spotlite« u. a. Unzählige Solisten und Bands hatten hier ihre ersten namhaften Engagements: Art Tatum, Billie Holiday, Hot Lips Page, Roy Eldridge, Fats Waller, Erroll Garner, Eddie Heywood, Slim & Slam, Stuff Smith, Leo Watson, Dizzy Gillespie, Charlie Parker, Sarah Vaughan. In den räumlich meist sehr beengten Clubs spielten sogar Big Bands wie die von Count Basie, Woody Herman und Charlie Barnet. Mit dem Aufkommen des modernen Jazz ging die Geschichte der »Street« zu Ende. Immer weniger Clubs engagierten Jazz-Musiker, die berühmteren hatten längst lukrativere Jobs gefunden, so daß um 1948 »The Street of Jazz« zu bestehen aufhörte.

Lit.: Arnold Shaw, 52nd Street, N. Y. 1977

LP: 52nd Street, Onyx 203 u. 217

CD: Swing Is Here, Bluebird ND 82180

Fill In, Fill Out, zwei unterschiedliche Techniken im modernen Schlagzeugspiel. Beim »Fill In« werden besondere Akzente zwischen die Phrasen der Melodieinstrumente gesetzt, beim »Fill Out« wird die Zeit durchgehend mit rhythmisch pointierten Schlaggeräuschen ausgefüllt, z. B. durch ein ununterbrochenes »Rühren« mit dem Besen auf der kleinen Trommel (Denzil Best) oder ein fortwährendes Anschlagen des Bekkens, so daß ein durchgehendes, zischendes Geräusch entsteht.

Finegan, Bill, William, (arr, p), * 3.4.1917 Newark, N. J. Nach Privatstudien und in Paris wurde er 1939 von Tommy Dorsey an Glenn Miller empfohlen, war bei diesem bis 1942 (»Little Brown Jug«), arbeitete dann für Tommy Dorsey (»Chloe«), Les Elgart u. a. und gründete 1952 mit → Eddie Sauter das Sauter-Finegan-Orch. Nach 1957 vor allem für Rundfunk und TV tätig. – Seine arr sind zu hören auf Schallplatten von Glenn Miller, Tommy Dorsey, Tex Beneke, Les Elgart, Horace Heidt, Lee Wiley, S.-F.-Orch., Judy Holliday, Carol Sloane, Ames Bros., Geraldo, Mel Lewis, Miller – McKinley – DeFranco u. a.

Fischer, Clare, (p, org, comp), * 22.10. 1928 Durand, Mich. Studierte an der Michigan State Univ., zog 1957 nach L. A., wurde Musical Director der → »Hi-Lo's«, arbeitete als Arrangeur für Donald Byrd, Dizzy Gillespie (»Portrait of Duke Ellington«, Verve), Bud Shank, Joe Pass, Cal Tjader, George Shearing, Sergio Mendez, Willie Ruff, Joao Gilberto, Diane Schuur. Gründete ein an die Konzeption von → Bill Evans angelehntes Trio, dem u. a. Gary Peacock, Ralph Pena (b), Gene Stone, Colin Bailey (d) angehörten. Spielt auch als Piano- und Orgel-Solist und mit größeren Ensembles bis zur Big Band. Verarbeitete lateinamerikanische Einflüsse. – Schallplatten mit Lisa Rich, den Hi-Lo's, Cal Tjader, Walfredo de los Reyes, Gary Foster, Bill Perkins, Poncho Sanchez, Singers Unlimited, Joe Pass, Laurindo Almeida; als Leader für Pacific Jazz, Revelation, MPS, Columbia, Atlantic, Discovery u. Concord.

CD: Waltz, Disc. DSCD 948

Fitzgerald, Ella, (voc), * 25.4.1917. Newport News, Va. Sie wuchs – entgegen der Legende – nicht in einem Waisenhaus auf. Allerdings hat sie ihren Vater nie gekannt, und ihre Mutter starb 1934. Sie trat bei Amateurwettbewerben auf, u.a. im → Apollo, wo sie 1935 entdeckt und auf Empfehlung von Benny Carter von → Chick Webb engagiert (und adoptiert) wurde. Nach einem Hit mit dessen Band (»A Tisket – a Tasket«, 1938) wurde sie so populär, daß sie dessen Orchester nach seinem Tod 1939 übernehmen konnte. Nach 1942 trat sie als Solistin auf, mit den Delta Rhythm Boys, Eddie Heywood, den Ink Spots, bei → JatP, 1947–52 mit dem Trio ihres damaligen Ehemannes → Ray Brown. Nach Trennung von Brown Trio mit Lou Levy, Paul Smith bzw. Tommy Flanagan (p). Seit den 50er Jahren regelmäßige Tourneen nach Europa, Japan, Lateinamerika, oft im Rahmen von → JatP und mit dem Oscar-Peterson-Trio. Auftritte in Filmen (»Pete Kelly's Blues«), TV-Shows (»Swing into Spring«) und mit den Bands von Duke Ellington, Count Basie, Louis Armstrong, Benny Goodman u. a. Nahm seit den 50er Jahren eine Reihe von »Song Books« auf mit den besten Songs der großen Komponisten der amerikanischen Unterhaltungsmusik, begleitet von den Orch. Nelson Riddle, Frank DeVol, Billy May u. Buddy Bregman. F. gilt aufgrund ihrer klaren Intonation, ihres sicheren Gefühls für Rhythmus und ihres großen Stimmumfangs (vom tiefen Des zum hohen B) als beste Jazz-Sängerin. Nach wenig bemerkenswerten Anfängen bei Webb wandte sie sich in den 40er

Nach → Decca und → Verve war → Pablo das dritte große Label, für welches Ella Fitzgerald Schallplatten aufnahm.

Jahren dem → Scat-Gesang des → Bebop zu und wurde in den 50er Jahren zur großen Interpretin der Songs des amerikanischen Showbusineß, ohne den reinen Jazz dabei zu vernachlässigen. – Schallplatten mit Chick Webb, Benny Goodman, Teddy Wilson, Louis Armstrong, Count Basie, Duke Ellington (»Ellington Song Book«!), JatP, Joe Pass; unter eigenem Namen für Decca, Verve, Atlantic, Capitol, Pablo.

Lit.: Sid Colin, Ella, The Life and Times of E. F., London 1986; R. Nolden, E. F., Ihr Leben, ihre Musik, ihre Schallplatten, Waakirchen 1988; A. Lacombe, E. F., Montpellier 1988; Jim Haskins, E. F., A Life Through Jazz, London 1991, dt. Wien 1992; G. M. Fidelman, Ella, For the Record; S. Nicholson, E. F., London 1993 (dt. München 1993)

CD: Ella in Berlin, Verve 825670-2; div. Song Books, Verve; Take Love Easy, Pablo 2310702

Flagwaver, schnelle, hektische Big-

Band-Arrangements, die das Publikum mitreißen sollen und gern bei Wettbewerben mit anderen Bands (→ Battles) gespielt wurden. Typische F. sind »Flying Home« (Lionel Hampton), »Jumpin' at the Woodside« (Count Basie), »Cotton Tail« (Duke Ellington), »Well Git It« (Tommy Dorsey) und »Apple Honey» (Woody Herman).

Flanagan, Tommy Lee, (p), * 16.3. 1930 Detroit. Begann 1945 bei Dexter Gordon, 1945–46 bei Lucky Thompson, dann bei Milt Jackson, Rudy Rutherford, Billy Mitchell, 1954 bei Kenny Burrell, 1958 bei Oscar Pettiford, dann (erstmals) bei Ella Fitzgerald, 1956–57 bei J. J. Johnson, 1957 bei Miles Davis, auch bei Tyree Glenn, Harry Edison, Dizzy Reece. Ab 1962 bei Coleman Hawkins, Jim Hall, 1963–65 wieder bei Ella Fitzgerald, bei Tony Bennett 1966. In den 70/80er Jahren lange bei Ella Fitzgerald, die ihn wegen seiner überragenden Fähigkeiten »Our Professor« titulierte. – Schallplatten mit Kenny Burrell, Miles Davis, J. J. Johnson, Philly Joe Jones, Thad Jones, Sonny Rollins, Milt Jackson, Wilbur Harden, Curtis Fuller, Benny Bailey, Ella Fitzgerald, Art Pepper, Bennie Wallace, Benny Carter, Blue Mitchell, Bobby Jaspar, Booker Ervin, Budd Johnson, Buddy Tate, Charles Mingus, Clark Terry, Coleman Hawkins, Kenny Dorham, Kim Parker, Phil Woods, Hank Jones, Franco Ambrosetti, Scott Hamilton, Anthony Zano, J. R. Monterose, Al Grey, Charlie Shoemake, Bobby Hutcherson, Tony Bennett, Steve Coleman u. v. a.; als Leader für Prestige, Blue Note, Impulse, Pablo, Enja, Denon, Galaxy, Paddle Wheel, Inner City, Phontastic, Progressive, Savoy, Baybridge, Timeless, DIW, Triloka.

CD: Eclypso, Enja 2088-2

Flatted Fifth (wörtl.: verminderte Quinte), ein wichtiges Intervall im → Bebop, Bezeichnung für den Tritonus. Dabei handelt es sich nicht um eine Verminderung der Quint, sondern um eine Erhöhung der Quart. »The Boppers flat their fifths, we drink ours.« (Eddie Condon)

Florence, Bob, Robert C., (p, arr, comp), * 20.5.1932. Studierte Klavier am L. A. City College, dann Komposition bei Wesley LaViolette. Als Pianist bei Harry James, Les Brown, Jerry Fielding, Sauter – Finegan. Organisierte Rehearsal Band in Hollywood. 1959 als Pianist u. Arrangeur zu Si Zentner (»Up a Lazy River«; auch unter Pseudonym Bob Chase), arrangierte auch für Harry James, Buddy Rich, Gus Bivona, Dave Pell, Bud Shank, The Commanders, Joe Pass, Louis Bellson (»Swings Jule Styne«, Verve), Les Brown, Frankie Carle, Vikki Carr, Joanie Sommers, Lena Horne, Sue Raney, Jack Jones u. a. Leitet seit 1979 Rehearsal Band in L. A., die sich durch seine originelle Schreibweise (u. a. für sechs Reeds) wohltuend abhebt von den kentonesken Einflüssen anderer Bands. – LP/CDs für Era, Carlton, Hi-Fi, Liberty, Trend, Bosco, USA, MAMA.

Lit.: J. Wölfer, Si Zentner/Bob Florence Discography, Zephyrhills 1988

CD: Magic Time, Trend TRCD 536

Flory, Med, Meredith Irwin, (as, ts, cl, bar, voc, arr), * 27.8.1926 Logansport, Ind. Studierte Klarinette bei Privatlehrern, Philosophie an der Universität von Indiana. Erster Job bei Claude Thornhill 1950, in den folgenden Jahren bei Jerry Gray, Art Mooney, Woody Herman, Tommy Tucker, Ray Anthony. Gründete 1956 mit Al Porcino das »Jazz Wave Orchestra«, aus dem 1959 die legendäre Terry Gibbs Big Band hervorging. Seit den 60er Jahren vor allem als Schauspieler in TV-Serien tätig, daneben Studioarbeit und Auftritte mit seiner 1972 gegründeten Gruppe → »Supersax«. – Schallplatten mit Claude Thornhill, Ray Anthony, Woody Herman, Urbie Green, Dick Collins, Terry Gibbs, Dave Pell, Nat Pierce, Lucky Millinder, Art Pepper, Louis Bellson, Stan Kenton, Jerry Gray, Ella Fitzgerald; eine LP als Leader mit dem Jazz Wave Orch. auf Jubilee.

Flöte (fl), eigentl. Querflöte oder Große Flöte, ist ein Holzblasinstrument, bestehend aus einem dreiteiligen zylindrischen Rohr mit einem seitlichen Anblasloch und einer Reihe von Grifflöchern bzw. Klappen. Ihr Tonumfang reicht von b bis c^4. Andere Formen der F. sind die Piccolo-F. (picc), die Altflöte (afl) und die Baßflöte (bfl). Gelegentlich wird auch die hölzerne Blockflöte (recorder) verwendet. Als erster Flötist im Jazz gilt Wayman Carver, der 1934–40 im Orch. Chick Webb spielte, obwohl Albert Socarras schon in den 20er Jahren Flötensoli mit Clarence Williams einspielte. 1944 nahm Ray Linn eine Schallplatte mit einem Flötensolo von Harry Klee auf, doch erst in den 50er Jahren begann eine Reihe von Musikern, meist Saxophonisten, sich diesem Instrument zu widmen, so Frank Wess bei Count Basie, Bud Shank bei Stan Kenton und mit eigenen Gruppen, Buddy Collette, später Paul Horn bei Chico Hamilton. Zu nennen sind noch Eric Dolphy, Herbie Mann, Charles Lloyd, Les Spann, Leo Wright, James Moody, Roland Kirk, Bobby Jaspar, Yusef Lateef, Sam Most, Jerome Richardson, Jeremy Steig, James Newton, Dave Valentin.

Flügelhorn (flh), der Sopran unter den aus dem Signalhorn hervorgegangenen Bügelhörnern. Es ist in B gestimmt, hat drei Ventile, Kesselmundstück und Trompetenbauweise. Das Instrument wird wegen seiner leichteren Spielweise und seines wärmeren Tones von vielen Trompetern bevorzugt. Der erste Musiker, der es ausschließlich spielte, war Joe Bishop im Orchester von Woody Herman 1937–40. Zu nennen sind vor allem noch Miles Davis, Art Farmer, Shorty Rogers, Clark Terry, Kenny Wheeler und Ack van Rooyen.

FMP (**F**ree **M**usic **P**roduction), eine 1969 von Musikern des Free Jazz in Berlin unter Federführung von Jost Gebers gegründete Firma, welche sich zum wichtigsten »alternativen« Jazz-Label entwickelt hat. Der über 200 Nummern umfassende Katalog dokumentiert die deutsche und europäische Avantgarde einschließlich der ehemaligen DDR, aber auch internationale Stars wie Cecil Taylor.

Fontana, Carl Charles, (tb), * 18.7. 1928 Monroe, La. Begann 1941–45 in der Band seines Vaters Callie F. Nach Studium an der Louisiana State Univ. 1950 zu Woody Herman, galt dort als vielversprechender neuer Posaunist neben → Urbie Green. 1953–54 und 1957–58 bei Al Belletto, 1954 bei Lionel Hampton, 1954–55 bei Hal McIntyre, 1955–56 bei Stan Kenton, dort Feature von Bill Holman: »Carl«. 1956–57 bei Kai Winding, danach in Show-Bands in Las Vegas, auch Tourneen mit Paul Anka. Jazz-Aktivitäten seit den 60er Jahren umfassen Tourneen mit Woody Herman (1966), Benny Goodman, Louis Bellson, → Supersax und der »World's Greatest Jazz Band«, Jake Hanna, Georgie Auld. Teilnahme auch an Workshops und Clinics. – Schallplatten mit Woody Herman, Stan Kenton, Kai Winding, Bill Perkins, Bob Knight, Max Bennett, Al Cohn, Bill Watrous, Jake Hanna, Supersax, WGJB, Louis Bellson, Woody James, Kentonians, Raoul Romero, Paul Cacia, Brass Connection; eigene LPs für Uptown und Concord.

»The High Priest of Jazz-Trombone« (Bill Watrous).

LP: The Great Fontana, Uptown 2728

CD: → Jake Hanna; The Kentonians, Vogue 655007

Ford, Robben, (g, p, sax), * 16.12. 1951 Woodland, Calif. Vater C&W-Musiker. Begann Saxophon und Gitarre in High School zu spielen, vorwiegend autodidaktisch. Erster Job in Charlie Musselwhites Blues Band und der Band seines Vaters, dabei waren auch seine Brüder Patrick (d, * 19.2.1949) und Mark (hca, * 21.10. 1953). Mit diesen erste Aufnahmen für Arhoolie. 1974 bei Joni Mitchell und George Harrison, 1977 Gründung der »Yellowjackets« mit Russell Ferrante. 1984–85 mit Michael McDonald und Sadao Watanabe, 1986 bei Miles Davis. 1988 erstes Solo-Album »Talk to Your Daughter« (Warner Bros.). – Schallplatten mit Bob Malach, Jerry Granelli, Ricky Peterson, Ricky Lee Jones, Georgie Fame, Mark Ford, Jimmy Witherspoon, Joe Diorio, »Rhythmstick«.

»My style is an amalgam of Albert King, Miles Davis and John Coltrane.« (R. F.)

CD: R. F. & The Blue Line, Stretch GRS 11022

Form, spielt im Jazz nur eine untergeordnete Rolle. Entstanden aus der afro-amerikanischen Folklore, hat der Jazz keine F. im Sinn der europäischen Musik. Auch die Übernahme europäischer Elemente (→ Akkulturation) erstreckte sich kaum auf die formale Gestaltung. Im historischen Jazz finden wir die Ruf-Antwort-F., in den späteren Stilen (→ New Orleans, → Dixieland, → Swing) dienen als Chorus der → Blues mit seiner AAB-Strophe und der Song (→ Lied) mit seiner aus dem Ragtime stammenden (Marsch-)Form oder die europäische Liedform mit ihrem AABA-Schema und dessen Abwandlungen (AABB, ABAB etc.). Im modernen Jazz bleiben Blues und Song grundsätzlich erhalten, erfahren allerdings als Folge der gründlicheren musikalischen Ausbildung vieler (weißer) Musiker in ihren Ausgestaltungen extensive Erweiterungen wie harmonische Abwandlungen. Es kommt zu Kompositionen von quasisymphonischen Tonbildern, beginnend schon in der Swing-Ära (Duke Ellington), hauptsächlich aber im → Progressive Jazz und den → Innovations in Modern Music. Im Modern Jazz schließlich wird versucht, klassische Formen wie die Fuge kompositorisch zu verarbeiten (MJQ, Dave Brubeck, Gerry Mulligan). Es entstehen vom Impressionismus (Ravel, Debussy) beeinflußte Kompositionen wie Bob Graettingers »City of Glass« und Ralph Burns' »Summer Sequence«. Je mehr sich jedoch diese Werke der großen Form zuwandten, um so geringer wurde ihr Jazz-Gehalt. So sind die besten Jazz-Kompositionen jene, die wie z. B. einige Suiten von Duke Ellington (»Such Sweet Thunder«) nur aus einer thematischen Aneinanderreihung von Kleinformen unter einem Oberthema bestehen. Im → Free Jazz finden wir einen völligen Verzicht auf vorgegebene Formen – diese werden beim Spiel jedesmal neu geschaffen – und wieder eine Hinwendung zur Improvisation, auf die bei den o. g. Beispielen weitgehend verzichtet wurde. (→ Jazz-Komposition, Third Stream)

LP: Stan Kenton, City of Glass, Creative World; Woody Herman, Summer Sequence, Col./CBS; Duke Ellington, Such Sweet Thunder, Col./CBS; Black, Brown & Beige, Prestige P34004

CD: Ornette Coleman, Forms & Sounds, Bluebird ND86561

Forrest, Jimmy, James Robert Jr., (ts), * 24.1.1920 St. Louis, † 26.8.1980 Grand Rapids. Spielte in den 30er Jahren bei Dewey Jackson, Fate Marable, dem Jeter-Pillars Orch., Jay McShann u. 1941–47 bei Andy Kirk. Kurze Zeit eigene Combo, 1948–50 bei Duke Ellington, wurde durch dessen »Happy-Go-Lucky-Local« zu seinem Hit »Night Train« inspiriert. In den 50er und 60er Jahren eigene Combos, zeitweise mit Harry Edison u. Al Grey. Spielte 1973–77 bei Count Basie. – Schallplatten mit Al Grey, Andy Kirk, Duke Ellington, Harry Edison, Oliver Nelson, Bennie Green, Jo Jones, Buck Clayton, Oliver Nelson, Prestige Blues Swingers, Betty Roché, Jack McDuff, Count Basie; eigene LPs auf United**, Delmark, Prestige*, Palo Alto.

*LP: Out of the Forrest, OJC 097**

*CD: Night Train, Delmark 435***

Fortune, Sonny, (as, ts, fl, comp), * 19.5.1935 Philadelphia. Kam erst als 18jähriger zur Musik, spielte in R&B-Bands, ab 1967 in N. Y. bei Elvin Jones, Mongo Santamaria, Leon Thomas, McCoy Tyner, Miles Davis (LP »Get Up With It«), 1974–75. Seitdem eigene Gruppen. F. versucht, den Stil → John Coltranes auf das Alt-Sax zu übertragen. – Schallplatten mit Charles Mingus, Charles Sullivan, Dollar Brand, McCoy Tyner, Nat Adderley, Elvin Jones, Dom Um Romao, Roy Brooks, Buddy Rich, Roy Ayers, Freddie Hubbard, Oliver Nelson, Miles Davis, Abou-Khalil, S. W. Debriano, Michael Car-

vin u. a.; als Leader z. T. sehr kommerzielle Aufnahmen für Strata East, Horizon, Atlantic, Konnex.
CD: Laying It Down, Konnex 5030

Foster, Frank Benjamin, (ts, comp), * 23.9.1928 Cincinnati, Ohio. Studierte an der Wilberforce Univ., spielte ab 1949 bei Wardell Gray, 1953–64 bei Count Basie (auch als Arrangeur), eigene Big Band in N. Y. (»The Loud Minority«), schrieb arr auch für Frank Wess, Harry James, Woody Herman, Frank Sinatra; leitet seit 1987 das Count-Basie-Orchester. – Schallplatten mit Count Basie, Harry James, Thelonious Monk, Donald Byrd, Milt Jackson, Tony Scott, Matthew Gee, Thad Jones, Art Taylor, Sarah Vaughan, Bennie Green, Lockjaw Davis, L. Hampton, Eddie Vinson, Elmo Hope, Elvin Jones, Freddy Hubbard, George Wallington, Joe Newman, Kenny Burrell, Coleman Hawkins, Jones – Lewis Big Band, McCoy Tyner, Janis Siegel u. a.; als Leader für Vogue, Savoy, Argo, Prestige, Mainstream, Columbia (jap), Catalyst, Blue Note, Denon, Leo, Bee Hive, Bingow, Steeplechase, Pablo, Concord.
CD: F. F. – Frank Wess Quintet, Concord 276

Foster, Gary, (as, ts, fl, cl), * 25.5. 1936 Leavensworth, Kansas. Der Vertreter des zeitgenössischen → West Coast Jazz studierte an der Univ. von Kansas und ging dann als Studiomusiker nach L. A., wo er (auch als Lehrer) sehr beschäftigt ist. Er gehört zu den engen Mitarbeitern von → Clare Fischer und nahm Schallplatten mit diesem auf – außerdem mit Cal Tjader, Poncho Sanchez, Mel Tormé, Louie Bellson, John Tirabasso, Tabackin – Akioyshi, Dennis Budimir, Warne Marsh, Mike Barone, Jim Self u. a.; spielte mit → Supersax und eigenen Gruppen. LPs als Leader für Revelation u. Concord.
CD: Make Your Own Fun, Concord 4459

Foster, Pops, George Murphy, (b), * 19.5.1892 McCall/N. O., † 6.11. 1969 San Francisco. Studierte Violoncello, spielte 1908 im Magnolia Orch., 1911 bei King Oliver, dann bei Kid Ory, im Crescent Orch. und der Eagle Band. Nach 1918 bei Fate Marable, Charlie Creath, Jelly Roll Morton, Sidney Desviges, 1928 zu King Oliver nach N. Y. 1925–35 bei Luis Russell, 1935–40 Louis Armstrong; arbeitete während des Krieges bei der U-Bahn. Ab 1946 bei Art Hodes, Mezz Mezzrow, Bob Wilber, Jimmy Archey, Sammy Price, Earl Hines u. a. F., der in seiner Anfangszeit auch Tuba spielte, gilt als der bedeutendste Bassist des N. O. Jazz. Seine »Slap Bass«-Technik ist besonders gut auf Aufnahmen von Luis Russell zu hören. – Schallplatten außerdem mit King Oliver, Jelly Roll Morton, Charlie Creath, Fats Waller, Louis Armstrong, J. C. Higginbotham, Henry Red Allen, Jack Bland, Mezz Mezzrow, Sidney Bechet, Zutty Singleton, Jack Teagarden, James P. Johnson, Omer Simeon, Art Hodes, Dan Burley, Rod Cless, Joe Sullivan, Earl Hines.
Lit.: G. M. Foster, P. F., Berkeley 1971

Fountain, Pete, Peter Dewey Jr., (cl, saxes), * 3.7.1930 N. O. Sohn eines Musikers, lernte Klarinette ab 1942 in Schul-Band, spielte ab 1946 in der Junior Dixieland Band, bei den Basin Street Four/Six, bei Phil Zito, ab 1957 in der Sweet Band von Lawrence Welk, leitete Quartett als »Band in der Band«. Der exzellente Dixieland- und Swing-Musiker nennt Irving Fazola u. Benny Goodman als Vorbilder. Er spielt seit 1959 mit eigenen Gruppen und leitet einen Club in N. O. Eine Reihe von kommerziellen LPs hat ihn zu einer Attraktion des US-Showbusineß gemacht. – Schallplatten mit Basin Street Six, Santo Pecora, Tony Almerico, Bourbon Street All Star Dixielanders*, Al Hirt, Lawrence Welk, Dukes of Dixieland, Monk Hazel, Jack Delany, Luther Kent; als Leader für Southland, Coral** u. Ranwood.
CD: High Society, Bluebird 63660702; Best of, MCA 4032***

Four Brothers, Titel einer Komposition von Jimmy Giuffre, geschrieben 1947 für Woody Hermans »2nd Herd«, bei dem ein Saxophonsatz aus drei ts und bar herausgestellt wird. Die Geschichte des »Four Brothers«-Satzes geht zurück auf → Gene Roland, der 1946 in N. Y. eine Band mit ihm selbst (tp), vier ts und Rhythmus leitete. Die Tenoristen waren Al Cohn, Joe Magro, Stan Getz u. Louis Ott. Diese Band bestand nur kurze Zeit, Roland machte einen neuen Versuch 1947 in L. A., diesmal mit Tom DiCarlo (tp), Gene Roland (p), Stan Getz, Herbie Steward, Zoot Sims, Jimmy Giuffre (ts). Woody Herman war von dem homogenen Klang der vier ts so beeindruckt, daß er drei von ihnen engagierte. Um sein normales »Book« spielen zu können, welches für zwei as, zwei ts u. bar geschrieben war, »doppelte« Steward auf dem as, und Serge Chaloff spielte bar, Lead-alto Sam Marowitz. Der »F. B.«-Satz bestand nun aus Getz, Sims, Steward (ts) und Chaloff (bar). Jimmy Giuffre schrieb seine Komposition als »Showcase« für diese vier Solisten. Woody Hermans Studioaufnahme vom 27.12.1947 gilt heute als Klassiker des Big-Band-Jazz und ist ein typisches Beispiel für den → Cool Sound.
Die eigentliche »F. B.«-Band war jedoch erst die »Third Herd« ab 1950, deren Reed Section kein Alto mehr aufwies (außer gelegentlich Woody Herman selbst). Für diese Band schrieb Ralph Burns ein neues »book«. Herman hat diese Saxophonsatzkombination bis zum Schluß beibehalten.
Der »F. B.«-Satz wurde und wird immer wieder kopiert, so z. B. von Shorty Rogers, Skip Martin, Buddy Bregman, → Dave Pell.
CD: W. Herman, CBS 460825; Discovery DSCD-9044 (3rd Herd)

Four Freshmen, Gesangs-Instrumental-Gruppe, 1947 als »The Toppers« gegründet von Bob Flanigan (tb, b, voc, * 22.8.1926), Ken Errair (tp, b, fhr, voc, * 23.1.1928, † 14.6.1968), Ross Barbour (tp, d, voc, * 31.12. 1928), Don Barbour (g, voc, * 19.4. 1927, † 5.10.1961). 1950 von Stan Kenton an → Capitol empfohlen, hatte sie 1952 einen Hit mit »It's a Blue World« und nahm in den folgenden 15 Jahren 24 LPs für dieses Label auf, mit Orch.-Arrangements von Pete Rugolo, Billy May, Dick Reynolds, Bill Holman u. a., z. B. »Voices in Modern«, »F. F. & Five Trumpets«, »F. F. & Five Trombones«, »F. F. & Five Saxes«, »In Person«. Spätere Mitglieder: Hal Kratzsch († 18.11.1970), Ken Albers, Bill Comstock, Ray Brown, Rod Henley. Besetzung 1993: Mike Beisner, Greg Stegeman, Kevin Stout, Bob Ferreira. – Schallplatten mit Stan Kenton; außer für Capitol auch für Liberty, Pausa u. Ranwood.

CD: The F. F., Cap. 793197-2; Fresh!, Ranwood 8241

Ⓥ: Easy Street, Aero Space 1003

Foxtrott (foxtrot) ist ein um 1917 in den USA entstandener Modetanz im 4/4-Takt, der aus dem → Ragtime hervorgegangen ist und dessen Themen von Jazz-Musikern gern als Improvisationsvorlage genommen werden.

Free Jazz, Jazz-Stil, dessen Prinzip auf der totalen Improvisation beruht. Er zeichnet sich aus durch das Fehlen jeglichen formalen Aufbaus, Form ist nicht mehr vorgegeben, sondern wird im Verlauf des Spielens jeweils neu geschaffen. Die Grenze zwischen Tönen und Geräusch ist aufgehoben, die aus Harmonielehre bekannten Zusammenklänge sind nur noch eine Möglichkeit von vielen. Der Rhythmus wird frei gestaltet, mit dem Fehlen des formalen Aufbaus entfällt auch das metrische Gerüst und damit ein gleichbleibender → Beat.

Der F. wird solistisch und in Besetzungen jeder Größe gespielt. Neben den traditionellen Instrumenten treten alle möglichen europäischen und exotischen Instrumente hervor. F. bedeutet so das Infragestellen jeder Art von Regeln (was nicht mit deren totaler Negation identisch ist), die Aufhebung der Rollenverteilung in Solist und Begleiter, die Emanzipation der Klangfarbe als Mittel improvisatorischer Gestaltung, die Hinwendung zu den Musikkulturen der Welt und ein wachsendes Bewußtsein der Musiker für politisch-ökonomische Probleme. Der F. ist (oder war) experimentierfreudig und antitraditionell, ständig auf der Suche nach neuen Ideen und Elementen. Die vorausgehenden Jazz-Stile waren – so relaxed sie auch sein mochten – noch an gewisse harmonische und rhythmische Gegebenheiten gebunden. Teamartige Formen der Zusammenarbeit waren nur in Ansätzen möglich, im F. sind sie Voraussetzung. Die aus der Zweiteilung in Ausführende und Leitende (in der E-Musik: Dirigenten) entstehende Entfremdung wird somit tendenziell aufgehoben. Die ersten »freien« Versuche gehen zurück bis → Lennie Tristano, → Bob Grattinger und – man glaubt es kaum – → Shorty Rogers (»Abstract No. 1«, 1954, mit Jimmy Giuffre u. Shelly Manne, OJC 172), ehe → Ornette Coleman in der zweiten Hälfte der 50er Jahre zu experimentieren begann.

Der F. entstand um 1960 in N. Y. und

Chicago (→ AACM). Der Begriff erscheint erstmals auf einer LP von Ornette Coleman, der neben John Coltrane, Eric Dolphy, Archie Shepp, Cecil Taylor und Peter Brötzmann zu seinen wichtigsten Vertretern gehörte. Seit den 70er Jahren hat u. a. die Einbeziehung von Elementen von Rock, Bebop etc. den F. in eine Krise geführt. Die Entwicklung zum F. war eine logische Folge, aber auch der Weg in eine Sackgasse. »Free form is free but you are a slave.« (Jack Montrose)
Lit.: John Litweiler, The Freedom Principle, N. Y. 1987, dt. Waakirchen 1989; E. Jost, Free Jazz, Stilkritische Untersuchungen zum Jazz der 60er Jahre, Mainz 1975; Ph. Charles/J. L. Comolli, Free Jazz – Black Power, Paris 1971, dt. Ffm 1974; Joe Viera, Free Jazz, Formen und Modelle, Wien 1974
LP/CD: O. Coleman, Free Jazz, Atlantic 81347-2; Cecil Taylor, Unit Structures, Blue Note BNJ71047; Don Cherry, Complete Communion, Blue Note 84226; John Coltrane, Ascension, Impulse AS-95; Live at the Village Vanguard, Impulse AS-10; Globe Unity Orch., FMP-0160; Jazz Composers' Orch., JCOA 1001/2; New Thing at Newport, Impulse GRD-105

Freelancing (freiberuflich), entspricht dem Status eines freien Mitarbeiters, etwa wenn ein Musiker in einer Band spielt, ohne festes Mitglied zu sein.

Freeman, Bud, Lawrence, (ts), * 13.4. 1906 Chicago, † 15.3.1991 ebenda. Gehörte Anfang der 20er Jahre zur → Austin High School Band, spielte 1928 mit Dave Tough in Paris, war bei Art Kassel, Eddie Condon, Bea Palmer, Roger Wolfe Kahn, Red Nichols, Ben Pollack, Joe Haymes. Ab 1935 bei Ray Noble, Tommy Dorsey, Benny Goodman; ab 1939 eigene Gruppen. Studierte in den 40er Jahren bei → Lennie Tristano, spielte mit Eddie Condon und eigenen Gruppen auf Tourneen in Europa, Lateinamerika, Australien, 1968 mit der Lawson – Haggart Jazz Band. F. ist der bedeutendste Tenor-Solist des frühen weißen Jazz, bes. für den → Chicago-Stil, an dessen Ausbildung er maßgeblich beteiligt war. Sein Stil war Vorbild für → Lester Young. – Schallplatten mit Teddy Grace, Eddie Condon, Red McKenzie, Ben Pollack, Whoopee Makers, Joe Haymes, Wingy Manone, Louisiana Rhythm Kings, Red Nichols, Cellar Boys, Buddy Clark, Hoagy Carmichael, Jack Teagarden, Benny Goodman, Joe Venuti, Adrian Rollini, Gene Gifford, Paul Whiteman, Bunny Berigan, Tommy Dorsey, Doris Rhodes, Teddy Wilson, Jess Stacy, Lee Wiley, Muggsy Spanier, Bob Crosby, Jimmy McPartland, George Wettling, Lurlean Hunter; als Leader mit seinem »Summa Cum Laude Orch.« (Bluebird, Decca), außerdem für Okeh, Commodore, Columbia, Majestic, Keynote, Capitol, Bethlehem, RCA, Dot, Swingville, United Artists, Fontana, Mon. Evergreen, Chiaroscuro, »77«, Riff, Carosello, Philips, Cat.
Lit.: B. F./Robert Wolf, Crazeology, Urbana, Ill. 1989; B. F., You Don't

Look Like a Musician, Detroit 1974
CD: B. F. with the DSC, Philips 839771-2

Freeman, Chico, (ts, fl, cl), * 17.7. 1949 Chicago. Der Sohn des legendären Chicagoer Tenoristen Von F. (* 3.10.1922) studierte an der Northwestern Univ. und bei Muhal Richard Abrams, spielte mit den Avantgardisten des → AACM, aber auch mit Blues-Musikern. In N. Y. wurde er Mitglied der → Loft-Szene, arbeitete mit Sam Rivers, Jeanne Lee, Cecil McBee. Erste LP als Leader 1977, seitdem eigene Gruppen, bei denen er seine Vielseitigkeit – von Coleman Hawkins bis zur Avantgarde – unter Beweis stellt. – Schallplatten mit Kirk Lightsey, Cecil McBee, Don Pullen, Jack DeJohnette, Kip Hanrahan, »Roots«, The Leaders u. a.; eigene LPs für Contemporary*, Black-Hawk, Black Saint, Elektra-Mus., Dharma, India Navigation, R. Scott's Jazz House, In & Out.
*CD: Beyond the Rain, OJCCD 479**

Freeman, Russ, Russell Donald, (p, comp), * 28.5.1926 Chicago. Der Vetter des Komponisten Ray Gilbert studierte 1934–38 in L. A., spielte ab 1947 bei Dexter Gordon, Wardell Gray, Art Pepper, Shorty Rogers, Lighthouse All Stars, Chet Baker, Shelly Manne, Benny Goodman. Gründete einen Musikverlag, arbeitet als Komponist und Arrangeur. Film: »The Subterraneans«. – Schallplatten mit Chet Baker, Art Pepper, Shelly Manne, Bill Perkins, Cy Touff, Maynard Ferguson, Pete Rugolo, Med Flory, Buddy Bregman, Clifford Brown, Zoot Sims, LH&R, André Previn, Benny Goodman, Charlie Parker, Jesse Belvin, Marty Paich, Shorty Rogers, Dick Twardzik; als Leader für Pacific Jazz und Atlas.
CD: A. Previn – R. F., OJC 157

French Horn (fhr) → Waldhorn

Freund, Joki, Walter Jakob, (ts, sop, comp), * 5.9.1926 Ffm. Lernte Akkordeon, begann nach dem Krieg auf dem Tenor-Sax bei Joe Quitter, Joe Klimm, 1952–54 bei Jutta Hipp, ab 1955 eigenes Quintett, spielte mit den Two Beat Stompers, amerikanischen Musikern wie Donald Byrd, Art Taylor, Oscar Pettiford. Mitglied des HR-Jazzensembles, seit 1962 bei Erwin Lehn. F. ist eine zentrale Figur des deutschen Nachkriegsjazz. – Schallplatten mit Jutta Hipp, Albert u. Emil Mangelsdorff, Two Beat Stompers, Hans Koller, Frankfurt All Stars, Erwin Lehn, Charlie Antolini; als Leader für Jazztone, Muza, CBS u. Telefunken.
LP: Yogi Jazz, L&R 41008

Friedman, David, (vib, p, perc), * 10.3.1944 N. Y. Studierte Schlagzeug bei Max Roach und Vibraphon bei Gary Burton und Teddy Charles, spielte beim N. Y. Phil. Orch. und im Orch. der Metropolitan Opera. Wurde bekannt durch seine Gruppe »Double Image«. Arbeitete als Lehrer an der Manhattan School of Music und am Brooklyn College, neue Gruppen mit Jane Ira Bloom, in Berlin mit Emily Remler († 1991), wo er jetzt lebt. – Schallplatten mit Michel Portal, Hubert Laws, Wayne Shorter, Horace Silver, Peter Herbolzheimer,

Joe Farrell, Horace Arnold, George Benson, Chet Baker, John Clark, Larry Schneider, Pugh-Taylor Project, David Charles; als Leader für Enja, Japo u. DMP.

CD: Shades of Change, Enja 5017

Friedman, Don, Donald, (p, comp), * 4.5.1935 San Francisco. Klavierunterricht ab 1940, begann Mitte der 50er Jahre professionell zu spielen, bei Dexter Gordon, Shorty Rogers, Buddy Collette, Buddy DeFranco, Chet Baker, Ornette Coleman, Pepper Adams, Teddy Kotick, Dick Haymes. Eigenes Trio ab 1960, mit Attila Zoller 1965, Clark Terry 1968, seitdem vor allem als Komponist tätig. – Schallplatten mit Buddy Collette, Attila Zoller, Harold Ashby, Booker Little, John Handy, Herbie Mann, Charles Lloyd, Joe Henderson, Clark Terry, Urs Leimgruber; eigene LPs für Riverside, Prestige, East Wind, Progressive, Ego, Owl.

CD: Hot Knepper & Pepper, Progressive 7036

Frith, Fred, (g, b, vln, voc, comp), * 1949 London. Lernte zunächst Violine, wechselte zur Gitarre, als er seine Rock-Band »The Chaperones« gründete. Mit Tim Hodgkinson (sax) leitete er die Band »Henry Cow«, die Einflüsse von Frank Zappa, John Cage, aber auch Charles Mingus und John Coltrane verarbeitete. Spielte auch mit Tom Cora, John Zorn, Wayne Horwitz u. a. Wurde in N. Y. Mitglied der dortigen experimentellen Rock- und Jazz-Szene. Spielt mit seinem Sextett »Keep the Dog« eine enzyklopädische Musik über die Hörgewohnheiten und -möglichkeiten, ohne dabei lehrhaft zu wirken, und 1992 mit seiner französischen Gruppe »Que d'la Geule« eine strenge Ensemble-Darbietung, die die Klischees vermeidet, die heute als »Freiheit« verkauft werden. – Schallplatten mit Henry Cow, David Moss, Henry Kaiser, Bob Ostertag, Kip Hanrahan, NAD, Art Bears, René Lussier, Bill Laswell, John Zorn, Skeleton Crew, Massacre, Material, Chris Cutler, The Residents, Brian Eno, Eugene Chadbourne, Hans Reichel; als Leader für Caroline, Rift, Red, Ralph, RecRec, Made to Measure, Elemental Music.

»Was ist ein Musiker anderes als ein Organisator von Sounds.« (F. F.)

CD: Step Across the Border, RecRec CDE30

Film: Step Across the Border (1988–90), Regie: N. Humbert, W. Penzel

From Spirituals to Swing hießen zwei Konzerte, die Weihnachten 1938 u. 1939 von John Hammond in der Carnegie Hall (N. Y.) veranstaltet wurden. Dabei konnte ein breites Publikum einige der besten – meist schwarzen – Jazz- u. Blues-Musiker live hören, so Count Basie, Sidney Bechet, Tommy Ladnier, Hot Lips Page, James P. Johnson, Joe Turner u. a., was einiges zur Akzeptanz des Jazz beitrug.

CD: Vanguard VCD2-47/48

Fuller, Curtis Dubois, (tb), * 15.12. 1934 Detroit. Spielte Bariton an der High School, ab 1956 Posaune bei Kenny Burrell, Yusef Lateef, Miles Davis, Lester Young, Dizzy Gillespie, Gil Evans, Benny Golson, im Art Farmer – B. Golson Jazztet, bei

Maynard Ferguson, Nat Adderley, Quincy Jones, Art Blakey u. a. Mit eigenen Gruppen und als Studiomusiker in N. Y. F. ist einer der großen Techniker der modernen Jazz-Posaune. – Schallplatten mit Bud Powell, Sonny Clark, John Coltrane, Benny Golson, Yusef Lateef, Wilbur Harden, Paul Quinichette, Blue Mitchell, Philly Joe Jones, Art Farmer, Quincy Jones, Lou Donaldson, Art Blakey, Manny Albam, Cedar Walton, Clifford Jordan, Frank Wess, Jackie McLean, Jimmy Heath, Jimmy Smith, Joe Henderson, Kenny Dorham, Johnny Griffin, Phil Woods, Wayne Shorter, Machito, Freddie Hubbard, Lionel Hampton, Count Basie u. a.; eigene LPs für Blue Note, Savoy, Timeless, West Wind, Prestige, Transition, Smash, Impulse, Epic, Mainstream, Beehive.
CD/LP: Four on the Outside, Timeless SPJ 124; Monday Night at Birdland, Fresh Sound FSRCD 31 u. 32.

Fuller, Gil, Walter Gilbert, (comp), * 14.4.1920 L. A. Arrangierte schon als Teenager für Nina Mae McKinney, Tiny Bradshaw u. Floyd Ray, 1940–42 für Les Hite, ab 1945 für → Dizzy Gillespie, und wurde hier zum führenden Arrangeur des → Bebop, z. B. mit seinen wegweisenden Arbeiten »Things to Come«, »Swedish Suite«, »One Bass Hit«, »Manteca«. Arbeitete auch für Charlie Barnet, Woody Herman, Artie Shaw, Benny Carter, Count Basie, Billy Eckstine, Bebop Boys, Stan Kenton. In den 50er Jahren zeitweise als Ingenieur und Makler tätig. 1965 arbeitete er für das → Neophonic Orch. und das Monterey Festival Orch. mit Dizzy Gillespie als Solist. Arr. auch für Ray Charles, James Moody, hatte 1960–61 eigenes Label Orovox. F. gehört zu den Pionieren des Bebop sowie des → Afro-Cuban Jazz mit seinen Arbeiten für Dizzy Gillespie, Machito u. Tito Puente. – Schallplatten unter seinem Namen für Discovery u. Pacific Jazz*.
*CD: G. F. & The Monterey Festival Orch., Blue Note CDP 077778037026**

Funk(y), eine bestimmte Spielweise innerhalb des → Hard-Bop, als deren Initiator → Horace Silver gilt. Merkmale sind eine Rückbesinnung auf → Blues und → Gospel. Typische Kompositionen: »Moanin'«, »Opus de Funk«, »The Preacher« von Horace Silver, »This Here« von Cannonball Adderley und »Work Song« von Nat Adderley.
LP/CD: H. Silver, Blue Note 84008; C. Adderley Collection, Landmark

Fusion Music (Rock-Jazz, Electric Jazz, Crossover Music), eine werbeträchtige Bezeichnung für eine angestrebte Verschmelzung (Fusion) von Rock-Rhythmen mit Jazz-Improvisationen. Geschaffen von Musikern aus dem Umkreis von Miles Davis, u. a. Joe Zawinul, Wayne Shorter, Herbie Hancock, Chick Corea, zeichnet sich die F. vor allem durch den Einsatz elektrisch verstärkter und elektronischer Instrumente aus. (→ Synthesizer)
LP/CD: M. Davis, Bitches Brew, CBS; Tony Williams Lifetime, Emergency, Polydor; Weather Report, Heavy Weather, CBS; Mahavishnu Orch., The Inner Mounting Flame,

CBS; Chick Corea, Return to Forever, ECM; Blue Montreux, Bluebird

Futura Records, auf Modernen Jazz und experimentelle Musik spezialisiert. Gegründet 1969 von Gerard Terrones in Paris. LPs von Michel Portal – John Surman, Mal Waldron, Steve Lacy, Jaki Byard, Anthony Braxton, Dexter Gordon.

Weiteres Label ab 1977: *Marge*, darauf u. a. Frank Lowe, Dave Burrell, Ted Curson – Chris Woods.

G

Gaillard, Slim, Bulee, (g, p, vib, voc, comp), * 4.1.1916 Detroit, † 26.2. 1991 London. Der humorige Entertainer wurde 1938 bekannt im Duo mit → Slam Stewart (»Slim & Slam«) und ihrem Hit »The Flat Foot Floogie«. Hatte später eigene Gruppen, trat in einigen Filmen auf (bes. »Hellzapoppin'«), mit → JatP und erfand eine eigene → Scat-Sprache von umwerfender Komik (»Vout«). – Schallplatten mit Frankie Newton, Dizzy Gillespie – Charlie Parker, unter eigenem Namen für Vocalion, Okeh, King, 4 Star, Atomic, Cadet, BelTone, Clef, MGM, Dot, Trojan.
Lit.: I Was There, London 1990
CD: Slim & Slam 1938–42, Affinity

Galloway, Jim, James, (sop, cl, ts), * 28.7.1936 Ayrshire, Schottland. Wuchs in Dalry bei Glasgow auf, lernte Klarinette in der Schule, kam zum Jazz durch AFN-Sendungen. Hatte eine Band in London, ging aber 1964 nach Kanada, spielte dort mit Jim McHarg, übernahm 1969 dessen Band, begleitete damit u. a. Wild Bill Davison, Jay McShann, Claude Williams. Leitet Big Band in Toronto, arbeitete auch als Komponist, Arrangeur und Festivalproduzent. G. ist heute der wohl bekannteste Vertreter des kanadischen traditionellen Jazz. – Schallplatten mit Buddy Tate, Jay McShann, Doc Cheatham, Dick Wellstod, Art Hodes; als Leader für Sackville, Hep und Bittersweet.
CD: J. G. & Art Hodes, Music & Arts 610

Galper, Hal, Harold, (p, comp), * 18.4. 1938 Salem, Mass. Studierte an der Berklee School 1955–58, spielte dort in der Big Band von Herb Pomeroy, auch mit Sam Rivers und Tony Williams. 1964–65 bei Chet Baker, dann bei Bobby Hutcherson, Stan Getz, Joe Henderson, Joe Williams, Anita O'Day, Attila Zoller, 1973–75 bei Cannonball Adderley, 1976 bei Lee Konitz, 1977 bei Terumasa Hino, den Brecker Bros. In den 80er Jahren bei Phil Woods (bis 1990), unterrichtet an der North Texas State Univ. – LPs mit Chet Baker, Cannonball Adderley, Bobby Hutcherson, John Scofield, Phil Woods, Bill Goodwin, Tom Harrell, Franco Ambrosetti, Wayne Dockery, Terumasa Hino u. a.; als Leader für Mainstream, Steeplechase, Enja, Blackhawk, Concord.
CD: Ivory Forest, Enja 3053

Garcia, Russ, Russell, (tp, comp), * 12.4.1916 Oakland, Ca. Studierte in San Francisco und privat bei Mario Castelnuovo-Tedesco, spielte in den 40er Jahren bei Horace Heidt u. Al Donahue, arbeitet seit den 50er Jahren als Arrangeur, 1961–62 A & R bei → Verve, lebte 1962–64 in München, seitdem in L. A. als Komponist für Film und TV. Schrieb für viele Pop-Vokalisten; Jazz-Arrangements u. a. für Buddy DeFranco, Oscar Peterson, Anita O'Day, Ray Brown, Mel Tormé, Ella Fitzgerald, Frances Faye, Herbie Mann – Sam Most, Bud Shank, Louis Armstrong, Max Greger u. a.; eigene LPs für Bethlehem,

Kapp, ABC-Paramount, Verve, Liberty, RCA, Trend-Discovery. Schrieb »Adventure in Emotions« für das L. A. → Neophonic Orch.

LP: I Lead a Charmed Life, Disc. DS-814

Garland, Red, William M., (p), * 13.5. 1923 Dallas, † 23.4.1984 Dallas. Lernte zuerst Klarinette, studierte bei Buster Smith, wechselte aber bald zum Klavier, wurde von Hot Lips Page entdeckt und ging mit diesem auf Tournee. Arbeitete zeitweise als Profi-Boxer. Spielte ab 1946 bei Billy Eckstine, Charlie Parker, Coleman Hawkins, Bennie Green, Roy Eldridge u. a. Wurde bekannt im Miles-Davis-Quintett 1957–58, hatte danach eigenes Trio und arbeitete als Begleiter für viele Top-Musiker. G. gehörte neben → Hank Jones zu den vielseitigsten Pianisten, in jedem Stil zu Hause, war deutlich von Erroll Garner beeinflußt. – Schallplatten mit Miles Davis (u. a. »Workin'«, »Steamin'«), John Coltrane, Art Taylor, Art Pepper, Phil Woods, Coleman Hawkins, Jackie McLean, Sonny Rollins, Prestige All Stars, Oliver Nelson, Blue Mitchell, Jimmy Heath, Pepper Adams; als Leader für Prestige, Jazzland, MPS, Galaxy, Trio, Baystate, Timeless.

CD: Groovy, OJC 061

Garner, Erroll Louis, (p, comp), * 15.6.1921 Pittsburgh, † 2.1.1977 L. A. Lernte Klavier von seinem Vater und seinem älteren Bruder Linton (* 25.3.1915), war aber hauptsächlich Autodidakt. Lernte angeblich nie Noten lesen, konnte es aber in seinen späteren Jahren zweifelsfrei. Spielte ab 1937 in diversen Bands, ab 1944 in New York, zunächst im Slam-Stewart-Trio, dann mit eigenem Trio (mit b u. d). Sein sofort identifizierbarer Stil, beruhend auf dem verschleppten Anschlag der rechten Hand, verbunden mit einer brillanten Technik, machte ihn weltberühmt. Komponierte u. a. den Standard »Misty«. – Schallplatten mit Slam Stewart, Don Byas, Georgie Auld, Charlie Parker, Lucky Thompson, Woody Herman, Tommy Talbert; eigene Aufnahmen für Dial, Blue Note, Atlantic, Savoy, Mercury, Columbia, MGM, ABC-Paramount, Reprise, MPS, z. T. lizenziert von seiner Firma Oktave Records.

Lit.: J. M. Doran, The Most Happy Piano, Metuchen, N. J. 1985

CD: Concert by the Sea, CBS 451042

Garrett, Kenny, (as, fl, ts), * 9.10. 1960 Detroit. Sohn eines Amateursaxophonisten. Studierte während der High-School-Zeit bei Marcus Belgrave, spielte 1978 kurz in der Ellington-Band, ab 1981 in N. Y. in der »Sophisticated Ladies«-Show, bei Mel Lewis, Dannie Richmond, Freddie Hubbard und 1985 bei Art Blakey. Hatte internationalen Durchbruch durch sein Engagement bei Miles Davis, in dessen letzter Band er spielte. G. ist ein expressiver Solist der Neo-Bop-Richtung. – Schallplatten mit Art Blakey (»Feeling Good«), Freddie Hubbard, Donald Byrd, Geri Allen, Cindy Blackman, Mulgrew Miller, Hilton Ruiz, Larry Willis, Manhattan Project, Ellington Orch., Tom Harrell, Wallace Roney, Woody Shaw, Haruko Nara u. a.; als

Leader für Criss Cross, Atlantic, Paddle Wheel u. Warner Bros.
CD: Introducing K. G., Criss Cross 1014

Garrison, Jimmy, James Emory, (b), * 3.3.1934 Miami, Fla., † 7.4.1976 N. Y. Lernte Klarinette u. Baß an der High School, spielte ab 1958 in N. Y. bei Philly Joe Jones, Lennie Tristano, Tony Scott, Benny Golson, Curtis Fuller, Kenny Dorham, Bill Evans, Rolf Kühn, 1961–66 bei → John Coltrane, wurde dort als einer der bedeutendsten Bassisten des neuen Jazz bekannt. Spielte auch mit Hampton Hawes, Archie Shepp und Elvin Jones sowie dem indischen Violinisten L. Shankar. – Schallplatten mit John Coltrane, Philly Joe Jones, Jackie McLean, Tony Scott, J. R. Monterose, Lee Konitz, Pete La Roca, Eddie Harris, Alice Coltrane, Ornette Coleman, Archie Shepp, Benny Carter, Elvin Jones, McCoy Tyner, Nathan Davis, Walter Bishop, Cal Massey, Curtis Fuller u. a.
CD: A. Shepp, Freedom 41016

Geissman, Grant, (g), * 13.4.1953 Berkeley, Calif. Wuchs in San José auf, studierte am State Northridge College, wo er Gerald Wilson (der dort lehrte) und Louis Bellson so beeindruckte, daß sie ihn zum Concord Festival einluden. Spielte 1976–80 bei Chuck Mangione, hatte hier seinen Durchbruch (berühmtes Solo: »Feels so good«). Arbeitet als Studiomusiker in L. A., tritt aber auch regelmäßig mit eigenen Gruppen auf. – Schallplatten mit Chuck Mangione, Jeremy Wall, Louis Bellson, Diane Schuur u. a.; als Leader ab 1978 für Concord, Pausa, TBA und Blue Moon.
CD: Snapshots, TBA 224

Geller, Herb, Herbert, (as, ts, fl), * 2.11.1928 L. A. Studierte Klavier, Saxophon und Klarinette. Spielte in den 40er Jahren bei Joe Venuti, Johnny Richards, Jimmy Zito, Claude Thornhill, Jerry Wald, Lucky Millinder. War in den 50er Jahren eine zentrale Figur des → West Coast Jazz, spielte bei Billy May, Howard Rumsey, Shorty Rogers, Dan Terry, Bill Holman, Maynard Ferguson, Chet Baker. 1954–58 Quartett mit seiner Frau, der Pianistin Lorraine Walsh (11.9.1928–10.10.1958). Nach deren Tod bei Shelly Manne, Benny Goodman, Louis Bellson; 1962 nach Europa, zuerst Paris, dann Berlin (SFB-Tanzorch.), seit 1965 in der NDR-Big Band in Hamburg. – Schallplatten mit Claude Thornhill, John Graas, Manny Albam, Quincy Jones, Anita O'Day, Bob Florence, Gene Krupa, Chet Baker, Barney Kessel, Art Pepper, Clifford Brown, Dinah Washington, André Previn, Pearl Bailey, Stan Kenton, Jack Sheldon, Shorty Rogers, Benny Carter, Benny Goodman, Herb Harper, Doris Drew, Jimmy Rowles, John Williams, Jerry Wald, Rolf Kühn, Peter Herbolzheimer, Bert Kaempfert, Nils Lindberg, CBBB, Jerry Tilitz, Louis Bellson, Klaus Weiss, Friedrich Gulda u. a.; als Leader für Imperial, EmArcy, Jubilee, Atco/Atlantic, Enja, Fresh Sound.
CD: Birdland Stomp, Fresh Sound 174; That Geller Feller, Fresh Sound 91

GEMA, Abk. für »**Ge**sellschaft für **m**usikalische **A**ufführungs- und mechanische Vervielfältigungsrechte«, ist die Urheberrechtsgesellschaft in der BRD, wo sie über 6000 inländische und 100 000 ausländische Autoren- und Verlagsrechte vertritt. Geschaffen wurde sie am 24.8.1947 durch Beschluß des Alliierten-Kontrollrats als Rechtsnachfolgerin der 1933 gegründeten STAGMA (»Staatlich genehmigte Gesellschaft zur Verwertung musikalischer Urheberrechte«), wobei deren monopolistische Ausschließlichkeit der Wahrnehmung der Musikverwertungsrechte uneingeschränkt erhalten blieb. Das Eigentumsrecht des Komponisten und seiner Erben erlischt 70 Jahre nach dem Tod des Komponisten. Der Musikverleger hat jedoch die Möglichkeit, sich die Verlagsrechte an den Werken zu erhalten, indem er rechtzeitig vor Ablauf der Schutzfrist die Werke des Komponisten bearbeiten läßt; diese Bearbeitung genießt den gleichen Rechtsschutz wie das Original. Das Urheberrecht schützt demnach primär das Eigentum der Verlage und sonstiger Institutionen, die sich mit der Verwertung von Musik befassen.
Lit.: A. G. von Olenhusen, Die GEMA – Ein Beispiel monopolistischer Verwertung, in: Überbau 1, Gießen 1974

German Blues Circle, »ein Zusammenschluß von Bluesfreunden, die es sich zur Aufgabe gemacht haben, die Information und Kommunikation unter den Bluesfreunden zu verbessern«. Herausgabe eines »GBC-Info«. Adr.: Postfach 180212, 6000 Frankfurt/Main 18.

Getz, Stan, Stanley, (ts), * 2.2.1927 Philadelphia, † 7.6.1991 Malibu, Calif. Spielte in Schulbands Baß und Fagott, wechselte zum Alt- u. Tenor-Sax, hatte ersten Name-Band-Job bei Jack Teagarden 1943, dann bei Stan Kenton 1944–45, Benny Goodman 1945, Jimmy Dorsey, Herbie Fields. 1947 nach Kalifornien zu Gene Roland (→ Four Brothers), Ende des Jahres zu Woody Herman, blieb bis 1949, wurde hier bekannt durch sein Solo über »Early Autumn«. Ab 1950 eigene Gruppen mit u. a. Al Haig, Jimmy Raney, Zusammenarbeit mit → Johnny Smith (»Moonlight in Vermont«). War zeitweise wegen Drogensucht inaktiv, lebte ab 1958 in Schweden. Ging 1961 zurück in die USA, nahm mit → Eddie Sauter das »Focus«-Album auf und 1962 mit → Charlie Byrd die LP »Jazz Samba«, welche die Bossa-Nova-Welle auslöste und gleichzeitig (neben »Big Band Bossa Nova« und »Jazz Samba Encore«) das beste Beispiel für diese Verbindung von → Cool Jazz und Samba-Rhythmen ist. 1963 Gruppe mit Gary Burton, Steve Swallow, Roy Haynes, später Chick Corea, Stanley Cowell, Jack DeJohnette u. a. Seit den 70er Jahren mit eigener Gruppe auf Tournee in aller Welt, Gastauftritte mit den Orch. Kurt Edelhagen, Ib Glindemann, CBBB (»Change of Scenes«, 1972, Polydor). Die wichtigsten Sidemen waren Hank Jones, Kenny Barron, Al Dailey, Richie Beirach, Joanne Brackeen, Andy Laverne, Jimmy

Rowles, Chuck Loeb, Jim McNeely. G. war der bedeutendste Vertreter des → Cool Jazz, sein von → Lester Young beeinflußter Stil hat wiederum unzählige Saxophonisten beeinflußt, bis Sonny Rollins u. John Coltrane eine härtere Spielweise populär machten. Unter diesem Einfluß hat auch er seine Tonbildung verändert, er ist gleichwohl einer der großen lyrischen Spieler des Jazz geblieben. – Schallplatten mit Stan Kenton, Benny Goodman, Woody Herman, Bebop Boys, Gerry Mulligan, Kai Winding, Lars Gullin, Russ Garcia, Dee Bell, Chet Baker, Herb Ellis, Harry Edison, Cal Tjader, Dizzy Gillespie, Ella Fitzgerald, Abbey Lincoln, Oscar Peterson, Johnny Smith, Horace Silver, Helen Merrill, Lionel Hampton, Luis Bonfa, Astrud Gilberto, JatP; als Leader ab 1946 für Savoy, Prestige, Roost, Verve, MGM, Columbia, Steeplechase, A & M, Concord, Elektra-M., EmArcy. »The more you try in Jazz, the less improvisatory an approach you can have.« (S. G.)
Lit.: R. Palmer, S. G., London 1988; A. Astrup, S. G. Discography, Hellerup 1990³; A. Tercinet, S. G., Montpellier 1989
CD: S. G. & J. J. Johnson at the Opera House, Verve; At Storyville, Roulette; mit Jimmy Raney, Mosaic; Focus, Verve; Jazz Samba, Verve, The Master, CBS
Ⓥ: *Vintage Getz, East West*

GHB Records → Jazzology

Ghost Band (Geister-Band), meint die Nachfolgeorchester von bekannten verstorbenen Bandleadern, z. B. Glenn Miller (Nachfolger Tex Beneke, Ray McKinley, Buddy DeFranco, Larry O'Brien, Dick Gerhart), Tommy Dorsey (Warren Covington, Sam Donahue, Buddy Morrow), Jimmy Dorsey (Lee Castle, Jimmy Miller), Duke Ellington (Mercer Ellington), Harry James (Joe Graves), Count Basie (Thad Jones, Frank Foster), Woody Herman (Frank Tiberi), Buddy Rich (Paolo Nonnis).
CD: M. Ellington, Digital Duke, GRP 91038; New G. Miller Orch. (McKinley), Magic AWE 45

Gibbs, Mike, Michael (tb, p, comp), * 25.9.1937 Salisbury, Rhodesien. Studierte an der Berklee School, in Lenox u. Tanglewood sowie bei Gunther Schuller. Ließ sich 1965 in London nieder, spielte bei Johnny Dankworth, Tubby Hayes, Humphrey Lyttelton, Chris McGregor, im London Jazz Composers Orch., ab 1968 eigene Band. Komponierte für das London Jazz Comp. Orch., NDR-Workshops, Stanley Clarke, John McLaughlin, Cleo Laine, Joni Mitchell u. a. G. gehört mit seinen an → Gil Evans orientierten, aber über diesen hinausgehenden Werken zu den wichtigsten Komponisten des zeitgenössischen Jazz. Er unterrichtet an der Berklee School in Boston. – Schallplatten mit Mike Mantler, Bob Moses, Gary Burton; als Leader für Deram, Polydor, Bronze.
CD: Only Chrome Waterfall Orch., ah um 009

Gibbs, Terry, Julius Gubenko, (vib, p), * 13.10.1924 N. Y. Studierte Xylophon u. Schlagzeug, erste Jobs bei Judy Kane, dann bei Bill DeArango,

Allan Eager, Chubby Jackson, Buddy Rich, Woody Herman (2nd Herd), Tommy Dorsey. 1950 Sextett mit Charlie Shavers u. Louis Bellson. 1951 bei Benny Goodman, dann mit Mel Tormé in dessen TV-Show. Eigene Combos, gründete 1959 All Star Big Band (u. a. Conte Candoli, Frank Rosolino, Richie Kamuca, Bill Holman, Mel Lewis), die zu den besten ihrer Zeit gezählt werden muß. Ab 1963 wieder Quartett bzw. Sextett, schrieb u. spielte die Musik für die »Jackie Gleason«-TV-Show, ab 1965 musikalischer Leiter der »Steve Allen«-Show. Daneben Studioarbeit in Hollywood. G. zählt neben Lionel Hampton u. Milt Jackson zu den führenden Vibraphonisten. – Aufnahmen mit Chubby Jackson, Woody Herman, Tommy Dorsey, Metronome All Stars, Don Elliott, Terry Pollard, Larry Bunker, Victor Feldman, Benny Goodman, Steve Allen, Bill Harris, Tito Puente; als Leader für Prestige, Savoy, Coral/Brunswick, EmArcy, Interlude, Verve, Limelight, Time, Impulse, Roost, Dot, Contemporary, Jazz à la Carte, Atlas.

CD: Dream Band, Cont. 7652, 7654, 7657

Gibson, Harry »The Hipster«, Harry Raab/H. Gibson Feller, (p, voc), * 1910 N. Y., † Mai 1991 Brawley, Calif. Wuchs in der Bronx auf, Nachbarn waren Flip Phillips und Billy Bauer. Erster Job im Yacht Club mit einer Fats-Waller-Imitation. Tat sich mit der Sängerin Ruth Gibson zusammen (deren Name er übernahm), wurde in den 40er Jahren eine bekannte Figur auf der → Fifty-Second Street durch seinen wilden Humor, der in Kompositionen wie »Who Put the Benzedrin in Mrs. Murphy's Ovaltine« und »Handsome Harry the Hipster« seinen Niederschlag fand. Als Pianist war der von Erroll Garner beeinflußte G. sowohl im Boogie Woogie als auch im Bebop zu Hause. War mit Charlie Parker befreundet. Initiator des Gillespie-Parker-Gastspiels in L. A. 1945. G. leitete in den 50er Jahren einen Club in Florida und lebte zuletzt in Venice, Calif., wo er eine Band mit seinen Söhnen leitete. – Schallplatten für Musicraft, V-Disc, Diamond u. Totem.

CD: Boogie Woogie in Blue, Musicraft 63

Gig, im Musikerjargon ein einmaliger Job, Engagement.

Gillespie, Dizzy, John Birks, (tp, p, voc, perc, comp), * 21.10.1917 Cheraw, S. C., † 6.1.1993 Englewood, N. J. Vater Amateurmusiker. Der Sohn lernte in der Schule Posaune, wechselte bald zur Trompete. Studierte am Laurinburg Institute of Music. 1935 nach Philadelphia zur Band von Frank Fairfax. Stilistisch an → Roy Eldridge orientiert, den er 1937 in der Band von Teddy Hill ersetzte und mit dem er seine ersten Schallplatten einspielte (»King Porter Stomp«). Mit Hill 1937 in Europa. 1938–41 bei → Cab Calloway, trat bei diesem auch als Komponist/Arrangeur hervor und entwikkelte einen eigenen Stil auf der Trompete, der bei einer Studio-Session mit Lionel Hampton erstmals zu

Dizzy Gillespie

studieren ist (»Hot Mallets«). Verließ Cab Calloway nach einem Streit, spielte bei Ella Fitzgerald, Les Hite, Benny Carter, Charlie Barnet, nahm in dieser Zeit an den Sessions in Minton's Playhouse teil, bei denen der → Bebop entwickelt wurde. Traf mit → Charlie Parker zusammen, dessen revolutionäre Ideen G. aufgrund seiner gründlicheren Ausbildung besser umsetzen konnte. Mit Parker 1942 in der Big Band von → Earl Hines, schrieb hier seine ersten Bebop-Kompositionen (»Salt Peanuts«). 1944 in die neue Big Band von → Billy Eckstine als Musical Director und Solist, 1945 eigene Combo mit Charlie Parker, erste Bebop-Schallplatten. 1946 Big Band, die den Bebop großorchestral umzusetzen versuchte, neben eigenen Kompositionen spielte er Arbeiten von → Gil Fuller (»Things to Come«), → Tadd Dameron (»Hot House«), → John Lewis (»Toccata for Trumpet and Orch.«), → George Russell (»Cubana Be – Cubana Bop«). Engagierte den legendären Conga-Drummer Chano Pozo und bezog lateinamerikanische Rhythmen in seine Musik ein. 1948 Europatournee. 1950 Auflösung der Big Band aus ökonomischen Gründen, Bildung einer kleinen Gruppe mit u. a. → John Coltrane und → Milt Jackson in einem an R & B orientiertem Stil, wobei der Komiker mehr in den Vordergrund trat. Ein eigenes Label (→ Dee Gee) scheiterte an einem funktionierenden Vertriebssystem. 1953–61 bei Norman Granz' Verve-Label. 1956 neue Big Band für vom State Department finanzierte Tourneen nach Europa, Asien und Südamerika. Leitete seit den späten 50er Jahren meist kleine Gruppen in wechselnden Besetzungen, mit Big Band nur noch bei speziellen Anlässen (Carnegie Hall 1961, Monterey Festival 1962, »Reunion Big Band«-Tournee 1968, United Nation Orch. 1990). Seit den 70er Jahren war er Star vieler Norman-Granz-Produktionen, bei Jam Sessions auf Festivals wie auch im Studio für das Pablo-Label.

G. ist nach → Louis Armstrong der bedeutendste Trompeter des Jazz. Er hat seinem Instrument durch seine unglaubliche Technik (High Notes, Tempo) neue Dimensionen erschlossen und darüber hinaus gemeinsam mit Charlie Parker einen neuen Jazz-Stil geschaffen, dessen zeitlose Gültigkeit längst feststeht. – Schallplatten mit Teddy Hill, Cab Calloway, Lionel Hampton, Glenn Hardman, Pete Brown, Coleman

Hawkins, Lucky Millinder, Duke Ellington, Georgie Auld, Albinia Jones, Tony Scott, Metronome All Stars, Slim Gaillard, Sarah Vaughan, Joe Marsala, Red Norvo, Oscar Pettiford, Clyde Hart, JatP, Stan Getz, Charlie Parker, Sonny Stitt, Stuff Smith, Sonny Rollins, Gene Krupa, Buddy Rich, Billy Eckstine, Benny Carter, Machito, James Moody, Oscar Peterson, Randy Weston, Ray Brown, Roy Eldridge, Woody Herman, Phil Woods, Max Roach, Paris All Stars, Dorothy Donegan, Lillian Terry, Moe Koffman, Milt Hinton, Bebop & Beyond, Emily Haddad, Giovanni Hidalgo; als Leader für Musicraft, RCA, Capitol, Discovery, Verve, Philips/Limelight/Mercury, Pye, Impulse, Solid State, Perception, Mainstream, America, Pablo, Milan, Sion, Telarc.

Lit.: D. G. with Al Fraser, To Be or Not to Bop, N. Y. 1985^2, dt. Wien 1984; J. Wölfer, D. G., Sein Leben, seine Musik, seine Schallplatten, Waakirchen 1987; R. Horricks, D. G. and the Bebop Revolution, Tunbridge Wells/N. Y. 1984; B. McRae, D. G., His Life and Times, Tunbridge Wells 1988

CD: Shaw Nuff, Musicraft MVSCD 53; Legendary Big Band Concerts, Vogue 655612; United Nation Orch., Enja 6044-2; At Newport, Verve 5137542

Ⓥ: United Nation Orch., EAJM 1001; D. G. Ages, Vidjazz 9

Gilmore, John, (ts, bcl, d), * 28.9. 1931 Summit, Miss. Wuchs in Chicago auf, spielte in einer Air-Force Band 1948–52, dann bei Earl Hines, nahm Platten in der New Yorker Szene auf, spielte 1964–65 bei Art Blakey, hauptsächlich aber ab 1953 bei → Sun Ra, in dessen Arkestra er der wichtigste Solist ist. – Schallplatten mit Sun Ra, Clifford Jordan, McCoy Tyner, Elmo Hope, Paul Bley, Freddie Hubbard, Andrew Hill, Pete La Roca, Dizzy Reece, Art Blakey.

LP: Blowing in From Chicago, Blue Note 1549

Gitarre (aus dem griechischen Khitara, spanisch: Guitarra), Saiteninstrument mit flachem Resonanzkörper, flachem Griffbrett, Metallbünden, rundem Schalloch, mit sechs Saiten in der Stimmung E A d g h e. Die Saiten werden mit den Fingern gezupft oder mit einem Plektrum angerissen. In der Jazz-Band ist die G. Nachfolgerin des → Banjos. Im Traditional Jazz fast ausschließlich als Rhythmusinstrument verwendet, wird sie seit dem → Swing auch als Solo-Instrument eingesetzt, besonders, seit die elektrische Verstärkung ihr erlaubt, sich gleichberechtigt neben die sonst lauteren Blasinstrumente zu setzen. Die Geschichte der elektrisch verstärkten G. beginnt 1927, als Les Paul einen Keramik-Tonabnehmer an seine G. anschloß und mit einem einfachen Verstärker verband. 1931 baute Adolph Rickenbacker die erste resonanzkörperlose G., die damals vor allem von Hawaii-Gitarristen gespielt wurde. Daneben gab es Versuche, die G. über einen Resonator und ein Mikrophon zu verstärken, so Eddie Durham 1932 bei Bennie Moten, 1935 bei Jimmy Lunceford, 1938 bei Count Basie. Der

Gismonti

Blues-Sänger T-Bone Walker spielte schon 1935 nach eigener Aussage mit elektrischer Verstärkung. Als erster »elektrischer« Gitarrist gilt Floyd Smith, der 1937 im Jeter-Pillars Orch. spielte (z. B. »Lazy Rhythm« vom 26.8.) und dann bei Andy Kirk (»Floyd's Guitar Blues«, 1939). Als wichtigster Musiker gilt jedoch → Charlie Christian, der dieses Instrument zuerst bei Alphonse Trent spielte (1937, keine Aufnahmen) und dann im Benny-Goodman-Sextett 1939–41 als sensationell empfundene Soli improvisierte. Erwähnt werden müssen auch noch Bus Etri (bei Will Hudson u. Charlie Barnet) u. Leonard Ware (Aufnahmen mit Sidney Bechet 1938).

Zu den stilbildenden Gitarristen gehören Lonnie Johnson, Eddie Lang, Teddy Bunn, Al Casey, Django Reinhardt, Irving Ashby, Tiny Grimes, Charlie Christian in Traditional Jazz und Swing und Chuck Wayne, Barney Kessel, Bill DeArango, Jimmy Raney, Johnny Smith, Tal Farlow, Mundell Lowe, Herb Ellis, Jim Hall, Wes Montgomery, John McLaughlin, John Scofield, Pat Metheney, Lee Ritenour in modernem und zeitgenössischem Jazz.

Lit.: N. Mongan, The History of the Guitar in Jazz, N. Y. 1984; A. Schmitz, Jazzgitarristen, Schaftlach 1992

CD: Legends of Guitar/Jazz, Rhino R2 70717; R2 70722

Giuffre, Jimmy, James Peter, (ts, cl, bar, comp), *26.4.1921 Dallas. Studierte am North Texas State College, an der Univ. von South Carolina und bei Wesley La Violette in L. A. Spielte 1947 bei Boyd Raeburn, Jimmy Dorsey, 1948 bei Buddy Rich, 1949 bei Woody Herman, dann an der Westküste bei Howard Rumsey, Shorty Rogers. Gründete 1956 Trio »The J. G. Three« mit Jim Hall und Ralph Pena bzw. Bob Brookmeyer. War Dozent an der School of Jazz in Lenox, konzentrierte sich in den 60er Jahren auf die Klarinette mit neuem Trio (mit Paul Bley u. Steve Swallow), 1964 mit Don Friedman u. Barre Phillips. Bevorzugte einen kammermusikalischen Stil, der immer abstrakter wurde (Atonalität und Zwölftontechnik). Wandte sich in den 70er Jahren wieder mehr dem Mainstream zu. G. wurde durch seine Kompositionen »Four Brothers« (1947) und »Four Others« (1953, beide für Woody Herman) bekannt, schrieb auch »Four Mothers« (für Shorty Rogers), außerdem in seiner abstrakten Periode »Iranic«, »Pas de Trois« und Stücke für Kammerorchester. – Schallplatten mit Bob Brookmeyer, Teddy Charles, Herb Ellis, Paul Bley, Ray Brown, Shorty Rogers, Jack Millman, Shelly Manne, MJQ, Gerry Mulligan, Howard Rumsey, Lennie Niehaus, Sonny Stitt, Anita O'Day, Chet Baker, Marty Paich, Woody Herman, Stan Kenton, Dick Haymes, Jerry Gray, Pete Rugolo u. a.; als Leader für Capitol, Atlantic, Columbia, Verve*, Choice, Soul Note, Owl.

*CD: J. G. Three, Atlantic 790981; 1961, ECM 1438/39**

Globe Unity Orchestra, von Alexander von Schlippenbach 1961 gegrün-

detes Free-Jazz-Orchester. Mitglieder u. a.: Kenny Wheeler, Enrico Rava, Manfred Schoof (tp), Albert Mangelsdorff, Paul Rutherford (tb), Steve Lacy, Evan Parker, Gerd Dudek (saxes), Michel Pilz (bcl), Alexander von Schlippenbach (p), Tristan Honsinger (cello), Buschi Niebergall (b), Bob Stewart (tu), Paul Lovens (d).
LPs auf Saba, MPS, FMP, PO Torch, Japo.

GM Recordings, Boston, 1980 von → Gunther Schuller gegründet, »um Musik dem Publikum nahezubringen, die sonst ungehört bliebe«. Neben Veröffentlichungen zeitgenössischer E-Musik Jazz-LPs/CDs von Gunther Schuller, Orange Then Blue, Ran Blake, Life Cycle, George Schuller, Paul Motian, Eric Dolphy, Bill Russo u. a.

GNP-Crescendo Records (**G**ene **N**orman **P**resents), 1950 von Gene Norman, dem Initiator der → »Just Jazz«-Konzerte, gegründet. Jazz- und Latin-LPs von Dizzy Gillespie, Spud Murphy, Frank Morgan, Machito, Jack Costanzo, Eddie Cano, Marty Paich u. a. Übernahme von → Creative World.

Gojkovic, Dusko, Dusan, (tp, flh, comp), *14.10.1931 Jajce, Jugoslawien. Studierte in Belgrad Philosophie und Musik bis 1953, spielte im Tanzorch. von Radio Belgrad, kam 1956 in die BRD, war 1957–61 mit Unterbrechungen bei Kurt Edelhagen, studierte 1961–63 an der Berklee School, spielte in den Bands von Maynard Ferguson und Woody Herman, arrangierte auch für diese. Lebt seit 1967 in München, Auftritte mit der CBBB, George Gruntz, Nathan Davis, Mal Waldron, Peter Herbolzheimer u. v. a., mit eigenen Gruppen bis zur Big Band. – Der sehr versierte Trompeter spielte Schallplatten ein mit Kurt Edelhagen, Maynard Ferguson, Woody Herman, Clarke – Boland, Nathan Davis, Oscar Pettiford, Larry Vuckovich, Charlie Antolini, Heinz Kretzschmar, Cees Slinger, Alvin Queen u. a.; als Leader für RT-Beograd, Philips, MPS, Enja, Ensayo u. DIW.
LP: After Hours, Enja 2020; D. G. & Landesjugendjazzorch. Bayern, Balance 5001

Golia, Vinny, (saxes, fl, cl), * 1.3. 1946 N. Y. Studierte 1964–68 Kunst, lernte Saxophon von Dave Liebman und Anthony Braxton u. studierte in L. A. bei Bill Green. Erste Auftritte mit John Carter. G. ist ein kompromißloser Free-Musiker, der freie Musik mit komplexen Kompositionen verzahnt. – Schallplatten mit Tim Berne, John Rapson, Roberto Miranda, George Gruntz, Bertram Turetzky, Richard Grossman; vor allem aber für sein eigenes Label Nine Winds.
CD: Pilgrimage to Obscurity, NWCD 0130

Golson, Benny, (ts, comp), *25.1. 1929 Philadelphia. Studierte an der Howard Univ. in Washington, spielte ab 1951 bei Bull Moose Jackson, Tadd Dameron, Lionel Hampton, Johnny Hodges, Earl Bostic, Dizzy Gillespie Big Band 1956–58, Art Blakey 1958–59. Gründete 1959 mit → Art Farmer das »Jazztet« (bis 1963), leitete kurz eine eigene Big Band und arbeitete ab 1966 als Komponist für Film und TV. Erst seit Anfang der 80er Jahre wieder regelmäßig als Jazz-Musiker, mit eigenen Gruppen und einem wiederbelebten Jazztet. G. ist einer der wichtigen Komponisten des → Hard-Bop, er schrieb u. a. »Stablemates«, »I Remember Clifford«, »Whisper Not«, »Blues March«. Als Tenorist wurde er von Ben Webster u. Lucky Thompson beeinflußt, später auch von John Coltrane. Arrangements für Lionel Hampton, Dizzy Gillespie, Art Blakey, Earl Bostic u. a. – Schallplatten mit Dizzy Gillespie, Earl Bostic, Art Blakey, Lee Morgan, James Moody, Lem Winchester, Eric Dolphy, Jimmy Cleveland, Sahib Shihab, Philly Joe Jones, George Russell, Clifford Brown, Oscar Pettiford, Ahmed Abdul-Malik, Blue Mitchell, Betty Carter, Buddy Rich, Quincy Jones, Tadd Dameron, Sarah Vaughan, Wynton Kelly, Abbey Lincoln, Steve Turre; als Leader ab 1957 für Contemporary, Riverside, United Artists, Prestige, Argo, Audio Fidelity, Verve, Columbia, Baystate, Timeless, Denon, Dreyfus.

CD: The Modern Touch, OJCCD 1797-2

Gomez, Eddie, Edgar, (b), * 4.10. 1944 Santurce, Puerto Rico. Begann mit elf Jahren Baß zu spielen, war 1959–61 Mitglied der Newport Youth Band unter Marshall Brown, studierte ab 1962 an der Juilliard School. Spielte mit Rufus Jones, Jeremy Steig, Jim Hall, 1964 bei Marian McPartland, 1964–65 bei Paul Bley, 1965 bei Gary McFarland, 1966 bei Gerry Mulligan. Wurde bekannt im Bill-Evans-Trio, dem er 1966–77 angehörte und mit dem er eine Reihe von LPs einspielte, die ihn als führenden Bassisten seiner Generation ausweisen. Spielte nach 1977 bei Jeremy Steig, Chick Corea, Ralph Towner, Mel Lewis, Charles Mingus, Warne Marsh, Joanne Brackeen, Eliane Elias, Bennie Wallace, Jack DeJohnette, Steps Ahead u. a. – Schallplatten mit Andy Laverne, Art Farmer, Benny Wallace, Bill Evans, Lennie Popkin, Bob Moses, Dave Liebman, David Kikoski, Eddie Daniels, Eliane Elias, Emily Remler, Geoffrey McCabe, Gerry Mulligan, Hank Jones, Jack DeJohnette, Jeremy Steig, Joachim Kühn, Kronos Quartet, Lee Konitz, Michael Petrucciani, Paquito D'Rivera, Peter Erskine, Gordon Brisker, Makato Ozone, Mick Goodrick, R. Towner, Spyro Gyra, Tom Harrell, Warren Bernhardt, Tommy Smith, Jazz Comp. Orch., Kenny Werner u. a.; eigene CDs für Blackhawk u. Denon.

LP: Bill Evans – E. G. Duo, Fantasy 9618

Gonsalves, Paul, (ts, g), * 12.7.1920 Boston, † 14.5.1974 London. Lernte Gitarre von seinem Vater, wechselte mit 16 Jahren zum Tenor-Sax und spielte in den frühen 40er Jahren bei Henry McCoy und Phil Edmonds, 1945 bei Sabby Lewis in Boston. Ging 1946 zu Count Basie als Nachfolger von Illinois Jacquet, blieb bis zur Auflösung der Band 1949, anschließend zu Dizzy Gillespie. 1950 holte ihn Duke Ellington in sein Orchester, dem er – abgesehen von einigen Wochen bei Tommy Dorsey 1953 – bis zu seinem Tod angehörte. Er war bekannt für seine überlangen Soli, welche er aber nicht erst seit 1956 praktizierte, als er 27 Chorusse über »Diminuendo and Crescendo in Blue« beim Newport Festival spielte, sondern – wie Air-checks beweisen – schon Jahre vorher. G. war einer der besten Tenoristen der Hawkins-Webster-Schule und besonders in Balladen ein überragender Improvisator. – Schallplatten mit Count Basie, Dizzy Gillespie, Duke Ellington, Michel Legrand, Dinah Washington, Ray Charles, Billy Taylor, Cat Anderson, Woody Herman, Clark Terry, Earl Hines, Johnny Hodges, Eddie Lockjaw Davis. LPs unter eigenem Namen für Mercury, Argo, RCA, Jazzland, Impulse, WRC, Trova, Deram, Riviera, Black Lion, Fantasy.

CD/LP: Gettin' Together, OJC 203

Gonzales, Babs, (voc, comp), * 27.10.1919 Newark, N. J., † 23.1. 1980 Newark. Spielte Klavier und Schlagzeug, begann 1939 in einer Gesangsgruppe, schrieb Arrangements, u. a. für Lionel Hampton, gründete 1946 mit → Tadd Dameron das Bebop-Vokalensemble »Three Bips and A Bop«. Arbeitete in den 50er Jahren als Diskjockey und als Manager von James Moody. Komponierte u. a. »Oo-pa-pa-da« und »Soul Stirrin'«. – Schallplatten mit Bennie Green; als Leader für Blue Note, Apollo, Manor, Capitol, King, Hope, Jaro, Dauntless, Expubidence.

Lit.: Movin' on Down the Line, Newark, N. J. 1975

CD: Weird Lullaby, Blue Note CDP 784464-2

Goofus, Musikinstrument, von Adrian Rollini Anfang der 20er Jahre konstruiert, der es auch als einziger spielte. Es ähnelt im Klang einer Harmonika und im Aussehen einem Saxophon. Schallplatten als »Goofus Five« 1925–29.

Goodman, Benny, Benjamin David, (cl), * 30.5.1909 Chicago, † 13.6.1986 N. Y. Stammt aus einer jüdisch-russischen Emigrantenfamilie, hatte acht Geschwister, von denen einige ebenfalls Musiker wurden. Lernte Klarinette bei Franz Schoepp, der auch Jimmie Noone und Buster Bailey unterrichtete. Wurde 1926 von Ben Pollack engagiert, verließ diesen 1929 und begann eine Freelance-Karriere in N. Y., die ihn zu einem der meistbeschäftigten und bestbezahlten Musiker machte. Gehörte in dieser Zeit zum Kreis der → Chicagoans. Organisierte 1934 erste eigene Big Band, spielte mit ihr im Roosevelt Hotel und in der »Let's Dance«-Radio-Show, anfangs wenig erfolgreich. Ging Anfang 1935 auf Tournee, hatte ersten triumphalen Erfolg im Palomar Ballroom in L. A., stieg danach innerhalb weniger Jahre zum »King of Swing« auf, wurde der erfolgreichste und bekannteste Musiker der nun beginnenden Swing-Ära. Dazu trugen vor allem die Arrangements von Fletcher und Horace Henderson, Jimmy Mundy, Spud Murphy und Benny Carter bei, dazu Solisten wie Ziggy

Elman, Harry James, Jess Stacy, Gene Krupa sowie einige farbige Musiker, die er als erste zu engagieren wagte, zunächst noch als »Sonderattraktion« im Trio bzw. Quartett: Teddy Wilson u. Lionel Hampton, später auch Charlie Christian und Cootie Williams. Das Carnegie-Hall-Konzert vom 16.1.1938, privat mitgeschnitten und 1951 veröffentlicht, dokumentiert diese Phase – ebenso wie eine Reihe von → Air-checks – besser als die (Studio-)Schallplatten dieser Zeit. Um 1940 hatte G. eine Reihe von ernsthaften Konkurrenten bekommen, konnte aber seine Spitzenstellung behaupten durch die Beschäftigung einiger neuer Arrangeure (Eddie Sauter, Mel Powell, Margie Gibson) und Musiker wie Mel Powell, Dave Tough bzw. Sid Catlett, Georgie Auld und die bereits erwähnten Cootie Williams und Charlie Christian, die der Band einen neuen Sound gaben und mit denen er in Sextett- bzw. Septett-Besetzung einen kammermusikalischen Jazz höchsten Niveaus spielte. In den Kriegsjahren leitete er – bedingt durch ständige Besetzungswechsel – Bands von unterschiedlicher Qualität, konnte aber immer wieder exzellente Musiker engagieren, u. a. Bill Harris, Zoot Sims, Stan Getz, Trummy Young. 1948 leitete er ein Septett mit Stan Hasselgard (cl), 1949 eine Bebop-beeinflußte Big Band (arr Chico O'Farrill), die seine letzte »Road Band« werden sollte. Seit den 50er Jahren hatte er nur noch zeitweise Bands unterschiedlicher Größen für Tourneen, spezielle Engagements oder Schallplatten. Er besuchte mehrmals Europa (1950 Schweden, 1958 Brüssel, 1962 Sowjetunion u. a.), trat in TV-Shows auf und gab Konzerte mit klassischer Musik. 1955 entstand der Film »Die Benny-Goodman-Story«, für den er den Soundtrack einspielte. G., der in seiner Anfangszeit auch div. Saxophone und Kornett spielte, gehört zu den bedeutendsten Klarinettisten des Jazz, der mit seiner eleganten Phrasierung, einer brillanten Technik und einer »reinen« Tonbildung enormen Einfluß ausübte und dem in seiner Glanzzeit (abgesehen von → Artie Shaw), niemand das Wasser reichen konnte. Als Mensch sehr umstritten, hat G. viel für den Jazz getan, von der Überwindung der Rassenschranken bis zum Einzug in den Konzertsaal und zum Beweis, daß Jazz-Musiker sehr wohl auch »ernste« Musik spielen können. Er war der einzige Musiker seiner Generation, der auch in seinen letzten Lebensjahren noch für volle Häuser garantierte.

G. nahm in seiner Studiozeit mit Hunderten von Bands Schallplatten auf, zu nennen sind vor allem Red Nichols, Bix Beiderbecke, Venuti – Lang, Jack Pettis, die Charleston Chasers, Red Norvo, Bessie Smith, Adrian Rollini, Jack Teagarden; nach 1935 mit Teddy Wilson, Gene Krupa, Mel Powell, Metronome All Stars, Billie Holiday, Hollywood Hucksters; vor allem aber mit eigenen Bands für RCA, Columbia, Capitol, Decca, London u. a., hatte eigene Produktionsfirma, die seine

Aufnahmen an verschiedene Labels verkaufte.
Lit.: R. D. Connor, B. G., Listen to His Legacy, Metuchen, N. J. 1988 (Bio-Diskographie); B. Goodman, The Kingdom of Swing, N. Y. 1939; J. L. Collier, B. G. and the Swing Era, N. Y. 1989, dt. Wien 1992; B. Crowther, B. G., London 1988; G. Klusmeier, B. G. und Dtschl., Ffm 1989
CD: Birth of Swing, Bluebird ND90601; After You've Gone, ND85631; CBS 460829-2 u. 461100-2; Carnegie Hall Concert, CBS 66202; In Brussels, Magic DAWE 36

Goodrick, Mick, Michael, (g), * 9.6. 1945 Sharon, Pa. Studierte 1964–67 an der Berklee School, blieb dort bis 1971 als Lehrer. Unterrichtete privat bis 1980 und ist seit 1981 am New England Conservatory of Music. Spielte 1972–76 mit Gary Burton, anschließend bei Charlie Haden und Jack DeJohnette, aber auch mit Bass Desires, dem »American Jazz Quartet« und mit Michel Brecker. – Schallplatten mit Gary Burton, Charlie Haden, Harvie Swartz, Gary Thomas, Jerry Bergonzi; als Leader für ECM u. Lovely Music. G. ist Autor eines Buches (»The Advancing Guitarist«, 1988) und schreibt eine regelmäßige Kolumne im »Guitar Player«-Magazin.
CD: Biorhythms, LM

Gordon, Dexter Keith, (ts, sop, comp), * 27.2.1923 L. A., † 25.4.1990 Philadelphia. Sein Vater war Arzt, zu dessen Patienten Duke Ellington u. Lionel Hampton gehörten. Begann mit 13 Jahren Klarinette zu spielen, wechselte mit 15 zum Alto, mit 17 zum Tenor. Spielte 1940–43 bei Lionel Hampton, 1944 bei Louis Armstrong und in der Billy Eckstine Band, dort erstes berühmtes Solo: »Blowin' the Blues Away« (Chase mit Wardell Gray). 1945 bei Fletcher Henderson, dann eigene Gruppen auf der 52nd Street. In den 50er Jahren in N. Y., 1960 dort mit seiner Gruppe im Theaterstück »The Connection«, auch als Schauspieler. Lebte ab 1962 meist in Europa, jahrelang relativ unbeachtet, hatte ein Comeback in den späten 70er Jahren, spielte mit Woody Shaw, Benny Bailey, Frank Wess u. a. in N. Y., wohin er 1976 zurückgekehrt war. Hatte 1985 die Hauptrolle im Film »Round Midnight«. G., ursprünglich von Lester Young beeinflußt, gehört zu den großen Tenoristen der Bebop-Schule, der schließlich alle Stile assimilierte und u. a. Sonny Rollins und John Coltrane beeinflußte. – Schallplatten mit Dizzy Gillespie, Charlie Parker, Benny Carter, Fletcher Henderson, Billy Eckstine, Wardell Gray, Stan Levey, Fats Navarro, Booker Ervin, Herbie Hancock, Pony Poindexter, Bud Powell, Joe Newman, Lionel Hampton, Louis Armstrong, Philly Joe Jones, Tadd Dameron u. a.; als Leader für Savoy, Dial, Bethlehem, Blue Note, Steeplechase, CBS, Black Lion, Catfish, Prestige, Futura, Elektra-Mus. u. a.
Lit.: Stan Britt, Long Tall Dexter, London 1989, dt. Wien 1990; S. Thorbjoern, The Discography of D. Gordon, Kopenhagen 1986
CD: Dexter Rides Again, Savoy SV-0120; Great Encounters, CBS 83643

Gordon, John, (tb), * 30.5.1939. Lernte Posaune in High School, spielte anschließend in R&B-Bands wie Buddy Johnson, auch bei Lionel Hampton, studierte dann bei Carmello Russo. In den 60er Jahren bei Lloyd Price, dessen Musical Director → Slide Hampton war. Zwischen 1962 und 1983 in N. Y. bei Broadway-Shows, zwischendurch auch bei Clark Terry und Count Basie (1973), auch mit Howard McGhee und F. Foster. 1990–91 in der Big Band von Illinois Jacquet. Gründete Drei-Posaunen-Gruppe »Trombones Unlimited«. – Aufnahmen mit Lionel Hampton, Charles Tolliver, Illinois Jacquet, Clark Terry, Nancy Banks; als Leader für Beam International, Strata East, Chiaroscuro und Mons.
CD: Trombones Unlimited, Mons 889872

Gospel Song, die religiöse Liedform der nordamerikanischen Schwarzen. Entstanden im Zusammenhang mit dem → Spiritual, jedoch im Bereich der Großstadt seit den 30er Jahren. In der Form ist der G. dem → Blues vergleichbar. Die Texte beziehen sich auf das Neue Testament (Gospel = Evangelium). Wird in der Kirche als Gemeindegesang oder solistisch vorgetragen. Als bedeutendste G.-Interpretin gilt Mahalia Jackson.
Lit.: Janheinz Jahn, Blues und Gospel Songs, Ffm 1964; Goodrich/Dixon, Blues & Gospel Records 1902–43, Chigwell 1982
LP: An Introduction to Gospel Song, Folkways RF 5
CD: Mahalia Jackson, In the Upper Room, Vogue 600061

Gottschalk, Norbert, (voc), * 7.8. 1954 Essen. Studierte an der GHS Essen Gitarre u. Trompete, an der Musikhochschule Köln Jazz-Gesang. Zusammenarbeit mit dem Kabarettisten Thomas Freitag, Lehraufträge für Gitarre, seit 1987 vor allem als Jazz-Sänger tätig. Auftritte mit Mike Mantler, Peter Herbolzheimer, dem Kabarettisten Richard Rogler. – Zu hören auf der ersten LP von Frank Nimsgern, erste eigene LP 1988 für Tritonus.

Gourley, Jimmy, (g), * 9.6.1926 St. Louis, Mo. Begann mit zehn Jahren Gitarre zu spielen, spielte 1941 in School-Band mit Lee Konitz. Nach dem Krieg in Jay Burkharts Band in Chicago, dann bei Vido Musso, Gene Ammons, Sonny Stitt. 1951–54 in Paris, dort mit Henri Renaud sowie Schallplatten mit Zoot Sims, Lee Konitz, Clifford Brown, Gigi Gryce, Bob Brookmeyer, Roy Haynes. Kehrte in die USA zurück und war bei Chubby Jackson, ab 1958 wieder in Paris, dort bei Kenny Clarke, im Trio mit Lou Bennet (org), Tourneen in Europa. – Schallplatten auch noch mit Chubby Jackson, Lester Young, Kenny Clarke – Lou Bennett; eigene Aufnahmen auf Muza, Promophone, Musica, Bingow und Uptown.
LP: The Left Bank of New York, Uptown 2732

Graas, John, (fhr, comp), * 14.10. 1924 Dubuque, Iowa, † 13.4.1962 Van Nuys, Ca. Lernte Waldhorn in High School, spielte bei Sergeji Koussevitzky, 1941–42 im Indianapolis Symphony Orch., 1942 bei

Claude Thornhill, 1943–45 in Army-Band, 1947–48 bei Tex Beneke, 1949–50 Stan Kenton. Ab 1950 in Hollywood als Komponist, schrieb → Third-Stream-Kompositionen wie »Jazz Chaconne No. 1« und »Jazz Symphony No. 1«. – Schallplatten mit Tex Beneke, Stan Kenton, Shorty Rogers, Gerry Mulligan, Chuck Gould, Pete Rugolo, Bob Cooper, Claude Thornhill, June Christy u. a.; eigene LPs für Trend, Decca, Kapp, EmArcy, Andex.
CD: Coup de Graas, EmAcry EJD 3083

Graettinger, Bob, Robert, (sax, p, comp), * 31.10.1923 Ontario, Calif., † 12.3.1957 L. A. Begann mit 16 Jahren professionell zu spielen, u. a. bei Johnny Richards, Benny Carter, Bobby Sherwood, wurde bekannt durch seine Arbeiten für das »Innovations«-Orchester von → Stan Kenton, z. B. »Termopylae«, »This Modern World«, »Incident in Jazz«, »House of Strings«, »City of Glass« mit atonalen und »freien« Einschlägen.

Gramavision Records, N. Y., 1980 von Jonathan Rose gegründet, widmet sich »New Music« und zeitgenössischem Jazz, u. a. Paul Winter, Bob Moses, Jay Hoggard, James Newton, Tony Dagradi, Anthony Davis, Jamaladeen Tacuma, Oliver Lake, John Carter, Bobby Previte.

Grappelli, Stéphane, eigentl. Grappelly, (vln, p, comp), * 26.1.1908 Paris. Spielte als Jugendlicher in Stummfilmkinos, gründete 1934 mit → Django Reinhardt das »Quintette du Hot Club de France«, welches als Europas einziger eigenständiger Beitrag zum Jazz angesehen wird. Ging 1939 nach England, nach dem Krieg wieder nach Paris, spielte ab 1948 sieben Jahre im Club St. Germain de Prés, daneben mit vielen amerikanischen Musikern und auf Festivals. In den 70er und 80er Jahren mit der Gruppe von Diz Disley (g) im Stil des HCF-Quintetts, in den 90er Jahren immer noch aktiv. G. gehört zu den wenigen Spitzensolisten seines Instruments, die der Jazz hervorgebracht hat. – Schallplatten mit dem HCF-Quintett, Django Reinhardt, Bill Coleman, Coleman Hawkins, Eddie South, Jack Dieval, Oscar Peterson, Stuff Smith, Violin Summit, Diz Disley, George Shearing, Yehudi Menuhin, Jean-Luc Ponty, Herbie Mann, Martial Solal, Bireli Lagrene, Michel Legrand, Joe Pass, Claude Bolling u. a.; eigene Schallplatten ab 1935 für Decca, Pathé, Barclay, Black Lion, Byg, Philips, Pye, RCA, MPS, EMI, Festival, Black & Blue, Columbia, Accord, Blackhawk, Concord, Pablo, Denon, GRP u. CBS.
Lit.: S. G. & J. Oldenhove/J. M. Bramy, Mon violon pour tout bagage, Paris 1992
CD: Live in San Francisco, Blackhawk 51601 (+Ⓥ: HEN 2192)

Gray, Glen, Glen Gray Knoblaugh, (as, ldr), * 7.6.1900 Metamora, Ill., † 28.9.1963 Plymouth, Mass. → Casa Loma Orchestra.

Gray, Jerry, Generoso Graziano, (vln, comp), * 3.7.1915 Boston, † 10.8.1976 Dallas. Spielte 1936 in Artie Shaws Streichergruppe, arbeitete 1937–39 für diesen als Arrangeur (»Begin the Beguine«), ab 1939

für Glenn Miller, auch in dessen Army-Band, deren Leitung er nach Millers Tod übernahm. Nach dem Krieg eigene Band in Hollywood. Schrieb einige der großen Miller-Hits wie »A String of Pearls«. – Seine arr sind auf Platten von Artie Shaw, Glenn Miller, Tex Beneke, den Modernaires u. den Pied Pipers zu hören; eigene Aufnahmen für Mercury, Decca, Liberty, Tops, Dot.
Lit.: Chris Popa, J. Gray & His Orch., Zephyrhills, FL 1989 (D)
CD: Jazz Hour 1017

Gray, Wardell, (ts), * 13.2.1921 Oklahoma City, † 25.3.1955 Las Vegas. Studierte Klarinette in Detroit, spielte zuerst bei Jimmy Rachel und Benny Carew. 1943 zu Earl Hines, ließ sich 1945 an der Westküste nieder, dort Kontakt mit Benny Carter, Vernon Alley, Billy Eckstine. 1948 im Benny-Goodman-Septett, im gleichen Jahr auch bei Count Basie und Tadd Dameron. Ging Ende 1948 in die Benny Goodman Big Band, spielte 1950–51 im Count-Basie-Septett, anschließend freelancing. Wurde ermordet, wohl als Folge seiner Drogensucht. G. gehörte zu den Tenoristen der Lester-Young-Schule, hatte jedoch einen wärmeren Ton und völlig eigenständige Ideen. Seine → Battles mit → Dexter Gordon gehören zu den Sternstunden des Jazz. – Schallplatten mit Just Jazz, Earl Hines, Charlie Parker, Dexter Gordon, Fats Navarro, Count Basie, Benny Goodman, Tadd Dameron, Frank Morgan, Teddy Charles, Dinah Washington, Sonny Criss, Buddy Stewart, J. C. Heard, Al Haig, Joe Swanson, Damita Jo; als Leader für Dial, Sunset, Prestige u. a.; posthum erschienen einige LPs auf Onyx, Straight Ahead u. Spotlite.
Lit.: D. Salemann, W. Gray, Discography, Solography, Band Routes, Basel 1986
CD: The Hunt (mit Dexter Gordon), Vogue 650135

Great Jazz Trio → Hank Jones

Green, Bennie, (tb), * 16.4.1923 Chicago, † 23.3.1977 San Diego. Spielte in Schul-Band, hatte Unterricht bei Trummy Young, ersten wichtigen Job bei Earl Hines 1942 (gemeinsam mit Dizzy Gillespie u. Charlie Parker). Während des Krieges in Army-Band, 1946–48 wieder bei Earl Hines, dann bei Gene Ammons in Charlie Venturas »Bop for the People«-Band. 1951–53 nochmals bei Earl Hines. In den 50er Jahren eigene Gruppen, zeitweise aus gesundheitlichen Gründen inaktiv, ab 1969 bei Duke Ellington, in den 70er Jahren auch mit Lionel Hampton.
G. war neben → J. J. Johnson der erste Bebop-Posaunist und mindestens so brillant wie dieser. Er war für eine Zwei-Posaunen-LP mit J. J. Johnson vorgesehen, war aber verhindert, und so bekam Kai Winding den Job, aus dem die »Jay & Kai«-Formation hervorging. – Schallplatten mit Earl Hines, Charlie Ventura, Miles Davis, Jo Jones, Sarah Vaughan, Coleman Hawkins, Charles Mingus, Charlie Parker, Duke Ellington, Howard McGhee, JatP, Nick Esposito; eigene LPs für Jubilee, Prestige, Decca, Blue Note, Mount Vernon, Time, Bethlehem, Jazzland, Argo.

LP: Back on the Scene, Blue Note 1587; CD: Blows His Horn, OJC 1728

Green, Benny, (p), * 4.4.1963 N. Y. Wuchs in Berkeley, Calif., auf, kam zum Jazz durch Schallplatten von Charlie Parker und Thelonious Monk. Mit 16 Jahren erster Job bei der Sängerin Faye Carroll. Spielte mit Eddie Henderson, Chuck Israels und Joe Henderson. Ging 1982 nach N. Y., studierte bei Walter Bishop, spielte bei → Bobby Watson, ab 1983 bei → Betty Carter, ab 1987 bei → Art Blakey, nach dessen Tod bei Freddie Hubbard. – Schallplatten mit Art Blakey, Betty Carter, Jim Snidero, Bob Mover, Freddie Hubbard, Jay Hoggard, John Swana, Amani Murray, Arnett Cobb, Larry Gales, Vince Jones, Don Braden, Steve Turre, Bob Belden, Gary Bartz; als Leader für Criss Cross u. Blue Note.

CD: Prelude, Criss Cross 1036

Green, Bunky, Vernice Jr., (as, ts, bar, cl, fl), * 23.4.1935 Milwaukee, Wisc. Autodidakt, kam zum Jazz durch Schallplatten von Charlie Parker. Spielte in Clubs, wurde 1960 von Lou Donaldson an Charles Mingus empfohlen, spielte in dessen Band sowie bei Nicky Hill, Ira Sullivan, Andrew Hill, Red Saunders, Louie Bellson. Studierte an der Roosevelt Univ., lebt seit 1965 in Chicago, spielt mit eigenen Gruppen und arbeitet als Dozent für das American Music Program seit 1989. – Schallplatten mit Paul Serrano, Clark Terry, JMT + Three; als Leader für Exodus, Vee Jay, Argo/Cadet, Vanguard, Delos.

CD: Healing the Pain, Delos 4020

Green, Freddie, Frederick William, (g), * 31.3.1911 Charleston, S. C., † 1.3.1987 Las Vegas. Wurde 1937 von John Hammond in einem Club entdeckt und Count Basie empfohlen, in dessen Band er bis zu seinem Tod spielte. G., der niemals Soli auf seiner unverstärkten Gitarre spielte, war der bedeutendste Rhythmusgitarrist des Jazz und das Rückgrat der Basie-Band, deren »All-American Rhythm Section« ohne ihn nicht den unvergleichlichen Swing erhalten hätte. – Schallplatten mit Count Basie, Benny Goodman, Frank Wess, Teddy Wilson, Lionel Hampton, Benny Carter, Illinois Jacquet, Al Cohn, Joe Sullivan, Lester Young, Billie Holiday, Herb Ellis, Ray Charles, Bev Kenney, Lucky Thompson, Pee Wee Russell, Paul Quinichette, Ray Brown, Sonny Stitt u. a.; eine LP als Leader für RCA.

CD: F. Green/Al Cohn, Natural Rhythm, Bluebird ND 86465

Green, Grant, (g), * 6.6.1931 St. Louis, † 31.1.1979 N. Y. Begann 1944 mit örtlichen Gruppen zu spielen, in den 40er Jahren in Jazz- und R&B-Gruppen, u. a. bei Jimmy Forrest, Jack Murphy, Sam Lazar. Ging 1969 nach N. Y., wurde von Lou Donaldson für das »Blue Note«-Label empfohlen, nahm für dieses Label eine Reihe von exzellenten LPs auf, bei denen sein bluesbezogenes Spiel gut studiert werden kann. – Schallplatten mit Big John Patton, Don Wilkerson, Donald Byrd, George Braith, Hank Mobley, Horace Parlan, Ike Quebec, Lee Morgan, Lou Donaldson, Stanley Turrentine,

Sonny Red Kyner; eigene Aufnahmen für Blue Note, Cobblestone, Versatile.
CD: Complete Blue Note Recordings, Mosaic MD4-133; Matador, Blue Note 784442-2

Green, Urbie, Urban Clifford, (tb), * 8.8.1926 Mobile, Ala. Zwei Brüder ebenfalls Posaunisten. Lernte Klavier von seiner Mutter, Posaune mit zwölf Jahren. Spielte mit 16 bei Tommy Reynolds, Bob Strong, Jan Savitt, Frankie Carle. Kam 1946 zu Gene Krupa, 1950 zu Woody Herman, wurde dort als neuer Posaunen-Star bekannt. 1955 bei Benny Goodman (Film: »B. G. Story«), leitete kurz dessen Band. Ab Mitte der 50er Jahre Studioarbeit in N. Y., daneben mit eigenen Gruppen tätig, auch bei Elliot Lawrence und als Leiter des Tommy-Dorsey-Orch., 1989 mit der Phillip – Morris Superband auf Tournee. – Schallplatten mit Gene Krupa, Woody Herman, Benny Goodman, Buck Clayton, Joe Wilder, Jimmy Rushing, Joe Newman, Tony Scott, Manny Albam, Jack Saunders, Billy Byers, Barry Galbraith, Toots Thielemans, Ralph Burns, Larry Clinton, Terry Gibbs, Herbie Mann, Jim Chapin, Jonah Jones, George Romanis, Manhattan Jazz Septet, »Session at Riverside«, Blue Mitchell, Nat Pierce, Count Basie, Ray Charles, Gene Harris, Gil Evans, Jimmy Smith, Quincy Jones, Ron Carter, Wes Montgomery, Sid Bass, Vaughan Monroe, Henri Rene, Phil Silvers, George Siravo, Neal Hefti, Marty Gold, Bobby Byrne, Jim Tyler, Gunther Schuller, Sid Ramin, Walt Levinsky, Michael Coldin, Tony Perkins, Richard Wess u. a.; als Leader nahm der in allen Stilen heimische G. LPs auf für Blue Note, RCA, Vanguard, Bethlehem, ABC-Paramount, Command, Project 3, CTI.
LP: Big Beautiful Band, Project 3 PR5087

Greene, Burton, (p, comp), * 14.6. 1937 Chicago. Studierte an der Fine Arts Academy, 1956–58 auch bei Dick Marx. Gründete das Free Form Improvisation Ensemble, Mitglied der Jazz Composers' Guild. 1965 Quartett mit Marion Brown, Henry Grimes u. Rashied Ali. Spielte in den Lofts von N. Y. mit Sam Rivers, Gato Barbieri, auf Tournee mit Sun Ra, Ran Blake u. Giuseppi Logan. B. ist ein Pionier des → Free Jazz, lebt seit 1970 in Amsterdam, von dort aus Tourneen mit amerikanischen Musikern und eigenen Gruppen. – Schallplatten ab 1965 für ESP, Columbia, Byg, Button Nose, Horo, Circle, All Life, Fore, Cat, Hat Hut.
LP: One World Music, Cat CP-49

Grey, Al, Albert Thornton, (tb), * 6.6.1925 Aldie, Va. Begann seine professionelle Karriere 1945 bei Benny Carter, spielte dann bei Jimmie Lunceford, Lionel Hampton, Lucky Millinder und Arnett Cobb. Hatte eigene Combo, war 1956–57 bei Dizzy Gillespie und 1957–61 bei Count Basie. Eigene Gruppe mit Billy Mitchell, ab 1964 mit Unterbrechungen wieder bei Basie. Seit 1977 Combo mit → Jimmy Forrest, nach dessen Tod mit → Buddy Tate. G. ist ein großer Techniker, der vor allem

mit Dämpfer einen ganz individuellen »Sprechstil« entwickelt hat. – Schallplatten mit Benny Carter, Jimmie Lunceford, Lionel Hampton, Arnett Cobb, Lucky Millinder, Count Basie, Joe Bushkin, Dizzy Gillespie, Thad Jones, Billy Mitchell, Joe Newman, Big Joe Turner, JatP, Milt Hinton, Oliver Nelson, John Hicks, Peanuts Hucko, Ray Brown, Ray Charles, Pony Poindexter, Mercer Ellington, Newport All Stars, Al Raymond, Rob McConnell, »Trombone Summit« u. a.; als Leader für Argo/Cadet*, Tangerine, Black & Blue, Reservoir, Chiaroscuro, Stash, Progressive, Four Leaf Clover (mit Richard Bone), Capri.
*CD: A. G. & The Basie Wing, Vogue 655017**

Griffin, Johnny, John Arnold III, (ts), * 24.4.1928 Chicago. Lernte Klarinette an der Du Sable High School, 1941. Bei Lionel Hampton 1945–47, dann bei Joe Morris, Jo Jones, Arnett Cobb, Art Blakey (1957) u. Thelonious Monk (1958). Eigene Gruppe in Chicago, dann mit → Eddie Lockjaw Davis. Lebt seit 1962 in Paris, von dort aus Tourneen und Gastspiele mit der CBBB, Peter Herbolzheimer, der Paris Reunion Band. G. ist ein vorzüglicher → Hard-Bop-Tenorist, der später auch Einflüsse von John Coltrane in sein Spiel einbezog. – Schallplatten mit Lionel Hampton, Wilbur Ware, Art Blakey, Thelonious Monk, Joe Morris, Nat Adderley, Philly Joe Jones, Blue Mitchell, Lockjaw Davis, Don Sickler, Wes Montgomery, Raymod Fol, Ahmed Abdul-Malik, Babs Gonzales, Kitty White, Ben Sidran, Chet Baker, Clark Terry, Count Basie, CBBB, Machito, Dizzy Gillespie, Tadd Dameron; als Leader für Argo, Cadet, Blue Note, Riverside, Atlantic, Philips, Polydor, Freedom, Trio, Young Blood, Steeplechase, Horo, Inner City, Galaxy, Amiga, Milestone, Timeless, Orange Blue, Antilles.
CD: Introducing J. G., Blue Note 1533; Big Soul Band, OJC 485

Grimes, Tiny, Lloyd, (g), * 7.7.1917 Newport News, Va., † 9.4.1989 N. Y. Trat 1935 bei Amateurshows in Washington, D. C., auf (als Pianist), lernte Gitarre als Autodidakt, spielte bei Art Tatum (mit Slam Stewart), nach dem Krieg eigene Gruppe, die »Rocking Highlanders«, spielte meist in Cleveland oder Philadelphia, ab 1967 in N. Y. mit Ray Nance, in Europa mit Milt Buckner, Larry Coryell u. a. – Schallplatten mit Clyde Hart, Art Tatum, Ike Quebec, Cozy Cole, Leonard Feather, Billie Holiday, Metronome All Stars, Buck Clayton, John Hardee, Jerry Valentine, Arnett Cobb, Coleman Hawkins, Earl Bostic, Illinois Jacquet; als Leader für Savoy (1944 mit Charlie Parker!), Blue Note, Atlantic, Gotham, United, Prestige, United Artists, Black & Blue, Columbia, Muse, Sonet.
LP: Calling the Blues, OJC 191

Growl, besondere Klangeffekte, die mit Hilfe von Dämpfern auf Trompete und Posaune in Nachahmung der → Dirty Tones erzeugt werden. Besonders gute Beispiele gibt es von → Duke Ellington aus dessen → Jungle-Stil-Periode 1927–32. Bedeutendste Musiker: Bubber Miley, Cootie

Williams (tp), »Tricky Sam« Nanton (tb).
CD: D. Ellington, Early Ellington, Bluebird ND 86852

GRP Records (Grusin-Rosen Productions), von Dave Grusin und Larry Rosen 1977 in N. Y. gegründet, ist das wichtigste Label für → Fusion Music mit Künstlern wie Chick Corea, Dave Valentin, Lee Ritenour, Tom Scott, Billy Cobham u. v. a. 1990 von → MCA übernommen.
CD: GRP Super Live in Concert, GRP 91650-2

Gruntz, George, (p, ldr, comp), * 24.6. 1932 Basel. Studierte in Zürich, gewann einige Preise auf Festivals, seit 1963 Berufsmusiker. Begleitete amerikanische Musiker auf Europatourneen, arbeitete mit Rolf Liebermann, Earl Brown und Hans Werner Henze zusammen sowie Avantgarde-Musikern des Jazz wie Roland Kirk und Don Cherry, komponierte Filmmusik und fürs Theater. Arbeitet mit eigenen Gruppen, dem Piano Conclave (mit sechs Pianisten), Percussion Profiles, jährlich Tournee mit einer »Concert Jazz Band«, die mehr durch ihre prominenten Besetzungen als durch G.'s Kompositionen/Arrangements besticht. Der alles machende, aber nicht alles könnende G. ist auch künstlerischer Leiter des »Jazzfest Berlin«. – Schallplatten mit Lars Gullin, Newport Youth Band, Phil Woods, Franco Ambrosetti, Percussion Profiles u. a.; als Leader für Ex-Libris, Decca, Philips, Enja, MPS.
CD: Serious Fun, Enja 6038-2

Grusin, Dave, David, (comp, p), * 26.6.1934 Littleton, Colo. Studierte an der Univ. von Colorado, spielte daneben in Clubs mit u. a. Terry Gibbs, Art Pepper, Anita O'Day und Johnny Smith. Ging 1959 nach N. Y. an die Manhattan School of Music, wurde dann Pianist und Arrangeur für Andy Williams. 1960 TV-Show mit Benny Goodman. Ließ sich 1962 in L. A. nieder, Zusammenarbeit mit Quincy Jones, arbeitete als Arrangeur für Peggy Lee, Mel Tormé, Ruth Price (seine damalige Frau), Sergio Mendez, Grover Washington, Carmen McRae, Roberta Flack, Sarah Vaughan, Diane Schuur. 1966 TV-Show in Amsterdam mit Caterina Valente. Gründete 1977 mit Larry Rosen GRP-Productions, woraus 1983 die Plattenfirma → GRP Records wurde. Arbeitet als Produzent und Filmkomponist (u. a. »The Graduate«, »Three Days of the Condor«, »Havana«). – Schallplatten mit Joe Pass, Jimmy Stewart, Lee Ritenour, Gary Herbig, Earl Klugh, Malta, Stanley Turrentine, Milt Jackson, Sadao Watanabe, Toot Thielemans, Special EFX, Scott Jarrett, Noel Pointner, Angela Bofill, Tom Browne, Bobby Broom, Diane Schuur, Patti Austin; als Leader für Epic/Col. u. GRP.
CD: D. G. & N. Y./L. A. Dream Band, GRP 91001

Grusin, Don, (p), * 1941 Denver, Colo. Studierte Ökonomie und arbeitete als Lehrer, war nur nebenher als Musiker tätig, hatte u. a. Gigs mit Zoot Sims und Gary Burton. Zog 1972 nach Nordkalifornien, spielte dort mit der Gruppe Azteca. Ab

1975 als Musiker tätig, zunächst mit Quincy Jones (Japantournee), dann mit Lee Ritenour, Ernie Watts u. a., erste Solo-LP 1981. – Schallplatten mit seinem Bruder → Dave G., Joe Pass, Malta, Milt Jackson u. a.; als Leader für GRP und JVC.

CD: No Borders, GRP 96762

Gryce, Gigi, (as, fl, comp), * 28.11. 1927 Pensacola, FL., † 17.3.1983 Pensacola. Wuchs in Hartford, Conn., auf, studierte am Bostoner Konservatorium. Spielte mit lokalen Bands und eigener Big Band mit Horace Silver (p). Studierte 1952 in Paris, dann in den Staaten bei Max Roach, Howard McGhee, Lionel Hampton, mit diesem Europatournee 1953. 1955–58 eigene Gruppe »Jazz Lab« mit Donald Byrd (tp). Der von Charlie Parker beeinflußte Hard-Bop-Musiker war seit Anfang der 60er Jahre nicht mehr auf der Jazz-Szene, er arbeitete als Lehrer und Komponist. – Schallplatten mit Art Farmer, Lee Morgan, Thad Jones, Betty Carter, Clifford Brown, Oscar Pettiford, Mal Waldron, Thelonious Monk, Teddy Charles, Donald Byrd, Benny Golson, Stan Getz, Buddy Rich, Earl Coleman, Henri Renaud, John Coltrane, Tadd Dameron; als Leader für Vogue, Signal, ABC-Paramount, Metrojazz, Prestige, Mercury.

CD: Nica's Tempo, Savoy SV-0126

Guaraldi, Vince, Vincent Anthony, (p, comp), * 17.7.1928 San Francisco, † 6.2.1976. Begann seine Laufbahn 1950 bei Cal Tjader, anschließend in der Bill Harris – Chubby Jackson Combo, 1953 bei Georgie Auld, 1955 bei Sonny Criss, 1956–57 bei Woody Herman, eigenes Trio bzw. Quartett, 1957–59 erneut bei Cal Tjader, 1959 mit Woody Herman Englandtournee und bei den Lighthouse All Stars. Seit den 60er Jahren mit eigenem Trio, auch mit Bola Sete (g). Komponierte »Cast Your Fate to the Wind« und Musik zur »Peanuts«-Cartoon-Serie. – Schallplatten mit Cal Tjader, Mongo Santamaria, Stan Getz, Conte Candoli, Frank Rosolino, Woody Herman, Richie Kamuca, Brew Moore, Ron Crotty, Bola Sete; eigene LPs für Fantasy, Warner Bros.

CD: Trio, OJC 149

Guarnieri, Johnny, John A., (p), * 23.3.1917 N. Y., † 7.1.1985 N. Y. Stammt aus der berühmten italienischen Geigenbauerfamilie, lernte klassisches Klavier, spielte ab 1937 Tanzmusik, 1939–40 bei Benny Goodman, 1940–41 bei Artie Shaw, bei diesem Cembalo in der »Gramercy Five«. Ab 1942 bei Jimmy Dorsey, Raymond Scott, Cozy Cole, Slam Stewart, mit eigenen Gruppen, vor allem aber als Studiomusiker in N. Y. und Hollywood. Trat in den 70er Jahren wieder verstärkt als Jazz-Musiker hervor, auch in Europa. – Schallplatten mit George Hall, Benny Goodman, Artie Shaw, Cootie Williams, Lester Young, Ben Webster, Cozy Cole, Hank D'Amico, Coleman Hawkins, Jerry Jerome, Benny Morton, Hot Lips Page, Big 18, Rex Stewart, Billy Taylor, Barney Bigard, Don Byas, J. C. Heard, Frank Sinatra, Slam Stewart, Tony Mottola, Louis Armstrong, Ike Quebec, V-Disc All-Stars, The Keynoters,

Roy Eldridge, Stéphane Grappelli, Jerry Gray, Will Bradley; eigene Aufnahmen ab 1944 für Savoy, Majestic, Admiral, Coral, RCA, Dot, Jim Taylor Presents, Black & Blue, Dobre, Taz-Jaz.
LP: Walla Walla, Black & Blue 33078

Gulda, Friedrich, (p, comp), * 16.5. 1930 Wien. Der weltberühmte Interpret klassischer Musik wandte sich in den 50er Jahren dem Jazz zu, als er erkannte, daß die Afro-amerikanische Musik weitgehend aus dem Konzertbetrieb ausgeklammert wurde. Er trat 1956 mit einer Jazz-Combo (mit Phil Woods und Jimmy Cleveland) im Birdland auf, spielte in Konzerten Jazz und klassische Musik, trat als Bariton-Solist hervor und komponierte Musik für Big Band, z. B. »Music for 3 Soloists and Band«. Nach dieser »Third Stream«-Phase initiierte er in den 60er Jahren Weltmusik-Festivals, spielte mit der Gruppe Anima, Ursula Anders und Avantgarde-Musikern wie Albert Mangelsdorff und Barre Philips, auch → Weather Report. – Jazz-Schallplatten ab 1956 für RCA, EMI, Jazztone, Amadeo, Columbia, MPS, Preiser, Brain, ERP, Sony, Philips (mit Chick Corea).
CD: Mozart No End, Sony 48082

Gullin, Lars Gunnar Victor, »Lasse«, * 4.5.1928 Gotland, † 17.5.1976 Vissefjärda, Schweden. Studierte an einer Militärmusikschule und an der Musikakademie in Stockholm, begann als Pianist und Alt-Saxophonist in Tanzorchestern, spielte ab 1949 Bariton-Sax, zunächst bei Seymour Österwall, ab 1951 bei Arne Domnerus und mit amerikanischen Musikern, die Schweden besuchten, z. B. Stan Getz, James Moody, Zoot Sims. Ab 1953 meist mit eigener Band, auch mit Brew Moore und Rolf Ericson, 1964 mit Archie Shepp. Konzentrierte sich in seinen letzten Lebensjahren mehr aufs Komponieren. G. war der erste europäische Musiker, der nach dem Krieg in den USA Anerkennung fand; auf seinem Instrument war er in Europa ohne Konkurrenz und hat als Instrumentalist eine ähnlich Bedeutung wie → Gerry Mulligan. – Schallplatten mit Arne Domnerus, Stan Getz, Zoot Sims, Brew Moore, James Moody, Clifford Brown, George Wallington, Quincy Jones, Archie Shepp, Lee Konitz; als Leader für Metronome*, Polydor, Sonet, Philips, Artists, RCA, Tempo, EMI.
*CD: Legendary Years, WEA 77576-2**

Gutbucket (eigentl. Tropfeimer) und »Lowdown« sind Ausdrücke für ein besonders eindrucksvolles Instrumentalspiel unter Einbeziehung der musikalischen Schönheitsideale der Schwarzen wie → Growl und → Dirty Tones.

H

Hackett, Bobby, Robert, Leo, (cnt, g), * 31.1.1915 Providence, R. I., † 7.6.1976 Chatham, Mass. Begann mit 14 Jahren Gitarre, Banjo und Violine professionell zu spielen, wechselte während eines Engagements bei Herbie Marsh zum Kornett, spielte mit Teddy Wright und Pee Wee Russell, ab 1937 in N. Y. bei Joe Marsala, bis 1939 eigene (erfolglose) Band, ging dann zu Horace Heidt, 1941 als Gitarrist zu Glenn Miller, trat aber auch als Kornett-Solist hervor (»String of Pearls«, »Rhapsody in Blue«). Ende 1942 zum Sender NBC, bei Brad Gowans und 1944–46 bei Glen Gray, anschließend beim Sender ABC. In den 50er Jahren eigene Gruppen, begleitete in den 60er Jahren häufig Tony Bennett, 1963 Tournee mit Benny Goodman. H. war der bedeutendste Kornettist der → Bix-Beiderbecke-Nachfolge, dessen klaren Ton und dessen Phrasierung er in den → Swing und den → Dixieland einbrachte. Über den Jazz-Kreis hinaus bekannt wurde er durch eine Reihe von LPs mit Jackie Gleason, die zwar kommerziell, aber höchst geschmackvoll waren. – Schallplatten außerdem mit Red McKenzie, den Andrews Sisters, Horace Heidt, Glenn Miller, Glen Gray, Jack Teagarden, Bud Freeman, Adrian Rollini, Teddy Wilson, Eddie Condon, Pete Brown, Joe Marsala, der reorganisierten → ODJB, Miff Mole, Louis Armstrong (»Town Hall Concert«), Lee Wiley, Benny Goodman, Art Mooney, Tony Bennett, Ray McKinley, Ruby Wright, Dizzy Gillespie, Frank Sinatra u. a.; als Leader für Okeh/Vocalion, Decca, Commodore, V-Disc, Columbia, Capitol*, Sesac, Happy Jazz, Project 3, Verve, Fat Cat, Story-ville, Chiaroscuro, Flying Dutchman, Riff.
*CD: B. H. – Jack Teagarden, Coast Concert, Dormouse CDX02**

Haden, Charlie, Charles Edward, (b, comp), * 6.8.1937 Shenandoah, Iowa. Stammt aus einer Folk Music spielenden Familie, begann sich mit 19 Jahren für Jazz zu interessieren, studierte bei Red Mitchell und am Westlake College. 1957 zu Art Pepper, 1957–58 bei Paul Bley, 1958–59 bei Hampton Hawes, 1959–62 bei Ornette Coleman, 1964–68 bei Denny Zeitlin. Der zeitweise drogenabhängige H. wurde bei Ornette Coleman als einer der wichtigen Bassisten des → Free Jazz bekannt. Sein politisches Engagement dokumentierte er mit der LP »Liberation Music Orchestra« und in Kompositionen wie »Song for Che«. Widmet sich in den 90er Jahren dem modernen Mainstream mit seinem »Quartet West«. – Schallplatten mit Ornette Coleman, Denny Zeitlin, Jazz Comp. Orch., Don Cherry, Art Pepper, John Coltrane, Carla Bley, Dino Saluzzi, Geri Allen, Jane Ira Bloom, Alan Shorter, Keith Jarrett, Nana Simopoulos, Pat Metheny, Gonzalo Rubalcaba, Paul Motian, Paul Bley u. a.; als Leader für Impulse, Horizon, ECM, Soul Note, Verve.

LP: Liberation Music Orch., Impulse 9183
CD: Haunted Heart, Verve 513978-2

Haggart, Bob, Robert Sherwood, (b, comp, ldr), * 13.3.1914 N. Y. Lernte Trompete, Gitarre, Banjo und Klavier, begann als Bassist bei Ben Pollack, wurde bekannt bei → Bob Crosby 1935–42 als Arrangeur und durch seine Duo-Aufnahme (mit Ray Bauduc, d) von »Big Noise of Winnetka«, 1938. In den 40er und 50er Jahren am Rundfunk und in den Studios, auch mit Billie Holiday. Mit → Yank Lawson gemeinsame Studio-Band, die »Lawson – Haggart Jazz Band« (Decca). 1965 spielte er auf einer Jazz-Party von Dick Gibson, erhielt dort die Inspiration zur Gründung der »World's Greatest Jazz Band« 1968. Mit dabei: Yank Lawson, Billy Butterfield, Carl Fontana, Bob Wilber, Ralph Sutton, Gus Johnson u. a. In den 80er Jahren mit einer Bob-Cats-Reunion. – Schallplatten mit Bob Crosby, Benny Goodman, Billie Holiday, Charlie Parker, Louis Armstrong, Max Kaminsky, Muggsy Spanier, Will Bradley, Wingy Manone u. a.; als Leader für MGM, V-Disc, Command; mit der WGJB für Atlantic, Project 3, World Jazz, Flying Dutchman.
CD: WGJB Live, Atlantic 790982

Haig, Al, Allan W., (p), * 22.7.1924 Newark, N. J., † 16.11.1982 N. Y. Wuchs in Nutley, N. J. auf, spielte 1942–44 in Bands der Küstenwache, in Boston und kurz bei Jerry Wald. Kam 1945 nach N. Y. und wurde dort als einer der wenigen Weißen Teil der → Bebop-Bewegung. Spielte mit Dizzy Gillespie u. Charlie Parker auf der 52nd Street. Ende 1945 zu Charlie Barnet, dann zu Jimmy Dorsey. 1949 mit Charlie Parker auf Tour, 1949–51 bei Stan Getz, 1954 bei Chet Baker. 1956–57 in Dizzy Gillespies Big Band. War dann eine Reihe von Jahren als Jazz-Musiker inaktiv, wurde 1974 »wiederentdeckt«, trat erfolgreich in Europa auf und spielte eine Reihe von Schallplatten ein. H. gilt als der beste weiße Bebop-Pianist, dessen Bedeutung gleichwohl bis heute nur von wenigen anerkannt wird. – Schallplatten mit Dizzy Gillespie, Charlie Barnet, Dave Lambert/Buddy Stewart/ Red Rodnay, Stan Getz, Phil Woods, Charly Byrd, Charlie Parker, Wardell Gray, Fats Navarro, Chet Baker, E. Lockjaw Davis, John Hardee, Leo Parker; als Leader für Sittin In With, Dawn, Prestige, Esoteric, Swing, Period, Mint, Spotlite, Choice, East Wind, Trio, Sea Breeze, Interplay, Progressive, Musica, Columbia.
LP: Al Haig and the Master Saxes, Spotlite 130, 140, 143

Hall, Edmond, (cl), * 15.5.1901 N. O., † 12.2.1967 Cambridge, Mass. Lernte als Autodidakt Gitarre, später Klarinette. Begann mit 17 Jahren in lokalen Bands zu spielen, ging mit Buddy Petit, Mat Thomas u. a. auf Tournee. 1928 nach N. Y., spielte dort bei Alonzo Ross, Billy Fowler u. Charlie Skeets. Bis 1935 bei Claude Hopkins, der 1930 die Skeets-Band übernommen hatte, dort auch Bariton-Sax. Ab 1936 bei Lucky Millinder, Billy Hicks, Zutty Singleton, Joe Sullivan, Red Allen, Teddy Wilson. Ab 1944 eigene Band, 1950–55 in Eddie Condons Club, dann als Nachfolger von Barney Bigard zu Louis Armstrong. Ab 1958 freelancing in N. Y. Versuchte 1959 in Ghana eine Jazz-Schule zu gründen. In den folgenden Jahren noch mehrmals auf Tournee, u. a. mit Eddie Condon und den → Dukes of Dixieland (Japan 1964).

H. war *der* Swing-Klarinettist par excellence. Seine Spielweise war eine einzigartige Verbindung des New-Orleans-Stiles mit dem Swing und dem Blues, den er wie kaum ein anderer auf der Klarinette spielen konnte (z. B.: »Suspension Blues« auf der → Vic-Dickenson-Showcase-LP). Als Jazz-Musiker war er dem »King of Swing« Benny Goodman überlegen. – Schallplatten mit Claude Hopkins, Frank Newton, Billy Hicks, Billie Holiday, Mildred Bailey, Lionel Hampton, Henry Red Allen, Ida Cox, Zutty Singleton, Joe Sullivan, Eddie Howard, Chick Bullock, Art Tatum, Leonard Feather, Sid Catlett, De Paris Brothers, Clyde Hart, Coleman Hawkins, Art Hodes, George Wettling, M. L. Williams, Teddy Buckner, Eddie Condon, Wild Bill Davison, Louis Armstrong, Bud Freeman, Mutt Carey, Vic Dickenson, Mel Powell, Jonah Jones, Jack Teagarden, Jimmy McPartland, Harry Belafonte, Gustav Brom; als Leader für Blue Note, Commodore, Brunswick, Continental, Savoy, Storyville, Columbia (Arg), United Artists, Raecox.

Lit.: M. Selchow, Profoundly Blue, Westoverledingen 1988 (Bio-/Discographie)

LP: Blue Note 6504, 6505 (Mosaic MR6-109)

Hall, Jim, James Stanley, (g), * 4.12. 1930 Buffalo. Studierte am Cleveland Institute of Music. 1955 in L. A. bei Bob Hardaway, Ken Hanna u. Dave Pell, wurde bekannt im Chico-Hamilton-Quintett 1955–56. Spielte bis 1959 bei Jimmy Giuffre, 1960–61 bei Lee Konitz, 1961–62 Sonny Rollins, 1962–64 Art Farmer, eigenes Trio mit Red Mitchell und Colin Bailey bzw. Tommy Flanagan, Percy Heath, Larry Bunker u. a. Zeitweise als Studiomusiker und Lehrer tätig. Zusammenarbeit mit Bill Evans, Chet Baker, Don Thompson u. a., in den 80er Jahren auch Auftritte als Solist. H. ist ein vorzüglicher Gitarrist der Charlie-Christian-Schule. – Schallplatten mit Chico Hamilton, Jimmy Giuffre, John Lewis, Bob Brookmeyer, Bill Evans, Paul Desmond, Art Farmer, Red Mitchell, Sonny Rollins, Gunther Schuller, Ben Webster, Ella Fitzgerald, Eric Dolphy, George Shearing, Gerry Mulligan, Hampton Hawes, Kronos Quartet, Nancy Harrow, LH&R, Stan Getz, Jimmy Raney; als Leader für World Pacific, MPS, Milestone, CTI, Horizon, A & M, Artists House, Denon, Atlantic, Concord, Musicmasters.

CD: All Across the City, Concord 384

Hallberg, Bengt, (p, comp), * 13.9. 1932 Göteborg, Schweden. Spielte 1949 mit Kenneth Fagerlund, 1950 mit Stan Getz auf dessen Schwedentournee sowie anderen amerikanischen Gastmusikern wie Lee Konitz, Art Farmer und Clifford Brown. Stu-

dierte 1954–57 an der Königlichen Musikakademie, arbeitete dann meist als Unterhaltungsmusiker, trat aber immer wieder als Jazz-Solist auf. – Schallplatten mit Lars Gulling, Harry Arnold, Quincy Jones, Stan Getz, Clifford Brown, Svend Asmussen, Arne Domnerus, Putte Wickman, Thad Jones, Karin Krog, Ove Lind, Benny Carter; LPs für Metronome, Cupol, Philips, Karussell, Sonet, Polydor, Odeon, Phontastic, SR.
LP: Vi Alskar Norge, Phontastic 50-13

Hamilton, Chico, Foreststorn, (d, comp), * 21.9.1921 L. A. Leitete schon in der Schule eine Band mit u. a. Ernie Royal, Buddy Collette, Charles Mingus, Illinois Jacquet, spielte 1949 bei Lionel Hampton, Lorenzo Flennoy, 1941 bei Lester Young. Nach Armeedienst Studium bei Jo Jones, auf Tournee mit Jimmy Mundy und Count Basie. 1948 für sechs Jahre zu Lena Horne, auch Studioarbeit für Paramount. Gründete 1955 eigenes Quintett mit Fred Katz (Cello) und Buddy Collette (Flöte), dessen ungewöhnliche Instrumentierung Aufsehen erregte (1957 im Film »Sweet Smell of Success«). Spätere Band-Mitglieder waren Eric Dolphy, Charles Lloyd, Gabor Szabo, Attila Zoller, John Abercrombie, Larry Coryell. Gründete 1966 einen Musikverlag und eine Agentur, komponierte für Film und TV. Seit den 70er Jahren wieder eigene Gruppe, u. a. mit Steve Potts, Arthur Blythe und Arnie Lawrence. – Schallplatten mit Slim Gaillard, Lester Young, Gerry Mulligan, Freddie Gambrell, John Lewis, Tal Farlow, Lena Horne, Billie Holiday, Dexter Gordon, Spud Murphy u. a.; als Leader für Pacific Jazz, Decca, Warner Bros.*, Sesac, Columbia, Impulse, Reprise, Solid State, Blue Note.
*CD: Gongs East, Discovery DSCD 831**

Hamilton, Jeff, (d), * 4.8.1953 Richmond, Ind. Studierte an der Indiana Univ., spielte beim Tommy-Dorsey-Orch., bei Lionel Hampton, dann bis 1976 bei → Monty Alexander. 1977 bei Woody Herman, danach als Nachfolger von Shelly Manne bei den L. A. Four. Arbeitet in L. A. als Studiomusiker, aber auch mit eigenen Gruppen. – Schallplatten mit Woody Herman, Monty Alexander, L. A. Four, Bill Holman, Bob Cooper, Bud Shank, Cal Collins, David Frishberg, Gene Harris, Herb Ellis, Mary Fettig, Mel Tormé, Ray Brown, Scott Hamilton, Clayton Bros., Tom Talbert u. v. a.; als Leader für Concord, Capri.
CD: Clayton – Hamilton Orch., Groove Shop, Capri 74021-2

Hamilton, Jimmy, James, (cl, ts, as, arr), * 25.5.1917 Dillon, S. C. Wuchs in Philadelphia auf, lernte tb, p, tp, saxes. Spielte 1935 Trompete bei Frank Fairfax gemeinsam mit Dizzy Gillespie, 1939–41 in Teddy Wilsons Big Band, 1941–42 bei Benny Carter, anschließend bei Duke Ellington, dessen Band er bis 1968 angehörte. Lebt seitdem in St. Croix auf den Virgin Islands, wo er in einem Hotel auftritt. – Der großartige Techniker ist auf vielen Ellington-Platten zu hören, außerdem bei Teddy Wilson,

Jimmy Mundy, Pete Brown, Sonny Greer, Billie Holiday, Esquire All Stars, Al Hibbler, Mercer Ellington, Ben Webster, Earl Hines, Harry Carney, Oscar Pettiford, Prestige Blues Swingers, Lucky Thompson, Clarinet Summit; als Leader für Blue Note, Urania*, Swingville, Everest u. Who's Who.
*CD: J. H. & N. Y. Jazz Quintet, Fresh Sound 2002**

Hamilton, Scott, (ts), * 12.9.1954 Providence, R. I. Unter den Musikern seiner Generation ist H. ein Unikum: Er spielt Swing bzw. Mainstream Jazz in der Fusion-Ära. Als Sideman seit 1976 bei Roy Eldridge, Anita O'Day, Buck Clayton, Benny Goodman, Warren Vaché, Ruby Braff, Benny Carter u. a. v. – nahm Schallplatten auf mit Benny Carter, Flip Phillips, Cal Tjader, Dave McKenna, Gerry Mulligan, Lorraine Feather, Nat Pierce, Rosemary Clooney, Warren Vaché, Ruby Braff, Woody Herman, Ross Tompkins, den Newport u. den Concord All Stars, Derek Smith, Gene Harris; als Leader für Progressive u. Concord.
CD: The Grand Appearance, Progressive 7026

Hammond-Orgel → Orgel

Hampel, Gunter, (vib, bcl, comp), * 31.8.1937 Göttingen. Studierte Architektur, spielte schon während dessen mit eigenen Gruppen. 1965 erschien seine LP »Heartplants« (MPS), welche als erste deutsche Free-Jazz-LP gilt. H. ist seitdem der führende deutsche Musiker dieses Stiles, favorisiert aber eine eher impressionistische, den Klangfarben verbundene Richtung. Er spielte mit Tobias Netta, Willem Breuker, Pierre Courbois, Marion Brown, Alexander von Schlippenbach, Anthony Braxton u. a., meist aber mit seiner »Galaxy Dream Band«, zu der u. a. Perry Robinson, Martin Bues und seine Frau, die Sängerin Jeanne Lee, gehören. – Schallplatten mit Cecil Taylor, Marion Brown, Anthony Braxton, Tobias Netta; eigene LPs für MPS, ESP, Wergo; ab 1969 für eigenes Label Birth.
LP: Dances, Birth 002 (Solo); Celebrations, Birth 0021/22

Hampton, Lionel, (vib, d, p, voc), * 12.4.1908 Louisville, Ky. Wuchs in Chicago auf, spielte in Jugend-Band Schlagzeug. Ging 1928 nach Kalifornien zu Paul Howard, Eddie Barefield und Les Hite. Begann bei letzterem Vibraphon zu spielen, erste Aufnahme mit Louis Armstrong als Frontman der Hite-Band 1931: »Memories of You«. Ab 1934 eigene Band im »Sebastian Cotton Club« in L. A., wurde dort von → Benny Goodman gehört und für eine Plattenaufnahme verpflichtet, als deren Folge er im neu etablierten Goodman-Quartett fest verpflichtet wurde. Blieb vier Jahre bei Goodman, spielte gelegentlich auch Piano und Schlagzeug, besonders nach dem Ausscheiden von Gene Krupa. Nahm während dieser Zeit eine Reihe von Schallplatten mit Studio-Bands für RCA auf, für die er die besten Musiker seiner Zeit verpflichtet, und die zu den besten Swing-Aufnahmen überhaupt gezählt werden müssen. 1941 gründete er eine eigene

Big Band, die enorm populär wurde und auch kommerziell erfolgreich war, bes. mit Titeln wie »Flying Home«, »Hey baba-re-bop« und »How High the Moon«. Der vom R & B und Boogie Woogie beeinflußte Stil der Band nahm seinerseits Einfluß auf die späteren R&B- und Rock'n'-Roll-Bands. Zu den namhaften Solisten gehörten Dexter Gordon, Illinois Jacquet, Ernie Royal, Joe Newman, Milt Buckner, Earl Bostic, Fats Navarro. Die musikalischen Qualitäten von H.'s Bands ließen in den 50er Jahren rapide nach, es überwogen zunehmend Show- und Klamaukeffekte. Er konnte zwar immer wieder gute Musiker anheuern, z. B. Gigi Gryce, Clifford Brown, Quincy Jones, Jimmy Cleveland, Art Farmer und die von ihm entdeckte Dinah Washington, keiner von diesen ist aber lange genug geblieben, um einen nachhaltigen Eindruck zu hinterlassen, Folge einer schlechten Bezahlung, schlechter Arrangements und der Tatsache, daß H. keine anderen Stars neben sich duldet. Sein autoritäres Gehabe und sein Geiz (bzw. der seiner Frau und Managerin Gladys) trugen ihm in Musikerkreisen den Ruf eines »schwarzen Benny Goodman« ein. So gibt es von ihm seit den 50er Jahren keine empfehlenswerten Big-Band-LPs mehr (Ausnahme: »Newport Uproar«, 1967, RCA), er konnte aber in der richtigen Umgebung, etwa einigen »Just Jazz«-Konzerten und Combo-Sessions für Clef (mit Oscar Peterson u. Buddy Rich) immer wieder seine Klasse als Vibraphonist beweisen. In den 60er Jahren trat er mit kleinen Gruppen auf (»Inner Circle«), stellte aber für Tourneen immer wieder Big Bands zusammen und reiste mit ihnen um die Welt.

Er gründete mehrere Plattenfirmen (Hamp-Tone, Glad-Hamp, Who's Who in Jazz), beteiligte sich an einer Stiftung, die Wohnungen für sozial Schwache baut und ein Kommunikationszentrum für Ghetto-Jugendliche, und erfuhr wohl mehr Ehrungen als jeder andere Musiker.

H. ist (oder war) ein vorzüglicher Drummer, ein eigenwilliger Pianist mit einer verblüffenden »Zwei-Finger-Technik« und hat Maßstäbe gesetzt als Vibraphonist, die rund 20 Jahre gültig blieben (bis zum Auftauchen von → Milt Jackson). Seine Autobiographie ist jedoch das ärgerlichste und fehlerhafteste Buch eines bedeutenden Jazz-Musikers.

Schallplatten mit Louis Armstrong, Benny Goodman, Les Hite, Paul Howard, Teddy Wilson, Ida Cox, Art Tatum, Eddie Condon, Herbie Fields, Coleman Hawkins, Stan Getz, Mahalia Jackson, Gene Krupa, Zoot Sims, Fatty George, Milt Hinton; als Leader ab 1937 für RCA, Decca, GNP, MGM, Vogue, Barclay, Clef, Columbia, Versailles, Audio Fidelity, Bertelsmann, Black & Blue, Philips, Sonet, MPS, Timeless, Denon u. für die eigenen Labels.

Lit.: L. H. & J. Haskins, Hamp, An Autobiography, N. Y. 1989

CD: Hot Mallets, Bluebird ND 86458; Flying Home, MCA 42349; Just Jazz, Vogue 655604

Hampton, Slide, Locksley Wellington, (tb, tu, comp), * 21.4.1932 Jeanette, Pa. Begann seine professionelle Karriere bei Buddy Johnson 1955–56, spielte dann bei Lionel Hampton (1956–57), Maynard Ferguson (1957–59), bei Freddie Hubbard, hatte eigenes Oktett mit u. a. Hubbard, George Coleman, leitete die Begleitband von Lloyd Price, war auf Tournee mit Woody Herman, als Solist häufig in Europa, mit Dexter Gordon, Joe Haider, Art Farmer. In den USA 1977 beim Comeback Dexter Gordons beteiligt, Arbeit mit eigenem Trombone Choir und dem Manhattan Plaza Composers' Orch. Daneben Lehrtätigkeit an Colleges und Universitäten. In den 80er Jahren mit Dizzy Gillespie Reunion Big Band und dem Tokyo Union Orch., 1990 mit Gillespies United Nation Orch. – Schallplatten mit Buddy Johnson, Maynard Ferguson, Curtis Fuller, H. Betters, Rob Schneiderman, Melba Liston, Philly Joe Jones, Joachim Kühn, Sacha Distel, Art Blakey, Art Farmer, Dexter Gordon, James Newton, Robin Eubanks, Oscar Peterson, Woody Herman, Miriam Klein, Joe Haider, Dizzy Gillespie, Heath Bros., McCoy Tyner, Jerome Rusch, Vaclav Zahradnik, Thilo Berg, John Gordon, Monty Alexander; als Leader für Strand, Atlantic, Epic, Pathé, Horo, MPS, Criss Cross, Black Lion.

CD: World of Trombones, Black Lion 760113

Hancock, Herbie, Herbert Jeffrey, »Mwandishi«, (p, keyb, comp), * 12.4. 1940 Chicago. Stammt aus einer musikalischen Familie, trat schon als elfjähriger mit dem Chicago Symphony Orch. auf. Wurde 1960 von Donald Byrd gehört und angeheuert, mit diesem nach N. Y., arbeitete dort mit Byrd, Phil Woods, Oliver Nelson. 1963 zu Miles Davis, spielte bei diesem bis 1968 und später noch gelegentlich. Komponierte »Watermelon Man«, von Mongo Santamaria zu einem Hit verarbeitet. 1973 begann H.'s Karriere als Rock-Musiker, beginnend mit der LP »Headhunters«, er erreichte den Gipfel der Geschmacklosigkeit mit »Rockit« und schrieb Filmmusik (»Ein Mann sieht rot«). Trat in den 70er Jahren wieder ab und zu als Jazz-Musiker hervor, u. a. mit der Miles-Davis-Reunion-Band »V.S.O.P.«, gab Konzerte mit Chick Corea, Wynton Marsalis und schrieb die Musik zu dem Film »Round Midnight« (mit Dexter Gordon). – Schallplatten mit Donald Byrd, Miles Davis, Tony Williams, Bobby Hutcherson, Bobby McFerrin, Dexter Gordon, Freddie Hubbard, George Benson, Al Grey, Grant Green, Hank Mobley, Jimmy Heath, Joe Henderson, Kenny Dorham, Lee Morgan, Mike Lawrence, Prince Lasha, Stanley Turrentine, Alphonse Mouzon, Wayne Shorter, Wes Montgomery, Yana Purim, Bahia Black, Last Exit; als Leader für Warner Bros., Columbia, Atlantic, Blue Note.

CD: Best of, Blue Note 791142-2

Handy, George, G. Joseph Hendleman, (p, comp), * 17.1.1920 N. Y. Studierte an der N. Y. Univ., der Juilliard School und bei Aaron Copland, spielte 1938 bei Michael Loring, 1941 bei Raymond Scott und 1943–46 als Pianist und Arrangeur bei → Boyd Raeburn, für dessen Hinwendung zum → Progressive Jazz er maßgeblich verantwortlich war. Ab 1946 in den Paramount-Studios, bei Bob Chester und Buddy Rich. Komponierte »Tonsillectomy«, »The Bloos«, »Tone Poem«. Seit den 50er Jahren nicht mehr auf dem Jazz-Gebiet tätig. H. war – neben → Johnny Richards – der wichtigste Komponist des → Progressive Jazz. Arr für Ina Ray Hutton, Boyd Raeburn, Bob Chester, Alvino Rey, N. Y. Sax. Quartet, Stan Levey. – Schallplatten mit Boyd Raeburn, Buddy Rich, Dizzy Gillespie, Zoot Sims; als Leader für RCA.

Handy, John, John Richard III, (as, ts, sop, bar), * 3.2.1933 Dallas, Tex. Lernte Klarinette als Autodidakt, studierte Musiktheorie, spielte 1958–59 bei Charles Mingus und Randy Weston, 1960 mit eigenem Quintett (auch in Europa), 1963 mit John Mehegan, 1964 wieder bei Mingus, ab 1965 eigene Gruppen (u. a. mit Mike White, vln), mit denen er einen kompromißlosen Free Jazz vertrat. – Schallplatten mit Charles Mingus, Lee Ritenour, Bebop and Beyond; als Leader für Roulette, Columbia, Impulse, Inak, Boulevard. Sein Flirt mit dem Rock-Jazz hatte keine besondere Resonanz.

LP: Hard Work, Impulse

Handy, W. C., William Christopher, (cnt, ldr), * 16.11.1873 Florence, Ala., † 28.3.1958 N. Y. Studierte am Kentucky Musical College, leitete ab 1896 eigene Band als Begleitung von → Minstrel-Shows, arbeitete zeitweise als Musiklehrer, gründete einen Musikverlag und eine Schallplattenfirma (Black Swan). H.'s Bedeutung liegt in seiner Tätigkeit als Sammler und Komponist volkstümlicher Melodien der Schwarzen (→ Blues), von denen etliche zu Standards geworden sind, z. B. St. Louis Blues, Memphis Blues, Yellow Dog Blues, Loveless Love, Aunt Hagar's Blues. Seine Schallplatten mit eigenen Bands (ab 1919) sind nur bedingt als Jazz zu betrachten. Herausgabe einiger Anthologien mit Blues (1926, 1941 und 1949, Reprint 1990).

Lit.: Father of the Blues, N. Y. 1941 (Autobiographie), Reprint 1971

Hanna, Jake, John, (d), * 4.4.1931 Roxbury, Mass. Studierte an der Berklee School, begann 1958 bei Maynard Ferguson seine Profi-Karriere, war 1959–61 bei Marian McPartland, 1962–64 bei Woody Herman, auch bei Toshiko Akiyoshi, Bobby Hackett, Buck Clayton u. a. Arbeitet seit 1970 als Studiomusiker in L. A., unternahm aber Tourneen mit Clark Terry, Maynard Ferguson, Oscar Peterson, Bing Crosby, Harry James. Spielt in den Big Bands von Bill Berry und Nat Pierce, mit eigenen Gruppen und ist vor allem »House Drummer« des → Concord-Labels, wo er auf ungezählten LPs zu hören ist. – Schallplatten außerdem mit Marian McPartland, Woody Herman, Harry James, Mort Lindsay, Maynard Ferguson, Peanuts Hucko, Count Basie, Nat Pierce, Bill Berry, Bob Wilber, Sue Raney u. a.; als Leader für Concord.

CD: Hanna – Fontana Band, Concord CCD 6011

Hanna, Ken, Kenneth L., (tp, comp), * 8.7.1921 Baltimore, Md. Studierte am Peabody Institute, kam 1942 zu → Stan Kenton als Arrangeur, zeitweise auch als Trompeter. 1949 bei Charlie Barnet, 1950–51 wieder bei Kenton. Eigene Band 1954, ab 1955 nicht mehr als Musiker tätig. – Schallplatten mit Stan Kenton und eigener Band für Capitol und Trend.

Hanna, »Sir« Roland P., (p, comp), * 10.2.1932 Detroit. Spielte in Detroit u. a. mit Thad Jones, studierte an der Eastman School und am Juilliard Institute. Wurde 1958 von Benny Goodman für dessen Europatournee verpflichtet, war dann bei Charles Mingus und Sarah Vaughan. Ab 1966 in der Thad Jones – Mel Lewis Big Band, ist auf fast allen ihren LPs zu hören. Leitet daneben das New York Jazz Quartet (mit Frank Wess), spielte mit Elvin Jones, Ray Nance, Herbie Mann, Dizzy Gillespie u. a., auch mit eigenem Trio. H.'s Stil ist stark von dem seines Freundes und Förderers → Tommy Flanagan geprägt. – Schallplatten mit Benny Goodman, Jones – Lewis, Ed Thigpet, Freddie Hubbard, Eddie Lockjaw Davis, Jimmy Knepper, Jon Faddis, Amani Murray, James Newton, Ron Carter, Sarah Vaughan, Nat Adderley, Seldon Powell, Charles Mingus Dynasty, N. Y. Jazz Quartet, Mercer Ellington, Richard Davis, Bill Easley; für Atco, MPS, Choice, Freedom, Salvation, Progressive, Trio, Ahead, Lobster, L & R, Limelight als Leader.

CD: Ellington Piano Solos, Limelight 820840-2

Hanrahan, Kip, (voc, arr, producer), * 9.12.1954 Bronx, N. Y. Studierte Bildhauerei, Architektur u. Film. In N. Y. als Promoter bei der »Jazz Composers' Association«. Gründete 1979 das »American Clavé«-Label, darauf LPs unter eigenem Namen und mit Taj Mahal.

»... Wir machen Musik, weil Leidenschaft, Zorn oder Sexualität einen Ausdruck haben und wir diesen einfach spielen müssen.« (K. H.)

Hard-Bop, entstand Anfang der 50er Jahre als Reaktion auf den als leblos empfundenen → Cool Jazz bzw. → West Coast Jazz unter Rückbesinnung auf den → Bebop, nicht jedoch als dessen Kopie. Übernommen wurden die Harmonien von Bop und Cool, weitgehend auch die Instrumentierung, die mit tp, ts, p, b, d nahezu identisch mit der Bebop-Besetzung ist, mit der Ausnahme, daß das Alt- vom Tenor-Sax abgelöst wurde. Die Musik gewann durch eine Intensivierung des Rhythmus eine beißende Schärfe, die Verwendung ungerader Taktarten wurde ausprobiert (Max Roach). Durch Hinwendung zu → Blues und → Gospel entstand parallel dazu eine »funky« oder »Soul-Jazz« genannte Spielweise (Horace Silver, Cannonball Adderley, → Funk).

Die bedeutendsten Vertreter des H. sind Art Blakey, Clifford Brown, Max Roach, Horace Silver, Cannonball Adderley, Sonny Rollins, Donald Byrd, auch John Coltrane (vor seiner Free-Periode).

Lit.: Joe Goldberg, Jazz Masters of the 50s, N. Y. 1973⁷; D. H. Rosenthal, Hard Bop: Jazz & Black Music, N. Y. 1992

Hardee, John, (ts), * 20.12.1918 Corsicana, Tex. Der von Chu Berry beeinflußte Musiker wurde Mitte der 40er Jahre auf der → Swing Street bekannt und nahm einige hochgeschätzte Platten für Blue Note, Sittin' In With und Savoy auf. Ab 1949 als Lehrer tätig, zunächst in Wichita Falls, ab 1955 in Dallas. Trat 1975 auf dem Festival in Nizza auf.

LP: Complete Blue Note Forties Rec. of Ike Quebec and John Hardee, Mosaic 107

Hardin, Lil, Lilian Hardin-Armstrong, (p, voc, comp), * 3.2.1902 Memphis, Tenn., † 27.8.1971 Chicago. Studierte an der Fisk University, kam aber bald mit dem Jazz in Berührung und spielte mit Freddie Keppard und Curtis Mosby. Wurde 1920 von King Oliver engagiert, heiratete 1924 dessen zweiten Kornettisten → Louis Armstrong, leitete mit ihm eine Band, war maßgeblich an den berühmten »Hot Five«-Aufnahmen beteiligt und war überhaupt die treibende Kraft hinter Armstrong, der bis dahin noch keine Noten lesen oder gar vom Blatt spielen konnte. Nach ihrer Scheidung von Armstrong 1932 arbeitete sie in N. Y. als Klavierbegleiterin, hatte 1937–40 eigene Band, spielte dann mit Red Allen, Lonnie Johnson und war mehrmals in Europa. Trat in ihren letzten Jahren in Nachtclubs auf, in Chicago, 1961 in der TV-Show »Chicago and All That Jazz«, nahm eine dokumentarische LP für Riverside auf: »Satchmo and Me«. H., die nach der Scheidung von Armstrong nicht wieder geheiratet hatte, starb während eines Louis-Armstrong-Gedächtniskonzertes auf der Bühne.

Schallplatten unter eigenem Namen ab 1926 für Vocalion, Columbia, Decca, Black & White, Riverside, Verve sowie für einige kleine Labels.

CD: 1936–40, Classics 564

Harding, Buster, (p, comp), * 19.3. 1917 Cleveland, Ohio, † 14.11.1965 N. Y. Leitete eigene Band in Cleveland, spielte bei Marion Sears, 1939–40 bei Teddy Wilson als Arrangeur und zweiter Pianist. Arrangierte für Cab Calloway, Jerry Wald, Roy Eldridge, Artie Shaw (»Bedford Drive«), Larry Clinton, Glenn Miller, Earl Hines, Tommy Dorsey, Count Basie (»Hob Nail Boogie«), Dizzy Gillespie; zuletzt für Billie Holiday und Jonah Jones. H. gehörte zu den besten Arrangeuren der Swing-Ära; er war der einzige, der der Basie-Band einen persönlichen Stempel aufdrücken konnte.

Hardman, Bill, William Franklin Jr., (tp), * 6.4.1933 Cleveland, Ohio, † Dez. 1990 Paris. Lernte an der High School Posaune, wechselte zur Trom-pete und spielte bei Tiny Bradshaw 1953–55, danach bei Tadd Dameron und Charles Mingus. 1956–58 bei Art Blakey, dann kurz bei Horace Silver, Benny Golson und Hank Mobley. Ab 1959 eigene Gruppen, 1959–66 wieder bei Blakey, nochmals 1970 und 1975; 1969/70 und 1973 wieder bei Mingus, eigene Gruppe mit Junior Cook,

außerdem mit The Brass Company und der Vibration Society. – Schallplatten mit Art Blakey, Jackie McLean, Charles Mingus, Hank Mobley, Mal Waldron, Curtis Fuller, Eddie Jefferson, Walter Bishop, Mel Lewis, Ronnie Mathews, Sonny Stitt; als Leader für Savoy und Prestige. H. war ein solider Hard-Bop-Stilist in der Tradition Clifford Browns.
LP: Jackie's Pal, OCJ 1714

Harfe, eines der ältesten Musikinstrumente, dessen Saiten mit den Fingern gezupft werden. Nachweisbar im 2. Jahrtausend v. Chr. in Ägypten und im Zweistromland, verbreitete sie sich in Asien und Europa, wo sie um 800 bei den Kelten und den Angelsachsen vorkommt. Bei den neueren Harfen unterscheidet man die Pedalharfe, bei der alle gleichnamigen Töne durch je ein Pedal um einen Halbton erhöht werden können, und die Doppelpedalharfe, die eine zweifache Erhöhung und damit alle Tonarten erlaubt. Im Jazz ist die Harfe eher ein Novelty-Instrument. Caspar Reardon spielte sie im Paul-Whiteman-Orchester in den 30er Jahren und nahm 1934 Schallplatten mit Jack Teagarden auf; Adele Girard spielte ab 1937 in der Band ihres Mannes Joe Marsala. In den 50er Jahren gab es im West Coast Jazz einige Harfenistinnen, etwa Verlye Mills, Dorothy Ashby, Betty Glamann, Corky Hale; im Free Jazz spielte sie Alice Coltrane als Zweitinstrument, im zeitgenössischen Fusion Jazz Deborah Henson-Conant.
CD: Dorothy Ashby, The Jazz Harpist, Savoy SV-0194

Hargrove, Roy, (tp), * 16.10.1969 Waco, Tex. Begann mit neun Jahren Trompete zu spielen, wurde von → Wynton Marsalis entdeckt und gilt nach diesem als der neue Superstar seines Instruments. Spielte mit Bobby Watson, Ricky Ford, Johnny Griffin, Ronnie Matthews u. a. – Schallplatten mit Bobby Watson, Superblue, Joe Chambers, Carl Allen (Manhattan Projects), Frank Morgan, Antonio Hart, Teresa Brewer, James Clay, Charles Fambrough, Sonny Rollins, Ricky Ford, Jackie McLean; als Leader für Novus.
CD: Diamond in the Rough, Novus 90471

Harlem, das Schwarzenviertel von → New York. Seine Gründung geht bis 1643 zurück, als die Holländisch-Westindische Compagnie freigelassenen Sklaven dort Grundstücke zur Ansiedlung gab. Diese Ansiedlung dehnte sich rasch aus, sie wurde zum Anziehungspunkt von entlaufenen Sklaven aus den Südstaaten und Westindien, auch aus Südamerika. Jahrhundertelang lebten die Bewohner in einer vom übrigen N. Y. fast isolierten ghettoähnlichen Situation mit eigenen Schulen und Musikschulen für die Ausbildung »klassischer« Musiker. Dies änderte sich erst, als mit der Schließung von → Storyville viele Musiker aus dem Süden nach H. kamen. Damit setzte ein musikalischer Aufschwung ein. In den 20er Jahren wurde H. zu *dem* Anziehungspunkt von N. Y. Zahlreiche Cabarets und Nachtclubs entstanden (Cotton Club, Kentucky Club u. a.), in denen die besten schwarzen Bands zu hören waren wie Fletcher Henderson, Duke Ellington, Erskine Tate u. a. Viele Weiße fanden es schick, in den etwas anrüchigen Lokalen (Alkoholausschank trotz Verbot!) zu verkehren. Im legendären Cotton Club etwa hatten Schwarze keinen Zutritt!

In H. wurde die volkstümliche Musik aus New Orleans auf die Bedürfnisse eines städtischen Publikums umgeformt. Ragtime-Pianisten schufen hier den letzten Höhepunkt ihrer Musik, die sich durch Einflüsse von → Barrelhouse und → Boogie Woogie zum → Harlem-Stride umbildete, dessen bedeutendste Vertreter James P. Johnson und Fats Waller waren. In den 30er Jahren entwickelte sich aus dem → Swing der »Harlem-Jump«, so genannt wegen seiner charakteristischen Bewegungsart (→ Jump), mit dem → Blues als melodischer und rhythmischer Grundlage. Gespielt wurde er meist von Combos mit Tenor-Sax in herausragender Rolle. Seit den 40er Jahren als → Rhythm & Blues bezeichnet, wurde er die Grundlage für den Rock 'n' Roll.

H. war auch die Wiege des → Bebop, der in Clubs wie »Minton's Playhouse« und »Monroe's Uptown House« von Solisten wie Charlie Christian, Charlie Parker, Dizzy Gillespie und Thelonious Monk geschaffen wurde. Aus H. stammt auch der radikalste Umbruch im Jazz, der → Free Jazz. Die Geschichte des Jazz ist somit zum großen Teil die Geschichte eines Stadtteils – Harlem.

Lit.: H. Baker, Modernism and the Harlem Renaissance, Chicago 1989; Jim Haskins, The Cotton Club, N. Y. 1977; J. Schiffman, Harlem Heyday; A Pictorial History of Modern Black Showbusiness and the Apollo Theatre, N. Y. 1984; S. A. Floyd, Black Music in the Harlem Renaissance, Westport 1990

LP: Harlem Jazz, CJM 1; The Sound of Harlem, Document VA 7994, 7999; The Changing Face of H., Savoy SJL 2208, 2224

CD: Cotton Club Stars, Stash/Milan 252; Early Black Swing, Bluebird ND 90365; Ridin' in Rhythm, DRG 8453

Ⓥ: Harlem Roots, Storyville VVD 865; 886; 867

Harmonie, im Jazz zunächst von sekundärer Bedeutung, da diese Musizierweise primär melodischer Natur ist, die aus dem Zusammenspiel unterschiedlicher Melodielinien entsteht. Die bewußte Verwendung des europäischen Harmonieprinzips beginnt im kreolischen Musizieren (→ Creole Jazz). Die Verschmelzung der heterophonen (griech. »anders klingend«) Musik der Schwarzen und der homophonen (griech. »wohlklingend«) kreolischen Musizierprinzipien bringt den Höhepunkt in der Entwicklung des Klassischen Jazz (King Oliver, Louis Armstrong, Sidney Bechet). Damit beginnt die Emanzipation des Jazz von einer Volksmusik zu einer zeitgenössischen Kunstform. Die Technik der Stimmerfindung beginnt dem arrangierten Melodieverlauf zu weichen, zunächst in der Form von → Head Arrangements (Jelly Roll Morton), weiter ge-

fördert durch die Nachahmung des Jazz durch weiße Musiker, in deren Bands das Zusammenfassen der Melodieinstrumente zu harmonischen Sätzen von Anfang an üblich ist.
In den folgenden Jazz-Stilen bringt das Vordringen der Harmonie eine Erweiterung der Instrumentierung mit sich und damit die Entwicklung zur → Big Band. Dort werden die einzelnen Instrumente zu Sätzen zusammengefaßt und spielen in parallelen Akkordfolgen um die Melodie. Die solistischen Einzelstimmen sind durch die harmonische Basis der Improvisationsgrundlage vorbestimmt. Im modernen Jazz wird das Improvisationsverfahren so sehr ausgeweitet, daß nicht die Grundmelodie, sondern deren Harmonieskelett umgestaltet wird unter Erfindung einer neuen Melodie.
Lit.: A. M. Dauer, Jazz, die magische Musik, Bremen 1961; W. Burbat, Die Harmonik des Jazz, Kassel 1989

Harper, Billy (ts, fl), * 17.1.1943 Houston, Tex. Studierte 1961–65 an der North Texas State Univ. Ging 1966 nach N. Y. zu Gil Evans, Art Blakey, Thad Jones – Mel Lewis und Max Roach, mit dem er bis 1979 spielte. Danach meist eigene Gruppen, u. a. mit Virgil Jones (tp) und David Friesen (b). H. ist aber vor allem als Lehrer tätig. – Schallplatten mit Lee Morgan, Gil Evans, Max Roach, Jon Faddis, Louis Armstrong, George Gruntz, Randy Weston, Mark Masters; für Strata East, Denon, Soul Note, Baystate, Black Saint, Blackhawk als Leader.
CD: Black Saint, BSR 001

Harper, Herb, Herbert, (tb), * 2.7. 1920 Salina, Kansas. Spielte in den 40er Jahren bei Scat Davis, Gene Krupa, Charlie Spivak, Benny Goodman, Charlie Barnet, ab 1947 vor allem als Studiomusiker in Hollywood. – Der versierte Posaunist des West Coast Jazz nahm Schallplatten auf mit Red Norvo, Maynard Ferguson, Pete Rugolo, Bob Florence, Ray Brown, Frances Faye, Joe Pass, Fred Katz, Jerry Gray, Stan Kenton, Roger Neumann, Camarata; für Nocturne, Tampa, Bethlehem, Mode* und V.S.O.P. als Leader.
CD: Five Brothers, V.S.O.P. 9; Two Brothers, V.S.O.P. 80*

Harper Brothers: Philip (tp, * 1966), und Winard H. (d, * 1963) gehören zu den jungen Vertretern der Post-Bop-Generation. Die in Baltimore geborenen Brüder wuchsen in Hartford, Conn., auf und studierten bei Jackie McLean. Erste Jobs fanden sie bei Ausflügen nach N. Y. 1987 ging Philip zu Art Blakey, während Winard in Betty Carters Trio landete. Gründeten 1988 gemeinsame Band, damit Schallplatten für Verve.
CD: The Harper Bros., Verve 837025-2

Harrell, Tom, (tp, flh), * 16.6.1946 Urbana, Ill. Wuchs in Kalifornien auf, studierte klassische Trompete und bei Tony Baker, einem Schüler von Herb Pomeroy. Nennt als frühe Einflüsse Clark Terry und Ray Nance. Erster wichtiger Job bei Woody Herman 1970–71, dann bei Jon Hendricks und ab 1973 für vier Jahre bei Horace Silver. Nächste Stationen waren die Zwölf-Mann-

Band von Sam Jones, Lionel Hampton und die Mel Lewis Band. 1983–89 war er bei Phil Woods, spielt seitdem mit eigenen Gruppen. – Schallplatten mit Horace Silver, Woody Herman, Phil Woods, George Gruntz, Hod O'Brien, Chuck Israels (National Jazz Ens.), Mike LeDonne, Harold Danko, Gerry Mulligan, Gunther Schuller, Ted Rosenthal, Tom McKinley, Dee Bell, George Robert, Eero Koivistoinen, Paul Robertson, George Russell, Greg Marvin, Haze Greenfield, Ben Sidran, Jill McManus, Jim Hall, Helen Merrill, Joe Lovano, Klaus Suonsaari, Larry Vuckovich, Paul Nash, Rein De Graff, Michael Cochrane, Sheila Jordan, Bill Mays, John Swana, Madeline Eastman, Anita Gravine, Ralph Lalama, Bob Malach, Mike Nock, Don Braden, Philip Catherine, Donald Brown, F. Romano, Ron McClure u. a.; als Leader für Criss Cross, Steeplechase, Blackhawk, Contemporary und Chesky.

CD: Moon Alley, Criss Cross 1018

Harris, Barry Doyle, (p, comp), * 15.12.1929 Detroit. Der Doyen der Detroiter Jazz-Szene begann 1946 in Amateur-Bands, spielte u. a. mit Miles Davis, Sonny Stitt, Max Roach, Lester Young u. Lee Konitz, ab 1969 bei Cannonball Adderley, 1965–66 mit Coleman Hawkins, 1970 mit Yusef Lateef, meist aber mit eigenen Gruppen. Gründete 1982 ein Jazz Cultural Center. H. ist ein vorzüglicher Bebop-Pianist der Bud-Powell-Schule. – Schallplatten mit Frank Rosolino, Benny Golson, Donald Byrd, Thad Jones, Dexter Gordon, Coleman Hawkins, Cannonball Adderley, Clifford Jordan, Eddie Jefferson, Hank Mobley, Harold Land, Howard McGhee, Illinois Jacquet, Johnny Griffin, Sonny Stitt, Sonny Red Kyner, Warne Marsh, Kenny Dorham, Buck Hill, Carmell Jones, Red Rodney, Dave Pike, Ralph Lalama u. a.; als Leader für Argo, Riverside, Prestige, MPS, Xanadu, East World, Milestone, Uptown.

LP: Plays Tadd Dameron, Xanadu 113

Harris, Little Benny, Benjamin, (tp), * 23.4.1919 N. Y., † 11.12.1975 San Francisco. Ein Bebop-Trompeter der ersten Stunde, begann H. 1939 bei Tiny Bradshaw, 1941–43 bei → Earl Hines, wo er Dizzy Gillespie und Charlie Parker begegnete. Spielte in den 40er Jahren bei John Kirby, Coleman Hawkins, Don Redman, Billy Eckstine, Boyd Raeburn, Benny Carter, Jay McShann, Herbie Fields u. a. Mußte sich aus gesundheitlichen Gründen zurückziehen und starb in Vergessenheit, nachdem ein Comeback 1961 mißlungen war. Komponierte »Ornithology« und »Crazeology«. – Schallplatten mit Don Byas, Clyde Hart, Earl Hines, Boyd Raeburn, Charlie Parker, Coleman Hawkins, Earl Bostic.

Harris, Bill, Willard Palmer, (tb), * 28.10.1916 Philadelphia, † 21.8. 1973 Hollandale, Fla. Lernte Klavier, Gitarre, Trompete u. Tenor-Sax, ab 1938 Posaune. Spielte ab 1942 bei Buddy Williams, Bob Chester, Benny Goodman, 1944–46 bei

→ Woody Herman, wo er durch seinen extrovertierten, mit einem rauhen Ton geblasenen Stil als eine neue Posaunenstimme bekannt wurde. War nochmals bei Herman 1948–50 und 1956–58, auch bei Charlie Ventura (1947), Chubby Jackson, Nat Pierce, Benny Goodman (1958 Europa) und hatte eigene Gruppen. Spielte auch mit JatP, in Las Vegas mit Charlie Teagarden und Red Norvo, zuletzt in Florida. – Schallplatten mit Benny Goodman, Woody Herman, Joe Bushkin, Benny Morton, Flip Phillips, Benny Carter, Chubby Jackson, Sonny Berman, Metronome All Stars, JatP, Ben Webster, Ralph Burns, Charlie Parker, Gene Krupa, Bill VerPlanck, Charlie Ventura, Lionel Hampton, Charlie Barnet; als Leader für Keynote, Dial, Capitol, Clef, Fantasy, Mode.
LP: B. H. & Friends, OJC 083

Harris, Eddie, (ts, vib, p, org, comp), * 20.10.1934 Chicago. Erster Job als Pianist mit Gene Ammons. Spielte im Symphonie-Orch. der 7. US-Army und war damit auf Tournee in Europa. Nahm 1961 eine Single für Vee Jay auf mit dem »Exodus«-Thema, welche sich über eine Million Mal verkaufte. Dieser Hit, dem eine Reihe ähnlich kommerzieller Produktionen folgte, verdarb seinen Ruf in Jazz-Kreisen. Dabei ist H. ein exzellenter Musiker und ein ebensolcher Komponist (»Freedom Jazz Dance«). 1970 ließ er eine »Reed Trumpet« patentieren, eine Trompete, welche mit einem Saxophonmundstück gespielt wird. – Schallplatten mit Buddy Montgomery, Horace Parlan, »Feather«, Les McCann, Phil Upchurch, Conjure u. a.; eigene Einspielungen für Atlantic (»The Electrifying E. H.«, »Live at Newport«), Vee Jay, Columbia, Timeless, Enja u. Night.
CD: There Was a Time, Enja 6088-2

Harris, Gene, Eugene, (p), * 1.9. 1933 Benton Harbor, Mich. Lernte Klavier als Autodidakt, beeinflußt von Albert Ammons, später Oscar Peterson u. Erroll Garner. Studierte an der Juilliard School, in Boston, N. Y. und bei Leo Litwin. Gründete 1953 Trio und 1954 das Quartett »The Four Sounds«, ab 1956 im Trio »The Three Sounds« mit Andy Simpkins (b) u. Bill Dowdy (d), welches eine sehr populäre Gruppe des Soul-Jazz wurde. H. tritt seit Ende der 60er Jahre als Solist auf, bezog moderne Elemente einschließlich des Rock in sein Spiel ein. In den 80er Jahren u. a. mit Milt Jackson, Ray Brown u. Benny Carter. – Schallplatten mit The Three Sounds, Lou Donaldson, Nat Adderley, Stanley Turrentine, Milt Jackson, Ray Brown, Ernestine Anderson, Benny Carter, Rob McConnell, B. B. King, den Concord All Stars und der »Philip Morris Superband«, mit der H. 1989–91 auf Tournee war. Eigene LPs für Jubilee, Blue Note, Jam u. Concord.
CD: All Star Big Band, Concord 337

Hart, Clyde, (p, comp), * 1910 Baltimore, Md., † 19.3.1945 N. Y. Spielte 1929 in Kansas City bei Jap Allen, bei McKinney's Cotton Pickers, ab 1936 in N. Y. auf der 52nd Street bei Stuff Smith, Roy Eldridge, auch bei Lucky Millinder, John Kirby, 1944–45 bei Billy Eckstine, Oscar Pettiford und Paul Baron. H. war einer der ersten Pianisten, die den Übergang vom → Swing zum → Bebop vollzogen, und nur sein früher Tod (Tuberkulose) verhinderte, daß sein Name häufiger genannt wird. – Schallplatten mit Billie Holiday, Sharkey Bonano, Putney Dandridge, Stuff Smith, Dick Porter, Lionel Hampton, Chu Berry, Roy Eldridge, Don Byas, Tiny Grimes, Lucky Millinder, Coleman Hawkins, Hot Lips Page, Walter Foots Thomas, Earl Warren (Count Basie Orch.), Trummy Young, Oscar Pettiford, Charlie Parker, Dizzy Gillespie u. a. Arrangierte für die Big Bands von Lionel Hampton und Paul Baron. Als Leader einige Titel für Savoy und Continental.

LP: Black & Blue 33009

Hasler, Gabriele, (voc, p, comp), * 18.4.1957 Wiesbaden. Spielte Gitarre in Folk- und Rock-Bands, studierte Pädagogik, wechselte aber das Fach und ging 1981–83 an die Berklee School in Boston. Arbeitet vorwiegend mit der Gruppe Foolish Heart des Drummers Jörn Schipper zusammen, aber auch mit Bob Degen, Frank Wunsch, Manfred Bründl und Dieter Manderscheid. Gilt als wichtigste Stimme der deutschen Jazz-Szene. – Schallplatten mit Jörn Schipper, Pago Libre und auf eigenem Label Foolish Music.

CD: Listening to Löbering, FM

Hasselgard, Stan, Åke, (cl), * 4.10. 1922 Sundsvall, Schweden, † 23.11. 1948 Decatur, Ill. Spielte ab 1941 in verschiedenen schwedischen Bands, ging 1947 in die USA, wollte Kunstgeschichte studieren. Geriet in die Bebop-Bewegung und war einer der ersten, der diesen Stil auf die Klarinette übertragen konnte. Spielte 1948 bei → Benny Goodman als erster und einziger Klarinettist, den dieser neben sich als Solisten duldete. Starb nach einem Verkehrsunfall. – Schallplatten mit Benny Goodman, Red Norvo, Tyree Glenn, Bob Laine, Simon Brehm; als Leader einige Titel für Cupol u. Capitol.

Lit.: D. Salemann, S. H., Basel 1988

CD: The Permanent H., Phontastic 8802

Hat (engl. Hut), wird als Mittel zur Dämpfung von Blechblasinstrumenten (tp, tb) benutzt. Man nimmt dazu einen richtigen Hut oder eine Nachbildung aus Blech, in die hineingespielt wird, wodurch ein dumpfer, gepreßter Klang erzielt wird. Ein ähnlicher Effekt wird auch durch das Vorhalten der Hand erzielt. Durch ein wechselweises Spiel mit bzw. ohne Hat/Hand in rhythmischer Folge wird der »Wa-Wa«-Effekt erzielt.

Hat Hut Records, Westpark, N. Y., und Therwil, Schweiz, heißt das Label des Free-Jazz-Musikers Joe McPhee (ts, tp, synth). LPs/CDs u. a. von Milo Fine, Steve Lacy, Cecil Taylor, Jimmy Lyons, Irene Schweizer, David Murray, André Jaume, Bobby Bradford, Vienna Art Orch., Anthony Braxton.

Labels: Hat Hut, Hat Art.

Haugsoen, Knut Eide, (p, comp), * 2.4.1935 Bergen, Norwegen. Lernte Klavier bei Privatlehrern, ging in die

USA und nahm an Workshops mit George Russell, Miroslaw Vitous, Dave Holland, Kenny Wheeler, Don Thompson u. a. teil. Lebt in Kanada und schreibt Musik für TV und Film, z. B. »Land of the Plumed Serpent«. Auftritte mit Johnny Griffin, Art Taylor, Jon Christensen, Jan Garbarek, Dave Young u. a. Eigene LP mit seiner Gruppe »Vikrama« auf Unity.

Hawes, Hampton, (p), * 13.11.1928 L. A., † 22.5.1977 L. A. Sohn eines Geistlichen, war schon als Kind mit → Spirituals vertraut, deren Einfluß sich in seinem Klavierspiel niederschlug. Studierte an der L. A. Polytechnic School, erster wichtiger Job 1944 bei Big Jay McNeely. In den späten 40er Jahren bei Wardell Gray, Dexter Gordon, Howard McGhee. 1951–52 bei Shorty Rogers und Howard Rumsey. Nach dem Armeedienst 1954 eigenes Trio, damit einige Jahre sehr erfolgreich, bis ihn sein Drogenproblem aus der Bahn warf. Nach Gefängnis und Entziehungskur ab 1963 wieder mit einem Trio aktiv, es dauerte aber noch einige Jahre, ehe er allgemein anerkannt wurde. Spielte mit Leroy Vinnegar, Dexter Gordon, auch Joan Baez und experimentierte mit Elektronik. Schrieb eine unbedingt lesenswerte Autobiographie. H. war ein bedeutender Pianist der Bud-Powell-Schule. – Schallplatten mit Charles Mingus, Art Pepper, Tommy Turk, Sonny Rollins, Art Farmer, Dexter Gordon, Howard Rumsey, Nathan Davis, Red Mitchell, Shorty Rogers, Shelly Manne, Sonny Criss, Wardell Gray; als Leader ab 1951 für Vantage, Prestige, Discovery, Contemporary*, MPS, Joker, Black Lion, Victor, Byg, Jas, Arista, Enja, Milestone, Concord.

Lit.: Raise Up Off Me, N. Y. 1979, dt. Ffm 1983

*CD/LP: Live at the Jazz Showcase, Enja 6028; All Night Session, OJC 438-40**

Hawkins, Coleman, (ts), * 21.11.1904 St. Joseph, Mo., † 19.5.1969 N. Y. Lernte Klavier mit fünf Jahren, später Cello und Tenor-Sax. Ging 1922 mit Mamie Smith auf Tournee, 1923 zu → Fletcher Henderson, bei diesem bis 1934, entwickelte sich dort zu dem führenden Musiker seines Instruments. 1934 spielte er in der Band von Jack Hylton in England, bereiste als Solist den Kontinent (in Deutschland wurde ihm die Einreise verweigert), spielte in Holland mit den Ramblers und in Frankreich mit Django Reinhardt. 1939 ging er in die USA zurück, stellte eine Neun-Mann-Band zusammen und nahm mit ihr »Body and Soul« auf, eine Platte, die ihn weltberühmt machen sollte und die bis heute ein unübertroffener Klassiker geblieben ist. 1940 hatte er kurze Zeit eine Big Band, kehrte aber zur kleinen Formation zurück. In den frühen 40er Jahren zeigte er Interesse für den Bebop, unter seiner Leitung entstand die erste Bebop-Plattenaufnahme der Jazz-Geschichte (1944, für Apollo, mit Dizzy Gillespie, Oscar Pettiford, Max Roach). 1945 leitete er in Kalifornien ein Quintett mit Howard McGhee, Sir Charles Thompson und Denzil Best. Von

nun an war er häufig in Europa zu Gast, auf Tournee mit → JatP und häufig im Plattenstudio mit All-Star-Gruppen, z. B. einer Fletcher-Henderson-Reunion, Duke Ellington, Sonny Rollins, The Big Challenge u. a. Obwohl von Alkoholproblemen gezeichnet, war er bis zu seinem Tod aktiv.
H., von dem man sagte, er habe das Tenorsaxophon zum zweiten Mal erfunden, war – neben → Louis Armstrong – der bedeutendste Solist der 20er und 30er Jahre und hat unzählige Musiker, nicht nur Saxophonisten, beeinflußt. Als Interpret von → Balladen war er einzigartig, und erst → Lester Young konnte einen neuen Stil auf dem Tenor kreieren, als »The Hawk« oder »Bean«, wie seine Spitznamen lauten, schon 20 Jahre auf der Szene war.
Entsprechend seiner langen Wirkungszeit ist die Zahl seiner Schallplatten Legion; neben den schon Genannten sind vor allem zu nennen: Ethel Waters, Clarence Williams, Bessie Smith, McKinney's Cotton Pickers, Chocolate Dandies, Mound City Blue Blowers, Jack Purvis, Spike Hughes, Buck Washington, Benny Goodman, Jack Hylton, Michel Warlop, Benny Carter, Lionel Hampton, Count Basie (»Feeding the Bean«), Metronome All Stars, Leonard Feather, Walter Foots Thomas, Auld – Hawkins – Webster Sextet, Clyde Hart, George Wettling, Mary Lou Williams, Esquire All Stars, Cozy Cole, Max Roach, Thelonious Monk, Ruby Braff, Eddie Heywood, Don Redman, Duke Ellington, Milt Jackson, Eddie Lockjaw Davis, Johnny Hodges, Earl Hines, Clark Terry, Jimmy Witherspoon, Oscar Pettiford; als Leader ab 1933 vor allem für Parlophone, Decca, RCA, Columbia, Commodore, Signature, Keynote, Apollo, Asch, Capitol, Sonora, Aladdin, Vogue, Savoy, Jazztone, Urania, Riverside, Verve, Felsted, Prestige, Crown, Impulse, Pablo.
Lit.: J. F. Villetard, C. H., Amsterdam 1984/85 (D); J. Burnett, C. H., Tunbridge Wells 1984; John Chilton, The Song of the Hawk, London 1990
CD: Body & Soul, Bluebird ND 85717; The Hawk Swings, Fresh Sound FSRCD 14 + 15; All Stars, OJC 225

Hawkins, Erskine Ramsey, (tp), * 26.7.1914 Birmingham, Ala. Leitete erste Band am Alabama State Teachers College 1935. Ging 1936 mit den meisten seiner Band-Mitglieder nach N. Y. und wurde dort beim schwarzen Publikum sehr erfolgreich, bes. nach seinen Hits »Tuxedo Junction« und »After Hours« 1939 bzw. 1940. Er konnte seine R&B-orientierte Band bis in die späten 50er Jahre halten, leitete später ein Quintett, trat aber in den 70er Jahren wieder mit Big Bands auf. H. ist ein solider Swing-Trompeter, der sich die Solo-Arbeit allerdings mit dem ähnlich spielenden Dud Bascomb teilte. – Schallplatten ab 1936 für Vocalion, Bluebird, RCA, Coral/Decca, King, Imperial, Stang.
Lit.: C. Garrod, E. H. & His Orch., Zephyrhills 1992 (D)
CD: Bluebird ND90363

Hayes, Tubby, Edward Brian, (ts, as, bar, fl, vib, comp), * 30.1.1935 London, † 8.6.1973 London. Vater BBC-Musiker, lernte Klavier, Tenor-Sax mit zwölf Jahren und war schon 15jährig Profi. Spielte 1951 bei Kenny Baker, dann bei Bert Ambrose, Vic Lewis und Jack Parnell. Eigenes Oktett 1955, lernte Vibraphon und gründete mit Ronnie Scott die Jazz Couriers. 1959 bei Kurt Edelhagen, war in den folgenden Jahren mehrmals in den USA, leitete in London eine Big Band und erwarb sich den Ruf des besten englischen Jazz-Musikers. Seine letzten Jahre waren gezeichnet von Gesundheits- und Drogenproblemen. – Schallplatten mit Kenny Baker, Vic Lewis, Dizzy Reece, Tommy Watt, Jimmy Deuchar, Victor Feldman, Clark Terry, Paul Gonsalves, Friedrich Gulda, Dave Lee; für Tempo, London, Fontana, Smash als Leader.
Lit.: B. Schwarz, T.-H.-Diskographie, Zürich 1990
LP: A Tribute: Tubbs, Spotlite 902
CD: N. Y. Sessions, Columbia CK 45446

Haynes, Roy Owen, (d), *13.3.1925 Roxbury, Mass. Spielte schon als Teenager bei Sabby Lewis in Boston, 1945–47 dann bei Luis Russell, 1947–49 bei Lester Young, 1949–50 mit Charlie Parker, 1953–58 mit Sarah Vaughan, auch bei Phineas Newborn, Miles Davis, Lee Konitz, Thelonious Monk, LH&R, George Shearing, Lennie Tristano, Kenny Burrell. Mehrmals bei Stan Getz, zuletzt 1965. Seitdem meist mit eigenen Gruppen, in den 70er und 80er Jahren auch mit Chick Corea, Larry Coryell u. a. Fusion-Musikern, hauptsächlich aber als Lehrer tätig. H. ist einer der besten modernen Drummer mit einem perfekten Timing und der Fähigkeit, sich allen Stilen anzupassen. – Schallplatten mit Luis Russell, Brew Moore, Kai Winding, Wardell Gray, Stan Getz, Sarah Vaughan, Red Rodney, Dorothy Ashby, Thelonious Monk, John Handy, Phineas Newborn, Jackie McLean, Oliver Nelson, Eric Dolphy, Art Farmer, Sonny Rollins, Al Haig, Andrew Hill, Art Pepper, Bud Powell, Charlie Parker, Chick Corea, Duke Jordan, Etta Jones, Gary Burton, Hank Jones, Jaki Byard, Joe Henderson, J. J. Johnson, John Coltrane, Johnny Griffin, Michel Petrucciani, Miles Davis, Steve Lacy, Tommy Flanagan u. a.; eigene Aufnahmen für Metronome, Swing Prestige, Impulse, Pacific Jazz, Mainstream, RCA, Galaxy, Freelance.
LP: Vistalite, Galaxy 5116
CD: True or False, Freelance 007

Head Arrangement (Kurzform: Head), eine vor der Aufführung zwischen den Musikern abgesprochene Einrichtung eines Musikstückes ohne schriftliche Fixierung. Dabei werden die Reihenfolge der Soli und die allgemeine Art der Anlage (→ Background) festgelegt, wobei die Routine der Musiker eine wichtige Rolle spielt. Beispiele: Jelly Roll Morton und Duke Ellington in den 20er Jahren, Count Basie (1936–37), Woody Herman (1944–45).

Headfirst Records, 1981 von Bill Traut und → Dave Pell in L. A.

gegründet. Jazz/Fusion-Veröffentlichungen von Allan Vizzutti, Bunny Brunuel, Brian Auger, Ross-Levine-Band, Dave Pell, Gary Herbig u. a.

Heath, Al, Albert, »Tootie«, (d), *31.5.1935 Philadelphia. Bruder von → Jimmy und Percy Heath. Begann 1958 bei J. J. Johnson, auch bei Cedar Walton und Reggie Workman, lebte ab 1965 in Skandinavien, begleitete amerikanische Musiker bei Tourneen in Europa, spielte mit George Russell, Friedrich Gulda, Art Farmer, Dexter Gordon u. a. Ab 1969 wieder in N. Y., als Lehrer bei Jazzmobile, bei Yusef Lateef, Herbie Hancock, mit eigenen Gruppen. – Schallplatten mit J. J. Johnson, Cannonball u. Nat Adderley, Johnny Griffin, Mel Waldron, John Coltrane, Charles McPherson, Kenny Dorham, Dexter Gordon, Anthony Braxton, Tete Montoliu, Cedar Walton, Ben Webster, Bud Shank, Bennie Green, Harold Land, Rene Thomas, Nina Simone, Tal Farlow, Thad Jones, Warne Marsh, Wes Montgomery, Heath Brothers; eigene LPs für Muse (Kwanza, MR5031); mit den Heath Bros. auf Strata East.

Heath, Jimmy, James Edward, (ts, as, sop, fl, comp), *25.10.1926 Philadelphia. Bruder von Al u. Percy Heath. Begann Mitte der 40er Jahre bei Nat Towles, erster wichtiger Job bei Howard McGhee 1947–49, dann bei Dizzy Gillespie (1950–51), Miles Davis, Kenny Dorham, Gil Evans; seit 1959 meist mit eigenen Gruppen mit Art Farmer und den Heath Brothers. Der brillante Hard-Bop-Tenorist ist auch ein fähiger Komponist und Arrangeur, von ihm stammen z. B. »Gingerbread Boy« und »The Quota«. – Schallplatten mit J. J. Johnson, Miles Davis, Blue Mitchell, Milt Jackson, Cal Tjader, Carmell Jones, Freddie Hubbard, Gil Fuller, Kenny Dorham, Don Sleet, Sam Jones, Bill Evans, Bill Cosby, Sonny Costanzo, Clark Terry u. a. Er schrieb arr für etliche Riverside-Sessions, u. a. für Cannonball & Nat Adderley, Blue Mitchell, Milt Jackson, auch für Ray Charles, Clark Terry und eine Reihe europäischer Big Bands. Eigene Aufnahmen für Riverside, Muse, Cobblestone, Xanadu, Landmark u. Verve.

CD: Landmark 1514, »Peer Pleasure«; Little Man Big Band, Verve 4135139562

Heath, Percy, (b), * 30.4.1923 Wilmington, N. C. Spielte Violine in Schul-Band, lernte Baß an der Granoff School in Philadelphia. Wurde 1947 von Howard McGhee entdeckt, mit diesem 1948 nach Paris. Spielte dann mit Miles Davis, Fats Navarro, J. J. Johnson, Dizzy Gillespie. Tat sich 1954 mit → John Lewis, Milt Jackson und Kenny Clarke zum → Modern Jazz Quartet zusammen, dessen ständiges Mitglied er seitdem ist. Spielt daneben auch bei den Heath Brothers (er ist der älteste von diesen) und ist ein sehr gesuchter Studiomusiker, der an Hunderten von Platten-Sessions teilnahm – z. B. mit Art Farmer, Benny Golson, Cannonball Adderley, Bill Evans, Dizzy Gillespie, Paul Desmond, Sonny Rollins, Stan Getz, Tadd Dameron, Thelonious Monk, Zoot Sims, Miles

Davis, Kenny Dorham, J. J. Johnson, Duke Jordan, Henri Renaud, Charlie Parker, Clifford Brown u. v. a.

Heath, Ted, Edward, (tb, ldr), * 30.3.1902 London, † 18.11.1969 Virginia Water, England. Spielte ab 1925 in den Tanzorchestern von Jack Hylton, Bert Ambrose, Sidney Lipton, gründete 1944 auf Anraten von Glenn Miller eigene Big Band, die bald sehr populär wurde, u. a. durch regelmäßige Konzerte im Londoner Palladium und die Begleitung von amerikanischen Solisten wie Nat King Cole bei Europatourneen. Die Band hatte eigentlich keinen individuellen Stil, verließ sich vielmehr auf die Eigenarten von H.'s Vorbildern Stan Kenton und Woody Herman, hatte aber eine Reihe vorzüglicher Solisten aufzuweisen, u. a. Kenny Baker, Eddie Blair (tp), Don Lusher (tb), Ronnie Chamberlain, Danny Moss, Henry McKenzie (saxes), Frank Horrox (p, arr), Jack Parnell, Ronnie Verrell (d). Arrangeure waren Johnny Keating, Norman Stenfalt, Ralph Dollimore, aber auch Tadd Dameron u. Marty Paich. – Der größte Teil von H.'s Schallplatten (für Decca) ist kommerziell, aber die Palladium-Konzerte, das Carnegie-Hall-Konzert (1956) und die »My Kind of Jazz«-LP sind immer noch hörenswert.

Lit.: T. H., Listen to My Music, London 1957

Heebie-Jeebies, 1. Slangausdruck für Nervosität, Angst oder Sorgen, seltener auch für Delirium tremens, **2.** Titel einer Aufnahme von Louis Armstrongs Hot Five (26.2.1926), bei der er den → Scat-Gesang erfunden haben soll.

Hefti, Neal, (tp, p, comp) * 29.10. 1922 Hastings, Nebraska. Lernte Trompete mit elf Jahren, schrieb schon in der High School Arrangements, u. a. für Nat Towles, ging 1941 zu Bob Astor, arbeitete auch für Les Lieber, Sonny Dunham, Horace Heidt, Charlie Barnet, Bobby Byrne. 1944–45 als Trompeter und Arrangeur bei → Woody Herman, war wesentlich am Erfolg der »First Herd« beteiligt durch Stücke wie »The Good Earth«, »Wildroot«, »Half Past Jumping Time«. Spielte und schrieb ab 1946 für Tex Beneke, Charlie Ventura, Harry James, Buddy Rich, Elliot Lawrence, ab 1950 für → Count Basie, dessen Band er durch seine Arrangements weitgehend prägte (z. B. die »Atomic«-LP, Roulette). Leitete einige Jahre eine eigene Band, begleitete damit seine Frau, die Sängerin Frances Wayne (1924–78). Seit Mitte der 50er Jahre vor allem als Arrangeur und Komponist für Film und TV tätig (»Batman«-TV-Serie), auch für Frank Sinatra, Sammy Davis Jr., Sally Blair, Gisele McKenzie, Steve Allen, Whitey Mitchell, Phil Woods u. a. – Sein Bebop-inspiriertes Trompetenspiel ist zu hören auf Schallplatten von Woody Herman, Lucky Thompson, Chubby Jackson, den Esquire All Stars, den Metronome All Stars, Freddie Slack, Charlie Ventura und eigenen Aufnahmen für Keynote. – Schallplatten mit seiner Big Band erschienen auf Coral (»Coral Reef«), Columbia und Epic.

Henderson, Fletcher, James F., (p, comp), * 18.12.1897 Cuthbert, Ga., † 29.12.1952 N. Y. Studierte Chemie und Mathematik in Atlanta, ging 1920 nach N. Y. und arbeitete als Pianist für das »Black Swan«-Label von → W. C. Handy. Stellte eine Begleitcombo für Ethel Waters zusammen und ging mit ihr auf Tournee. 1923 gründete er eine Band, um mit ihr im Club Alabam zu spielen. Aus dieser Band machte er binnen kurzem die wichtigste der 20er Jahre, mit Solisten wie Coleman Hawkins, Louis Armstrong (1924–25), Joe Smith, Rex Stewart, Tommy Ladnier, Jimmy Harrison, Claude Jones und Don Redman, dessen Arrangements nach dem Vorbild von Ferdé Grofé in → »Call and Response«-Manier die Grundlage für die Big-Band-Arrangements der nächsten Jahrzehnte abgeben sollten. Als Redman die Band verließ, begann H. selbst zu arrangieren, unterstützt von seinem Bruder Horace, der auch Klavier spielte, und Benny Carter. 1934 begann H. für Benny Goodman zu arrangieren bzw. ihm seine z. T. schon Jahre alten Arbeiten zu verkaufen (»Sugarfoot Stomp«, »King Porter Stomp«), die diesen zum »King of Swing« machten. H. selbst löste 1934 seine Band vorübergehend auf, leitete 1936–39 eine neue mit Roy Eldridge und Chu Berry, ging 1939 als Pianist zu Benny Goodman, stellte aber 1940 nochmals eine Band zusammen, die er bis Ende der 40er Jahre leitete, ohne an die frühen Erfolge anknüpfen zu können. 1950 leitete er noch kurze Zeit ein Sextett, ehe ein Schlaganfall seine Karriere beendete.

H. war der bedeutendste Bandleader der 20er Jahre; die Besetzungslisten seiner Bands lesen sich wie ein »Who's Who« des Jazz jener Zeit, und seine scheinbar simplen, aber ungemein effektvollen Arrangements machten den Jazz (bzw. Swing) für ein großes Publikum hörbar. – Als Pianist nahm er in den frühen 20er Jahren eine Reihe von Schallplatten auf als Begleiter von Blues-Sängerinnen, außerdem mit Benny Goodman 1939. Die wichtigsten Aufnahmen mit seiner Band erschienen auf Columbia, Decca und RCA, seine Arrangements wurden neben Goodman auch von den Dorseys, Casa Loma, Will Bradley, Count Basie, Bunny Berigan u. a. gespielt.

Lit.: W. C. Allen, Hendersonia, Highland Park, N. J. 1973

CD: F. H. Swing, BBC 682; Hocus Pocus, Bluebird ND90413

Henderson, Horace, (p, comp), * 22.11.1904 Cuthbert, Ga., † 29.8. 1988 Denver. Der Bruder von → Fletcher Henderson leitete eine Band an der Wilberforce Univ. mit Benny Carter und Rex Stewart. Ab 1924 eigene Band, ab 1929 als Pianist und Arrangeur in der Band seines Bruders, 1931 zu → Don Redman. 1933–34 und 1936 wieder bei Fletcher H., leitete dazwischen eigene Band und arbeitete als Arrangeur für Benny Goodman, Don Redman, Charlie Barnet, Jimmie Lunceford, Tommy Dorsey, Glen Gray, Coleman Hawkins. 1944–45 bei Lena

Horne, danach eigene Bands in L. A. und Denver. H. war ein vorzüglicher Arrangeur und ein besserer Pianist als sein Bruder. Komponierte u. a. »Hot and Anxious« (mit dem berühmten »In the Mood«-Riff), »Rug Cutter's Swing«, »Big John's Special«, »Jeep Rhythm«. – Schallplatten mit Fletcher Henderson, Chocolate Dandies, Baltimore Bellhops, Don Redman, Lena Horne, Coleman Hawkins, Red Allen, Chu Berry, Floyd Smith, Al Casey, Billie Holiday, Bob Crosby, Donna Hightower, Sid Catlett; als Leader mit der Band seines Bruders (1933), außerdem für Vocalion, Okeh, Jamboree u. Decca.

LP: Tax 8013; CD: Classics 648

Henderson, Joe, Joseph, (ts), * 24.4. 1937 Lima, Ohio. Studierte ab 1956 an der Wayne State Univ., spielte 1959 mit Sonny Stitt, 1960–62 mit Army Bands, 1962 bei Jack McDuff, 1962–63 bei Kenny Dorham, anschließend bis 1964 bei Horace Silver. Danach meist mit eigenen Gruppen (mit Freddie Hubbard), Tourneen mit der Thad Jones – Mel Lewis Band, regelmäßig in Europa. Dort Zusammenarbeit mit Tete Montoliu, George Gruntz u. a. H. ist ein ungemein talentierter Solist der Hard-Bop-Tradition, die er bis an die Grenze des Free Jazz zu transportieren versteht. – Schallplatten mit Andrew Hill, Kenny Dorham, Pete La Roca, Freddie Hubbard, Donald Byrd, Walter Norris, Herbie Hancock, Kenny Burrell, Lee Morgan, McCoy Tyner, Ron Carter, Wynton Marsalis, Mulgrew Miller, Randy Brecker, Akio, Flora Purim, Antonio Diaz, Kenny Garrett, Cindy Blackman, George Gruntz, Horace Silver, J. J. Johnson, Larry Young, Joe Gilman, Rick Laird, Roy Haynes, David Eshelman, Tom Grant, Jones – Lewis, Renee Rosnes, Woody Shaw, Keith Greko, Valerie Ponomarev, Stephen Scott, Klaus Ignatzek, Bebop & Beyond, Jon Ballantyne, Bruce Forman; als Leader für Milestone, Pausa, Contemporary, Galaxy, Enja, Concept, Blue Note, Verve u. Red.

CD: The Kicker, OJCCD 465; The State of the Tenor, Blue Note 85123

Henderson, Wayne, (tb, euphonium, comp), * 24.9.1939 Houston, Tex. Spielte schon als Teenager in der Band, die unter dem Namen → Jazz Crusaders Weltruhm erlangen sollte. Ist ein gesuchter Studiomusiker und leitete eigene Gruppen. – Schallplatten u. a. mit den (Jazz) Crusaders, als Leader für Atlantic und Polydor.

LP: W. H. & The Freedom Sounds, Atlantic 1492

Hendricks, Jon, John Carl, (voc, comp), * 16.9.1921 Newark, Ohio. Sang als Kind im Kirchenchor und im lokalen Rundfunksender, wo er gelegentlich von Art Tatum, einem Freund der Familie, begleitet wurde. Studierte ab 1946 Jura, lernte Schlagzeug, leitete eigene Combos und versuchte sich als Textdichter, u. a. zu → Four Brothers. 1957 nahm er mit Annie Ross und Dave Lambert die LP »Sing a Song of Basie« auf (Impulse), für die er Texte zu Count-Basie-Instrumentals geschrieben hatte und auf der mit Hilfe von Overdubbing

der Eindruck einer vokalen Big Band erweckt wurde. Der Erfolg der LP führte zur Gründung der Gruppe »Lambert, Hendricks & Ross«, die bis 1964 bestand, in den letzten zwei Jahren mit Yolande Bavan anstelle von Ross. Arbeitet seitdem als Solist, Textdichter und Dozent, Auftritte mit Dizzy Gillespie, Georgie Fame, Annie Ross, Manhattan Transfer u. a.; Schallplatten mit King Pleasure, Harry James, Freddie Hubbard, Bobby McFerrin, Manhattan Transfer, LH&R, Lionel Hampton; eigene Aufnahmen ab 1955 für Decca, World Pacific, Columbia, Smash, Reprise, Arista, Enja, Denon.
LP: Enja 4032
CD: Freddie Freeloader, Denon 76302

Henry, Ernie, Ernest Albert, (as), * 3.9.1926 N. Y., † 29.12.1957 N. Y. Wurde von Tadd Dameron entdeckt, spielte bei diesem 1947, in den folgenden Jahren bei Charlie Ventura, Georgie Auld, Max Roach u. Kenny Dorham. 1948–49 bei Dizzy Gillespie, 1950–51 bei Illinois Jacquet. Danach in R&B-Bands, 1956 bei Thelonious Monk, 1957 in der Gillespie-Big-Band. H. war ein von Charlie Parker beeinflußter Musiker, der bei seinem Tod sein ganzes Potential noch nicht ausgeschöpft hatte. – Schallplatten mit Tadd Dameron, Dizzy Gillespie, Fats Navarro, Howard McGhee, James Moody, Thelonious Monk, Kenny Hagood; als Leader für Riverside.
Lit.: D. Salemann, E. H., Basel 1988
LP: Last Chorus, OJC 086

Hep, Hepster, Hep-Cat, in den 30er Jahren Bezeichnung für Anhänger von Jazz und Swing, allgemein für jemanden, der immer über die neueste Mode auf dem laufenden ist. Seit ca. 1945 → Hip.

Herbolzheimer, Peter Alexander, (tb, comp), * 31.12.1935 Bukarest. Kam 1951 in die BRD, studierte in Nürnberg, war 1953–57 in den USA. Stellte Anfang der 70er Jahre All Star Big Bands zusammen, bei denen auf die → Reed Section verzichtet wurde und die stark rockorientiert waren. Diese »Rhythm Combination and Brass« begleitete – konventionell besetzt – internationale Stars wie Stan Getz, Gerry Mulligan u. a. auf »Jazz-Gala«-Tourneen. Arbeitet für die Big Bands des WDR und des SWF, unterrichtet an der Hochschule in Graz und leitet das → Bundesjazzorchester. – Schallplatten für MPS, Polydor, Atlantic, Telefunken, Panda/Koala.
CD: Fat Man Boogie, Panda 2

Herman, Woody, Woodrow Charles, (cl, as, sop, voc), * 16.5.1913 Milwaukee, † 29.10.1987 L. A. Trat schon als Kind mit seinen Eltern im → Vaudeville auf, lernte mit neun Jahren Alt-Sax, spielte während seiner High-School-Zeit bei Joe Lichter, ging als 17jähriger zu Tom Gerun, dann zu Harry Sosnik und Gus Arnheim. 1934–36 bei Isham Jones, übernahm den besten Musiker aus dessen Band und bildete eine Kooperative, die in einem Pseudo-Dixieland-Stil begann und als »The Band that Plays the Blues« bekannt wurde, bes. nach dem 1939er Hit »Woodchopper's Ball«. Solisten dieser Periode: Cappy Lewis (tp), Joe Bishop (flh), Saxie

Mansfield (ts), Frank Carlson (d). Nach einer kurzen Ellington-Periode Anfang der 40er Jahre kamen mit Chubby Jackson (b), Pete und Conte Candoli, Sonny Berman (tp), Bill Harris (tb), Flip Phillips (ts) junge Musiker in die Band, die ihr einen kräftigen Bebop-Touch gaben, unterstützt von Arrangeuren wie Neal Hefti, Ralph Burns und schon vorher Dizzy Gillespie, dessen »Down Under« (1942) allerdings noch nicht als Bebop zu bezeichnen ist. Mit Titeln wie »Apple Honey«, »Northwest Passage«, »Blowin' up a Storm«, »Caldonia«, gespielt mit einer unglaublichen Rasanz, erreichte die nun so genannte »First Herd« eine große Popularität. Igor Strawinsky schrieb für diese Band sein »Ebony Concerto«.

Ende 1946 löste H. diese Band auf und gründete ein Jahr später die »2nd Herd«, die z. T. reinen Bebop bzw. Cool Jazz spielte, Solisten wie Stan Getz, Zoot Sims, Serge Chaloff, Al Cohn und Gene Ammons herausstellte und Titel wie → »Four Brothers«, »Early Autumn«, »Lemon Drop« aufnahm. 1950 erfolgte die Bildung der »3rd Herd« mit u. a. Urbie Green, Carl Fontana, Bill Perkins, Arno Marsh, Nat Pierce, deren Schallplatten auf Hermans eigenem Label »Mars« erschienen. Nach 1956 leitete H. aus ökonomischen Gründen zeitweise kleine Gruppen, konnte aber immer wieder Big Bands zusammenstellen, bes. ab 1963, als er mit den LPs »W. H. 1963«, »Encore 1963« und »W. H. 1964« neue Höhepunkte des Big-Band-Spiels vorweisen konnte, wozu eine neue Generation von Musikern wie Bill Chase, Paul Fontaine (tp), Phil Wilson (tb), Sal Nistico (ts) u. Jake Hanna (d) ihren Teil beitrug. Mit ständig wechselnden Besetzungen konnte H. seine »Thundering Herds« bis zu seinem Tod aufrechterhalten, obwohl seine letzten Jahre von finanziellen Problemen überschattet waren, nachdem sein Manager Steuergelder verspielt hatte.

Mars hieß das kurzlebige Label von → Woody Herman

H. war ein fähiger, manchmal unterschätzter Solist auf der Klarinette, ein Hodges-inspirierter Alt-Saxophonist und ein bluesbeeinflußter Sänger, hatte aber ein besonderes Gespür im Auffinden neuer Talente, denen seine Band eine entsprechende Plattform gab. Neben Duke Ellington und Count Basie gehört H. zu den großen Big-Band-Leitern des Jazz. – Schallplatten mit Isham Jones, Lionel Hampton, Bing Crosby, Andrews Sisters, Buck Clayton, King Cole, Erroll Garner, David Rose, Jimmy Witherspoon, mit eigenen Bands ab 1936 für Decca**, Co-

lumbia, Capitol, MGM, → Mars*, Verve, Everest, Philips, Cadet, Fantasy, RCA, Century, Muza, Concord.
Lit.: W. H. & Stuart Troupe, The Woodchopper's Ball, N. Y. 1990, dt. Wien 1992; C. Garrod, W. H. & His Orch., Zephyrhills, 1985 ff. (D, 3 Bde.); J. A. Treichel, W. H. 2nd Herd Discography, Zephyrhills 1978; Dexter Morrill, W. H., A Guide to the Big Band Recordings, Westport, Conn., 1990
CD: Col. CGK 45340; CBS 460825; Discovery DSCD 944; Verve 835319-2; Blues on Parade, MCA 16061***
Ⓥ: Vintage Herman, Kay Jazz 090

Herring, Vincent, (as, sop), * 19.11. 1964 Hopkinville, Ky. Begann mit elf Jahren Saxophon in der High School zu lernen, ging Anfang der 80er Jahre nach N. Y. und spielte zunächst in Straßen-Bands. Hatte ersten wichtigen Job bei Nat Adderley, unternahm Europatourneen mit Horace Silver, David Murray, dem Boys Choir of Harlem, Jack DeJohnette, Erroll Parker, Lionel Hampton. H. ist der wohl wichtigste Solist der Cannonball-Adderley-Nachfolge und hat dessen Spielweise auf verblüffende Weise verinnerlicht. – Schallplatten mit Nat Adderley, Freddie Hubbard, Kevin Kayes, Ron McClure, Donald Brown, Thomas Fink; als Leader für Landmark und Limelight.
CD: Evidence, Landmark 1527

Heterophonie (heterophon = griech. anders klingend), eine Mehrstimmigkeitsform, die dadurch entsteht, daß verschiedene Stimmen von einer Grundmelodie gleichzeitig verschiedene Versionen erzeugen. Die Grundmelodie wird dadurch zufällig oder absichtlich durch Verzierungen, Umschreibungen o. ä. bereichert. Für den Jazz trifft dies auf die Spielweise der → Street Bands im Archaischen Jazz zu. (→ Polyphonie)

Heywood, Eddie Jr., (p, comp), * 4.12. 1915 Atlanta, Ga., † 2.1.1989 N. Miami. Sohn eines Pianisten, spielte ab 1935 bei Clarence Love, 1938 in Clubs in Harlem, 1939–40 bei Benny Carter und leitete 1943–47 ein Sextett mit u. a. Doc Cheatham, Vic Dickenson und Lem Davis. Wandte sich in den 50er Jahren der kommerziellen Musik zu, hatte mit »Begin the Beguine« und »Canadian Sunset« große Erfolge. – Der vorzügliche Swing-Pianist spielte Schallplatten ein mit Billie Holiday, Bing Crosby, den Andrews Sisters, Benny Carter, Coleman Hawkins, Leo Watson, Ed Hall, Barney Bigard, Sid Catlett, Shelly Manne, Rex Stewart, Ella Fitzgerald; Jazz-Aufnahmen als Leader ab 1944 für Commodore, Signature, Decca, RCA, Columbia und Mercury.
CD: Trio, Mercury EJD 3076

Hicks, John, (p, comp), * 21.12.1941 Atlanta, Ga. Studierte u. a. an der Lincoln Univ. und am Berklee College, ging 1963 nach N. Y. und spielte dort mit Kenny Dorham, Lucky Thompson und Sonny Stitt. 1964–65 bei Art Blakey, begleitete 1966–68 Betty Carter und war von 1969–70 bei Woody Herman. In den 70er Jahren Professor am Southern Illinois College, nochmals bei Art Blakey und Betty Carter, leitete Sextett und

Big Band. – Schallplatten mit Art Davis, Betty Carter, Elvin Jones, Bobby Watson, Carter Jefferson, David Murray, Dinah Washington, Charles Tolliver, Hamiett Bluiett, Hank Mobley, Pharoah Sanders, Woody Herman, Garry Bartz, Ricky Ford, Arthur Blythe, Chico Freeman, Alvin Queen, Elise Wood; für Teresa, DIW, Limetree, Novus, Red Baron u. Timeless als Leader.

CD: East Side Blues, DIW 8028; Power Trio, Novus PD90547

Higginbotham, J. C., Jack, (tb), * 11.5.1906 Atlanta, Ga., † 25.5.1973 N. Y. Wuchs in Cincinnati auf, spielte 1924–25 bei Wes Helvey. 1926–27 in Buffalo bei Eugene Primos und Jimmy Harrison. 1928 nach N. Y. zu Luis Russell (bis 1931), einige Monate bei Chick Webb, bis 1933 bei Fletcher Henderson, 1934–36 bei Mills Blue Rhythm Band (Lucky Millinder), 1937–40 bei Louis Armstrong. 1940 ging er zu Henry Red Allen, blieb rund zehn Jahre in dessen Sextett. In den 50er Jahren eigene Gruppen in Cleveland, Boston und N. Y., unternahm in den 60ern einige Europatourneen und war kurz bei Louis Armstrong. H. war einer der originellsten Posaunisten des frühen Jazz, sein kräftiger Ton und eine überragende Technik machen ihn zu einem Vorläufer von → Bill Harris. – Schallplatten mit Luis Russell, King Oliver, Jelly Roll Morton, den Chocolate Dandies, Fats Waller, Louis Armstrong, Victoria Spivey, Red Allen, Jack Purvis, Fletcher Henderson, Benny Carter, Coleman Hawkins, Buster Bailey, MBRB, Mezz Mezzrow, Lil Armstrong, Jimmy Johnson, Lionel Hampton, Ida Cox, Sidney Bechet, Pete Johnson, den Metronome All Stars, Buck Clayton, Jay McShann, Tiny Grimes, Rex Stewart, Prestige Blues Swingers; eigene Aufnahmen für Okeh, Blue Note, Session, HRS, Sonet und Jazzology.

CD: The Big Challenge, Fresh Sound 77

Higgins, Billy, (d), * 11.10.1936 L. A. Begann in R&B-Bands, spielte an der Westküste u. a. mit Red Mitchell, Teddy Edwards, 1959–61 bei Ornette Coleman, danach meist als sehr gesuchter Studiomusiker, der in allen Stilen heimisch ist, von Mainstream bis Free Jazz. Dementsprechend ist er auf einer großen Zahl von Schallplatten vertreten – u. a. mit Ronnie Mathews, Art Pepper, Ornette Coleman, Cecil Taylor, Bobby Hutcherson, James Clay, Cedar Walton, Charlie Haden, Dexter Gordon, Donald Byrd, Pierre Michelot, Frank Morgan, George Coleman, Herbie Hancock, Lee Morgan, Ted Rosenthal, Milt Jackson, Pat Metheny, Red Mitchell, Slide Hampton, George Bohanon, Anthony Cox, Thelonious Monk; als Leader für Contemporary u. Timeless. Eigenes Label World Stage Records.

LP: Bridgework, Cont. 14024

Hi-Hat Cymbal, Teil des → Schlagzeugs. Besteht aus zwei übereinandergelegten Becken (Cymbals), von denen das obere mittels einer Fußmaschine auf das untere gedrückt werden kann, wobei derselbe Effekt wie beim Gebrauch eines Trommelstocks entsteht, nur hat der Drummer dabei die Hände frei. Die ersten Musiker, die Gebrauch davon machten, waren Vic Berto, der es erfunden haben soll, und Walter Johnson. Wird auch als Charleston-Becken oder Sock Cymbal bezeichnet.

Hill, Andrew, (p, comp), * 30.6.1937 Chicago. Lernte Akkordeon und Steptanz, spielte ab 1952 in der R&B-Band von Paul Williams, befreundet mit → Barry Harris. Spielte in Chicago mit Gene Ammons, Von Freeman, Ben Webster u. a., ab 1961 bei Dinah Washington, 1962 bei Roland Kirk. Nahm ab 1963 an einer Reihe von → Blue-Note-Sessions teil, die ihn als vielversprechenden Pianisten der Herbie-Hancock/McCoy-Tyner-Schule ausweisen. Arbeitet seit den 70er Jahren als Komponist und Lehrer, gibt aber auch noch Konzerte und spielt Schallplatten ein. – Er ist zu hören auf Aufnahmen von Bobby Hutcherson, Kenny Dorham, Roland Kirk, Joe Henderson, Clifford Jordan, Walt Dickerson, Jimmy Woods; als Leader für Blue Note, Steeplechase, Arista, East Wind, Soul Note, Freedom.
CD: Shades, SN 1113

Hi-Lo's, Gesangsquartett, 1953 von Gene Puerling (* 31.3.1929) gegründet. Weitere Mitglieder: Clark Burroughs (* 3.3.1930), Bob Morse (* 27.7.1927) u. Bob Strasen (* 1.4. 1928). Letzterer wurde 1959 von Don Shelton (* 28.8.1934) ersetzt. Die Gruppe wurde von Jerry Fielding entdeckt, der ihre ersten Aufnahmen produzierte. Mitte der 60er Jahre aufgelöst. Puerling gründete 1975 neue Gruppe, die »Singers Unlimited«, die die raffinierten Satztechniken der H. noch übertrafen, aber nur für Schallplatteneinspielungen zusammenkamen. – Schallplatten mit Billy May (als »The Encores«), Jerry Fielding; für Trend, Starlite, Columbia und Reprise, eine Reunion-Session 1978 für MPS.

Hines, Earl Kenneth, »Fatha«, (p, comp), * 28.12.1905 Duquesne, Pa., † 22.4.1983 Oakland, Calif. Stammt aus einer musikalischen Familie, lernte »klassisches« Klavier und begann seine Karriere als Begleiter des Sängers Lois Deppe 1922. Spielte in Chicago bei Carroll Dickerson und Sammy Stewart, 1927 bei Louis Armstrong. 1928 gründete er eine Big Band im Grand Terrace und konnte sie bis 1948 halten. In der Band spielten so bedeutende Musiker wie Walter Fuller, Freddie Webster (tp), Trummy Young (tb), Omer Simeon (cl), Budd Johnson, Jimmy Mundy (ts, arr). Ab 1939 stießen einige junge Musiker zur Band, die sich bald dem → Bebop zu verschreiben begannen und aus der Hines-Band die »Wiege des Bebop« machten, so Charlie Parker, Dizzy Gillespie, Billy Eckstine, Sarah Vaughan, Wardell Gray und Bennie Green. Als Folge des → Recording Ban gibt es leider keine Aufnahmen aus dieser Zeit. Die meisten von diesen verließen 1942 die Band. Ihren Verlust suchte H. durch eine Streichergruppe auszugleichen, jedenfalls wandte er sich nicht dem Bebop zu. 1948 wurde er Mitglied von Louis Armstrongs All Stars und lebte ab 1951 in

San Francisco, wo er meist eine Dixieland-Band (!) leitete, gelegentlich auf Tournee ging (so 1957 mit Jack Teagarden in Europa), ansonsten aber kaum noch beachtet wurde. 1964 hatte er ein Comeback als Solist und veröffentlichte eine Reihe vorzüglicher LPs (»The Legendary Little Theatre Concert«, Savoy). Es gab Begegnungen mit Roy Eldridge, Coleman Hawkins, Auftritte auf Festivals und in der Sowjetunion, mit Dizzy Gillespie in Kuba u. a.
H. war der erste überragende Jazzpianist. Unter dem Einfluß Louis Armstrongs entwickelte er seinen »Trumpet Piano Style«, mit einer neuen Definition der Rollen der rechten bzw. der linken Hand und einer an Bläserlinien orientierten Melodiebildung. – Schallplatten mit Lois Deppe, Johnny Dodds, Louis Armstrong (2. Hot Five), Carroll Dickerson, Lily Delk Christian, Jimmy Noone, Sidney Bechet, Cozy Cole, Charlie Shavers, Benny Carter, Buck Clayton, Barbara Dane, Jimmy Witherspoon, Oliver Nelson, Lionel Hampton u. a.; als Leader ab 1928 für Okeh, RCA, Columbia, Decca, Signature, Apollo, ARA, Jazz Selection, MGM, Vogue, King, Tops, Fantasy, GNP, Epic, Capitol, Contact, Impulse, Limelight, Fontana, Master Jazz Rec., Freedom, Denon, Black Lion, Audiophile, Chiaroscuro, Catalyst, Real Time u. a.
Lit.: Stanley Dance, The World of E. H., N. Y. 1982²
CD: Piano Man, Bluebird ND 86750; Little Theatre Concert, Savoy 650139
LP: Hep 1003

Hinton, Milt, (b), * 23.6.1910 Vicksburg, Miss. Lernte Violine, wechselte an der High School zum Baß. Spielte mit Eddie South 1931–36, kurz bei Erskine Tate und 1936–51 bei Cab Calloway, wo er mit Dizzy Gillespie, Chu Berry u. a. zusammentraf. In den 50er Jahren mit Louis Armstrong, Joe Bushkin, Benny Goodman u. a., hauptsächlich aber als Studiomusiker tätig. In dieser Eigenschaft hat H. wohl mehr Schallplatten eingespielt als jeder andere Musiker, insgesamt dürften es mehrere tausend sein, oft als Teil der »N. Y. Rhythm Section« mit Hank Jones – Barry Galbraith – Osie Johnson. H. ist der bedeutendste Bassist der Generation vor → Jimmy Blanton und Oscar Pettiford. – Als Leader nahm er einige LPs für Bethlehem, Famous Door, Black & Blue u. Chiaroscuro auf.
Lit.: M. H. & David Berger, Bassline, The Stories and Photos of Milt Hinton, Philadelphia 1988
CD: Old Man Time, Chiaroscuro 309

Hinze, Chris, (fl, comp, div. instr.), * 30.6.1938 Hilversum. Sohn des Dirigenten Frits H. Klavierunterricht als Kind, Studium in Den Haag, gründete 1967 sein erstes Quartett. 1969 am Berklee College, in diesem Jahr erste LP, »Telemann My Way« (CBS). In der Folgezeit Auftritte mit internationalen Musikern wie Charlie Mariano, Cecil Taylor, Larry Coryell u. a. Studierte in Japan, wandte sich in den 70er Jahren zunehmend der → Weltmusik bzw. der »New Age«-Musik zu. – Schallplatten mit Sigi Schwab, Mike Gibbs,

Toots Thielemans u. a.; mit seiner »Combination« für CBS, Black Lion, EMI, Philips, Atlantic und eigenem Label »Keytone«.

CD: Live at Northsea Festival, Keytone 705

Hip, Hipster tritt um 1945 an die Stelle des nicht mehr gebräuchlichen → Hep, ist dementsprechend nicht mehr mit dem Swing, sondern mit den modernen Jazz-Stilen assoziiert. Ein H. ist im Extrem jemand, der sich von der Wirklichkeit in politischer, materieller und kommerzieller Hinsicht zurückgezogen hat mit dem Wunsch, eine bessere Welt zu schaffen (oder sich diese zu erträumen). Das Urbild des H. ist schwarz, da die soziale Lage der Schwarzen am ehesten einer Verbesserung bedarf. Gegensatz: Square.

Lit.: Roy Carr/Brian Case/Fred Dellar, The Hip, Hipster, Jazz and the Beat Generation, London 1986, dt. Kiel 1989

Hipp, Jutta, (p), * 4.2.1925 Leipzig. Studierte in Leipzig an der Akademie für graphische Künste, ging nach dem Krieg nach München, 1952 nach Frankfurt/Main, wo sie vor allem mit Hans Koller zusammenarbeitete, Dizzy Gillespie begleitete und mit eigenem Quintett (mit Joki Freund und Emil Mangelsdorff) bei den ersten deutschen Jazz-Festivals auftrat. 1956 ging sie in die USA, spielte mit Trio im »Hickory House« u. beim Newport Festival, konnte sich aber im »Rat Race« des amerikanischen Showbusineß nicht durchsetzen und zog sich aus dem Musikgeschäft zurück, um als Malerin zu arbeiten. – H. war ein bemerkenswertes, ursprünglich von Lennie Tristano beeinflußtes Talent, wie ihre wenigen Schallplatten zeigen, die sie für MGM, Brunswick und Blue Note einspielte. Aufnahmen außerdem mit Hans Koller und Lars Gullin.

LP: Cool Dogs and Two Oranges, L & R 41006

Hodeir, André, (vln, p, comp) * 22.1.1921 Paris. Studierte am Konservatorium in Paris, spielte ab 1942 Violine bei André Ekyan, arrangierte für Django Reinhardt, Don Byas, James Moody, Bernard Pfeiffer u. Bobby Jaspar, komponierte Filmmusik (»La village de colère«) und leitete eigene »Jazz Groupe de Paris«. Als Komponist ist er dem → Third Stream zuzurechnen, z. B. »Paradoxe III«. Seine eigentliche Bedeutung liegt in seiner Tätigkeit als Schriftsteller; er schrieb u. a. »Toward Jazz«, »The Worlds of Jazz« und vor allem »Hommes et problèmes de Jazz« (1954), welches unter dem englischen Titel »Jazz, Its Evolution and Essence« zu einem Standardwerk wurde (→ Dickie Wells). – Schallplatten ab 1942 (z. T. unter Pseudonym Claude Laurence) für Swing, Vega, Savoy, Fontana, Epic (»Anna Livia Plurabelle«).

Hodes, Art, Arthur W., (p), * 14.11. 1904 Nikoliev, Rußland, † 4.3.1993 Chicago. Seine Familie emigrierte 1905 in die USA. Wurde von dem Bassisten Earl Murphy zum Jazz-Spielen angeregt, erster Job im »Rainbow Gardens« 1925. 1926 auf Tour mit den Wolverines. Spielte in Chicago mit Frank Teschemacher,

Muggsy Spanier, Bud Freeman, Wingy Manone, ging 1938 nach N. Y., leitete eigene Gruppen, arbeitete als Diskjockey und gab eine Jazz-Zeitschrift heraus, »The Jazz Record« (bis 1947). Lebt seither wieder in Chicago, arbeitet als Klavierlehrer, spielt in Clubs; gelegentliche Tourneen.

Als Pianist wurde H. inspiriert von Jelly Roll Morton und James P. Johnson und muß, obwohl er nicht deren Qualität erreicht, zu den wenigen weißen Vertretern des → Barrelhouse Piano gezählt werden. – Schallplatten mit Wingy Manone, den Chicago Rhythm Kings, Sidney Bechet, Baby Dodds, Barney Bigard, Papa Bue u. a.; als Leader seit 1939 für Solo Art, Commodore, Signature, Jazz Record, Decca, Black & White, Blue Note, EmArcy, Dotted Eight, Audiophile, Jazzology, Delmark, Storyville, Euphonic, Fat Cat, L & R, Candid, Stomp Off.

Lit.: Art Hodes/Chadwick Hansen, The Life of A. H., Chicago 1991; A. H. & C. Hansen, Selections from the Gutter, Berkeley 1977

CD: Candid 79037

Hodges, Johnny, John Cornelius, »Rabbit«, (as, sop, comp), * 27.7. 1906 Cambridge, Mass., † 11.5.1970 N. Y. Lernte Schlagzeug und Klavier, später Saxophon autodidaktisch, erhielt Unterricht und ein Sopran-Sax von Sidney Bechet. 1925 bei Bobby Sawyer, 1926 bei Lloyd Scott, 1927 bei Chick Webb. Nach diesem Jahr kam er zu → Duke Ellington, blieb bis 1951. Leitete fünf Jahre eigene Combo, hatte mit »Castle Rock« einen mittleren R&B-Hit. Kehrte

Johnny Hodges

zum Duke zurück und blieb bis zu seinem Tod bei ihm.

H. ist neben → Benny Carter der bedeutendste Alt-Saxophonist der älteren Generation. Seine melodiöse Phrasierung, Tonbildung, Erfindungsgabe und gestalterische Souveränität waren bis zur Ankunft von → Charlie Parker unübertroffen. Dementsprechend war er der am meisten herausgestellte Solist der Ellington-Band und ist auf fast allen ihren Platten zu hören. Er komponierte u. a. (mit Ellington) »Jeep's Blues«, »The Jeep Is Jumpin'«, »Hodge Podge«, »I'm Beginning to See the Light«. – Schallplatten auch mit Sonny Greer, Teddy Wilson, den Gotham Stompers, Lionel Hampton, Earl Hines, Billy Taylor, Eddie Heywood, Sandy Williams, Metronome und Esquire All Stars, Mildred Bailey, Mercer Ellington, Billy Strayhorn, Oliver Nelson, Lawrence

Welk, Norman Granz Jam Session, mit div. Ellington-Gruppen unter seiner Leitung bzw. der von Rex Stewart, Barney Bigard; als Leader ab 1937 für Variety, Vocalion, RCA, Mercer, Swing, Vogue, Verve, Impulse, Flying Dutchman.
Lit.: → Duke Ellington
CD: Ellington 1940s Small Groups, Bluebird ND 86751; Side by Side, Verve 821578–2; Everybody Knows J. H., Impulse GRP 11162

Hoggard, Jay, (vib), * 28.9.1954 Washington. Lernte als Kind Klavier, ab 1979 Vibraphon, studierte in Middletown, Conn., Musik und Musikethnologie. Spielte mit Clifford Thornton, Anthony Davis, Chico Freeman, Sam Rivers, James Newton u. a. Gilt als wichtiges neues Talent unter den Vibraphonisten. – Schallplatten mit Chico Freeman, James Newton, Art Davis, Kenny Burrell, Clifford Thornton, Michael Gregory Jackson, Roberta Flack, Candi Staton, Ahmed Abdullah, Gerry Hemingway; als Leader für India Navigation, Arista, Contemporary, Muse, Gramavision, GRP.
CD: Love Survives, Gramavision 8204-2

Holiday, Billie, Eleonora, (voc, comp), * 17.4.1915 Baltimore, † 17.7. 1959 N. Y. Tochter des Gitarristen Clarence H., begann nach schwerer Kindheit mit 15 Jahren in New Yorker Clubs zu singen. Wurde von John Hammond entdeckt, erste Plattenaufnahme im November 1933 mit Benny Goodman. 1935–39 Aufnahmeserie mit Teddy Wilson, sang 1937 bei Count Basie, 1938 bei Artie Shaw, dann als Solistin in Clubs u. Theatern. Trat im Film »New Orleans« auf (in der Rolle eines singenden Dienstmädchens!); Europatournee 1954 u. 1958. Ihre Drogensucht brachte sie mehrmals mit dem Gesetz in Konflikt, sie starb verarmt im Gefängnis.
H. war die erste eigentliche Jazz-Sängerin und zugleich eine der bedeutendsten. Mit ihrer herben Stimme konnte sie improvisieren wie ein Jazz-Musiker; durch die Reduzierung auf das Wesentliche konnte sie den albernsten Schlagern ihre Persönlichkeit aufdrücken. Ihre musikalische Übereinstimmung mit → Lester Young, mit dem sie ihre besten Schallplatten aufnahm, ist einmalig in der Musikgeschichte (mit → Teddy Wilson). Die Hollywood-Verfilmung ihres Lebens (mit Diana Ross) ist eine einzige Katastrophe, ihre Autobiographie dagegen gehört zu den bewegendsten Selbstzeugnissen der Jazz-Literatur. – Schallplatten mit Benny Goodman, Teddy Wilson, Artie Shaw, Paul Whiteman, Eddie Heywood; unter eigenem Namen ab 1936 für Vocalion/Okeh, Commodore, Decca, Aladdin, Verve, MGM.
Lit.: B. H. & W. Dufty, Lady Sings the Blues, Harmondsworth 1984 (Reprint v. 1956), dt. Hamburg 1983; John Chilton, Billie's Blues, London 1987²; John White, B. H., Her Life and Times, Tunbridge Wells 1987; J. Millar, Born to Sing, A Discography of B. H., Kopenhagen 1980
CD: Quintessential B. H., Col. 450987, 460090, 460820; Complete on Verve, 314513859-2

Holland, Dave, David, (b, cello, comp), * 1.10.1946 Wolverhampton, England. Studierte an der Guildhall School, spielte mit Chris McGregor, Tubby Hayes, John Surman, Alan Skidmore u. a., war 1968–71 als Nachfolger von Ron Carter bei Miles Davis. Anschließend mit Chick Corea in der Gruppe »Circle« und deren Nachfolgeorganisationen, seitdem aktiv in der Avantgarde-Szene in Europa und den USA. – Schallplatten mit Miles Davis, Chick Corea, Circle, Carla Bley, Bennie Wallace, Billy Hart, Kenny Wheeler, Dave Liebman, Colin Walcott, John Abercrombie, Franco Ambrosetti, Karl Berger, Kenny Barron, Lee Konitz, Muhal Richard Abrams, George Young, Baikida Carroll, Tony Reedus, Don Grolnik, Robin Eubanks u. a.; eigene Aufnahmen für ECM.
LP: Conference of the Birds, ECM 1027 (+ CD)

Holland, Peanuts, Herbert Lee, (tp), * 9.2.1910 Norfolk, Va., † 7.2.1979 Stockholm. Begann 1929–33 bei Alphonse Trent, spielte in N. Y. bei Willie Bryant u. Jimmie Lunceford, 1940 bei Fletcher Henderson, 1941–46 bei Charlie Barnet. Kam 1946 mit Don Redman nach Europa, ließ sich in Paris nieder und spielte mit eigenen Gruppen oder mit Musikern aus den USA. H. war ein solider Swing-Trompeter à la Roy Eldridge. – Schallplatten mit Charlie Barnet (»Ee-bob-o-lee-bop«), Mezz Mezzrow, Don Byas, Billy Taylor, Fletcher Henderson; eigene Aufnahmen in Europa für Swing, Sonora, Austroton, Polydor u. a.

Holman, Bill, Willis, (ts, bar, comp, ldr), * 21.5.1927 Olive, Calif. Wuchs in Santa Ana auf, studierte an der UCLA 1948 (Ingenieur!) und 1948–51 am Westlake College Musik. Ging 1951 zu Charlie Barnet, begann dort zu arrangieren. 1952 zu → Stan Kenton als Tenorist u. Arrangeur, schrieb für diesen u. a. »Invention for Guitar and Trumpet«, »Zoot«, »Fearless Finlay«, »In Lighter Vein«. 1956–57 Zusammenarbeit mit Shorty Rogers, dann bis 1960 Quintett mit Mel Lewis. In dieser Zeit auch als Studiomusiker tätig, vor allem aber als Arrangeur, u. a. für Richie Kamuca, Conte Candoli, Frank Rosolino, Dempsey Wright, Mel Lewis, Shelly Manne, Dave Pell, Herb Geller, Chamber Jazz Sextet, Allyn Ferguson und die Big Bands von Med Flory, Terry Gibbs, Maynard Ferguson, Si Zentner, Ralph Marterie, Woody Herman, Buddy Rich, Tommy Alexander, Louis Bellson, Erwin Lehn, Gerry Mulligan, Charlie Barnet, Ib Glindemann, die norwegische Radio Big Band, seit den 70er Jahren auch für Zoot Sims, Klaus Weiss, Woody James, Doc Severinsen, Count Basie (LP »I Told You So«, Pablo), Vic Lewis, LJJH, Paul Cacia. Schrieb auch für Vokalisten wie Mark Murphy, Anita O'Day, David Allyn, June Christy, Diane Schuur, Four Freshmen, Fifth Dimension, Natalie Cole.

H. ist ein exzellenter Tenorist der Lester-Young-Schule, hat aber später auch Einflüsse von Sonny Rollins verarbeitet. Als Arrangeur kommt er vom → West Coast Jazz, verschloß

sich aber nicht den experimentellen Formen, bevorzugt eine jazzgemäße Schreibweise, die viele Arrangeure heute vermissen lassen. – Schallplatten als Solist mit Stan Kenton, Charlie Barnet, Terry Gibbs, Conte Candoli, Red Norvo, Shelly Manne, Buddy Bregman, Richie Kamuca, Lennie Niehaus; seine wenigen LPs als Leader – allesamt Collectors' Items – erschienen auf Capitol*, Coral u. Andex. Seine Zusammenarbeit mit Charlie Shoemake (vib) ist dokumentiert auf Pausa, Black Hawk u. Discovery; eine CD seiner Rehearsal-Band, die er seit einigen Jahren in L. A. leitet, erschien auf JVC.
*LP: Great Big Band, Creative World ST-1053**
CD: The B. H. Band, JVC 1144

Holmes, Richard Arnold, »Groove«, (org), * 2.5.1931 Camden, N. J., † 29.6. 1991 St. Louis. Begann als Autodidakt, wurde von Les McCann entdeckt und Pacific Jazz empfohlen. H. war ein von Wild Bill Davis u. Jimmy Smith beeinflußter Musiker, bevorzugte einen simplen funk- u. bluesorientierten Stil. – Schallplatten mit Gene Ammons, Jimmy Witherspoon, Earl Bostic, Gerald Wilson; als Leader ab 1961 für Pacific Jazz, Prestige, Groover Merchant, Blue Note, Flying Dutchman, Muse.
CD: R. H. – Gene Ammons Quartet, PJ 7929302

Homophonie, die Verschmelzung aller Stimmen eines Musikstückes zu einem geschlossenen Klang bzw. einer Klangfolge in geschlossenen Akkorden. Der homophone Klang eines Jazzorchesters (→ Big Band) wird aus der Zusammenfügung unterschiedlicher (oder aller) Stimmen zu einem »Satz« gebildet.

Honky Tonk(y), Bezeichnung für Kneipen in den Südstaaten der USA, in denen die unteren Bevölkerungsschichten verkehrten, hauptsächlich die Schwarzen. Der Begriff ist identisch mit → Barrelhouse.

Hooper, Stix, Nesbert, (d, comp), * 15.8.1938 Houston, Tex. Studierte an der Texas Southern Univ., ist Gründungsmitglied der → (Jazz-)Crusaders, arbeitet seit den 70er Jahren auch als Studiomusiker und mit Bobby Hutcherson, Freddie Hubbard, Harold Land, auch mit George Shearing. – Schallplatten mit diesen und mit den Crusaders, eigene LP als Leader.

Hope, Elmo, St. Elmo Sylvester H., (p, comp), * 27.6.1923 N. Y., † 19.5. 1967 N. Y. Stammt aus Westindien, Jugendfreund von Bud Powell. Studierte klassisches Klavier, hatte aber ersten Job in der R&B-Band von Joe Morris. Spielte mit Clifford Brown, Harold Land und Lionel Hampton, leitete eigenes Trio, erfuhr aber nie die seinem Talent gemäße Anerkennung. – Sein von Thelonious Monk und Bud Powell inspiriertes Spiel ist zu hören auf LPs von Clifford Brown, Lou Donaldson, Hank Mobley, John Coltrane, Sonny Rollins, Jackie McLean, Frank Foster, Curtis Counce, Harold Land. Eigene LPs für Blue Note, Prestige, Pacific Jazz, Riverside, Celebrity/Beacon, Audio Fidelity, Inner City, Contemporary.
CD: All Star Sessions, Milestone MCD 47037

Hopkins, Claude, (p), * 3.8.1903 Washington, D. C., † 19.2.1984 N. Y. Studierte an der Howard-Univ. und am Konservatorium in Washington, spielte 1924 bei Wilbur Sweatman, 1925 als Musical Director für Josephine Baker. 1927 eigene Band in Washington, übernahm 1930 die Band von Charlie Skeets, spielte im Savoy, im Roseland und im Cotton Club. Löste die Band 1940 auf, arbeitete als Arrangeur und mit Combos bis in die 70er Jahre, u. a. mit Red Allen, Roy Eldridge, WGJB, Wild Bill Davison u. a. H. war ein Pianist der Harlem-Tradition (à la James P. Johnson), seine Band aber trotz einiger guter Musiker wie Ed Hall, Ovie Alston und Snub Mosley nur Durchschnitt. – Schallplatten ab 1932 für Columbia, Decca, Ammor, Rainbow, 20th Fox, Swingville, Chiaroscuro, Sackville, Black & Blue. Aufnahmen als Sideman mit Clarence Williams, Ma Rainey, Ovie Alston, Cozy Cole, Red Allen, Juanita Hall, Wild Bill Davison, Herb Hall, Bud Freeman, Lonnie Johnson, Prestige Blues Swingers, Jackie Gleason, Ronnie Gilbert.

Lit.: W. W. Vaché Sr., Crazy Fingers, C. Hopkins' Life in Jazz, Washington, D. C. 1992

LP: Safari Stomp, B&B 33086

Horn, im Jazz ein Sammelbegriff für jedes Blasinstrument, im übertragenen Sinn auch für andere Instrumente wie die Gitarre, wenn sie in → Single-string-Technik bläserartige Linien spielt.

Horn, Paul, (fl, as, cl, comp), * 17.3. 1930 N. Y. Studierte am Oberlin College und an der Manhattan School of Music, spielte im Sauter-Finegan-Orch., wurde bekannt im Chico-Hamilton-Quintett 1956–58. Arbeitete einige Jahre als Studiomusiker an der Westküste, schrieb für Film und TV und begleitete Tony Bennett. Ein Zusammentreffen mit Ravi Shankar führte zu einem Aufenthalt in Indien (1967–69), H. nahm dort eine LP im Taj Mahal auf. Der Erfolg dieser LP führte zu weiteren Gimmicks dieser Art, Aufnahmen in der Grabkammer der Cheops-Pyramide und der Basilius-Kathedrale in Vilna. Arbeitet und lebt jetzt meist in Kanada, komponiert, leitet Clinics und betreut eine TV-Serie. – Schallplatten mit Chico Hamilton, Fred Katz, Buddy Collette, Stan Getz, John Pisano, Lalo Schifrin, Freddie Gambrell, Lorez Alexandria, Allyn Ferguson, Bola Sete, Cal Tjader, Billy May, Skip Martin, Van Alexander, Jack Quigley, June Christy, Shorty Rogers, Dick Grove u. a.; als Leader für Dot, World Pacific, Hi-Fi, Columbia*, RCA, Ovation, Blue Note, Gramavision, Rare Bid, Kuckuck.

Lit.: P. H. & L. Underwood, Inside P. H., N. Y. 1990

*CD: The Jazz Years, Black Sun 15015-2**

Horn, Shirley, (voc, p), * 1.5.1934 Washington, D. C. Studierte an der Howard-Universität, leitet seit den frühen 60er Jahren Trio, gefördert u. a. von Miles Davis und Quincy Jones. Sie ist eine exzellente Pianistin, keine eigentliche Jazz-Sängerin, die durch ihren persönlichen Stil aber zu überzeugen weiß. – Schall-

platten mit Carmen McRae, Toots Thielemans; unter ihrem Namen für Mercury, ABC-Paramount, Hi-Life, Perception, Audiophile, Verve.
CD: You Won't Forget Me, Verve 847482-2

Hot, ein Begriff für die typischen Ausdrucksqualitäten des Jazz, er bezieht sich auf die Tonbildung wie Hot-Intonation etc., Mittel, die als »heiß« (engl. hot), d. h. hitzig und wild angesehen werden. A. M. Dauer vermutete den Ursprung des Wortes in der phonetischen Umbildung des frz. Wortes »haut« (laut). Hot Jazz = New Orleans, Dixieland, Chicago-Stil.

Hot Record Society (HRS), 1937 gegründet, um seltene Jazz-Aufnahmen wieder zugänglich zu machen. In den folgenden drei Jahren wurden Aufnahmen aus den Archiven von ARC (Columbia) und Decca wiederveröffentlicht, außerdem wurden eigens neue Aufnahmen eingespielt (u. a. Bechet – Spanier Big Four). Veröffentlichung eines Magazins, »The Rag«, Sammlung von biographischem Material, historische und diskographische Informationen. Diese Bemühungen führten mit zur → New-Orleans-Renaissance. Ähnliche Zielsetzungen hatten damals auch die »United Hot Clubs of America«.

House Hop, ein Synonym für → Rent Party, wo es oft recht lebhaft zuging (»the house really hopped«). Ein anderer Ausdruck dafür ist »The joint really jumped«; vgl. dazu Fats Wallers »The Joint Is Jumping« und Benny Goodmans »House Hop« (comp Jimmy Mundy, 1936).

Hubbard, Freddie, Frederick Dewayne, (tp, flh, p), * 7.4.1938 Indianapolis, Ind. Lernte Mellophon in der High School, studierte am Jordan Konservatorium und begann 1956 in seiner Heimatstadt mit den Montgomery-Brüdern zu spielen. Ab 1958 in N. Y. mit Slide Hampton, J. J. Johnson, mit Quincy Jones 1960–61. Spielte auf Ornette Colemans »Free Jazz«-LP (1960), ging dann aber zu Art Blakey. Seine Zusammenarbeit mit → John Coltrane zeigt seine Fähigkeit, dessen Stil auf die Trompete zu übertragen (LP »Ascension«, Impulse). H. ist seitdem ein sehr beschäftigter Musiker, sowohl mit eigenen Gruppen als auch als Sideman. Wandte sich in den 70er Jahren dem Rock-Jazz zu, kehrte aber in den 80ern wieder zum »real thing« zurück. – Schallplatten mit Art Blakey, Eric Dolphy, Bill Evans, Ornette Coleman, Curtis Fuller, John Coltrane, Bobby Hutcherson, Oliver Nelson, Quincy Jones, George Kawaguchi, Benny Golson, Count Basie, Dexter Gordon, Hank Mobley, George Cables, Pancho Sanchez, Herbie Hancock, Friedrich Gulda, Jimmy Heath, Joe Farrell, Lou Donaldson, Betty Carter, Max Roach, McCoy Tyner, Paul Chambers, Wayne Shorter, Kirk Lightsey, Toshiko Akiyoshi. Der stilistisch an Fats Navarro und Clifford Brown geschulte Trompeter nahm LPs als Leader auf für Blue Note, Fontana, Baystate, Impulse, CTI, CBS, Enja, Atlantic, Denon, Pablo, Elektra Mus., Triloka, Musicmasters.
CD: Jede auf Blue Note

Hucko, Peanuts, Michael Andrew, (cl, ts), * 7.4.1918 Syracuse, N. Y. Kam 1939 nach N. Y., spielte kurz bei Jack Jenny und dann bis 1941 bei → Will Bradley als Tenor-Solist. Anschließend bei Joe Marsala, Charlie Spivak und Bob Chester, 1943 zu Glenn Millers AAF-Band, begann dort Solo-Klarinette zu spielen. 1945 zu Benny Goodman für einige Monate, bis 1947 bei Ray McKinley. Dann bei Eddie Condon, Jack Teagarden, im Rundfunk und bei Louis Armstrong. Tritt seit den 70er Jahren mit eigenen Gruppen und seiner Frau, der Sängerin Louise Tobin, auf, in der TV-Show von Lawrence Welk und kurz als Leiter des Glenn-Miller-Orch. H. ist ein begabter Klarinettist der Benny-Goodman-Tradition. – Schall-platten mit Will Bradley, Ray McKinley, Benny Goodman, Muggsy Spanier, Bernie Leighton, Louis Armstrong, Eddie Condon, Lee Castle, Bobby Byrne, Big 18, Bud Freeman, Bob Crosby, Murray Arnold, Warren Covington, Lou Stein, Lawrence Welk, Yank Lawson, Bob Haggart, Bobby Hackett, Jack Teagarden, Max Kaminsky, Wild Bill Davison, Bob Alexander, Roman N. O. Band; als Leader für V-Discs, Epic, Jazztone, RCA, Chiaroscuro, Timeless, Star Line.
LP: Swing House 33 (V-Discs)
CD: All Stars, Timeless 512/3

Huffstetter, Steve, (tp, flh), * 7.2. 1936 Michigan. Erhielt ersten Unterricht von seinem Vater, hatte erste Jobs in Tanzorchestern in Phoenix, wo er seit seinem zehnten Lebensjahr lebte. Ging 1959 nach L. A., spielte bei Stan Kenton, in Latin-Bands (Willie Bobo, René Touzet, Poncho Sanchez) und den Big Bands von Bob Florence, Bill Holman und Toshiko Akiyoshi. Leitet eigene Latin-Band und springt gelegentlich für Conte Candoli bei → Supersax ein. – Schallplatten mit Stan Kenton, Poncho Sanchez, Bill Holman, Bob Florence, Toshiko Akiyoshi, Dave Pell, Diane Schuur, Paulinho Da Costa, Louis Bellson, Shorty Rogers, Tom Talbert, Kenton Alumni.
CD: Poncho Sanchez, Bien Sabroso, Concord CJP-239

Humes, Helen, (voc), * 23.6.1913 Louisville, Ky., † 13.9.1981 Santa Monica, Calif. Sang als Kind im Kirchenchor, nahm schon 1927 ihre ersten Schallplatten auf. Sang 1938–42 bei Count Basie (als Nachfolgerin von Billie Holiday), zog dann nach Kalifornien und trat in Clubs auf; ging gelegentlich auf Tournee. Comeback in den späten 50er Jahren und erneut Anfang der 70er Jahre. H. war eine – immer noch zuwenig bekannte und unterschätzte – Swing- u. Blues-Sängerin, die den Vergleich mit → Ella Fitzgerald nicht zu scheuen braucht. – Schallplatten mit James P. Johnson, Pete Brown, Harry James, Count Basie, Herbie Fields, Bill Doggett, Red Norvo, Leonard Feather, Marshall Royal, Roy Milton; unter eigenem Namen für Okeh, Savoy, Aladdin (»Be-baba-le-ba«, 1945), Black & White, Mercury, Discovery, Modern, Decca, Dootone, Contemporary*, Black & Blue, Black Lion, Jazzology, Columbia.
*CD: Songs I Like to Sing, OJC 171**

Hussain, Z.

Hutcherson, Bobby, (vib, marimba), * 27.1.1941 L. A. Wuchs in Pasadena auf, erhielt Klavierunterricht und kam durch Schallplatten von Milt Jackson zum Vibraphon; Unterricht bei Terry Trotter und Dave Pike. Erster Job in L. A. bei Curtis Amy und Charles Lloyd, dann mit der Al Grey – Billy Mitchell Combo. Ab 1961 in N. Y. bei Jackie McLean und Eric Dolphy, spielte auch mit Archie Shepp, Hank Mobley, Charles Tolliver u. a. Ging dann wieder an die Westküste, dort bei Gil Fuller, Tony Williams, Harold Land, war 1981–82 und 1986 in Europa. H. war in den 60er Jahren die erste wichtige Vibraphonstimme seit → Milt Jackson; er benutzte als erster vier Schlegel und machte die → Marimba zu einem Jazz-Instrument. – Schallplatten mit Grant Green, Tony Williams, Andrew Hill, Archie Shepp, Barney Kessel, Big John Patton, Donald Byrd, Bruce Forman, Chico Freeman, Dexter Gordon, Grassella Oliphant, Al Grey, Eddie Marshall, Eric Dolphy, Freddie Hubbard, George Cables, Larry Vuckovich, Grachan Monchur III, Herbie Hancock, Jackie McLean, James Newton, Gerald Wilson, Joe Henderson, John Hicks, Les McCann, McCoy Tyner, Harold Land, Pharoah Sanders, Prince Lasha, Timeless All Stars, John Lewis; als Leader ab 1965 für Blue Note, Cadet, Columbia, Landmark, Contemporary, Timeless, Theresa.
CD: Happenings, Blue Note 71020

Hyman, Dick, Richard Roven, (p, comp), * 8.3.1927 N. Y. Studierte klassisches Klavier und später bei Teddy Wilson. Nach Armeedienst 1946–48 an der Columbia Univ., dann bei Tony Scott und Red Norvo, 1950 bei Benny Goodman (Europatournee). In den 50er u. 60er Jahren hauptsächlich als Rundfunk- und Studiomusiker; Schallplatten mit Unterhaltungsmusik unter Pseudonym Knockles O'Toole. Seit den 70er Jahren wieder verstärkt als Jazz-Musiker tätig, widmete sich der Jazz-Geschichte in Clinics und durch Schallplatten mit Musik von Scott Joplin und Jelly Roll Morton. Er arrangierte für Count Basie, Bobby Hackett, Jonah Jones, Cozy Cole, J. J. Johnson, Doc Severinsen u. a.; transkribierte Arrangements von historischen Schallplatten, um sie mit All-Star-Besetzungen zu spielen. Komponierte mehrere größere Werke. H. ist ein in allen Jazz-Stilen bewanderter Musiker. – Schallplatten mit Leonard Feather, Trigger Alpert, Doc Severinsen, Mundell Lowe, Paul Gonsalves, Antonio Carlos Jobim, Ruby Braff, Maxine Sullivan, Derek Smith, Don Lamond, Coleman Hawkins, Dick Wellstood, Flip Phillips, Wes Montgomery u. a.; eigene Aufnahmen für Relax, Classic Editions, MGM, Monmouth Evergreen, Columbia, Project 3, Command, Swingtime, Music & Arts, Stomp Off, Concord.
CD: Live at Maybeck, Concord 4415

I

Ictus Records, Pistoia, Italien, ist ein musikereigenes Label für europ. Avantgarde, gegründet 1976 von Andrea Centazzo u. Carla Lugli. LPs von Kent Carter, Steve Lacy, Derek Bailey, Pierre Favre, Andrea Centazzo u. a.

Improvisation, die Stegreiferfindung einer Melodie. Es gibt sie als I. eines einzelnen Musikers (Solo-I.) oder als Kollektiv-I. Dabei wird eine vorgegebene Melodie auf tonale, rhythmische oder harmonische Weise verändert. Im Jazz gibt es drei Arten der melodischen I.:

Bei der ersten wird die Melodie vollständig respektiert, die Variationen beruhen auf dem längeren oder kürzeren Aushalten mancher Noten, der Wiederholung anderer. Bei der zweiten ist die Melodie noch erkennbar, wird jedoch durch Hinzufügen von bestimmten Phrasen oder Weglassen von anderen umgeformt; bei der dritten Art hat sich der Solist völlig von der Grundmelodie gelöst und benutzt nur das Harmonieschema als Vorlage. Gegenüber diesen Formen der Stegreifvariation ist I. im eigentlichen Sinn nur in der Afro-amerikanischen (Vokal-)Musik und im Klassischen Jazz vorhanden. Dort gibt es nämlich keine vorgegebene Grundmelodie, die verändert werden kann. Aber auch hier liegt keine freie Willkür zugrunde, sondern feste Ablaufschemata bestimmen die melodische Gestaltung formal wie der → Blues-Stimmenablauf, das → Shouting oder die → Stoptime-Technik. Die Idee von der totalen I. im Jazz gehört zu den sorgfältig kultivierten Mythen der Jazz-Geschichte; diese wurde aber erst im → Free Jazz zum Prinzip erhoben.

Impulse Records, 1961 von Creed Taylor als Sub-Label von → ABC-Paramount gegründet, geprägt allerdings von Bob Thiele und später Ed Michel, veröffentlichte einige der wichtigsten LPs des neuen Jazz der 60er u. 70er Jahre wie z. B. das klassische John-Coltrane-Quartett, Gil Evans, Charles Mingus, Gary McFarland, Sonny Rollins u. a. sowie Mainstream-Aufnahmen von Count Basie, Coleman Hawkins, Billy Taylor, Paul Gonsalves etc. Im Besitz von MCA.

CD: The Impulse Collection, MCA 8026

Incus Records, das Label der ersten britischen Free-Jazz-Generation, Anfang der 70er Jahre von Derek Bailey und Evan Parker gegründet. Ver-

»Ascension« ist eine der klassischen Impulse-LPs

öffentlichungen von Tony Oxley, Paul Rutherford, Howard Riley, Barry Guy, Derek Bailey, Evan Parker u. a.

Ind, Peter, (b), * 20.7.1928 Oxbridge, England. Studierte am Trinity College, ging 1951 in die USA, spielte mit Musikern um Lennie Tristano (Warne Marsh, Lee Konitz), leitete 1957–63 ein Aufnahmestudio, lebte dann in San Francisco (auch als Maler und Schriftsteller), ging 1966 nach England zurück und gründete das »Wave«-Label. – Schallplatten mit Lee Konitz, Warne Marsh, Lennie Tristano, Martin Taylor, Louis Stewart, Dick Wellstood u. a., eigene LPs auf Wave.

Indie (Abk. f. **inde**pendent = unabhängig) werden die von den großen Schallplattenfirmen unabhängigen Labels genannt. Seit den 30er Jahren wurden unzählige solcher I. gegründet, der größte Teil ist wieder verschwunden bzw. wurde von anderen geschluckt. Viele dieser kleinen Firmen haben unschätzbare Aufnahmen veröffentlicht, an denen die Großen kein Interesse hatten, konnten sich aber mangels eines Vertriebes nicht behaupten, woran sich erweist, daß die Macht der Großen auf ihrem weitverzweigten Vertriebssystem beruht, mit dem sie auch den größten Schrott in die Läden drücken können. Deshalb schließen kleinere Firmen gern Vertriebsverträge mit diesen ab. Die I. verkommen aber auf diese Weise zu bloßen Zulieferern der Plattenindustrie, zumal sie auch die Funktion von Talent-Scouts haben, d. h., sie entdecken junge Musiker, nehmen ein oder zwei LPs mit diesen auf, nur um sie dann an einen Multi zu verlieren, der mit dem großen Geld winkt. Die Avantgarde wird schneller denn je zur Ware.

Lit.: Götz Alsmann, Nichts als Krach, Die unabhängigen Schallplattenfirmen der amerikanischen populären Musik 1943–63, Drensteinfurt 1985

Inner City Records, New York, hieß das 1976–85 existierende Jazz-Label der Music Minus One Group, zu der außerdem noch die Labels Classic Jazz, Aural Explorer und Guitar World gehörten. LPs von Dexter Gordon, Lew Tabackin, Jackie McLean, Kenny Drew, N. Y. Jazz Quartet, Hank Jones (Great Jazz Trio), Dollar Brand, Jimmy Knepper, Ryo Kawasaki u. a.

Innovations in Modern Music, ein von Stan Kenton 1950 geprägter Begriff für eine Aufnahmeserie, die als Fortsetzung des → Progressive Jazz hin zur modernen symphonischen Musik gedacht war. Zu diesem Zweck wurde die Big Band erweitert um Streicher, Waldhörner, Tuba, zusätzliche Perkussionsinstrumente, die Saxophonisten spielen auch Flöte, Oboe, Englischhorn, Fagott, die Gesangsstimme wird als Instrument eingesetzt etc. Die konzertanten arr probieren neue Klangmöglichkeiten aus, die Arrangeure (= Komponisten) waren meist Schüler von modernen Komponisten der sog. E-Musik wie Schönberg, Hindemith, Strawinsky, Milhaud. Beispiele: Mirage (Pete Rugolo), Trajectories (Franklyn Marks), Cuban Episode (Chico

O'Farrill), City of Glass, Incident in Jazz (Bob Graettinger).
LP: Stan Kenton, Innovations in Modern Music, Creative World ST-1009; City of Glass/This Modern World, ST-1006

Instant Composers Pool, 1968 in Vinkenslag de Hoef, Holland von Misha Mengelberg, Han Bennink und Peter Bennink gegründet, gewidmet der improvisierten Musik (»instant composing«). LPs von Han Bennink, Willem Breuker u. a.

Institute of Jazz Studies, 1951 von Marshall Stearns gegr., seit 1967 an der Rutgers University, Newark, N. J., unter Leitung von Dan Morgenstern, ist das größte Jazz-Forschungszentrum in der Welt. Das bedeutendste Vorhaben des I. ist das »Jazz Oral History Project«, welches 1972 vom Smithsonian Institute begonnen wurde und bei welchem Jazz-Musiker in ausführlichen Interviews über ihren Werdegang befragt werden. Herausgabe einer Zeitschrift: Journal of Jazz Studies.

International Association of Jazz Educators (IAJE), 1971 als National AJE gegründete Non-profit-Organisation. Veröffentlicht eine Zeitschrift (viermal jährlich) und zwei Newsletters. Adr.: IAJE, P. O. Box 724, Manhattan, Ks. 66502, USA.

International Association of Jazz Record Collectors (IAJRC), 1964 gegründete Organisation zur Verbesserung der Kommunikation unter Schallplattensammlern. Herausgabe von LPs mit historischen Aufnahmen, Veranstaltungen, Zeitschrift: IAJRC-Journal. Adr.: P. O. Box 800, Grand Central Station, New York, N. Y. 10163.

International Jazz Federation, 1967 als Europäische Jazzföderation gegründete Organisation zur »Förderung des Jazz« mit Sitz in Stockholm (Swedenborgatan 1). Zeitschrift: Jazz Forum.

International Sweethearts of Rhythm, 1937 von Laurence C. Jones gegründete Frauen-Big-Band unter der Leitung von Rae Lee Jones und Anna Mae Winburn. Die vorwiegend schwarze Band hatte auch Musikerinnen aus Puerto Rico u. Mexiko in ihren Reihen, auch einige Weiße und solche asiatischer Abstammung, daher der Name. Die musikalische Leitung hatten nacheinander Edna Williams, → Eddie Durham und Maurice King, unter den beachtlichen Solistinnen waren Johnnie Mae Stansberry (tp), Violet Burnside (ts), Jackie King (p), Pauline Braddy (d). Die Band, die in einem an → Erskine Hawkins orientierten Stil spielte, wurde Ende der 40er Jahre aufgelöst, wenn auch Anna Mae Winburn noch in den 50er Jahren Gruppen unter diesem Namen leitete. Es wurden ganze sechs (!) Titel für Schallplatten eingespielt, allerdings gibt es noch einige → Airchecks, die auf LP veröffentlicht wurden.
Lit.: A. D. Handy, The International Sweethearts of Rhythm, Metuchen, N. J., 1985
CD: Women in Jazz, Stash JCD 9-10
LP: Rosetta RR 1312

Interplay Records, Redondo Beach, Calif., 1977 von Toshiya Taenaka und Fred Northworthy gegründet. Moderner Mainstream. LPs von Warne Marsh, Dizzy Reece – Ted Curson, Sal Mosca, Al Haig, Claude Williamson u. a.

Intonation, der Vorgang der Tongestaltung bei Stimme und Instrument. Im Jazz ist die I., bedingt durch das afrikanische Erbe, eine perkussive Intonation, d. h., die Instrumente werden geschlagen, gezupft, auch die Blasinstrumente werden in diesem Sinn »staccato« gespielt. Diese »Hot«-Intonation erklärt auch das typische Jazz-Instrumentarium, in dem leise, »lyrische« Instrumente wie die Violine fehlen.

Erst der moderne Jazz bringt unter dem Einfluß der (diesem Ideal entgegengesetzten) europäischen Musik eine Aufweichung der Hot-Intonation, die im → Cool Jazz zu einer (scheinbaren) Umkehrung führt, während sich der freie Jazz wieder mehr den Quellen annähert.

Instrumentaler Blues → Barrelhouse, → Boogie Woogie

Instrumentaleffekte, im Jazz Mittel zur Steigerung des Ausdrucks. Zu ihnen gehören → Dirty Tones, → Growl, → Clusters, → Scat, → Blue Notes u. a. aus dem Volksmusizieren der Schwarzen. In späteren Nachahmungen werden sie als bloße Effekte mißdeutet, wie z. B. bei Duke Ellingtons »Jungle Style«. Im modernen Jazz sind solche Effekte weitgehend eliminiert zugunsten einer »reinen« (europäischen) Tonalität und Harmonik.

Irakere, kubanische Latin-Jazz-Gruppe, 1972 von Chucho Valdes (p) gegründet. Aus ihr gingen u. a. Arturo Sandoval (tp) und → Paquito D'Rivera (as, fl) hervor. LPs auf Areito, Milestone, Messidor, Jazz House, CBS, World Pacific.

Itchy Fingers, 1986 gegründetes englisches Saxophon-Quartett, hervorgegangen aus Mike Mowers Band »Hiatus«. Mitglieder 1992: Mike Mower (ts, bar, fl, dir), David O'Higgins (ts), Matt Wates (as), Peter Long (as, sop). Schallplatten für Virgin und Enja.

CD: Live, Enja 6076-2

Izenzon, David, (b), * 17.5.1932 Pittsburgh, † 8.10.1979 N. Y. Begann erst 1956 Baß zu studieren, ging 1961 nach N. Y. und wurde dort für einige Jahre der wichtigste Bassist des → Free Jazz. Spielte mit Paul Bley, Archie Shepp, Sonny Rollins, Bill Dixon und vor allem Ornette Coleman, mit dem er die »Chappaqua Suite« und die beiden LPs »At the Golden Circle« aufnahm. – Schallplatten außerdem mit Bill Dixon, Joe Scianni, Archie Shepp, Sonny Rollins.

J

Jackson, Chubby, Greig Stewart, (b, ldr), * 25.10.1918 N. Y. Wuchs in Freeport, R. I., auf, spielte Klarinette und Baß in Schul-Band, 1937–41 in Tanzorchestern, u. a. bei Raymond Scott. 1941–43 bei Charlie Barnet, 1943–46 bei Woody Herman, nochmals 1948 und 1950. 1947 eigenes Quintett, damit in Skandinavien, 1949 Big Band. Arbeitete auch mit Charlie Ventura, ab 1953 in Chicago am Rundfunk, leitete eine TV-Show für Kinder und eigenes Trio. J. ist mit seinem fünfsaitigen Baß einer der Wegbereiter des modernen Spiels auf diesem Instrument und war während seiner Zeit bei Woody Herman eine der treibenden Kräfte hinter der »First Herd«. – Schallplatten mit Raymond Scott, Charlie Barnet, Woody Herman, Flip Phillips, Elliott Lawrence, Georgie Auld, Bill Harris, Esquire u. Metronome All Stars, Neal Hefti, Red Rodney, Paul Gonsalves, Louis Armstrong, Lionel Hampton; eigene Aufnahmen ab 1944 für Queen, Keynote, MGM, Century, Cupol, Columbia, Prestige*, Verve, Argo, Everest, Stereo-Craft, Crown, Time Is.
*CD: C. J. Big Band/G. Mulligan Quartet, OJC 711**

Jackson, Cliff, Clifton Luther, (p), * 19.7.1902 Washington, D. C., † 24.5. 1970 N. Y. Der vorzügliche → Stride-Pianist begann 1926 als Begleiter von diversen Blues-Sängerinnen, wurde bekannt durch seine Tätigkeit im Café Society in N. Y. 1943–51, später in anderen Clubs wie Jimmy Ryan's. Er begleitete seine Frau, die Sängerin → Maxine Sullivan, und nahm Schallplatten auf mit Bunny Berigan, Tommy Ladnier, Sidney Bechet, Joe Marsala, Pee Wee Russell; als Leader für Van Dyke, Globe, Black & White, Swingville, Black Lion, Jazzology, Fat Cat, Master Jazz.
LP: Parlor Social Call, Fat Cat 107

Jackson, Milt, Milton, »Bags«, (p, vib, g, comp, voc), * 1.1.1923 Detroit. Studierte in der Michigan State Univ., spielte mit lokalen Gruppen, wurde von Dizzy Gillespie gehört und engagiert (1945). Spielte ab 1946 mit Howard McGhee, Tadd Dameron, Thelonious Monk, 1949–50 bei Woody Herman, 1950–52 erneut bei Gillespie. Gehört zu den Gründern des → Modern Jazz Quartet, mit diesem bis zur Auflösung 1974 und erneut nach dessen Wiederbelebung. Daneben mit eigenen Gruppen. J. war der erste moderne Vibraphonist und der erste, der sich vom Einfluß → Lionel Hamptons freimachen konnte. Er spielt das Instrument nicht perkussiv, sondern eher wie ein Bläser, mit weichen Schlegeln und einer Bebop-Phrasierung. – Schallplatten mit Dizzy Gillespie, Woody Herman, den Bebop Boys, Dinah Washington, Coleman Hawkins, Ray Charles, Howard McGhee, Miles Davis, Hank Mobley, Sonny Rollins, Thelonious Monk, Kenny Clarke, Fats Navarro, dem MJQ, Benny Carter, Charlie Parker, Cannonball Adderley, Gil Fuller, Henri Renaud, Frank Morgan, J. J. Johnson, Oscar

Peterson, Ray Brown, Wes Montgomery, Count Basie; als Leader für Savoy, Dee Dee, Hi-Lo, Blue Note, Atlantic, Impulse, Riverside, Prestige, Mercury/Limelight, Verve, CTI, Pablo, Musicmasters, East-West.

CD: Ballad Artistry, Atlantic 82269-2; M. J. – Ray Brown Jam, Pablo OJC 375; mit C. Basie, Pablo 23010822, 23010823

Jackson, Quentin, Leonard, »Butter«, (tb), * 13.1.1909 Springfield, Ohio, † 2.10.1976 N. Y. Lernte Posaune von seinem Schwager Claude Jones. Erste Jobs ab 1927 bei Gerald Hobson, Wesley Helvey, McKinney's Cotton Pickers, Don Redman. 1940–45 bei Cab Calloway, 1946 in Europa mit Don Redman, dann noch zwei Jahre bei Calloway. War 1948–59 bei Duke Ellington, wurde dort zum Dämpfer-Spezialisten à la Tricky Sam Nanton. In den folgenden Jahren bei Quincy Jones, Count Basie, Charles Mingus, nochmals Duke Ellington, Louis Bellson, Gerald Wilson u. a., auch mit der Thad Jones – Mel Lewis Band. – Schallplatten mit McKinney's Cotton Pickers, Don Redman, Cab Calloway, Duke Ellington, Billy Strayhorn, Cat Anderson, Charles Mingus, Clark Terry, Jimmy Smith, Oliver Nelson, Quincy Jones, Ray Charles, Wes Montgomery, Johnny Hodges, Randy Weston u. a.

Jacquet, Illinois, Battiste, (ts, Fagott), * 31.10.1922 Broussard, La. Wuchs in Houston auf, lernte Sopran- u. Alt-Sax, spielte in den 30er Jahren bei Lionel Proctor u. Milt Larkins, 1941 an der Westküste mit Floyd Ray und ging noch in diesem Jahr als Tenorist zu Lionel Hampton. Bei Cab Calloway 1943–44, 1945–46 bei Count Basie, anschließend mit eigenen Gruppen oder → JatP, wurde dort durch seine extrovertierten Soli bekannt. Seit den 70er Jahren oft mit All-Star-Bands auch in Europa. J. ist ein hervorragender Vertreter der »Texas Tenors« in der Tradition von Herschel Evans und muß als Interpret von Blues und Balladen in einem Atemzug mit Coleman Hawkins und Ben Webster genannt werden. – Schallplatten mit Lionel Hampton (»Flying Home«), JatP, Al Casey, Sid Catlett, Count Basie (»The King«), Howard McGhee, Emmett Berry, Ben Webster, Gene Krupa, Buddy Rich, Jimmy Witherspoon, Nat King Cole, Milt Buckner, Wynonie Harris; als Leader für Philo, Apollo, Savoy, Aladdin, RCA, Verve, Roulette, Epic, Argo, Prestige, Black Lion, JRC, Black & Blue, Riff, JSP, Denon, Atlantic.

CD: The Black Velvet Band, Bluebird ND 86571

Jamal, Ahmad, eigentl. Fritz Jones, (p), * 2.7.1930 Pittsburgh, Pa. Profi-Debüt an High School, auf Tournee mit Dean Hudson, 1949–50 mit den »Four Strings«, 1951 eigene Gruppe »The Three Strings« in Chicago, später in N. Y. Das Trio wurde 1958 mit der LP »But Not for Me« populär. Sidemen waren u. a. Ray Crawford (g), Richard Davis, Israel Crosby (b), Vernel Fournier, Frank Gant (d). Sein Stil ist eine Mischung aus Erroll

Garner, Earl Hines und Count Basie, wobei er durchaus auch Eigenständiges zu bieten hat. Daß er Miles Davis' »größte Inspiration« war, sollte aber nicht zu einer Überschätzung führen. – Schallplatten ab 1951 für Okeh, Epic, Argo, Cadet, ABC-Paramount, Impulse, Catalyst, 20th Fox, Atlantic, Telarc.

CD: At the Pershing, MCA-Chess 9108

James, Harry Haag, (tp, ldr), * 15.3. 1916 Albany, Ga., † 5.7.1983 Las Vegas. Lernte Trompete von seinem Vater, einem Zirkusmusiker. Erster wichtiger Job bei Ben Pollack 1935–36, ging im Dezember 1936 zu → Benny Goodman und wurde dort als einer der »heißesten« (weißen) Trompeter bekannt. Seine Popularität ermöglichte ihm 1939 die Gründung einer eigenen Band, die er mit nur wenigen Unterbrechungen bis zu seinem Tod leitete. Nach anfänglichen Mißerfolgen wurde er in den frühen 40er Jahren durch eine Reihe von geschmackvoll arrangierten Sweet-Titeln (»You Made Me Love You«, »Cherry«) zum populärsten Bandleader. Daß er in die »Sweet-Musik übelster Sorte abrutschte« (M. Kunzler), ist allerdings eine nur auf Unkenntnis beruhende Behauptung, denn er bevorzugte einen hart swingenden Big-Band-Stil mit Arrangements von Jimmy Mundy, Johnny Thompson, Neal Hefti, Ernie Wilkins, Thad Jones, Bob Florence, Shorty Rogers u. a., nachzuweisen an einigen Dutzend LPs und Hunderten von Air-checks. Unter den Solisten waren Juan Tizol (vtb), Ray Sims (tb), Willie Smith (as), Corky Corkoran (ts), Jack Perciful (p), Louis Bellson, Buddy Rich (d). Als Trompeter war er ein brillanter Techniker, der auch schwierigste Phrasen mit Leichtigkeit meisterte, gelegentlich aber schmalzig wirkte. – Schallplatten mit Ben Pollack, Benny Goodman, Teddy Wilson, Lionel Hampton, Miff Mole, Metronome All Stars; als Leader ab 1937 für Brunswick, Columbia, Varsity*, Capitol, MGM, Dot, London, Reader's Digest, Longines, Sheffield.

Lit.: C. Garrod/P. Johnston, H. James & His Orch. (3 Bde.), Zephyrhills 1985 (D)

CD: Savoy ZDS 4406; Snooty Fruity, Col. CK 45447*

Jam Session, eine zwanglose Zusammenkunft von Musikern zum gemeinsamen Musizieren in lockerer Form. War ursprünglich eine Freizeitbeschäftigung, die schon in N. O. gebräuchlich war, später häufig organisiert (Chicago, Swing, Modern Jazz). Bei einer J. einigen sich die Musiker auf ein Thema, über das zu improvisieren ist, und über die Reihenfolge der Soli. Viele organisierte J. wurden auf Schallplatten veröffentlicht, außerdem Studio-Sessions zu diesem Zweck aufgenommen. In diesem Fall werden meist Rahmen-Arrangements verwendet. Man spricht dann von »Blowing Sessions«. (→ JatP)

LP/CD: Div. »Jam Sessions« auf Verve; Buck Clayton Jam Sessions auf CBS; Jam Session in Swingville, Prestige; Session at Midnight/Riverside, Dormouse CDX01 (ex-Capitol)

Jardis Records, 1988 in Spiesen-Elversberg von Heiner Franz gegründet, »um der deutschen Mainstream-Szene eine Plattform zu verschaffen«, aber auch Kooperation mit ausländischen Musikern. LPs von H. Franz (g), Jörg Reiter, der Gruppe »Rebop«, Louis Stewart, Dimitri Saladze.

Jarrett, Keith, (p, sop, comp), * 8.5. 1945 Allentown, Pa. Stammt aus einer musikalischen Familie, begann mit drei Jahren Klavier zu spielen und trat mit sieben zum erstenmal öffentlich auf. Gab mit 17 Jahren ein Solo-Konzert, bei dem er nur eigene Kompositionen spielte. Studierte an der Berklee School in Boston, ging dann nach N. Y. und arbeitete mit Roland Kirk, Tony Scott, Art Blakey und Charles Lloyd, mit diesem 1966 erstmals in Europa. Leitete eigenes Trio bzw. Quartett und war 1969–71 bei Miles Davis. Dann vor allem als Solist tätig, einige seiner Solo-Konzerte wurden von → ECM veröffentlicht, so das legendäre Köln-Konzert (1975), welches 15 Jahre nach seiner Veröffentlichung »Gold«-Status erreichte. Trat später auch im Duo mit Charlie Haden und in größeren Formationen auf und widmet sich in jüngerer Zeit verstärkt der klassischen Musik. Als Pianist hat J. mit seiner außergewöhnlichen Technik die Stile von Art Tatum und Bud Powell zu etwas völlig Eigenem verarbeitet. – Schallplatten mit Don Jacoby, Art Blakey, Miles Davis, Freddie Hubbard, Gary Peacock, Jan Garbarek, Kenny Wheeler, Paul Motian, Ralph Towner und seinem Bruder Scott J. (p); eigene Aufnahmen für Vortex/Atlantic, Impulse, ECM. »Wir verdienen keine Musik mehr. Ich fürchte, wir werden auch sie kaputtkriegen.« (K. J.)

Lit.: Ian Carr, K. J., A Man & His Music, London 1991

CD: Köln-Concert, ECM 1964-65 ✓

auch Klassik: Bach, Shostakovich

Jaspar, Bobby, Robert B., (ts, fl, cl), * 20.2.1926 Lüttich, Belgien, † 4.3. 1963 N. Y. Begann seine Karriere nach dem Krieg in Paris bei Henri Renaud, Bernard Peiffer und Aimé Barelli. Leitete 1954–56 Quintett im Club St. Germain, begleitete amerikanische Musiker auf Tourneen. Ging 1956 in die USA und spielte dort mit Gil Fuller, J. J. Johnson, Miles Davis u. Donald Byrd. Lebte ab 1959 ständig in den USA, heiratete die Sängerin Blossom Dearie und spielte mit Bill Evans, Tal Farlow, Chris Connor und Chet Baker, mit dem er in Rom eine LP einspielte. J. war einer der originellsten Musiker seines Instruments in Europa; ursprünglich von Stan Getz beeinflußt, fand er seine eigene Ausdrucksweise. Er starb an den Folgen seiner Drogensucht. – Schallplatten mit Henri Renaud, Bernard Peiffer, André Hodeir, Milt Jackson, Jimmy Raney, Chet Baker, Dave Amram, Donald Byrd, J. J. Johnson, Baby Laurence, Hank Jones, Herbie Mann, Toshiko Akiyoshi, Barry Galbraith, Chris Connor, Wynton Kelly, Prestige All Stars, John Rae; als Leader für Saturne, Vogue, Swing, Barclay, EMI-Col., Riverside, Versailles.

CD: B. J. with Friends, Fresh Sound 166; DRG/Swing 8413

JatP → Jazz at the Philharmonic

Jazz, eine zeitgenössische Musizierweise, die ursprünglich durch bestimmte Eigenschaften afro-amerikanischer Herkunft geprägt ist. Die etymologische Bedeutung des Wortes ist nicht einwandfrei geklärt, manche vermuten Zusammenhänge mit dem französischen »jaser« (schwatzen) oder dem englischen »chase« (jagen), andere eine Verkürzung des Vornamens eines legendären Musikers Charles (zu Chas) oder Jasper (zu Jas). Im außermusikalischen Bereich bedeutet Jazz (zuerst Jass) u. a. Erregung (auch sexueller Art), jedenfalls ist diese Bezeichnung erst um 1917 aufgekommen, als die damit gemeinte Musik schon mehrere Jahrzehnte alt war.

Geschaffen wurde der Jazz von im Süden der USA beheimateten Schwarzen, deren Vorfahren aus Afrika stammen. J. hat demnach zwei Wurzeln: eine afrikanische und eine europäische. Er ist das Produkt von afrikanischen (»primitiven«) Musizierweisen und europäischen Formen, d. h. der populären Musik, die im 19. Jh. gespielt wurde.

Charakteristisch für den Jazz sind im wesentlichen drei Elemente:

1. die → Improvisation
2. ein einzigartiges Verhältnis zur Zeit (→ swing),
3. ein ebenso einzigartiges Verhältnis zu → Tonbildung und Phrasierung, welche dem individuellen Musiker angemessen ist.

Eine solche Definition krankt – wie alle Definitionen, die bisher versucht wurden[1] – daran, daß sie in *einer* Definition den ganzen Jazz unterbringen will, von den Vorformen bis zum Free Jazz einschließlich seiner (noch nicht abgeschlossenen) Akkulturationsprozesse und der Tatsache, daß diese wesentlich gesellschaftlich vermittelt sind, »also nur im Zusammenhang der jeweiligen sozialen Stellung der Musiker und des Publikums sowie der gesellschaftlich bedingten Beziehungen zwischen ihnen begriffen werden«[2] können.

Jazz at the Philharmonic (JatP), 1942 von Norman Granz (→ Verve) gegründete Konzertreihe, benannt nach dem Ort des ersten Konzerts, dem Philharmonic Auditorium in L. A. Aus den regelmäßigen Konzerten (damals waren Jazz-*Konzerte* selten) entwickelten sich ab 1944 jährliche Tourneen, zunächst in den USA, seit den 50er Jahren auch in Europa, Japan u. Australien. Dafür verpflichtete Granz prominente Jazz-Musiker und begann, Mitschnitte zu veröffentlichen (auf Philo, Asch, Mercury, Clef, Norgran, Verve, Pablo). Die musikalischen Ergebnisse diese Jam-Session-artigen Konzerte sind nicht immer befriedigend, häufig rangierte die Show vor der Musik. Dennoch sind auf etlichen Veröffentlichungen musikalische Sternstunden zu verzeichnen.

Lit.: L. Feather, From Satchmo to Miles, London 1975

CD: Stan Getz & J. J. Johnson at the

[1] Vgl. J. E. Berendt, Das Jazzbuch, div. Ausgaben

[2] Kuhnke/Miller/Schulze, Geschichte der Pop-Musik, Bremen 1976, S. 176

Opera House, Verve 831272-2; JatP in London 1969; Pablo 2620119; JatP 1946, Verve 513756-2

Jazz Band wird im allgemeinen jedes Jazz-Ensemble genannt. Sie ist unterteilt in die Melodiegruppe (in der klassischen Jazz Band bestehend aus tp [oder cnt], tb, cl) und die Rhythmusgruppe mit p, g (oder bj), b (oder tu) und d. Im Archaischen Jazz fehlen p und bj, das noch nicht ausgebildete Schlagzeug wird von mehreren Trommlern bedient. Zur Melodiegruppe tritt um 1920 das Saxophon, zunächst zusätzlich zur Klarinette, später diese ersetzend. Dem Übergang zur → Big Band folgt die Erweiterung der Melodiegruppe, die jetzt in einen Saxophonsatz und einen Blechsatz aufgeteilt wird, wobei letzterer aus Trompeten und Posaunen besteht. Die klassische Swing-Band ist besetzt mit drei tp, zwei bis drei tb, vier bis fünf Reeds und p, g, b, d. Größere Besetzungen sind möglich (→ Progressive Jazz, → Innovation in Modern Music).

In den modernen Jazz-Stilen (→ Bebop, Cool etc.) spielt das kleine Jazz-Ensemble wieder eine wichtige Rolle (→ Combo oder Small Band). Diese Gruppen (Trio bis Tentett, d. h. zehn Musiker) haben keine Beziehung zur klassischen Jazz Band, ihre Instrumentierung weicht zum Teil erheblich davon ab. Instrumente wie Flöte, Vibraphon, Waldhorn, Cello, Hollophon etc. dienen der Schaffung eines neuen Klangideals. Die Aufteilung in Melodie- und Rhythmusgruppe wird nicht mehr grundsätzlich aufrechterhalten, jede Instrumentenzusammenstellung ist möglich (→ Free Jazz).

Jazz Crusaders → Crusaders

Jazz-Fan (engl. fan = Liebhaber), Jazz-Anhänger, -Freund

Jazz-Geschichte. Die Entstehung des Jazz ist eine Folge der Verschleppung von Afrikanern in beide Teile des amerikanischen Kontinents. Damit stießen zwei Kulturen aufeinander, was beträchtliche ethnologische und politische Folgen hatte. Dieser Kulturaustausch vollzog sich in vielerlei Richtungen, er war nicht nur beschränkt auf das soziale Gefälle Hochkultur/Naturvolk, sondern ist auch in umgekehrter Weise erfolgt.

Die ersten Afrikaner landeten ironischerweise bereits ein Jahr vor den »Pilgervätern«, die als Gründerväter der USA gelten, nämlich 1619 in Jamestown, Virginia. 1638 begann der Sklavenhandel großen Stils mit den Neuenglandstaaten und damit ein Akkulturationsprozeß, der bis heute noch nicht abgeschlossen ist.

Um diesen Akkulturationsprozeß zu verstehen, muß man folgendes wissen: Die afrikanischen Gesellschaften waren nicht so primitiv, wie sie oft dargestellt werden. Zwar verfügten sie nicht über einen so hohen technologischen Standard wie die Europäer, immerhin war ihre soziale Ordnung etwa dem europäischen Mittelalter vergleichbar. Dementsprechend kann auch von einer Überlegenheit der europäischen Musik über die afrikanische nicht gesprochen werden. Letztere war (und ist) in rhythmischer Hinsicht der europäischen überlegen, nur ihre harmonische und formale Struktur ist weniger komplex. Zudem war das Musikleben der Siedler im 17. Jh. in Nordamerika im Vergleich zum europäischen sehr unterentwickelt. Das hatte zum einen ökonomische Ursachen (»Kampf ums Überleben«), zum anderen war es auch ideologisch begründet: Für die englischen Siedler, meist Puritaner, war Musik einfach Teufelswerk! Ihre Musik beschränkte sich auf das Singen von Psalmen und Hymnen im Gottesdienst. Erst gegen Ende des 17. Jh. wurden Noten und Instrumente aus Europa importiert; weiter fehlte es zu dieser Zeit noch an einer wichtigen Voraussetzung für ein bürgerliches Musikleben, nämlich eine ausreichend große bürgerliche Schicht in den Städten.

1720 aber lebten erst acht Prozent der US-Bevölkerung in Städten, und diese waren von Großstädten noch weit entfernt; New York hatte 7000, Boston 12000 Einwohner. Die Zahl der Afrikaner in Nordamerika stieg von 600 im Jahr 1640 auf 700000 1790, 1860 wurden bei einer Volkszählung fünf Millionen schwarze Amerikaner ermittelt. An diesen Zahlen, die ja nicht auf einen Geburtenüberschuß zurückzuführen sind, kann man ermessen, wieviel Afrikaner allein nach Nordamerika verschleppt wurden, wobei man noch berücksichtigen muß, daß mindestens ein Drittel das Ziel nicht erreichte.

Die von den Sklaven mitgebrachten musikalischen Überlieferungen stießen in den USA auf die Musik der Spanier bzw. Portugiesen, auf die französischer[1] und später anderer Einwanderer aus verschiedenen europäischen Ländern. Da gab es die spanischen, französischen, schottischen und irischen Tänze, eine »reine« Intonation, die Dur-und-Moll-Tonalität, die Vorherrschaft der Melodie über den Rhythmus, die Form und die Melodik der europäischen weltlichen und geistlichen Musik. Alle diese Einflüsse trafen auf die überlieferte → Afrikanische Musik und schufen in beinahe 300jähriger Verschmelzung jene Musik die heute Jazz genannt wird.

Zu den frühesten (Vor-)Formen des Jazz zählen die → Spirituals, zuerst wohl in der Form von solistischen Predigten mit → Beantwortung durch die Gemeinde, die → Ring Shouts und die → Work Songs. Letztere dürften auf weltlichem Gebiet das früheste Genre gewesen sein. Dazu gehören auch die → Field-Holler, die auch zur Verständigung untereinander dienten, besonders für Informationen, die der Aufseher nicht verstehen sollte. In diesem Stadium war das afrikanische Erbe noch sehr deutlich: Musik war Gebrauchsobjekt des täglichen Lebens, sie wurde mündlich überliefert und hatte alle Merkmale der kollektiv improvisierten Variation.

Die Abschaffung der Sklaverei im Verlauf des amerikanischen Bürger-

---

[1] New Orleans wurde von 1618 bis 1764 von den Franzosen beherrscht, von 1764 bis 1800 von den Spaniern und wurde 1803 von Napoleon an die USA verkauft.

krieges 1861–65 machte aus den schwarzen Sklaven mit einem Schlag gleichberechtigte Bürger. Für die meisten hatte dies nachteilige Folgen. Als Sklaven hatten sie Arbeit und wenigstens zu essen und ein Dach über dem Kopf, als »freie Bürger« mußten sie sich selbst um Arbeit bemühen, oft ohne Erfolg. Die Abschaffung der Sklaverei geschah zum Wohl der Weißen, nicht der Schwarzen. Diese wurden ein Teil des Proletariats, ein kleiner Teil, zumeist hellhäutige → Kreolen, schaffte den Aufstieg ins Kleinbürgertum. Viele Schwarze strömten in die Großstädte, sie arbeiteten dort in einer Reihe von neuen Berufen, neue musikalische Einflüsse strömten auf sie ein. Wer Geld verdiente, konnte sich damit auch Musikinstrumente kaufen, die man vor allem nach dem Ende des Bürgerkrieges aus den Beständen aufgelöster Militärkapellen billig kaufen konnte.

In Nachahmung dieser weißen Marschmusik entstand dann auch der älteste Jazz-Stil, der → Archaische Jazz, hauptsächlich in den Südstaaten mit → New Orleans als Zentrum. Die Namen dieser »Marching Bands« sind überliefert: »Excelsior Band«, »Imperial Band«, »Eagle Band« usw. Die Funktion dieser Bands verlagerte sich immer mehr von der Marsch- auf die Tanzmusik. Für die letztere wurde die Instrumentierung für Engagements in Tanzhallen u. ä. geändert: Man ließ einige der Blechblasinstrumente weg und ersetzte sie durch Saiteninstrumente, wie sie von den »Society Orchestras« der Weißen und Kreolen bekannt waren.

Der sich damit bildende → Klassische Jazz-Stil wurde verkörpert durch Buddy Boldens Ragtime Band, etwa um 1865. Seine Band gilt als erste, die wirklich Jazz spielte, die in ihr Repertoire neben Märschen auch → Ragtime-Stücke, Volkslieder und → Blues aufnahm. Da von Bolden aber keine Aufnahmen existieren, ist diese Auffassung nur mit Vorbehalt zu vertreten.

Schon vor der Jahrhundertwende begann die Nachahmung dieser schwarzen Instrumentalmusik (noch nicht Jazz genannt). Aus einer Gruppe weißer Musiker um den Trommler Jack Laine ging der später so genannte → Dixieland hervor, der seine erste Blütezeit von 1895 bis 1917 hatte.

Im zweiten Jahrzehnt des 20. Jh. begannen immer mehr Musiker den Süden zu verlassen, teils auf Mississippi-Dampfern (Riverboats), auf Tourneen mit → Minstrel Shows, immer auf der Suche nach neuen Verdienstmöglichkeiten. Besonders nach der Schließung von → Storyville, aber auch schon früher, zogen zahllose Musiker nach dem Norden, nach St. Louis, Kansas City, vor allem aber nach → Chicago. Hier stießen sie auf weitere volkstümliche Musikformen der Schwarzen wie den → Ragtime, auf vokalen und instrumentalen Blues (→ Barrelhouse, Boogie Woogie). Auch die weißen Imitationsformen waren hier zu finden und begannen sich zu wandeln. 1915 spielte Tom Browns Jass Band

(hier erscheint zum erstenmal das Wort Jazz), in Chicago, 1916 die → ODJB, welche im Jahr darauf in New York Triumphe feierte und die ersten Schallplatten aufnahm.
In Chicago beginnt die erste grundlegende Wandlung des Jazz. Hier bildete sich der Übergang zum → Swing-Stil, der von Weißen gespielte → Chicago-Stil. Viele der Musiker dieses Stils gingen nach → New York der besseren Verdienstmöglichkeiten wegen und wurden dort später als Swing-Musiker berühmt. Zunächst wurden viele erst einmal arbeitslos, denn der Börsenkrach vom Oktober 1929 zwang viele Etablissements zum Bankrott.
Ein Ausweg war für viele ein Job in den »symphonischen« Jazz-Orchestern wie dem von Paul Whiteman oder Tanzorchestern wie denen von Roger Wolfe Kahn, Ted Lewis u. a. New York wurde das dritte Zentrum des Jazz und hat diese Stellung bis heute behauptet. Hier bildete sich der → Swing heraus. Es gab zahlreiche → Big Bands, besonders nachdem sich die Wirtschaft – und damit auch die Musikindustrie – von der Krise zu erholen begann. Ausgebildet von farbigen Musikern wie Bennie Moten, Fletcher Henderson, Don Redman und Duke Ellington und nachgeahmt von Weißen wie Benny Goodman, den Dorsey-Brüdern, Glenn Miller u. a., wurde der Swing zum ersten großen Geschäft der Musikgeschichte, mit dem Höhepunkt in den Jahren 1935–42. Als Protest dagegen und gleichzeitig als dessen logische Fortentwicklung entstand in den frühen 40er Jahren der → Bebop aus kleinen Improvisationsgruppen und parallel dazu der → Progressive Jazz mit Tendenzen zur europäischen Konzertmusik. Weitere Veränderungen brachte der → Cool Jazz Ende der 40er Jahre mit seinem (scheinbaren) Verzicht auf Emotionen und die bisher vorherrschende Hot-Intonation. Als → West Coast Jazz lebte er bis in die Mitte der 50er Jahre, in modifizierter Form bis heute. Um der Sterilität des Cool zu entgehen, besannen sich viele farbige Musiker wieder auf den Bebop. In seiner Variation als → Hard-Bop war er der vorherrschende Stil bis Anfag der 60er Jahre.
Um 1960 entstand als bisher radikalste Form des Jazz der → Free Jazz, frei im doppelten Sinn des Wortes. Einmal als Freiheit von jeglicher harmonischen und formalen Bindung, aber auch als Ausdruck des Selbstbewußtseins der amerikanischen Schwarzen, als Kampfansage gegen die herrschenden Verhältnisse, die bekanntlich die Verhältnisse der Herrschenden sind – die es auch verstanden, den Free Jazz zu vermarkten und in ungefährliche Bahnen zu lenken. Seit den 70er Jahren kehrt der Jazz auch zur Melodie zurück als Crossover oder → Fusion Music. Spätestens seit den 80er Jahren ist der Jazz in eine eklektizistische Phase eingetreten. Rückgriffe auf ältere Stile beherrschen die Szene, auf Swing, Bebop (Free-Bop), R & B. Dazu kommen (Neo-)Klassizismus, No Wave, Weltmusik.
Der zeitgenössische Jazz, gespielt

»Einen neuen Armstrong, Ellington, Lester Young oder Charlie Parker wird es nicht geben«.
(Dizzy Gillespie)

von hervorragend ausgebildeten Musikern für ein Publikum, dessen Geschmack weitgehend geprägt ist von Rock und musikalisch ausgebluteten R&B- und Gospelklängen, wird ganz neue Wege finden müssen, um einen so bleibenden Eindruck zu hinterlassen, wie es der Jazz in den ersten 70 Jahren des 20. Jh. getan hat. Der Jazz – schon oft totgesagt – ist lebendiger denn je, aber – so scheint es – am Ende.

Lit.: M. Stearns, The Story of Jazz, N. Y./London 1966, dt. München 1969; J. E. Berendt/G. Huesmann, Das Jazzbuch, Ffm 1989; Nat Hentoff/ A. McCarthy, Jazz, N. Y. 1975; M. Williams, Jazz Masters in Transition, N. Y. 1980²; F. Driggs/H. Lewine, Black Beauty – White Heat, A Pictorial History of Classic Jazz 1920–50, N. Y. 1982; J. L. Collier, The Making of Jazz, London 1989; A. Polillo, Jazz – Geschichte und Persönlichkeiten, München 1987

LP: The Roots of American Music, Arhoolie 2001/2

CD: History of Jazz, RCA ND 89558; The 1930s Big Band, CBS 460067; Small Combos, CBS 460609; The Singers, CBS 461095; The 1940s Small Groups, CBS 461094; Singers, CBS 460668

Jazz-Haus-Musik, eine Agentur, in der sich Musiker der Kölner Jazz-Haus-Initiative zusammengeschlossen haben, um die Kommunikation zwischen ihnen und dem Publikum zu fördern. Dies geschieht durch Veranstaltungen in der Musikhochschule Köln, die Erarbeitung eines Jazz-Vollstudiums dort, die Eröffnung eines Kulturzentrums und Veröffentlichung von Schallplatten auf dem J.-H.-M.-Label. Adr.: Venloer Str. 40, 5000 Köln 1.

Jazz-Komposition, scheinbar ein Widerspruch, da der Jazz von Improvisation, also der Stegreiferfindung lebt. Doch schon eine der Vorformen des Jazz, der → Ragtime, ist die Ausnahme von der Regel. Dieser war eine durchkomponierte Klaviermusik, die dann auch auf Orchester übertragen wurde. Hier ist der Anfang der Jazz-Komposition zu suchen. Der Ragtime war von einer teilweise komplizierten, uneinheitlichen Struktur, ganz im Gegensatz zu den späteren Tanzkompositionen, die zwar noch den Namen »Rag« im Titel führen (»Alexander's Ragtime Band« von Irving Berlin 1911), im Grunde aber nur Foxtrotts waren mit der üblichen → Liedform mit Versen (Strophen) und Chorus (Refrain). Schlager dieser Art sind von ihrer Melodie und ihrer harmonischen Struktur her jazzgeeignet und wurden von Jazz-Musikern gern als Improvisationsvorlage genutzt.

Seit dem → Swing ist die Jazz-Komposition häufig das Ergebnis des Zusammenwirkens von Arrangement und Improvisation und weist dementsprechend Teile auf, die nicht auskomponiert, sondern für Solisten ausgespart wurden. Exemplarisch dafür sind diverse Kompositionen von → Duke Ellington, die dieser für Solisten seines Orchesters schrieb, wie »Clarinet Lament« für Barney Bigard und »Concerto for Cootie« für Cootie Williams.

Überhaupt sind viele Jazz-Kompositionen jener Zeit von Arrangeuren geschrieben, z. B. Jimmy Mundy (»Swingtime in the Rockies« für Benny Goodman, »Madhouse« für Earl Hines), Sy Oliver (»For Dancers Only«, »'Tain't What You Do« für Jimmie Lunceford, »Opus 1«, »Well Git It« für Tommy Dorsey), Eddie Sauter (»Superman«, »Clarinet à la King« für Benny Goodman).

Die → Bebop-Musiker schufen neue Melodien auf den Harmonien von bekannten Standards. So wurde aus »Indiana« Charlie Parkers »Donna Lee« und aus »Whispering« Dizzy Gillespies »Groovin' High«. Der → Progressive Jazz und die → Innovations in Modern Music nahmen sich Techniken der modernen E-Musik zum Vorbild (Strawinsky, Bartók, Ravel, Debussy, → Form); der → Third Stream versuchte einen Weg zwischen Jazz und E-Musik zu finden. Der → Free Jazz schließlich verzichtete auf vorgegebene Formen, nicht aber auf Form und Komposition überhaupt, wie Carla Bleys »Escalator Over the Hill« zeigt.

Lit.: Bill Russo, Composing for the Jazz Orch., Chicago 1973

CD: B. Goodman, CBS 460829; D. Ellington, Bluebird 5659-2; außerdem: MJQ, The Comedy, Atlantic; Miles Davis, Jazz Suite for Brass (comp J. J. Johnson) u. Three Little Feelings (comp John Lewis), CBS; Carla Bley, Escalator Over the Hill, JCOA

Jazz-Kritik, so alt wie der Jazz selbst. Zunächst hatten sich Publizisten jeglicher Couleur zu Fragen des Jazz geäußert, eine Folge des Mangels an Grundkenntnissen. Seit den ersten Arbeiten zum Jazz in den 30er Jahren (Hugues Panassié, Robert Goffin) bildete sich immerhin ein kleiner Kreis von »Experten« heran, der die Fachpresse und das Feuilleton der Tagespresse beherrschte, die »Jazz-Kritiker«. Da deren Aussagen von den durchschnittlichen Lesern kaum überprüft werden können, machten sich auch hier bald unqualifizierte Amateure breit, in der Meinung, ein »Jazz-Fan« müsse auch ein Jazz-Kenner sein. Daß diese Situation bis heute nur wenig besser geworden ist, zeigt ein Blick in die Tages- und Fachpresse.

Jazz-Musiker sind nur selten als Kritiker hervorgetreten, obwohl André Hodeir[1] die Auffassung vertritt, daß nur ein Musiker ein kompetentes Urteil über Musiker abgeben könne, eine Auffassung, der nicht unbedingt zuzustimmen ist, da diesen meist der nötige historische Background fehlt, der für fundierte Kritik unerläßlich ist. Die Musiktheoretiker wiederum betrachten den Jazz mit den Augen des »Klassikers«, und Jazz ist an den Musikhochschulen immer noch ein Stiefkind, was bedeutet: Fast jeder, der heute über Jazz schreibt, ist ein Autodidakt.

---

1 In: Jazz, It's Evolution and Essence, N. Y. 1956

Jazz-Literatur hat in den letzten Jahren einen ungeheuren Aufschwung erlebt. Berücksichtigt man nicht nur die Buch-, sondern auch die Zeitschriftenpublikationen, so ist es mittlerweile fast unmöglich, sich einen Gesamtüberblick zu verschaffen.

Die ersten Schriften zum Jazz sind – abgesehen von Volksliedsammlungen u. a., aus dem vorigen Jahrhundert, die nur am Rand mit Jazz zu tun haben – in den 20er Jahren erschienen. Berühmt ist der Artikel von Ernest Amsermet »Sur un orchestre nègre« mit der besonderen Erwähnung Sidney Bechets aus dem Jahr 1991.[1] Der größte Teil der Literatur dieser Zeit befaßte sich aber meist ablehnend mit dem Jazz oder was man dafür hielt.

Erst in den 30er Jahren erschienen erste Beiträge, die den Jazz als Kunstform ernst zu nehmen begannen.[2] In den folgenden Jahren ist die Zahl der Jazz-Publikationen ständig gestiegen (→ Jazz-Zeitschriften).

Die Jazz-Literatur ist summarisch in drei Gruppen einzuteilen:[3]

1. Schriften zur Vorgeschichte des Jazz, zur Geschichte der amerikanischen Schwarzen, ihrer Kunst, Literatur[4] und Musik, z. B.

W. F. Allen o. a. (ed.), Slave Songs of the United States, N. Y. 1867;
A. Fortier, Bats of Louisiana Folklore, Baltimore 1988;
R. Goffin, Aux Frontières du Jazz, Paris 1932.

2. Paralleles Spezialschrifttum, d. i. Literatur zu Geschichte, Ethnologie, Psychologie, Soziologie, Ökonomie etc., z. B.

G. de Beaumont, Marie ou l'Esclavage aux Etats-Unis (Marie oder die Sklaverei in den Vereinigten Staaten), Paris 1836
G. Mydal, An American Dilemma; The Negro Problem and Modern Democracy, N. Y. 1944
Ph. Charles/J. L. Comolli, Free Jazz – Black Power, Paris 1971, dt. Ffm 1974

3. Publikationen, die im direkten Zusammenhang mit dem Jazz stehen, wie Gesamtdarstellungen, Lexika, Biographien, → Diskographien etc., z. B.

Leroy Ostransky, The Anatomy of Jazz, Univ. of Washington Press 1964[3]
Chris Albertson, Bessie Smith, London 1975
L. Feather, The New Encyclopedia of Jazz, N. Y. 1984[2]*, Encyclopedia of Jazz in the 60s, N. Y. 1986*[2]*, Encyclopedia of Jazz in the 70s, N. Y. 1987*[2]
B. Kernfeld (ed.), New Grove Dictionary of Jazz, London 1988

Ein besonderer Platz gebührt dem von Nat Shapiro u. Nat Hentoff herausgegebenen Band »Hear Me Talkin' to Ya« (dt. Jazz erzählt, München 1962), in dem Musiker selbst zu Wort kommen. Hier müssen auch die Autobiographien von Charles Mingus,

---

[1] Revue Swiss Romande, Oktober 1919
[2] Z. B. H. Panassié, Le Jazz Hot, Paris 1934, oder F. Ramsey Jr./Ch. E. Smith, Jazzmen, N. Y. 1939
[3] Vgl. dazu Jan Slawe, 50 Jahre Schrifttum über Jazz, in: Jazzforschung I, Graz 1969
[4] Vgl. dazu M. Plessner, Ich bin der dunklere Bruder – die Literatur der schwarzen Amerikaner, Ffm 1979

Art Pepper und Anita O'Day genannt werden, die in ihrer Offenheit weit über die Selbstbeweihräucherung vieler derartiger Werke (z. B. von Lionel Hampton) hinausgehen.

In der Belletristik hat der Jazz bisher kaum befriedigende Ergebnisse gezeigt. Erwähnt werden müssen Nat Hentoffs Roman »Jazz Country« (dt. Würzburg 1971), Dorothy Bakers Roman »Young Man with a Horn« (1938), dessen Titelfigur Bix Beiderbecke zum Vorbild hat, John Clellon Holmes' »The Horn« und John Williams' »Night Song« (1977). Jim Stephens hat einen Band mit »Jazz Poetry« herausgegeben (Abraxas Press, Madison, Wisc.), R. N. Albert einen Band mit »Jazz Fiction« unter dem Titel »From Blues to Bop« (Baton Rouge 1990). Bei Luchterhand erschien ein Band mit »Jazz-Geschichten« (Hg. K. Heidkamp). Jack Kerouac gelingt es in »On the Road« (1955, dt. Unterwegs, Reinbek 1959), die Atmosphäre des Jazz der 40er Jahre einzufangen. Jens Gerlach hat in einem Lyrikband sehr persönliche Musikerporträts eingefangen (Jazz-Gedichte, Berlin/Weimar, 1966). Vgl. auch: H. J. Schaal, Romane mit Swing, in: Jazz Podium, 7–8/91.

Eine Übersicht über die Jazz-Literatur geben:

C. H. Herzog zu Mecklenburg, International Jazz Bibliography, Baden-Baden 1969 (und Supplement, Graz 1971)

K. Kuhnke/M. Miller/P. Schulze, Schriften zur populären Musik, Archiv f. populäre Musik, Bremen 1975 (Bd. 1) u. 1977 (Bd. 2)

D. Kennington/D. L. Read, The Literature of Jazz, Chicago 1980[2]

Jazz Messengers → Art Blakey

Jazz-Organisationen, in den 30er Jahren entstanden, als sich Jazz-Freunde und Schallplattensammler zum Austausch von Informationen zusammenschlossen. Die ersten (ab 1935) waren die → Hot Record Society und die United Hot Clubs of America (UHCA), die historische Schallplatten wieder auflegen ließen und großen Anteil an der Wiederbelebung des New-Orleans-Stiles hatten (→ Revival Jazz). Die Jazzforschung verdankt diesen Organisationen viel historisches Material, welches sonst verlorengegangen wäre. (→ IJF, → IAJRC, → AACM).

Jazz Passengers nennt sich ein Septett unter Leitung von Ray Nathanson (as, ts, cl) und Curtis Fowlkes (tb) (beide auch Mitglieder der → Lounge Lizards), welches eine Verbindung sucht von Blues, Gospel, Afro-Cuban, Dixieland und sogar Klezmer-Musik. Weitere Mitglieder: → Marc Ribot (g), Bill Ware (b), Jim Nolet (vln), Brad Jones (b), E. J. Rodriguez (d). CDs auf New World, Disques du Crépuscule, Enemy u. Knitting Factory Works.

Jazz-Soziologie. Allgemein ist Musiksoziologie die Untersuchung der gesellschaftlichen Rezeption von Musik. Was den Jazz betrifft, so sind Untersuchungen darüber über bloße Publikumsstatistik und Schallplattenverkaufszahlen kaum hinausgekommen. Will die Musiksoziologie Phänomene nicht nur registrieren und beschreiben, muß sie auch den Prozeß der Vermittlung von Produktion wie Rezeption (d. h. die Aufnahme durch die Hörer) analysieren. Dazu gehört zum einen die soziologische Untersuchung der sozialen Voraussetzungen für die Entstehung des Jazz und seiner Stile, zum anderen die Frage nach der sozialen Funktion des Jazz und der Jazz-Musiker, nämlich die Frage nach ihrer Stellung in der Gesellschaft und zur Gesellschaft, der Aufnahme des Jazz in der Gesellschaft und seiner gesellschaftlichen Funktion. Zu den sozialen Funktionen zählt die der Tanzmusik, eng verflochten mit der Warenfunktion, bes. seit der Jazz unter dem Etikett »Swing« ein Massenphänomen mit entsprechend kommerziellen Interessen wurde. Eine Protestfunktion wurde dem Jazz gern eingeredet, es wäre zu untersuchen, inwiefern dies stimmt, ob Protest nicht vielmehr subjektiv empfunden wurde, ganz abgesehen davon, daß diese Funktion sich als sehr verkaufsträchtig erwiesen hat. Zu fragen ist auch nach den gesellschaftlichen Verflechtungen des Jazz. Signalisiert er den Zustand der Gesellschaft, in der er gespielt wird? Die Vermarktung des → Free Jazz, die Abkehr vieler Musiker von ihm, die Rückkehr zur Melodie, das introvertierte Musizieren in kleinsten Besetzungen bis hin zum Duo- und Solo-Spiel haben (hatten) scheinbar Parallelen in der Politikverdrossenheit vieler Bürger, dem Ohnmachtsgefühl gegenüber dem Staat, manifestiert in niedrigen Wahlbeteiligungen und einem vielfach zu beobachtenden Rückzug ins Private, besonders seit den 80er Jahren. Wird die Gesellschaft unpolitisch, wird es auch die Musik.

Die eigentliche soziologische Funktion des Jazz besteht in der Gleichzeitigkeit von Individualität und Kollektivität. Deren Verhältnis zueinander ist allerdings in jeder Entwicklungsphase und in jeder Formation ein anderes. In jeder Jazz-Band wurden und werden wenige Musiker auf Kosten anderer »gefeiert«, vor allem auf Kosten der Rhythmusmusiker, in Big Bands auch auf Kosten der nicht solistisch hervortretenden und deshalb häufig unterschätzten Blattspieler. Eine Emanzipation von solchen »Handlangerdiensten« gelang erst im → Free Jazz und bei dessen Wegbereitern (z. B. Jimmy Giuffre Three), wo jedes Instrument gleichberechtigt neben dem anderen steht und jeder Musiker – wenigstens theoretisch – die Möglichkeit hat, sich zu entfalten. Daß sich auch hier wieder »Stars« entwickeln konnten, liegt zum einen an der unterschiedlichen Persönlichkeit der jeweiligen Musiker und zum anderen daran, daß auch der Free Jazz seiner Kommerzialisierung nicht entgehen konnte, denn auch Kunst ist an gesellschaftliche Bedingungen geknüpft. Eine Sozialgeschichte des Jazz muß noch geschrieben werden; das Buch von Ekkehard Jost geht über Ansätze nicht hinaus.

Lit.: Francis Newton (Eric Hobsbawn), The Jazz Scene, London 1961 (Reprint 1989)

Neil Leonard, Jazz and the White Americans, Chicago 1962

Frank Kofsky, Black Nationalism and the Revolution in Music, N. Y. 1970
R. Dollase/M. Rüsenberg/H. J. Stollenwerk, Das Jazzpublikum. Zur Sozialpsychologie einer kulturellen Minderheit, Mainz 1978
Peter Krähenbühl, Der Jazz und seine Menschen, Bern/München 1968
Leroi Jones, Blues People, London 1968, dt. Darmstadt 1971
Ekkehard Jost, Sozialgeschichte des Jazz, Reinbek 1981
ders., Jazz-Musiker, Materialien zur Soziologie der afro-amerikanischen Musik, Berlin 1982
Th. W. Adorno, Zur gesellschaftlichen Lage der Musik (1932), in: Zeitschrift f. Sozialforschung (Reprint München 1980)
Kurt Blaukopf, Musik im Wandel der Gesellschaft, Grundzüge der Musiksoziologie, München 1984

Jazz im Film. Die Geschichte des Jazz im Film begann scheinbar sehr vielversprechend, denn der erste Tonfilm hieß »The Jazz Singer«. Leider hat dieser Film – in der Hauptrolle ein schwarzgeschminkter Al Jolson – mit Jazz nichts zu tun. Und was in der Folgezeit gedreht wurde, zeigt, daß wir auf den definitiven Jazz-Film immer noch warten müssen.

Jazz-Filme lassen sich in drei Kategorien einteilen:

1. *Spielfilme,* in denen Jazz-Musiker auftreten und/oder die Musik dazu spielen. Zu diesen gehören die Hollywood-Filmbiographien wie »The Benny Goodman Story«, »Glenn Miller Story«, »The Five Pennies« (Red Nichols Story), »Gene Krupa Story«, »Billie Holiday Story«. Keinem dieser Filme gelingt es, die Lebensgeschichte des dargestellten Musikers auch nur annähernd wahrheitsgetreu darzustellen. Vom leichtfertigen Umgang mit Fakten bis zur glatten Fälschung ist in diesen Filmen alles vorhanden, und das, obwohl manche der dargestellten Musiker zur Drehzeit noch lebten, z. T. die Musik für den Soundtrack selbst einspielten. Mit »Round Midnight« (Hauptrolle Dexter Gordon) und »Bird« (Das Leben Charlie Parkers darstellend) sind in den letzten Jahren immerhin zwei diskutierenswerte Filme gedreht worden, obwohl auch sie nur Ansätze zeigen. Des weiteren gibt es eine Reihe von Spielfilmen, besonders aus den 30er und 40er Jahren, deren läppische Handlung nur den Rahmen für den Auftritt von Jazz- bzw. Swing-Musikern abgeben sollte, z. B. »The Powers Girls«, »The Gang's All Here« und »Sweet & Lowdown«, alle mit Benny Goodman, »Sun Valley Serenade«, »Orchestra Wives« mit Glenn Miller, »A Song Is Born« mit Benny Goodman, Louis Armstrong, Tommy Dorsey, Lionel Hampton u. a., »Second Chorus« mit Artie Shaw u. a. Seit den 50er Jahren wird Jazz auch als Filmmusik verwendet, so in »Fahrstuhl zum Schafott« (Musik Miles Davis), »Jack Johnson« (Miles Davis), »I Want to Live« (Gerry Mulligan/Johnny Mandel), »Assault on a Queen«, »Anatomy of a Murder« (beide von Duke Ellington). Analog dazu wird jazzbeeinflußte

»Bubbling Over« (1934, RKO Pictures) war eine »All black comedy« mit Ethel Waters

Musik auch im Fernsehen benutzt, das erste Beispiel stammt von Henry Mancini für die Krimiserie »Peter Gunn«.

2. *Kurzfilme.* Für den Jazz-Freund besonders interessant sind hier die sog. »Soundies« (RCM Soundies, RCM = Roosevelt, Coslow, Mills), die in den 30er und 40er Jahren weit verbreitet waren. Von diesen ca. drei Minuten langen Filmen waren jeweils acht auf einer Spule vereint und konnten einzeln auf »Video-Juke-Boxes« nach Einwurf einer Zehn-Cent-Münze abgerufen werden. Die Soundies zeigten neben vielen Unterhaltungskünstlern auch etliche Jazz-Musiker und -Bands wie Louis Armstrong, Cab Calloway, Fats Waller, Count Basie u. v. a.

In den frühen 50er Jahren wurden die »Snader-Telescriptions« als Pausenfüller für TV-Anstalten gedreht mit einer Spieldauer von drei bis fünf Minuten. Die Bedeutung dieser Kurzfilme kann nicht hoch genug eingeschätzt werden, zeigen sie doch viele Musiker, von denen kaum Fotos existieren, »in action« und geben damit faszinierende Einblicke in eine Kunst, deren visuelle Komponente eine ebenso große Bedeutung hat wie die akustische.

3. *Dokumentarfilme.* Unter diesen ist an erster Stelle zu nennen »Jammin' the Blues« von 1944 (Regie: Gijon Mili) mit u. a. Lester Young, Illinois Jacquet, Harry Edison, Barney Kessel, Jo Jones. Dieser Zehn-Minuten-Film vermochte wie kein anderer die Atmosphäre einer → Jam Session einzufangen. Auch der 1929 entstandene Film »St. Louis Blues« muß hier genannt werden, zeigt er doch den einzigen Auftritt der Blues-Sängerin Bessie Smith mit James P. Johnsons Orchester.

»Jazz on a Summer's Day« (Jazz an einem Sommerabend) von Bert Stern zeigt das Newport Festival von 1958 mit u. a. Louis Armstrong, Jimmy Giuffre, Thelonious Monk, Gerry Mulligan, Art Farmer, George Shearing, Anita O'Day.

Die Gewohnheit der Hollywood-Filmemacher, Bild und Ton getrennt aufzunehmen, ist für den Zuschauer oft genug ärgerlich: Nicht jeder Musiker, der zu sehen ist, ist auch zu hören. In einem Stan-Kenton-Kurzfilm von 1944 ist ein Solo von Stan Getz zu hören, zu sehen ist ein Studiomusiker, der Getz' Solo mimt. Charlie Barnet mußte für einen Film die farbigen Musiker durch weiße ersetzen, mit einem Solo zu hören ist der Trompeter Al Killian, zu sehen ist Paul Cohen. In einem 1938 entstandenen Film mit der Tommy-Dorsey-Band ist die normale Big-Band-Besetzung zu sehen, zu hören sind zusätzlich Streicher. In Scorseses Film »Taxi Driver« spielt Ronny Lang die Musik, während Tom Scott auf der als »Original-Soundtrack« verkauften LP zu hören ist …

Lit.: D. Meeker, Jazz in the Movies, London 1977; A. M. Dauer, Jazz und Film, in: Institut für Jazzforschung (Hg.), Jazz in den Medien, Graz 1980; K. Stratemann, Negro Bands on Film, Lübbeke o. J.; J. Kisch/E. Mapp, A Separate Cinema, 50 Years of Black Cast Posters, N. Y. 1992

»Cabin in the Sky (MGM, 1943, Regie: Vincente Minnelli) erhält seine Bedeutung durch die Mitwirkung einiger schwarzer Künstler

Der erste Filmauftritt von Duke Ellington war in »Black and Tan« (1929, RKO)

CD: Benny Goodman Story, MCA; Henry Mancini, The Music from Peter Gunn, RCA; Miles Davis, Jack Johnson, CBS; Modern Jazz Quartet, Sait-on-jamais, Atlantic; Miles Davis, Fahrstuhl zum Schafott, Fontana; Soundtrack »Round Midnight«, Blue Note; The First Sound Films, Sandy Hook 2068

Jazz in Deutschland. Die Geschichte des Jazz in Deutschland ist nicht identisch mit der Geschichte des deutschen Jazz, welcher wesentlich später in Erscheinung trat als die erste Begegnung des Jazz mit einem deutschen Publikum.

Der Jazz erschien in Deutschland erstmals in Form von Schallplatten, meist mit Ragtime oder einer jazzbeeinflußten Tanzmusik. In den 20er Jahren kamen einige »echte« Jazz-Musiker nach Deutschland, meist als Mitglieder von Showorchestern, darunter Wilbur Curtz (1924–27), das Orchester von Sam Wooding mit Tommy Ladnier (1925–29), Sidney Bechet (1929). Die damalige Charleston- und Black-Bottom-Mode ließ den echten Jazz leider hinter den Pseudo-Jazz- und Exzentrik-Bands zurücktreten, die Jazz mit Krawall, Geräusch und der Verwendung von Saxophonen verwechselten. Es bildeten sich viele deutsche Bands mit englisch klingenden Namen wie Fred Bird, Clive Williams, Ben Berlin, Eric Borchardt, Weintraub Syncopators, Austin Egan etc. Trotz dieser regen (tanz-)musikalischen Tätigkeiten in den Jahren 1924–29 kann von einem »goldenen Jazz-Zeitalter«[1] nicht gesprochen werden, zumal sich dieses fast nur auf Berlin erstreckte. Außerdem wurde diese Jazz-Mode bald zugunsten einer sentimentalen Tanzmusik aufgegeben.

In den frühen 30er Jahren begann sich der Einfluß der ersten amerikanischen Big Bands auszuwirken, besonders des → Casa Loma Orchestra, ab 1935 auch der Benny Goodmans. Zu nennen sind hier die Bands von James Kok, Erhard Bauschke, Heinz Wehner, Max Rumph, die Studio-Band »Goldene 7« unter Leitung von Harald M. Kirchstein, der dann in die USA ging und unter dem Namen Henri René Karriere machte. Aus diesen Bands gingen später so bekannte Musiker wie Willi Berking (tb), Franz Thon (cl, sax), Fritz-Schulz-Reichel (p) hervor.

Mit Beginn der NS-Herrschaft 1933 änderte sich die Situation. Zwar gab es kein ausdrückliches Jazz-Verbot, außer in einigen Bezirken (z. B. Pommern, wo ein offenbar besonders linientreuer Gauleiter amtierte) und im Rundfunk. Hier wurde das Verbot halbwegs umgangen durch Sendungen mit o. g. Orchestern, die amerikanische Titel »aufgenordet« hatten (Tiger Rag = Schwarzer Panther u. ä.). Die aufkommende Swing-Welle kam auch gerade richtig, um das verpönte Wort Jazz zu ersetzen. Heinz Wehner konnte so ab 1935 unbeanstandet Schallplatten unter dem Namen »Telefunken-Swing-Orchester« einspielen. Außerdem erschienen in Deutschland

[1] H. H. Lange, Jazz in Deutschland, S. 15ff.

Schallplatten mit amerikanischen, englischen und kontinentaleuropäischen Swing-Bands. Von den letzteren gastierten viele in Deutschland und nahmen hier auch Schallplatten auf, die wiederum devisenbringend ins Ausland exportiert wurden. Zu den populärsten gehörte das Orchester des Schweizers Teddy Stauffer († 1991), der bis zu seiner Ausweisung 1939 (angeblich wegen einer »Verjazzung« des Horst-Wessel-Liedes) fast ausschließlich in Deutschland spielte.

Mit Beginn des Zweiten Weltkrieges wurde alles, was englisch (und ab 1941 amerikanisch) klang, verboten. Der Verlauf des Krieges brachte aber bald Änderungen. Als Antwort auf die Swing-Musik wurde ein »Deutsches Tanz- und Unterhaltungsorchester« gegründet, in dem die besten deutschen (Swing-)Musiker spielten und das Pseudo-Swing-Aufnahmen für ins Ausland gerichtete Rundfunksendungen einspielte. Damit sollte den BBC-Sendungen etwas Ähnliches entgegengesetzt werden. Für diesen Zweck wurden sogar speziell bekannte Titel mit zu Propagandazwecken abgeänderten Texten aufgenommen (»Charlie and His Orchestra«, LPs auf Harlequin). Unter allen diesen Swing-Aufnahmen darf man sich aber nicht den »harten« Swing der US-Bands vorstellen, diese Vorbilder wurden selten erreicht. Vielmehr handelte es sich meist um swingende Foxtrotts mit wenig (wenn überhaupt) improvisierten Chorussen.

Nach Kriegsende begannen die Musiker dort, wo sie aufgehört hatten, nämlich beim Swing. Die Entwicklung in den USA (Bebop) wurde noch weitgehend ignoriert, und die Vorbilder hießen immer noch – oder erstmals – Glenn Miller, Tommy Dorsey, Artie Shaw. Der Beginn einer eigenständigen Entwicklung wurde verpaßt.

Der deutsche Nachkriegsjazz begann in Berlin mit dem Radio-Berlin-Tanzorchester, Kurt Widmann, Lubo D'Orio und den »„Berlin All Stars«, zu denen Macky Kaspar (tp), Walter Dobschinski (tb), Detlev Lais (ts), Helmut Zacharias (vi), Erwin Lehn (p) u. a. gehörten. Diese Band spielte die ersten Jazz-Platten nach dem Krieg ein, für das Ostberliner Label Amiga. Für diese Firma nahm auch Rex Stewart Platten auf, der erste amerikanische Jazz-Musiker, der Nachkriegsdeutschland besuchte. Überhaupt hätte die DDR den besten deutschen Jazz hervorbringen können, wenn sie gewollt hätte, anstatt die Musiker zu vergraulen. Jutta Hipp, Fred Bunge, Werner Baumgart, Franz von Klenck, die Brüder Rolf und Joachim Kühn, sie alle kamen aus der DDR, jedenfalls aus dem Osten, wo sie nicht die ihnen entsprechenden Möglichkeiten fanden.

Anfang der 50er Jahre hatte sich die Situation in der Bundesrepublik so weit geklärt, daß es zu beachtlichen Eigenleistungen kam, wenn auch immer mit dem Blick auf die amerikanischen Vorbilder. Kurt Edelhagen und bald auch Erwin Lehn spielten einen exzellenten Big-Band-Jazz, die

Combos von Johannes Rediske, Michael Naura, Helmut Brand, Jutta Hipp, Hans Koller, Wolfgang Lauth pflegten den modernen, ja experimentellen Jazz dieser Zeit. Zahllose Amateurmusiker versuchten sich an den traditionellen Jazz-Stilen, etwa die »Spree City Stompers«, die »Two Beat Stompers«, die »Feetwarmers«. Jazz-Clubs bildeten sich, die Deutsche Jazz-Föderation wurde 1950 gegründet, das Deutsche Jazzfestival wurde 1953 in Frankfurt aus der Taufe gehoben.

Die »plagiatorische Epoche« (M. Naura) des deutschen Jazz ging um 1960 zu Ende. Seither ist es dem deutschen Jazz gelungen, durchaus eigenständige Leistungen zu erbringen. Gunther Hampel spielte 1966 die erste deutsche Free-Jazz-LP ein (»Heartplants«, Saba), Albert Mangelsdoff wurde international anerkannt, und das Stiefkind des deutschen Jazz, die Schallplatte, wurde zu einem verhätschelten Liebling. Gab es in den 50ern bis in die 60er Jahre kaum Schallplatten mit deutschem Jazz, so ist die Produktion seitdem kaum überschaubar. Die Rundfunkanstalten, besonders der Südwestfunk, haben (oder hatten) Berge von Bändern mit Aufnahmen aus dieser Zeit, eine Fundgrube, die kaum genutzt wird.

In der DDR war die Situation als Folge des kalten Krieges und der Ignoranz der SED-Funktionäre ungleich schwieriger. Nach vielversprechenden Anfängen (siehe oben) verließen viele Musiker ihre Heimat. Kurt Henkels, Leiter des Leipziger Rundfunktanzorchesters, hielt bis 1958 aus, andere wie Heinz Kretschmar und die o. g. gingen schon früher. Trotzdem gab es hier und da noch Jazz zu hören, gelegentlich sogar auf Schallplatten der staatlichen »VEB Deutsche Schallplatten« (→ Amiga), so von Günther Hörig, der aus den Dresdner Tanzsinfonikern« noch eine Dixieland-Band und ein »Modernes Sextett« bildete, dem Manfred Ludwig-Sextett von → Ernst Ludwig Petrowsky, dem Werner-Pfüller-Quintett, dem Günter-Fischer-Quintett. Klaus Lenz (tp) gründete ein Quintett, später eine Big Band.

Die Situation änderte sich erst, als man von offizieller Seite erkannte, daß der Jazz a) von proletarischer Herkunft und b) die Musik einer unterdrückten Minderheit ist. Seitdem genoß er eine bescheidene Anerkennung. Ausländische Gruppen konnten die DDR besuchen, einheimische Platten aufnehmen (auch für das Westberliner Label → FMP). Musiker wie Ulrich Gumpert (p), Conny Bauer (tb), Joe Sachse (g) und Ernst Ludwig Petrowsky konnten sich international einen Namen machen. Daß der DDR-Jazz allerdings einen besonders teutonischen Touch erfuhr, liegt wohl an der relativen Isolierung der meisten Musiker. Die Vereinigung der beiden deutschen Staaten dürfte hier eine Annäherung bringen.

Lit.: H. H. Lange, Jazz in Deutschland, Berlin 1966; B. Höhne, Jazz in der DDR, Ffm 1991; B. Polster (Hg.), Jazz im Nationalsozialismus, Berlin

1989; J. E. Berendt, Kleine Geschichte des deutschen Nachkriegsjazz, in: ders., Ein Fenster aus Jazz, Ffm 1978; B. Noglik, Jazzwerkstatt International, Reinbek 1981; Ch. Kellersmann, Jazz in Deutschland 1933–45, Menden 1991

LP: Swing unter den Nazis, Harlequin HQ 2051; Trümmer Jazz, HQ 2052; Jazz auf Amiga 1947–62 (5 LPs), Amiga/Blue Song; Jazz Legacy Baden-Baden, Jazz Live 20827 (+ CD); Hallo Baden-Baden, JL 20288 (+ CD)

CD: Deutsches Jazz-Festival 1954/55, Bear Family BCD 15430; Deutsches Jazz Festival 1953, Bear Family BCD 15611

(Vgl. dazu auch die Dokumentation »Entartete Musik«, 4 LPs/CDs u. das Buch von A. Dümling/P. Girth, Zweitausendeins-Versand, Ffm)

Jazzology Records, New Orleans, 1949 von George H. Buck in Decatur, Ga., gegründet, widmet sich dem traditionellen Jazz und hat gemeinsam mit dem Schwester-Label GHB den umfangreichsten Katalog mit New Orleans Jazz aller Spielarten vorzuweisen. Weitere Labels: Circle (für Swing) und Audiophile (Mainstream); außerdem im Besitz von Icon, MONO, Southland, Jazz Crusade, Broadway, Black Swan, Progressive, 77 Rec., Lulu White Black Label, Monmouth-Evergreen, Solo Art, Statiras, Crescent Jazz Prod., Lang-Worth- und World-Transcriptions, American Music.

Jazz und Kunstmusik. Die gegenseitige Beeinflussung von Volks- und Kunstmusik hat eine lange Tradition. Schon Johann Sebastian Bach verwandte die Gesellschaftstänze seiner Zeit wie Sarabande und Gigue, doch erst im 20. Jh. begann man, sich stärker für Volksmusik zu interessieren. Es konnte nicht ausbleiben, daß auch die Folklore der Schwarzen hier Beachtung finden würde.

Dieser Prozeß verläuft in zwei Richtungen: Die eine geht vom Jazz aus, d. h., es wird versucht, den Jazz auf das (formale) Niveau von Kunstmusik zu heben. Zu nennen sind hier Scott Joplin, James P. Johnson, Jelly Roll Morton, Duke Ellington, Stan Kenton, John Lewis, Charles Mingus, Mike Mantler u. a. (→ Form).

Die zweite Richtung geht den umgekehrten Weg. Komponisten der »ernsten« Musik versuchen, Elemente des Jazz in ihren Kompositionen zu verarbeiten. Die wohl ersten Versuche in dieser Richtung stammen von Louis Moreau Gottschalk (1829–69), einem in New Orleans geborenen Pianisten und Komponisten, der in Pianostücken wie »Bamboula«, »The Banjo«, »Souvenir de Puerto Rico« und in der Symphonie »A Night in the Tropics« kreolisches Liedmaterial und lateinamerikanische Rhythmen verarbeitete. 1875 verwendete Georges Bizet in seiner Oper »Carmen« den Rhythmus der kubanischen Habanera. Anton Dvorák war der erste europäische Komponist, der nordamerikanische Schwarzenfolklore in sein Werk einbezog (Symphonie e-moll, op. 95, »Aus der Neuen Welt«, 1893). Der amerikanische Komponist Henry F. B. Gilbert schrieb 1907 eine »Comedy Ouverture on Negro Themes«. Um die Jahrhundertwende war das Interesse für den → Ragtime naturgemäß besonders groß. Claude Debussy schrieb 1908 »Golliwog's Cake Walk«, Igor Strawinsky 1908 einen Ragtime für elf Instrumente, »L'histoire du soldat«, und 1919 »Piano Rag Music«.

Viele Komponisten hielten sich allerdings nicht an originale Vorbilder, sondern an deren Verwässerung in Form von Tanzmusik und Schlagern, so Kurt Weill (»Mahagonny«, 1927, »Dreigroschenoper«, 1929) oder Ernst Krenek mit seinem als »Jazz-Oper« bezeichneten »Johnny spielt auf« (1927). Das sind Werke, die nichts mit Jazz zu tun haben, sondern eher mit dem Zeitgeist.

Je bekannter der Jazz wurde, desto intensiver setzten sich die Komponisten mit ihm auseinander. George Gershwin, vom »symphonischen« Jazz Paul Whitemans beeinflußt, schrieb 1924 die »Rhapsody in Blue«, 1925 das »Concerto in F«, »An American in Paris« (1928) und »Porgy and Bess« (1936). Aaron Copland verarbeitete Jazz-Elemente in seiner »Music for the Theatre«, dem »Piano Concerto« (beide 1926), den »Four Piano Blues« und dem »Klarinettenkonzert« (beide 1948). Für das Woody Herman-Orchester schrieb Strawinsky 1945 sein »Ebony Concerto«. Zu nennen sind auch noch Darius Milhaud (»La creation du monde«, 1923) und Arthur Honegger (»Concertino für Klavier«, 1924, »Streichersinfonie«, 1941). Rolf Liebermann komponierte einen »Boogie Woogie« für Klavier und Orchester und das kuriose »Concerto für Jazzband und Sinfonie-Orchester«, in dem sich Jazzband (K. Edelhagen) und Symphonieorchester in Concerto-grosso-Manier gegenüberstehen und sich erst im letzten Satz, einem Mambo (!), vereinen. In den 60er Jahren versuchten Komponisten, den Free Jazz in ihre Arbeiten einzubeziehen, so Krzysztof Penderecki (»Actions«, 1971) und Mike Mantler in seinen Arbeiten für das Jazz Composers' Orchestra (»Communications«, 1968).

CD: L. M. Gottschalk, Vanguard; Strawinsky, Ebony Concerto, W. Herman Orch. (drei Versionen: Columbia, Everest, RCA); Gershwin, Rhapsody in Blue, Halcyon (mit P. Whiteman); Mike Mantler, Communication, JCOA; Jazz-inspired Piano Music, Supraphonet

Jazz-Sprache. Wie alle Subkulturen hat auch der Jazz seine eigene Sprache entwickelt, die dazu dient(e), Musiker und Fans von den »Nicht-Jazzern« zu unterscheiden. Von den nachstehend genannten Ausdrücken sind viele veraltet, aber noch häufig in Song-Titeln und -Texten bes. älterer Jazz-Stile zu finden:

ALREET, In Ordnung, OK

AXE, Saxophon

BATTLE AXE, Trompete

BELLY FIDDLE, Gitarre

BLACKSTICK, Klarinette

BRASS BLASTER, Trompeter oder Posaunist

BONE (von Trombone), Posaune

BUSINESS MEN'S BOUNCE, Musikstück in schnellem Tempo, welches bes. Nicht-Jazzer anspricht

CANARY, Sängerin
CHIRPER, Sängerin
DOGHOUSE, Kontrabaß
DOG TUNE, Musikstück minderer Qualität
EIGHTY-EIGHT, Klavier
FISH HORN, Sopran-Saxophon
FROM DIXIE, altmodisch, überholt, → corny
GABRIEL, Trompeter
GOBBLE-PIPE, Saxophon
GOB-STICK, Klarinette
GROAN BOX, Akkordeon
GUINEA'S HARP, Gitarre
GUT-SCRAPER, Geiger
HIDE, Schlagzeug
HIDE-BEATER, Schlagzeuger
ICKIE, jemand, der nichts von Jazz bzw. Swing versteht
INK-SLINGER, Arrangeur
IRON HORN, Trompete/Kornett
IVORIES, Klaviertasten
JAM PAD, ein Platz zum Üben oder Proben
JITTERBUG, Tanz; Swing-Freund, dem das rechte Verständnis dafür fehlt
JOE BLOW, Musiker
KILLER-DILLER, etwas besonders Aufregendes; ein Swing-Stück in sehr schnellem Tempo
LICORICE-STICK (Lakritzstange!), Klarinette
LOLLYPOP-BAND, Sweet Band
LONG HAIR, Musiker in einem Symphonie-Orch.; Anhänger klassischer Musik
MOTHBOX, Klavier
MUGGLES, Marihuana
NAME BAND, eine Band, die einen Namen hat, d. h. berühmt ist, unabhängig von der Qualität der Musik
NITERY, Nachtklub
OLD MAN, Bandleader
ONE-NIGHTER, ONE NIGHT STAND, ein Engagement für nur einen Abend
PAPER-MAN, ein Musiker, der vom Blatt spielt
PECKIN', Tanz(-Schritt)
PIPE, Saxophon
PLATTER, Plattenspieler
QUIVER BELLS, Vibraphon
RICKY-TICKY, → corny
RUG-CUTTER, Swing-Tänzer
SAW BOX, Violoncello
SCHMALTZ, sentimental, sweet, die Musik der → Mickey-Mouse Bands
SENDER (auch SOLID SENDER), ein Musiker, der sehr gute Soli spielt; ein Musikstück, welches Swing-Freunde besonders anspricht
SKINS, Schlagzeug
SLIP-HORN, SLIP-STICK, Posaune
SPOOK, ein weißer Musiker
STICK-WEAVER, Bandleader
SUITCASE, Schlagzeug (eigentl. Koffer, da solche auch als Schlagzeugersatz Verwendung fanden)
SUZIE-Q, Tanz(-Schritt)
TEA, Marihuana
TEA-HOUND, Marihuana-Raucher
UNHEP, Gegenteil von → Hep (Square)
VIPER, Marihuana-Raucher
VOODOO-BOILERS, Schlagzeug
WEED, Marihuana
WOODPILE, Xylophon
WOODSHED, ein (privater) Übungsraum; mit Verb gebraucht: auf seinem Instrument üben (wailing in the W.)

Jazz-Tanz (jazz dance), der Oberbegriff für eine Reihe von Tanzformen, die zu Jazz-Rhythmen getanzt werden. Entstanden in den USA im 19. Jh. aus vorwiegend afrikanischen Einflüssen, macht der Jazz-Tanz, mit oder ohne musikalische Begleitung, Jazz-Rhythmen sichtbar und schafft damit eine neue Dimension. Charakteristisch für den Jazz-Tanz ist das Element des → Swing, womit er sich von dem unterscheidet, was in Tanzschulen als »Modern Jazz Dance« angeboten wird, wobei es sich um vorwiegend europäische Modetänze handelt, die wenig mit Jazz und noch weniger mit Jazz-Rhythmen gemein haben. Der afrikanische Ursprung der verschiedenen Jazz-Tänze ist in einer Reihe von Arbeiten nachgewiesen worden, von den → Ring Shouts über den Charleston bis zu Slow Drag, Snake Hips, Jitterbug, Lindy Hop bis zum Twist. Jazz-Tanz ist in erster Linie ein Tanz zum Zuschauen, dargeboten von Profis in Minstrel-Shows, im Vaudeville, in Ballrooms, begleitet von Jazz-Bands, die dafür spezielle Arrangements in ihrem Repertoire[1] hatten. Daß später bestimmte Tänze Allgemeingut wurden, dafür sind die Charleston-Mode der 20er Jahre und die Jitterbug-Welle der 30er Jahre beispielhaft.

Lit.: Marshall and Jean Stearns, Jazz Dance, The Story of American Vernacular Dance, McMillan, New York 1968; R. E. Frank, Tap: The Greatest Tap Dance Stars and Their Stories, 1900–1955, N. Y. 1991; K. Hazzard-Gordon, Jookin, Philadelphia 1991

[1] Z. B. Woody Herman, »Music to Dance to« (comp Al Cohn, 1950)

Jazzbeeinflußte Tänze

African Boog	Maxixe
Black Bottom	Mess Around
Boogie Woogie	Monkey
Bugaloo	Ostrich
Bunny Hop/Hug	Pecking
Cakewalk	Rag
Camel Walk	Rock
Charleston	Scrontch
Dixieland One Step	Shag
Fish Tail	Shimmy
Fox Trot	Shorty George
Gotham Gobble	Shuffle
Half-in-half	Snake Hips
Huckle Buck	Suzy-Q
Jitterbug	Trucking
Lambeth Walk	Turkey Trot
Lame Duck	Twist
Lindy Hop	

Jazz-Zeitschriften

BELGIEN:
Le Point du Jazz
Swingtime
BRD:
Der Jazzfreund
Jazz-Podium
Jazzthetik
Jazz-Zeitung
FRANKREICH:
Jazz Hot
Jazz Magazine
Jazz, Blues & Co.
DÄNEMARK:
Jazz
GROSSBRITANNIEN:
Black Music & Jazz Review
Crescendo International
New Orleans Music (+ Footnote)
Jazz Journal International
Needle Time
Storyville

Straight no chaser
Vintage Jazz Mart
The Wire
ITALIEN:
Musica Jazz
IRLAND:
Jazz News
JAPAN:
Swing Journal
Jazz Hih
KANADA:
Coda
Jazz Report
ÖSTERREICH:
Jazz Live
POLEN:
Jazz Forum
SCHWEIZ:
Jazz
SCHWEDEN:
Orkesterjournalen
Jazz-Forum
NIEDERLANDE:
Jazz/Press
USA:
Bebop and Beyond
Cadence
DISCoveries
Down Beat
Goldmine
IAJRC-Journal
Jazz Times
Jazz Review
Jazz Spotlite News
Jazziz
Joslin's Jazz Journal
Journal of Jazz Studies
The Note
Record Research
Second Line
Mississippi Rag
New Orleans Music Magazine

Jefferson, Eddie, Edgar, (voc), * 3.8. 1918 Pittsburgh, Pa., † 9.5.1979 Pittsburgh. Spielte Tuba, Gitarre u. Schlagzeug, arbeitete seit den frühen 30er Jahren als Sänger und Tänzer. Begann in den 40er Jahren, Texte zu improvisierten Soli zu verfassen, eine Technik, die später von King Pleasure und Jon Hendricks verfeinert wurde. Arbeitete ab 1953 als Sänger u. Manager bei James Moody, später auch mit Roy Brooks, Billy Mitchell und Richie Cole. Wurde von einem neidischen Kollegen ermordet. – Schallplatten mit James Moody, King Pleasure, Charles McPherson, Johnny Griffin, Seldon Powell; eigene Aufnahmen ab 1952 für Hi-Lo, Prestige*, Inner City, Muse.
*CD: Body & Soul, OJCCD 396-2**

Jim Crow, ein alter Schimpfname für die Schwarzen in den USA. Die Herkunft dieses Namens ist unklar. Er war bis in jüngster Zeit in Gebrauch, z. B. in Zusammensetzungen wie »Jim Crow Laws« – gemeint sind die Segregationsgesetze – oder »Jim Crow Coaches«, die Eisenbahnwagen für die Schwarzen. Die Umkehrung des Begriffes – Crow Jim – wurde und wird von einer schwarzen Minderheit in einem falsch verstandenen Emanzipationsbestreben versucht, etwa wenn behauptet wird, Weiße könnten keinen Jazz spielen, sondern nur die Schwarzen, die ihn geschaffen haben.

Jive, Slangausdruck für Geschwätz (Jive Talk), aber auch für den »Double Talk« der Schwarzen. Entstanden, um als Schwarzer die Wahrheit nicht so deutlich sagen zu müssen. Der Begriff stammt aus den 30er Jahren, damals auch Bezeichnung für Swing-Musik, bes. in schnellem Tempo. → Slim Gaillard und → Babs Gonzales haben eine Verbindung von Jive Talk und Jazz-Gesang versucht.

Jobim, Antonio Carlos, (g, p, comp), * 1927 Rio de Janeiro. Als musikalischer Direktor bei der Fa. Odeon sorgte J. für die Veröffentlichung von Schallplatten seines Freundes Joao Gilberto, dessen Musik einige Jahre später in den USA als »Bossa Nova« berühmt werden sollte und die Anfang der 60er Jahre eine regelrechte Welle auslöste, besonders nachdem Stan Getz seine Komposition »Desafinado« aufgenommen hatte. – Selbst kein Jazz-Musiker, hat J. einige LPs mit Jazz-Musikern für Verve, A & M u. CTI eingespielt, u. a. mit Stan Getz, Astrud u. Joao Gilberto, Luis Bonfa, Claus Ogerman.

CD: A Certain Mr. Jobim, Discovery 848

Johnson, Budd, Albert J., (ts, as, sop, cl, comp), * 14.12.1910 Dallas, Tex., † 20.10.1984 Kansas City. Spielte ab 1927 in den Bands von George E. Lee, Earl Hines, Teddy Wilson und Louis Armstrong, von 1934–42 vor allem für Hines als Saxophonist und Arrangeur. In den 40er Jahren wurde er eine wichtige Figur in der Entwicklung des → Bebop. Er initiierte die Unisono-Spielweise des klassischen Bebop-Quintetts und hat beträchtlichen Anteil an der Entwicklung des Big-Band-Arrangements in Bebop und → Progressive Jazz. Er spielte und schrieb für Earl Hines, Dizzy Gillespie, Billy Eckstine, Boyd Raeburn, Woody Herman und organisierte 1944 die erste Bebop-Platten-Session (Coleman Hawkins). Mit Gillespie und Oscar Pettiford hatte er die erste Bebop-Combo auf der → Fifty-second Street. In den 50er Jahren arbeitete er als Freelancer in N. Y., u. a. mit Benny Goodman, Quincy Jones, Gil Evans, Count Basie. Als Tenor-Solist machte er eine Entwicklung von Lester Young über Coleman Hawkins bis zu John Coltrane durch, war in seinen späten Jahren auch ein exzellenter Solist auf dem Sopran. – Schallplatten mit Louis Armstrong, Earl Hines, Lionel Hampton, Coleman Hawkins, Una Mae Carlisle, Woody Herman, Count Basie, Dizzy Gillespie, Walter Thomas, John Kirby, J. C. Heard, Pete Johnson, Dickie Wells, Pat Flowers, Clyde Hart, Etta Jones, Charlie Shavers, Ben Webster, Frankie Laine, Buck Clayton, Sarah Vaughan, La Vern Baker, Sam Taylor, Gil Evans, Jimmy Rushing, Benny Carter, Claude Hopkins, Billy Eckstine, Clark Terry, Dicky Wells, Jimmy Jones, JatP, Nappy Brown, Roy Eldridge, Randy Weston u. a.; als Leader für Stere-O-Craft, Felsted, Riverside*, Swingville, Argo, Black & Blue, Master Jazz Rec., Dragon.

*LP: B. J. & Four Brass Giants, OJC 209**

Johnson, Buddy, Woodrow Wilson, (p, arr, ldr), * 10.1.1915 Darlington, S. C., † 9.2.1977 N. Y. Kam 1938 nach

N. Y., spielte in Clubs, ging mit einer Revue nach Europa, gründete 1939 ein Septett und 1941 eine Big Band, die durch ihren R&B-Stil schnell populär wurde, wozu auch der Gesang seiner Schwester Ella J. beitrug. – Schallplatten ab 1939 für Decca, Mercury*, Roulette.*
*CD: Buddy And Ella Johnson, Bear Family BCD 15479**

Johnson, Bunk, William Geary, (tp), * 27.12.1879 N. O., † 7.7.1949 Iberia, La. Spielte ab 1896 in der Band von Adam Oliver, danach zweites Kornett beim legendären Buddy Bolden. War einige Jahre Mitglied einer Minstrel-Gruppe, damit 1903 in N. Y. Arbeitete in Dallas in einer Theater-Band, 1905 in San Francisco und 1910 wieder in N. O. Dort bei Billy Marero, Frank Dusen u. a. In den frühen 30er Jahren bei Evan Thomas' Black Eagle Band. Bei einer Schießerei wurde Thomas getötet, B. selbst wurden das Instrument und die Zähne aus dem Mund geschossen. Er arbeitete danach in den Reisfeldern. Im Zug der → New-Orleans-Renaissance wurde er wiederentdeckt und für Schallplattenaufnahmen verpflichtet (ab 1942).

Falls J. ein großer Musiker war, wird es durch diese Schallplatten nicht bewiesen. Sie sind eher von dokumentarischem Interesse, haben aber durch die Mitwirkung von Jim Robinson (tb) und George Lewis (cl) u. a. noch eine gewisse Bedeutung. Seine ersten Aufnahmen entstanden für Amateur-Label wie Jazz Man und Jazz Information (R.: GTJ, Commodore), außerdem gibt es Platten auf American Music, Blue Note, RCA, Columbia, Decca; einige LPs mit Live-Mitschnitten.
Lit.: Ch. Hillman, B. J., His Life & Times, Tunbridge Wells 1988
LP: Orig. Superior Band, GTJ 12048

Johnson, James P., James Price, (p, comp), * 1.2.1891 Brunswick, N. J., † 17.11.1955 N. Y. Begann 1904 in N. Y. professionell zu spielen, leitete 1918 Band im Clef Club. Auf Tournee mit der »Plantation Days«-Show in England und auf dem Kontinent. Arbeitete in den 20er Jahren als Solo-Pianist und Begleiter von Vokalisten, schrieb den Hit »Charleston«. In den 30er Jahren verstärkt als Komponist tätig (»Yamecraw«, »Symphony Harlem«, auch eine semiklassische Version des »St. Louis Blues«). 1940 wurde er durch einen Schlaganfall zeitweise gelähmt, begann aber 1945 wieder zu spielen. Ein zweiter Anfall 1951 fesselte ihn bis zu seinem Tod ans Bett.

J. war neben seinem Freund Lucky Roberts einer der großen → Stride-Pianisten und hat u. a. Fats Waller, Duke Ellington und Count Basie beeinflußt. – Er hat ab 1917 Piano Rolls eingespielt, ab 1921 Schallplatten für Black Swan, Okeh, Columbia, Folkways, Decca, Blue Note, Asch. Zu seinen populären Kompositionen gehören neben »Charleston« noch »If I Could Be with You« und »Carolina Shout«. Aufnahmen als Sideman mit Bessie Smith, Pee Wee Russell, Sidney Bechet – Mezz Mezzrow, Perry Bradford, Ethel Waters, Frank Newton, Ed Hall, Will Bradley, Sidney DeParis, Yank Lawson, Max Ka-

minsky, Rod Cless, Eddie Condon u. a.
Lit.: F: H. Trolle, James P. Johnson, Alphen aan den Rijn 1981; S. E. Brown & R. Hilbert, James P. Johnson, London 1986
LP: Biograph 1009
CD: Halcyon 107

Johnson, J. J., James Louis, »Jay Jay«, (tb, comp), * 22.1.1924 Indianapolis, Ind. Lernte mit elf Jahren Klavier, mit 14 Posaune. Erster Job bei Clarence Love 1941–42, dann bei Snookum Russell 1942, bei Benny Carter 1942–45 und Count Basie 1945–46. Spielte auf der 52nd Street mit Bebop-Gruppen, mit Illinois Jacquet 1947–49, Dizzy Gillespie und 1951 mit Oscar Pettiford. 1954 erfolgte die Gründung der Zwei-Posaunen-Gruppe »Jay & Kai« mit → Kai Winding, die zwei Jahre zusammenblieb und auch später noch zu Reunions zusammenkam. Ab 1956 mit eigenen Gruppen, begann verstärkt zu komponieren, z. B. »Perceptions«, 1961. J. wurde in dieser Zeit als der führende Posaunist des Modernen Jazz anerkannt. Er war der erste Posaunist, der die Zugposaune im Bebop durchsetzte, und wurde wegen seiner technischen Meisterschaft mit Dizzy Gillespie und Charlie Parker verglichen. In den 60er Jahren spielte er kurz mit Miles Davis, mit Sonny Stitt und Clark Terry, arbeitete aber vor allem als Film- und TV-Komponist, begann erst in den späten 70ern wieder als Posaunist hervorzutreten. – Schallplatten mit Benny Carter, Count Basie, Timmie Rogers, Savannah Churchill, Karl George, Lucky Thompson, Coleman Hawkins, Esquire All Stars, JatP, Stan Getz, Miles Davis, Chubby Jackson, Charlie Parker, Sony Stitt, Buck Clayton, Kai Winding, Benny Harris, Friedrich Gulda, Henri Renaud, Charles Mingus, Joe Newman, Kenny Dorham, Milt Jackson, Al Gray, Sonny Rollins, Gene Krupa, Abbey Lincoln u. a.; als Leader ab 1946 für Savoy, Prestige, Blue Note, RCA, Bethlehem, Columbia, Impulse, Verve, A & M, Milestone u. Concord.
CD: Trombone Master, Col. CK 44443; Live at Village Vanguard, Antilles 8214; Jay & Kai, Savoy SV 0163

Johnson, Pete, (p), * 24.3.1904 Kansas City, † 23.3.1967 Buffalo. Sein erstes Instrument war Schlagzeug, begann erst mit 18 Jahren Klavier zu spielen. Spielte in den frühen 20er Jahren als Solo-Pianist in Clubs, tat sich später mit dem Sänger Joe Turner zusammen, mit diesem im 1938er »From Spirituals to Swing«-Konzert. Spielte zeitweise im Duo mit → Albert Ammons bzw. im Trio mit Ammons und → Meade Lux Lewis. J. gilt als einer der Großen des Boogie Woogie-Pianos, war darüber hinaus ein vorzüglicher Swing- und Blues-Pianist. In seinen letzten Jahren war er völlig vergessen und lebte in Armut, bis ein deutscher Jazz-Fan und Diskograph ein Buch über ihn schrieb und Geld sammelte. – Schallplatten mit Albert Ammons, Meade Lux Lewis, Harry James, Jimmy Rushing, Capitol Jazzmen; eigene Aufnahmen für Solo Art, Vocalion, Columbia, Decca, RCA, Brunswick,

National, Apollo, Top Rank, Down Beat, Jazz Selection.
Lit.: H. J. Mauerer, The Pete Johnson Story, 1965
CD: King of Boogie, Milan CD546; Joe Turner with Pete Johnson's Orch., Arhoolie CD 333

Johnson, Plas, (ts), * 21.7.1931 N. O. J. war in den 50er Jahren ein aktiver R&B- und Rock'n'Roll-Musiker, ehe er als einer der ersten Schwarzen in den Studios von Hollywood Fuß faßte. Wurde bekannt als Solist in Henry Mancinis »The Pink Panther« und nahm an zahlreichen Jazz-Sessions statt. Seit Mitte der 70er Jahre als Jazz-Solist für das Concord-Label tätig. – Schallplatten mit Henry Mancini, Nelson Riddle, Billy May, Glen Gray, Warren Baker, Capp – Pierce, Ella Fitzgerald, La Vern Baker, Ray Anthony, Eddie Vinson, Nat King Cole, Les Baxter, Si Zentner, Gene Harris, Herb Ellis, Milt Jackson, Peggy Lee, Clark Sisters, Pete Rugolo, Vic Damone, Frances Faye, Zoot Sims, Jake Hanna, Frankie Carle, Van Alexander u. v. a.; als Leader für DeLuxe, Tampa, Score, Capitol, Ava, Concord und – unter Pseudonym Johnny Beecher – Charter.
CD: Sextet, Concord 4015.

Jolly, Pete, Peter A. Ceragioli, (p, accor), * 5.6.1932 New Haven, Conn. Begann mit drei Jahren Klavier zu üben, spielte in Schul-Band, ging nach L. A. und arbeitete ab 1952 bei Georgie Auld, Shorty Rogers, Buddy DeFranco, mit eigenem Trio, hauptsächlich aber als Studiomusiker. J. ist ein exzellenter Pianist des Modern Jazz und ein ebensolcher Akkordeonist. – Schallplatten mit Shorty Rogers, Cy Touff, Lennie Niehaus, Bill Perkins – Richie Kamuca, Terry Gibbs, Buddy DeFranco, Shelly Manne, Art Pepper, Chet Baker, Frank Rosolino, Gabe Baltazar, Anita O'Day, Woody Herman, J. J. Johnson, Marty Paich, Skip Martin, Jon Eardley, Robert Conti, Dick Grove u. a.; eigene LPs für RCA, Metrojazz, MGM, Ava, Charlie Parker Rec., A & M, Columbia, Atlas, Holt.
CD: 25th Anniversary Gem Coll., Holt 3303

Jones, Carmell, (tp, flh), * 1936 Kansas City. Besuchte die dortige Universität 1958–60, spielte an der Westküste mit Harold Land, Shelly Manne, Benny Carter, Buddy Collette u. a. Nach einem Jahr bei Horace Silver 1964–65 ging er nach Berlin zur SFB-Big Band, spielte ab 1979 auch mit Lou Blackburn (Mombasa), trat 1984 mit Jay McShann in seiner Heimatstadt auf und 1992 mit einem Quintett in N. Y. – Schallplatten mit Harold Land, Charles McPherson, Sarah Vaughan, Horace Silver, Gerald Wilson, Booker Ervin, Red Mitchell, Tricky Lofton, Bud Shank, Jean-Luc Ponty, SFB-Big Band, Jay McShann. Von dem stilistisch Clifford Brown nahestehenden J. gibt es LPs als Leader auf Pacific Jazz* u. Prestige.
*LP: The Remarkable C. J., Affinity 132**

Jones, Elvin Ray, (d), * 9.9.1927 Pontiac, Mich. Der Bruder von → Hank u. Thad Jones begann in Detroit mit seinen Brüdern zu spielen, dann mit Billy Mitchell 1949–52, Teddy Charles, Charles Mingus 1955, Bud Powell, Pepper Adams – Donald Byrd, Tyree Glenn, Thelonious Monk, Harry Edison, ab 1960 bei John Coltrane. 1966 mit Duke Ellington in Europa, anschließend bei Tony Scott. Eigenes Trio mit Joe Farrell und Jimmy Garrison, später Steve Grossmann, Dave Liebman, McCoy Tyner, Richard Davis, Dollar Brand u. a. Lebte einige Jahre in Japan, besitzt dort einen Club.

J.'s Fähigkeit, zwei- und dreiteilige Rhythmen zu überlagern, seine Integration der Baßtrommel mit den Snare Drums und eine unvergleichliche Beckenarbeit machen ihn zum bedeutendsten Drummer der letzten 20 Jahre. – Schallplatten mit Tommy Flanagan, Thad Jones, J. J. Johnson, Kenny Burrell, Sonny Rollins, Miles Davis, Gil Evans, Pepper Adams Art Farmer, Bennie Green, John Coltrane, Ornette Coleman, Albert Mangelsdorff, Art Pepper, Barney Kessel, Barry Harris, Bennie Wallace, Bobby Jaspar, Chico Freeman, Duke Ellington, Larry Young, Lee Konitz, McCoy Tyner, Paul Chambers, Pharoah Sanders, Phineas Newborn, Ray Brown, Steve Lacy, Fred Tompkins, Wayne Shorter, Stan Getz, Sonny Sharrock, Wynton Marsalis, Javon Jackson, Tommy Smith; als Leader für Atlantic, Riverside, Impulse, Blue Note, Enja, Pronit, PM, Vanguard, Denon, Milestone, Blackhawk, Novus, Konnex.

CD: Poly-Currents, Blue Note 84331; Power Trio, Novus PD 90547

Jones, Etta, (voc), * 25.11.1928 Aiken, S. C. Sang mit 16 Jahren in der Band von Buddy Johnson, später mit J. C. Heard und Earl Hines 1949–52. Tritt seitdem als Solistin auf. Ursprünglich von → Billie Holiday beeinflußt, hat sie längst ihren eigenen Stil gefunden. – Schallplatten mit Barney Bigard, Earl Hines, J. C. Heard, Pete Johnson, Cyril Haynes, Oliver Nelson u. a. Begleitbands für Black & White, RCA, King, Prestige*, Roulette, Muse.

*LP: OJC 221**

Jones, Hank, Henry William Jr., (p), * 31.7.1918 Pontiac, Mich. Der älteste der Jones-Brüder begann 1944 bei Hot Lips Page und anschließend in den Bands von Andy Kirk, Coleman Hawkins und Howard McGhee. 1947 ging er mit → JatP auf Tournee, begleitete Ella Fitzgerald 1948–53. In den folgenden Jahren als Studiomusiker in N. Y., wo er als Teil der »N. Y. Rhythm Section« mit Barry Galbraith (g), Milt Hinton (b) u. Osie Johnson (d) unzählige Schallplatten einspielte, sowohl Jazz als auch Unterhaltungsmusik aller Art. Er arbeitete auch mit Benny Goodman, Harry Belafonte, Barbra Streisand, Al Hirt, Carol Burnett und in der Jackie-Gleason-Show.

J. gehört aufgrund seiner Vielseitigkeit zu den meistbeschäftigten Pianisten des modernen Jazz. Er hat im Lauf seiner Karriere mit fast jedem wichtigen Musiker zusammengespielt und/oder Schallplatten aufgenommen; allein die Aufzählung würde mehrere Seiten füllen, weshalb hier auf seine Diskographie verwiesen werden muß. Seit 1977 tritt er auch mit dem

»Great Jazz Trio« auf, mit Ron Carter bzw. Eddie Gomez (b) u. Tony Williams bzw. Al Foster (d). – Schallplatten als Leader ab 1947 für Verve, Savoy, Epic, Golden Crest, Capitol, Argo, ABC-Paramount, Impulse, Concord, East Wind, Muse, Galaxy, Black & Blue, MPS, Inner City, Chiaroscuro, Lobster, Trio, Denon, Timeless, Jazz Alliance, EmArcy.
Lit.: Shin-ichi Iwamoto, Have You Met Mr. Jones, Tokio 1989 (D)
CD: Bluebird, Savoy 650140; G. J. T., Denon 33C38-7854

Jones, Jimmy, James Henry, (p, arr), * 30.12.1918 Memphis, Tenn. Erster Job 1943 bei Stuff Smith, dann bei Sarah Vaughan, J. C. Heard, Ben Webster, Harry Edison u. a. Arbeitete als Begleiter und Arrangeur für div. Vokalisten, u. a. Anita O'Day, Pat Suzuki, Morgana King, Dakota Staton, Ernie Andrews, Joe Williams, auch für Mercer Ellington und Milt Jackson. – Der exzellente Begleitpianist nahm Schallplatten auf mit Stuff Smith, Sandy Williams, Tony Scott, Timmie Rosenkrantz, J. C. Higginbotham, Don Byas, Harry Carney, Coleman Hawkins, Joe Thomas, Dickie Wells, Ben Webster, Sarah Vaughan, Sonny Stitt, Harry Edison, Joe Williams, Thad Jones, Buck Clayton, Duke Ellington, Illinois Jacquet, Beverley Kenny, Ella Fitzgerald, Budd Johnson, Helen Merrill, JatP, Johnny Hodges, Kenny Burrell, King Pleasure, Lee Wiley, Noble Sissle, Trummy Young. Arrangements für Nancy Wilson, Wes Montgomery, Ella Fitzgerald, Shirley Horn, Joe Williams, Billy Taylor, Chris Connor, Carmen McRae u. a.; als Leader für Session, HRS, Wax, Swing u. GNP.
CD/LP: OJC 1723; 1724

Jones, Jo, Jonathan, (d), * 10.7.1911 Chicago, † 4.9.1985 N. Y. Lernte div. Instrumente, u. a. Saxophon, Trompete und Klavier. Kam 1933 nach Kansas City und spielte dort mit Tommy Douglas, ab 1935 bei → Count Basie, bei dem er mit Ausnahme seiner Armeezeit bis 1948 arbeitete. In den folgenden Jahren bei Illinois Jacquet, Lester Young, Joe Bushkin, Ella Fitzgerald, meist aber als Freelancer in N. Y. und mit eigenen Gruppen, mehrmals in Europa. J. ist einer der bedeutendsten, wenn nicht der bedeutendste Drummer der Swing-Ära, vergleichbar nur noch mit → Sid Catlett, → Chick Webb und → Dave Tough, besonders seine Behandlung der Cymbals legte den Grundstein für die modernen Jazz-Stile. – Schallplatten mit Count Basie, Mildred Bailey, Billie Holiday, Harry James, Teddy Wilson, Lionel Hampton, Timmie Rosenkrantz, Sidney Bechet – Tommy Ladnier, Buck Clayton, Glenn Hardman, Benny Goodman, Cootie Williams, Dickie Wells, Charlie Shavers, Earl Warren, Paul Quinichette, Duke Ellington, Thad Jones, George Wein, Sir Charles Thompson, Sonny Stitt, Jimmy Rushing, Lester Young, Coleman Hawkins, Roy Eldridge, Art Tatum, JatP, Nat Pierce, Ben Webster, Budd Johnson, Gil Evans, Jack Teagarden, Johnny Hodges, Lee Wiley, Milt Buckner, Pee Wee Russell, Stuff Smith, Zoot Sims,

Tommy Flanagan, Charles Mingus u. a.; eigene LPs für Vanguard, Everest, Jazz Odyssey, Pablo, Denon.
LP: The Main Man, Pablo 2310799
CD: Sextet, Fresh Sound 144

Jones, Jonah, Robert Elliott, (tp), * 31.12.1909 Louisville, Ky. Der ausgezeichnete Swing-Trompeter begann 1929 bei Horace Henderson, spielte in der Folgezeit bei Jimmie Lunceford, Stuff Smith, Lil Armstrong, McKinney's Cotton Pickers, Fletcher Henderson, Benny Carter und 1941–52 bei Cab Calloway. In den 50er Jahren bei Earl Hines, Joe Bushkin, der »Porgy & Bess«-Show; gründete ein eigenes Quartett, welches durch sein Spiel mit Dämpfer vor einem → Shuffle-Rhythmus sehr populär wurde. – Schallplatten mit Stuff Smith, Dick Porter, Teddy Wilson, Lionel Hampton, George Williams, Billie Holiday, Adrian Rollini, Lil Armstrong, Benny Carter, Cab Calloway, Earl Hines, Coleman Hawkins, Ike Quebec, Walter Thomas, Milt Hinton, Sidney Bechet, Dave Pochonet, Sammy Price, George Wettling, Benny Payne, Glen Gray; als Leader für Keynote, Commodore, Swing, Bethlehem, RCA, Capitol, Decca, Motown.
LP: Jumpin' with a Shuffle, Capitol 1404

Jones, Oliver, (p), * 11.9.1934 Montreal. Begann mit zwei Jahren Klavier zu lernen, studierte später bei der Schwester von Oscar Peterson. Spielte 19 Jahre in der Band von Kenny Hamilton (auch als Musical Director), tritt seit 1980 mit eigenem Trio auf. Gilt als größtes Klaviertalent, welches Kanada seit Oscar Peterson (dem er stilistisch ähnelt) hervorgebracht hat. – Schallplatten auf Justin Time, Enja.
CD: A Swinging Affair, Enja 7059-2

Jones, Philly Joe, Joseph Rudolph, (d), * 15.7.1923 Philadelphia, † 30.8. 1985 Philadelphia. Lernte Klavier von seiner Mutter, Schlagzeug als Autodidakt. Spielte als Teenager in lokalen Bands, aber auch mit Dexter Gordon und Fats Navarro. 1949 in Washington bei Ben Webster, ging dann nach N. Y. zu Lee Konitz, Miles Davies, Tony Scott, Tadd Dameron, Gil Evans 1959. Eigene Gruppe, dann 1962 wieder bei Davis. In den folgenden Jahren freelancing, mit Drum-Workshops, als Lehrer und ab 1982 mit seiner Gruppe »Dameronia«, die die Musik → Tadd Damerons wieder aufleben ließ. J. war einer der vielseitigsten Drummer der Hard-Bop- und Post-Hard-Bop-Richtung. – Schallplatten mit Miles Davis, Clifford Brown, Tony Scott, Art Pepper, Kenny Drew, Clark Terry, Wynton Kelly, Johnny Griffin, Paul Chambers, Lee Morgan, Hank Mobley, J. R. Monterose, Jackie McLean, Art Farmer, Serge Chaloff, Warne Marsh, Cannonball Adderley, John Coltrane, Bill Evans, Slide Hampton, Archie Shepp, Abbey Lincoln, Bill Hardman, Chet Baker, Duke Jordan, Dexter Gordon, Ernie Henry, Ike Quebec, Mal Waldron, Kenny Dorham, Phineas Newborn, Sonny Clark, Sonny Rollins, Bobby Hutcherson, Tadd Dameron, Wes Montgomery u. a.; eigene LPs für Riverside, Atlantic, Joker, Black Lion, Vogue (mit Jef Gilson), Sonet, Galaxy, Milestone, Uptown. *LP: Stop Look Listen, Uptown 2715; The Big Beat, Milestone 47016 (+ CD)*

Jones, Quincy Delight Jr., (comp, producer, tp), * 14.3.1933 Chicago. Wuchs in Seattle auf, sang im Kirchenchor und erhielt ersten Trompetenunterricht von Clark Terry. Studierte 1951 am Schillinger House (dem heutigen Berklee College), anschließend für zwei Jahre bei Lionel Hampton, der seine erste Komposition aufnahm (»Kingfish«) und mit dem er Europa besuchte. Ab 1953 freelancing in N. Y., schrieb für Ray Anthony, ging 1956 zu Dizzy Gillespie als Trompeter und Musical Director. 1957 nach Paris, studierte bei Nadia Boulanger und arbeitete als Arrangeur für Barclay Records. 1959 wieder in die USA, wurde Leiter der »Free and Easy«-Blues-Oper von Harold Arlen. Stellte dafür eine Big Band zusammen und war 1960 mit ihr auf Tournee in Europa. 1961 wurde er A&R-Mann bei Mercury Records, seit 1964 Vizepräsident. Arbeitet seit den späten 60er Jahren vor allem als Filmkomponist, Produzent und Arrangeur von kommerziellen Schallplattenproduktionen nach dem Vorbild von Miles Davis, allerdings auf einem höheren Niveau. Gründete 1979 eigenes Label »Quest Records«. Komponierte »Jessica's Day«, »Stockholm Sweetnin'«. Arrangements für Lionel Hampton, Count Basie, Dizzy Gillespie, Gene Krupa, Sonny Stitt, Art Farmer, Clifford Brown, Louis Jordan, Jimmy Cleveland, Helen Merrill, Clark Terry, Harry Arnold, Eddie Barclay, Kurt Edelhagen, Frank Sinatra, Peggy Lee, Sarah Vaughan. LPs unter eigenem Namen für Metronome, ABC-Paramount, Mercury, Impulse, A & M.
Lit.: Quincy Jones, Listen Up, N. Y. 1991
CD: Birth of a Band, Mercury; This Is Hot I Feel About Jazz, Impulse GRP 11152

Jones, Thad, Thaddeus Joseph, (tp, flh, comp), * 28.3.1923 Pontiac, Mich., † 20.8.1986 Kopenhagen. Der Bruder von → Elvin u. Hank Jones begann Ende der 30er Jahre in Detroit aufzutreten, spielte nach dem Militärdienst mit Billy Mitchell und gehörte Anfang der 50er Jahre zum Avantgardekreis um → Charles Mingus. Ging 1954 zu Count Basie, wo er bis 1963 als Trompeter und Arrangeur blieb. Arbeitete dann mit Thelonious Monk, Gerry Mulligan, George Russell und Pepper Adams, arrangierte für Harry James und gründete Ende 1965 mit → Mel Lewis eine Big Band, die regelmäßig im Village Vanguard in N. Y. auftrat und die durch seine originelle Schreibweise und den Drive von Lewis einen legendären Ruf genoß, wozu auch die Top-Musiker (Pepper Adams, Jerome Richardson, Jerry Dodgion, Bob Brookmeyer, Richard Davis, Jimmy Knepper u. a.) und Arrangements von Brookmeyer und Garnett Brown beitrugen. 1978 ging J. nach Kopenhagen und übernahm die Leitung der dortigen Rundfunk-Band. Im Februar 1985 in dieser

Funktion zum Count-Basie-Orchester. J. war als Trompeter eine der originellsten Stimmen der 50er und 60er Jahre, aber es sind die Platten der Jones-Lewis-Band, die seinen Platz in der Jazz-Geschichte sichern. – Schallplatten mit Charles Mingus, McCoy Tyner, Count Basie, Sonny Stitt, George Wallington, Paul Quinichette, Thelonious Monk, James Moody, Ben Webster, Jim Tyler, Coleman Hawkins, Dexter Gordon, Eddie Lockjaw Davis, Elvin Jones, Dave Grusin, Herbie Hancock, Horace Parlan, Kenny Burrell, Oliver Nelson, Bob Brookmeyer, Quincy Jones, Frank Wess, Heiner Stadler; als Leader für Debut, Period, United Artists, Four Leaf Clover, Metronome, Blue Note u. Artists House, mit der Jones – Lewis Big Band für United Artists, Solid State*, Blue Note, Horizon, Pausa, Philadelphia Int., Storyville.
CD: Jones – Lewis, LRC 9004; Paris 1969, Jeal RJD 511*

Jones, Vince, (voc, tp), * März 1954 Glasgow, Schottland. Im Alter von elf Jahren ging er mit seiner Familie nach Australien, wo er heute noch lebt. Der Sohn eines Musikers begann mit 20 Jahren, R & B in Clubs zu spielen, und hatte schon bald eine eigene Band, mit der er sich dem modernen Mainstream widmet. – Schallplatten für Suitable Recordings/Intuition.
CD: Trustworthy Little Sweethearts, INT 3046-2

Jordan, Clifford Laconia, (ts), * 2.9. 1931 Chicago, † 1.4.1993, N. Y. Begann früh Klavier zu spielen, Tenor-Sax mit 14 Jahren. In Chicago an der Du Sable High School mit Johnny Griffin, John Gilmore und Sonny Stitt, spielte mit R&B-Gruppen, aber auch Max Roach. Ab 1957 bei Horace Silver, 1959 bei J. J. Johnson, eigenes Quintett mit Kenny Dorham 1961–62, 1963 wieder bei Max Roach, 1964 bei Charles Mingus. Seit den 60er Jahren häufig in Europa und Afrika, u. a. mit Randy Weston, Cedar Walton, der Gruppe »Mingus Dynasty« und eigenen Bands. – Sein blueshaftes, an Sonny Rollins geschultes Spiel ist zu hören auf Platten von Paul Chambers, Horace Silver, John Gilmore, David Newman, Lee Morgan, J. J. Johnson, Max Roach, Pony Poindexter, Sahib Shihab, Charles McPherson, Andrew Hill, Art Farmer, Charles Mingus, Carmen McRae, Cedar Walton, Eric Dolphy, Klaus Weiss, Mal Waldron, Silde Hampton, Dizzy Reece, Jerome Rusch, John Hicks; als Leader für Blue Note, Riverside/Jazzland, Atlantic, Vortex, Strata-East (ein von ihm gegründetes Label), Muse, Steeplechase, Soul Note, Criss Cross, DIW, Mapleshade, Milestone.
CD: Two Tenor Winner, Criss Cross 1011; Big Band, Milestone 9197-2

Jordan, Duke, Irving Sidney, (p), * 1.4.1922 Brooklyn, N. Y. Erster wichtiger Job 1941 bei Coleman Hawkins, in den folgenden Jahren bei Al Cooper, Teddy Walters und 1947–48 bei Charlie Parker. In den 50er Jahren mit Gene Ammons, Stan Getz, Cecil Payne u. a. und mit eigenem Trio. Ging 1959 nach Paris, schrieb die Musik zum Film »Les liaisons dangereuses«. Nach längerer Pause begann er in den 70er Jahren wieder aufzutreten, begleitete mit seinem Trio u. a. Chet Baker und Art Farmer. J. gehört zu den ersten Bebop-Pianisten. – Schallplatten mit Roy Eldridge, Charlie Parker, Stan Getz, Gene Ammons, Art Farmer, Sonny Stitt, Howard McGhee, Oscar Pettiford, Cecil Payne, Coleman Hawkins, Chet Baker, Don Lanphere, Gigi Gryce, Kenny Burrell, Tina Brooks, Eddie Bert. Eigene Aufnahmen für Swing, Savoy, Signal, Blue Note, Charlie Parker Rec., Muse, Spotlite, Steeplechase.

Lit.: T. Sjoegren, Duke Jordan Discography, Kopenhagen 1989[3]

CD: Trio & Quartet, Savoy SV-0149

Jordan, Louis, (as, voc), * 8.7.1908 Brinkley, Ark., † 4.2.1975 L. A. Spielte bei Ruby Williams in Hot Springs, Ark., ging 1930 zu Charlie Gaines, dann in N. Y. bei Kaiser Marshall und Leroy Smith, 1936–38 bei Chick Webb. Gründete dann eigene Combo, die »Tympani Five«, die mit ihrem R&B-Stil bald sehr populär wurde und als Vorläufer zahlloser R&B-Bands (bzw. Rock'n'-Roll-Bands) gelten muß. Hatte in den 40er Jahren einige Millionen-Hits, u. a. »Choo-choo'ch Boogie« und »Caldonia«. Leitete zeitweise eine Big Band, meist aber kleine Gruppen mit Unterbrechungen bis zu seinem Tod, ohne an seine frühen Erfolge anknüpfen zu können. – Schallplatten mit Chick Webb, Ella Fitzgerald, Bing Crosby, Louis Armstrong, Chris Barber; als Leader ab 1938 für Decca, Aladdin, RCA, Mercury, Tangerine, Pzazz, Blues Spectrum, Black & Blue.

Lit.: Lubin and Garcon, L. J. Discography, CLARB, 1987; J. Chilton, Let the Good Times Roll, London 1992

CD: Complete Decca Recordings, Bear Family BCD 15557

Jordon, Taft, James, (tp, voc), * 15.2. 1915 Florence, S. C., † 1.12.1981. Wuchs in Norfolk, Va. auf, spielte Trompete u. Bariton-Horn in Schul-Band. Studierte in Philadelphia bei Doc Hyder, 1933 zu → Chick Webb nach N. Y., war bis 1941 in der Band (auch unter Leitung von Ella Fitzgerald). 1942 eigene Combo, 1943–47 bei Duke Ellington, in den folgenden Jahren u. a. bei Lucille Dixon, Don Redman, als Studiomusiker, mit Benny Goodman (Europa 1958) u. mit eigenen Gruppen. In den 60er Jahren in der Broadway-Show »Hello, Dolly«, 1977 im Trio von Red Richards. – Schallplatten mit den Washboard Rhythm Kings, Chick Webb, Ella Fitzgerald, Willie Bryant, Duke Ellington, Herbie Fields, La Vern Baker, Sonny Greer, Al Hibbler/Harry Carney, Sy Oliver, Rex Stewart, George Rhodes, Modernaires, Steve Lawrence, Dud Bascomb, Benny Goodman, Miles Davis u. a.; unter seinem Namen für Banner (1935), Mercury, Aamco u. Moodsville.

CD: Duke Ellington, Hindsight HCD-410

Jubilee, religiöse Gesangsform, vergleichbar den → Spirituals und den → Gospel Songs, jedoch auf der

Grundlage des Hymnengesangs, dessen Strophen beim Singen fortwährend Veränderungen unterworfen werden.

Jubilee Records, 1948 von Hal Blaine in New York gegründet, widmete sich hauptsächlich dem R & B bzw. Rock 'n' Roll mit Gruppen wie The Orioles, The Cadillacs, The Four Tones, Edna McGriff. Veröffentlichte auch Jazz-LPs von Med Flory, Marty Holmes, Sy Oliver, Frankie Ortega u. a.
Sub-Labels: Josie, Jane

Jug (Krug), ein einfacher Tonkrug, in den rhythmisch hineingesungen wird. Ist in der Folklore der Schwarzen ein basierendes Instrument, hat die Funktion von Tuba bzw. Kontrabaß vor der Übernahme regulärer Instrumente. Verbreitet in den »Tub, Jug and Washboard Bands«, auch zur Bluesbegleitung.
CD: Memphis Jug Band, RST BDCC-6002

Juke Box, ein Musikautomat, der nach Einwurf eines Geldstückes eine Schallplatte nach Wahl abspielt. Seit den 30er Jahren beliebt. Der im deutschen Sprachraum dafür verwandte Begriff »Music Box« ist falsch, da er übersetzt »Spieldose« heißt.

Jump (Sprung), eine Rhythmusart des Jazz mit besonderer dynamischer Spannung, die den Eindruck erweckt, die Melodie »springe« von einem Taktschwerpunkt zum anderen. Die Bindung des Jump an eine stilisierte Blues-Form mit einfacher Melodik führte zur Entstehung des → Harlem-Jump und von dort zum → Rhythm & Blues bzw. → Rock 'n' Roll. Beispielhaft für den Jump sind die Orchester von Count Basie (»Jumpin' at the Woodside«), Al Cooper (»Jumpin' at the Savoy«) und Buddy Johnson.

Jungle-Stil, von → Duke Ellington eingeführter Begriff für die Verwendung von Instrumentaleffekten wie → Growl und Wa-Wa, wodurch eine Nachahmung von Dschungelgeräuschen suggeriert werden soll. Typische Kompositionen aus seiner »Jungle-Style«-Periode (ca. 1927–32) sind »The Mooche«, »Black and Tan Fantasy«, »Jungle Nights in Harlem«. Der letztere Titel deutet darauf hin, daß nicht der eigentliche Urwald gemeint ist, da »Dschungel« auch ein Synonym für »Großstadt« ist. Vgl. auch den »Asphalt Jungle Twist«, 1961.
CD: D. E. Bluebird ND 82499; The Brunswick Era, MCA 42325

Just Jazz, eine Konzertreihe (ähnlich wie → JatP), die Gene Norman ab 1947 in Pasadena (Kalifornien) veranstaltete. Mitschnitte solcher Konzerte erschienen auf seinem Label → GNP, auf Decca, Modern/United.
CD: Just Jazz Concert, Vogue 600126, 600163; Way Out Wardell (Gray), Boplicity 014

Kamuca, Richie, Richard, (ts), * 23.7. 1930 Philadelphia, † 22.7.1977 L. A. Studierte an der Mastbaum School, hatte ersten »Name Band«-Job bei Stan Kenton 1951–52; dann bei Woody Herman 1954–55, den Lighthouse All Stars 1957–58, dazwischen auch mit Chet Baker und Maynard Ferguson. 1959–61 spielte er mit Shorty Rogers und Shelly Manne, war kurz bei Gerry Mulligan und leitete ein Quintett mit Roy Eldridge. In den 70er Jahren in L. A. als Studiomusiker, aber auch bei Blue Mitchell, Bill Berry, Herb Ellis und Ray Brown. K. war der vielleicht talentierteste Lester-Young-Epigone. – Schallplatten mit Stan Kenton, Woody Herman, Al Cohn, Cy Touff, Med Flory, Buddy Bregman, Stan Levey, Johnny Richards, Manny Albam, Skip Martin, Shorty Rogers, Dempsey Wright, Shelly Manne, Gary McFarland, Art Pepper, Nat Pierce, Bill Berry, Bill Holman, Chet Baker, Frank Capp, Jake Hanna, Mort Lindsay, John Williams, Johnny Mandel, Ray Brown, Terry Gibbs, Gus Mancuso, Zoot Sims; als Leader für Liberty, Mode, Hi-Fi*, Jazzz u. Concord.
LP: Richie, Concord CJ-41
*CD: West Coast Jazz, OJCCD 1760**

Kansas City, ehemals das Zentrum eines Jazz-Stiles, dessen größte Verbreitung in den Jahren 1926–36 zu finden ist. Das Hauptmerkmal ist seine rhythmische Betonung (→ Bounce), die sich durch ihre »Relaxation« von der Stakkato-Rhythmik des New-Orleans-Stiles abhebt. Ein weiteres Merkmal ist die Verwendung von → Riffs anstatt der Kollektivimprovisation. Die Melodik weist auf die Folklore des mittleren Westens hin, wo auch der → Ragtime entstand. Einer der bedeutenden Ragtime-Pianisten, James Scott, lebte auch von 1914 bis zu seinem Tod 1939 in K. C.

Die erste Berührung mit dem Jazz hatte die Stadt nach 1917, als durch die Schließung von → Storyville auch hierhin Jazz-Musiker zogen. Die ersten Bands spielten noch ganz im New-Orleans-Idiom; mit der Vergrößerung der Bands analog der Entwicklung in Chicago und New York kam aber auch hier die Verwendung von Arrangements auf. Zu den ersten, die geschriebene Arrangements spielten, gehörten Jesse Stone und der Altsaxophonist Buster Smith. Letztere beeinflußte nachhaltig Charlie Parker, der auch aus K. C. stammte. Die wohl wichtigste Band in der Ausbreitung des Kansas-City-Stiles ist die von Bennie Moten, der 1923 seine ersten Schallplatten einspielte und seine führende Stellung bis zu seinem Tod 1935 behaupten konnte. Weitere bedeutende Bands waren die von Walter Page (1926–32), Andy Kirk (1929–47), Jay McShann, in dessen Band Charlie Parker 1939–40 spielte, Harlan Leonard, Alphonse Trent, Jesse Stone und vor allem Count Basie. Basie, der in Bennie Motens Band nach eigener Aussage »drittes Klavier« spielte (Moten selbst und sein Bruder Buster waren auch Pianisten), gründete nach dessen Tod 1935 eine eigene Band, die nach tatkräftiger Hilfe von John Hammond und Benny Goodman ab 1937 zu den besten Bands ihrer Zeit zählte.

K. C. war in den 20er und 30er Jahren das Wirtschafts-, aber auch das Vergnügungszentrum des Mittel- und Südwestens der USA. Kontrolliert wurde die Stadt von 1927 bis 1938 von dem Führer der Demokratischen Partei, Tom Pendergast, einem durch und durch korrupten Politiker, der alles förderte, womit er sich bereichern konnte: Kneipen, Spielhöllen, Nachtklubs etc. Musiker fanden hier immerhin einen (schlechtbezahlten) Job, und es ist bemerkenswert, daß nach Pendergasts Entmachtung 1939 wegen Steuerhinterziehung kaum noch bedeutende Bands aus K. C. hervorgingen.

Lit.: Ross Russell, Jazz Styles in Kansas City and the Southwest, Berkeley 1971 (Reprint 1983); F. Driggs, Kansas City and the Southwest, in: Hentoff/McCarthy (ed.), Jazz, N. Y. 1975

LP: The Territory Bands, Historical HLP 24, HLP 26

CD: Jay McShann (mit C. Parker), Stash; → Bennie Moten, Count Basie

Kay, Connie, Conrad Henry Kirnon, (d), * 27.4.1927 Tuckahoe, N. Y. Begann Mitte der 40er Jahre professionell zu spielen, u. a. bei Sir Charles Thompson, Miles Davis, Cat Anderson, Lester Young, Charlie Parker, Coleman Hawkins, Beryl Booker, Stan Getz. Ersetzte 1955 Kenny Clarke im → Modern Jazz Quartet, dem er seitdem angehört. Der an klanglichen Differenzierungen interessierte K. ist außerdem ein sehr beschäftigter Studiomusiker und war auch einige Jahre der bevorzugte Drummer von → Benny Goodman. – Auf Schallplatten ist er mit so unterschiedlichen Musikern wie Chet Baker, John Coltrane, Milt Jackson, Ray Charles, Stan Getz, Jimmy Heath, Dexter Gordon, Paul Desmond, Benny Goodman, Scott Hamilton u. v. a. zu hören.

Kazoo, primitives Instrument, besteht aus einem Stück Rohr, das an einer Seite durch eine Membrane verschlossen ist, während in die andere hineingesungen oder -gesummt wird. Als Mirliton (frz. Näselhäutchen) eines der ältesten Instrumente der Menschheit, ursprünglich zu kultischen Zwecken benutzt, dazu auch in Masken eingebaut (Afrika). Im afro-amerikanischen Musizieren wird es als Melodieinstrument verwendet, meist in → Skiffle und Washboard Bands. (→ Blue Blowing)

Kellaway, Roger, (p, comp), * 1.11. 1939 Waban, Mass. Studierte am New-England-Konservatorium, hatte ersten Job als Bassist bei Jimmy McPartland, ging 1960 nach N. Y. und spielte bei Kai Winding, Al Cohn – Zoot Sims, Clark Terry – Bob Brookmeyer, Mark Murphy und mit eigenem Trio. War 1966 bei Don Ellis, arbeitet seitdem vor allem als Komponist von → Third-Stream-Werken, für Film und TV. – Der technisch und stilistisch vielseitige K. ist auf LPs zu hören mit Kai Winding, Al Cohn – Zoot Sims, Clark

Terry – Bob Brookmeyer, Ben Webster, Eddie Daniels, Sonny Rollins, Zoot Sims, den Clayton Bros., Oliver Nelson, Wes Montgomery, Claudio Roditi, Charlie Mariano, Kenny Burrell, Singers Unlimited, Sherrie Maricle/John Mastroiami u. a.; als Leader für Regina, Prestige, World Pacific, Discwasher, Dragon, Concord, Fresh Sound.
CD: R. K. – Red Mitchell, Dragon 168

Kelly, Wynton, (p, comp), * 2.12. 1931 Jamaika, † 12.4.1971 Toronto. Wuchs in Brooklyn auf, gab dort sein Debüt 1943. Spielte bei Ray Abrams, Hal Singer, Eddie Lockjaw Davis, drei Jahre bei Dinah Washington. Wurde in den 50er Jahren durch seine Arbeit mit Lester Young und Dizzy Gillespie bekannt und spielte 1959–63 bei Miles Davis. Leitete dann eigenes Trio mit Paul Chambers und Jimmy Cobb, war bei Wes Montgomery und außerdem ein gesuchter Studiomusiker. – Schallplatten mit Miles Davis, J. J. Johnson, Hank Mobley, Sonny Rollins, Lee Morgan, A. K. Salim, Clark Terry, Philly Joe Jones, Nat Adderley, Ernie Henry, Benny Golson, Dizzy Gillespie, Steve Lacy, Dizzy Reece, Johnny Griffin, Abbey Lincoln, Lorez Alexandria, Art Blakey, Art Pepper, Art Taylor, Blue Mitchell, Cannonball Adderley, Dinah Washington, Eddie Jefferson, Frank Strozier, James Clay, John Coltrane, Paul Chambers, Sam Jones u. a.; eigene LPs für Blue Note, Riverside, Vee-Jay, Verve, Milestone.
CD: Kelly Blue, OJC 033

Kenton, Stan, Stanley Newcomb, (p, comp), * 19.2.1912 Wichita, Kansas, † 25.8.1979 L. A. Lernte Klavier bei seiner Mutter und bei Privatlehrern. Erster Job 1934 als Pianist und Arrangeur bei Everett Hoagland, 1936 zu Gus Arnheim, auch bei Vido Musso und Johnny Scat Davis. Gründete 1940 eigene Band, die einen deutlichen Einfluß von → Jimmie Lunceford zeigte und mit Stücken wie »Artistry in Rhythm« und »Eager Beaver« bald populär wurde (arr K. u. Ralph Yaw). 1944 begann mit Pete Rugolo ein junger Arrangeur für K. zu arbeiten, der verantwortlich war für die Phase des → »Progressive Jazz«, während → Gene Roland die Brass Section auf fünf tp u. fünf tb erweiterte. Typische Stücke dieser Periode sind »Rika Rika Jack«, »Concerto to End All Concertos«, »Peanut Vendor«, »Machito«, letztere sind auch Beispiele für die Hinwendung zum → Afro-Cuban Jazz. Wichtige Musiker dieser Periode: Ray Wetzel, Buddy Childers (tp), Kai Winding (tb), Vido Musso, Bob Cooper (ts), Boots Mussulli (as), Eddie Safranski (b), Shelly Manne (d), Anita O'Day bzw. June Christy (voc). 1949 wurde das Orch. aufgelöst, im folgenden Jahr erfolgte eine Neugründung unter dem Schlagwort »Innovations in Modern Music«. Dazu wurde die klassische Big Band um Holzbläser, Streicher, Waldhorn und zusätzliche Perkussionisten erweitert. Diese Band spielte neben Jazz-Titeln von → Shorty Rogers u. a. moderne Kompositionen von → Bob Graettinger (»City

22. August – 18. September 1953

Erste Europa - Tournee

Stan Kenton

und sein Orchester

mit

June Christy

Die Orchester - Mitglieder:

Trompete:

Conte Candoli
Buddy Childers
Don Dennis
Ziggy Minichelli
Don Smith

Posaune:

Bob Burgess
Keith Moon
Frank Rosolino
Bill Russo
Bill Smiley

Saxophon:

Tony Ferina
Bill Holman
Lee Konitz
Dave Schildkraut
Zoot Sims

Bass:

Don Bagley

Gitarre:

Barry Galbraith

Schlagzeug:

Stan Levey

Tourneeleitung:

Heinz Hoffmeister

Konzert- und Gastspieldirektion G.m.b.H., Mannheim N7, 8, Tel. 43253.

in Zusammenarbeit mit

Harold Davidson

Theatrical, Band and Conzert Agency Egmont House, 116 Shaftesbury Ave London Ave London W 1.

Handzettel zur ersten Europatournee von Stan Kenton, 1953

of Glass«, »Thermopylae«), Manny Albam, Pete Rugolo u. a. 1952 folgte eine Hinwendung zum Jazz: Die swingendste Band, die K. je leitete, spielte Musik von → Bill Holman, → Gerry Mulligan, Shorty Rogers, → Bill Russo mit Musikern wie Conte Candoli, Maynard Ferguson (tp), Bud Shank, Lee Konitz (as), Zoot Sims, Richie Kamuca (ts), Frank Rosolino (tb) (»New Concepts of Artistry in Rhythm«), aber auch Titel wie

»Improvisation« von Bill Russo. Mit dieser Band 1953 in Europa. Nach 1955 konnte K. dieses Niveau nicht durchweg halten, wartete aber immer wieder mit exzellenten Musikern auf, so Carl Fontana, Bill Perkins, Lennie Niehaus, Charlie Mariano, Mel Lewis. Er spielte einige vorzügliche LPs, bes. »Cuban Fire« von → Johnny Richards. 1961 erweiterte er die Band um vier Mellophone (LPs: »West Side Story«, »Adventures in Jazz«). 1965 erneute Hinwendung zum → Third Stream (das »Innovations«-Orch. fällt auch hierunter) durch die Leitung des → Neophonic Orch. In den folgenden Jahren war K. durch seine Clinics auch pädagogisch tätig, experimentierte mit ungeraden Rhythmen (comp Johnny Richards, Hank Levy, LP: »Adventures in Time«) und gründete 1971 seine eigene Plattenfirma »Creative World«, die auch viele Aufnahmen seines Labels → Capitol wiederveröffentlichte.

K.'s Verdienst besteht vor allem darin, daß er jungen Komponisten, Arrangeuren und Musikern die Möglichkeit zur Entfaltung bot und außerdem der Big Band als Orchesterform neue Dimensionen erschloß (er hat nie versucht, herkömmliche Swing-Musik zu spielen). Daß er dabei oft scheiterte, dürfte an seiner unzureichenden Ausbildung liegen (eine interessante Parallele zu Duke Ellington) und den damit verbundenen Schwierigkeiten beim Meistern der großen Form. Von seinen Schallplatten sind neben den schon genannten unverzichtbar: »Contemporary Concepts« und »New Concepts of Artistry in Rhythm«. Eine »offizielle« Biographie von W. F. Lee (1980) ist eine peinliche Lobhudelei, informativer sind dagegen:

Lit.: Carol Easton, Straight Ahead, The Story of S. K., N. Y. 1981²; L. Arganian, S. K., The Man and His Music, East Lansing 1989; C. Garrod, S. K. & His Orch., Zephyrhills 1984 ff. (D) LP/CD: Complete Capitol Recordings of the Holman and Russo Charts, Mosaic 137

Kessel, Barney, (g, comp), * 17.10. 1923 Muskogee, Okla. Lernte Gitarre als Autodidakt, erster Job bei Chico Marx 1943, dann bei Charlie Barnet, Hal McIntyre u. Artie Shaw. Seitdem vor allem als Studiomusiker in L. A., dazwischen aber auch mit → JatP und 1951–53 im Oscar-Peterson-Trio. K. ist der bedeutendste Gitarrist der → Charlie-Christian-Nachfolge der 40er u. 50er Jahre. Tritt seit den 70er Jahren wieder häufiger als Jazz-Musiker auf, u. a. mit den Great Guitars, arbeitet als Lehrer und unterhält eine Fernschule. – Die Zahl seiner Schallplatten ist nicht zu übersehen, die wichtigsten Jazz-Dates hatte er mit Charlie Barnet, Artie Shaw, Benny Goodman, Charlie Ventura, Charlie Parker, JatP, Red Norvo, Harry Edison, Monty Alexander, Billie Holiday, Woody Herman, Stuff Smith, Buddy DeFranco, Oscar Peterson, Conte Candoli, Sonny Rollins, Benny Carter, Jimmy Rowles, Art Tatum, Dexter Gordon, Herb Ellis, Charlie Byrd, Red Mitchell, Julie London, Dorothy Collins, Dean Martin u. a.; LPs als Leader ab

Jazz-Version von »Carmen«, Contemporary Records

1945 für Atomic, Verve, Contemporary* Reprise, Black Lion, RCA, Sonet, Concord.
*CD: Plays Standards OJC 238**

Keyboards, Sammelbegriff für Tasteninstrumente aller Art. Der Ausdruck wird verwendet, seit Pianisten nicht nur das herkömmliche → Piano, sondern auch elektronische Klaviere und → Synthesizer spielen.

Keynote Records, von Eric Bernay 1940 gegr., nahm zuerst Folk und Klassik auf, hat aber seinen Platz in der Jazz-Geschichte durch die von

Original-Keynote-Label, 1946; »Lord Calvert« = Nat King Cole

Harry Lim 1941–47 produzierten Jazz-Aufnahmen mit u. a. Lester Young, Roy Eldridge, Coleman Hawkins, Cozy Cole, Rex Stewart, Red Norvo, Barney Bigard, Bill Harris, Bud Freeman, Chubby Jackson, Lennie Tristano. Wurde 1948 an Mercury verkauft, ist damit im Besitz von Polygram, dessen japanischer Zweig alle Aufnahmen wiederveröffentlicht hat. (→ Famous Door)

King Records, Cincinnati, 1944 von Sydney Nathan gegründet, zuerst als C&W-Label, dann als R&B-Label mit Interpreten wie Roy Brown, Earl Bostic, Bill Doggett, Eddie Vinson, den Platters, Jimmy Witherspoon, Albert King, Freddie King, Johnny »Guitar« Watson u. a.

Sub-Labels: Queen, DeLuxe, Federal, Rockin' Glory, Audio Lab, Starday.

Lit.: M. Ruppli, The King Labels, Westport, Conn., 1985 (D)

Kirby, John, (b, tu), * 31.12.1908 Baltimore, Md., † 14.6.1952 Hollywood. Lernte Posaune und Tuba, spielte letzteres Instrument bei Fletcher Henderson 1930–33, bei Chick Webb 1933–35, dann nochmals bei Henderson, 1937 bei Lucky Millinder. Gründete 1937 ein Sextett mit Frankie Newton bzw. Charlie Shavers (tp), Buster Bailey (cl), Russell Procope (as), Billy Kyle (p) und O'Neil Spencer (d), welches durch seine raffinierten Arrangements als »biggest little band in the country« bekannt wurde. Mitte der 40er Jahre hatte die Band durch verschiedene Umbesetzungen ihre führende Stellung verloren, einige Wiederbelebungsversuche führten zu keinem Erfolg. K. ist als Bassist das Bindeglied zwischen den Musikern der älteren Generation wie Pops Foster und den technisch versierten wie → Jimmy Blanton. – Zahlreiche Schallplatten als Sideman mit den führenden Musikern; als Leader ab 1938 für Decca, Okeh/Vocalion, RCA, Crown, Asch, Disc.

Lit.: C. Garrod, J. Kirby & His Orch., Zephyrhills 1991 (D)

CD: Sextet, Sony 4721842; Circle 125

Kirk, Andy, Andrew Dewey, (ldr, tu, bass-sax), * 28.5.1898 Newport, Ky., † 11.12.1992. Wuchs in Denver, Colo., auf, wo er Unterricht bei Wilberforce Whiteman (dem Vater von Paul W.) hatte. Spielte bei George Morrison in den frühen 20er Jahren, gründete 1929 eigene Band in Kansas City. Nach dem Erfolg mit einer Sweet-Nummer (»Until the Real Thing Comes Along«) wurde die Band sehr populär und nahm bis 1946 zahlreiche Platten für Decca auf. In gewissem Sinn war sie ein Vorläufer derjenigen von → Count Basie, ohne jedoch deren → Drive zu erreichen. Unter den Solisten waren Harry Lawson (tp), Ted Donelly (tb), Dick Wilson (ts) und vor allem → Mary Lou Williams (p, arr), später auch Fats Navarro und Howard McGhee. K. zog sich 1952 aus dem Musikgeschäft zurück. 1956 entstand noch eine LP mit einer Studio-Band für RCA.

Lit.: Andy Kirk, as Told to Amy Lee, 20 Years on the Wheels, Oxford 1989; C. Garrod, J. Kirby/Andy Kirk Orch., Zephyrhills 1991 (D)

CD: Classics 573

Kirk, Roland, (ts, fl, cl, manzello, stritch), * 7.8.1936 Columbus, Ohio, † 5.12.1977 Bloomington, Ind. Der im Alter von zwei Jahren erblindete K. besuchte eine Blindenschule, erlernte Klarinette und Saxophon. Bei einem Trödler fand er die saxophonähnlichen Instrumente Manzello und Stritch und lernte, drei Instrumente gleichzeitig zu spielen. Begann in R&B-Bands, hatte seinen Durchbruch durch eine LP für Argo 1960, nachdem eine LP für King 1956 ohne Beachtung geblieben war. Spielte 1961 bei Charles Mingus, seitdem mit eigenen Gruppen. K., der sich Ende der 60er Jahre »Rahsaan« nannte, ist der wohl originellste Musiker der 60er Jahre, den man schwer auf einen Stil festlegen kann. – Schallplatten mit Charles Mingus; als Leader für Argo, King, Mercury, Limelight, United Artists, Verve, Atlantic, Warner Bros.
Lit.: M. Frohne, The R. K. Discography, Flözlingen 1992[2]
CD: The Case of the 3-sided Dream in Audio Color, Atlantic 81396-2; Complete Mercury Rec., Merc. 846630-2

Klarinette (cl), gehört zu den Hauptinstrumenten des klassischen Jazz. Sie kommt schon im Archaischen Jazz vor als Übernahme aus der Marschinstrumentation. Entwickelt wurde sie um 1700 von dem Nürnberger J. C. Denner. Sie wird in verschiedenen Stimmungen gebaut, vor allem in B, A, C und Es mit den Umfängen d–b^3, cis–a^3, e–c^4, g–es^4. Ihre Funktion im Klassischen Jazz ist die Erfindung einer Gegenstimme zur Lead-Stimme der Trompete. Sie übernimmt die meisten Solo-Partien, vgl. dazu die Aufnahmen von King Olivers Creole Jazz Band und der → ODJB. Die Schwarzen spielten die K. unter Verwendung von Vibrato, Glissandi, → Dirty Tones u. a. Verfremdungstechniken. In den 20er Jahren kommt das → Saxophon als Zweitinstrument hinzu, um sie dann immer mehr zu verdrängen. Im → Swing wird sie fast nur noch als Soloinstrument verwendet (Benny Goodman, Artie Shaw, Jimmy Dorsey) oder als Klangschattierung in Saxophonsätzen (Glenn Miller, Duke Ellington, K.-Sätze bei Fletcher Henderson). Durch diesen Funktionsverlust ist die K. austauschbar geworden und kann durch jedes andere Instrument ersetzt werden, was vor allem in den modernen Jazz-Stilen der Fall ist. Die bedeutendsten Klarinettisten des Jazz sind Johnny Dodds, Omer Simeon, Jimmy Noone, Pee Wee Russell, George Lewis, Buster Bailey, Ed Hall, Benny Goodman, Artie Shaw, Barney Bigard, Peanuts Hucko, Tony Scott, Jimmy Giuffre, Buddy DeFranco, Perry Robinson, Eddie Daniels, John Carter, Anthony Braxton, Walter Zuber Armstrong. Baß-K.: Harry Carney, Eric Dolphy, Gunter Hampel, Michel Pilz.
LP: Clarinet Summit (Alvin Batiste, Jimmy Hamilton, J. Carter, David Murray), Black Saint 120107

Klassischer Blues (Big City Blues), zeitlich gesehen der Nachfolger des → Country Blues. Er entstand um die Jahrhundertwende und bildete sich in den großstädtischen Zentren

von → New Orleans, Memphis, St. Louis, → Kansas City, Birmingham, Atlanta, Chicago. Entscheidend ist der thematische Wechsel, verursacht durch die veränderten Lebensbedingungen in der Großstadt. In der musikalischen Ausprägung findet sich eine weitgehende Standardisierung der zwölftaktigen Blues-Form und eine Instrumentalbegleitung, die von wenigen »primitiven« Instrumenten wie Tub, Jug, Washboard bis zur vollständigen Jazz-Band reicht. Im letzteren Fall kann die respondierende Tätigkeit zwischen Stimme und Instrument auch auf die Instrumente untereinander übertragen werden.
Die Periode des K. reicht bis etwa 1930. Sie bringt erstmals die Sammlung und schriftliche Fixierung von Blues-Themen, z. T. auch selbst komponiert (William Christopher Handy), bei gleichzeitiger und zumindest teilweiser Sicherung der Autorenrechte durch die ASCAP und mit einer regen Aufnahmetätigkeit der Schallplattenfirmen, bes. in und um Chicago. Deren → Race Records sind unersetzliche Dokumente für eine große Volkskunst.
Die wichtigsten Vertreter des K. sind: Ma Rainey, Bessie Smith, Ida Cox, Trixie Smith, Clara Smith, Bertha »Chippie« Hill, Sippie Wallace, Victoria Spivey, Nolan Welsh, Alberta Hunter, Ethel Waters. Unter den Begleitgruppen sind zu nennen: Clarence Williams, Lovie Austin' Blues Serenaders, Georgia Tom (Thomas A. Dorsey), Fletcher Henderson, Louis Armstrong, Tommy Ladnier.
Lit.: D. Stewart-Baxter, Ma Rainey & The Classic Blues Singers, London 1970; Paul Oliver, Aspects of the Blues Tradition, London 1969²
LP: Ma Rainey, Milestone M47021
CD: Bessie Smith, CBS/Sony

Klassischer Jazz, bezeichnet die Blütezeit des → New Orleans Jazz vom Ende des 19. Jh. bis zur Mitte der 20er Jahre. Er ist die zweite Entwicklungsstufe der Instrumentalmusik der Schwarzen, die sich von der Mitte des 19. Jh. in Anlehnung an die bzw. in Nachahmung der europäischen Marschmusik gebildet hatte. Die Verlagerung auf eine Tanzmusikfunktion bedingte jedoch stilistische und instrumentale Veränderungen, etwa die Entwicklung des (stationären) Schlagzeugs und die Aufnahmen des Klaviers in die Rhythmusgruppe. Die Tuba wird vom Kontrabaß verdrängt, in der Melodiegruppe beschränkt sich die Gestaltung der kollektiv improvisierten Mehrstimmigkeit auf Kornett (bzw. Trompete), Posaune und Klarinette (Ruf-Antwort-Polyphonie). Die bisherigen stark heterophonen Elemente werden unter dem Einfluß der europäischen Harmonie zurückgedrängt, zuerst beim kreolischen Musizieren und bei weißen Nachahmungen. Dieses Harmoniedenken ist auch die Ursache für die Entstehung der satzweisen Spielformen mit der dazu notwendigen Erweiterung der Instrumentation zu Sätzen (sections). Hier beginnt dann die logische Weiterentwicklung des K. zum Swing mit seinen Übergangsformen (→ Chicago-Stil).
Zu den auf Schallplatten vertretenen

bedeutenden Bands des K. gehören King Olivers Creole Jazz Band, Jelly Roll Mortons Red Hot Peppers, Johnny Dodds N. O. Wanderers/ Bootblacks/Black Bottom Stompers/ Chicago Footwarmers, Sidney Bechets N. O. Feetwarmers, Kid Orys Seven Pods of Pepper, Louis Armstrongs Hot Five und Hot Seven. (→ New-Orleans-Stil).

Klavier → Piano

Klein, Mannie, Emmanuel, (tp), * 4.2.1908 N. Y. Spielte als Jugendlicher in Brass Bands, begann Ende der 20er Jahre professionell bei Louis Katzman u. Al Goodman, war bald darauf wegen seiner Fähigkeiten als Lead- u. Solo-Trompeter einer der gefragtesten Studiomusiker in N. Y. Arbeitete mit Red Nichols, Joe Venuti, Roger Wolfe Kahn, Dorsey Bros., den Boswell Sisters u. im Rundfunk. Hatte zeitweilig eigene Bands, war in den 30er Jahren bei Benny Goodman, Glenn Miller, leitete Band mit Frank Trumbauer 1937–38, dann bei Matty Malneck, Ray Noble, in den MGM-Studios, seit den 40er Jahren freelancing in L. A. – Schallplatten mit Irving Mills, Boswell Sisters, Freddy Slack, Dorsey Bros., Rube Bloom, Claude Thornhill, Adrian Rollini, Red Norvo, Jerry Colonna, Ben Selvin, Benny Goodman, Artie Shaw, Van Alexander, Billy May, Glen Gray, Jack Teagarden, Pete Rugolo, Tutti Camarata, Frankie Laine u. v. a.; eigene Aufnahmen für Brunswick, Keynote, Coral, Imperial.

Knepper, Jimmy, James M., (tb, comp), * 22.11.1927 L. A. Lernte Althorn mit fünf und Posaune mit neun Jahren. Studierte bei Privatlehrern und div. Musikschulen, begann seine professionelle Karriere in Big Bands wie denen von Charlie Barnet, Woody Herman, Claude Thornhill, Ralph Marterie, Stan Kenton, auch kurz bei Gene Roland, Art Pepper und Ray Bauduc. Zwischen 1957 und 1962 oft bei → Charles Mingus. 1962 mit Benny Goodman auf Tournee in der UdSSR; spielte auch im Theater-Orch. des Musicals »Funny Girl«. 1956–74 war er Mitglied der → Thad Jones – Mel Lewis Band, dann erneut mit Charles Mingus, der Toshiko Akiyoshi Big Band, der George Gruntz Concert Jazz Band und der Gruppe »Mingus Dynasty«. K. ist der wohl originellste Posaunist des modernen Jazz neben → J. J. Johnson mit einem leicht zu identifizierenden Stil und einer ganz individuellen Tonbildung. – Schallplatten mit Charles Mingus, Chuck Israels, Pepper Adams, Langston Hughes, Gil Evans, Jazz Comp. Orch., Gunther Schuller, AJO, Stan Kenton, Mose Allison, Benny Goodman, Eric Dolphy, Clark Terry, Gene Roland, Lee Konitz, Shorty Rogers, Bennie Wallace, George Adams, John Temperley, Jazz Artists Guild, Newport Rebels, Elliott Lawrence, Garry Smulyan, Mark Masters u. a.; eigene LPs für Debut, Bethlehem, Steeplechase, Disco-Mate, Daybreak, Criss Cross, Blackhawk, Soul Note.

CD: 1st Place, Blackhawk 51001

Kollektivimprovisation, gleichzeitiges, gemeinsames Stegreiferfinden

von Melodien. Die K. besteht im → Archaischen Jazz aus dem Prinzip einer mehrschichtigen strophischen Variation, d. h., alle beteiligten Melodieinstrumente fügen ihre Version der Grundstrophe zueinander.
Im → Klassischen Jazz besteht die K. aus einer instrumentalisierten Wechselgesangstechnik (→ Blues-Stimmenablauf). In dessen linearer Ruf-Antwort-Folge führt die Lead-Stimme (tp), während die anderen Instrumente (tb u. cl) darauf Bezug nehmen. Eine weitere Form der K. ist die figurative gegenseitige Umspielung auf einer gemeinsamen harmonischen Grundlage, die eine Folge der Einbeziehung der europäischen Harmonik ist; dies ist auch im modernen Jazz noch verbreitet.

Koller, Hans, (ts, bar, as, cl), * 12.2. 1921 Wien. Studierte 1935–39 an der Musikakademie in Wien. Wurde zur deutschen Wehrmacht eingezogen, geriet in Italien in amerikanische Gefangenschaft und leitete dort ein Orchester. Nach 1947 in Wien bei Ernst Landl und dem Hot Club Wien, ab 1950 in Deutschland mit eigenen Gruppen, in denen u. a. Jutta Hipp, Roland Kovac und Albert Mangelsdorff spielten. Wurde in dieser Zeit der erfolgreichste deutschsprachige Musiker, der, selten genug damals, sogar Schallplatten einspielen konnte. Er war auf Tournee u. a. mit Dizzy Gillespie, Stan Kenton und Benny Goodman. 1957 ging er zum SWF-Orch. (→ Eddie Sauter), spielte aber nebenher mit eigenen Gruppen, den German All Stars und leitete mehrere Jahre den NDR-Jazz Workshop. K., in den 50er Jahren der bedeutendste europäische Vertreter des → Cool Jazz, wandte sich in den 70er Jahren dem → Free Jazz zu, ohne sich hier ähnlich profilieren zu können. Arbeitet seit einigen Jahren hauptsächlich als Maler. – Schallplatten mit Ernst Landl, Horst Winter, Hot Club Vienna, Zoot Sims, Oscar Pettiford, Willie Dennis, Gary Crosby, Don Byas, Attila Zoller; als Leader für Discovery, Vogue, Brunswick, Mod, Elite Spezial, Amadeo, Continent, Harmona, Bertelsmann, Saba/MPS, L & R, In & Out.
LP: The German Years, RST-903219
CD: The Concert 23.6.1958, Jazzline 20829

König, Klaus, (p, tb, comp), * 21.12. 1959. Hatte 1969 Klavier- und Posaunenunterricht, ab 1979 klassisches Posaunenstudium, studierte Komposition im Selbstunterricht, 1980–82 bei Mauricio Kagel. Gründete 1987 die Gruppe »Pinguin Liquid«, 1989 das Klaus König Orchestra, in dem internationale Musiker wie Ray Anderson, Louis Sclavis, Yves Robert, Reiner Winterschladen, Kenny Wheeler u. a. spielen. K. gehört als Komponist und Leiter eines großen Ensembles zu den aufregendsten Entdeckungen der 90er Jahre. – Schallplatten für TCB und Enja.
CD: At the End of the Universe, Enja 6078-2

Konitz, Lee, (as, ts, comp), * 13.10. 1927 Chicago. Besuchte das Roosevelt College, erster Job bei Claude Thornhill 1947–48. Wurde dann Mitglied des Lennie-Tristano-Kreises (mit Warne Marsh, Billy Bauer u. a.), spielte mit Miles Davis (»Capitol«-Orch.) und 1952–53 bei Stan Kenton. Tritt seitdem meist mit eigenen Gruppen auf, in den 50er Jahren oft in Europa mit Hans Koller, Lars Gullin u. a., in den 70er Jahren mit Gil Evans, Charles Mingus u. a. auf europäischen Festivals. Arbeitet auch als Lehrer in Kanada, N. Y. und an der Univ. of Philadelphia. K. bevorzugt einen dünnen, vibratolosen Ton und erreicht in seinen Improvisationen einen ästhetischen Höhepunkt, der ihn zum einzigen originellen Alt-Saxophonisten neben Charlie Parker macht. – Schallplatten mit Claude Thornhill, Miles Davis, Lennie Tristano, Gerry Mulligan, Stan Kenton, Metronome All Stars, Warne Marsh, Charles Mingus, Ralph Burns, Benny Harris, George Gruntz, Gil Evans, Guido Manusardi, Lars Sjösten, Billy Bauer, Albert Mangelsdorff, Michel Petrucciani, Shelly Manne, Bill Evans, Paul Bley, Hal Galper, Paul Motian, Martial Solal, Harold Danko, Chet Baker, Alain Guyonnet; eigene LPs für Prestige*, Pacific Jazz, Vogue, Storyville, Atlantic, Carish, Verve, Wave, MMO, Milestone, MPS, Campi, Philips, Steeplechase, Sonet, Groove Merchant, Horo, Roulette, Progressive, Choice, Improv. Artists, Chiaroscuro, Label Bleu, Soul Note, M. A., Nabel, Limelight.

Lit.: M. Frohne, Subconscious-Lee, Freiburg 1983 (D)

CD: Subconscious-Lee, OJC 186; Duets, Milestone 9013*

Kontrabaß → Baß

Kornett (cornet, Abk.: cnt), wurde in den frühen Jazz-Stilen anstelle der → Trompete verwendet, deren Tonumfang etwa der gleiche ist. Wird auch »Piston« genannt, aus dem frz. »Cornet à Piston«, erfunden in Frankreich zu Beginn des 19. Jh. Fast alle frühen Jazztrompeter haben zuerst K. gespielt, wie Buddy Bolden, King Oliver, Louis Armstrong, Tommy Ladnier, Joe Smith, Bubber Miley, Red Nichols, Bix Beiderbecke. Mitte der 20er Jahre begann die Trompete das K. zu verdrängen, gleichwohl sind einige Musiker dabei geblieben, so Muggsy Spanier, Bobby Hackett u. Rex Stewart.

LP: Bix Beiderbecke & The Chicago Cornets, Milestone 47019

Kral, Roy, (p, voc), * 10.10.1921 Chicago. Arbeitete als Arrangeur am Rundfunk, spielte bei George Davis, gründete 1947 ein Vokalduo mit (seiner späteren Frau) → Jackie Cain. 1948–49 beide bei Charlie Ventura in dessen »Bop for the People«-Band, seitdem mit eigenen Gruppen, meist einem Quartett. – Schallplatten mit Charlie Ventura und unter eigenem Namen für Atlantic, Storyville, ABC-Paramount, Roulette, Fantasy, Concord, Discovery.

CD: We've Got It, Disc. DSCD 907

Krupa, Gene, (d, ldr), * 15.1.1909 Chicago, † 16.10.1973 Yonkers, N. Y. Studierte am St. Joseph's College in Indiana, spielte in lokalen Bands in und um Chicago, u. a. bei Mezz Mezzrow und dem Benson Orch. Ging 1929 nach N. Y., dort bei Red Nichols, Irving Aaronson, Russ Colombo, Mal Hallett und Buddy Rogers. Von Dezember 1934 bis Fe-

bruar 1938 bei → Benny Goodman, dann eigene Big Band bis 1943. Auflösung der Band nach vielpublizierter Marihuana-Affäre, 1943 wieder bei Goodman, 1944 bei Tommy Dorsey. 1944–51 wieder Big Band, in der Einflüsse des → Bebop spürbar waren. Leitete dann meist Trio oder Quartett, trat mit → JatP auf und leitete Schlagzeugschule mit Cozy Cole. 1959 Film: »Gene Krupa Story«, Hauptrolle Sal Mineo, K. spielte den Soundtrack ein.
K. war der erste Schlagzeuger, der weltweite Popularität erlangte und der ein Drums-Solo »verkaufen« konnte, zuerst bei Benny Goodman, dann mit eigenen Bands, in denen so bedeutende Musiker wie Roy Eldridge, Shorty Sherock, Don Fagerquist, Charlie Ventura, Gerry Mulligan, Anita O'Day, Tommy Pederson u. a. spielten. Ursprünglich der → Chicago-Schule zugehörig, kam er über den → Swing zum Bebop, ohne diesen je ganz zu akzeptieren. Mit seiner Band in div. Filmen: »Some Like It Hot« (1938), George White's Scandals, »Beat the Band«, als Solist in der »Benny Goodman Story«, »Red Nichols Story«. – Schallplatten mit McKenzie & Condon's Chicagoans, Chicago Rhythm Kings, Miff Mole, Eddie Condon, Bud Freeman, Wingy Manone, Bix Beiderbecke, Hoagy Carmichael, Louisiana Rhythm Kings, Adrian Rollini, Charleston Chasers, Benny Goodman (»Sing sing sing«), Jess Stacy, Teddy Wilson, Lionel Hampton, Metronome All Stars, JatP, Red Callender, Dick Wellstood, Buddy Rich, Cozy Cole, u. a.; als Leader für Columbia, RCA und Verve.
»I get paid for playing dance music.« (G. K.)
Lit.: C. Garrod/B. Korst, G. K. & His Orch., Zephyrhills 1984 (D); E. Ronowski, G. K., Dassel 1987 (D); B. Klauber, The World of G. K., Ventura, Calif. 1990
CD: Col. CK 45448; Drummer Man, Verve 827843-2
Ⓥ: G. K. plus ..., KJ 079

Kühn, Joachim Kurt, (p, keyb, comp), * 15.3.1944 Leipzig. Klassische Ausbildung in seiner Heimatstadt, spielte im Werner-Pfüller-Quintett, mit eigenem Trio und mit seinem Bruder → Rolf Kühn. Ging 1965 in die BRD, 1967 nach Paris, wo er zu einer zentralen Figur des europäischen Free Jazz wurde. Bezog Anfang der 70er Jahre die Rock-Musik in seine Musik ein. Gilt als einer der besten europäischen Pianisten. – Schallplatten mit Werner Pfüller, Slide Hampton, Rolf K., Eartha Kitt, Daniel Humair, Larry Coryell, Danny Toan, Helen Merrill, Christoph Lauer, Allan Silva, Mark Nauseef, Harry Beckett; als Leader für Byg, MPS, Musica, Atlantic, CMP, Owl, Ambiance, Blue Flame, In-akustic, Elektra, Aliso.
CD: Distance, CMP 26

Kühn, Rolf, (cl, as, comp), * 29.9. 1929 Köln. Lernte Klavier und Klarinette und hatte ersten Job im Orchester Kurt Henkels in Leipzig. Ging 1952 in den Westen zu Werner Müller und trat mit eigener Gruppe auf. 1956 ging er in die USA, spielte auf dem Newport Festival, mit dem

Tommy-Dorsey-Orch. (Warren Covington), Urbie Green und leitete das Benny-Goodman-Orch. für eine Tournee. 1961 zurück nach Deutschland, übernahm die NDR-Studio-Band. Trat gelegentlich mit seinem Bruder auf. Obwohl K. einer der talentiertesten Klarinettisten der Buddy-DeFranco-Richtung ist, konnte er sich international nicht durchsetzen. Seit 1967 arbeitet er als Musical- und Operndirigent und übernahm 1986 die musikalische Leitung des Theaters des Westens. – Schallplatten mit Amiga Star Band, Kurt Henkels, Werner Müller, Toshiko Akiyoshi, Eddie Costa, Warren Covington (»Tea For Two Cha Cha«), Urbie Green, Erwin Lehn, Eartha Kitt; als Leader für Bertelsmann, Vanguard, Urania, Brunswick, Amiga, CBS; Impulse, MPS, Metronome, EMI-Col., Intercord, Blue Flame, L & R.
LP: Don't Split, L & R 40016

Label, (Schallplatten-)Etikett, im übertragenen Sinn auch Bezeichnung für Schallplattenfirma. (→ Indie)
Lit.: B. Rust, The American Record Label Book – From the 19th Century Through 1942, New Rochelle 1978; G. Gart, The American Record Label Directory and Dating Guide, 1940–59, Milford, N. H. 1989

Label Bleu, 1986 in Amiens, Frankreich gegründet, ein Zweig des »Maison de la Culture« von Amiens, gewidmet dem zeitgenössischen französischen Jazz, z. T. in Begegnungen mit amerikanischen Musikern. Veröffentlichungen von Daniel Goyone, Michel Portal, Henri Texier, Marc Ducret, François Jeanneau, dem Orch. National des Jazz, Larry Schneider, Joe Lovano, Eric Watson u. a.

Lacy, Steve, (sop), * 23.7.1934 N. Y. Studierte an der Schillinger School in Boston u. der Manhattan School in N. Y., auch bei Cecil Taylor. Spielte mit Dixieland-Bands (Max Kaminsky, Jimmy McPartland) und Swing-Musikern wie Rex Stewart und Buck Clayton, konzentrierte sich Mitte der 50er Jahre auf das Studium des modernen Jazz, ging zu Cecil Taylor, Gil Evans, Jimmy Giuffre, 1960 zu Thelonious Monk. Gründete in diesem Jahr ein eigenes Quartett, welches hauptsächlich Musik von Monk spielte. Ging 1963 nach Europa, spielte dort mit Kenny Drew, Carla Bley, Enrico Rava. Lebt in Paris, von dort aus mit eigenen Gruppen Tourneen in ganz Europa. L. spielt ausschließlich das Sopran-Sax, und zwar mit einer rauhen Tonbildung und einer dem Free Jazz angemessenen → Attack. – Schallplatten mit Whitey Mitchell, Cecil Taylor, Gil Evans, Jazz Realities, Jazz Comp. Orch., Buell Neidlinger, Paul Bley, Eric Watson, Frank Koglmann, Globe Unity Orch., Mal Waldron, Misha Mangelberg, Helen Merrill u. a.; eigene Schallplatten für Prestige/New Jazz, Candid, Emanem, RCA, G. T. A., ESP, Byg, Futura, Saravah, Sasetti, America, Pipe, Vista, FMP, Ictus, Improv. Artists Inc., Adelphi, Horo, Hat-Hut, Soul Note, Sound Aspects,

Steve Lacy

Black Saint, Novus, Silkheart, Nueva.
Lit.: H. L. Lindenmaier, 25 Years of Fish-horn Recording, Freiburg 1982 (D)
CD: Momentum, Novus 83021

Ladnier, Tommy, Thomas, (tp, cnt), * 28.5.1900 Mandeville, La., † 4.6. 1939 N. Y. Spielte bei Charlie Creath auf Riverboats, in Chicago bei Roy Palmer, Lovie Austin und Milton Vassar. 1924 zu King Oliver, 1925 mit Sam Wooding auf Europatournee. 1926 bei Billy Fowler, dann bis 1928 bei → Fletcher Henderson, bei Sam Wooding erneut bis 1931, anschließend bei Noble Sissle. 1932 bei Sidney Bechet (»New Orleans Feetwarmers«). Inaktiv bis 1938, nahm dann noch einige Schallplatten unter der Ägide von Hughes Panassié auf, als Leader und mit Mezz Mezzrow. Konnte an dem gerade einsetzenden New-Orleans-Revival nicht mehr teilnehmen. L. gehörte nach → Louis Armstrong zu den besten Trompetern der frühen Periode. – Schallplatten mit Ollie Powers, Lovie Austin, Ida Cox, Ma Rainey, Sam Wooding, Fletcher Henderson, Bessie Smith, Noble Sissle, N. O. Feetwarmers, Mezz Mezzrow, Rosetta Crawford.
CD/LP: → Sidney Bechet

LaFaro, Scott, (b), * 3.4.1936 Newark, N. J., † 5.7.1961 Geneva, N. Y. Lernte Tenor-Sax in High School, wechselte zum Baß und studierte am Ithaca-Konservatorium. Begann in R&B-Gruppen, 1955 zu Buddy Morrow und 1956–57 bei Chet Baker. In Kalifornien u. a. bei Barney Kessel. 1959 Tournee mit Benny Goodman. In diesem Jahr begann die Zusammenarbeit mit → Bill Evans, als deren Folge er zum neuen Star unter den Bassisten aufstieg. B. gilt als Revolutionär auf seinem Instrument, spätere Musiker wie Gary Peacock, Steve Swallow und Eddie Gomez haben von seinen Innovationen profitiert, vor allem von der Aufhebung der rhythmischen Rolle, die der Baß bis dahin innehatte, zu einer weiter reichenden Funktion im musikalischen Geschehen. – Schallplatten mit Vic Feldman, Pat Moran, Bill Evans, Ornette Coleman (»Free Jazz«), Stan Getz/Cal Tjader, Marty Paich, Tony Scott, Buddy DeFranco, Hampton Hawes, Tony Scott.

Lake, Oliver, (as, ts, fl, comp), * 14.9. 1942 Marianna, Ark. Wuchs in St. Louis auf, studierte an der Lincoln Univ. in Jefferson City und arbeitete als Musiklehrer. Mitglied der Black Artists Group, die ähnliche Ziele verfolgt wie die → AACM. 1970 Studium an der Washington Univ. Ging 1972 für zwei Jahre nach Paris, dann in N. Y. mit Anthony Braxton, Leo Smith, Lester Bowie. Seit 1977 Mitglied des World Saxophone Quartet, daneben Experimente mit Mixed-Media-Projekten, in denen seine poetischen Arbeiten eine Rolle spielen. – Schallplatten mit Bennie Wallace, A. Spencer Barefield, World Sax. Quartet, Trio Transition, Ken Schaphorst; als Leader ab 1971 für Arista, Africa Publ., Black Saint, Sackville, Novus, Gramavision, Gazell. Sein Sohn Gene (d) spielt bei → Henry Threadgill.
CD: Otherside, Gramavision 8901

Lambert, Dave, David Alden, (voc), * 19.6.1917 Boston, Mass., † 3.10. 1966 Westport, Conn. Spielte in den 30er Jahren Schlagzeug im Hugh-McGuinness-Trio, sang 1943 bei Johnny Long und 1944–45 bei Gene Krupa. Nahm dort mit Buddy Stewart den ersten Bebop-Gesangstitel auf: »What's This?« Gründete Gesangsquartett für die Broadway-Show »Are You with It« 1946. Tat sich mit Jon Hendricks für die Aufnahmen einer Vokalversion von Jimmy Giuffres »Four Brothers« zusammen. Mit Annie Ross als Dritter im Bund nahmen sie 1957 eine LP auf, bei der Count-Basie-Instrumentals mit Texten versehen und mittels Playback auch die Orchestersätze von Stimmen imitiert wurden. Der Erfolg der LP (»Sing A Song of Basie«) führte zur Gründung einer ständigen Gruppe, die bis 1964 bestand, im letzten Jahr mit Yolande Bavan für Ross. L., der auch als Arrangeur (u. a. für Carmen McRae) und Manager tätig war, kam bei einem Verkehrsunfall ums Leben. – Schallplatten mit Gene Krupa, Red Rodney, Stan Kenton, Charlie Parker; als Leader für Keynote, Sittin' in With, Capitol, Avalon, mit LH&R für Impulse, World Pacific, Columbia und RCA.

CD: Sing A Song of Basie, Impulse 11122

Lamond, Don, Donald Douglas, (d), * 18.8.1920 Oklahoma City. Der exzellente Big-Band-Drummer begann 1943 bei Sonny Dunham, spielte 1944 bei Boyd Raeburn und wurde 1946 Nachfolger von → Dave Tough bei → Woody Herman (»First Herd«). Spielte bei diesem auch 1947–49 in der »2nd Herd«, ging 1949 zu Harry James und arbeitete seit den 50er Jahren vor allem als Studiomusiker in N. Y. Zog sich Mitte der 70er Jahre nach Florida zurück, wo er eine eigene Big Band leitete. – Schallplatten mit Boyd Raeburn, Woody Herman, Sonny Berman, Ralph Burns, Bill Harris, Chubby Jackson, Benny Goodman, Charlie Parker, Elliot Lawrence, Dick Hyman, Manny Albam, George Russell, Bennie Payne, Kai Winding, Johnny Smith, Urbie Green, Chico O'Farrill, Quincy Jones, Rex Stewart, Stan Getz, Zoot Sims, Stéphane Grappelli, Joe Reisman, Charlie Barnet u. v. a.; eigene LPs für Command u. Progressive.

LP: Extraordinary, Progressive 7067

Land, Harold de Vance, (ts), * 18.12. 1928 Houston, Tex. Lernte Tenor-Sax als Autodidakt in San Diego, wo er aufwuchs. Spielte 1954–55 im Clifford-Brown/Max-Roach-Quintett, 1957–58 bei Curtis Counce, in den 60er Jahren häufig in der Gerald Wilson Big Band, meist aber mit eigenen Gruppen mit u. a. Philly Joe Jones, Red Mitchell, Carl Perkins, Carmell Jones. In den 70er Jahren Auftritte mit Tony Bennett und neue Gruppe mit Blue Mitchell. Obwohl er schon bei Brown – Roach beeindruckte, gehört der überragende Hard-Bop-Solist zu den unterschätzten Musikern des Jazz. – Schallplatten mit Clifford Brown – Max Roach, Curtis Counce, Garland Wilson, Dupree Bolton, Jimmy Rowles, Rufus

Reid, Vic Feldman, Frank Rosolino, Red Norvo, Wes Montgomery, Charlie Shoemake, Bill Evans, Billy Higgins, Bobby Hutcherson, Carmell Jones, Dinah Washington, Freddy Hubbard, Jon Faddis, Philly Joe Jones, Thelonious Monk, Timeless All Stars; eigene Aufnahmen ab 1949 für Savoy, Contemporary, Hi-Fi, World Pacific, Jazzland, Blue Note, Imperial, Atlantic, Cadet, Concord, Yupiteru, Muse.

CD: Xocias's Dance, Muse

Lancaster, Byard, (saxes, fl, p, voice), * 6.8.1942 Germantown Chestnut Hill, Pa. Lernte als Kind Klavier und Alt-Sax, in der High School dann weitere Instrumente. Studierte an der Shaw Univ., der Berklee School, dem Bostoner Konservatorium und der Howard Univ. Seit Mitte der 60er Jahre gehört er der New Yorker Free-Jazz-Avantgarde an, erste LP mit Sonny Murray auf ESP. Leitet eigene Gruppen und gibt Kurse in Schulen über »Black Music«. – Schallplatten mit Khan Jamal, Larry Young, R. Shannon Jackson, Kip Hanrahan u. a.; eigene LPs für Vortex, Dogtown, Palm und Philly Jazz.

Landesjugendjazzorchester Hessen, von Wolfgang Diefenbach gegründete Big Band, die jungen Musikern eine Plattform zur Weiterentwicklung geben soll. Ähnlich wie beim → Bundesjazzorchester wurden auch hier prominente Musiker als Dozenten gewonnen: Jiggs Whigham, Bob Burgess, Dusko Gojkovich, Thomas Cremer, Axel Jungbluth u. a.

CD: Kicks and Sticks, Ariola 882437

Landmark Records, San Francisco, 1984 von Orrin Keepnews gegründet. Moderner Mainstream von Bobby Hutcherson, Yusef Lateef, Keith MacDonald, Jack DeJohnette, Donald Byrd u. a., außerdem Reissues von Cannonball Adderley aus dem → Riverside-Katalog. 1992 an → Muse verkauft.

LaPorta, John, (cl, saxes, comp), * 1.4.1920 Philadelphia, Pa. Studierte bei Willem Dietrich, Joseph Gigliotti, Ernst Toch und Alexis Aieff, spielte in Jugendsymphonieorch. unter Leopold Stokowski, ab 1940 bei Bob Chester, Richard Himber, Ray McKinley u. 1944–46 bei Woody Herman. Studierte in den späten 40er Jahren bei Lennie Tristano und spielte 1947 in den Radio-Shows von Barry Ulanov mit u. a. Dizzy Gillespie und Charlie Parker. Gehörte in den 50er Jahren zum Kreis um Charles Mingus und Teo Macero, seit 1959 Lehrtätigkeit an der Manhattan School of Music bzw. dem Berklee College. Tritt daneben mit eigenen Gruppen auf, leitet seit 1964 die Boston Youth Band und ist Autor mehrerer Fachbücher. – Schallplatten mit Woody Herman (Solist bei dessen Everest-Aufnahme von Strawinskys »Ebony Concerto«), Bill Harris, Rich Matteson, Charles Mingus, Helen Merrill, Lennie Tristano, Metronome All Stars, Sandole Bros., Charlie Parker, Don Senay, Thad Jones, Ada Moore, Gunther Schuller, Donald Byrd, Rusty Dedrick, Maxwell Davis; als Leader für Debut, Fantasy, Everest, Berklee.

LP: Septet, Fantasy 3-228

LaRocca, Nick, Dominick, James,

(cnt), * 11.4.1889 N. O., † 22.2.1961 N. O. → ODJB.

Larkins, Ellis Lane, (p), * 15.5.1923 Baltimore, Md. Debüt im Café Society bei Billy Moore, dann eigenes Trio 1943–52 in N. Y., dazwischen im Ed-Hall-Sextett 1945–46. Tourneen mit Larry Adler und Ruby Braff. L. ist vor allem als Begleiter von Vokalisten sehr geschätzt, seine Aufnahmen mit → Ella Fitzgerald sind beinahe legendär. – Schallplatten außerdem mit Sylvia Syms, Coleman Hawkins, Dickie Wells, Helen Humes, Lucky Millinder, Mildred Bailey, Ed Hall, Ruby Braff, Chris Connor, Lee Wiley, Joe Williams, Ann Hathaway, Beverley Kenney, Don Elliott, Anita Ellis; für Majestic, Storyville, Halcyon, Stanyan, Black & Blue, Concord, Decca als Leader.
CD: A Smooth One, Black & Blue 591 232

Lateef, Yusef, eigentl. William Evans, (ts, fl, oboe), * 9.10.1920 Chattanooga, Tenn. Lernte Alt-Sax, wechselte auf der Miller High School in Detroit zum Tenor. Begann 1946 bei Lucky Millinder, war dann bei Hot Lips Page und Roy Eldridge, 1949 bei Dizzy Gillespie. 1950–55 eigene Gruppe in Detroit. Studierte an der Wayne Univ., lernte Flöte und Oboe. 1960–61 bei Charles Mingus und Olatunji, 1962–63 bei → Cannonball Adderley. Experimentierte mit ungewöhnlichen Instrumenten, studierte an der Manhattan School und war selbst dort Lehrer bis 1977. Lebte in den 80er Jahren vier Jahre in Nigeria. Seine Kompositionen integrieren verschiedenste Stile. Seine Vielseitigkeit macht es unmöglich, L. in irgendwelche Schubladen zu packen. Dies dürfte auch der Grund dafür sein, daß er immer noch nicht die Beachtung gefunden hat, die er verdient. – Schallplatten mit Gene Wright, Dizzy Gillespie, Cannonball Adderley, Clark Terry, Curtis Fuller, Donald Byrd, Grant Green, Charles Mingus u. a.; eigene LPs ab 1957 für Savoy, Prestige, Argo, Riverside, Charlie Parker Rec., Impulse, Atlantic, Landmark, Yal.
CD: The Dreamer, Savoy 650147; The Blue Lateef, Atlantic 82270-2

Lateinamerikanische Musik, die volkstümliche Musik Mittel- und Südamerikas. Sie entstand als Folge einer Verbindung von spanischer und portugiesischer Volksmusik mit afrikanischer Musik, und zwar hauptsächlich in Kuba bzw. auf den Karibischen Inseln und in Brasilien. Einer melodiösen Melodiebildung stehen Rhythmen im 8/8-Schema afrikanischer Herkunft gegenüber. Wichtigstes Begleitinstrument ist die (von Spanien übernommene) → Gitarre. Daneben werden diverse Rhythmusinstrumente entwickelt, die auch im → Afro-Cuban Jazz Verwendung finden, so Conga- und Bongotrommeln, Maracas (»Rumbakugeln«), Claves (Schlagstöcke aus Holz), die Guiro (Gurke, d. i. ein gurkenförmiger gekerbter Holzstab), die Cabaza (Kalebasse) und der Chocalho (mit Schrot oder Samenkörnern gefüllter Metallzylinder).
Eine besondere Form fehlt der L. M. Diese wurde von der europäischen → Liedform übernommen. Die heu-

te in Europa und den USA populären lateinamerikanischen Schlager kommen von der Liedform her und werden bzw. wurden daher gern von Jazz-Musikern als Improvisationsvorlage genutzt. Umgekehrt lassen sich diese Rhythmen auch auf die Liedform übertragen; sehr populär wurde z. B. 1958 eine Cha-Cha-Cha-Version von Vincent Youmans' »Tea for Two« (Tommy Dorsey Orch., Decca). Gute Beispiele für das Nebeneinander von lateinamerikanischer Rhythmik und europäischer Melodik mit Jazz-Elementen lassen sich bei Mambo und Bossa Nova erkennen, natürlich auch bei der → Salsa-Musik. Der Einfluß der L. M. läßt sich bis zum Beginn dieses Jahrhunderts zurückverfolgen. William Christopher Handy verwandte den Tango-Rhythmus im »Memphis Blues« (1912) und im »St. Louis Blues« (1914). Jelly Roll Morton prägte für solche Einflüsse den Begriff »Spanish Tinge«. Die Rumba-Welle der 30er Jahre wurde ausgelöst durch den »Peanut Vendor« des Orch. von Don Azpiazu (1930), im selben Jahr auch von Louis Armstrong aufgenommen.

Der puertoricanische Posaunist Juan Tizol, ab 1929 bei Duke Ellington, schuf mit diesem Stücke wie »Caravan«, »Conga Brava«, »Admiration«. Doch erst in den 40er Jahren begann eine ausgeprägte Zusammenarbeit von Jazz-Musikern mit Latin-Bands: Charlie Parker, Brew Moore, Flip Phillips, Howard McGhee, Cannonball Adderley bei Machito, Art Pepper, Bob Cooper, Pete Candoli, Jackie Mills bei René Touzet, Eric Dolphy mit dem Latin Jazz Quintet, im Nat King Cole Trio spielte Jack Costanzo u. a. (→ Afro-Cuban Jazz).

Lit.: John Storm Roberts, The Latin Tinge. The Impact of Latin Music on the United States, New York/Oxford 1979

Zeitschr.: Latin American Music Review, Univ. of Texas Press, Austin, Texas (halbjährlich)

LP: The Music of Puerto Rico, Harlequin 2075

CD: Machito 1941, Palladium PCD 116; Best of Bossa Nova, Verve 833269-2, Stan Getz – Charlie Byrd, Jazz Samba, Verve

Latin Jazz, eine Fusion von Jazz mit Lateinamerikanischer Musik, d. h. von Jazz mit afro-kubanischen Rhythmen (→ Cubop) bis zu Latin-Bands mit jazzmäßig improvisierenden Solisten. (→ Descarga, Salsa)

Lawrence, Elliot, E. L. Broza, (p, comp), * 14.2.1925 Philadelphia, Pa. Leitete schon als Kind eine Band im Rundfunk, dann im College und 1945 die Haus-Band des Senders WCAU. Damit 1946 nach N. Y., spielte Arrangements von Gerry Mulligan, Tiny Kahn, Al Cohn, Johnny Mandel. In den 50er Jahren bei Radio und TV, nebenher Big Band mit u. a. Nick Travis, Eddie Bert, Al Cohn, Zoot Sims, Urbie Green, Don Lamond. Mit dieser Band einige vorzügliche LPs für Fantasy*. Schallplatten außerdem f. Columbia, Decca, King, RCA, Top Rank. Seit 1961 Dirigent von Broadway-Shows.

Lit.: C. Garrod, E. L. & His Orch., Zephyrhills 1987 (D)
*LP: Plays G. Mulligan Arrangements, OJC 117**

Laws, Hubert, (fl, g, cl, sax), * 10.11. 1939 Houston, Tex. Begann mit Mellophon und Alt-Sax, mit Flöte in der High School. War 1954–60 Mitglied der → Crusaders, studierte 1956–58 an der Texas Southern Univ. Bei Mongo Santamaria 1963, dem Orchestra USA 1964, Sergio Mendes 1965. Ab 1969 im Orchester der Metropolitan Opera und den New Yorker Philharmonikern, zeitweise auch Lehrer am Californian Institute of the Arts. – Schallplatten mit Chick Corea, Freddy Hubbard, Gil Evans, McCoy Tyner, Ella Fitzgerald, Milt Jackson, Mongo Santamaria, Ron Carter, Chet Baker, Quincy Jones, Gil Scott Heron, Bob Magnusson, Vic Feldman, Claude Bolling, Eduardo del Barrio, Weather Report u. a.; als Leader für Atlantic, CTI u. Columbia, Musicmasters.
LP: Say It With Silence, Col. JC 35022
CD: My Time Will Come, Musicmasters 65100-2

Lawson, Yank, John R. Lausen, (tp), * 3.5.1911 Trenton, Mo. Lernte Klavier und Saxophon, erst später Trompete. Begann in College-Orchestern, erster Job bei Slats Randall 1931, 1932–34 bei Ben Pollack, 1935–38 u. 1941–42 bei → Bob Crosby, dazwischen 1938–40 bei Tommy Dorsey. In den 40er Jahren am Rundfunk, in den 50ern mit → Bob Haggart in der Lawson – Haggart Jazz Band. Ab 1960 auf Tournee mit Bob Crosby, Louis Armstrong, Eddie Condon. Gründete 1968 mit Haggart die »World's Greatest Jazz Band«. Exzellenter Solist und Section-Musiker. – Schallplatten mit Ben Pollack, Bob Crosby, Tommy Dorsey, Mound City Blue Blowers, Jerry Jerome, Eddie Condon, Roy Eldridge, Bud Freeman, Steve Allen, Dean Kincaide, Will Bradley, WGJB, Jackie Gleason, Clancy Hayes, Louis Armstrong, Flat Foot Stompers, Barbara Lea, Monica Lewis, Skitch Henderson; als Leader für Signature, Brunswick, Stinson, V-Disc, Decca, Everest, ABC-Paramount, Jazzology.
CD: WGJB, Atlantic 790982-2

Leader, Abk. für Bandleader, d. i. der Leiter eines Jazz-Ensembles; auch der Satzführer einer Instrumentengruppe (section) einer → Big Band (Lead-man).

Leap → Jump

Legrand, Michel, (p, comp), * 24.2. 1932 Paris. Der bekannte Filmkomponist hatte von jeher eine Schwäche für den Jazz, und so sind von seinen zahlreichen LPs einige von Jazz-Interesse. Er arrangierte u. a. für Dizzy Gillespie (1952), tritt gelegentlich als Jazz-Pianist im Trio auf (z. B. mit Ray Brown und Shelly Manne) und veröffentlichte einige LPs, bei denen u. a. Miles Davis, John Coltrane, Clark Terry, Bud Shank, Phil Woods mitwirkten (Labels: Columbia, Philips, Verve, Gryphon, Pablo). Seine Schwester Christiane (* 21.8.1930) hat als Sängerin in seiner Band, bei den Blue Stars und den Double Six of Paris mitgewirkt.
CD: Legrand Jazz, Novus ND 83103

Lehn, Erwin, (p, vib, comp, ldr),

* 8.6.1919 Grünstadt. Studierte an der Musikschule in Peine, ging 1945 zum Berliner Rundfunktanzorchester, wurde 1947 mit Horst Kudritzky Leiter des RBT-Orchesters und gründete 1951 das Südfunk-Tanzorchester in Stuttgart, welches er bis 1992 leitete. Die Band konnte sich in den 50er Jahren neben → Kurt Edelhagen als beste deutsche Big Band etablieren; unter den Solisten waren u. a. Horst Fischer (tp), Ernst Mosch (tb), Werner Baumgart, Gerald Weinkopf, Bernd Rabe (saxes), Horst Jankowski (p), in den 80er Jahren waren es Johannes Faber (tp), Joe Gallardo (tb), Joki Freund (ts). Als Lehrbeauftragter leitet L. auch die Nachwuchsband an der Musikhochschule Stuttgart. Seine Jazz-LPs (für EMI-Col. u. MPS) sind heute noch hörenswert.
CD: 40 Jahre Jazz, Intercord IRS 973400

Leo Records, Helsinki, von Leo Feigin und Edward Vesala gegründet, veröffentlicht vor allem Aufnahmen des sowjetischen Jazz: Ganelin-Trio, Vladimir Chekasin, Alex Vapirov, Vladimir Tarasov u. a., außerdem US-Musiker wie Amina Claudine Myers, Marylin Crispell, Keverslan Maslak etc.

Leonard, Harlan, (as, ts, ldr), * 2.7. 1905 Kansas City, † 1983 N. Y. Spielte 1923–31 bei → Bennie Moten, gründete dann eigene Band gemeinsam mit Thamon Hayes (tb), die Kansas City Skyrockets. 1934 wurde L. der alleinige Leader, mußte die Band aber drei Jahre später auflösen. Neue Band 1938, dabei u. a. → Charlie Parker, Jesse Price (d), die Tenoristen Henry Bridges und Jimmy Keith und Fred Beckett (tb), den J. J. Johnson als größten Einfluß bezeichnete. Arrangements schrieben Jesse Stone, Buster Smith, Eddie Durham und → Tadd Dameron. Die »Rockets« waren in dieser Zeit neben Jay McShann die beste Band in Kansas City, traten aber auch in N. Y. auf. L. zog sich 1946 aus dem Musikgeschäft zurück. – Schallplatten mit Bennie Moten, mit den Rockets 1940 für RCA*.
*CD: Classics 670**

Letman, Johnny, (tp), * 6.9.1917 McCormick, S. C., † 17.7.1992. Lernte Trompete und Mellophon, spielte 1934 bei Nat King Cole, dann bei Gerald Valentine und Scat Man Carruthers. In den 40er Jahren bei Delbert Bright, Johnny Long, Horace Henderson, Red Saunders, Phil Moore, Cab Calloway, Lucky Millinder und 1951 kurz bei Count Basie. Seitdem mit eigenen Gruppen, auch mit Sam »The Man« Taylor, Eddie Condon, Wilbur DeParis, Panama Francis, Claude Hopkins unterwegs, spielte in Europa mit Tiny Grimes, Milt Buckner u. Wallace Bishop. 1989 in der neuen Big Band von Buck Clayton. – Schallplatten mit Cab Calloway, Stuff Smith, Sam Price, Vic Dickenson, Freddie Slack, Phil Moore, Buck Clayton, Leroy Parkins; eigene LPs für Bethlehem und Black & Blue.
LP: A Funky Day in Paris, B & B 33015

Levey, Stan, (d), * 5.4.1925 Philadelphia, Pa. Lernte Klavier in High School, trat 1942 kurz mit Dizzy Gillespie in Philadelphia auf, ging nach N. Y. und arbeitete dort mit Oscar Pettiford im Onyx Club, anschließend in der Parker-Gillespie-Combo, bei Allan Eager, Barney Bigard, George Shearing und den Big Bands von Charlie Ventura, Georgie Auld, Woody Herman und Freddie Slack. Erwarb sich den Ruf des besten weißen Bebop-Drummers. 1952 bei Stan Kenton, 1954 bei Howard Rumsey im »Lighthouse«. Arbeitet seitdem als Studiomusiker und vor allem als Fotograf, begleitete Peggy Lee, Ella Fitzgerald und Pat Boone auf Tourneen. – Schallplatten mit Barney Bigard, Dizzy Gillespie, Dave Lambert, Gerry Mulligan, Ben Webster, Herb Ellis, Stan Kenton, Vic Feldman, Howard Rumsey, Frank Rosolino, Oscar Pettiford, Bill Harris, Conte Candoli, Bob Cooper, Oscar Peterson, Stan Getz, Lee Konitz, Bill Holman u. a. Eigene LPs 1955–57 für Bethlehem*, Liberty und Mode.

*LP: Affinity 95**

Leviev, Milcho, (p, comp), * 19.12. 1937 Plovdiv, Bulgarien. Studierte in Sofia, leitete 1962–66 die Big Band von Radio Sofia und 1965–68 die Gruppe »Focus 65«. Ging 1971 in die USA, spielte dort zunächst bei Don Ellis, dann mit Willie Bobo, John Klemmer und Billy Cobham, 1980–81 bei Art Pepper, 1982 eigene Gruppe Free Flight. Arbeitet hauptsächlich als Komponist von Filmmusiken, kombiniert in seinen Werken Elemente der bulgarischen Folklore (ungerade Taktarten) mit dem Jazz. – Schallplatten mit Don Ellis, Billy Cobham, Roy Haynes, Art Pepper, Focus 65, L. Subramaniam, Gerald Wilson, Wolfgang Lackerschmidt; als Leader für Mole, Trend, M. A., Balkanton und – im Duo mit Dave Holland – Pan Music.

CD: Bulgarian Piano Blues, M. A. M012

Levy, Lou, Louis A., (p), * 5.3.1928. Studierte am Lee Sims Institute und am Roosevelt College. Erster Job 1947 bei Georgie Auld, in diesem Jahr auch bei Sarah Vaughan und ging mit Chubby Jackson nach Skandinavien. Anschließend bei Boyd Raeburn, Bill Harris – Chubby Jackson, Woody Herman, Charlie Shavers 1950, Tommy Dorsey, Georgie Auld, Flip Phillips 1951. Nach vierjährigem Rückzug von der Musikszene 1955 bei Peggy Lee, Terry Gibbs, Ella Fitzgerald 1957–59. Seitdem freelancing in L. A., dazwischen auch Auftritte mit Lena Horne, Benny Goodman, Supersax u. a. L. ist ein vorzüglicher Begleiter und als Solist der Hard-Bop-Schule zuzurechnen. – Schallplatten mit Louis Bellson, Chubby Jackson, Lennie Niehaus, Woody Herman, Bill Holman, Della Reese, Shorty Rogers, Quincy Jones, Stan Getz, Sonny Stitt, Ella Fitzgerald, Supersax, Peggy Lee, Nancy Wilson, Bill Harris, Al Cohn, Anita O'Day, Lanny Morgan, Benny Goodman, Bob Cooper, Coleman Hawkins, Conte Candoli, Lionel Hampton, Art Farmer, Terry Gibbs, Warne Marsh, Remo Palmier, Tony Bennett; als Leader ab 1954 für Nocturne, RCA, Jubilee*, Philips, Interplay, Mercury.

CD: Baby Grand Jazz, Fresh Sound 94; Lunarcy, EmArcy 512436-2*

Lewis, George, (tb, tu, comp), * 14.7.1952 Chicago. Wurde bekannt im Kreis der → AACM (Muhal Richard Abrams, Anthony Davis), spielte 1971 mit Lester Bowie, ab 1976 mit Anthony Braxton und Roscoe Mitchell, mit eigener Gruppe Quadrisect in wechselnden Besetzungen, trat auch als Solist auf und im Duo. Als Posaunist bezieht der gemäßigte Free-Jazz-Musiker alle Techniken der Jazz-Posaune mit ein, z. B. → Growl, Bebop, Mehrstimmigkeit. – Schallplatten mit Anthony Braxton, Anthony Davis, David Murray, Fred Anderson, Globe Unity Orch., Heiner Goebbels, Joachim Kühn, John Lindberg, Leo Smith, Marcello Melis, Misha Mengelberg, Richard Teitelbaum, Steve Lacy, Heiner Stadler, Vienna Art Choir, Muhal R. Abrams, John Zorn, Leroy Jenkins, Roscoe Mitchell; als Leader für Sackville u. Black Saint.

CD: Black Saint 0029

Lewis, George Joseph, (cl), * 13.7. 1900 N. O., † 31.12.1968 N. O. Autodidakt auf der Klarinette, lernte nie Noten lesen. Begann mit 14 Jahren bei Leonard Parker, dann Buddy Petit, leitete 1923 eigene Band mit Red Allen, ab 1924 bei Chris Kelly und Kid Rena. Ab 1933 nicht mehr als Musiker tätig, wurde 1942 im Zug des → N.-O.-Revivals wiederentdeckt und nahm Schallplatten mit → Bunk Johnson auf. Leitete von da ab eigene Gruppen mit N.-O.-Musikern wie Jim Robinson (tb), Alton Purnell (p), Lawrence Marrero (bj), Alcide »Slow Drag« Pavageau (b), Baby Dodds (d), unternahm mit großem Erfolg eine Tournee um die ganze Welt. L. war kein großer Techniker, konnte aber seine Botschaft mit Ehrlichkeit und mit echtem → Feeling vermitteln und muß so als einer der Großen seiner Musik angesehen werden. – Schallplatten mit Bunk Johnson, Jim Robinson, der Orig. Zenith Brass Band, Oscar Celestin, Papa Bue, Acker Bilk; als Leader ab 1943 für Climax (Blue Note), Storyville, American Music, Paradox/Pax, GTJ, Circle, Delmark, Verve, Cavalier, Omega, GHB, Atlantic, Icon, King »77«, Center u. a., außerdem gibt es eine Reihe von »Piraten«-Labels mit Konzertmitschnitten.

Lit.: Ann Fairbairn, Call Him George, N. Y. 1969²; Tom Bethell, G. L. A Jazzman From N. O.; Berkeley 1977

LP/CD: Complete Blue Note Recordings, Mosaic 132

Lewis, John Aaron, (p, comp), * 3.5. 1920 La Grange, Ill. Wuchs in Albuquerque, New Mexico auf, studierte an der Univ. of New Mexico bis 1942. Nach dem Armeedienst 1945 zu → Dizzy Gillespie als Pianist und Arrangeur, dort erste wichtige Komposition »Toccata for Trumpet and Orch.«. 1948 zu Illinois Jacquet, nahm 1949 an Miles Davis' »Capitol«-Aufnahmen teil. Gründete 1952 das → Modern Jazz Quartet mit Milt Jackson, Percy Heath und Kenny Clarke, mit denen er schon bei Gillespie gearbeitet hatte. Schrieb nebenher Filmmusik (»Odds Against Tomorrow«, »No Sun in Venice«)

und → Third-Stream-Kompositionen für das »Orchestra USA«. In seinen Werken verwendet er Elemente der europäischen Tradition von der Renaissance bis zur Gegenwart einschließlich kontrapunktischer Improvisation und des Concerto-grosso-Prinzips. – Schallplatten mit dem MJQ, mit Dizzy Gillespie, Miles Davis, Charlie Parker, Bill Perkins, Chico Hamilton, Clifford Brown, Sonny Rollins, Chris Connor, Sacha Distel, Charles Mingus, J. J. Johnson, Joe Newman, Lester Young, Milt Jackson, Swingle Singers, Zoot Sims, Nancy Harrow; unter eigenem Namen ab 1950 für Swing, Pacific Jazz, Atlantic, RCA, United Artists, Mercury, Black & Blue, Trio, Little David. (→ American Jazz Orch.)
Lit.: L. Thierry, John Lewis, Montpellier 1991
CD: Jazz Abstractions, Atlantic; Sextet of Orch. USA, Bluebird ND 86285

Lewis, Meade Lux, (p), * 4.9.1905 Louisville, Ky., † 7.6.1964 Minneapolis. Begann auf der Violine, wechselte unter dem Einfluß von → Jimmy Yancey zum Klavier. Nahm 1927 für Paramount den »Honky Tonk Train Blues« auf. Arbeitete einige Jahre als Autowäscher in Chicago, bis er 1935 von John Hammond wiederentdeckt wurde. L. ist neben → Albert Ammons und Yancey eine der Schlüsselfiguren des → Boogie Woogie, zu dessen Renaissance er maßgeblich beitrug. Trat im ersten »Spirituals to Swing«-Konzert auf (1938), im Café Society, in seinen letzten Jahren vor allem im Raum L. A. – Schallplatten mit George Hannah, Joe Turner, Sidney Bechet, J. C. Higginbotham, Frank Newton, Ed Hall, Port of Harlem Seven, im Duo mit Albert Ammons und im Trio mit Albert Ammons und Pete Johnson. Eigene Aufnahmen für Paramount, Decca, RCA, Vocalion, Solo Art, Blue Note, Asch, Disc, Atlantic, Storyville, Clef/Verve, Tops.
LP: The Boogie Woogie Boys, Storyville 229

Lewis, Mel, eigentl. Melvin Sokoloff, (d), * 10.5.1929 Buffalo, N. Y., † 2.2. 1990 N. Y. Gab sein Debüt in der Band von Lenny Lewis 1946–48, spielte bei Boyd Raeburn 1948, bei Alvino Rey 1949, 1950 u. 1954 bei Ray Anthony, dazwischen bei Tex Beneke. 1954–56 bei Stan Kenton (Europatournee 1956). Ab 1957 Studiomusiker in L. A., daneben Quintett mit Bill Holman. 1959–62 in der Terry Gibbs Big Band, auch bei Gerry Mulligan und Dizzy Gillespie, 1962 mit Benny Goodman Tournee durch die UdSSR. Gründete 1966 mit → Thad Jones in N. Y. eine Big Band, die durch ihre ungewöhnlichen und dennoch swingenden Arrangements weltweit Aufsehen erregte. Nach dem Ausscheiden von Jones 1978 leitete L. die Band allein weiter, arbeitete aber auch mit der WDR-Big Band, Buck Clayton u. a. L. gehörte zu den großen Big-Band-Schlagzeugern in der Tradition von Dave Tough und Tiny Kahn. – Schallplatten mit Tex Beneke, Ray Anthony, Stan Kenton, Bill Holman, Gerry Mulligan, Jimmy Rowles, Bud Shank, Bill Perkins, Pepper Adams, Annie Ross, Sonny Stitt, Jimmy

Witherspoon, Art Pepper, Buddy DeFranco, Dizzy Gillespie, Friedrich Gulda, Gary McFarland, Buck Clayton, Benny Goodman, Terry Gibbs, Al Cohn – Zoot Sims, Bob Cooper, Buddy Tate, Frank Rosolino, Gerald Wilson, Hank Crawford, Herbie Mann, James Moody, Jimmy Knepper, Jimmy Smith, Joe Lovano, John Colianni, Johnny Mandel, Jon Faddis, Marty Paich, Warne Marsh, Warren Vaché, Ken Peplowski, Kenny Burrell, WDR-Big Band u. v. a.; als Leader für San Francisco Jazz Rec., Mode, Andex, A & M, Sandra; mit seiner Big Band für Telarc, Gryphon, MPS, Finesse, Atlantic u. Musicmasters/Limelight.

Lit.: M. L. & Clem de Rosa, It's Time for the Big Band Drummer, N. Y. 1990

CD: Soft Lights & Sweet Music, Musicmasters 20172; The Definite Thad Jones, Limelight 820816-2

Ⓥ: M. L. & The Jazz Orch., Jazz at Smithsonian, MKJ 0005

Lewis, Ramsey, (p), * 27.5.1935 Chicago. Studierte am Chicago Musical College und an der DePaul Univ. Gründete 1956 eigenes Trio, spielte in Chicagoer Clubs mit mäßigem Erfolg, bis er 1965 mit seinem Hit »The In Crowd« zu einer Massenattraktion wurde. Sein Stil ist eine Verbindung von Jazz mit Gospel-, Soul- und R&B-Elementen, die er bis heute beibehalten hat. Sidemen waren zuerst Eldee Young (b) und Red Holt (d), später Cleveland Eaton (b) und Maurice White (d). – Schallplatten mit Max Roach, Sonny Stitt, Clark Terry, Lem Winchester; eigene LPs ab 1958 für Argo/Cadet, EmArcy, Columbia, GRP.

CD: The In Crowd, Chess 9185

Lewis, Vic, (tb, g, ldr), * 29.7.1919 London. Leitete Ende der 30er Jahre Combo mit Carlo Krahmer und George Shearing, 1941–44 Sextett mit Buddy Featherstonhaugh, 1944–45 bei Stéphane Grappelli. Gründete 1946 Big Band, die deutlich von → Stan Kenton inspiriert war und aus der eine Reihe bekannter Solisten hervorging, z. B. Tubby Hayes, Ronnie Chamberlain, Jimmy Skidmore (sax), Johnny Keating (tb, arr), Bert Courtley, Stan Reynolds (tp) u. a. Arbeitete seit 1959 in einer Konzertagentur, nahm aber noch Schallplatten auf. – Aufnahmen ab 1938 für Esquire, Parlophone, Decca, Philips, DJM, HMV, Ember, Epic, Concept, Mole, Candid.

Lit.: V. L. & Tony Barrow, Music and Maiden Overs, London 1987; T. Middleton, Vic Lewis, Amsterdam 1985 (D)

LP: Mole 9; CD: West Coast All Stars, Candid 79526

Lied (Song), in der Jazz- und Unterhaltungsmusik einfache zwei- und dreiteilige Musikstücke. Dies gilt für Volks-, Marsch- und Tanzlieder der europäischen Musik und für die volkstümlichen Formen der afroamerikanischen Musik.

Als Standardform im Jazz und der populären Musik hat sich die 32taktige AABA-Form herausgebildet, d. h. viermal acht Takte mit einem Teil A, der wiederholt wird (manchmal variiert A'), einem Mittelteil B (→ Bridge), der einen neuen Gedanken bringt, und wieder dem Teil A. Die meisten → Standards wie »Lady Be Good« und »What's New?« haben diese Form. Die Bedeutung dieser Songs, von denen zwischen 1900 und 1950 ca. 300 000 für das Copyright eingereicht wurden, liegt in ihrer Verwendung als Improvisationsvorlage für Jazz-Musiker, welche häufig die definitive Version schufen, z. B. Coleman Hawkins' Fassung von »Body and Soul«. Bedeutende Song-Komponisten: Harold Arlen, Irving Berlin, Hoagy Carmichael, Duke Ellington, George Gershwin, Jerome Kern, Cole Porter, Richard Rodgers, Vincent Youmans u. a.

Lit.: A. Wilder, American Popular Song – The Great Innovators 1900–50, N. Y. 1972; Steven Suskin, Show Tunes 1905–85, N. Y. 1986; Mark White, You Must Remember This – Popular Songwriters 1900–1980, N. Y. 1985

CD: Ella Fitzgerald, div. Song Books, Verve; Oscar Peterson, div. Song Books, Verve

»The popular song of the past half-century had the largest impact on American culture of any so-called art form.« (Irving Ceasar)

Kompositionen in der 32taktigen AABA-Form:

Ain't Misbehavin'
Angel Eyes
Anthropology
Birth of the Blues
Blue Moon
Body and Soul
Budo (Hallucinations)
Darn That Dream
Don't Blame Me
Don't Get Around Much Anymore
Easy Living
52nd Street Theme
Flamingo
Four Brothers
Good Bait
Have You Met Miss Jones
I Can't Get Started
I Can't Give You Anything But Love, Baby
I Love You
I'm Beginning to See the Light
It's Only a Paper Moon
I Want to Talk About You
Jordu
Lady Be Good
Lover Man
Lullaby of Broadway
Makin' Whoopee
The Man I Love
Midnight Sun
Misty
Moten Swing
Move
Oleo
Over the Rainbow
Robin's Nest
Rosetta
'Round Midnight
Ruby My Dear
Satin Doll
September Song
Take the A Train
The More I See You
Well You Needn't
What's New?
What Is This Thing Called Love

Library of Congress, 1800 in Washington, D. C. gegründet, gehört heute zu den größten Bibliotheken der Welt, die schon Mitte der 50er Jahre ca. 35 Millionen Bücher, Manuskrip-

te u. a. Publikationen umfaßte. Die Musikabteilung der Kongreßbibliothek enthält ein umfangreiches Archiv an Volksmusik aus aller Welt, darunter Blues- und Jazz-Aufnahmen, die in ihrem Auftrag gesammelt wurden (→ Archive of Folk Music).
CD: Jelly Roll Morton, Library of Congress Rec., Affinity 1013

Liebman, David, (ts, sop, fl), * 4.9. 1946 Brooklyn, N. Y. Studierte 1962–65 bei Joe Allard, spielte danach bei Charles Lloyd 1966–68, auch bei Lennie Tristano, 1970 mit Ten Wheel Drive, 1971–73 bei Elvin Jones und 1973–74 bei Miles Davis. Ab 1974 eigene Gruppen (»Lookout Farm«), in L. A. eine Funk-Band. Nahm eine LP mit einem klassischen Streichquartett auf (»Dedications«), arbeitete mit Richie Beirach (p), Terumasa Hino (tp), John Scofield (g) u. a. In den 80er Jahren war er mit der Gruppe Quest vorwiegend in Europa. L. ist einer der unzähligen Coltrane-Kopisten, die verzweifelt nach einem eigenen Weg suchen und deshalb als Eklektiker gelten. – Schallplatten mit Miles Davis, Lionel Hampton, Charles Lloyd, Abbey Lincoln, Bob Moses, Frank Tusa, Jill McManus, Ed Sarath, John McLaughlin, Kip Hanrahan, N. H. Øersted-Pederson, Paolo Fresu, Klaus Ignatzek, Abbey Rader, der Gruppe Quest, Ricardo Del Fra, Zaviot; eigene LPs für P. M., ECM, Horizon, Ego, West, CMP, Owl, Timeless, Storyville, Red, Candid.
CD: Trio + 1, Owl 051

Lighthouse All Stars, von → Howard

Eine frühe (78er) Schallplatte der Lighthouse All Stars. »Name Withheld = Shorty Rogers

Rumsey 1949 gegründete All-Star-Gruppe, benannt nach dem Lighthouse-Jazz-Club in Hermosa Beach, Calif. Ursprüngliche Mitglieder: Shorty Rogers (tp), Milt Bernhart (tb), Bob Cooper (ts), Frank Patchen (p), Shelly Manne (d). Später waren u. a. dabei: Rolf Ericson, Jack Sheldon, Conte Candoli (tp), Stu Williamson (tp, tb), Frank Rosolino (tb), Bud Shank (as), Claude Williamson (p), Max Roach, Stan Levey (d). Die L. waren eine der ersten und wichtigsten Gruppen des → West Coast Jazz, dessen namhafte Vertreter alle irgendwann einmal als Gastsolisten der L. aufgetreten sind. – Schallplatten auf Lighthouse, Contemporary* u. Candid.
*CD: OJCCD 636; 386; 406**

Lightsey, Kirk, Kirkland, (p, voc, comp), * 15.2.1937 Detroit. Studierte vom sechsten Lebensjahr an bei dem älteren Bruder von Tommy Flanagan, später bei Gladys Wade Dillard. Kam mit Melba Liston nach N. Y.,

arbeitete für Ernestine Anderson, ging dann aber zurück nach Detroit, wo er in den Motown-Studios Pop-Vokalisten begleitete. 1979–83 war er bei Dexter Gordon. Seitdem ist er als Freelancer tätig und tritt mit eigenem Trio auf. K. ist ein ähnlich vielseitiger Pianist wie etwa Hank Jones oder Tommy Flanagan und war deshalb auch als Begleiter von Della Reese, Betty Carter, Esther Phillips u. Anita O'Day sehr gefragt. – Schallplatten mit Chet Baker, George Coleman, Sonny Stitt, Harold Land, Jerome Richardson, Kenny Burrell, Dexter Gordon, Attila Zoller, Brian Lynch, Clifford Jordan, Jim Pepper, Anita O'Day, Jimmy Raney, Peter Leitch, Ricky Ford, Rufus Reid, Saheb Sarbib, The Leaders, Satchmo Legacy, Woody Shaw u. a.; als Leader für Limetree, Sunnyside, Timeless, Criss Cross u. Stunt.
CD: From Kirk to Nat, Criss Cross 1050

Liner Notes, Text auf einer Schallplattenhülle. L. haben sich von nichtssagenden Allgemeinplätzen, die dem Verkauf der Platte dienen sollen, aber manchmal das Gegenteil bewirken, zu anspruchsvollen, manchmal literarischen Texten gewandelt, die von anerkannten Musikkritikern und -wissenschaftlern geschrieben werden. In den USA werden dafür jährlich Auszeichnungen von der »National Academy of Recordings Arts and Science« (NARAS) vergeben. Zu den besten Autoren von L. gehören Dan Morgenstern, Leonard Feather, Nat Hentoff, Mark Gardner, Pob Porter u. a., denen im deutschen Sprachraum noch nichts Gleichwertiges entgegengesetzt werden kann. Die in den letzten Jahren eingerissene Unsitte, auf L. zu verzichten, hängt mit den Produktionsbedingungen zusammen, denn eine Einführung in die Musik einer Schallplatte setzt deren Kenntnis voraus.

Lincoln, Abbey, Anna Maria Wooldridge, (voc), * 6.8.1930 Chicago. Begann mit 20 Jahren in Clubs um L. A. als »Anna Marie« zu singen, war 1952–54 in Hawaii als »Gaby Lee«, in den folgenden Jahren erfolgreich an der US-Westküste tätig. Änderte 1956 ihren Namen in A. L. und nahm erste LP auf. Begann sich für die Geschichte der Schwarzen zu interessieren und arbeitete ab 1960 mit Charles Mingus, Thelonious Monk und Max Roach zusammen. Nahm mit letzterem die berühmte »Freedom Now Suite« auf, war mit Roach 1962–70 verheiratet. L. ist eine der großen individuellen Stimmen des Jazz der 60er Jahre, bis heute aktiv, auch in pädagogischer und politischer Hinsicht. – Schallplatten mit Max Roach, Archie Shepp, Benny Golson, Kenny Dorham, Dave Liebman, Frank Morgan; eigene LPs auf Liberty, Riverside, Candid, Philips, Enja, Verve.
LP/CD: Straight Ahead, Candid 9015

Lindberg, John, (b), * 16.3.1959 Royal Oaks, Mich. Begann als Perkussionist in der School-Band, wechselte zum Baß, nachdem er Wilbur Ware auf einer Sonny-Rollins-LP gehört hatte. Spielte nach der High School bei Bobo Shaw (Human Arts Ensemble) und wurde schnell ein zen-

trales Mitglied der New Yorker Avantgarde. Lebte 1981–83 in Paris, seitdem wieder in N. Y. Mitbegründer des »String Trio of New York«, arbeitet mit diesem, im Duo mit Eric Watson und dem »Revolving Ensemble«. – Schallplatten mit Frank Lowe, Bobo Shaw, Anthony Braxton, Hugh Ragin, Jay Clayton, »Das Pferd«, Marty Ehrlich, Louis Sclavis; als Leader bzw. mit dem String Trio of New York für Black Saint, Stash, ITM, West Wind, Cecma, Sound Aspects.
CD: Quintet, Black Saint 0062

Linn, Ray, Raymond Sayre, (tp), * 20.10.1920 Chicago. Lernte tp von seinem Vater, spielte 1938–41 bei Tommy Dorsey, in den folgenden Jahren bei Woody Herman, Artie Shaw, Jimmy Dorsey, Boyd Raeburn, arbeitete seit den späten 40er Jahren als Studiomusiker in Hollywood. L. war einer der ersten weißen Bebop-Stilisten. – Schallplatten mit den Dorseys, Woody Herman, Artie Shaw, Bill Hitz, Boyd Raeburn (»Boyd Meets Stravinsky«), Bob Crosby, Georgie Auld, Greig McRitchie, Jimmy Mundy, Barney Kessel, Maynard Ferguson, Abe Most, Red Norvo, Jerry Gray, Dave Barbour, Jerry Fielding, Henri René, Lamplighter/Crystalette All Stars, Nelson Riddle, Peggy Lee, Kay Starr, Dave Pell, Page Cavanaugh, Mel Tormé, Buddy DeFranco, Maxwell Davis u. a.; als Leader 1946 zwei Sessions für Atomic bzw. Nocturne; 1978 u. 1980 nahm er Dixieland-LPs (!) für Trend-Discovery auf.

Little, Booker, (tp), * 2.4.1938 Memphis, Tenn., † 5.10.1961 N. Y. Studierte an der Manassas High School und in Chicago. Auf Empfehlung von Sonny Rollins 1958 zu Max Roach. Ab 1959 freelancing in N. Y., im Five Spot mit Mal Waldron, bei John Coltrane und Eric Dolphy. Starb an Urämie. L. war der wohl vielversprechendste Trompeter des Neuen Jazz – ein Clifford Brown des Free Jazz. – Schallplatten mit Max Roach, Eric Dolphy (»Great Concert«), John Coltrane, Abbey Lincoln, Frank Strozier; eigene LPs für United Artists, Time, Candid und Bethlehem, außerdem auf der »Jazz Percussion«-LP (Warwick).
LP/CD: Out Front, Candid 9027; B. L. 4, UA 4457-2

LJJH → Landesjugendjazzorchester Hessen

Lloyd, Charles, (ts, fl, p, comp), * 15.3.1938 Memphis, Tenn. Lernte Tenor-Sax als Autodidakt, studierte dann bei Irving Reason. Spielte mit R&B-Bands während seiner High-School-Zeit, as mit Gerald Wilson und ab 1961 bei → Chico Hamilton als Nachfolger von Eric Dolphy. 1964–65 bei Cannonball Adderley, seitdem mit eigenen Gruppen, darin u. a. Gabor Szabo (g), Pete LaRoca (d), Keith Jarrett (p), Jack DeJohnette (d), Cecil McBee (b). Seine Musik wurde als »Psychedelic Jazz« vermarktet und war zeitweise sehr populär. 1969 zog er sich nach einer Erbschaft zurück, verschrieb sich der transzendentalen Meditation und veröffentlichte LPs mit Pop-Musik. Ab 1981 neues Quartett mit u. a. Michel Petrucciani (p), seitdem wieder

als Jazz-Musiker aktiv. – Schallplatten mit Chico Hamilton, Cannonball Adderley; als Leader ab 1964 für Columbia, Atlantic, Kapp, A & M, ECM, Blue Note.
CD: Dream Weaver, Atlantic AMCY 1010

Locked Hands Style, eine Spielweise auf dem Klavier, bei der mit beiden Händen gleichzeitig Akkorde parallel zur Melodie angeschlagen werden (locked hands = gefesselte Hände). Phil Moore hat 1939 als erster diese Technik der »Blockakkorde« verwendet, in den 40er Jahren dann Milt Buckner im Orchester von Lionel Hampton. George Shearing hat auf dieser Grundlage seinen populären (Cool-)Sound geschaffen.
CD: Milt Buckner, Frances Concert FC 103, G. Shearing auf MGM (bzw. Verve) und Capitol

Loft Jazz (Loft = Lagerhalle, Dachboden), der Versuch einer Darbietung von Jazz, Blues, vor allem aber Avantgarde-Jazz in einer von Konzertveranstaltern und Clubbesitzern unabhängigen Umgebung. Die ersten Veranstaltungen dieser Art kamen in ehemaligen Lagerhäusern und Verkaufsläden in Greenwich Village, N. Y., zustande. Der Saxophonist → Sam Rivers baute dort seine Wohnung zum »Studio Rivbea« aus, der Pianist John Fischer versuchte in den L. Experimente mit Jazz und moderner Konzertmusik. Die auf Schallplatten vorliegenden Versuche zeigen jedoch, daß eine kommerzfreie Umgebung allein noch keine Garantie für musikalische Qualität ist. Die längst verschiedene Loft-Szene wurde durch die »Knitting Factory« abgelöst, die Ähnliches auf einer mehr kommerziellen Ebene versucht.
LP: Wild Flowers, Douglas/Casablanca

Lounge Lizards, von John (as, sop), * 1952, und Evan Lurie (p) 1979 gegründete Gruppe, deren Musik man wegen ihrer Mischung aus Pop und Jazz das Etikett »Fake Jazz« verpaßte. Ursprünglich waren noch Arto Lindsay (b) und Anton Fier (d) dabei. Spätere Mitglieder: Ray Nathanson (as), Curtis Fowlkes (tb), → Marc Ribot (g) u. a. – Schallplatten auf Island, Editions EG und Vera Bra-Records. (→ Jazz Passengers)
CD: Voice of Chunk, VeraBra 25

Lovano, Joe, Joseph, (ts, fl, cl, saxes), * 1953 Cleveland, Ohio. Stammt aus musikalischer Familie, Vater ist ebenfalls Tenorist. Studierte am Berklee College, hatte dann Jobs bei Jack McDuff und Lonnie Smith, wurde bekannt bei Woody Herman 1976–79. Arbeitete als Studiomusiker in N. Y. und in der Thad Jones – Mel Lewis Big Band, auch mit Paul Motian, Bill Frisell, Elvin Jones, Charlie Haden, Tom Harrell und eigenen Gruppen. – Schallplatten mit Jones – Lewis, Bill Frisell, George Benson, Vince Mendoza, Henri Texier, Paul Motian, Peter Erskine, Saheb Sarbib, Tom McKinley, Woody Herman, John Scofield, Judy Niemack, Don Grolnick, Allan Farnham, Charlie Haden, Gust William Tsilis, Lonnie Smith, Yosuke Yamashita, Furio Di Castri, Salvatore Bonafede, Brad Buethe, Kenny

Werner, Tom Harrell, Danilo Perez, Ray Drummond; als Leader für Soul Note, Label Bleu, Enja, Blue Note u. Jazz Club.
CD: Tones, Shapes & Colors, SN 1132

Lowe, Mundell, (g, comp), * 21.4. 1922 Laurel, Mo. Der Sohn eines Musiklehrers erhielt Unterricht von seinem Vater und hatte erste Jobs in den frühen 40er Jahren bei Abbie Brunies und Jan Savitt, spielte dann bei Ray McKinley 1945–47, bei Dave Martin, Ellis Larkins und Red Norvo. 1950–58 am Sender BNC, trat auch als Schauspieler und Musiker in Musicals auf. Spielte mit Eddie Sauter/Bill Finegan, Billy Taylor und eigenem Quartett. Lebt seit 1965 in Kalifornien und arbeitet als Komponist, Arrangeur und Studiomusiker. L. ist ein hochtalentierter Solist der Charlie-Christian-Tradition. – Schallplatten mit Sarah Vaughan, Carmen McRae, Ray McKinley, Billie Holiday, Sammy Davis Jr., Al Klink, Eddie Safranski, Charlie Parker, Don Elliott, Cootie Williams, Tony Scott, Sauter – Finegan, Johnny Guarnieri, Benny Carter, Bill Berry, Cal Tjader, Nancy Wilson, Dinah Washington, André Previn, Les Brown, Louis Bellson, Richie Kamuca, Joe Mooney, Ruth Brown, Eydie Gormé, Ted Straeter, Chris Connor, Richard Wess, Betty Bennett u. a.; eigene Einspielungen für RCA, Riverside*, ABC-Paramount, Charlie Parker Rec., Famous Door, Dobre, Fresh Sound u. Jazz Alliance.
*CD: M. L. & Tete Montoliu, Sweet & Lovely, Fresh Sound 161; Quartet, OJC 1773**

Lunceford, Jimmie, James Melvin, (ldr, fl, sax), * 6.6.1902 Fulton, Mo., † 12.7.1947. Studierte bei Wilberforce J. Whiteman (dem Vater von Paul W.) sowie an der Fisk Univ. Spielte bei Wilbur Sweatman und Elmer Snowden, arbeitete als Musiklehrer an der Manassas High School, gründete dort eine Band, in der schon spätere Sidemen wie Moses Allen (b), Jimmy Crawford (d) und Willie Smith (as) spielten. Ging mit dieser Band 1927 auf Tournee und erlangte durch seine präzise einstudierten Arrangements und eine verblüffende »Showmanship« bald Popularität. 1933 ging die Band nach N. Y. und wurde bald zu einer Attraktion im Cotton Club. Der Stil der Band beruhte auf einem bouncenden Rhythmus (→ Bounce) mit einer Two-Beat-Betonung und einer bisher nur vom → Casa Loma Orch. bekannten Exaktheit (arr Sy Oliver, Ed Wilcox, Eddie Durham). Solisten waren Tommy Stevenson (tp), Trummy Young (tb), Willie Smith (as), Joe Thomas (ts), Ed Wilcox (p) u. a. Durch Umbesetzungen und vor allem durch den Weggang Sy Olivers (zu Tommy Dorsey) verlor die Band einiges an Profil. L., der selbst nur Angestellter seines Managers Harold Oxley war, bezahlte seine Musiker schlecht, verlangte andererseits ungewöhnlich viel von ihnen. Für viele Kenner dieser Zeit war die Band in den Jahren 1934–39 die aufregendste überhaupt, sie war nicht nur eine exzellente Swing-Band, sondern konnte auch Sweet-Titel mit einer lässigen »Sophistication« spielen,

die einzigartig war. Als L. unter nicht ganz geklärten Umständen starb, versuchten Ed Wilcox und Joe Thomas die Band fortzuführen, aber ohne Erfolg. – Schallplatten ab 1930 für RCA, Decca, Columbia und Majestic. In den 50er Jahren haben Sy Oliver, Billy May und George Williams einige gute Memorial-LPs aufgenommen, 1992 auch das → AJO.
Lit.: C. Garrod, J. L. & His Orch., Zephyrhills 1990 (D)
CD: The Chronological, Classics 501, 505, 510 etc.

Lydisches System, ein von → George Russell geschaffenes harmonisches System, welches die Intervalle in Anlehnung an altgriechische bzw. mittelalterliche Kirchentonarten auffaßt (lydische Tonart: f g a h c' d' e' f'). Dieses System bildet eine Vorstufe zum → modalen Improvisieren und damit zur völligen harmonischen Freiheit des → Free Jazz.

Lynch, Brian, (tp, flh, comp), * 12.9. 1956 Urbana, Ill. Wuchs in Milwaukee auf, studierte an der Wisconsin School of Music. Hatte ersten bedeutenden Job in den 80er Jahren bei Horace Silver, spielte dann mit Charles McPherson, Peter Sprague und in den Big Bands von George Russell, Mel Lewis, Toshiko Akiyoshi, dazu in einer der letzten Ausgaben von Art Blakeys Jazz Messengers und bei Phil Woods. – Schallplatten mit Toshiko Akiyoshi, Art Blakey, Mark Murphy, Herb Robertson, Ralph Moore, Bill Kirchner, Jim Snidero, Rob Schneiderman; als Leader für Criss Cross u. Ken.
CD: Peer Pressure, Criss Cross 1029

Lyons, Jimmy, James, (as, fl), * 1.12. 1932 Jersey City, N. J., † 19.5.1986 N. Y. Begann mit 15 Jahren as zu spielen, trat u. a. mit Elmo Hope auf und schloß sich 1960 → Cecil Taylor an, wurde in dessen Gefolge eine der maßgeblichen Stimmen des → Free Jazz. Arbeitete auch mit David Murray und Mary Lou Williams, in den 80er Jahren Quartett mit Andrew Cyrille, Joseph Jarman u. Don Moye. War einige Zeit Leiter des Black Music Ensemble am Antioch College. – Schallplatten mit Cecil Taylor, Taylor/Gil Evans (»Into the Hot«, Impulse), Andrew Cyrille, Jazz Composers' Orch., Eddie Gale, Joel Futterman; eigene LPs für Byg, Hat Hut, Black Saint.
CD/LP: Give It Up, Black Saint 0087

Lyricon, ein dem → Sopran-Saxophon ähnliches elektronisches computergesteuertes Blasinstrument mit Schnabelmundstück und einfachem Rohrblatt. Wird als Zweitinstrument u. a. von Tom Scott, Wayne Shorter, Michal Urbaniak, Sonny Rollins und Klaus Doldinger gespielt.

Lyrics, engl. Bezeichnung für (→ Song-)Texte. Die Songs der großen Komponisten wie Cole Porter, Jerome Kern, George Gershwin, Harold Arlen etc. sind zum großen Teil auch in das Jazz-Gesangsrepertoire eingegangen. Bei den Texten dazu handelt es sich meist um Gebrauchsliteratur ohne literarische Ansprüche, die dementsprechend nicht getrennt von der Musik gesehen werden darf. Gleichwohl haben einige Texter wie Ira Gershwin, Cole Porter, Howard Dietz, Dorothy

Fields u. a. ein beachtliches Niveau erreicht. In den 50er Jahren begannen Jazz-Musiker bzw. -Sänger, jazzmäßige Texte zu eigenen Kompositionen oder zu Instrumentals zu schreiben, z. B. → Jon Hendricks zu Count-Basie-Titeln (»Sing a Song of Basie«-LP), King Pleasure, Eddie Jefferson, in jüngerer Zeit Dave Frishberg und Larry Gelb, z. B.:

»Fathers of tomorrow
Turn on to Scott LaFaro
While Duke writes charts
For sophisticated hearts.«
(L. Gelb)

Lit.: Ph. Furia, Poets of Tin Pan Alley, N. Y./Oxford 1990
LP: L. Gelb/Kim Parker, The Language of Blue, Cadence CJR 1012

Lyrik und Jazz (Jazz and Poetry), eine Aufführungsweise, bei der zu einem Gedichtvortrag Jazz-Musik gespielt wird. Diese Bewegung begann (wenn man einmal von Vachel Lindseys »Jazz Poetry« aus den 20er Jahren absieht) 1957 in San Francisco, initiiert von Kenneth Rexroth und weitergetragen von Lawrence Ferlinghetti, Kenneth Ford, Kenneth Patchen (m. Allyn Fergusons Chamber Jazz Sextet), Jack Kerouac (mit Al Cohn – Zoot Sims). Zu nennen sind auch noch Ken Nordine mit Musik von Fred Katz (»Word Jazz«) und Langston Hughes mit Charles Mingus.

Lit.: S. Feinstein/Y. Komunyakaa, The Jazz Poetry Anthology, Bloomington, Ind. 1991
CD: L. Hughes, Weary Blues, Verve 841660-2; Allan Ginsberg, The Lion for Real, Great Jones Rec. 6004; The Kerouac Collection, Rhino R23K 79939; Ken Nordine, Word Jazz, Rhino R2 70773

Lyttelton, Humphrey, (tp, ldr), * 23.5. 1921 Windsor, England. Begann mit 16 Jahren Trompete zu spielen, ging 1947 zu George Webb und gründete im folgenden Jahr eine eigene Band, die sich dem New Orleans Jazz verschrieb. Begleitete mit seiner Band US-Musiker auf Tourneen, so Sidney Bechet, Buck Clayton, Jimmy Rushing. L. war ursprünglich ein Anhänger des → N.-O.-Revivals, änderte in den späten 50er Jahren seinen Stil und gehört heute zu den herausragenden Mainstream-Musikern. – Schallplatten mit Graeme Bell, Sidney Bechet, Buck Clayton, Kenny Davern, Carlo Krahmer; eigene Aufnahmen als Leader ab 1948 für Tempo, Parlophone, London, EMI-Col., WRC, Society, Polydor, Black Lion, WAM, Happy Bird, Calligraph.

Lit.: H. L., I Play as I Please, London 1954; Second Chorus, London 1958; Take It From the Top, London 1975; The Best of Jazz, London 1981²
CD: Parlophone Years, Dormouse DM 21

M

M. A. Music, International, Hamburg, 1987 von **M**arion Kaempfert und **A**llan Botschinsky gegründet, um Musik zu veröffentlichen, »die zu gut ist und damit unverkäuflich«. Daß sie doch verkäuflich ist, beweisen die Aufnahmen von First Brass, Lee Konitz, Allan Botschinsky, Thomas Clausen, Jasper Van t'Hof, dem European Jazz Ensemble u. Masai Maara.

Macero, Teo, Attilio Joseph, (ts, comp, producer), * 20.10.1925 Glens-Fall, N. Y. Studierte ab 1948 an der Juilliard School, komponierte jazzbeeinflußte (→ Third-Stream-)Werke, arbeitete aber auch mit → Charles Mingus zusammen. Ab 1957 als Produzent bei Columbia Records, vor allem für → Miles Davis; war für dessen Hinwendung zur Pop-Musik wesentlich verantwortlich. – Eigene Schallplatten für Debut, Columbia, Prestige, Finnadar, Europe, Palo Alto.

CD: Best of, Stash 527

Machito, eigentl. Frank Grillo, (ldr, voc, perc), * 16.2.1912 Tampa, Fla., † 17.4.1984 London. Wuchs in Kuba auf, spielte dort Maracas in div. Bands. Gründete 1940 in N. Y. mit → Mario Bauza ein Orchester, welches bald zur führenden Latin-Band wurde und großen Einfluß auf die Afro-Cuban-Bewegung hatte, etwa in den Bands von → Dizzy Gillespie und → Stan Kenton. In den 50er Jahren profitierte er von der Mambo-Welle und wurde seit den 70er Jahren zum »elder statesman der Salsa-Generation« (down beat). Er nahm Dutzende von LPs mit Latin-Dance-Musik auf (für Labels wie Seeco, Coral, GNP, United Artists), aber auch eine Reihe von LPs, bei denen Jazz-Musiker als Gastsolisten herausgestellt wurden, z. B. Charlie Parker, Flip Phillips, Buddy Rich (»Afro-Cuban Suite«, Verve), Howard McGhee, Brew Moore (Roost), Cannonball Adderley, Curtis Fuller, Herbie Mann (Roulette), Dizzy Gillespie (»Afro Cuban Jazz Moods«, Pablo) u. a. – Schallplatten mit Xavier Cugat, Noro Morales, Cuarteto Caney, Stan Kenton, Frank Morgan, Louis Jordan, Joe Holiday; als Leader neben den genannten Labels auch noch für RCA, Mericana, Coco, Timeless. (→ Afro-Cuban Jazz)

CD: Cubop City, Tumbao TCD 012

Mackrel, Dennis, (d, comp), * 3.4. 1962 Omaha, Nebr. Begann mit zwei Jahren Schlagzeug zu spielen, studierte später an der Univ. of Nevada in Las Vegas. Ging nach N. Y. und spielte mit Count Basie, Buck Clayton, Thad Jones, Mel Lewis. Ersetzte letzteren in dessen Band und spielt auch weiter in der Mel-Lewis-Nachfolge-Band (Village Vanguard Jazz Orch.). – Schallplatten mit Count Basie, Frank Wess, Grover Mitchell, Hank Jones, Howard Alden, Mel Lewis Orch.

CD: Tribute to Mel Lewis, Musicmasters 5054

M-Base → Coleman, Steve

McBee, Cecil, (b), * 19.5.1935 Tulsa, Okla. Lernte Klarinette, Baß mit 17

Jahren, studierte an der Ohio Central Univ. Arbeitete mit Paul Winter 1963–64, dann in N. Y. mit u. a. Jackie McLean, Wayne Shorter, Charles Lloyd, Yusef Lateef, Alice Coltrane. Ab 1975 eigene Gruppe, oft mit Chico Freeman (ts), daneben ist er ein sehr gefragter Studiomusiker in N. Y. – Schallplatten mit Dollar Brand, Art Pepper, Bennie Wallace, Benny Golson, Charles Lloyd, Chet Baker, Chico Freeman, Clifford Jordan, Dave Burrell, Freddie Hubbard, Hal Galper, Hampton Hawes, James Newton, Joanne Brackeen, John Stubblefield, Johnny Griffin, Kenny Barron, Yosuke Yamashita, Mal Waldron, Hannibal, McCoy Tyner, Pharoah Sanders, Jimmy Daniels, Prince Lasha, Ray Anderson, Roy Haynes, Sam Rivers, Uli Lenz, Wayne Shorter u. a.; als Leader für Strata East, Enja, India Navigation.
LP: Music From the Source, Enja 3019

McCann, Les, Leslie Coleman, (p, voc), * 23.9.1935 Lexington, Ky. Arbeitete 1959 als Begleiter von Gene McDaniels, gründete eigenes Trio und profitierte sehr von der Soul-Jazz-Welle mit Hits wie »Compared to What« und »With These Hands«. M. ist in der richtigen Umgebung ein guter Pianist (vgl. seine LPs mit Gerald Wilson und Ben Webster), produziert aber vorwiegend Klischees, die sein schwacher Gesang auch nicht überdecken kann. – Schallplatten mit Gerald Wilson, Lou Rawls, Stanley Turrentine, Eddie Harris, Phil Upchurch; als Leader für Pacific Jazz, Limelight, Atlantic, A & M, Jam, Leisureville, Night.
CD: In N. Y., Pac. Jazz CDP 7999292

McConnell, Rob, (vtb, comp, ldr), * 1935 London, Ontario (Kanada). Spielte Trompete in High School, wechselte unter dem Einfluß von → Bob Brookmeyer zur Ventilposaune. Studierte bei Gordon Delamont in Toronto, spielte 1964 bei Maynard Ferguson und gründete 1967 eine Big Band in Toronto, die »Boss Brass«, die zunächst nur aus Blechbläsern bestand, 1971 aber um fünf Saxophone zur regulären Big Band erweitert wurde und bald zu einer der besten Big Bands der internationalen Szene wurde. Arbeitet seit 1988 an Dick Groves School of Music in Van Nuys, Ca. – Schallplatten mit Dave Frishberg, Mel Tormé, Maynard Ferguson, Bob Florence, Harry Edison, SDR Big Band; als Leader für die kanadischen Labels CBC, CTL, Phonodisc, Attic, Umbrella, New Ventures, Innovation sowie für Dark Orchid, MPS, Sea Breeze u. Concord.
CD: Concord CCD 4306

McDuff, Brother Jack, Eugene, (org, p, b), * 17.9.1926 Champaign, Ill. Lernte Klavier autodidaktisch, wechselte zur Hammond-Orgel, spielte mit Gruppen in Chicago, ging auf Tournee mit Willis Jackson. Gründete 1959 eigenes Trio bzw. Quartett mit u. a. Grant Green oder George Benson (g). Der von Jimmy Smith beeinflußte M. spielt seinen Soul-Jazz bis heute ohne nennenswerte Änderungen, abgesehen von der gelegentlichen Verwendung des E-Pia-

nos. – Schallplatten mit Roland Kirk, Sonny Stitt, Gene Ammons, Betty Roché, Carmen McRae, Etta James, Grant Green, Red Holloway, Willis Jackson, Roy Hargrove. – Eigene LPs für Prestige*, Atlantic, Cadet, Blue Note, Chess, Sugar Hill.
*LP: The Honeydripper, OJC 223**
McEachern, Murray, (tb, as), * 1915 Toronto, † 28.4.1982 L. A. Lernte Violine als Kind, dann tp, tb, tu, cl, as, ts. Spielte 1936 bei Benny Goodman, 1937–41 im Casa Loma Orch., zwischendurch bei Paul Whiteman, 1945 Bob Crosby. Leitete während des Krieges eine Army-Band, arbeitete dann als Studiomusiker in Hollywood, wo er aufgrund seiner Vielseitigkeit sehr gefragt war. Trat mit David Rose auf, 1970 kurz bei Duke Ellington, leitete die Tommy-Dorsey-»Ghost«-Band. – Schallplatten mit Benny Goodman, Casa Loma Orchestra, Paul Whiteman, Bob Crosby, David Rose, Nelson Riddle, Conrad Gozzo, Billy May, »Session at Midnight«, Lena Horne, J. Scott Trotter, Frankie Carle, Willie Smith, Ray Anthony, Jerry Gray u. a.; als Leader für Key Records u. Dot.
McFarland, Gary, (vib, comp), * 23.10. 1933 L. A., † 2.11.1971 N. Y. Begann sich erst 1959 ernsthaft mit Musik zu befassen, als er an der Berklee School studierte. Schrieb erste Arrangements für Gerry Mulligan, dann für Anita O'Day, Steve Kuhn, Stan Getz (»Big Band Bossa Nova«), Nancy Harrow, Cal Tjader u. sechs Kompositionen für John Lewis' »Essence« (1964). M. gehört zu den großen Begabungen der 60er Jahre; bei seinem Tod war sein Talent noch längst nicht voll entwickelt. – Schallplatten für Verve, Impulse, Skye.
LP: Impulse 9112
McGarity, Lou, Robert Louis, (tb, vln), * 22.7.1917 Athens, Ga., † 28.8. 1971 Washington, D. C. Begann bei Nye Mayhew und Ben Bernie, ging 1940 zu Benny Goodman, wo er mit → Cutty Cutshall ein eindrucksvolles Team bildete. 1942 zu Raymond Scott, nach Armeedienst wieder bei Goodman, ab 1947 Studiomusiker in N. Y., aber auch in Eddie-Condon-Gruppen, der Lawson – Haggart Jazz Band u. a. Gehört zu den Gründungsmitgliedern der → World's Greatest Jazz Band. – Sein robuster und dennoch flüssiger Stil ist zu hören auf Schallplatten von Benny Goodman, Metronome All Stars, Steve Allen, V-Disc All Stars, Yank Lawson, Red McKenzie, Hot Lips Page, Muggsy Spanier, Ella Fitzgerald, Pee Wee Russell, Eddie Condon, Bob Crosby, Phil Napoleon, Neal Hefti, Peanuts Hucko, Deane Kincaide, Joe Marsala, Wingy Manone, George Wettling, Wild Bill Davison, Max Kaminsky, Big 18, George Siravo, Doc Severinsen, Tommy Reynolds, Mel Powell, Cootie Williams, Edgar Sampson, Bobby Short, Rusty Dedrick, Charleston City All Stars, Dixie Rebels u. a.; als Leader für MGM, Jubilee, Argo u. Fat Cat's.
LP: In Celebration, IAJRC 36
McGhee, Howard B., (tp), * 6.2.1918 Tulsa, Okla., † 17.7.1987 N. Y. Wuchs in Detroit auf, lernte Klarinette, wechselte dann zur Trompete. Erste Jobs bei Leonard Gray, Jimmy

»Modern« war eines der zahlreichen → Indies der 40er Jahre, die dem → Bebop eine Plattform schufen, wie hier → Howard McGhee

Rachel, ab 1941 bei Lionel Hampton, Andy Kirk, Charlie Barnet, Georgie Auld. 1944–45 bei Coleman Hawkins, anschließend eigene Gruppe, bei JatP, 1951–52 auf Tournee mit Oscar Pettiford. Leitete in den 60ern eigene Gruppen, 1966 Big Band. M. war ein origineller Bebop-Stilist mit Einflüssen von Roy Eldridge, Fats Navarro und Dizzy Gillespie. – Schallplatten mit Andy Kirk, Mel Tormé, Coleman Hawkins, Chubby Jackson, Charlie Ventura, Charlie Parker, John Hartman, Slim Gaillard, JatP, Wynonie Harris, Lester Young, Charlie Barnet, Fats Navarro, Wardell Gray, Milt Jackson, Flip Phillips, Tina Brooks, Joe Williams, Just Jazz u. a.; als Leader ab 1945 für Philo, Modern, Melodisc, Dial, Savoy, Vogue, Blue Stars, Blue Note, Hi-Lo, Bethlehem, Felsted, Contemporary, Winley, United Artists, Hep, Sonet, Steeplechase, Jazzcraft, Zim, Storyville.

LP: Trumpet at Tempo, Spotlite 131

CD: Sharp Edge, Black Lion 760110

McGregor, Chris, (p, comp), * 24.12. 1936 Kapstadt, Südafrika, † 28.5. 1990 Agen, Frankreich. Studierte am Cape Town College, gründete 1962 die »Blue Notes« mit Dudu Pukwana (as), Mongezi Feza (tp, † 1975), Nick Moyake (ts), Johnny Dyani (b) u. Louis Moholo (d). Da es für eine gemischtrassige Gruppe unmöglich war, Jobs zu finden, gingen sie nach Europa. 1970 vergrößerte M. die Band, die er »Brotherhood of Breath« nannte, und spielte damit den kontroversesten Jazz jener Zeit, u. a. den Soundtrack zum Film »Kongi's Harvest«. Seine Musik war eine Verschmelzung von Bantu-Rhythmen und Zulu-Melodien mit dem freien Jazz. – Schallplatten mit Harry Beckett und als Leader für Polydor, Neon, RCA, Ogun, In & Out.

CD: Grandmother's Teaching, ITM 1428

McGriff, Jimmy, (org), * 3.4.1936 Philadelphia, Pa. Arbeitete als Pianist (u. a. als Begleiter von Carmen

Jimmy McGriff

McRae), bevor er unter dem Einfluß von → Jimmy Smith zur Orgel wechselte. Gründete 1961 eigenes Trio und ist seitdem mit seinem R&B-beeinflußten Stil erfolgreich. – Schallplatten mit Hank Crawford, Illinois Jacquet, Harper Bros. eigene Aufnahmen für Funckler/Sue, Veep, Solid State, Groove Merchant, Blue Note, Capitol, United Artists, JAM, Milestone, Denon, Headfirst.

CD: Georgia on My Mind, Denon 8513

McIntyre, Ken, Kenneth Arthur, (as, fl, bcl, p, Fagott, comp), * 7.9.1931 Boston, Mass. Hatte klassischen Klavierunterricht, studierte bei Gigi Gryce u. Charlie Mariano und am Bostoner Konservatorium. Arbeitete als Musiklehrer in N. Y., leitete eigene Gruppen. 1960 Zusammentreffen mit → Eric Dolphy, gehört seitdem zur New Yorker Avantgarde, arbeitete aber weiter als Lehrer. Seit 1971 ist er Professor und Leiter der African-American Music and Dance Concentration an der Univ. N. Y./Old Westbury. Seine Kompositionen sind voller Überraschungen und Wendungen, vergleichbar denen von Ornette Coleman und Eric Dolphy, von denen er aber nicht beeinflußt wurde, da er seine Musik schon entwickelt hatte, als er sie traf. – Schallplatten mit Charles Haden, Eric Dolphy (»Fire Waltz«, Prestige), Beaver Harris, Cecil Taylor, Nat Adderley; als Leader ab 1960 für Prestige, United Artists und Steeplechase, außerdem auf den »Wildflowers«-LPs (Casablanca).

LP: Home, Steeplechase 1039

McKenna, Dave, David J., (p), * 30.5. 1930 Woonsocket, R. I. Der Swing-Pianist in der Tradition von Teddy Wilson und Earl Hines hatte sein Debüt bei Boots Mussulli, mit dem er 1949 zu → Charlie Ventura ging. 1950–51 bei Woody Herman, 1953–54 erneut bei Ventura, dann bei Gene Krupa, Bobby Hackett, Buddy Morrow. Seit den 70er Jahren bei den Jazz-Parties von Dick Gibson, mit Jakie Hanna und Carl Fontana, mit Bob Wilbur, häufig als Solo-Pianist. – Schallplatten mit Charlie Ventura, Ruby Braff, Gene Krupa, Max Bennett, Phil Woods – Gene Quill, Zoot Sims – Al Cohn, Bobby Hackett, Buddy Rich, Dick Johnson, Ed Bickert, Scott Hamilton, Jakie Hanna – Carl Fontana, Woody Herman, Rosemary Clooney, Lou Colombo, Fraser McPherson, Silk Stockings u. a.; unter eigenem Namen für ABC-Paramount, Epic, Bethlehem, Halcyon, Chiaroscuro, Shiah, Famous Door, Inner City, Concord.

CD: My Friend the Piano, Concord 313

McKenzie, Red, William, (voc, kazoo), * 14.10.1899 St. Louis, † 7.2. 1948 N. Y. Begann als Diskjockey, spielte kein Instrument, begeisterte sich aber so für den Jazz, daß er ein Virtuose des »Kammblasens« wurde. Gründete die → Mound City Blue Blowers und nahm ab 1924 eine Reihe von Schallplatten auf, bei denen wichtige Musiker dieser Periode mitwirkten, u. a. Eddie Lang (g), Joe Venuti (vln), Benny Goodman (cl, as), Bud Freeman, Coleman Haw-

kins (ts), Jack Teagarden, Tommy Dorsey (tb). Gehörte zum engen Kreis um → Eddie Condon. – Schallplatten mit Red Nichols, Benny Goodman, Eddie Condon, Spirits of Rhythm; als Leader für Vocalion, Brunswick, Okeh, Decca, Variety, ARC, Commodore, National.
LP: Bunny (Berigan) & Red, Jazz Archive JA-3

McKinley, Ray, Raymond Frederick, (d, voc, ldr), * 18.6.1910 Fort Worth, Tex. Begann in »Territory Bands« wie denen von Duncan Marion, Savage Cummings, dann bei Milt Shaw, Smith Ballew, den Dorsey Brothers 1934–35 und Jimmy Dorsey bis 1939. in diesem Jahr gemeinsame Band mit → Will Bradley, ab 1942 eigene Band. 1943–44 in Glenn Millers Army Air Force Band, die er nach dessen Tod bis Ende 1945 leitete. Erneut eigene Band bis 1950, die durch die Arrangements von → Eddie Sauter zu einer der herausragenden Bands der 40er Jahre wurde und Solisten wie Vern Friley (vtb), Peanuts Hucko (ts, cl), Mundell Lowe (g) herausstellte. 1950–56 freelancing, übernahm dann die Leitung der Glenn-Miller-»Ghost«-Band, die er 1966 an → Buddy DeFranco übergab. Tritt seitdem noch gelegentlich mit Pick-Up-Bands auf. – Schallplatten mit den Dorsey Bros., Jimmy Dorsey, Benny Goodman, Bud Freeman, Will Bradley, Steve Allen; als Leader für Decca, Capitol, Majestic*, RCA, Dot; mit dem Glenn-Miller-Orch. für RCA und Epic.
Lit.: Chris Popa, R. McKinley & His Orch., Zephyrhills 1979 (D)
*LP: Most Versatile Band, Savoy SJL 2261**
CD: Aero Space 1033

Ray McKinley

McKinney's Cotton Pickers, der Name einer der bedeutenden Big Band der 20er Jahre. Gegründet 1924 von dem Drummer William McKinney (1895–1969) als »Synco Jazz Band« in Springfield, Ohio, begann der Aufstieg der Band durch das Management von Jean Goldkette (ab 1926) und die musikalische Leitung von → Don Redman (1927–31) u. → Benny Carter (1931–32). Wichtige Mitglieder waren John Nesbitt (tp, arr), Milton Senior (cl, as), Todd Rhodes (p), Dave Wilborn (bj) u. Cuba Austin (d). Für Schallplattenaufnahmen wurden auch Coleman Hawkins, Fats Waller, Joe Smith u. a. hinzugezogen. Nach dem Ausscheiden von Don Redman bzw. Benny Carter versank das Orchester in Mit-

telmäßigkeit und wurde Ende der 30er Jahre aufgelöst. – Schallplatten 1927–31 für RCA-Victor. Nicht zu verwechseln mit den (weißen) Cotton Pickers, einer Studio-Band.
Lit.: J. Chilton, McKinney's Music, London 1978
CD: The Band Don Redman Built, Bluebird ND 90517

McKusick, Hal, Harold Wilfred, (as, cl, comp), * 1.6.1924 Medford, Mass. Wuchs in Newton auf, wo er mit Ralph Burns zur Schule ging. Erster Job bei Don Bestor, dann bei Les Brown, Dean Hudson, Woody Herman, → Boyd Raeburn 1944–45. An der Westküste bei Johnny Otis, Alvino Rey, Al Donahue, Buddy Rich, Claude Thornhill, Terry Gibbs; in N. Y. bei Elliot Lawrence 1951–56 u. bei Urbie Green; dann eigene Gruppen, für die George Russell, Gil Evans, Johnny Mandel, Jimmy Giuffre Kompositionen schrieben. Nach 1958 Studiomusiker in N. Y. – Schallplatten mit Boyd Raeburn, Al Cohn, Andy Kirk, George Russell, Manny Albam, Don Elliott, Elliot Lawrence, Terry Gibbs, André Hodeir, Bobby Scott, George Siravo, Med Flory, Chico O'Farrill, Larry Sonn, Charlie Parker, Gene Krupa, Sammy Spear, Quincy Jones, Prestige All Stars, Urbie Green, George Williams; für Jubilee, Bethlehem, RCA, Coral, Prestige, Decca als Leader.
CD: East Coast Jazz, Fresh Sound FSRCD 41

McLaughlin, John, (g, el-g, synth, p, comp), * 4.1.1942 Kirk Sandell, Yorkshire, England. Stammt aus einer musikalischen Familie. Begann mit elf Jahren Gitarre zu spielen, beeinflußt von Big Bill Broonzy, Muddy Waters, später Django Reinhardt u. Tal Farlow. Spielte in den frühen 60er Jahren in London mit Alexis Korner, Eric Clapton, Ginger Baker u. a. Begann sich für östliche Philosophie zu interessieren und – durch Ravi Shankar – indische Musik. Sechs Monate bei Gunter Hampel. 1969 erschien seine erste LP, »Extrapolation«, mit John Surman, Tony Oxley und Brian Odges, eine Vorwegnahme des kommenden Jazz-Rock. In diesem Jahr zu Tony Williams' Lifetime nach N. Y., nahm auch Schallplatten mit Miles Davis auf, die zu den einflußreichen dieser Zeit gehören: »In a Silent Way« u. »Bitches Brew«. 1971 eigene Gruppe, das Mahavishnu Orchestra, mit Jerry Goodman (vln), Jan Hammer (key), Billy Cobham (d), die sich im nachhinein als wichtigste Jazz-Rock-Gruppe erweisen sollte. 1970 war M. Schüler des Gurus Sri Chinmoy geworden, der ihm den Namen Mahavishnu gab. 1974 neue Besetzung mit Jean-Luc Ponty (vln). Nach Auflösung dieser Gruppe spielte er akustische Musik mit indischen Musikern mit der Band »Shakti«, kehrte 1978 zur elektrischen Musik zurück (»One Truth Band«), arbeitete in den späten 70ern mit Paco de Lucia und Larry Coryell bzw. Al DiMeola. In den 80er Jahren neues Mahavishnu Orchestra mit u. a. Bill Evans (sax), spielte bei Miles Davis' LP »You're Under Arrest«. M. ist der wohl einflußreichste und vielseitigste Gitarrist der letzten 20 Jahre, perfekt in

Blues, Fusion, Free Jazz, in indischer und klassischer Musik. – Schallplatten mit Miles Davis, Herbie Hancock, Wayne Shorter, Dexter Gordon, Zakir Hussain, Bill Evans, Gunter Hampel, Graham Bond, Santana, Stanley Clarke u. a.; Aufnahmen als Leader für Marmelade, Dawns, Douglas, Columbia, Warner Bros., Elektra Mus., JMT, Verve.
LP/CD: The Inner Mounting Flame; Birds of Fire; Love Devotion Surrender; Inner Worlds; Electric Guitarist, alle CBS

McLean, Jackie, John Lenwood, (as, comp), * 17.5.1932 N. Y. Studierte bei Bud Powell, spielte bei Thelonious Monk in den späten 40er Jahren, 1951–52 bei Miles Davis, anschließend ein Jahr am North Carolina A & T College. Gigs mit Paul Bley u. George Wallington. 1956 bei Charles Mingus, 1956–57 bei Art Blakey. 1959–61 im Theaterstück »The Connection« als Musiker und Schauspieler. Wegen Drogensucht Unterbrechung seiner Karriere. Wurde 1972 Dozent an der Univ. of Hartford, Conn. Trat häufig mit seinem Sohn René (as) auf (* 16.12.1946). M. war ursprünglich stark von Charlie Parker beeinflußt, mit dem er eng befreundet war, absorbierte aber später noch Einflüsse von Ornette Coleman. – Schallplatten mit Miles Davis, Art Blakey, Charles Mingus, Gene Ammons, Abbey Lincoln, Mal Waldron, Hank Mobley, Freddie Redd, Donald Byrd, Jack Wilson, Lee Morgan, McCoy Tyner, Sonny Clark, Art Taylor, Don Sickler, Grachan Moncur III, Prestige All Stars; als Leader ab 1955 für Ad-Lib, Prestige, Jubilee, Blue Note, Steeplechase, RCA, Triloka, Antilles, Birdology.
Lit.: A. B. Spellman, Black Musik – Four Lives, N. Y. 1971[2]
CD: One Step Beyond, Blue Note 84137; Jackie's Bag, BN 84051

McPartland, Jimmy, James Duigald, (tp, cnt), * 15.3.1907 Chicago, † 13.3. 1991 Port Washington. Erhielt ersten Unterricht wie sein Bruder Dick (g, bj, 1905–57) von seinem Vater. Gründete an der → Austin High School eine Band mit u. a. Frank Teschemacher (cl), Bud Freeman (ts). Erster Job bei Al Haid, erste Schallplatten mit den Wolverines 1925. Spielte bei Art Kassel, Ben Pollack, zahlreiche Platten-Sessions. Während der Depression bei Horace Heidt, Smith Ballew und Harry Reser. 1936–41 eigene Gruppen, dann bei Jack Teagarden. Als Soldat in Deutschland, heiratete 1945 in Aachen die Pianistin Marian Turner, mit ihr gemeinsame Band bis 1951. Danach meist mit eigenen Gruppen, auch mit Tony Parenti. M. ist ein von → Bix Beiderbecke inspirierter Trompeter des → Chicago-Stils. – Schallplatten mit Red McKenzie and Condon's Chicagoans, Ben Pollack, Eddie Condon, Benny Goodman, Bob Thiele, Whoopee Makers, Irving Mills, Jack Teagarden; eigene Aufnahmen ab 1936 für HRS, Decca, Harmony, Prestige, MGM, Brunswick, Melodisc, Grand Award, Jazztone, Epic, Mercury, RCA, Jazzology, Halcyon.
LP: Milestone 47019

McPartland, Marian, geb. Turner, (p), * 20.3.1920 Windsor, England. Studierte Violine und Piano. War während des Krieges auf Tournee für englische Soldaten, als sie → Jimmy McPartland traf und 1945 in Aachen heiratete. Gemeinsame Combo bis 1945, dann eigenes Trio, welches durch seine Homogenität beeindruckte. Schrieb seit den 60er Jahren auch Filmmusik, arbeitete als Diskjockey in eigener Radio-Show, wobei sie bekannte Musiker interviewte. In den 70er Jahren wieder mit Trio auf Tour, gelegentlich auch Zusammenarbeit mit Jimmy M., von dem sie seit 1965 geschieden war. – Schallplatten mit Jimmy M., Hot Lips Page, George Shearing, Tony Bennett, Mary Fettig; unter eigenem Namen für Federal, Savoy, Capitol, Argo, Time, Dot, Improv, Jazz Alliance, Concord und eigenes Label »Halcyon«.
Lit.: All in Good Time, N. Y. 1988
CD: Plays B. Strayhorn, Concord 326

McPherson, Charles, (as), * 24.7. 1939 Joplin, Missouri. Begann mit 13 Jahren in Detroit Alt-Sax zu spielen, mit 17 erste Gigs mit Barry Harris und Lonnie Hillyer. Kam durch Yusef Lateef zu Charles Mingus, mit dem er bis zu dessen Tod mit Unterbrechungen spielte, trat in dieser Zeit auch häufig mit Barry Harris auf. In seiner Gruppe spielten auch noch Lonnie Hillyer (tp), Ray McKinney (b) u. Billy Higgins (d). M. unterrichtet seit 1978 an der Univ. von San Diego. M. ist ein von Charlie Parker beeinflußter Altist der Neo-Bop-Richtung. – Schallplatten mit Barry Harris, Charles Mingus, Art Farmer, Rein de Graaff, Red Rodney, Lionel Hampton, Larry Vuckovich, Jimmy Cheatham, Toshiko Akiyoshi; als Leader für Prestige, Mainstream, Xanadu, Discovery, Chazz Jazz.
CD: Follow the Bouncing Ball, Discovery 963

McRae, Carmen, (voc), * 8.4.1922 N. Y. Lernte zuerst Klavierspielen, begann dann als Sängerin bei Benny Carter, Count Basie u. Mercer Ellington, mit diesem Plattendebüt als Carmen Clarke, da zu dieser Zeit mit → Kenny Clarke verheiratet. Sang im »Minton's«, arbeitete tagsüber als Sekretärin. Erhielt 1954 einen Plattenvertrag von Decca und schaffte damit den Durchbruch; Ende der 50er Jahre galt sie als eine große Jazz-Sängerin, woran sich bis heute nichts geändert hat. Anfangs von → Sarah Vaughan beeinflußt, entwickelte sie einen persönlichen Stil. – Schallplatten mit Mercer Ellington, Buddy Bregman, Sammy Davis Jr., Larry Elgart, CBBB, Dave Brubeck (»The Real Ambassadors«), Betty Carter, George Shearing; ab 1954 für Bethlehem, Decca, Kapp, Columbia, Ember, Mainstream, Focus, Atlantic, Black Lion, Groove Merchant, Catalyst, Blue Note, Pye, Buddah, Concord, Who's Who, Denon.
LP: Great American Songbook, Atlantic SD2-904
CD: Sings Monk, Novus 83086

McShann, Jay, James Columbus, »Hootie«, (p), * 12.1.1909 Muskogee, Okla. Der vorzügliche Blues-Pianist gründete 1939 die letzte große Big Band in Kansas City, mit der → Charlie Parker seine ersten Aufnahmen einspielte, und zwar 1940 für eine Rundfunkstation in Wichita, die heute schon legendären »Wichita Transcriptions«. Löste 1944 die Band auf, trat seitdem mit kleinen Gruppen oder als Solist auf, bis in die 60er Jahre meist in K. C. Wurde von Europäern »wiederentdeckt«, ist seitdem häufig auf dem alten Kontinent anzutreffen. – Schallplatten mit Lulia Lee, Jimmy Witherspoon, Ole Lindgren, Dorothy Donegan, John Hicks; als Leader für Decca*, Capitol, Mercury, Supreme, Swingtime, Vee Jay, Black & Blue, Master Jazz, Sackville, Sonet, Storyville, Atlantic, Jazz Mark, Chiaroscuro, Heritage, Reservoir.

Lit.: S. Dance, The World of Count Basie, N. Y. 1985[2]

CD: Blues from K. C., GRP 16142; Early Bird, Stash 542*

Film: Hootie's Blues, 1987 (Regie B. Becher, M. Farrell)

Manieri, Mike, Michael Jr., (vib, synth, comp), * 24.7.1938 Bronx, N. Y. Begann mit zwölf Jahren Vibraphon zu spielen, arbeitete zuerst bei Buddy Rich (bis 1962), dann freelancing in N. Y., schrieb Musik für Film und TV. 1965 Trio mit Joe Beck und Midge Pike, 1968 in der Gruppe von Jeremy Steig. Entwickelte ein »Synth-Vibraphon« zum Anschluß an einen Synthesizer. Gründete 1979 die All-Star-Gruppe Steps, später → Steps Ahead, die eine der erfolgreichsten Gruppen der 80er Jahre wurde. – Schallplatten mit Georgie Fame, Buddy Rich, Peter Erskine, Kazumi Watanabe, Ben Sidran; als Leader für Argo, Solid State*, Arista, Warner Bros. u. eigenes Label NYC Records.

CD: Journey Thru an Electric Tube, SS 18049, Wanderlust, NYC 6002-2*

Mainstream, ein von Stanley Dance geprägter Begriff für den »Hauptstrom« des Jazz, der sich zwischen den Extremen des Traditionellen und des Modernen Jazz bewegt. Es handelt sich dabei um eine zeitgenössische Variante des → Swing vor dem Hintergrund der modernen Jazz-Stile, die Elemente an den M. abgegeben haben. Interpreten u. a. Buck Clayton, Bobby Hackett, Roy Eldridge, Harry Edison (tp), Vic Dickenson, Al Grey (tb), Coleman Hawkins, Buddy Tate, Zoot Sims, Scott Hamilton (ts), Gerry Mulligan (bar), Oscar Peterson, Count Basie (p). Typische M.-Labels sind z. B. Pablo und Concord.

Majestic Records, 1945 von Eli Oberstein gegründet als Weiterführung seines »Hit«-Labels. Aufnahmen von Cootie Williams, Bud Freeman, Louis Prima, Ray McKinley, Mildred Bailey, Jimmie Lunceford, George Paxton u. a.; Reissues auf → Savoy. (→ Varsity)

Lit.: B. Korst u. a., Elite, Hit and Majestic Master Listing, Zephyrhills 1989

Mance, Junior, Julian Clifford Jr., (p, comp), * 10.10.1928 Chicago. Studierte am Roosevelt College, erster Job bei Jimmy Dale 1947, dann bei Gene Ammons, Lester Young. 1954–55 bei Dinah Washington, zu Cannonball Adderley 1956–57, dann

bei Dizzy Gillespie bis 1959. 1960–61 bei Eddie Davis/Johnny Griffin, gründete eigenes Trio und begleitete damit Joe Williams bis 1964. Wegen einer Gehörerkrankung einige Zeit inaktiv, ab 1968 neues Trio, mit dem der vorzügliche Swing- und Blues-Pianist auf der Funk-Welle mitzuschwimmen versucht – durchaus mit Erfolg. – Schallplatten mit Irene Kral, Cannonball Adderley, Dinah Washington, Wilbur Ware, Virgil Gonsalves, Jimmy Cleveland, Art Blakey, Ben Webster, Dexter Gordon, Dizzy Gillespie, Eddie Davis, Johnny Griffin, Sammy Davis Jr., Ammons – Stitt, Lester Young, Ray Crawford, Sonny Stitt, Buddy Guy, Ken Peplowski u. a.; als Leader für Verve, Jazzland/Riv., Capitol, Atlantic, Polydor, East Wind, Flying Disk, JSP, Sackville, Nilva, Bee Hive.
LP: Truckin' & Trakin', Bee Hive 7015

Mandel, Johnny, Johnny Alfred, (comp, tb, btp), * 23.11.1925 N. Y. Studierte bei Stefan Wolpe, Van Alexander, an der Manhattan School of Music und an der Juilliard School. Spielte ab 1943 bei Joe Venuti, Billie Rogers, Henry Jerome, Boyd Raeburn, Jimmy Dorsey, Buddy Rich, Georgie Auld, Alvino Rey, Chubby Jackson. Ab 1949 hauptsächlich als Arrangeur tätig, 1953 kurz bei Count Basie. Arbeitet seit den 50er Jahren vor allem für Film (»I Want to Live«), TV und für Vokalisten wie Frank Sinatra, Dinah Shore, Mel Tormé, Jo Stafford. Komponierte »The Shadow of Your Smile«, »Emily«; arr für Boyd Raeburn, Buddy Rich, Georgie Auld, Elliot Lawrence, Count Basie (»Straight Life«), Artie Shaw, Woody Herman (»Not Really the Blues«), Dave Pell, Diane Schuur u. a. Von Interesse sind seine Jazz-Versionen der Musik zu »James Dean Story« (Pacific Jazz) und »I Want to Live« (United Artists).

Mangelsdorff, Albert, (tb, g, comp), * 5.9.1928 Ffm. Lernte Violine und Gitarre, erst mit 20 Jahren Posaune. Spielte bei Joe Klimm 1950–53, dann bei → Hans Koller, mit diesem erste Aufnahmen. 1955–57 im Tanzorchester des HR (Willy Berking), daneben aber auch bei den Frankfurt All Stars und den German All Stars. Leitete seit 1958 das Jazzensemble des HR, von 1961–69 ein Quintett mit Heinz Sauer (ts), Günter Kronberg (as, bar), Günter Lenz (b) u. Ralf Hübner (d). 1971 neues Quintett mit Sauer, Gerd Dudek (ts), Peter Giger (d) u. Buschi Niebergall (b). Seit den 60er Jahren ist M. ein auch international anerkannter Solist, trat bei Festivals auf (Newport, Berlin), unternahm Tourneen mit seinem Quintett oder den German All Stars und spielte mit Don Cherry, dem Globe Unity Orch. und John Surman, mit dem er die Gruppe Mumps gründete. Seit 1972 tritt M. verstärkt als Solo-Posaunist hervor (erste LP: »Trombirds«, MPS), wobei er seine verblüffenden Techniken eines »multiphonen« Spiels und der Zirkularatmung zur Geltung kommen läßt, ebenso wie eine mehrstimmige Spielweise, wobei eine Note gespielt und eine darüber gesungen wird. Damit gelingt ihm eine Annäherung an archaische Techniken wie → Growl, → Dirty Tones unter Verzicht auf Virtuosität. M., der häufiger als jeder andere zum »Musiker des Jahres« gewählt wurde, hat inzwischen einen Status erreicht, der ihn – als »guru-in-chief« der deutschen Jazz-Musiker – unangreifbar erscheinen läßt, obwohl man fragen muß, ob seine zunächst verblüffende Spielweise auf Dauer nicht in bloße Gimmicks ausartet. Zwei LPs mit einer mäßigen Rockband (K. Lage) haben seiner Reputation jedenfalls nicht geschadet. – Schallplatten mit Hans Koller, Jutta Hipp, Joki Freund, John Lewis, Newport Youth Band, Lee Konitz, Attila Zoller, Globe Unity Orch., Peter Brötzmann, Gunter Hampel, John Tchicai, United Jazz & Rock Ensemble, Peter Herbolzheimer u. a.; als Leader für Metronome, Jazztone, Philips, Atlantic, CBS, MPS, Mood, Musikant, Enja, L & R, FMP.

LP: Now Jazz Ramwong, L & R 41907; Birds of Underground; Trilogue, A Matter of Taste, alle MPS

CD: Art of the Duo, Enja 5059

Mangelsdorff, Emil, (as, cl, fl), * 11.4. 1925 Ffm. Der Bruder von Albert M. gehört zu den Musikern der ersten Stunde des deutschen Nachkriegsjazz. 1941 Mitbegründer des Hot Club Frankfurt, studierte an der Musikhochschule, spielte bei Joe Klimm 1952–53, mit Joki Freund, Jutta Hipp, seinem Bruder und den Two Beat Stompers. Der Mainstream-Musiker gehört zu den Gründungsmitgliedern des Jazzensembles des HR, leitete den Jazz-Kurs an der Frankfurter Jugendmusikschule, schrieb eine »Anleitung zur Improvisation für Saxophon« (Mainz 1965). – Nahm Schallplatten auf mit Jutta Hipp, Joki Freund, Two Beat Stompers, George Gruntz, Albert M.; unter eigenem Namen für Muza, CBS, Europa, Telefunken, L & R und Jazz & Lyrik-Prod. für Electrola und Trion.

LP: Swinging Oil Drops, L & R 41002

Mangione, Chuck, Charles Frank, (tp, flh, p, comp), * 29.11.1940 Rochester, N. Y. Kam durch Dizzy Gillespie zum Jazz, leitete Combo mit seinem Bruder Gap (* 31.7.1938) 1960–64. War zu dieser Zeit Protégé von Cannonball Adderley. In N. Y. mit Kai Winding, Maynard Ferguson, Woody Herman, 1965 bei Art Blakey, auch mit Keith Jarrett und Chick Corea. Seit 1968 Lehrer an der Eastman School. Wandte sich der Jazz-Rock-Bewegung zu, spielte und komponierte für das Rochester Symphony Orch. Scheint das Interesse am Jazz weitgehend verloren zu haben, nachdem sich seine LPs gut verkaufen, z. B. »Children of Sanchez«. – Schallplatten mit Art Blakey, Keith Jarrett, Chick Corea, Vic Feldman; als Leader für Jazzland*, Mercury, A & M, Columbia.

*LP: Jazz Brother, Milestone 47042**

Mann, Herbie, eigentl. Herbert Jay Solomon, (fl, ts, comp), * 16.4.1930 Brooklyn, N. Y. Lernte cl u. ts, spielte in einer Army-Band, erster Job 1953–54 bei Mat Mathews. 1954 bei Pete Rugolo. Wandte sich unter dem Einfluß von Esy Morales der Flöte

zu, arbeitete als Studiomusiker in N. Y., an der Westküste, mit eigener Gruppe in Brasilien 1961. Hatte großen Erfolg im Zug der Bossa-Nova-Welle mit »Comin' Home Baby«. Wandte sich in den 70er Jahren östlicher Musik zu, dann dem Rock-Jazz, der Discomusik sowie allen Moden, die gerade »in« waren. Gründete die Labels Vortex, Embryo und The Alternative. M. ist sicher der bekannteste und populärste, wenn auch nicht der beste Flötist des modernen Jazz. – Schallplatten mit Mat Mathews, Bill Evans, Billy Taylor, Terry Morel, Philly Joe Jones, Art Blakey, A. K. Salim, Buddy DeFranco, Chet Baker, Frances Faye, Machito, Sarah Vaughan u. v. a.; neben den eigenen Labels auch für Bethlehem, Prestige, Epic, Riverside, Savoy, Mode, Verve, Atlantic, A & M, Chesky u. eigenes Label Kokopelli.
LP: H. Mann – Sam Most, Bethlehem; Salute to the Flute, Epic; Nirvana, Atlantic; Big Boss Man, Col.

Manne, Shelly, Sheldon, (d, comp), * 11.5.1920 N. Y., † 26.9.1984 L. A. Erste Jobs auf Atlantikdampfern, ab 1938 mit diversen Name-Bands, u. a. Bobby Byrne, Joe Marsala, Bob Astor, Raymond Scott, Will Bradley. 1942–45 Wehrdienst bei der Küstenwache, organisierte in dieser Zeit Plattensessions, u. a. für Signature. Bei Stan Kenton 1946–48, 1950–51, Woody Herman 1949, auch bei Charlie Ventura u. Bill Harris. Ließ sich in L. A. nieder und wurde der meistbeschäftigte Studio-Drummer für die folgenden drei Jahrzehnte, arbeitete auch als Komponist für Film u. TV, leitete eigene Gruppen, einen Nachtclub (1960–74) und war Gründungsmitglied der L. A. 4. M. war ein vielseitiger und »melodiöser« Drummer, zu Hause in Swing, West Coast Jazz und späteren Stilen. – Er ist auf mehreren tausend LPs zu hören; wichtige Dates als Sideman mit Joe Marsala, Coleman Hawkins, Barney Bigard, Eddie Heywood, Dizzy Gillespie, Chubby Jackson, Oscar Pettiford, Boyd Raeburn, Stan Kenton, Woody Herman, Flip Phillips, Kai Winding, Sonny Rollins, Hampton Hawes, Benny Carter, Shorty Rogers, Clifford Brown, Barney Kessel, Ornette Coleman, Art Pepper, Charlie Parker, Chet Baker, Howard Rumsey, Lennie Niehaus, Oliver Nelson, Pete Rugolo, Red Norvo, Stan Getz, Zoot Sims, Teddy Charles u. v. a.; eigene Einspielungen ab 1951 für Dee Gee, Interlude, Contemporary*, Capitol, Mainstream, Flying Dutchman, Discovery, Galaxy, Pausa, Trend, Atlas, Jazziz, Concord, East World.
CD: At the Blackhawk, OJC 114–118; Manne, That's Gershwin, Disc. 909; S. M. & His Men Vol. 1, OJCCD 152**
Ⓥ: Kay Jazz 035

Manone, Wingy, Joseph Matthews, (tp, voc), * 13.2.1900 N. O., † 9.7.1982 Las Vegas. Verlor mit zehn Jahren seinen rechten Arm, lernte trotzdem Trompete und spielte mit Doc Ross und Peck Kelly, bevor er 1927 nach N. Y. ging und dank seines Showtalents bald sehr gefragt war. Leitete ab 1934 eigene Gruppen, hatte einen Hit mit seiner Version von »Isle of Capri«. Trat in mehreren Fil-

men auf, in Radio-Shows mit Bing Crosby, bis zuletzt in Las Vegas. – Schallplatten mit den Arcadian Serenaders, Red Nichols, Benny Goodman, den Cellar Boys, NORK, Gene Gifford, Adrian Rollini, Nappy Lamare, Papa Bue u. a.; eigene Titel ab 1925 für Okeh, Columbia, Vocalion, Gennett, Melotone, Bluebird, Decca, Beacon, Capitol, Joe Davis, Gilt Edge, Coral, Atlantic, Imperial, Roulette, Carosello.
Lit.: W. M. & P. Vandervoort, Trumpet on the Wing, N. Y. 1948; 1964
LP: Chronological Study, Rarities/ Little Gem
CD: Swing Is Here, Bluebird ND 82180

Mantler, Michael, (tp, vtb, comp), * 10.8.1943 Wien. Studierte in Wien und ab 1962 an der Berklee School, 1964 bei Cecil Taylor. Gründete mit u. a. Carla Bley, Cecil Taylor, Paul Bley, Sun Ra, Archie Shepp die Jazz Composers' Guild, aus der das Jazz Composers' Orchestra und – als Dachorganisation – die Jazz Composers' Association hervorgingen sowie 1967 das Label WATT. Seit 1967 mit → Carla Bley verheiratet, spielt und komponiert für ihre Band, leitet ein Studio in Woodstock, N. Y., die Plattenfirma und den »New Music Distribution Service«. – Schallplatten mit Gary Burton (»A Genuine Tongue Funeral«, comp Carla Bley), Charlie Haden, Carla Bley, Jazz Comp. Orch.; eigene Aufnahmen für WATT.
CD/LP: The Hapless Child, WATT 4; Movies, WATT 7; Something There, WATT 13

Mardi Gras, der Karneval in → New Orleans, wird jährlich vom 6. Januar bis zum »fetten Dienstag« (frz.: mardi gras) vor Aschermittwoch gefeiert. 1699 nannte Pierre Le Moyne, Sieur d'Iberville, bei einer Kolonisationsfahrt den Mississippi hinauf den ersten Lagerplatz »Bayou du Mardi Gras«. 1837 fand der erste Karnevalsumzug mit Festwagen und Masken statt, an der Spitze seit 1872 ein jährlich gewählter »King of the Zulus«.
CD: Mardi Gras in N. O., Music Arts Network MG 1001

Mariano, Charlie, Charles Hugo, (as, sop, fl, nagaswaram), * 12.11.1923 Boston. Studierte am Schillinger House in Boston, spielte ab 1948 bei Shorty Sherock, Larry Clinton, Nat Pierce, Chubby Jackson – Bill Harris. 1953–55 bei Stan Kenton, anschließend bei Shelly Manne. Ende der 50er Jahre in Boston bei Herb Pomeroy, 1959 erneut kurz bei Kenton. Heiratete → Toshiko Akiyoshi, mit ihr eigenes Quartett. Lebte einige Jahre in Japan, lehrte sechs Jahre an der Berklee School. Lebte 1971–84 in Europa, spielte mit der Gruppe Ambush, Eberhard Weber, Jaspar Van t'Hof, Pork Pie und dem United Jazz und Rock Ensemble. M. ist ein immer noch unterschätzter Musiker, der die Musik Charlie Parkers mit der von John Coltrane zu verbinden weiß. – Schallplatten mit Nat Pierce, Stan Kenton, Shelly Manne, Bill Holman, Manny Albam, John Graas, Max Bennett, Herb Pomeroy, Frank Rosolino, Anthony Zano, Toshiko Akiyoshi, Charles Mingus, Maynard Ferguson, Elvin Jones, McCoy Tyner, Peter Herbolzheimer, George

Gruntz, Eberhard Weber, Edward Vesala, Harvie Swartz, Jan Fryderyk, Carlo Mombelli, »Bhavani«, Rolf Kühn, Philip Catherine, Helen Carr, Herb Harper, UJRE, R. Abou-Khalil, Freddy Studer, Sadao Watanabe u. a.; Aufnahmen als Leader ab 1950 für Imperial, Prestige, Fantasy, Bethlehem, World Pacific, Candid, Regina*, Takt, Victor, Atlantic, Keytone, Catalyst, Horo, MPS, CMP, Leo, Calig, ECM, Fresh Sound, Intuition u. Lipstick.
CD: Jazz Portrait, Fresh Sound 176; Standard Time, FSR 96, 97*

Marienthal, Eric, (as, cl), * 19.12. 1957 Sacramento, Calif. Lernte Klarinette in High School, spielte in der Monterey High School Band und studierte am Berklee College. Wurde von Chick Corea entdeckt und spielt in dessen »Electric Band«, auch mit David Benoit, Don Grusin u. a. – Schallplatten mit Chick Corea, David Benoit, Matt Catingub, Ray Anthony, Dave Murdy, Dave & Don Grusin, Tim Heintz, Akira Jimbo, GRP Big Band, Dave Weckl, Charles Rutherford; als Leader für GRP.
CD: Voices of the Heart, GRP 91052

Marimba, lateinamerikanisches, aus Afrika stammendes Schlaginstrument, ähnlich dem → Xylophon, hat jedoch unter den Holzplatten einen Resonator aus einer ausgehöhlten Kalebasse.

Marimba-Bands, bestehend aus ein oder zwei Marimbas, Perkussion und Bläsern (meist Flöten), sind heute noch in Mexiko sehr populär. Dort wird jeder Spieler in einer solchen Band »marimba« genannt, der Marimbaspieler selbst jedoch »marimbista«. Eine modernisierte Form ist das Marimbaphon, das, ähnlich dem → Vibraphon, Resonanzröhren aus Leichtmetall besitzt. Die M. wird daher von Vibraphonisten gern als Zweitinstrument gespielt, z. B. von Gary Burton u. Dave Samuels.

Marmarosa, Dodo, Michael, (p), * 12.12.1925 Pittsburgh, Pa. Spielte ab 1942 in den Bands von Ted Fio Rito, Gene Krupa, Charlie Barnet, Tommy Dorsey, Artie Shaw, Boyd Raeburn, Lucky Thompson. War in dieser Zeit aktiv in der Bebop-Bewegung, arbeitete mit Barney Kessel, Charlie Parker, Howard McGhee, war neben → Bud Powell der brillanteste Bebop-Pianist. Zog sich 1948 aus Gesundheitsgründen zurück, spielte 1949–50 noch bei Johnny Scat Davis und Artie Shaw. Hatte 1961 Comeback mit der LP »Dodo's Back« (Argo), ist seitdem aber nicht mehr als Musiker tätig. – Schallplatten mit Miss Danna, Charlie Barnet (»The Moose«), Artie Shaw, Lem Davis, Slim Gaillard, Barney Kessel, Howard McGhee, Willie Smith, Boyd Raeburn, Charlie Parker, Lester Young, Corky Corcoran, Lucky Thompson, Benny Carter, Lionel Hampton, Wardell Gray; eigene Aufnahmen für Atomic, Dial, Savoy, Argo und Prestige (mit Gene Ammons).
LP: The Dial Masters, Spotlite 108
CD: Dodo's Bounce, Fresh Sound 1019

Mars Records, das Label von → Woody Herman, der 1952–53 hierauf seine Schallplatten veröffentlichte;

konnte sich aber mangels eines funktionierenden Vertriebssystems nicht behaupten. Reissues auf → Verve, seit 1981 auf → Discovery.

Marsala, Joe, Joseph, (cl, sax, comp), * 4.1.1907 Chicago, † 3.3.1978 Santa Barbara, Calif. Begann im Raum Chicago zu spielen, u. a. mit Art Hodes und Floyd O'Brien, 1929 und 1933 bei Wingy Manone, leitete ab 1936 eine gemischtrassige Band auf der → Fifty-second Street mit u. a. Red Allen, seiner Frau Adele Girard (Harfe) und seinem Bruder Marty (tp, 1909–75). War zu dieser Zeit ein von anderen Klarinettisten (sogar von Benny Goodman!) sehr bewunderter Musiker, der aber nie die ihm zustehende Anerkennung fand. Leitete 1941 Big Band, arbeitete dann aber als Musikverleger und Komponist (»Don't Cry Joe«). – 1965 Schallplatte mit Tony Bennett. Aufnahmen außerdem mit Adrian Rollini, Delta Four, Wingy Manone, Putney Dandridge, Frank Froeba, Dick Porter, Sharkey Bonano, Joe Sodja, Dick McDonough, Leonard Feather, Pete Brown, George Wettling, Bobby Hackett, Charles LaVere, Tempo King, Jeanne Burns, Six Blue Chips, King Garcia, Amanda Randolph; als Leader ab 1936 für Variety, Vocalion, Decca, Savoy, Black & White*, Musicraft, Signature, Stereo-Craft.

LP: J. M. & His Band, Jazzology 106
*CD: Greenwich Village Sound, Pickwick 15005**

Marsalis, Branford, (ts, sop), * 26.8. 1960 N. O. Der Sohn von Ellis M. (p) und Bruder von → Wynton Marsalis begann auf dem Alt-Sax und hatte den ersten wichtigen Job bei Art Blakey, wo er Bobby Watson ersetzte (1981). Im folgenden Jahr in die Band seines Bruders, spielte auch mit Clark Terry und dem Rockmusiker Sting. War 1986 bei Herbie Hancock, spielte mit eigenen Bands u. als Studiomusiker. Leitet seit 1992 die »Tonight Show«-Band. – Schallplatten mit Art Blakey, Miles Davis (»Decoy«), Billy Hart, Sting, Bobby Hutcherson, Dizzy Gillespie, Kevin Eubanks, Jim Walker, Wynton M., Grateful Dead, Joanne Brackeen, Sonny Rollins, Duke Ellington Orch., Roy Ayers, Steve Coleman, Ray Drummond, Harry Connick, Ed Thigpen, Charlie Haden, Dirty Dozen Brass, Cleveland Watkiss, Roy Hargrove, Nat Jaffe u. a.; als Leader für CBS.

CD: Renaissance, CBS 460229

Marsalis, Delfeayo, (tb, comp, producer), * 28.7.1965 N. O. Der Bruder von → Branford u. Wynton Marsalis begann seine Karriere als Produzent von u. a. Coughtney Pine, Harry Connick, Kenny Kirkland, Terence Blanchard, ehe er 1992 mit einer eigenen CD hervortrat. Als Posaunist steht er in der Tradition von J. J. Johnson. Er studierte am Berklee College und spielte bei Ray Charles, Art Blakey, Dollar Brand und Fats Domino. Der jüngste Marsalis-Bruder Jason (* 4.3.1977) hat sich schon einen Namen als Drummer gemacht.

CD: Pontius Pilate's Decision. Novus PD 90669

Marsalis, Wynton (tp), * 18.10.1962 N. O. Sohn von Ellis Marsalis und Bruder von → Branford M. Ersten

Delfeayo Marsalis

Trompetenunterricht mit sechs Jahren durch Al Hirt, studierte klassische Trompete als Zwölfjähriger, spielte in Marching Bands, Jazz-Bands, Funk-Bands und im N. O. Civic Orch. Mit 18 zur Juilliard School in N. Y., einige Monate später zu Art Blakey. 1981 bei Herbie Hancock, im folgenden Jahr eigenes Quintett, trat als klassischer Trompeter hervor, gewann »Grammys« als bester Jazz- und Klassiksolist sowie sämtliche Jazz-Polls als bester Trompeter und war mit 22 bereits ein Superstar. Als Trompeter ist M. ein unübertroffener Virtuose, technisch perfekt, mit einem klaren Ton und einer genauen Kontrolle über alles, was er spielt, gilt manchen aber als »zu glatt« und konnte die hohen Erwartungen in bezug auf etwas »Neues« nicht einlösen. – Schallplatten als Sideman mit Art Blakey, Chico Freeman, Frank Morgan, Marcus Roberts, Herbie Hancock, Shirley Horn, Gunther Schuller, Michel White, Steve Turre, Doc Severinsen, Dizzy Gillespie, Joe Henderson; als Leader für Who's Who und Sony.
CD: Think of One, CBS 25335
ⓥ: Blues & Swing, 490022

Marsh, Warne Marion, (ts), * 26.10. 1927 L. A., † 18.12.1987 L. A. Studium bei Privatlehrern, spielte auch as, cl, b-cl, accor. 1944 bei den Kanteen Kids und Hoagy Carmichael's Teenagers. Lernte während seiner Armeezeit → Lennie Tristano kennen. Spielte 1946 bei Buddy Rich, ab 1948 in N. Y., meist mit Tristano, der seinen Stil wesentlich beeinflußte. Arbeitete in den 50er Jahren auch in anderen Jobs, da er von seiner Musik nicht leben konnte, wurde erst in den 70er Jahren über einen Insiderkreis hinaus bekannt und konnte regelmäßig Schallplatten aufnehmen. Ab 1972 Mitglied von → Supersax. M. gehörte als Improvisator zu den wenigen überragenden Talenten des Jazz. – Schallplatten mit Lennie Tristano (»Intuition«, 1949), Lee Konitz, Jimmy Giuffre, Art Pepper, Metronome All Stars, Chet Baker, Woody Herman, Clare Fischer, Hans Koller, Supersax. Unter eigenem Namen hat der deutlich von Lester Young inspirierte M. LPs für Imperial, Kapp, Mode, Atlantic, Revelation, Wave, Storyville, Disco-Mate, Jazz, Interplay und Criss Cross eingespielt.
CD: Star Highs, Criss Cross 1002

Marterie, Ralph, eigentl. Martire,

(tp, ldr), * 24.12.1914 Neapel, † 8.10. 1978 Dayton, Ohio. Kam als Kind in die USA, hatte erste Jobs in lokalen Bands, ab 1937 in Rundfunkorchestern. Leitete eine Big Band ab 1949, die durch Hits wie »Crazy, Man, Crazy«, »Caravan« u. »Skokiaan« bis in die 60er Jahre sehr populär war. In der Band zeitweise Jimmy Knepper (tb), Jack Gaylo (as), Joe Farrell (ts), Matt Alagna (p, arr), John Van Ohlen (d). – Von seinen LPs (für Mercury, United Artists, Musico) ist vor allem »Big Band Man« (Mercury) mit All-Star-Besetzung hervorzuheben.
Lit.: R. Brethour/C. Garrod/E. Novitsky, R. M. & His Orch., Zephyrhills 1992 (D)

Martino, Pat, Pat Azarra, (g), * 25.8. 1944 Philadelphia. Studierte in seiner Heimatstadt bei Dennis Sandole, ging mit 15 Jahren auf Tournee mit Red Holloway, arbeitete dann bei Sonny Stitt, Willis Jackson, Lloyd Price, Eric Kloss, Charles McPherson, Jimmy Smith, Jack McDuff, Groove Holmes, John Handy u. a. Der unter Kennern immer noch als Geheimtip gehandelte M. unterrichtet am Guitar Institute of Technology in L. A. – Schallplatten ab 1967 für Prestige, Muse, Warner Bros.
CD: The Return, Muse 600621

Masekela, Hugh Ramapolo, (tp, flh, voc, comp), * 4.4.1939 Witbank, Südafrika. Lernte tp in der Schule, spielte mit Tanz- und Showorchestern. Erhielt 1959 ein Stipendium für die Guildhall School of Music in London, 1960 für die Manhattan School of Music in N. Y. von der Harry Belafonte Foundation. Begleitete mit seiner Band die Sängerin Miriam Makeba, mit der er 1964–66 verheiratet war. M. bezieht in seine Musik Einflüsse aus seiner Heimat ein, obwohl er afrikanische Musik nicht aus echten Quellen, sondern aus zweiter Hand erfahren hat. Wandte sich einige Jahre der Pop-Musik zu, orientiert sich seit 1975 wieder mehr an den afrikanischen Vorbildern. Schrieb einige Songs für das Musical »Sarafina!«. – Schallplatten mit Dudu Pukwana, Hamiett Bluiett, Miriam Makeba, John Mehegan, Letta Mbulu/ Crusaders, Herb Alpert, 29th Street Sax. Quartet, René McLean; als Leader für MGM, Mercury, Uni, Chisa, Blue Thumb, Casablanca, Novus.
CD: Uptownship, Novus PD 83070

Master → Matrize

Master Records, 1937 von Irving Mills gegründet, zusammen mit dem Sub-Label **Variety**, im selben Jahr an ARC verkauft und damit im Besitz von Columbia/CBS. Aufnahmen von

Original-Master-Label, 1938

Duke Ellington, Cab Calloway, Will Hudson, Raymond Scott; auf Variety: div. Ellington-Gruppen, Charlie Barnet, Midge Williams. Reissues auf Columbia/CBS.

Mastersounds, eine von den Montgomery-Brüdern Monk (b, ldr, 1921–82), Buddy (vib, * 1930) und zeitweise auch → Wes Montgomery gebildete Gruppe, zu der noch Richard Crabtree (p) und Benny Barth (d) gehörten. Die am → MJQ orientierte Gruppe nahm 1957–61 Schallplatten für Pacific Jazz/World Pacific und Fantasy Schallplatten auf, später noch als »Montgomery Brothers« für Riverside* und Milestone.

*LP: A Date with the M., OJC 282**

Mathews, Mat, eigentl. Matthieu Swartz, (accor), * 18.6.1924 Den Haag. Wurde durch Joe Mooney zum Jazz-Spiel auf dem Akkordeon angeregt. Ging 1952 in die USA und etablierte sich dort als der führende Musiker auf seinem Instrument. Kehrte 1964 nach Holland zurück, arbeitete als Komponist für Film und TV. – Schallplatten mit Joe Puma, Carmen McRae, Oscar Pettiford, »4 French Horns« (Savoy), Bobby Dukoff; als Leader für Brunswick, Dawn, Verve, JJM, Design, MRE, Ariola; mit dem N. Y. Jazz Quartet für Savoy.

Mathews, Ronnie, Ronald Albert, (p), * 2.12.1935 Brooklyn, N. Y. Studierte bei Hal Overton und an der Manhattan School of Music 1959. Hatte diverse Gigs in N. Y., bis er 1963 zu Max Roach ging. In den folgenden Jahren bei Freddie Hubbard, Art Blakey, Louis Hayes, Clark Terry Big Band, Johnny Griffin. Exzellenter Hard-Bop-Pianist. – Schallplatten mit Roy Owen Haynes, Freddie Hubbard, Max Roach, Frank Morgan, Clifford Jordan, Johnny Griffin, Lee Morgan, Louis Hayes – Junior Cook, Sam Jones u. a.; eigene LPs für Prestige, East Wind, Bee Hive, Red Records, DIW.

LP: Song for Leslie, Red VPA 162

Matlock, Matty, Julian Clifton, (cl, as, arr), * 27.4.1909 Paducah, Ky., † 14.6.1978 L. A. Spielte in den 20er Jahren bei den Blue Melody Boys, den Tennessee Serenaders, Beasley Smith, Jimmy Joy. 1929 zu Ben Pollack als Nachfolger von Benny Goodman. Als sich die Pollack-Band auflöste, blieben einige Musiker zusammen und organisierten ein neues Orch. unter Leitung von → Bob Crosby. M. wurde als cl-Solist und Arrangeur eine der Schlüsselfiguren dieser Band. 1943 ließ er sich in L. A. nieder, spielte mit eigenen Dixieland-Gruppen, mit Bob-Crosby-Reunions und arbeitete als Arrangeur, u. a. für Paul Weston, Billy May, Pete Fountain, Harry James, Eddie Miller, Bing Crosby, Dean Martin. M. war einer der inspiriertesten Klarinettisten des → Dixieland-Stils. – Schallplatten mit Ben Pollack, Wingy Manone, Vic Berton, Clark Randall, Pee Wee Hunt, Gene Gifford, Bob Crosby, Bunny Berigan, Eddie Miller, Charles LaVere, Floyd O'Brien, Nappy Lamare, Frank Trumbauer, Frances Bergen, Marvin Ash, Ray Bauduc, George Brunies, Bobby Hackett, Frankie Laine, Billy May, Harry James, Paul

Weston, Bob Scobey, Rampart Street Paraders, Eartha Kitt, Ray Anthony u. a.; mit seiner »Paducah Patrol« für RCA, Tops, Columbia u. Warner Bros.

CD: Bobby Hackett, Coast Concert, Dormouse CDX 02

Matrize (Master), die letzte Stufe bei der Schallplattenherstellung. Von ihr wird die eigentliche Schallplatte gepreßt. Die M.-Nummer ist besonders bei den 78er-Schellackplatten wichtig für die Identifizierung bestimmter Aufnahmen.

Matthews, Onzy, (arr, p, voc), * 15.1. 1936 Fort Worth, Tex. Lebt seit 1948 in L. A., studierte am Westlake College, gründete 1961 Big Band mit u. a. Dexter Gordon, Sonny Criss und Frank Butler, die sehr erfolgreich in den Clubs um L. A. wie dem »Lighthouse«, »Summit« u. a. spielte. Arrangierte für Ray Charles, Lionel Hampton, Della Reese, Lou Rawls, Esther Phillips, Gerald Wilson; arbeitet an der Dick-Grove-Arrangier-Schule in L. A.; LPs für Capitol.

Maupin, Bennie, (ts, sop, fl, bcl), * 29.8.1946 Detroit. Studierte an der Notheaster High School und am Detroit Institute of Musical Art, auch bei Carmine Caruso und Joe Allard. Spielte 1966–68 bei Horace Silver, 1970 bei Lee Morgan, ab 1971 bei Herbie Hancock, Miles Davis, Freddie Hubbard, McCoy Tyner. M. ist einer der besseren post-Coltrane-Saxophonisten der 70er Jahre. – Schallplatten mit Horace Silver, Lee Morgan (»At the Lighthouse«), Chick Corea, Herbie Hancock, Marion Brown, McCoy Tyner, Woody Shaw u. a.; eigene LPs für ECM und Mercury.

Mauro, Turk, eigentl. Mauro Turso, (bar, ts), * 11.6.1944 N. Y. Begann mit zehn Jahren Klarinette zu spielen, wurde mit 15 Berufsmusiker, spielte 1960 mit Henry Red Allen, ging dann aufs College und spielte 1962–63 mit Rock-Bands und mit Al Cohn – Zoot Sims im Half-Note. Arbeitete mit Tanz- und Latin-Bands, 1973 mit eigenem Quartett im Half Note, dann bei Richie Cole, Billy Mitchell. Begann Bariton zu spielen, als er für Pepper Adams einspringen mußte. 1975 in Dizzy Gillespies Big Band, 1978–79 bei Buddy Rich. Spielt seitdem mit eigenen Gruppen, lebt in Paris seit 1987. – Schallplatten für Jazzcraft*, Phoenix u. Bloomdido.

*LP: The Underdog, Storyville 4076**

Maxwell, Jimmy, James Kendrick, (tp), * 9.1.1917 Stockton, Calif. Erhielt eine solide Ausbildung (u. a. bei Herbert Clarke), die ihn zu dem gesuchten Lead- und Solo-Trompeter machen sollte. Spielte mit Gil Evans, 1933–34 (!), dann bei Jimmy Dorsey, Benny Goodman, Hal Kemp u. a., nach dem Krieg Studiomusiker in N. Y., aber auch bei Gerry Mulligan, Quincy Jones, Oliver Nelson, Benny Goodman (UdSSR 1962), Duke und Mercer Ellington. Seit 1973 auch als Lehrer tätig. – Schallplatten mit Hal Kemp, Jimmy Dorsey, Benny Goodman, Raymond Scott, Oliver Nelson, Quincy Jones, Charlie Parker, Clark Terry, Jimmy Smith, Lionel Hampton, Roy Eldridge, Marty Grosz, Wes Montgomery, Larry O'Brien

(Glenn Miller Orch.), Bobby Dukoff, Jim Tyler, Chuck Israels u. a.
CD: Circle CLP 50

May, Billy, E. William, (tp, comp), * 10.11.1916 Pittsburgh, Pa. Begann bei Gene Olson 1933, in den folgenden Jahren bei Al Howard, Barron Elliot, Lee River, 1939 bei Charlie Barnet. Arrangierte dessen Hit »Cherokee«; 1940–42 bei Glenn Miller als tp-Solist, schrieb aber auch Arrangements (»Long Tall Mama«). Arbeitete in den 40er Jahren für Ozzie Nelson, Tex Beneke, Phil Harris, Bob Crosby, Woody Herman, John Scott Trotter, Alvino Rey, für den Komiker Red Skelton und für Kinderproduktionen für Capitol. 1951 nahm er mit einer Studio-Band einige Titel auf (z. B. »Fat Man Boogie«), die durch einen »schleifenden« Saxophonsatz (à la Jimmie Lunceford) auffielen und deren Erfolg zur Gründung einer Road-Band führte, die er aber 1954 an → Sam Donahue übergab. Arbeitet seitdem für TV und Film (»Nightmare«) sowie als Arrangeur für Vokalisten wie Frank Sinatra (der ihm einige seiner besten LPs verdankt), Nat King Cole, Four Freshmen, Trudy Richards, Mel Tormé, Anita O'Day, Peggy Lee, Nancy Wilson, Jack Jones, Hi-Lo's, Invitations, Steve Lawrence, Diane Schuur, Tony Randall, Jeri Southern, Yma Sumac, Vic Damone, Guy Pastor u. a. Arr auch für Ray Anthony, Glen Gray, Bob Keene, Claude Gordon, Verlye Mills, Charles Turner, Pat Longo, Woody Herman, Boston Pops Orch. M. ist der wohl vielseitigste Arrangeur, den die Swing-Ära hervorgebracht hat; in seiner Anfangszeit war er ein exzellenter Trompeter – zu hören auf Schallplatten von Charlie Barnet, Glenn Miller, Jack Teagarden, Charles LaVere, Jimmie Noone, Willie Smith. – Schallplatten als Leader für Capitol*, Time-Life, Time, Hi-Fi, Friedman, Intersound, Raphaele.
Lit.: C. Garrod, B. May & His Orch., Zephyrhills 1991 (D)
*CD: Best of, Aero Space 1013**

Mehegan, John, (p), * 6.6.1920 Hartford, Conn. Studierte Violine, Autodidakt als Pianist. Gehörte Mitte der 50er Jahre zum Kreis um Charles Mingus, arbeitet vorwiegend als Lehrer. – Schallplatten mit Charles Mingus, Herbie Fields, Lionel Hampton, Chuck Wayne, Eddie Costa; unter eigenem Namen für Savoy, Request, Gallo-Continental, Epic.

Meldonian, Dick, Richard, (as, ts, sop, fl), * 27.1.1930 Providence, R. I. Hatte mit 14 Jahren eine erste eigene Band, ab 1949 spielt er als Profimusiker u. a. bei Freddie Slack, Charlie Barnet, Shorty Rogers, John Kirby, Stan Kenton, Johnny Richards, Nat Pierce, Elliot Lawrence, Bill Russo. 1953 freelancing in N. Y., leitete daneben eigene Gruppen, vom Quartett bis zur Big Band (mit Sonny Igoe). – Schallplatten mit Charlie Barnet, Stan Kenton, Gerry Mulligan, Lee Castle, Johnny Richards, Phil Sunkel, Sam Most, Chihuahua All Stars, Derek Smith, Marty Grosz u. a.; als Leader für Progressive/Statiras u. Circle.
CD: Arrangements of Gene Roland, Circle CCD-150

Melford, Myra, (p, comp), * 5.1.1957 Evanston, Ill. Free-Ausbrüche, die in ihrer Intensität an Cecil Taylor erinnern, im Kontrast dazu melodische Motivketten und superbe Improvisationen bilden ein beeindruckendes Konzept: Wie sich darin Folk, Blues, Modern Jazz und Avantgarde zu einem kraftvollen Strom kreativer Musik vereinigen, demonstriert die Pianistin M. auf überzeugende Weise. Während ihrer Studien hatte sie die unterschiedlichsten Lehrmeister, angefangen bei dem Boogie-Woogie-Pianisten Erwin Helfer bis hin zu dem Avantgardisten Don Pullen. Auch die Beschäftigung mit afrikanischer und fernöstlicher Musik schärfte ihr Bewußtsein für rhythmische Zusammenhänge. 1985 tauchte die Künstlerin im Kreis der New Yorker Avantgardemusiker auf und fand wegen ihrer Offenheit für zeitgenössische Musik schnell Anschluß. Schon bald spielte sie in den Ensembles von Butch Morris, Oliver Lake und Leroy Jenkins. 1990 gründete sie ihr eigenes Trio, dem Lindsey Horner (b) und Reggie Nicholson (d) angehören. (G. F.)
CD: Myra Melford, Jump, Enemy 115; Myra Melford, Now & Now, Enemy 131

Mellophon (mell), Blechblasinstrument, in der Bauart eine Kombination von Waldhorn und Kornett mit einem Trompetenmundstück, drei Ventilen, in Es gestimmt. Sein weicher Klang liegt etwa zwischen Trompete und Posaune. Das M. wurde in den 20er Jahren von Dudley Fosdick und Mickey Bloom gespielt, in den 50er Jahren von → Don Elliott. Die Big Band von → Stan Kenton hatte 1940–64 eine zusätzliche Section mit vier aus dem M. entwickelten Mellophonien, Solisten waren Ray Starling und Gene Roland. Herbert Joos spielt das M. im zeitgenössischen Jazz.
CD: Stan Kenton, Mellophonium Magic, Status 103

Melody Section (Melodiegruppe), der Teil einer (Big) Band, der aus den Melodie-Instrumenten (→ Brass und Reed Section) besteht. Ihr gegenüber steht die → Rhythm Section.

Menza, Don, Donald, (ts, comp), * 22.4.1936 Buffalo, N. Y. Lernte Saxophon an der High School, studierte dann an der State Univ. of N. Y. in Fredonia. Kam 1956 durch die Army nach Deutschland, spielte mit Don Ellis und Leo Wright in der 7. Army Jazzband. Ab 1959 in den USA bei Al Belletto, Maynard Ferguson und Stan Kenton. 1964–68 bei Max Greger in München, 1968 wieder in den USA bei Buddy Rich. Arbeitet seit 1979 in L. A. als Studiomusiker und Komponist/Arrangeur, spielte auch bei Louis Bellson, leitet eigene Big Band und Combo. M. ist als Solist und Arrangeur dem modernen Mainstream zuzurechnen. – Schallplatten mit Maynard Ferguson, Stan Kenton, Max Greger, Buddy Rich, Louis Bellson, Bill Berry, Klaus Weiss, Dave Grusin, Carmen McRae, Hans Koller, Jimmy Stewart, Frank Strazzeri, CBBB, Diane Reeves, Peter Herbolzheimer,UNLV Jazz Ensemble, Diane Schuur, Paul

Cacia u. a.; als Leader für MPS, Discwasher, Realtime, Palo Alto u. Fresh Sound.
LP: Burnin', Realtime 302

Mercury Recording Corporation, Chicago, 1947 von Irving Green, Berle Adams u. Art Talmadge gegründet, veröffentlichte anfangs nur wenig Jazz, hatte aber einen Vertriebsvertrag mit Norman Granz' Clef-Label (→ Verve). 1954 initiierte Bob Shad das EmArcy-Label und damit eine Reihe von brillanten Jazz-LPs von Clifford Brown, Gerry Mulligan, Cannonball Adderley, Sarah Vaughan, Dinah Washington, Helen Merrill u. a.; Übernahmen von Keynote und National. Sub-Labels: Wing, Smash.
A & R: Bob Shad, Jack Tracey, Hal Mooney, → Pete Rugolo, → Quincy Jones. Die Jazz-Aktivität endete Mitte der 60er Jahre. Seit 1962 ist M. ein Teil der Polygram-Gruppe. Neuaufnahmen wieder ab 1990.
CD: Mercury V.S.O.P. Album, Mercury 824116-2

Merrill, Helen, geb. Milcetic, (voc), * 21.6.1929 N. Y. Begann 1944 als Amateur, sang 1946–48 bei Reggie Childs, heiratete 1947 den Saxophonisten Aaron Sachs (geschieden 1959), sang in Clubs und 1953 für drei Monate bei Earl Hines. Nahm 1954 eine LP mit Clifford Brown auf (EmArcy), die inzwischen zu einer Kultplatte wurde und zu anderen Produktionen mit Gil Evans, Quincy Jones und George Russell führte. Lebte zeitweise in London, Paris, Rom und Tokio. M. gehört zu den großen Vokal-Improvisatoren in der Tradition von Billie Holiday; als Interpretin von Balladen ist sie unübertroffen. – Schallplatten ab 1953 für Roost, EmArcy, Atco, Metrojazz, Cetra, RCA, Mainstream, Milestone, Catalyst, Storyville, Trio, Inner City, Owl.
CD: Complete on Mercury, Mercury 826340-2

Meritt Record Society, in P. O. Box 156, Hacksville, N. Y., 11802, ein 1979 von Jerry Valburn gegründeter Schallplattenclub, der bisher unveröffentlichte Schallplatten und → ETs der 20er bis 40er Jahre seinen Mitgliedern zugänglich machen will.
Labels: Meritt, Blue-Disc, Swingdom, D.E.T.S.

Metheny, Pat, (g), * 12.8.1954 Lee's Summit, Mo. Spielte Waldhorn in High School, mit 13 Jahren Gitarre unter dem Einfluß von → Wes Montgomery. Nur wenige Jahre später lehrte er schon an der Univ. von Miami und der Berklee School. Spielte 1974–77 bei Gary Burton, gründete dann eigene Gruppe mit Lyle Mays und galt schon Ende der 70er Jahre als Superstar, obwohl er keine kommerziellen Zugeständnisse machte. Seine Musik ist eine verblüffende Mischung aus Jazz, Rock und Country, charakterisiert durch seine melodischen Kompositionen und eine außergewöhnliche Improvisationsgabe. – Schreibt auch Musik für Filme und nahm Schallplatten auf mit Gary Burton, Gary Thomas, Jaco Pastorius, Jack DeJohnette, den Heath Bros., Ornette Coleman, Paul Bley, Toquinho Horta u. a.; eigene LPs für ECM, EMI, Geffen.

Lit.: L. Viva, P. M., Paris 1990
CD: As Falls Wichita …, ECM 1190

Metrum, das Taktmaß, ist im Jazz die regelmäßige Gliederung der achttaktigen (bzw. im Blues viertaktigen) Periode. Sie bestimmt die Form des → Chorus. Beim 4/4-Takt sind die ersten vier Takte leichter als die zweiten vier. Diese Leicht-schwer-Ordnung wird durch die Betonung von 1 und 3 ausgedrückt.

Metronome All Stars, diverse → All-Star-Studio-Gruppen, deren Mitglieder aus Umfragen (→ Polls) der Zeitschrift »Metronome« hervorgegangen waren. Die Sieger aus diesen Polls nahmen 1939–56 mit einigen Unterbrechungen jährlich Schallplatten auf, deren Erlös dem Arbeitslosenfonds der Musikergewerkschaft zufloß. Die musikalischen Ergebnisse dieser Sessions haben durchweg hohes Niveau, die beteiligten Musiker repräsentieren jedoch weniger die Jazz-Entwicklung als vielmehr den Publikumsgeschmack jener Zeit, was sich auch in der mangelnden Beteiligung farbiger Musiker ausdrückt.

Aufnahmen für RCA*, Columbia, Capitol, MGM u. Verve.
*CD: Bluebird ND 89636**

Mezzrow, Mezz, eigentl. Milton Mesirow, (cl, sax), * 9.11.1899 Chicago, † 5.8.1972 Paris. Begann 1917 im Gefängnis Saxophon zu spielen, arbeitete dann in lokalen Bands. Erste Schallplatten mit den Jungle Kings, den Chicago Rhythm Kings und Eddie Condon. Ging 1929 für einige Zeit nach Paris. Zurück in den USA, hatte er wenig Jobs als Musiker, lebte vom Verkauf von Marihuana, war deswegen 1940–42 im Gefängnis. Spielte dann mit Art Hodes, div. Dixieland-Bands, gründete eigenes Label »King Jazz« und organisierte Tourneen nach Europa, wohin er selbst 1948 übersiedelte. M. war eine kontroverse Figur im Jazz. Selbst ein Weißer, lebte er in Harlem, imitierte Sprache und Verhalten der Schwarzen und fand dadurch eine persönliche Beziehung zum Blues. Als Musiker war er höchst mittelmäßig. Sein Verdienst liegt in der Organisation von Plattensessions und der Veröffentlichung seiner Autobiographie (1946), die Pflichtlektüre für jeden Jazz-Freund sein sollte. – Schallplatten mit Sidney Bechet, Tommy Ladnier (die »Panassié-Sessions« 1938), Frank Teschemacher, Eddie Condon, Louis Armstrong, Chocolate Dandies, Fats Waller, Art Karle, Lionel Hampton, Rosetta Crawford, Frankie Newton, Art Hodes, George Wettling; als Leader ab 1933 für Brunswick, Bluebird, King Jazz, Vogue, Ducretet-Thompson, Swing, Curcio.
Lit.: M. M. & B. Wolfe, Really the Blues, N. Y. 1946, 1990 (dt. Jazz-Fieber, Berlin 1986)
CD: Mezz Mezzrow 1928–38, Milan 873092

MGM Records, 1945 als Ableger der Filmgesellschaft gegr., Aufnahmen mit George Shearing, Harry James, Billy Eckstine, Ziggy Elman, Jimmy Dorsey, Woody Herman, Buddy DeFranco, Leroy Holmes. Sub-Label: Metro-Jazz, darauf u. a. Thad Jones, Sonny Rollins, Teddy

Edwards. Erwarb 1961 → Verve, seit 1972 im Besitz von Polygram.
Lit.: C. Garrod/Ed Novitsky, MGM Record Listing, Zephyrhills 1989

Mickey-Mouse-Band (auch Hotel-, Sweet- oder Society-Band), war in den 30er und 40er Jahren eine spöttische Bezeichnung für die kommerziellen, »zickigen« Tanzorchester, die nicht am → Swing teilnahmen und deren Repertoire vorwiegend aus → Novelties bestand. Typische M. waren die Bands von Guy Lombardo, Jan Garber, Kay Kyser, Gray Gordon, Art Kassel, Tommy Tucker, Shep Fields, Carl Ravazza u. a. Einige dieser Bands haben in den frühen 40er Jahren vorübergehend am Swing teilgenommen, so Jan Garber, Shep Fields und Kay Kyser. »For each Duke Ellington, there were a hundred Mickey Mouse stylistic bands.« (Woody Herman)
Lit.: G. T. Simon, The Big Bands, N. Y. 1981[4]

Milestone Records, 1966 von Orrin Keepnews gegründet, im Besitz von → Fantasy. LPs von Lee Konitz, Ron Carter, Helen Merrill, Flora Purim, Joe Henderson u. a.

Miller, Eddie, eigentl. Edward Raymond Müller, (ts, cl, bar) * 23.6.1911 N. O., † 1.4.1991. Spielte mit 19 Jahren bei Ben Pollack, bei dem er bis 1935 blieb, gehörte dann zu den Gründungsmitgliedern der → Bob-Crosby-Band, wurde deren wichtigster Solist. Leitete 1944 eigene Big Band, wurde dann Studiomusiker in Hollywood, spielte aber auch mit Nappy Lamare, Bob-Crosby-Reunions, Red Nichols, Pete Fountain und der WGJB. Der vorzügliche Musiker des Swing und traditionellen Jazz erinnert stilistisch an → Bud Freeman. – Schallplatten mit Ben Pollack, Jack Teagarden, Louis Prima, Glenn Miller, Wingy Manone, Paul Weston, Bob Crosby, NORK, Frank Trumbauer, Metronome All Stars, Jess Stacy, Capitol Jazzmen, Nappy Lamare, Louis Armstrong, Matty Matlock, Heinie Beau, Rampart Street Paraders, WGJB, Ray Anthony, Godfrey Hirsch, Dean Martin, Harry Zimmerman; Mound City Blue Blowers, Billy May, Harry James, Flat Foot Stompers; eigene Aufnahmen für Capitol, Jump, Decca, Tops, Southland, Coral, Blue Angel, Carosello, »77«, Famous Door, Magna, Graphic Jazz; ETs seiner Big Band erschienen auf Golden Era und Hindsight.
LP: E. M. & His Orch. 1944, Hindsight 225

Miller, Glenn, Alton Glenn, (tb, arr), * 1.3.1904 Clarinda, Iowa, † ca. 15.12. 1944 Paris (?). Studierte an der Colorado Univ. (hauptsächlich Mathematik), spielte mit → Territory Bands und ging 1926 zu → Ben Pollack als Posaunist und Arrangeur. Ab 1928 bei Red Nichols, Paul Ash, in Theaterorchestern, Plattensessions, 1932 als Musical Director zu Smith Ballew, 1934 in der Band der Dorsey Bros. Studierte nebenher das Schillinger-Arrangier-System. Organisierte und leitete die amerikanische Band von Ray Noble 1935, fand hier »seinen« Sound (Klarinetten-Lead im Sax-Satz).

1937 erste eigene (erfolglose) Band,

1938 neue Band mit u. a. Hal McIntyre, Willie Schwartz (cl, as), Tex Beneke (ts). Hatte nach einiger Zeit großen Erfolg, unterstützt von Engagements im Glen Island Casino und der Chesterfield Radio Show. Arrangeure waren → Jerry Gray, → Bill Finegan, → Billy May, → George Williams, → Eddie Durham und so herausragende Musiker wie → Bobby Hackett (g, cnt), Ernie Caceres (cl, as, bar), Al Klink (ts), Trigger Alpert (b). Der meist mißverstandene Miller-Sound resultiert nicht nur aus der Lead-Funktion der Klarinette, sondern auch und vor allem aus dem Gebrauch unterschiedlicher → Dämpfer im Blechsatz. Ende 1942 löste M. seine Band auf und wurde freiwillig Soldat. Er leitete die Band des Army Air Force Technical Training Command und 1944 die Band der Allied Expeditionary Forces (AEF). In dieser Band spielten u. a. Zeke Zarchey, Bernie Privin, Bobby Nichols (tp), Nat Peck (tb), → Peanuts Hucko (ts, cl), → Mel Powell (p, arr), Trigger Alpert (b), → Ray McKinley (d) sowie 20 Streicher. Mit dieser Band konnte M. seine musikalischen Vorstellungen verwirklichen, denn er war nur ein durchschnittlicher Solist und eigentlich ein Swing-Musiker wider Willen. Seine Army Air Force Band spielte Unterhaltungsmusik von hohem Niveau, während die reine Big Band (als Band in der Band) unter Leitung von McKinley besseren Swing spielte als M. mit seiner zivilen Band.

Mitte 1944 ging M. mit dieser Band nach England, gab Hunderte von Konzerten und spielte regelmäßig im Rundfunk, darunter auch Sendungen speziell für deutsche Soldaten. Er kam durch bisher nicht geklärte Umstände ums Leben. Angeblich starb er bei einem Flugzeugabsturz über dem Kanal, was durch neuere Forschungen allerdings widerlegt wurde (vgl. dazu das Buch von W. Wright, s. u.). Sein mysteriöser Tod (wahrscheinlich in Paris) hat schon bald zur Legendenbildung geführt. – Schallplatten mit Ben Pollack, Red Nichols, Benny Goodman, Ray Noble, Red McKenzie, Frankie Trumbauer, Clark Randall, Gil Rodin, Mound City Blue Blowers, Dorsey Bros., Miff Mole u. a.; als Leader ab 1935 für Columbia, Decca u. RCA.

Lit.: G. T. Simon, G. M. & His Orch., N. Y. 1980², dt. Wien 1987; J. Flower, Moonlight Serenade, New Rochelle 1972 (D); G. Butcher, Next to A Letter From Home, Edinburgh 1986; E. F. Polic, The G. M. Army Air Force Band, Metuchen, N. J. 1989 (D); W. Wright, Millergate, Southampton 1991; P. Tanner/B. Cox, Every Night Was New Year's Eve, On the Road with G. M., 1992

CD: Evolution of a Band, Columbia CK 48831; Popular Recordings, Bluebird ND 90412; Army Air Force Band, Bluebird ND 86360

Ⓥ: America's Musical Hero, Ariola 21113043

Miller, Mulgrew, (p), * 13.8.1955 Greenwood, Miss. Ging nach dem Studium 1977 auf Tournee mit Mercer Ellington, war 1980 bei Betty Carter, 1981–83 bei Woody Shaw, 1983–86 bei Art Blakey. Arbeitet

Mulgrew Miller

seitdem als Freelancer und mit eigenen Gruppen. M. ist ein vorzüglicher Techniker, der alle Stile seit den 60er Jahren in seinem Spiel verarbeitet hat. – Schallplatten mit Art Blakey, Benny Golson, Bobby Hutcherson, Donald Byrd, Frank Morgan, Woody Shaw, James Spaulding, John Stubblefield, Johnny Griffin, Kenny Garrett, Marvin Smith, Robin Eubanks, Terence Blanchard, Tony Williams, John Swana, Wallace Roney, Jim Snidero, Jerry Bergonzi, Tony Reedus, Trio Transition, N. Y. Second Line, Vince Herring, Antonio Hart, Bill Cosby, N. Y. Voices, David Sanborn, Jesse Davis, Gary Smulyan, Thomas Franck, Billie Pierce, Dianne Reeves, Dave Stryker, Toots Thielemans, Gary Thomas, Harold Ashby, Sam Newsome, Gary Burton, Superblue; als Leader für Landmark u. Novus.

CD: The Countdown, Landmark 1519

Mills Blue Rhythm Band, ein bedeutendes Orchester des → Harlem Jazz. Gegründet 1928 als »Blue Rhythm Band«. Geschäftsführer war seit 1930 Irving Mills, der auch Duke Ellington managte. Die musikalische Leitung hatte 1931 Benny Carter, 1932 Jimmy »Baron Lee« Ferguson, 1934–38 Lucky Millinder. In der Band waren zeitweise Red Allen, Charlie Shavers, Harry Edison, Freddie Webster (tp), J. C. Higginbotham, Wilbur DeParis (tb), Lucky Thompson (ts), Ellis Larkins, Sir Charles Thompson, Edgar Hayes (p), Panama Francis (d). – Schallplatten für Melotone, Vocalion, Banner, Oriole, Victor, Brunswick, Columbia, Bluebird, Variety; letzte Aufnahmen mit Studio-Band unter Leitung von Van Alexander 1947 für Royale.

CD: Hep 1008

Mingus, Charles, (b, comp), * 22.4. 1922 Nogales/Arizona, † 5.1.1979 Mexiko. Wuchs in Watts, einem vorwiegend von Farbigen bewohnten Vorort von L. A., auf. Über Posaune und Cello gelangt Charles Mingus zum Kontrabaßspiel und erhält durch Red Callender (1938) einen hervorragenden Lehrer. Für die spätere impressionistische Struktur seiner Arbeiten in den frühen 50er Jahren war vermutlich die Anregung durch den Maler Farewell Taylor in San Francisco verantwortlich. Dieser hatte ihn auch ermutigt, weiter zu komponieren. Erste Engagements in der Dance Band von Lee Young, dem Bruder von Mr. Cool, Lester Young (1941), kurze Zeit als Bassist bei Louis Armstrong 1942 und Baßunterricht bei dem ersten Kontrabassisten der N. Y. Philharmoniker Herman Rheinshagen. Zahlreiche Auftritte mit dem Klarinettisten Barney Bigard, Alvino Rey und zahlreichen lokalen Formationen. Erste Schallplattenaufnahmen mit dem Trompeter Russell Jaquet (1945) und Engagements in zahlreichen R&B-Gruppen. Begleiter der Sängerin Dinah Washington. Gründung eigener Sextett und Oktett-Formationen (1946). Für ungefähr ein Jahr spielt Mingus in der Big Band des Vibraphonisten Lionel Hampton, mit dem er auch Tourneen absolviert. Mit seinem einstigen Lehrer Red Callender arbeitet er nach seiner Rückkehr nach L. A. im »Pastel Sextet« (1948) zusammen. Eigene Projekte, wie »Baron Mingus And His Rhythm« blieben erfolglos, zeitweise war der Künstler gezwungen, bei der Post zu arbeiten. Im kammermusikalischen Rahmen des Vibraphonisten Red Norvo und seines Trios erfolgten mit Tal Farlow (Gitarre) Tourneen und Plattenaufnahmen (1950). Im Anschluß daran spielte Mingus mit der Bop-Prominenz, Musikern wie Charlie Parker (as) und Miles Davis (tp) 1951 und gründete mit Max Roach (d) im Frühjahr das Label → Debut, um frei von kommerziellen Zwängen der Plattenfirmen arbeiten zu können. Mit dem Massey-Hall-Konzert (Toronto 1953) mit Dizzy Gillespie (tp), Charlie Parker (as), Bud Powell (p), Charles Mingus (b) und Max Roach (d) wurde auf dem Label eine Sternstunde der späten Bebop-Historie eingespielt. Auf dem Debut-Label erfolgte in den nachfolgenden Jahren eine rege Aufnahmetätigkeit: Stars wie Miles Davis (tp), aber auch Newcomer wie Paul Bley (p) fanden darauf ein kreatives Forum. Auch war der »Workshop-Charakter« des Labels für Mingus ein Versuch, die verschiedensten künstlerischen Disziplinen, wie Dichterlesungen, Tanz und Malerei mit afroamerikanischer Musik zu kombinieren. Auf dem Atlantic-Label erscheint mit »Pithecanthropus Erectus« (1956) Mingus' erste völlig eigenständige Musik. Seit 1957 arbeitete Charles Mingus mit dem Schlagzeuger Danny Richmond zusammen. Die wohl berühmtesten Einspielungen des Bassisten datieren sich auf das Jahr 1959 mit den Titeln »Mingus, Ah Um« und »Mingus Dynasty«. Die ganze Intensität afroamerikanischer Musik steckt in diesen Werken und umfaßt Work Songs, frühe New Orleans Sounds, heißen schwarzen Swing und modernen Jazz, verbunden durch eine Arrangierkunst, die an die Dichte von Duke Ellingtons Arbeiten erinnert. Erstes Big-Band-Projekt 1960. Immer wieder präsentiert Mingus neue Stars, wie den Multi-Instrumentalisten Eric Dolphy oder den Trompeter Ted Curson. Weitere erfolgreiche Stationen sind die »Mingus Monterey Jazz Festival«-Beiträge (1964) und monatelange Auftritte im New Yorker »Village Vanguard« (1965). Nach jahrelanger Abwesenheit von der Jazz-Szene und schweren persönlichen Krisen tritt Charles Mingus 1969 wieder auf. 1971 erscheint seine lesenswerte Autobiographie »Beneath the Underdog«. Nach vielen All-Star-Sessions und weltweiten Tourneen präsentiert Charles Mingus gegen Ende 1974 seine letzte überragende Formation mit Jack Walrath (tp), George Adams (ts), Don Pullen (p) und Danny Richmond (d). (GF)

Lit.: C. M., Beneath the Underdog, N. Y. 1971, dt. Autobiographie, Hamburg 1986²; H. Weber/G. Filtgen, C. M., Sein Leben, seine Musik, seine Schallplatten, Gauting-Buchendorf 1984; B. Priestley, Mingus, London 1982; C. Coleman/Al Young, Mingus/Mingus, 2 Memoirs, Berkeley 1989; W. Knauer, C. M., Eine kommentierte Bibliographie, in: JID-Newsletter Nr. 0/Sept. 1992

LP/CD: Pithecanthropus Erectus, Atlantic 1237; Changes One, Atlantic 1677; Changes Two, Atlantic 1687; New Tijuana Moods, Bluebird ND 85644; Mingus Ah Um, Columbia CS 8171; Mingus Dynasty, Columbia CL 1440; Presents Mingus, Candid CJS-8005; The Black Saint & The Sinner Lady, Impulse MCAD 5649; Great Concert, Paris 1964, Musidisc 500072; Jazz at Massey Hall, OJC-044

Minstrel (engl., aus dem Provenzalischen), im Mittelalter der Sänger und Gaukler im Dienst eines Adeligen. Das Spielleutewesen kam in der amerikanischen Pionierzeit noch einmal zur Blüte, da es oft die einzige Unterhaltung in den verstreuten Siedlungen war. Um die Wende vom 18. zum 19. Jh. begannen die Schwarzen die sog. »Minstrelsy« nachzuahmen, wobei sie ihre spezifischen Eigenarten einbezogen. Diese wiederum wurden von Weißen nachgeahmt, die mit geschwärzten Gesichtern und tölpelhaftem Gehabe den Negerdandy in »Extravaganzas« spielten. Die dazu gesungenen Lieder hießen → Coon Songs. Die klassische Zeit der Negro-M. liegt zwischen 1850 und 1870, als zahlreiche M.-Shows den amerikanischen Kontinent bereisten und sogar in Europa gastierten. Die Bedeutung der M. liegt in der Nachahmung der Musikformen der Schwarzen durch Weiße, wodurch dem → Ragtime und dem → Klassischen Jazz der Weg geegnet wurde. Auch gibt es direkte Beziehungen zwischen den von den späten M.-Shows verwendeten Brass Bands und dem → Archaischen Jazz.

Lit.: R. C. Toll, Blacking Up, The Minstrel-Show in 19th Century America, Oxford 1977

Minton's Playhouse, ein Lokal im Hotel Cecil in der 116. Straße in → Harlem, welches als eine der Entwicklungsstätten des → Bebop berühmt wurde. Dort trafen sich in den frühen 40er Jahren Musiker wie → Charlie Christian, → Dizzy Gillespie, → Thelonious Monk, Harold »Doc« West (d), → Charlie Parker, Joe Guy (tp), → Kenny Clarke u. a. zu → Jam Sessions, bei denen der Bebop entwickelt wurde. Von ähnlicher Bedeutung war das in der 134. Straße gelegene »Monroe's Uptown House«.

CD: Vogue 600135

Mintzer, Bob, Robert, (ts, cl, fl, comp), * 27.1.1953 New Rochelle, N. Y. Studierte an der Interlochen Art Academy, am Hart College und an der Manhattan School of Music. Begann 1974 professionell zu arbeiten, zuerst für Deodato und Tito Puente, dann bei Buddy Rich, Hubert Laws, Thad Jones – Mel Lewis Big Band, Sam Jones, Eddie Palmieri. 1980–82 bei Jaco Pastorius, Mike Mainieri, Louis Bellson, Joe Chambers, 1982–84 für Bob Moses, die New Yorker Philharmoniker, das American Ballet Theatre, Liza Minnelli, leitete eigene Big Band und Quintett. Trat auch mit den Radio-Bands in Rom, Hamburg und Helsinki auf. Seit 1991 Mitglied der → Yellowjackets. Arrangements für Buddy Rich, Mel Lewis, Jaco Pastorius, Art Blakey, Klaus Weiss, Thilo Berg, LJJH, viele kommerzielle Produktionen. – Schallplatten mit den Yellowjackets, Peter Erskine, Vince Mendoza, David Sanborn, Bob Moses, Mel Lewis, Buddy Rich, Don Grolnick, Jaco Pastorius, Sam Jones, Arthur Lipner, Philip Glass, Deodato, Art Blakey, Marvin Stamm, John Tropea, Dave Liebman, George Gruntz, Harvie Swartz, Joachim Kühn, Jukkis Uotila, Jeff Beal, Mordy Ferber, Rodney Jones, Aydin Esen, Rolf Kühn, Bob Malach, Jim Beard, Hajime Yoshizawa, GRP Big Band u. a.; als Leader für Agharta, Eastworld, DMP, Owl u. Novus.
CD: Art of the Big Band, DMP 479

Mitchell, Billy, William, (ts), * 3.11. 1926 Kansas City, Mo. Studierte in Detroit am Cass Tech., spielte mit Nat Towles, ging 1948 nach N. Y., wo er mit Lucky Millinder, Jimmie Lunceford, Milt Buckner, Gil Fuller und Woody Herman spielte. 1950 eigene Band in Detroit. 1956 bei Dizzy Gillespie, ab 1957 bei Count Basie. Ab 1961 Gruppe mit Al Grey, 1966–67 nochmals bei Count Basie. War mehrmals in Europa, dort mit der Clarke – Boland Big Band. Seit den 70er Jahren bei Jazzmobile und Jazz Interactions in N. Y., vermittelt Gruppen für Seminare und Konzerte mit Schulbands, produzierte den Film »The Marijuana Affair« (Musik Melba Liston), spielt gelegentlich mit Basie-Alumni. M. gehört als Solist der Hard-Bop-Richtung an. – Schallplatten mit Thad Jones, Dizzy Gillespie, Frank Wess, Count Basie, Clarke – Boland, Milt Jackson, Eddie Davis, Gil Fuller, Al Grey, Ray Charles; eigene Aufnahmen für Dee Gee, Jubilee, Smash, Catalyst, Xanadu.
LP: The Colossus of Detroit, Xanadu 158

Mitchell, Blue, Richard Allen, (tp), * 13.3.1930 Miami, Fla., † 21.5.1979 L. A. Lernte Trompete in High School, arbeitete ab 1951 bei Paul Williams, Earl Bostic, Red Prysock, Sarah Vaughan u. Al Hibbler. War 1958–64 bei → Horace Silver, wo er als überragender Hard-Bop-Stilist bekannt wurde, der gern mit Clifford Brown und Lee Morgan verglichen wurde, selbst aber Bill Hardman als sein Vorbild nannte. Lebte ab 1974 als Freelancer in L. A., dort mit Bill Berry, Bill Holman, Louis Bellson u. a., eigenes Quintett mit Harold

Land. – Schallplatten mit Cannonball Adderley, Johnny Griffin, Philly Joe Jones, Red und Whitey Mitchell, Horace Silver, Lou Donaldson, Chet Baker, Earl Bostic, Bobby Timmons, Cedar Walton, Bill Berry, Freddie Roach, Frank Capp, Hank Mobley, Harold Land, Jackie McLean, Ben Sidran, Louis Bellson, Ray Brown, Richie Kamuca, Sam Jones, Sonny Red Kyner, Albert King, Carmen McRae u. a.; als Leader ab 1958 für Riverside, Liberty, Blue Note, Mainstream, RCA, Jam, Impulse.
CD: The Thing to Do, Blue Note 84178

Mitchell, Grover, (tb, euphonium, comp), * 17.3.1930 Whatley, Ala. Wurde bekannt als Lead- u. Solo-Posaunist bei Count Basie 1962–70 und nochmals 1980–84. Arbeitete ab 1970 in Hollywood für Film u. TV, ist zu hören im Film »Lady Sings the Blues«, auch mit Quincy Jones, Oliver Nelson, Henry Mancini, Billy May, Sarah Vaughan, Ella Fitzgerald, Diana Ross. Ging Ende der 80er Jahre nach N. Y., arbeitet als Komponist und Studiomusiker, leitet eigene Big Band. – Schallplatten mit den o. g., außerdem mit Count Basie, Gene Ammons, Zoot Sims, Michel Legrand/Sarah Vaughan, Roy Eldridge, Al Grey, Buddy Collette; eigene LPs für Jazz Chronicles, Hemisphere, Stash und Ken.
CD: Hip Shakin', Ken 005

Mitchell, Red, Keith Moore, (b, p, cello), * 20.9.1927 N. Y., † 9.11.1992 Salem, Oreg. Begann auf Klavier und Alt-Sax, spielt Baß erst seit seinem Armeedienst 1947 in Deutschland. Erste Jobs mit Jackie Paris und Mundell Lowe, Piano bei Chubby Jackson 1949, anschließend bei Charlie Ventura und Woody Herman. 1952–57 bei Red Norvo bzw. Hampton Hawes, leitete eigenes Quartett, trat mit André Previn und Shelly Manne auf, 1961–62 Combo mit Harold Land, hauptsächlich aber Studioarbeit in L. A. Ließ sich 1969 in Schweden nieder, von dort aus Tourneen mit eigenen Gruppen oder als Begleitung von US-Musikern. M. gehörte zu der Elite der zeitgenössischen Bassisten, stilistisch dem Bebop verhaftet, aber mit offenen Ohren für Experimente. – Die Zahl seiner Schallplatten geht in die Tausende. Wichtige Jazz-Sessions mit Blue Mitchell, Hampton Hawes, Shelly Manne, André Previn, Ornette Coleman, Gerry Mulligan, Jimmy Rowles, Bill Harris, Bud Shank, John Graas, Jimmy Giuffre, Art Pepper, Barney Kessel, Cal Tjader, Clark Terry, George Russell, Gene Ammons, Hank Jones, Herb Ellis, Laila Dalseth, Herb Geller, Phil Woods, Red Norvo, Roger Kellaway, Tal Farlow, Guido Manusardi, Stan Kenton, Stan Getz, Tommy Flanagan, Joe Beck, Oliver Jones, Monica Zetterlund, Karin Krog; LPs unter seinem Namen erschienen auf Bethlehem, Contemporary, Pacific Jazz, Atlantic, Mercury, Art, Grave, Produtto Associati, Sonet, Steeplechase, Caprice, Gryphon, Phontastic, Enja, Dragon, Capri.
CD: Talking, Capri 74016

Mitchell, Roscoe, (sop, as, ts, basssax, fl, picc, oboe, cl), * 3.8.1940 Chi-

cago. Spielte Alt- u. Bariton-Sax in der High School und während seiner Army-Zeit in Deutschland. 1961 bei Henry Threadgill, dann bei Richard Abrams, mit diesem und Joseph Jarman u. Anthony Braxton Mitbegründer des → AACM. Gründete 1969 mit Jarman, Lester Bowie und Malachi Favors das Art Ensemble of Chicago. Leitet eigene Gruppen (R. M. Sound Ensemble) und tritt auch als Solist auf. – Schallplatten mit AEC, George Lewis, Leo Smith, Muhal Richards Abrams, Anthony Braxton u. a.; eigene LPs ab 1966 für Delmark, Nessa, Sackville, Moers, Arch, Black Saint, Cecma, Victo.
CD: The Flow of Things, Black Saint 0090

Mittelteil → Bridge

MJQ → Modern Jazz Quartet

Mobley, Hank, Henry, (ts), * 7.7. 1930 Eastman, Ga., † 30.5.1986 Philadelphia. Hatte Privatunterricht in New Jersey, wo er aufwuchs. Erster Job bei Paul Gayten 1950, dann bei Max Roach 1951–53, bei Dizzy Gillespie und Horace Silver 1954. Aus der Gruppe des letzteren entwickelten sich Art Blakeys Jazz Messengers, mit diesen bis 1956. In den nächsten Jahren mit Horace Silver, Max Roach, Thelonious Monk und nochmals Art Blakey 1959. Ersetzte John Coltrane bei Miles Davis 1961, leitete dann eigene Gruppen, lebte 1968–69 in Europa, dann in N. Y. und Chicago, bis er 1975 nach Philadelphia zog, wo er an den Folgen seiner Drogenprobleme starb. M. war ein hochtalentierter Hard-Bop-Solist, der nie die ihm zustehende Anerkennung fand. – Schallplatten mit Art Blakey, Horace Silver, Dizzy Gillespie, Jimmy Smith, Curtis Fuller, Kenny Dorham, Johnny Griffin, Max Roach, Art Farmer, Kenny Drew, Lee Morgan, Dizzy Reece, Miles Davis, Freddie Roach, Donald Byrd, Jackie McLean, J. J. Johnson, Philly Joe Jones/Elvin Jones, Sonny Clark; als Leader für Blue Note, Savoy, Prestige, Roulette.
CD: Dippin', Blue Note BNJ 71030; Far Away Lands, BN BNJ 71063

Modal, eine Improvisationsweise, bei der nicht mehr über den wechselnden Grundakkorden des Themas, sondern über der »Skala« improvisiert wird. Wurde von → John Coltrane und → Miles Davis Ende der 50er Jahre entwickelt und trug zur Bildung des → Free Jazz bei.

Moderner Jazz, ein Sammelbegriff für alle »modernen« Jazz-Stile seit dem → Bebop (→ Cool, → West Coast, → Hard-Bop), bei denen eine Annäherung an europäische Musizierweisen versucht wird.

Modern Jazz Quartet, gehört zu den bedeutenden Jazz-Ensembles der letzten 40 Jahre, hervorgegangen aus der Rhythmusgruppe der Dizzy Gillespie Big Band von 1946–49. Mitglieder: → John Lewis (p), → Milt Jackson (vib), → Percy Heath (b) u. → Kenny Clarke (d), in dieser Besetzung 1952 gegründet. Clarke wurde 1955 von → Connie Kay ersetzt. 1974 vorübergehend aufgelöst, kommt das Quartett immer wieder zu Konzerten und Tourneen zusammen.
Lit.: W. Knaur, Das MJQ, Mainz 1991
CD: MJQ 40, Atlantic 782330-2

Modern Records, 1945 von den Brüdern Jules, Saul, Joe und Lester Bihari in L. A. gegründet mit dem Schwerpunkt auf Blues und R & B, u. a. mit John Lee Hooker, Pee Wee Crayton, Jimmy Witherspoon, B. B. King, Howlin' Wolf, Bobby Bland, Etta James. Sub-Labels: RPM, Flair, Kent, United.

Moers Music, ein Avantgarde-Label der Independent-Szene. Gegründet 1976 von Burkhard Hennen, dem Produzenten des Moers-Festivals, hieß es zunächst »Ring Records«. – Schallplatten u. a. von Anthony Braxton, George Lewis (tb), Chico Freeman, James Blood Ulmer, Ray Anderson, Odean Pope, ROVA, World Sax Quartet.

Moffett, Charles Mack, (d, tp), * 11.9. 1929 Fort Worth, Tex. Studierte bei Privatlehrern, spielte Trompete in der School Band. Nach Wehrdienst in der Navy acht Jahre als Lehrer an einer High School, leitete wiederum die School Band. Ging 1961 nach N. Y. zu Ornette Coleman, 1963 zu Sonny Rollins. Bis 1967 mit Unterbrechungen wieder bei Coleman, auch bei Archie Shepp und mit eigenen Gruppen. Lebte in den 70er Jahren in San Francisco, trat dort mit seiner »Familien-Band« auf, darunter sein hochbegabter Sohn → Charnett Moffett. Arbeitete seit den 80er Jahren in N. Y. mit geistig behinderten Kindern. M. war in den 60er Jahren eine zentrale Figur der New Yorker Avantgarde. – Schallplatten mit Ornette Coleman, Archie Shepp, Eric Dolphy, Frank Lowe, Prince Lasha, Ahmed Abdullah, Keshavan Maslak; eigene LPs für Savoy und Codaryl.

Moffett, Charnett, (b), * 1968 N. Y. Sohn des Drummers Charles M. (sein Vorname setzt sich zusammen aus **Char**les und Or**nette**, nämlich Parker und Coleman, den Idolen seines Vaters). Besuchte die High School of Performing Arts und die Juilliard School, spielte dann mit Wynton Marsalis, Monty Alexander, Tony Williams, Stanley Jordan, Courtney Pine, Dave Sanborn, Mike Brecker u. a. Eigene Band seit 1992. Ist auch ein gesuchter Studiomusiker. – Schallplatten mit Wynton Marsalis, Courtney Pine, Frank Lowe, John Stubblefield, Kenny Garrett, Lew Soloff, Mulgrew Miller, Manhattan Jazz Quintet, Robin + Kevin Eubanks, Stanley Jordan, Tony Reedus, Tony Williams, Wallace Roney, Kenny Kirkland, Vince Jones; als Leader für Blue Note.

Mole, Miff, Irving Milfred, (tb), * 11.3.1898 Roosevelt, Long Island, † 29.4.1961 N. Y. Begann mit elf Jahren Violine zu spielen und spielte mit 14 Klavier in Stummfilmkinos. Gründete mit Jimmy Lytell und Frank Signorelli die Original Memphis Five, spielte daneben mit Sam Lanin. Arbeitete ab 1925 eng mit → Red Nichols zusammen, zahlreiche Schallplatten unter verschiedenen Pseudonymen. Spielte auch in Society-Orchestern (Roger Wolfe Kahn), ab 1927 Studiomusiker. Spielte in dieser Eigenschaft sowohl für Toscanini als auch für Bessie Smith. In den 40er Jahren kurz bei Benny Goodman, mit eigener Band im »Nick's«, aus

gesundheitlichen Gründen aber immer häufiger inaktiv. Trat in den 60er Jahren noch mit Wingy Manone auf, starb vergessen und verarmt. M. war der »J. J. Johnson der 20er Jahre«, der technisch brillanteste Posaunist dieser Zeit, ehe er von → Jack Teagarden übertroffen wurde. – Unter den Hunderten von Schallplatten, an denen er beteiligt war, sind hervorzuheben die Aufnahmen mit Bix Beiderbecke, Red Nichols, Charley Straight, Irving Mills, OM5, Original Tampa Five, Yank Lawson, Hot Lips Page, Muggsy Spanier; eigene Aufnahmen ab 1927 für Okeh, Brunswick, Commodore, Manhattan, Premium, Stepheny.
LP: Jazzology 105

Moncur, Grachan III, (tb, comp), * 3.6.1937 N. Y. Sohn des Bassisten der legendären → Savoy Sultans. Studierte am Laurinburg Institute, an der Manhattan School und am Juil-liard Institute. Spielte dann bei Ray Charles, im Art Farmer – Benny Golson Jazztet, in N. Y. mit Jackie McLean und Herbie Hancock, auch bei Sonny Rollins und 1967–69 bei Archie Shepp. Am Broadway im James-Baldwin-Stück »Blues for Mr. Charlie«. Tritt mit eigenen Gruppen auf, arbeitet als Komponist und mit dem Jazz Composers' Orch. Als Posaunist hat M. den Stil J. J. Johnson auf den Free Jazz übertragen. – Schallplatten mit Archie Shepp, Jackie McLean, Beaver Harris, Frank Lowe, Herbie Hancock, Andrew Cyrille; als Leader für Blue Note, Impulse, Byg, JCOA.
CD: Evolution, Blue Note 84153

Monk, Thelonious Sphere, (p, comp), * 11.10.1917 Rocky Mount, N. C., † 17.2.1982 Englewood, N. J. Wuchs in N. Y. auf, lernte Klavier bei Privatlehrern und begleitete seine Mutter, eine Sängerin, in der Kirche. Trat auf → Rent Parties auf und geriet Anfang der 40er Jahre in den Kreis der Avantgarde-Musiker, die in → Minton's Playhouse u. a. Lokalen den → Bebop entwickelten. 1942 mit → Dizzy Gillespie bei Lucky Millinder, 1944 bei Coleman Hawkins, meist aber mit eigenen Gruppen. Erhielt 1947 einen Plattenvertrag mit Blue Note, wurde einer größeren Öffentlichkeit aber erst Ende der 50er Jahre bekannt, bedingt durch ein jahrelanges Auftrittsverbot in N. Y. als Folge einer Drogenaffäre und sein oft als Falschspielen mißdeutetes Klavierspiel. Seine eigenwillige Technik der Motivvariation und seine Markierung des Formablaufs nicht durch Akkorde, sondern durch thematische Fragmente und rhythmische Merkmale machen ihn zu einer beinahe skurrilen Figur, vergleichbar mit Eric Satie und Charles Ives.

Ab 1958 trat er meist mit einem Quartett auf, mit Johnny Griffin und vor allem Charlie Rouse (ts), Wilbur Ware oder John Ore (b) und Frankie Dunlop (d). M. war einer der großen Individualisten des Jazz, zu seinen schon klassischen Kompositionen gehören »'Round Midnight«, »Off Minor«, »Epistrophy«, »Well You Needn't«, »Straight No Chaser«, »Blue Monk«, »Bemsha Swing« u. a. – Schallplatten mit Coleman Haw-

Thelonious Monk

kins, Clark Terry, Art Blakey, Gerry Mulligan, Sonny Rollins, Charlie Parker, Miles Davis, Milt Jackson, Gigi Gryce; eigene Aufnahmen ab 1947 für Blue Note, Prestige, Riverside, Columbia, Far East, Black Lion; posthum erschienen LPs auf Xanadu, Byg, Ingo, Duke, Dragon, Frances Concert u. a. Sein Sohn Thelonious Jr. (d, * 1951) ist auch Jazz-Musiker.
Lit.: Th. Fitterling, Th. M., Sein Leben, seine Musik, seine Schallplatten, Waakirchen 1987; Yves Buin, Th. M., Paris 1988; B. Leen & F. Cante, Monk on Records, Amsterdam 1985[2] *(D)*
CD: Genius of Modern Music, Blue Note 1510, 1511; Complete Black Lion and Vogue Rec., Mosaic MD3-112; Monk's Dream, CBS 460065; Complete Riverside Recordings, Riv. 15RCD-022-2

Monterey Jazz Festival, 1958 in Monterey, Calif., von dem Diskjockey Jimmy Lyons gegründet, ist das bedeutendste Jazz-Festival an der US-Westküste und damit das

Gegenstück zum → Newport Festival. Zu den Höhepunkten des M. J. F. gehören die Uraufführungen von Duke Ellingtons »Suite Thursday«, Lalo Schifrins »Gillespiana«-Suite, Charles Mingus' »Meditations on Monterey« und Gil Fullers »On the Road to Monterey«.
Lit.: J. Lyons/I. Kamins, Dizzy, the Duke, The Count & Me, San Francisco 1978

Monterose, J. R., Frank Anthony, (ts), * 19.1.1927 Detroit. Spielte in Territory Bands, ab 1950 bei Henry Busse, 1952 bei Buddy Rich, 1955 bei Claude Thornhill. Als Freelancer in N. Y., u. a. mit Teddy Charles. 1956 in Chicago mit Charles Mingus und Kenny Dorham. Eigene Band in Albany, 1959 bei Terry Gibbs. War dann fast 20 Jahre von der Jazz-Szene verschwunden, machte nur eine LP in Holland 1969. Seit 1979 wieder aktiv. – Der Hard-Bop-Stilist nahm Schallplatten auf mit George Wallington, Teddy Charles, Kenny Dorham, Kenny Burrell, Eddie Bert, Ralph Sharon; als Leader für Blue Note, Jaro*, Studio 4, Heavy Soul, Uptown, Progressive und Cadence.
*CD: The Message, Fresh Sound 201**

Montgomery, Wes, John Leslie, (g), * 6.3.1925 Indianapolis, † 15.6.1968 ebenda. Kam durch Charlie-Christian-Platten zur Gitarre, spielte 1948–50 bei Lionel Hampton, hatte dann ein eigenes Quartett in seiner Heimatstadt. 1959 nach San Francisco zu den → Mastersounds bzw. den M.-Brothers. 1965–66 im Wynton-Kelly-Trio. M. war eines der großen Talente der Jazz-Gitarre, deren Grundlagen er sich selbst beibrachte, wobei er eine verblüffende Oktavtechnik

Wes Montgomery auf den Cover einer Riverside-LP

entwickelte, die ihn auf Anhieb identifizierbar macht. Er starb zu einem Zeitpunkt, als ihn eine Reihe von kommerziellen Produktionen weithin bekannt gemacht hatte. – Schallplatten mit den Mastersounds, M.-Bros., Harold Land, Cannonball Adderley, George Shearing, Lionel Hampton, Jimmy Smith, Milt Jackson; unter eigenem Namen für Pacific Jazz, Riverside*, Verve, A & M, posthum erschienen Aufnahmen auf VGM und Byg.
Lit.: A. Ingram, W. M., Gateshead 1985 (Bio-/Diskographie)
*LP: Movin', Milestone 47040**
CD: Compact Jazz, Verve 831372-2

Montoliu, Tete, Vincente, (p), * 28.3. 1933 Barcelona. Von Geburt an blind, lernte M. Klavier und interessierte sich schon als Kind für Jazz. Spielte mit Don Byas bei dessen Besuch in Barcelona, später mit Lionel Hampton, Roland Kirk, Anthony Braxton. Arbeitet seit den 60er Jahren häufig in Dänemark und Deutschland, spielte mit Anita O'Day, Don Cherry, Archie Shepp. Auf einigen seiner LPs versucht er eine Verbindung der Musik seiner katalanischen Heimat mit dem Jazz. – Schallplatten mit Dexter Gordon, Johnny Griffin, Mundell Lowe, Kenny Dorham, Ben Webster, Buddy Tate, Anthony Braxton, Nuria Feliu, Charlie Mariano, George Coleman, Dusko Gojkovich, Lionel Hampton; eigene LPs für Saef, Zafiro, Concentric, MPS, Discophon, Enja, Steeplechase, Soul Note, Ensayo, Timeless, Contemporary, Jazziz, Fresh Sound, Concord.
CD: A tôt Jazz, Fresh Sound 415, 416

Montrose, Jack, (ts, comp, arr), * 30.12.1928 Detroit. Wuchs in Chattanooga auf, wo er Klarinette u. Alt-Sax in der High School spielte. Erste Jobs in lokalen Bands, bei Jimmy Greer, Johnny Catrine, John Kirby (1947), Dean Hudson. Studierte am L. A. State College 1951–53, spielte bei Jerry Gray, Art Pepper, Stan Kenton, Louis Bellson, Bob Gordon, Shorty Rogers. Schrieb arr für Art Pepper, Paul Nero, Clifford Brown, Abbey Lincoln, Shelly Manne, für viele Sessions auf dem Pacific-Jazz-Label. M., in den 50er Jahren eine zentrale Figur des → West Coast Jazz, lebt seit 1970 in Las Vegas, wo er in Show-Orchestern spielt und nur noch gelegentlich als Jazz-Musiker auftritt. – Schallplatten mit Dick Pierce, Art Pepper, Red Norvo, Herbie Fields, Chet Baker, Bob Gordon, Pete Jolly, Frank Butler, Si Zentner u. a.; als Leader für Atlantic, World Pacific, RCA, Slingshot, Holt.
CD: Blues and Vanilla, RCA ND 74400

Mood (engl. Stimmung), wird meist im Sinn einer traurigen, deprimierten Stimmung verwendet.

Mood Music, Unterhaltungsmusik, die eine bestimmte Stimmung (→ Mood) erzeugen oder suggerieren soll, benutzt Jazz-Elemente und Arrangiertechniken (Dämpfer). Bekannte Interpreten: Paul Weston, Jackie Gleason, die für ihre Schallplatten gern Jazz-Musiker heranzogen, z. B. Bobby Hackett, Paul Smith, Ted Nash, Charlie Ventura, Roy Eldridge u. a.

Mood Style, eine von → Duke Ellington Ende der 20er Jahre geschaffene Spielweise, bei der mit gewissen instrumentalen (Dämpfer) und harmonischen Effekten eine bestimmte Stimmung erzeugt werden soll. Tritt zeitlich zusammen mit dem → Jungle-Stil auf. In kommerzialisierter Form von Unterhaltungsorchestern nachgeahmt (→ Mood Music). Beispiele von Duke Ellington 1927–35 (»Mood Indigo«), aber auch aus späterer Zeit.

Moody, James, (as, ts, sop, fl), * 26.3. 1925 Savannah, Ga., aufgewachsen in Newark, N. J. Begann mit 16 Jahren Alt-Sax zu spielen, wechselte unter dem Einfluß von Don Byas u. Buddy Tate zum Tenor. 1947 bei Dizzy Gillespie, 1949–51 in Europa, nahm dort den Titel auf, der ihn berühmt machte: »Moody's Mood for Love«. Arbeitete mit Dinah Washington, Eddie Jefferson, eigenen Gruppen, dazwischen immer wieder mit Gillespie, z. B. dessen Reunion Big Band 1968. – Aufnahmen mit den Bebop Boys, Dizzy Gillespie, Howard McGhee, Milt Jackson, Max Roach, Arne Domnerus, Jacques Dieval, Ernie Royal, Kenny Clarke, Jimmy Witherspoon; als Leader für Blue Note, Vogue, Blue Star, Prestige, Pathé, Mercury, Argo, Jaro, Milestone, Perception, MPS, Muse, Vanguard, Novus, EPM, Xanadu.

James Moody

»I try to satisfy myself, not the people.« (J. M.)

LP: Greatest Hits, Prestige 7431
CD: Honey, Novus PD 83111

Mooney, Joe, (accor, p, org, voc), * 1911, N. J. Begann Ende der 20er Jahre als Sänger im Duo mit seinem Bruder Danny. Lernte 1935 Akkordeon, gründete ein Sextett 1937, später reduziert zum Quartett, war damit Mitte der 40er Jahre sehr erfolgreich in der Instrumentierung Akkordeon, Klarinette, Gitarre und Baß. Arbeitete auch als Arrangeur, u. a. für Paul Whiteman, Buddy Rogers, Vincent Lopez, Frank Dailey, The Modernaires. Trat in den 50er Jahren als Solist auf, meist als Organist, ließ sich in Florida nieder. – Schallplatten mit den Sunshine Boys, Melotone Boys, Buddy Rogers, Sauter – Finegan Orch.; als Leader für Decca, Atlantic, Columbia, Capitol.

Moore, Brew, Milton Aubrey, (ts), * 26.3.1924 Indianola, Mo., † 19.8. 1973 Kopenhagen. Spielte ab 1943 in N. Y. mit Claude Thornhill, Gerry Mulligan, Kai Winding und mit eige-

nen Gruppen. In den 50er Jahren meist in San Francisco, dort Zwei-Tenor-Combo mit Harold Wylie. In den 60er Jahren in Europa, in Paris bei Kenny Clarke, meist in Skandinavien. Starb an einem Treppensturz als Folge seines Alkoholismus. M. war ein begabter Bebop-Tenorist, der den Lester-Young-Einfluß nie verleugnete. – Schallplatten mit Kai Winding, Chuck Wayne, Harry Belafonte, Stan Getz, Machito, Cal Tjader, Howard McGhee; als Leader für Savoy, Fantasy*, Debut, Jazz Mark, Steeplechase.
Lit.: A. Astrup, A Discography of B. M., Bidstrup 1991
*CD: OJC 100**

Moore, Oscar, (g), * 25.12.1916 Austin, Tex., † 8.10.1981 Las Vegas. Wuchs in Phoenix auf, hatte dort eine Band mit seinem Bruder Johnny (g). Beide gingen 1936 nach L. A., Oscar wurde 1940 Mitglied des Trios von → Nat King Cole, blieb bis 1947 und wurde dann Mitglied von Johnny Moores Three Blazers, einer Gruppe, die wie das King-Cole-Trio aus p, g und b bestand, sich aber eher dem R & B verschrieb. M. ist nach → Charlie Christian der bedeutendste »elektrische« Gitarrist der 40er Jahre, er hat viel zum Konzept des »integrierten« Trios beigetragen. – Schallplatten mit Nat King Cole, Johnny Moore, Art Tatum, Illinois Jacquet, George Redman; als Leader für Atlas, Verve, Tampa, Omega*, Surrey.
*CD: O. M. & Friends, Fresh Sound 202**

Moore, Phil, (p, voc, comp), * 20.2. 1918 Portland, Oregon, † 1987. Studierte an der Univ. of Washington und am Cornish Institute. Ging 1937 nach Hollywood als Komponist und Arrangeur. 1939 als Pianist und Arrangeur bei Les Hite, kurze Zeit eigene Big Band. Arbeitete für die MGM-Studios, für Jack Teagarden, Mildred Bailey u. Lena Horne. Leitete Quintett (P. M. Four), experimentierte mit Blockakkorden auf dem Piano, später popularisiert von Milt Buckner und George Shearing. Arbeitete seit den 50er Jahren als Begleiter von Vokalisten, ist Lehrer und Komponist von Unterhaltungsmusik. – Schallplatten für RCA, Musicraft, MGM, Black & White, Verve, Mercury, Atlantic, Strand. Arr für Woody Herman, Bobby Short, Don Elliott, Rosemary Clooney, Martha Raye, Mary Ann McCall, Charlie Barnet, Julie Wilson, Freddie Slack, Bob Crosby, Carol Stevens.

Moore, Ralph, (ts), * 24.12.1956 London. Ging mit 15 Jahren in die USA, spielte in der High-School-Band und studierte an der Berklee School. Arbeitete dann mit Roy Haynes, Horace Silver, Mingus Dynasty, J. J. Johnson, Freddy Hubbard, Billy Hart u. Buster Williams. Der Hard-Bop-Solist tritt meist mit eigenem Quintett auf. – Schallplatten mit Horace Silver, Brian Lynch, Freddie Hubbard, J. J. Johnson, Roy Haynes, Bobby Hutcherson, Billy Hart, Jimmy Knepper, Marvin Smith, Bill Cosby, Valerie Ponomarev, Gene Harris, Bill Mays, Roy Hargrove, Kenny Barron, Laurent

DeWilde, Akira Tana, Don Sickler, Ray Brown, Charlie Sepulveda, Rob Schneiderman, Kenny Drew Jr., Superblue; als Leader für Reservoir, Criss Cross u. Landmark.
CD: Images, Landmark 1520

Morello, Joe, Joseph A., (d), * 17.7. 1928 Springfield, Mass. Erster Job in der Band von Whitey Bernard, 1950 kurz bei Glen Gray, 1952 nach N. Y. zu Johnny Smith, dann kurz bei Stan Kenton, 1953–56 bei Marian McPartland. 1956–67 im Dave-Brubeck-Quartett, sein innovativer Stil trug viel zu dessen Erfolg bei. Tritt seitdem mit eigenen Gruppen auf und nimmt an Clinics teil. M. ist ein ungewöhnlich brillanter Drummer, → Buddy Rich ebenbürtig. – Schallplatten mit Mitch Miller, Dave Brubeck, Marian McPartland, Sam Most, Bob Alexander, Sal Salvador, Tal Farlow, Jimmy Raney, Chuck Wayne, Don Senay, Gil Melle, Thad Jones u. a.; eigene LPs für Score, RCA und Ovation.
CD: J. M., Bluebird ND 90406

Morgan, Frank, (as), * 23.12.1933 Minneapolis. Lernte vom zweiten Lebensjahr an Gitarre, mit zwölf

Frank Morgan nach seinem Comeback in den 80er Jahren

Jahren Klarinette und Alt-Saxophon. Wurde 1950 von Duke Ellington als Kandidat für die Nachfolge von Johnny Hodges in Erwägung gezogen, mußte aber wegen seiner Jugend verzichten. Spielte in den frühen 50er Jahren mit Wardell Gray, Teddy Charles, Sonny Clark u. a; wurde 1955 wegen Drogengebrauchs verhaftet und verbrachte fast 30 Jahre im Gefängnis von St. Quentin, leitete dort eine Band. M. wird seit seiner Entlassung als lebende Legende gefeiert. Er ist ein vorzüglicher Bebop-Solist mit Einflüssen von Charlie Parker und Art Pepper. – Schallplatten mit Wardell Gray, Sonny Clark, Milt Jackson, Kenny Clarke, Spud Murphy, Teddy Charles, Terry Gibbs, Mark Murphy, Art Farmer, George Cables, McCoy Tyner, L. Subramaniam, Bud Shank; eigene LPs für Savoy, GNP*, Contemporary, Antilles.

CD: With Machito's Rhythm Section, Fresh Sound 71; Mood Indigo, Antilles 91320-2*

Morgan, Lanny, (as, cl, fl), * 30.3. 1934 Des Moines, Iowa. Lernte Violine mit sechs Jahren, wechselte in High School zu Alto und Klarinette. Spielte in den 50er Jahren bei Charlie Barnet, Si Zentner, Terry Gibbs, Frankie Carle. War 1960–65 bei Maynard Ferguson, arbeitet in Hollywood als Studiomusiker, spielt nebenbei mit → Supersax, den Bands von Bill Berry, Bill Holman, Jeff Hamilton u. a. Hard-Bop-Solist mit Einflüssen von John Coltrane. – Schallplatten mit Maynard Ferguson, Bill Berry, Bill Holman, Jeff Hamilton, Capp – Pierce Juggernaut, Don Rader, Tommy Alexander, Si Zentner, Supersax, Ray DeMichael, Dick Grove, Jimmy Witherspoon, Mike Campbell, Bob Florence; eigene LP auf Palo Alto.

Morgan, Lee, (tp), * 10.7.1938 Philadelphia, † 19.2.1972 N. Y. Studierte privat und am Mastbaum Technology Institute, spielte mit 18 Jahren bei Dizzy Gillespie, 1958–61 bei Art Blakey in einer der besten Editionen der Jazz Messengers. 1961–63 bei Jimmy Heath in Philadelphia, 1964–65 erneut bei Blakey. Leitete eigene Gruppen und hatte 1964 einen Hit auf Blue Note, »The Sidewinder«. Wurde von einer eifersüchtigen Frau erschossen. M. war mit seinem kraftvollen Ton und einer immensen Ausdrucksfähigkeit der talentierteste Nachfolger von Fats Navarro und Clifford Brown. – Schallplatten mit Dizzy Gillespie, Art Blakey, Hank Mobley, John Coltrane, Clifford Jordan, Charlie Persip, Art Farmer, Curtis Fuller, Philly Joe Jones, Grachan Monchur, Jimmy Smith, Ahmed Abdul-Mahlik, Benny Golson, Buddy DeFranco, Ernie Henry, Jack Wilson, Joe Henderson, Johnny Griffin, McCoy Tyner, Quincy Jones, Wayne Shorter, Lonnie Smith; eigene Veröffentlichungen auf Blue Note, Roulette, Vee-Jay, Prestige, Trip.

Lit.: R. Wernboe, L. M. Discography, 1985

CD: The Sidewinder, Blue Note 41757; At The Lighthouse 1970, Fresh Sound 140; Tomcat, Blue Note 784446-2

Morris, Lawrence »Butch«, (p, tb, fl, co, cond, comp), * 10.2.1947, Long Beach, Calif. Als seine Altersgenossen nach der Grundschule auf das College gingen, beschäftigte sich Butch Morris damit, sämtliche für ihn greifbaren unterschiedlichen Versionen von Big-Band-Arrangements miteinander zu vergleichen. Nach seiner Militärzeit ging der Musiker nach San Francisco. Dort lernte er Ende der 60er Jahre die Avantgardemusiker Horace Tapscott (p), Arthur Blythe (as), Bobby Bradford (t) und David Murray (sax) kennen. Zu diesem Zeitpunkt hatte Morris bereits mit einigen Instrumenten experimentiert. Nach dem Pianospiel lernte er komponieren, dann tp. Es sollten noch Posaune, Flöte, Waldhorn, Baß und Flügelhorn folgen, bis er sich endgültig auf das Kornett festlegte. Die Vielzahl der Instrumente bietet sicher eine Erklärung für den ungewöhnlichen Klangfarbenreichtum seiner Arbeiten. Im Selbststudium hatte er sich darüber hinaus das Komponieren und Orchestrieren beigebracht. Die spezielle Form des Dirigierens – anders als in der Klassik – mit vielen Zeichen und abenteuerlichen Verrenkungen seines Taktstocks, lernte er bei Horace Tapscott und zu Beginn der 70er Jahre auf dem Merritt College in Oakland. Als eine Art graue Eminenz war Butch Morris bis in die jüngste Vergangenheit an vielen Arbeiten in kleiner Besetzung und im großorchestralen Kontext von David Murray beteiligt. Für die Aufführung seiner eigenen Kompositionen versammelte Morris die gesamte New Yorker Pop- und Jazz-Avantgarde von Tom Cora (Cello) bis hin zu John Zorn (sax). (G. F.)
CD: Butch Morris – Current Trends in Modern America (A Work in Progress), Sound Aspects SAS CD 4010; Butch Morris – Homeing; David Murray Big Band Conducted By Lawrence »Butch« Morris DIW 851

Morrow, Buddy, eigentl. Moe Zudekoff, (tb, ldr), * 8.2.1919 New Haven, Conn. Studierte an der Juilliard School 1934, spielte dann bei Paul Whiteman, Artie Shaw, Tommy Dorsey, Vincent Lopez, Bob Crosby. 1945 bei Jimmy Dorsey, dann eigene Band 1945–46, danach Studioarbeit in N. Y. Erneut eigene Big Band in den 50er und 60er Jahren, spielte Swing und R&B-beeinflußte Popmusik, hatte einen Hit mit »Night Train«. Leitet seit einigen Jahren die Tommy-Dorsey-Ghost-Band. – Schallplatten mit Artie Shaw, den Dorseys, Dick Robertson, Johnny Williams, Red McKenzie, Sharkey Bonano, Doris Day, Lee Wiley, Phil Bodner, Tito Puente; mit eigener Band für RCA, Mercury, Epic, MCA.
LP: Hindsight HSR 154

Morton, Jelly Roll, eigentl. Ferdinand Lemott, (p, comp), * 20.10.1890 N. O., † 10.7.1941 L. A. Stammt aus einer französischsprechenden Familie, lernte Gitarre mit sieben Jahren, Klavier mit zehn. Spielte in Bordellen im Quartier Latin (Storyville), ging 1912 mit eigener Band auf Tournee. Arbeitete in Kalifornien und Kansas City, ab 1922 in Chicago, dort mit neuer Band, den ersten

»Red Hot Peppers«. War als Musiker, Komponist und Musikverleger sehr erfolgreich. Ging 1928 nach N. Y., konnte sich aber den veränderten Umständen nicht anpassen und lebte einige Jahre in relativer Vergessenheit. 1938 erzählte er Alan Lomax von der → Library of Congress seine Lebensgeschichte, eine krude Mischung aus Wahrheit, Verklärung und Erfindung. 1939–40 nahm er wieder Schallplatten auf. M. ist die wohl kontroverseste Figur des Klassischen Jazz. Um sein Leben ranken sich Legenden, zu denen er kräftig beigetragen hat, u. a. mit der Behauptung, er habe den Jazz im Jahr 1902 erfunden. Dennoch gehört er zu den großen Pionieren seiner Musik, er hat die klassische N.-O.-Besetzung zum Höhepunkt geführt, ähnlich wie es → Duke Ellington dann für die Big Band getan hat. Kompositionen: »Jelly Roll Blues«, »King Porter Stomp«, »Wolverine Blues«, »Milenberg Joys«, »Wild Man Blues«, »Dead Man Blues«, »Doctor Jazz«, »Sidewalk Blues« u. a. – Schallplatten mit King Oliver, NORK, Volly de Faut, Wilton Crawley, Johnny u. Baby Dodds, Johnny Dunn, Lizzie Miles, Edmonia Henderson; mit eigenen Bands ab 1923 für Paramount, Gennett, RCA, General/Commodore; p-Soli für Klavierwalzen wurden auf Biograph wiederveröffentlicht.

Lit.: L. Wright, Mr. Jelly Lord, Chigwell 1980 (Bio-/Diskographie); J. R. Morton, W. Alan Lomax, Mr. Jelly Lord, 1962; M. Williams, Jazz Masters of N. O., N. Y. 1967

CD: Complete Victor Recordings, Bluebird ND 82361

Mosaic Records, von Michael Cuscuna und Charlie Lourie 1982 gegründet, spezialisiert auf Reissues diverser Labels. M. veröffentlicht in vorbildlicher Form Gesamtausgaben bestimmter Künstler aus den Katalogen von Blue Note, Candid, Pacific Jazz, Black Lion, Vogue, CBS, Verve, Capitol u. Roulette auf LP u. z. T. CD sowie den kompletten Commodore-Katalog. Adr.: 35 Melrose Place, Stamford, Conn. 06902, USA.

Moses, Bob, Rahbost, (d, p, vib, synth, bcl, comp), * 28.1.1948 N. Y. Der Autodidakt spielte schon mit zwölf Jahren bei Charles Mingus, war 1964 bei Roland Kirk und war 1966 Mitbegründer der Gruppe »Free Spirits« mit Jim Pepper u. Larry Coryell, wohl der ersten »elektrischen« Jazz-Rock-Gruppe. 1968 bei Dave Liebman, 1969 neue Gruppe »Compost«. 1970–73 bei Jack DeJohnette, Gary Burton, auf Tour mit Mike Gibbs, spielte mit Pat Metheny, Jaco Pastorius und Hal Galper. 1981–82 in der Band von Steve Kuhn – Sheila Jordan, 1984 mit George Gruntz. Begann 1975 für große Ensembles zu komponieren, gründete eigenes Label Mozown, entwickelte sich zu einem originellen Komponisten und Arrangeur. Arbeitet in N. Y. als Lehrer für das Drummers Collective. – Schallplatten mit Mike Gibbs, Roland Kirk, Gary Burton, Pat Metheny, Jaco Pastorius, Hal Galper, George Gruntz, Dave Liebman, Emily Remler, Franco Ambrosetti,

Gunter Hampel, Steve Kuhn; eigene LPs für Mozown, Gramavision, Sutra.
CD: When Elephants Dream of Music, Gramavision 8203-2

Most, Sam, Samuel, (fl, cl, as, p), * 26.12.1930 Atlantic City, N. J. Der jüngere Bruder von Abe M. (cl, * 27.2.1920) studierte bei Privatlehrern, hatte erste Jobs Mitte der 40er Jahre bei Tommy Dorsey, Shep Fields, Boyd Raeburn, Don Redman. In den 50er Jahren eigenes Quartett, spielte auch mit Mat Matthews 1954, Teddy Wilson 1957, Teddy Charles 1958 und Buddy Rich 1959–61. In L. A. als Studiomusiker, daneben bei Louis Bellson, 1963–66 mit Red Norvo in Las Vegas. Der exzellente Flötist hat schon in den 50er Jahren mit den später so beliebt gewordenen Überblastechniken experimentiert. – Schallplatten mit Herbie Mann, Buddy Rich, Lalo Schifrin, Angelo di Pippo, Tal Farlow, Ray Brown, Ron Croby, Teddy Charles, Louis Bellson, Frank Strazzeri, Pat Moran, Chris Connor; eigene LPs für Prestige, Debut, Vanguard, Bethlehem, Catalyst u. Xanadu.
LP: Flute Talk, Xanadu 173

Moten, Bennie, (p, ldr), * 13.11.1894 K. C., † 2.4.1935 K. C. M. war ein versierter → Stride-Pianist, der aus → New-Orleans- und → Ragtime-Einflüssen jene Musizierweise formte, die als → Kansas-City-Stil bekannt werden sollte. Begann mit einem Trio, hatte die Band 1923 – zur Zeit seiner ersten Schallplatten – auf sieben Mann erweitert und erreichte 1926 mit zwei tp, tb, drei reeds und Rhythmus die damalige Standardbesetzung einer Big Band. Unter den Musikern waren Ed Lewis, Paul Webster (tp), Thamon Hayes (tb), Woody Walder (cl), Jack Washington (bar, as), 1930 kamen hinzu Hot Lips Page (tp), Eddie Durham (g, tb, arr), → Count Basie (p), Jimmy Rushing (voc), alle aus der Band von → Walter Page, 1931 schließlich dieser selbst – der Kern der späteren Basie-Band. Die letzte Aufnahme-Session der Band 1932 zeigt schon den typischen Kansas-City-Swing, wie er dann von Count Basie verfeinert wurde. 1933 kamen noch Lester Young und Hershal Evans zur Band, die wegen fehlender Engagements und des plötzlichen Todes von M. (auf dem Operationstisch) auseinanderfiel. Sein Bruder Buster (p, accor) leitete sie noch einige Monate weiter, bis Count Basie die meisten Musiker übernahm und die Band formte, die Geschichte machen sollte. – Schallplatten für Okeh und Victor. Seine Aufnahme von »South« (1928) blieb bis 1962 im Katalog der RCA und wurde mehr als 600 000mal verkauft, ein nie dokumentierter heimlicher Bestseller (jetzt auf CD: Bluebird ND 83139. Nicht zu verwechseln mit Clarence Lemont »Benny« Moten (b, 1916–77).
CD: Basie Beginnings, Bluebird ND 90403

Motian, Paul, Stephen Paul, (d), * 25.3.1931 Providence, R. I. Studierte 1955 an der Manhattan School of Music, spielte bei George Wallington, Jerry Wald, Russell Jacquet,

Tony Scott, Oscar Pettiford, Zoot Sims, Lennie Tristano, Al Cohn, 1959–64. Zu Paul Bley 1964, dann freelancing in N. Y., arbeitete in der Jazz Composers' Guild, mit Sun Ra, Archie Shepp und Carla Bley. 1967 bei Charlie Haden, dann bis 1976 bei Keith Jarrett. Komponierte Filmmusik (»Punishment Park«), nahm teil an Carla Bleys »Escalator Over the Hill«, tritt häufig in Europa auf. – Schallplatten mit George Russell, Tony Scott, Bill Evans, Eddie Costa, Don Elliot, Cohn – Sims, Warne Marsh, Art Farmer, Mose Allison, Joe Castro, Paul Bley, Marilyn Crispell, Bill Frisell, Carla Bley, Charlie Haden, Geri Allen, Tom Harrell, Joe Lovano, Keith Jarrett, Leni Stern, Pierre Favre, Saheb Sarbib, Charlie Shoemake, Simon Nabatov, Tony Scott, Tim Berne, Salvatore Bonafede; als Leader für ECM, GM, Soul Note u. JMT.

CD/LP: It Should've Happened a Long Time Ago, ECM 1283

Mouzon, Alphonse, (d, keyb, comp), * 21.11.1948 Charleston, S. C. Lernte Schlagzeug an High School, ging mit 17 Jahren nach N. Y., studierte Medizin und spielte in der Society Band von Ross Carnegie. Ab 1968 freelancing, 1970 bei Roy Ayers, 1971–72 in der ersten Ausgabe von Weather Report, 1972–73 bei McCoy Tyner, 1973–75 in Larry Coryells Eleventh House. Seitdem wieder freischaffend, Auftritte in Europa und auf Festivals. M., ein vorzüglicher Techniker, wurde in der Jazz-Rock-Fusion-Bewegung prominent und ist hier auch eher zu Hause als im Jazz. – Schallplatten mit Gil Evans, McCoy Tyner, Weather Report, Larry Coryell, Al DiMeola, Arild Andersen, Herbie Hancock, Rolf Kühn, Wayne Shorter, Albert Mangelsdorff; eigene Einspielungen für Blue Note, MPS, Vanguard, Metronome, Black Sun und eigenes Label Tenacious Records.

LP: Mangelsdorff – Pastorius – Mouzon, MPS 821282-1

MPS Records (Musikproduktion Schwarzwald), Villingen, von H. G. Brunner-Schwer gegründet, hervorgegangen 1968 aus der Fa. Saba. War in den 70er Jahren ein bedeutendes deutsches Jazz-Label mit LPs von Monty Alexander, Oscar Peterson, Clarke-Boland Big Band, Wolfgang Dauner, Friedrich Gulda, Hans Koller, Volker Kriegel, Albert Mangelsdorff, Singers Unlimited, Supersax u. a. 1983 an Polydor International verkauft.

Mulligan, Gerry, Gerald Joseph, (bar, sop, cl, p, comp), * 6.4.1927 N. Y. Wuchs in Philadelphia auf, erster Job in der Band von Johnny Warrington als Arrangeur. 1946 nach N. Y., spielte kurz Alt-Sax bei Gene Krupa, arrangierte für diesen u. a. den »Disc Jockey Jump«. 1948 bei Claude Thornhill und im Miles Davis Nonet, schrieb einige arr und nahm an den Aufnahmen für Capitol teil. 1950 bei Elliot Lawrence, 1952 nochmals kurz bei Thornhill, gründete in diesem Jahr in L. A. ein pianoloses Quartett mit Chet Baker, später mit Jon Eardley bzw. Art Farmer. 1956 Sextett mit Eardley, Bob Brookmeyer und Zoot Sims. Schrieb

Musik für Filme (»I Want to Live«, »The Subterraneans«) und leitete 1960–63 13köpfige »Concert Jazz Band«. 1968–72 im Dave-Brubeck-Quartett, tritt immer wieder mit neuen Gruppen auf, seit 1978 auch wieder mit Big Band. M. gehört neben → Harry Carney und → Serge Chaloff zu den großen Bariton-Solisten. Stilistisch noch dem Swing verhaftet, später ein Exponent des → West Coast Jazz, ist er heute ein prominenter Vertreter des → Mainstream, ein »Zoot Sims des Bariton-Sax« (B. Priestley). Als Arrangeur bevorzugt er eine lockere Schreibweise, die auch großen Ensembles ein »Combo-Feeling« abverlangt. – Arr für Claude Thornhill, Stan Kenton (»Swing House«), Elliot Lawrence, Red Rodney, Georgie Auld, Vic Lewis, Al Cohn, Chubby Jackson. – Schallplatten mit Manny Albam, Michel Legrand, Stan Getz, Kai Winding, George Wallington, Chubby Jackson, Cleo Laine, Bob Brookmeyer, Quincy Jones, Vinnie Burke, Dave Brubeck, Thelonious Monk, Johnny Hodges, Paul Desmond, Billy Taylor, Ben Webster, Zoot Sims, Astor Piazzolla, Erich Kunzel, Margaret Whiting u. a.; als Leader für Prestige, Pacific Jazz, Fantasy, Capitol, EmArcy, Mercury, Vogue, Columbia, Philips, Verve, Riverside, A & M, CTI, Chiaroscuro, Who's Who, DRG, GRP, Scotti Bros.

Lit.: J. Klinkowitz, Listen: G. M., N. Y. 1990; R. Horricks, G. M., London 1989; A. Astrup, G. M. Discography, Soeborg 1989

CD: Complete Pacific Jazz and Capitol Recordings of. the Original G. M. Quartet and Tentette, Mosaic MD 3-102; Concert Jazz Band, Verve 838933-2

Mundharmonika (engl. harmonica), ein 1821 von Friedrich Buschmann als »Mundäoline« oder »Aura« erfundenes volkstümliches Musikinstrument, bestehend aus einem flachen Kästchen mit Luftkanälen (Kanzellen), in denen einseitig befestigte Metallzungen aus Messing durch Ausstoßen oder Einziehen der Luft in Schwingung versetzt und dadurch zum Klingen gebracht werden. Die M. wurde u. wird vor allem von Blues-Sängern aufgrund ihrer Handlichkeit und ihres niedrigen Preises gespielt, so von Sonny Boy Williamson (John Lee W.), Sonny Boy Williamson (Rice Miller), Little Walter, Muddy Waters, Walter Horton, Dr. Ross, Junior Wells, Slim Harpo u. a. Hier auch als »Blues-harp« bezeichnet. Die M. findet im Jazz kaum Verwendung; Ausnahme: Toots Thielemans.

Mundy, Jimmy, James, (ts, vln, comp), * 28.6.1907 Cincinnati, Ohio, † 24.4.1983 N. Y. Spielte in den 20er Jahren in Chicago bei Erskine Tate, Carroll Dickerson; in Washington, D. C., bei den White Bros., Elmer Calloway u. Tommy Myles. Verkaufte einige Arrangements an Earl Hines, wurde daraufhin von diesem engagiert (1932–36). Schrieb dann auch für Benny Goodman, Paul Whiteman, Gene Krupa, Count Basie (»Queer Street«), Bob Crosby, Glen Gray, Harry James (»Ultra«), Lucky Millinder, Charlie Spivak,

Charlie Parker, Joe Williams, Carmen McRae u. a. M. gehört zu den besten Arrangeuren der Swing-Ära. Leitete 1939 und 1945–46 eine eigene Band, arbeitete ab 1959 einige Jahre für Barclay in Paris. – Schallplatten mit Earl Hines; als Leader für Variety, Varsity, V-Disc, Aladdin u. Epic.

Munich Records B. V., 1970 von J. Zomer in Bennekom, Holland, gegründet. Spezialisiert auf Jazz, Blues, Folk. LPs von Pierre Courbois, Gerry Lockran, Sammy Rimmington, Barrelhouse, außerdem auf dem **Oldie Blues**-Label historische Blues- und Boogie-Woogie-Aufnahmen.

Murphy, Mark Howe, (voc), * 14.3. 1932 Syracuse, N. Y. Begann in der Band seines älteren Bruders, sang Mitte der 50er Jahre in New Yorker Clubs und war schon Ende der 50er Jahre ein arrivierter Vokalist, nahm LPs auf mit so renommierten Leadern wie Bill Holman, Ernie Wilkins und Al Cohn. Lebte zehn Jahre in Europa, wohin er auch heute noch oft zu Gastspielen kommt. – Schallplatten mit Jeff Hamilton, Azymuth, Bill Mays, José Roberto Bertrami; für Capitol, Riverside, Fontana, Immediate, MPS, Muse, September Rec.
CD: Beauty and the Beast, Muse 600606

Murray, David, (ts, bcl, fl, comp), * 19.2.1955 Berkeley, Calif. Erhielt erste Kenntnisse von seiner Mutter, einer Pianistin, lernte Tenor-Sax mit neun Jahren, spielte mit zwölf Jahren in R&B-Bands. Studierte am Ponoma College in L. A., u. a. bei Stanley Crouch, 1975 nach N. Y., dort bei James Blood Ulmer, Jack DeJohnette, dem World Saxophone Quartet, eigenes Quartett bzw. Oktett, 1984 mit Big Band. Der von → Paul Gonsalves, Albert Ayler, Ornette Coleman und Ben Webster beeinflußte M. begann als Free-Jazz-Musiker, kehrte aber wieder zu klaren Strukturen zurück. – Schallplatten mit William Hooker, James Blood Ulmer, McCoy Tyner, Jack DeJohnette, James Newton, Randy Weston, World Sax. Quartet, Kip Hanrahan, Jamaaladeen Tacuma, Ralph Peterson, Sunny Murray, Taj Mahal, Wilbert Morris, Music Revelation Ens.; mit eigenen Gruppen (Low Class Conspiracy u. a.) für Adelphi, Black Saint, Circle, India Navigation, Marge, Red, Horo, Cadillac, Hat Hut, Cecma, West Wind, DIW, Fresh Sound, Danola, Red Baron.
CD: Flowers for Albert, West Wind 2039; Live at Sweet Basil, Black Saint 0085

Murray, Sunny, James Marcellus Arthur, (d), * 21.9.1937 Idabel, Okla. Begann mit neun Jahren Schlagzeug zu spielen, ging 1956 nach N. Y., dort bei Henry Red Allen, Willie The Lion Smith, Jackie McLean, Ted Curson u. a. 1959–64 bei Cecil Taylor, traf Albert Ayler bei einer Skandinavientournee, gründete Trio mit diesem und Gary Peacock 1964–65. Lebte 1968–71 in Frankreich, spielte mit gastierenden Musikern, 1972 nach Philadelphia, dort Gruppe mit Khan Jamal (vib), auch mit Philly Joe Jones. Gründete 1981 in N. Y. die Drums-Inter-Actual mit Ed Blackwell, Dennis Charles u. Steve

McCall. M. ist ein maßgeblicher Drummer des → Free Jazz, der seine Energie vor allem aus der Behandlung der Becken bezieht, denen er sehr kontrastreiche Klänge entlocken kann. – Schallplatten mit Cecil Taylor, Archie Shepp, Albert Ayler, Gil Evans, Khan Jamal, Gunter Hampel, Keshavan Maslak; als Leader für Jihad, ESP, Shandar, Pathé, Byg, Kharma, Philly Jazz, Marge, Moers Music, Circle.
CD: Trio Live, Moers 01052

Muse Records, N. Y., 1973 von Joe Fields gegründet, gehört heute zu den etablierten → Indies mit einem umfangreichen Katalog, u. a. von Chris Woods, Dave Matthews, Eric Kloss, Wallace Roney, Pat Martino, Larry Coryell, Benny Waters, Sonny Stitt, Ricky Ford, Harold Land u. v. a. Kaufte 1984 → Savoy u. 1992 → Landmark.

Musicraft Records, 1937 in N. Y. gegründet, um seltene klassische Werke zu Gehör zu bringen, widmete sich von 1943 bis zur Auflösung 1949 der Pop-Musik und dem Jazz einschließlich der noch kaum akzeptierten Avantgarde mit Aufnahmen von Teddy Wilson, Dizzy Gillespie, Georgie Auld, Boyd Raeburn, Duke Ellington, Artie Shaw, Sarah Vaughan u. a. A & R ab 1944: Albert Marx. Reissues: → Discovery.

Musso, Vido William, (ts), * 17.1.1913 Carrini, Sizilien, † 9.1.1982 Rancho Mirage, Calif. Wuchs ab 1929 in Detroit auf, spielte ab 1930 in L. A. in lokalen Bands. Erster wichtiger Job bei Benny Goodman 1936, in den folgenden Jahren bei Gene Krupa, Harry James, Woody Herman, Stan Kenton 1945–47, zwischendurch erfolglose eigene Bands. Wurde in dieser Zeit bekannt durch seinen extrovertierten, an Coleman Hawkins orientierten Stil, der die R&B-Saxophonisten der 50er Jahre vorwegnahm. Seine Soli in Kentons »Painted Rhythm« und »Sorrento« haben viele jüngere Musiker und Hörer zum Jazz gebracht, obwohl er die harmonischen Neuerungen des Bebop ignorierte und eigentlich schon damals »altmodisch« war. Leitete ab 1947 Bands im Raum L. A. und in Las Vegas. – Schallplatten mit Benny Goodman, Gene Krupa, Woody Herman, Stan Kenton, Teddy Wilson, Lionel Hampton, Harry James, Maxwell Davis, Metronome All Stars, Tommy Dorsey, Willie Smith, Eddie Safranski, Wardell Gray; als Leader für Savoy, Trilon, Arco, RPM, Crown.

Mussuli, Boots, Henry W., (as, bar), * 18.11.1917 Milford, Mass., † 3.10. 1967 Norfolk, Mass. Spielte bei Mal Hallett, 1942 bei Teddy Powell als Nachfolger von Irving Fazola. Ab 1944 bei Stan Kenton, bei Vido Musso 1947, bei Gene Krupa 1948, bei Charlie Ventura 1949, zurück zu Kenton 1952–54. Anschließend freelancing im Raum Boston, spielte mit Herb Pomeroy, Toshiko Akiyoshi, leitete Musikschule in Milford. – Schallplatten mit Stan Kenton (auch arr), → Serge Chaloff, Herb Pomeroy, Toshiko Akiyoshi, Vido Musso, Charlie Ventura; eigene LPs für Storyville und Capitol.

Myers, Amina Claudine, (p, org), * 21.3.1943 Little Rock, Ark. Begann

Amina Claudine Myers

mit sieben Jahren Klavier zu spielen, arbeitete mit Gospel-Gruppen in Dallas, gründete in Arkansas »The Gospel Four« und »The Royal Hearts«, studierte am Philander Smith College in Little Rock. Arbeitete sechs Jahre als Musiklehrerin in Chicago, dort 1966 Mitglied der → AACM. Spielte mit Muhal Richard Abrams, Henry Threadgill u. a. Ab 1970 bei Sonny Stitt und Gene Ammons, ab 1976 eigene Gruppen (Trio, Sextett, Voice Choir). – Aufnahmen unter eigenem Namen für Sweet Earth, Leo, Black Saint, Minor, Novus; auch mit Frank Lowe, Lester Bowie, Fontella Bass, Lee Abrams, Pheeroan aklaff, Charlie Haden, Greg Osby.

»I just try to mediate and let the Creator guide me.« (A. C. M.)

CD: In Touch, Novus 83064

N

Namyslowski, Zbigniew, (as, fl, p, tb, cello, comp), * 9.9.1939 Warschau. Studierte an der Musikhochschule in Warschau, spielte Posaune in Dixieland-Band und Cello in moderner Gruppe, as ab 1960 bei den Jazz Wreckers. Eigene Band ab 1963, arbeitete in der polnischen Radio-Studio-Band, mit dem Sänger Czeslaw Niemen, den NOVI Singers und Krysztof Komeda. Tritt meist in Westeuropa oder den USA auf, 1986 mit seinem Quartett Q. – N. hat die Musik von Charlie Parker und John Coltrane mit der seiner polnischen Heimat in einzigartiger Weise verbunden. – Schallplatten mit Czeslaw Niemen, Michael Smith, NOVI Singers, Andrzej Traskowski, George Arvanitas, Michal Urbaniak, Urszula Dudziak, Tony Williams; als Leader ab 1961 für Muza, Decca, View, Inner City, Dire.
LP: Follow Your Kite, Muza 2303

Nance, Ray, Willis, (tp, vln, voc), * 10.12.1913 Chicago, † 28.1.1976 N. Y. Spielte ab 1932 mit eigener Gruppe in Chicago, ging 1937 zu Earl Hines, 1939 zu Horace Henderson und wurde 1940 Nachfolger von Cootie Williams bei Duke Ellington. Dieser setzte sein Talent entsprechend ein: als Growl-Trompeter, Geiger in Tongedichten wie »Moon Mist« und als Komödiant, weshalb er ihm den Spitznamen »Floorshow« gab. Sein Solo in »Take the A Train« wurde ein integraler Bestandteil der Komposition. Blieb bis 1963 bei Duke Ellington, leitete dann eigenes Quartett in N. Y. – Schallplatten mit Duke Ellington, Earl Hines, Johnny Bothwell, Horace Henderson, Barney Bigard, Johnny Hodges, Una Mae Carlisle, Al Hibbler, Eddie Heywood, Ahmad Abdul-Mahlik, Budd Johnson, Coleman Hawkins, Jo Stafford, Harry Carney, Jimmy Rushing, Woody Herman, Paul Gonsalves, Chris Barber, Sol Yaged; eigene LPs für Esquire, Vogue, Solid State, MPS.
Lit.: S. Dance, The World of Duke Ellington, N. Y. 1970
CD: → Duke Ellington

Nanton, Tricky Sam, Joseph N. Irish, (tb), * 1.2.1904 N. Y., † 20.7.1946 San Francisco. Stammt aus einer westindischen Familie, begann 1921 bei Cliff Jackson, spielte in Frazier's Harmony Five 1923–24, bei Elmer Snowden 1925. Ging 1926 zu → Duke Ellington, wo er bis zu seinem Tod blieb. N. war der unerreichte Meister im Spiel mit dem → Dämpfer, wodurch er auf seinem Instrument »sprechen« und jede Stimmung vermitteln konnte. Die wilde Schönheit seiner Soli ist auf etlichen Ellington-Platten zu bewundern; Aufnahmen außerdem mit Cootie Williams, Johnny Hodges, Rex Stewart.

Napoleon, Marty, (p), * 2.6.1921 N. Y. Spielte ab 1941 bei Bob Astor, Chico Marx, Georgie Auld, Joe Venuti, Teddy Powell, Lee Castle und Charlie Barnet; ersetzte 1946 seinen Bruder → Teddy Napoleon bei Gene Krupa. War dann bei seinem Onkel → Phil Napoleon und Charlie Ventura 1950, ging 1952 für Earl Hines zu Louis Armstrong. Ab 1955 mit eigenem Trio in N. Y., auch bei Coleman Hawkins, ab 1966 wieder bei Armstrong, bis zu dessen Tod. – Schallplatten mit Charlie Barnet, Vido Musso, Charlie Ventura, Red Allen, Phil Bodner, Kai Winding, Louis Armstrong, Peanuts Hucko, Al Killian, Ruby Braff, Lionel Hampton, Allan Eager, Mickey Sheen, Chubby Jackson, »Tribute to Goodman« (Timeless).

Napoleon, Phil, Filippo Napoli, (tp), 2.9.1901 N. Y., † 1.10.1990 Miami. Wurde bekannt als Gründungsmitglied der »Original Memphis Five« 1922 (mit Miff Mole u. Jimmy Lytell), nahm in den 20er Jahren zahlreiche Platten mit Studio-Bands auf, z. B. den Charleston Chasers, Cotton Pickers, Napoleon's Emperors; spielte bei Sessions von Red Nichols, Joe Venuti, Benny Goodman, Eddie Lang, Irving Mills, den Dorsey-Brüdern u. a. Bis 1949 in verschiedenen Tanzorchestern, u. a. bei Jimmy Dorsey. Gründete dann neue Memphis Five, trat mit ihnen meist an der Westküste auf, ab 1966 in eigenem Club nahe Miami. Solider Solist der »Roaring Twenties«. – Schallplatten als Leader u. a. für Edison, Victor, Variety, Famous, Mercury, Decca, Columbia, Capitol.

CD: → New York Jazz

Napoleon, Teddy George (p), * 23.1. 1914 Brooklyn, N. Y., † 5.7.1964 N. Y. Spielte ab 1933 u. a. bei Tommy Tompkins, Johnny Messner, Bob Chester, ab 1944 bis 1958 mit Unterbrechungen bei Gene Krupa, in dessen Big Band und Trio. War kurz bei Tex Beneke, zog dann nach Florida, spielte dort gelegentlich mit Bill Harris und Flip Phillips. – Schallplatten mit Gene Krupa, Sam Donahue, Neal Hefti, Mel Tormé, Charlie Ventura, Earl Williams, Gene Williams, Bob Chester, Lionel Hampton.

National Records, 1946 von Al Green in N. Y. gegründet, 1950 von → Savoy übernommen. Veröffentlichte vorwiegend R&B-Titel, aber auch Billy Eckstines Bebop Big Band.

Navarro, Fats, Theodore, (tp), * 24.9. 1923 Key West, Fla., † 7.7.1950 N. Y. Spielte als Teenager in Territory Bands (auch Tenor-Sax), 1943–44 bei Andy Kirk und 1945–46 als Nachfolger von Dizzy Gillespie bei Billy Eckstine. 1948 bei Lionel Hampton, ging mit JatP auf Tour und spielte in der Band von Tadd Dameron. Letzter Job bei Charlie Parker. Starb an Tbc, die sein drogengeschwächter Körper nicht überwinden konnte. – N. war neben Gillespie der brillanteste Trompeter des → Bebop und hätte diesen nach Einschätzung von Zeitgenossen noch übertreffen können. – Schallplatten mit Andy Kirk, Billy Eckstine, Kenny Clarke, den Bebop Boys, Coleman Hawkins, Illinois Jacquet, Dexter Gordon, Earl Coleman, Tadd Dameron, Benny Goodman, Howard McGhee, Metronome All Stars, Bud Powell, Charlie Parker, Eddie Davis; als Leader für Savoy und Dial.

CD: Nostalgia, Savoy SV-0123

Negro Spirituals, religiöse Lieder der nordamerikanischen Schwarzen. Sie entstanden in Nachahmung der

weißen Spiritual Songs im frühen 18. Jh., die die Negersklaven durch die Teilnahme an christlichen Gottesdiensten kennenlernten. Formal dem europäischen → Lied oder dem → Blues angeglichen, unterscheiden sie sich von diesen hauptsächlich durch die religiösen Texte, in denen Ereignisse und Gleichnisse des Alten Testaments auf Alltagsbegebenheiten bezogen wurden: Erlösung und Befreiung.
Gegen Ende des 19. Jh. wurden N. S. auch von ausgebildeten Chören vorgetragen, die sie dem Kunstlied anglichen (Fisk Jubilee Singers). Neben diesen städtischen Formen wurde jedoch auf dem Land der volkstümliche Charakter beibehalten. Die Berührung der N. S. mit dem → New Orleans Jazz in den 20er Jahren führte zur Entstehung des → Gospel Song.
Lit.: Janheinz Jahn (Hg.), Negro Spirituals, Ffm 1962

Nelson, Oliver Edward, (as, ts, sop, comp, ldr), * 4.6.1932 St. Louis, † 27.10.1975 L. A. Stammt aus einer musikalischen Familie, lernte Klavier mit sechs Jahren, Alt-Sax mit elf. Spielte im Jeter-Pillars Orchestra und bei George Hudson 1947–48, Nat Towles 1949 u. Louis Jordan 1950–51. Nach Wehrdienst Studium in Washington und St. Louis. 1958 ging N. nach N. Y., spielte und arrangierte dort für Erskine Hawkins, Louis Bellson u. Wild Bill Davis. Nahm in den frühen 60er Jahren einige LPs auf (drei mit Eric Dolphy!), die ihn als expressiven Solisten zeigen. Arbeitete dann vor allem als

Oliver Nelson

Komponist (auch klassischer Werke) und Arrangeur für Steve Allen, Jimmy Smith, Eddie Davis, Buddy Rich, Billy Taylor, Della Reese, Wes Montgomery, Quincy Jones, Duke Ellington, Count Basie, James Brown, Art Farmer, Shirley Scott, Pee Wee Russell, Rita Reys, Doc Severinsen, Phil Woods. Leitete Big Bands auf Festivals, ging mit Combo auf Tournee (Westafrika 1969). Zog 1967 nach L. A. und arbeitete als Film- und TV-Komponist. Als Arrangeur ähnelt er dem frühen Quincy Jones, bezog aber auch Soul- und Free-Elemente in seine Arbeiten ein. – Schallplatten mit Louis Bellson, Cannonball Adderley, Red Garland, Chris Connor, Sonny Rollins, J. J. Johnson; eigene LPs für Pre-

stige, Impulse, United Artists, Verve, Argo, Flying Dutchman, RCA, East Wind. Zu seinen ausgedehnten Kompositionen gehören »Blues and the Abstract Truth«, »Afro-American Sketches«, »Jazzhattan Suite«, »Swiss Suite«.
CD: Blues & The Abstract Truth, Impulse 54631-2

Nelson, Steve, (vib), * 1955 Pittsburgh, Pa. Erster wichtiger Job bei Grant Green in den frühen 70er Jahren, spielte seitdem mit Kenny Barron, James Spaulding, Bobby Watson, Ten Dunbar, David »Fathead« Newman. Mit letzterem eine LP unter Leitung von Ray Drummond. – Außerdem Schallplatten mit James Spaulding, Tony Reedus, Johnny Griffin, Geoff Keezer, Donald Brown, Mulgrew Miller, Billy Drummond, Sam Newsome, Jackie McLean u. a.; als Leader für Criss Cross, Red u. Sunnyside.
CD: Live Session, Red 123231

Nestico, Sammy, Samuel L. (tb, comp), * 6.2.1924 Pittsburgh, Pa. Spielte in den 40er Jahren bei Tommy Dorsey, Woody Herman, Gene Krupa, Charlie Barnet, arbeitete dann aber bis 1968 18 Jahre lang als Arrangeur für Air-Force- und Marine-Bands. Wurde vor allem bekannt als Arrangeur für Count Basie, für den er eine Reihe von LPs in einem simplifizierten Neal-Hefti-Stil schrieb, u. a. »Basie – Straight Ahead« (Dot), »Have a Nice Day«, »Basie Big Band«, »Warm Breeze« (Pablo). In L. A. für Film und TV tätig, leitete daneben Big Band, damit CD auf Sea Breeze. Arr auch für Tee Carson, Glenn Miller Orch., Ray Anthony, Pat Longo, Warren Durrett, Paul Cacia, Frank Stallone u. a.

Neophonic Orchestra, 1965 als »Los Angeles N. O.« gegründet zwecks Aufführung zeitgenössischer Musik. Die erste Konzertreihe stand unter der Leitung von → Stan Kenton. Das mit prominenten Jazz-Musikern besetzte Orch. konnte sich mangels finanzieller Unterstützung nicht halten, ebensowenig wie das in den 70er Jahren gegründete »New York N. O.« unter Leitung von Joel Kaye.
LP: Stan Kenton Conducts the L. A. Neophonic, Creative World ST-1013

Newborn, Phineas Jr., (p), * 14.12. 1931 Whiteville, Tenn., † 26.5.1989 Memphis. Stammt aus musikalischer Familie, sein jüngerer Bruder Calvin (* 27.4.1933) spielt p, g, fl. Begann 1947 bei Saunders King u. a. lokalen Bands in Memphis, ging 1950 zu Lionel Hampton, nochmals 1952, war 1953 bei Willis Jackson. Widmete sich ab 1956 dem Post-Bebop, spielte bei Charles Mingus, mit diesem im Film »Shadows«. War aus gesundheitlichen Gründen zeitweise inaktiv, hatte Comeback in den 70er Jahren. N. ist ein technisch ungewöhnlich brillanter Pianist und wurde oft mit → Art Tatum verglichen. – Schallplatten mit Howard McGhee, Roy Haynes, John Simmons, Teddy Edwards, Kitty White, Philly Joe Jones; eigene Einspielungen für Modern, Progressive, Atlantic, RCA, Prestige, Roulette, Contemporary*, Pablo, Philips, L & R.
*LP: A World of Piano, OJC 175**
CD: Solo Piano, Atlantic 82272-2

Newman, David »Fathead«, (as, ts, fl), * 22.2.1933 Dallas, Tex. Erste Jobs mit lokalen Bands wie Buster Smith, Lowell Fulson u. a. R&B-Bands. 1954 bei T-Bone Walker, anschließend zu Ray Charles, in dessen Band er zehn Jahre herausgestellt wurde. Tritt seitdem meist mit eigenen Gruppen auf. N. ist ein dynamischer moderner Solist mit einem starken Blues-Hintergrund. – Schallplatten mit Ray Charles, Hank Crawford, Roy Hargrove, Janis Siegel, Buddy Montgomery, James Clay, Jimmy McGriff, Jimmy Scott, Lonnie Smith, Johnny Copeland, Larry Goldings, Pat Peterson, Michele Hendricks, Ben Sidran, Calvin Owens, Bluesiana Triangle; als Leader für Atlantic, Warner Bros., Prestige, Muse, Amazing, Timeless.

CD: Resurgence, Muse 5234

Newman, Joe, Joseph Dwight, (tp), * 7.9.1922 N. O., † 4.7.1992 N. Y. Studierte bei David Jones (Mellophon-Solist der Fate-Marable-Band) und am Alabama State College, leitete die dortige Band, ging mit ihr auf Tournee. 1941 für zwei Jahre zu Lionel Hampton, dann bis 1947 bei Count Basie. Anschließend spielte er bei Illinois Jacquet bzw. J. C. Heard, ab 1952 für sieben Jahre bei Count Basie. Leitete dann eigenes Quintett, spielte bei Benny Goodman (1962 UdSSR-Tournee), Oliver Nelson, Gary McFarland, Thad Jones. Arbeitete als Lehrer bei Jazzmobile, wurde Mitbegründer (und ab 1967) Präsident von Jazz Interactions, gründete sein Jazz Interaction Orch. Trat mit der N. Y. Jazz Repertory Company auf, ging jährlich auf Tournee nach Europa mit Basie-Alumni. N. war der letzte große Basie-Trompeter, stilistisch ein Mainstream-Solist mit Bebop-Einflüssen. – Schallplatten mit Count Basie, Lionel Hampton, Earl Warren, Milt Jackson, Paul Quinichette, Buck Clayton, Leonard Feather – Dick Hyman, Tony Scott, Andy Kirk, Sir Charles Thompson, Frank Wess, Machito, Budd Johnson, Benny Carter, Benny Goodman, Billie Holiday, Cannonball Adderley, Quincy Jones, Eddie Vinson, Eddie Jefferson, Gene Ammons, Shirley Horn, Jimmy Smith/Oliver Nelson, Sarah Vaughan, Sonny Stitt, Freddie Green, Ernie Wilkins, Al Cohn, Lester Young u. a.; als Leader für Vanguard, Story-ville, RCA, Jazztone, Savoy, Coral, Roulette, Metronome, Prestige, Mercury, Stash, Black & Blue, Cymbol, Concord, Phontastic.

CD: I Feel Like a New Man, Black Lion 750905; The Count's Men, Fresh Sound 135

Newton, Frankie, William Frank, (tp), * 4.1.1906 Emory, Va., † 11.3. 1954 N. Y. Erster wichtiger Job bei Cecil Scott 1929, dann bei Elmer Snowden, Charlie Johnson und 1936–37 bei Teddy Hill. Leitete Combo auf der 52nd Street, nahm an zahlreichen Plattensessions teil. Lebte in seinen letzten Jahren in Boston, aus Gesundheitsgründen inaktiv. N. gehört zu den besten Swing-Trompetern der 30er Jahre, war allerdings immer eher ein »Musician's musician« und ist heute noch ein Geheimtip unter Kennern dieser Ära. – Schallplatten mit Cecil Scott, Maxine Sullivan,

Bessie Smith, Art Karle, Mezz Mezzrow, Teddy Wilson, Teddy Hill, Willie The Lion Smith, Charlie Barnet, Jerry Kruger, Buster Bailey, Billie Holiday (»Strange Fruit«), Mary Lou Williams, James P. Johnson, Hank D'Amico, Joe Turner, Stella Brooks, Midge Williams; als Leader für Variety, Bluebird, Vocalion, Blue Note. *CD: Classics 643*

Newton, James, (fl, comp), * 1.5.1953 L. A. Spielte in High School in einer Rock-Band E-Baß, kam durch Platten von Eric Dolphy zur Flöte. Studierte am Calif. State College, ging 1975 nach N. Y. zu David Murray, Anthony Davis, Sunny Murray, Bobby Bradford u. a. Gilt seit den frühen 80er Jahren als wichtigster Flötist; er hat seinem Instrument neue Dimensionen erschlossen: Überblastechnik, polyphone Führung von Stimme und Instrument, → Growl etc. Er tritt mit eigenen Gruppen auf, spielt klassische Musik und komponiert Musik im → Third-Stream-Idiom. – Schallplatten mit Sam Rivers, David Murray, Anthony Davis, Arthur Blythe, Chico Freeman, Bobby Hutcherson, Buddy Collette, Klaus König, John Carter, Vera Guimaraes, Leroy Jenkins, Mingus Dynasty; eigene Schallplatten für Circle, Flute Music Prod., India Navigation, BVHaast, Moers, Cobalt, ECM, Gramavision, Celestial Harmonies, Blue Note.
CD: Water Mystery, Gramavision 8407-2; Echo Canyon, Celestial Harmonies 13012-2

James Newton

New Orleans, Hafenstadt im Mississippi-Delta im US-Staat Louisiana, gegr. 1718 von Franzosen, kam 1763 an Spanien, 1800 wieder an Frankreich und wurde 1803 von Napoleon an die USA verkauft.
New Orleans wurde aufgrund seiner geographischen Lage und seiner wechselvollen Geschichte zum wichtigsten Ausgangspunkt für jene Volksmusik der Schwarzen, die später den Namen Jazz erhalten sollte. Obgleich diese Entwicklung nicht auf New Orleans begrenzt blieb, sondern sich im gesamten Süden der USA vollzog, muß N. O. doch als wichtigster Brennpunkt des frühen Jazz angesehen werden.
Der älteste Teil der Stadt ist das am Flußbogen (Crescent, daher auch Crescent City) gelegene »French Quarter« oder »Vieux Carré«. Die Stadt wuchs jedoch schnell, das umliegende Sumpfland wurde urbar gemacht, es entwickelte sich bald ein bedeutender Seehafen, trotz der Lage der Stadt mehr als 100 km landeinwärts. Die Bevölkerung bestand aus einem bunten Gemisch von Spaniern, Franzosen, Emigranten aus vielen Ländern, Verbrechern (männ-

lich wie weiblich), die aus Frankreich herübergeschickt wurden, Schwarzen, die in Schiffsladungen aus Afrika kamen und hier versteigert wurden, Nachkommen von Schwarzen und Weißen französischer Abstammung, den Kreolen, die im 19. Jh. eine eigene Klasse bildeten. Hier gab es die ersten »freien« Schwarzen, darunter wohlhabende, die sich wiederum eigene Sklaven leisteten. Das war die Folge eines Reichtums, der daraus resultierte, daß N. O. der größte Umschlaghafen der Neuen Welt war, hauptsächlich für Zucker und Baumwolle. Ähnlich bunt gemischt war das Vergnügungsleben in der Stadt, in der es schon 1840 80 Ballhäuser gab und die wegen der lockeren Lebensauffassung den Beinamen »The Big Easy« erhielt. Von den Kultszenen der Schwarzen auf dem Congo Square (heute Louis Armstrong Park), die schließlich zur reinen Unterhaltung profaniert und in Tanzhallen u. ä. verlegt wurden, bis zum → Mardi Gras und einem ausgedehnten Bordellbetrieb reichte das Spektrum der Vergnügungsindustrie. Die Prostitution wurde Ende des 19. Jh. auf ein bestimmtes Viertel begrenzt, welches später den Namen → »Storyville« erhalten sollte, nach dem Namen des Ratsherrn Sidney Story, der dafür verantwortlich war. Dieser Bezirk hieß auch »Red Light District« nach den Laternen an den einschlägigen Häusern.

In dieser Umgebung entstand aus der Folklore der Schwarzen und der »weißen« Musik der Marschkapellen eine neue Form der Unterhaltungsmusik, die zunächst von den Schwarzen zum Marschieren, Tanzen, bei Festen und auch bei Begräbnissen gespielt und bald von den Weißen nachgeahmt wurde. Als das Hauptbetätigungsfeld für die Musiker, Storyville, 1917 geschlossen wurde, zogen viele von ihnen nach Norden und verbreiteten so ihre Musik, die mittels Schallplatte bald in der ganzen Welt gehört werden sollte.

Lit.: Merian-Heft »New Orleans«, 2/79; Stephen Longstreet, Das war New Orleans, Ffm 1969; Louis Armstrong, Mein Leben in New Orleans, Reinbek 1962

New Orleans Function, Titel einer Aufnahme von → Louis Armstrong (1950, MCA 42328), bei der eine Darstellung der Begräbnisriten der Schwarzen in N. O. gegeben wird. Hierbei spielt die → Brass Band eine wichtige Rolle. Schon Jelly Roll Morton hatte 1939 mit »Didn't He Ramble« (RCA 82361) einen ähnlichen Versuch unternommen.

New Orleans Rhythm Kings (NORK), gilt als die wichtigste weiße → Dixieland-Band nach der → ODJB. Sie bestand aus Musikern, die aus N. O. stammten, sich aber erst in Chicago zusammenfanden: Paul Mares (cnt), George Brunis (tb), Leon Roppollo (cl), Elmer Schoebel (p), Ben Pollack (d). Die Band bestand von 1921 bis 1925. Jelly Roll Morton nahm einige Titel mit ihr auf, wohl das erste Dokument einer gemischtrassigen Zusammenarbeit. Schallplatten auch als »Friar's Society Orchestra«.

LP: Milestone M47020
CD: King Jazz KJ 109

New-Orleans-Stil, – Jazz, die Bezeichnung für den ersten authentischen Jazz-Stil. Sie umfaßt den Jazz in → N. O. wie auch den etwa gleichzeitig entstandenen Jazz in anderen Städten des Südens der USA von ca. 1875–1917, aber auch den in den 20er Jahren in Chicago weiterentwickelten N. O. Jazz.

Entstanden ist der N.-O.-Stil aus drei Quellen: **1.** aus der afro-amerikanischen Volksmusik der Schwarzen, besonders bestimmter Volksmusikformen wie Blues und Work Song, **2.** aus der Musik der → Kreolen mit ihrer französischen Holzbläsertradition, mit europäischer Tongebung, ungeraden Taktarten, spanischem Einfluß etc., **3.** aus der Volks-, Unterhaltungs- und Marschmusik verschiedener europäischer Länder.

Die erste Blütezeit des N.-O.-Stils fällt in die Zeit von 1900 bis 1917. Als die USA im November 1917 in den Ersten Weltkrieg eintraten, wurde → Storyville geschlossen, um die »Moral der Truppe« nicht zu gefährden, denn die Stadt wurde Marinestützpunkt. Viele Musiker gingen auf Arbeitssuche nach Norden, nach St. Louis, Kansas City, Memphis u. a. Städte, vor allem aber nach Chicago. Dort erlebte der New Orleans Jazz seine zweite Blütezeit in den Jahren 1923–29, einem von F. Scott Fitzgerald »Jazz Age« genannten Zeitraum. Nach 1929 geriet dieser Stil in Vergessenheit, seine Musiker wanderten in andere Berufe ab, änderten ihre Spielweise oder kamen in kommerziellen Orchestern unter. Erst gegen Ende der 30er Jahre wurde der alte Jazz und mit ihm der New Orleans Jazz wiederentdeckt (→ Revival-Jazz).

Die »klassische« Standardbesetzung des New Orleans Jazz besteht aus Kornett bzw. Trompete, Posaune, Klarinette, Banjo bzw. Gitarre, Tuba bzw. Kontrabaß und Schlagzeug. Später kam das Klavier noch hinzu. Das Kornett wurde um 1928 von der Trompete abgelöst, deren hellerer Ton sich besser von den anderen Melodieinstrumenten abhebt und daher als → Lead-Stimme besser geeignet ist. Etwa gleichzeitig wurde die Tuba (bzw. das Sousaphon) vom Kontrabaß verdrängt, der rhythmisch beweglicher und solistisch überlegen ist, was sich im aufkommenden → Swing-Stil als vorteilhaft erweisen sollte. Das Banjo wurde von der Gitarre ersetzt, die nun auch mit Plektrum gespielt wurde, was einen gleichmäßigeren → Beat erlaubte. Typische Bands in einer solchen Besetzung, von denen Schallplattenaufnahmen vorliegen, sind King Oliver's Creole Jazz Band, Louis Armstrong's Hot Seven, die New Orleans Bootblacks von Johnny Dodds, die New Orleans Feetwarmers von Sidney Bechet u. a.

In der Melodiegruppe hat das Kornett die führende (Lead-)Stimme, es übernimmt die Funktion des Anrufenden (Call), während Posaune und Klarinette die Beantwortungsfunktion haben (Response). Die Posaune spielt dabei meist eine Baßstimme zum Kornett, die Klarinette erzeugt eine über der Lead-Stimme liegende Diskantstimme, wobei sie die größte

Freiheit hat. Alle Stimmen jedoch nehmen Bezug aufeinander in einem beantwortenden Sinn (Ruf-Antwort-Prinzip).

In der Rhythmusgruppe markiert das Schlagzeug mit der Baßtrommel die Hauptzählzeit 1 und 3 (Two-Beat) oder alle 4 Zählzeiten gleichmäßig. Die Begleitung übernimmt die kleine Trommel (Snare Drum, noch nicht Cymbal oder Hi-Hat wie in den späteren Stilen) durch die Akzentuierung der schwachen Zählzeiten 2 und 4. Banjo, Klavier und Tuba geben die harmonisch-metrische Grundlage durch Anspielen von Grundton, Terz und Quinte der Harmonien bzw. der vollen Akkorde. Als Ganzes hat die Rhythmusgruppe die Melodiegruppe metrisch zu unterstützen und ein gleichmäßiges Tempo zu gewährleisten. (→ Archaischer Jazz, Klassischer Jazz)

Lit.: Mecklenburg, Stilformen des Jazz, Wien 1972; M. Williams, Jazz Masters of N. O., N. Y. 1967; Al Rose/E. Souchon, N. O. Jazz, A Family Album, La. State Univ. Press 1972²; G. Schuller, Early Jazz, Its Roots and Musical Development, N. Y. 1968; S. Charters, Jazz – N. O. 1885–1957, Belleville 1958

CD: Sounds of New Orleans, Storyville STCD 6008 bis 6012

New-Orleans-Renaissance, -Revival → Revival-Jazz

Newport Jazz Festival. In Newport, Rhode Island, fand von 1954 bis 1971 das älteste und wichtigste Jazz-Festival der USA statt. Gegründet von George Wein, entwickelte sich das jeweils im Juli stattfindende Festival bald zum international am meisten beachteten Aushängeschild des Jazz in den USA. Eingeladen wurden allerdings vorwiegend etablierte Stars und kaum die jeweilige Jazz-Avantgarde, auch wenig ausländische Musiker. Ab 1972 fand das N. J. F. in → New York statt unter dem Namen »Newport in N. Y.«, seit 1982 als »Kool Jazz Festival«, heute als »JCV Festival« mit Ablegern in anderen Städten: Newport, Saratoga-Springs, Fingerlakes. Auf Schallplatten sind etliche Mitschnitte der N. J. F festgehalten, z. B. das berühmte Comeback der Ellington-Band 1956.

Lit.: A. J. Agostinelli, The Newport Festival, Providence 1977; B. Goldblatt, Newport Jazz Festival, N. Y. 1977

CD/LP: Ellington at Newport, CBS/Sony; Newport Jazz, CBS/Sony; Newport Jazz 1958–59, FDC 1024; Newport in N. Y., Cobblestone; NJF All Stars, Concord 4401

Ⓥ: Jazz on a Summer's Day (Regie Bert Stern)

New York City, Hauptstadt des gleichnamigen Staates der USA, am Hudson River gelegen, gegründet 1614 von holländischen Kaufleuten als »Neu-Amsterdam«, kam 1654 in englischen Besitz und wurde in N. Y. umbenannt.

New York wird zwar nicht mit einem bestimmten Stil in Verbindung gebracht, abgesehen von einem Übergangsstil zum → Swing (→ New York Jazz), der vor allem mit dem Kreis um → Red Nichols in Zusammenhang steht. Die Stadt ist jedoch ein Katalysator, von dem aus seit den

20er Jahren die Jazz-Entwicklung ihren Anfang nahm. In den Big Bands von → Fletcher Henderson (ab 1923) und → Duke Ellington (ab 1926) wurde der → Swing-Stil geschaffen, der in den späten 30er Jahren seinen Höhepunkt erreichte. Auch der moderne Jazz, vom → Bebop bis zum → Free Jazz, nahm hier seinen Ausgang, so daß N. Y. ohne Übertreibung als *die* Hauptstadt des Jazz angesehen werden kann.
Lit.: W. Balliett, New York Notes, N. Y. 1977; S. B: Charters/L. Kunstadt, Jazz – A History of the N. Y. Scene, N. Y. 1981
LP: The N. Y. Scene, Folkways RF 3; N. Y. Jazz 1927–30, VJM VLP 41
CD: Real Estate, New Music from N. Y., Ear Rational 1015; Diverse, Jazz from the Big Apple, Milan 373

New York Composers' Orchestra, ein 1986 gegründeten Orchester unter Leitung von Wayne Horvitz und Robin Holcomb, sucht den Mittelweg zwischen komponierter und improvisierter Musik mit Arbeiten von Wayne Horvitz, Marty Ehrlich, Ribon Holcomb, Doug Wieselman u. a. Zu den Mitgliedern gehören u. a. Herb Robertson, → Ray Anderson, Bobby Previte u. a.
CD auf New World Records

New York Jazz, die konsequente Weiterentwicklung des Dixieland-Stils der → ODJB über die moderneren Gruppen wie die Original Memphis Five und die Bands von Red Nichols, Adrian Rollini, Joe Venuti bis zu den Anfängen der → Swing-Combo. Gleichzeitig ist der N. die Übertragung des Dixieland-Stils auf die frühen Big Bands (California Ramblers, Fletcher Henderson 1922) und die Ausweitung von Bands wie der von Red Nichols oder Ted Lewis zur → Big Band mit Einflüssen auf weiße Tanzorchester und die Übernahme von Elementen, welche diese entwickelt hatten. Zum N. gehören auch die nach N. Y. gezogenen → Chicagoans, bei welchen ein gewisser Identitätsverlust festzustellen ist. Selbst → King Oliver hat in N. Y. anders gespielt als in Chicago.
CD: N. Y. in the 20s, Bluebird ND83136

Nicholas, Albert, (cl), * 27.5.1900 N. O., † 3.9.1973 Basel. Erhielt ersten Unterricht von seinem Onkel Wooden Joe N., Louis Nelson und Lorenzo Tio Sr. u. Jr. – Ab 1916 bei Kid Ory, Buddy Petit und King Oliver. Nach dem Dienst bei der Marine 1919 bei Luis Russell, Lee Collins, Emmanuel Perez 1921, eigene Band 1922. Kam 1924 nach Chicago zu King Oliver, ging 1926 mit Jack Carter nach China, arbeitete in Indien und Ägypten. 1928–33 bei Luis Russell in N. Y., dann bis 1939 bei Sam Wooding, Chick Webb, Alex Hill und Luis Russell, der die Louis-Armstrong-Band leitete. 1940 kurz bei Bobby Burnet und Eddie Heywood, dann bis 1946 nicht als Musiker tätig. Begann im Zug des N.-O.-Revivals wieder zu spielen, u. a. mit Art Hodes, Bunk Johnson und Kid Ory. Lebte ab 1953 mit nur kurzen Unterbrechungen in Europa, meist Paris, spielte mit André Reweliotti, Claude Luter, Dutch Swing College, Oscar Klein u. a. N. war einer der großen

N.-O.-Klarinettisten der frühen Periode. Seine flüssige Phrasierung und technische Meisterschaft erinnert an Jimmy Noone und Barney Bigard. – Schallplatten mit King Oliver, Luis Russell, Henry Red Allen, Louis Armstrong, Jelly Roll Morton, Alex Hill, Freddy Jenkins, Lillie Delk Christian, Little Ramblers, James P. Johnson, Baby Dodds, Pete Johnson, Wild Bill Davison, Mutt Carey, Bob Scobey, Sidney Bechet und diversen europäischen Bands. Eigene Aufnahmen ab 1947 für Riverside, Vogue, Storyville, Philips, EMI-Columbia, Muza, Delmark, Bellaphon, ExLibris, »77«, Europa, Jazzology, Double-Up.

LP: This Is Jazz Vol. 2, Storyville 4068

Nichols, Herbie, Herbert Horatio, (p, comp), * 3.1.1919 N. Y., † 12.4. 1963 N. Y. Lernte Klavier bei Privatlehrern 1928–35, spielte nach Armeedienst u. a. bei Snub Mosley, Lucky Thompson, Milt Larkins, in R&B- und Dixieland-Bands und begleitete Sängerinnen. N. gehört zu den Erneuerern des Jazz-Pianos der 50er Jahre, befand sich stilistisch etwa zwischen → Teddy Wilson und → Thelonious Monk, fand aber nie die ihm gebührende Anerkennung. Er hinterließ über 100 z. T. sehr komplexe Kompositionen, einige Titel für Savoy und LPs für Blue Note und Bethlehem, als Sideman mit Rex Stewart und Joe Thomas.

Lit.: A. B. Spellmann, Four Lives, N. Y. 1971[2]

LP/CD: Complete Blue Note Recordings, Mosaic 118

Nichols, Red, Ernest Loring, (cnt), * 8.5.1905 Ogden, Utah, † 28.6.1965 Las Vegas. Erste Studien bei seinem Vater, einem College-Musikprofessor, und an der Culver-Militär-Akademie. Kam 1923 mit Johnny Johnson nach N. Y., spielte dort mit Sam Lanin, Ross Gorman, Paul Whiteman, leitete Orchester für Bühnenshows und nahm Hunderte von Schallplatten auf als Sideman und unter Pseudonymen wie »Arkansas Travellers«, »Red Heads«, »Louisiana Rhythm Kings«, »Charleston Chasers«, »Red and Miff's Stompers« (mit Miff Mole) und unter eigenem Namen, meist als R. N. & His Five Pennies. Spielte mit eigenen Gruppen unterschiedlicher Größe bis in die 60er Jahre mit Ausnahme der Jahre 1942–44 und einiger Monate mit Casa Loma Orch. 1944. Die (reichlich fiktive) Verfilmung seiner Lebensgeschichte 1958 gab seiner Karriere nochmals einen Schub; für einige Jahre war er populärer als in seiner besten Zeit in den 20er Jahren. Als Solist war N. von Nick LaRocca (von der → ODJB) und → Bix Beiderbecke beeinflußt, mit dem er die reine Tonbildung und den kontrollierten Sound gemein hat, ohne jedoch an dessen Kreativität heranzureichen. Durch seine vielen Schallplatten dürfte er aber ungezählte Hörer zum echten Jazz geführt haben. – Aufnahmen mit den o. g., außerdem mit Miff Mole, Irving Mills, Paul Whiteman, Cotton Pickers, Casa Loma, Wabash Dance Orch., Hottentots, Julia Lee, John Scott Trotter u. a.; als Leader ab 1926 für Edison,

Brunswick, Victor, Bluebird, Variety, Capitol, Tops, Mercury, National, Audiophile, RCA.
CD: R. N. & Miff Mole, BBC 654; 1929, Tax S-52

Niehaus, Lennie, Leonard, (as, comp), * 11.6.1929 St. Louis, Mo. Ausbildung zum Musiklehrer, spielte bei Jerry Wald 1951, sechs Monate bei Stan Kenton, nach Wehrdienst wieder bei Kenton 1954–59. Seitdem in Hollywood als Arrangeur und Komponist für Film und TV, trat 1990 wieder mit einer Jazz-LP an die Öffentlichkeit. N gehörte in den 50er Jahren zu den führenden Musikern des → West Coast Jazz, als Solist ist er von Charlie Parker und Benny Carter beeinflußt. – Schallplatten mit Stan Kenton (auch arr), Duane Tatro, Shorty Rogers, Leith Stevens, Lalo Schifrin, Terry Gibbs u. a. N. war auch verantwortlich für die Musik zum Charlie-Parker-Film »Bird«. Eigene LPs für Contemporary, EmArcy, Fresh Sound.
CD: Patterns, Fresh Sound 114

Nistico, Sal, Salvatore, (ts), * 2.4.1940 Syracuse, N. Y., † 3.3.1991 Bern. Begann Mitte der 50er Jahre in R&B-Bands zu spielen, 1961 mit den Mangione Bros., wurde bekannt 1962–66 bei Woody Herman, spielte dazwischen auch bei Count Basie. In den 70er Jahren bei Don Ellis, nochmals Herman, Tito Puente, Chuck Israels, dann meist mit eigenen Gruppen. Lebte in seinen letzten Jahren in Europa, unternahm Tourneen mit Slide Hampton, George Coleman, Dusko Gojkovich u. a. N. war ein feuriger Solist der Hawkins-Richtung, hatte aber auch Einflüsse von Sonny Rollins verarbeitet. – Schallplatten mit den Mangione Bros., Woody Herman (»Encore 1963«, Philips), Chuck Israels, Francy Boland, Buddy Rich, CBBB, Lionel Hampton, Mike Barone, Dusko Gojkovich, Count Basie, Frank Strazzeri, Charlie Antolini, Terry Gibbs, Chet Baker, Alvin Queen; eigene Aufnahmen für Jazzland/Riverside, Horo, Ego, Beehive, Steam.
LP: Neo-Nistico, Beehive 7006

No Wave oder **Noise Music**, modische Begriffe für eine Mischung aus Free Jazz, Punk, experimentellem Rock, Minimal Music u. ä. Einflüssen, auch als Punk Jazz, Out Music oder Fake Jazz bezeichnet. Ein Zentrum dieser Musik ist die »Knitting Factory« in New York. Herausragende Musiker sind John Zorn (as), Arto Lindsay, Fred Frith, Elliott Sharp (g), David Moss (d), Bill Laswell (b). N. W. bezieht alle Spielarten ein, um sie sofort wieder in Frage zu stellen; die Formen werden immer kürzer, wenn auch nicht notwendigerweise komprimierter. »Uns ist es manchmal schon zu lang, wenn ein Stück eine Minute dauert« (David Moss). Die ideale Form wird dann wohl bei einer Spielzeit von Null erreicht!
CD: Live at the Knitting Factory, Enemy; Island of Sanity, Recommended No Man's Land

Nonsense Song, ein Song, dessen unsinnig-heiterer Text eine komische Wirkung erzielen soll, z. B. »The Flat Food Floogie« (Slim & Slam, 1938), »The Dipsey Doodle« (Larry Clinton, Tommy Dorsey 1937), »Rumpsteak Serenade« (Fats Waller 1941). In der Swing-Ära gebräuchlich.

Noone, Jimmy, (cl), * 23.4.1895 N. O., † 19.4.1944 L. A. Hatte Unterricht bei Lorenzo Tio Jr. und Sidney Bechet, wurde dessen Nachfolger bei Freddie Keppard. 1916 eigene Band mit Buddy Petit, 1917 mit King Oliver und Papa Celestin. Ging 1918 nach Chicago zu King Oliver und Doc Cook, 1926 eigene Band mit Earl Hines (p) im Apex Club. 1931 zurück nach Chicago, 1938 in N. O., 1942 nach L. A. zu Kid Ory. N. war einer der großen Meister der N.-O.-Klarinette und – gemeinsam mit → Barney Bigard – deren brillantester Techniker und hat sowohl weiße (Benny Goodman, Jimmy Dorsey) als auch schwarze (Albert Nicholas) Musiker beeinflußt. – Schallplatten mit King Oliver, Doc Cook, Lillie Delk Christian, Louis Armstrong, Stovepipe Johnson, Ollie Powers, Capitol Jazzmen; mit eigenen Bands für Vocalion, Brunswick, Decca, Folkways.

CD: Complete Vol. 1, Affinity 1027

Norris, Walter, (p), * 27.12.1931 Little Rock, Ark. Ausbildung in seiner Heimatstadt, spielte während Militärzeit mit japanischen Orch. Ab 1951 in Houston bei Jimmy Ford, 1953 Trio in Las Vegas, ab 1954 in L. A. u. a. bei Frank Rosolino, Herb Geller, Zoot Sims, Pepper Adams, Ornette Coleman. Ging 1960 nach N. Y., spielte dort bei Kai Winding, übernahm von diesem die musikalische Leitung des Playboy Club (bis 1970). Studierte und unterrichtete an der Manhattan School of Music, spielte in der Thad Jones – Mel Lewis Band, mit dieser in Europa. Übersiedelte nach Berlin, dann Hamburg, wo er Mitglied der NDR-Big Band ist. – Schallplatten mit Ornette Coleman (»Something Else«), Jack Sheldon, Pepper Adams, Klaus Weiss, Chet Baker, Herb Geller, Aladár Pege, Frank Rosolino u. a.; als Leader für Enja, Progressive, Concord.

CD: Drifting, Enja 2044-2; Live at Maybeck, Concord 4425

Norvo, Red, Kenneth Norville, (xyl, vib), * 31.3.1908 Beardstown, Ill. Begann als Xylophon-Spezialist, spielte bei Paul Whiteman in den frühen 30er Jahren, gründete 1935 eigene Big Band, die sich durch eine zurückhaltende, an das »leise« Instrument des Leaders angepaßte Spielweise (arr Eddie Sauter) auszeichnete. Sängerin war seine Frau → Mildred Bailey. Wechselte 1944 zum Vibraphon, spielte 1944–45 bei Benny Goodman, 1946 bei Woody Herman, ließ sich an der Westküste nieder und trat mit einem Trio (Charles Mingus [b], Tal Farlow [g]) auf, einer der ersten Kammerjazz-Gruppen, wie sie in den 50er Jahren Mode wurden. In späteren Jahren häufig in Las Vegas (u. a. mit Frank Sinatra), Europatourneen mit George Wein u. Tal Farlow. – Schallplatten mit Paul Whiteman, George Wein, Benny Goodman, Woody Herman, Teddy Wilson, Ed Hall, Red McKenzie, Timme Rosenkrantz, Ruth Olay, Maxwell Davis, Esquire All Stars, Hollywood Hucksters, Dinah Shore,

Julia Lee, Harry Babasin, Slam Stewart, Billie Holiday, Tal Farlow, Jack Montrose u. a.; unter seiner Leitung für Brunswick, Columbia, Decca, Vocalion, V-Disc, Keynote, Dial* (mit Charlie Parker u. Dizzy Gillespie), Capitol, Discovery, RCA, Fantasy, Liberty, Dot, Byg, Famous Door, Flying Fish, Concord, Stash.
*LP: Fab. Jam Session 1945, Spotlite 127**
CD: Trio, Vintage Jazz VJC 1008

Novelty, eine in den 20er u. 30er Jahren übliche Bezeichnung für den Tagesschlager (Novelty Song) mit dümmlichem Titel und Text, z. B. »Three Little Fishies in the Itty-Bitty-Poo« (Kay Kyser, 1939). Solche N. bildeten den größten Teil des Repertoires der → Mickey Mouse Bands.

Nussbaum, Adam, (d), * 29.11.1955 N. Y. Studierte am City College of N. Y., spielt auch p, b, as. 1978–83 bei John Scofield, 1982–83 bei Stan Getz, 1983 bei Gil Evans, 1984 mit Randy Brecker, Elaine Elias, auch mit Sonny Rollins, Art Pepper, Joe Henderson, Art Farmer, John Abercrombie, Sheila Jordan u. v. a. N. ist das wohl größte Talent unter den Drummern seiner Generation. – Schallplatten mit John Scofield, Dave Liebman, Gil Evans, Art Farmer, Bill Evans, Bobby Watson, George Gruntz, Hal Galper, Jim McNeely, Lee Konitz, Lew Soloff, Mike Brecker, Mike Richmond, Rick Margitza, Peter O'Mara, Salvatore Bonafede, WDR-Big Band, Herb Geller, Conrad Herwig, Ron McClure, Ted Curson, Jerry Bergonzi, Joey Calderazzo, Patricia Barber.

O

O'Brien, Floyd, (tb), * 7.5.1904 Chicago, † 26.11.1968 N. Y. Wurde von → Dave Tough 1921 »entdeckt« und gehörte dann zum Umfeld der → Austin High School Gang. Spielte in den 20er Jahren bei Charles Pierce, Thelma Terry und Theater-Orchestern. 1934 nach N. Y., dort bis 1939 bei Phil Harris, dann bei Gene Krupa, Bob Crosby, Eddie Miller u. Freddie Slack. 1948 wieder in Chicago, spielte bei Art Hodes, Danny Alvin und Smokey Stover und gab Unterricht. O. war der wohl beste Posaunist des → Chicago-Stils, vielen galt er als der »schwärzeste« weiße Musiker seines Instruments. – Schallplatten mit Bud Freeman, Chocolate Dandies, Eddie Condon, Mezz Mezzrow, Fats Waller, Gene Krupa, George Wettling, Bob Crosby, Wingy Manone, Charles LaVere, Chuck Mackay, Red Nichols, Albert Nicholas, Danny Alvin, Natty Dominique, Art Hodes; nur vier Titel als Leader für Jump 1945.

O'Brien, Hod, (p), * 19.1.1936 Chicago. Wuchs in Salisbury, CT, auf, besuchte die Manhattan School of Music, ging 1957 nach N. Y. und hatte seinen ersten wichtigen Job bei Oscar Pettiford. 1958 mit J. R. Monterose in Albany, leitete ab 1960 die House Band in einem Club in Staten Island, hatte aber dann meist andere Jobs, studierte Mathematik, Psychologie und war Assistent an der New Yorker Universität. Seit den 70er Jahren wieder als Musiker tätig, u. a. mit Roswell Rudd, eröffnete 1974 seinen eigenen Club in N. Y. und arbeitet als Freelancer. – Schallplatten mit René Thomas, Roswell Rudd, Chet Baker, Allan Eager, J. R. Monterose, Ted Brown, Art Farmer/Donald Byrd/Idress Sulieman, Danny D'Imperio, Stephanie Nakasian; als Leader für Criss Cross u. Reservoir.
CD: Opalescence, Criss Cross 1012

O'Day, Anita, A. Belle Colton, (voc), * 18.12.1919 Chicago, sang dort mit der Band des Pianisten Max Miller, ab 1941 bei → Gene Krupa, 1944–45 bei → Stan Kenton. 1945–46 wieder bei Krupa, anschließend als Solistin mit Trio in Clubs, auf Festivals (Newport 1958, Film: »Jazz On a Summer's Day«), Tourneen nach Europa (1959 mit Benny Goodman) und Japan. Gilt als ausdrucksstärkste (weiße) Jazz-Sängerin, bezeichnet sich selbst als »Song-stylist«. Sie hat besonders → June Christy und → Chris Connor beeinflußt. Ist nach mehreren Drogenkrisen 1993 noch aktiv. – Schallplatten mit Gene Krupa (»Let Me Off Uptown«), Stan Kenton (»And Her Tears Flowed Like Wine«), Cal Tjader, Three Sounds; unter ihrem Namen für Verve, wo ihre besten LPs erschienen (arr Billy May, Bill Holman, Marty Paich, Russ Garcia, Jimmy Giuffre), außerdem für Glendale, MPS, GNP, DRG; Trio, Lobster, Sounds Great und die eigenen Labels Anita O'Day Records und Emily.

»Jazz to me is singing what is happening now.« (A. O'Day)

Lit.: A. O'Day With G. Eels, High Times, Hard Times, London 1983; J. Wölfer, A. O'Day – Discography, Zephyrhills 1989
CD: Sings The Winners, Verve 837939-2
Ⓥ*: At Ronnie Scott's, HEN 040*

O'Farrill, Chico, Arturo, (comp, tp), * 28.10.1921 Havanna, Kuba. Sohn eines Iren und einer Deutschen. Studierte in Havanna und Gainesville, spielte bei René Touzet u. Armando Romeu in Kuba, ging 1944 nach Mexiko zu Luis Arcaraz, tourte dann mit Armando Orefiches »Havana Cuban Boys«, arrangierte für Obdulio Morales und ab 1948 in N. Y. für Noro Morales, Miguelito Valdez, Jerry Wald, Gene Williams, Benny Goodman (»Undercurrent Blues«), Machito (»Afro Cuban Jazz Suite«), Stan Kenton (»Cuban Episode«), Dizzy Gillespie (»Manteca Suite«), Art Farmer (»Aztec Suite«) u. a. Leitete zeitweise eigene Bands, 1955 in Havanna, ab 1959 in Mexiko. Schrieb Film- u. symphonische Musik. Ab 1965 wieder in N. Y., arr für das Glenn Miller Orch., Zim Zemarel, Cal Tjader, Count Basie, Clark Terry, Frank Wess, Gato Barbieri, Dizzy Gillespie/Machito (»Afro Cuban Jazz Moods«), Mario Bauza. Arbeitet aber vor allem für TV u. Werbung. – Schallplatten für Clef/Norgran/Verve, Panart, RCA, Orfeon, Columbia, Fiesta, Impulse u. Philips.
LP: Afro Cuban Jazz, Verve 833561-1

Offbeat, die besondere rhythmische Bewegungsart des Jazz. Sie besteht im Prinzip darin, die melodischen Akzente zwischen diejenigen des Metrums fallen zu lassen (→ Beat). Durch diese Überlagerung des Beat mit einer zweiten rhythmischen Ebene, deren Akzente zwischen diejenigen des Metrums fallen, erweist sich der O. als grundsätzlich unterschiedlich zur Synkopierung, die lediglich eine lineare rhythmische Verschiebung bedeutet.

Ogerman, Claus, eigentlich Klaus Ogermann, (p, comp), * 29.4.1930 Ratibor, Polen. Studierte in Nürnberg, spielte ab 1952 bei Kurt Edelhagen, 1953–57 bei Max Greger, daneben Film- und Rundfunkarbeit. Ging 1959 nach N. Y., später nach Hollywood, Arbeit als Arrangeur und Filmkomponist. Schrieb Arrangements und leitete Studio-Orch. für Stan Getz, Jimmy Smith, Cal Tjader, Johnny Hodges, Kai Winding, Donald Byrd, Oscar Peterson, Betty Carter, Dinah Washington, Sarah Vaughan, Urbie Green, Bill Evans, Wes Montgomery und Pop-Stars wie Astrud Gilberto, Frank Sinatra, A. C. Jobim.
CD: GRP 9632-2

Ogun Records, 1974 von Harry und Hazel Miller gegründet, war in den 70er und 80er Jahren das Bindeglied zwischen im Exil lebenden südafrikanischen Musikern wie Hazel Miller, Louis Moholo, Mongezi Feza, Chris McGregor, Dudu Pukwana, Johnny Dyani und englischen Musikern (Elton Dean, Mike Osborne, Trevor Watts, Keith Tippett, Nick Evans). Nach Millers Tod (1983) kaum noch Neuveröffentlichungen.

Okeh Records, 1918 von Otto Heinemann gegründet als Plattenlabel

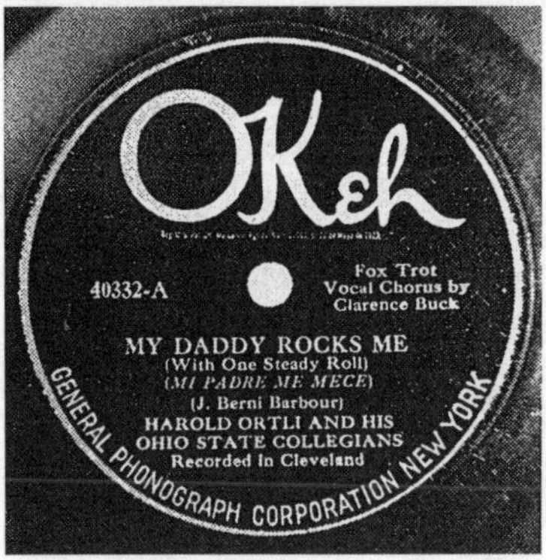

Original-Okeh-Label

der General Phonograph Corporation, veröffentlichte 1920 die erste Blues-Aufnahme einer schwarzen Sängerin (»Crazy Blues« v. Mamie Smith) und initiierte damit die »Race«-Serie, die wichtigste Dokumentation schwarzer Musik für die folgenden 15 Jahre. Bis 1935 erschienen 966 Ausgaben. 1926 von der Columbia Phonograph Co. gekauft und damit Teil der American Record Corporation (ARC), seit 1938 (als Columbia von CBS übernommen wurde) als Sub-Label der US-Columbia bis in die 60er Jahre fortgeführt.

Obwohl O. immer Unterhaltungsmusik aller Art veröffentlichte, sind es doch die Jazz-, Blues-, R&B- und Soul-Aufnahmen, die ihm einen bleibenden Platz in der Jazz-Geschichte sichern. Besonders die Aufnahmen aus der Frühzeit sind gesuchte Sammlerstücke. Reissues auf Columbia/CBS, Epic, BBC Records.

Oliver, Joe »King«, Joseph, (cnt, comp), * 11.5.1885 Abend, La., † 10.4.1938 Savannah, Ga. Begann auf der Posaune, wechselte früh zum Kornett, erste Jobs bei Walter Kitchin und der Melrose Band. Durch Unfall auf einem Auge erblindet. Spielte ab 1908 bei der Olympia Band, Onward Brass Band, Magnolia Band, Eagle Band, Allan's Brass Band, bei Kid Ory, Richard M. Jones. Nochmals bei Ory 1917–19, ging nach Chicago zu Lawrence Duhé und Bill Johnson. Übernahm die Band von Duhé und spielte im Deluxe Café, im Peking Cabaret und im Dreamland. 1921 in San Francisco u. a. Städten, 1922 mit seiner »Creole Jazz Band« im Lincoln Gardens in Chicago. Engagierte → Louis Armstrong im folgenden Jahr als zweiten Kornettisten. Neue Band 1925, die »Dixie Syncopators« mit u. a. Barney Bigard u. Albert Nicholas. Mit diesen 1927 in N. Y. im Savoy Ballroom. Löste die Band auf und leitete bis 1930 nur noch Bands für spezielle Jobs und im Plattenstudio. Musikalisch war er von seinen Protegés Louis Armstrong und → Luis Russell überholt worden, wegen Zahnproblemen mußte er seine Soli anderen Trompetern überlassen (auf seiner Version des »West End Blues« z. B. Luis Metcalf). 1930 neue Band, ging auf Tournee, lebte eine Zeit in Nashville, Tenn. Starb verarmt und, wie Armstrong sagte, »an gebrochenem Herzen«. O. war vor Armstrong der bedeutendste Trompeter seiner Zeit; seine Creole Jazz Band ist ein wichtiges Stück Jazz-Geschichte. – Schallplatten mit Jelly Roll Morton, Clarence Williams, Jimmy Johnson, Butterbeans & Susie, Lizzie Miles,

Hazel Smith, Ida Cox u. a. Blues-Sängerinnen; als Leader ab 1923 für Gennett, Okeh, Paramount, Vocalion, Victor, Brunswick.
Lit.: W. Allen/B. Rust, King Oliver, 1955 (revised by Laurie Wright, Chigwell 1987)
LP: Creole Jazz Band, Milestone 47017
CD: King Jazz KJ 112; N. Y. Sessions, Bluebird ND90410

Oliver, Sy, Melvin James, (tp, comp), * 17.12.1910 Battle Creek, Mich., † 27.5.1988 N. Y. Begann 1928 bei Zack Whyte und Alphonse Trent, war 1933–39 bei → Jimmie Lunceford und prägte mit seinen Arrangements wesentlich dessen Stil (»Margie«, »For Dancers Only«, »'Tain't What You Do«, »Ain't She Sweet«). 1939–46 bei → Tommy Dorsey (abgesehen von zwei Jahren bei der Army), war für dessen Hinwendung zum Swing verantwortlich (»Well, Git It«, »Easy Does It«, »Yes Indeed«) und trat mit ihm gelegentlich als Sänger und Trompeter auf. Leitete danach eine eigene Band, war in den 50er Jahren als Musical Director bei Decca und Bethlehem und arbeitete als Arrangeur für Peggy Lee, Anita O'Day, Artie Shaw, Frank Sinatra, Louis Armstrong, Ella Fitzgerald, Sammy Davis Jr., Bing Crosby, die Andrews Sisters, McGuire Sisters, Jo Stafford, Matt Dennis, Jackie Gleason, Caterina Valenta u. a. 1968–69 musikalischer Direktor des Olympia in Paris, war 1974 mit Warren Covington auf Tournee, schrieb für die N. Y. Repertory Company und leitete in seinen letzten Jahren eine Zehn-Mann-Band in N. Y. – O. war neben Fletcher Henderson und Duke Ellington der bedeutendste Arrangeur der Swing-Ära, gehört aber nicht zu den großen Trompetern. – Schallplatten mit Jimmie Lunceford, Mezz Mezzrow; mit eigener Band für V-Disc, MGM, Bell, Decca, Dot, Jubilee, Sesac, Columbia, Capitol, Flac, Black & Blue, Coby.
LP: Yes Indeed, Black & Blue 33048
CD: Tommy Dorsey, Yes Indeed, Bluebird ND 90449

O'Mara, Peter John, (g), * 12.9.1957 Sydney, Australien. Studierte in Sydney 1978–80, lebt seit 1983 in München und unterrichtet an der dortigen Jazz-School. Tritt mit eigenem Trio auf sowie als Gastsolist mit Rainer Brünighaus, Allan Praskin, Harry Sokal u. a. – Schallplatten mit Joe Nay, Harald Rüschenbaum, Wolfgang Haffner, Tony Lakatos, Carlo Mombelli; eigene LPs für Battyman, Koala, Core, Enja u. ITM.
CD: Avenue U, Enja 6046

One Night Stand, One Nighter, im Musikerjargon ein einmaliger Auftritt an einem Abend.

Oregon, 1972 gegründete akustische Fusion-Band. Mitglieder: → Ralph Towner (g, p, fl, tb, fhr), Paul McCandless (Oboe, fl, bcl), Glen Moore (b, fl, voc) und Colin Walcott (Tabla, Sitar, cl, g; † 1984). Tritt jetzt nur noch sporadisch auf mit Trilok Gurtu (perc) anstelle von Colin Walcott. – Schallplatten für Vanguard, Elektra, ECM u. Vera Bra.
CD: Distant Hills, Vanguard 79341

Orgel, im Jazz nicht das Kircheninstrument, sondern ein (halb-)elektronisches Tasteninstrument, das zuerst von dem Amerikaner Laurens Hammond (deshalb Hammond-Orgel) konstruiert wurde. Es besitzt normalerweise zwei Manuale mit einem Tonumfang von fünf Oktaven. Der Ton wird dabei von rotierenden Metallscheiben erzeugt, die Spannung in einem Elektromagneten bilden, welche elektrisch verstärkt und über verschiedene Filter geleitet wird, die die gewünschten Klangfarben hervorbringen. Zu den ersten Organisten des Jazz gehören → Fats Waller (der in den 20er Jahren Aufnahmen mit einer Kino-Orgel einspielte, d. h. mit Orgelpfeifen), Milt Herth und Glenn Hardman. Populär wurde die O. in den 50er Jahren durch → Jimmy Smith und unzählige Orgel-Combos, besetzt mit ts, org und Rhythmusgruppe. Zu nennen sind noch Jackie Davis, Jimmy McGriff, Shirley Scott, Lonnie Smith, Larry Young, Eddie Louiss; in jüngerer Zeit Wayne Horvitz, Barbara Dennerlein, Larry Goldings, Joey DeFrancesco. Die O. ist in den letzten 20 Jahren durch Synthesizer und Keyboards weitgehend verdrängt worden.

Original, im Gegensatz zum → Standard eine Originalkomposition eines Bandleaders, Sidemen oder Arrangeurs, die speziell für die jeweilige Band geschrieben wurde.

Original Dixieland Jazz Band (ODJB), gilt als die erste bedeutende Band des → Dixieland-Stiles. Gegründet in N. O. 1913 als Yellow Nunez Band, spielte in Chicago 1915 mit Nick LaRocca (cnt), Eddie Edwards (tb), Anton Lada (cl), Henry Ragas (p), Johnny Stein (d) und trat im Januar 1917 als »Original Dixieland Jass Band« in N. Y. auf. Dort wurden im gleichen Monat die ersten Schallplatten eingespielt in der Besetzung Nick LaRocca, Eddie Edwards, Larry Shields (cl), Henry Ragas und Tony Sparbaro (Spargo, d). 1919–21 Englandtournee mit Emil Christian (tb) und J. Russell Robinson (p).

Nach der Rückkehr in die USA wechselte die Besetzung mehrfach, 1925 wurde die Band aufgelöst. 1936 wurde sie für kurze Zeit reorganisiert, spielte auch in Big-Band-Besetzung. In den frühen 40er Jahren gab es noch ein Revival mit Edwards, Sparbaro, Brad Gowans (cl), Frank Signorelli (p) sowie → Wild Bill Davison bzw. → Bobby Hackett. Die Bedeutung der ODJB liegt weniger auf der musikalischen Ebene, vielmehr hat sie durch Tourneen und Schallplatten einiges zur Popularisierung des Jazz beigetragen. Daß ihr die Ehre der ersten Plattenaufnahmen zuteil wurde, hat nichts mit der Hautfarbe zu tun, hatte doch der Kornettist Freddie Keppard als Leiter der »Original Creole Jazz Band« 1916 ein Angebot abgelehnt, weil er fürchtete, daß dann jeder seine Musik stehlen könne.

Die These von der afro-amerikanischen Genese des Jazz gleich in den Bereich der Legende zu verweisen, wie es u. g. Literatur tut, ist allerdings sehr gewagt. Jazz entstand aus der gegenseitigen Beeinflussung von

Schwarz und Weiß, auch wenn Tondokumente von schwarzen Bands aus der Frühzeit aus bekannten Gründen kaum existieren.
Lit.: H. O. Brunn, The Story of the ODJB, London 1961; H. H. Lange, Als der Jazz begann, Berlin 1991
CD: ODJB, 75th Anniversary, Bluebird ND 90650

Ørsted-Pedersen, Niels-Henning, (b), * 27.5.1946 Ørsted, Dänemark. Studierte Klavier und Baß, war mit 17 Jahren Bassist des Kopenhagener Jazzklubs »Montmartre« und begleitete amerikanische Gastsolisten. Spielte in der dänischen Radio Big Band, ab 1966 regelmäßig im Duo mit Kenny Drew. 1974–88 Mitglied des → Oscar-Peterson-Trios, außerdem an unzähligen Schallplattenaufnahmen beteiligt, u. a. von Oscar Peterson, Archie Shepp, Anthony Braxton, Ben Webster, Benny Carter, Booker Ervin, Buddy DeFranco, Chet Baker, Coleman Hawkins, Count Basie, Dizzy Gillespie, Dexter Gordon, Doug Raney, Freddie Hubbard, George Shearing, Johnny Griffin, Joe Pass, Karin Krog, Kenny Drew, Lee Konitz, Palla Mikkelborg, Peter Herbolzheimer, Rolf Kühn, Roy Eldridge, Sahib Shihab, Stéphane Grappelli, Svend Asmussen, Teddy Wilson, Tete Montoliu, Toots Thielemans, Warne Marsh, Monty Alexander, Stan Getz, Paquito D'Rivera; eigene Einspielungen für Steeplechase, Pablo, Sonet.
CD: Dancing on the Tables, Steeplechase 1125

Ortega, Anthony Robert, (saxes, cl, fl), * 7.6.1928 L. A. Studierte bei Lloyd Reese 1945–48, erster Job bei → Earle Spencer, nach Armeedienst bei Lionel Hampton 1951–53, 1953 bei Milt Buckner. Eigene Combo in L. A. 1954, im folgenden Jahr in N. Y. bei Luis Rivera, Nat Pierce, Dizzy Gillespie, Maynard Ferguson u. a.; an der Westküste bei den Lighthouse All Stars, Nelson Riddle, Gerald Wilson u. a. Arbeitete bisher hauptsächlich als Studiomusiker, tritt aber auch mit eigenen Gruppen auf. Sein Spiel vereint Einflüsse des Bebop mit denen der Avantgarde. – Schallplatten mit Earle Spencer, Nat Pierce, Maynard Ferguson, Billy Taylor, Herbie Mann, Luis Rivera, Pat Moran, Gigi Gryce, Dinah Washington, Jackie Cain – Roy Kral, Gerald Wilson, Johnny Hartman, Quincy Jones, Art Farmer, Mike Wofford; als Leader für Vantage, Bethlehem, Herald, Revelation, Discovery u. Evidence.
CD: Evidence EVCD 213

Ory, Kid, Edward, (tb, comp), * 25.12. 1886 La Place, La., † 23.1.1973 Honolulu. Spielte als Kind auf selbstgebastelten Instrumenten, verkaufte diese auch und erwarb mit dem Geld seine erste Posaune. Spielte ab 1905 mit Buddy Bolden und studierte weiter bei Privatlehrern. Ab 1911 eigene Band, damit 1913 nach N. O., dort bei u. a. Mutt Carey, Louis Armstrong, King Oliver, Kid Rena. 1919 in Kalifornien, nochmals 1921, nahm dort erste Schallplatten auf (»Spikes Seven Pods of Pepper«), die ersten einer farbigen Band überhaupt. In Chicago u. a. bei King Oliver (1925–27), Dave Peyton, Clarence

Eine der ersten Jazz-Aufnahmen von einer farbigen Band: Spikes Seven Pods of Pepper (Kid Ory), 1921.

Black, Leon René; gab 1930 den Musikerberuf auf und leitete eine Hühnerfarm mit seinem Bruder. Im Zug des N.-O.-Revivals begann er 1940 wieder zu spielen, 1942 bei Barney Bigard, 1943 bei Bunk Johnson, ab 1944 mit eigener Band, die durch die Rundfunksendungen von Orson Welles bald sehr populär wurde. Spielte in San Francisco und ging regelmäßig auf Tournee, auch in Europa. Trat in einigen Filmen auf, u. a. »New Orleans«, »Crossfire«, »Mahogany Music«, »Benny Goodman Story«. Zog sich 1960 zurück und spielte nur noch einige Male in Disneyland. O. gehört zu den großen → Tailgate-Posaunisten des Traditionellen Jazz, war allerdings kein großer Techniker. – Schallplatten mit Louis Armstrong (Hot Five & Hot Seven), Luis Russell, Lil Armstrong, Irene Scruggs, Jelly Roll Morton, Johnny und Baby Dodds; mit eigenen Bands für Decca, Good Time Jazz, Columbia, Storyville, Verve, zahlreiche Live-Aufnahmen auf Labels wie Folklyric, Vault, Sounds, Dawn Club, Rarities.
LP: GTJ 12022

Osborne, Mary, (g), * 17.7.1921 Minot, S. D., † 3.4.1992 Bakersfield, Calif. Spielte Violine im Schulorchester, wechselte zur Gitarre, nachdem sie → Charlie Christian gehört hatte. War ab 1942 bei Buddy Rogers, Joe Venuti, Dick Stabile, Terry Shand und Russ Morgan. Ging 1945 nach N. Y., hatte eigenes Trio, damit 1952–63 in einer Radio-Show, arbeitete auch als Lehrerin, trat auf Festivals mit Joe Venuti, Marian McPartland u. a. auf. Sie gehört zu den – leider kaum bekannten – Pionieren der elektrischen Gitarre. – Schallplatten mit Coleman Hawkins, Esquire All Stars, Mary Lou Williams, Beryl Booker, Ethel Waters, Mercer Ellington, Wynonie Harris, Tyree Glenn, Louis Bellson, Monica Lewis; eigene Aufnahmen für Signature, Aladdin, Coral, MGM, Warwick*.
*CD: Memorial, Stash CD 550**

Osborne, Mike, (as), * 28.9.1941 Hereford, UK. Lernte Violine und dann in London an der Guildhall-School Klarinette. Wurde bekannt bei Mike Westbrook 1963–68, war dann bei John Surman, Chris McGregor, seitdem mit eigenem Trio unterwegs, mit Harry Miller (b) u. Louis Moholo (d), auch im Duo mit Stan Tracy. – Schallplatten mit Mike Westbrook, Chris McGregor, London Jazz Composers' Orch., Alan Skidmore, Harry Beckett; als Leader für Turtle, Cadillac, Ogun.
LP: Marcel's Muse, Ogun 810

Osby, Greg, (as, sop, synth), * 3.8. 1960 St. Louis, Mo. Nennt als Einflüsse Earl Bostic, Bunky Green, Sonny Rollins und Art Tatum. Spielt seit 1974 professionell, gehört als Solist zu den Vertretern der Post-Bop-Generation. – Schallplatten mit Andrew Hill, Gary Thomas, Mark Helias, Cassandra Wilson, Michael Formanek, Michele Rosewoman, Robin Eubanks, Strata Institute, Franco Ambrosetti, Dianne Reeves, Cecil Brooks, Terry Lynne Carrington, Lonnie Plaxico, Jack DeJohnette, Cindy Blackman, Ed Schuller, Steve Coleman u. a.; als Leader für JMT u. Candid.
CD: Sound Theatre, JMT 84411-2

Owens, Jimmy, James Robert, (tp, flh), * 9.12.1943 N. Y. Studierte bei Donald Byrd, spielte in der Newport Youth Band 1959–60, danach bei Slide Hampton, Eric Dolphy, Lionel Hampton, Hank Crawford, Herbie Mann, Gerry Mulligan, Charles Mingus, Clark Terry, 1968 in Dizzy Gillespies Reunion Big Band, regelmäßig Tourneen. Seit Ende der 60er Jahre freelancing in N. Y., in der Jones – Lewis Big Band, bei Billy Taylor, N. Y. Jazz Repertory Co. (auch als deren Leiter). Studierte an der Univ. of Massachusetts, ist für Jazzmobile u. a. Institutionen tätig und hat Lehraufträge an verschiedenen Universitäten. – Schallplatten mit Dizzy Gillespie, James Moody, Duke Ellington, Billy Cobham, George Benson, Donald Byrd, Gary Bartz, Booker Ervin, Archie Shepp, Leon Thomas, Bobby Timmons, Billy Harper, Eric Kloss, Fred Tompkins, Norman Simmons; als Leader für Atlantic, Polydor, Horizon.

Otis, Johnny, eigentl. John Veliotes, (d, vib, p, voc, comp, ldr), * 28.12. 1921 Vallejo, Calif. Der Sohn griechischer Einwanderer wuchs in Berkely in der Nachbarschaft farbiger Einwohner auf und erhielt hier die Inspiration, sich zukünftig selbst als solcher zu betrachten. Lernte Schlagzeug in der High School, hatte seinen ersten Job 1939 in der Combo des Pianisten Count Otis Matthews. Spielte dann bei George Morrison, Lloyd Hunter, Harland Leonard. Gründete 1945 eigene Big Band, hatte einen Hit mit »Harlem Nocturne«. Leitete ab 1948 R&B-Combos und entwickelte sich zu einem der populärsten Künstler schwarzer Musik. Arbeitete auch als Diskjockey und Musikproduzent. – Schallplatten mit Illinois Jacquet, Lester Young, Wynonie Harris, Charles Brown, Joe Liggins, Joe Turner, Louis Jordan u. a. Sein Sohn Shuggie hat sich ebenfalls einen Namen als Gitarrist in der Blues-Szene gemacht.
CD: Spirit of the Black Territory Bands, Arhoolie 384

Owl Records, 1976 von Jean-Jacques Pussian in Paris gegründet, gewidmet dem zeitgenössischen Jazz einschließlich der Avantgarde. Veröffentlichungen von Randy Weston, Claude Guilhot, George Arvanitas, Jean Pierre Mas, Francois Jeanneau, Ran Blake, Helen Merrill, Michel Petrucciani u. a.

Ozone, Makato, (p), * 1961 Kobe, Japan. Das neue Wunderkind unter den Pianisten begann auf der Ham-

mondorgel seines Vaters, wechselte unter dem Einfluß von Oscar Peterson zum Klavier und studierte 1980 an der Berklee School. Spielt seit 1982 im Gary Burton Quartett und tritt als Solist auf. – Schallplatten mit Phil Wilson, Gary Burton, Chuck Loeb, Marc Johnson; eigene Aufnahmen für Jazz Beat, CBS u. JVC.
CD: Starlight, JVC JD-3323

Pablo Records, von Norman Granz 1972 gegründet, als Nachfolger des 1961 an MGM verkauften → Verve-Labels, benannt nach Picasso. Labels: Pablo, Pablo Live, Pablo Today. Zu den Vertragskünstlern gehörten viele, die schon das Verve-Label geprägt haben, z. B. Ella Fitzgerald, Count Basie, Oscar Peterson, Roy Eldridge, Dizzy Gillespie, Zoot Sims und neue Namen wie Joe Pass, Milt Jackson und Paulinho DaCosta. Außerdem Reissues der Verve-Aufnahmen Art Tatums. 1987 an → Fantasy verkauft.

Pacific Jazz Records, 1952 von Richard Bock u. Roy Harte in L. A. gegründet, gehört neben → Contemporary zu den wichtigsten Labels des → West Coast Jazz. Hier erschienen die ersten Aufnahmen von Gerry Mulligan – Chet Baker, Art Pepper, Shorty Rogers, Bud Shank, Bill Perkins, Chico Hamilton u. v. a. In den

Von dem berühmten Zeichner und Karikaturisten Al Hirschfeld stammt dieses Cover einer Joe Pass-LP auf Pablo.

60er Jahren an Liberty verkauft, folglich heute im Besitz von → EMI. Sub-Labels: World Pacific, Sunset.
CD: The Pacific Jazz Collection Vols. 1 + 2, EMI

Page, Hot Lips, Oran Thaddeus, (tp, mell, voc), * 27.1.1908 Dallas, Tex., † 5.11.1954 N. Y. Besuchte die High School in Corsicana, Tex., spielte mit zwölf Jahren in der School-Band. Hatte den ersten wichtigen Job in der Band des (mit ihm nicht verwandtem) Walter P. 1927–30. Bei → Bennie Moten 1931–35, blieb in der Band, als diese von → Count Basie übernommen wurde. Eigene Band 1936–41, dann zu → Artie Shaw. Danach wieder eigene Band, nach dem Krieg damit mehrmals in Europa. P. gehört zu den großen Trompetern der 30er Jahre, unübertroffen als Blues-Spieler und -Sänger, stilistisch etwa zwischen → Louis Armstrong und → Roy Eldridge. – Schallplatten mit Walter Page, Bennie Moten, Chu Berry, Ida Cox, Wynonie Harris, Pete Johnson, Joe Turner, Artie Shaw, Don Byas, Albert Ammons, Barney Rapp, Mezz Mezzrow – Sidney Bechet, Don Redman, Dusty Fletcher, Billie Holiday. Nahm auch teil an den Sessions im → Minton's. Aufnahmen als Leader ab 1938 für Decca, Bluebird, Commodore, Savoy, Melrose, Continental, Apollo, Columbia, King.
Lit.: J. G. Jepsen/K. Mohr, Hot Lips Page, 1961 (D)
LP: MCA 1324
CD: 1938–40, Classics 561

Page, Walter Sylvester, (b), * 9.2. 1900 Gallatin, Mo., † 20.12.1957 N. Y. Lernte zunächst Tuba und Baß-Sax, wechselte zum Baß, als er 1918 zu → Bennie Moten kam. Bei diesem bis 1923, spielte dann in einer Road Show und übernahm die Band, als die Show auseinanderfiel. Die jetzt so genannten »Blue Devils« blieben bis 1931 zusammen. P. und einige andere gingen zu Bennie Moten und 1935 dann zu → Count Basie. Bei Basie bis 1948 mit Unterbrechung 1943–46. Spielte dann mit Hot Lips Page, Jimmy Rushing, Jimmy McPartland und Eddie Condon. P. ist stilistisch das Bindeglied zwischen dem Slap-Bass-Stil eines Pops Foster und dem modernen eines Jimmy Blanton. Er ist der bedeutendste Vertreter des Walking Bass und war das Rückgrat der »All American Rhythm Section« der Basie-Band. – Schallplatten mit Bennie Moten, Count Basie, Mildred Bailey, Billie Holiday, Teddy Wilson, Benny Goodman, Timme Rosenkrantz, Jay McShann, Buck Clayton, Sidney Bechet, Joe Turner, Roy Eldridge, Eddie Condon, Jimmy Rushing; zwei Titel mit seinen Blue Devils 1929.

Paich, Marty, Martin Louis, (p, comp), * 23.1.1925 Oakland, Calif. Erster Job bei Gary Nottingham in Oakland 1941–43, leitete eine Army-Band 1943–46, studierte dann am Konservatorium in L. A. Ab 1951 bei Jerry Gray, Shelly Manne, Peggy Lee, Shorty Rogers, Dorothy Dandridge. P. gehört zu den prominenten Arrangeuren des → West Coast Jazz, er schreibt besonders effektvoll für eine »Dektette«(= zehn Mann)-Besetzung, die sich am »Capitol«-Orchester (→ Miles Davis) orientiert. Arrangements u. a. für Dan Terry, Art Pepper, Terry Gibbs, Ray Brown, Dave Pell, Hi-Lo's, Buddy Rich, Stan Kenton, Helen Humes, Anita O'Day, Mel Tormé, Frank Sinatra, Ray Charles, Ella Fitzgerald, Lena Horne, Astrud Gilberto, Jack Jones, Al Hirt, Sammy Davis Jr., Joanie Sommers, Peggy Conelly, Toni Harper, Jesse Belvin, Fred Astaire, Ann Margaret, Tony Perkins, Ethel Azama. Seit Mitte der 60er Jahre nur noch wenig Jazz-Arbeit, schrieb noch für das L. A. → Neophonic Orchestra, hauptsächlich aber für Film (»The Lady & the Tramp«) und TV. Tritt seit 1988 wieder mit einem Dektette mit Mel Tormé auf. – Schallplatten als Pianist mit Shorty Rogers, Dave Pell, Bob Hardaway, Shelly Manne, Hi-Lo's, Red Norvo, Deno Kannes, John Graas, Jerry Fielding, Jerry Gray, Herbie Fields; als Leader für GNP, Kapp, Mode, Cadence, Tampa, Warner Bros., RCA.

CD: Moanin', Discovery DSCD 962

Palo Alto Records, von Herb Wong in Palo Alto, Calif., gegründet, im Besitz der Benham Corp. (Jazz-Fusion-Labels: → TBA, Tall Tree). Seit 1980 Aufnahmen des modernen Mainstream, u. a. Pepper Adams, Don Menza, Jimmy Forrest, Paul Robertson, Les DeMerle, Arnie Lawrence, Elvin Jones, Tee Carson, Terry Gibbs – Buddy DeFranco u. a.

Parker, Charlie, Charles Christopher Jr., »Bird«, (as, ts, comp), * 28.8.1920 Kansas City, † 12.3.1955 N. Y. Spielte in der School-Band Bariton-Horn, erhielt 1931 ein Alt-Sax von seiner Mutter. Verließ die Schule mit 15 Jahren, wurde schon kurz danach drogenabhängig. Spielte bei George E. Lee, in den Jahren 1937–39 bei Lawrence Keyes, Harlan Leonard und → Jay McShann. Mit letzterem erste Aufnahmen 1940 für eine Rundfunkstation in Wichita. Mit McShann nach N. Y., dort Teilnahme an Jam Sessions in »Monroe's Uptown House« und im »Minton's«; traf dort → Dizzy Gillespie, fand in dieser Zeit heraus, als er über »Cherokee« improvisierte, daß er das, was er in sich gehört hatte, spielen konnte, indem er die oberen Akkordintervalle als Melodielinie benutzte und dieser neue, verwandte Harmonien unterlegte. Damit hatte er die Grundlage für den → Bebop gelegt. Er spielte kurz bei Noble Sissle und ging 1942 zu → Earl Hines, spielte Tenor-Sax, und traf dort Dizzy Gillespie wieder. 1943 kurz bei Cootie Williams und Andy Kirk, 1944 in der → Billy Eckstine Big Band, in diesem Jahr erste Combo-Aufnahmen mit Tiny Grimes, Anfang 1945 erste Bebop-Aufnahmen mit Dizzy Gillespie, mit diesem Tournee nach Kalifornien. Brach dort nach einer chaotischen Plattensession für Dial zusammen und wurde ins Camarillo-Hospital eingeliefert. Entlassung nach sechs Monaten, neue Gruppe in N. Y. mit Miles Davis, später Red Rodney und Fats Navarro. Schon ein kranker Mann, trat er mit → JatP auf, 1949 beim Jazzfestival in Paris, besuchte 1950 Skandinavien und erfüllte sich einen langgehegten Wunsch, den Auftritt mit einer Streichergruppe. Er trat häufig im Birdland auf, nahm 1953 teil an dem heute legendären »Massey Hall«-Konzert« (mit Dizzy Gillespie, Bud Powell, Charles Mingus u. Max Roach), ging 1954 mit Stan Kenton auf Tournee (»Festival of Modern American Music«). Trat in seinen letzten Monaten nur noch mit Pick-Up-Bands auf. Er starb im Apartment einer Gönnerin, der Baronin Pannonica de Koenigwater.

P. war neben → Louis Armstrong der bedeutendste Jazz-Musiker aller Zeiten. Er hatte entscheidenden Einfluß auf die Jazzentwicklung der 40er Jahre; er war eine charismatische Figur, die die Leistungen eines Lester Young, Charlie Christian, Thelonious Monk, Dizzy Gillespie, Kenny Clarke u. a. intuitiv zu einem improvisatorischen Ganzen vereinigte und auf ein bis dahin nie erreichtes Niveau hob. – Er hat für drei Labels Schallplatten als Leader eingespielt (Savoy, Dial, Verve), die alle auf LP und CD vorliegen, außerdem gibt es einige Dutzend Bootlegs, die seinen Werdegang ab Anfang der 40er Jahre dokumentieren. – Aufnahmen als Sideman mit Jay »Hootie« McShann, Tiny Grimes, Red Norvo, Miles Davis, Slim Gaillard, Clyde Hart, Howard McGee, Machito, JatP, Sarah Vaughan, Norman Granz Jam Session. – Kompositionen: »Now's the Time«, »Relaxin' at Camarillo«, »K. C. Blues«, »Cool Blues«, »Donna Lee«, »Bloomdido«, »Kim«, »Laird Baird«, »Barbados«, »Billie's Bounce«, »Yardbird Suite«, »Shaw Nuff«, »Scrapple from the Apple« u. a.

Lit.: Ross Russell, Bird Lives, 1973, London 1988, dt. Wien 1985; Gary Giddins, Celebrating Bird, N. Y. 1987; R. Reisner, The Legend of C. P., N. Y. 1962, 1975; L. O. Koch, Yardbird Suite, Bowling Green, Oh. 1988; Chan Parker/F. Paudras, To Bird with Love, Poitiers 1981; P. N. Wilson/U. Goemann, C. P., Sein Leben, seine Musik, seine Schallplatten, Schaftlach 1988; N. Saks/L. Bukowski/R. M. Bregman, C. P. Discography, 1989

CD: C. P. Memorial, Savoy SV-0101/3; Dial Sessions, Stash STCD 567–570; Complete, Verve 837141-2; Bird at the Roost, Savoy

Ⓥ: Celebrating Bird, SV 2601

Parker, Evan Shaw, (sop, ts), * 5.4. 1944 Bristol, England. Studierte Saxophon mit James Knott, interessierte sich für freie Improvisationen und spielte mit Howard Riley in Birmingham. 1966 nach London zum Spontaneous Music Ensemble, traf dort Derek Bailey, mit dem er 1968–72 die Music Improvisation Company leitete. 1969 zu → Chris McGregor, spielte auch mit Tony Oxley, dem Globe Unity Orch., Derek Baileys »Company«, Kenny Wheeler. Ab 1980 auch mit eigenem Trio und Quartett mit Barry Guy, Paul Lytton und George Lewis (tb) und gab unbegleitete Solokonzerte. – Schallplatten mit Derek Bailey, Paul Lytton, Han Bennink, Alexander von Schlippenbach, Cecil Taylor, Manfred Schoof, Peter Brötzmann, Globe Unity Orch., Steve Lacy, Wuppertaler Free

Jazz Workshop Orch.; als Leader für Beak Doctor/Metalanguage, View, Fringe Benefit, FMP u. eigenes Label Incus.
LP: Topography of the Lungs, Incus 1

Parker, Leo, (bar, as), * 1925 Washington, D. C., † 11.2.1962 N. Y. Nicht mit → Charlie Parker verwandt, spielte unter dessen Einfluß zunächst Alt-, später Bariton-Sax bei Billy Eckstine 1944, bis 1948 bei Benny Carter, Illinois Jacquet und Dizzy Gillespie, danach meist mit eigenen (R&B-)Gruppen, zog sich 1953 für einige Jahre zurück, versuchte 1961 ein Comeback, dem ein Herzschlag aber ein Ende setzte. P. war einer der ersten Bebop-Baritonisten mit einem satten Ton und einer brillanten Technik. – Schallplatten mit Illinois Jacquet, Dexter Gordon, Fats Navarro, Bill Jennings, Billy Eckstine, Dizzy Gillespie, J. J. Johnson, Joe Newman; eigene Aufnahmen für Savoy, Prestige, Gotham, Chess, United, Blue Note.
CD: Rollin' with Leo, Blue Note 84095

Parker, Maceo, (as), * 14.2.1943 Kingston, N. C. Spielte während seines Studiums mit seinem Bruder Melvin (d) im Duo, wurde von Soulmeister James Brown entdeckt und spielte 20 Jahre (allerdings mit Unterbrechungen) in dessen Band. Arbeitete dann Mitte der 70er Jahre mit Bootsy Collins und George Clinton. Leitet eigene Band »Roots Revisited« mit Fred Wesley (tb), Pee Wee Ellis (ts) und Larry Goldings (org). – Schallplatten mit James Brown, Fred Wesley, Bill Laswell, Bobby Byrd, Hans Theessink, Phil Upchurch; als Leader für Gramavision, Minor u. DIW.
CD: Roots Revisited, Minor 801015

Parker, William, (cello, b), * 10.1. 1952 N. Y. Gegen Ende der 60er Jahre beschäftigte sich William Parker intensiv mit dem Free Jazz. Als Vorbilder für sein Spiel bezeichnet der Bassist Jimmy Garrison, Charlie Haden und Henry Grimes. 1973 wirkte er bereits bei einem Big-Band-Projekt von Cecil Taylor mit. Selbst bei den wildesten Free-Explorationen dieses Pianisten, mit dem er eine lange Zeitspanne zusammenspielte, schufen seine ruhigen Baßlinien prägnante Strukturen. Diese Fähigkeit setzte er gekonnt in Sessions mit Billy Bang, Peter Brötzmann, Jemeel Moondoc und Michael Marcus ein. (G. F.)

Parlan, Horace Louis, (p), * 19.1. 1931 Pittsburgh, Pa. Begann erst im Alter von 20 Jahren ernsthaft zu spielen, gehandicapt durch eine Polio-Erkrankung, die seine rechte Hand teilweise lähmte. Spielte mit Sonny Stitt in Washington, ab 1957 bei Charles Mingus in New Yorker Clubs. 1959–60 bei Lou Donaldson, 1960–61 eigenes Quartett, dann bei Eddie Davis – Johnny Griffin bis 1962. Bei Roland Kirk bis 1966, dann mit eigenen Gruppen. Lebt seit 1973 in Kopenhagen, von dort aus Tourneen in Europa, auch als Begleiter von US-Stars wie Ben Webster, Dexter Gordon u. v. a. – P. ist auf zahlreichen LPs zu hören, u. a. mit Lou Donaldson, Eddie Davis – Johnny Griffin, Booker Ervin, Slide Hampton, Roland Kirk, Tubby Hay-

es, Dave Bailey, Stanley Turrentine, Babs Gonzales, Charles Mingus, Doug Raney, Gene Ammons, Howard McGhee, Johnny Coles, Archie Shepp, Dexter Gordon, Michal Urbaniak; eigene Aufnahmen für Blue Note, Steeplechase, Enja, Ego, Timeless.
CD: Happy Frame of Mind, Blue Note 84134

Pascoal, Hermeto, (p, g, fl, sax, comp), * 22.6.1936 Lagoa da Canoa, Brasilien. Stammt aus musikalischer Familie, gründete das Quarteto Novo mit Airto Moreira. Ging Anfang der 70er Jahre nach N. Y., wo er mit Miles Davis Schallplatten aufnahm; verbrachte einige Zeit in Kalifornien, ging dann aber in seine Heimat zurück. P. ist die Vaterfigur einer Reihe von Musikern, die seit den 70er Jahren beträchtliche Beiträge zum Jazz geleistet haben, z. B. Airto Moreira, Flora Purim, Milton Nascimento, Dom Um Romao. Seine Musik ist eine Mischung aus Jazz, Rock, europäischer Kunstmusik, ethnischer und brasilianischer Folklore. – Schallplatten mit Miles Davis, A. C. Jobim, Duke Pearson, Airto Moreira, Flora Purim; als Leader für Cobblestone, Warner Bros., Som Da Gente, West Wind.
CD: West Wind 2009

Pass, Joe, Joseph Anthony Passalaqua, (g), * 13.1.1929 New Brunswick, N. J. Begann Mitte der 40er Jahre in Big Bands (Tony Pastor, Charlie Barnet). Nach dem Wehrdienst in der Navy an der Westküste verbrachte er die Jahre bis 1962 wegen Drogensucht meist im Gefängnis oder in Kliniken, zuletzt in Synanon. Nahm teil an der »Sounds of Synanon«-LP (Pacific Jazz). Spielte dann in Gruppen an der Westküste, ging auf Tournee mit George Shearing und Benny Goodman, wurde von Oscar Peterson Norman Granz empfohlen und von diesem auf zahlreichen Tourneen und Schallplatten (Pablo) herausgestellt. P. gehört zu den großen Gitarristen der letzten 45 Jahre, unübertroffen als Solist wie als Begleiter, hat aber an der Free- oder Fusion-Bewegung nicht teilgenommen. – Schallplatten mit Ella Fitzgerald, Oscar Peterson, Benny Carter, Clark Terry, Earl Bostic, Count Basie, Gerald Wilson, Herb Ellis, Roy Eldridge, JatP, Sarah Vaughan, Zoot Sims, Toots Thielemans; eigene LPs für Pacific Jazz, Discovery, MPS, Pablo, Jazzette.
LP/CD: Virtuoso; Chops; I Remember Charlie Parker (alle Pablo)

Pastor, Tony, Antonio Pestritto, (ts, voc), * 1907 Middletown, Conn., † 31.10.1969. Jugendfreund von → Artie Shaw. Spielte bei Irving Aaronson, John Cavallaro, Austin Wylie; dann eigene Band 1931–34, 1936–39 bei Shaw, ab 1940 wieder eigene Big Band, dabei u. a. Max Kaminsky und sein Bruder Stubby P. (tp), Dave Pell (ts), Rosemary Clooney (voc); arr von Al Avola, Budd Johnson und sogar → Gil Fuller. Ab 1959 kleine Gruppe mit seinen Söhnen Guy, John u. Tony Jr. in Las Vegas. – Schallplatten mit Artie Shaw sowie als Leader für RCA, Cosmo, Columbia, Roulette, Everest, Capitol.

Lit.: C. Garrod, T. P. & His Orch., Zephyrhills 1986 (D)

Pastorius, Jaco, John Francis, (b-g), * 1.12.1951 Norristown, Pa., † 21.9. 1987 Fort Lauderdale. Spielte mit 15 Jahren in Rockgruppen, später mit Nancy Wilson, Lou Rawls, The Temptations, 1974–75 bei Paul Bley und Ira Sullivan. 1976–81 bei → Weather Report, danach mit eigenen Gruppen, 1984 zusammen mit Paroah Sanders. P. konnte sich in den wenigen Jahren seines Wirkens an die Spitze der E-Bassisten setzen, obwohl seine »Vermenschlichung des E-Basses« bald heftig vermarktet wurde und in bloße Effekthascherei ausartete. An seinen Aufnahmen mit Weather Report allerdings kommt niemand vorbei, der ihn als Bassist und Inspirator kennenlernen will. – Schallplatten außerdem mit Ira Sullivan, Paul Bley, Al DiMeola, Herbie Hancock, Pat Metheny, Brian Melvin, Joni Mitchell, Joe Farrell, Bireli Lagrene, Blood, Sweat & Tears; unter eigenem Namen für Epic, WEA, DIW, Timeless, Big World, Jazzpoint.

CD: Honestly, Jazzpoint 1032

Patitucci, John, (b, b-g, comp), * 22.12. 1959 Brooklyn, N. Y. Begann mit elf Jahren Baß zu spielen, zuerst in einer Rock-Band mit seinem älteren Bruder. Ging 1972 nach Kalifornien und spielte in Rock- u. Gospel-Gruppen. 1979 kam der erste wichtige Gig mit Gap Mangione. In dieser Zeit studierte er an der San Francisco State Univ. und bei Abe Luboff an der Long Beach State Univ. 1982 wurde er Teil der Jazz-Szene in L. A., hatte Studiojobs, spielte aber auch mit Tom Scott, Stan Getz, Robben Ford, Dave Grusin, Ernie Watts, Bob James u. a. Bis 1992 Mitglied von Chick Coreas Electric und Acoustic Band. – Schallplatten mit Dave Grusin, Clare Fischer, Vic Feldman, Chick Corea, Eddie Daniels, Eric Marienthal, Tom Scott, Kenny Pore, Manhattan Jazz Quintet, Andy Laverne, Dave Samuels, Karl Denson, Bobby Shew, Frank Strazzeri, Dick Berk, Pat Coil, Tony Lujan, Ricky Peterson, Steve Hobbs, Lou Rovner, Gonzalo Rubalcaba u. a.; als Leader für GRP.

CD: Sketchbook, GRP 9617

Payne, Cecil McKenzie, (bar), * 14.12. 1922 Brooklyn, N. Y. Studierte bei Pete Brown, Plattendebüt als Alt-Saxophonist bei einer J.-J.-Johnson-Session 1946, spielte bei Roy Eldridge und 1946–49 bei → Dizzy Gillespie. Ab 1950 bei Tadd Dameron, James Moody, Illinois Jacquet. 1954–58 inaktiv als Musiker, spielte dann bei Randy Weston, trat im Stück »The Connection« als Musiker und Schauspieler auf; war 1963–64 bei Lionel Hampton, bis 1966 bei Machito, 1967 bei Woody Herman, 1968 in Europa bei Slide Hampton und der Dizzy Gillespie Reunion Band, 1969–71 bei Count Basie, spielte dann mit der N. Y. Jazz Repertory Company und eigenen Gruppen. P. gehört zu den ersten Bebop-Solisten auf dem Bariton-Sax, konnte aber seinen hoffnungsvollen Anfang in den 40er Jahren nicht durchhalten. – Schallplatten mit J. J. Johnson, Dizzy Gillespie, Kenny Burrell,

Kenny Dorham, Randy Weston, Mathew Gee, Rolf Ericson, Jimmy Cleveland, Clark Terry, Sonny Stitt, Dinah Washington, Cannonball Adderley, Kenny Clarke, Tadd Dameron, Illinois Jacquet, John Coltrane, Art Blakey, Benny Carter, Benny Harris, Billy Eckstine, Coleman Hawkins, Duke Jordan, Ernie Henry, Gil Fuller, Roy Eldridge, Count Basie. Aufnahmen als Leader ab 1949 für Decca, Signal, Charlie Parker Rec.*, Spotlite, Strata-East, Muse, Empathy.
*CD: Stop and Listen to ..., Fresh Sound 193**

Peacock, Gary, (b), *12.5.1935 Barley, Idaho. Begann als Pianist, spielte in Army-Band Mitte der 50er Jahre in Deutschland, blieb dort und war bei Hans Koller, Attila Zoller und Tony Scott. Ab 1958 in Kalifornien bei Paul Horn, Terry Gibbs u. Shorty Rogers, ab 1962 in N. Y. Schloß sich der Avantgarde an und arbeitete mit Paul Bley, Jimmy Giuffre, Roland Kirk, George Russell und Bill Evans, in Europa mit Don Cherry und Albert Ayler, auch mit Roswell Rudd, Steve Lacy und Don Ellis, auch kurz bei Miles Davis. Zog sich für einige Jahre zurück, lebte 1969–72 in Japan, studierte 1973–76 Biologie und Philosophie. Spielte ab 1976 wieder mit Paul Bley, unterrichtet an der Univ. von Seattle. – Schallplatten mit Don Ellis, Bob Rogers, Clare Fischer, Carmell Jones, Barney Kessel, Prince Lasha, Bill Evans, Tony Williams, Albert Ayler, Don Pullen, Gil Evans, Hans Koller, Keith Jarrett, Markus Stockhausen, Michel Petrucciani, Paul Bley, Steve Allen, Vince Mendoza, Marc Copland; eigene LPs auf ECM.
CD: Tales of Another, ECM 1101

Pearson, Duke, Columbus Calvin Jr., (p, comp) * 17.8.1932 Atlanta, Ga., † 4.8.1980 N. Y. Lernte Mellophon, Bariton-Horn und Trompete. Hatte eigenes Trio bzw. Quintett in seiner Heimatstadt, ging 1959 nach N. Y. zu Donald Byrd und Art Farmer – Benny Golson. War 1963–70 Produzent bei → Blue Note, leitete Big Band und arbeitete als Begleiter für Dakota Staton, Nancy Wilson, Carmen McRae u. Joe Williams. – Der exzellente Pianist ist zu hören auf LPs von Grant Green, Donald Byrd, Johnny Coles, Freddie Hubbard, Antonio Diaz u. a.; eigene LPs für Blue Note und Atlantic.
LP: Introducing Duke Pearson's Big Band, BN 4276

Peasley, Richard, (comp, p), * 13.6. 1930 N. Y. Studierte an der Yale-Universität und der Juilliard School, privat bei → Bill Russo und Nadia Boulanger. Komponierte für die Bands von Russo, Ted Heath und Stan Kenton und für die Symphonieorchester von Buffalo, Philadelphia und Detroit. Schreibt Musik für Theater in N. Y. und London, arbeitet auch für Film und TV. Kompositionen: »Stonehenge«, »Chicago Concerto«, »Nightsongs«, »The Devil's Herald«.
CD: Virtuosity, GM 3017

Pege, Aladár, (b), * 8.10.1939 Budapest. Sohn eines Kontrabassisten. Studierte am Bartók-Konservatorium und an der Liszt-Akademie. Internationaler Durchbruch 1963 beim

Festival in Bled, arbeitete ab 1973 von Berlin aus mit amerikanischen Solisten. Lebte in Wien, ist heute Professor am National-Konservatorium in Budapest, tritt aber regelmäßig mit eigenen Gruppen auf. P. ist ein ungeheurer Techniker und ideenreicher Improvisator, der – wäre er in den USA geboren – heute gleichrangig neben → Ray Brown stünde. – Schallplatten mit Walter Norris, Mingus Dynasty, Albert Mangelsdorff, Leo Wright, Art Farmer, Karl Ratzer, Charlie Antolini, Cicero; eigene LPs für Qualiton, Hungaroton, Krém, RST, Pepita.

CD: Virtuoso Double Bass, Krém 37331

Pell, Dave, David, (ts), * 26.2.1926 N. Y. Spielte in den 40er Jahren bei Bob Astor, Tony Pastor u. Bobby Sherwood, ab 1948 bei → Les Brown; gründete 1955 mit Sidemen aus der Brown-Band ein Oktett, welches für einige Zeit sehr populär wurde durch seinen »tanzbaren« → West-Coast-Stil. Dazu gehörten u. a. Don Fagerquist (tp), Ray Sims (tb), Ronny Lang (bar). Produzierte 1959–60 eine Reihe von LPs mit Big Band Tributes für das P.R.I.-Label, gründete 1978 eine an → Lester Young erinnernde Gruppe, die einen → Four-Brothers-Satz herausstellt (Prez Conference). – Aufnahmen mit Bobby Sherwood, Les Brown, Tony Pastor, June Christy, Henri Rene, Doris Drew, Betty Bennett, Elmer Bernstein, Page Cavanaugh u. a.; als Leader für Kapp, Atlantic, Capitol, RCA, Coral, Liberty, GNP, Fresh Sound u. → Headfirst.

LP: Prez Conference, GNP 2122
CD: Octet, Headfirst A 715-2

Peplowski, Ken, (cl, ts), * 23.5.1959 Cleveland, Ohio. Begann in der School-Band Klarinette zu spielen, wurde beeinflußt durch Schallplatten von Artie Shaw, Benny Goodman und Jimmy Hamilton. Spielte zwei Jahre im Tommy Dorsey Orch. (Buddy Morrow), in der »Annie«-Show, bei Dick Gibson's Jazz Party, der Loren Schoenberg Big Band in N. Y. P. gehört zu den wenigen Swing-Stilisten der jüngeren Generation. – Schallplatten mit Dan Barrett, Leon Redbone, Peggy Lee, Mel Tormé, Hank Jones, George Shearing, Buddy Morrow, Charlie Byrd, Spike Robinson; als Leader für Concord.

Pepper, Art, Arthur Edward, (as, ts, cl), * 1.9.1925 Gardena, Calif., † 15.6. 1982 L. A. Spielte ab 1942 als einziger Weißer in schwarzen Bands (Lee Young, Benny Carter), 1943–44 bei Stan Kenton und nach dem Armeedienst nochmals von 1946–52 bei Kenton mit Unterbrechungen. War zwischen 1953 und 1972 wegen Drogensucht insgesamt elf Jahre im Gefängnis, hatte mehrere glanzvolle Comebacks. P. war der bedeutendste Alt-Saxophonist der Charlie-Parker-Schule und einer der wenigen, die diesen Einfluß zu einem persönlichen Stil verarbeiten konnten. In seinen letzten Jahren wurden Einflüsse von John Coltrane in seinem Spiel spürbar. 1974 erschien seine Autobiographie, die wegen ihrer brutalen Offenheit zu den ehrlichen Zeugnissen eines Musikers zählt. – Schallplatten mit Stan Kenton, Pete Jolly,

Chet Baker, Bill Perkins, Shorty Rogers, Ted Brown, John Graas, Howard Lucraft, Mel Tormé, Shelly Manne, Art Farmer, Barney Kessel, Helen Humes, Marty Paich, Hersh Hamel, Buddy Rich, Jesse Belvin, Milcho Leviev, Warne Marsh, Elvin Jones, Sonny Stitt, Mike Vax u. a.; als Leader für Discovery (Savoy), Jazz West, Tampa, Contemporary*, World Pacific, Trio, WEA, Interplay, Galaxy, JVC.
Lit.: Art & Laurie Pepper, Straight Life, N. Y. 1989
CD: Meets the Rhythm Section, OJC 338; A. P. plus Eleven, OJC 341**
Ⓥ: Notes from a Jazz Survivor (Regie Don McGlynn, 1981), Kay Jazz 001

Perkins, Carl, (p), * 16.8.1928 Indianapolis, Ind., † 17.3.1958 L. A. Spielte bei Tiny Bradshaw und Big Jay McNeely 1948–49, ließ sich dann in L. A. nieder, trat meist als Solist auf sowie mit dem Oscar-Moore-Trio. P. gehört zu den originellsten Pianisten des → West Coast Jazz mit einer ungewöhnlichen Technik, die darin bestand, daß er den linken Arm parallel zur Klaviatur hielt und damit Akkorde anschlug. – Schallplatten mit Oscar Moore, Curtis Counce, Leroy Vinnegar, Jim Hall, Chet Baker/Art Pepper, Dexter Gordon, Max Roach, Buddy DeFranco, Frank Morgan, Quincy Jones, Illinois Jacquet, Harold Land; als Leader je eine LP für Dootone u. Pacific Jazz, aus dem Nachlaß eine CD auf Fresh Sound.
CD: Memorial, Fresh Sound 99

Perkins, Bill, William Reese, (ts, bar, sop, as, cl, fl), * 22.7.1924 San Francisco. Studierte ab 1945 Musik, absolvierte aber auch ein Ingenieurstudium. Erster Job bei Jerry Wald 1950, danach 1952–59 bei Woody Herman und Stan Kenton, arbeitete dann als Toningenieur, spielte aber nebenher bei Terry Gibbs und Allyn Ferguson, als Studiomusiker und mit eigenen Gruppen. War Mitglied der »Tonight Show«-Band (Doc Severinsen), spielt aber auch bei Bob Florence u. a. Formationen an der Westküste. P. gehörte ursprünglich zu den führenden Tenoristen der Lester-Young-Schule, spielt heute mit einer härteren, an Coltrane orientierten Tonbildung. – Schallplatten mit Woody Herman, Stan Kenton, Richie Kamuca, Art Pepper, Marty Paich, Quincy Jones, Si Zentner, Bud Shank, Barney Kessel, Lennie Niehaus, John Lewis, Buddy Bregman, Chet Baker, Louis Bellson, Vic Feldman, Tommy Newsome, Bob Florence, Pat Longo, Toshiko Akiyoshi, Joe Pass, L. A. Neophonic, Bill Holman, Gabe Baltazar, Vic Lewis, Peggy Lee, Nancy Wilson, Bob Rogers, Shorty Rogers, Allyn Ferguson, Doc Severinsen, Dick Grove, Modernaires, Herb Harper u. a.; als Leader für Pacific Jazz, Liberty, Riverside, Yupiteru, Sea Breeze, Interplay, Contemporary, Fresh Sound, Jazz Mark, Candid.
CD: Tenors-Head-On, Pacific Jazz 7971952; The Right Chemistry, Jazz Mark 108

Perkussion, Perkussionsinstrumente (perc), Schlaginstrumente, die der Erzeugung einer »perkussiven« Rhythmik dienen, d. i. diejenige

Rhythmik, die sich außerhalb des melodischen und tonalen Geschehens abspielt. Im Gegensatz zur abendländischen Musik, die eine Modalrhythmik aufweist und nur gebunden als Kombination von tonaler und zeitlicher Bewegung erscheint, ist im Jazz die P.-Rhythmik keine Folge von Zeitwerten, sondern von Akzenten, die primär mit dem Zeitbegriff nichts zu tun haben. Dies äußert sich in ihrer Hörbarmachung, wozu man sich einer Reihe von Instrumenten bedient. Den Grundbestand bildet das Marsch-Schlagzeug der → Street Bands, das im → N.-O.- und Dixieland-Jazz zu einem System für einen Musiker zusammengefaßt wurde. Dazu traten das → Hi-Hat und verschiedene Becken (Cymbals) sowie Wood-blocks und Temple-blocks (kleine Hohlkörper aus Holz). Aus der lateinamerikanischen Musik kamen stilbedingte Instrumente wie Conga- und Bongotrommel, Maracas, Guiro u. a. Im weiteren Sinn gehören auch das → Xylophon und das → Vibraphon dazu, da diese perkussiv gespielt werden. (→ Lateinamerikanische Musik)

Persip, Charli(e), Charles Lawrence, (d), * 26.7.1929 Morristown, N. J. Studierte bei Pearl Brackett und an der Juilliard School, erste Jobs bei Billy Ford und Joe Holiday, 1953 bei Tadd Dameron und Dizzy Gillespie. Blieb dort bis 1958. Spielte dann bei Johnny Richards, Harry Edison, Phil Woods, Harry James, Quincy Jones, Hank Mobley, George Russell, Gil Evans u. a. 1959 erste eigene Gruppe, 1960 die »Jazz Statesmen«. Danach freelancing, als Lehrer und Leiter von Clinics, 1966–73 bei Billy Eckstine, leitet seit 1980 seine »Superband« in N. Y. Exzellenter Big-Band-Drummer, der Max Roach und Buddy Rich als Favoriten nennt. – Schallplatten mit Dizzy Gillespie, Quincy Jones, Hank Mobley, Hal McKusick, Anthony Zano, Phil Woods, Donald Byrd, Modern Jazz Sextet, George Russell, Joe Newman, Harry Edison, Archie Shepp, Benny Golson, Big Joe Turner, Blue Mitchell, Budd Johnson, Cannonball Adderley, Craig Harris, Don Ellis, Eric Dolphy, Joe Albany, Kenny Dorham, Mal Waldron, Lee Morgan, Ray Charles, Red Garland; als Leader eine LP für Bethlehem, mit seiner Superband für Stash und Soul Note.
CD: No Dummies Allowed, SN 1179

Person, Houston, (ts), * 10.11.1934 Florence, S. C. Studierte am S. C. State College und – nach Militärdienst in Deutschland – in Hartford. War drei Jahre mit Johnny »Hammond« Smith auf Tournee, dann mit eigenen Combos, meist besetzt mit Orgel (Billy Gardner, Sonny Phillips, Ernie Hayes), arbeitete auch mit Cedar Walton zusammen. P. spielt einen bluesbeeinflußten Stil zwischen Gene Ammons und Sonny Rollins. – Schallplatten mit Johnny Smith, Don Patterson, Tiny Grimes, Joey DeFrancesco, Etta Jones, Charles Earland, Eric Gale, Ran Blake, Ron Carter, Jimmy Ponder, Johnny Lytle, Shirley Scott, Larry O'Neill, Hank Crawford, Lorez Alexandria; als Leader für Prestige, Eastbound, Muse und Savoy.

CD: H. P. – Ron Carter, Something in Common, Muse 600633

Peterson, »Hannibal« Marvin Charles, (tp, comp), * 11.11.1948 Smithville, Tex. Erster Unterricht bei seiner Mutter und in der High School. Leitete 1965–67 eigene Gruppe, studierte dann bis 1969 an der North Texas State Univ. In N. Y. bei Roland Kirk, Roy Haynes, Elvin Jones, Richard Davis u. a., 1971–73 bei Gil Evans, in den folgenden Jahren oft mit seinem »Sunrise Orch.« in Europa. P. ist ein brillanter Trompeter, der die Tradition Clifford Browns mit den Neuerungen John Coltranes zu verbinden weiß. – Schallplatten mit Gil Evans, Elvin Jones, George Adams, Pharoah Sanders, Serene; eigene LPs für Sunrise, MPS, Enja, East World, Mole.

CD: H. Meets Serene, Ear Rational 1020

Peterson, Oscar Emmanuel, (p, comp, voc), * 15.8.1925 Montreal. Begann mit sechs Jahren Klavier zu spielen, gewann mit 14 einen Amateurwettbewerb und spielte in einer wöchentlichen Radio-Show. Mit 19 im Johnny-Holmes-Orchester. Wurde 1949 von Norman Granz (→ Verve) in einem Carnegie-Hall-Konzert vorgestellt, dann bei → JatP. Gründete ein Trio mit Ray Brown (b) und Irving Ashby bzw. Barney Kessel und schließlich Herb Ellis (g). Unternahm erfolgreiche Tourneen, u. a. mit Ella Fitzgerald, und wurde auf unzähligen Verve-LPs als Leader oder Sideman (sein Trio fungierte als Rhythmusgruppe) herausgestellt. 1958 wurde die Gitarre durch den Drummer Ed Thigpen ersetzt. P. nahm in den 60er Jahren eine Reihe von bemerkenswerten LPs für → MPS auf, darunter einige Solo-LPs, die seinen Namen wieder ins Gespräch brachten. Gründete in Toronto die Advanced School of Contemporary Music und trat als Komponist hervor (»Canadiana Suite«, 1964). Wurde ab 1973 auf dem → Pablo-Label mit unterschiedlichsten Partnern gefeiert, u. a. Count Basie, den »Trumpet Kings«, tritt mit Trios in wechselnder Besetzung auf. P. ist nach → Art Tatum der brillanteste Pianist der Jazz-Geschichte. In seinem Spiel vereint er Einflüsse von diesem sowie Nat King Cole u. Earl Hines zu einer persönlichen Aussage, verbunden mit einer außergewöhnlichen Technik. – Schallplatten unter seinem Namen für RCA, Clef/ Verve, MPS, Mercury, America, Pablo, Telarc, Vocal Vision; als Sideman ist er auf Hunderten von Verve-Sessions zu hören, die seine Qualitäten als Begleiter dokumentieren.

Lit.: Gene Lees, The Will to Swing, London 1989 (dt. Wien 1990)

CD: We Get Request; Night Train; Something Warm; Bursting Out with the All Star Big Band (alle Verve); My Favorite Instrument, MPS ✓

Peterson, Ralph, (d), * 20.5.1962 Pleasantville, N. J. Lernte als Kind Schlagzeug, Trompete und Kornett, befaßte sich aber erst an der Rutgers Univ. ernsthaft mit Musik, wo er Trompete mit Terence Blanchard und Schlagzeug bei Michael Carvin studierte. Lernte durch Blanchard Art Blakey kennen, spielte in dessen

Big Band zweites Schlagzeug 1983. War dann bei Walter Davis, Jon Faddis, David Murray, OTB. Lebt in Edmonton, Kanada, spielt mit eigenem Quintett und Quartett (»Fo'tet«). – Schallplatten mit Branford Marsalis, Craig Harris, David Murray, OTB, Terence Blanchard/Donald Harrison, Tom Harrell, Walter Davis, Craig Handy; als Leader für Blue Note.

CD: Presents the Fo'tet, Blue Note 95475

Petrowsky, Ernst-Ludwig, »Luten«, (saxes, cl, fl), * 10.12.1933 Güstrow. Der Doyen der DDR-Jazz-Musiker begann 1955 bei Eberhard Weise, gründete 1962 mit Manfred Schulze (bar) das Manfred-Ludwig-Sextett, welches bis 1970 bestand; spielte aber auch bei Klaus Lenz und der Gruppe SOK. 1970–79 im Rundfunktanzorchester Berlin (Günter Gollasch), seit 1967 auch im von ihm mitbegründeten Rundfunkensemble Studio IV und ab 1973 in der Gruppe »Synopsis«, der für die Entwicklung des Jazz in der DDR wichtigsten Formation (mit → Conny Bauer [tb], Ulrich Gumpert [p], Günther Sommer [d]). Spielte auch in der Workshop Band von Gumpert und eigenem Trio bzw. Quartett. Seit den 80er Jahren häufig im Westen, u. a. beim Globe Unity Orch., George Gruntz Concert Jazz Band; viele Begegnungen mit internationalen Musikern auf Festivals. P. war lange Zeit der kreativste Musiker der DDR, er hat eine Entwicklung vom → Hard-Bop zum → Free Jazz vollzogen, ohne dies nur als Mode anzusehen. – Schallplatten mit Klaus Lenz, Günter Gollasch, Ulrich Gumpert, Peter Brötzmann, George Gruntz, Globe Unity Orch., Hans Rempel, Heinz Becker, European Jazz Ens., Uschi Brüning, Synopsis u. a.; als Leader für Amiga, FMP.

LP: FMP 0140, 0240

Petrucciani, Michel, (p), * 28.12.1962 Montpellier, Frankreich. Vater Tony (g) und zwei Brüder sind ebenfalls Musiker. Der aufgrund einer Knochenkrankheit zwergwüchsige P. begann mit 15 Jahren seine professionelle Karriere bei Kenny Clarke, ging auf Tournee mit Clark Terry und Lee Konitz und wurde 1982 von Charles Lloyd in dessen Band geholt. Der stilistisch an → Keith Jarrett erinnernde hochbegabte P. tritt meist als Solist oder im Trio auf und dürfte noch oft von sich reden machen. – Schallplatten mit Charles Lloyd, Lee Konitz, Ron McClure, Joe Lovano, Michel Graillier, Wayne Shorter; eigene Aufnahmen für Owl, Blue Note und Concord.

CD: Live at the Village Vanguard, Concord 3006

ⓥ: Power of Three, PMI MVP 2563

Pettiford, Oscar, (b, cello), * 30.9. 1922 Okmulgee, Okla., † 8.9.1960 Kopenhagen. Stammt aus einer musikalischen Familie, mehrere Geschwister sind ebenfalls Musiker. Spielte 1943 bei Charlie Barnet, Roy Eldridge, 1944 mit Dizzy Gillespies Bebop-Combo auf der 52nd Street, 1945 bei Royd Raeburn, Coleman Hawkins, ging im gleichen Jahr zu Duke Ellington (bis 1948). Dann zu Woody Herman, 1950 bei Louis Bellson, 1951–52 eigene Combo, damit in Japan u. Korea. 1953–58 in N. Y. mit Sextett u. Big Band. Nach Englandtournee Entscheidung, in Europa zu bleiben, spielte dort mit Stan Getz, Hans Koller, Kenny Clarke u. europäischen Musikern. P. war der erste Musiker, der das Cello solistisch einsetzte, er gehört zu den großen Bassisten des → Bebop, dem er durch die Einführung des Unisono-Spiels von tp u. as seine gültige Form gab. – Aufnahmen ab 1943 mit Leonard Feather, Coleman Hawkins, Mildred Bailey, Sid Catlett, Herbie Fields, Dizzy Gillespie, Sonny Greer, Ed Hall, Clyde Hart, Esquire All Stars, Walter Thomas, Ben Webster, Boyd Raeburn (»Night in Tunisia«), Ike Quebec, Duke Ellington, Wynonie Harris, Art Blakey, Kenny Dorham, Sonny Rollins, Eddie Heywood, Urbie Green, Jimmy Cleveland, Pat Moran, Clark Terry, Joe Roland, Lee Konitz, Sonny Stitt, Lionel Hampton, Milt Jackson, Chris Connor, Zoot Sims, Hans Koller; als Leader für Manor, Mercer, Imperial, Debut, Prestige, Bethlehem, ABC-Paramount, Fontana, EMI-Columbia.

Lit.: C. Gazdar, First Bass – The O. P. Discography, Bangalore 1991
CD: Sessions 1958–60, Delta 11096; Discoveries, Savoy 650142

Phillips, Barre, (b), * 27.10.1934 San Francisco. Begann mit 15 Jahren in Dixieland-Bands, studierte in N. Y. bei Fred Zimmerman, spielte seit den frühen 60er Jahren mit Avantgarde-Musikern wie Don Ellis, George Russell, Jimmy Giuffre, Archie Shepp, Gunther Schuller, Ken McIntyre, aber auch mit Peter Nero und den New Yorker Symphonikern. P. gehört zu den wichtigen Bassisten der 60er und 70er Jahre, vor allem durch seine Erarbeitung neuer klanglicher Aspekte seines Instruments. – Schallplatten mit Archie Shepp, Eric Dolphy, Mal Waldron, Gunter Hampel, Peter Kowald, Terje Rypdal, Alfred Harth, Peter Brötzmann, Mumps u. a.; eigene LPs für Japo/ECM, Futura, Les Disques Victo.

LP: Call Me When You Get There, ECM 1257

Phillips, Flip, Joseph Eward Filipelli, (ts), * 26.2.1915 N. Y. Erste Jobs in Restaurants in Brooklyn als Klarinettist, 1940–41 bei Frank Newton, wechselte zum Tenor, als er 1942–43 bei Larry Bennett spielte. Wurde bekannt in der »First Herd« von Woody Herman 1944–46, dann ein gefeierter Solist bei → JatP (»Perdido«), spielte mit eigenen Gruppen und ließ sich Mitte der 50er Jahre in Florida nieder, wo er ein Quartett leitete. 1959 Tournee mit Benny Goodman, in den 70er Jahren gab es Reunions mit Woody Herman, zuletzt noch 1984, trat dann in N. Y. mit Teddy Wilson auf und den Colorado Jazz Parties. Als Solist gehört er der Coleman-Hawkins-Richtung an, hat aber auch einiges von Lester Young übernommen. Seine extrovertierten Soli bei JatP dürfen nicht darüber hinwegtäuschen, daß er ein vorzüglicher Balladenspieler ist. – Schallplatten mit Woody Herman, Earl Hines, Chubby Jackson, Buck Clayton, J. C. Heard, Red Norvo, Benny

Carter, Metronome All Stars, Sarah Vaughan, JatP, Ralph Burns, Machito, Buddy Rich, Billie Holiday, N. Granz Jam Session, Johnny Hodges, Gene Krupa, Benny Goodman, Milt Hinton, Charlie Parker, Chico O'Farrill, Fred Astaire, Nick Esposito u. a.; als Leader ab 1944 für Signature, Verve, Sue, Choice, Progressive, PHM, Concord, Chiaroscuro.
CD: A Real Swinger, Concord 358

Phrasierung, im Jazz ein Bestandteil der Melodiebildung, gekennzeichnet durch einen rhythmischen Verschiebungsvorgang, bei dem entweder die einzelnen melodischen Akzente von den ihnen zugrundeliegenden metrischen Bezugspunkten gelöst werden oder die ganze Phrase (d. i. ein abgegrenztes Stück der Melodie) innerhalb des ihr zur Verfügung stehenden metrischen Raumes versetzt wird. Die P. ist ein Kriterium dafür, ob ein Stück Jazz ist oder nicht.

Piano (p). Das Klavier wird im Jazz als Perkussions- und Melodieinstrument gespielt, im frühen Jazz zuerst als Rhythmusinstrument, d. h., es wurden Akkorde analog der Banjo- bzw. Gitarrentechnik geschlagen. Im → New Orleans Jazz spielt das P. noch keine Rolle, dagegen ist es im Chicago-Stil der Mittelpunkt der Band, um den herum sich die anderen Instrumente zu fügen begannen. Im → Swing ist der perkussive Charakter weitgehend verloren, die pianistische Tätigkeit bleibt auf harmonisches Akkordspiel beschränkt, von den Soli abgesehen. Der moderne Jazz verwendet das P. sehr ausgedehnt, er ist gewissermaßen vom Klavier her entstanden. Zu den bedeutendsten Pianisten des Jazz zählen James P. Johnson, Jelly Roll Morton, Fats Waller, Earl Hines, Art Tatum, Count Basie, Teddy Wilson, Pete Johnson, Bud Powell, Erroll Garner, Oscar Peterson, John Lewis, Phineas Newborn, McCoy Tyner, Cedar Walton, Hank Jones, Bill Evans, Keith Jarrett, Cecil Taylor, Chick Corea, Herbie Hancock, Don Pullen, Geri Allen, Amina Claudine Myers, Michel Petrucciani.
LP: The Modern Jazz Piano Album, Savoy SJL 2247
CD: Classic Jazz Piano, Bluebird ND 86754; The Jazz Piano, Smithsonian RD 039

Piano Rolls → Player Rolls

Pick-up Band (– Group) ist eine für einen → Gig oder eine Schallplattenaufnahme kurzfristig zusammengestellte Gruppe.

Pierce, Billy, William, (ts, sop), * 25.11. 1948 Hampton, Va. Der heute in Boston lebende Musiker rückte erst relativ spät ins Rampenlicht des internationalen Jazz-Geschehens. Er stammt aus einer musikalischen Familie und spielte bereits auf der High School Tenorsaxophon. Ein Studium auf dem renommierten Berklee College of Music, das er mit 18 Jahren antrat, erweiterte die ersten musikalischen Schritte und brachte ihn auch auf musiktheoretischer Ebene weiter. Bis zu seinem Engagement bei Art Blakeys Jazz Messengers hatte P. lediglich im lokalen Umfeld von Boston gespielt. Obwohl sich bei Art Blakey über Jahrzehnte an der soliden Konzeption seines Hard-Bop-

Spiels nicht viel änderte, wurde jede Besetzungsänderung von Fans und Kritikern mit größtem Interesse registriert. Der Grund lag darin, daß sich der explosiv agierende Drummer seit den 50er Jahren einen Namen als Talentscout gemacht hatte. 1980 stellte Art Blakey auf internationalen Festivals (Montreux/Den Haag) eine Big Band vor, in der neben den kometen-haft aufsteigenden Marsalis-Brüdern Wynton (tp) und Branford (sax) auch P. (ts) mitwirkte, der mit seinen 32 Jahren zusammen mit dem Leader schon zu den Oldies der Band zählte. In den folgenden zwei Jahren kümmerte sich P. als eine Art musikalischer Direktor um das Programm der Messengers.

Wie alles in P.'s musikalischer Laufbahn Zeit brauchte, so hat sich auch sein Saxophonspiel langsam gewandelt. Zu Beginn seiner Karriere waren in kaschierter Form noch die Einflüsse von John Coltrane, Sonny Rollins und Wayne Shorter überdeutlich zu hören. Nach seinem Weggang von den »Messengers« und eigenen Projekten änderte sich das. In den letzten Jahren überzeugte P. sowohl als Komponist wie auch als Künstler mit interessanten Improvisationen auf dem Sopran- und Tenorsaxophon. – Schallplatten mit Antonio Hart, Art Blakey, Gary Burton, Geoff Keezer, John Swana, Tony Williams; als Leader für Sunnyside. (G. F.)

CD: Art Blakey and The Jazz Messengers, Keystone 3, Concord CCD 4196; Billy Pierce – The Complete William The Conqueror Sessions, Sunnyside SSC 9013; Billy Pierce – One For Chuck, Sunnyside CCD 1053

Pierce, Nat, Nathaniel, (p, comp, ldr), * 16.7.1925 Somerville, Mass., † 9.6.1992 L. A. Studierte am New England Conservatory, spielte ab 1943 in den Bands von Nick Jerret, Carl Nappi, Shorty Sherock, in Boston bei Ray Borden. 1948 bei Larry Clinton, 1949 eigene Big Band in Boston mit u. a. Charlie Mariano. 1951–55 bei Woody Herman als Pianist u. Arrangeur, dann freelancing in N. Y. Arbeitete für Claude Thornhill, Tony Scott, Phil Woods, Count Basie u. a.; leitete eine Big Band, die als letzte im → Savoy spielte, bevor dieser Ballroom einem Supermarkt Platz machen mußte. 1961–65 erneut bei Woody Herman, dann in L. A. als Arrangeur u. Komponist, u. a. für Harry James, Louis Bellson u. Carmen McRae. Vertrat immer wieder mal Count Basie in dessen Band. Leitete Big Band mit → Frank Capp in L. A. (»Juggernaut«) und ging häufig auf Tournee, bes. mit Basie-Alumni-Gruppen. – Schallplatten mit Woody Herman, Larry Sonn, Paul Quinichette, Jimmy Rushing, Jo Jones, Urbie Green, Joe Newman, Boyd Raeburn, Ruby Braff, Pee Wee Russell, Roy Eldridge, Count Basie, Scott Hamilton, Benny Carter, La Vern Baker, Charlie Barnet, Baby Laurence, Rosemary Clooney, Eddie Vinson, Pat Longo u. a.; als Leader für Motif, Dee Gee, Fantasy, Vangurd, Keynote, Coral, RCA, Hep u. Concord.

CD: Juggernaut, Concord 72

Pike, Dave, David Samuel, (vib, p, comp), * 23.3.1938 Detroit. Begann mit acht Jahren Schlagzeug zu spielen, ab 1954 autodidaktisch Vibraphon. In L. A. bei Elmo Hope, Carl Perkins, Curtis Counce, James Clay, Paul Bley u. a. Ging 1960 nach N. Y. zu Herbie Mann. Trat 1968 bei den Berliner Jazztagen auf, blieb in Deutschland und gründete mit Volker Kriegel (g) den Dave-Pike-Set, der für einige Jahre zur beliebtesten Combo wurde. Ließ sich 1973 in Kalifornien nieder, trat erst in den 80er Jahren wieder auf europäischen Festivals auf. – Schallplatten mit Clark Terry, Herbie Mann, Paul Bley, Jazz Couriers, Rein De Graaf; unter seinem Namen für Riverside, Epic, Prestige, Decca, Atlantic, Relax, MPS, Muse, Criss Cross.
CD: D. P. with R. De Graaf Quartet, Timeless 302

Pine, Courtney, (ts, sop, bcl, comp), * 18.3.1964 London. Spielte während seiner Schulzeit in Reggae- und Funk-Bands, kam durch Schallplatten von Sonny Rollins und John Coltrane zum Jazz. In den frühen 80er Jahren Teilnahme an Workshops von John Stevens, spielte in dessen Freebop Band. Gründete eine Big Band, die Jazz Warriors, und ein Saxophon-Quartett, The World's First Saxophone Posse, seit 1985 ein Quartett/Quintett mit Julian Joseph (p). Ging auf Tournee mit George Russell, spielte mit Art Blakey und Elvin Jones und ist wohl der erste in England geborene Schwarze, der die heimische Jazz-Szene beeinflußte. Obwohl exzellenter Techniker, besonders im → Hard-Bop zu Hause, läuft er bei seinen Schallplattenveröffentlichungen noch jeder Mode nach. – Aufnahmen mit Harry Beckett, Cleveland Watkiss, Branford Marsalis; als Leader für Antilles/Island.
CD: The Visions Tale, ANCD 8746

Pizzarelli, Bucky, John, (g), * 9.1. 1926 Paterson, N. J. Erster Job bei → Joe Mooney 1952, ab 1954 Studioarbeit beim Sender NBC, ab 1966 bei ABC. Ging auch auf Tournee mit Vaughn Monroe. P., der eine siebensaitige Gitarre spielt, trat seit den 70er Jahren häufiger als Jazz-Musiker hervor, er spielte mit Benny Goodman, im Duett mit George Barnes, bei Bob Wilber und Bobby Hackett. – Schallplatten mit Benny Goodman, Carmen McRae, Coleman Hawkins, Gene Ammons, Glenn Miller Orch., Sarah Vaughan, George Masso, Duke Ellington Orch., Zoot Sims, Lionel Hampton, Slam Stewart, Joe Venuti, Barbara Lea, Wes Montgomery, Bud Freeman, Susannah McCorckle, Gunther Schuller, Dorothy Loudon, Warren Vaché Jr., Peter Appleyard, Louis Bellson u. v. a.; als Leader für Savoy, Monmouth Evergreen, Stash u. Chesky. Sein Sohn John hat sich inzwischen auch einen Namen als Gitarrist (und Vokalist) gemacht.
CD: Bucky & John P., Guitar Duos, Stash 536

Plantation Songs, die (weltlichen) Lieder der Negersklaven auf den Plantagen (meist Baumwollfelder) im Süden der USA. (→ Coon Song, → Work Song)

Player Rolls, Walzen für mechanische Klaviere, die als Vorläufer der → Juke Box gelten können. Auf P. erschienen die frühesten Ragtime-Stücke von Scott Joplin u. a. Komponisten. Sie waren bis in die 20er Jahre dieses Jahrhunderts in Gebrauch, bis sie von der Schallplatte verdrängt wurden.
LP: Piano Roll Hall of Fame, Sounds 1202

Plunger → Dämpfer aus Gummi oder Kunststoff zur Tonveränderung bei Blechblasinstrumenten.

Poetry & Jazz → Jazz und Lyrik

Poll (Umfrage, Abstimmung), die von verschiedenen Jazz-Zeitschriften durchgeführte Umfrage bei Lesern und Kritikern nach den beliebtesten (bzw. besten) Musikern und Bands. Die Veröffentlichung der Ergebnisse solcher Polls war früher oft verbunden mit der Vorstellung der Sieger in Konzerten, auch Schallplattenaufnahmen (→ Esquire All Stars, → Metronome All Stars).

Pollack, Ben, (d, ldr), * 22.6.1903 Chicago, † 7.6.1971 Palm Springs, Calif. Spielte Schlagzeug in »Friar's Society Orchestra« (→ NORK), gründete 1925 eigene Band in Kalifornien, zu der in den nächsten fünf Jahren die Creme der kommenden (weißen) Swing-Stars gehörte: Benny Goodman, Glenn Miller, Charlie Spivak, Jack Teagarden, Yank Lawson, auch Jimmy McPartland, Ray Bauduc. In seiner Band bildete sich der weiße Swing-Stil heraus, von dem er selbst nicht profitieren konnte: 1934 ging aus seiner Band die → Bob Crosby Band hervor. Eine neue Band ab 1936 mit Harry James und Muggsy Spanier war erfolglos. 1942 managte er die Band von Chico Marx, gründete 1943 eine Schallplattenfirma (Jewel) und leitete ein Restaurant. Trat in den 50er Jahren mit Dixieland-Bands auf, spielte sich selbst in den Filmen »The Glenn Miller Story« und »Benny Goodman Story«. Beging Selbstmord. – Schallplatten mit NORK, Muggsy Spanier, Benny Goodman, Irving Mills, Whoopee Makers, Sharkey Bonano; mit seiner Band ab 1926 für Victor, Banner, Columbia, Brunswick, Variety, Decca, Modern, Discovery, Savoy.
LP: Saville 154
CD: → New York Jazz

Polygram, Medienkonzern, gehört zu 80 % dem Elektronikkonzern Philips und ist Eigentümer der Labels Philips, Fontana, → Mercury, Metronome, → MGM, → MPS, Polydor und → Verve. Der Konzern besitzt einen großen Teil des gesamten Jazz-Repertoires, welches er manchmal vorbildlich (z. B. Charlie Parker, Clifford Brown, US-Ausgaben) zu editieren weiß, geriert sich aber meist als Weltmeister im Aus- und Umkoppeln und vermarktet dieses wertvolle Material auf schlimmste Weise.

Polymetrik, das gleichzeitige Zueinanderfügen verschiedener Metren, deren Abläufe der Grundeinheiten gleich lang sind. Stammt aus der afrikanischen Musik, hat sich besonders in der → Lateinamerikanischen Musik erhalten.

Polyphonie ist nach Alfons M. Dauer

(s. Lit.) diejenige Form der Mehrstimmigkeit, bei der alle Stimmen gleichwertig sind und jede von ihnen nach eigener Gesetzmäßigkeit entwickelt wird, also in ihrem Ablauf nicht an eine vorgegebene Melodie gebunden ist, die sie umschreibt (Heterophonie) oder zu der sie in irgendeinem fortlaufenden Intervallverhältnis steht (Parallelismus).
Im Jazz ist P. zu finden 1. als Ruf-Antwort-P. im Klassischen Jazz, 2. als freier Kontrapunkt auf der Grundlage einer harmonischen Folge in → Dixieland, → Chicago, → Swing und modernem Jazz, 3. als direkte Übertragung kontrapunktischer und formaler Techniken der europäischen Musik im modernen Jazz (z. B. → Lennie Tristano, → Dave Brubeck).
Lit.: A. M. Dauer, Jazz, die magische Musik, Bremen 1961

Pomeroy, Herb, Irving Herbert, (tp, comp, ldr), * 15.4.1930 Gloucester, Mass. Studierte Zahnmedizin (!) in Harvard und später Trompete, Klavier und Komposition am Schillinger House (jetzt Berklee College) in Boston. Spielte ab 1953 bei Stan Kenton, Lionel Hampton, Charlie Mariano, auch Charlie Parker. Leitete eigene Band in Boston. Seit 1955 Lehrer an der Berklee School, 1959–60 auch an der Lenox School. Hat in dieser Funktion großen Einfluß auf Generationen späterer (Jazz-)Musiker gehabt. Er ist die treibende Kraft hinter den Big-Band-LPs, die jährlich vom Berklee College veröffentlicht werden. Leitet eine Big Band, die vor allem im Raum Boston auftritt, gelegentlich auch auf internationalen Festivals. – Schallplatten mit Serge Chaloff, John Lewis, Gary McFarland, Orch. USA, Charlie Mariano, Anita O'Day sowie auf posthum veröffentlichten Live-LPs von Stan Kenton u. Charlie Parker; eigene LPs für Transition, Roulette*, United Artists und Shiah.
CD: Life is a Many Splendored Gig, Fresh Sound 84, Bostonian Friends' Peace for Africa, EPM*

Ponomarev, Valery, (tp), * 20.1.1943 Moskau. Sohn einer Pianistin, studierte in Moskau, spielte ab 1963 regelmäßig im dortigen Jazz-Club, auch mit amerikanischen Gästen wie Charles Lloyd und Keith Jarrett. Wanderte 1973 in die USA aus, ging im folgenden Jahr zu Art Blakey, bei dem er bis 1980 blieb. Tritt seitdem mit eigenen Gruppen auf. Solider Hard-Bop-Trompeter. – Schallplatten mit Art Blakey, Jeff Hittman, Ullulation; als Leader für Reservoir.
CD: Trip to Moscow, Reservoir 107

Ponty, Jean-Luc, (vln, comp), * 29.9. 1942 Avranches, Frankreich. Erhielt Unterricht ab seinem fünften Lebensjahr, studierte am Conservatoire National Supérieur de Musique in Paris, schloß das Studium mit dem 1. Preis 1959 ab und spielte dann zwei Jahre im Lamoureux-Symphonieorchester. 1961–64 bei Jef Gilson, dann freelancing. 1967 Teilnahme am Violin-Workshop beim Monterey Festival, spielte mit Frank Zappa und George Duke. Emigrierte 1973 in die USA, spielte nochmals bei Zappa sowie John McLaughlin (Mahavishnu Orch.). Eigene Gruppen ab 1975. P. spielt eine fünfsaitige, elektrisch verstärkte Violine, deren Sound er mittels Echokammer, Wah-Wah u. a. verfremdet. Er hat den Stil → John Coltranes auf sein Instrument übertragen und damit anderen Geigern wie Jerry Goodman und Didier Lockwood den Weg bereitet. – Schallplatten mit Jef Gilson, Frank Zappa, George Duke, John McLaughlin, Chick Corea, Stuff Smith – Stéphane Grappelli – Sven Asmussen, Wolfgang Dauner, Gerald Wilson, Violin Summit, Daniel Humair; als Leader für Palm, Philips, Electrola, Pacific Jazz, Liberty, Blue Note, MPS, Pierre Cardin, Atlantic, Polydor, Epic.

CD: Enigmatic Ocean, Atlantic 19110; Upon the Wings of Music, Atlantic 81495-2

Pop, Popular Music, Schlager- und Unterhaltungsmusik, im weitesten Sinn alles, was nicht zur »ernsten Musik« zählt, von der sentimentalen Schnulze bis zur Rockmusik. P. ist jede Art von Musik, die sich den Erfordernissen von Massenproduktion und Massenkonsumption fügt, wobei die Verwendung des Begriffes »Pop« (= populär, d. h. volkstümlich) suggeriert, es handele sich um eine vom Volk getragene »demokratische« Strömung. Jazz hat mit Popmusik nur insofern etwas zu tun, als er eine ihrer Wurzeln ist und außerdem viele ihrer Themen (Songs) zu → Standards wurden und von Jazz-Musikern als Improvisationsvorlage genutzt werden. (→ Evergreen)

Porcino, Al, (tp), * 14.5.1925 N. Y. Spielte ab 1943 bei Louis Prima, Tommy Dorsey, Jerry Wald, Georgie Auld, Woody Herman, Gene Krupa, Stan Kenton, Chubby Jackson. In den 50er Jahren bei Count Basie, Elliot Lawrence, Woody Herman, Stan Kenton, Pete Rugolo u. a., 1957–59 mit → Med Flory Big Band in L. A. (»Flory-Porcino Jazz Wave Orch.«). 1959–62 in der Terry Gibbs Big Band, 1959 auch in der Monterey Festival Big Band, stellte 1963 für dieses Festival eine Band für Dizzy Gillespie zusammen, arbeitete hauptsächlich als Studiomusiker. In dieser Eigenschaft ab 1969 in N. Y., dort u. a. bei Thad Jones – Mel Lewis, Woody Herman; leitete eigene Band, die eine LP mit Mel Tormé aufnahm (Atlantic). Lebt seit 1977 in Deutschland, arbeitete bei Erwin Lehn, dem SFB-Tanzorch., veranstaltet Trompeten-Workshops und leitet in München eigene Big Band. P. gehört neben Gonrad Gozzo (1922–64) zu den brillantesten Lead-Trompetern der letzten 40 Jahre. – Er ist auf Hunderten von LPs vertreten, als Solist bei einigen Titeln von Georgie Auld, Gene Krupa und Charlie Parker (»Lover«, Verve). LPs mit eigener Band für Jazz Mark und RAZmTAZ.

CD: In Oblivion, Jazz Mark 106

Portal, Michel, (cl, saxes), * 27.11. 1935 Bayonne, Frankreich. Studierte Klarinette am Konservatorium in Paris, spielte zunächst klassische Musik, wandte sich 1967 dem Jazz zu, hat aber auch mit Karl Heinz Stockhausen, Mauricio Kagel und Pierre Boulez zusammengearbeitet und ist in allen Formen des zeitgenössischen Jazz versiert. – Schall-

platten mit Daniel Humair, Alan Silva, John Surman, Albert Mangelsdorff u. a.; als Leader für Pathé, Futura, CBS, Chant du monde, L'Escargot, Cy, Hat Art, Mfa; Label Bleo.
CD: Hat Art 6022

Posaune (trombone, Abk. tb), Blasinstrument in B mit Kesselmundstück, gehört zu den ursprünglichen Hot-Instrumenten. Sie dient im Traditionellen Jazz der Erzeugung einer tiefen Gegenstimme zur Lead-Stimme der Trompete, hatte aber auch die Funktion eines Baßinstruments. Seit dem Dixieland, vor allem aber dem Swing und dem Modern-Jazz als Soloinstrument eingesetzt, wo neben der gebräuchlichen Zugposaune (slide tb) auch die Ventilposaune (valve-tb, Abk. vtb) gespielt wird. Unter den stilbildenden Posaunisten sind zu nennen Jimmy Harrison, Miff Mole, Jack Teagarden, Dickie Wells, Trummy Young, Vic Dickenson, Tommy Dorsey, Bill Harris, J. J. Johnson, Kai Winding, Benny Green, Curtis Fuller, Frank Rosolino, Carl Fontana, Jimmy Cleveland, Albert Mangelsdorff, Paul Rutherford, Ray Anderson.
Ventil-P.: Juan Tizol, Brad Gowans, Frank Orchard, Marshall Brown, Bob Enevoldsen, Bob Brookmeyer, John Sanders, Mike Fahn. Die Baßposaune wird fast nur in Big Bands als tiefste Stimme im Posaunensatz eingesetzt, z. B. George Roberts.
CD: Frank Wess, Trombones & Flute, Savoy SV-0190; Trombone Summit, Jazz Zounds 272000170

Potts, Bill, William Orie, (p, comp), * 3.4.1928 Arlington, Va. Begann als Autodidakt, spielte sechs Jahre in der US-Army-Band, ab 1954 in Combo in Olivia Davis' Patio Lounge in Washington, D. C., begleitete dort u. a. Stan Getz, Zoot Sims, Lester Young, spielte bei Woody Herman, Charlie Barnet, Joe Timer, arrangierte für diese sowie für Buddy Rich, Stan Kenton, Richard Maltby, Benny Goodman, Count Basie, Ralph Marterie, Phil Woods, Doc Severinsen. Seit 1973 lehrt er am Montgomery College in Rockville, Md., leitet seit 1987 Big Band. – Schallplatten als Pianist mit The Six, Al Cohn, John Pisano, Freddy Merkle, Maxwell Davis, Lester Young, Norman E. Williams; als Leader nahm er eine hochgerühmte Big-Band-Version von »Porgy & Bess« auf (United Artists), außerdem LPs für Colpix, Decca und Jazz Mark.
CD: 555 Feet High, Jazz Mark 107

Powell, Bud, Earl, (p), * 27.9.1924 N. Y., † 31.7.1966 N. Y. Entstammt einer Musikerfamilie, sein jüngerer Bruder Richie (1931–56) war ebenfalls Pianist. Thelonious Monk vermittelte ihm seinen ersten Job bei Cootie Williams 1943–44. Arbeitete ab 1945 auf der 52nd Street, u. a. mit → Charlie Parker. In diesem Jahr erster Nervenzusammenbruch (er soll von Polizisten zusammengeschlagen worden sein), war in den folgenden Jahren immer wieder wegen Drogensucht und Alkoholmißbrauch in Kliniken bzw. im Gefängnis. Spielte mit eigenem Trio, lebte von 1959–64 in Paris, starb an Tuberkulose und wohl auch an den Folgen einer bar-

barischen Behandlung mit Elektroschocks etc.

P. war der bedeutendste Pianist des → Bebop. Beeinflußt von Teddy Wilson, Nat King Cole und Billy Kyle, entwickelte er eine neue Sprache am Klavier und hat zahllose Pianisten nach ihm inspiriert. Er komponierte u. a. »Budo«, »Bouncing with Bud«, »Parisian Thoroughfare«, »Tempus fugit«, »Webb City«, »Un poco loco«. – Schallplatten mit Cootie Williams, den Bebop Boys, Dexter Gordon, J. J. Johnson, Frank Socolow, Charlie Parker (»Massey Hall Concert«), Sonny Stitt, Fats Navarro, Art Blakey, Dizzy Gillespie/Double Six; unter eigenem Namen für Roost, Clef/Verve, Blue Note, Debut, RCA, Polydor, Black Lion, Sonet; posthum erschienen LPs auf Base, Xanadu, ESP, Steeplechase u. a.

Lit.: A. Groves, B. P., London 1990; F. Paudras, La danse des infidèles, Paris 1986

CD: Blue Note 1503, 1571, 1504; Black Lion 60105

Powell, Mel, Melvin, (p, comp), * 12.2. 1923 N. Y. Studierte bei Privatlehrern, leitete schon mit zwölf Jahren eine Dixieland-Band, spielte 1939 im »Nick's« mit u. a. Bobby Hackett. War 1940 bei Muggsy Spanier, ging 1941 zu Benny Goodman, auch als Arrangeur (»Mission to Moscow«). 1942 bei Raymond Scott, 1943–45 in Glenn Millers AAF-Band, 1946 nochmals bei Benny Goodman. Studierte bei Paul Hindemith und Nadia Reisenberg, wurde Dozent am Queens College und schließlich Dekan der Musikabteilung des California Institute of Art, widmete sich der »E-Musik« und kehrte nur 1954–55 für einige Platten-Sessions zum Jazz zurück. Trat erst 1986 wieder bei Jazz-Kreuzfahrten als Jazz-Musiker hervor. In seiner kurzen Karriere als solcher hat sich P. als brillanter Pianist gezeigt, der in allen traditionellen Stilen zu Hause ist. – Schallplatten mit Benny Goodman, Glenn Miller, Wingy Manone, JatP, Art Lund, Ray McKinley; unter seinem Namen für Commodore, Esquire, Capitol, Vanguard, Columbia und Chiaroscuro.

CD: Return of M. P., Chiaroscuro 301

Powell, Seldon, (ts, fl), * 15.11.1928 Lawrenceville, Va. Absolvent der Konservatorien in N. Y., Brooklyn und der Juilliard School. Erste Jobs ab 1949 bei Betty Mays, Tab Smith, Lucky Millinder, in den 50er Jahren bei Sy Oliver, Erskine Hawkins, Neal Hefti, Louis Bellson, Don Redman, Johnny Richards, Benny Goodman (1958 Europa), Woody Herman, Buddy Rich. Arbeitete hauptsächlich als Studiomusiker in N. Y., und es ist wohl dieser Tätigkeit zuzuschreiben, daß er meist im Schatten anderer, weniger talentierter Tenoristen steht. – Schallplatten mit Doc Bagby, Louis Bellson, Johnny Richards, A. K. Salim, Teri Thornton, Friedrich Gulda, Jay McShann, Sonny Stitt, Charlie Rouse, Eddie Harris, Bill English, Willie Rodriguez, Benny Goodman, Bill VerPlanck, Pretty Purdie, Buddy Rich, Ernie Wilkins, Clark Terry, Oscar Peterson, Big Joe Turner, Neal Hef-

ti, Billy Butler, Pucho & Latin Soul Bros., Charlie Byrd, George Williams, Gato Barbieri, Count Basie u. a.; als Leader für Roost*, Epic u. Encounter.
*CD: Sextet, Fresh Sound 93**

Pozo, Chano, Luciano Pozo y Gonzales, (cga, voc, comp), * 7.1.1915 Havanna, Kuba, † 2.12.1948 N. Y. Wurde beeinflußt von westafrikanischer Musik aufgrund seiner Mitgliedschaft bei dem aus Nigeria stammenden »Abakwa«-Kult. → Mario Bauza holte ihn 1946 nach N. Y., wo er mit Miguelito Valdes und Machito spielte sowie 1947–48 auf Empfehlung von Bauza bei → Dizzy Gillespie und mit diesem den → Cubop kreierte. Wurde aus nie geklärten Gründen ermordet. Kompositionen: »Blen, blen, blen«, »Nague«, »El Pin Pin«, »Parampanpin«, »Llora«, »Serende«, »Rumba en Swing«, »Seven Seven« und – mit Dizzy Gillespie u. George Russell – »Cubana Be – Cubana Bop«. – Schallplatten mit Dizzy Gillespie, Machito, James Moody, Arsenio Rodriguez.
CD: C. P. & A. Rodriguez with Machito, Tumbao TCD-017

Prestige Records, 1949 von Bob Weinstock gegründet, 1971 an → Fantasy verkauft. Mit den Labels Prestige, New Jazz, Status, Swingville, Bluesville und Moodsville war P. in dieser Zeit die bedeutendste unabhängige Firma mit Veröffentlichungen von Lee Konitz, Miles Davis, John Coltrane, Stan Getz, Wardell Gray, Thelonious Monk, Benny Golson, Red Garland, Dexter Gordon, Eric Dolphy, Gene Ammons.

Dieses »futuristische« Cover einer → Prestige-LP von Miles Davis ist typisch für den Zeitgeist der 50er Jahre.

Lit.: M. Ruppli, Prestige Jazz Records 1949–69, Dänemark 1972 (D)
LP: 25 Years of Prestige, P-24046; First Sessions, P-24081

Previn, André, (p), * 6.4.1929 Berlin. Sohn des Filmkomponisten Charles P., arbeitete selbst von 1948–60 für MGM, trat aber häufig als Jazz-Pianist auf, hatte einige Bestseller mit Jazz-Versionen von Musicals wie »My Fair Lady«, »West Side Story«, »Camelot«. Studierte ab 1962 bei Pierre Monteux, arbeitet seitdem als Konzertpianist und vor allem als Dirigent. – Schallplatten mit Georgie Auld, Shorty Rogers, Shelly Manne, Dave Pell, Barney Kessel, Willie Smith, Benny Carter, Benny Goodman, Herb Ellis, Dinah Shore, Jackie Cain – Roy Kral, Pete Rugolo, Betty Bennett, Diahann Carroll, J. J. Johnson, Doris Day, Ella Fitzgerald, Julie London, Helen Humes, Itzak Perlman, Kiri Te Kanawa u. a.; als Leader ab 1945 für Sunset, Modern, RCA, Tops, Decca, Contemporary,

MGM, Columbia, United Artists, EMI, Telarc.

Lit.: E. Greenfield, A. P., N. Y. 1973; A. P. No Minor Chords, N. Y. 1991

CD: West Side Story, Cont. OJC 422

Prez Conference → Dave Pell

Price, Sammy, Samuel Blythe, (p), * 6.10.1908 Honey Grove, Tex., † 14.4.1992 N. Y. Arbeitete ab 1923 bei Alphonse Trent und Lee Collins, im Vaudeville, in den 30er Jahren mit seinen »Texas Bluesicians« oder als Solopianist auf der → Fifty-second Street, mit Eddie Condon und als Hauspianist für → Decca. 1948 auf dem Festival in Nizza. Spielte in den 50er Jahren als Begleiter von Jimmy Rushing, hatte aber auch eigene Gruppe, mit der er in Europa war. Engagierte sich in der Lokalpolitik, in den 70er Jahren aber wieder mit eigener Gruppe mehrmals in Europa. P. war ein exzellenter Blues- und Boogie-Pianist. – Schallplatten mit Trixie Smith, Sister Rosetta Tharpe, Cow Cow Davenport, Lee Brown, Joe Turner, Pete Brown, Don Byas, Mezz Mezzrow, Sidney Bechet, Jimmy Rushing, Maxim Saury, Ollie Shepard, Ole Lindgren, Yack Taylor, Jimmie Gordon, Bea Booze, Christine Chatman; als Leader für Decca, Jazz Selection, Jazztone, Guilde du Jazz, Black & Blue, Savoy, Swing, Kapp, Mahogany, Story-ville, Ex Libris, Sackville, Whiskey, Women and ...

Lit.: S. P., What Do They Want, Wheatley 1989

CD: Blues & Boogie, Vogue 7421115092

Priester, Julian Anthony, (tb), * 29.6. 1935 Chicago. Studierte Klavier, Bariton-Horn und Posaune an der Du Sable High School, spielte ab 1953 bei Sun Ra, Lionel Hampton, Dinah Washington. Ab 1958 in N. Y. bei Max Roach, Slide Hampton, arbeitete als Studiomusiker und trat mit den Bands von Clark Terry, Duke Ellington und Woody Herman auf. Seitdem meist mit eigenen Gruppen. – Schallplatten mit Max Roach, Dinah Washington, Philly Joe Jones, Johnny Griffin, Abbey Lincoln, Blue Mitchell, Booker Little, Duke Ellington, Freddie Hubbard, George Gruntz, John Coltrane, McCoy Tyner, Dave Holland, Jay Clayton, Jazz Artists' Guild, Jerry Granelli; eigene LPs für Jazzland u. ECM.

CD: Polarization, ECM 1098

Prima, Louis, (tp, voc), * 7.12.1912 N. O., † 24.8.1978 Las Vegas. Leitete ab 1934 in N. Y. seine »New Orleans Gang«, dabei u. a. George Brunis (tb), Sidney Arodin bzw. Pee Wee Russell (cl), ab 1940 eine Big Band. Trat in den 50er Jahren mit seiner Frau Keely Smith (voc) mit einer R&B-Combo in Las Vegas auf, wo er durch Hits wie »Buona Sera« zu einer Attraktion wurde. – Schallplatten ab 1934 für Brunswick, Decca, Vocalion, Varsity, V-Disc, Majestic*, RCA, Capitol, Dot.

Lit.: G. Boulard, Just A Gigolo, Lafayette 1989; Garrod, L. P. & His Orch., Zephyrhills 1991 (D)

*LP: Play It Pretty for the People, Savoy 2064**

Procope, Russell, (as, cl), * 11.8.1908 N. Y. Spielte 1929–30 bei Chick Webb, 1931–34 bei Fletcher Henderson, dann bei Benny Carter, Teddy Hill u.

John Kirby, ab 1945 bei Duke Ellington. – Schallplatten mit Jelly Roll Morton, Fletcher Henderson, Benny Carter, Teddy Hill, John Kirby, Buster Bailey, Mildred Bailey, Lionel Hampton, Una Mae Carlisle, Frank Newton, Duke u. Mercer Ellington; als Leader für HRS u. Dot.

Producer (Produzent). Der P. entscheidet, welcher Musiker bzw. welches Ensemble welche Stücke aufnimmt und wie das endgültige Produkt zu klingen hat, was durch Mischen, Aussteuern etc. geschehen kann. Die P. sind daher weitgehend verantwortlich für den Erfolg einer Schallplatte. Analog zur Popmusik geht der Einfluß der P. heute schon so weit, daß die Musiker zu bloßen Fachidioten degradiert werden und kaum noch eigene Kreativität durchsetzen können. Bekannte P. sind: → Teo Macero, Norman Granz (Verve, Pablo), Creed Taylor (Verve, CTI), Dave Grusin (GRP), Manfred Eicher (ECM). Viele P. arbeiten unabhängig von den Plattenfirmen, auch gehen immer mehr Musiker dazu über, ihre Platten selbst zu produzieren, wodurch die Plattenfirmen zu bloßen Vertriebsorganisationen reduziert werden.

Programmusik, Bezeichnung für Instrumentalstücke, die einen außermusikalischen Inhalt erkennen lassen. Dieser wird durch Überschriften, Erläuterungen oder Hinweise auf Begebenheiten, Kunstwerke, Ideen oder Gestalten aus Dichtung u. a. vom Komponisten deutlich gemacht. Beginnend im Spätmittelalter, hatte die P. ihren Höhepunkt im 19. Jh., wo sie eine ausgesprochene Gattung wurde, z. B. Beethoven (»Pastorale«), Liszt, Strauss, Berlioz (»Sinf. fantastique«). Im Jazz schuf Duke Ellington exemplarische P. mit Stücken wie »Solitude«, »Daybreak Express«, »Harlem Airshaft« und Suiten wie »Such Sweet Thunder« (nach Shakespeare), »A Drum Is a Woman«; auch Stan Kenton (»Artistry«-Serie, »City of Glass«).

Progressive Jazz, eine Weiterentwicklung des → Swing in Richtung der europäischen modernen Musik. Entstanden zu Beginn der 40er Jahre, parallel zum → Bebop, ist der Begriff vor allem mit dem Namen → Stan Kenton verbunden, der ihn geprägt hat. Die Neuerungen des P. lassen sich wie folgt zusammenfassen:

1. Verwendung von mehr Eigenkompositionen (→ Originals) im Repertoire einschließlich der Ausweitung der Spieldauer;

2. die Neubelebung des Rhythmischen durch die Einbeziehung von lateinamerikanischen Rhythmen;

3. Erweiterung des Orchesterrahmens durch die Besetzung mit fünf tp, fünf tb, fünf bis sechs reeds, einschließlich der Verwendung von im Jazz bisher ungebräuchlichen Instrumenten wie Flöte, Oboe bzw. Englischhorn, Fagott, Harfe etc., und die Ausnutzung extremer Instrumentenregister (High Notes), scharfer dynamischer Kontraste.

Der P. hatte seine Blütezeit von 1945 bis 1949; neben Stan Kenton gehörten noch → Boyd Raeburn, → Johnny Richards und → Earle Spencer zu seinen typischen Vertretern.

Im weiteren Sinn haben auch Woody Herman (»Summer Sequence«) und Bobby Sherwood (»Sherwood's Forest«) Aufnahmen in diesem Stil eingespielt, ebenso Charlie Barnet 1949 (»Eugipelliv«, »Rhapsody in Blue«). Führende Arrangeure waren → Pete Rugolo, → Johnny Richards, → George Handy, Eddie Finckel, Paul Villepique, → Tommy Talbert.

Progressive Records, N. Y., von Gus Statiras (Gus Grant) 1950 gegründet, 1956 an → Savoy verkauft, 1975 wiederbelebt. Auf dem originalen Label erschienen Aufnahmen von Al Cohn, George Wallington, Chuck Wayne, Hal Stein, Warren Fitzgerald (z. T. auf Savoy wiederveröffentlicht), auf dem neuen Label LPs von Lee Konitz, Hank Jones, Derek Smith, Chuck Wayne, Buddy DeFranco, Scott Hamilton, Chris Connor, Dick Meldonian u. a. Im Besitz von → GHB.

CD: The Progr. Records All Star Tenor Sax & Trombone Spactaculars, Progr. PCD-7019

Pseudonyme oder Künstlernamen werden aus den verschiedensten Gründen gebraucht. Familien- oder Standesrücksichten spielen eine Rolle, Eitelkeit, auch der Versuch, sich einer Verfolgung zu entziehen, z. B bei Schallplattenaufnahmen bei einer anderen als der Vertragsfirma. Auch ein Religionswechsel ist schon einmal die Ursache, so haben etliche Musiker nach dem Übertritt zum Islam einen arabischen Namen angenommen. US-Einwanderer wiederum haben ihren Namen amerikanisiert, z. B. Eddie Lang oder Jerry Gray. Den Rekord an P. dürfte Duke Ellington aufgestellt haben, der Ende der 20er, Anfang der 30er Jahre unter rund zwei Dutzend Namen Platten einspielte.

Bei den folgenden Beispielen steht der (oft zusätzlich) verwendete Künstlername links:

Abdullah Ibn Buhaina – Art Blakey
Georgie Auld – John Altwerger
Mildred Bailey – Mildred Rinker
Louis Barnum* – Louis Bellson
Kunst Bauer* – Art Farmer
Johnny Beecher* – Plas Johnson
Sam Beethoven* – Jimmy Raney
Lord Bentley* – Sir Charles Thompson
John Birks* – Dizzy Gillespie
Blind Blake – Arthur Phelps
Bo Diddley – Elias McDaniel
B. Bopstein* – Dizzy Gillespie
Will Bradley – Wilbur Schwichtenberg
Pat Bronx – Peter Schilperoort
Boots Brown* – Shorty Rogers
Buckshot La Funke* – Cannonball Adderley
Vinnie Burke – Vincent Bucci
Barbara Carroll – B. Carol Coppersmith
Pete Cera* – Pete Jolly
Charlie Chan* – Charlie Parker
June Christy – Shirley Luster
Nat »King« Cole – Nathaniel Coles
King Curtis – Curtis Ousley
Willie Dennis – William DeBerardinis
Paul Desmond – Paul Breitenfeld
Suede Enlovely* – Charlie Shavers
Amos Easton – Bumblebee Slim

* bei Schallplattenaufnahmen verwendete Pseudonyme

Billy Eckstine – William C. Eckstein
Ziggy Elman – Harry Finkelman
Joe Farrell – Giuseppe Firrantello
Irving Fazola – Irving Henry Prestopnik
Phil Ffunque* – Phil Woods
Billy Franklin* – Don Goldie
Blind Boy Fuller – Fuller Allen
Hen Gates – James Forman
Fatty George – Franz Pressler
Terry Gibbs – Julius Gubenko
Don Goldie – Donald Elliott Goldfield
Glen Gray – Glen Gray Knoblaugh
Jerry Gray – Generoso Graziano
Earl Grey* – Lou Levy
Sir Osbert Haberdasher* – Jimmy Raney
Sadim Hakin – Argonne Thornton
Hannibal – Marvin Peterson
Marty Holmes – Martin Hausman
Ike Horowitz* – Al Cohn
Shoeless Joe Jackson* – Benny Goodman
Joe Jaguar* – Martial Solal
Spider Johnson* – Cannonball Adderley
Connie Kay – Conrad Henry Kirnon
King Pleasure – Clarence Beeks
Oliver King* – Thad Jones
Eddie Lang – Salvatore Massaro
Ronnie Lang – Ronald Langinger
Pete LaRoca – Peter Sims
Yusef Lateef – William Evans
Leadbelly – Huddie Ledbetter
Often LePow* – Seldon Powell
Peggy Lee – Norma Dolores Egstrom
Bernie Leighton – Bernard Lazaroff
Liaquat Ali Salaam – Kenny Clarke
Mel Lewis – Melvin Sokoloff
Abbey Lincoln – Anna Maria Wooldridge
Jerry Lloyd – Jerome Hurwitz
Big Maceo – Major Merriweather
Carmen Mastren – C. Mastandrea
Memphis Slim – Peter Chatman
Leon Merian – Vahan Magerdichian
Johnny Mince – John Muenzenberger
Moondog – Louis Thomas Hardin
Pepe Mtoto – Julian Priester
Mtume – James Forman
Shorty Muggins* – Shorty Rogers
Rocky Murphy* – Barney Kessel
Musa Kaleem – Orlando Wright
Musheed Karween – Rudy Powell
Red Norvo – Kenneth Norville
Jimmy O'Heigho* – Jimmy Cleveland
Knuckles O'Toole* – Dick Hyman
Erroll Parker – Ralph Schecroun
Joe Pass – Joseph A. Passalagua
Red Rodney – Robert Chudnick
Shorty Rogers – Milton Rajonski
Annie Ross – Annabelle Short (Logan)
Fats Sadi – Lallcmand Sadi
Sahib Shihab – Edmund Gregory
Ahmed Khatab Salim – A. K. Atkinson
Art Salt* – Art Pepper
Raymond Scott – Harry Warnow
Tony Scott – Anthony J. Sciacca
Artie Shaw – Arthur Arshawsky
Manny Shell* – Shelly Manne
Roger Short* – Shorty Rogers
Eddie Shu – Edward Shulman
Joe Splink* – Clifford Scott
Idrees Sulieman – Leonard Graham
Talib Ahmad Dawud – Al Barrymore
Zeke Tolin* – Lee Konitz

Nick Travis – Nicholas Travescio
Chuck Thomas* – Woody Herman
Peter Urban* – Art Farmer
Bart Valve* – Thad Jones
Pancho Villa* – Irving Fazola
Dinah Washington – Ruth Jones
Muddy Waters – McKinley Morganfield
Johnny Wiggs – John Wigginton Hyman
Name Witheld* – Shorty Rogers
Howlin' Wolf – Chester Burnett
Kiane Zawadi – Bernard McKinney
Pseudonyme des Duke-Ellington-Orchesters:
The Washingtonians
Harlem Footwarmers
The Whopee Makers
The Jungle Band
Joe Turner and His Memphis Men
Ten Blackberries
Harlem Hot Chocolates
Mills Ten Blackberries
Chicago Footwarmers
Lonnie Johnson's Harlem Footwarmers
Sonny Greer and His Memphis Men
Ivie Anderson & Her Boys From Dixie
Broadway Revellers
Frank Brown & His Tooters
Bunta's Storyville Jazz Band
Dixie Jazz Band
Georgie Syncopators
Harlem Music Masters
Earl Jackson & His Musical Champions
Louisiana Rhythmakers
Memphis Bell Hops
Memphis Hot Shots
New York Syncopators
Philadelphia Melodians
Six Jolly Jesters
Sonny & The Deacons
Dick Sparling & His Orchestra
Ten Blackbirds
Traymore Orchestra
Chick Winter's Orchestra

Puente, Tito, Ernest(ito), (vib, perc, p, as, comp), * 20.4.1925 N. Y. Studierte Komposition bei Richard Benda, spielte in den 40er Jahren bei div. Latin Bands wie Xavier Cugat und José Curbelo, gründete 1949 eigene Band, die bis heute zu den populärsten dieses Genres zählt. Obwohl er vor allem Tanzmusik spielt, hat er immer Jazz-Titel im Repertoire und auch mit Jazz-Solisten wie → Doc Severinsen, → Gene Quill und Marty Holmes (ts) aufgenommen. Komponierte u. a. »Oye como va«. – Schallplatten mit Xavier Cugat, José Curbelo, Tito Rodriguez, Pupi Campo, La Lupe, Celia Cruz, Ray Barretto, Abbe Lane, Woody Herman (»Herman's Heat & Puente's Beat«, Roulette), Buddy Morrow, Terry Gibbs, Charlene Bartley, Orquesta de la Luz; mit seiner Band über 100 LPs für Tico/Roulette, Alégre, RCA*, Concord, Tropijazz.
*CD: Puente Goes Jazz, Bluebird 874232**

Pukwana, Dudu, (as, sop), * 18.7.1938 Port Elizabeth, Südafrika, † 30.6. 1990. Kam 1965 mit → Chris McGregor nach Europa, spielte dort auch mit Dollar Brand, Keith Tippett, Don Cherry, Louis Moholo u. a., mit eigenen Gruppen, die er Assagai, The African Explosion, Spear und Zila Sounds nannte. Verband in seiner Musik die afrikanische Poly-

rhythmik mit dem Jazz. – Schallplatten mit Johnny Dyani, John Stevens, Chris McGregor, Han Bennink, Misha Mengelberg, Hugh Masekela; eigene LPs für Caroline, Arista, Jika, Affinity.
LP: Live in Bracknell & Willisau, Jika Z L 2

Pullen, Don, Gabriel, (p, org, comp), * 25.12.1944 Roanoke, Va. Studierte bei Muhal Richard Abrams und Giuseppe Logan, spielte im Duo mit Milford Graves (d) und eigenen Gruppen, zunächst Orgel im R&B-Stil. 1970–71 bei Nina Simone, 1974 bei Art Blakey, 1973–75 bei Charles Mingus, seit 1979 Quartett mit George Adams, damit regelmäßig in Europa. – Schallplatten mit Giuseppe Logan, Charles Mingus, David Murray, Hamiet Bluiett, Marcello Melis, Magic Triangle, Sam Rivers, Cecil McBee, Joseph Jarman, Beaver Harris, Sonny Murray, Billy Hart, Conjure; eigene Aufnahmen für Sackville, Black Saint, Horo, Atlantic, Paddle Wheel, Blue Note, Timeless.
CD: Breakthrough, Blue Note 85122

Puma, Joe, Joseph, (g), * 13.8.1927 N. Y. Der Vater und zwei Brüder sind ebenfalls Gitarristen. Spielte ab 1948 bei Frank Damone, im Cy-Coleman-Trio 1951, in den 50er Jahren bei Sammy Kaye, Joe Roland, Bob Corwin, Louis Bellson, Don Elliott, Artie Shaw, Les Elgart, Peggy Lee u. a. 1957 Gruppe mit Lee Konitz und Dick Hyman. Ab 1959 Lehrtätigkeit an der School of Jazz in Lenox, Mass. Trat im Duo mit Chuck Wayne auf. In seinem Spiel sind deutlich Einflüsse von Jimmy Raney und Tal Farlow zu hören. – Schallplatten mit Artie Shaw (Gramercy Five), Webster Young, Chris Connor, Louis Bellson, Herbie Mann, Sam Most, Don Elliott, Marty Napoleon; eigene Aufnahmen für Bethlehem, Dawn, Jubilee, Columbia, Choice und Reservoir.
LP: Shining Hour, Reservoir 102

Purim, Flora, (voc, g, perc), * 6.3.1942 Rio de Janeiro. Stammt aus einer musikalischen Familie, studierte Klavier, Gitarre und Perkussion, letzteres bei Airto Moreira, den sie heiratete. Sang in der Gruppe Quarteto Novo mit Moreira und Hermeto Pascoal; ging 1967 in die USA, arbeitete mit Stan Getz, Gil Evans, Chick Corea. Mit Moreira in Coreas erster »Return to Forever«-Band. Ab 1973 eigene Gruppe, 1974–75 für 18 Monate wegen eines (unbewiesenen) Drogendelikts im Gefängnis, nutzte Aufenthalt für ein Musikstudium. Nahm an der Discowelle teil, in den 80er Jahren wieder Auftritt mit Moreira. P., die auch eigene Texte singt, hat einen Stimmumfang von sechs Oktaven. – Schallplatten mit Stan Getz, Chick Corea, Duke Pearson, George Duke, »Rhythmstick«, Santana, Airto Moreira, Ivo Perelman; unter ihrem Namen für Milestone*, Concord, Crossover und In & Out.
*LP/CD: Butterfly Dreams, OJC 315**

Q

Quadrille, Tanz für vier Paare, während des 19. Jh. in Frankreich entstanden, gelangte von dort nach → New Orleans, wo er von Jazz-Musikern aufgegriffen und z. T. in eigenen Kompositionen verarbeitet wurde (»St. Louis Blues«).

Quartet Music, eine 1979 in L. A. gegründete akustische Jazz-Gruppe, deren Musik von einer zeitgenössischen Version des HCF-Quintetts bis zu den post-1970er Einflüssen von → Oregon reicht. Mitglieder: Nels Cline (g), Alex Cline (perc), Jeff Gauthier (vln), Eric von Essen (b, p).

CD: Summer Night, Delos 4010

Quartett (Quartett), allgemein ein Musikstück für vier Stimmen, vokal oder instrumental, im Jazz ein Ensemble aus vier Musikern. Zu den »klassischen« Quartetten im Jazz zählen das Benny Goodman Quartet 1936–38, das → Modern Jazz Quartet, das Dave Brubeck Quartet und das John Coltrane Quartet.

Quebec, Ike Abrams, (ts), * 17.8. 1918 Newark, N. J., † 16.1.1963 N. Y. Begann als Pianist und Tänzer, wechselte im Alter von 22 Jahren zum Tenor, spielte bei den Barons of Rhythm, Frankie Newton, Hot Lips Page, Roy Eldridge, Trummy Young, Benny Carter, Ella Fitzgerald, Coleman Hawkins und 1944–51 mit Unterbrechungen bei Cab Calloway. In den 50er Jahren nur zeitweise aktiv, arbeitete als Produzent für → Blue Note und nahm ab 1958 einige LPs für dieses Label auf, die ihn als bedeutenden Solisten der Hawkins-Schule ausweisen. – Schallplatten mit Cab Calloway, Trummy Young, Jonah Jones, Mal Waldron, Grant Green, Roy Eldridge, Sonny Clark; eigene Aufnahmen für Blue Note und Savoy.

LP/CD: Complete B. N. 45 Sessions, Mosaic 121; Complete B. N. Forties Recordings of I. Q. and John Hardee, Mosaic 107

Quill, Gene, (as, cl), * 15.12.1927 Atlantic City, N. J., † Januar 1989 ebenda. Erste Jobs mit 13 Jahren, ging auf Tournee mit Jerry Wald, Art Mooney, Buddy DeFranco, Claude Thornhill, Gene Krupa und Dan Terry. 1957–58 Quintett mit Phil Woods (»Phil & Quill«), spielte dann bei Johnny Richards, Nat Pierce, Oscar Pettiford, Gerry Mulligan, mit eigenen Gruppen, arbeitete später als Lehrer. Q. war ein von Charlie Parker beeinflußter Solist, der später aber auch Einflüsse des West Coast Jazz und Lee Konitz verarbeitete. – Schallplatten mit Claude Thornhill, Elliot Lawrence, Johnny Richards, Phil Woods, Mundell Lowe, Jimmy Knepper, Quincy Jones, Manny Albam, Bill Potts, Gerry Mulligan, Michel Legrand, Billie Holiday, Gil Evans, Joe Newman, Billy Byers, Al Cohn, Dick Garcia, Teddi King, George Williams, Tito Puente, Urbie Green; eigene Einspielungen für Coral, Dawn, Epic u. Roost*.

*CD: 3 Bones & A Quill, Fresh Sound 105**

Quinichette, Paul, (ts), * 7.5.1921

Denver, Colorado, † 25.5.1983 N. Y. Nach Studium am Tennessee State College erste Jobs bei Nat Towles und Lloyd Hunter, in Chicago bei Shorty Sherock. 1942 zu Jay McShann, dann bei Johnny Otis in Kalifornien. In N. Y. bei Louis Jordan, Lucky Millinder, Ed Wilcox, J. C. Heard und Hot Lips Page. 1953 zu Count Basie, erhielt hier den Spitznamen »Vice-Pres« wegen seiner stilistischen Ähnlichkeit mit → Lester Young. Spielte danach mit eigenen Gruppen, 1955 mit Benny Goodman, 1957 mit Nat Pierce. War einige Jahre in anderen Jobs tätig und kehrte erst 1973 zur Musik zurück, spielte in N. Y. mit Brooks Kerr, Sammy Price, Harold Ashby, der N. Y. Jazz Repertory Co. und Basie-Alumni-Gruppen. – Schallplatten mit Johnny Otis, Jay McShann, Bob Brookmeyer, Count Basie, Mel Powell, Billie Holiday, Paul Gonsalves, Dinah Washington, Woody Herman, La Vern Baker, Benny Goodman, John Coltrane, Gene Ammons, Eddie Vinson, Mal Waldron, Webster Young, Oscar Pettiford, Sarah Vaughan, Nat Pierce; als Leader für Mercury, Dale, Decca, Dawn, Prestige*, Bethlehem, United Artists, Communication.

*LP: On the Sunny Side, OJC 076**

Quintett (Quintet), Musikstück für fünf Stimmen, vokal oder instrumental; im Jazz ein Ensemble von fünf Musikern, z. B. Louis Armstrongs Hot Five, das Charlie-Parker-Quintett (die klassische Bebop-Besetzung), Art Blakey's Jazz Messengers, Miles Davis Quintet etc.

Quintette du Hot Club de France (HCF-Quintett), 1934 von → Django Reinhardt und Stéphane Grappelli gegründet auf Initiative des HCF-Clubs, gilt als Europas erstes eigenständiges Jazz-Ensemble. Mitglieder außerdem: Joseph Reinhardt, Roger Chaput (g), Louis Vola (b). War die einzige Combo des Jazz, die nur aus Saiteninstrumenten bestand. 1939 wurde Grappelli durch Hubert Rostaing (cl) ersetzt; Ende der 40er Jahre aufgelöst.

CD: BBC 640; Old Bean 12

R

R & B → Rhythm & Blues

Race Records (Schallplatten für die Rasse), Schallplatten, die nur für die farbige Käuferschicht gedacht waren. Diese Platten, auf denen die bedeutendsten schwarzen Künstler wie Bessie Smith, Louis Armstrong und Count Basie vertreten waren, wurden nur in den Schwarzenvierteln der Großstädte verkauft. Diese diskriminierende Bezeichnung wurde bis in die 40er Jahre gebraucht, ehe man zu → »Rhythm & Blues« überging. Berühmte und unter Sammlern hochgehandelte Race-Labels waren Black Swan, Okeh, Gennett, Vocalion.
Lit.: R. M. W. Dixon/J. Goodrich, Recording the Blues, London 1970

Rader, Don, Donald Arthur, (tp, flh, comp), * 21.10.1935 Rochester, Pa. Erster Unterricht bei seinem Vater, einem Posaunisten und Bassisten. Spielte in College- und Marine-Bands, ab 1959 bei Woody Herman, Maynard Ferguson, Count Basie. Ab 1964 in L. A. freelancing, u. a. bei Louis Bellson, Frank Foster, Harry James, Terry Gibbs, Les Brown. Anfang der 80er Jahre bei Erwin Lehn, aber auch Zusammenarbeit mit Conexion Latina, Thomas Stabenow und – wieder in L. A. – Charlie Shoemake. R. ist ein geschätzter Lead- und Solo-Trompeter und ein vorzüglicher Mainstream-Arrangeur. – Schallplatten mit Woody Herman, Maynard Ferguson, Count Basie, Les Brown, Erwin Lehn, Bill Holman, Peter Herbolzheimer, Conexion Latina, Charlie Shoemake u. a.; als Leader LPs für DRM, Discovery, Jet Danger u. L & R.
CD: Wallflower, Disc. DSCD 926

Raeburn, Boyd Albert, (ldr, bass-sax, ts, sop), * 27.10.1913 Faith, South Dakota, † 2.8.1966 Lafayette, La. Studierte an der Universität von Chicago, leitete ab 1933 ein Tanzorchester, wandte sich 1942 dem Swing zu und 1944 dem → Progressive Jazz. Arrangeur war Eddie Finckel, ab 1945 → George Handy; in der Band u. a. Dizzy Gillespie, Benny Harris, Trummy Young, Al Cohn, Frank Socolow, Don Lamond u. a. 1946 wurde → Johnny Richards Chefarrangeur, unter den neuen Musikern waren Buddy DeFranco und Pete Candoli. Ab 1950 hatte R. nur noch sporadisch Bands und gab 1958 den Musikerberuf auf. – Die bedeutendste Phase der Band liegt in den Jahren 1944–48, als sie unter dem Einfluß

Original-Jewel-Label, 1946 (→ Ben Pollack)

des → Bebop und der modernen E-Musik (Strawinsky) eine Reihe von heute noch beeindruckenden Titeln einspielte (»Boyd Meets Stravinsky«, »Dalvatore Sally« und das Original von »Night in Tunisia«), die allerdings kaum Beachtung fanden, da die Labels Jewel (R.: Savoy) und Guild (bzw. → Musicraft) keinen entsprechenden Vertrieb hatten. Schallplatten außerdem mit Studio-Bands für Columbia.

Lit.: C. Garrod, B. R. & His Orch., Zephyrhills 1985 (D); Jack McKinney, B. R., Metuchen, N. J. (i. V.)

CD: Experiments in Big Band Jazz, Musicraft MVSCD 56; Boyd Meets Stravinsky, Savoy SV-0186

Ragtime (wörtl.: zerrissener Takt), eine volkstümliche Musizierweise, die im letzten Drittel des 19. Jh. in den USA große Popularität genoß. Der R. ist hauptsächlich als Klavierspielweise ausgebildet und zeichnet sich durch eine synkopierte Melodik aus, die gegen einen regelmäßigen akzentuierten Beat im Baß gespielt wird. Hervorgegangen ist er aus den → Minstrel Shows und ihren → Cakewalk-Rhythmen. Seine melodischen, tonalen, harmonischen und formalen Eigenschaften sind europäischer Herkunft, er gehört also nur mittelbar zur afro-amerikanischen Musik. Entwickelt wurde der R. von Schwarzen der Mittelschicht, die in dieser »legitimen« komponierten Musik den Versuch einer sozialen Anpassung unternahmen.

Die R.-Bewegung erreichte ihren Höhepunkt um die Jahrhundertwende, ihr erstes Zentrum war der Mittelwesten mit den Staaten Missouri, Tennessee, Arkansas, Kansas, Illinois. In Sadelia, Miss., lebte der bedeutendste R.-Komponist, Scott Joplin, der zahlreiche Piano-Rags schrieb (»Maple Leaf-Rag«) und zwei Opern, von denen nur eine erhalten ist (»Treemonisha«).

Die Ausbreitung des R. führte zur Beeinflussung der anderen volkstümlichen Instrumentalformen, hauptsächlich des → Archaischen Jazz, mit dem er zeitweise verwechselt wurde. Das R.-Repertoire jedenfalls wurde in den → New Orleans Jazz übernommen und von ihm nach dem Erlöschen des R.-Stiles weitergetragen. Seine Einflüsse reichen bis in den → Stride-Piano-Stil.

Die bedeutendsten Komponisten und Pianisten des Ragtime sind Scott Joplin, Tom Turpin, Louis Chauvin, Arthur Marshall, Scott Hayden, Charlie Johnson, Jelly Roll Morton. Unter den Weißen sind zu nennen: Percy Wenrich, Joseph Lamb, Russel Robinson, George Botsford, Artie Matthews. Vertreter des Harlem-Ragtime aus den 20er Jahren sind Lucky Roberts, James P. Johnson, Eubie Blake, Willie »The Lion« Smith, Thomas »Fats« Waller.

Von den Ragtime-Kompositionen, die zum Teil so kompliziert waren, daß sie nicht gedruckt werden konnten, sind etliche auf → Player-Rolls überliefert, die später auf Schallplatten überspielt wurden.

Lit.: D. A. Jasen/T. Tichenor, Rags and Ragtime, N. Y. 1989; R. Blesh/H. Janis, They All Played Ragtime, N. Y. 1971^{4}; R. Kimball/W. Bolcomb,

Reminiscing with Sissle and Blake, N. Y. 1973; P. Gammond, Scott Joplin and the Ragtime Era, London 1975; D. A. Jasen, Recorded Ragtime 1897–1958, Hamden, CT 1973; W. A. Schaefer/J. Riedel, The Art of Ragtime, N. O. 1973

LP: Scott Joplin, Biograph 1006; Ragtime Vol. 1, The City, Folkways RBF-17; Vol. 2, The Country, RBF-18; Vol. 3, Piano, RBF-24; Vol. 4, Toe Tappin' Dance & Jazz Bands, RBF-25

CD: New England Ragtime Ens./ G. Schuller, GM 3018; Max Morath, The World of Scott Joplin, Vanguard VMD 310

Ragtime-Band, kleine Besetzung mit Kornett, Violine, Banjo bzw. Gitarre und Baß, gebräuchlich gegen Ende des 19. Jh. bis zum Ersten Weltkrieg. Hervorgegangen aus der → Minstrel-Musik unter dem Einfluß der europäischen Salonmusik. Der Begriff R. wurde später mit Dixieland-Band gleichgesetzt, etwa bei → Muggsy Spanier's Ragtime-Band 1939, die im → Chicago-Stil spielte.

Raney, Jimmy, James Elbert, (g, comp), * 20.8.1927 Louisville, Ky. Studierte bei Giancolla und Haydn Causey, erster Job 1944 bei Jerry Wald, dann drei Jahre in Chicago. Spielt 1948 bei Woody Herman für acht Monate, anschließend bei Al Haig, Buddy DeFranco und Artie Shaw 1949–50. Es folgten zwei Jahre bei Stan Getz; geht 1953 zu Red Norvo, spielt 1954–60 im Jimmy-Lyons-Trio. Am Broadway in »Thurber Carnival«, 1962–63 nochmals bei Getz, meist aber als Studiomusiker und Lehrer tätig. Seit den 70er Jahren weltweite Konzerttourneen, oft mit seinem Sohn Doug (g).

R. ist das wohl größte Talent der → Charlie-Christian-Nachfolge, dessen Neuerungen er harmonisch erweiterte und damit Gitarristen wie Barney Kessel und Jim Hall beeinflußte. – Seit einigen Jahren leidet er an einer zunehmenden Taubheit. Lebt seit den 60er Jahren wieder in seiner Heimatstadt, komponiert, beschäftigt sich mit dem Cello und malt. – Schallplatten mit Artie Shaw, Stan Getz, Red Norvo, Bob Brookmeyer, Al Cohn, Buddy DeFranco, Ed Hall, Dick Katz, Ralph Burns, Jim Hall, Hal McKusick, Zoot Sims, Vinnie Burke, Gary McFarland, Ted Brown, Teddy Charles, Attila Zoller, Eddie Harris, Prestige All Stars u. a.; als Leader ab 1953 für Prestige, Swing, ABC-Paramount, Mainstream, MPS, Xanadu, Steeplechase, Criss Cross.

CD: The Master, Criss Cross 1009

Raney, Sue, Raelene Claire Claussen, (voc), * 18.6.1940 McPherson, Ks. Studierte Gesang und Klavier bei ihrer Mutter, hatte erste professionelle Jobs im Alter von acht Jahren, sang später bei Ray Anthony, Nelson Riddle, in TV-Shows mit Stan Kenton. Sie gehört trotz ihrer langen Karriere zu den noch immer zu wenig bekannten Sängerinnen der Fitzgerald-Vaughan-Tradition. Ist auch Mitglied der »L. A. Voices«. – Schallplatten für Philips, Capitol u. Discovery.

CD: In Good Company, Disc. 974

Rappolo, Leon → Roppolo

Raubpressungen (engl. bootlegs, der

Begriff stammt aus der Prohibitionszeit und bezeichnet Alkoholschmuggler), Schallplatten, die illegal aufgenommen oder deren Musikstücke widerrechtlich veröffentlicht wurden. In der Pop-Musik ein großes Geschäft, im Jazz auch sehr verbreitet, allerdings meist nur in Mini-Auflagen, herausgegeben von Sammlern, die historische Aufnahmen ausgraben, an deren Verwertung die Mutterfirma kein Interesse hat, da nicht genügend Profit zu erwarten ist.

Rava, Enrico, (tp, comp), * 20.8.1943 Triest. Studium bei Carmine Caruso in N. Y. Mit 18 Jahren Berufsmusiker, spielte mit Gato Barbieri, Mal Waldron, Steve Lacy, Bill Dixon, dem Jazz Comp. Orch., Don Cherry, in Europa mit Barney Wilen, Gunter Hampel, Lee Konitz. Schrieb Filmmusik für Bernardo Bertolucci, tritt jetzt meist mit eigenen Gruppen auf. Neo-Bop-Trompeter an der Grenze zum Free Jazz. – Schallplatten mit Steve Lacy, Roswell Rudd, Archie Shepp, Dollar Brand, Lee Konitz, Cecil Taylor, Gunter Hampel, Barry Altschul, Giorgio Proibiti, Dino Saluzzi, George Gruntz, Globe Unity Orch., Jimmy Lyons, Sigi Finkel, Manfred Schoof, Marcello Melis, Nexus, Carla Bley, Jean Marc Padovani; eigene Aufnahmen für Fonit Cetra, MPS, ECM, Vista, Soul Note, BVHaast, Gala.

CD: Secrets, Soul Note 1164

Rawls, Lou, (voc), * 1.12.1935 Chicago. Begann im Kirchenchor zu singen, ging auf Tournee mit Sam Cooke und wurde dann Mitglied der Pilgrim Travellers, einer Gospel-Gruppe. Ließ sich 1958 in Hollywood nieder, arbeitete als Blues-Sänger. Wurde bekannt, nachdem seine erste LP (mit Les McCann) bei Kritik und Publikum auf positive Resonanz stieß. Seiner ausdrucksstarken Stimme ist die Gospel-Abkunft noch anzumerken, obwohl er seit den 70er Jahren sehr kommerzielle Platten veröffentlicht hat. Auf seinen besseren LPs (für Capitol) wird er u. a. von Benny Carter, Onzy Matthews u. Ramsey Lewis begleitet. Außerdem LPs auf Blue Note.

RCA (**R**ecording **C**orporation of **A**merica), 1901 als Victor Talking Machine Co. als Schwestergesellschaft von His Master's Voice und der Deutschen Grammophon-Gesellschaft gegründet. 1919 mit der Radio Corporation of America fusioniert, übernahm 1929 Victor und heißt seitdem RCA-Victor. Bis 1987 im Besitz von General Electric, dann an BMG (Bertelsmann Music Group) verkauft.

Das bekannteste Logo der Schallplattengeschichte: »Nipper« vor dem Trichtergrammophon

Die Firma veröffentlichte 1917 die ersten Jazz-Platten (→ ODJB) und nahm in den folgenden Jahrzehnten immer bedeutende Jazz-Musiker unter Vertrag, so Jelly Roll Morton, Duke Ellington, erzielte in der Swing-Ära riesige Umsätze mit Schallplatten von Benny Goodman, Tommy Dorsey, Glenn Miller u. a. In den 60er und 70er Jahren wenig aktiv, begann erst 1986 mit der Gründung des »Novus«-Labels wieder ein konsequentes Jazz-Programm zu erscheinen, außerdem Reissues auf dem wiederbelebten Sub-Label Bluebird. Weitere Sub-Labels: Vik, Camden, Groove, »X«.

Lit.: B. Korst u. a., RCA Victor Record Listing 201500–207300, Zephyrhills 1989

CD: Half Century of RCA, Bluebird 63660842

Recommanded No Man's Land, Würzburg, ist ein Label für »abseitige« Musik aller Art, von Art Rock bis zur E-Musik und der New Yorker Szene. Beispiele: Skeleton Crew, Jad Fair, Chris Newman, Shelly Hirsch, David Weinstein, Christian Marclay.

Recommanded Records, 1978 von Chris Cutler in England gegründet, um Musik zu vertreiben, die außerhalb des gängigen Marktpotentials liegt, z. B. Henry Cow, Art Bears, Lindsay Cooper.

Recording-Ban (Aufnahme-Verbot). Als gegen Ende der 30er Jahre die Schallplattenfirmen mit Swing-Musik das große Geschäft zu machen begannen, verlangte die Musikergewerkschaft durch ihren Präsidenten James C. Petrillo eine bessere Bezahlung für ihre Mitglieder. Als dies verweigert wurde, begann am 1.7. 1942 ein Streik gegen die Plattenfirmen, der bis zum 18.9.1943 dauerte, für die Firmen RCA-Victor und Columbia bis November 1944. In dieser Zeit war kein Musiker an Schallplattenaufnahmen beteiligt, lediglich Sänger nahmen mit Vokal-Begleitung Platten auf. Die Folge für den Jazz war, daß er für einen langen Zeitraum ein wichtiges Medium zu seiner Verbreitung verlor, ein Grund für den Niedergang der Big Bands. Auch gibt es aus einer Zeit, in der ein neuer Jazz-Stil entwickelt wurde (Bebop), keine Tondokumente, denn als der Bann vorüber war, hatte er sich schon fertig entwickelt. Die Plattenfirmen behalfen sich mit Neuauflagen alter Titel aus ihren Archiven, die z. T. größere Auflagen erreichten als zuvor, so Tommy Dorseys »Boogie Woogie« von 1938, Harry James' »All or Nothing at All« von 1939, Artie Shaws »Summit Ridge Drive« von 1940.

Einen weiteren Bann gab es 1948.

Redd, Freddie, (p, comp), * 29.5. 1928. Erster Job 1949 bei Johnny Mills, dann in N. Y. bei Cootie Williams, Oscar Pettiford, Joe Roland, Art Blakey, Rolf Ericson. Schrieb die Musik zu »The Connection«, trat darin gemeinsam mit Jackie McLean auf. Eigene Combo in N. Y., seit den 60er Jahren in San Francisco. Trat auch mit John Handy und Dave Amram auf. Von Bud Powell beeinflußter Hard-Bop-Pianist. – Schallplatten mit Art Farmer – Gigi Gryce, Gene Ammons, Joe Roland; als Lea-

der für Prestige, Metronome, Riverside, Blue Note, Futura, Interplay, Uptown, Triloka.
CD/LP: Complete Blue Note Recordings, Mosaic 124

Redman, Walter **Dewey**, (ts, as, cl, Musette, comp), * 17.5.1931 Fort Worth, Tex. Lernte Klarinette mit 13 Jahren, spielte in High School Band mit u. a. Ornette Coleman, Charles Moffett u. Prince Lasha. Studierte Pädagogik an der North Texas State Univ., arbeitete als Lehrer bis 1959, ging dann nach L. A. und später nach San Francisco. Mit der Musette, einem arabischen Blasinstrument mit doppeltem Rohrblatt, erzielte er neuartige Effekte. Spielte in San Francisco mit eigenen Gruppen, aber auch mit Pharoah Sanders und Wes Montgomery. Ging 1967 nach N. Y. zu Ornette Coleman, blieb bis 1974, arbeitete aber auch mit Charlie Haden (Liberation Music Orch.) und Keith Jarrett. Ab 1976 im Quartett mit → Don Cherry, Charlie Haden und Ed Blackwell. In den 80er Jahren mit Pat Metheny, Michael Brecker, Charlie Haden und Jack DeJohnette. – Schallplatten mit Charlie Haden, Keith Jarrett, Don Cherry, Mark Helias, Paul Motian, Michel Benita, Pat Metheny, Ornette Coleman, Anthony Cox, Randy Weston; als Leader für Arista, Byg, Blue Note, Impulse, Enja, Galaxy, Black Saint, ECM. Sein Sohn Joshua (* 1.2.1969) hat sich ebenfalls einen Namen als Tenorist gemacht.
CD: Redman & Blackwell in Willisau, Black Saint 0093; Choices, Enja 7073-2

Redman, Don, Donald Mathew, (as, sop, cl, comp), * 29.7.1900 Piedmont, Va., † 30.11.1964 N. Y. Stammt aus einer musikalischen Familie, spielte schon als Kind mehrere Instrumente. Studierte in Boston und Detroit Komposition und Harmonielehre. 1923–27 bei → Fletcher Henderson als Saxophonist und Arrangeur, von 1927–31 musikalischer Leiter von → McKinney's Cotton Pickers, leitete eigene Band bis 1940. Arbeitete dann als Freelance-Arrangeur, ging aber 1946–47 mit einer Band nach Europa. Ab 1951 Musical Director für Pearl Bailey.
R. war der erste bedeutende Arrangeur des Jazz. Er übertrug die von Ferdé Grofé u. a. geschaffenen Standards (→ Arrangement) auf die Jazz-Band und setzte damit Maßstäbe, die besonders in der Swing-Ära Gültigkeit hatten. Zu seinen Meisterwerken zählen z. B. »Sugarfoot Stomp« und »Copenhagen« (für Henderson), »Rocky Road« und seine eigene Komposition »Cherry« (für McKinney) und »Chant of the Weed« (eigene Band). Schrieb auch arr für Paul Whiteman, Count Basie, Jimmie Lunceford, Louis Armstrong, Ella Fitzgerald, Jimmy Dorsey, Charlie Barnet, Harry James, Joe Marsala. – Schallplatten mit Fletcher Henderson, Bessie Smith, Viola McCoy, Perry Bradford, Clarence Williams, Duke Ellington, Chocolate Dandies, Billie Holiday, McKinney's Cotton Pickers, Paul Bailey; als Leader für Brunswick, Melotone, ARC, Bluebird/RCA, Urania, Golden Crest, Roulette.

LP: Hep 1001, 1004
CD: Classics 543

Reece, Dizzy, Alphonso Son, (tp, comp), * 5.1.1931 Kingston, Jamaika. Begann mit 14 Jahren Trompete zu spielen, ab 1949 in Europa mit u. a. Don Byas. Lebte 1954–59 in London, spielte dort mit Donald Byrd und Art Taylor. Ließ sich 1959 in N. Y. nieder, ging gelegentlich auf Tournee nach Europa, so mit Dizzy Gillespie 1968, spielte 1985 in der Paris Reunion Band. R. ist ein origineller post-Bop-Stilist, der – trotz seines Spitznamens – nur wenig mit Dizzy Gillespie gemein hat. – Schallplatten mit Duke Jordan, Dexter Gordon, Clifford Jordan; als Leader ab 1955 für Tempo, Blue Note, New Jazz*, Futura, Beehive, Interplay.
*CD: Asia Minor, OJC 1806**

Reed, das (Rohr-)Blatt in einem Holzblasinstrument wie Saxophon und Klarinette.

Reed-Section ist ein Teil der → Melody-Section in einer → Big Band, der aus Holzblasinstrumenten bzw. Instrumenten mit → Reed besteht. Soweit dieses nur Saxophone und Klarinetten sind, spricht man auch von »Sax-Section«, wenn auch noch andere Instrumente wie Flöte, Englischhorn, Fagott u. ä. gespielt werden, wird auch der Begriff »woodwinds« verwendet.

Reese, Della, (voc), * 6.7.1932 Detroit. Sang im Kirchenchor, 1945 bei Mahalia Jackson (bis 1949). Nach Studium an der Wayne Univ. eigene Gospel-Gruppe, ging dann aber als Bandsängerin zu Erskine Hawkins. Tritt seit 1957 als Solistin auf, in Rundfunk- und TV-Shows. – Schallplatten für Jubilee, RCA, ABC-Paramount, Avco, Jazz à la Carte, mit den Meditation Singers für Specialty.
CD: Della Della Cha Cha Cha, RCA 886828

Reeves, Dianne, (voc), * 1956. Sang in der Schule in einem Gospel-Chor und einer Jazz-Band, leitete eigene R&B-Band. Erste Jobs mit Sergio Mendes, der Latin-Fusion-Band Kaldera und Harry Belafonte. Sie gilt mit ihrer Dreieinhalb-Oktaven-Stimme als vielversprechendes Talent der 90er Jahre. – Schallplatten mit Terry Lyne Carrington, Victor Feldman, Kaldera, Bob Belden, Eduardo del Barrio; eigene Aufnahmen auf Palo Alto u. Blue Note/ EMI.

Rehak, Frank James, (tb), * 6.7.1926 N. Y., † 22.6.1987 Badger, Calif. Studierte Cello und Klavier, spielte Posaune in der Navy 1943–47, anschließend in den Bands von Art Mooney, Jimmy Dorsey, Ray McKinley, Claude Thornhill, Eddie Sauter – Bill Finegan, Woody Herman. 1956–57 bei Dizzy Gillespie, danach bei Johnny Richards, am Broadway und im Rundfunk. Drogenprobleme führten zur Einlieferung in die Synanon-Klinik, wo er schließlich Leiter der Musikabteilung wurde. R. war ein sehr respektierter Posaunist des Modern Jazz. – Schallplatten mit Dizzy Gillespie, Johnny Richards, Michel Legrand, Gene Quill, André Hodeir, Al Cohn, George Russell, Melba Liston, Teal Joy, The Mitchells, Bill Potts, Joe Newman, Gerry Mulligan, Phil Sunkel, Woody Herman, Art Blakey, Buddy Rich,

Gene Krupa, Gil Evans, Miles Davis, Dizzy Gillespie, Quincy Jones, Prestige All Stars, Anthony Zano, Elliott Lawrence u. a.; einige Titel für Dawn als Leader.
LP: Trombone Scene, Vik/RCA

Reinhardt, Django, Jean Baptiste, (g, comp), * 23.1.1910 Liverchies, Belgien, † 16.5.1953 Fontainebleau, Frankreich. Der von Sinti abstammende R. lernte mit zwölf Jahren Banjo, tauschte es aber bald gegen eine Gitarre ein. Ein Brand im Wohnwagen verletzte seine linke Hand so schwer, daß er zwei Finger nur noch bedingt einsetzen konnte, wodurch er gezwungen wurde, eine eigene Technik zu entwickeln, d. h., seine Fingersätze so eng wie möglich zu halten. Er spielte zunächst Flamenco-Musik, was sich änderte, als er in den frühen 30er Jahren mit dem Jazz in Berührung kam. Er spielte bei André Ekyan, Michel Warlop und gründete 1934 mit → Stéphane Grappelli das → Quintette du Hot Club de France. Trat daneben auch mit amerikanischen Gästen auf und spielte mit ihnen Schallplatten ein. Leitete eigene Gruppen, 1946 USA-Tournee mit Duke Ellington. Er experimentierte mit der E-Gitarre, tat sich zeitweise mit Grappelli zusammen, spielte mit Martial Sola, Dizzy Gillespie, Claude Bolling, Hubert Fol u. a. Starb an den Folgen einer Gehirnblutung.

R. war der erste bedeutende und lange der einzige europäische Jazz-Musiker, der unabhängig von amerikanischen Einflüssen einen eigenen Stil entwickelte. In seinen Kompositionen zeigt sich seine Herkunft, aber auch der Einfluß der französischen Moderne, z. B. in »Nuages«, »Finesse«, »Daphne«, »Manoir des mes Rêves«, »Mélodie au crépuscule«. – Schallplatten mit dem HCF-Quintett, Eddie South, Stéphane Grappelli, Jean Sablon, Garnet Clark, Frank »Big Boy« Goodie, Coleman Hawkins, Dickie Wells, Bill Coleman, Benny Carter, Rex Stewart, Mel Powell, Fud Candix, Stan Brenders, Alix Combelle, Charles Trenet.
Lit.: R. Spautz, D. R., Mythos und Realität, Luxemburg 1983; A. Schmitz/P. Maier, D. R., Sein Leben, seine Musik, seine Schallplatten, Gauting-Buchendorf 1985
CD: American Swing Band 1945, Milan 538; Nuages, Vogue 670205

Reissue (Wiederveröffentlichung), die Neuveröffentlichung vergriffener Schallplatten. Begonnen wurde damit schon in den 30er Jahren (→ Revival). In den 50er Jahren begann man, Aufnahmen aus der Schellack-Ära auf LP zu veröffentlichen, dann LPs aus den 50er bis 80er Jahren. Firmen mit einem großen Back-Katalog machen einen beträchtlichen Teil ihres Umsatzes mit solchen R., besonders seit der CD-Boom einen ganz neuen Anfang möglich macht. Leider haben viele Firmen aus den Fehlern der ersten R. nichts gelernt.

Relaxed, eine »entspannte« Spielweise, bei der die Melodie hinter dem Grundschlag herhinkt, d. h. verschleppt wird. Gegensatz: → Drive.

Release → Bridge

Remake, Neueinspielung eines alten Musikstückes, meist aus technischen

Gründen wie z. B. die Nachspielungen bekannter Swing-Titel von Glen Gray und Billy May (Capitol/Time-Life) oder aus historischem Interesse wie beim »National Jazz Ensemble« bzw. dem → »American Jazz Orch.«.
CD: B. Carter/Am. Jazz Orch., Musicmaster 60126

Rendell, Don, Donald Percy, (ts, sop, cl, fl), * 4.3.1926 Plymouth, England. Stammt aus Musikerfamilie, lernte Klavier mit sechs, begann im Alter von 16 Jahren Alt-Sax zu spielen. War 1950–53 bei Johnny Dankworth, mit eigenen Gruppen und 1955 bei Ted Heath. 1956 mit Stan Kenton auf Europatournee, 1959 mit Woody Herman. Spielt meist mit eigenem Quintett. Ursprünglich von Lester Young beeinflußt, hat er auch die Musik John Coltranes verarbeitet. – Schallplatten mit Tony Kinsey, Ted Heath, Johnny Dankworth, Ken Moule, Barbara Thompson, Neil Ardley, Stan Tracey, Guy Warren, Humphrey Lyttelton, Michael Garrick u. a.; auch auf Live-LPs von Stan Kenton u. Woody Herman. LPs als Leader für Tempo, Swing, MGM, Nixa, Decca, EMI-Col. u. Spotlite.
CD: Big 8, Spotlite 546

Rent-Party (House-Rent-Party) war eine unter den Schwarzen der USA in den 20er und 30er Jahren übliche Party, zu der die Gäste ein geringes Eintrittsgeld zahlten, welches dann zur Begleichung der Miete (engl.: rent) verwendet wurde. Unter Musikern waren solche Parties sehr beliebt, da Essen und Trinken frei waren. (→ House Hop)

Reprise Records, 1960 von Frank Sinatra gegründet, 1964 an Warner Bros. (→ WEA) verkauft. LPs von Frank Sinatra, Sammy Davis Jr., Duke Ellington, Count Basie, Neal Hefti, Barney Kessel, Chuck Sagle u. a.

Response → Beantwortung

Revelation Records, 1965 von William Hardy und Jon Horwich gegründet, jetzt in Gainesville, Florida. Veröffentlicht wurden vorwiegend Musiker der West-Coast-Szene, die von anderen Labels nicht berücksichtigt wurde, so Anthony Ortega (as), Warne Marsh (ts), Gary Foster (as), Dennis Budimir (g), Clare Fischer (p), später auch Jerry Coker (ts), Carmell Jones (tp) u. Alan Broadbent (p).

Revival-Jazz (engl.: Revival = Wiederbelebung), eine Sammelbezeichnung für eine Reihe von Oldtime-Jazz-Stilen in der Zeit nach 1937. Gemeint ist damit die Wiederbelebung der authentischen historischen Jazz-Stile, auch als Dixieland- bzw. New-Orleans-Renaissance bezeichnet. Genaugenommen begann der R. nicht erst in den späten 30er Jahren, sondern schon in den 20er Jahren als Suche nach den Ursprüngen des Jazz. Die Revival-Bewegung wird von den schwarzen Musikern der dritten Generation, den N.-O.-Musikern in Chicago, den Dixieland-Musikern der zweiten Generation, die in New York während der Swing-Ära ihre Musik spielten, den weißen Chicago-Musikern und weißen amerikanischen und – nach 1945 – europäischen und außereuropäischen (z. B. australischen und argentinischen) Amateurbands. Insgesamt ist der

Revival-Jazz eine fast rein weiße Amateurbewegung mit überwiegenden Elementen des Dixieland- und Chicago-Stiles, denn die schwarzen Musiker der dritten Generation, z. B. Louis Armstrong, hatten ihre Musik unter dem Einfluß des Swing so abgewandelt, daß sie nur noch bedingt als Oldtime-Jazz anzusehen ist.

Der Revival-Jazz, der also schon vor dem Swing einsetzte und deshalb nicht als Gegenbewegung zu diesem anzusehen ist, wurde begünstigt durch ein historisches Interesse an den alten Jazz-Stilen und in den 40er Jahren durch ein Unverständnis gegenüber dem modernen Jazz. Die historischen Jazz-Stile hatten ihre Entwicklung gegen Ende der 20er Jahre beendet und wurden nur noch im Süden der USA gepflegt. Der Chicago-Stil konnte sich erhalten, da seine Musiker in den Swing-Bands ein Auskommen fanden und ihren Stil z. T. in deren »Bands within the Band«, den Kleinformationen, weiterspielen konnten, etwa in Bob Crosbys Bob Cats, Tommy Dorseys Clambake Seven oder Woody Herman's Woodchoppers.

Gegen Ende der 30er Jahre führte das Interesse am historischen Jazz zur Gründung von Jazz-Clubs und -Zeitschriften. Schallplatten wurden neu aufgelegt, historisch-biographisches Material gesammelt. Das Buch »Jazzmen« von Ramsey und Smith (1939) stellt die erste authentische Beschreibung der frühen Jazz-Stile dar. Schon 1934 hatte Hugues Panassié den Chicago-Stil in den Mittelpunkt seines Buches »Le Jazz Hot« gestellt, 1938 gab er den Anstoß zu Plattenaufnahmen mit Veteranen wie Tommy Ladnier, Sidney Bechet und Mezz Mezzrow. Muggsy Spanier gründete 1939 sein »Summa Cum Laude Orchestra«. N.-O.-Veteranen wie George Lewis (cl), Kid Rena und Bunk Johnson wurden gesucht, interviewt, und spielten ihre ersten Schallplatten ein. An der Westküste, bes. in San Francisco und L. A., begann die R.-Bewegung durch Lu Watters »Yerba Buena Jazz Band« und Turk Murphy. Nach Kriegsende wurde der Jazz in der ganzen Welt als Ausdruck des Amerikanischen (damals noch positiv gemeint) und der Freiheit bekannt und populär. In den 50er Jahren kam in Europa die R.-Mode auf, ausgelöst durch die englischen Bands von Ken Colyer und Chris Barber. Zu dieser Zeit verflachte der R.-Jazz aber schon zu einer Gebrauchstanzmusik.

In den Musizierweisen wie in der Instrumentierung halten sich die R.-Bands streng an die klassischen Vorbilder, die oft genau kopiert werden. Die Standardbesetzung wird genau eingehalten (tp bzw. cnt, tb, cl, p, bj bzw. g, tu, d), was bei den authentischen Jazz-Stilen relativ selten ist.

(→ Archaischer Jazz, New Orleans, Dixieland, Chicago).

Der Begriff »Revival« wird inzwischen auch für die Wiederbelebung anderer Stile gebraucht, z. B. Swing-R., Rock-R.

Lit.: F. Ramsey/C. E. Smith (ed.), Jazzmen, N. Y. 1939 (Reprint 1985); Tom Stagg/C. Crumb, N. O., The Revival (Diskographie 1937–72), Dub-

lin 1973; Big Bill Bisonnette, The Jazz Crusade, Bridgeport, CT, 1992

Reys, Rita, Maria Everdina, (voc), * 21.12.1924 Rotterdam. Stammt aus einer musikalischen Familie. Sang mit Piet van Dijk und Wes Ilken († 1957), mit dem sie verheiratet war. Gehört zu den besten europäischen Sängerinnen, singt in der Tradition von Billie Holiday u. Ella Fitzgerald. Tritt jetzt meist mit ihrem zweiten Ehemann Pim Jacobs (p) auf. – Auf ihren Schallplatten (für Philips) wird sie u. a. begleitet von Lars Gullin, Ove Lind, Art Blakey, Bengt Hallberg, Oliver Nelson, Kenny Clarke, Pim Jacobs.

Rhythm and Blues (R & B) ist ein in den späten 40er Jahren von Jerry Wexler (später Produzent bei Atlantic) geprägter Begriff für einen simplifizierten Blues-Stil, der aus dem → Harlem-Jump abgeleitet wurde. Gekennzeichnet ist er durch riffartige Melodiebildungen und einen stark akzentuierten Rhythmus, basierend auf der standardisierten → Blues-Formel. Die Nachahmung des R & B durch weiße Musiker ist der Rock 'n' Roll. Zu den ersten R&B-Musikern gehörten Louis Jordan, Lucky Millinder, Jack McVea, Wynonie Harris, Joe Morris; Ray Charles hat R & B vor dem Hintergrund des modernen Jazz gespielt.

Lit.: Arnold Shaw, Honkers and Shouters, New York 1978, dt. Zweitausendeins, 1983; John Broven, Walking to New Orleans, The Story of New Orleans R & B, Bexhill-on-Sea 1977²

LP: Roots, Rythm & Blues, Folkways RF-20; Louis Jordan, MCA/Affinity u. a.; Ray Charles, Atlantic 1259; Johnny Otis Show, Savoy; RCA Victor Blues and Rhythm Review, RCA

Rhythm-Section → Rhythmusgruppe

Rhythmus, in der Musik allgemein der zeitlich bewegende Faktor, obwohl die musikalische Ablaufbewegung eher als *Akzent-* denn als *Zeit*begriff aufzufassen ist. Diese gleichmäßigc Folge von Akzenten kann in unterschiedliche Gruppierungen eingeteilt werden. Diese Aufteilung in gleiche Einheiten ergibt die Metrik, d. h. die Einteilung in Takte, innerhalb derer die Betonungen unterschiedlich schwer verteilt werden (z. B. 2/4- bzw. 4/4-Takt).

Rhythmus-Gruppe (Rhythm-Section), wird im Jazz benötigt zur Erzeugung des → Beat, des Grundmetrums. Die Rhythmusgruppe ist Teil einer Band bzw. Big Band, besteht in der Regel aus Klavier, Gitarre, Baß und Schlagzeug, wobei Klavier oder Gitarre gelegentlich wegfallen. Zusätzliche Rhythmusinstrumente – meist aus dem → lateinamerikanischen Bereich – dienen der rhythmischen Bereicherung, haben aber keine funktionale Aufgabe. Im modernen Jazz hat sich die Aufgabe der Rhythmusgruppe gewandelt, als Träger des Grundmetrums bleibt nur der Baß, die Gitarre hat auch melodische Funktion, auch das Schlagzeug betätigt sich rhythmisch-melodisch.

Ribot, Marc, (g, tp), * 1954 Newark, N. J. Studierte an der Univ. of Maine, ab 1978 bei Frantz Casseus. Arbeitete mit Tom Waits, John Zorn,

Seigen Ono, dem Pop-Art-Poeten Allan Ginsberg, den → Jazz Passengers; auf Tour mit Elvis Costello. Seit 1985 Mitglied der → Lounge Lizards, spielte mit John Lurie die Musik zu den Filmen »Down by Law« und »Mystery Train« ein. – Schallplatten mit den Lounge Lizards, Jazz Passengers, David Sanborn, Third Person, Caetano Veloso, Hal Willner, Allan Ginsberg u. a.; mit seinen »Rootles Cosmopolitans« für Antilles u. Les Disques Du Crépuscule.

Rich, Buddy, Bernard (d, voc), * 30.6. 1917 Brooklyn, N. Y., † 2.4.1987 L. A. Trat mit seinen Eltern schon als Kind im → Vaudeville auf (als Drummer, Sänger und → Tapdancer), leitete mit elf Jahren eigene Band und hatte den ersten Jazz-Job 1937 bei → Joe Marsala. Im folgenden Jahr ging er zu → Bunny Berigan, spielte 1939 bei → Artie Shaw, 1940–42 bei → Tommy Dorsey. Nach dem Militärdienst nochmals bei Dorsey (1944–45). Gründete Ende 1945 erste eigene Big Band. Trat ab 1947 mit → JatP auf, mit kleinen Gruppen, bei den »Big Four« (Chubby Jackson), in den 50er Jahren in der letzten Dorsey-Band, mehrmals bei → Harry James, war dort der höchstbezahlte Sideman im Jazz. Trat auch als Sänger und als Schauspieler im TV auf. Gründete 1966 neue Big Band, die er mit Unterbrechungen bis zu seinem Tod leitete.

R. war der technisch brillanteste Drummer, den der Jazz hervorgebracht hat. Obwohl im wesentlichen ein Swing-Musiker, der den modernen Jazz nur bedingt akzeptiert hatte, war er von einer unübertroffenen technischen Meisterschaft, bedingt durch die Fähigkeit, Hände und Füße unabhängig voneinander zu koordinieren. – Schallplatten mit Joe Marsala, Bunny Berigan, Artie Shaw, Tommy Dorsey, Count Basie, Metronome All Stars, Benny Goodman, Woody Herman, Ella Fitzgerald, Herbie Haymer, Charlie Ventura, Charlie Parker, JatP, Oscar Peterson, Norman Granz Jam Session, Art Tatum, Bud Powell, Flip Phillips, Gene Krupa, Harry James, Max Roach, Illinois Jacquet, Lester Young, Lionel Hampton, Machito, Zoot Sims, Sammy Davis Jr., Roy Eldridge; als Leader für Mercury, Verve, Roost, Pacific Jazz, Denon, Liberty, RCA, Groove Merchant, Muza, Century, MCA, HMC, Cafe.

Lit.: D. Meriwether, We Don't Play Requests (Bio-Diskographie), Chicago 1984; Mel Tormé, The Life of Buddy Rich, N. Y. 1991

CD: Compact Jazz, Verve 823295-2; Ease on Down the Road, Denon 8511; 1947–48 Orch., Hep CD 12

Rich, Fred, (p, comp, ldr), * 3.1.1898 Warschau, † 8.9.1956 Calif. Obwohl kein Jazz-Musiker, war R. eine wichtige Persönlichkeit im Jazz der 20er und 30er Jahre, denn er nahm einige hundert Schallplaten auf, bei denen die Crème der (weißen) Jazz-Musiker herausgestellt wurde, z. B. Bunny Berigan, die Dorseys, Joe Venuti, Tony Parenti, Red Nichols, Carl Kress, Eddie Lang, Roy Eldridge. Labels: Harmony, Hit-of-the-Week, Okeh, Banner u. a.

LP: Saville 175

Richards, Emil, (vib, p, perc), * 2.9. 1932 Hartford, Conn. Studierte an der Hartford-Musikschule, spielte als Perkussionist in Symphonie-Orchestern und im Connecticut Pops Orch. 1956–59 bei George Shearing, zog dann nach L. A. und arbeitete mit Bill Perkins, Paul Horn, Shorty Rogers, Frank Sinatra und als Studiomusiker. 1964–66 bei Don Ellis (Hindustani Jazz Sextet), 1965–66 im → Neophonic Orch. – Schallplatten mit George Shearing, Glen Gray, Julie London, Louis Bellson, Dave Grusin, Singer Unlimited, Walfredo de los Reyes, Shorty Rogers, Paul Horn, Neophonic Orch. (Stan Kenton), Frankie Carle, Frank Sinatra, Laurindo Almeida, Jack Quigley u. a.; als Leader für Impulse.

Richards, Johnny, John Cascales, (comp, ldr), * 2.11.1911 Querétaro, Mexiko, † 7.10.1968 N. Y. Studierte bei seiner Mutter, einer professionellen Pianistin, und in Troy, Syracuse. Trat als Kind im Vaudeville auf, lernte Violine, Banjo, Trompete u. Saxophon. Ging 1931 mit der Teddy-Joyce-Band nach England, schrieb dort 1932–33 Filmmusik für Gaumont. Ab 1934 in Hollywood als Assistent von Victor Young bei Paramount. 1940–45 eigene Big Band, spielte tp, ts, cl.; Sidemen u. a. Paul Smith, Pete Rugolo u. Bob Graettinger. 1946–49 als Arrangeur bei → Boyd Raeburn, schrieb auch für Dizzy Gillespie, Charlie Barnet, Harry James. Ab 1950 Zusammenarbeit mit → Stan Kenton, daneben arr für Sarah Vaughan, Sonny Stitt, Dizzy Gillespie, Ike Carpenter, Helen Merrill, Mary Ann McCall, Ben Webster. Leitete 1957–60 und 1965 Big Band in N. Y. R. ist der bedeutendste Komponist des → Progressive Jazz. Zu seinen bleibenden Arbeiten zählen die »Cuban Fire«-Suite, »Adventures in Time« (beide für Stan Kenton), »The Rites of Diablo«; komponierte auch den Frank-Sinatra-Hit »Young at Heart«. – Schallplatten mit seiner Band für Musicraft, Bethlehem, Capitol*, Coral u. Roulette.

Lit.: Jack Hartley/J. Wölfer, J. R. (D) (Manuskript)

*LP: Wide Range, Creative World ST-1052**

CD: Jazz Hour 1010

Richardson, Jerome, (saxes, cl, fl, voc), * 25.12.1920 Oakland, Calif. Studierte am San Francisco State College, spielte dann mit lokalen Bands wie Ben Watkins und Wilbert Baranco. Nach Armeedienst bei Lionel Hampton 1949–51, bei Earl Hines 1954–55. Mit eigenem Quartet im Minton's ab 1955, daneben Studioarbeit, am Rundfunk, in den 60er Jahren oft mit Quincy Jones' Big Band. Gehört zu den Gründungsmitgliedern der → Thad Jones – Mel Lewis Big Band, deren Reed-Section er bis 1971 leitete. Zog dann nach L. A., wo er seitdem als Studiomusiker arbeitet. R. ist ein großartiger Solist auf allen Instrumenten und gehört zu den führenden Flötisten. – Schallplatten mit Cannonball Adderley, Jimmy Cleveland, Que Martin, Oscar Pettiford, Jackie Cain – Roy Kral, Dizzy Gillespie, Phineas Newborn, Michael Coldin, Billy Taylor,

Gene Ammons, Quincy Jones, Leroy Holmes, Thad Jones – Mel Lewis, Miles Davis, Kenny Burrell, Earl Hines, Eddie Davis, Lionel Hampton, Wes Montgomery, Jimmy Smith, Milt Jackson, Charles Mingus, Ralph Burns, Oliver Nelson, Tadd Dameron, Crusaders, Carmen McRae, Georgie Romanis, Dinah Washington, Sarah Vaughan, Oscar Peterson, Larry Vuckovich, Shirley Horn, Clifford Jordan u. a.; als Leader für Prestige, United Artists u. Verve.

LP: Groove Merchant, Verve 8729

Richman, Boomie → Richmond, Boomie

Richmond, Boomie, Abraham Samuel, (ts, cl, fl), * 2.4.1921 Brockton, Mass. Der stilistisch → Eddie Miller verwandte Tenorist hatte seinen ersten Job bei Muggsy Spanier 1942, spielte dann bei Jerry Wald, George Paxton und ab 1945 für sechs Jahre bei Tommy Dorsey, gehörte zu den führenden Solisten in dessen Band (z. B. »At Sundown«, 1946). Arbeitete dann als Studiomusiker in N. Y., aber auch regelmäßig mit Benny Goodman u. a. Bands. – Schallplatten mit Muggsy Spanier, Tommy Dorsey, Benny Goodman, Les Elgart, Rex Stewart, Ruby Braff, Neal Hefti, Steve Allen, Tommy Reynolds, Peanuts Hucko, Big 18, Joe Reisman, Phil Silvers, George Siravo, Jim Tyler, Sid Ramin, Eydie Gormé, Leroy Holmes, Marty Gold, Bobby Byrne, Vaughan Monroe, Hal Mooney, Larry Clinton, Henry Jerome, Enoch Light, Richard Maltby u. a.

CD: Ruby Braff, Affinity 757

Richmond, Dannie, (d), * 15.12.1935 N. Y., † 15.3.1988 N. Y. Spielte bis zu seinem 21. Lebensjahr Tenor-Sax, wechselte dann zum Schlagzeug. 1956–57 in Charles Mingus' Jazz Workshop, war kurz bei Chet Baker, kehrte dann zu Mingus zurück, mit dem ihn bis zu dessen Tod eine dauerhafte Partnerschaft verband. Gründete dann die Gruppe »Mingus Dynasty«, spielte mit George Adams, Don Pullen, David Murray u. a., auch mit eigenem Quintett und arbeitete als Lehrer. R. war ein außergewöhnlicher Drummer, der viel zur Musik von Mingus beigetragen hat. – Ist auf fast allen Mingus-LPs zu hören, außerdem bei Bennie Wallace, Booker Ervin, Chet Baker, Don Pullen, George Adams, Marvin Peterson, Jimmy Knepper, Mal Waldron, Ray Anderson, Zoot Sims, Horace Parlan, Mingus Dynasty, Mark-Almond; als Leader für Impulse, Horo, Soul Note, Timeless, Gatemouth, Red, Tutu.

CD: Plays Mingus, Timeless 148; Three or Four Shades, Tutu 888120

Riff, eine rhythmische Phrase von zwei oder vier Takten, die ständig wiederholt wird und so gestaltet ist, daß sich möglichst jede harmonische Funktionsstufe damit ausfüllen läßt ohne Änderung von mehr als ein bis zwei Melodietönen. Stammt aus der afrikanischen Musik und wird dort als ostinate Beantwortungstechnik verwendet. Die Funktion des R. ist die Erzeugung von Spannung, was dadurch geschieht, daß die (scheinbare) melodische Monotonie durch die harmonischen Wechsel wieder aufgehoben wird und dadurch inspirierend auf die Solisten wirkt. Hauptsächlich im → Swing gebräuchlich, wo die frühe Count-Basie-Band (1936–39) besonders effektvollen Gebrauch davon machte, aber auch andere Bands aus → Kansas City.

Riley, Howard, John Howard, (p, comp), * 16.2.1943 Huddersfield, England. Studierte an den Univ. von Wales, Indiana (bei Dave Baker) und York (1967–70). Hatte schon Mitte der 60er Jahre mit Evan Parker und John McLaughlin gespielt, arbeitete ab 1967 im Trio mit Barry Guy (b) und Jon Hiseman (d), trat außerdem auf mit Keith Tippett, Elton Dean, John Stevans, Tony Oxley, Barbara Thompson – Art Themen u. a. europäischen Avantgarde-Gruppen. Komponierte für das London Jazz Composers' Orch. und das New Jazz-Orch. Ist auch als Lehrer tätig und gehört zu den Mitbegründern der »Musicians' Co-operative« in London. – Schallplatten mit Tony Oxley, LJCO, Spontaneous Music Ens., Keith Tippett; eigene Aufnahmen für Oppurtunity, Realm, CBS, Turtle, Mosaic, Vinyl, Japo, Impetus, Spotlite, Affinity, Leo, Wondrous.

LP: In Focus, Affinity 137

Ring-shout, Tanzform der Schwarzen, bei welcher sich die Tänzer im Kreis bewegen und dabei in einer Vorsängerchor-Form singen. (→ Call and response)

Ritenour, Lee Mack, (g, comp, b), * 11.1.1952 L. A. Studierte bei Howard Roberts und Joe Pass und an der Univ. von Southern Calif. (wo er jetzt selbst unterrichtet). Hatte schon erste Jobs mit zwölf Jahren bei den Esquires und Craig Hundley. 1974 Tournee mit Sergio Mendez, seitdem als vielbeschäftigter Studiomusiker tätig. – Ist auf einigen Tausend Pop-, Jazz- und Fusion-LPs zu hören, u. a. mit Dave Grusin, Dizzy Gillespie, GRP-All Stars, Oliver Nelson, Alphonse Mouzon, Sonny Rollins, David Newman, Rodney Franklin, Tom Scott, Diane Schuur, Paulinho DaCosta, John Handy, Herbie Hancock, Gato Barbieri, Bob James, Stanley Clarke, Sadao Watanabe, Vic Feldman, Fourplay, Toots Thielemans u. a.; eigene Aufnahmen für Epic, JVC/Elektra Mus., GRP.

CD: Stolen Moments, GRP 9615

Rivers, Sam, Samuel Carthorne, (ts, sop, fl, bcl, p, vla, comp), * 29.9.1920 El Reno, Okla. Die Mutter war Pianistin, der Vater Mitglied der Fisk Jubilee Singers. Wuchs in Little Rock und Chicago auf, spielte in School-Bands und lokalen Combos. Studierte am Boston-Konservatorium 1947, hatte erste Jobs mit Jaki Byard, Joe Gordon, Herb Pomeroy u. Gigi Gryce in Boston. Leitete R&B-Band, war 1964 kurz bei Miles Davis (»Miles in Tokyo«, CBS) und bei Andrew Hill. 1967–71 bei Cecil Taylor, dann sechs Monate bei McCoy Tyner. Eröffnete mit seiner Frau Bea in N. Y. das »Studio Rivbea«. Ursprünglich nur als Probenraum gedacht, entwickelte es sich zu einem Zentrum experimenteller Musik (→ Loft). Seit den 70er Jahren auf Tournee mit eigenen Gruppen, meist in Europa. Komponierte für

die Harlem Opera Society und unterrichtete Geschichte afroamerikanischer Musik, u. a. 1979–83 an der Wesleyan-Univ. In den 80er Jahren mit Big Band, Trio und seinen »Winds of Manhattan«. Ursprünglich ein R&B-Musiker, kam R. in den 60er Jahren zum → Free Jazz, nahm aber später auch Elemente des → No-Wave auf und fusionierte diese mit Bebop- und Free-Strukturen. – Schallplatten mit Cecil Taylor, Don Pullen, Tony Williams, Bobby Hutcherson, Dave Holland, Hilton Ruiz u. a.; als Leader ab 1964 für Blue Note (»Fuchsia Swing Song«), Impulse, Improvising Artists, Horo, Circle, Fluid, Red, ECM, Blue Marge, Black Saint, Timeless.
CD: Colors, Black Saint 0064

Riverside Records, von Orrin Keepnews und Bill Grauer 1953 in N. Y. gegründet, heute im Besitz von → Fantasy. Wichtiges Label des Hard-Bop und East-Coast Jazz mit LPs von Thelonious Monk, Sonny Rollins, Bill Evans, Wes Montgomery, Cannonball Adderley u. a. sowie Reissues historischer Aufnahmen (Anthologie: »History of Classic Jazz«).

Riverside-Label, 1958

Roach, Freddie, (org, vib, fl, p, b, d, comp), * 11.5.1931 Bronx, N. Y. Mutter war Kirchenorganistin. Studierte am Newark-Konservatorium. Erster Job bei den Strollers unter Leitung von Grachan Monchur Sr., dann bei Chris Columbus, Cootie Williams und Lou Donaldson. R. gehört durch seinen persönlichen Stil zu den originellsten Musikern seines Instruments, die in den 60er Jahren bekannt wurden. – Schallplatten für Blue Note und Prestige.
LP: Brown Sugar, BN 4168

Roach, Max, Maxwell, (d), * 10.1. 1924 New Land, N. C. Lernte Trompete, Klavier und Drums. War ein Bewunderer von → Kenny Clarke und nahm an den Sessions im → Minton's Anfang der 40er Jahre teil. Spielte 1944 bei Coleman Hawkins (mit diesem erste Schallplatten) und Dizzy Gillespie auf der → Fifty-second Street. War schon Mitte der 40er Jahre ein gesuchter Drummer, spielte mit Charlie Parker, Miles Davis, Allan Eager u. a. 1949 mit Charlie Parker nach Paris. Ging Anfang der 50er Jahre nach Kalifornien, war bei Howard Rumsey, gründete 1954 mit → Clifford Brown das legendäre Quintett. Nach Browns Tod Quintett mit Booker Little bzw. Kenny Dorham, später Donald Byrd, Tommy Turrentine, Freddie Hubbard, Charles Tolliver und Cecil Bridgewater als Trompeter. Experimentierte mit Chören und kompo-

nierte 1960 die »Freedom Now Suite« als Zeichen für ein wachsendes Selbstbewußtsein der Schwarzen (Text: Oscar Brown Jr.). 1962 folgte die »Money Jungle«-LP mit Duke Ellington und Charles Mingus. Arbeitete mit den J. C. White Singers, dem Perkussion-Ens. »M' Boom«, einem Streichquartett, im Duo mit Dollar Brand, Cecil Taylor, Anthony Braxton, Dizzy Gillespie. Seit Anfang der 70er Jahre Lehrtätigkeit an der Univ. of Massachusetts. R. gehört zu den großen Neuerern des Schlagzeugspiels im → Bebop, spielte eine wichtige Rolle bei der Entstehung des → Hard-Bop, war einer der ersten, die ungerade Taktarten ausprobierten (LP: »Jazz in 3/4 Time«) und eine Neudefinition des Schlagzeugspiels in großen Ensembles. – Die Zahl seiner Schallplatten ist kaum zu übersehen. Er hat mit fast jedem wichtigen Musiker der letzten 40 Jahre Schallplatten aufgenommen und/oder zusammengespielt, besonders mit Clifford Brown, Thelonious Monk, Bud Powell, Charles Mingus, Charlie Parker, Coleman Hawkins, Duke Ellington, Kenny Dorham, Miles Davis, Sonny Rollins, Archie Shepp, Anthony Braxton, Dollar Brand, Buddy Rich; als Leader für Vogue, → Debut, EmArcy, Argo, Candid, Impulse, Byg, Atlantic, Joke, Uniteledis, Denon, Horo, Baystate, Black Saint, Hat Hut, Soul Note, Columbia, New Artists, Bluemoon.
CD: Freedom Now Suite, Candid 79002; w. Uptown String Quartet, Soul Note 1159; To the Max, Enja 7021-2

Roadside Picnic, engl. Jazz-Fusion-Gruppe, bestehend aus Dave O'Higgins (ts, sop, synth), John Smith (keyb), → Mario Castronari (b), Mike Bradley (d, sequencer), gegründet 1986. CDs auf Novus, z. B. »For Madman Only, Novus 74581. »Something between Jan Garbarek, King Crimson and Mahler« (O'Higgins).

Roberts, Howard Mancel, (g), * 2.10. 1929 Phoenix, Arizona, † 1.7.1992. Lernte Gitarre autodidaktisch, vervollkommnete sich später durch Privatstunden. Arbeitete seit 1950 in L. A. als Studiomusiker, nahm am → West Coast Jazz teil, spielte mit dessen führenden Vertretern wie Shorty Rogers, Bud Shank, Lennie Niehaus, den Candoli-Brüdern, Bill Holman u. v. a. Trat auch mit eigenen Gruppen auf. Spielte die g-Soli im Film »The Sandpiper«, ist auf Tausenden von Schallplatten vertreten. – Als Jazz-Musiker z. B. Aufnahmen mit Chico Hamilton, John Graas, Pete Jolly, Bobby Troup, Frank Morgan, Pete Rugolo, Bill Holman, Art Pepper, Buddy Rich, Julie London, June Christy, Diane Schuur, Arnold Ross; als Leader für Verve, Capitol, Impulse, Concord, Discovery.
LP: The Real H. R., Concord 52

Roberts, Marcus, (p), * 7.8.1963 Jacksonville, Fla. Seit seinem vierten Lebensjahr erblindet, begann R. mit acht Jahren Klavier zu lernen, u. a. an der Florida State Univ. Gewann einige Piano-Wettbewerbe, darunter 1987 die Thelonious Monk Int. Jazz Piano Competition. Spielt seit 1985 in der Band von Wynton Marsalis. –

Marcus Roberts

Schallplatten mit diesem und den »Tough Young Tenors«; als Leader für Novus.
»The most important and soulful pianist of our generation.« (W. Marsalis)
CD: Truth is Spoken Here, Novus 83051

Robinson, Jim, James Nathan, (tb), * 25.12.1892 Deer Range, La., † 4.5. 1976 N. O. Lernte Gitarre, lernte Posaune in der Army-Band 1917 in Frankreich. Spielte in N. O. mit Kid Rena, Young Morgan, der Tuxedo Band, 1923–32 bei Sam Morgan, arbeitete aber hauptberuflich als Hafenarbeiter. Nahm in den 40er Jahren am → N.-O.-Revival teil und spielte mit Bunk Johnson, George Lewis, Kid Rena, ab 1961 in der Preservation Hall Jazzband. R. gehörte zu den besten Ensemble-Posaunisten des N. O.-Jazz, kein großer Techniker aber mit einem guten feeling. – Schallplatten mit George Lewis, Kid Rena, Bunk Johnson, Wooden Joe Nicholas; als Leader für AM, Riverside, Atlantic, GHB, Jazz Crusade, Smoky Mary.
LP: 1944 Revisited, GHB 196

Robinson, Perry, Morris, (cl, comp), * 17.8.1938 N. Y. Sohn des Komponisten Earl Robinson. Studierte an der Lenox School of Jazz und an der Manhattan School of Music. Nahm teil an der Avantgarde-Bewegung der 60er Jahre, spielte mit Sunny Murray, Paul Bley, Artie Shepp, Bill Dixon, in den 70er Jahren mit dem Jazz Comp. Orch., auch bei Dave Brubeck, Roswell Rudd, Gunter Hampel, 1985 mit einer Combo aus sechs Klarinetten (»Licorice factory«). Sein abstrakter Stil beinhaltet die gesamte Jazz-Geschichte bis zum Rock. – Schallplatten mit Paul Bley, Dave Brubeck, Gunter Hampel, Ray Anderson, John Fischer u. a.; eigene Titel für Savoy, AKM, Chiaroscuro, Improvising Artists, West Wind.
LP: The Traveler, Chiaroscuro 190

Rock, Rock 'n' Roll (engl.: wiegen, schaukeln), eine Variante des → Rhythm & Blues, entstanden zu Beginn der 50er Jahre, musikalisch gekennzeichnet durch die Verwendung einfachster melodischer und harmonischer Mittel, → Riffs und → Blues-Form. Instrumental besetzt mit (elektrisch) verstärkter Gitarren- und Rhythmusgruppe, auch Tenor-Sax. Von der Schlagerindustrie vermarktet (Bill Haley, Elvis Presley), hat der R. in den 60er Jahren nochmals einen Höhepunkt erreicht, als er sich wieder mehr auf die schwarzen Vorbilder besann (Jimi Hendrix) und

auch Elemente des Jazz einbezog (»Blood, Sweat & Tears«, »Chicago«).
Lit.: A. Shaw, Rock 'n' Roll – Die Stars, die Musik und die Mythen der 50er Jahre, Reinbek 1978; P. Hardy/D. Laing (ed.), Encyclopedia of Rock 1955–75, London 1977
LP/CD: The Roots of Rock 'n' Roll, Savoy

Roditi, Claudio, (tp, flh), * 28.5.1964 Rio De Janeiro. Studierte bei Aurina Ferreira, war 1965 erstmals in Europa bei einem Friedrich-Gulda-Wettbewerb. Ging 1968 nach Mexiko, 1970 in die USA, studierte an der Berklee School und lebte sechs Jahre in Boston. Spielte u. a. bei Tito Puente, mit eigenen Gruppen, war 1992 auf Tournee mit der »To Diz with Love«-Gruppe. – Schallplatten mit Tito Puente, Buddy Montgomery, Dizzy Gillespie, Klaus Ignatzek, Dom Um Romao, Gary Bartz, Larry Gales, Manfredo Fest, Mark Murphy, James L. Dean, McCoy Tyner, Hendrik Meurkens, Michael Carvin, Paquito D'Rivera, Michele Hendricks, Chris Connor u. a.; als Leader für Milestone u. Candid.
CD: Live at Birdland, Candid

Rodney, Red, Robert Rodney Chudnick, (tp, flh), * 27.9.1927 Philadelphia, Pa. Studierte an der Mastbaum School, ging mit 15 Jahren »on the road« mit Jerry Wald, dann zu Jimmy Dorsey, Tony Pastor, Les Brown, Georgie Auld, Claude Thornhill, Gene Krupa. 1948–49 bei Woody Herman, bis 1951 bei Charlie Parker als Nachfolger von Miles Davis. 1951 bei Charlie Ventura, einige Jahre in seiner Heimatstadt inaktiv wegen Drogenabhängigkeit. In den 70er Jahren in Europa, in den 80er Jahren Quintett mit Ira Sullivan. Gehört zu den ersten weißen Bebop-Trompetern. – Schallplatten mit Gene Krupa (»How High the Moon«), Woody Herman, Charlie Parker, Charlie Ventura, Claude Thornhill, Lee Konitz, Georgie Auld, Jimmy Dorsey, Serge Chaloff, Oscar Pettiford, Tony Scott, Dizzy Gillespie, Ali Ryerson; als Leader für Keynote, Prestige, Fantasy, Signal, Argo, Muse, Sonet, Steeplechase, Musician, Denon, Continuum, Chesky.
Lit.: G. Lees, The Nine Lives of R. R., in: Jazzletter 2/3, 1991
CD: Bird Lives, Muse

Rogers, Shorty, eigentl. Milton Rajonski, (tp, flh, comp), * 14.4.1924 Great Barrington, Mass. Studierte an der High School of Music and Arts in N. Y. und am Konservatorium in L. A. Erster Job bei Will Bradley 1942, dann bei Red Norvo 1942–43, nach dem Militärdienst bei Woody

Shorty Rogers

Herman 1945–51, dazwischen auch bei Charlie Barnet und Stan Kenton. 1951–53 bei Kenton, 1954 bei Howard Rumsey. Arbeitete dann für RCA und Atlantic als A&R-Mann sowie als Komponist und Arrangeur für Film und TV, leitete für Schallplatten und Clubauftritte Combos (»Giants«) und Big Bands, für die er die besten Musiker im Raum L. A. heranzog, z. B. Art Pepper, Bob Cooper, Shelly Manne, Bud Shank, Jimmy Giuffre. Diese Aufnahmen gehören zum Besten des → West Coast Jazz, besonders einige Big-Band-LPs sind bis heute unübertroffen (»Cool and Crazy« bzw. »Big S. R. Express«, »Courts the Count«, RCA). Seit den 60er Jahren kaum noch als Jazz-Musiker aktiv, trat erst zu Beginn der 80er Jahre wieder auf, u. a. in England mit Vic Lewis und dem National Youth Orch. R. ist ein versierter Trompeter bzw. Flügelhornist und gehört als Arrangeur zu den Großen der 50er Jahre. Arr für Woody Herman (»Lemon Drop«), Stan Kenton (»Jolly Rogers«), Red Norvo, Terry Gibbs, June Christy, Benny Goodman, Howard Rumsey, Shelly Manne, Peggy Lee, Carmen McRae, Lena Horne, Vic Lewis, Buddy Rich, Eydie Adams, Four Freshmen u. a. – Schallplatten mit Woody Herman, Stan Kenton, Red Norvo, Timmie Rogers, Bill Harris, Pete Jolly, Kai Winding, Johnny Richards, Teddy Charles, Jimmy Giuffre, Milt Trenier, Bud Shank, Howard Rumsey, Shelly Manne, Eartha Kitt, Gerry Mulligan, Benny Carter, Pete Rugolo, Ike Carpenter, Stan Getz u. a.; als Leader ab 1951 für Capitol, RCA; Atlantic, Warner Bros., Reprise, Atlas, Concord, East World, Concept, Contemporary, Time Is., Candid.

Lit.: C. Hofmann/E. M. Bakker, S. R., A Discography, Amsterdam 1983

CD: Short Stops, Bluebird ND90209; California Concert, Cont. 14012

Ⓥ*: Kay Jazz 035*

Roland, Gene, (tp, vtb, mell, sop, p, comp), * 15.9.1921 Dallas, † 11.8. 1982 N. Y. Studierte am North Texas State Teacher's College 1940–42. Ging nach dem Armeedienst 1944 zu → Stan Kenton als Trompeter/Posaunist und Arrangeur, initiierte dort den fünfstimmigen Trompeten- und Posaunensatz. Bei Kenton mit Unterbrechungen bis 1973, dazwischen tp oder arr für Lionel Hampton, Lucky Millinder, Claude Thornhill, Artie Shaw, Count Basie, Harry James, Charlie Barnet, Dan Terry, Nat Pierce, Bob Keene, Tito Puente. 1950 Workshop-Band in N. Y. mit u. a. Charlie Parker und Miles Davis. 1956–58 bei Woody Herman, 1960 in Kentons Mellophonium-Band als Arrangeur, mell- und sop-Solist. Arbeitete in Kopenhagen für Ib Glindemann, hatte in N. Y. eigene Gruppen, trat als Pianist auf, im Trio oder mit seinen »Horns of Manhattan«. R. war der wohl produktivste Arrangeur des Jazz; er schrieb (z. T. mehrfach) komplette → Books für Stan Kenton, Dan Terry, Woody Herman und → Dick Meldonian und »erfand« 1946 den → »Four Brothers«-Satz. – Schallplatten als Instrumentalist mit Stan Kenton, June Christy,

Howard McGhee, Charlie Barnet, Claude Thornhill; als Leader für Dawn und Brunswick.

»Gene Roland is responsible for changes in the Kenton Band that are almost beyond belief, but nobody knows that.« (Bill Coss)

LP: The Band that Never Was, Spotlite 141

Rollins, Sonny, Theodore Walter, (ts, sop, comp), * 7.9.1929[1] N. Y. Spielte Alt-Sax in High School, ab 1947 Tenor unter dem Einfluß von Coleman Hawkins. Erste Schallplatten mit Babs Gonzales, J. J. Johnson u. Bud Powell im Alter von 19 Jahren. Spielte mit Thelonious Monk, Bud Powell, Art Blakey (1949), Tadd Dameron (1950), 1951 mit Miles Davis. Lebte in Chicago, ging im November 1955 zum Clifford Brown – Max Roach-Quintett, blieb bei Roach bis 1957. Leitete dann eigene Gruppe, zog sich 1959 für zwei Jahre zurück. 1961 Quartett mit Jim Hall, später Don Cherry und Billy Higgins, trat als Solist mit wechselnden Rhythmusgruppen auf. 1968–71 nochmals inaktiv als Musiker, studierte in Indien und Japan. Trat ab 1972 wieder mit eigenem Quintett auf, gelegentlich auch Solo und mit All-Star-Gruppen (Milestone All Stars).

Sonny Rollins

R.'s Stil ist beeinflußt von Sonny Stitt, Dexter Gordon und Charlie Parker, dessen rhythmische Freiheit ihn maßgeblich geprägt hat. Er ist ein totaler Improvisator, der die in den 50er u. 60er Jahren bevorzugten → Standards zu Skeletten reduzierte und damit schon eine Vorstufe zum → Free Jazz erreichte, an dessen Ausprägungen er aber selbst nicht teilnahm. R. gehört zu den einflußreichsten Musikern der letzten 40 Jahre. – Schallplatten – außer mit den Genannten – noch mit Miles Davis, Max Roach, Thelonious Monk, MJQ, Kenny Dorham, Sonny Stitt, Abbey Lincoln, Dizzy Gillespie; als Leader ab 1951 für Prestige, (»S. R. Plus Four«), Blue Note, Contemporary (»Way out West«), Riverside (»Freedom Suite«), Verve, RCA (»The Bridge«), Impulse, Milestone.

Lit.: P. N. Wilson, S. R., Schaftlach 1991

---

[1] als Geburtsjahre werden unterschiedlich 1928–31 angegeben.

CD: Plus Four, OJCCD 243; Saxophone Colossous, OJCCD 291; All the Things You Are, Bluebird ND 82179; The Bridge, ND 90633
Film: Saxophone Colossous (Regie B. Mugge, 1986)

Roost Records, 1946 in N. Y. von Teddy Reig (1917–84) gegründet, seit 1957 im Besitz von → Roulette. Sub-Label: Légende. LPs von Stan Getz, Johnny Smith, Bud Powell, Sonny Stitt, Lee Konitz, Billy Taylor, Kai Winding, Georgie Auld, Eddie Davis u. a.
Lit.: T. Reig & E. Berger, Reminiscing in Tempo, London 1990

Roppolo, Leon, Joseph Leon, (cl), * 16.3.1902 Lutheran, La., † 5.10. 1943, La. Erhielt Unterricht von seinem Großvater, spielte mit 14 in einer Vaudeville-Show, dann bei Emmett Hardy, Peck Kelly und den Brunis-Brüdern. 1922–25 bei den → New Orleans Rhythm Kings, wurde die treibende Kraft in dieser Band. Seine Soli sind perfekte Beispiele für den frühen Dixieland-Stil und haben zahlreiche Nachahmer gefunden. R. wurde 1925 in eine psychiatrische Klinik eingeliefert und blieb dort bis zu seinem Tod. – Schallplatten mit den NORK, dem Midway Dance Orch. und Albert Brunis; eigene Aufnahmen für Gennett wurden nicht veröffentlicht.

Rosnes, Renée, Irene, (p), * 24.3. 1962 Saskatchewan. Wuchs in Vancouver auf, studierte in Toronto und N. Y., spielte dort mit Dave Liebman, Joe Farrell, Joe Henderson, Out of the Blue, Wayne Shorter, Sonny Fortune, Jon Faddis, J. J. Johnson. – Schallplatten mit Gary Thomas, O. T. B., Akio, Joe Henderson, Greg Osby, Robin Eubanks, Don Sickler, Jon Faddis, Billy Drummond, Todd Coolman; eigene Titel auf Blue Note.

Rosolino, Frank, (tb, voc), * 20.8. 1926 Detroit, † 26.11.1978 L. A. Lernte Gitarre, dann Posaune, spielte in der High School Band. Nach Armeedienst erster Job bei Bob Chester 1946–47, einige Monate bei Glen Gray 1947, dann bei Gene Krupa 1948–49. Bis 1951 bei Tony Pastor, Herbie Fields und Georgie Auld, 1952 eigene Gruppe in Detroit. 1952–54 bei Stan Kenton, ließ sich dann in L. A. als Studiomusiker nieder, spielte daneben mit → Howard Rumsey u. a. Gruppen des West Coast Jazz. In den 70er Jahren Combo mit → Conte Candoli sowie Auftritte mit → Supersax. R. war ein ungewöhnlich brillanter Techniker, der sein Instrument mit der Geläufigkeit eines Saxophonisten spielte. Er beging unter erschütternden Umständen Selbstmord. – Schallplatten mit Gene Krupa (als »Frankie Ross«), Stan Kenton, Howard Rumsey, Stan Levey, Pete Rugolo, Shorty Rogers, Camarata, Steve Allen, Shelly Manne, Vic Feldman, Buddy Bregman, Benny Carter, Bill Holman, Terry Gibbs, Bob Cooper, Lalo Schifrin, Buddy Rich, June Christy, Louis Bellson, Mel Tormé, Peggy Lee, Supersax, Quincy Jones, Sonny Stitt, Zoot Sims, Peter Herbolzheimer, Trombones Unlimited, Georgie Auld, Ralph Marterie, Skip Martin, Frank Strazzeri, Francy Boland; als

Leader für Dee Gee, Capitol, Bethlehem, Mode, Specialty, Reprise, Horo, MPS, Sackville.

Lit.: R. Machado, Basic Discography of F. R., Fortaleza 1988

CD: F. R. & Zoot Sims, Vogue 655622

Film: I Want to Live

Ross, Annie, Annabelle Short, (voc, comp), * 25.7.1930 Surrey, England. Kam mit drei Jahren in die USA, wuchs bei ihrer Tante, der Sängerin Ella Logan, auf. Wirkte als Kinderstar bei Bühnen- und Filmproduktionen mit, u. a. als Schwester von Judy Garland. Schauspielstudium in N. Y., 1947 Rückkehr nach England. Arbeitete als Sängerin in England und Frankreich, 1952 wieder in die USA, nahm für Prestige ihren Hit »Twisted« auf. Europatournee mit Lionel Hampton, Auftritte als Solistin in Londoner Clubs. Wurde 1957 Mitglied des Vokaltrios »Lambert, Hendricks & Ross« (→ Dave Lambert), verließ es 1963 und etablierte sich erneut in London, trat auf Festivals auf, leitete einen Club und eine eigene TV-Serie. In den 80er Jahren wieder mit Jon Hendricks in Chicago und N. Y. – Schallplatten mit Jacques Dieval, André Hodeir, Gerry Mulligan, Zoot Sims, Tony Crombie, Mel Tormé, Charlie Parker, LH&R; unter eigenem Namen für Dee Gee, Prestige, Esquire, Decca, Nixa, HMV, World Pacific, Transatlantic, Ember, Muza, MPS.

CD: A Handful of Songs, Fresh Sound FSRCD 61

Roulette Records, N. Y., 1956 von George Goldner gegründet, 1957 von Hugo Perretti und Luigi Creatori (»Hugo & Luigi«) gekauft. Teilhaber war der Besitzer des → Birdland, Morris Levy. Sub-Labels: Tico (für lateinamerikanische Musik), → Roost, Forum. A & R: Hugo & Luigi, Teddy Reig. Seit 1988 im Besitz von EMI. LPs von Count Basie, Maynard Ferguson, Johnny Richards, Sonny Stitt, Machito, Joe Williams, Pearl Bailey, Herb Pomeroy, Sarah Vaughan, Johnny Smith u. a.

Rouse, Charlie, Charles, (ts), * 6.4. 1924 Washington, D. C., † 30.11.1989 Seattle. Erster wichtiger Job bei Billy Eckstine 1944, dann bei Dizzy Gillespie 1945, Tadd Dameron 1947, von 1949–50 jeweils einige Monate bei Duke Ellington und Count Basie. In den 50er Jahren freelancing, bei Bennie Green (1955), Buddy Rich (1960) und als Co-Leader von »Les Jazz Modes« (Julius Watkins). 1959–70 ständiges Mitglied des → Thelonious-Monk-Quartetts. Danach mit eigenen Gruppen, mit Mal Waldron und der kooperativen Band »Sphere«, einer Thelonious-Monk-Memorial-Band. R. war ein individueller Solist und der ideale Partner von Thelonious Monk.

Schallplatten mit Count Basie, Bennie Green, Art Farmer, Fats Navarro, Clifford Brown, Joe Gordon, Donald Byrd, Paul Quinichette, Thelonious Monk, Oscar Pettiford, Art Taylor, Louis Smith, Les Jazz Modes, Babs Gonzales, Rein de Graaff, Howard McGhee, Mal Waldron, Marcus Roberts, Tadd Dameron, Sphere, Upper Manhattan Jazz Society, Benny Carter; als Leader für Jazzland*, Epic, Blue Note, Strata

East, Casablanca, Jazzcraft, Uptown.
*CD: Takin' Care of Business, OJC 491**

ROVA Saxophone Quartet, widmet sich der zeitgenössischen improvisierten Musik, gewissermaßen als weißes Pendant zum → World Saxophone Quartet. Besetzung: Jon **R**askin (cl, as, bar), Larry **O**chs (sopranino, ts), Andrew **V**oigt (sopranino, sop, as, fl, später ersetzt durch Steve Adams) und Bruce **A**ckley (cl, sop). – Schallplatten für Black Saint, Hat Art, Metalanguage, Moers, Sound Aspects, New Albion.
»Ich glaube, daß improvisierte Musik heute die interessanteste auf diesem Planeten ist.« (L. Ochs)
CD: Favorite Street, Black Saint 0076

Rowles, Jimmy, James George, (p), * 19.8.1918 Spokane, Wash. Zog 1940 nach L. A., erste Jobs mit Slim Gaillard, Lee und Lester Young, Billie Holiday 1941, Benny Goodman u. Woody Herman 1942–43. Nach der Armeezeit wieder bei Herman 1946, dann bei Les Brown, Butch Stone, Tommy Dorsey und Benny Goodman 1947. Bis 1951 bei Bob Crosby, begann dann eine Freelance-Karriere als Studiomusiker in Hollywood. R. ist ein gesuchter Klavierbegleiter, spielte mit Peggy Lee, Stan Getz, Chet Baker, Benny Carter, Zoot Sims, Henry Mancini, Neal Hefti. R. ist bekannt für sein enzyklopädisches Repertoire und einen ökonomischen Stil. – Schallplatten mit Benny Goodman, Woody Herman, Barney Kessel, Herb Harper, Bob Brookmeyer, Billie Holiday, Julie London, Bobby Troup, Benny Carter, Meg Myles, Bill Holman, Bill Perkins, Charlie Mariano, Red Norvo, Kitty White, Gerry Mulligan, Billy May, Henry Mancini, Neal Hefti, Ben Webster, Don Barbour, Buddy Rich, Ella Fitzgerald, Herbie Mann, Joe Pass, Mel Tormé, Bill Harris, Ray Brown, Richie Kamuca, Sarah Vaughan, Scott Hamilton, Stan Getz, Paul Weston, Zoot Sims, Turk Mauro, Bennie Wallace u. v. a.; als Leader für Pacific Jazz, Tampa, Andex, Capitol, Signature, Blue Angel, Halcyon, Choice, Progressive, Columbia, Pablo, Xanadu, Concord, Sonet, Musica, All Life, Ahead, SIR, Four Leaf Clover, Poljazz, Cymbol, Stash, Contemporary, Orange Blue, JVC, Master Mix.
CD: Sometimes I'm Happy ..., OB 003; Joe Pass – J. R., Pablo 2310865

Rowles, Stacy, (tp, flh), * 11.9.1955 L. A. Tochter von → Jimmy Rowles. Erhielt Unterricht von Graham Young, spielte in der High School Band, anschließend bei Clark Terry, in L. A. in der (Frauen-)Big Band »Maiden Voyage«, mit Red Mitchell u. Colin Bailey. – Schallplatten mit Jimmy Rowles, Frank Melville, Nels Cline, Red Mitchell, Ben Sluijs; eigene CDs für Concord, Delos.
CD: Looking Back, Delos 4009

Royal, Ernie, Ernest Andrew, (tp), * 2.6.1921 L. A. Erster Job bei Les Hite 1937–38, dann bei Cee Pee Johnson 1939 und 1940–42 bei Lionel Hampton. Nach dem Armeedienst ab 1945 bei Vernon Alley, Phil Moore und Count Basie; 1947 zu Woody Herman, 1950 Europatournee mit Duke Ellington. In Frankreich bei Jacques Hélian. Ab 1952 in Hollywood mit eigener Combo, 1953–55 bei Stan Kenton, ab 1957 in N. Y. beim Sender ABC. R. wurde meist in Big Bands als High-Note-Spezialist eingesetzt, ist aber auch ein vorzüglicher Solist. – Schallplatten mit Lionel Hampton, Woody Herman (»I Ain't Gettin' Any Younger«), Julia Lee, Jimmy Cleveland, Miles Davis, Quincy Jones, George Roumanis, Sonny Rollins, George Williams, Sonny Stitt, Stan Kenton, Count Basie, Art Farmer, Cannonball Adderley, Dizzy Gillespie, Eddie Davis, Perez Prado, Ernie Wilkins, George Russell, Gene Krupa, Gene Ammons, George Benson, La Vern Baker, Lee Morgan, Nat King Cole, Tadd Dameron, Rex Stewart, Wes Montgomery, Oliver Nelson, Jimmy Smith u. v. a.; als Leader einige Titel für Swing, Pathé, Vogue und eine LP für Urania.

Royal, Marshall, (as, cl), * 5.12.1912 Sapulpa, Okla. Bruder von Ernie Royal. Mit 13 Jahren erster Job mit lokalen Bands, 1929 bei Curtis Mosby, ab 1930 bei Les Hite, 1940 bei Cee Pee Johnson, 1940–42 bei Lionel Hampton, dann Jack McVea und Eddie Heywood. Half 1951 Count Basie bei der Gründung der neuen Band, blieb bei ihm als Lead-Altist bis 1970. Seitdem als Studiomusiker in L. A., spielt auch in den Bands von Bill Berry, Capp – Pierce, Frank Wess, den Concord All Stars etc. Gehört zu den unterschätzten Alt-Saxophonisten der Carter-Hodges-Schule. – Schallplatten mit Les Hite/Louis Armstrong, Art Tatum, Lionel Hampton, Eddie Heywood, Slim Gaillard, Count Basie, Ray Charles, Bobby Short, Bill Berry, Capp – Pierce, Dave Frishberg, Gene Harris, Ella Fitzgerald, Helen Humes, Ernie Wilkins, Ray Anthony, Warren Vaché, Zoot Sims, Frank Wess, Coleman Hawkins, Judy Carmichael, Concord All Stars, Illinois Jacquet u. a.; als Leader für Swingtime, Supreme, Mercury, Everest u. Concord.

LP: First Chair, Concord CJ 88

Rubato, in der klassischen Musik Bezeichnung für Beschleunigungen und Verlangsamungen der Melodie unter Beibehaltung desselben Tempos. Ist im Jazz ein interpretatorisches Mittel ohne Bedeutung für den Jazz-Rhythmus.

Rudd, Roswell Hopkins Jr., (tb), * 17.11.1935 Sharon, Conn. Lernte Waldhorn als Kind, spielte Posaune mit Dixieland-Bands in N. Y. 1954–59. Wandte sich in den frühen 60er Jahren der Avantgarde zu, zuerst mit Herbie Nichols und Steve Lacy. 1964 mit dem N. Y. Art Quartet (John Tchicai), in diesem Jahr mit dem Jazz Comp. Orch. auf dem Newport Festival. Spielte auch bei Karl Berger, Perry Robinson, Charlie Haden, Archie Shepp. Begann in diesem Jahr Lehrtätigkeit mit Alan Lomax, wurde schließlich Professor für Musikethnologie an der Univ. von Maine. Spielte in den 70er Jahren mit Enrico Rava und Carla Bley. – Schallplatten mit N. Y. Art Quartet, Archie Shepp, JCOA, Enrico Rava, Buell Neidlinger, Carla Bley, Cecil Taylor, Keith Jarrett, Steve Lacy,

Marcello Melis u. a.; als Leader für America, Impulse, JCOA, Arista, Philips, BVHaast, Dischi Della Quercia, Horo, Soul Note.
CD: Regeneration, SN 1064

Rüegg, Mathias, (comp, p), * 8.12. 1952 Zürich. Studierte Komposition in Graz und Wien, daneben Gigs als Pianist. Ließ sich in Österreich nieder, gründete 1977 das »Vienna Art Orchestra« und 1983 den »Vienna Art Choir«. R.'s Reputation beruht auf seinen Kompositionen, die er sehr effektvoll aufzuführen versteht, wobei er Themen von Mingus bis Satie verarbeitet. Seine eklektische Musik reicht daher weit über den Jazz hinaus. Mitglieder des VAO sind u. a. Herbert Joos (tp), Wolfgang Puschnig, Harry Sokal, Roman Schwaller (sax), Woody Schabata (vib), Lauren Newton (voc). – Schallplatten für Extraplatte, Moers, Hat Art, Amadeo.
CD: Minimalism of Erik Satie, Hat Art 6024

Rugolo, Pete, Pietro, (p, comp), * 25.12.1915 San Piero Patti, Sizilien. Kam mit fünf Jahren in die USA, studierte am San Francisco State College und bei Darius Milhaud, spielte 1938 in S. F. bei Howard Frederics, anschließend bei Jimmie Grier und 1940 bei → Johnny Richards. Schrieb 1944 sein erstes arr für → Stan Kenton und wurde in den folgenden fünf Jahren dessen wichtigster Arrangeur. Ab 1949 A & R bei → Capitol, produzierte u. a. Miles Davis' »Birth of the Cool«-Sessions, dann freelancing als Komponist u. Arrangeur in Hollywood. 1954 eigene Big Band, ab 1957 musikalischer Leiter von → Mercury Records (sein Nachfolger dort wurde 1961 → Quincy Jones), arbeitete dann für Film u. TV. – Arr für Charlie Barnet, June Christy, Four Freshmen, Nat King Cole, Vido Musso, Mel Tormé, Eddie Safranski, Ken Errair, Modernaires, Ralph Marterie, Patti Page, Terry Gibbs, Billy Eckstine u. a. – Kompositionen: Interlude, Unison Riff, Collaboration, Machito, Cuban Carnival, Aristry in Bolero/Boogie/Percussion, Conflict, Elegy for Alto u. a.; LPs für Columbia, Mercury, Warner Bros., Time.
LP: Adventures in Rhythm, Col. CL 604

Ruiz, Hilton, (p), * 29.5.1952 N. Y. Spielte schon mit acht Jahren in der Carnegie Recital Hall, als Teenager mit Latin-Soul-Bands, später mit Cal Massey, Joe Newman, Frank Foster, Freddy Hubbard, George Coleman, Roland Kirk. – Schallplatten mit Abbey Lincoln, Chico Freeman, George Coleman, Jerry Gonzales, Marion David Newman, Brown, Roland Kirk, Tommy Tucker, Clark Terry; als Leader für Steeplechase, Denon, Jazz Publ., Jazz Unité, Stash, Novus u. Telarc.
CD: Doin' it Right, Novus 83085

Rumsey, Howard, (b, ldr), * 7.11. 1917 Brawley, Calif. Studierte Klavier und Schlagzeug, Baß am L. A. City College. Erster Job bei Vido Musso, dessen Pianist Stan Kenton war. Gehörte zu den Gründungsmitgliedern der Kenton-Band 1941. Ab 1943 bei Freddie Slack, Charlie Barnet und Barney Bigard. Ab 1949

Zusammenarbeit mit dem »Lighthouse«-Club in Hermosa Beach, Calif., leitet die Haus-Band, die zur Keimzelle des → West Coast Jazz wurde und in der alle wichtigen Musiker dieses Stils einmal gespielt haben. – Aufnahmen aus dem »Lighthouse« gehören zu den ersten Live-Schallplatten überhaupt. – Schallplatten mit Stan Kenton (»Concerto for Doghouse«), Charlie Barnet, Shorty Rogers/Gerry Mulligan. Gründete mit → Bob Cooper das Lighthouse-Label. (→ Lighthouse All Stars)

CD: Lighthouse All Stars, OJC 451

Rundfunk. Anders als die Schallplatte, deren Verteilung relativ gut lenkbar und auf ernsthafte Interessenten zu beschränken ist, muß der Rundfunk die Interessen einer heterogenen, anonymen Hörerschaft berücksichtigen. Die Aufnahmen von Jazz-Sendungen müssen daher als Spiegelbild seiner Beliebtheit beim Publikum, seiner offiziellen Wertung oder seiner Sanktionierung durch die Gesellschaft gewertet werden.

Die ersten Jazz-Sendungen in den USA waren Live-Übertragungen in den frühen 20er Jahren; so soll Duke Ellington schon 1924 »live« im Rundfunk gespielt haben, ebenso Bessie Smith. Meistens handelte es sich aber um kommerziellen Jazz à la Paul Whiteman oder Fred Rich, der zu dieser Zeit im Funk gesendet wurde. Die erste farbige Band, die eine regelmäßige Sendezeit hatte, war 1932 das Orchester Don Redman. 1934/35 spielte das Orchester Benny Goodman im »Let's Dance«-Programm, das von 53 Sendern übertragen wurde und von Jazz-Historikern als der Beginn der Swing-Ära angesehen wird. 1937 hatte Goodman dreimal wöchentlich eine eigene Sendung: »Camel-Caravan«. Es gab auch schon Direktübertragungen von Kontinent zu Kontinent: 1938 übertrug die BBC eine Jam Session aus dem St. Regis Hotel in New York nach London (Jazz Panorama LP 9).

Je mehr der Jazz in der Öffentlichkeit akzeptiert wurde, desto mehr wurde er in den Dienst der Wirtschaftswerbung gestellt, denn alle Rundfunksendungen in den USA wurden von Industriefirmen »gesponsort«. Dabei ist von Schallplattensendungen kaum die Rede, die Sender bevorzugten noch die → Electrical Transcriptions, die eine längere Spieldauer als die 78er-Schellackplatte hatten und bis in die 50er Jahre Verwendung fanden, ehe sie von der LP abgelöst wurden.

In Deutschland gab es die ersten Sendungen mit Jazz (oder was man dafür hielt) ebenfalls in den 20er Jahren; mit Beginn der NS-Herrschaft wurde der Jazz aus dem Rundfunk verbannt (»entartete Musik«). Er kam allerdings durch die Hintertür wieder herein in Form von (Pseudo-) Swing-Musik, gespielt von deutschen und europäischen Tanzorchestern (→ Jazz in Deutschland).

Nach dem Ende des Zweiten Weltkrieges wurde der Jazz wieder ungehindert im Rundfunk gespielt. Jeder Sender hat regelmäßige Jazz-Sendungen im Programm, wobei die Gesamtsendezeit allerdings große Un-

terschiede aufweist, mit fallender Tendenz. Und die (noch) existierenden Rundfunktanzorchester dürfen ab und zu Jazz spielen. In den privaten Sendern findet Jazz mit Ausnahme der Jazz-Wellen München/Hamburg nicht statt. Aber auch in den öffentlich-rechtlichen Anstalten werden die Bedürfnisse von Minderheiten gern ignoriert – oder zumindest in die Nachtstunden verdrängt.
Lit.: W. Röhrig, Jazz im Rundfunk, in: Institut für Jazzforschung (Hg.), Jazz in den Medien, Graz 1980; Reinhard Fark, Jazz im Rundfunk, in: ders., Die mißachtete Botschaft, Berlin 1971; Ernst Krenek, Bemerkungen zur Rundfunkmusik, in: Zeitschrift für Sozialforschung Bd. VII, dtv-Reprint, München 1980; Nanny Drechsler, Die Funktion der Musik im deutschen Rundfunk, Pfaffenweiler 1990

Rushing, Jimmy, James Andrew, (voc, p), * 26.8.1903 Oklahoma City, † 8.6.1972 N. Y. Lernte Violine und Klavier, hatte ersten wichtigen Job bei → Walter Page 1927–28, dann bei → Bennie Moten 1929–34 und 1935–50 bei → Count Basie. Leitete eigenes Septett 1950–52, arbeitete dann bis zu seinem Tod als Solist in Clubs, auf Festivals und auf Tourneen, z. B. England 1957, Europa mit Benny Goodman 1958 u. Australien u. Japan mit Eddie Condon 1964. Trat 1965–66 im Blue Note, N. Y., auf, begleitet von Al Cohn u. Zoot Sims. R. war der bedeutendste Blues → Shouter der klassischen Periode; seine Aufnahmen mit der Basie-Band gehören zu den Höhepunkten dieses Genres. – Schallplatten außerdem mit Walter Page, Bennie Moten, Johnny Otis, Benny Goodman, Buck Clayton, Dave Brubeck, Earl Hines; als Leader für Excelsior, Gotham King, Vanguard, Columbia, Colpix, Bluesway, Master Jazz Rec., RCA.
CD: The Essential, Vanguard 65/66

Russell, George Allan, (comp, p), * 23.6.1923 Cincinnati, Ohio. Studierte an der Wilberforce-Univ. Erlernte die Grundbegriffe des Komponierens/Arrangierens während eines Sanatoriumsaufenthaltes (wegen TBC) von einem Mitpatienten. Spielte 1942 Schlagzeug bei Benny Carter und arrangierte für ihn. War dann in N. Y. Mitglied des Kreises um Gil Evans, Miles Davis und Gerry Mulligan, mußte aber erneut 16 Monate pausieren und entwickelte in dieser Zeit sein → Lydisches System (beendet 1953), welches den Weg für den → modalen Jazz ebnete. Arbeitete ab 1947 für Dizzy Gillespie (»Cubana Be – Cubana Bop«), Claude Thornhill, Artie Shaw (»Similau«), Buddy DeFranco (»A Bird in Igor's Yard«) und Gerry Mulligan. Lehrtätigkeit an der School of Jazz, Lenox, Mass. In den 60er Jahren mit eigenen Gruppen in N. Y., nahm 1964 das einflußreiche »Ezzthetic«-Album auf (mit Eric Dolphy, Don Ellis; Riverside), ging mehrmals auf Tournee nach Europa, wo er sein System lehrte und eigene Kompositionen mit Rundfunkorchestern aufführte. Ab 1969 Lehrtätigkeit am New England Conservatory in Boston, trat aber weiter mit eigener Gruppe auf, leitete 1978 Big Band im

Village Vanguard und war auch in den 80er Jahren als Bandleader in den USA und Europa aktiv. – Kompositionen: »Stratusphunk«, »All About Rosie«, »The Lydiot«, »Chromatic Universe«, »Ezzthetic«, »Living Time«. – Schallplatten für RCA, Decca, Riverside*, Saba, Sonet, Flying Dutchman, Concept, Soul Note, Blue Note, Label Bleu.
CD: Status Seekers, OJCCD 365; Living in an American Time Spiral, Soul Note 1049*

Russell, Hal, (tp, saxes, vib, d), * 28.8. 1926 Detroit, † 5.9.1992 N. Y. Studierte an der Univ. of Illinois, begleitete als Drummer Billie Holiday und Sarah Vaughan, spielte 1950 kurz mit Miles Davis. In den 50er Jahren Gigs mit Boyd Raeburn, Sonny Rollins, Stan Getz, John Coltrane, Duke Ellington u. a. Gründete 1977 sein NRG (= Energy)-Ensemble, mit dem er sich dem Free Jazz zuwandte. Dabei waren Brian Sandstorm (tp, g, b, * 1955), Steve Hunt (d, vib, * 1954), Curt Bley (b, * 1957), Chuck Burdelik (b, * 1958). – Schallplatten auf Nessa/Chief, Principally Jazz u. ECM. »One of the hottest, hippest, wittiest bands on the planet.« (The Wire)
CD: Chief CD 5

Russell, Luis Carl, (p, comp), * 5.8. 1902 Careening Cay, Panama, † 11.12. 1963 N. Y. Lernte Gitarre, Violine und Klavier. Übersiedelte nach einem Lotteriegewinn nach New Orleans, spielte dort mit Albert Nicholas, Barney Bigard und Paul Barbarin. 1924 nach Chicago zu Doc Cook, 1925 zu King Oliver, mit diesen 1927 nach N. Y. Gründete eigene Band

Manor-Label, 1946

mit u. a. J. C. Higginbotham, Red Allen, Albert Nicholas; begleitete damit Louis Armstrong 1929. Dieses Orch. gehörte bis 1931 zu den aufregendsten der frühen Big-Band-Ära. Leitete 1935–43 das Orch. von Louis Armstrong, hatte dann noch einige Jahre eine eigene Band, war aber in den letzten Lebensjahren als Musiker inaktiv. – Schallplatten mit King Oliver, Ada Brown, Victoria Spivey, J. C. Higginbotham, Spike Hughes, Red Allen, mit seiner Band (auch unter Leitung von Louis Armstrong und Red Allen) für Vocalion, Okeh, Banner, Victor, Manor, Apollo.
CD: 1929–30, JSP 308

Russell, Pee Wee, Charles Ellsworth, (cl, as), * 27.3.1906 Maple Wood, Mo., † 15.2.1969 Alexandria, Va. Nach Privatstudien in St. Louis und Muskogee, Okla., erster Job bei Herbert Berger. In den 20er Jahren in Chicago, gehörte zum Kreis der → Chicagoans, spielte mit zahlreichen Tanz- und Jazz-Bands. In den 30er

Jahren bei Louis Prima, Adrian Rollini, Bobby Hackett, Eddie Condon, Bud Freeman, Jack Teagarden, in den 40er Jahren in Dixieland-Bands im Greenwich Village. 1951 schwere Erkrankung, genas aber vollständig und spielte mit George Wein in dessen Storyville-Club und auf Tourneen, auch mit Condon, Ruby Braff. Setzte sich mit dem modernen Jazz auseinander, trat im Quartett auf mit Marshall Brown (vtb), Baß und Drums und spielte Kompositionen von Thelonious Monk. Arbeitete in seinen letzten Jahren auch als Maler. R. war einer der großen Individualisten seines Instruments und des Jazz allgemein. Mit seinem eigenwilligen Sound, einem fragilen Stil und einer ganz individuellen Phrasierung hat er einen zeitlosen Stil geschaffen, der zu den großen Schöpfungen des weißen Jazz zählt. – Schallplatten mit Frank Trumbauer, Red Nichols, George Brunis, Red McKenzie, Louisiana Rhythm Kings, Irving Mills, Hoagy Carmichael, Bix Beiderbecke, Eddie Condon, Gil Rodin, Adrian Rollini, Billy Banks, Vic Berton, Jack Teagarden, Teddy Wilson, Bobby Hackett, Bud Freeman, Buddy Clark, Lee Wiley, Wild Bill Davison, Miff Mole, MCBB, Cliff Jackson, Hot Lips Page, Muggsy Spanier, Louis Prima, Bob Thiele, Ruby Braff, Coleman Hawkins, Yank Lawson, George Wettling, Teddy Grace, Jimmy Giuffre, Max Kaminsky, Earl Hines; als Leader für HRS, Commodore, Disc, Counterpoint, Stereo-Craft, Dot, Swingville, Candid, Columbia, Impulse.

Lit.: Bob Hilbert, Pee Wee Russell (Biographie), N. Y. 1992; ders., Discography, Metuchen 1992
CD: Quartet, Candid 79020

Russo, Bill, William Joseph Jr., (comp, tb), * 25.6.1928 Chicago. Studierte Jura, kam durch Freundschaft mit Lee Konitz und Lennie Tristano zur Musik, studierte bei letzterem und lernte Posaune. Spielte ab 1943 bei Billie Rogers, Orrin Tucker und Clyde McCoy. Leitete 1948 experimentelle Gruppe in Chicago, nahm damit einige Titel für das lokale Label Universal auf. Ging 1950 zu → Stan Kenton als Arrangeur und Posaunist, schrieb für ihn »Improvisation«, »23°N 82°W«, »Bill's Blues« u. a. Ging 1955 zu Studienzwecken nach Europa, arbeitete 1962–65 in London, wo er das London Jazz Orch. gründete. Ist seit 1965 Direktor des Center for New Music am Columbia College in Chicago. Widmet sich symphonischer Musik (Symphonien, z. B. »Titan«), hat aber den Kontakt zum Jazz nicht verloren (»Three Pieces for Blues Band and Symphony Orchestra«, »Street Music«, »Fugue for Jazz Orchestra«). Ist als Komponist dem → Third Stream zuzurechnen. – Schallplatten mit Stan Kenton, der New Jazz Group Hannover, Hans Koller; arr für Johnny Scat Davis, Lee Konitz, Cannonball Adderley, Shelly Manne, Kurt Edelhagen, Ted Heath; Aufnahmen als Leader für Dee Gee*, Atlantic, Roulette, FM, EMI-Col., GM.

CD: Deep People, Savoy SV-0186; Carousel Suite, GM 3014*

Rutherford, Paul William, (tp, euphonium, comp), * 29.2.1940 Greenwich, London. Ausbildung in einer Royal Air Force-Band 1958–63, studierte dann an der Guildhall School of Music. Hatte als Alt-Saxophonist begonnen (1956), wechselte aber zur Posaune. Wurde in seiner RAF-Zeit mit John Stevens, Trevor Watts, Chris Pyne u. a. bekannt, gründete 1965 mit Stevens das Spontaneous Music Ensemble, war Mitglied des New Jazz Orch. und spielte ab 1967 in den Bands von Mike Westbrook. Gründete 1970 seine Gruppe »Iskra 1903« und spielte im London Jazz Composers' Orch. (LJCO), war auch mit Peter Brötzmann und dem Globe Unity Orch. assoziiert. Ab 1973 auch Solo-Auftritte. R. ist ein kompromißloser Avantgardist und Experimentator. – Schallplatten mit NJO, LJCO, Globe Unity Orch., Manfred Schoof, Wuppertaler Free Jazz Workshop Orch., M. L. A. Blek (FMP); eigene LPs für Incus, Emanem, Ring, PoTorch, Sweet Folk & Country, L'Orchestra, Ogun, Slam.

LP: The Gentle Harm of the Bourgoisie, Emanem 3305

Rypdal, Terje, (g, fl, sop, comp), * 23.8.1947 Oslo. Vater Dirigent. Hatte Klavierunterricht ab dem fünften Lebensjahr, Gitarre ab 13. Spielte mit Rock- und Blues-Gruppen, in den 60er Jahren mit Jan Garbarek, aber auch mit → George Russell, studierte dessen Lydisches System. 1969 beim Baden-Baden Free Jazz Meeting in einer Band unter Lester Bowie mit Musikern des Art Ens. of Chicago. Leitet seit 1971 eigene Gruppen, mit Jack DeJohnette bzw. Jon Christensen (d), in den 80ern mit Palle Mikkelborg (tp) und Jon Christensen. Komponierte für Jazzgruppen unterschiedlicher Größe, auch Symphonien, ein Klavierkonzert u. a. – Schallplatten mit George Russell, Barre Phillips, Jan Garbarek, Jack DeJohnette, Mike Mantler, Edvard Vesala, Palle Mikkelborg, u. a.; als Leader für ECM, Saba, Karussell.

CD: Descendre, ECM 1144; Rypdal/Vitous/DeJohnette, ECM 1125

S

Sackville Recordings, Toronto, Kanada, gegründet 1968 von John Norris, dem Herausgeber der Zeitschrift »Coda«, gewidmet der – nach eigener Aussage – »Real Jazz Music«, z. B. mit LPs von Jay McShann, Dollar Brand, Anthony Braxton, Julius Hemphill, Ruby Braff, Archie Shepp, Leo Smith u. a.

Salsa (span.: Sauce), eine zeitgenössische Form der Lateinamerikanischen Musik, entstanden in den USA aus Einflüssen puertorikanischer und brasilianischer Volksmusik, Jazz, Soul und Rock. (→ Lateinamerikanische Musik)

Lit.: C. Gerard/M. Sheller, Salsa! The Rhythm of Latin Music, Crown Point, Ind. 1989; V. Boggs, Salsiology: Afro Cuban Music and the Evolution of Salsa in N. Y. City, N. Y. 1992

CD: Conexion Latina, Enja 4072-2

Salvador, Sal, (g), * 21.11.1925 Monson, Mass. Begann unter dem Einfluß von Charlie-Christian-Schallplatten Jazz zu spielen. Erste Jobs 1945 in Springfield, Mass., 1949 nach N. Y., dort bei Terry Gibbs und Mundell Lowe, in der Radio City Music Hall. 1952–53 bei Stan Kenton (»Invention for Guitar and Trumpet«), anschließend mit eigenen Combos und Big Band in N. Y. In den 60er Jahren vor allem als Studiomusiker tätig, seit den späten 70er Jahren wieder mit eigenen Gruppen aktiv, seit 1988 mit neuer Band »Crystal Image«. – Schallplatten mit Stan Kenton, Lenny Hambro, Don Bagley, Eddie Bert, Mundell Lowe, Frank Socolow, Marlene Dietrich, Anthony Zano, Dick Carey; als Leader ab 1955 für Blue Note, Capitol, Bethlehem, Decca, Golden Crest, Dauntless, Bee Hive, GP, Stash.

CD: Crystal Image, Stash STCD 17

Samba, brasilianischer Tanz afrikanischen Ursprungs im 2/4- oder 4/4-Takt. Wurde ursprünglich bei der Kriegerweihe getanzt. Kam nach 1945 aus Brasilien in die USA und nach Europa. Eine Verbindung des → Cool Jazz mit der S. wurde in den 60er Jahren als »Bossa Nova« sehr populär, ausgelöst durch die LP »Jazz Samba« von Stan Getz u. Charlie Byrd (Verve).

Sample, Joe, Joseph Leslie, (p, comp), * 1.2.1939 Houston, Tex. Mitbegründer der → Jazz Crusaders 1954. Arbeitet seit 1960 auch als Studiomusiker in L. A., spielte mit Harold Land, Tom Scott, Bobby Hutcherson, komponierte für Minnie Riperton, Randy Crawford, B. B. King. Als Pianist → McCoy Tyner verpflichtet. – Schallplatten mit Blue Mitchell, Crusaders, Gene Ammons, Hubert Laws, Buddy Rich, Carmen McRae, B. B. King, L. Subramaniam, Los Lobotomys, Bobby Bryant u. a.; als Leader für Sonet, East Wind, ABC, Crusaders, MCA, Warner Bros.

LP: The Three, East Wind 9126030

Sampler, Sammelplatte, d. h. eine LP/CD, die Titel verschiedener Interpreten enthält oder Titel eines Künstlers, die anderen LPs/CDs entnommen wurden (Compilation). S.

sind der am kostensparendste Weg, um das Schaffen eines Musikers oder einer Band kennenzulernen. Oft werden die angeblich besten oder populärsten Titel eines Musikers unter dem Titel »The Best of ...«, »Greatest Hits« o. ä. nochmals vermarktet.

Sampson, Edgar Melvin, (as, bar, cl, vln, comp), * 31.8.1907 N. Y., † 16.1. 1973 N. J. Spielte ab 1927 bei Duke Ellington, Arthur Gibbs, Charlie Johnson, bei Fletcher Henderson 1931–33 und Chick Webb 1933–37. Begann bei letzterem als Arrangeur/ Komponist zu arbeiten und schrieb eine Reihe von Klassikern wie »Blue Lou«, »Stomping at the Savoy«, »If Dreams Come True«, »Don't Be That Way«. Arrangierte für Benny Goodman, Red Norvo, Artie Shaw, spielte mit Al Sears und mit eigenen Gruppen bis in die 50er Jahre; auch arr für Tito Puente. Gehört zu den unterbewerteten Arrangeuren der klassischen Swing-Ära. – Schallplatten mit Charlie Johnson, Fletcher Henderson, Louis Armstrong, Chick Webb, Bunny Berigan, Billie Holiday, Mezz Mezzrow, Dick Porter, Teddy Wilson; als Leader eine Session für Vocalion 1939 und eine LP für Coral* 1956.

*LP: Swing Softly Sweet Sampson, Jasmine**

Samuels, Dave, David, (vib, marimba), * 7.10.1948 Chicago. Studierte an der Boston Univ. Musik und Psychologie, lehrte dann für zweieinhalb Jahre an der Berklee School, wo er mit Pat Metheny und John Scofield zusammenarbeitete. Ging 1974 zu Gerry Mulligan, gründete 1975 mit Gerry Niewood, Richard Laird und Ron Davis die Gruppe »Timepiece«, in den späten 70er Jahren mit David Friedman »Double Image«. 1980 mit Michael Di Pasqua, Paul McCandless und David Darling Gründung von »Gallery«. Ist auch Mitglied von → »Spyro Gyra«, lehrt in den USA und Europa. – Schallplatten mit Frank Zappa, Gerry Mulligan, Double Image, Gallery, Joe Beck, Anthony Davis, Art Lande, Chet Baker, Jukkis Uotila, Jeremy Wall, Paul McCandless, Peter Kater, Spyro Gyra, Richard Stoltzman; unter seinem Namen für Dire u. GRP, mit Double Image für ECM, Enja u. Black Sun.

CD: In Lands I Never Saw, Black Sun 13015

Sanborn, Dave, David William, (as, fl), * 30.7.1945 Tampa, FL. Wuchs in St. Louis auf, begann Saxophon zu spielen als Therapie gegen Kinderlähmung. Spielte in School-Band, studierte an der Northwestern Univ. und der Univ. of Iowa. 1967–71 bei Paul Butterfield, 1972–73 bei Stevie Wonder, begann dann eine lange Assoziation mit Gil Evans, ab 1975 auch mit den Brecker-Brüdern und eigenen Gruppen. S. wurde beeinflußt von Hank Crawford, Jackie McLean und Charlie Parker. Er leitete einige Jahre eine Late-Night-Show (»Night Music«) im US-Fernsehen und gehörte in den 70er und 80er Jahren zu den gefragtesten »Session Players«. – Auf Schallplatten zu hören u. a. mit Hubert Laws, den Brecker Bros., Stevie Wonder,

Masaru Imada, David Bowie, Katsumi Watanabe, Gil Evans (»Svengali«), Bob Moses, Dave Grusin, Harvie Swartz, John McLaughlin, John Scofield, Leni Stern, Ronnie Cuber, Players Association, Bob Moses, Mike Stern, Mose Allison; als Leader für ECM u. Elektra Musician. »Verglichen mit Phil Woods ist D. S. ein Würstchen.« (M. Naura)

CD: Another Hand, Elektra Mus. 61088-2

Sanders, Pharoah, Farrell, (ts, sop, comp), * 13.10.1940 Little Rock, Ark. Spielte dort mit R&B-Bands, studierte ab 1959 in Oakland, Calif., traf dort zusammen mit Dewey Redman, Vi Redd u. Philly Joe Jones. Ging 1962 nach N. Y., spielte dort mit Sun Ra, Don Cherry, Rashied Ali, Albert Ayler. 1965–67 bei → John Coltrane, nach dessen Tod mit Alice Coltrane bis 1969, seitdem eigene Gruppen. Galt einige Zeit als Erbe Coltranes, den er in seiner Ausdrucksintensität sogar noch übertraf. Versuchte sich in den späten 70er Jahren an kommerziellen Produktionen, tritt inzwischen wieder als Jazz-Musiker auf, ohne an seine frühen Höhepunkte anknüpfen zu können. – Schallplatten mit John u. Alice Coltrane, Sonny Sharrock, Don Cherry, Art Davis, Benny Golson, Ed Kelly, Elvin Jones, Idris Muhammed, Jazz Comp. Orch., Leon Thomas, Randy Weston, New York Unit; als Leader für ESP, Impulse* (»Tauhid«), Strata-East, Arista, Theresa, Timeless.

CD: Karma, MCA-Imp. 39122; Black Unity, MCA 52000**

Santamaria, Mongo, Ramon, (latin-perc), * 7.4.1922 Havanna, Kuba. Studierte Violine, wechselte aber bald zum Schlagzeug, spezialisierte sich auf Congas und Bongos und spielte in den 40er und 50er Jahren bei Perez Prado, Tito Puente, Cal Tjader u. a. Latin-Bands. Gründete 1961 eigene Band, mit der er eine Synthese aus Latin Music und R & B versuchte. Hatte einen Hit mit »Watermelon Man« (comp Herbie Hancock). – Schallplatten mit Perez Prado, Tito Puente, Cal Tjader, Dizzy Gilespie, Hilton Ruiz, La Lupe u. a.; als Leader ab 1958 für Fantasy*, Battle, Riverside, Columbia, Atlantic, Vaya, Concord.

*LP: Sabroso, OJC 281**

CD: Soy Yo, Concord 327

Sauer, Heinz, (ts, sop, as, comp), * 25.12.1932 Merseburg. Studierte Physik, als Musiker Autodidakt. Wurde bekannt im Albert-Mangelsdorff-Quintett 1960–78, wo er sich als ein eigenständiger, von Sonny Rollins und John Coltrane beeinflußter deutscher Jazz-Musiker profilierte. Spielt außerdem im Jazz-Ensemble des Hessischen Rundfunks, war Mitglied der German All Stars und leitet seit 1974 eigene Gruppen (»Voices«). – Schallplatten mit Albert Mangelsdorff, Adelhard Roidinger, Archie Shepp, Terumasa Hino, Makaya & The Tsotsis, Bob Degen, George Adams, Carey Bell; unter seinem Namen für Enja, MRC, L & R.

CD: Cherry Bat, Enja 5083-2

Sauter, Eddie, Edward Ernest, (tp, comp), * 2.12.1914 Brooklyn, N. Y., † 21.4.1981 Nyack, N. Y. Studierte an der Juilliard School of Music. Spielte 1932 bei Archie Bleyer, 1935 bei Charlie Barnet, arbeitete 1936–39 bei Red Norvo, hauptsächlich als Arrangeur, ebenso 1939–41 für Benny Goodman, in den 40er Jahren arr für Artie Shaw, Woody Herman, Tommy Dorsey, Paul Baron, Mildred Bailey und vor allem → Ray McKinley. Gründete 1952 gemeinsam mit → Bill Finegan das »Sauter-Finegan-Orchestra«, welches sich durch ungewöhnliche Klangfarben auszeichnete. 1957 zum SWF in Baden-Baden, ab 1959 wieder in N. Y., arbeitete für Film (»Mickey One«), TV- und Radio-Jingles, am Broadway und für André Kostelanetz, auch Schallplatten-Reunion des S.-F.-Orch. Schrieb für Stan Getz die »Focus«-LP (Verve). S. gehört zu den bedeutendsten Arrangeuren des Jazz, von dem Glenn Miller schon 1940 sagte, er sei allen anderen Arrangeuren um zehn Jahre voraus. Seine Arbeiten für Benny Goodman (»Superman«) und Ray McKinley (»Hangover Square«) gehören zu den Meilensteinen der Arrangierkunst. – Schallplatten mit dem S.-F.-Orch. für RCA u. United Artists; Aufnahmen der SWF-Big Band unter seiner Leitung erschienen auf Big Band International.

»What a dumb way to try to make a living.« (E. S.)

Lit.: J. McKinney/D. Oppenheim, E. S., (Bio-Diskographie) (i. V.)

CD: Directions in Music, Bluebird ND 86468

Savoy Ballroom, in der Lenox Avenue in → Harlem gelegener Ballroom, am 12.3.1926 eröffnet, war bis zu seinem Abriß 1958 das wichtigste Betätigungsfeld für Big Bands in New York. Das »Home of Happy Feet« oder »The Track«, wie er auch genannt wurde (zeitweilig wurden hier auch Hunderennen veranstaltet), hatte immer mindestens zwei Bands engagiert, insgesamt 250 verschiedene in seiner über dreißigjährigen Existenz, beginnend mit Fess Williams und Duncan Mayer's Savoy Bearcats am Eröffnungstag bis zu Nat Pierce 1958, darunter alle wichtigen farbigen Big Bands wie Chick Webb, Count Basie, Louis Armstrong, Duke Ellington, Claude Hopkins, Fletcher Henderson, Buddy Johnson, Lucky Millinder, Don Redman, Cootie Williams. Die wichtigsten weißen Bands waren die von Paul Whiteman, Bunny Berigan, Benny Goodman, Tommy Dorsey, Gene Krupa, Glenn Miller und sogar Guy Lombardo, der den absoluten Besucherrekord aufstellte, obwohl die »Jitterbugs« zu seiner Musik kaum tanzen konnten. Berühmt war das Savoy wegen seiner → Battles, in denen zwei Bands miteinander wetteiferten und das Publikum den Sieger bestimmte. Die wohl berühmteste Battle fand 1937 statt, als die weiße Swing-Band Nr. 1, Benny Goodman, gegen die Savoy-»House-Band«, Chick Webb, antrat und verlor. Dem Savoy wurden verschiedene Kompositionen gewidmet, die bekannteste ist Edgar Sampsons »Stompin' at the Savoy«.

CD: Coleman Hawkins, Live at the Savoy 1940, Musidisc 550132

Savoy Records, 1942 von Herman Lubinsky in N. Y. gegründet, 1974 an → Arista verkauft, ab 1984 im Besitz von → Muse (SJ Records). Widmete sich zunächst dem R&B und Harlem-Jazz, ab 1945 auch dem modernen Jazz mit Aufnahmen von Charlie Parker, Dexter Gordon, Stan Getz u. a. In den 50er Jahren beschränkte sich S. hauptsächlich auf die Produktion von R&B- und Gospel-Aufnahmen, kaufte Titel aus dem Repertoire der Firmen Century, Hi-Lo, Jewell, Sonora, Bop, Portrait, Signal, Discovery, Dee Gee, United, Electra. Begann dann aber wieder mit Jazz-Platten von Milt Jackson, Yusef Lateef, Cannonball Adderley, Wilbur Harden – John Coltrane. In den frühen 60er Jahren erschienen Aufnahmen der Avantgarde von Archie Shepp, Bill Dixon, Marzette Watts, Paul Bley u. a. 1991 von Denon übernommen. A & R: Buck Ram, Teddy Reig, Ralph Bass, Ozzie Cadena, Fred Mendelsohn. Sub-Label: Regent.

Savoy-LP-Label, 50er Jahre

Lit.: M. Ruppli w. Bob Porter, The Savoy Label, Westport, Conn. 1980

Savoy Sultans, die Haus-Band im → Savoy Ballroom von 1938–42, ein Oktett unter Leitung von Al Cooper (cl, as, bar). Dabei waren u. a. Pat Jenkins (tp), Grachan Moncur (b), Razz Mitchell (d), keine berühmten Namen, aber solide Musiker, die mit simplen, jedoch effektiven → Riffs die Tänzer animierten und mancher arrivierten Big Band die Show stahlen. – Schallplatten 1938–41 für Decca. In den 70er Jahren hat der Drummer Panama Francis eine erfolgreiche Wiederbelebung dieser Band versucht.

Saxophon, ein von Adolphe Sax 1841 vorgestelltes Blasinstrument, bestehend aus einem parabolischen Messingrohr mit Tonlöchern und Klappen. Zum Anblasen wird ein klarinettenähnliches Mundstück mit Rohrblatt verwendet. Im Jazz sind fünf Arten gebräuchlich:

1. das **Sopransaxophon** in B (sop), wurde im traditionellen Jazz hauptsächlich von Sidney Bechet gespielt, gelegentlich auch von Johnny Hodges und Benny Carter. Im Swing hat es Charlie Barnet als Solist und im Saxophonsatz als Leadstimme verwendet. Im modernen und Free Jazz wird es, besonders seit John Coltrane, wieder von vielen Saxophonisten als Zweitinstrument gespielt, so Wayne Shorter, Gerry Mulligan, Dexter Gordon u. v. a., ausschließlich von → Steve Lacy.

2. das **Altsaxophon** in Es (as, Kurzform Alto), gehört neben dem Tenor zu den meistgespielten Saxophonty-

pen. Die ersten bedeutenden Solisten waren in den 30er Jahren Benny Carter, Johnny Hodges, Willie Smith und Pete Brown, für den modernen bis Free Jazz sind zu nennen Charlie Parker, Lee Konitz, Cannonball Adderley, Bud Shank, Phil Woods, Gene Quill, Paul Desmond, Lou Donaldson, Art Pepper, Eric Dolphy, Ornette Coleman, Richie Cole, Anthony Braxton.

3. das **Tenorsaxophon** in B (ts, Kurzform Tenor), ist seit dem Swing das dominierende Instrument im Jazz. In den 20er Jahren war Coleman Hawkins der einzige nennenswerte Solist, er gehörte bis zu seinem Tod 1969 zu den führenden Musikern dieses Instrumentes. Seit den 30er Jahren hat der Jazz eine Fülle hervorragender Musiker auf diesem Instrument hervorgebracht: Lester Young, Chu Berry, Ben Webster, Don Byas, Dick Wilson, Bud Freeman, Georgie Auld; in den 40er Jahren Flip Philips, Gene Ammons, Dexter Gordon, Stan Getz, Zoot Sims, Allan Eager, Brew Moore, Al Cohn, Herbie Steward, Wardell Gray, Lucky Thompson; in den 50er Jahren Bill Perkins, Jimmy Heath, Richie Kamuca, Hank Mobley, Harold Land, Sonny Rollins, John Coltrane, Wayne Shorter... Das Tenor-Sax in C (»C-Melody-Sax«) wurde in den 20er Jahren von Frank Trumbauer und Stomp Evans gespielt.

4. das **Bariton-Saxophon** in Es (bar, Kurzform Bariton), wird seit den 20er Jahren hauptsächlich im Satz als tiefste Stimme verwendet, der erste namhafte Solist war Harry Carney im Orch. Duke Ellington. In den 30er Jahren haben Jack Washington (bei Count Basie) und Charlie Bubeck (bei Ozzie Nelson) ab und zu Soli auf diesem Instrument gespielt, in den 40er Jahren Ernie Caceres bei Glenn Miller und diversen Eddie-Condon-Gruppen. Erst der moderne Jazz machte ausgiebigeren Gebrauch vom B. und hat dementsprechend eine Reihe bedeutender Solisten hervorgebracht: Serge Chaloff, Leo Parker, Gerry Mulligan, Bob Gordon, Pepper Adams, Hamiett Bluiett, Nick Brignola, Gary Smulyan, Ronnie Cuber, Tom Boras.

5. das **Baß-Saxophon** in B (bass-sax) wurde im Jazz eher als Novelty-Instrument angesehen. In den 20er Jahren spielten es Adrian Rollini und Spencer Clark als Baßersatz, später auch Joe Rushton (bei Red Nichols). Boyd Raeburn verwendete es als tiefste Stimme im Saxophonsatz, ebenso Stan Kenton. Im Free Jazz sind Anthony Braxton und Vinnie Golia hervorzuheben.

Lit.: Joe Viera, Das Saxophon im Jazz, Wien 1977

CD: Three Great Swing Saxophonists, Bluebird 90405; Bird Feathers, Prestige 8204

Sax-Section → Reed-Section

Scat Singing, Scat Vocal, eine besondere Gesangsform des Jazz, bei der zusammenhanglose Silben und Vokalphrasen anstelle eines Gesangstextes gesungen werden. Stammt ursprünglich aus der afroamerikanischen Musik, wurde dort besonders bei religiösen Anlässen verwendet (→ Voodoo). Im Jazz der Legende

nach von Louis Armstrong eingeführt mit seiner Aufnahme → »Heebies-Jeebies« (1928), fand der Scat-Gesang weite Verbreitung im → Bebop als »Bop-Scat« (Ella Fitzgerald), wo er eine Nachahmung instrumentaler Phrasen bedeutet. Als erste Bop-Scat-Aufnahme gilt »What's This«, aufgenommen am 22.1.1945 vom Gene-Krupa-Orchester mit Dave Lambert u. Buddy Stewart. Weitere bekannte Scat-Sänger sind Joe Carroll, Leo Watson, Dizzy Gillespie, Jon Hendricks, King Pleasure, Annie Ross, Babs Gonzales, Eddie Jefferson.
CD: Prestige OJC 217

Schallplatte: Ihre Entwicklung geht auf Thomas Alva Edison zurück, der 1877 den Phonographen erfand. Der Phonograph bestand aus einer staniolbespannten Walze, in die mittels einer an einem Mikrophon befestigten Nadel die Schallschwingungen als wellenförmige Erhebungen und Vertiefungen eingeritzt wurden. 1887 entwickelte Emil Berliner einen Apparat für Schallschwingungen in Flachschrift, bei dem die Schallschwingungen als schlangenförmige Windungen mit Ausschlägen nach rechts und links auf einer flachen runden Platte aus Zink eingeritzt wurden. Diese Erfindung kam noch im selben Jahr unter der Bezeichnung »Grammophon« auf den Markt. Als Rohmaterial für die Platte wurde schließlich ein Gemisch aus Schellack (ein Harz), Gesteinsmehl, Ruß und Fasern verwendet, seitdem sprach man von der »Schellackplatte«. Damit beginnt die Geschichte der Schallplattenindustrie als der bedeutendste Zweig der Phonoindustrie.

Für den Jazz ist die Schallplatte von nicht zu überschätzender Wichtigkeit. Lange Zeit war sie das einzige Mittel zu seiner Konservierung, was wegen der improvisierten Entstehungsweise – nicht wiederholbar – für die Bewahrung einer spezifischen Interpretation wichtig ist. Sie ist damit das bedeutendste Studienobjekt für Erkenntnisse über die Entstehung und Entwicklung des Jazz und seiner Musiker. Ohne die Schallplatte wäre der Jazz eine auf den Süden der USA begrenzte Volksmusik geblieben und hätte nicht eine solche Entwicklung nehmen können wie sie seit über 70 Jahren zu beobachten ist.

Die ersten Jazz-Aufnahmen entstanden am 24.1.1917 in New York, gespielt von der → Original Dixieland Jazz Band, einer weißen Band aus New Orleans, nachdem im Jahr zuvor Freddie Keppard ein Angebot zu Aufnahmen ausgeschlagen hatte. Die ersten Aufnahmen einer Band mit Schwarzen spielte 1921 Kid Ory ein, in den folgenden Jahren nahm dann die Zahl der Schallplatten weißer und farbiger Bands rapide zu. Es entstanden die → Race Records, die nur in den Negervierteln der Großstädte zu kaufen waren. Durch die begrenzte Größe der Schellackplatten von 25 cm bei 78 Umdrehungen pro Minute war die Spieldauer auf maximal 3'20" begrenzt (30-cm-Platten mit ca. 5 Min. Spieldauer waren bis auf Ausnahmen der »klassischen« Musik vorbehalten). Die nur beim Rundfunk verwendeten → ETs brachten es bei 40 cm ∅ und 33¹/₃ UpM immerhin auf eine runde Viertelstunde. Die Erfindung der Langspielplatte im Jahr 1949 mit Mikrorillen und 33¹/₃ UpM bei zunächst 25 cm und dann 30 cm ∅ ermöglichte es, auch längere Aufführungen und Konzerte zu veröffentlichen, noch übertroffen durch die Einführung der Compact Disc (CD) im Jahr 1983, mit einer Spieldauer bis zu 75 Min.

Zu den ersten Firmen, die Jazz-Platten veröffentlichten, gehörten die »New York Recording Laboratories of Port Washington, Wisc.« (Marke: Paramount) und die Gennett Recording Co., Richmond, Va. Doch auch die anderen Firmen witterten bald das Geschäft, die American Record Co. (Labels: Columbia – Brunswick – Vocalion), Victor (RCA) und Decca. Doch erst gegen Ende der 30er Jahre entstanden Firmen, die sich ausschließlich der Herausgabe von Jazz-Platten widmeten: Commodore, HRS, Blue Note; in den 40er Jahren gab es eine Reihe von kurzlebigen Labels wie Dial, Signature, Musicraft, Atomic u. a. Die heutige Jazz-Aktivität hat den Schwerpunkt bei den unabhängigen Labels (→ Indies), die großen Drei (CBS – RCA – MCA) sind nicht mehr führend. – Die veröffentlichten Jazz-Schallplatten sind in → Diskographien erfaßt.

Lit.: W. Haas, Das Jahrhundert der Schallplatte, Bielefeld 1977; R. Serge Denisoff, Solid Gold – The Popular Record Industry, Edison, N. J., 1975; Rainer E. Lotz, Grammophonplatten aus der Ragtime-Ära, Dortmund 1979; Brian Rust, The American Record Label Book, New Rochelle 1978; G. Cart, The American Record Label Directory & Dating Guide 1940–59, 1990; R. & D. Sanjek, The American Popular Music Business in the 20th Century, N. Y. 1991

Schallplatte – Chronologie ihrer Entwicklung

1589: Der italienische Physiker Giambattista della Porta stellt theoretische Überlegungen zur Konservierung des gesprochenen Wortes an.

1830: Wilhelm Weber baut einen »Phon-Automaten«: Eine Walze wird mit einem berußten Papierzylinder überspannt.

1850: Der englische Physiker Scott baut einen ähnlichen »Phon-Autographen«, der allerdings mit einer Membrane ausgerüstet ist.

1877: Charles Gros reicht der französischen Akademie der Wissenschaften eine Arbeit über die Aufnahme und Wiedergabe von Tönen ein.

1878: Thomas Alva Edison erhält am 19. Februar ein Patent auf den Phonographen, eine mit einer Zinnfolie bespannte Phonographenwalze und das dazugehörige Abspielgerät.

1881: Chichester A. Bell und Charles Sumner Tainter verbessern den Phonographen.

1885: Am 27. Juni melden Bell und Tainter das Patent für das Graphophone an. Die Zinnfolie wird durch Wachswalzen ersetzt.

1887: Emil Berliner aus Hannover erfindet die Seitenschrift, die sich als vorteilhafter als die Edisonsche Tie-

fenschrift erweist. Patentanmeldung unter dem Namen »Grammophon« in Washington.
1888: Edison verbessert seinen Phonographen nach den Erkenntnissen von Berliner bzw. Bell – Tainter. Gründung der »North American Phnograph Co.«, aus deren Filiale in Washington die spätere US-Columbia hervorgeht.
1889: In Berlin stellt eine Spielwarenfabrik die ersten deutschen Schallplatten und Sprechmaschinen her.
1890: Die ersten Schallplattenautomaten (coin-machines) werden von der North American Phonograph Co. auf den Markt gebracht.
1891: Gianni Bettini veröffentlicht die ersten Walzen mit Opernarien.
1894: Charles Pathé beginnt in Frankreich mit der Phonograph- und Walzenherstellung.
1895: Emil Berliner gründet in Philadelphia die »Gramophone Company«.
1896: Edison gründet die »National Phonograph Co.«.
1897: Schellack – ein Gemisch aus Harz, Ruß, Gesteinsmehl und Fasern – verdrängt die Hartgummiplatte. Carl Lindström errichtet in Berlin eine Werkstatt, aus der die Schallplatten- und Sprechmaschinenfabrik Lindström AG hervorgeht.
1898: Josef Berliner, ein Bruder von Emil B., gründet in Hannover die »Deutsche Grammophon Gesellschaft«; William Berry in London »The Gramophone Co.«.
1899 Vladimir Poulsen entwickelt den magnetischen Draht zur Aufnahme und Wiedergabe. Die Gramophone Co. erwirbt von dem Maler Francis Barraud ein Bild, aus dem eine berühmte Schutzmarke wird: der in den Schalltrichter blickende Hund welcher der Stimme seines Herrn lauscht (»His Master's Voice«).
1901: Die »Viktor Talking Machine Co.« wird in den USA gegründet.
1902: Caruso nimmt zehn Arien für die Gramophone Co. in Mailand auf.
1903 Die »Odeon« wird in Berlin gegründet. Im folgenden Jahr veröffentlicht sie die ersten beidseitig bespielten Schallplatten; 1909 folgen die ersten Aufnahmen mit großem Orchester.
1917: Die → Original Dixieland Jazz Band spielt die ersten Jazz-Platten ein: am 30. Januar für Columbia, am 26. Februar für Victor; letztere werden zuerst veröffentlicht.
1919: Erste Versuche mit dem elektrischen Aufnahmeverfahren.
1923: Die erste große Schallplattenzeitschrift, »The Gramophone«, wird in England gegründet.
1925: Die ersten elektrischen Aufnahmen (mit Mikrophon) werden veröffentlicht. In Berlin wird die »Electrola« gegründet.
1931: Die Gramophone Co. und die Columbia Graphophone vereinigen sich zur »Electric and Musical Industries Ltd.« (EMI). Die RCA-Victor erprobt die ersten Langspielplatten mit 33⅓ Umdrehungen pro Minute; außerdem erste Versuche mit Stereophonie; Aufnahmen u. a. mit Duke Ellington.
1936: Die »Juke Box«, ein Automat, der bei Einwurf einer Münze eine Platte spielt, wird eingeführt.

1940: Im deutschen Rundfunk wird das »Magnetophon« eingeführt.
1944: Decca in England entwickelt ein Aufnahmeverfahren, welches zur »Hi-Fidelity« führt.
1947: Das Magnetophon hält Einzug in die Aufnahmestudios.
1948: Die US-Columbia stellt die erste Langspielplatte mit 33⅓ Umdrehungen vor, ∅ 25 cm.
1949: RCA-Victor veröffentlicht die erste 17-cm-Platte mit 45 UpM.
1950: Beide Firmen tauschen ihre Systeme aus.
1951: Die US-Columbia veröffentlicht Benny Goodmans Carnegie-Hall-Konzert vom 16.1.1938 auf LP, seitdem der größte Jazz-Longseller aller Zeiten.
1957: Die ersten Stereo-LPs erscheinen.
1983: Philips stellt die »Compact Disc« vor, eine einseitig bespielte Platte mit 12 cm ∅, die von einem Laserstrahl berührungslos abgetastet wird und digital aufgenommen wurde. Spielzeit max. 75 Min.
1992: Die von Sony entwickelte »Mini Disc« (MD) kommt auf den Markt, ein bespielbarer Tonträger mit 6,3 cm ∅, der einer Computerdiskette ähnelt, mit einer Spieldauer von max. 74 Min.

Schifrin, Lalo, Boris, (p, comp), * 21.6. 1932 Buenos Aires. Vater war Konzertmeister des Philhamonischen Orchesters in Buenos Aires. Studierte Soziologie und Jura in seiner Heimatstadt, Musik in Paris bei einem Schüler von Ravel. Traf 1956 Dizzy Gillespie, der ihn in die USA einlud. Begann 1957 Musik für Filme zu schreiben, ging 1958 nach N. Y., arrangierte für Eddie Warner und Xavier Cugat und war 1960–63 bei Dizzy Gillespie. Schrieb für diesen »Gillespiana« und »The new Continent«. Arbeitete ab 1964 für Quincy Jones, vor allem aber in Hollywood als Filmkomponist: »Cincinnaty Kid«, »Bullitt«, »Dirty Harry«, komponierte eine »Jazz Suite on Mass Text« (aufgenommen von Paul Horn), »Dialogues for Jazz Quintet and Orchestra« (für Cannonball Adderley) u. »Explorations« (für Louis Bellson). – Schallplatten mit Dizzy Gillespie (»Dizzy on the French Riviera«, Phillips), Luiz Bonfa, Eddie Harris, Jimmy Smith, Eric Dolphy; als Leader für Roulette, Audio Fidelity, MGM, Verve, Colpix, Pathé, Dot, Paramount, RCA, CTI, Palo Alto.
LP: New Fantasy, Verve 8601

Schlag-Baß → Slap-Baß

Schlagzeug → Drums

Schneiderman, Rob, (p, comp), * 21.6. 1957 Boston. Mutter war Klavierlehrerin. Wuchs in San Diego auf, spielte dort mit 16 Jahren mit Charles McPherson u. Eddie Harris. Ging 1982 nach N. Y., wurde dort ein begehrter Pianist auf Jam Sessions und spielte mit Zoot Sims, James Moody, Art Farmer, Slide Hampton, Chet Baker (Europatournee). S. ist Mitglied der TanaReid-Band und lehrt am Queens College in N. Y. Japantournee mit J. J. Johnson. – Schallplatten als Leader für Reservoir.
CD: Radio Waves, Reservoir 120

Schoof, Manfred, (tp, flh, p, comp), * 6.4.1936 Magdeburg. Studierte in

Kassel und Köln, spielte mit Alexander v. Schlippenbach, Gerd Dudek u. a., 1963–65 bei → Gunter Hampel, ab 1965 mit eigenen Gruppen. S. gehört zu den deutschen Free-Jazz-Musikern der ersten Stunde, spielte mit dem Globe Unity Orch., der Clarke – Boland Big Band, mit seinem New Jazz Trio, 1980 mit einer Big Band. Schrieb für Kurt Edelhagen und arbeitete mit George Russell und Albert Mangeldorff. Lehrt an der Musikhochschule in Köln. Kompositionen: »Kontraste und Synthesen«, »Ode«, ein Trompetenkonzert u. a. – Schallplatten mit Globe Unity, Stan Getz, George Gruntz, Gunter Hampel, George Russell, European Jazz Ensemble, Mal Waldron, Yusuke Yamashita u. a.; als Leader für CBS, FMP, Wergo, Heliodor, Japo, Mood, Enja.

CD: Reflections, Mood 42

Schuller, Gunther, (comp, fhr), * 11.11. 1925 Jackson Heights, N. Y. Studium an der Manhattan School of Music, außerdem beim ersten Waldhorn-Spieler des Orch. der Metropolitan-Oper. Mit 17 Jahren im Cincinnati Symphony Orchestra, ging zwei Jahre später für zehn Jahre zur Metropolitan-Oper. Obwohl ein »klassischer« Musiker, hat er ein profundes Interesse am Jazz. War 1950 am »Capitol-Orch.« beteiligt (Miles Davis), komponierte für das → MJQ (»Conversations«) und machte sich einen Namen als Praktiker und Theoretiker des → Third Stream. In den 60er Jahren tat er einiges zur Wiederbelebung des → Ragtime durch Gründung des New England Conservatory Ragtime Ensemble, der Rekonstruktion von Ragtime-Arrangements und der Erstaufnahme der Joplin-Oper »Tremonisha«. Ist Autor zweier exzellenter Bücher über »Early Jazz« u. »The Swing-Era«. Kompositionen: »Abstractions«, »Progression in Tempo«, »Journey Into Jazz«, »Concertino for Jazz Quartet and Orch.«, »The Visitation« (Oper) u. a. – Schallplatten mit Miles Davis, Orchestra USA; als Leader für Columbia, Atlantic, Cambridge, Smithsonian, eigenes Label → GM. Seine Söhne Ed (b) und George (d) sind ebenfalls talentierte Jazz-Musiker.

Lit.: N. Carnovale, G. S., A Bio-Bibliography, N. Y. 1987

CD: Jumpin' in the Future, GM 3010

Schutt, Arthur, (p, comp), * 21.11. 1902 Reading, Pa., † 28.1.1965 San Francisco. Begann mit 13 Jahren in Kinos zu spielen, war 1918–24 bei Paul Specht in N. Y., bes. bei dessen Jazz-Gruppe, den Georgians. Arbeitete dann als Freelancer, u. a. mit Roger Wolfe Kahn, Don Vorhees, Red Nichols, Miff Mole. In den 30er Jahren am Rundfunk bei Nat Shilkret und Fred Rich, hatte eigene Band und war in den 40er/50er Jahren in den Hollywood-Studios tätig. »The Baron« gehört zu den (weißen) Jazz-Pionieren, denen in den meisten Jazz-Geschichten allenfalls eine Fußnote eingeräumt wird. – Schallplatten mit Bob Effros, Charleston Chasers, Red Nichols, Eddie Lang, Emmett Miller, Georgians, Benny Goodman (»Bill Dodge«-ETs, 1934), Louisiana Rhythm Kings u. a.; als Leader für Regal, Okeh, Odeon.

Sclavis, Louis, (cl, sop, bcl, comp), * 2.2.1953 Lyon, Frankreich. Studierte am Konservatorium in Lyon, arbeitete dann mit Colette Magny und der Chansonsängerin Claire. Komponierte Musik für Theater. Gründete 1976 mit anderen die »Association de la recherche d'un folklore imaginaire« (A.R.F.I.), spielte mit Bernard Lubat, Michel Portal und Henri Texier sowie Chris McGregor. Zusammenarbeit auch mit Heinz Becker, John Lindberg und Anthony Braxton. Seit 1985 eigene Gruppe. Komponiert für das »Orchestra National de Jazz« und tritt auch mit diesem Ensemble auf. – Schallplatten mit Peter Brötzmann, Heinz Becker, Henri Texier, Cecil Taylor, ONDJ, Klaus König, »October-meeting 87« (Bimhuis); eigene Aufnahmen auf IDA, Silex, FMP, Nato, ECM.
»Die schlüssigste und auch leidenschaftlichste Verbindung zwischen avantgardistischem Jazz und Folklore.« (S. W. Pakzad)
CD: Rouge, ECM 511929-2

Scobey, Bob, Robert Alexander, (tp, ldr), * 9.12.1916 Tucumari, N. Mex., † 12.6.1963 Montreal. Spielte in den 30er Jahren in Tanz- u. Theaterorchestern, traf 1938 → Lu Watters und war ab 1940 für neun Jahre (mit Unterbrechung in der Army) als zweiter Trompeter in dessen Yerba Buena Jazz Band. Gründete dann seine »Frisco Jazz Band« und war damit sehr erfolgreich. Leitete einen eigenen Club in Chicago. Unter seinen Sidemen sind zu nennen: Jack Buck (tb), George Probert (cl), Clancy Hayes (bj, voc); für Schallplatten wurden auch Mannie Klein, Abe Lincoln, Matty Matlock u. a. herangezogen. – Aufnahmen ab 1947 für Trilon (R.: Dawn Club), Ragtime, Good Time Jazz, Verve, RCA, Jansco; als Sideman mit Watters, Sidney Bechet, Turk Murphy, Claire Austin; auch je eine LP mit Lizzie Miles u. Bing Crosby.
Lit.: Jan Scobey, He Rambled Til' Cancer Cut Him Down, Northridge, Calif. 1976
CD: Favorites, GTJ FCD 60010

Scofield, John, (g, comp), * 26.12. 1951 Dayton, Ohio. Wuchs in Wilton, Conn. auf, spielte während der Schulzeit in R&B-Bands. Studierte an der Berklee School 1970–73, ging 1974 als Nachfolger von John Abercrombie zu Billy Cobham. Spielte 1977 bei Gary Burton, gründete auch in diesem Jahr eigenes Quartett, ging dann aber zu Dave Liebman und 1982 zu Miles Davis. 1985 eigene Gruppe. S. sieht sich selbst als zwischen B. B. King und George Benson stehend. – Schallplatten mit Gerry Mulligan, Chet Baker, Miles Davis (»Decoy«), Charles Mingus, Dave Liebman, Gary Burton, Bennie Wallace, Billy Cobham, David Matthews, Eero Koivistoinen, Franco Ambrosetti, Gary Thomas, Terumasa Hino, George Adams, Hal Galper, Marc Johnson, Niels Lan Doky, Paul Bley, Jack Walrath, Peter Warren, Ray Anderson, Roberto Gatto, Harvie Swartz, Tommy Smith, Ron McClure, N. H. Ørsted Pederson, George Gruntz, Miroslav Vitous, Vince Mendoza, Bob Belden, Steve Swallow, WDR-Bid Band u. a.; als

Leader für Trio, Enja, Arista-Novus, Gramavision, Blue Note.
CD: Loud Jazz, Gramavision 8801
Ⓥ: Live 3 Ways, EMI MVP 9912703

Scott, Bobby, Robert, (p, comp, voc, vib), * 24.1.1937 N. Y., † 12.11.1990 N. Y. Studierte an der La Follette Music School in N. Y. Spielte mit 15 Jahren bei Louis Prima, ging 1954 zu Tony Scott, 1955 zu Gene Krupa, trat dann als Solist oder mit eigenem Trio auf. Arbeitete in den 60er Jahren bei Mercury mit Quincy Jones zusammen, hatte als Komponist einen Hit mit »A Taste of Honey« und arrangierte für Larry Elgart. – Schallplatten mit Gene Krupa, Quincy Jones, Wes Montgomery, Larry Elgart, Coleman Hawkins, Michel Legrand, Lionel Hampton, Chet Baker; unter seinem Namen für Savoy, Bethlehem, ABC-Paramount, Verve, Atlantic, Mercury.
LP: A Taste of Honey, Atl. 1355

Scott, Raymond, eigentl. Harold Warnow, (p, comp), * 10.9.1910 Brooklyn, N. Y. Leitete 1934–38 Quintett, welches durch → Novelties wie »Dinner Music for a Pack of Hungry Cannibals« und »Twilight in Turkey« populär wurde. Erweiterte das Ensemble 1939 zur Big Band. Leitete 1942–45 Big Band am Sender CBS mit u. a. Ben Webster, Charlie Shavers, Cozy Cole, Trummy Young. Wandte sich in den 50er Jahren der kommerziellen Musik zu, war Musical Director bei Everest Records, hatte eigenes Label Audivox und beschäftigte sich mit Elektronik. – Schallplatten für Master, Brunswick, Columbia, Decca.
Lit.: Garrod/Korst, R. Scott & His Orch., Zephyrhills 1988 (D)
LP: Hindsight 211
CD: Stash 543

Scott, Ronnie, Ronald (ts, sop), * 28.1. 1927 Aldgate, London. Spielte ab 1944 bei Johnny Claes, Ted Heath, Bert Ambrose, Cab Kaye, Tito Burns, Jack Parnell u. a. Ab 1953 eigenes Nonett, ab 1957 mit → Tubby Hayes die Jazz Couriers (bis 1959). Eröffnete im selben Jahr Jazz-Club in London, der heute weltberühmt ist. Spielt weiter mit eigener Gruppe; gehört zu den wenigen weißen Musikern, die – laut Charles Mingus – das »Negro Blues Feeling« haben. – Schallplatten mit Ted Heath, Tubby Hayes, CBBB, Pablo All Stars u. a.; als Leader ab 1949 für Esquire, Decca, Tempo, Philips/Fontana, CBS, RCA, Pye; eigenes Label R. Scott's Jazz House.
Lit.: R. S., Some of My Best Friends are Blues, London 1979; CD: Bebop in Britain, Esquire CD ESQ 100-4

Scott, Shirley, (org, p), * 14.3.1934 Philadelphia, Pa. Lernte Klavier und Trompete als Kind, spielte in der Band ihres Bruders. Wechselte zur Orgel (1955) und trat mit dem Eddie-Davis-Trio auf. Eigenes Trio ab 1958 mit ihrem Ehemann Stanley Turrentine, nach dem Ende dieser Verbindung mit anderen Saxophonisten wie Harold Vick und Pee Wee Ellis. Ihr Spiel mag nicht so originell sein wie das von → Jimmy Smith, hat aber einen relaxten Swing à la Count Basie, der sie über andere Organisten hinaushebt. – Schallplatten mit Eddie Davis, Stanley Turrentine, Count

Basie/Joe Newman, Dexter Gordon, Al Grey, Jimmy Rushing, Prestige All Stars; unter ihrem Namen für Prestige*, Impulse, Atlantic, Cadet, Strata-East.
*CD: Very Saxy, OJCCD 458**

Scott, Tom, Thomas Wright, (as, ts, sop, fl, comp), * 19.5.1948 L. A. Sohn des Filmkomponisten Nathan Scott, spielte noch als Teenager bei Don Ellis, Oliver Nelson und TV-Bands. Arbeitete bei Roger Kellaway, John Guerin, Vic Feldman u. a., gehört zu den ersten und erfolgreichsten Musikern der Jazz-Fusion-Bewegung mit seiner Band L. A. Express. – Schallplatten mit Gerry Mulligan, Oliver Nelson, Carole King, Joni Mitchell, Pat Coil, Roger Kellaway, Dave Grusin, Spyro Gyra, Diane Schuur, Barone Bros., Stanley Clarke, Tony Williams, Quincy Jones, Earl Klugh, Vic Feldman, Al Jarreau, Thelonious Monk, zahlreiche Pop-Interpreten. S. ist insgesamt auf weit über 500 LPs zu hören. Arbeitet als Komponist und Studiomusiker in L. A. LPs als Leader für Impulse, Flying Dutchman, Ode, Columbia/Epic, Musician, Atlantic, Soundwings, GRP.
CD: Born Again, GRP 96752

Tom Scott

Scott, Tony, Anthony J. Sciacca, (cl, sax, comp), * 17.6.1921 Morristown, N. J. Studierte an der Juilliard School 1940–42, arbeitete dann in den nächsten 13 Jahren bei Buddy Rich, Ben Webster, Sid Catlett, Trummy Young, Earl Bostic, Charlie Ventura, Claude Thornhill, arrangierte für Vokalisten wie Billie Holiday und Sarah Vaughan, Harry Belafonte. Ab 1953 mit eigenen Gruppen. Verließ 1959 die USA und lebte sechs Jahre im Fernen Osten, aktiv als Spieler und Lehrer, aber auch als Lernender. Lebt seit den 70er Jahren in Rom. Sein Aufenthalt im Fernen Osten resultierte in den LPs »Music for Zen Meditation«, »Music for Yoga Meditation«, »Homage to Lord Krishna« u. a. (Verve), mit denen er den Gedanken einer → Weltmusik wesentlich beflügelte. – Schallplatten mit Benny Carter, Charlie Ventura, Don Byas, Mel Powell, Leonard Feather/Dick Hyman, Billie Holiday, Sarah Vaughan, Trigger Alpert, Milt Hinton, Larry Sonn, Carmen McRae, Kenny Clarke, Bill Evans, Ed Schuller, Juan Sastre u. a.; unter seinem Namen für Gotham, Brunswick, RCA, Seeco*, Carlton*, ABC-Paramount, Dot, Coral, Signature, Muse, Verve, Sonet, Polydor, Supraphon, Soul Note, Core.

*CD: Lush Life 1 + 2, Core 900666/667; A Day in N. Y., Fresh Sound 160/2**

Sea Breeze Records, Mentone, Calif., 1976 von John Brechler gegründet, widmet sich dem zeitgenössischen West Coast Jazz. Veröffentlichungen von Bill Perkins, Nick Brignola, Al Haig, Walter Bishop, Judy Niemack, Frank Strazzeri, Woody James, Herb Harper u.a.; Sub-Labels: Walrus, Night Life.

Sears, Al, Albert Omega, (ts, comp), * 22.2.1910 Macon, Ill., † 23.3.1990 St. Albans, N. Y. Ersetzte 1928 Johnny Hodges bei Chick Webb, spielte dann bei Elmer Snowden, hatte eigene Band 1933–41. Dann bei Andy Kirk 1941–42, Lionel Hampton 1943–44; Duke Ellington 1944–49. Spielte 1951–52 in der J.-Hodges-Combo, hatte mit dieser den Jukebox-Hit »Castle Rock«. Wurde danach Musikverleger, trat aber hin und wieder mit R&B-Bands auf. Übernahm in der Ellington-Band die Nachfolge von → Ben Webster, beste Soli in den Suiten »Black, Brown & Beige«, »Liberian Suite« sowie »A Gathering in a Clearing«. – Schallplatten mit Johnny Hodges, Andy Kirk, Al Hibbler, Buck Clayton, Lionel Hampton, Leonard Feather, Ella Fitzgerald, Rex Stewart, La Vern Baker, Budd Johnson, Aretha Frank-lin, Prestige Blues Swingers, Wynonie Harris; als Leader für Coral, King, RCA, Herald, Baton, Jubilee, Prestige*.

LP: Swings the Thing, Swingville 2018; CD: Sear-iously, Bear Family, BCD 15668*

Sebesky, Don, Donald, (tb, comp, p), * 10.12.1937 Perth Amboy, N. J. Studierte Posaune bei Warren Covington, spielte dort drei Jahre (Tommy-Dorsey-Ghost-Band). War dann bei Kai Winding, Claude Thornhill, Maynard Ferguson, Stan Kenton als Posaunist u. Arrangeur. Studierte Komposition an der Manhattan School of Music und arbeitete als Arrangeur für Carmen McRae, W. Corington, Astrud Gilberto, Wes Montgomery, Charlie Mariano, Kai Winding, Buddy Rich, Doc Severinsen, Peggy Lee, Roberta Flack, Hubert Laws, Glenn Miller Orch., Paul Desmond, Ron Carter, Freddie Hubbard, Chet Baker, Jack Sheldon u. a. – Schallplatten als Posaunist mit Maynard Ferguson und Stan Kenton; als Leader für Verve, CTI (»The Rape of El Morro«), Gryphon (»Three Works for Jazz Soloists and Symphony Orch.«), GNP, Doctor Jazz*.

*CD: Moving Lines, Zillion 261622**

Second line (engl.: zweite Reihe), ursprünglich die Schar der Kinder und Jugendlichen, die in N. O. aus Begeisterung hinter den → Street Bands herzog, und von denen mancher dann selbst Musiker geworden ist, so daß dieser Begriff im übertragenen Sinn die zweite Generation der Jazz-Musiker bezeichnet.

Selvin, Ben, (ldr, vln, voc), * 1898, † 15.7.1980. Leitere Band im Yorker »Moulin Rouge« 1917–24. Nahm – ähnlich wie → Fred Rich – von 1920–34 Hunderte von Schallplatten mit jazzbeeinflußter Tanzmusik auf, zu denen er die wichtigsten (weißen) Musiker in N. Y. heranzog, z. B. Earl Oliver, Mannie Klein, die Dorseys,

Jack Teagarden, Benny Goodman, Bunny Berigan u. v. a.; Labels: Brunswick, Columbia, Harmony, Okeh. R.: Sunbeam, TOM, Saville.

Septett (Septet), 1. Musikstück für sieben Stimmen, instrumental oder vokal. 2. Ein Ensemble von sieben Musikern, z. B. das Benny-Goodman-S. (tp, cl, ts, p, g, b, d), Louis Armstrong Hot Seven (tp, tb, cl + Rhythmusgruppe), Count Basie (Kansas City Seven mit tp, tb, ts + Rhythmus), Al Cohns Natural Seven (tp, tb, ts + Rhythmus).

Severinsen, Doc, Carl H., (tp), * 7.7. 1927 Arlington, Oregon. Spielte ab 1945 bei Ted Fio Rito, Charlie Barnet, Sam Donahue, Tommy Dorsey, Noro Morales, Vaughan Monroe. In den 50er Jahren als Studiomusiker in N. Y. sowie in der »Tonight-Show«-Band unter Skitch Henderson. Übernahm 1967 die Leitung der Band, blieb bis zum Ende am 22.5.1992. S. ist ein vorzüglicher Techniker und Solist. – Schallplatten mit Fletcher Henderson, Charlie Barnet, Toshiko Akiyoshi, Steve Allen, George Romanis, Sauter – Finegan, Deane Kincaide, Bob Brookmeyer, Gerry Mulligan, Louis Bellson, Tito Puente, Benny Goodman, Gene Krupa, Tommy Dorsey, Gil Evans, Sam Donahue, Gary McFarland, Perez Prado, Dinah Washington, Jimmy Smith, Larry Clinton, Jim Tyler, Richard Wess, Henri René, Leroy Holmes, Marty Gold, Cincinnaty Pops u. a.; als Leader für Command, Epic, Passport, Audio Fidelity, Telarc; mit der Tonight-Show-Band für Amherst. *CD: Once More. With Feeling, Amherst 94405*

Sextett (Sextet), 1. Musikstück für sechs Stimmen, instrumental oder vokal. 2. Ein Ensemble von sechs Musikern, z. B. das Benny-Goodman-S. (cl, vib + Rhythmus), Artie Shaw & His Gramercy Five (cl, tp + Rhythmus), Art Blakey's Jazz Messengers (tp, tb, ts, p, b, d).

shake (engl.: schütteln), instrumentaler Effekt, bedeutet ein heftiges Vibrato auf einer einzelnen Note, ähnlich einem Trill beim Klavier, wird meist von Trompeten und Posaunen ausgeführt, aber auch von Saxophonen.

Shank, Bud, Clifford Everett Jr., (as, ts, bar, fl), * 27.5.1926 Dayton, Ohio. Lernte mit zehn Jahren Klarinette, mit 14 Saxophon, ging 1947 an die Westküste, spielte bei Charlie Barnet und 1950–51 bei Stan Kenton. War reguläres Mitglied der → Lighthouse All Stars 1953–56, leitete dann eigenes Quartett. Arbeitete aber vor allem als Studiomusiker. 1974 Gründungsmitglied der L. A. 4 (→ Laurindo Almeida). Verließ in den frühen 80er Jahren den Studiobetrieb und ließ sich in Seattle nieder, leitet dort eigene Gruppen und geht auf Tourneen. S. ist neben → Art Pepper der wichtigste Altist des → West Coast Jazz mit deutlichen Einflüssen von Charlie Parker und Benny Carter. Seine Bedeutung als Flötist ist womöglich noch größer, denn im → Bebop und West Coast Jazz war die Flöte vor ihm ein nahezu unbekanntes Instrument. – Schallplatten mit Charlie Barnet, Stan Kenton, How-

ard Rumsey, Shelly Manne, Chet Baker (»Playboys«), Bob Cooper, Pete Rugolo, Shorty Rogers, Jimmy Giuffre, Buddy Collette, Gerry Mulligan, Maynard Ferguson, Gerald Wilson, Julie London, Ravi Shankar, Art Pepper, Anita O'Day, Barney Kessel, Charlie Byrd, Freddie Hubbard, Gabe Baltazar, Johnny Mandel, Vic Lewis, June Christy, Keely Smith, Mel Tormé, Marty Paich, Skip Martin, Perez Prado, Astrud Gilberto, Bill Perkins, Keith Greko, Tom Collier u. v. a.; als Leader ab 1954 für Nocturne, Pacific Jazz/World Pacific, Music, Capitol, Concord, Cambria, Muse, Contemporary, Mole, Capri, Candid.
LP: Live at the Haig, Concept VL 2
CD: Serious Swingers, Cont. CCD 14031-2

Sharrock, Sonny, (g, bj, comp), * 27.8. 1940 Ossinning, N. Y. Den gewissen Kniff, abstrakte Motive mit dramatisch klingenden Blues-Clustern anzureichern und diese Soundschichtungen noch über elektronische Rückkopplungen zu verschärfen, kreierte Sonny S. Mitte der 60er Jahre. Als Zwanzigjähriger hatte er sich das Gitarrespiel autodidaktisch beigebracht, ergänzt durch ein paar Studienmonate in Berklee.
Der Künstler, dessen Karriere als Sänger in R&B-Bands begonnen hatte, arbeitete intensiv an einem individuellen Sound. Dieser gewann an Konturen durch Aufnahmen mit Pharoah Sanders (sax), Don Cherry (tp) und Sunny Murray (d). Seine ungewöhnlichen Klangkonstellationen verband S. mit passenden rhythmischen Backgrounds und gab ihnen damit formvollendete Strukturen. Nach Aufnahmen mit Herbie Mann (fl), Miles Davis (tp) und seiner Frau Linda S. in den frühen 70er Jahren verschwand S. völlig aus der Szene. Erst 1985 gab es wieder ein Lebenszeichen. Der Producer Bill Laswell hatte den Gitarristen aus der Versenkung geholt. Mit der Formation »Last Exit« – Peter Brötzmann (sax), Bill Laswell (E-Baß), Ronald Shannon Jackson (d) –, die 1985 Aspekte von Free Funk, Punk, Trash, Rock und Jazz auf den Punkt brachte, fand S. wieder Anschluß an die Szene. Danach begann für ihn ein neuer Zyklus von Konzertauftritten und Aufnahmesitzungen, solo und mit eigenen Bands. – Schallplatten auch mit Ginger Baker, Pharoah Sanders, Last Exit, NAD, Steve Marcus, Nicky Skopelitis; als Leader für Vortex, Byg, Atco, Marge, Enemy, Axiom. (GF)
CD: Last Exit, The Noise of Trouble, Enemy 103; S. Sharrock Band, Seize the Rainbow, Enemy 104; S. Sharrock, Ask the Ages, Axiom 848957-2

Shavers, Charlie, Charles James, (tp, voc, comp), * 3.8.1917 N. Y., † 8.7. 1971 N. Y. Lernte Banjo und Klavier, wechselte zur Trompete und hatte ersten Job 1935 bei Frank Fairfax (gleichzeitig mit Dizzy Gillespie). Spielte 1936–37 bei Tiny Bradshaw und Lucky Millinder, 1938–44 bei → John Kirby, wurde dort als talentierter Solist und Arrangeur bekannt. Ging 1945 zu Raymond Scott, war 1946–49 bei Tommy Dorsey, 1950 Sextett mit Louis Bellson und Terry

Gibbs. Ging 1952–53 auf Tournee mit → JatP, spielte wiederholt in der Dorsey-Band, auch nach dem Tod des Leaders, als die Band unter Leitung von → Sam Donahue stand. Ab 1965 wieder eigene Gruppen, damit mehrmals in Europa. S. gehört neben → Roy Eldridge zu den großen Trompetern der Swing-Ära, brillant im hohen Register, mit einer auf Anhieb erkennbaren Tonbildung. – Schallplatten mit Lucky Millinder (MBRB), Jimmy Noone, Billy Kyle, Johnny Doods, Coot Grant, John Kirby, Buster Bailey, Mildred Bailey, Ginny Simms, Sidney Bechet, Una Mae Carlisle, Auld-Hawkins-Webster Saxtet, Sid Catlett, Ed Hall, Clyde Hart, Jerry Jerome, Red Norvo, The Keynoters, Coleman Hawkins, Ella Fitzgerald, Herbie Haymer, Walter Foots Thomas, Teddy Wilson, Tommy Dorsey, Esquire All Stars, Metronome All Stars, Bud Freeman, Steve Allen, Eddie Condon, Leroy Holmes, George Siravo, Big 18, Hal Singer, Gene Krupa, Louis Bellson, Charlie Ventura, Lionel Hampton, Sid Bass, Georgie Auld, Benny Goodman, Bill Potts, Tadd Dameron, Budd Johnson, George Williams, Cozy Cole, Don Byas, Flip Phillips, Fred Astaire, JatP, »Session at Riverside«, Sam Donahue u. a.; als Leader ab 1944 für Keynote, Vogue, Bethlehem, MGM, Everest, Sesac, Hep, Spotlite, Capitol, Black & Blue.

CD: Shavers – Budd Johnson Quintet, Black & Blue 59302-2

Shaw, Artie, Arthur Jacob Arshawsky, (cl, saxes, comp), * 23.5.1910 N. Y. Wuchs in New Haven, Conn., auf, lernte Alt-Sax in High School. Erster Job bei Johnny Cavallaro, dann bei Joe Cantor und Austin Wylie. Arbeitete dann bis 1933 als Studiomusiker, zog sich ein Jahr von der Musik zurück, trat 1935 bei einem Konzert im Imperial Theatre mit einem Streichquartett plus Rhythmusgruppe auf. Der Erfolg führte zur Gründung seiner ersten Band (mit Streichern), er gründete aber 1937 eine reguläre Swing-Band, die in kurzer Zeit und mit Unterstützung eines Hits (»Begin the Beguine«) zur ernsthaften Konkurrenz von → Benny Goodman wurde. Zu der Band gehörten u. a. Bernie Privin (tp), George Arus (tb), Tony Pastor, Georgie Auld (ts), Buddy Rich (d), Billie Holiday, Helen Forrest (voc). S. löste die Band 1939 auf, ging für einige Zeit nach Mexiko. 1940 neue Band, diesmal mit einer großen String-Section und Billy Butterfield, Hot Lips Page (tp), Georgie Auld (ts), Dave Tough (d) und einer »Band within the Band«, der »Gramercy Five«, in der Johnny Guarnieri Cembalo spielte. Leitete 1943–44 Navy-Band, ab 1945 wieder reguläre Big Band mit u. a. Roy Eldridge (tp), Herbie Steward (ts), Dodo Marmarosa (p). Trat in der zweiten Hälfte der 40er Jahre auch als klassischer Klarinettist auf, z. B. 1949 im »Bop City« und in der Carnegie Hall. 1949–50 letzte Big Band, für die u. a. Tadd Dameron, George Russell, Al Cohn u. Eddie Sauter Arrangements schrieben. Trat 1953–54 mit einer neuen Gramercy Five auf, zog sich aber 1955 von der Musik zurück, arbeitete als Theateragent, Schriftsteller und Filmproduzent bzw. -verleiher. Schrieb lesenswerte Autobiographie. S. war neben Benny Goodman der brillanteste (weiße) Klarinettist der Swing-Ära, gilt vielen seiner modernen Auffassungen wegen als der interessantere. Er war einer der ersten, der die Rassenschranken durchbrach, und er verließ die Musik aus Unbehagen über das »Business«. Gründete 1984 neues Orchester, überließ die Leitung aber Dick Johnson. – Schallplatten mit Red Norvo, Billie Holiday, Frankie Trumbauer, Bunny Berigan, Mildred Bailey, Wingy Manone; mit seiner Band ab 1936 für Brunswick, RCA, Musicraft, Columbia, Decca, Clef.

Lit.: A. S., The Trouble with Cinderella, N. Y. 1952, Repr. 1979; B. Korst, C. Garrod, A. S. & His Orch., Zephyrhills 1986 (D)

CD: Bluebird ND 82432; Musicmaster 0234

Shaw, Woody, (tp, flh, comp), * 24.12. 1944 Laurinburgh, N. C., † 11.5.1989 N. Y. Wuchs in Newark, N. J. auf, wo sein Vater Mitglied einer Gospel-Gruppe war. Ab 1955 Trompetenunterricht. Spielte mit lokalen Bands, ab 18 Jahren bei Rufus Jones, dann in N. Y. bei Willie Bobo (mit u. a. Chick Corea). Spielte bei Eric Dolphy bis zu dessen Tod 1964, arbeitete dann in Paris mit Bud Powell, Kenny Clarke, Johnny Griffin u. a. Ging 1965 zu Horace Silver, war 1968–69 bei Max Roach, in den folgenden Jahren bei Joe Henderson und Gil Evans. Kam 1973 zu Art Blakey, war dann an der Westküste als Freelancer u. a. bei Herbie Hancock und Bobby Hutcherson. Eigene Gruppen ab 1965, u. a. mit Joe Farrell und Ronnie Burrage. Starb an den Folgen von Aids und eines U-Bahn-Unfalles. S. war ein brillanter Solist, der über die Einflüsse von Lee Morgan und Freddie Hubbard zu einer eigenen Sprache gelangte. – Schallplatten mit Eric Dolphy, McCoy Tyner, Art Blakey, Benny Golson, Chick Corea, Ben Sidran, Dexter Gordon, Freddy Hubbard, Horace Silver, Jackie McLean, Joe Henderson, Kenny Garrett, Larry Young, Louis Hayes, Tone Jansa, Lionel Hampton, Woody Herman, Buster Williams, Roy Brooks; unter seinem Namen für Muse, Contemporary, Columbia, Enja, Musician, Red, Timeless, In & Out.

CD: Imagination, Muse 600603; Tone Jansa, Timeless 221

Shearing, George, Albert, (p, accor, comp), * 13.8.1919 Battersea, London. Von Geburt an blind, studierte an der Linden-Lodge-Blindenschule, spielte in den späten 30er Jahren in London in Tanzorchestern (Ambrose), im Rundfunk und bei Harry Parry und Stéphane Grappelli. Besuchte 1946 die USA und ließ sich im folgenden Jahr dort nieder, unterstützt von dem Kritiker Leonard Feather, der schon 1937 seine erste Platte mit ihm produziert hatte. Gründete ein Quintett aus vib, p, g, b, d, welches durch das Unisono-Spiel von vib, p und g den von → Phil Moore und → Milt Buckner entwickelten → Locked-hands-Stil po-

pularisierte. Trat nach 1963 auch als Solo-Pianist oder im Trio auf. Hat als Pianist alle Klavierstile von Earl Hines über den Latin-Jazz bis Bill Evans verarbeitet. Komponierte »Lullaby of Birdland«. – Schallplatten mit Billy Eckstine, Montgomery Bros., Teddi King, Metronome All Stars, Tito Puente, Hank Jones, Mel Tormé, Nat King Cole, Stéphane Grappelli, Carmen McRae, Ernestine Anderson u. a.; als Leader ab 1939 für Decca, Savoy, Discovery, MGM, Capitol, MPS, Concord, Telarc u. eigens Label Sheba.
CD: Live at Café Carlyle, Concord 246

Sheets of Sound (engl.: Klangflächen), von → John Coltrane entwickelte Spielweise, bei der die Improvisation von der Akkordbegleitung gelöst ist und sich nur noch auf eine tonale Skala stützt, auf deren Stufen beliebige Akkorde gebildet werden, deren Intervalle beim schnellen Spiel den Eindruck eines gleichzeitigen Erklingens erwecken. Den Ausdruck prägte der Kritiker Ira Gitler. (→ Free Jazz)
LP: J. Coltrane, Blue Train, Blue Note 1577

Sheldon, Jack, (tp, voc), * 30.11.1931 Jacksonville, Fla. Debüt 1944 in den Bands von Gene Brandt und Tiny Moore. Studierte 1947 am L. A. City College, spielte ab 1952 bei den → Lighthouse All Stars und div. West-Coast-Gruppen unter Leitung von Jack Montrose, Art Pepper, Wardell Gray, Dexter Gordon, Herb Geller u. a. Spielte ab 1956 bei Curtis Counce, Dave Pell, 1958 bei Stan Kenton, 1959 Europatournee mit Benny Goodman und 1966 mit diesem in Las Vegas. Arbeitet als Studiomusiker in L. A., auch als Schauspieler in TV-Rollen (»Run, Buddy, Run«). S. ist ein weithin unterschätzter Solist, galt in den 50er Jahren als der »weiße Miles Davis«. – Schallplatten mit Curtis Counce, Dave Pell, Jimmy Giuffre, Mel Tormé, Benny Goodman, Bill Holman, Art Pepper, June Christy, Shelly Manne, Herbie Mann, Marty Paich, Peggy Lee, Stan Kenton, Henry Mancini, Vic Feldman, Woody Herman, Bill Berry, Bengt Hallberg, Paul Cacia, Ann Richards, Pam Garner, Tom Kubis, Jim Sharpe, Steve Wolfe, Diane Schoor, Tom Waits; als Leader für Jazz West, Pacific Jazz, GNP*, Reprise, Capitol, Dot, Beez, Atlas, Real Time u. Concord.
*CD: Jack's Groove, Fresh Sound 70**

Shepp, Archie, (ts, sop, p, comp), * 24.5.1937 Ft. Lauderdale, Fla. Wuchs in Philadelphia auf, spielte in R&B-Bands, traf mit Lee Morgan, Cal Massey, Jimmy Heath u. John Coltrane zusammen. Studierte Literatur am Goddard College, ging 1960 nach N. Y., spielte mit Cecil Taylor und trat im Stück »The Connection« auf. Leitete Gruppe mit Bill Dixon (tp) und die N. Y. Contemporary Five mit John Tchicai und Don Cherry. Ab 1965 Assoziation mit → John Coltrane. Er arbeitete auch als Theater-Autor und wurde einer der Wortführer der »Black is Beautiful«-Bewegung. Zu seinen Bands gehörten u. a. Bobby Hutcherson, Barre Philips, Roswell Rudd, Grachan

Monchur, Cal Massey, Jimmy Garrison. Wurde 1971 an die Univ. von Buffalo berufen, 1975 an die Univ. von Massachusetts, lehrt dort Geschichte der Schwarzen Musik. Schrieb ein Stück über Billie Holiday, »Lady Day: A Musical Tragedy«, außerdem »Junebug Graduated Tonight«. – Schallplatten mit Cecil Taylor, Gil Evans, Abbey Lincoln, Dollar Brand, Buell Neidlinger, Chico Hamilton, John Coltrane, Horace Parlan, Max Roach, Karin Krog, Peter Giger; eigene LPs für Savoy, Impulse (»Fire Music«, »New Thing at Newport«), Byg, Prestige (»Black Gypsy«), America, Inner City, Arista, Horo, Uniteledis, Musica, Steeplechase, Denon, Sun, Impro, Fluid, Circle (»Tenor Saxes«), Blue Marge, Sackville, Enja, Soul Note, Varrick, Vent du Sud, Timeless, Black Saint.

CD: Steam, Enja 2076; Montreux One, Freedom 741027

Sheppard, Andy, (ts), * 18.5.1957 Bristol. Begann erst im Alter von 19 Jahren Saxophon zu spielen, wurde international bekannt durch seinen Auftritt beim Schlitz Jazz Festival 1986. Spielte bei Laurent Cugny, der Gruppe Urban Sax, Geoff Williams, George Russell, Carla Bley, Gil Evans. Erwarb sich dadurch den Ruf als Englands talentiertester Nachwuchsmusiker. – Schallplatten mit Geoff Williams, Gil Evans, Laurent Cugny, George Russell, Barbara Dennerlein, Keith Tippett, Carla Bley, John Martyn; unter eigenem Namen für Antilles.

CD: Soft on the Inside, Antilles 260714 (+Ⓥ)

Sherock, Shorty, Clarence Francis Cherock, (tp), * 17.11.1915 Minneapolis, Minn., † 19.2.1980 Oak Ridge, Calif. Der häufig unterbewertete Swing-Trompeter hatte ersten wichtigen Job 1936 bei Ben Pollack, spielte in den folgenden Jahren bei Frankie Masters, Jack Pettis, Seger Ellis, Santo Pecora, Tommy Dorsey, Jimmy Dorsey (1937–39), Bob Crosby (1939–40), Gene Krupa (1940–41), Freddie Slack, Bud Freeman, Bob Strong, Raymond Scott, Alvino Rey, Horace Heidt. 1945–48 eigene Band, 1950 nochmals Jimmy Dorsey, danach als Freelance-Musiker in Hollywood. Trat mit George Auld auf und spielte Schallplatten mit den meisten der o. g. Bands ein, auch mit Maxwell Davis, Don Barbour, Capitol Jazzmen, JatP, Ella Fitzgerald, Gramercy 6, Glen Gray u. a.; als Leader 1946–47 für Signature u. Commodore.

CD: Session at Midnight, Dormouse CDX 01

Shew, Bobby, Robert Joratz, (tp, flh), * 4.3.1941 Albuquerque, N. Mex. Weitgehend Autodidakt, studierte ein Jahr an der Univ. von New Mexico und nahm an Stan Kentons → Clinics teil. Spielte 1964–69 im Tommy Dorsey Orch., bei Woody Herman, Della Reese, Terry Gibbs, Robert Goulet und in Las Vegas. In den 70er Jahren bei Tom Jones, Paul Anka, Louis Bellson, Neal Hefti, Don Menza, Bud Shank und Art Pepper. Arbeitet in L. A. als Studiomusiker und Lehrer. Vorzüglicher Lead- und Solotrompeter. – Schallplatten mit Louis Bellson, Woody Herman, Toshiko Akiyoshi, Paul Romero, Bud Shank, Capp – Pierce, Carmen McRae, Chuck Flores, Keely Smith, Frank Mantooth, Clare Fischer, Frank Strazzeri, Horace Silver, Bob Magnusson, Lou Rovner; als Leader für Sutra, Atlas, Delos, Pausa, Mopro, Jazz Hounds, Inner City.

CD: B. Shew – Chuck Findley, Trumpets No End, Delos 4003

Shields, Larry, (cl), * 17.5.1893 N. O., † 22.11.1953 Hollywood. Wurde bekannt als Mitglied der → ODJB, war deren talentiertester Solist. Ließ sich nach Auflösung der Band in Hollywood nieder, wirkte später in Tonfilmen mit, schloß sich 1936–40 der reorganisierten ODJB an. – Schallplatten mit dieser Band (1917–21 u. 1936–38) und mit Sharkey Bonano (1924).

Shihab, Sahib, Edmund Gregory, (bar, sop, as, fl), * 23.6.1925 Savannah, Ga., † 24.10.1989. Erste Erfahrung in diversen → Territory Bands, studierte in Boston, spielte ab 1944 mit Fletcher Henderson, Roy Eldridge, 1947 bei Art Blakey, Thelonious Monk u. Tadd Dameron. 1953 bei Dizzy Gillespie, 1954–55 bei Illinois Jacquet, hatte 1956 eigene Gruppe, spielte 1957 bei Oscar Pettiford und Dakota Staton. Ging mit Quincy Jones 1959–60 nach Europa, ließ sich dort für die nächsten zwölf Jahre nieder, spielte mit der Clarke – Boland Big Band und als Freelancer. Ließ sich 1973 in L. A. nieder, spielte aber immer wieder in Europa u. N. Y. S. war ein origineller Solist auf der Flöte, leistete seine besten Beiträge aber auf dem Bariton-Sax. – Schallplatten u. a. mit Art Blakey, Thelonious Monk, Roy Haynes, Dizzy Gillespie, Milt Jackson, Howard McGhee, A. K. Salim, Philly Joe Jones, Brew Moore, CBBB, Johnny Teupen, Benny Golson, Art Farmer, Ben Webster, Dinah Washington, Friedrich Gulda, Jay McShann, Ernie Wilkins, Gil Fuller, John Coltrane, Lucky Thompson, Mal Waldron, Oscar Pettiford, Phil Woods, Quincy Jones, Roy Eldridge, Tadd Dameron, Thad Jones; eigene Aufnahmen für Epic, Savoy, Debut, Argo, Oktav, Vogue, Storyville, Futura.

Lit.: D. Salemann u. a., Sahib Shihab, Basel 1986

CD: Jazz Sahib, Savoy SV-0141

Shoemake, Charlie, Charles Edwards, (vib, p), * 27.7.1937 Houston, Tex. Studierte in Dallas Klavier, arbeitete als Pianist in L. A. mit u. a. Art Pepper, Charles Lloyd, den → Lighthouse All Stars und als Begleiter von Vokalisten. Wechselte Mitte der 60er Jahre zum Vibraphon und wurde bekannt während seiner Zugehörigkeit zum → George-Shearing-Quintett 1967–73. Spielte danach mit eigenen Gruppen, arbeitet auch als Lehrer. – Schallplatten mit Lalo Schifrin, Quincy Jones, Nelson Riddle, George Shearing, Lorez Alexandria, Frank Sinatra, → Bill Holman, Ricky Lee Jones; als Leader für Blackhawk, Pausa, Discovery u. Chase Music.

CD: Satin Nights, Disc. 972

Shorter, Wayne, (ts, sop, comp), * 25.8.1933 Newark, N. J. Studierte an der N. Y. Univ., ging 1959 zu Art Blakey, wo er als hochtalentierter

Nachwuchsmusiker bekannt wurde. Ab 1964 bei Miles Davis, blieb bis 1970, machte mit ihm dessen Übergang zur Pop-Musik mit und trug mit seinen Kompositionen wesentlich zu dessen Repertoire bei, z. B. »ESP«, »Footprints«, »Nefertiti«, »Dolores«, »Pinocchio«. Gründete 1970 mit → Joe Zawinul die Gruppe → Weather Report, die bis 1985 bestand. Leitet seither eigene Gruppen oder spielt mit der Miles Davis – Alumni-Band V.S.O.P. (mit Freddie Hubbard, Herbie Hancock, Ron Carter, Tony Williams). – Schallplatten mit Art Blakey, Miles Davis (»Live at the Plugged Nickel«, »E.S.P.«, »Bitches Brew«), Carlos Santana, Jaco Pastorius, Milton Nascimento, Larry Coryell, Joni Mitchell, Michel Petrucciani, Tony Williams, Dexter Gordon, Bahia Black, Freddy Hubbard, Gil Evans, Herbie Hancock, Lee Morgan, Jim Beard, Lou Donaldson, McCoy Tyner, Bobby McFerrin, Weather Report, Buster Williams, Helen Merrill; unter seinem Namen für Blue Note, Vee Jay u. Columbia.

CD: Adam's Apple, BN 84232; Best of, BN B1-91141; The Soothsayer, BN 784443-2; Weather Report: I Sing the Body Electric, Col. 468207-2

Shout, shouting (engl.: rufen, schreien), Gesangsstil mit einem »schreienden« Charakter, besteht aus einem durchgehenden Hauptton mit einem oder mehreren von oben oder unten her einsetzenden Nebentönen, wodurch eine erregende Wirkung eintritt. Hat seinen Ursprung in afrikanischen Kultgesängen. Die Blues-Sänger Joe Turner und Jimmy Rushing sind typische »Shouter«. Der Begriff wird auch auf Instrumentalisten übertragen, die in ähnlicher Weise spielen, z. B. der → Stride-Pianist James P. Johnson (»Carolina Shout«, 1921).

Showcase (engl.: Schaukasten), ein Arrangement in einer Combo oder Big Band, welches einen Solisten besonders herausstellt, meist auch speziell für diesen geschrieben.

Shuffle (Rhythmus), ein Begleitrhythmus, ähnlich dem → Boogie Woogie, wobei durch Unterteilung der Grundschläge in triolenartig punktierte Achtelnoten ein vorwärtstreibender, »schiebender« Eindruck entsteht. War besonders im → Swing verbreitet, wo einige Bands damit sehr erfolgreich waren, z. B. Jan Savitt, Henry Busse u. Tommy Reynolds.

Sideman, jedes Mitglied einer Band mit Ausnahme des → Leaders.

Lit.: Drew Page, Drew's Blues, A Sideman's Life with the Big Bands, Baton Rouge 1980; Arthur Rollini, 30 Years with the Big Bands, London 1987

Sidran, Ben, (p, voc), * 14.8.1943 Chicago. Studierte an der Univ. von Wisconsin/Madison, wo er Steve Miller u. Boz Scaggs traf. War Mitglied der frühen Steve Miller Band, wandte sich aber dann dem (Mainstream-)Jazz zu. Studium an der Univ. von Sussex/England. Aus seiner Doktorarbeit entstand sein Buch »Black Talk« (1971). Stilistisch erinnern seine frühen LPs an → Mose Allison, begleitet u. a. von Blue Mit-

chell, Phil Woods. Nahm u. a. eine Vokalversion von Charlie Parkers »Moose the Mooche« auf. Spätere LPs gehen in Richtung → Fusion. S. arbeitet auch als TV-Produzent und Kritiker. – Schallplatten für Blue Thumb, Arista*, Capitol, Horizon, Mad, Magenta, Orange Blue; eigenes Label Go Jazz.
*CD: That's Life I Guess, Bluebird 6575-2**

Signal Records, N. Y., von Jules Colomby 1955 gegründet, 1958 an → Savoy verkauft. Veröffentlichte einige Mitspiel-LPs für Musiker, eine Idee, die dann von der Fa. »Music Minus One« profitabel kopiert wurde, sowie LPs von Gigi Gryce, Duke Jordan, Hall Overton und ein Charlie-Parker-Memorial-Album »Bird's Night«. Reissues auf Savoy.
LP: Signals, Savoy SJL 2231

Signature Records, 1942 von Bob Thiele gegründet, existierte bis 1949 und war in diesen Jahren ein wichtiges → Indie, mit Aufnahmen von Coleman Hawkins, Barney Bigard, Yank Lawson, Eddie Heywood, Flip Phillips, Erroll Garner, Johnny Bothwell u. a. Reissues auf Bob Thiele-Music u. Dr. Jazz.

Signature Tune → Theme Song

Silver, Horace Ward Martin Tavares, (p, comp), * 2.9.1928 Norwalk, Conn. Lernte Tenor-Sax und Klavier in High School, wurde von Stan Getz entdeckt und war bei diesem 1950–51. Ließ sich dann in N. Y. nieder, spielte bei Art Blakey 1951–52, dann auch mit Terry Gibbs, Coleman Hawkins, Oscar Pettiford, Bill Harris u. Lester Young. Gründete 1954 mit Art Blakey die »Jazz Messengers«. 1956 eigenes Quintett mit Hank Mobley, Art Farmer, Doug Watkins und Art Taylor. Spätere Mitglieder: Blue Mitchell, Joe Gordon, Lee Morgan (tp), Junior Cook, Joe Henderson, Mike Brecker (ts), Randy Brecker (tp), George Coleman (ts) u. a. Leitet weiter eigene Gruppe, zieht sich aber zeitweise zurück, um größere Projekte zu realisieren und mit erweiterten Besetzungen aufzunehmen, z. B. die LPs »Silver 'n' Brass« und »Silver 'n' Voices«. S. ist ein von Bud Powell beeinflußter, stark bluesbezogener Pianist, dessen Spielweise als → funky bezeichnet wird. Er ist einer der Initiatoren des → Hard-Bop bzw. → Soul-Jazz, wofür seine LPs »Six Pieces of Silver«, »The Stylings of Silver«, »Blowing the Blues Away« und »Silver's Blue« (alle Blue Note) typisch sind. Er komponierte u. a. »Opus de Funk«, »Sister Sadie«, »The Preacher«, »Ecaroh«, »Doodlin'«, »Horace-Scope«, »Cape Verdean Blues«, »The Jody Grind« und die »Message From the Maestro«. – Schallplatten mit Stan Getz, Art Blakey, Miles Davis, Milt Jackson, Sonny Rollins, Art Farmer, Kenny Dorham, Al Cohn, Lou Donaldson, Gigi Gryce, Phil Urso, Paul Chambers, Lee Morgan, Hank Mobley, Clark Terry, Cannonball Adderley, J. J. Johnson, J. R. Monterose; als Leader ab 1952 für Blue Note, ab 1981 für eigene Labels Silveto und Emerald.
CD: H. S., BN 1518; Song for My Father, BN 84185; The Natives are Restless, Emerald 1003

Simmons, Norman, Sarney, * 6.10. 1929 Chicago. Studierte an der Chicago School of Music 1945–49, war dann »Haus-Pianist« im Beehive-Club bis 1956, eigene Band 1957 mit Frank Strozier, 1958–59 Begleiter von Dakota Staton und Ernestine Anderson. 1960 bei Eddie Davis – Johnny Griffin, 1961 bei Carmen McRae und (seit 1979) bei Joe Williams. S. ist ein gesuchter Begleiter und Arrangeur, er schrieb drei LPs für Johnny Griffin, darunter die berühmte »Big Soul Band«-LP (Riverside). – Schallplatten mit den o. g., Red Rodney, Shoko Amano, Roy Eldridge, Al Grey, Scott Hamilton, Milt Hinton; als Leader für Argo, BRC und eigenes Label Milljac.
CD: I'm the Blues, Milljac 1002

Simone, Nina, Eunice Waymon, (p, voc), * 21.2.1933 Tyron, N. C. Studierte an der Juilliard School und am Curtis Institute. Begleitete diverse Vokalisten, begann 1954 selbst zu singen, hatte 1959 einen Hit mit »Porgy«. S. ist keine Jazz-Sängerin oder -Pianistin im engeren Sinn. Sie integriert in ihrer Musik Folk-Songs, Gospel, Pop und Jazz und ist dabei immer stark blues- und soulorientiert. – Schallplatten ab 1957 für Bethlehem, Colpix, Philips, RCA*, Festival, Mercury, CY, zyx.
Lit.: N. S. with S. Cleary, I Put A Spell On You, 1991, dt. Hamburg 1992
*CD: The Blues, Novus ND 83101**

Sims, Ray C., (tb), * 18.1.1921 Wichita, Ks. Der Bruder von → Zoot Sims spielte in seiner ganzen Karriere in Big Bands, beginnend mit Jerry Wald, dann Bobby Sherwood, Benny Goodman, Earle Spencer, Les Brown (1949–57) und Harry James, wo er wenig Gelegenheit hatte, sein Talent unter Beweis zu stellen. – Schallplatten mit Les Brown, Harry James, Benny Goodman, Bobby Sherwood, Bill Johnson, Dave Pell, Maxwell Davis, Ray Anthony, Frank Sinatra, Vic Schoen, Jerry Gray, Bill Holman, Red Norvo, Zoot Sims, Doris Day; als Leader nur drei Titel für Capitol.
CD: H. James in Vienna, RST 91421/22

Sims, Zoot, John Haley, (ts, sop, as, cl), * 29.10.1925 Inglewood, Calif., † 23.3.1985 N. Y. Begann mit 16 Jahren in den Bands von Kenny Baker, Bobby Sherwood, Sonny Dunham, Bob Astor, Sid Catlett u. Bill Harris. Nach dem Wehrdienst ging er zu Benny Goodman (1946–47), dann zu Woody Herman (1947–49), wo er als einer der → Four Brothers bekannt wurde. 1949–50 bei Artie Shaw, 1950 wieder bei Benny Goodman, 1953 bei Stan Kenton (»Zoot«). Arbeitete mit eigenen Gruppen oder (ab 1957) in einer Zwei-Tenor-Combo mit Al Cohn, spielte mit Gerry Mulligan (Sextett 1956, Big Band 1960), bei JatP oder als Freelancer. Ursprünglich von Coleman Hawkins und Ben Webster beeinflußt, geriet er unter den Einfluß von Lester Young und wurde dessen swingendste Reinkarnation, weniger emotional als dieser, aber rhythmisch zupackender. Transferierte diesen Stil in den 70er Jahren auch auf das Sopran-Saxophon. – Schallplatten mit Joe Bushkin, Buck Clayton, Benny Goodman,

Woody Herman, Stan Kenton, Jutta Hipp, Trigger Alpert, Rocky Cole, Chet Baker, Clifford Brown, Gerry Mulligan, Chubby Jackson, Ralph Burns, Miles Davis, Elliot Lawrence, Joe Newman, Al Cohn, Dave McKenna, Shorty Rogers, Bob Brookmeyer, Annie Ross, Bill Evans, Chuck Wayne, George Williams, Jimmy Rushing, Jon Eardley, Kenny Dorham, LH&R, Michel Legrand, Vi Velasco, Oscar Peterson, Ray Charles, Booker Ervin, Carmen McRae, Gene Roland, Sarah Vaughan, Count Basie, Duke Ellington, Ernie Wilkins, Clark Terry, Ella Fitzgerald, Quincy Jones, Teddy Charles, Kenyon Hopkins u. a.; als Leader für Gazell, Vogue, Prestige, Dawn*, Storyville, Duc.-Thompson, Argo, ABC-Paramount, United Artistc, Pacific Jazz, Bethlehem, Fontana, Colpix, Impulse, Groove Merchant, Famous Door, Choice, Sonet, Chiaroscuro, Pablo.

Lit.: A. Astrup, Zoot Sims-Discography, Lyngby, DK 1980

*CD: Al Cohn – Z. S.-Quintet, Muse 600601; Hawthorne Nights, Pablo 2310783; The Art of Jazz, Fresh Sound 625**

Sinfonischer Jazz → Symphonischer Jazz

Single Note (einzelne Note), eine Technik auf der → Gitarre, bei der keine Akkorde gegriffen, sondern die Saiten einzeln angerissen werden, d. h., es wird nur jeweils eine Note gespielt wie bei Blasinstrumenten. Der erste Gitarrist, der diese Technik vollendet einsetzte, war → Charlie Christian, obwohl schon Mitte der 30er Jahre Dick McDonough und Floyd Smith diese Spielweise neben der Akkordtechnik anwandten.

Singleton, Zutty, Arthur James, (d), * 14.5.1898 Bunkie, La., † 14.7.1975 N. Y. Der Autodidakt begann im → Storyville bei den Bands von Steve Lewis, Bye Eye Louis Nelson, in den 20er Jahren in der Tuxedo Band, John Robichaux und der Maple Leaf Band, auch bei Charlie Creath und Fate Marable. Ging 1925 nach Chicago, dort bei Doc Cook, Dave Peyton u. Jimmie Noone. Spielte aber auch mit Louis Armstrong, Carroll Dickerson u. Fats Waller. In den 30er Jahren bei Roy Eldridge, Bobby Hackett, Sidney Bechet u. a. Ließ sich 1941 in Kalifornien nieder, arbeitete als Freelancer u. a. mit Nappy Lamare und war in den Filmen »Stormy Weather« und »New Orleans« zu sehen. 1951–53 mit Mezz Mezzrow in Europa, spielte dann mit Dixieland-Band in N. Y., auch mit eigenem Trio. S. ist der bedeutendste Drummer der klassischen Periode. Er erweiterte die bis dahin höchstens viertaktigen → Breaks zu ausgedehnten Soli, führte den Besen in das Jazz-Schlagzeug ein, den Gebrauch von »temple-blocks« und hatte damit einen großen Einfluß auf die Drummer der Swing-Ära wie Sid Catlett, Chick Webb, Gene Krupa, Dave Tough, Cozy Cole u. a. – Schallplatten mit Louis Armstrong (»Hot Seven«), Charlie Creath, Carroll Dickerson, Victoria Spivey, Jelly Roll Morton, Billy Banks, Jack Bland, Pee Wee Russell, Roy Eldridge, Mildred Bailey, Mezz Mezzrow,

Sidney Bechet, Rosetta Crawford, Lionel Hampton, Red Allen, Una Mae Carlisle, Bill Coleman, Wingy Manone, Joe Marsala, Art Hodes, Jack Teagarden, Fats Waller, Capitol Jazzmen, Slim Gaillard, Joe Sullivan, Jimmie Gordon, Kay Starr, Wini Beatty, Claude Trenier, Charlie Parker (!); als Leader für Decca, Capitol, Vogue und Fat Cat's Jazz.

Lit.: M. Williams, Jazz Masters of New Orleans, N. Y. 1979[2]

LP: Z. S. – Johnny Wiggs, Fat Cat's 116

Skidmore, Alan, Richard James, (ts, sop, dl, d), * 21.4.1942 London. Sohn des Tenoristen Jimmy Skidmore (* 8.2.1916). Begann 1958 in Tanzorchestern zu spielen, trat im BBC Jazz Club auf. Spielte 1964 bei Alexis Korner, 1965 bei Ronnie Scott, Trat zwischen 1965 und 1969 in NDR Jazz-Workshops auf, gründete 1969 eigenes Quintett mit Kenny Wheeler, Tony Oxley, Harry Miller und John Taylor. 1973 folgte die Gruppe SOS mit John Surman und John Osborne, 1974 ein Trio mit Chris Laurence und Tony Oxley, 1978 SOH (Tony Oxley, Ali Haurand). Spielte auch mit Mike Westbrook, George Gruntz, WDR-Big Band und war für das Goethe-Institut auf Tournee in Indien und Südost-Asien. S. ist ein Allaround-Musiker, zwar beeinflußt von Sonny Rollins und John Coltrane, aber in jedem modernen Stil zu Hause. – Schallplatten mit Stan Tracey, Graham Collier, Mike Westbrook, Mike Gibbs, Weather Report, Volker Kriegel, George Gruntz, Mike Barone, Airto Moreira u. a.; eigene Aufnahmen für Deram, JG, Ogun, FMP.

LP: Interjazz IV, FMP SAJ 33

Skiffle, alternative Bezeichnung für → Rent-Party, wo volkstümliche Künstler zur Unterhaltung spielten, oft Pianisten, aber auch kleine Gruppen mit primitiven Instrumenten wie → Jug, Washboard, Kazoo, Kamm, Mundharmonika. Durch den Engländer Lonnie Donegan in Europa verbreitet, waren solche S.-Gruppen besonders während des → Dixieland-Revivals sehr populär.

Slap-Bass (Schlag-Baß), ein besonderer rhythmischer Effekt beim Pizzikatospiel des Kontrabassisten, der dadurch entsteht, daß die Saite so stark nach vorn gezogen wird, daß sie beim Zurückschnellen gegen das Griffbrett schlägt und ein zusätzliches klatschendes Geräusch verursacht. War in der → New-Orleans-Besetzung gebräuchlich, wo sich der Baß mit dieser Technik akustisch besser durchsetzen konnte. Bekannte Musiker mit dieser Technik waren Wellman Braud, Bill Johnson, Al Morgan, und → Pops Foster, von letzterem gibt es gute Beispiele in seinen Aufnahmen mit dem Luis-Russell-Orchester 1929–30. Diese Spielweise wurde in der Swing-Ära durch das seitliche Zupfen abgelöst, wodurch bei Wegfall des Klatscheffekts eine größere Tonfülle erreicht wird. Der Free-Jazz hat diese Technik als zusätzlichen Geräuscheffekt wieder aufgegriffen.

Slap-Tongue (Schlagzunge), ein knallendes Anspielen des Rohrblattes bei Saxophon und Klarinette, welches dadurch erreicht wird, daß die Zunge erst mit der Spitze nach innen gegen das Rohrblatt des Mundstücks gedrückt wird und dann mit der herauspressenden Atemluft nach vorn geschleudert wird. Stellt eine Art von Hot-Intonation auf einem Instrument dar, das ursprünglich nicht als solches galt. In den 20er Jahren von vielen Saxophonisten verwendet, besonders Coleman Hawkins und Stomp Evans.

Small Band → Combo

Smith, Bessie, (voc), * 15.4.1894 Chattanooga, Tenn., † 26.9.1937 Clarksdale, Miss. Die spätere »Empress of the Blues« sang 1912 in der → Minstrel Show von Ma Rainey, hatte 1929 eine eigene Show in Atlantic City, war 1923 die Sensation in N. Y. mit ihrer ersten veröffentlichten Schallplatte »Downhearted Blues« und für einige Jahre die höchstbezahlte schwarze Künstlerin. Bei Plattenaufnahmen wurde sie begleitet von Fletcher Henderson, Louis Armstrong, Sidney Bechet, Clarence Williams, Charlie Green u. a. Der »Downhearted Blues« verkaufte sich so gut, daß die Plattenfirma dadurch vor der Pleite gerettet wurde. In den späten 20er Jahren ließ ihr Erfolg nach, und sie wurde von eben dieser Firma gefeuert, obwohl John Hammond 1933 noch eine Session produzieren konnte (mit Benny Goodman, Jack Teagarden u. Coleman Hawkins). Ihre letzten Jahre verbrachte sie in Armut, ein Comeback war allerdings greifbar nahe, als sie an den Folgen eines Verkehrsunfalles starb. 1979 ließ ihr die Rocksängerin Janis Joplin einen Grabstein errichten mit der Inschrift: »The greatest blues singer in the world will never stop singing«. – Ihre Schallplatten – alle für Columbia – wurden komplett auf CD und LP wieder veröffentlicht.

Lit.: E. Brooks, The B. S. Companion, N. Y. 1989²; Chris Albertson, Bessie, N. Y. 1975

CD: The Collection, Col. CK 44441

Smith, Derek, (p), * 17.4.1931 Stratford, England. Studierte Musik vom siebten Lebensjahr an, arbeitete später aber zunächst für eine Versicherung und wurde erst 1954 Berufsmusiker, als er zu Johnny Dankworth ging. Emigrierte 1957 in die USA, arbeitet als Studiomusiker und tritt mit eigenem Trio auf, welches sich dem Mainstream-Jazz widmet. – Schallplatten mit Johnny Dankworth, Vic Ash, Kenny Baker, Steve Clayton, Nick Brignola, Louis Bellson, Bertie King, Harry Klein, Carmen Leggio, Buddy DeFranco, Bill Watrous, Tommy Whittle, Dick Meldonian, Progressive All Stars, Arnett Cobb, Doc Severinsen, Dick Hyman, Jorge Anders u. a.; als Leader für Esquire, Decca, Nixa u. Progressive.

CD: The Man I Love, Progr. 7035

Smith, Jimmy, (org, p), * 8.12.1925 Norristown, Pa. Gewann bei Amateur-Show im Alter von neun Jahren, trat mit seinem Vater im Duo auf. Studierte an der Hamilton School of Music 1948 und an der Ornstein School 1949–50. Erster Job im Don-Gardner-Trio, spielte Klavier und später Orgel. Gründete 1955 eigenes Trio (mit g und d) und hatte sofort durchschlagenden Erfolg, welcher zu

einem Vertrag mit Blue Note führte und zu einer Reihe von → Blowing Sessions mit u. a. Lee Morgan, Jackie McLean, Art Blakey, Lou Donaldson. Wechselte 1963 zu Verve, wo er eine Reihe kommerzieller aber sehr erfolgreicher LPs mit Big Band einspielte (arr Oliver Nelson, Lalo Schifrin u. a.). Obwohl seine große Zeit (und die der Orgel) vorbei ist, tritt er immer noch erfolgreich auf, ließ sich zeitweise an der Westküste nieder und eröffnete einen Club. S. definierte Mitte der 50er Jahre das Jazz-Orgel-Spiel neu. Das bis dahin gültige Akkordspiel (analog einer Big Band) ersetzte er durch schnelle Bebop-Linien, unterstützt durch einen »schrillen« Sound, wie er zuvor nie gehört wurde. Seine beispielhafte Aufnahme von »The Champ« (Blue Note 1514) gehört zu den Klassikern dieser vom → Soul Jazz inspirierten Richtung. – Schallplatten, außer mit den o. g., noch mit Kenny Burrell, Wes Montgomery, Stanley Turrentine, Thad Jones-Mel Lewis Orch.; unter seinem Namen für Blue Note, Verve, Mojo, Pride, Wersi, Milestone, Elektra-Mus.
CD: Best of, BN B1-91141; Plays the Blues, Verve 829537-2

Smith, Johnny, John Henry Jr., (g), * 25.6.1922 Birmingham, Ala. Der Autodidakt begann mit Hillbilly-Gruppen als 13jähriger, gründete 1940 eigenes Trio, spielte nach dem Wehrdienst am Sender NBC (bis 1953). Ab 1951 Jazz-Quintett, hatte einen Hit mit »Moonlight in Vermont« und war für einige Jahre ein vieldiskutierter Gitarrist. Zog sich 1960 nach Colorado Springs zurück und eröffnete ein Musikgeschäft. – Schallplatten mit Art Van Damme, Stan Getz, Jeri Southern, Ruth Price, Beverley Kenney, Richard Wess; als Leader für Roost* und Verve.
*CD: Moonlight in Vermont, Roulette 97747**

Smith, Lonnie Liston, (p, keyb, comp), * 28.12.1940 Richmond, Va. Spielte Trompete in der High School-Band und Tuba in der Marsch-Band am State Morgan College. Ging nach N. Y. zu Betty Carter 1963–64, Roland Kirk 1964–65, Art Blakey 1966–67, Joe Williams 1967–68, Pharoah Sanders u. Leon Thomas 1969–70, zu Gato Barbieri 1971–73, Miles Davis 1973–74. Gründete eine Fusion-Gruppe »Cosmic Echoes« und hatte einen Hit mit der LP »Expansions«. – Schallplatten mit Roland Kirk, Pharoah Sanders, Miles Davis, Gato Barbieri, Oliver Nelson, Sonny Simmons, Jimmy Ponder, Leon Thomas, Norman Connors, Stanley Turrentine, Alvin Queen; eigene Aufnahmen für Flying Dutchman, RCA, Columbia.
CD: Watercolors, Novus ND 83099

Smith, Paul, (p, org), * 14.4.1922 San Diego, Calif. Hatte ersten Name-Band-Job bei Johnny Richards 1941, spielte dann bei Ozzie Nelson 1942, während seiner Army-Zeit 1943–45 bei Ziggy Elman. Ab 1946 bei Les Paul, den Andrew Sisters und Tommy Dorsey. Ließ sich 1949 in Hollywood nieder, arbeitete in den Studios für Rundfunk und TV, begleitete 1960 Ella Fitzgerald (»Ella in Berlin«, Verve), ebenfalls 1979. S. ist ein

brillanter Techniker und auf seinen besten LPs Oscar Peterson durchaus ebenbürtig. – Schallplatten ab 1949 für Discovery, GNP, Skylark, Capitol*, Verve, MGM, Warner Bros., Outstanding; als Sideman mit Tommy Dorsey, Ziggy Elman, Benny Goodman, Anita O'Day, Paul Weston, Sam Donahue, Frank Comstock, Billy May, Buddy Rich, Sonny Burke, Harry Geller, Ray Anthony, Ella Fitzgerald, Gary Crosby, Charles Turner, Chet Baker, Paul Cacia u. a.
*CD: Softly Baby, Jasmine 311**

Smith, Pinetop, Clarence, (p, voc, comp), * 11.6.1904 Troy, Ala., † 15.3. 1929 Chicago. Spielte in Pittsburgh in Clubs und Theatern, begleitete Ma Rainey und Buttersbeans & Susie. Kam bei einer Schießerei in Chicagos »Masonic Hall« ums Leben. S. war einer der besten Pianisten des → Boogie Woogie, der diesem durch seine Komposition »Pinetop's Boogie Woogie« (aufgenommen am 29.12.1928) erst den Namen gegeben hat. – Schallplatten mit den Hokum Boys (unveröffentlicht), Alberta Reynolds; unter seinem Namen zwei Sessions für Vocalion.
LP: Boogie Woogie Greatest Hits, BW 1000

Smith, Stuff, Hezekiah Leroy Gordon, (vln, voc, comp), * 14.8.1909 Portsmouth, Ohio, † 25.9.1967 München. Wuchs in Cleveland auf, spielte 1926–29 bei Alphonse Trent, hatte dann eigene Band in Buffalo. Traf dort → Jonah Jones, spielte mit diesem ab 1935 Combo im Onyx Club auf der Fifty-second Street in N. Y. Hatte mit »I'se a Muggin'« und »You'se a Viper« Hits, die die Gruppe zur Sensation auf der → Swing Street machten. S., dessen Temperament öfter mit ihm durchging, konnte diesen Erfolg nicht halten, leitete zwar weiter eigene Gruppen in den 40er und 50er Jahren, von denen aber kaum Notiz genommen wurde. Verbrachte die 60er Jahre meist in Europa, wo man sein Talent eher zu würdigen wußte, denn S. war neben → Joe Venuti der bedeutendste Jazz-Geiger der klassischen Ära. – Schallplatten mit Nat King Cole, Dizzy Gillespie, Herb Ellis, Svend Asmussen/Stéphane Grappelli, Earl Hines, Ella Fitzgerald, JatP, Roy Eldridge, Oscar Peterson, Joe Turner, Lucky Thompson u.a.; als Leader ab 1936 für Vocalion, Decca, Varsity, Selmer, Asch, V-Disc, Verve, 20th Cent. Fox, Metronome, Barclay, Epic, MPS.
Lit.: A. Barnett, S. M. Discography, Lewes, England 1990; A. Barnett/E. Løgager (ed.), S. M., Pure at Heart, Lewes 1991
CD: Jivin' at the Onyx, Affinity 1005

Smith, Tab, Talmadge, (as, ts), * 11.1. 1909 Kingston, N. C., † 17.8. 1971 St. Louis, Mo. Erste Erfahrungen in Territory Bands wie den Carolina Stompers (1929), bei Fate Marable, Dewey Jackson und Eddie Johnson. Spielte 1936–39 bei Lucky Millinder (MBRB), 1940–42 bei Count Basie, nochmals bei Lucky Millinder 1942–43. Leitete dann eigene Gruppen im Swing/R&B-Stil, war damit in den 50er Jahren sehr erfolgreich als Vorläufer des Rock 'n' Roll. – Schallplatten mit Willie Bryant, Red

Allen, Lucky Millinder, Count Basie, Billy Kyle, Billie Holiday, Frankie Newton, Coleman Hawkins, Charlie Shavers, Rex Stewart, Leonard Feather, J. C. Higginbotham, Sandy Williams, Teddy Wilson, Dinah Washington; unter seinem Namen für Decca, Manor, Hub, King, Ebony, Chess, United*, Checker.
*CD: Jump Time, Delmark 447**

Smith, Willie, William McLeish, (as, cl, bar, voc, arr), * 25.1.1910 Charleston, S. C., † 7.3.1967 L. A. Studierte an der Fisk-Universität, traf dort → Jimmie Lunceford, spielte in dessen Band von 1930–41 und war neben → Sy Oliver und Ed Wilcox weitgehend für den Lunceford-Stil verantwortlich. Ging dann für ein Jahr zu Charlie Spivak und nach dem Wehrdienst 1944 zu → Harry James. Spielte 1951 bei Duke Ellington als Nachfolger von Johnny Hodges, 1952 bei Billy May, ging auf Tournee mit JatP und spielte von 1953–65 wieder bei Harry James. 1966 noch kurz bei Charlie Barnet.
S. war neben Johnny Hodges und Benny Carter der führende Alt-Saxophonist der Swing-Ära, ein exzellenter Satzführer und Solist. – Schallplatten mit Jimmy Lunceford, Teddy Wilson, Harry James, Kay Starr, Al Casey, Sam Donahue, JatP, Harry Edison, Keynoters, Ivie Anderson, Maxwell Davis, Crystalette All Stars, Lester Young, Gene Krupa, Nat King Cole, Red Norvo, Billy May, Buddy Baker, Nancy Wilson, Ella Fitzgerald, Nelson Riddle, Charlie Barnet, Just Jazz, Helen Humes, Johnny Otis, Lionel Hampton, »Session at Midnight«; eigene Aufnahmen für Keynote, Sunset, Verve u. GNP.
LP: GNP 2055
CD: → Harry James

Smith, Willie »The Lion«, William Henry Joseph Bonaparte Bertholoff, (p, comp, voc), * 25.11.1897 Goshen, N. Y., † 18.4.1973 N. Y. Professionelles Debüt in Newark 1914. Erhielt seinen Spitznamen wegen seiner Tapferkeit im Ersten Weltkrieg. War dann auf Tournee mit Mamie Smith (»Crazy Blues«), arbeitete am Broadway, in Revuen, meist aber als Solo-Pianist, war seit den späten 40er Jahren oft in Europa.
S. war der bedeutendste → Stride-Pianist und hatte beträchtlichen Einfluß auf u. a. Duke Ellington (der ihm sein »Portrait of the Lion« widmete), Fats Waller und sogar Art Tatum. – Schallplatten mit Mezz Mezzrow, Sidney Bechet, Big Joe Turner, Leonard Feather – Dick Hyman, Steve Allen, Rex Stewart; unter seinem Namen ab 1935 für Decca, Commodore, General, Black & White, Royal Jazz, Vogue, Blue Circle, Urania, Grand Award, Dot, GTJ, Metrojazz, MPS, RCA, Black Lion, Fat Cat's Jazz, Chiaroscuro, Jazz Odyssey.
Lit.: W. S. & G. Hoefer, Music on My Mind, N. Y. 1966 (Repr. 1978)
CD: Echoes of Spring, Milan 550

Smulyan, Gary, (bar, as, bcl), * 4.4.1956 Long Island, N. Y. Lernte Saxophon in der Schule, besonders beeinflußt von dem Saxophonisten Joe Dixon, in dessen Band er als Schüler spielte. Traf und arbeitete in dieser

Zeit mit u. a. Chet Baker, Lee Konitz u. Jimmy Knepper zusammen. Spielte in dieser Zeit noch Alt-Sax, hatte ein Quartett mit Glenn Drewes (tp). Wechselte zum Bariton, als er einen Job bei → Woody Herman erhielt (1978–80). Ging dann nach N. Y. zur → Mel Lewis-Band, wurde von Lewis als der logische Nachfolger von → Pepper Adams bezeichnet. War im Lee-Konitz-Nonett, studierte Komposition bei Bob Brookmeyer und besuchte mehrmals Europa. Tritt mit eigener Gruppe auf und lehrt am William-Paterson-College. Nennt als Vorbilder Charlie Parker, Cannonball Adderley u. Phil Woods. – Schallplatten mit Woody Herman, Mel Lewis, Charles Mingus, Mike LeDonne, Rob Schneiderman, Gene Harris, B. B. King; als Leader für Criss Cross.

CD: The Lure of Beauty, Criss Cross 1049

Socolow, Frank, (ts, as), * 18.9.1923 N. Y. Spielte ab 1941 bei Jack Melvin, Georgie Auld, Ted Tio Rito, Roy Stevens, Van Alexander, Shep Fields, Boyd Raeburn (1944), Buddy Rich, Chubby Jackson 1947–48 (mit diesem in Skandinavien), Artie Shaw 1949–50, dann freelancing in N. Y., u. a. bei Johnny Richards 1956–57. Der zu Unrecht wenig bekannte und unterschätzte S. galt in den 40er Jahren als der »weiße Ben Webster«. – Schallplatten mit Boyd Raeburn, Chubby Jackson, Artie Shaw, Johnny Bothwell, Manny Albam, Sid Catlett, George Williams, Teddy Charles, Buddy DeFranco, Rocky Cole, Maynard Ferguson, Terry Gibbs, Jerry Wald, Bill Russo, Richards, Jackie Paris, Gene Krupa, Tito Puente, Tito Rodriguez, Elliot Lawrence, Pupi Campo, Anthony Zano, Progressive All Stars u. a.; als Leader eine Session für Duke (1945) und eine LP für Bethlehem.

LP: Sounds by Socolow, Bethlehem BCP 70; CD: Bird's Night, Savoy

Solal, Martial, (p, comp), * 23.8.1927 Algier, Algerien. Erste Studien in seiner Heimatstadt, ging nach dem Krieg nach Paris und spielte dort im Club St. Germain, begleitete amerikanische Gäste wie J. J. Johnson, Don Byas, Sidney Bechet, Kenny Clarke. 1959 Trio mit Daniel Humair (d) und Guy Pederson bzw. Gilbert Rovére (b), komponierte Filmmusik (z. B. für den Godard-Film »Außer Atem«), spielte auf Festivals in Europa und leitet seit 1981 auch eine Big Band. S. gilt als der brillanteste europäische Pianist, der Einflüsse von Art Tatum und Bill Evans mit gallischem Witz zu verbinden weiß. – Schallplatten mit Sidney Bechet, Lucky Thompson, Kenny Clarke, Billy Byers, Dickie Wells, Daniel Humair, Django Reinhardt, Lee Konitz, Stan Getz, Stéphane Grappelli, Joachim Kühn; unter seinem Namen ab 1953 für Swing, Vogue, EMI-Col., RCA, Duc.-Thompson, Muza, CBS, MPS, Gaumont Musique, Soul Note, Erato (mit Toots Thielemans).

LP: Big Band: Gaumont 753804
CD: Bluesine, SN 1060

Solo, das Einzelspiel eines Musikers, als Alternative zum Kollektiv- und Ensemblespiel. Das S. entsteht als zeitweises Hervortreten einer Teilstimme des Ensembles, während die anderen Stimmen pausieren oder verhaltener (begleitend) weiterspielen (→ Riff). Durch das Herauslösen einer S.-Stimme aus dem strukturellen Zusammenhang des Ensembles wird die Individualisierung und damit u. U. auch das Star-Solistentum gefördert, dem gegenüber die übrigen Musiker nur sekundäre Funktionen harmonischer und rhythmischer Art haben.

Solo Art Records, N. Y. von Dan Qualey gegründet, widmete sich 1938–39 dem → Boogie Woogie. Aufnahmen mit Meade Lux Lewis, Jimmy Yancey, Cripple Clarence Lofton, Art Hodes, Pete Johnson. An → Circle verkauft, Reissues auf Riverside u. Jazzology.

Soloff, Lew, Lewis Michael, (tp, flh, picc-tp), * 20.1.1940 N. Y. Er lernte früh Klavier, Trompete in High School. Studierte an der Eastman School und der Juilliard School. Spielte von 1965–68 in Latin-Bands, bei Maynard Ferguson, Joe Henderson, Gil Evans, Thad Jones - Mel Lewis, Clark Terry, Duke Pearson u. a. Von 1968–73 bei Blood, Sweat & Tears, danach oft bei Gil Evans. 1975 Quintett mit → Jon Faddis, 1977 Trio mit Pete Levin (fhr) und Jeff Berlin (d). S. ist ein virtuoser Allaround-Trompeter, der gelegentlich auch klassische Werke spielt. – Schallplatten mit BS&T, Gerry Niewood, Robin Kenyatta, Gil Evans (»Parabola«), Bill Evans, Machito, Daniel Schnyder, David Matthews, Franco Ambrosetti, George Russell, Grant Green, Carla Bley, Hilton Ruiz, Manhattan Jazz Quintet, Michel Camilo, Peter Erskine, Spyro Gyra, Steve Gadd, Duke Ellington Orch., Pete Levin u. a.; als Leader für Paddle Wheel, Electric Bird u. Sweet Basil.

CD: But Beautiful, Paddle Wheel K28P 6468

Song → Lied

Sophistication (engl.: Welterfahrung, Raffinesse, Verfälschung), meint im Jazz die Anpassung der Musikformen der Schwarzen an die Musik der weißen Amerikaner, wobei infolge ethnischer, sozialer und kultureller Veränderungen der Afrikaner sich zum amerikanischen Schwarzen gewandelt hat. Sophistication bedeutet auch Verfälschung, da die ursprüngliche Natürlichkeit durch »weiße« Elemente abgewandelt wird. Allerdings ist S. auch die Ursache für die Entstehung und Weiterentwicklung des Jazz, denn ohne sie wäre aus einer volkstümlichen Musizierweise nicht die weltumspannende Musik geworden, die der Jazz heute ist (vgl. auch Duke Ellingtons Komposition »Sophisticated Lady«, 1934).

Soul-Jazz → Funk

Soul Music, eine Verbindung von → Gospel-Music und → Rhythm & Blues, die Mitte der 50er Jahre aufkam und zehn Jahre später der kommerziell erfolgreichste Modeklang der populären Musik war. Bekannte Soul-Interpreten sind Sam Cooke, Ray Charles und Aretha Franklin.

Lit.: Michael Haralambos, Right on: From Blues to Soul in Black America, London 1974; Arnold Shaw, The World of Soul, N. Y. 1970

LP: The Soul Years, Atlantic 2-504

Sound (Klang), der für einen Solisten, eine Band oder einen Stil charakteristische Klang. Der S. gewann mit dem → Swing an Bedeutung und gelangte von dort in die kommerzielle Musik, die immer nach neuen verkaufsträchtigen S. sucht. Typisch sind z. B. der → Jungle-Stil von Duke Ellington, Glenn Miller (u. a. Klarinettenführung im Saxophon-Satz) und die Cool Sounds von Woody Herman (→ Four Brothers), Claude Thornhill, Gil Evans (Verwendung von Waldhorn und Tuba) und → George Shearing (Unisono-Spiel von Piano, Vibraphon und Gitarre in Blockakkorden, → Locked hands).

Sound Aspects, Backnang, 1983 von Pedro de Freitas gegründet, um Musik zu veröffentlichen, die »von der Industrie ignoriert wird, weil sie kein Geld bringt«, z. B. Anthony Braxton, ROVA, John Rapson, Jason Hwang, Spencer Barefield, Wayne Horvitz, Butch Morris u. a.

Soundies → Jazz im Film

Soundtrack (Motion Picture Sound Track), eigentlich die Tonspur eines Films; gemeint ist die auf einer Schallplatte veröffentlichte Originalmusik zu einem Film, → Jazz im Film.

South, Eddie, (vln), * 27.11.1904 Louisiana, Mo., † 25.4.1961 Chicago. Ein Wunderkind, studierte am Chicago Music College, spielte in Bands in Chicago und N. Y., ging Ende der 20er Jahre mit eigener Band nach Europa, studierte in Paris und Budapest und gründete 1931 – in den USA – eine Big Band, der aber kein Erfolg beschieden war. 1937–38 wieder in Europa, traf dort mit Stéphane Grappelli u. Django Reinhardt zusammen. In den 40er Jahren eigene Gruppen (mit Billy Taylor), in Studio-Bands bei MGM und in Rundfunk- und TV-Sendungen. Er erreichte aber nie die Popularität eines → Stuff Smith, vielleicht weil er zu gut war! – Schallplatten mit Jimmy Wade, Grappelli – Reinhardt, Earl Hines; als Leader für Victor, HMV, Swing, Brunswick, Columbia, Okeh, Pilstone, Gold Seal, Continental, Chess, Mercury.

LP: Swing 8405

Southern, Jeri, eigentl. Genevieve Hering, (voc, p), * 5.8.1920 Royal, Nebr., † 4.8.1991 L. A. Trat als Kind als klassische Pianistin auf, später in Clubs, wandte sich dem Gesang zu und hatte in den 50er Jahren eine Reihe von Hits, u. a. »You Better Go Now«, »When I fall in Love«, »An Occasional Man«, »Fire Down Below«. Arbeitete seit den 60er Jahren als Gesangs- und Klavierlehrerin, komponierte und arrangierte. Sie schrieb ein Buch »Interpreting Popular Music at the Keyboard«. Zu ihren Bewunderern gehörten so unterschiedliche Musiker wie Miles Davis, Frank Sinatra, Mel Tormé u. Charlie Haden. War einige Jahre mit → Bill Holman verheiratet, später mit (dem Filmkomponisten) Hugo Friedhofer, für den sie auch orchestrierte. – Schallplatten für Decca, Capitol u. Roulette.

CD: J. S. Meets Johnny Smith, Roulette

Soziologie → Jazz-Soziologie

Spanier, Muggsy, Francis Joseph,

(cnt), * 9.11.1906 Chicago, † 12.2.1967 Sausalito, Calif. Begann mit 15 Jahren in Clubs im Raum Chicago zu spielen, so in den Bands von Elmer Schoebel, Charles Pierce und Ray Miller. Wurde in dieser Zeit beeinflußt von den Chicagoer Heroen King Oliver, Louis Armstrong und Tommy Ladnier. Ging 1929 für sieben Jahre zu Ted Lewis, dann für zwei Jahre zu Ben Pollack. Nach einer beinahe tödlichen Krankheit (1938) gründete er 1939 seine »Ragtime Band«, die einen konkurrenzlosen Dixieland spielte und deren 16 für → Bluebird aufgenommene Titel ihm allein schon einen Platz im Olymp des Jazz sichern (wiederveröffentlicht als »The Great 16«). Auf dem Höhepunkt der Big-Band-Ära waren die Ragtimers allerdings fehl am Platz; 1940 ging S. zu Bob Crosby, leitete 1941 kurz eine eigene Big Band, spielte dann nochmals bei Ted Lewis und ab Mitte der 40er Jahre mit Miff Mole oder eigenen Bands, meist an der Westküste, ab 1957 für zwei Jahre bei Earl Hines. S. war ein Meister des → Growl-Spiels und konnte mit seinem Spiel »auf dem Beat« wie kein zweiter ein Dixieland-Ensemble führen. – Schallplatten mit Charles Pierce, Ray Miller, Red McKenzie, Frank Teschemacher, Danny Altier, Ted Lewis, Seger Ellis, Dorsey Bros., NORK, Ben Pollack, Sidney Bechet, Bob Crosby, Pee Wee Russell, Dutch Swing College Band, Earl Hines, Bucktown Five, Chicago Rhythm Kings u. a.; als Leader für Bluebird, Decca, Commodore, V-Disc, Manhattan, Disc, Mercury, VJM, Weather, RKO Unique, Ava.
CD: Chicago/N. Y./Dixieland, Bluebird ND 86752 (mit Great 16)

Spaulding, James, Ralph, (as, ts, fl), * 30.7.1937 Indianapolis. Studierte an der Chicago Cosmopolitan School of Music, am Livingston College u. der Ruthers Univ. Spielte in Chicago mit Sun Ra, Sonny Thompson u. a., hatte 1960 eigenes Quartett, spielte ab 1963 bei Freddie Hubbard, 1964 und 1967 bei Max Roach, 1965 und 1970 bei Randy Weston, Roy Haynes, auch bei Art Blakey, Leon Thomas, Horace Silver, Pharoah Sanders, 1974 in der Ellington-Band. Spielt seit 1976 mit eigenen Gruppen. – Schallplatten mit Max Roach, Bobby Hutcherson, Freddie Hubbard, Duke Pearson, Kamal & The Bros., McCoy Tyner, Ricky Ford, Sam Rivers, Sun Ra, Wayne Shorter, Donald Brown, Bobb Bryant, David Murray, Alvin Queen; als Leader für Flying Dutchman, Storyville u. Muse.
CD: Brilliant Corners, Muse

Spencer, Earle, (ldr, comp, tb), * 1926. Ohne jegliche Erfahrung als Sideman, aber beeindruckt von der Musik → Stan Kentons gründete S. 1946 eine Big Band, die heute weitgehend vergessen ist, die aber in den folgenden vier Jahren neben → Boyd Raeburn und Stan Kenton zu den wichtigen Bands des → Progressive Jazz gehörte, wie die wenigen Schallplatten (für → Black & White) und Airchecks beweisen. Unter den Musikern dieser Band waren Al Killian, Paul Lopez (tp), Tommy Pedersen, Ollie Wilson (tb), Art Pepper (as),

Lucky Thompson, Ralph Lee (ts), Paul Polena (p, arr), Harry Babasin (b), Bobby White (d). Arrangeure waren Frank Erickson, Harry Wham, Morty Corb u. Paul Nelson. Über den weiteren Verbleib von S. ist nichts bekannt.
LP: IAJRC 21

Sphere → Charlie Rouse

Spiritual → Negro Spiritual

Spitznamen

Baby Sweets – Walter Perkins
Bags – Milt Jackson
Batman – Anthony Ortega
Bean – Colema Hawkins
Big T – Jack Teagarden
Bird – Charlie Parker
Brownie – Clifford Brown
Brute – Ben Webster
Bunny – Bernard Berigan
Butter – Quentin Jackson
Butter – Bob Burgess
Cannonball – Julian Adderley
Cleanhead – Eddie Vinson
Coop – Bob Cooper
Cornbread – Hal Singer
Count – William Basie
Count – Conte Candoli
Dean – Ben Pollack
Deedles – Diane Schuur
Diz(zy) – John Birks Gillespie
Duke – Edward Kennedy Ellington
Earl – Kenneth Hines
Elder – Thad Jones
Fat Girl – Theodore Navarro
Fathead – David Newman
Fatha – Kenneth »Earl« Hines
Fats – Theodore Navarro
Fats – Thomas Waller
Gator – Willis Jackson
Gopher – Conrad Gozzo
Hamp – Lionel Hampton
Hamp – Hampton Hawes
Hawk – Coleman Hawkins
Hipster – Harry Gibson
Honeybear – Gene Sedric
Jeru – Gerry Mulligan
Jug – Gene Ammons
Kid – Illinois Jacquet
Klook – Kenny Clarke
Lad – Jimmy Dorsey
Lady Day – Billie Holiday
Little Bird – Jimmy Heath
Little Jazz – Roy Eldridge
Little T – Charlie Teagarden
Lockjaw, Jaws – Eddie Davis
Mac – Tommy Dorsey
Matty – Julian Matlock
Mex – Paul Gonsalves
Mr. Five by Five – Jimmy Rushing
Mule – Major Holley
Newk – Sonny Rollins
Notes – Richard Williams
Peanuts – Michael Hucko
Perk – Bill Perkins
Pops – Louis Armstrong
Pops – Paul Whiteman
Pootman – Joe Newman
Pres (President) – Lester Young
Puddinghead – Edgar Battle
Q – Quincy Jones
Rabbitt – Johnny Hodges
Red – Henry Allen
Sassy – Sarah Vaughan
Satchmo (Satchelmouth) – Louis Armstrong
Smack – Fletcher Henderson
Spike – Glen Gray
Splanky – Count Basie
Streamline – John Ewing
Swee' Pea – Billy Strayhorn
Sweets – Harry Edison
The Man – Stan Kenton
The Man – Sam Taylor

Trane – John Coltrane
Tricky – Lawrence Lofton
Tricky Sam – Joe Nanton
20th Century Gabriel – Erskine Hawkins
The Velvet Fog – Mel Tormé

Spotts, Roger Hamilton, (comp, ts, p), * 29.6.1928 Cincinnati, Ohio. Studierte an der Central State University, Wilberforce, Ohio, 1947–51. Schrieb für Army-Bands, spielte 1953 bei Al Grey, dann mit Buddy Hiles' Big Band (zusammen mit Slide Hampton, Buddy Montgomery). Seit 1955 in Calif. Schrieb arr u. a. für die »Dizzy Atmosphere«-LP (Specialty), für Count Basie, Ray Charles, Dizzy Gillespie, Lionel Hampton, Gerald Wilson. Z. Zt. Musical Director für Zola Taylor & Her Platters, leitet daneben Rehearsal-Big Band, damit LP auf Sea Pea Records, dem Label von Curtis Peagler (as, * 17.9.1934, † 19.12.1992).

Spyro Gyra, 1975 in Buffalo, N. Y., von Jay Beckenstein (sax) und Jeremy Wall (p) gegründete Fusion-Gruppe. Ursprünglich eine Studio-Band, daraus wurde nach dem Erfolg des Albums »Morning Dance« (MCA) auch eine »Touring Band«. Mitglieder des Septetts sind u. a. Tom Schumann (keyb), Jim Kurzdorfer (b), Mark Quinones (perc); für Schallplattenaufnahmen wurden u. a. auch Randy Brecker (tp) und Dave Samuels (vib) verpflichtet.
CD: Collection, MCD 09642

Stacy, Jess Alexandria, (p), * 4.8. 1904 Girardeau, Mo. Erste Jobs auf Flußbooten 1920–22, ging dann nach Chicago, spielte in Tanzorchestern und im Kreis der → Chicagoans wie Muggsy Spanier, Frank Teschemacher. Wurde bekannt bei Benny Goodman 1935–39. Sein Solo in »Sing, Sing, Sing« (Carnegie-Hall-Konzert, 16.1.1938) ist vorbildlich für seinen zwischen Earl Hines und Teddy Wilson angesiedelten Stil. War 1939–42 bei Bob Crosby, 1943 wieder bei Benny Goodman, leitete kurze Zeit eigene Big Band, trat mit seiner Frau → Lee Wiley auf, arbeitete seit den 50er Jahren nicht mehr als professioneller Musiker. Erst in den 70er Jahren spielte er wieder öffentlich und nahm eine LP auf. – Schallplatten mit Danny Altier, Paul Mares, Gene Krupa, Benny Goodman, Lionel Hampton, Bob Crosby, Harry James, Jack Teagarden, Bud Freeman, Eddie Condon, Ziggy Elman, Buddy Clark, Willie »The Lion« Smith, Metronome All Stars, George Wettling, Red McKenzie, Maxwell Davis, Tommy Dorsey; als Leader ab 1935 für Parlophone, Variety, Commodore, RCA, Capitol, Columbia, Brunswick, Omega, Atlantic, Hanover, Chiaroscuro.
Film: The Great Gatsby
Lit.: K. Keller, Oh, Jess, The J. S. Story, N. Y. 1989
LP: Tribute to Goodman, Atl. 90664-1
CD: Blue Notion, Solo Art SA 90

Stahl, Dave, David, (tp), * 23.1.1949 Reading, Pa. Der High-Note-Spezialist hat mit fast allen wichtigen Big Bands gespielt, so Count Basie, Woody Herman, Buddy Rich sowie in den Begleitorch. von Frank Sinatra, Liza Minelli, Tony Bennett, Ella Fitzgerald, Mel Tormé, Sarah Vaughan etc. – Schallplatten mit Count Basie, Buddy Rich, Woody Herman, »Third Stream«, Eddie Vinson; mit eigener Big Band auf eigenem Label »Abee Cake Records«.

Stamm, Marvin, (tp), * 23.5.1939 Memphis, Tenn. Studierte 1957–61 an der North Texas State Univ., spielte dort in der Lab Band und hatte ersten Job bei → Buddy Morrow. Spielte dann bei → Stan Kenton, arbeitete 1962–64 als Studiomusiker und ging dann bis 1966 zu → Woody Herman. Ließ sich in N. Y. nieder, arbeitete als Studio-Musiker mit u. a. Quincy Jones, Oliver Nelson, spielte in der Thad Jones – Mel Lewis-Big Band, bei Michel Legrand, Benny Goodman, Frank Sinatra und – ab 1984 – in der Big Band von Bob Mintzer. Er ist auch Gründungsmitglied des → American Jazz Orchestra. – Schallplatten mit Stan Kenton, Woody Herman, Thad Jones – Mel Lewis, Jim Pugh, Gerry Mulligan, Bob Mintzer, George Gruntz, Oliver Nelson, Charlie Mariano, Pat Williams, Freddie Hubbard, Glenn Miller Orch., Louis Bellson, NTSU Lab Band, Chico O'Farrill, Olatunji u. a.; als Leader für Verve, Palo Alto und Musicmasters.

CD: Bop Boy, Musicmasters 65065-2

Standard, ein immer wieder als Improvisationsvorlage gebrauchter Song, meist aus der populären Musik (→ Evergreen), z. B. »I Got Rhythm« (George Gershwin), »Ain't Misbehavin'« (Fats Waller), »Blue Skies« (Irving Berlin), »Cherokee« (Ray Noble). Bekannte Jazz-Standards sind: »'Round Midnight« (Thelonious Monk), »All Blues« (Miles Davis), »Anthropology« (Charlie Parker).

Starr, Kay, Katherine LaVerne Starks, (voc), * 21.7.1922 Dougherty, Okla. Wurde von Joe Venuti entdeckt, sang in dessen Band, bei Bob Crosby (1939), Charlie Barnet (1943–45, »Share Croppin' Blues«), trat anschließend als Solistin auf, hatte eine Reihe von kommerziellen Hits, worüber vergessen wurde, daß sie eine der besten weißen Jazz-Sängerinnen ist, mit deutlichen Basie-Einflüssen (Helen Humes, Jimmy Rushing). Nahm einige exzellente Schallplatten auf, z. B. mit den Crystalette All Stars (Barney Bigard, Willie Smith), für → Capitol (»I Cry by Night«, mit Ben Webster) und noch 1974 für → GNP (mit Blue Mitchell u. Georgie Auld). – Schallplatten mit Glenn Miller, Joe Venuti, Ben Pollack, Wingy Manone, Red Nichols; unter ihrem Namen für Jewell, Crystalette, Modern, Capitol*, RCA, GNP, ABC-Paramount.

»I was brought up to be a Jazz-singer but I never could make any money doing that.« (K. S.)

*CD: Movin', Jasmine 307**

Stash Records, N. Y., 1979 von Bernard Brightman gegründet, traditioneller u. moderner Jazz, u. a. Panama Francis, Mary Osborne, Jack Walrath, Charlie Persip – Gerry LaFurn, Buck Clayton, Michael Hashim. Außerdem Wieder- und Erstveröffentlichungen historischer Aufnahmen, Konzept-CDs (»Women in Jazz«) auf den Sub-Labels Jass und Vintage Jazz.

Staton, Dakota, (voc), * 3.6.1932 Pittsburgh, Pa. Studierte Gesang an der Filion School in Pittsburgh, hatte ersten Job in der Band ihres Bruders. Wurde zu Beginn der 50er Jahre zu einer Attraktion in Nachtklubs; »Down Beat« wählte sie 1955 zur vielversprechendsten neuen Sängerin, inspiriert von Dinah Washington u. Sarah Vaughan. – Schallplatten ab 1954 für Capitol (»Time to Swing«), United Artists, EMI, Verve, Groove Merchant, G. P. und Muse.
CD: Muse 5401

Steeplechase Records, Kopenhagen, 1974 von Nils Winter gegründet; moderner und zeitgenössischer Jazz. LPs von Dexter Gordon, Duke Jordan, Tete Montoliu, Buck Hill, Kenny Drew, Horace Parlan, Jackie McLeab, Andrew Hill, Anthony Braxton, Jimmy und Doug Raney ...

Steig, Jeremy, (fl), * 23.9.1942 N. Y. Sohn des Cartoonisten William Steig. Begann mit sechs Jahren auf der Blockflöte, studierte ab elf Jahren Querflöte. Begann 1961 bei Paul Bley und Gary Peacock, 1966–67 mit Jazz-Rock-Gruppe Begleitung von Tim Hardin. Als Folge eines Motorradunfalles halbseitige Gesichtslähmung, erlernte nach langer Krankheit neue Technik mit Spezialmundstück. Leitete in den 60er Jahren die Gruppe »Jeremy & The Satyrs«, kehrte in den 70er Jahren zum Jazz zurück. Trat seitdem oft in Europa auf, u. a. mit Association P. C. S. ist ein Virtuose der gesamten Flötenfamilie, von Piccolo bis Baß, unter Einbeziehung von Elektronik wie Echoplex, Ringmodulator, Octave Divider u. a. – Schallplatten mit Bill Evans, Richie Havens, Jones – Lewis Big Band, Eddie Palmieri, Jan Hammer, Association P. C., Ray Mantilla, Tom Lellis, Karl Ratzer, Richie Beirach, Christoph Spendel, Danny Gottlieb, Leeann Ladgerwood; eigene Aufnahmen für Columbia, Reprise, Solid State, Blue Note, Capitol, Atlantic, CTI, Enja, CMP, Denon.
CD: Outlaws, Enja 2098; Something Else, Denon 8512

Steps Ahead, 1982 gegründete Fusion-Gruppe, ursprünglich bestehend aus → Mike Mainieri, → Michael Brecker, Eliane Elias (keyb, p), → Eddie Gomez, → Peter Erskine. Spätere Mitglieder u. a. Steve Khan (g), Tony Levin (b), Steve Smith (d). LPs auf Elektra Musician, Nippon Columbia, WEA, Intuition und N. Y. C. Records.

Steward, Herbie, Herbert, (as, ts, cl, bar), * 7.5.1926 L. A. Begann 1942 bei Bob Chester, spielte dann mit Barney Bigard, Freddie Slack, Artie Shaw (1945–46), Alvino Rey, Butch Stone und Gene Roland. War 1947 einer der Original → Four Brothers bei Woody Herman, blieb aber nur drei Monate in der Band. 1948 bei Red Norvo, 1949 nochmals Artie Shaw, ab 1950 bei Tommy Dorsey, Claude Thornhill, Elliot Lawrence, Harry James. Spielte dann meist in Show-Orchestern in Las Vegas, z. B. im Al Johns Orch. Lebt seit 1970 in San Francisco, tritt gelegentlich auf Festivals auf (Chicago 1986, Northsea 1987). Obwohl er meist Lead-Alto in Big Bands spielte, ist er einer der ersten »Cool«-Tenoristen der

Lester-Young-Schule. – Schallplatten mit Artie Shaw (»The Hornet«), Four Brothers (RCA), Barney Kessel, George Handy, Ralph Burns, Woody Herman, Harry James, Buddy Childers, Luis Arcaraz, Alvino Rey, Red Norvo, Johnny Mandel, Stan Kenton, Elliot Lawrence, Dave Howard u. a.; als Leader für Roost u. Ava*.
*CD: One Brother, Orig. Master Rec. 884**

Stewart, Bob, (tp, tuba) * 3.2.1945 Sioux Falls, South Dakota. Mit dunklen, in die Länge gezogenen Tubasounds verwies S. 1977 im Trio des Altsaxophonisten Arthur Blythe »Back to the Roots«. Die heißen Kollektivimprovisationen und die Fröhlichkeit des New Orleans Jazz hielten einen triumphalen Einzug in die Avantgarde. Schon 1971 hatte S. sowohl Aufnahmen mit dem Bassisten Charles Mingus als auch mit dem Popmusiker Taj Mahal realisiert. Mitte der 70er Jahre war er für einige Zeit im Gil Evans Orchestra. Seine phantasievollen Beiträge finden sich auch bei Carla Bley, Bill Frisell, Gunter Hampel, Globe Unity Orchestra, Lester Bowies Brass Fantasy u. a. (G. F.)
CD: Bob Stewart First Line Band, Goin' Home, JMT 834427 2

Stewart, Louis, (g), * 5.1.1944 Waterford, Irland. Begann seine Profi-Laufbahn Mitte der 60er Jahre in Dublin, spielte mit dem Jim-Dougherty-Quartett 1968, dann in England bei → Tubby Hayes, war mit Benny Goodman auf Europatournee und von 1975–79 bei Ronnie Scott, auch Europatourneen mit George Shearing u. N. H. Ørsted-Pederson. Lebt in Dublin. – Schallplatten mit Tubby Hayes, Benny Goodman, George Shearing, Sam Jones, Peter Ind, Spike Robinson, John Wadham, Clark Terry, Heiner Franz.
CD: Winter Song, Jardis 9005

Stewart, Rex William, (cnt, comp), * 22.2.1907 Philadelphia, Pa., † 7.9. 1967 L. A. Wuchs in Washington, D. C., auf, hatte erste Jobs in Vaudeville-Shows, ging 1921 nach N. Y., spielte in diversen Clubs und ab 1924 bei Elmer Snowden. Bei Fletcher Henderson 1926–31, zwischendurch auch zwei Jahre bei Horace Henderson u. McKinney's Cotton Pickers. Hatte zwei Jahre eigene Band, war kurz bei Luis Russell und dann von 1934–44 bei → Duke Ellington. Hatte dann wieder eigene Bands, war damit in Europa u. Australien. Arbeitete als Diskjockey und Schriftsteller, organisierte 1956 eine Fletcher-Henderson-Memorial-Band und trat mit ihr beim Great South Bay Festival auf. Spielte auch mit Eddie Condon, Benny Carter und Gil Fuller.
S. war einer der originellsten Kornettisten des Jazz. Seine »Halve-valve«-Technik (d. h., die Ventile werden nur teilweise heruntergedrückt) wußte Ellington geschickt auszunutzen (z. B. »Boy Meets Horn«), »Trumpet in Spades«). – Schallplatten mit Fletcher Henderson, Monette Moore, Rosa Henderson, Chocolate Dandies, McKinney's Cotton Pickers, Luis Russell, Duke Ellington, Barney Bigard, Timme Rosen-

krantz, Lionel Hampton, Django Reinhardt, Jack Teagarden, Sonny Greer, Cozy Cole, Metronome All Stars, Will Bradley, Eddie Condon, Sidney Bechet, Henri Chaix u. a.; unter seinem Namen für Vocalion, Variety, Swing, HRS, Bluebird, Keynote, Capitol, Mercury, Jazz Star, Cupol, Blue Star, Barclay, Amiga, Pacific, Wilco, Jazzart, Swaggie, Jazztone*, Grand Award, Felsted, United Artists, Warner Bros., Design, Prestige**, Vogue.

Lit.: R. S., Jazz Masters of the 30s, N. Y. 1982²; Boy Meets Horn, East Lansing 1990

CD: Big Reunion, Fresh Sound 44; R. S. & The Ellingtonians, OJC 1710***

Stewart, Slam, Leroy Elliott, (b, voc), * 21.9.1914 Englewood, N. J., † 9.12.1987 N. Y. Studierte in Newark bei Sonny Marshall und am Konservatorium in Boston. Erster wichtiger Job bei Peanuts Holland 1936 in Buffalo. 1937 Gruppe mit Slim Gaillard (»Slim & Slam«), hatte einen Hit mit »The Flat Foot Floogie«. 1942 mußte Gaillard in die Army, Stewart spielte 1943–44 mit Art Tatum und 1944–45 bei Benny Goodman. Gründete dann eigenes Trio (zeitweise mit Erroll Garner bzw. Billy Taylor [p]), in den 50er Jahren mit Beryl Booker, Rose Murphy (1956–65), war mehrmals in Europa mit eigenen Gruppen, auch mit Benny Goodman 1973/74, Jo Jones, Milt Buckner. Lehrtätigkeit an der N. Y. State Univ. und der Yale Univ.

S. gehört zu den großen Bassisten der Swing-Ära. Seine Technik, den Baß zu streichen und eine Oktave höher dazu zu summen, machte ihn als Solist unverwechselbar, obendrein gibt er einen originellen Beitrag zum Thema »Humor im Jazz«. – Schallplatten mit Slim & Slam, Una Mae Carlisle, Johnny Guarnieri, Art Tatum, Coleman Hawkins, Buck Clayton, Rubberlegs Williams/Herbie Fields, Dizzy Gillespie, Dardanelle, Benny Goodman, Hot Lips Page, Walter Thomas, Trummy Young, Cozy Cole, Erroll Garner, Lionel Hampton, Don Byas, Milt Buckner, Red Norvo, Stéphane Grappelli, Newport All Stars u. a.; als Leader für Savoy, Continental, Manor, Arista, Musicraft, Back & Blue, Delos, Slamco.

CD: Shut Yo' Mouth, Delos 1024-2

Stitt, Sonny, Edward, (as, ts, bar), * 2.2.1924 Boston, † 22.7.1982 Boston. Studierte Klavier, wechselte aber zu Alt-Sax und Klarinette. War 1943–44 mit Tiny Bradshaw auf Tournee, traf in dieser Zeit → Charlie Parker, mit dessen Spielweise er eine verblüffende Ähnlichkeit hat, obwohl er sie unabhängig von diesem gefunden zu haben behauptete. Um der Diskussion darüber zu entgehen, spielte er einige Jahre nur Tenor, kehrte aber nach Parkers Tod zum Alt zurück. Leitete Combo mit Gene Ammons, ab 1953 eigene Gruppe, spielte auch mit JatP, Dizzy Gillespie (1958), Miles Davis (1960–61), den Giants of Jazz (1971–72).

S., der einige Jahre mit Drogenproblemen zu kämpfen hatte, war sicher kein so origineller Stilist wie Charlie Parker (oder Lester Young, dem Vorbild für sein Tenorspiel), er

gehört dennoch zu den großen Individualisten des Jazz, der in der richtigen Umgebung Wichtiges beizutragen hatte. – Schallplatten mit Tiny Bradshaw, Kenny Clarke, Bebop Boys, Dizzy Gillespie, Stan Getz, Roy Eldridge, Gene Ammons, Eddie Davis, Oscar Peterson, Jo Jones, Bud Powell, Billy Eckstine, Fats Navarro, J. J. Johnson, Joe Turner, Kenny Dorham, Hank Jones, Kenny Drew, Red Holloway, Zimbo Trio u. a.; als Leader für Savoy, Galaxy, Prestige*, Roost, Verve, Argo, Jazzland, Atlantic, Pacific Jazz, Impulse, Cadet, Colpix, Roulette, Solid State, Delmark, Cobblestone, Muse, Paula, Jazz Masters, Catalyst, Sonet, Flying Dutchman, Denon, Black Lion, Blackhawk, Progressive.
Lit.: D. Salemann u. a., Sonny Stitt, Basel 1986
*CD: S. S. & The Top Brass, Atlantic 82274-2; Last Session, Muse 600615; OJCCD 009**

Stock-Arrangement (engl.: stock = Vorrat), ein veröffentlichtes (gedrucktes) → Arrangement), welches in Musikgeschäften zu kaufen ist und damit von jeder Band gespielt werden kann. Solche S. waren in den 20er Jahren allgemein üblich, ehe man dazu überging, für jedes Orchester individuelle Arrangements zu schreiben oder schreiben zu lassen, vor allem in den Orchestern von → Fletcher Henderson, → Duke Ellington und → Paul Whiteman. Ein bekannter Schreiber von S. war Arthur Lange, der darüber auch ein Lehrbuch veröffentlichte und dessen Arbeiten von vielen, auch farbigen Bands, gespielt wurden, z. T. mit Variationen wie eingebauten Soli etc.
Lit.: A Lange, Arranging for the Modern Dance Orchestra, N. Y. 1926

Stomp, afro-amerikanischer Tanz mit einem spezifischen rhythmischen Ablauf, später eine melodisch-rhythmische Technik im traditionellen Jazz, wo eine Rhythmus-Formel (stomp-pattern) einer fortlaufenden Melodie unterlegt ist. Viele solcher Themen mit einem stark markierten Beat in schnellem Tempo nennen sich ausdrücklich S., z. B. King Porter Stomp, Mahogany Hal Stomp, Washboard Stomp, Blue Clarinet Stomp.

Stop Chorus → Stop Time

Stop-Time, im Jazz eine rhythmische Technik, die im plötzlichen Aufhören des Beat besteht, d. h. ein Schweigen der Rhythmusgruppe, während ein Instrument weiterspielt, meist in Form von → Breaks. Mehrere aneinandergereihte Stops bilden den Stop-chorus. Beispiele: Louis Armstrongs »Potato Head Blues« (1927) und Sonny Rollins' »I Know That You Know« (mit Dizzy Gillespie, Verve).

Storyville, das Vergnügungsviertel von → New Orleans, so genannt nach dem Ratsherrn Sidney Story, der 1897 vorschlug, die Prostitution auf ein Stadtviertel zu beschränken, um sie besser unter Kontrolle halten zu können. Auch »Red Light District« genannt nach den roten Laternen an den einschlägigen Häusern. In den Etablissements – 1910 gab es ca. 200 – fanden viele Jazz-Musiker Arbeit bis 1917, als das Kriegsministerium die Prostitution verbot und S. geschlossen wurde, was einer der Gründe für die Abwanderung vieler Musiker nach dem Norden war. Solche Viertel hat jede Großstadt, z. B. New York (»Tenderloin«), Chicago (»Levee«), San Francisco (»Barbary Coast«).

Lit.: Al Rose, Storyville – New Orleans, A History of the Distruit, Univ. of Alabama Press 1974

Storyville Records, 1952 von Karl Emil Knudsen in Kopenhagen gegründet, im Vertrieb von Sonet Records, ist das größe skandinavische Jazz-Label. Ursprünglich dem Blues und dem traditionellen Jazz gewidmet (Ken Colyer, Chris Barber), wurde das Repertoire später durch moderne Musiker erweitert: Lee Konitz, Warne Marsh, Bud Powell, John Tchicai, James Spaulding u. a. Zu den internationalen Namen im Katalog gehören u. a. Jack Dupree, Sunnyland Slim, Earl Hines, Ed Hall, Wild Bill Davison, Sammy Price, Eddie »Lockjaw« Davis, Teddy Wilson, Roland Hanna, Ernie Wilkins.

Straight (engl.: gerade, direkt), eine Melodie streng nach Noten spielen ohne Variation oder Improvisation. Kommt im Jazz kaum vor, da diese seinem Wesen entgegengesetzt ist. Ein Straight-Solo, d. h. ein Solo, welches der Solist vom Blatt zu spielen hat, ist gelegentlich bei Big-Band-Arrangements, besonders als Einleitung, zu finden.

Strata East Records, New York, das Label des Pianisten Stanley Cowell und des Trompeters Charles Tolliver, gegründet 1974. LPs u. a. von Stanley Cowell, Charles Tolliver, Heath Brothers, Sonny Stitt u. a.

Strayhorn, Billy, William, (p, comp), * 29.11.1915 Dayton, Ohio, † 31.5. 1967 N. Y. Wuchs in Pittsburgh auf, finanzierte seine Klavierstunden durch Auftritte in Clubs, spielte 1939 in der ersten Band von → Mercer Ellington, beeindruckte → Duke Ellington durch seine Komposition »Lush Life« und wurde von diesem als Arrangeur angeheuert, zunächst um die Pop-Songs zu orchestrieren. Erwies sich aber bald als solches Talent mit Kompositionen wie »Chelsea Bridge«, »Day Dream« u. »Take the A Train«, daß seine Aufgaben weit darüber hinaus gingen. Er schrieb für die Small-group-Sessions, ersetzte den Duke hin und wieder am Klavier und arbeitete mit diesem so eng zusammen, daß etwa ab 1945 beider Werke nicht mehr zu unterscheiden sind. Er leitete eine zweite Ellington-Band für die Show »My People« (1963) und nahm Schallplatten auf mit der Ellington-Band unter seinem Namen (»Duke's in Bed«) oder mit Ellington-Sidemen für Roulette, Felsted, Verve und WRC, Duette mit Ellington für Mercer (R.: OJC 108); außerdem mit Johnny Hodges, Clark Terry, Barney Bigard, Al Hibbler, Ben Webster, Louis Bellson.

CD: Cue for Saxophone, Limelight; Duke Ellington, ... And His Mother Called Him Bill, Bluebird ND86287; Lush Life, Red Baron AK52760

Strazzeri, Frank, (p), * 24.4.1930 Rochester, N. Y. Begann mit 15 Jahren Klavier zu spielen und studierte

an der Eastman School of Music. Spielte dann mit so unterschiedlichen Musikern wie Sharkey Bonano, Charlie Ventura, Terry Gibbs, Red Mitchell, Curtis Amy, Art Pepper, Benny Goodman, Buddy DeFranco u. a. Ließ sich an der Westküste nieder, arbeitet als Studiomusiker und in TV-Show, schrieb Arrangements für Les Brown, Louis Bellson, Cal Tjader, Kai Winding, Bill Perkins. Der Mainstream- u. Hardbop-Stilist kann als weißes Pendant zu Kenny Drew oder Tommy Flanagan angesehen werden. – Schallplatten mit Art Pepper, Bill Perkins, Chet Baker, Louis Bellson, Red Mitchell, Tal Farlow, Terry Gibbs, Tricky Lofton, Jo Ann Strazzeri, Steve Wolfe, Bob Summers, Dianne Reeves u. a.; als Leader für Revelation, Glendale, Sea Breeze, Catalyst, Discovery, Fresh Sound u. Jazz Mark.
CD: I Remember You, Fresh Sound 123

Street Band (Marching Band), Straßenkapelle der Schwarzen als Nachahmung der Militärorchester. Entstanden in der zweiten Hälfte des 19. Jh. Die Musik dieser Bands bildet die nächste Entwicklungsstufe gegenüber den Urformen des Jazz. Das Repertoire bestand aus Märschen, Spirituals, Tagesschlagern, aber auch Ragtimes und später Blues.
(→ Archaischer Jazz, → Brass Band)

Stride, Stride-Piano, eine Klavierspielweise im traditionellen Jazz, deren Wurzeln im → Ragtime zu finden sind, wobei die linke Hand regelmäßig zwischen Baßton und Akkord abwechselt. Berühmte S.-Pianisten waren → James P. Johnson, → Fats Waller, Luckey Roberts. Die Tradition wurde von → Johnny Guarnieri und Ralph Sutton fortgesetzt.
CD: Stride Piano Summit, Milestone 9189-2

Strings (Streicher), im Plural gebrauchter Begriff, der die Verwendung von Streichersätzen, bestehend aus Violinen, Violen und Celli, meint. Der erste Jazz-Musiker, der S. einsetzte, war → Artie Shaw, der 1936 ein Streichquartett in eine Swingband integrierte und 1940 einen zwölf- bis zwanzigköpfigen Streichersatz beschäftigte, was dann von anderen Bands nachgeahmt wurde, so Tommy Dorsey, Harry James, Gene Krupa, Glenn Miller (AAFB). In der Folgezeit haben viele Jazz-Musiker Versuche mit S. unternommen, u. a. Dizzy Gillespie, Charlie Parker, Duke Ellington, Keith Jarrett, McCoy Tyner, Pat Williams, Jack Walrath. Umgekehrt versuchen sich »klassische« Streichquartette im Jazz, z. T. durchaus mit Erfolg, so z. B. das Kronos Quartet, Uptown String Quartet, Green String Quartet, Turtle Island St. Q.
LP/CD: Stan Getz/Eddie Sauter, Focus, Verve; Kronos Quartet, Monk Suite, Landmark; Bud Shank & Roumanis String Quartet, Capri

Stubblefield, John, (ts, fl), * 4.2.1945 Little Rock, Ark. Erste Jobs im Vaudeville, begann 1960 in R&B-Bands zu spielen (Jackie Wilson, Marvin Gaye), studierte an der Univ. of Arkansas und arbeitete in Chicago, wurde dort Mitglied der →

AACM. Ging 1971 nach N. Y. in den Kreis um → John Coltrane und → Pharoah Sanders, arbeitete mit Kenny Dorham, Mary Lou Williams, Kenny Barron u. a. Spielt seitdem meist mit eigenen Gruppen. Der vielseitige S. nennt → Don Byas und → Wayne Marsh als geistige Väter. – Schallplatten mit Dollar Brand, Harvie Swartz, Jerry Gonzales, Billy Hart, Victor Lewis, Kenny Barron, Louis Hayes, Nat Adderley, Steve Nelson u. a.; als Leader für Enja, Storyville und Soul Note.* (→ World Saxophone Quartet)
CD: Countin' on the Blues, Enja 5051-2

Suite (frz.: Folge), eine zyklische Folge von Tanzsätzen in gleicher Tonart, zu Beginn des 17. Jh. entwickelt mit der für die Barockzeit gültigen Satzfolge Allemande, Courante, Sarabande, Gigue (Rameau, Couperin, Lully). Seit der Romantik hat die S. einen programmatischen Charakter und ist oft eine Zusammenstellung von Stücken einer Schauspielmusik oder eines Balletts. In dieser Form auch im Jazz verwendet, vor allem von → Duke Ellington, der eine Reihe von S. schrieb. Die wichtigsten sind: »Black, Brown and Beige«, »Liberian Suite«, »Such Sweet Thunder«, »New Orleans Suite« sowie seine Bearbeitungen von Griegs »Peer Gynt« und Tschaikowskis »Nußknacker-Suite«.
LP/CD: D. Ellington, Carnegie Hall Concert 1943 (u. a. »Black, Brown and Beige«), Prestige; New Orleans Suite, Atlantic; C. Basie, Kansas City Suite (comp Benny Carter), Roulette

Sulieman, Idrees Dawud, Leonard Graham, (tp, as), * 27.8.1923 St. Petersburg, Fla. Studierte am Bostoner Konservatorium, erste Erfahrungen bei den Carolina Cotton Pickers, dann bei Benny Carter, Tommy Reynolds, Cab Calloway, Illinois Jacquet, Earl Hines, Erskine Hawkins und Dizzy Gillespie. War Teil der Bebop-Bewegung um Thelonious Monk und Mary Lou Williams, spielte in den 50er Jahren mit Coleman Hawkins und ließ sich 1960 in Europa nieder (Stockholm, Kopenhagen), spielte mit Bud Powell, Don Byas, Dexter Gordon, der → CBBB und der dänischen Radio Big Band, ab 1962 auch Alt-Sax. – Schallplatten mit Thelonious Monk, Friedrich Gulda, Mal Waldron, Joe Holiday, Gene Ammons, André Hodeir, Jerry Valentine, Randy Weston, Teddy Charles, Coleman Hawkins, Art Blakey, Benny Carter, Dexter Gordon, CBBB, Ernie Wilkins, Ella Fitzgerald, Eric Dolphy, Max Roach, Tadd Dameron, Lester Young u. a.; als Leader für EMI-Col. und Steeplechase.
CD: Groovin', Steeplechase 1218

Sullivan, Ira Brevard, (tp, flh, saxes, fl, comp), * 1.5.1931 Washington, D. C. Lernte Trompete vom Vater, Saxophon von der Mutter, spielte in der Haus-Band des Chicagoer Bee-Hive-Club mit u. a. Sonny Stitt, Wardell Gray, Lester Young, Charlie Parker, Bill Russo u. a., 1956 kurz bei Art Blakey. Zog in den frühen 60er Jahren nach Florida, spielte mit eigenen Gruppen und der Big Band »Baker's Dozen«. Ging in den 70er Jahren nach N. Y. und gründete eine Gruppe mit → Red Rodney. Der Be-

bop-Musiker hat in späteren Jahren Elemente von John Coltrane in seine Musik einbezogen. – Schallplatten mit Art Blakey, Roland Kirk, J. R. Monterose, Red Rodney, Jim Cooper, Philly Joe Jones, Eddie Harris, Lin Halliday u. a.; als Leader für ABC-Paramount, Delmark, Stash, Vee-Jay, Atlantic, Horizon, Galaxy, Muse, Strings Attached.
LP: Multimedia, Galaxy 5137

Sullivan, Joe, Joseph Michael, (p, comp), * 4.11.1906 Chicago, † 13.10. 1970 San Francisco. Studierte am Konservatorium in Chicago, geriet bald in den Kreis der → Chicagoans und spielte mit Eddie Condon, Frank Teschemacher, Pee Wee Russell, Muggsy Spanier, Gene Krupa u. a., auch in Tanzorchestern wie Russ Colombo, Louis Panico, Coon – Sanders u. a., auch als Begleiter von Bing Crosby 1933–37. Ging in diesem Jahr zu → Bob Crosby, mußte aber dann wegen Krankheit pausieren, leitete Combo 1939 (mit Ed Hall). In den 40er Jahren meist als Solo-Pianist, 1952 kurz bei Louis Armstrong, geriet dann in Vergessenheit und hatte erst 1963 beim Newport Festival ein Comeback.
S. war ein vielseitiger Pianist der Chicago-Schule, er komponierte »Little Rock Getaway« (in den 60er Jahren von Mulligan und Brubeck aufgenommen) und den »Gin Mill Blues«. – Schallplatten mit Red McKenzie, Miff Mole, Eddie Condon, Louis Armstrong, Louisiana Rhythm Kings, Benny Goodman, Red Nichols, Joe Venuti, Billie Holiday, Ray McKinley, Bob und Bing Crosby, Varsity Seven, Jack Teagarden, Capitol Jazzmen, Stella Brooks, Doc Evans, Bud Freeman, Max Kaminsky, Albert Nicholas; unter seinem Namen ab 1933 für Columbia, Brunswick, Vocalion/Okeh, Commodore, Capitol, Folkways, Sunset, Disc, Riverside, Epic, Down Home.
LP: Storyville 4028

Sullivan, Maxine, eigentl. Marietta Williams, (voc, vtb), * 13.5.1911 Homestead, Pittsburgh, † 1987. Wurde von Gladys Mosier, der Pianistin in der Band von Ina Ray Hutton, entdeckt und Claude Thornhill empfohlen, der ihre erste Platten-Session arrangierte. Hatte einen Hit mit »Loch Lomond«, sang bis 1941 mit der Band von → John Kirby (mit dem sie fünf Jahre verheiratet war) im Onyx Club. Trat dann als Solistin auf, lernte Ventilposaune, war in den 60er Jahren als Krankenschwester tätig, trat ab 1969 wieder regelmäßig auf. – Schallplatten mit John Kirby, Claude Thornhill, Benny Carter, Teddy Wilson, Scott Hamilton, Allegheny Jazz Quintet; unter ihrem Namen für Vocalion/Okeh, Victor, Columbia, Decca, Joe Davis, International, Period*, Monmouth Evergreen, Fat Cat's Jazz, Riff, Audio-Phile, Jazzology, World Jazz, Concord, Chiaroscuro, Kenneth, Stash.
*CD: Sings, Fresh Sound 178**

Sun Ra, Herman »Sonny« Blount, (p, keyb, comp), * ca. Mai 1914 Birmingham, Ala. Spielte in den späten 30er Jahren bei Fess Whatley, war 1946–47 bei Fletcher Henderson. Leitete eigenes Trio, vergrößerte es in den frühen 50er Jahren, dabei langjährige Sidemen wie John Gilmore (ts) und Pat Patrick (bar). Nannte sich nun Sun Ra und seine Band »Arkestra«, bezieht sich dabei auf den altägyptischen Sonnengott Ra. Tritt mit seiner Band in grellen Kostümierungen auf, benutzt Lightshows u. theatralische Aktionen, um seine »space music« zu verkaufen. Der Vorwurf der Scharlatanerie ist daher nicht weit, dennoch ist S. ein ernsthafter Musiker. In seinen frühen Aufnahmen von Hard-Bop beeinflußt, schrieb er Kompositionen, die an Thelonious Monk und Herbie Nichols erinnern, gehörte dann zu den Pionieren des → Free Jazz (vor Ornette Coleman und Cecil Taylor), entdeckte später den Synthesizer und Keyboards, von denen er gleich mehrere benutzt. In den 80er Jahren nahm er Kompositionen von Jelly Roll Morton, Fletcher Henderson und Duke Ellington in sein Repertoire auf, die durchaus traditionell gespielt werden. – Schallplatten etwa ab 1955 für sein Label Saturn, außerdem für Delmark, Transition, Savoy, ESP, Black Lion, Byg, Shandar, MPS, Thoth Intergalactic, Impulse (auch Saturn-R.), Blue Thumb, Atlantic, Black Saint, DIW, Hat Hut, A & M, Evidence, Enja; Duo-LP mit Walt Dickerson auf Steeplechase.

Lit.: H. Geerken, Sun Ra – Discographie, 1981

CD: Hours After, Black Saint 0111

Supersax, von → Med Flory und Buddy Clark (b) 1974 in L. A. gegründet, bestehend aus einem Sax-Satz (zwei as, zwei ts, bar) und Rhythmusgruppe plus tp oder tb, die Charlie-Parker-Soli in arrangierter Form nachspielt. Besetzung 1990: Med Flory, Lanny Morgan (as), Jay Migliori, Ray Reed (ts), Jack Nimitz (bar). Frühere Mitglieder u. a. Warne Marsh, Don Menza, Joe Lopes. Tp-Solist Conte Candoli, tb: Frank Rosolino/Carl Fontana. – Schallplatten für Capitol, MPS, CBS; mit Joe Williams auf Verve.

CD: Chasin' the Bird, MPS 821867-2

Ⓥ: Little Jazz LJV 501

Surman, John Douglas, (bar, sop, bcl, synth), * 30.8.1944 Tavistock, England. Wuchs in Plymouth auf, begann mit 14 Jahren Klarinette in Dixieland-Bands zu spielen. Studierte an der London Univ. und am London College of Music. Arbeitete in dieser Zeit mit Alexis Korner und Mike Westbrook, zwischen 1964–68 auch mit Mike Gibbs, Graham Collier, Chris McGregor, Dave Holland, John McLaughlin u. a. Ab 1969 eigenes Trio mit Barre Phillips (b) u. Stu Martin (d), 1973 folgte die Gruppe SOS mit → Alan Skidmore und Mike Osborne; mit Albert Mangelsdorff ergab dies die Gruppe »Mumps«. 1974–79 arbeitete er mit dem Carolyne Carlson Dance Theatre in Paris, 1979–82 im Quartett von Miroslav Vitus. 1984 folgte das Brass Project mit John Warren. S., der sich als »Eklektiker aus Prinzip« betrachtet, ist als Bariton-Solist die wohl eigenständigste Stimme des Neuen Jazz, der später leider zu häufig das Sopran und Synthesizer spielte. – Schallplatten mit Stan Tracey, Barre Phillips, Barry Altshul, John Mc-

Laughlin (»Extrapolation«), Mick Goodrick, Miroslav Vitous, Paul Bley, Mike Westbrook, Mike Gibbs, Karin Krog, Dave Holland, Albert Mangelsdorff; als Leader für Deram, Decca, JG, MPS, Futura, Dawn, Enja, Muza, Island, Pye, JGO, Ogun, ECM.
CD: Amazing Adventures of Simon Simon, ECM 1193

Sutton, Ralph Earl, (p), * 4.11.1922 Hamburg, Mo. Wurde von Jack Teagarden entdeckt und spielte drei Jahre in dessen Band, dann im Trio mit Albert Nicholas sowie acht Jahre in Eddie Condons Club. Spielte dann bei Bob Scobey und ab 1968 bei der → World's Greatest Jazz Band, zu deren Gründungsmitgliedern er gehört. In den 80er Jahren meist als Solist tätig. S. ist ein vorzüglicher → Stride-Pianist, der die Musik von Fats Waller und James P. Johnson am Leben erhält. – Schallplatten mit Bob Scobey, Wild Bill Davison, WGJB, Albert Nicholas, Bob Crosby, Eddie Condon, Ed Hall, Cliff Leeman; eigene Aufnahmen für Riverside, Down Home, Commodore, Columbia, Lyragon, Elite Special, Decca, Omega, Roulette, Solo, Blue Angel, Project 3, Riff, »77«, Chiaroscuro.
Lit.: J. D. Shacter, Piano Man, Chicago 1975
CD: Chiaroscuro 306

Swallow, Steve, Stephen, (b), * 4.10. 1940 N. Y. Lernte Klavier und Trompete, wechselte mit 18 Jahren zum Baß. Spielte 1960 bei Paul Bley, in den folgenden Jahren dann bei George Russell, Art Farmer, Jimmy Giuffre, 1965–67 bei Stan Getz, 1967–70 im Gary-Burton-Quartett. Zog sich dann für drei Jahre nach San Francisco zurück, spielte aber seitdem wieder häufig mit Burton, war auch auf Tournee mit Mike Gibbs und in den 80er Jahren mit John Scofield.
S. hat neben → Gary Peacock die Neuerungen von → Scott LaFaro aufgegriffen und für die 70er Jahre weiterentwickelt, d. h. auf den Elektrobaß übertragen. – Schallplatten mit Gary Burton (»Country Roads & Other Places«), George Russell, Steve Kuhn, Mike Gibbs, Paul Bley, Jimmy Giuffre, Art Farmer, Chick Corea, Don Ellis, Henri Texier, Jim Hall, John Scofield, Kip Hanrahan, Mike Mantler, Pete La Roca, Taj Mahal, Jazz Comp. Orch., Carla Bley, Abou-Khalil u. a.; als Leader für ECM und Watt.
CD: C. Blay, Watt Xtra/Watt 2

Sweet Band → Mickey-Mouse-Band

Swing (engl.: Schwung, schwingend), die dem Jazz eigene rhythmisch-dynamische »schwingende« Bewegungsform, die durch bestimmte Anwendung des → Off-beat entsteht. Der S. gehört neben → Improvisation und → Phrasierung (Tonbildung) zu den wichtigsten Elementen des Jazz. Daraus abgeleitet ist die Bezeichnung für den → Swing-Stil.
Lit.: C. Bohländer, Die Anatomie des Swing, Frankfurt 1986

Swing, Swing-Stil, ein Sammelbegriff für alle Stilarten, die zwischen 1925/30 entstanden und bis ca. 1945 vorherrschend waren. Dazu gehörten vor allem der → Kansas-City- und

der → Harlem-Stil. Insgesamt gilt er als Übergang vom traditionellen Jazz (→ New Orleans, Dixieland, Chicago) zum modernen Jazz, ist aber dennoch als eigenständiger Stil anzusehen.
Der Begriff »Swing« kommt erst um 1935 allgemein in Gebrauch, das Wort selbst erscheint erstmals bei Jelly Roll Mortons »Georgia Swing« (komponiert 1906!), dann wieder bei Duke Ellington: »It Don't Mean a Thing If it Ain't Got That Swing.« (1932)
Entstanden ist der Swing-Stil also aus dem Chicago-Stil sowie dem Kansas-City- und Harlem-Stil mit New York (Harlem) und Kansas City als wichtigsten Zentren. Er hat daher schwarze und weiße Ursprünge, ist also kein »weißer« Stil, wie oft angenommen wird.
Im engeren Sinn ist der Swing im Gegensatz zum traditionellen Jazz eine homophone, harmonisch ausgerichtete Musikform, während der Kansas-City- und Harlem-Jazz noch eine starke Bezogenheit zu den (schwarzen) Stilmitteln der älteren Spielweisen und des → Blues hatten. Das schon im Chicago-Stil begonnene Heraustreten des Solisten aus dem Kollekiv vollzieht sich im Swing endgültig.
Die Entwicklung der → Big Band mit 14 bis 16 (später noch mehr) Musikern bedingt das → Arrangement, das wiederum eine zunehmende Intellektualisierung zur Folge hat. Damit einher gehen die Tendenz zum Star-Solistentum, die Suche nach dem → Sound, die harmonische Komplizierung, die technische Perfektion (Satzarbeit) etc.
Die erste wichtige Big Band, in der sich die Entwicklung zum Swing beobachten läßt, war die von Fletcher Henderson (ab 1922). Don Redman war der Arrangeur, er leitete ab 1928 → McKinney's Cotton Pickers und in den 30er Jahren ein eigenes Orchester. → Fletcher Henderson, der erst zu arrangieren begann, als Redman ihn verließ, entwickelte sich zum bedeutendsten Arrangeur der Swing-Ära. Vor allem durch seine Arrangements und die einiger anderer farbiger Musiker wie Jimmy Mundy, Edgar Sampson und seinem Bruder Horace, wurde Benny Goodman zum »King of Swing«. Als erste weiße Big Band indes gilt das → Casa Loma Orch., dessen Arrangeur Gene Gifford vielfach von der → Riff-Technik Gebrauch machte. Nach dem Erfolg Goodmans, der im August 1935 im Palomar Ballroom in L. A. seinen Durchbruch hatte, bildeten sich zahlreiche weitere Bands. Die wichtigsten sind die von → Artie Shaw, → Woody Herman, → Jimmy und Tommy Dorsey (beide hatten schon in den 20er Jahren eine eigene Band), → Gene Krupa, → Les Brown u. a.
Von den farbigen Bands sind zu nennen → Duke Ellington, → Jimmie Lunceford, → Count Basie, → Chick Webb, → Cab Calloway, → Benny Carter, → Erskine Hawkins, → Earl Hines u. a.
Im Swing beginnt aber auch die kammermusikalische Tradition, beginnend mit dem Benny-Goodman-Trio bzw. Quartett bis Septett, dem John-

Kirby Sextett, dem Nat-King-Cole-Trio bis hin zu den Combos des modernen Jazz.

Mit dem Erfolg Goodmans begann die eigentlich Swing-Ära, d. h., die Akzeptanz dieser Musik durch einen großen Teil der Öffentlichkeit. Etliche schon seit Jahren existierende Bands paßten sich dem neuen Stil an, so die Dorseys, Cab Calloway, Benny Carter, Chick Webb und sogar Duke Ellington, der 1938 einen in dieser Hinsicht programmatischen Titel aufnahm: »Steppin' into Swing Society«. Aber schon wenige Jahre später hatte der Swing seinen Höhepunkt überschritten. Mit dem Kriegseintritt der USA 1941 begann das Ende der Big Bands und damit der Swing-Ära. Die allgemeine Wehrpflicht, die Erhöhung der Vergnügungssteuer, die Benzinrationierung, der → Recording Ban und schließlich der → Bebop führten zur Auflösung vieler Big Bands in den Jahren 1945–49. Nach 1945 mündete der Swing einerseits in die kommerzielle Tanzmusik, andererseits – ausgehend vom → Harlem-Jazz – in den → Rhythm & Blues und von dort in den Rock 'n' Roll. (→ Big Band)

Lit.: G. Schuller, The Swing Era, N. Y. 1989; G. T. Simon, The Big Bands, N. Y. 1981^{4}; M. Miller, Die zweite Akkulturation, in: Jazzforschung I, Wien 1969; S. Dance, The World of Swing, N. Y. 1980^{2}; Leo Walker, The Wonderful World of the Great Dance Bands, N. Y. 1990^{2}; Drew Page, Drew's Blues, A Sideman's Life with the Big Bands, Baton Rouge 1980

CD: Early Black Swing, Bluebird ND90369; Jazz in the 30's, DRG 8457/8; The 30s – Big Bands, CBS 460067; The 40s – Small Bands, CBS 460609; Swing Time – The Fab. Big Band Era, Sony 53862

Ⓥ: The Swingtime Collection, Charly; Big Band Bounce, Charly

Swing, das erste Jazz-Label, 1937 in Paris gegründet, welches bis 1951 unter der Ägide von Charles Delaunay eine Reihe von Schallplatten mit europäischen und amerikanischen Musikern veröffentlichte (Coleman Hawkins, Bill Coleman, Dickie Wells, Benny Carter, Django Reinhardt), nicht nur Swing-Musiker, sondern auch Bopper wie Kenny Clarke, James Moody u. John Lewis.

Lit.: M. Ruppli, Swing Label Discography, Paris 1990

Swing-Street → Fifty-Second Street

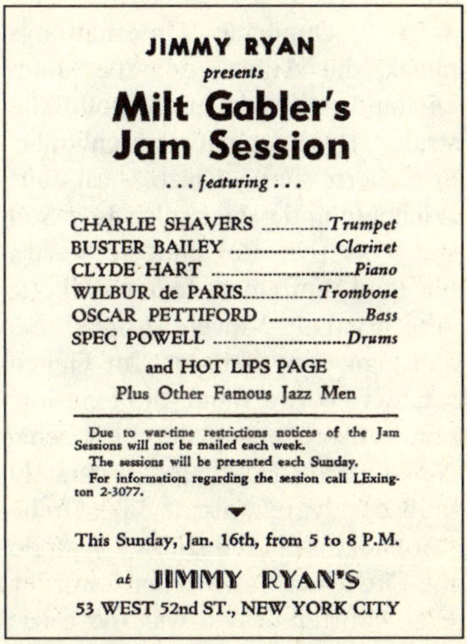
JIMMY RYAN
presents
Milt Gabler's Jam Session
. . . featuring . . .

CHARLIE SHAVERS ....*Trumpet*
BUSTER BAILEY ....*Clarinet*
CLYDE HART ....*Piano*
WILBUR de PARIS..............*Trombone*
OSCAR PETTIFORD ....*Bass*
SPEC POWELL ....*Drums*

and HOT LIPS PAGE
Plus Other Famous Jazz Men

Due to war-time restrictions notices of the Jam Sessions will not be mailed each week.
The sessions will be presented each Sunday.
For information regarding the session call LExington 2-3077.

This Sunday, Jan. 16th, from 5 to 8 P.M.
at JIMMY RYAN'S
53 WEST 52nd ST., NEW YORK CITY

Eintrittskarte zu einer Jam Session auf der → Swing Street, 1944

Swingle, Ward, (voc, arr), * 21.9.1927 Mobile, Ala. Arbeitete bereits mit 16 Jahren als Saxophonist und Vokalist bei Ted Fio Rito, studierte dann nach der Armeezeit am Cincinnati-Konservatorium und bei Walter Gieseking in Saarbrücken. S. wurde in den 50er Jahren die treibende Kraft hinter der Vokalgruppen-Szene in Paris, beginnend mit den Blue Stars, den Double Six und schließlich den Swingle Singers. Letztere Gesangsgruppe wurde 1962 gegründet und hatte mit ihrer Mischung aus Barockmusik und → Swing großen Erfolg. S. zog sich 1984 als aktiver Sänger von der Gruppe zurück, schreibt aber noch weiter Arrangements für sie, arbeitete auch für andere Gruppen und leitet einen eigenen Verlag.
CD: Jazz Sebastian Bach, Philips

Symphonischer Jazz, mit Jazz-Elementen (Blue Notes, Growl, Hot-Soli) geschmückte Unterhaltungsmusik, die Anfang der 20er Jahre entstand und sich durch großorchestrale Besetzungen einschließlich Streichern und Holzbläsern auszeichnete und gelegentlich Jazz-Solisten einsetzte. Bekannteste Vertreter: Paul Whiteman, Jean Goldkette, Abe Lyman, Vincent Lopez, Leo Reisman, Nat Shilkret. Im Gegensatz zur → Big Band, die eine logische Vergrößerung der klassischen New-Orleans-Besetzung darstellt, muß das symphonische Jazz-Orchester eher als ein reduziertes Symphonie-Orchester angesehen werden. Ein Ableger des S. war die Sweet Music, wie sie z. B. von Guy Lombardo, George Olsen, Ted Fio Rito u. a. gespielt wurde (→ Mickey Mouse Band).
Der eigentliche S. wird allerdings nicht von der (von PaulWhiteman in Auftrag gegebenen) »Rhapsody in Blue« von George Gershwin repräsentiert, sondern findet sich in der Musik Duke Ellingtons.
CD: Bix Beiderbecke, Bix Lives, Bluebird ND 86845; Maurice Peress, The Birth of Rhapsody in Blue, Musicmasters MMD 20114/4

Synkope (griech.: Zusammenschnitt), in der europäischen Musik die Verschiebung von Takt- und Rhythmusakzenten auf unbetonte Noten, innerhalb eines Taktes durch Schwerpunktverlagerung oder durch Bindung über den Taktstrich hinweg. Diese zeitweise Veränderung des → Beat hat mit dem → Off-Beat nichts zu tun, wird mit diesem aber oft verwechselt, was zu einer Mißdeutung des Jazz als »synkopierter Musik« führte.

Synthesizer, von dem Amerikaner Robert A. Moog entwickeltes Instrument zur Reproduktion von Tönen auf elektrischem Weg. Dabei werden die Schwingungen elektrischer Ströme hörbar gemacht und so geregelt, daß sie die Tonhöhe, Lautstärke und Klangfarbe »richtiger« Instrumente annehmen. Darüber hinaus ist auch die Gestaltung irrealer Klänge möglich sowie ein (nach Vorprogrammierung) computergesteuertes Spiel von Tonfolgen auf einer Klaviatur. Es können auch noch andere Geräte und Instrumente angeschlossen werden wie Tonbandgerät, Mikrophon, Gitarre, sogar weitere Synthesizer.

Die Tonveränderung erfolgt durch Filter, Hall, Nachhall, Phrasenverschiebung, Echo, Ringmodulatur, Vibrato etc.
Im Jazz und in der Rockmusik wird der Synthesizer von vielen Pianisten als Haupt- oder Zweitinstrument gespielt. Beispiel: Joe Zawinul in der Gruppe »Weather Report« (→ Fusion Music).

T

Tabackin, Lew, Lewis, Barry, (ts, fl, comp), * 26.5.1940 Philadelphia. Studierte am Konservatorium in Philadelphia 1958–62, spielte ab 1965 in N. Y. mit Maynard Ferguson, Clark Terry, Thad Jones – Mel Lewis, Joe Henderson, Donald Byrd, Elvin Jones sowie als Studiomusiker, leitete 1968–69 ein Trio. Heiratete → Toshiko Akiyoshi, zog mit ihr nach L. A., wo sie eine Big Band leiteten, die sich durch die Arbeiten von Akiyoshi auszeichnete und in der die Crème der Jazz-Musiker von L. A. spielte. Übersiedelten 1956 nach N. Y., wo sie ihre Big-Band-Arbeit fortsetzten. T. ist ein begabter Saxophonist der Rollins-Schule, besonders hörenswert aber ist sein klassisch fundiertes Flötenspiel. – Schallplatten mit Toshiko Akiyoshi, Duke Pearson, Donald Byrd, Leonard Feather, Attila Zoller, Freddie Hubbard, Bill Berry, Maynard Ferguson, Bennie Wallace, AJO, John Colianni, Walfredo de los Reyes, Louis Bellson, Jazz Comp. Orch., Shelly Manne u. a.; als Leader für RCA (Jap), Disco Mate, Inner City, Jam, → Ascent u. Concord.
CD: Desert Lady, Concord 4411

Tag (engl.: Anhängsel, Zusatz), eine musikalische Phrase, die an den Schluß eines Chorus oder eines Musikstückes angehängt wird (tag-ending). Ist bei vielen Aufnahmen des traditionellen Jazz zu finden.

Tail-gate, ein Posaunenstil, der sich durch besonders markante Glissandi auszeichnet. Der Begriff stammt aus → New Orleans, wo Jazzbands zu Werbezwecken auf Lastwagen (→ Bandwagon) durch die Straßen gefahren wurden und der Posaunist auf der heruntergelassenen hinteren Wagenklappe (tail-gate) sitzen mußte, um sein Instrument ungehindert spielen zu können. (→ Kid Ory)

Takase, Aki, (p, fl, perc, Koto), * 26.1.1948 Osaka, Japan. Studierte an der Univ. von Tokio, kam durch Schallplatten von Charles Mingus und John Coltrane zum Improvisieren. Gründete 1973 ein Trio, kam 1981 erstmals nach Europa (Berliner Jazz-Tage). Spielte in N. Y. mit Cecil McBee, Bob Moses und Sheila Jordan. Nennt als wichtige Einflüsse Bill Evans, Bud Powell, Herbie Hancock, aber auch Debussy, Ravel, Satie und Bartók. In ihrer Musik verarbeitete sie auch japanische traditionelle Musik; spielt die Koto, eine japanische Zither mit 17 Saiten. T. lebt in Berlin, verheiratet mit → Alexander von Schlippenbach. – Schallplatten mit Dave Liebman, Maria Joao, Gunther Klatt, Berlin Cont. Orch.; unter ihrem Namen für King und Enja.
CD: Ballads by Ellington, Tutu 888116

Take, eine von mehreren Versionen desselben Stückes, welches bei Schallplattenaufnahmen entsteht. Zur Zeit der 78er-Schellackplatten wurden wegen der Empfindlichkeit der Wachsmatrizen grundsätzlich mehrere T. eingespielt, von denen dann der beste veröffentlicht wurde (Master-T.). Bei → Reissues werden heute gern alle noch vorhandenen T.

auf LP/CD veröffentlicht, obwohl in den meisten Fällen die Abweichungen bei den Improvisationen nur minimal sind, da viele Musiker ein einmal »erarbeitetes« Solo leicht wiederholen können. Seit der Verwendung von Tonbandgeräten wird die Endfassung eines Titels oft aus den besten Passagen verschiedener T. zusammengeschnitten.

Talbert, Thomas, (comp, p), * 4.8. 1924 Crystal Bay, Minn. Spielte nach High School in Territory-Bands, leitete eigene Big Band 1946–49 in Kalifornien, die sich dem → Progressive Jazz verschrieben hatte. Arrangierte für Lyle Griffin, Stan Kenton, Claude Thornhill, Tony Pastor, Kai Winding, Buddy Rich, Oscar Pettiford, Don Elliott, Patty McGovern. Arbeitete auch als Komponist für TV-Serien. – Schallplatten für Paramount (1946), Atlantic (1956), Sandcastle* (1977), Sea Breeze (1987).
*CD: Louisiana Suite, Sea Breeze 107-2**

Talking effects, eine Spielweise auf Trompete und Posaune, die den Eindruck erwecken soll, der Musiker »spreche« auf seinem Instrument. Dies wird erreicht durch die Anwendung verschiedener → Dämpfer und die Lippenstellung (Ansatz). Seit dem Ende der 20er Jahre vor allem von Musikern aus der Duke-Ellington-Band entwickelt, bes. Bubber Miley, Cootie Williams, Rex Stewart (tp), »Tricky Sam« Nanton, Tyree Glenn (tb). Ist identisch mit → Growl. (→ Jungle-Stil)

Tap Dance (Step-Tanz), entstand im späten 19. Jh. aus den irischen Clog dances, Flamenco-Einflüssen und afrikanischen Rhythmen. Wurde zuerst »Buck-dancing« genannt, wobei der schnellste Tänzer als der beste galt. Anfangs wurde barfuß getanzt oder mit gewöhnlichen Schuhen, später nagelte man Münzen oder Flaschendeckel an die Sohlen.
Die ersten Tap-dancer traten vorwiegend im → Vaudeville auf (→ Minstrel), mit dem Aufkommen des Jazz paßten sie sich den schwierigeren Tempi an und traten mit Jazz-Bands auf, besonders in der Swing-Ära. Von dort aus gelangte der T. in das Hollywood-Musical (Fred Astaire, Eleanor Powell, Ruby Keeler, Gene Kelly).
Die bedeutendsten Tap-dancer waren Bill »Bojangles« Robinson, Bill Bailey, Bunny Briggs, Chuck Green, Leon Collins, Baby Laurence, Jimmy Slyde, die Nicholas Brothers, Buck and Bubbles. Laurence u. Jimmy Slyde haben den T. dem Bebop angepaßt. Seine »perkussive« Technik erwies sich als ideal für den Jazz, so daß es verständlich ist, daß Schlagzeuger wie Jo Jones oder Buddy Rich als Tap-dancer begonnen haben (→ Jazz Dance).

Tapscott, Horace, (p, tb, ts, comp), * 6.4.1934 Houston, Tex. War Schüler von Jefferson Brown in L. A., spielte 1948–52 mit u. a. Eric Dolphy u. Don Cherry in dessen Band. Arbeitete 1950–51 bei Gerald Wilson, 1953–57 in einer Air-Force-Band und 1959–61 bei Lionel Hampton. Leitete eigene Gruppe, verschrieb sich damit der Avantgarde und gründete in L. A. »Union of God's Musicians and

Arts Ascension« (U.G.M.A.A.) und das »Pan-African Peoples Arkestra«, ein Gegenstück zum → AACM. Er arrangierte u. a. für Sonny Criss (»Sonny's Dream«, Prestige); arbeitet als Lehrer. – Schallplatten für Flying Dutchman*, Interplay, Nimbus, Hat Art.
*CD: West Coast Hot, Novus ND 83107**

Tate, Buddy, George Holmes, (ts, cl), * 22.2.1913 Sherman, Tex. Begann 1931 in Territory-Bands zu spielen (Troy Floyd, Terence Holder, Nat Towles u. a.) und wurde 1939 Nachfolger von Herschel Evans bei → Count Basie. Blieb bei diesem neun Jahre, spielte dann bei Lucky Millinder, Hot Lips Page u. Jimmy Rushing. Leitete 21 Jahre lang die Haus-Band im Celebrity Club in Harlem und arbeitete als Freelancer mit Jim Galloway und Jay McShann. War oft in Europa. In den 80er Jahren im Quintett mit Al Grey oder im Tandem mit anderen Tenoristen (Arnett Cobb, Paul Quinichette, Scott Hamilton).
T. ist einer der großen »Texas Tenors«, dessen kraftvoller, an Coleman Hawkins erinnernder Stil ihn zum idealen Antipoden von → Lester Young in der Basie-Band machte. – Schallplatten mit Count Basie, Earl Warren, Karl George, Jesse Price, Tony Bennett, Buck Clayton, Jimmy Rushing, Eddie Davis, Mel Powell, Roy Eldridge, Wynonie Harris, Vic Dickenson, Joe Thomas, Benny Goodman, Dickie Wells, Milt Hinton, Nancy Harrow, Scott Hamilton, Prestige All Stars, Concord All Stars; als Leader für Supreme, Black & Blue, Halo, Felsted, EMI-Col., Swingville, Harmony, Spivey, Jazz Odyssey, MPS, RCA, Master Jazz Rec., Riff, Chiaroscuro, Concord, Storyville, Muse.
Lit.: S. Dance, The World of Count Basie, N. Y. 1985[2]
CD: The Great B. T., Concord 163; B. T. – Al Grey Quintet, Reservoir 110

Tatum, Art, Arthur, (p), * 13.10.1909 Toledo, Ohio, † 5.11.1956 L. A. Tatum, ganz blind auf dem einen Auge und fast blind auf dem anderen, besuchte die Blindenschule in Columbus, Ohio, lernte erst Violine und ab dem 13. Lebensjahr Klavier. Debüt in lokalen Rundfunkstationen und Clubs. Ging 1932 nach N. Y. als Begleiter von Adelaide Hall und trat im Onyx Club auf, wo seine erstaunliche Technik erstmals auffiel. Trat meist als Solo-Pianist auf, besuchte 1938 Europa und gründete 1943 ein Trio mit Tiny Grimes bzw. Everett Barksdale (g) und Slam Stewart (b), welches eine Reihe von unvergeßlichen Aufnahmen einspielte. Sein musikalisches Vermächtnis entstand in den Jahren 1953–55, als er für Norman Granz' Labels Clef bzw. Verve eine Reihe von Solo- und Combo-LPs einspielte. T. gilt als der größte Jazz-Pianist, ein Virtuose von unerreichtem Format, obwohl er keine Schule im eigentlichen Sinn begründet hatte, sondern vorhandene Stile mit seiner atemberaubenden Technik auf ein neues Niveau brachte. – Schallplatten mit Adelaide Hall, Joe Turner, Mildred Bailey, Leonard Feather, Coleman Hawkins, Barney Bigard; unter seinem Namen ab 1933 für Brunswick, Decca, Dial, Asch, Stinson, ARA,V-Disc, Victor, Capitol, GNP, Clef/ Verve; außerdem eine Reihe von LPs mit → ETs und Live-Aufnahmen.

Lit.: A. Laubich/R. Spencer, A. T. A Guide to His Recorded Music, Metuchen/London 1982

CD: Solo Masterpieces und Group Masterpieces, Pablo (ex-Verve); Standard Transcriptions, Music & Arts CD-673

Taylor, Art, Arthur, (d), * 6.4.1929 N. Y. Spielte in seiner Jugend mit Jackie McLean und Kenny Drew, hatte ersten Job bei Howard McGhee, dann bei Coleman Hawkins, Buddy De Franco, Bud Powell, George Wallington und Art Farmer. 1956 eigene Gruppe, 1957 bei Miles Davis. Spielte 1957–58 in Belgien mit Donald Byrd und Bobby Jaspar. Ab 1959 bei Red Garland. Lebte dann bis 1991 in Europa, seitdem wieder in N. Y. mit Trio. T. ist ein dynamischer Drummer zwischen Philly Joe Jones und Art Blakey. – Schallplatten mit Bud Powell, Art Blakey, Wilbur Harden, Miles Davis, Thelonious Monk, Red Garland, Dizzy Reece, Donald Byrd, Louis Smith, Lou Donaldson, Lee Morgan, Hank Mobley, Jimmy Cleveland, George Wallington, John Coltrane, Dexter Gordon, Benny Bailey, Arnett Cobb, Art Farmer, Johnny Griffin, Ken McIntyre, Elmo Hope, Ernie Henry, Sonny Rollins, Mal Waldron, Nathan Davis u. a.; als Leader für Prestige*, Blue Note, Enja u. Verve.

Lit.: A. T., Notes & Tones, 1978

*CD: Taylor's Wailers, OJC 094**

Taylor, Billy, William Jr., (p), * 21.7. 1921 Greenville, N. C. Studierte am Virginia State College und an der Univ. von Massachusetts. Ging 1943 nach N. Y., nahm dort die Musik von Art Tatum, Clarence Profit und dem jungen Thelonious Monk auf, spielte mit Ben Webster, Dizzy Gillespie, Stuff Smith, hatte in den 50er Jahren eigenes Trio. Arbeitet seitdem auch als Diskjockey, musikalischer Leiter einer TV-Show, Lehrer und Schriftsteller. Mitbegründer von »Jazzmobile«, einer Non-profit-Organisation zur Förderung des Jazz. Als Pianist hat er Art Tatum und Nat King Cole zu einem persönlichen Stil verarbeitet. – Schallplatten mit Ben Webster, Cozy Cole, Buck Clayton, Don Byas, Sid Catlett, Quincy Jones, Johnny Ray, Mundell Lowe, Ernie Royal, Jackie Paris, Don Senay, Coleman Hawkins, Gerry Mulligan, Thad Jones, Kenny Burrell u. a.; als Leader ab 1944 für Savoy, HRS, Atlantic, Brunswick, Roost, Prestige, ABC-Paramount, Argo*, Riverside, Mercury, Capitol, Tower, MPS, Bell, GRP u. eigenes Label Taylor-Made.

LP: White Nights and Jazz in Leningrad, TM 1001

*CD: Taylor Made Jazz, Fresh Sound FSRCD 111**

Taylor, Cecil Percival, (p, comp), * 15.3.1933 N. Y. Lernte Klavier vom sechsten Lebensjahr an, studierte am N. Y. College of Music und am New England Conservatory. Erste Jobs in den frühen 50er Jahren bei Johnny Hodges, Hot Lips Page u. Lawrence

Brown. Leitete dann eigene Gruppe mit → Steve Lacy (sop), Buell Neidlinger (b) u. Dennis Charles (d). Obwohl seine Musik zu dieser Zeit schon ähnlich abstrakt war wie etwa die von Ornette Coleman, stand er lange in dessen Schatten. Spielte 1961 im Five Spot mit einem Quartett (Trio + Archie Shepp), 1962 in Europa mit Jimmy Lyons und Sonny Murray, traf in Stockholm Albert Ayler. 1963–64 spielte er in N. Y. mit Michael Mantler, Roswell Rudd, Bill Dixon. Gründung der Jazz Composers' Guild. Trat in diesen Jahren wenig auf, sein Einfluß unter Musikern wuchs aber stetig. 1968 Quartett mit Sam Rivers, nahm in den 70er Jahren an mehreren Festivals teil, 1975 mit Jimmy Lyons und Andrew Cyrille im Five Spot, 1976 in Europa, 1977 Carnegie-Hall-Konzert mit → Mary Lou Williams. Begann als Lehrer an verschiedenen Universitäten zu arbeiten, interessierte sich für Ballett. Schrieb Musik für »Tetra Stomp: Eatin' Rain in Space«, uraufgeführt mit Michail Baryschnikov und Heather Watts. T. ist eine Schlüsselfigur der Jazz-Avantgarde, was sich sowohl in seinen Beiträgen zum → Free Jazz zeigt als auch in seiner Neigung zur aleatorischen Musik der 60er Jahre. Als Pianist hat er frühe Einflüsse von Lennie Tristano und Dave Brubeck (!) wieder verworfen und sich auf → Horace Silver und die Klaviermusik von Bartók, Strawinsky und Messiaen bezogen, dabei aber auch Duke Ellington, Fats Waller und Thelonious Monk nicht ignoriert. – Schallplatten mit John Coltrane, Gil Evans, Mike Mantler/Jazz Comp. Orch., Buell Neidlinger, Derek Bailey, Günther Sommer, Art Ens. of Chicago, Tony Oxley, Louis Moholo, Han Bennink, Paul Lovens; unter sei-nem Namen für Transition, Verve, Contemporary, United Artists, Candid, Barnaby, Debut, Blue Note, Byg, Unit Core, Leo, Trio, Arista, Enja, FMP, Freedom, Soul Note, Hat Art, A & M, Konex; mit Mary Lou Williams für Pablo.

Lit.: A. B. Spellman, Four Lives, N. Y. 1971²; Buholzer/Rosenthal/Vilmer, Auf der Suche nach C. T., Hofheim 1990

CD: C. T. in Berlin '88, FMP Cecil Tay!88; Air Above Mountains, Enja 3005-2

Taylor, John, (p), * 25.9.1942 Manchester. Nach ersten Erfahrungen in Tanzorchestern ging er 1964 zu John Surman, Alan Skidmore, Norma Winstone, arbeitete dann auch bei John Warren, Johnny Dankworth und Marian Montgomery. Spielte mit eigenem Trio, bei Ronnie Scott und gründete 1977 mit Kenny Wheeler und Norma Winstone das Trio »Azimuth«, spielte aber auch mit Jan Garbarek, Arild Anderso und Miroslav Vitous. Beeinflußt von Bill Evans und Mike Gibbs. Gehört zu den besten europäischen Pianisten. – Schallplatten mit John Surman, Kenny Wheeler, Miroslav Vitous, Arild Andersen, Enrico Rava, Jan Garbarek, Norma Winstone, Peter Erskine, Ralph Towner; als Leader für Turtle, MPS, »ah um«; mit Azimuth für ECM.

CD: Azimuth '85, ECM 1298

TBA Records, Studio City, Calif., 1982 von Don Mupo gegründet, spezialisiert auf Fusion und zeitgenössischen Jazz mit Veröffentlichungen von Grant Geissmann, Vic Feldman, Max Bennett, George Howard, George Shaw, Tim Heintz u. a. Sub-Label: Tall Tree, → Palo Alto.

Tchicai, John, (as, sop, ts, fl, bcl), * 28.4.1936 Kopenhagen. Sohn kongolesisch-dänischer Eltern, studierte in Aarhus und Kopenhagen, spielte mit US-Gästen wie Archic Shepp und Bill Dixon, ging 1962 in die USA, gründete dort mit Archie Shepp, Don Cherry, Don Moore u. J. C. Moses die New York Contemporary Five. Gehörte zur Jazz Composers' Guild und nahm an einigen klassischen Plattenaufnahmen des frühen Free Jazz teil, z. B. Coltrane »Ascension«, Ayler »N. Y. Eye and Ear Control«, Shepp »Four for Trane«. Gründete in Europa die Gruppe »Cadencia Nova Danica« und spielte mit De Zes Winden sowie dem New Jungle Orchestra des Gitarristen Pierre Dørge. – Schallplatten auch mit dem N. Y. Art Quartet, Cecil Taylor, Pierre Dørge, Berlin Workshop Orch., I. C. P. Tentet, Charles Gayle, Curtis Clark; eigene LPs für Fontana, Polydor, MPS, Bazillus, Plainisphare, FMP, Storyville, Steeplechase, Marge, Praxis, Enja.
LP: J. T. & A. Mangelsdorff, FMP SAJ 12

Teagarden, Charlie, Charles, (tp), * 19.7.1913 Vernon, Tex., † 10.12. 1984 Las Vegas. Der jüngere Bruder von → Jack Teagarden stand immer in dessen Schatten, obwohl er ein ausgezeichneter Swing-Trompeter, aber eben kein Innovator wie jener war. Spielte ab 1929 in den Bands von Ben Pollack, Red Nichols, Jack Teagarden u. Paul Whiteman. In den 40er Jahren bei Harry James, Jimmy Dorsey, in den 50ern bei Bob Crosby. Ließ sich 1959 in Las Vegas nieder und spielte dort in Hotels, arbeitete in seinen letzten Jahren für die Musikergewerkschaft. – Schallplatten mit Ben Pollack, Red Nichols, Joe Venuti – Eddie Lang, Benny Goodman, Jack Teagarden, Bob Crosby, Frankie Trumbauer, Paul Whiteman, George Wettling, Pete Fountain, Charleston Chasers, Jimmy Dorsey, Jerry Gray; eigene LP für Coral, eine weitere erschien unter dem Namen von Lionel Hampton (1963).

Teagarden, Jack, Weldon John, (tb, voc), * 20.8.1905 Vernon, Tex., † 15.1. 1964 N. O. Drei Geschwister ebenfalls Musiker: → Charlie (tp), Cub (d, 1915–69), Norma (p, * 1911). Als Posaunist weitgehend Autodidakt, hatte ersten Job bei dem legendären Pianisten Peck Kelly sowie bei Doc Ross u. Willard Robison. Ging 1927 nach N. Y. zu → Ben Pollack, blieb fünf Jahre, spielte daneben aber auch mit zahlreichen Studio-Bands. War auf Anhieb eine Sensation unter Musikern und Fans (und veranlaßte Glenn Miller, die Pollack-Band frustriert zu verlassen). Spielte von 1933–38 bei Paul Whiteman und leitete dann bis 1946 eigene Big Band, die musikalisch erfolgreich, finanziell aber ein Flop war. Ging zu Louis Armstrong von 1947–51, spielte dann mit eigenen Dixieland-Bands mit u. a. Jimmy McPartland, Charlie Teagarden, Don Goldie, Ed Hall, Norma Teagarden, war 1957 mit Earl Hines in Europa und nahm eine Reihe von LPs mit Studio-Bands auf.

T. war – darin sind sich alle Experten einig – der bedeutendste Posaunist des Jazz. Er war zwar nicht der erste, der die Posaune als Solo-Instrument durchsetzte (hier sind Miff Mole u. Jimmy Harrison auch zu nennen), aber er tat es mit einer Virtuosität und Kreativität, die vieles von dem vorwegnahm, was dann in den 50er Jahren Allgemeingut wurde (auch und gerade von Modernisten wie J. J. Johnson und Bill Russo anerkannt). Darüber hinaus war er ein ungewöhnlich »relaxter« Blues-Sänger. – Schallplatten mit Ben Pollack, Whoopee Makers, Eddie Condon, Irving Mills, Roger Wolfe Kahn, Fats Waller, Louisiana Rhythm Kings, Red Nichols, Jack Pettis, Red McKenzie, Louis Armstrong, Hoagy Carmichael, Ted Lewis, Joe Venuti – Eddie Lang, Gil Rodin, Duke Wilson, Benny Goodman, Bessie Smith, Adrian Rollini, Paul Whiteman, Wingy Manone, Bunny Berigan, Frankie Trumbauer, Metronome All Stars, Bud Freeman, Esquire All Stars, V-Disc All Stars, Hot Lips Page, Mildred Bailey, George Wettling, Bobby Hackett, Russ Case, Ben Selvin u. a.; als Leader ab 1930 für Perfect, Columbia, Brunswick, Varsity, HRS, Viking, Decca, Climax, Commodore, RCA, Omega, Urania, Jazztone, Capitol, Roulette, Verve.

Lit.: J. D. Smith/L. Guttride, J. T., N. Y. 1960 (Repr. 1976); H. Waters, Jack Teagarden's Music, 1960; H. Mückenberger, Meet Me Where They Play the Blues, Gauting-Buchendorf 1986

CD: Affinity 141; Fresh Sound 138

Tenor (sax) → Saxophon

Territory Band, in den 20er und 30er Jahren eine Band, die außerhalb der Zentren → New York und → Chicago, später auch Los Angeles operierten, d. h. in der Provinz, abseits von den Brennpunkten des Jazz-Geschehens. Da es zu dieser Zeit außerhalb der genannten Städte kaum Aufnahmestudios gab, sind Schallplattenaufnahmen von Bands aus St. Louis, Kansas City, Atlanta usw. selten. Die wenigen Ausnahmen entstanden bei Gastspielen oder wurden von transportablen Apparaturen gemacht. Daß viele der T. ein beachtliches Niveau hatten, beweisen die Aufnahmen von Alphonse Trent, Zack Whyte, Troy Floyd, Jesse Stone, Don Albert, Boots & His Buddies u. a.

LP: The Territory Bands, Jazz Information CAH 3005

Terry, Clark, (tp, flh, voc), * 14.12. 1920 St. Louis, Mo. Lernte in der High School Ventilposaune, später Trompete. Nach dem Dienst in der Navy 1942–45 kurz bei Lionel Hampton, dann bei George Hudson in St. Louis für 18 Monate, anschließend sechs Monate bei Charlie Barnet. Ging 1948 zu Count Basie, blieb auch in dessen Septett 1950–51. Spielte 1951–59 bei Duke Ellington, war ein Jahr bei Quincy Jones, ab 1960 in der beim Sender NBC in der »Tonight-Show«-Band (Skitch Henderson) und als Studiomusiker. Ab

1967 mit eigener Big Band und Combos regelmäßig auf Tournee, arbeitet als Lehrer oder tritt mit All-Star-Gruppen auf (Trumpet Kings, Basie Alumni etc.).
T. ist einer der originellsten Trompeter des Jazz. Er beherrscht virtuos so vernachlässigte Techniken wie → Growl und → Dirty Tones und ist in diesem Sinn (auch wenn er es nicht gern hört) eine moderne Ausgabe von → Rex Stewart. Sein Gesang, eine Mischung aus Texten, Silben und Genuschel, »Mumbles« genannt, ist sein spezieller Beitrag zum Thema »Humor im Jazz«. – Schallplatten mit Charlie Barnet, Count Basie, Wardell Gray, Oscar Pettiford, Dinah Washington, Paul Gonsalves, Thelonious Monk, Quincy Jones, Charles Mingus, Gerry Mulligan, Oscar Peterson, Gene Roland, Lloyd Mayers, Bob Brookmeyer, Lionel Hampton, Skitch Henderson, Coleman Hawkins, Blue Mitchell, Jimmy Hamilton, Milt Hinton, James Williams, Grassella Oliphant, Bud Powell, Cannonball Adderley, Cecil Taylor, Donald Byrd, Cleo Laine, Chris Connor, Duke Ellington (»Such Sweet Thunder«), Earl Hines, Eddie Jefferson, Antonio Diaz, Ella Fitzgerald, Jimmy Rushing, J. J. Johnson, Ray Charles, George Romanis, Red Holloway, Sam Jones, Sarah Vaughan, Stan Getz, Stanley Turrentine, Eydie Gormé, Yusef Lateef, Wes Montgomery, Joe Sudler, Milton DeLugg, Arne Domnerus, Newport House Band, JatP, Pablo All Stars, Trumpet Kings, Frank Mantooth, Ernie Wilkins, Dave Grusin, John Pizzarelli, George Robert, Amani Murray, Mercer Ellington u. a.; als Leader für V-Disc, EmArcy, Riverside, Argo, Decca, Candid, Moodsville, Cameo, 20th Century Fox, Impulse, Mainstream, Polydor, MMO, Etoile, MPS, Vanguard, Pablo, Delox, Chesky, Chiaroscuro.
CD. C. T. with O. Peterson, Mercury 830698-2; Big Band, Vanguard VMD 79355; C. T./Red Mitchell, Enja 6042

Text → Lyrics

Theme Song (auch Signature tune), Erkennungsmelodie einer Band. Die prominenten Bands der 30er u. 40er Jahre hatten regelmäßige Rundfunksendungen, die sie mit einer Kurzfassung des T. einzuleiten pflegten und so auf Anhieb von ihren Fans identifiziert werden konnten. Heute noch bekannte T. sind z. B. »Take the ›A‹ Train« (Duke Ellington), »Let's Dance« (Benny Goodman), »One O'clock Jump« (Count Basie), »Moonlight Serenade« (Glenn Miller), »I'm Getting Sentimental Over You« (Tommy Dorsey). → Siehe Auflistung auf nächster Seite.
Lit.: M. F. Bell, Theme Songs of the Dance Band Era, Memphis 1981

Thielemans, Toots, Jean Baptiste, (g, harmonica, comp), * 29.4.1922 Brüssel. Lernte zunächst Akkordeon, dann Mundharmonika und – unter dem Einfluß von Django Reinhardt – Gitarre. Spielte nach dem Krieg in GI-Clubs, 1949 auf dem Festival in Paris und 1950 mit Benny Goodman (Europatournee). Ging 1951 in die USA, begleitete Dinah Washington und war 1953–59 bei → George Shearing. Arbeitete dann mit eige-

Big Band Theme Songs

Louis Armstrong	When It's Sleepy Time Down South
Charlie Barnet	Make Believe Ballroom / Cherokee
Count Basie	One O'clock Jump
Bunny Berigan	I Can't Get Started
Will Bradley	Fascination
Les Brown	Shangri-La / Leap Frog
Randy Brooks	Holiday Forever
Willie Bryant	It's Over Because We're Through
Henry Busse	Hot Lips / When Day Is Done*
Blanche Calloway	Growlin' Dan
Cab Calloway	Minnie the Moocher
Bob Chester	Sunburst
Larry Clinton	The Dipsy Doodle
Bob Crosby	Summertime
Sam Donahue	Minor de Luxe / Lonesome
Jimmy Dorsey	Contrasts
Tommy Dorsey	I'm Getting Sentimental Over You
Sonny Dunham	Memories of You
Kurt Edelhagen	There's No You
Les Elgart	To the Future
Duke Ellington	East St. Louis Toodle-Oo / Take the A Train
Ziggy Elman	And the Angels Sing
Ella Fitzgerald	A Tisket a Tasket
Ralph Flanagan	Singing Winds
Benny Goodman	Let's Dance / Good-Bye*
Glen Gray (Casa Loma Orch.)	Smoke Rings
Erskine Hawkins	Tuxedo Junction
Coleman Hawkins	Body and Soul
Ted Heath	Listen to My Music
Fletcher Henderson	Christopher Columbus
Woody Herman	Blue Flame
Will Hudson	Eight Bars in Search of a Melody
Ina Ray Hutton	Gotta Have Your Love
Claude Hopkins	Anything for You
Harry James	Ciribiribin
Jack Jenny	City Nights
Stan Kenton	Artistry in Rhythm

Andy Kirk	Until the Real Thing Comes Along
Gene Krupa	Apurksody / Starburst
Elliot Lawrence	Heart to Heart
Jimmie Lunceford	Jazznocrazy / Uptown Blues
Billy May	Lean Baby
Clyde McCoy	Sugar Blues
Hal McIntyre	Ecstacy / Moon Mist
Ray McKinley	Howdy Friends
McKinney's Cotton Pickers	If I Could Be With You
Glenn Miller	Moonlight Serenade / Slumber Song*
Red Norvo	I Surrender Dear
Tony Pastor	Pastoral / Blossoms
Teddy Powell	Song of the Islands
Boyd Raeburn	Raeburn Theme / Dalvatore Sally
Don Redman	Chants of the Weed
Alvino Rey	Blue Rey / Nighty-Night
Buddy Rich	Rain On the Roof
Sauter – Finegan	Doodletown Fifers
Jan Savitt	Quaker City Jazz / It's a Wonderful World
Raymond Scott	Toy Trumpet
Artie Shaw	Nightmare
Bobby Sherwood	Waiting / Sherwood's Forest / Elk's Parade
Freddie Slack	Strange Cargo
Charlie Spivak	Star Dreams
Jack Teagarden	Swinging On the Teagarden Gate / I've Gotta Right to Sing the Blues
Claude Thornhill	Snowfall
Jerry Wald	Call of the Wild
Fats Waller	Ain't Misbehavin'
Paul Whiteman	Rhapsody in Blue
Chick Webb	Let's Get Together
Si Zentner	Up a Lazy River

* Schlußthema (Closing Theme)

nen Gruppen, als Freelancer in N. Y. u. a. mit Quincy Jones (»Walking in Space«) und machte ungezählte Studioproduktionen. Komponierte den Welthit »Bluesette«.
T. ist der einzige Mundharmonika-Virtuose des Jazz (abgesehen von einigen Blues-Musikern) und ein swingender Gitarrist; sein Markenzeichen wurde ein Unisono-Pfeifen zur Gitarre. – Schallplatten u. a. mit George Shearing, Zoot Sims, Dizzy Gillespie, Ella Fitzgerald, Shirley Horn, Oscar Peterson, Eliane Elias, Kim Pensyl, Diane Schuur, Martial Solal, George Young, Spyro Gyra, Quincy Jones, Sylvia Syms, J. J. Johnson, Sarah Vaughan, Sven Asmussen, Pierre Michelot, Jaco Pastorius, Paquito D'Rivera, Cleo Laine; als Leader ab 1949 für Pacific, Sphinx, Metronome, Decca, MGM, Columbia, Philips, Riverside, Signature, Polydor, ABC-Paramount, Command, Sonet, Keynote, Choice, Concord, Denon u. Private.
CD: Only Trust Your Heart, Concord 355

Thigpen, Ed, Edmund Leonard, (d), * 28.12.1930 Chicago. Sohn des Andy-Kirk-Drummers Ben Thigpen (1908–71). Wuchs in L. A. auf, spielte mit Cootie Williams, Dinah Washington, Johnny Hodges, Bud Powell, Billy Taylor 1956–59, Oscar Peterson 1959–65. Arbeitete dann als Freelancer in L. A., ging auf Tournee mit Ella Fitzgerald (1966–67, 1968–72), ließ sich 1972 in Kopenhagen nieder, spielt mit einheimischen Musikern, Ernie Wilkins, amerikanischen Gästen und ist als Lehrer tätig.
T. ist ein vielseitiger und einfühlsamer Musiker, und so ist es verständlich, daß die Platten des Oscar-Peterson-Trios mit ihm am Schlagzeug immer noch die gesuchtesten sind. Nahm als Sideman eine große Zahl von LPs auf (vgl. Bielefelder Katalog); als Leader für Verve, Sonet, Timeless, Reckless, Justin Time.
CD: Easy Flight, Reckless 9920

Third Stream (dritter Strom), eine von → Gunther Schuller eingeführte Bezeichnung für eine Musik, die die wesentlichen Charakteristika des Jazz und der »ernsten« Musik zu vereinen sucht. Nicht zu verwechseln mit der »Verjazzung« klassischer Musik. Die bedeutendsten Vertreter dieser Musik, die Mitte der 50er/Anfang der 60er Jahre sehr einflußreich war, sind neben Gunther Schuller noch John Benson Brooks, → Teddy Charles, → John Lewis, Duane Tatro, → John Graas, Alex Fried, → Bill Russo, Pavel Blatny.
CD: F. Ambrosetti, Music for Symphony & Jazz Band, Enja 6070-2

Thomas, Gary, (ts, fl, synth), * 10.6. 1961 Baltimore, Md. Nennt als Einflüsse Billy Harper, Woody Shaw und Eddie Harris. Studium am Peabody-Konservatorium in Baltimore. Internationales Debüt bei Jack DeJohnette 1986, war 1986 und 1987 bei Miles Davis, leitet seitdem eigene Gruppen, mit denen er seine Auffassung des Hard-Bop mit zeitgenössischen Strömungen vereint. – Schallplatten mit Wallace Roney, Jack DeJohnette, Steve Coleman, Cassandra Wilson, Cecil Brooks, Michel Rosewoman, Tony Reedus, Corporate

Art; eigene Aufnahmen für Enja u. JMT.
CD: Code Violations, Enja 5085

Thomas, Walter Purl, »Foots«, (ts, as, cl, fl, arr), * 20.2.1907 Muskogee, Okla., † 26.8.1981 Englewood, N. Y. Studierte am Kansas Vocational College, ging 1927 nach N. Y., spielte bei Jelly Roll Morton im Rose Danceland 1928, war kurz bei Luis Russell und Joe Steele, ab 1929 bei den Missourians. Blieb dabei, als → Cab Calloway die Band übernahm. 1943 kurz bei Don Redman, nahm 1944–45 als Leader für das Joe Davis/Celebrity-Label vier Sessions mit All-Star-Besetzung auf* (Coleman Hawkins, Ben Webster, Charlie Shavers, Thelonious Monk). – Schallplatten auch mit Cab Calloway, Jelly Roll Morton, Cozy Cole, Una Mae Carlisle. Arbeitete ab 1948 als Künstleragent.
*CD: Bean & Ben 1944–45, Harlequin HQCD 04**

Thompson, Barbara, B. Gracey Hiseman, (as, ts, sop, fl, comp), * 27.7. 1944 Oxford. Studierte Klarinette, Flöte, Klavier u. Komposition am Royal College of Music, privat Saxophon. Spielte 1965 im New Jazz Orch., wo sie ihren zukünftigen Ehemann, Drummer Jon Hiseman, traf. Leitet seit 1969 eigene Gruppen, spielte aber auch mit Mike Gibbs, Johnny Dankworth, Wolfgang Dauner, Don Rendell, Neil Ardley u. a., ab 1975 auch Mitglied des United Jazz- & Rock Ensemble. Die »Jazz-Rock-Musikerin mit klassischer Ausbildung« komponiert für Bühne, Film und TV und hat Schallplatten mit Howard Riley, Colosseum, Manfred Mann, Don Rendell, Andrew Lloyd Webber, Neil Ardley, NJO, UJRE, Jon Hiseman u. a. aufgenommen; unter ihrem Namen für MCA, VeraBra, Black Sun.
CD: Mother Earth, VeraBra 5

Barbara Thompson

Thompson, Lucky, Eli, (ts, sop), * 16.6.1924 Detroit. Erster Job bei den Trenier Twins in den frühen 40er Jahren. T. spielte dann bei Lionel Hampton, Don Redman, Billy Eckstine, Jimmy Mundy, Lucky Millinder, Count Basie (1944–45), Boyd Raeburn, Fletcher Henderson (1950), leitete Band im → Savoy Ballroom, arbeitete als Komponist und Musikverleger, ab Mitte der 50er Jahre wieder aktiv als Jazz-Musiker, u. a. mit Oscar Pettiford und Milt Jackson. Ließ sich 1956 in Frankreich nieder, war auf Europatournee mit Stan Kenton. 1973–74 Dozent an der Dartmouth Univ., seitdem als Musiker nicht mehr aktiv.

T. ist einer der originellsten Tenoristen, die die 40er Jahre hervorgebracht haben, gilt als stilistischer Nachfolger von → Don Byas, hat aber in späteren Jahren einen aggressiveren Ton bevorzugt. – Schallplatten mit Lucky Millinder, Hot Lips Page, Lyle Griffin, Willie Smith, Dinah Washington, Dizzy Gillespie, Basin Street Boys, Charlie Parker, Estelle Edson, Oscar Pettiford, Boyd Raeburn, Slim Gaillard, Herb Jeffries, Karl George, Miles Davis, Jack Teagarden, Count Basie, Milt Jackson, MBRB, Jo Jones, Quincy Jones, Lionel Hampton, Charles Mingus, King Pleasure, Harry Arnold, Stan Kenton, Thelonious Monk; als Leader ab 1944 für Selmer, Excelsior, Downbeat, Victor, Triumph, Decca, Urania*, ABC-Paramount, Swing, EMI-Col., Club Français du Disque, Cad, Symphonium, Manhattan, Vogue, Moodsville/Prestige, Rivoli, MPS, Ensayo, Groove Merchant.
CD: Accent on Tenor Sax, Fresh Sound 2001; The Beginning Years, IAJRC 1001*

Thompson, »Sir« Charles, Charles Phillip, (p, org, comp), * 21.3.1918 Springfield, Ohio. Erste Erfahrungen in den Bands von Lloyd Hunter u. Nat Towles (auch arr), machte sich einen Namen Mitte der 40er Jahre, u. a. bei Coleman Hawkins (1944–45), Lucky Millinder, Illinois Jacquet, schrieb für letzteren den Hit »Robbin's Nest«. Spielte in den 50er Jahren meist Solo oder im Trio, war wegen Erkrankung mehrere Jahre inaktiv, trat in den 70er Jahren wieder sehr erfolgreich auf. Als Pianist von Count Basie beeinflußt. Schrieb Arrangements für Count Basie, Fletcher Henderson, Jimmy Dorsey u. a. – Schallplatten mit Lionel Hampton, Coleman Hawkins (»Stuffy«, 1945), Illinois Jacquet, Lucky Millinder, Buck Clayton, Vic Dickenson, Urbie Green, John Sellers, Paul Quinichette, Joe Newman, Charlie Parker; als Leader für Apollo*, Vanguard, Columbia, Vogue, Master Jazz Rec., Black & Blue.
*CD: Takin' Off, Delmark DD-450**

Thornhill, Claude, (p, comp), * 10.8. 1909 Terra Haute, Ind., † 1.7.1965 N. Y. Studium an Cincinnaty Conservatory und am Curtis Institute of Music; erster Job 1931 bei Austin Wylie. Schrieb Arrangements für Hal Kemp, Benny Goodman, Bing Crosby, Ray Noble, Maxine Sullivan (»Loch Lomond«), war ab 1938 Pianist u. Arrangeur bei Skinnay Ennis, lernte dort → Gil Evans kennen. Ab 1940 eigene Big Band, die sich durch ungewöhnliche Klangfarben auszeichnete, hervorgerufen durch einen zusätzlichen Klarinetten-Satz, der Verwendung von Waldhorn und Tuba und durch einen Verzicht auf Vibrato (arr Thornhill, z. B. »Portrait of a Guinea Farm«, Gil Evans, Bill Borden). Während des Krieges in Artie Shaws Navy Band, neue Band ab 1946, in der Gil Evans mit aufsehenerregenden arr von Bebop-Themen wie »Anthropology« und »Donna Lee« aufwartete. In dieser Band u. a. Red Rodney, Lee Konitz, Barry Galbraith, Danny Polo. Sie war das Vorbild für das »Capitol-Orchester« (→ Miles Davis). T. war bis

zu seinem Tod als Bandleader tätig, beschäftigte Gerry Mulligan, Gene Roland und Ralph Aldridge als Arrangeure, konnte aber seinen Höhepunkt der Jahre 1940–48 nicht wieder erreichen. – Schallplatten mit Ray Noble, Louis Prima, Benny Goodman, Gene Gifford, Skinnay Ennis, Glenn Miller, Bud Freeman, Maxine Sullivan, Billie Holiday, Chauncey Morehouse, Dick McDonough; als Leader für Columbia*, RCA, Trend, Decca.
Lit.: C. Garrod, C. T. & His Orch., Zephyrhills 1985 (D); CD: Tapestries, Affinity 1040; Circle CCD-19*

Threadgill, Henry, (as, cl, fl, ts, comp, div. instr.), * 15.12.1944 Chicago. Begann in R&B-Bands, Gospel-Gruppen, spielte in der Army in einer Rock-Band und gehörte zur ersten Generation der → AACM. In den 70er Jahren gründete er das Trio »Air« (sax – b – d) und eine Klassik-Jazz-Gruppe, das »Wing String Ensemble«. T. sieht sich in erster Linie als Komponist und spielt nur deshalb viele Instrumente, weil er nur so seine Geschichten erzählen kann. Sein großes Vorbild ist Jelly Roll Morton. »I'm not just a Jazz composer. An inverted harmonic palette is essential to how I write.« – Schallplatten mit Muhal Richard Abrams, Frank Walton, David Murray, Sly and Robbie, Roscoe Mitchell, Anthony Braxton, Hal Willner, World Saxophone Quartet, Bahia Black; als Leader für Arista, About Time, RCA-Novus; mit Air für Black Saint, Antilles, Nessa, India Navigation, Arista, Taylor Made.
CD: Rag, Bush & All, Novus PD 83052

Three Sounds → Gene Harris

Time. 1. eine Taktart, z. B. 4/4, 3/4, 5/4; **2.** »in time« zu spielen bedeutet die genaue Einhaltung des Taktmaßes, eine wesentliche Voraussetzung für jeden Musiker.

Timeless Records, Wageningen, Holland, 1975 von Wim Wigt gegründet, widmet sich allen Jazz-Stilen, bes. dem modernen Mainstream u. Neo-Bop, z. B. Art Blakey, Benny Golson, Red Garland, Lionel Hampton, Machito, Kirk Lightsey, Cedar Walton, Danny Richmond, Chet Baker, Pharoah Sanders u. v. a.

Timmons, Bobby, Robert Henry, (p, vib, comp), * 19.12.1935 Philadelphia, † 1.3.1974 N. Y. Studium an der Musikakademie von Philadelphia, spielte in R&B-Gruppen und ab 1956 bei Kenny Dorham, Chet Baker, Sonny Stitt, Maynard Ferguson, bei Art Blakey 1958–59 u. 1960–61, zwischendurch bei Cannonball Adderley. Leitete dann eigene Gruppen, meist Trio. Ursprünglich von Bud Powell beeinflußt, nahm er später Elemente des R & B in sein Spiel auf und wurde eine der Schlüsselfiguren des Funk oder Soul-Jazz, bes. durch seine Kompositionen »This Here«, »Dat Dere« u. »Moanin'«. – Schallplatten mit Hank Mobley, Kenny Dorham, Chet Baker, Art Blakey, Maynard Ferguson, Lee Morgan, Kenny Burrell, Cannonball Adderley, Pepper Adams, Art Farmer, Benny Golson, Curtis Fuller, James Clay, Sam Jones; als Leader für Riverside*,

Prestige, Milestone, Chiaroscuro, Early Bird.
*CD: This Here Is B. T., OJC 104**
Tin Pan Alley, Spitzname für die 20. Straße zwischen der 5. und der 6. Avenue in → New York, wo von 1900 bis ca. 1930 die meisten der amerikanischen Musikverlage ansässig waren. Den Begriff prägte der Journalist Monroe Rosenfeld, dem das Klavierspiel der dortigen »Songplugger« (Pianisten, die neue Schlagerkompositionen vorspielten, um dafür Interessenten zu finden) wie das Geklapper von Blechpfannen (tin pan) erschien. Der Begriff wurde zum Synonym für die Macht der von diesen Verlagen abhängigen Musikindustrie.
Lit.: David Jasen, Tin Pan Alley, New York 1988; Ian Whitcomb, Tin Pan Alley, A Pictorial History 1919–39, New York 1975; Davis Ewen, The Rise and Fall of Tin Pan Alley, New York 1964
CD: Most Requested Songs of the 40s, Col. CK 45108, 45109
Tippett, Keith, (p, comp), * 25.8.1947 Bristol, England. Studierte privat Klavier und Orgel, spielte Kornett und Tenor in der Bristol Youth Band. Erhielt 1967 Stipendium für den Barry (Wales) Summer School Jazz Course, traf dort Elton Dean, Nick Evans und March Charig, mit denen er später oft zusammenarbeitete. Leitete ein Sextett, gründete 1970 das Free-Jazz-Orchester »Centipede«, mit dem er seine Komposition »Septober Energy« uraufführte. 1972 folgte die Gruppe »Ovary Lodge« mit seiner Frau Julie Tippets (sic), Harry Miller und Frank Perry. 1973–78 in Gruppen mit March Charig, Harry Miller, Louis Moholo u. Trevor Watts, auch im Duo mit Stan Tracy. Komponierte 1978 »Frames – Music for an Imaginary Film«. – Schallplatten mit Stan Tracy, Howard Riley, Louis Moholo, Low Flying Aircraft, Andy Sheppard, March Charig; unter seinem Namen für Neon, RCA; FMP, Ogun, Universe, Ed. EG, Vista Sounds.
CD: FMP CD 12; mit A. Sheppard, EGED CD 64
Tizol, Juan, Vincente Martinez, (vtb, comp), * 22.1.1900 San Juan, Puerto Rico, † 23.4.1984 Inglewood, Calif. Studierte bei seinem Onkel Manuel T. Ging 1920 in die USA, spielte im Howard-Theater in Washington, bei Marie Lucas und Bobby Lee. Ging 1929 zu → Duke Ellington, blieb bis 1944, nochmals dort 1951–53; davor u. danach bei → Harry James bis 1960. Zog sich dann nach Vegas zurück. Sein sweetgetönter, melodiöser Posaunenstil wurde von Ellington effektvoll eingesetzt, besonders in Tizols eigenen latinorientierten Kompositionen wie »Caravan«, »Perdido«, »Pyramid«, »Conga Brava«, »Moonlight Fiesta«, »Zanzibar«, »Keblah« u. »Moon Over Cuba«. – Schallplatten mit Duke Ellington, Maxwell Davis, Harry James, Barney Bigard, Cootie Williams, Louis Bellson, Nat King Cole, The Coronets, Woody Herman, Buddy Baker; als Leader eine Session für Keynote 1946.
Tjader, Cal, Calleen Radcliff, (vib, d, comp), * 16.7.1925 St. Louis, Mo., † 5.5.1982 Manila. Begann mit dem

Schlagzeug, studierte in San Francisco und spielte 1946–51 im Dave-Brubeck-Trio und -Oktett, 1953–54 dann Vibraphon bei George Shearing. Leitete anschließend eigene Gruppen, spezialisierte sich auf Latin Music, konnte aber auch vorzüglichen Mainstream Jazz spielen, wie etwa auf der LP mit Stan Getz (Fantasy). – Schallplatten außerdem mit Dave Brubeck, George Shearing, Brew Moore, Carmen McRae, Woody Herman, Charlie Byrd, Rosemary Clooney, Eiji Kitamura; als Leader ab 1951 für Fantasy, Savoy, Verve, Skye, Galaxy, Concord.

CD: Monterey Concerts, Prestige PCD-24026-2

T.O.B.A., Abk. für »Theatre Owners' Booking Association«, eine 1911 gegründete Organisation, die mit Unterhaltungskünstlern aller Art Tourneen unternahm, darunter viele Jazz- und Blues-Musiker. Wegen der miserablen Vertragsbedingungen wurde die Abkürzung von den Betroffenen interpretiert als »Tough on black artists«, oder, drastischer: »Tough on black asses«.

Tolliver, Charles, (tp, flh, comp), * 6.3.1942 Jacksonville, Fla. Weitgehend Autodidakt, hatte kurze Ausbildung am Harnett Institute in N. Y., studierte Pharmazie, brach nach drei Jahren ab und spielte mit Jackie McLean, später mit Joe Henderson, Roy Ayers, Sonny Rollins, Hank Mobley, Art Blakey und Willie Bobo. 1967–68 bei Max Roach, dann Quartett mit Stanley Cowell. Leitete auch Big Band, war Mitbegründer des »Strata-East«–Labels und komponierte u. a. die »Collection Suite«, uraufgeführt 1974 von der N. Y. Jazz Repertory Company. T. ist ein solider Trompeter der Clifford-Brown/Freddie-Hubbard-Schule. – Schallplatten mit Jackie McLean, Herbie Mann, Horace Silver, Wilburt Harrison, McCoy Tyner, Ray Charles, Max Roach, Gerald Wilson, Art Blakey, Louis Hayes, Doug Carn; als Leader für Arista, Strata-East, Enja, Trio, Black Lion.

LP: Music Inc., Strata-East 1972; Quartet, Black Lion 760145

Tonbildung, im Jazz ein Mittel der Phrasierung, bedeutet den für den individuellen Musiker charakteristischen Ton, der erzeugt wird durch den unterschiedlichen Ansatz, Vibrato und so typische Merkmale wie → Growl, → Dirty Tones etc.

Tormé, Mel, Melvin Howard, (voc, p, d, comp), * 13.9.1925 Chicago. Trat schon als Kind im Vaudeville auf, hatte ersten wichtigen Job 1941 in der Band von Chico Marx als Drummer und Vokalist. Leitete eine bis heute nicht übertroffene Gesangsgruppe, die »Mel-Tones«, 1945–46. Tritt seitdem als Solist auf, begleitet von einem Trio, aber auch von Big Bands wie denen von Buddy Rich und Al Porcino. T. ist einer der wenigen Sänger, die ihre Stimme wie ein Instrument einsetzen können, besonders hervorzuheben in diesem Zusammenhang sind seine Aufnahmen mit dem Marty Paich Dektet*. Komponierte »Christmas Song«, »A Stranger in Town«, »Born to Be Blue«, »California Suite«. – Schallplatten mit Artie Shaw, George

Shearing, Rob McConnell, Cleo Laine, Gerry Mulligan, Buddy Rich; unter seinem Namen für Musicraft, Capitol, Coral, Bethlehem*, Decca, Tops, Verve, Atlantic, Columbia, Liberty, Century, Flair, Concord, Paddle Wheel u. Telarc. Schrieb eine Biographie von → Buddy Rich.
Lit.: It Wasn't All Velvet, N. Y. 1988; The Other Side of the Rainbow, N. Y. 1991[2]
CD: Lulu's Back in Town, Affinity 85; Reunion, Concord 360*

Toro, Yomo, (g, cuatro, comp), * 1933 Ensenada, Puerto Rico. Spielte mit 15 Jahren in der Teenager-Band »Los Quatro Aces«, ging 1956 nach N. Y., spielte dort 15 Jahre mit den Fania All Stars, einer populären Salsa-Gruppe, komponierte Filmmusik für Woody Allen, Ruben Blades, Sesame Street, hatte acht Jahre eigene TV-Show. T. ist der Meister der Jibaro-Musik aus Puerto Rico, die ihren Ursprung in afrikanischen Rhythmen und spanischen Balladen

Yomo-Toro-CD-Cover

des 17. Jh. hat. – Schallplatten mit Soledad Bravo, Eydie Gormé, Harry Belafonte, Ruben Blades, Celia Cruz u. a.; eigene LPs auf Antilles, wo er die Jibaro-Musik mit Flamenco-, Salsa- u. Pop-Elementen mischt.
CD: Gracias, Antilles 882279

Tough, Dave, Davis Jarvis, (d), * 26.4. 1908 Oak Park, Ill., † 6.12.1948 Newark, N. J. War in den 20er Jahren Mitglied der → Austin High School Gang, ging 1927–28 mit George Carhart nach Europa, spielte in N. Y. mit Red Nichols, war einige Jahre wegen Krankheit inaktiv. Ab 1936 bei Tommy Dorsey, Bunny Berigan, Benny Goodman, Jack Teagarden, Joe Marsala, Artie Shaw. 1944–45 in der »First Herd« von Woody Herman. Starb an einem Schädelbruch, den er sich als Folge seines Alkoholismus zugezogen hatte. T. war neben → Jo Jones und → Sid Catlett der bedeutendste Drummer der Swing-Ära; seine Entwicklung reicht von der Chicago-Schule bis zum beginnenden Bebop. Er war wohl der erste »intellektuelle« Jazz-Musiker und schrieb Artikel für Zeitschriften, die ihm nicht immer Freunde einbrachten. – Schallplatten mit Red Nichols, Tommy Dorsey, Bunny Berigan, Artie Shaw, Mound City Blue Blowers, Mildred Bailey, Harry James, Bud Freeman, Benny Goodman, Eddie Condon, Jack Teagarden, Rex Stewart, Flip Phillips, Chubby Jackson, Woody Herman, Bernie Leighton, Red McKenzie u. a.; als Leader vier Titel für Jamboree 1946.

Towner, Ralph N., (g, p, synth, fhr, comp), * 1.3.1940 Chehalis, Wa. Stammt aus musikalischem Elternhaus, begann mit drei Jahren Klavier, mit fünf Jahren Trompete zu spielen. Studierte an der Univ. von Oregon und an der Wiener Musikakademie, spielte während dieser Zeit in Jazz-Gruppen, aber auch mit klassischen Kammerorchestern. Ging 1969 nach N. Y., spielte dort mit Jimmy Garrison, Jeremy Steig 1969–71, Paul Winter, Weather Report 1971, Gary Burton. Gründete die Gruppe → Oregon, die zu einer der wichtigsten Gruppen der 70er und 80er Jahre wurde. Seit die Gruppe nicht mehr ständig zusammenarbeitet, verfolgt er auch eigene Projekte, tritt mit → John Abercrombie im Duo auf, auch wieder mit Gary Burton. – Schallplatten mit Oregon, Weather Report (»I Sing the Body Electric«, CBS), John Abercrombie, Azimuth, Eberhard Weber, Egberto Gismonti, Gary Burton, Jan Garbarek, Kenny Wheeler, Trilok Gurtu, Vince Mendoza; eigene LPs für ECM.
CD: Solstice, ECM 1060

Traditioneller Jazz, ein Sammelbegriff für die »klassischen« Jazz-Stile von der Entstehung des Jazz bis zum Swing, vor allem → New Orleans, → Dixieland u. → Chicago-Stil.

Transcription → Electrical transcription

Transkription, die Umsetzung einer nur auf Schallplatte oder Tonband vorliegenden Musik in Notenschrift. Die Jazz-Forschung bedient sich hierzu von der Musikethnologie entwickelter Methoden, um solche Aufzeichnungen festzuhalten. Eine schriftliche Fixierung war im frühen

Jazz nicht vorhanden, spätere → Arrangements und Kompositionen enthalten natürlich nicht die (improvisierten) Soli, deren Transkription unerläßlich ist, will man die Techniken und Spielweisen eines Musikers analysieren. T. sind auch erforderlich, um historische Arrangements nachzuspielen (Remake).

Beispiele: Glen Gray auf Capitol, Aufnahmen des → American Jazz Orchestra, Philly Joe Jones' Dameronia, Billy May (Time-Life).

CD: Paul Kuhn & SDR-Big Band, Hansa 21110672

Travis, Nick, Nicholas Anthony Travescio, (tp, vtb), * 16.11.1925 Philadelphia, † 7.10.1964 N. Y. Nach Studium an der Mastbaum School ab 1942 in den Bands von Johnny McGhee, Vido Musso, Woody Herman, Ray McKinlay, Benny Goodman, Jerry Wald, Gene Krupa, Bob Chester, Ina Ray Hutton, Les Elgart, Tommy Dorsey, Tex Beneke. In den 50er Jahren bei Elliot Lawrence, dem Sauter-Finegan-Orchester und in Show-Bands am Broadway. Spielte ab 1957 bei NBC; Auftritte mit Thelonious Monk u. Gerry Mulligan. Exzellenter Solist u. Satzführer. – Schallplatten mit Woody Herman, Ray McKinley, Sauter – Finegan, Bill Holman, Dave Jacobs, Elliot Lawrence, Billy Byers, Cohn – Sims, Manny Albam, Gerry Mulligan, Les Elgart, Al Cohn, Buddy Rich – Gene Krupa, Cannonball Adderley, George Romanis, Chico O'Farrill, Gene Krupa, Eric Dolphy, Quincy Jones, George Williams, Stan Getz, Zoot Sims u. a.; als Leader eine LP für RCA.

Trend Records, L. A., 1954 von Albert Marx gegründet, veröffentlichte LPs von Dave Pell, Jerry Fielding, Claude Thornhill, den Hi-Lo's, Bobby Short, Ernie Andrews u. a. Wurde 1977 als Sub-Label von → Discovery reaktiviert, zunächst für Direct-to-Disc-LPs und digitale Aufnahmen, u. a. von Shelly Manne, Tommy Tedesco, Frank Marocco, Bob Cooper, Bob Florence, Gerald Wilson, Russ Garcia.

Trio, **1.** ein Musikstück für drei Stimmen, instrumental oder vokal; **2.** ein Ensemble aus drei Musikern. Berühmte Trios im Jazz sind das Benny-Goodman-T. mit cl – p – d, einer Instrumentierung, die schon aus dem New Orleans Jazz bekannt ist (Johnny Doods, Jimmie Noone), das Nat-King-Cole-T. (p – g – b), das Oscar-Peterson-T. (p – g – b bzw. p – b – d) und die Jimmy Giuffre Three (cl/ts – p – g oder cl/ts – g – b oder cl/ts – tb – g).

Tristano, Lennie, Leonard Joseph, (p, comp), * 19.3.1919 Chicago, † 18.11. 1978 N. Y. Der als Kind bereits schwachsichtige und mit 28 Jahren völlig erblindete T. lernte Klavier, Cello, Klarinette und Saxophon. Spielte in Chicago in einer Rumba-Band Tenor, ging 1946 nach N. Y., gründete ein Trio mit Billy Bauer (g) und Leonard Gaskin (b), das er 1949 zum Sextett erweiterte mit → Lee Konitz und → Warne Marsh. Arbeitete ab 1951 meist als Lehrer und trat nur noch selten auf.

T. war eine der Zentralfiguren des → Cool Jazz. Seine harmonischen Erweiterungen, kontrapunktischen Satzgestaltungen, eine lineare Melodik, die Einbeziehung der Atonalität und eine freie Improvisation gehen allerdings über den Cool weit hinaus und nehmen spätere Stile vorweg, nachzuvollziehen in Aufnahmen wie »Progression«, »Subconscious-Lee«, »Crosscurrent«, »Intuition«, »Digression« (1949). – T. ist auf Schallplatten zu hören mit Chubby Jackson, Dizzy Gillespie, den Metronome All Stars, Sarah Vaughan; eigene Aufnahmen für Keynote, RCA, Baronet, Disc, Prestige**, Capitol*, Atlantic, aus dem Nachlaß erschienen Live-Aufnahmen auf Spotlite, IAJRC, East-Wind u. a.

Lit.: F. Billard, L. T., Montpellier 1988; J. W. Susat, Discographie of the Uncompromising L. T., Menden 1986

LP: Crosscurrents, Affinity 149; Subconscious-Lee, OJC 186***

CD: The New Tristano, Atlantic 80475-2

Trombone → Posaune

Trompete (trumpet, Abk. tp), im Klassischen Jazz das Hauptinstrument der Melodiegruppe. Hervorgegangen aus der mittelalterlichen Busine, wird in der heute üblichen Form mit drei Ventilen seit 1816 gebaut. Im Jazz meist in B-Stimmung gebraucht, hat die T. die Lead-Stimme in der klassischen Jazz-Band mit ausgeprägter anrufender Grundhaltung. Diese führende Funktion hat sie auch in der Brass Section der → Big Band beibehalten. Im frühen Jazz, bis zum Ende der 20er Jahre, wurde anstelle der T. meist das → Kornett verwendet.

Zwei Trompeter haben im Jazz entscheidende Maßstäbe gesetzt: → Louis Armstrong im Traditionellen und → Dizzy Gillespie im Modernen Jazz. Des weiteren sind zu nennen: King Oliver, Bix Beiderbecke, Muggsy Spanier, Jabbo Smith, Tommy Ladnier, Rex Stewart, Cootie Williams, Bunny Berigan, Harry Edison, Bobby Hackett, Buck Clayton, Charlie Shavers, Harry James, Hot Lips Page, Ziggy Elman, Roy Eldridge für den Traditionellen Jazz bzw. Swing und Fats Navarro, Howard McGhee, Clifford Brown, Kenny Dorham, Chet Baker, Art Farmer, Conte Candoli, Freddie Hubbard, Lee Morgan, Clark Terry, Miles Davis, Woody Shaw, Jon Faddis, Wynton Marsalis, Tom Harrell, Terence Blanchard, Wallace Roney für die modernen Spielarten. Die Baßtrompete, im Klang der Ventilposaune ähnlich, hat sich nicht durchgesetzt, obwohl sie in Cy Touff einen vorzüglichen Solisten fand (Aufnahmen mit Woody Herman 1954–56 u. eigene LPs für Pacific Jazz, Argo). Außerdem: Johnny Mandel, Mike Zwerin (»Sextet of Orch. USA«, Bluebird).

LP: The Jazz Trumpet, Vol. 1, Prestige 24111; Vol. 2, Prestige 24112; Tootin' Through the Roof, Onyx 209 u. 213

CD: Trumpet Royalty, Vintage Jazz VJC 1009-2; Great Trumpets, Bluebird ND 86753; To Diz With Love, Telarc 83307

Trumbauer, Frankie, (c-melody-sax, as), * 30.5.1901 Carbondale, Ill., † 11.6.1965 K. C. Wuchs in St. Louis auf, lernte u. a. Violine, Posaune u. Flöte, konzentrierte sich dann aber auf das mit dem Tenor-Sax verwandte C-Melody-Sax. Spielte 1924 mit Phil Napoleon und Red McKenzie, leitete 1926 in St. Louis eine Band mit → Bix Beiderbecke. Mit diesem bei Jean Goldkette; ging 1927 zu → Paul Whiteman. Blieb bis 1936, hatte dann eigene Bands, zog sich aber Mitte der 40er Jahre von der Musik zurück und arbeitete als Pilot.

T. gilt allgemein als der wichtigste weiße Saxophonist der 20er Jahre, sein Einfluß auf weiße und schwarze Musiker (z. B. Lester Young) wird von vielen bestätigt. Seine musikalische Übereinstimmung mit Beiderbecke produzierte den eindrucksvollsten weißen Jazz dieser Zeit. So sind etwa die besten Aufnahmen von Bix Beiderbecke unter der nominellen Leitung von T. zu finden. – Schallplatten mit den Sioux City Six, den Chicago Loopers, Red McKenzie, Phil Napoleon, Jean Goldkette, Paul Whiteman, Red Nichols, Joe Venuti, Jack Teagarden, Three Ts (T. und die Teagarden-Brüder); als Leader für Okeh, Brunswick, Columbia, Victor, Variety, Capitol.

CD: Golden Age of Bix Beiderbecke, EMI MFP 6046

Trumpet → Trompete

Trumpet Piano Style (Trompeten-Klavier-Stil), ein von → Earl Hines entwickelter Klavierstil, der als Imitation von → Louis Armstrongs Trompetenstil gilt und sich durch melodisches (hier als Gegensatz zum akkordischen) Spiel auszeichnet.

Tuba (tu), Bügelhorn in Baßlage. Die Baßtuba in F oder Es hat einen Tonumfang von A_1 bis a^1, die Kontrabaßtuba in C oder B reicht von Es_1 bis es^1: Im Jazz wurde sie bis Ende der 20er Jahre als Baßinstrument gespielt, danach aus stilistischen Gründen vom → Baß ersetzt. Bekannte Tubaspieler aus dieser Zeit: June Cole, Pete Briggs, Ralph Escudero. In den 40er Jahren wurde die T. im Orchester von → Claude Thornhill als zusätzliche Klangfarbe eingesetzt, danach auch im »Capitol«-Orchester (Miles Davis). Als Solisten im modernen Jazz sind zu nennen: Red Callender, Ray Draper (Aufnahmen 1958 mit John Coltrane), Howard Johnson, Jim Self, Pinguin Moschner, Bob Stewart.

CD: Ray Draper, Prestige u. Roulette; Jim Self, Discovery 886; European Tuba Quartet, FMP 1200

Turner, Big Joe, Joseph, (voc), * 18.5. 1911 Kansas City, † 23.11.1985 Inglewood, Calif. Sang schon mit 14 Jahren in Bars in K. C., traf dort → Pete Johnson und trat mit ihm im Duo auf. Nach einem Auftritt in der Carnegie Hall 1938 (→ From Spirituals to Swing) wurden sie überregional bekannt. In den 50er Jahren nahm T. für → Atlantic eine Reihe von LPs auf, die ihn an die Spitze der R&B-Künstler brachten, mit Titeln wie »Shake, Rattle and Roll« u. »Chains of Love«. In dieser Zeit hätte er ein Rock-Star werden können, wäre er nicht schwarz und schon zu alt gewesen. War bis in die späten 70er Jahre aktiv, ein Vertrag mit dem Pablo-Label machte den »Boss of the Blues« einer neuen Generation bekannt. –

Schallplatten mit Pete Johnson, Albert Ammons, Count Basie, Benny Waters, Axel Zwingenberger, Joe Sullivan, Johnny Otis, Wynonie Harris; als Leader für Vocalion, Decca, Savoy, Aladdin, Arhoolie, MGM, Freedom, Atlantic, Coral, Bluesway, Blues Time, Kent, Black & Blue, Pablo, Vagabond.
LP: Big Joe Rides Again, Atlantic 790668-1
CD: With Pete Johnson, Arhoolie 333

Turner, Joe, Joseph H., (p, voc), * 3.11.1907 Baltimore, Md., † 21.7. 1990 Paris. Nicht verwandt mit Big Joe Turner. Leitete in den 20er Jahren eine Band in Harlem mit u. a. Jimmy Harrison. Begleitete in den 30er Jahren die Sängerin Adeliade Hall, verbrachte einige Zeit in Europa. Kehrte nach dem Krieg dorthin zurück und lebte bis zu seinem Tod in Paris. T. war ein → Stride-Pianist in der Tradition von James P. Johnson und Fats Waller. – Schallplatten mit Louis Armstrong, Adeliade Hall, Freddie Jenkins, Frank »Big Boy« Goodie, Cat Anderson, Stuff Smith; unter seinem Namen ab 1936 für Ultraphone, EMI, Vogue, Tell, »77«, MPS, Black & Blue, Pablo, Chiaroscuro.
CD: Sweet & Lovely, Vogue 21115072

Turre, Steve, (tb, b, comp), * 12.9. 1947 Omaha, Nebr. Wuchs in San Francisco auf, begann mit zehn Jahren Posaune zu spielen. Lernte 1968 → Roland Kirk kennen, trat mit ihm im Raum San Francisco auf, war 1975–77 festes Mitglied in dessen Gruppe. Studierte 1968–69 an der North Texas State Univ., spielte ab 1970 mit Van Morrison, Santana, Ray Charles, Art Blakey, Jon Faddis, Jones – Lewis Big Band, Chico Hamilton u. Woody Shaw. Ab 1979 in N. Y. bei Cedar Walton, Lester Bowie, John Blake, in Latin-Bands und hatte eigene Gruppe mit Hilton Ruiz. War 1987 in der Band zur Feier des 70. Geburtstages von Dizzy Gillespie, tourte mit dessen United Nations Orch. Tritt regelmäßig mit Hugh Masekela, den Leaders und den Timeless All Stars auf.
T. gehört zu den talentiertesten Posaunisten der jüngeren Generation. Zu seinem Markenzeichen gehört das Spiel auf verschiedenen Seemuscheln. – Schallplatten mit Roland Kirk, Art Blakey, Chico Hamilton, Pharoah Sanders, Jerry Gonzales, Cecil Bridgewater, Hal Singer, Lester Bowie, Woody Shaw, Cedar Walton, Archie Shepp, Bob Stewart, Dizzy Gillespie, Fred Wesley, Larry Gales, McCoy Tyner, Ralph Moore, Slide Hampton, Vanessa Rubin u. a. Leitet auch ein Zwei-Posaunen-Quintett mit Robin Eubanks. CDs als Leader für Stash u. Antilles.
CD: Right There, Antilles 510040-2

Turrentine, Stanley William, (ts), * 5.4.1934 Pittsburgh, Pa. Lernte erst Cello, dann Tenor-Sax. Ging auf Tournee mit Lowell Fulson 1951–52, war 1952 bei Tadd Dameron und 1953–54 gemeinsam mit seinem Bruder Tommy (tp, * 22.4.1928) bei Earl Bostic. Nach dem Wehrdienst 1959–60 bei Max Roach. Spielte dann bei → Shirley Scott, mit der er bis 1971 verheiratet war. T. ist ein versierter Hard-Bop-Solist in der

Stanley Turrentine

Tradition von Gene Ammons und Sonny Rollins, wenn auch seine LPs seit den 70er Jahren reichlich kommerziell sind. – Schallplatten mit Lowell Fulson, Earl Bostic, Max Roach, Shirley Scott, Les McCann, George Benson, Jimmy Smith, Art Taylor, Donald Byrd, Freddie Hubbard, Abbey Lincoln, Gene Harris, Horace Parlan, Ike Quebec; als Leader für Time, Blue Note, Impulse, CTI, Fantasy, Limelight.
CD: Joyride, BN 84201

Two Beat, stilistische Eigenart des Traditionellen Jazz (Two Beat Jazz), bei dem nur der erste und der dritte Grundschlag von der Baßtrommel (Bass Drum) und vom Baß wiedergegeben werden, während die übrigen Rhythmusinstrumente alle vier Schläge spielen. Im → Swing vom Orch. → Jimmie Luncefords beibehalten.

Two Beat Jazz, alternative Bezeichnung für den → Traditionellen Jazz.

Tyner, McCoy Alfred, Sulaimon Saud, (p, comp), * 11.12.1938 Philadelphia, Pa. Mutter war Pianistin. T. erhielt erste Einflüsse von den Powell-Brüdern (→ Bud u. Richie), die in der Nachbarschaft wohnten. Gründete mit 15 Jahren die erste Band, spielte dann mit Cal Massey. Ging 1959 zum Jazztet von Art Farmer und Benny Golson, 1960 für fünf Jahre zu → John Coltrane, der in dieser Zeit das wohl einflußreichste Quartett der Jazz-Geschichte leitete, woran T. maßgeblich beteiligt war. Leitete ab 1966 eigenes Trio, arbeitete auch mit Ike u. Tina Turner, Jimmy Witherspoon u. a. In den 70er Jahren mit Quartett auf Tournee, mit Sonny Fortune bzw. Azar Lawrence (as), später auch mit John Blake (vln). Trat 1978/79 mit den Milestone All Stars auf, leitet seit 1980

McCoy Tyner

auch Big Band. T. gehört neben John Coltrane und → Elvin Jones zu den Neuerern der 60er Jahre. Er stellte der Funktionsharmonik das → modale Konzept gegenüber und erweiterte damit die improvisatorischen Freiräume des Solisten. – Schallplatten mit dem Jazztet, John Coltrane, Bobby Hutcherson, Curtis Fuller, Frank Morgan, Freddie Hubbard, Hank Mobley, Joe Henderson, Jackie McLean, John Blake, Lee Morgan, Lou Donaldson, Ron Carter, Tony Williams, Stéphane Grappelli, Wayne Shorter, Milestone All Stars, Special EFX; als Leader für Impulse, Atlantic, Blue Note, Milestone, Paddlewheel, CBS, Timeless, Denon, Palo Alto, Musician, Enja, Chesky, ARC, Red Baron, Sweet Basil, Birdology.

CD: The Real McCoy, BN 84264; Uptown – Downtown, Milestone MCD 9167-2

U

Ulmer, James »Blood«, (g, fl, voc), * 2.2.1942 St. Matthews, S. C. Erste Erfahrungen in einer Gospel-Gruppe als Kind, später meist in R&B-Bands. 1971 nach N. Y., U. spielte in Minton's Playhouse, kurz mit Art Blakey, dann bei Paul Bley, Larry Young und Joe Henderson. Studierte und spielte bei → Ornette Coleman, ab 1980 mit eigenem Trio.
U.'s Musik ist eine Fusion aus (elektrischem) R & B mit dem → Free Jazz, wechselweise als »Punk Jazz«, »Free Funk« und → »No Wave« etikettiert. – Schallplatten mit Ornette Coleman, Larry Young, John Patton, Joe Henderson, Arthur Blythe, G. C. Weston, David Murray, Ronald Shannon Jackson, Jamaaladeen Tacuma, Phalanx, Rochester/Veasley Band; als Leader für Blue Note, Artists House, CBS, Moers Music, Caravan of Dreams, DIW.
CD: Original Phalanx, DIW 8013; Knitting Factory Tours, Enemy 121
Unabhängige Labels → Indies
Unisono, bedeutet, daß zwei oder mehr Instrumente in gleicher Tonhöhe oder im Oktavabstand spielen: Im → Bebop z. B. wird das Thema von den Blasinstrumenten vorgetragen, zurückgehend auf Anregungen von → Budd Johnson und → Oscar Pettiford.
United Artists Records, 1957 in N. Y. von der gleichnamigen Filmfirma gegründet, 1967 von der Transamerica Corp. gekauft, erwarb Liberty und Imperial, wurde von → EMI übernommen. LPs von Bill Potts, Bob Brookmeyer, Art Farmer, Cecil Taylor, Gerry Mulligan, Johnny Mandel u. a.
United Jazz & Rock Ensemble, 1975 von → Wolfgang Dauner in Stuttgart gegründet, unternahm ab 1977 Tournee in der Besetzung Wolfgang Dauner, Volker Kriegel (g), Eberhard Weber (b), Albert Mangelsdorff (tb), Charlie Mariano, Barbara Thompson (sax), Ack Van Rooyen, Ian Carr (tp), ab 1979 auch mit Kenny Wheeler. – Schallplatten auf Mood Records, einem zunächst nur für diese Band gegründeten Label.
UJRE → United Jazz & Rock Ensemble
Urbaniak, Michal, (vln, lyricon, sop, ts, comp), * 22.1.1943 Warschau. Studium an der Musikakademie in Warschau, spielte dann mit Zbigniew Namyslowsky, Andrzej Trzaskowski, Krysztof Komeda, ab 1965 mit eigener Band, dabei Urszula Dudziak (voc), seine spätere Frau. Übersiedelte 1973 in die USA, dort Fusion-Band, in der er einen Violin-Synthesizer u. das Lyricon, ein synthesizergesteuertes Rohrblattinstrument, spielt. – Schallplatten mit Billy Cobham, Horace Parlan, BLU, Larry Coryell, Paul Bley, Vladislav Sendecki, Miles Davis, Christoph Spendel; als Leader für Muza, Spiegelei, MPS, Columbia, Arista, Catalyst, Milan.
CD: Take Good Care of My Heart, Steeplechase 1195
Urso, Phil, Phillip, (ts), * 2.10.1925 Jersey City, N. J. Spielte Klarinette

mit 13 Jahren, studierte dann in Denver. Ging 1947 nach N. Y., spielte dort bei Elliot Lawrence 1948–50, Woody Herman 1951, Terry Gibbs, Miles Davis 1952, Oscar Pettiford 1953, bei Chet Baker 1953. Arbeitete dann in lokalen Gruppen in Denver, 1959–60 bei Ernie Ross in Las Vegas. Lebt und arbeitet als Musiker u. Lehrer in Denver. U. ist ein unterschätzter Solist der Lester-Young-Schule. – Schallplatten mit Bill Triglia, Elliot Lawrence, Jerry Fielding, Chet Baker, Jomar Dagron, Woody Herman, Oscar Pettiford; als Leader für Savoy/Regent, Pacific, Jazz, Legacy, Spinster.
CD: Chet Baker, Fresh Sound 168

V

Van Damme, Art, (accor), * 9.4.1920 Norway, Mich. Wuchs in Chicago auf, studierte Klavier und Akkordeon. Erster Job bei Ben Bernie 1941, mit Combos in Chicago, 1946 beim Sender NBC. Ab 1947 eigenes Quintett, welches sich durch die klangliche Verbindung von Akkordeon und Vibraphon großer Beliebtheit erfreute, wenn auch der größte Teil seiner Schallplatten recht kommerziell ist. – Aufnahmen für Capitol, Columbia, MPS, Sonic Arts, Great Music, Pausa.
CD: Singers Unlimited with A. v. D., MPS 831373-2

Vance, Dick, Richard Thomas, (tp, comp), * 28.11.1915 Mayfield, Ky. Lernte Violine und Trompete, spielte 1932–34 bei Frank Terry, 1935 bei Lil Armstrong, ab 1936 in N. Y. bei Fletcher Henderson, Kaiser Marshall, Willie Bryant, Chick Webb. In den 40er Jahren bei Eddie Heywood, Don Redman und Charlie Barnet, arrangierte für Cab Calloway, Glen Gray, Don Redman, Ella Fitzgerald, Billy Eckstine, Sarah Vaughan, Harry James, Lena Horne, Count Basie und Duke Ellington (z. B. »Ellington '55«, Capitol). – Spielte in der letzten Henderson-Band (Sextet, 1950), war 1953 mit Don Redman auf Tournee, leitete Gruppe mit Taft Jordan und im → Savoy Ballroom, in den 70er und 80er Jahren freelancing. – Schallplatten mit Fletcher Henderson, Chick Webb, Ella Fitzgerald, Mary Lou Williams, Al Hall, Sid Catlett, Cyril Haynes, Paul Quinichette, Billy Kyle, Earl Bostic, La Vern Baker, Fred Norman, Mildred Bailey; als Leader eine LP für Sue.
CD: Fletcher Henderson Sextet, RST 91537-2

Vanguard Records, 1950 von Maynard u. Seymour Solomon gegründet, hat neben Folk-, Bluegrass-, Blues- und Rock-Titeln ab 1954 einen beachtlichen Jazz-Katalog aufgebaut, aus dem die von John Hammond produzierten LPs mit Mainstream Jazz herausragen (Buck Clayton, Vic Dickenson, Jimmy Rushing u. a.). Veröffentlichte in den 70er Jahren wegweisende Fusion-LPs, etwa von → Larry Coryell u. → »Oregon«. 1986 an die Welk Music Group verkauft.

Van Rooyen, Ack, (tp, flh), * 1.1. 1930 Den Haag. Studierte am Konservatorium in Den Haag 1946–49, spielte dann im Arnheimer Symphonie-Orch., während seiner Wehrdienstzeit in der Luftwaffen-Band. Dann mit verschiedenen Orchestern auf Tournee in der BRD, Dänemark u. Schweden. Arbeitete 1957–59 in Paris, 1960–66 in Berlin beim SFB-Orch., leitete Sextett mit Herb Geller, spielte 1967–78 bei Erwin Lehn in Stuttgart, auch bei Peter Herbolzheimer, Wolfgang Dauner und den German All Stars. 1975 Gründungsmitglied des → United Jazz & Rock Ens. Seitdem als Freelancer, Lehrauftrag in Den Haag und Hilversum. Spielte mit zahlreichen international bekannten Musikern. – Auf Schallplatten ist sein lyrisches Spiel zu

hören bei Aufnahmen mit Joerg Reiter, → CBBB, UJRE, Peter Herbolzheimer, Slide Hampton, Eberhard Weber, Hans Koller, Toots Thielemans, Charlie Antolini, Klaus Weiss, Barbara Dennerlein, Kenny Clarke, Bert Kaempfert, Christian Chevalier u. a. Sein Bruder Jerry leitete die WDR-Big Band.
CD: Colores, Koala 970341
Variation, die Veränderung einer Melodie. Dies kann in komponierter oder improvisierter Weise geschehen, und zwar in tonaler, harmonischer, rhythmischer oder intonatorischer Hinsicht.
Variety Records → Master
Varsity Records, N. Y., 1939 von Eli Oberstein, einem ehemaligen RCA-Produzenten, gegründet, der außerdem noch die Labels Elite (1941), Hit (1942), Majestic (1945), Royale und Philharmonia besaß und schon 1930 das kurzlebige Crown-Label gegründet hatte, für welches Fletcher Henderson Aufnahmen einspielte. Auf V. erschienen Titel von Van Alexander, Jack Teagarden, Harry James, Frank Trumbauer, den Varsity Eight u. a. Reissues auf → Savoy.
Vasconcelos, Nana, (perc, voc), * 12.8. 1944 Recife, Brasilien. Begann mit zwölf Jahren Bongos und Maracas zu spielen, später Schlagzeug, in den 60er Jahren in Rio de Janeiro bei Milton Nascimento. Wurde 1971 von Gato Barbieri entdeckt, der ihn in die USA brachte. Arbeitete zwei Jahre später in Europa, u. a. mit Don Cherry und Egberto Gismonti, kehrte in die USA zurück, ist aber häufig in Europa auf Tournee. – Schallplatten mit Pat Metheny, der Gruppe Codona, Gato Barbieri, Egberto Gismonti, Jan Garbarek, Enrico Rava, Colin Walcott, Gary Thomas, Jeremy Steig, Mark Helias, Trilok Gurtu, Mordy Ferber, Pierre Favre, Arild Anderson, Nana Simopoulos, Marcello Melis, Fredy Studer, Caetano Veloso, Eliane Elias u. a.; als Leader für ECM, Red, Soul Note u. Antilles.
CD: ECM 1147
Vaudeville (frz.), eine Form der Bühnenunterhaltung, die im 19. Jh. in England in Music Halls und in den USA auf Wanderbühnen dargeboten wurde. Dabei handelt es sich um eine Reihe von Einzeldarbietungen aus Tanz, Akrobatik, Liedvortrag und → Minstrelsy mit der Karikatur des Schwarzenmilieus. Vaudeville ist die wohl älteste Form der darstellenden Kunst in Amerika, auch heute noch zu finden. Die Künstler des → Klassischen Blues traten häufig in Vaudeville-Shows auf, weshalb man auch vom Vaudeville-Blues spricht.
Lit.: Douglas Gilbert, American Vaudeville, It's Life and Times 1880–1930, N. Y. 1940; Charles W. Stein (ed.), American Vaudeville, As Seen By It's Contemporaries, N. Y. 1984
Vaughan, Sarah Lois, (voc, p, org), * 27.3.1924 Newark, N. J., † 3.4.1990 Hidden Hills, Calif. Sang in ihrer Jugend im Kirchenchor und spielte Orgel. Gewann einen Talentwettbewerb im → Apollo-Theater und wurde von → Billy Eckstine → Earl Hines empfohlen, in dessen Band sie sang und zweites Klavier spielte (1943). Ging 1944 in die neue Band

von Eckstine, war 1945–46 kurz bei John Kirby. Arbeitete dann als Solistin mit eigenem Trio. Nahm in den 40er Jahren an Platten-Sessions der Bebop-Avantgarde teil, legte in den 50er und 60er Jahren meist sehr kommerzielle Produktionen vor (natürlich gedrängt von den Plattenfirmen), zog sich 1972 für fünf Jahre zurück, konnte in ihren letzten Jahren aber immer wieder ihre Qualitäten als Jazz-Sängerin beweisen. Gehört als solche in eine Reihe mit Ella Fitzgerald, Billie Holiday und Anita O'Day. Von ihrem Stimmumfang her konnte sie manche Opernsängerin in den Schatten stellen. – Schallplatten mit Dizzy Gillespie, Tony Scott, John Kirby, Dickie Wells, Georgie Auld, Teddy Wilson, Count Basie, Billy Eckstine, Duke Ellington, Clark Terry, Oscar Peterson; unter ihrem Namen für Continental, Musicraft, Columbia, Mercury, Roulette, Mainstream, Pablo.

Lit.: D. Brown, S. V., A Discography, 1991; L. Gourse, Sassy, The Divine One, Edinburgh 1992

CD: Time & Again, Musicraft 61; Live, Mercury 832572-2

V-Discs (Victory-Discs), Schallplatten, die im Auftrag der US-Army 1942–48 als eine Art Truppenbetreuung hergestellt wurden. Die Platten waren nicht zum Verkauf bestimmt, und die betreffenden Künstler, Verleger und Plattenfirmen mußten ganz oder teilweise auf Tantiemen etc. verzichten. Alle Platten hatten 30 cm Durchmesser (12") und waren mit wenigen Ausnahmen aus Kunststoff (Vinylit). Pro Seite enthielt die

Die Original »V-Discs« gehören heute zu den gesuchtesten Sammlerstücken.

Platte zwei Titel oder einen entsprechend längeren (bis sechs Minuten). Neben den Army-V-Discs gab es anfänglich auch Navy-V-Discs, die aber bald wieder eingestellt wurden.

Das Musikmaterial der V. läßt sich in drei Gruppen einteilen:

1. Neupressungen bereits vorhandener Industrieplatten, meist aus den Katalogen von RCA und Columbia, die auch die Platten preßten; allerdings wurden manchmal abweichende → Takes verwendet,
2. Aufnahme-Sessions speziell für V., sie bildeten den größten Teil des Repertoires,
3. Mitschnitte von Live-Auftritten durch → AFRS.

Das Repertoire der V. reichte von der Unterhaltung über Jazz bis zur klassischen Musik. Das Jazz-Programm betreute George T. Simon, Mitarbeiter der Zeitschrift »Metronome«. Insgesamt wurden 904 Platten veröffentlicht, die letzte Ende 1948. Dann wurden die Matrizen vernichtet, und ein Stück Kulturge-

schichte ging zu Ende, welches ironischerweise ohne den Krieg nie geschrieben worden wäre.
Für die Jazz-Geschichte sind die V. aus mehreren Gründen besonders interessant. Einmal sind hier Musiker gemeinsam auf Schallplatten zu hören, die aus vertraglichen Gründen sonst nicht zusammenkommen konnten, zum anderen sind es Dokumente aus der Zeit des → Recording Ban, der für V. nicht galt, da es sich ja um eine »patriotische« Sache handelte.
Lit.: R. A. Sears, V-Discs, A History and Discography, Westport, Conn. 1980 (+ Ergänzungsband 1986)
LP: V-Disc Collection, Fonit Cetra
CD: B. Goodman, Vintage Jazz VJC 1001-2; Red Norvo, VJC 1005-2; T. Dorsey, V-Disc Session 1944, Hep CD 40

Vee-Jay Records, Chicago, 1953 von **V**ivian Carter und **J**ames Bracken gegründet, veröffentlichte seitdem ein umfangreiches Repertoire an Blues-, R&B- und Gospel-Titeln. Zu den Jazz-Interpreten gehören u. a. Vic Feldman, Bill Marx, Eric Dolphy, Frank Strozier, Wynton Kelly, John Young, Yusef Lateef, Wayne Shorter, Lee Morgan, Harry Edison, Ann Richards, Bill Henderson, Eddie Harris.
A & R: Calvin Carter, Al Smith, Ewart Ebner.
Sub-Labels: Falcon, Abner, Tollie.

Ventura, Charlie, Charles Venturo, (ts, as, bar), * 2.12.1916 Philadelphia, † 17.1.1992 Atlantic City. Erster Name-Band-Job bei Gene Krupa 1942–43, 1944 bei Teddy Powell, 1944–46 nochmals bei Gene Krupa, hatte 1946–47 eine eigene Big Band, 1947–49 Combo mit Conte Candoli, Bennie Green, Buddy Stewart, Jackie Cain & Roy Kral (»Bop for the People«), spielte 1951 im Quartett mit Buddy Rich, Chubby Jackson u. Marty Napoleon, ab 1952 mehrmals bei Krupa, auch eigene Combos in Las Vegas. V. war ein Hawkins-inspirierter Swing-Solist, der mit seinen Gruppen den Bebop populär machte, ihn selbst aber nie verinnerlicht hat. – Schallplatten mit Gene Krupa, JatP, Timme Rosenkrantz, Neal Hefti, Jackie Gleason, Teddy Wilson, Metronome All Stars, Dizzy Gillespie, »Saturday Night Swing Session«; als Leader für Sunset, Commodore, Black & White, Savoy, Imperial, National, Verve, Decca*, RCA, Brunswick, Baton, Tops, King, Famous Door.
*CD: A C. V. Concert, MCA MCAD 42330**

Venuti, Joe, Giuseppe, (vln), * 16.9. 1903 Philadelphia, † 16.8.1978 Seattle, Wa. Jugendfreund des Gitarristen Eddie Lang (1902–33). Erste Jobs in Hotels in Atlantic City, 1924 kurz bei Red Nichols, leitete Jean Goldkettes Book-Cadillac Orch. und spielte mit einer Reihe von wichtigen Bands der 20er Jahre, u. a. Jean Goldkette, Roger Wolf Kahn, Adrian Rollini u. Broadway Shows, mehrmals auch eigene Band mit Lang. Ging 1929 zu Paul Whiteman (Film: »King of Jazz«), hatte 1935 eigene Big Band (mit Kay Starr und Barrett Deems [d]). Arbeitete in den 40er Jahren als MGM-Studiomusiker, Anfang der

50er Jahre mit eigener Band in Bing Crosbys Radio-Show. Trat in seinen letzten Jahren als gefeierter Solist bei Festivals und bei Dick Gibsons Jazz Party auf, mit der N. Y. Jazz Repertory Co. und mit eigenem Quartett, aktiv bis zuletzt, trotz Alkoholismus und Krebs. – V. gehört zu den wenigen bedeutenden Jazz-Geigern, war darüber hinaus eine exzentrische Persönlichkeit, deren Späße noch immer Stoff für zahlreiche Anekdoten abgeben. – Schallplatten mit Jean Goldkette, Paul Whiteman, Red McKenzie, Frankie Trumbauer, Red Nichols, Phil Napoleon, Bix Beiderbecke, Hoagy Carmichael, Adrian Rollini, Dorsey Bros., Charles La Vere; bes. hervorzuheben sind seine Duette mit Eddie Lang, die Aufnahmen seiner »Blue Four« (für Okeh) und das »Venuti – Lang All Star Orch.« (Vocalion, 1931, mit Benny Goodman, Jack Teagarden); außerdem für Columbia, Banner, Regal-Zonophone, Decca, Tempo, Crystalette, Grand Award, Golden Crest, Ovation, MPS, Jump, Durium, Halcyon, Ricordi, Chiaroscuro, EMI, Sonet, Denon.

CD: Venuti – Lang, BBC 644

Verse, der Einleitungsteil eines populären → Songs oder einer Ballade, als Unterschied zum → Chorus. Der letztere besteht meist aus 32 Takten, während der V. eine unregelmäßige Taktzahl haben kann. (→ Lied)

Verve Records. 1944 begann Norman Granz mit der Organisation von Jam Sessions (→ JatP). Mitschnitte davon sowie Studio-Sessions erschienen zunächst auf Mercury u. a. La-

Clef war ein Vorläufer von → Verve

bels, bis er 1951 »Clef« und »Norgan« gründete, die 1957 unter dem neuen Label »Verve« zusammengefaßt wurden. Granz schloß 1950 mit → Charlie Parker einen Exklusivvertrag ab und veröffentlichte Schallplatten von Oscar Peterson, Lester Young, Billie Holiday, Stan Getz, Roy Eldridge, Art Tatum, Lionel Hampton, Louis Armstrong, Dizzy Gillespie, Ella Fitzgerald u. v. a. 1961 wurde V. an → MGM verkauft und ist damit heute Teil des Polygram-Konzerns. Die Produktion wurde zunächst von Creed Taylor fortgesetzt, dem z. B. die Bossa-Nova-LPs von Stan Getz zu verdanken sind. Als Ende der 60er Jahre die Neuproduktion eingestellt wurde, hatte V. einen der besten Jazz-Kataloge der Welt vorzuweisen. Seit 1987 Neuaufnahmen, außerdem wird der Back-Katalog in der von Polygram bekannten Art (Auskoppeln, Umkoppeln, Kaputtkoppeln) für CD ausgewertet.

Lit.: M. Ruppli/Bob Porter, The Clef/ Verve-Labels, Westport, Conn. 1983 (D); CD: For Musicians Only, Verve 837435-2

Vibraphon (vib, vibes), Musikinstrument, ähnlich dem → Xylophon, besteht aus einer Reihe von Leichtmetallplatten verschiedener Länge, unter denen verschieden lange Resonanzrohre zur Verstärkung angebracht sind. An deren Ende befinden sich Klappen, die, von einem Elektromotor angetrieben, rotieren und so die Röhrenenden abwechselnd verdecken und freigeben. Dadurch entsteht ein Wechsel der Lautstärke. Die Schwingungsdauer kann mit einem Fußhebel geregelt werden. Zu den ersten Musikern, die das V. spielten, gehörten Adrian Rollini und → Lionel Hampton (erste Aufnahme 1931 mit Louis Armstrong: »Memories of You«). Weitere bedeutende Musiker: → Red Norvo, → Terry Gibbs, → Cal Tjader, → Gary Burton, → Milt Jackson, → Karl Berger, Gust W. Tsilis, → Steve Nelson. Zwei bedeutende Combos des modernen Jazz sind in ihrer Klangwirkung vom V. abhängig: das George Shearing Quintet und das → Modern Jazz Quartet.

✓ *CD: Jazz Club: Vibraphone, Verve 840034-2*

Vick, Harold, (ts, sop, fl), * 3.4.1936 Rocky Mount, N. C. Begann mit neun Jahren Klavier zu spielen, später Tenor-Sax in der High-School-Combo. Studierte Psychologie und Soziologie, spielte nebenher in Tanzorchestern und R&B-Bands. V. ist ein expressiver Hard-Bop/Funk-Solist, der meist mit eigenen Gruppen auftritt. – Schallplatten mit Jack McDuff, Abbey Lincoln, Milt Jackson, Larry Willis, McCoy Tyner, Charles Tolliver, Walter Bishop, Grant Green u. a.; als Leader für Blue Note, RCA, Encounter und Muse.

CD: A. Lincoln with H. Vick, Enja 6012

Video-Juke-Box → Jazz im Film

Vienna Art Orchestra → Matthias Rüegg

Vinnegar, Leroy, (b), * 13.7.1928 Indianapolis, Ind. Schulfreund von → Carl Perkins, lernte autodidaktisch Baß und Klavier. Begann als Pianist in lokalen Gruppen, ab 1952 Gigs mit Charlie Parker, Sonny Stitt u. Bill Russo in Chicago. Ließ sich 1954 in L. A. nieder, spielte dort mit Stan Getz, Pete Candoli, Shelly Manne (1955–56) und Chico Hamilton, 1959–61 bei Joe Castro (Europatournee). 1964 Japantournee mit All-Star-Band. Sehr gefragter Studiomusiker, dessen → Walking Bass auf Hunderten von LPs zu hören ist, u. a. mit Stan Getz, Buddy DeFranco, Shorty Rogers, Cy Touff, Dexter Gordon, Stan Levey, Serge Chaloff, Herb Geller, Frank Morgan, Shelly Manne, Buddy Collette, Chet Baker, Terry Gibbs, Benny Carter, Bill Perkins, Teddy Edwards, Sonny Rollins, Howard McGhee, Les McCann, Gerald Wilson, Joe Castro, Vic Feldman, Gerry Mulligan/Ben Webster, Cedar Walton, Conte Candoli, Harold Land, Helen Humes, Gary LeFebvre; als Leader für Contemporary, Vee Jay, Legend, PBR Int.

LP: Leroy Walks, OJC 160 (+ CD)

Vinson, Eddie »Cleanhead«, (as, voc), * 18.12.1917 Houston, Tex., † 2.7.1988 L. A. Erster Job bei Chester Boone in Houston, ging dann auf Tournee mit Milt Larkin, spielte bei Floyd Ray bis 1941, dann bei Cootie Williams, wo er seinen Durchbruch hatte mit »Cherry Red« u. »Somebody's Got to Go«. Arbeitete mit eigener Big Band 1945–47, dann mit Sextett. 1954 erneut bei Cootie Williams für vier Monate, dann wieder mit eigenen Gruppen, allerdings jahrelang relativ unbeachtet. Erste Europatournee 1969, deren Erfolg zu regelmäßigen Auftritten führte, so 1970 mit Johnny Otis, 1972 mit Count Basie u. a., eine Folge des neu erwachten Interesses am Blues. – V. war ein von Charlie Parker beeinflußter Altsaxophonist und ein humorvoller Blues-Shouter. Komponierte »Kidney Stew«, »Alimony Blues« und die Miles Davis zugeschriebenen Titel »Four« und »Tune Up«. – Schallplatten mit Cootie Williams, Clark Terry, Count Basie, Big Joe Turner, Etta James, Cannonball Adderley, Jeannie & Jimmy Cheatham, Milt Jackson, Roomful of Blues; als Leader für Mercury, King, Bethlehem, Riverside*, Bluesway, Black & Blue, Blues Time, Mega, Buddah, Black Lion, Riff, Blues Spectrum, Pablo, Fantasy.

*CD: Cleanhead & Cannonball, Landmark 1309**

Violine (vln), das bekannteste der Streichinstrumente, entstand in der heute gebräuchlichen Form, d. h. mit vier Saiten in der Stimmung d^1, a^1, e^1, e^2, im 16. Jh. Im Jazz spielte sie wegen ihrer geringen Lautstärke, die sich gegen Blasinstrumente nicht durchsetzen kann, nie eine große Rolle. Trotzdem haben sich einige Musiker mit diesem Instrument behaupten können: in den 20er Jahren → Joe Venuti, in den 30er Jahren → Stuff Smith, Eddie South u. Stéphane Grappelli; → Ray Nance bei Duke Ellington seit 1941. Im zeitgenössischen Jazz haben Jean-Luc Ponty und Zbigniew Seifert mit der elektrisch verstärkten V. wesentliche Beiträge zu deren Emanzipation geleistet, in jüngerer Zeit Leroy Jenkins, Didier Lockwood, Billy Bang, Joe Kennedy und John Blake. In der Fusion-Musik sind Sugarcane Harris und Jerry Goodman zu nennen.

Lit.: S. Gläß, Die Rolle der Violine im Jazz, Bern 1993

CD/LP: Hot Violin, BBC 680; D. Ellington, Jazz Violin Session Atlantic 1688; Blake – Urbaniak – Lockwood, Gramavision 8608-2

Violoncello (Abk. Cello), Streichinstrument mit der Stimmung C, G, d, a und der Form einer übergroßen Violine. Das V. fand im Jazz aus ähnlichen Gründen wie die Violine kaum Verbreitung, erst in den 40er Jahren haben es Harry Babasin und Oscar Pettiford als Soloinstrument entdeckt und als Zweitinstrument neben dem → Baß gespielt. Mitte der 50er Jahre spielte es Fred Katz im Chico Hamilton Quintet. Zu nennen sind noch Keeter Betts, Ray Brown, Ron Carter, Sam Jones, Eberhard Weber, Abdul Wadud, Hank Roberts, Jean-Charles Capon, David Darling, Gregg Gottlieb.

Vitous, Miroslav Ladislav, (b, g, comp), * 6.12.1947 Prag. Lernte Violine und Klavier als Kind, begann mit 14 Jahren Baß zu spielen. Studierte am Konservatorium in Prag, spielte dort mit Jan Hammer (p) und seinem Bruder Alan (d) im Trio. Erhielt ein Stipendium für die Berklee School 1966–67. Ging dann nach N. Y. und arbeitete mit Art Farmer, Freddie Hubbard, Clark Terry – Bob Brookmeyer, Miles Davis und Stan Getz, 1970–71 bei Herbie Mann. War Gründungsmitglied von → Weather Report, blieb bis 1973. Zog dann nach L. A., spielte mit Airto Moreira und ab 1976 mit eigenen Gruppen, bis 1983 mit John Surman, Jon Christensen und John Taylor. Lehrt seit 1979 am New England Conservatory of Music, wurde 1983 Leiter des Jazz-Departments. V. ist ein virtuoser Solist, der neben dem Kontrabaß auch einen für ihn konstruierten zweihalsigen E-Baß verwendet, eine Kombination von Gitarre und Baß. – Schallplatten mit Chick Corea, Weather Report, Terje Rypdal, Herbie Mann, Jack DeJohnette, Steve Marcus, Mordy Ferber, Wayne Shorter, Bireli Lagrene, Phillippe Petit u. a.; als Leader für Embryo, Epic, Freedom, Arista, Warner Bros. und ECM.

CD: Miroslav, Freedom 741040

Vocalese, im Jazz die Hinzufügung von Texten zu einem vorher nur als Instrumental bekannten Titel bzw. Solo. Das älteste bekannte Beispiel stammt von Marion Harris, die 1934 einen Text zu den Soli von Bix Beiderbecke und Frank Trumbauer in »Singing the Blues« sang. Erhielt Bedeutung im → Bebop, entwickelt von Eddie Jefferson, King Pleasure, Annie Ross (Wardell Grays »Twisted«), Jon Hendricks bzw. Lambert, Hendricks & Ross.

In der europäischen Musik bedeutet V. allerdings das genaue Gegenteil, nämlich den wortlosen Gesang, vergleichbar dem → Scat (z. B. Rachmaninow, Vocalise, Op. 34 Nr. 14).

Vocal Groups (Gesangsgruppen), beruhen im Jazz auf einer homophonen Harmonik. Die weltlichen Formen gehen zurück auf die → Barbershop-Gruppen, die geistlichen sind zuerst in → Spiritual-Quartetten zu finden. Im Jazz und der populären Musik entstanden sie etwa gleichzeitig mit der Ausweitung der klassischen Jazz-Band zur → Big Band, d. h. mit der Funktion eines Instrumentalsatzes. Entsprechend populär waren solche V. im → Swing, z. B. die Boswell Sisters, Andrews Sisters, Smoothies, Mel-Tones, Pied Pipers, Modernaires, Merry Macs, King Sisters, Mills Brothers, Dinning Sisters. Die schwarzen V. gingen den Weg in den R & B, wie die Basin Street Boys, die Charioteers, The Charms, The Larks, The Drifters u. a. Erst im → Bebop und danach haben sich einige V. des → Scat-Gesangs angenommen, zuerst Dave Lambert – Buddy Stewart. In den 50er Jahren erregte die Gruppe »Lambert, Hendricks and Ross« mit Vokalfassungen bekannter Jazz-Standards Aufsehen. In den 50er Jahren haben die → »Four Freshmen« und die → »Hi-Lo's« neue Standards gesetzt. In den 70er

Jahren entstanden die »Singers Unlimited« (Nachfolger der Hi-Lo's), die (sehr überschätzten) »Manhattan Transfer«, aus jüngerer Zeit sind zu nennen »The Ritz«, »Rare Silk«, die »New York Voices« und »Take Six«. (→ Vocalese)

Lit.: Vladimiro Lupi, Vocal Groups in Modern Jazz, Ferrara 1986; Philip Groia, They All Sang on the Corner, N. Y. City's R & B Vocal Groups of the 50s, Branchport, N. Y. 1979

CD/LP: Lambert, Hendricks and Ross, Sing a Song of Basie, Impulse AS-83; Four Freshmen, Capitol EMS-1152; The Vocal Group Album, Savoy SJL 2241; Mel Tormé & Mel-Tones, Musicraft MVSCD-60

Vogue (Disques Vogue), wurde im Jahre 1948 von u. a. Charles Delaunay gegründet und entwickelte sich in den 50er Jahren zu einem der wichtigsten europäischen Jazz-Labels, auf dem sowohl französische als auch amerikanische Musiker veröffentlicht wurden, so Sidney Bechet, Clifford Brown, Mezz, Mezzrow, Gerry Mulligan, Lionel Hampton, Roy Eldridge, Duke Jordan, Earl Hines, Milt Jackson u. a. Um 1960 wurde die Jazz-Produktion eingestellt, und 1992 wurde das Label an BMG verkauft. Sub-Label: Jazz Selection.

Lit.: M. Ruppli/C. Delaunay, Vogue Productions, Paris 1992

Von Schlippenbach, Alexander, (p, comp), * 7.4.1938 Berlin. Studierte Klavier und Komposition, spielte als Schüler Blues und Boogie Woogie, kam über Thelonious Monk und Bud Powell zum modernen Jazz und war in den frühen 60er Jahren einer der ersten abstrakten (d. h. free) Musiker in Deutschland. War 1963 bei Gunter Hampel, 1964–67 im Manfred-Schoof-Quintett, gründete in dieser Zeit sein → »Globe Unity Orch.«, das erste großorchestrale Free-Jazz-Orchester, welches aber nur zu Konzerten, Tourneen und Schallplattenaufnahmen zusammenkommt. Leitete in den 70er Jahren Quartett mit Evan Parker, spielte auch als Solist, im Duo mit Sven-Åke Johannsen (d) und im Trio. V. S. gehört zu den Pionieren der europäischen Jazz-Avantgarde, seine Musik enthält Einflüsse von Charlie Parker und Thelonious Monk ebenso wie von Cecil Taylor und Arnold Schönberg. Er unterrichtet seit 1971 in Berlin. – Schallplatten mit Mario Schiano, Manfred Schoof, Peter Brötzmann, RAI Big Band; als Leader und mit dem GUO für MPS, Enja, FMP, Po-Torch.

LP: GUO '73 Live in Wuppertal, FMP 0160; Jelly Roll, FMP SAJ 31; Berlin Contemporary Jazz Orch., ECM

Voodoo, eine Mischreligion aus Katholizismus und verschiedenen westafrikanischen Kulten. Auf den Karibischen Inseln und im Süden der USA heute noch verbreitet mit → New Orleans als Zentrum. Seit 1946 in den USA als Religion anerkannt. V. (oder »Santeria« in spanischsprachigen Ländern) ist im Grunde eine afrikanische Religion, mit dem Ursprung im Ju-Ju-Zauber aus Dahomey. Die Westafrikaner, zum Christentum gezwungen, verwoben den

Katholizismus mit ihrer animistischen Religion, um ihren verbotenen Kult unter dem Deckmantel des Christentums weiter ausüben zu können. Ihre Zeremonien nannten sie »voudou«, was in der westafrikanischen Fon-Sprache »Gott« oder »Schutzgeist« bedeutet. Dabei wird zur Trommelbegleitung rituell getanzt unter Verwendung von Amuletten aus Vogelfedern, Schlangenhäuten, Tierknochen u. a. sowie bestimmten rhythmischen Phrasen. Angeblich wurde der kubanische Conga-Trommler → Chano Pozo, der bei → Dizzy Gillespie spielte, ermordet, weil er solche Rhythmen profanierte. Eine verwässerte Form des V., vieler religiöser Inhalte beraubt und zu einer »Do-it-yourself-Magie« verkommen, wird »Hoodoo« genannt.

Lit.: R. Tallant, Voodoo in New Orleans, N. Y. 1962

CD: Perez Prado, Voodoo-Suite, Bear Family 15463 (ex-RCA)

W

Waldhorn (french horn, Abk. fhr), Blechblasinstrument (ital. corno) in Form einer mehrfach gewundenen Messingröhre mit Kesselmundstück und ausladendem Schalltrichter in F- und B-Stimmung. Im Jazz zuerst von → Claude Thornhill und → Boyd Raeburn als zusätzliche Klangfarbe eingesetzt, in dieser Funktion auch bei Harry James, Glenn Miller (AAFB), dem Capitol Orch. (Miles Davis), Gil Evans und Stan Kenton. In den 50er Jahren sind Julius Watkins, John Graas und David Amram damit solistisch hervorgetreten, im zeitgenössischen Jazz sind Tom Varner, Sharon Freeman, Richard Todd und Vincent Chaney zu nennen.
CD: R. Todd, GM 3015

Waldron, Mal, Malcolm Earl, (p, comp), * 16.8.1926 N. Y. Studierte Klavier und Altsax am Queen's College, spielte ab 1949 bei Big Nick Nicholas, Ike Quebec, auch Rock 'n' Roll Bands, 1954–57 bei Charles Mingus, mit Lucky Thompson, Lucky Millinder, Gigi Gryce. War 1957–59 bei Billie Holiday, nach deren Tod mit Quintett in N. Y., spielte 1960–62 bei Abbey Lincoln u. Max Roach, ab 1965 in Europa, meist in der BRD oder in Italien. Komponierte Film- u. Ballettmusiken, u. a. »Sweet Love Bitter«. – Schallplatten mit Kenny Burrell, Pepper Adams, Gene Ammons, Jackie McLean – Herbie Mann, Billie Holiday, »Jazz Percussion«, Charles Mingus, Paul Quinichette, Art Farmer, Cecil Payne, Kansas Fields, Marion Brown, Betty Blake, Ike Quebec, Emmett Davis, Barney Wilen, Teddy Charles, John Coltrane, Bennie Green, Teo Macero, Thad Jones, Varetta Dillard, Frank Wess, Eric Dolphy, Booker Ervin, Ron Carter, Dusko Gojkovich, Benny Bailey, Eldee Young, Kimiko Kasai, Jackie McLean, Klaus Weiss, Steve Lacy u. a.; als Solist bzw. mit Trio bis Quintett für Prestige, MMO, Bethlehem, Karim, Impulse, MPS, ECM, Catalyst, Futura, Black Lion, Enja, Horo, America, Alpha, Timeless, IDA u. Evidence.
Lit.: A. Mathiesen, M. W. – A Black Artist, Dänemark 1990 (D)
CD: Moods, Enja 3021
ⓥ: At the Village Vanguard, MKJ 00002

Walking Bass (etwa: spazierender Baß), wird die Verklanglichung der vier Zählzeiten durch den → Baß genannt. Dabei folgen die Baßtöne so in Viertelnoten, daß ein »schreitender« Effekt entsteht. Die Bezeichnung wurde erstmals für die Baßfiguration des → Boogie Woogie gebraucht. Ein typischer W.-B.-Spieler ist → Leroy Vinnegar.

Wallace, Bennie, (ts), * 18.11.1946 Chattanooga, Tenn. Spielte in seiner Jugend in R&B- und Country-Bands, studierte Klarinette an der Univ. von Tennessee. Ging 1971 nach N. Y., spielte mit Monty Alexander u. Sheila Jordan. Eigenes Trio mit Glen Moore (b) u. Eddie Moore (d), später Eddie Gomez u. Dannie Richmond (1978). Spielt häufig in Europa, so mit George Gruntz 1979

und der NDR-Big Band 1981. W. ist ein origineller Stilist, der die Musik der Saxophongiganten (Ben Webster, Charlie Parker, Lester Young, Eric Dolphy u. a.) zu einer eigenen Sprache verarbeitet, vergleichbar Sonny Rollins in den 50er Jahren. – Schallplatten mit Flip Phillips/Scott Hamilton, Nancy King, George Gruntz, Franco Ambrosetti, Mose Allison; als Leader für Enja, Blue Note und Denon.
CD: Mystic Bridge, Enja 4028

Waller, Fats, Thomas Wright, (p, org, voc, comp), * 21.5.1904 N. Y., † 15.12.1943 K. C. Hatte als Kind Klavierstunden und lernte von → James P. Johnson. Spielte als 15jähriger Orgel in Kinos und als Begleiter von Blues-Sängerinnen. Nahm 1922/23 erste Titel als Piano- und Orgel-Solist auf. Spielte 1925 bei Erskine Tate, begann zu komponieren, arbeitete mit dem Texter Andy Razaf zusammen, u. a. für die Show »Connie's Hot Chocolate«. Besuchte 1932 Frankreich. Gründete 1934 ein Sextett (»F. W. & His Rhythm«), das sich durch seinen humorvollen Gesang und seine satirische Behandlung von Tagesschlagern ein großes Publikum sicherte. Dabei u. a. Herman Autrey bzw. John Hamilton (tp), Gene Sedric (ts, cl), Al Casey (g), Cedrick Wallace (b), Slick Jones (d). Trat später auch mit Big Band auf und nutzte das Sextett als »Band within the Band«. Besuchte 1939 London und komponierte dort seine »London-Suite«. Sein früher Tod ist die Folge seines exzessiven Lebensstils und eines Schaffensrausches, der uns Klassiker wie den »Jitterbug Waltz«, »Ain't Misbehavin'«, »Honeysuckle Rose« u. »Blue Turning Grey Over You« bescherte. Als Pianist war W. ein Vertreter des → Stride-Stils, den er aber wesentlich verfeinerte und mit größerer rhythmischer Intensität spielte. Er beeinflußte damit so unterschiedliche Pianisten wie Count Basie, Thelonious Monk, Erroll Garner und Joe Zawinul. – Schallplatten mit Sarah Martin, Anna Jones, Caroline Johnson, Maude Mills, Hazel Myers, Alberta Hunter, Juanita Chappelle, Bert Howell, Adelaide Hall, Bennie Payne, Perry Bradford, Fletcher Henderson, Morris Hot Babies, Louisiana Sugar Babies, Lee Wiley, Benny Carter, McKinney's Cotton Pickers, Ted Lewis, Jack Teagarden, Eddie Condon, »Jam Session at Victor«, Rhythm Makers, Little Chocolate Dandies; unter seinem Namen für Okeh, ab 1926 für RCA-Victor/Bluebird, komplett auf LP wiederveröffentlicht. Überspielungen seiner Klavierwalzen erschienen auf Biograph.
Lit.: Ed Kirkeby, Ain't Misbehavin', N. Y. 1966 (Reprint 1978); P. Machlin, The Music of F. W., Boston 1985; A. Shipton, F. W., His Life and Times, Tunbridge Wells 1988; L. Wright, Fats in Fact, Chigwell 1992
CD: Piano Solos, Bluebird ND 82482; Fats & His Buddies, Bluebird ND 90649; Last Years, Bluebird ND 90411

Wallington, George, Giacinto Figlia, (p, comp), * 27.10.1924 Palermo, Sizilien, † 15.2.1993 N. Y. Sohn eines Opernsängers, kam als Kind in die

USA, hatte Privatstunden und spielte mit 15 Jahren in lokalen Bands in Brooklyn und Greenwich. Spielte 1944 in der ersten Dizzy-Gillespie-Combo auf der → Fifty-second Street. War dann bei Georgie Auld, Allan Eager, Charlie Parker und Red Rodney; 1953 mit Lionel Hampton auf Europatournee. 1955–56 Quintett mit Donald Byrd, Jackie McLean (bzw. Phil Woods), Paul Chambers und Art Taylor. Zog sich 1957 von der Musik zurück, trat aber 1985 beim Kool-Festival auf und spielte zwei Schallplatten ein. Gehört zu den ersten weißen Bebop-Pianisten, komponierte »Lemon Drop« und »Goodchild«. – Schallplatten mit Brew Moore, Kai Winding, Gerry Mulligan, Tommy Talbert, Bobby Jaspar, Al Cohn, Serge Chaloff, Allan Eager, Terry Gibbs, Zoot Sims, Stan Getz, Annie Ross, Phil Woods u. den Metronome All Stars; als Leader für Savoy, Prestige, Vogue, Blue Note, Norgran, Progressive, Atlantic, East West, Denon.
CD: Virtuoso, Denon 35C38-7248; Jazz for the Carriage Trade, Prestige 7032

Walrath, Jack Arthur, (tp, flh), * 5.5. 1946 Stuart, Fla. Studierte bis 1968 an der Berklee School, spielte dann mit der R&B-Gruppe Chance, mit Glenn Ferris 1969–71 und war 1971–72 mit Ray Charles auf Tournee. Hatte dann div. Engagements, u. a. in Latin-Bands, und war von 1974–79 bei → Charles Mingus. Spielt seitdem mit eigenen Gruppen, in denen der Mingus-Einfluß nicht zu überhören ist. – Schallplatten mit Charles Mingus, Ray Charles, Charlie Persip, Dannie Richmond, Ricky Ford, Mike Clark, Spirit Level, Lou Rawls, Bob Nell; unter seinem Namen für Gatemouth, Stash, Red, Blue Note, Muse.
CD: Master of Suspense, BN BLJ 46905; Wholly Trinity, Muse 600621

Walton, Cedar Anthony Jr., (p, comp), * 17.1.1934 Dallas, Tex. Mutter war Klavierlehrerin; hatte erste Jobs in R&B-Band, 1955 in N. Y., 1956–58 Militärdienst in der BRD, ab 1959 wieder in N. Y., u. a. bei Gigi Gryce, Lou Donaldson, J. J. Johnson, Art Blakey. Eigenes Trio ab 1964, spielte mit Houston Person und begleitete Abbey Lincoln. Tritt meist mit eigenem Trio oder Quintett auf, ist wegen seiner Qualitäten als Begleiter ein sehr gefragter Session-Musiker. Sein von Bud Powell beeinflußtes Spiel ist auf zahlreichen LPs zu hören – u. a. bei Aufnahmen von Art Blakey, J. J. Johnson, Abbey Lincoln, Lee Morgan, Benny Golson, Billy Higgins, Clifford Jordan, Dave Pike, Frank Morgan, Hank Crawford, Eddie Harris, James Spaulding, Hank Mobley, Jimmy Heath, Joe Henderson, David Williams, Johnny Griffin, Kenny Dorham, Milt Jackson, Pat Martino, Gordon Brisker, Philly Joe Jones, Red Holloway, Houston Person, Slide Hampton, Freddie Hubbard, Steve Grossman, Wayne Shorter, Ray Brown, Blue Mitchell, James Clay, Dexter Gordon, Don Sickler, Christopher Holliday, Guy Fricano, Jon Nagourney, Stephanie Haynes, Judy Niemack, Jay Thomas; als Lea-

der für Criss Cross, Red, Timeless, Prestige, Limetree, Delos, Discovery, RCA, Clean Cuts, Cobblestone, Theresa.
CD: Plays B. Strayhorn, Disc. 955

Walzer (waltz), aus dem Ländler hervorgegangener Rundtanz im 3/4-Takt, später stilisiert in der Kunstmusik: C. M. v. Weber, Berlioz, Chopin, Liszt. Im Jazz wurde er erstmals von Benny Carter aufgegriffen (»Waltzing the Blues«, 20.6.1936), dann von Leonard Feather mit Bobby Hackett (»Jammin' the Waltz«, 10.3.1938) und Fats Waller (»Jitterbug Waltz«, 16.3.1942). Weitere Verbreitung fand der W. erst in den 50er und 60er Jahren (→ Hard-Bop), als die Verwendung ungerader Taktmaße nicht mehr ungewöhnlich war, z. B. Charles Mingus (»Mingus Ah-Um«, CBS), Max Roach (»Jazz in 3/4«, Mercury) u. John Coltrane (»My Favorite Things«, Atlantic).

Ware, Wilbur, (b), * 8.9.1923 Chicago, † 9.9.1979 Philadelphia. Lernte als Kind Banjo, später Schlagzeug, Gitarre und Baß. Erste Gigs mit Amateurgruppen, Ende der 40er Jahre dann mit Big Bill Broonzy, Sidney Bechet, Stuff Smith, Sonny Stitt u. a. Hatte Anfang der 50er Jahre eigene Combo, arbeitete in Chicago mit Thelonious Monk, Eddie Vinson und ging 1956 mit Art Blakey auf Tournee. Ließ sich in diesem Jahr in N. Y. nieder und spielte mit Buddy DeFranco, J. R. Monterose und 1957–58 mit Thelonious Monk, für den er der ideale Bassist war. Wegen Drogenproblemen konnte er seine Karriere nicht fortsetzen, mußte längere Zeit pausieren, spielte in den 60er Jahren mit Blue Mitchell und Sonny Rollins, in den 70er Jahren wieder mit Thelonious Monk, aber auch Hank Mobley, Paul Jeffrey und Clifford Jordan. – Schallplatten mit Thelonious Monk, Ernie Henry, Johnny Griffin, Lee Morgan, Hank Mobley, Sonny Rollins, Gerry Mulligan, Blue Mitchell, Clifford Jordan, John Coltrane, J. R. Monterose, Kenny Drew, Kenny Dorham, Sonny Clark, Zoot Sims, Walt Dickerson u. a.; als Leader eine LP für Jazzland, eine weitere mit Don Cherry blieb unveröffentlicht.
CD: Chicago Sound, OJCCD 1937-2

Warner Brothers Records, 1958 gegründet von der gleichnamigen Filmfirma, um deren Soundtracks zu vermarkten; nahm in den 50er und 60er Jahren auch eine Reihe von Jazz-LPs auf, u. a. von Paul Desmond, Chico Hamilton, Morris Nanton, Jim Timmens, Ruby Braff, Matty Matlock, Fred Katz, Trombones, Inc. (→ WEA)

Warren, Earl Ronald, (as, voc), * 1.7. 1914 Springfield, Ohio. Leitete eigene Combo in Springfield, war bei Marion Sears und hatte Big Band in Cincinnati. 1937–45 Lead-Alto bei → Count Basie (auch als Balladensänger), nochmals dort 1949–50. Arbeitete dann als Musical Director der Apollo- und Howard-Theater in N. Y., mit Eddie Heywood, als Freelancer und unternahm mehrere Tourneen mit → Buck Clayton. War 1972 mit der »Jazz from a Swinging Era«-Show in Europa, 1976 bei Lionel Hampton, trat mit Basie-Alumni-

Gruppen auf und in den 80er Jahren nochmals kurz in der Basie-Band. W. wird vor allem als Satzführer der klassischen Basie-Band in Erinnerung bleiben, für die er u. a. »Tom Thumb«, »Circus in Rhythm«, »Rocking the Blues« und »Wiggle Woogie« schrieb. – Schallplatten mit Count Basie, Harry James, Billie Holiday, Hot Lips Page, Sir Charles Thompson, Buck Clayton, Milt Buckner, Louis Jordan, Lester Young, Ernie Wilkins, Buddy Tate, Lionel Hampton, Teri Thornton, Erskine Hawkins, »Session At Riverside«; als Leader eine Session mit der Basie-Band für Savoy (P: Clyde Hart), außerdem Aufnahmen für Diamond, Antler sowie eine LP für RCA.
CD: L. Young, Savoy Recordings, Savoy

Washboard (Waschbrett), ein normales Waschbrett, über dessen Oberfläche mit den Fingernägeln (evtl. mit Fingerhut) rhythmisch entlanggestrichen wird. Es wurde in Ermangelung »richtiger« Instrumente als Perkussionsersatz bei → Rent-Parties, → Skiffle-Gruppen u. ä. verwendet. Die W.-Bands der schwarzen Folklore sind daneben noch mit anderen »primitiven« Instrumenten wie → Kazoo, → Jug u. a. besetzt. Bekannte W.-Spieler, die meist auch noch Schlagzeug spielen konnten, waren Jaspar Taylor, Jimmy Bertrand, Washboard Sam (Robert Brown). Namhafte W.-Bands waren die W. Rhythm Kings, die W. Rhythm Boys, Alabama W.-Stompers und Jimmy Bertrand's W. Wizards.
LP: Washboard Doc, L&R 42010

Washington, Dinah, eigentl. Ruth Jones, (voc), * 29.8.1924 Tuscaloosa, Ala., † 14.12.1963 Detroit. Gewann mit 15 Jahren Amateurwettbewerb im Regal-Theater in Chicago, arbeitete daraufhin in der Garrick Bar, wo sie von Joe Glaser entdeckt und Lionel Hampton empfohlen wurde, der ihr den Künstlernamen D. W. gab. Erste Platten 1943 mit Sidemen aus der Hampton-Band (»Evil Gal Blues«). Sie arbeitete ab 1946 als Solistin, begleitet von Jazz-Musikern wie Kenny Drew, ihrem zeitweiligen Ehemann Eddie Chamblee, Joe Zawinul u. a. Bei Schallplattenaufnahmen arbeitete sie mit den Orchestern von Gerald Wilson, Tab Smith, Cootie Williams, Teddy Stewart, Quincy Jones, Ernie Wilkins, Hal Mooney u. a. In ihrem Gesang verschmolz sie ihre Gospelherkunft mit Jazz und dem besseren Teil der populären Musik und war damit eine (unerreichte) Vorgängerin von Esther Phillips und Aretha Franklin. – Schallplatten mit Lionel Hampton, Lucky Thompson, Brook Benton; unter ihrem Namen für Keynote, Apollo, Mercury/EmArcy, Roulette.
Lit.: J. Haskins, Queen of the Blues, N. Y. 1987
CD: Complete on Mercury

Washington, Grover Jr., (ts, as, sop, bar, cl, b, p, comp), * 12.12.1943 Buffalo, N. Y. Stammt aus einer musikalischen Familie, hatte Unterricht an der Wurlitzer School of Music, spielte Bariton-Sax in der High School und 1959–63 mit den Four Clefs. Nach dem Wehrdienst bei Charles Earland, Johnny »Hammond« Smith und Randy Weston sowie mit Rock-Gruppen. Nahm in den 70er Jahren eine Reihe von Fusion-Alben auf, die unglaublich erfolgreich waren, wie z. B. »Inner City Blues« (Kudu), obwohl diese Mischung aus Disko-Pop und Soul nach Jazz-Kriterien reiner Schund ist. W. ist ein technisch vorzüglicher Musiker, dessen Wurzeln in der Tradition von Coleman Hawkins, Ben Webster, Wardell Gray und Sonny Rollins zu suchen sind. – Schallplatten mit Dexter Gordon, Dave Grusin, Bob James, Eric Gale, Lonnie Smith, Billy Cobham, Randy Weston, Don Sebesky, Idris Muhammed, Kenny Burrell u. a.; als Leader für Kudu und Elektra/Asylum.

LP: K. Burrell – G. W. Quintet, Blue Note 85106

Waters, Benny, Benjamin, (ts, as, sop, cl), * 23.1.1902 Brighton, Md. Erster Job bei Charlie Miller in Philadelphia 1918–21, studierte dann in Boston Klavier und Harmonielehre und war 1925–32 bei Charlie Johnson, in den 30er Jahren bei Fletcher Henderson, Benny Carter, Hot Lips Page; spielte 1941–42 bei Jimmie Lunceford, hatte dann eine eigene Band in N. Y. und 1944–48 in Kalifornien. Arbeitete 1949 mit Jimmy Archey, ging mit diesem nach Europa, ließ sich in der Schweiz und 1955 in Paris nieder; spielte mit Bill Coleman, Jacques Butler und amerikanischen Gästen wie Billy Butterfield, Dick Cary, Teddy Wilson u. a. W. war 1993 im Alter von 91 Jahren (!) immer noch aktiv. – Schallplatten mit King Oliver, Clarence Williams, Charlie Johnson, Hot Lips Page, Claude Hopkins, Jimmie Lunceford, Dieter Antritter, Eggy Ley, Benno Walldorf, Big Joe Turner u. a.; als Leader für President, Homère, L & P Ton, Promophone, Kenneth, CBS, Vogel, Muse, Stomp Off.

Lit.: B. W., The Key to a Jazzy Life, Paris 1985

CD: Hearing Is Convincing, Muse

Watkins, Julius, (fhr, comp), * 10.10. 1921 Detroit, † 4.4.1977 Short Hill, N. J. Begann mit neun Jahren Waldhorn zu spielen, hatte ersten Job bei Ernie Fields 1933–36, studierte aber dann noch drei Jahre an der Manhattan School of Music. Spielte 1949 in der Milt Buckner Big Band, in den folgenden Jahren auch bei Pete Rugolo, Oscar Pettiford, Johnny Richards und George Shearing. Hatte 1956–59 eigene Combo mit Charlie Rouse, Les Jazz Modes. Trat 1965 und 1971 mit Charles Mingus auf und arbeitete als Studiomusiker. W. war der erste Musiker, der den Bebop auf das Waldhorn übertragen konnte. – Schallplatten u. a. mit Pete Rugolo, Art Farmer, Mat Mathews, Thelonious Monk, Curtis Fuller, Milt Jackson, Benny Golson, Benny Bailey, Jazz Comp. Orch., Randy Weston, Blue Mitchell, Cal Massey, Clark Terry, Gil Evans, Gil Melle, Miles Davis, Jimmy Heath, John Coltrane, McCoy Tyner, Oscar Peterson, Phil Woods, Quincy Jones, Stan Kenton, Tadd Dameron, Oscar Pettiford, Johnny Richards; unter seinem Namen bzw. mit Les Jazz Modes für Blue Note, Dawn, Atlantic u. Philips.

LP: Th. Monk, MONK, OJC 016 (+ CD)

Watrous, Bill, William Russell II., (tb, comp), * 8.6.1939 Middletown, Conn. Sohn eines Posaunisten. War 1956–60 in einer Army-Band, arbeitete dann in N. Y. als Studiomusiker und spielte mit Roy Eldridge, Johnny Richards, Quincy Jones, Woody Herman und Count Basie. 1971 Mitglied der Jazz-Rock-Gruppe Ten Wheel Drive, gründete dann Big Band (»Manhattan Wildlife Refuge«) und – nach seiner Übersiedlung an die Westküste 1976 – »Wildlife West«. Arbeitet als Filmkomponist und Lehrer und tritt als Solist auf. W. ist ein brillanter Posaunist mit einer verblüffenden Reichweite über fünf Oktaven. – Schallplatten mit Bill Berry, Johnny Richards, Kai Winding, Tom Kubis, Sue Raney,

Bill Watrous

Gene Harris, Jackie Cain/Roy Kral, Wes Montgomery, Pat Williams, Dave Pell, Jim DeJulio, Arturo Sandoval, Diane Schuur, Nick Brignola, Jimmy Witherspoon, Freddie Hubbard, Clare Fischer, Jack Montrose, Russ Garcia, »Trombone Summit«, Sunnyside Big Band, Lou Rovner u. a.; als Leader für Famous Door, Columbia, Soundwings, Blue Note u. Mole.

CD: Reflections, Soundwings 2104

Watson, Bobby, Robert Michael Jr., (as, sop, cl, fl, p, comp), * 23.8.1953 Lawrence, Ks. Studierte an der Univ. von Miami, ging dann nach N. Y., spielte bei Curtis Fuller und 1977–81 bei Art Blakey (auch als Musical Director). War dann bei George Coleman, Louis Hayes, Sam Rivers, Ricky Ford, Charlie Persip. Gründete eigene Gruppe »Horizon«, ist daneben aber auch Mitglied des »29th Street Saxophone Quartet«. Mitbegründer des »New Note«-Labels. Gehört -zu den eigenständigsten Stimmen des Neo-Bop, bezeichnet seine Musik als »Post Motown Bop«. – Schallplatten mit Art Blakey, Charlie Persip, Bob Belden, Frank Gordon, Carmen Lundy, John Hicks, Peter Leitch, Lou Rawls, Terumasa Hino, Steve Nelson, Joe Williams, Kamal & The Brothers, Sam Rivers, Bill Cosby, Gunther Schuller, Superblue, Wynton Marsalis, Klaus Ignatzek, Don Sickler, 29th Street Sax. Quartet, Louis Hayes; eigene Aufnahmen für New Note, Enja, Red, Hep, Blue Note, Sony.

CD: The Inventor, Blue Note

Watson, Leo, (voc, tb, d, tipple), * 27.2. 1898 Kansas City, † 2.5.1950 L. A.

Wurde bekannt in einer Novelty-Band, den »Spirits of Rhythm«, spielte die Tipple, ein der Ukelele ähnliches Instrument; außerdem war er eine Sensation als → Scat-Sänger. Er konnte spontan Melodien und Texte dazu erfinden, imitierte auch das Posaunenspiel, bevor er das Instrument wirklich erlernte. War 1937 bei Artie Shaw, 1938 bei Gene Krupa (»Nagasaki«), spielte in den 40er Jahren mit Slim Gaillard und als Solist.
W. gehört, trotz seiner kurzen Wirkungszeit und der wenigen Schallplatten, zu den großen Jazz-Vokalisten. – Schallplatten mit den Spirits of Rhythm, Artie Shaw, Gene Krupa, Slim Gaillard, Washboard Rhythm Kings, Joe Marsala; als Leader je eine Session für Decca und Signature.
CD: Spirits of Rhythm, JSP 307
Watters, Lu, Lucious, (tb, voc), * 19.12.1911 Santa Cruz, Calif. Der Pionier des N. O. → Revivals hatte schon 1925 erste eigene Band, spielte in einem Hotel in San Francisco, fünf Jahre mit Carol Lofner auf einem China-Dampfer und in den 30er Jahren im Sweet's Ballroom in Oakland. Organisierte 1940 seine »Yerba Buena Jazz Band«, auf deren Erfolg das neu erwachte Interesse für den Traditionellen Jazz zurückzuführen ist, auch und gerade in Europa. Zog sich 1950 von der Musik zurück und studierte Geologie. Zwei seiner wichtigsten Sidemen haben seine Tradition fortgesetzt: Turk Murphy und → Bob Scobey. – Schallplatten für Good Time Jazz, Jazz Man, Riverside, Down Home, Verve, Homespun; Live-Aufnahmen aus seinem »Dawn Club« in S. F. auf Fairmont.
LP: Dawn Club Favorites, GTJ 12001
Watts, Ernie, Ernest James, (ts, sop, as, fl), * 23.10.1945 Norfolk, Va. Wuchs in Detroit und Wilmington, Del., auf. Studierte am Berklee College, hatte den ersten Job bei Buddy Rich 1966–68. Ließ sich dann in L. A. nieder, arbeitete als Studiomusiker und bei Gerald Wilson, Toshiko Akiyoshi, Wayne Henderson. Afrikatournee mit Oliver Nelson. War Mitglied der »Tonight Show«-Band, widmete sich lange der kommerziellen Musik, stellt aber immer wieder seine Qualitäten als Jazz-Musiker unter Beweis, etwa in Charlie Hadens »Quartet West«. – Schallplatten mit Buddy Rich (»Big Swing Face«, Pacific Jazz), George Cables, Dave Grusin, Anita O'Day, Dizzy Gillespie, Gene Ammons, Lou Rovner, Lee Ritenour, Thelonious Monk, Arturo Sandoval, Tom Scott, Albert King, Charlie Haden, Brian Bromberg, Oscar Castro-Neves, Alphonse Mouzon, Billy Cobham u. a.; als Leader für Pacific Jazz, Vault, Elektra Mus., Qwest, JVC, CTI und GRP.
CD: The Meeting, GRP 9620
Watts, Trevor Charles, (as, sop, p, bcl), * 26.2.1939 York, England. Ist hauptsächlich Autodidakt, studierte aber ein Jahr an der RAF-School of Music. War 1958–63 in RAF-Band, ging nach Entlassung nach London zum New Jazz Orchestra. 1965 Gründungsmitglied des Spontaneous Music Ensemble, 1967 eigene Gruppe Amalgam. Arbeitete 1972 bei Pierre Jarre, 1973 bei Bobby Bradford,

1973–74 bei Stan Tracy; spielte 1972–75 in London mit dem Jazz Comp. Orch., 1976 im T. W. String Ensemble, 1978 in der Universal Music Group, 1982 bei Moiré Music Drum Orch. Arbeitete häufig mit John Stevens u. a. Musikern der New-Jazz-Szene zusammen, erprobte schon früh die Möglichkeiten einer Fusion des Free Jazz mit Rock, aber auch mit Folklore. W. ist Initiator, Komponist, Arrangeur und Hauptsolist des »Moiré Music Drum Orchestra« mit Musikern aus England, Ghana u. Irland. – Schallplatten mit NJO, LJCO, SME, Katrina Krimsky, John Stevens u.a.; eigene Einspielungen für Ogun, Arc, ECM; mit Interjazz auf FMP.

LP: String Ens., Cynosure, Ogun; Amalgam, Over the Rainbow, Arc

Wayne, Chuck, eigentl. Charles Jagelka, (g), * 27.2.1923 N. Y. Spielte Mandoline in einer russischen Balalaikagruppe, wechselte zur Gitarre und war in den 40er Jahren mit Trios auf der → Fifty-second Street zu hören, u. a. Clarence Profit und Nat Jaffe. Spielte 1944 bei Joe Marsala, 1946 bei Woody Herman, 1947 bei Phil Moore und arbeitete 1949–52 mit Barbara Carroll u. George Shearing. Begleitete Tony Bennett 1954–57, danach als Freelancer und beim Sender CBS. Arbeitet als Studiomusiker, Lehrer und Komponist, tritt hin und wieder mit eigenem Trio auf. W. ist ein von → Charlie Christian beeinflußter, aus dem Bebop hervorgegangener Gitarrist. – Schallplatten mit Barney Bigard, Mildred Bailey, Tab Smith, Dizzy Gillespie, Sarah Vaughan, Mike Lo Scalzo, Frank Wess, Slam Stewart, Phil Napoleon, Sonny Berman, Ralph Burns, Woody Herman, Clyde Hart, George Shearing, Gil Evans, Dick Katz, Warren Chiasson, Tony Bennett, Joe Marsala, Helen Humes, Jack Teagarden, Wingy Manone, Sam Most; als Leader für Progressive*, ABC-Paramount, Vik (RCA), Focus, Prestige, Choice (mit Joe Puma).

CD: Jazz Guitarist, Savoy SV-0189; Joe Marsala/Etta Jones, Pickwick 15005*

WEA (Warner-Elektra-Atlantic) ist die Vertriebsorganisation der Warner Communications, in Europa auch das Plattenlabel dieses amerikanischen Konzerns.

Labels: → Atlantic, Elektra Musician, → Warner Bros., → Reprise.

Weather Report → Wayne Shorter, → Joe Zawinul

Weather Update → Joe Zawinul

Webb, Chick, William Henry, (d), * 10.2.1902 Baltimore, Md., † 16.6. 1939 ebenda. Der bucklige, nur 1,30 m große W. ging 1924 nach N. Y. zu Edward Dowell, gründete aber schon zwei Jahre später seine eigene Band, in der u. a. Benny Carter, Johnny Hodges und Jimmy Harrison spielten. Spielte damit in Clubs und Ballrooms in Harlem, machte 1927 erste (nicht veröffentlichte) Plattenaufnahmen. Ab 1934 wurde die Band überregional bekannt und entwickelte sich in den folgenden Jahren zu einer Top-Attraktion. 1935 wurde → Ella Fitzgerald als Sängerin verpflichtet (und adoptiert), unter den Solisten waren nun Taft Jordan (tp),

Sandy Williams (tb), Edgar Sampson (as, arr), Wayman Carver (ts, fl) und sein Jugendfreund John Trueheart (g). W. leitete die Band vom Schlagzeug aus mit einer Dynamik und Virtuosität, die unerreicht blieb. Bei den berühmten → Battles im → Savoy blieb seine Band meist Sieger, sogar die weiße Spitzenband – die Benny Goodmans – mußte sich 1937 geschlagen geben. W. starb an den Folgen seiner Rückenmarkstuberkulose, die Band existierte unter der nominellen Leitung von Ella Fitzgerald noch bis 1942.

Der Einfluß von W. auf die Schlagzeuger seiner Zeit kann kaum überschätzt werden. Gene Krupa, Buddy Rich, Jo Jones, Louis Bellson, Art Blakey, Max Roach, sie alle haben von ihm gelernt. – Schallplatten mit der Jungle Band, Mezz Mezzrow, Jimmy Mundy, Gotham Stompers. Seine Band begleitete 1932 Louis Armstrong und spielte Aufnahmen für Decca und Columbia/Okeh ein.

Lit.: S. Dance, The World of Swing, N. Y. 1980²

CD: Complete, Classics 517

Weber, Eberhard, (b, cello, comp), * 22.1.1940 Stuttgart. Hatte – als Sohn eines Musiklehrers – vom sechsten Lebensjahr an Cellounterricht, spielte ab 1958 in Tanz- und Jazz-Bands Baß. Sang im Horst-Jankowski-Chor, besuchte eine Fotoschule und arbeitete als Autor und Regisseur für TV-Werbung. Arbeitete daneben u. a. mit → Wolfgang Dauner, ab 1972 hauptberuflich in dessen Gruppe Etcetera, 1972–73 im Dave Pike Set, 1973–74 bei Volker Kriegels Spectrum, 1974–82 eigene Gruppe »Colours« mit Charlie Mariano. Seitdem in der Gruppe von Jan Garbarek und im → United Jazz & Rock Ensemble, arbeitet als Film- und TV-Komponist.

W. gehört zu den herausragenden Persönlichkeiten des europäischen Jazz, an dessen eigenständiger Sprache ein selbstkonstruierter »Electrobass«, ein aufrecht stehender elektro-akustischer Baß mit langem Hals und speziellem Resonanzkörper, eine besondere Rolle spielt. – W. ist als Sideman auf bald 100 LPs zu hören, u. a. mit Wolfgang Dauner, Volker Kriegel, Gary Burton, Jan Gararek, Ralph Towner, UJRE, Jon Hiseman, Joki Freund, George Gruntz, Michael Naura, Mal Waldron, Hampton Hawes, Baden Powell, Dollar Brand, Jean-Luc Ponty, Lucky Thompson, Joe Pass; als Leader für ECM.

CD: The Colours of Chloe, ECM 1042; The Following Morning, ECM 1084

Webster, Ben, Benjamin Francis, (ts, p, arr), * 27.2.1909 K. C., † 20.9.1973 Amsterdam. Lernte Violine und Klavier als Kind (→ Pete Johnson war sein Nachbar), spielte in Stummfilmkinos in Amarillo, Tex., traf dort → Budd Johnson, der ihm die Grundlagen des Saxophonspiels vermittelte. War bald danach als Pianist und später Tenorist in der Band der Young-Familie (→ Lester Young). Nächste Stationen waren die Bands von Gene McCoy, Jap Allen und Blanche Calloway, ehe er 1931 zu → Bennie Moten ging. 1933–34 bei Benny Carter u. Fletcher Henderson, 1935 kurz bei → Duke Ellington, dann bei Willie Bryant, Cab Calloway und Stuff Smith. Spielte von 1939–43 bei Duke Ellington, in der Band, die als dessen bedeutendste gilt. Nahm hier einige seiner besten Soli auf, z. B. »All Too Soon«, »Conga Brava«, »Chelsea Bridge«, »Sepian Panorama«, »Just A-Sittin' and A-Rockin'« und vor allem »Cottontail«, dessen häufig nachgespielten Saxophonsatz er arrangierte. Ab 1944 arbeitete er für Raymond Scott, meist aber mit eigenen Gruppen, war 1948–49 nochmals bei Duke Ellington, in den 50er Jahren mit JatP oder seiner Band auf Welttourneen, häufig in Europa, wo er sich 1964 niederließ, zunächst in Kopenhagen, dann in Amsterdam.

W. gilt zu Recht als einer der ganz großen Tenor-Solisten der Jazz-Geschichte. In den 30er Jahren galt er noch als eine Kopie von → Coleman Hawkins, zeigte sich aber spätestens seit seiner Zeit bei Ellington als flüssiger Solist mit Einflüssen von Benny Carter u. Johnny Hodges (beides Altisten!) und einem heftigen Vibrato. – Schallplatten mit Bennie Moten, Duke Ellington, Henry Red Allen, Benny Carter, Fletcher Henderson, Cab Calloway, Teddy Wilson, Willie Bryant, Billie Holiday, Lionel Hampton, Barney Bigard, Jack Teagarden, Rex Stewart, Woody Herman, James P. Johnson, Georgie Auld – Coleman Hawkins – Ben Webster, Sid Catlett, Cozy Cole, Walter Foots Thomas, Benny Morton, Frank Sinatra, Hot Lips Page, Tony Scott, Chocolate Dandies, Al Hall, Al Hibbler, Pete Johnson, Harry Edison, Bill Harris, Red Norvo, JatP, Kay Starr, N. Granz Jam Session, Maxwell Davis, Budd Rich, Gerry Mulligan, Coleman Hawkins, Jimmy Witherspoon, Nancy Wilson, Mercer Ellington, Clark Terry, Johnny Hodges, Michel Legrand, Jo Stafford, Art Tatum, Oscar Peterson, Helen Humes, Oliver Nelson; als Leader für Savoy, Brunswick, Wax, Mercury, Verve, Reprise, Enja, Riverside, Impulse, Fontana, Black Lion, MPS, Imperial, West, Cat, Spotlite, Ensayo, Steeplechase, EMI.

Lit.: Rex Stewart, Jazz Masters of the 30s, N. Y. 1972, 1982; S. Dance, The World of D. Ellington, N. Y. 1970, 1980

CD: Blanton – Webster Band (Ellington), Bluebird ND 85659; B. W. & Associates, Verve 835254-2; The Warm Moods, Discovery 818; Mulligan Meets Webster, Verve 841881-2

Film: The Brute & the Beautiful, England 1989

Webster, Freddie, Frederic, (tp), * 1916 Cleveland, Ohio, † 1.4.1947 Chicago. Spielte in den 30er Jahren in Cleveland mit → Tadd Dameron, 1938 bei Earl Hines (nochmals 1940), ging nach N. Y. und spielte in den Bands von Lucky Millinder, Jimmie Lunceford, Benny Carter, nahm an den Sessions im → Minton's teil und hatte einen großen Einfluß auf Trompeter wie Kenny Dorham und Miles Davis, die an ihm seinen großen, vibratolosen Ton bewunderten. W. gehört zu den ersten → Bebop-Musikern. Wegen seines frühen Todes ist er eine legendäre Figur geworden. – Schallplatten mit Earl Hines, Lucky Millinder, Jimmie Lunceford, Benny Carter, Billie Holiday, Georgie Auld, Frank Socolow, Sarah Vaughan, Billy Eckstine, Louis Jordan.

Weiss, Klaus, (d, comp), * 17.2.1942 Gevelsberg/Westf. Begann als Autodidakt, spielte bei Amateurgruppen, 1958 mit den holländischen Jazzopators. Studium bei Stuff-Combe/Kurt-Edelhagen-Jazzklasse in Köln. 1962–64 bei Klaus Doldinger, 1965 eigenes Trio, begleitete damit u. a. Dusko Gojkovich, Sal Nistico. Arbeitete 1967 bei Erwin Lehn. Spielte 1968 im Jazzensemble des Bayerischen Rundfunks. Arbeit als Studiomusiker. Ab 1969 daneben auch intensive Konzerttätigkeit, u. a. mit Friedrich Gulda, Horst Jankowski, Rolf Kühn und eigenen Gruppen, dabei Sal Nistico, Clifford Jordan, Roman Schwaller, Andy Scherrer u. a. Arbeitet auch als Komponist und tritt als Gastsolist mit div. Bands auf. Zeitweise eigene Big Band. Dozententätigkeit an der Jazz School Munich, der Swiss Jazz School Bern u. a. – Schallplatten mit den Jazzopators, Friedrich Gulda, Hampton Hawes, Klaus Doldinger, German All Stars, Ingfried Hoffmann, Attila Zoller, George Gruntz, Dusko Gojkovich, René Thomas, Tremble Kinds, Eugen Cicero, Francis Coppieters, Thomas Stabenow, Andy Scherrer u. a.; als Leader für Philips, MPS, Polydor, EMI, Jeton, Jazzline, Performance.

CD: Live at Opus 1, Jazzline 20830

Wells, Dickie, William, (tb), * 10.6. 1907 Centerville, Tenn., † 12.11.1985 N. Y. Wuchs in Louisville, Ky., auf, ging 1927 nach N. Y. und spielte in den Bands von Charlie Johnson, Lloyd und Cecil Scott, Elmer Snowden und Luis Russell. Ab 1932 bei Benny Carter, Fletcher Henderson und Teddy Hill, mit letzterem nach Europa 1937. War 1938–45 und 1947–50 bei Count Basie, wo seine warmen, humorvollen Soli zu den Höhepunkten gehörten und ihn zu einem der herausragenden Stilisten seiner Zeit machten. Spielte 1947 bei Sy Oliver, in den 50er Jahren mit Jimmy Rushing und Earl Hines, war 1959 mit Buck Clayton in Europa. 1961–63 bei Ray Charles, war 1965 nochmals in Europa (als Solist der Alex Welsh Band), hatte zeitweise aber nichtmusikalische Jobs als Folge seines Alkoholismus, den er aber in den 70er Jahren überwand. Trat danach noch mit Buddy Tate, Buck Clayton, Earl Warren und Claude Hopkins auf.

W. ist Gegenstand eines Essays von André Hodeir (s. Lit.), der seiner Kunst eine ausführliche Analyse widmet (»Romantiker des Jazz«), an ihm aber auch beispielhaft aufzeigt, daß die kreative Phase eines Jazz-Musikers nur relativ wenige Jahre umfaßt (worüber sich trefflich streiten ließe; da gibt es noch bessere Beispiele). – Schallplatten mit Lloyd Scott, Cecil Scott, Luis Russell, Spike Hughes, Fletcher Henderson, Henry Red Allen, Teddy Hill, Billie Holiday, Pee Wee Russell, Count Basie, Earle Warren, Benny Carter, Buck Clayton, Dusty Fletcher, Illinois Jacquet, Rex Stewart, Paul Quini-

chette, Vic Dickenson, Lester Young (»Dickie's Dream«), Django Reinhardt, Buddy Tate, Earl Hines, Tom Gwaltney, Jimmy Rushing, Wingy Manone; als Leader für Swing, Signature, HRS, Felsted u. Uptown.
Lit.: D. W. & S. Dance, Night People, N. Y. 1971; A. Hodeir, Jazz, It's Evolution and Essence, N. Y. 1956
CD: Giants of Small Band Swing, OJC 1723 u. 1724; Bones for the King, Limelight 820601-2; D. W. & Bill Coleman in Paris, Affinity 1004

Wellstood, Dick, Richard McQueen, (p), * 25.11.1927 Greenwich, Conn., † 24.7.1987. Professionelles Debüt bei Bob Wilber 1946, arbeitete ab 1950 mit Jimmy Archey, Roy Eldridge, Conrad Janis, Tony Parenti, als Solopianist im »Eddie Condon's«, im »Metropole« und im »Nick's«. Spielte 1964–66 im Gene-Krupa-Quartett, in den 70er Jahren bei der »World's Greatest Jazz Band«, 1985 mit Dick Sudhalter im »Classic String Quartet« u. a. – W. ist einer der letzten großen → Stride-Pianisten, aber auch sehr versiert als → Ragtime- u. → Boogie-Woogie-Spieler. – Schallplatten mit Bob Wilber, Roy Eldridge, Conrad Janis, Sidney Bechet, Clark Terry, Jane Harvey, Johnny Letman, Odetta, Jack Teagarden, Buck Clayton, Eddie Condon, Doc Cheatham, Dan Barrett, Vince Giordano u. a.; als Leader für Rampart, Riverside, Jazzology, Classic Jazz, Chiaroscuro, »77«, Pickwick, Hefty Jazz, Swingtime.
LP: D. W. & Dick Hyman, Swingtime 8204

Weltmusik, die Einbeziehung verschiedener außereuropäischer Musiken in den Jazz, begann mit → Tony Scott, → Yusef Lateef und → John Coltrane in den 60er Jahren mit der Integration indischer Elemente. Aber erst in den 70er Jahren, als der Jazz aus sich heraus keine Impulse mehr zu geben vermochte, konnte sich die W. im Sinne der Übernahme von Elementen und Spielpraktiken verschiedener Kulturkreise durchsetzen. Ein Katalysator war → Don Cherry; zu nennen sind auch noch die Gruppe »Shakti« von → John McLaughlin, das Trio »Codona« und → Oregon.

Wess, Frank Wellington, (as, ts, fl, comp), * 4.1.1922 K. C. Begann in lokalen Bands in Oklahoma und Washington, ging auf Tournee mit Blanche Calloway und spielte – nach dem Wehrdienst 1941–44 – bei Billy Eckstine, dann bei Eddie Heywood, Lucky Millinder und Bull Moose Jackson. Studierte 1949 Flöte, ging 1953 zu → Count Basie als Tenor- und Alt-Saxophonist, wurde aber hier bekannt als einer der ersten Musiker, die extensiven Gebrauch von der Flöte als Soloinstrument machten. Arbeitete ab 1964 am Broadway, als Studiomusiker, in der TV-Band von Billy Taylor, in den Big Bands von Clark Terry und Toshiko Akiyoshi, 1981–85 mit Philly Joe Jones, 1981 auch in der Dizzy Gillespie Dream Band u. a. Leitete Big Band mit Harry Edison. – Schallplatten mit Count Basie, für den er auch arrangierte (»Basie Goes Wess«), Chico O'Farrill, Bennie Green, Benny Goodman, Eddie Davis, Dex-

ter Gordon, Urbie Green, Elvin Jones, Philly Joe Jones, Frank Foster, Gene Ammons, Joe Newman, Bev Kenney, Gene Harris, N. Y. Jazz Quartet, Oliver Nelson, Ron Carter, Shoko Amano, Sarah Vaughan, Thad Jones, JCOA, Zoot Sims, Billy Taylor, Clark Terry, Kenny Burrell, Dorothy Ashby, Tony Scott, Toshiko Akiyoshi, J. Oguchi, Joe Williams, The Ritz, Tiny Grimes, Grover Mitchell, Walt Levinsky, Milt Jackson, Shirley Horn, Barcelona/Paris Swing Connection u. a.; als Leader für Commodore, Savoy, Prestige, Stax, Enterprise, Progressive, Pablo, Concord, Uptown.
CD: Two at the Top, Uptown 2714; F. W. – H. Edison Orch., Concord 4420

Westbrook, Mike, Michael John David, (comp, p, vtb), * 21.3.1936 High Wycombe, Buckinghamshire, England. Erste Auftritte 1958 in Plymouth, ging 1962 nach London, bildete ein Sextett mit Mike Osborne, Malcolm Griffith, Harry Miller u. a., vergrößerte es 1963, um in variablen Besetzungen seine Kompositionen aufzuführen. Leitet auch eine »Brass Band« und tritt als Solist bzw. im Duo mit seiner Frau Kate auf. W. ist der wohl bedeutendste Musiker der englischen Jazz-Szene, zu seinen Kompositionen zählen u. a. »Celebration«, »Metropolis«, »Citadel/Room 315«, »Love, Dream & Variation«, »The Cortege«, »Mama Chicago«. – Schallplatten für Deram, RCA, Transatlantic, Polydor, Hat Art, Enja, Core, Novus, Venture.
CD: On Duke's Birthday, Hat Art 6021; Off Abbey Road, Tiptoe 888805

West Coast Jazz, von dem Kritiker Stanley Dance geprägter Begriff, nachdem der Fotograf William Claxton eine Anthologie auf Pacific Jazz mit dem Titel »Jazz West Coast« herausgegeben hatte. Gemeint ist damit der Jazz-Stil, der sich als Folge des → Cool an der amerikanischen Westküste herausgebildet hatte. Er entwickelte sich aus drei Quellen: dem Cool, dem → Progressive Jazz (zu beiden bildet er eine Gegenreaktion) und dem → Swing, auf den bewußt zurückgegriffen wird. Der → Kansas City Jazz, → Count Basie und → Lester Young waren die Vorbilder; → Zoot Sims, → Bill Perkins, → Richie Kamuca, → Marty Paich u. → Shorty Rogers bezogen sich darauf. Letzterer widmete Count Basie eine LP (Courts the Count, RCA). Hier ist auch eine der Quellen des → Mainstream zu finden. Der W. ist um 1951 an der amerikanischen Westküste mit den Zentren L. A. und San Francisco entstanden. Genaugenommen ist er kein einheitlicher Stil, sondern eine Vielzahl von Schulen. Diese reichen von der Cool-Konzeption eines → Lester Young über den → Progressive Jazz – besonders in den Big-Band-Aufnahmen – bis zur handfesten Swing-Musik à la Basie. Dazu kommen Einflüsse der zeitgenössischen europäischen Musik, etwa beim frühen → Dave Brubeck, bei → Jimmy Giuffre, Russ Freeman u. a., sowie das Streben nach Perfektion, welches sich deutlich im Big-Band-Spiel ausdrückt (→ Shorty Rogers), zum anderen in der Verwendung technischer Mittel wie Hall, Filter, Echo etc. In der Instrumentierung zeigt der W. auch keine Einheitlichkeit. Möglich ist jede Kombination vom pianolosen Gerry-Mulligan-Quartett (tp, bar, b, d) bis zur Big Band, einschließlich so ungewöhnlicher Gruppen wie des → Chico-Hamilton-Quintetts mit fl, sax, g, cello, b, d. In der Rhythmusgruppe taucht die Gitarre wieder häufiger auf, auch afro-kubanische Rhythmusinstrumente und im Jazz bisher ungebräuchliche Instrumente wie Oboe, Englischhorn, Flöte, Fagott, Harfe, Tuba (als Melodie-Instrument), Baßtrompete u. a. Viele der Musiker des W. waren in den Filmstudios von Hollywood tätig, wo es sehr lukrativ ist, wenn man mehrere Instrumente spielt.

Der W. ist ein »weißer Stil«, nur wenige farbige Musiker haben an ihm teilgenommen. Ausnahmen: → Buddy Collette, → Curtis Counce, → Chico Hamilton. Als wichtige Vertreter sind weiter zu nennen: → Chet Baker, → Jack Sheldon, → Don Fagerquist, → Conte u. Pete Candoli, → Bob Enevoldson, Dick Nash, → Frank Rosolino, Herb Harper, → Art Pepper, → Bud Shank, → Jack Montrose, → Cob Cooper, → Jimmy Giuffre, Bob Gordon, Virgil Gonsalves (bar), Stu Williamson, → Jimmy Rowles, → Claude Williamson, → Lou Levy, → Hampton Hawes, Paul Moer, → Marty Paich, Joe Mondragon, → Harry Babasin, → Red Mitchell, → Howard Rumsey, Buddy Clark, → Shelly Manne, Stan Levey, Larry Bunker, Jack Sperling, → Bill Holman.

Lit.: Mecklenburg, Stilformen des Jazz, Baden-Baden 1979; J. Goldberg, Jazz Masters of the 50s, N. Y. 1972²; R. Gordon, Jazz West Coast, N. Y. 1990; Ted Gioia, West Coast Jazz, N. Y. 1992

Western Swing, eine Verbindung der Country & Western Music (C&W) mit dem → Swing. Entstanden in den 30er Jahren, vor allem in Texas und Oklahoma, als durch die Verbreitung des Rundfunks der Swing auch in entlegenen Gebieten gehört werden konnte und so die weiße Volksmusik beeinflußte. Als »Erfinder« des W. gilt Bob Wills, der mit seinen »Texas Playboys«, besetzt mit Violinen, Gitarren, aber auch Saxophonen und Trompete, seit 1935 eine große Zahl von Schallplatten einspielte.

Lit.: Bill C. Malone, Country Music USA, A Fifty-Year History, Austin/London 1975²

LP: Jazz from the Hills, Country All Stars, Bear Family SFX 15350; OK Western Swing, Epic EG 37324

CD: Great Western Swing Bands of the 1930's, RCA 2101-2; Bob Wills Anthology, Rhino R2 70744

Weston, Randy, Rudolph E., (p, comp), * 6.4.1926 Brooklyn, N. Y. Jugendfreund von Max Roach und Cecil Payne. Begann in den späten 40er Jahren in R&B-Bands und bei Eddie Vinson. War 1953 bei Kenny Dorham und 1954 bei Cecil Payne, leitete dann eigenes Trio bzw. Quartett. Arbeitete als Lehrer, besuchte 1961 u. 1963 Nigeria, 1967 Nordafrika, ließ sich für fünf Jahre in Marokko nieder. Seit 1973 wieder in den

USA, spielt mit eigenen Gruppen und als Solist. W.'s Klavierspiel ist von → Thelonious Monk beeinflußt, er stellt besonders die perkussiven Dimensionen des Instruments heraus, inspiriert von seinen Besuchen in Afrika. Kompositionen: »Hi-Fly«, »Little Niles«, »Niger Mambo«, »Babe's Blues«, »Pam's Waltz«. – Schallplatten für Riverside, Dawn, Jubilee, Metro Jazz, United Artists, Roulette, Colpix, Bakton, Arista, Polydor, CTI, Freedom, Hi-Fly, Chant du Monde, Productions associati, Owl, Denon, Verve, Red Baron, Antilles.
CD: Carnival, Freedom 741014

Wheeler, Kenny, Kenneth V. J., (tp, cnt, flh, comp), * 14.1.1930 Toronto. Stammt aus musikalischer Familie, studierte am Konservatorium in Toronto, ging 1952 nach England, spielte dort in den Bands von Roy Fox, Vic Lewis u. a., 1959–65 bei → Johnny Dankworth, arrangierte auch für diesen und studierte Komposition bei Richard Rodney Bennett und Bill Russo. Spielte mit Ronnie Scott, Joe Harriott, Tubby Hayes, Friedrich Gulda und der → CBBB. Interessierte sich für die Free-Jazz-Bewegung und war bei John Stevens und Tony Oxley, ab 1969 bei Mike Gibbs. Folgerichtig waren die nächsten Stationen das Globe Unity Orch., Anthony Braxton und die Gründung von Azimuth, einem Trio mit John Taylor und Norma Winstone. Seit 1979 auch im United Jazz & Rock Ensemble, ab 1983 bei Dave Holland; arbeitet auch mit eigenen Gruppen. – Schallplatten mit Pepper Adams, George Adams, Mike Gibbs, Anthony Braxton, Rainer Brüninghaus, Leo Smith, UJRE, Azimuth, Dave Holland, Bill Frisell, George Gruntz, Michel Portal, Don Lusher, Jane Ira Bloom, Heiri Känzig, Mel Tormé, Vic Lewis, GUO, Hans Koller, Jon Hiseman, Klaus König, LJCO, Ralph Towner, Francy Boland, Roscoe Mitchell, Bob Leaper, London Jazz Orch., Steve Coleman, Michael Portal, Abou-Khalil u. a.; als Leader für Fontana, ECM, Soul Note, Incus, Ah Um.
CD: Gnu High, ECM 1069; Double, Double You, ECM 1262

Whigham, Jiggs, Oliver Haydn, (tb), * 20.8.1943 Cleveland, Ohio. Begann seine Karriere im Glenn Miller Orch. (McKinley) 1961–64, war zwischendurch bei Stan Kenton, arbeitete dann als Freelancer in N. Y., u. a. bei Johnny Richards, Maynard Ferguson u. Les Elgart. Ab 1965 in Köln bei Kurt Edelhagen bis zur Auflösung des Orchesters; arbeitete auch für Werner Müller, Bert Kaempfert, NDR-Big Band und Peter Herbolzheimer. Seit 1981 ist W. Professor an der Staatlichen Hochschule für Musik in Köln und leitet das »German Jazz Orch.«. – Schallplatten mit Ray McKinley, Stan Kenton, Johnny Richards, Peter Herbolzheimer, Johnny Teupen, Klaus Weiss, Vic Lewis, Bert Kaempfert, WDR-Big Band, Kurt Edelhagen, Barbara Dennerlein, LJJH, »Trombone Summit«, Michael Finthammer; als Leader für MPS, Polydor, Koala, Capri und Mons.
CD: The 3rd Stone, Panda 4; The Jiggs Up, Capri 74024

Das Paul-Whiteman-Orch. in den 20er Jahren

Whiteman, Paul, (ldr, vln), * 28.3. 1890 Denver, Colorada, † 29.12.1967 Doylestown, Pa. Spielte Bratsche in Symphonieorchestern in Denver und San Francisco, leitete im Ersten Weltkrieg eine Marine-Band und gründete 1919 sein erstes Orchester, welches bald landesweit Popularität genoß. 1924 gab er ein Konzert in der New Yorker Aolian Hall, bei dem Gershwins »Rhapsody in Blue« uraufgeführt wurde. Sein → Symphonischer Jazz hat wenig mit Jazz zu tun, er leitete vielmehr ein Show-Orchester mit einer Reihe von Jazz-Solisten wie Bix Beiderbecke, Frank Trumbauer, den Dorseys, Joe Venuti, den Teagarden-Brüdern u. a., die von ihm allerdings hoch geschätzt wurden. So blieb → Bix Beiderbecke noch lange nach seinem Ausscheiden wegen seines Alkoholismus auf seiner Gehaltsliste. Sein Titel »King of Jazz« ist von der Musik her nicht gerechtfertigt (1930 erschien ein Film dieses Titels), er hat aber durch sein Eintreten für den Jazz viel zu dessen Popularisierung getan. Er beschäftigte auch Mildred Bailey und Bing Crosby, die als erste Band-Vokalisten anzusehen sind. W. löste 1945 sein Orchester auf und wurde Direktor des Rundfunksenders ABC. In den 70er Jahren hat Dick Sudhalter seine Musik neu eingespielt. – Schallplatten ab 1920 für Victor*, Columbia, Decca, Brunswick u. Capitol.
*CD: Bix Lives, Bluebird ND 86845**

Wiggins, Gerry, Gerald Foster, (p), * 12.5.1922 N. Y. Spielte Anfang der 40er Jahre bei Les Hite, Louis Armstrong und 1944 und 1946 bei Benny Carter. Arbeitete dann als Freelancer in L. A. sowie als Begleiter von Lena Horne (1950–51), Helen Grayco (1956–58), Kay Starr (1958–59), Maria Cole (1965–66), spielte auch bei Spike Jones u. Jerry Fielding. Exzellenter Pianist des Bebop u. West Coast Jazz. – Schallplatten mit Lena Horne, Kay Starr, Nat King Cole, Sammy Davis Jr., Frances Faye, Ella Mae Morse, Paul Horn, Billy Eckstine, Rusty Bryant, Harry Edison, Joe Morello, Lou Rawls, Ed Thigpen, Oscar Moore, Bill Hitz, Les Baxter, Jerry Fielding, Chico Hamilton, Buddy Collette, Ernie Andrews, Sam Fletcher, Pinky Winters, Toni Lee Scott, Teddy Edwards, Frank Morgan, King Pleasure, Russell Jacquet, Jo Jones, Mercer Ellington, Scott Hamilton, Chris Woods u. a.; als Leader für Vogue, Crown, Dig/Tampa, Specialty, Motif, Hi-Fi, Challenge, Contemporary, Black & Blue, Concord. Sein Sohn Gerry (J. J.) ist ein guter Bassist.
CD: Reminiscing with Wig, Fresh Sound FSRCD 47; Live at Maybeck, Concord 4450

Wilber, Bob, Robert Sage, (cl, sop), * 15.3.1928 N. Y. Spielt Klarinette seit 1941, leitete an der High School in Scarsdale, N. Y., eigene Band. Studierte an der Juilliard School und an der Eastman School, privat bei → Sidney Bechet. Ging 1948 zu Mezz Mezzrow zum Festival nach Nizza, dann eigene Band in Boston mit Sid Catlett. Studium bei → Lennie Tristano und 1954 an der Manhattan School of Music. Spielte anschließend mit Eddie Condon, Jimmy Archey, Wild Bill Davison, Bobby Hackett, Benny Goodman, Ruby Braff, Jack Teagarden, Ralph Sutton, Maxine Sullivan u. a. In den 60er Jahren auch als Arrangeur tätig, u. a. für die Duke Ellington Society und für Gunther Schuller. 1968–74 Mitglied der World's Greatest Jazz Band, 1974–78 eigene Gruppe »Soprano Summit«, danach neue Gruppe mit Dave McKenna (p) und seiner Frau Pug Horton (voc) sowie mit der Band »Bechet Legacy«. W. machte sich auch einen Namen als Interpret klassischer Musik. – Schallplatten mit der Scarsdale Jazz Band, Eddie Condon, Wild Bill Davison, Ruby Braff, Jimmy McPartland, Gunther Schuller, The Six, Jim Chapin, Benny Goodman, Bobby Hackett, Jack Teagarden, Arne Domnerus, Max Kaminsky, WGJB, Lionel Hampton, Lillette Jenkins, Vince Giordano u. a.; als Leader für Norgran/Verve, Bethlehem, Argo, Classic Jazz, MMO, Chiaroscuro, Jazzology, Project 3, Monmouth Evergreen, Atlantic, Phontastic, Concord, Circle. Spielte die Musik zu den Filmen »The Cotton Club« (1984) und »Bix« (1990) ein.
Lit.: Music Was Not Enough, N. Y. 1988
CD: Soprano Summit, Concord 4052

Wilder, Joe, Joseph Benjamin, (tp), * 22.2.1922 Colwyn, Pa. Nach Studium an der Mastbaum School 1941–42 bei Les Hite (m. Dizzy Gillespie), bei Lionel Hampton 1942–43

und – nach dem Wehrdienst – nochmals 1945–46, anschließend in der letzten Lunceford-Band, bei Lucky Millinder, Sam Donahue, Herbie Fields und Noble Sissle. Spielte dann am Broadway, bei Count Basie 1954 und am Sender ABC. Ging 1962 mit Benny Goodman auf Tournee in die UdSSR. 1991 in Europa. Solider Solist und Satzführer mit individuellem Stil und Phrasierung. – Schallplatten mit Johnny Richards, Lionel Hampton, Hank Jones, Benny Goodman, Count Basie (»Softly with Feeling«), Michel Legrand, Donna Hightower, Benny Carter, Coleman Hawkins, Lucky Millinder, Buddy Rich – Gene Krupa, Billie Holiday, Dinah Washington, Gil Evans, Tony Bennett, Joe Newman, Tadd Dameron, Rex Stewart, Marilyn Moore, Joe Reisman, Oscar Pettiford, John Colianni, Ernie Wilkins u. a.; als Leader für Savoy, Columbia u. Evening Star.
LP: Joe Newman – J. W., Concord 262

Wilen, Barney, Bernard Jean, (ts), * 4.3.1937 Nizza. Autodidakt, wuchs in den USA auf, ging mit 16 Jahren nach Paris und beeindruckte die dortige Jazz-Szene. Spielte mit John Lewis, Miles Davis, Art Blakey. Begann sich Mitte der 60er Jahre für den Free Jazz zu interessieren, arbeitete mit indischen Musikern, Don Cherry und als Filmkomponist. – Schallplatten mit Miles Davis (»Fahrstuhl zum Schafott«), Art Blakey (»Les Liaisons dangereuses«), Bud Powell; als Leader für Swing, Philips, Guilde du Jazz, RCA, Fontana, MPS, IDA.
CD: French Ballads, IDA 014

Wiley, Lee, (voc, comp), * 9.10.1915 Fort Gibson, Okla., † 11.12. 1975 N. Y. Kam 1930 nach N. Y., sang mit dem Orch. von Leo Reisman, arbeitete regelmäßig im Rundfunk und trat mit Jazz-Bands in Clubs auf, u. a. mit Eddie Condon, Bunny Berigan. War ab 1943 fünf Jahre mit → Jess Stacy verheiratet, trat mit ihm auf, zog sich in den 50er Jahren zurück, nahm aber 1971 noch eine LP mit Rusty Dedrick auf. W. gehört zu den besten Sängerinnen der 30er Jahre; ihr besonderes Gefühl für Melodie ließ sie schon 1939–40 Alben mit Titeln von Cole Porter und George Gershwin aufnehmen. – Schallplatten mit Leo Reisman, Casa Loma, Victor Young, Eddie Condon, Max Kaminsky, Dorsey Bros., Bunny Berigan, Jess Stacy, Paul Weston, Ralph Burns, Bobby Hackett; als Leader für Brunswick, Decca, Liberty Music Shop, Gala/Rabson, Commodore, Schirmer, Majestic, Columbia, RCA, Mon.-Ever.
Lit. C. Schlouch, L. W., Love-Lee, Marseille 1983 (D)
CD: Complete Young L. W., Vintage Jazz 1023-2; As Time Goes By, Bluebird ND 83138

Wilkins, Ernie, Ernest Brooks, (as, ts, sop, comp), * 20.7.1922 St. Louis, Mo. Studierte an der Wilberforce Univ. und hatte erste Jobs bei Clark Terry, Willie Smith, Gerald Wilson, George Hudson u. Earl Hines. Ging 1951 zu → Count Basie, arbeitete ab 1955 als Freelance-Arrangeur für Tommy Dorsey, Harry James, Count Basie, Terry Gibbs, Dizzy Gillespie und leitete Studio-Bands für Buddy

Rich, Sarah Vaughan, Mark Murphy, Oscar Peterson u. a. War zeitweise wegen Drogenproblemen inaktiv, arbeitete ab 1969 für Clark Terry und das Mainstream-Label, ab 1975 in Europa, wo er für diverse Rundfunk-Bands schreibt und in Kopenhagen seine eigene »Almost Big Band« leitet. Arr auch für seinen Bruder Jimmy W., Lurlean Hunter, Cat Anderson, Paul Quinichette, Jack McShann, Grover Mitchell, Dinah Washington, Johnny Hartman, Philip Catherine u. a.; eigene LPs für RCA (»Drum Suite«), Savoy (»Trumpets All Out«), Everest*; mit seiner Band für Storyville, Matrix u. Steeplechase.

*CD: On the Roll, Steeplechase 1225; The Swinging, Fresh Sound 2006**

Williams, Clarence, (p, voc, comp), * 8.10.1893 Plaquemine, La., † 6.11. 1965 N. Y. Lernte Klavier, Orgel u. Gitarre, spielte als Jugendlicher in → Storyville. Begann zu komponieren und gründete einen Musikverlag in N. O., ging 1916 nach N. Y., 1920 nach Chicago und arbeitete 1921–23 in N. Y. bei der Plattenfirma → Okeh als Aufnahmeleiter und mit eigener Band (»Blue Five«). Machte sich bald einen Namen als Komponist und Plattenproduzent und arbeitete bald mit führenden Jazz-Musikern zusammen, u. a. Louis Armstrong, Sidney Bechet, Buster Bailey, begleitete eine Reihe von Blues-Sängerinnen wie Bessie Smith, Sarah Martin u. Sippie Wallace. Komponierte u. a. »Sugar Blues«, »Gulf Coast Blues«, »I Ain't Give Nobody None of My Jelly Roll« und, gemeinsam mit dem ihm nicht verwandten Spencer Williams, den »Royal Garden Blues«. – Schallplatten auch mit Louis Armstrong, James P. Johnson, Lil Armstrong, Armand J. Piron; als Leader zwischen 1921 und 1941 für Okeh, Brunswick, Paramount, QRS, Grey Gull, Victor, Columbia, Jewel, Vocalion, Bluebird.

Lit.: Tom Lord, C. W., Chigwell 1976

CD: C. W. Sessions 1, EPM Musique FDC 5107

Williams, Cootie, Charles Melvin, (tp), * 24.7.1910 Mobile, Ala., † 14.9. 1985 N. Y. Lernte Klavier und Schlagzeug, in der Schule Posaune u. Trompete. Spielte in den 20er Jahren bei Eagle Shields, Alonzo Ross, Fletcher Henderson, ab 1929 bei → Duke Ellington als Nachfolger von Bubber Miley. Ab November 1940 für ein Jahr bei Benny Goodman, dann mit eigener Band, aus der u. a. Charlie Parker, Bud Powell, Eddie Vinson, Eddie »Lockjaw« Davis und Ed Thigpen hervorgingen. In den 50er Jahren mit R&B-Combo, kehrte 1965 zu Duke Ellington zurück, blieb auch noch in der Band unter Mercer Ellington.

Der → Growl-Spezialist W. war in den 30er Jahren eine der Schlüsselfiguren der Ellington-Band. Ohne ihn hätte die Band nicht den typischen Sound erreicht. Darüber hinaus war W. einer der großen All-around-Trompeter des Jazz. – Schallplatten mit Fletcher Henderson, Joe Turner, Duke Ellington (»Concerto for Cootie«, »Echoes of Harlem«), Benny Goodman (»Superman«), Barney Bigard, Ivie Anderson, Teddy Wil-

son, Lionel Hampton, Johnny Hodges, Metronome All Stars, Leonard Feather, Coleman Hawkins, Ronnie Gilbert, Rex Stewart, Teresa Brewer; als Leader für Variety, Vocalion, Okeh, Hit, Capitol, Majestic, Mercury, Derby, RCA, Decca, Jaro, Warwick, Moodsville.
LP: Affinity 1031
CD: The Big Challenge, Fresh Sound 77

Williams, George, Dale, »The Fox«, (comp, p, ldr), * 5.11.1917 N. O. Studierte an der Univ. of Calif., spielte in Tanzorchestern, hatte 1939 kurz eigene Band und arbeitete dann für Sonny Dunham, schrieb 1941 das → »book« für die neue Band von Lionel Hampton, war 1942 bei Glenn Miller und arrangierte ab 1943 für Boyd Raeburn, Les Brown, Charlie Ventura, Tommy Dorsey, Johnny Long und 1945–49 vor allem für Gene Krupa. 1951–53 bei Ray Anthony (»The Fox«, »Busmen's Holiday«), in den folgenden Jahren Arrangements für Jerry Wald, Art Mooney, Jackie Gleason, Vincent Lopez, Dorsey Bros., Woody Herman (»Skinned«), Harry James, Vaughan Monroe, Glenn Miller Orch., Buddy Morrow, Les Elgart, Benny Goodman, Louis Bellson, Gene Krupa (»Percussion-King«, Verve) u. a. – Schallplatten mit Studio-Bands für Brunswick, RCA u. United Artists.

Williams, Joe, Joseph Goreed, (voc), * 12.12.1918 Cordele, Ga. Wuchs in Chicago auf. Professionelles Debüt 1937 bei Jimmy Noone, sang in Clubs, bei Coleman Hawkins, Lionel Hampton und Andy Kirk, auch mit dem Duo Pete Johnson – Albert Ammons. 1950 kurz bei Count Basie, dann 1954–60; hatte einen Hit mit »Ev'ry Day« und gilt seitdem als einer der großen Blues-Sänger. Hatte sein Repertoire aber auch auf Balladen und Pop-Songs erweitert. Trat nach 1960 mit Harry Edison und Junior Mance auf, mit einem Trio oder als Gastsolist mit den Bands von Duke Ellington, Count Basie, Buddy Rich Jones – Lewis und mit Basie- Alumni. – Schallplatten mit Count Basie, Jones – Lewis BB, Capp – Pierce, George Shearing, Dave Pell, Cannonball Adderley; unter seinem Namen für Regent, Roulette, RCA, Solid State, Blue Note, Fantasy, Denon, Delos, Telarc.
(Nicht zu verwechseln mit Big Joe W. [voc, g, 1903–1982].)
Lit.: L. Gourse, Every Day, London 1985
CD: Nothing but the Blues, Delos 4001

Williams, Mary Lou, geb. M. Elfrieda Scruggs, (p, comp), * 8.5.1910 Atlanta, Ga., † 28.5.1981 Dorham, N. C. Wuchs in Pittsburgh auf, arbeitete in Talent-Shows und mit 13 Jahren im → Vaudeville. Heiratete mit 16 Jahren den Saxophonisten John Williams, der bei Terence Holder spielte, dessen Band bald von → Andy Kirk übernommen wurde. Ab 1931 war sie als Pianistin in dessen Band, arrangierte einen großen Teil des Repertoires und blieb bis 1942, als sie mit ihrem zweiten Ehemann → Shorty Baker ein Sextett leitete. Als dieser zu Duke Ellington ging, leitete sie eine eigene Gruppe und

schrieb dann Arrangements für Duke Ellington (»Trumpet No End«) u. Dizzy Gillespie und komponierte. Ihre »Zodiac Suite« wurde 1946 von den New Yorker Philharmonikern uraufgeführt. Lebte 1952–54 in England u. Frankreich, war einige Jahre inaktiv, trat aber 1957 mit Dizzy Gillespie beim Newport Festival auf, komponierte nach ihrer Hinwendung zum Katholizismus geistliche Musik und gab Konzerte mit Cecil Taylor (1977), Benny Goodman (1978, Carnegie Hall) und trat 1979 beim Montreux Festival auf.
Die ursprünglich von Earl Hines beeinflußte W. wurde in den 40er Jahren durch Freundschaft mit Tadd Dameron, Bud Powell u. Thelonious Monk zu einer der ersten Musikerinnen des → Bebop und gehört zu den großen Arrangier-Talenten des → Swing, dokumentiert in ihren Arbeiten für Andy Kirk (»The Lady Who Swings the Band«), Benny Goodman (»Roll 'em«), Jimmie Lunceford (»What's Your Story Morning Glory«) u. a. – Schallplatten mit John W., Andy Kirk, Mildred Bailey, Dizzy Gillespie, Cecil Taylor; unter ihrem Namen ab 1930 für Brunswick, Decca, V-Disc, Asch, Masterseal, Disc, RCA, King, Atlantic, Circle, Vogue, Pablo, Blue Star, Club Française du Disque, Jazztone, Saba (»Black Christ of the Andes«), Chiaroscuro, Steeplechase und eigenes Label Mary.
Lit.: L. Dahl, Stormy Weather, London 1984
CD: Free Spirits, Steeplechase 1043; Zodiac Suite, VJC 1035

Pat Williams

Williams, Pat, Patrick Moody, (comp, tp, vib), * 23.4.1939 Bonne Terre, Mo. Studierte an der Duke Univ. (leitete dort Big Band) und an der Columbia Univ. Arbeitete 1961–67 in N. Y. als Komponist und Arrangeur, ab 1968 in L. A., komponierte vor allem für Film (»Terror in the Sky«, »San Francisco International«) und TV-Serien (»Streets of San Francisco«), schrieb aber auch eine »Rhapsody for Concert Band and Jazz Ensemble«. – Schallplatten für Hi-Life, Verve, Capitol (»Threshold«), A & R und eigenes Label Soundwings (auch mit Bill Watrous).
CD: N. Y. Band, SWD 2103

Williams, Paul, (as, bar), * 1915 Lewisburg, Tenn. Wuchs in Bowling Green, Ohio, und Detroit auf. Studierte an der Cass Technical High School und bei Privatlehrern. Spielte in lokalen Bands in Detroit, dann mit eigener R&B-Band, die durch Hits wie »3530« und »The Hucklebuck« (basierend auf Charlie Parkers »Now's the Time«) bekannt wurde. Leitete seine Band bis 1964, arbeitete dann als Musical Director für Lloyd Price und James Brown und eröffnete 1968 eine Konzertagentur. – Schallplatten ab 1947 für Savoy, Norgran, Groove, Jax, Capitol, Josie, Vee-Jay u. Ascot. Unter seinen Sidemen sind zu nennen: Phil Guilbeaux, Blue Mitchell (tp), Billy Mitchell, Curtis Porter (ts), Richie Powell (p).

Williams, Spencer, (comp, p, voc), * 14.10.1889 N. O., † 14.7.1965 N. Y. Wurde von seiner Tante, der berühmten Bordellwirtin Lulu White (Mahogany Hall), großgezogen, studierte an der St. Charles Univ. in N. O., arbeitete ab 1907 in Chicago als Sänger und Pianist. Ging 1916 nach N. Y. und war bald sehr erfolgreich mit Kompositionen wie »Squeeze Me« (m. Fats Waller), »Basin Street Blues«, »I Ain't Got Nobody«. Arbeitete mit → Clarence Williams zusammen, mit dem er nicht verwandt ist. 1925 Kompositionen in Paris für Josephine Baker. Lebte später in London und Stockholm. Nahm einige Schallplatten mit Lonnie Johnson, Teddy Bunn, Freddy Johnson/Arthur Briggs auf; in Schweden für das Knäpupp-Label.

Williams, Tom, (tp), * 12.4.1962 Baltimore, Md. Begann mit fünf Jahren Trompete u. Schlagzeug zu spielen, studierte nach der High School an der Towson State Univ. Spielte in der Band für das Musical »Sophisticated Ladies«, bei Mercer Ellington, Ray Charles, Bill Hardman, Larry Willis, Charlie Rouse, Dizzy Gillespie, wurde 1987 Mitglied der US Army Field Band »Jazz Ambassadors« und 1990 der United States Army Band »Pershing's Own«. Spielt daneben mit Jazz-Gruppen im Raum Washington, D. C., und N. Y. Der Hard-Bop-Solist gibt sich von Kenny Dorham beeinflußt. – Schallplatten mit Jimmy Heath, Antonio Hart, Rob Bargad u. Steve Wilson; als Leader für Criss Cross.

CD: Introducing Tom Williams, Criss 1064

Williams, Tony, Anthony, (d, comp), * 12.12.1945 Chicago. Wuchs in Boston auf und studierte dort bei Alan Dawson, spielte mit Sam Rivers und dem Boston Improvisational Ensemble. Ging 1962 nach N. Y., spielte bei Jackie McLean, wurde von Miles Davis angeheuert und blieb dort bis 1968. Machte sich hier einen Namen als der technisch und innovativ beeindruckendste Drummer der 60er Jahre. Gründete 1969 erste eigene Gruppe »Lifetime«, mit der er der Fusion-Welle entscheidende Impulse gab. Kehrte 1985 der Elektrik den Rücken und spielte mit der Miles-Davis-Reunion-Band V.S.O.P., dann mit eigenem Trio, mit Enrico Rava, Miles Davis, Gil Evans u. a. – Schallplatten mit Miles Davis (»E. S. P.«, »Nefertiti«, »In a Silent Way«), Gil Evans (»There Comes a Time«), V.S.O.P., Herbie Hancock, Grachan Moncur, Eric Dolphy, Bobby Hutcherson, Lee Morgan, Sam Rivers, Michael Mantler, Sonny Rollins,

Kenny Dorham, Weather Report, McCoy Tyner, Didier Lockwood, Hank Jones, Joni Mitchell, Joe Henderson, George Cables, Stanley Clarke, Chet Baker, Andrew Hill, Dexter Gordon, Hal Galper, James Newton, John McLaughlin, Jonas Hellborg u. a.; als Leader für Blue Note, Polydor, Columbia.
LP: Lifetime, Polydor 24-4017
CD: Civilisation, BN 85138

Williamson, Claude Berkeley, (p), * 18.11.1926 Brattleboro, Vermont. Der Bruder von Stu W. (tp, vtb, * 14.5.1933) studierte drei Jahre am Konservatorium in Boston, spielte 1947 bei Charlie Barnet, 1948 bei Red Norvo, 1949 nochmals bei Barnet. Begleitete June Christy 1950–51, war mit Bud Shank auf Europatournee, arbeitete im Duo mit Curtis Counce, auch mit eigenem Trio, meist aber als Studiomusiker in L. A. Exzellenter Bebop-Pianist. – Schallplatten mit Charlie Barnet (»Claude Reigns«), Tal Farlow, Stu W., Bud Shank, Art Pepper, Bob Cooper, Barney Kessel, Lighthouse All Stars, Bill Perkins, Ted Curson, Chet Baker, Conte Candoli, Gerry Mulligan, June Christy, Johnny Mandel, Dave Pell, Pete Rugolo, Maxwell Davis, Four Freshmen u. a.; als Leader für Capitol, Bethlehem, Criterion, Broadway, Contract*, Discovery, Fresh Sound.
*CD: Fabulous, Fresh Sound FSRCD 51**

Wilson, Cassandra, (voc), * 4.12.1955 Jackson, Miss. Lernte vom siebten Lebensjahr an Klavier u. Gitarre von ihrem Vater, einem Semi-Profi. Begann am Jackson State College auch zu singen, zunächst Folk-Musik u. Blues. Studierte in N. Y. bei Earl Turbington, ging 1982 nach N. Y., sang dort mit Woody Shaw, Dave Holland u. Abbey Lincoln, wurde Mitglied des Musiker-Kollektivs »M-Base« (Macro Basic Array of Structured Extemporization), einer Gruppe, die Jazz mit R & B, Funk und dem Motown-Sound zu vereinen sucht. Dabei u. a. Greg Osby, Lonnie Plaxico, Robin Eubanks, Gary Thomas. – Schallplatten mit Steve Coleman, Greg Osby, Robin Eubanks, Mulgrew Miller, New Air, Steve Williamson; eigene Aufnahmen auf JMT u. DIW.
CD: Jump World, JMT 834434-2

Wilson, Gerald Stanley, (tp, comp), * 4.9.1918 Shelby, Miss. Besuchte die Cass Technical High School in Detroit, spielte dort in einem Club, war von 1939–42 als Nachfolger von Sy Oliver bei Jimmie Lunceford, anschließend bei Les Hite und Willie Smith. Gründete 1944 eine eigene Big Band in L. A., arbeitete dann für Dizzy Gillespie und Count Basie. Hatte 1952 Big Band in San Francisco, 1957 in L. A., spielte bei John Anderson, mit Earl Grant u. a. Leitet seit 1964 wieder Big Band in L. A., schreibt Filmmusik und arr. – Schallplatten mit Jimmie Lunceford, Benny Carter, Al Casey, Sam Cooke, Earl Bostic, Freddie Slack, Leroy Vinnegar, Curtis Counce, Buddy Collette, Jimmy Witherspoon, Earl Grant u. a.; arr für Jimmie Lunceford, Dizzy Gillespie, Count Basie, Ray Charles, Duke Ellington, Al

Hirt, Tricky Lofton, Jackie Davis und Al Hibbler, Julie London, Bobby Darin, Nancy Wilson, Johnny Hartman, Ella Fitzgerald, Sarah Vaughan u. a. Mit seiner Band Aufnahmen für Black & White, Excelsior, Aladdin, King, Pacific Jazz, Trend-Discovery.
CD: Love You Madly, Disc. DSCD 947; Portraits, Pacific Jazz 93414
Ⓥ: Kay Jazz 042

Wilson, Jack, (p, org, vib, d), * 3.8. 1936 Chicago. Studierte in Fort Wayne, Ind., und spielte mit lokalen Bands. 1953 bei James Moody, dann Studium an der Indiana Univ. Mit Roland Kirk in Columbus, Ohio, 1956–57 bei Dinah Washington, anschließend freelancing in Chicago mit u. a. Sonny Stitt, Gene Ammons, Johnny Griffin. Lebt seit den 60er Jahren in L. A., arbeitet dort mit Sarah Vaughan, Nancy Wilson, Lou Donaldson, Harold Land, Shelly Manne, Gil Fuller, Lorez Alexandria u. a. Spielt im Quartett mit Roy Ayers. Arbeitet als Studiomusiker und tritt mit eigenen Gruppen auf. – Schallplatten mit Gerald Wilson (nicht verwandt), Charlie Barnet, Clark Terry, Curtis Amy, Camarata, Dinah Washington, Esther Phillips, Julie London u. a.; als Leader für Atlantic, Vault*, Blue Note, Discovery.
*CD: Ramblin', Fresh Sound FSRCD 152**

Wilson, Nancy, (voc), * 20.2.1937 Chillicothe, Ohio. Sang 1956–58 bei Rusty Bryant, wurde 1959 von → Cannonball Adderley entdeckt, der ihr einen Plattenvertrag mit → Capitol vermittelte. Sie gehört seitdem zu den Top-Acts der internationalen Szene; war mehrmals in Europa. Von ihren LPs sind besonders die mit Cannonball Adderley, Gerald Wilson, Billy May und George Shearing hervorzuheben, außerdem mit dem Art-Farmer/Benny-Golson-Quintett auf Elektra Musician (Playboy Jazz Festival).
CD: N. W. & C. Adderley, Cap. 16210-2

Wilson, Phil, Phillips Elder Jr., (tb, p, comp), * 19.1.1937 Belmont, Mass. Studierte am New England Conservatory und an der Navy-Musikschule. Spielte 1956–58 im Jimmy-Dorsey-Orch., dann bei Al Belletto und der NORAD Command Band. 1962–65 bei Woody Herman, seitdem an der Berklee School. Spielte auch mit Marian McPartland, Clark Terry, Herbie Hancock, Bobby Hackett und arrangierte für Woody Herman, Clark Terry, Marian McPartland, Doc Severinsen, Buddy Rich, Illinois Jacquet, Björne Rostvold, Lee Castle; komponierte »The Earth's Children« für das Bostoner Symphonie-Orch. – Schallplatten mit Woody Herman, Rich Matteson, Makato Ozone; als Leader für ASI, Famous Door, Four Leaf Clover, Shiah, Freeform u. eigenes Label Outrageous.
LP: Famous Door HL-109

Wilson, Teddy, Theodore, (p, comp), * 24.11.1912 Austin, Tex. Studium von Klavier und Violine in Tuskogee und am Talladega College. Zog 1929 nach Detroit, spielte mit lokalen Bands, ging 1930 zu Milton Senior nach Toledo, mit diesem nach Chicago, wo er sich Louis Armstrong anschloß (1931–33). In dieser Zeit Arbeit auch bei Erskine Tate, Jimmy Noone u. a. Ging 1933 zu Benny Carter nach N. Y., 1934 zu Willie Bryant und den Charioteers. Eine Plattensession im Juli 1935 mit → Benny Goodman und Gene Krupa führte zur Gründung des Benny-Goodman-Trios und 1936 mit Lionel Hampton zum BG-Quartett. War damit der erste Schwarze, der öffentlich mit einer weißen Band auftrat. W. gründete 1939 eine Big Band, 1940 ein Sextett. Kehrte in diesem Jahr für einige Monate zu Benny Goodman zurück, wie später noch mehrmals (1945 für die Broadway-Show »Seven Lively Arts«, 1955 Film »Benny Goodman Story«, 1962 UdSSR-Tournee, 1980 Japan). Tritt meist mit Trio auf oder als Solist. W. gehört zu den großen Jazz-Pianisten der klassischen Ära; ursprünglich von Earl Hines und Art Tatum beeinflußt, hat er mit der Perfektion und Leichtigkeit seiner Improvisationen zahllose Pianisten inspiriert bis hin zur Verwässerung seines Stils durch ungezählte Barpianisten. – Schallplatten mit Louis Armstrong, Mezz Mezzrow, Benny Carter, Red Norvo, Benny Goodman, Willie Bryant, Taft Jordan, Putney Dandridge, Mildred Bailey, → Billie Holiday (mit Studio-Bands unter ihrem und seinem Namen), Redd Evans, Eddie Howard, Chick Bullock, Ed Hall, Coleman Hawkins, Buck Clayton, Jerry Jerome, Metronome All Stars, Esquire All Stars, Tommy Dorsey, Charlie Shavers, Gene Krupa, Lionel Hampton, Lester Young, Ella Fitzgerald, Eji Kitamura, Zoot Sims, Dutch Swing College, Ben Webster; unter seinem Namen ab 1934 für Brunswick, Columbia, Musicraft, MGM, Metronome, Verve, C. Parker Rec., Cameo, Black Lion, Sonet, Halcyon, Trio, Philips, Chiaroscuro, Horo, Riff, Carosello, Denon, Storyville.

Lit.: Billie & Teddy on Microgroove 1932–44, Amsterdam 1975; T. Wilson, Teddy Wilson Talks Jazz, Ann Arbor 1991

CD: Jede auf CBS/Sony; Isn't It Romantic, Musicraft 58; Central Ave. Blues, Vintage Jazz 1013-2; Too Hot for Words, Hep 1012

Winding, Kai Chresten, (tb) * 18.5. 1922 Aarhus, Dänemark, † 7.5.1983 N. Y. Als er zwölf Jahre alt war, emigrierte seine Familie in die USA. Er lernte Posaune an der Stuyvesant High School ab 1937, spielte in den Bands von Shorty Allen und Alvino Rey und wurde 1946–47 bei → Stan Kenton bekannt. Arbeitete dann mit Charlie Ventura, Tadd Dameron u. Benny Goodman. Leitete eigene Gruppen, war als Studiomusiker tätig und tat sich 1954–56 mit → J. J. Johnson in einer vielbeachteten Zwei-Posaunen-Combo zusammen (auch spätere Reunions). Hatte dann eigene Vier-Posaunen-Combo, war einige Jahre Musical Director des Playboy Club, arbeitete wieder in den Studios, ging auf Tournee mit den Giants of Jazz (Dizzy Gillespie, Thelonious Monk etc.), mit Lionel Hampton (1979) und einer Zwei-Posaunen-Gruppe mit Curtis Fuller. Ließ sich 1982 in Spanien nieder. W. war einer der ersten Posaunisten, die den → Bebop auf ihr Instrument übertrugen, stilistisch J. J. Johnson ähnlich, doch individuell genug, um in den Duo-Aufnahmen einen besonderen Reiz zu finden. – Schallplatten mit Stan Kenton, Benny Goodman, Neal Hefti, Vido Musso, George Wallington, Brew Moore, Miles Davis, Gerry Mulligan, Chubby Jackson, Woody Herman (»Four Others«), Jay & Kai, Charles Mingus Workshop (»Four Trombones«), Gene Krupa, Metronome All Stars, King Pleasure, Lester Young, Stan Getz, Sarah Vaughan, Tadd Dameron, Mel Lewis, Zoot Sims – Al Cohn, Sammy Davis Jr., Sylvia Syms, Frankie Laine, Tony Aless, Quincy Jones, Chris Connor, Charlie Ventura, Tony Scott, Herbie Fields, Ralph Burns – Leonard Feather, Pete Rugolo, Oscar Pettiford, George Handy, Leo Anthony, Sonny Stitt, Eddie Sauter – Bill Finegan, Don Elliott, Bernie Leighton, Gene Williams, Mel Tormé, Artie Shaw, Metronome All Stars, Flip Phillips, Dave Lamert – Buddy Stewart, Al Haig, Coleman Hawkins, Warren Durrett u. v. a.; als Leader für Savoy, Roost, Prestige, Cosmopolitan, MGM, Columbia, ABC-Paramount, Impulse, Verve, Sesac, A & M, Glendale, Red.

Lit.: P. van Engelen, Where's the Music, Amsterdam 1985 (D)

CD: Jay & Kai, Mad Bebop, Savoy

Witherspoon, Jimmy, James, (voc), * 8.8.1923 Gurdon, Ark. Sang als Kind im Kirchenchor, die ersten Erfahrungen als Blues-Sänger bei der Marine in der Band von Teddy Weatherford. Sang 1944 bei Jay McShann, ab 1948 als Solist. Der Blues-Shouter läßt sich gern von Jazz-Musikern begleiten, z. B. von Gerry Mulligan, Ben Webster, Gerald Wilson, Wilbur DeParis, Teddy Edwards, Illinois Jacquet u. a. – Schallplatten mit Jay McShann, Jon Hendricks; unter seinem Namen für Supreme, Down Beat, Modern, Federal, Checker, Atlantic, RCA, World Pacific, Hi Fi, Reprise, Vogue, Prestige, Fontana, Verve, Bluesway, Probe, Black & Blue, Ysabel, United Artists, Blue Note.

LP: The 'Spoon Concerts, Fantasy 24701

Wolverines, die erste Band des → Chicago-Stils. Gegründet 1923 von Jimmy Hartwell (cl), benannt nach Jolly Roll Mortons »Wolverine Blues«. Die Band wurde berühmt durch die Mitwirkung von → Bix Beiderbecke, außerdem waren dabei: George Johnson (ts), Dick Voynow (p), Al Gande bzw. George Brunis (tb), Bob Gillette (bj), Min Leibrook (tu) u. Vic Moore (d). Mit Beiderbeckes Ausscheiden im Oktober 1924 verlor die Band ihre treibende Kraft, obwohl immerhin → Jimmy McPartland sein Nachfolger war; sie wurde bald danach aufgelöst. – Schallplatten für Gennett.

CD: Complete Bix' Wolverines, King Jazz KJ 110

Woode, Jimmy, James Bryant, (b, p, comp), * 23.9.1929 Philadelphia. Der Neffe des Arrangeurs Henri W. (* 25.9.1909) studierte in Boston, spielte mit Nat Pierce u. Charlie Mariano, in den frühen 50er Jahren mit Flip Phillips, Sarah Vaughan u. Ella

Fitzgerald. 1955–60 war er bei Duke Ellington, ließ sich dann in Europa nieder, wo er Gründungsmitglied der → CBBB war u. amerikanische Gäste auf Tourneen begleitete, z. B. Eddie Davis – Johnny Griffin – Arnett Cobb 1984. 1985–86 in der »Paris Reunion Band«. – Schallplatten mit Duke Ellington, Coleman Hawkins, Sam Woodyard, CBBB, Sahib Shihab, Johnny Griffin, Ella Fitzgerald, Toots Thielemans, Friedrich Gulda, Quincy Jones, Benny Bailey, Jan Johannson, Rune Ofwerman, Knud Jörgensen, Milt Buckner, Art Farmer, Ben Sidran, Benny Waters, Cat Anderson, Clark Terry, Dusko Gojkovich, Eric Dolphy, Johnny Hodges, Mal Waldron, Nathan Davis, Clementine u. a.

Woodman, Britt, (tb), * 4.6.1920 L. A. Sein Vater war der Posaunist William O. W., von dem es Aufnahmen mit Sonny Clay und Teddy Buckner gibt. Britt spielte in der Familien-Band, ging ab 1938 auf Tournee mit Phil Moore, Floyd Turnham und Les Hite. Nach dem obligatorischen Wehrdienst war er 1946 bei Boyd Raeburn und 1946–47 bei Lionel Hampton. Ersetzte 1951 Lawrence Brown bei Duke Ellington, blieb bis 1960 und arbeitete dann als Studiomusiker in N. Y. und L. A. Seit den 70er Jahren wieder als Jazz-Musiker tätig, u. a. in den Bands von Bill Berry, Tommy Vig, Toshiko Akiyoshi, mit eigenen Gruppen und mit Ellington-Alumni.

W. ist stilistisch an seinem Vorbild Lawrence Brown orientiert, verfügt jedoch über Bebop-Einflüsse und eine brillante Technik in den höheren Lagen. – Schallplatten mit Boyd Raeburn (»Boyd Meets Stravinsky«), Duke Ellington (»Sultry Serenade«), Mercer Ellington, Miles Davis, Johnny Hodges, Billy Taylor, Charles Mingus, Jimmy Hamilton, Benny Carter, Bill Berry, Clark Terry, Capp – Pierce, Gene Ammons, Helen Humes, AJD, Lionel Hampton, John Coltrane, Oscar Peterson, Tadd Dameron, Zoot Sims, Jimmy Mundy, Cannonball Adderley, Ray Brown u. a.

Woods, Phil, Philip Wells, (as, cl, comp), * 2.11.1931 Springfield, Mass. Studierte ab 1948 in N. Y. an der Manhattan School of Music, der Juilliard School und bei Lennie Tristano. Spielte ab 1954 bei Richard Hayman, Charlie Barnet, Jimmy Raney, George Wallington und 1956 bei Dizzy Gillespie. 1958 Zwei-Alto-Combo mit Gene Quill, spielte 1958–59 bei Buddy Rich und 1959–61 bei Quincy Jones. 1962 mit Benny Goodman auf UdSSR-Tournee, einige Jahre aktiv als Studiomusiker. Zog 1968 nach Paris, gründete seine »European Rhythm Machine« mit Daniel Humair, George Gruntz bzw. Gordon Beck. Kehrte in den 80er Jahren in die USA zurück, dort Quintett mit → Tom Harrell und Hal Galper, seit 1991 mit → Hal Crook und Jim McNeely (p).

W., 17 Jahre mit der Parker-Witwe Chan Richardson verheiratet, ist neben → Cannonball Adderley der bedeutendste Altist der Charlie-Parker-Nachfolge. Er hat dessen Stil unbeachtet aller modischen Strömungen in die Gegenwart übertragen, ohne den Boden des → Bebop zu verlassen. – Schallplatten mit Gene Quill, Leonard Feather, George Russell, Neal Hefti, Billy Byers, Quincy Jones, Joe Newman, Jackie Cain – Roy Kral, Manny Albam, Dizzy Gillespie, Nancy Harrow, George Wallington, Sahib Shihab, Jim Chapin, Bill Potts, Zoot Sims – Al Cohn, Kenyon Hopkins, Art Farmer, Michel Legrand, Oliver Nelson, Thelonious Monk, Joe Morello, Lena Horne, Benny Bailey, George Gruntz, Eric Dolphy, Gene Krupa, Gil Melle, Dakota Staton, Gil Evans, Jon Eardley, Lalo Schifrin, Benny Carter, Benny Goodman, Buddy Rich, Ella Fitzgerald, Sonny Rollins, Sal Salvador, Sarah Vaughan, Richard Wess, Tito Puente, Stan Turrentine, Wes Montgomery, Stéphane Grappelli, Freda Payne, Gary Wofsey, Clark Terry, Mel Tormé, Ben Sidran, Rob McConnell, Orch. USA, Woody James, Jay McShann, A. K. Salim, Chris Connor u. a.; als Leader für Prestige, RCA, Mode, Epic, Candid, Impulse, Pathé, Verve, P. Cardin, Red, Embryo, Testament, Adelphy, Sea Breeze, Black Hawk, Palo Alto, Concord, Denon, Enja, Antilles, Philology, Chesky, Milestone, Mobile Fidelity.

CD: Woodlore, Prestige OJCCD 052; Three For All, Enja 3081; Gratitude, Denon 1316

Workman, Reggie, Reginald, (b, comp), * 26.6.1937 Philadelphia. Wegen seines kraftvollen Baßspiels ist W. sowohl im modernen Jazz als auch in der Avantgarde ein gesuchter Musiker. Schon in den 50er Jahren taucht sein Name bei vielen Sessions, u. a. mit Gigi Gryce, Red Garland und Roy Haynes auf. Einen noch größeren Bekanntheitsgrad erhielt W. durch seine Engagements bei John Coltrane (1960), Art Blakeys Jazz Messengers (1963–64) und Yusef Lateef (1965). Nach der Weiterbildung auf Universitäten in New York und Massachusetts übte er zusätzlich noch eine Lehrtätigkeit aus. Auf Workshops, in Colleges und Akademien gibt W. Schlagzeugunterricht und hält Vorträge über afroamerikanische Musik.

Seine Projekte aus der jüngsten Vergangenheit mit Marilyn Crispell (p), Oliver Lake (sax) und Don Byron (cl) bescheinigen ihm auch als Komponisten ein noch immer sicheres Feeling für neue Sounds. – Schallplatten mit Gigi Gryce, Duke Jordan, Grant Green, John Coltrane, Freddie Hubbard, Art Blakey, Yusef Lateef, Archie Shepp, Lee Morgan, Booker Little, Jazz Comp. Orch., Steve Cohn, Kenny Burrell, Mal Waldron, Richard Williams, Sonny Stitt, Wayne Shorter, Trio Transition, Ken McIntyre, David Murray, Marilyn Crispell, Charles Tolliver, Heiner Stadler, Oliver Lake, Tommy Flanagan u. a.; als Leader für Denon, Leo u. Music & Arts. (G. F.)

LP: The R. W. Ensemble, Synthesis, Leo LR-131

CD: John Coltrane, Africa Brass, Impulse MCAD-42001; Trio Transition, DIW 829

Work Songs (Arbeitslieder), sind afrikanischen Ursprungs und wurden

bei der Arbeit solistisch oder in Gruppen gesungen, ursprünglich bei der Feldarbeit (field hollers), dann auch von Straßenverkäufern (street cries) etc. Zunächst einfache rhythmische Phrasen, haben sich die W. mit der Entwicklung der afro-amerikanischen Musik zu geschlossenen Liedern entwickelt. Während der Sklavenzeit dienten die W. auch zur Verständigung untereinander, wenn der Aufseher den Sinn des Gesagten nicht verstehen sollte. (→ Blues)
Lit.: Janheinz Jahn, Blues und Worksongs, Ffm 1964

World Saxophone Quartet, 1977 von Hamiett Bluiett (bar), Julius Hemphill (as), Oliver Lake (as) und David Murray (ts, später ersetzt von John Stubblefield) gegründet. Die Musiker spielen alle mehrere Instrumente und verstehen sich nicht als Saxophonsatz, sondern als Ensemble, welches auf eine Rhythmusgruppe verzichtet. Die Vielfalt der Musik ergibt sich aus der Arbeit im Quartett, im Trio, im Duo und mit einem unbegleiteten Solisten. – Schallplatten für Black Saint, Moers und Elektra. Besetzung 1992: Oliver Lake, David Murray, Hamiett Bluiett, Arthur Blythe.
CD: Steppin' with the W. S. Q., Black Saint 0027

World's Greatest Jazz Band, 1968 von dem Millionär und Jazz-Fan Dick Gibson auf einer seiner Jazz-Parties gegründet. Mitglieder: → Yank Lawson, → Billy Butterfield, → Bob Wilber, → Bob Haggart, → Ralph Sutton, → Carl Fontana, → Lou McGarity (tb), Clancy Hayes (bj), Morey Feld (d). Spätere Mitglieder waren u. a. → Vic Dickenson, → Bobby Hackett, → Bud Freeman, → Peanuts Hucko, → Urbie Green, George Masso (tb), Al Klink (ts). Die Band spielte einen reizvollen Dixieland-Swing-Mischstil, der ihr große Popularität verschaffte und sie in gewisser Weise zu einer Nachfolgerin der Bob Crosby Band machte. 1978 aufgelöst. – Schallplatten für Atlantic, Project 3, Signature, Flying Dutchman, eigenes Label World Jazz; Reunion auf Timeless.
CD: Live, Atlantic 790082-2

Wright, Leo Nash, (as, fl, cl), * 14.12. 1933 Wichita Falls, Tex., † 4.1.1991 Wien. Lernte Alt-Sax von seinem Vater, einem Musiker, der u. a. bei Boots & His Buddies gespielt hatte, sowie bei John Hardee. Studierte am San Francisco State College, spielte dort mit Red Saunders. Ging 1959 nach N. Y., war dort bei Charles Mingus und ging im August 1959 zu → Dizzy Gillespie, bei dem er drei Jahre blieb. Arbeitete dann mit Gloria Coleman, wirkte bei diversen Platten-Sessions mit, ging aber 1963 nach Europa, zunächst Skandinavien, später Berlin, wo er Mitglied der SFB-Big Band (Paul Kuhn) wurde. Lebte seit Ende der 70er Jahre wieder in den USA, aber auch in Wien. 1986 Mitglied der Paris All Stars. W. war ein souveräner Solist der Parker-Schule mit einem persönlichen Sound. – Schallplatten mit Richard Williams, Eldee Young, Virgil Gonsalves, Dizzy Gillespie (»Gillespiana«), Jimmy Witherspoon, Lalo Schifrin, Francy Boland, A. C. Jo-

bim, Book Brookmeyer, Johnny Coles, Orch. USA, Gloria Coleman, Jack McDuff, George Gruntz, Antonio Diaz, Jazz Workshop Recklinghausen, Tadd Dameron, Paul Kuhn, Red Garland, Paul Nero, »Alto Summit«; als Leader für Atlantic, Vortex, Amiga, MPS.
LP: Blues Shout, Atlantic 1358

Wyands, Richard, (p), * 2.7.1928 Oakland, Calif. Studierte an der San Francisco State Univ., spielte in dortigen Clubs, begleitete Ella Fitzgerald und Carmen McRae. Ging 1958 nach N. Y., spielte mit Roy Haynes, Charles Mingus, Gigi Gryce, arbeitete als Freelancer, in den 60er Jahren mit Kenny Burrell. Spielte 1974 im JPJ Quartet, seit 1976 im Trio oder Quintett, u. a. mit Junior Cook – Bill Hardman und Al Cohn – Bob Brookmeyer. W. ist ein vorzüglicher Mainstream-Pianist, hat aber auch Einflüsse von Herbie Hancock u. McCoy Tyner verarbeitet.
Schallplatten mit Que Martin, Kenny Burrell, Lockjaw Davis, Etta Jones, Gene Ammons, Freddie Hubbard, Oliver Nelson, Richard Williams, Benny Bailey, Buddy Tate – Al Grey, Charlie Mariano, Gigi Gryce, Lisle Atkinson, Roland Kirk, Zoot Sims, Pam Purvis, Frank Foster, André Villeger, Illinois Jacquet, Benny Carter, Hal Singer, Harold Ashby u. a.; als Leader für Jazzcraft* u. DIW.
*LP: Trio, Storyville 4003**

X

Xanadu Records, N. Y., 1975 von Don Schlitten gegründet, widmet sich einerseits dem modernen Mainstream bzw. Hard-Bop (Sonny Criss, Barry Harris, Al Cohn, Dolo Coker u. a.), zum anderen der Wieder- bzw. Erstveröffentlichung von historischen Aufnahmen der 40er u. 50er Jahre, Live-Mitschnitten sowie → Reissues von vergriffenen Small Labels mit Aufnahmen von Dexter Gordon, Fats Navarro, Hampton Hawes, Art Pepper, Hot Lips Page, Bud Powell.
LP: A Musical History of Xanadu, Xanadu 5001

Xylophon (griech.: xylon = Holz), Musikinstrument, bestehend aus einer Reihe von Holzstäben, die nebeneinander angeordnet und auf bestimmte Tonhöhen eingestimmt sind.
Sie werden mit Holzklöppeln angeschlagen. Der einzige überragende Solist auf diesem Instrument war → Red Norvo, der es bis 1943 spielte, aber dann zum → Vibraphon wechselte.
In den 50er Jahren hat der Perkussionist Joe Venuto auf dem X. gelegentlich Soli gespielt.

Y

Yancey, Jimmy, James Edwards, * 20.2.1898 Chicago, † 17.9.1951 ebenda. Lernte Klavier autodidaktisch, arbeitete als Sänger und Steptänzer im Vaudeville und spielte ab 1913 auf → Rent-Parties im Raum Chicago, war nicht als Berufsmusiker tätig. Man wurde erst 1936 auf ihn aufmerksam, als Meade Lux Lewis den »Yancey Special« einspielte und der → Boogie Woogie mehr beachtet wurde. Begleitete auch seine Frau, die Blues-Sängerin Estelle »Mama« Yancey, und nahm zwischen 1939 u. 1951 Schallplatten auf für Solo Art, RCA, Vocalion, Gannet/ Session/Pax, Paramount, Atlantic.
CD: In the Beginning, Solo Art SACD-1

Yellowjackets, Fusion/Pop-Gruppe, gegründet von Russell Ferrante (keyb), Marc Russo (sax), Jimmy Haslip (b) und William Kennedy (d). 1991 wurde Russo durch → Bob Mintzer ersetzt, wodurch sich die Gruppe von ihren kommerziellen Anfängen weg in Richtung auf den zeitgenössischen Jazz hin bewegte. – Schallplatten für GRP.
CD: Greenhouse, GRP

Young, Larry, Khalid Yasin, (org, comp), * 7.10.1940 Newark, N. J. Sohn eines Organisten, lernte das Instrument autodidaktisch, hatte aber Klavierstunden. Nach Anfängen in R&B-Gruppen spielte er bei Lou Donaldson, Donald Byrd, Kenny Dorham, Grant Green, Tommy Turrentine, Hank Mobley u. Charlie Persip. Wurde Mitte der 60er Jahre als neue Orgelstimme bekannt, als er das → modale System eines → John Coltrane auf die Orgel übertrug. – Schallplatten mit Grant Green, Nathan Davis, Jimmy Forrest, Miles Davis (»Bitches Brew«), Herbie Hancock (Soundtrack »Blow Up«), John McLaughlin, Santana u. a.; als Leader ab 1960 für Prestige, Blue Note, Perception, Arista.
CD: Unity, BN 84221

Young, Lee, Leonidas Raymond, (d, voc), * 7.3.1917 N. O. Der jüngere Bruder von → Lester Young spielte in der Familien-Band seines Vaters, in den 30er Jahren bei Mutt Carey, Buck Clayton, Les Hite, hatte 1941 ein Sextett mit seinem Bruder. Ab 1942 arbeitete er als erster farbiger Musiker in den Columbia-Filmstudios. In den 50er Jahren spielte er bei Nat King Cole, gründete eine Plattenfirma, war 1964–65 bei Vee-Jay Records und in den 70er Jahren bei Motown Records, wo er, was kaum bekannt ist, die treibende Kraft hinter dem »Motown Sound« war. Y. war nicht nur ein guter Drummer, sondern auch – anders als sein Bruder – ein guter Bandleader und Geschäftsmann. – Schallplatten mit Fats Waller, Lionel Hampton, Nat King Cole, Willie Smith, Dinah Washington/Lucky Thompson, Nellie Lutcher, Hollywood Hucksters, JatP, Adie Williams, Charles Mingus.

Young, Lester Willis, (ts, cl, comp), * 27.8.1909 Woodville, Miss., † 15.3. 1959 N. Y. Stammt aus musikalischer

Familie, lernte von seinem Vater Violine, Trompete, Schlagzeug u. Saxophon. Spielte mit zehn Jahren Drums in der Familien-Band, 13jährig Alt-Saxophon. Ersten Einfluß übte Frank Trumbauer aus, den ersten wichtigen Job hatte er bei den Bostonians 1929–30. In den frühen 30er Jahren bei Walter Page, King Oliver u. Bennie Moten. Spielte 1934 in einer Band unter Leitung von → Count Basie, als ihm Fletcher Henderson einen Job als Nachfolger von → Coleman Hawkins anbot. Blieb aber nur kurz, da er den Sound von Hawkins vermissen ließ. In Kansas City bei Andy Kirk, 1936–40 bei Count Basie, mit diesem seine erste Platten-Session (»Jones-Smith-Inc.«), das wohl eindrucksvollste Schallplattendebüt der Jazz-Geschichte. Hatte 1940 eigene Combo, spielte 1941–42 in der Band seines Bruders → Lee Young in L. A. 1942 in der Big Band von Al Sears, 1943–44 wieder bei Count Basie. Nach einer traumatischen Wehrdienstzeit 1944–46 leitete er eigene Gruppen – meist mit zweitklassigen Musikern – oder spielte mit JatP. In den 50er Jahren begannen seine privaten Probleme überhandzunehmen, er begann zu trinken und mußte mehrmals ins Krankenhaus. Er besuchte 1959 zum letzten Mal Europa, mußte sein letztes Engagement in Paris abbrechen und starb in N. Y. an einem Herzschlag. Y. war einer der wenigen stilbildenden Musiker des Jazz. Er bildet das Bindeglied zwischen → Louis Armstrong und → Charlie Parker. Sein trockener, vibratoloser Ton und seine neue rhythmische Konzeption bereiteten den Weg in den → Bebop, seine melodische Erfindungsgabe führte in Dimensionen, von denen ganze Musikergenerationen nach ihm zehrten. Legendär sind seine → Battles mit → Herschel Evans und seine Soli in der frühen Basie-Band, etwa »Shoe Shine Boy«, »Honeysuckle Rose«, »One O'clock Jump«, »Broadway«, »Blue and Sentimental« (Klarinette!), »Jumpin' at the Woodside«, »Pound Cake«, »Dickie's Dream« u. v. a. Er komponierte »Lester Leaps In«, »Taxi War Dance«, »Tickle Toe« u. »Jumpin' with Symphony Sid«. Mit seinen exzentrischen Gewohnheiten (legendär sein »Pork Pie Hat«) und seiner Verachtung für bürgerliche Normen war er das Urbild des Hipsters (→ Hip). Er verteilte sehr treffende Spitznamen, so nannte er z. B. Billie Holiday, mit der er musikalisch auf einmalige Weise übereinstimmte, »Lady Day«, während sie ihn »President« (kurz Pres) nannte. – Schallplatten mit Count Basie, Billie Holiday, Teddy Wilson, Benny Goodman, Glenn Hardman, Una Mae Carlisle, Nat King Cole, Dickie Wells, Earl Warren, Johnny Guarnieri, K. C. Seven, JatP, Helen Humes, Metronome All Stars, Oscar Peterson, Jazz Giants; als Leader für Keynote, Savoy, Aladdin, Norgran/Verve; aus dem Nachlaß erschienen Live-Aufnahmen auf Charlie Parker Rec., Pablo und etlichen Bootleg-Labels.

Lit.: L. Porter, L. Y., Boston 1985; F. Büchmann-Moller, Just Fight for Your Life, N. Y. 1990; ders., You Got

to be Original, Man, N. Y. 1990; D. Gelly, L. Y., Tunbridge Wells 1984; L. Porter (ed.), A Lester Young Reader, Smithsonian Inst. Press, 1992
CD: Blue Lester, Savoy SV-0112; Prez Conference, Jass JCD 18; Compact Jazz, Verve 835316-2

Young, Snooky, Eugene, (tp, flh), * 3.2.1919 Dayton, Ohio. Begann mit fünf Jahren Trompete zu spielen, studierte bei Privatlehrern. Hatte ersten Job bei Chick Carter, war 1939–42 bei Jimmie Lunceford, dann in den Bands von Les Hite, Lee Young, Benny Carter und Gerald Wilson. 1945–47 bei Count Basie, leitete dann eigene Band in Dayton mit u. a. Slam Stewart und Booty Wood; 1957–62 nochmals bei Count Basie, seitdem als Studiomusiker in Hollywood und in der »Tonight Show«-Band (Doc Severinsen), daneben in den Bands von Louis Bellson, Capp – Pierce, Jake Hanna u. a. Y. ist ein überragender All-around-Trompeter, gleichwertig als Solist wie als Satzführer. – Schallplatten mit Jimmie Lunceford (»Uptown Blues«), Lionel Hampton, Gerald Wilson, Count Basie, Jesse Price, Herbie Fields, Howard McGhee, Paul Quinichette, Coleman Hawkins, Thad Jones – Mel Lewis, Bob Cooper, Bill Watrous, Dave Frishberg, Gene Harris, Gil Evans, George Benson, Capp – Pierce, Kenny Burrell, James Moody, Louis Bellson, Oliver Nelson, Leslie Drayton, Ernie Wilkins, Quincy Jones, Ray Charles, Gene Roland, Sam Jones, Wes Montgomery, Zoot Sims, Stanley Turrentine, Jack Lemmon, Skitch Henderson, Doc Severinsen u. a.; als Leader für Master Jazz u. Concord.
LP: Horn of Plenty, Concord CJ 91

Young, Trummy, James Osborne, (tb, voc, comp), * 12.1.1912 Savannah, Ga., † 10.9.1984 San José, Calif. Wuchs in Washington, D. C., auf, lernte Trompete, später Posaune. Erster Job bei Booker Coleman. Spielte 1934–37 bei Earl Hines und 1937–43 bei Jimmie Lunceford, 1943–44 bei Charlie Barnet. Hatte eigene Combo auf der 52nd Street, war bei Boyd Raeburn und JatP. Lebte einige Jahre auf Hawaii, spielte ab 1952 für 15 Jahre mit Unterbrechungen bei Louis Armstrong, ließ sich dann wieder auf Hawaii nieder und leitete eigene Band. Y. war neben Kid Ory und Jimmy Harrison der einflußreichste Posaunist der klassischen Ära und der erste »moderne«, als er bei Aufnahmen mit Boyd Raeburn und Dizzy Gillespie den Bebop mit einbezog. – Schallplatten mit Earl Hines, Jimmie Lunceford (»Margie«), Boyd Raeburn, Jimmy Mundy, Teddy Wilson, Una Mae Carlisle, Cozy Cole, Georgie Auld, Benny Goodman, Billy May, Oscar Pettiford, Tony Scott, Benny Carter, Buck Clayton, Tiny Grimes, Illinois Jacquet, Clyde Hart, Louis Armstrong, Billy Eckstine, Billy Kyle, Peanuts Hucko, Teddy Buckner; als Leader für Pax, Signature, Duke, HRS, Duc Thomson, Flair.
LP: B. Clayton, OJC 1709

Young, Webster, (cnt, tp), * 3.12. 1932 Lexington County, Col. Wuchs in Washington, D. C., auf, lernte Kor-

nett, nachdem er den Film »Cabin in the Sky« (mit Louis Armstrong) gesehen hatte. Erster Job 1955 bei Lloyd Price, ging 1956 nach N. Y. und spielte mit Musikern aus dem Kreis um Miles Davis; schrieb für diesen »The House of Davis«. Lebt und arbeitet seit 1959 in Washington. – Schallplatten mit Jackie McLean, Ray Draper, Prestige All Stars; als Leader für Prestige* und VGM.
*LP: For Lady, OJC 1716**

Z

Zawinul, Joe, Joseph Erich, (p, keyb, comp), * 7.7.1932 Wien. Studierte am Konservatorium in Wien Violine, Akkordeon, ab dem zwölften Lebensjahr Klavier, als Folge der Evakuierung 1944 auch bei Privatlehrern. Kam durch den Film »Stormy Weather« zum Jazz, spielte ab 1951 in einem Trio Klavier und Baßtrompete, 1952 bei Hans Koller, bis 1958 mit einer Reihe von österreichischen Musikern, u. a. Roland Kovac, Vera Auer, Friedrich Gulda, Fatty George. Gewann 1959 ein Stipendium für die Berklee School in Boston, blieb aber nur wenige Tage, weil es offenbar nichts mehr für ihn zu lernen gab. Arbeitete dann acht Monate bei Maynard Ferguson, kurz bei Slide Hampton und von Oktober 1959 bis März 1961 bei Dinah Washington. Nach einigen Wochen bei Joe Williams/Harry Edison wurde er Mitglied des → Cannonball-Adderley-Sextetts, blieb bis 1970 und festigte hier seinen Ruf als bemerkenswerter neuer Pianist und Komponist; er schrieb den Adderley-Hit »Mercy, Mercy, Mercy«. Während dieser Zeit arbeitete er auch mit anderen Musikern im Studio, war 1969–70 an mehreren Miles-Davis-LPs beteiligt: »In a Silent Way«, »Bitches Brew«, »Live-Evil«, »Big Fun«. 1971 gründete er gemeinsam mit → Wayne Shorter die Gruppe Weather Report, die zur einflußreichsten Fusion-Gruppe der 70er Jahre wurde. Mitglieder bis zur Auflösung 1985: Miroslav Vitous, Alphonso Johnson, Jaco Pastorius (b), Alphonse Mouzon, Victor Bailey, Eric Gravat, Daryl Brown, Alex Acuna, Peter Erskine (d), Airto Moreira, Dom Um Romao (perc), für Schallplatten auch Tony Williams und Steve Gadd.
Nach 1985 trat Z. vorwiegend solo auf, gründete 1987 eine neue Gruppe »Weather Update« mit u. a. Victor Bailey und Peter Erskine und 1992 »Zawinul Syndicate«. Kompositionen: »Birdland«, »Pharoas's Dance«, »74 Miles Away«, »Rumpelstiltskin«. – Schallplatten mit Austrian All Stars, Maynard Ferguson, Slide Hampton, Yusef Lateef, Coleman Hawkins, Clark Terry, Ben Webster, Charlie Rouse, Jimmy Forrest, Herb Pomeroy, Ernie Wilkins, Oliver Nelson, Thad Jones, C. & N. Adderley, Miles Davis, Vic Feldman, Roy Haynes, Philly Joe Jones, J. J. Johnson, Lou Rawls, Aretha Franklin, Friedrich Gulda (»Concerto for Two Pianos and Orch.«), Quincy Jones, Dinah Washington, Eddie Jefferson, Sam Jones; unter seinem Namen bzw. mit Weather Report für Continent, Strand, Atlantic/Vortex, CBS, Elektra Mus.
CD: The Beginning, Fresh Sound 142; Weather Report: W. R., I Sing the Body Electric; Black Market; Heavy Weather; 8.30; Night Passage u. a., alle CBS/Sony.

Zeitlin, Denny, Dennis Jay, (p, keyb), * 10.4.1938 Chicago. Hatte als Kind Klavierunterricht, auch Unterricht bei George Russell, studierte jedoch nie Musik, sondern Medizin

und Psychiatrie; ist auch in diesem Beruf tätig. Nach Veröffentlichung seiner ersten LP (»Cathexis«) galt er manchem als lyrisches Gegenstück zu → Cecil Taylor (oder als abstrakter Bill Evans). Er spielte 1960 in Europa mit Oscar Pettiford, in den 60er Jahren auf einigen Festivals mit eigenem Trio (mit Charlie Haden) und bezog ab 1968 auch Elektronik und Fusion-Elemente in seine Musik ein. Er ist zu hören auf der LP »Flute Fever« von Jeremy Steig; eigene Aufnahmen für Columbia, Double Helix*, ECM, Windham Hill.
*CD: Homecoming, Living Music 0011**

Zentner, Si, Simon, (tb, ldr), * 13.6. 1917 Brooklyn, N. Y. Begann mit vier Jahren Violine zu spielen, erhielt 1933 ein Stipendium der Guggenheim Foundation als Posaunist. Spielte in den 40er Jahren bei Les Brown, Harry James und Jimmy Dorsey, arbeitete bis 1957 als Studiomusiker bei MGM in Hollywood, gründete dann eine Big Band, die sich dank der Arrangements von → Bob Florence (»Up a Lazy River«, 1961) bis in die späten 60er Jahre halten konnte. Arbeitete dann als Musical Director in einem Hotel in Atlantic City, leitet seit 1990 neue Big Band in Las Vegas. – Schallplatten für Bel Canto, Liberty, RCA u. Klavier.
Lit.: J. Wölfer, S. Z. Discography, Zephyrhills 1988
CD: Best of the Liberty Years, EMI

Zirkulare Atemtechnik, eine von Saxophonisten und auch Posaunisten verwendete Technik, bei der gleichzeitig durch die Nase ein- und durch den Mund ausgeatmet wird, wodurch ein ununterbrochener Luftstrom entsteht, eine Note also »unendlich« ausgehalten werden kann. Beispiele: Harry Carney, Albert Mangelsdorff. Der künstlerische Wert dieser Technik ist begrenzt, denn auch Musik braucht »Atempausen«, um zur vollen Wirkung zu gelangen.

Zoller, Attila Cornelius, (g, comp), * 13.6.1927 Visegrad, Ungarn. Stammt aus Musikerfamilie, lernte Violine, Trompete, Gitarre. Lebte 1948–54 in Wien, spielte dort und in der BRD u. a. mit Vera Auer, Jutta Hipp, den Mangelsdorff-Brüdern, David Amram, Oscar Pettiford, Kenny Clarke. Ging 1959 in die USA, studierte bei Jim Hall an der Lenox School und spielte 1960 bei Chico Hamilton. 1961 eigene Gruppe mit Bobby Jaspar, dann bei Stan Getz und 1962–65 bei Herbie Mann. Z., der in seinem Spiel Einflüsse von → Charlie Christian und → Tal Farlow verarbeitet, spielt seitdem mit eigenen Gruppen, häufig auch in Europa. Seit 1981 leitet er in Vermont eine Jazz-Schule. – Schallplatten mit Don Friedman (»The Horizon Beyond«), Herbie Mann, Benny Goodman, Oscar Pettiford, Hans Koller, Albert u. Emil Mangelsdorff, Klaus Doldinger, Lee Konitz, Jimmy Raney, Trinity, Shirley Scott, Lajos Dudás; eigene LPs für Mod, Philips (»Jazz & Lyrik – H. Heine«), MPS (Soundtrack »Katz & Maus«), EmArcy, Embryo, Overseas, Enja, L & R, Bhakti.
CD: Overcome, Enja 5063

Zorn, John, (reeds, div. instr., comp), * 2.9.1953 N. Y. Der Guru des → No Wave begann Ende der 60er Jahre bei Eugen Chadbourne, hatte eigene Projekte mit Chadbourne, George Lewis (tb) und Derek Bailey, setzte sich auf seine Weise mit Filmthemen von Ennio Morricone auseinander und spielte Schallplatten ein mit Alfred Harth, Peter Brötzmann, Butch Morris, Naked City, David Moss, Art Lindsay, Eugen Chadbourne, der Gruppe Friction, Seigen Ono, Derek Bailey, George Lewis, der Rockgruppe Paliminos, der Sonny Clark Memorial Band, »Octobermeeting 87« u. war beteiligt an den Tributen an Thelonious Monk und Kurt Weill (beide WEA). Als Vorbilder nennt er sowohl Anthony Braxton als auch Karlheinz Stockhausen. – Schallplatten unter seinem Namen für Hat Art, Nonesuch, Earache, Wave.
CD: Spy Vs. Spy, Nonesuch K950844-3; Intergalactic Maiden Ballet feat. John Zorn, Tiptoe 888804

Zurke, Bob, Robert Albert, Boguslav Albert Zukowski, (p), * 17.1. 1912 Detroit, † 16.2.1944 L. A. Wurde bekannt, als er Ende 1936 → Joe Sullivan in der Band von → Bob Crosby ersetzte, bes. durch die Aufnahme des »Honky Tonk Train Blues«, aber auch »Gin Mill Blues« und »The Old Spinning Wheel«. Leitete 1939–41 eigene Big Band und trat in den letzten Jahren seines Lebens als Solo-Pianist im Hangover-Club in San Francisco auf. – Schallplatten mit Bob Crosby und mit seiner Band für Victor.
LP: Meritt 16

Zwerin, Mike, Michael, (tb, btp), * 18.5.1930 N. Y. Spielte 1948 im Miles-Davis-Nonett, lebte bis 1958 als Kritiker in Paris, spielte dann bei Billy May, Maynard Ferguson, Claude Thornhill und 1962–65 im »Orchestra USA«, 1966 mit Earl Hines auf UdSSR-Tournee. Arbeitete zeitweise auch in der Capitol Steel Corporation. Ließ sich 1969 in Paris als Schriftsteller nieder sowie als Europa-Redakteur der »Village Voice«. Schrieb u. a. ein schlampig recherchiertes Buch über Swing unter den Nazis, »La Tristesse de Saint Louis«. Tritt gelegentlich noch als Musiker auf. – Schallplatten mit George Gruntz, Christian Escoudé, John Lewis, Maynard Ferguson, Michel Petrucciani, Charlie Haden, Charles Mingus, Anthony Zano.
Lit.: Close Enough For Jazz, London 1983

Zydeco, eine von der (weißen) → Cajun-Musik beeinflußte folkloristische Musizierweise, die von der farbigen Bevölkerung Louisianas (bes. dem südwestlichen Teil) unter Einbeziehung von Blues bzw. R & B geschaffen wurde. Die Schwarzen haben in diesem Teil Louisianas von den französischsprechenden Einwanderern einen Teil der Lebensweise, Sprache, Musik und Instrumente übernommen.
Zu den bekannten Z.-Musikern gehören Clifton Chenier, Queen Ida, Rocking Dopsee und Fernest Arcenaux.
CD: Zydeco Live, Rounder 2069; 2070; The Early Years, Arhoolie CD 307

Anhang

Grundlage einer Jazz-Schallplatten-sammlung

Cannonball Adderley, Collection, Landmark (ex-Riverside)

Louis Armstrong, Hot Five/Seven, CBS/Sony

Chet Baker, Complete Last Concert, Enja (→ Gerry Mulligan)

Gato Barbieri, Third World Revisited, Bluebird

Count Basie, Decca-Aufnahmen auf MCA, Hep; Columbia-Aufnahmen auf CBS/Sony

Sidney Bechet, Bluebird Sessions, Bluebird (RCA)

Bix Beiderbecke, CBS/Sony

Clifford Brown, Complete on Em-Arcy, Mercury

Dave Brubeck (und Paul Desmond), Fantasy und CBS/Sony

All-Star-Konzerte wie dieses konnten wegen unterschiedlicher Schallplattenverträge erst Jahrzehnte später veröffentlicht werden

Benny Carter, Further Definitions, Impulse/MCA
Nat King Cole Trio, Capitol bzw. Mosaic
Ornette Coleman, Free Jazz; The Shape of Things to Come, Atlantic
John Coltrane, Giant Steps, Atlantic; Live at the Village, Vanguard, Impulse/MCA
Miles Davis, Birth of the Cool, Capitol; Kind of Blue, Sketches of Spain, Bitches Brew, alle CBS/Sony
Eric Dolphy, Great Concert, Prestige
Roy Eldridge, Heckler's Hop, Hep
Duke Ellington, The Blanton-Webster Band, Bluebird; At Newport (1956), CBS/Sony
Bill Evans, Village Vanguad Sessions, Milestone
Gil Evans, Out of the Cool, Impulse/MCA
Ella Fitzgerald, Ella in Berlin, Verve
Erroll Garner, Concert by the Sea, CBS/Sony
Dizzy Gillespie, One Bass Hit, Musicraft
Benny Goodman, Carnegie Hall Concert, CBS/Sony
Lionel Hampton, Hot Mallets, Bluebird
Coleman Hawkins, Body and Soul, Bluebird
Woody Herman, Aufnahmen der »First Herd«, CBS/Sony
Billie Holiday, Story, CBS/Sony
Keith Jarrett, Köln Concert, ECM
Stan Kenton, New Concepts of Artistry in Rhythm, Capitol bzw. Creative World
Charles Mingus, New Tijuana Moods, Bluebird; Mingus Ah-Um, CBS/Sony
Modern Jazz Quartet, Last Concert, Atlantic
Thelonious Monk, Complete Blue Note Rec., Mosaic; Monk & Trane, Milestone
Gerry Mulligan, Complete Pacific Jazz and Capitol Rec., Mosaic
Charlie Parker, On Dial, Stash
Art Pepper, Complete Pacific Jazz Small Group Rec., Mosaic
Bud Powell, Complete Blue Note Rec., Mosaic
Max Roach, Freedom Now Suite
Sonny Rollins, Complete Prestige Recordings, Prestige
Artie Shaw, Blues in the Night, Bluebird
Horace Silver, Blowing the Blues Away, Blue Note
Bessie Smith, CBS/Sony
Jimmy Smith, The Champ, Blue Note
Art Tatum, Solo Masterpieces, Pablo
Cecil Taylor, Unit Structures, Blue Note
Jack Teagarden, That's a Serious Thing, Bluebird
Lennie Tristano – Tadd Dameron, Affinity (ex-Capitol)
McCoy Tyner, Reaching Forth, Impulse/MCA
Sarah Vaughan, Complete on EmArcy, Mercury
Fats Waller, Last Years, Bluebird
Weather Report, I Sing the Body Electric, CBS
Teddy Wilson, Too Hot for Words, Hep (ex-Columbia)
Lester Young, Savoy Recordings, Savoy; Aladdin Sessions, EMI

Carnegie Hall Concert, X-mas 1949, Jass (mit Charlie Parker, Miles Davis, Stan Getz, Sarah Vaughan, Lee Konitz, Budd Powell, Max Roach, Lennie Tristano)

Versandgeschäfte

Jazz is Beck
Marienplatz 2
80331 München 2
Tel. 0 89 – 23 69 12 44

Jazzcock
Fürbringerstr. 17
10961 Berlin 61
Tel. 0 30 – 6 93 61 33

Jazz Mail Order
Limburger Str. 110
56410 Montabaur
Tel. 0 26 02 – 1 71 66

CD Special
Vondelstr. 28
50677 Köln 25
Tel. 02 21 – 32 93 25

JPC-Schallplatten
Ackerstr. 59
49084 Osnabrück
Tel. 05 41 – 2 76 44

Bücher/Videos

Norbert Rücker
Postfach 14
61382 Schmitten
Tel. 0 68 02 – 6 88

Bücher

Oak Lawn Books
Box 2663
Providence, R. I. 02907
U. S. A.

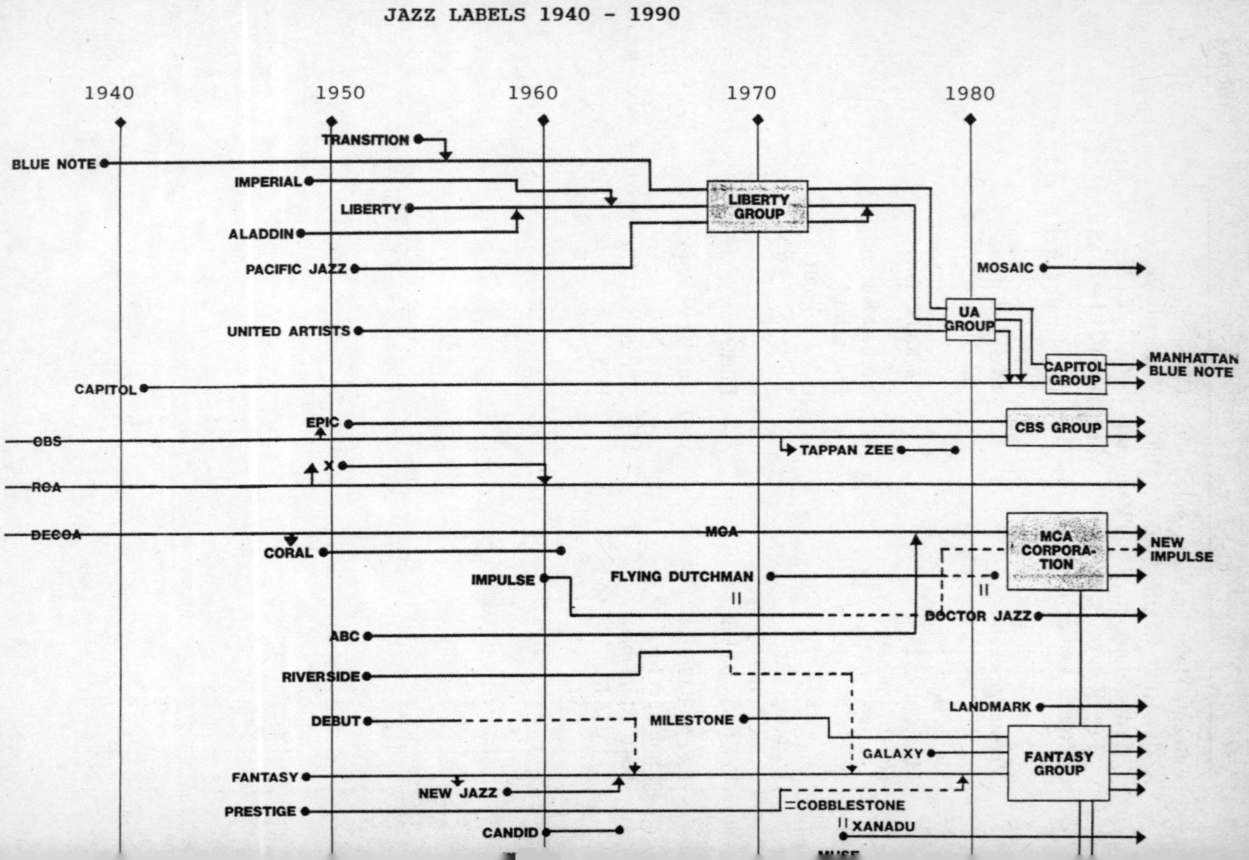

JAZZ LABELS 1940 - 1990
1940
1950
1960
1970
1980
TRANSITION
BLUE NOTE
IMPERIAL
LIBERTY
ALADDIN
LIBERTY GROUP
PACIFIC JAZZ
MOSAIC
UNITED ARTISTS
UA GROUP
CAPITOL
CAPITOL GROUP
MANHATTAN BLUE NOTE
EPIC
CBS
CBS GROUP
TAPPAN ZEE
X
RCA
DECCA
MCA
CORAL
MCA CORPORATION
NEW IMPULSE
IMPULSE
FLYING DUTCHMAN
DOCTOR JAZZ
ABC
RIVERSIDE
LANDMARK
DEBUT
MILESTONE
GALAXY
FANTASY
FANTASY GROUP
NEW JAZZ
PRESTIGE
COBBLESTONE
CANDID
XANADU

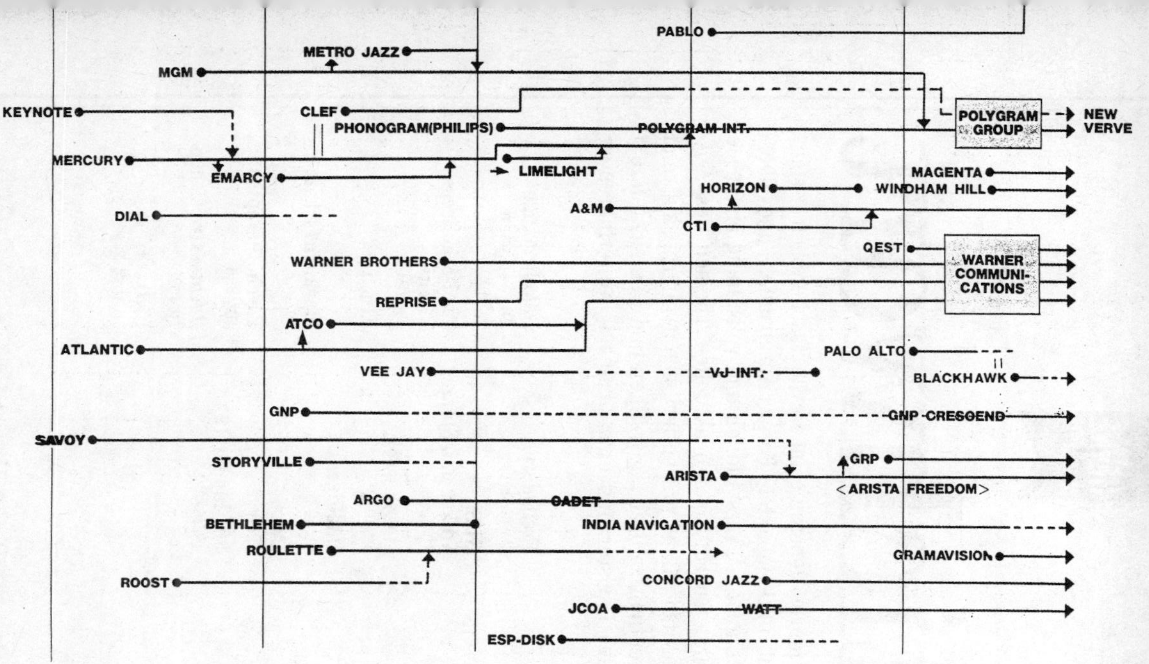
PABLO
METRO JAZZ
MGM
KEYNOTE
CLEF
PHONOGRAM(PHILIPS)
POLYGRAM-INT.
POLYGRAM GROUP
NEW VERVE
MERCURY
EMARCY
LIMELIGHT
MAGENTA
HORIZON
WINDHAM HILL
DIAL
A&M
CTI
QEST
WARNER BROTHERS
WARNER COMMUNI-CATIONS
REPRISE
ATCO
ATLANTIC
PALO ALTO
VEE JAY
VJ-INT.
BLACKHAWK
GNP
GNP-CRESGEND
SAVOY
GRP
STORYVILLE
ARISTA
<ARISTA FREEDOM>
ARGO
CADET
BETHLEHEM
INDIA NAVIGATION
ROULETTE
GRAMAVISION
ROOST
CONCORD JAZZ
JCOA
WATT
ESP-DISK